De Boor-Newald

Geschichte der deutschen Literatur

Band VI

GESCHICHTE DER DEUTSCHEN LITERATUR

VON DEN ANFÄNGEN BIS ZUR GEGENWART

BEGRÜNDET VON

HELMUT DE BOOR †

UND RICHARD NEWALD †

SECHSTER BAND

C.H.BECK'SCHE VERLAGSBUCHHANDLUNG

MÜNCHEN MCMLXL

AUFKLÄRUNG, STURM UND DRANG, FRÜHE KLASSIK

1740–1789

VON

SVEN AAGE JØRGENSEN

KLAUS BOHNEN

PER ØHRGAARD

C.H.BECK'SCHE VERLAGSBUCHHANDLUNG

MÜNCHEN MCMLXL

Dieser Band tritt an die Stelle des 1957 zuerst unter dem Titel «Ende der Aufklärung und Vorbereitung der Klassik. 1750 bis 1832» erschienenen Bandes [VI/1] von Richard Newald (7., unveränderte Auflage 1985)

CIP-Titelaufnahme der Deutschen Bibliothek

Geschichte der deutschen Literatur von den Anfängen bis zur Gegenwart / begr. von Helmut de Boor u. Richard Newald. – München : Beck
Früher u. d. T.: Boor, Helmut de: Geschichte der deutschen Literatur von den Anfängen bis zur Gegenwart
NE: Boor, Helmut de [Begr.]
Bd. 6 Aufklärung, Sturm und Drang, frühe Klassik : 1740–1789 / von Sven Aage Jørgensen ... – 1990
ISBN 3 406 34573 5
NE: Jørgensen, Sven Aage [Mitverf.]

ISBN 3 406 34573 5

Satz: Fotosatz Otto Gutfreund, Darmstadt
Druck und Bindung: May + Co, Darmstadt
Gedruckt auf alterungsbeständiges (säurefreies) Papier
gemäß der ANSI-Norm für Bibliotheken
Printed in Germany

INHALTSVERZEICHNIS

B. Die Literatur der Aufklärung

C. Umbruch in den siebziger und achtziger Jahren

D. Ausblick

VORWORT

Als Schiller sich 1789 vom Felde des Dramas auf das der Geschichte begibt, hält er seine berühmte Antrittsvorlesung *Was heißt und zu welchem Ende studiert man Universalgeschichte?*, deren Einleitungsworte auch dem Beginn einer literarhistorischen Darstellung seiner Zeit gut anstehen:

> Erfreuend und ehrenvoll ist mir der Auftrag, ... an Ihrer Seite künftig ein Feld zu durchwandern, das dem denkenden Betrachter so viele Gegenstände des Unterrichts, dem tätigen Weltmann so herrliche Muster der Nachahmung, dem Philosophen so wichtige Aufschlüsse und jedem ohne Unterschied so reiche Quellen des edelsten Vergnügens eröffnet – das große weite Feld der allgemeinen Geschichte.

Ein «zu weites Feld», hätte Fontane gesagt, und in der Tat mögen Bedenken aufkommen angesichts des Versuchs, in einer Zeit wachsender Aufsplitterung aller Wissensbereiche einen Überblick über auch nur ein halbes Jahrhundert deutscher Literaturgeschichte zu wagen. Schillers «Sorge», «daß sich der Wert desselben unter meiner Hand nicht verringere», betrifft indes den aufspaltenden «Brotgelehrten» ebenso wie den zusammenfassenden «philosophischen Kopf». Was jenem an Durchblick abgeht, mangelt diesem an Detailliertheit des gesicherten Wissens. Zwischen beiden Klippen das Schiff einer Literaturgeschichte hindurchzusteuern, dabei Wesentliches wie Vielfalt der literarischen Entwicklung des 18. Jahrhunderts einzugrenzen und zu bewahren, ist Absicht dieses Bandes. Ob der «Betrachter» hierin «Gegenstände des Unterrichts», «Meister zur Nachahmung» oder «wichtige Aufschlüsse» findet, hängt von seiner Sichtweise und seinen Interessen ab. Daß ihm dies Teilfeld der «allgemeinen Geschichte» «reiche Quellen des edelsten Vergnügens» eröffne, ist der fromme Wunsch der Autoren dieses Bandes. Sie sind sich klar darüber, daß dieser Wunsch erst in Erfüllung gehen kann, wenn die historische Darstellung zur Lektüre der Texte dieser Zeit selbst wieder anregt.

Das «Vergnügen» kann ein solcher historischer Überblick ohnehin nicht ersetzen. Eine jede Literaturgeschichte ist ein Konstrukt. Ihre Aufteilung in Einzelgebiete nach unterschiedlichen Kriterien und in methodisch variierender Sichtweise setzt Schwerpunkte und trifft eine Auswahl. Der Mannigfaltigkeit Konturen zu geben, ihre Fülle auf durchgängige Linien hin auszurichten, bedeutet eine Stellungnahme. Sie ist subjektiv, aber in eben dem Maße verantwortbar, wie Hintergrundinformationen, Gruppierungen und Präsentationen dazu beitragen, dem Interessierten eine erste Orientierung zu erleichtern und Neugierde auf die Texte zu wecken, deren Eigenart solche Einordnungen veranlaßt hat.

Eine erste Vorentscheidung betrifft die zeitliche Eingrenzung der hier behandelten Literaturperiode. Wann ist Aufklärung? Benutzt man den Begriff als Periodenbezeichnung und denkt man an Deutschland, wird man sagen müssen, das Zeitalter der Aufklärung reiche von Thomasius bis Kant, umfasse also rund 100 Jahre. Diese Literaturgeschichte behandelt die Periode 1740–1789, wenn man so will die Hoch- bis Spätaufklärung. Mit einer Abwandlung eines berühmten Bonmots kann man sehr wohl meinen, daß die wichtigsten Tendenzen der Epoche in der Philosophie Kants und in der Weimarer Frühklassik ihre Erfüllung finden. Politisch blieb man, wie so oft beklagend festgestellt, so weit hinter Frankreich zurück, wie man dem Nachbarland philosophisch voraus war, aber dennoch bildet 1789 auch in Deutschland einen Einschnitt.

In den letzten 25 Jahren wurde der Begriff der Aufklärung rehabilitiert, vertieft und differenziert. Vorher war sie – Lessing ausgenommen – lange nur als Folie für die Blütezeit der deutschen Literatur in Sturm und Drang, Klassik und Romantik gesehen worden, eine Periode, die einige Literaturhistoriker sogar unter dem Namen einer «Deutschen Bewegung» zusammenfaßten. E contrario ist natürlich daraus zu schließen, die vorhergehende Periode sei weniger ‹deutsch›, nach damaliger Ansicht also weniger tief und original gewesen. Die neuere Forschung hat einen anderen Begriff von der früher als seicht bezeichneten deutschen Aufklärung und hat durch die Aufarbeitung vieler lange vernachlässigter Quellen eine ganz anders wertende Darstellung einer Literatur gegeben, deren Werke von der spielerischen Unterhaltung über philosophische Erzählungen bis zur schärfsten politischen Satire reichen. Das sozial- und ideologiehistorische Interesse und eine Abneigung gegen den Dichtungsbegriff einer vorhergehenden Germanistengeneration waren von heuristischem Wert, was z. B. in den Arbeiten zu Friedrich Nicolai, Knigge, zu Zeitschriften, Lesegesellschaften usw. deutlich zutage tritt. Ein besseres und spannenderes Bild des 18. Jahrhunderts zeichnet sich in diesen Untersuchungen ab. Allerdings sind alle Neuentdeckungen nicht gleich spannend; einiges, vieles wurde mit Recht vergessen. Ein scharfer Beobachter aus der Zeit vor der Verabsolutierung der deutschen Klassik meinte:

«Während Voltaire in Berlin am Hofe Friedrichs II. selbst sich eine Zeitlang aufgehalten hatte, viele andere regierende deutsche Fürsten (vielleicht die Mehrzahl) es sich zur Ehre rechneten, mit Voltaire oder seinen Freunden in Bekanntschaft, Verbindung und Korrespondenz zu sein, ging von Berlin der Vertrieb derselben Grundsätze aus in die Sphäre der Mittelklassen, mit Einschluß des geistlichen Standes, unter dem, während in Frankreich der Kampf vornehmlich gegen denselben gerichtet war, vielmehr in Deutschland die Aufklärung ihre tätigsten und wirksamsten Mitarbeiter zählte. Dann aber fand ferner zwischen beiden Ländern der Unterschied statt, daß in Frankreich diesem Emporkommen oder Empören des Denkens alles sich anschloß, was Genie, Geist, Talent, Edelmut besaß, und diese neue Weise der Wahrheit mit dem Glanze aller Talente und mit der Frische eines naiven, geistreichen, energischen, gesunden Menschenverstandes erschien. In Deutschland dagegen spaltete sich jener große Impuls in zwei verschiedene Charaktere. Auf der einen Seite wurde das Geschäft der Aufklärung mit trockenem Verstande, mit Prinzipien kahler Nützlichkeit, mit Seichtigkeit des Geistes und Wissens, kleinlichen oder gemeinen Leidenschaften und, wo es am respektabelsten war, mit einiger, doch nüchterner Wärme des Gefühls betrieben (...).»

Hegel nennt Berlin als Mittelpunkt dieser einen Tendenz der Aufklärung, der er sodann die in seinen Augen viel wichtigere andere Tendenz der Peripherie gegenüberstellt:

«Gegen Nordost sehen wir in Königsberg *Kant, Hippel, Hamann,* gegen Süden in Weimar und Jena *Herder, Wieland, Goethe,* später *Schiller, Fichte, Schelling* u. a.; weiter hinüber gegen Westen *Jacobi* mit seinen Freunden; *Lessing,* längst gleichgültig gegen das Berliner Treiben, lebte in Tiefen der Gelehrsamkeit wie in ganz anderen Tiefen des Geistes, als seine Freunde, die vertraut mit ihm zu sein meinten, ahnten. Hippel etwa war unter den genannten großen Männern der Literatur Deutschlands der einzige, der den Schmähungen jenes Mittelpunktes nicht ausgesetzt war. Obgleich beide Seiten im Interesse der Freiheit des Geistes übereinkamen, so verfolgte jenes Aufklären, als trockener Verstand des Endlichen, mit Haß das Gefühl oder Bewußtsein des Unendlichen, was sich auf dieser Seite befand, dessen Tiefe in der Poesie wie in der denkenden Vernunft. Von jener Wirksamkeit ist *das Werk* geblieben, von dieser aber auch *die Werke.*»

So Hegel in einer Besprechung der ersten Gesamtausgabe der Werke Hamanns in den *Jahrbüchern für wissenschaftliche Kritik* (1828). Er hebt unseres Erachtens Beherzigenswertes hervor: Er sieht die deutsche Aufklärung in einem europäischen Kulturzusammenhang, ohne daß sie deshalb weniger deutsch wäre, und findet ihr besonderes Gepräge u. a. in der Mitarbeit der Theologen begründet. Er versteht Aufklärung als eine Periode, die also Empfindsamkeit, Sturm und Drang, ja Klassik und Romantik mit umfaßt. Er scheut vor Wertungen nicht zurück (die wir nicht alle teilen können). Und er macht schließlich auf die geographische Differenzierung aufmerksam. Zwar entstand mit Berlin eine «Mitte» und mit den Zeitschriften ein überregionales Publikum, aber damit war doch kein Zentrum entstanden. Immer wieder träumten die deutschen Autoren von Wien und Berlin, sie blieben auf Königsberg, Göttingen, Weimar, Jena, Hamburg, Braunschweig – ja Kopenhagen angewiesen. Sie bildeten dort vorübergehend als Studenten Gruppen, dort konnten sie die Stellungen und/oder die Mäzene finden, die ihnen so viel Sicherheit gaben, daß sie nicht völlig von den noch nicht berechenbaren, weil in Verkauf und Nachdruck schwankenden Schriftstellereinnahmen abhängig waren. Und endlich macht Hegel klar, daß die Aufklärung ein widerspruchsvoller Prozeß war, kein Aufschwung in die Sphären herrschaftsfreier Kommunikation, sondern ein Streit zwischen Gruppen, die den Gegner «annihilieren» wollten, unter Umständen die Zensur auf ihre Pflichten aufmerksam machten usw.

Die vielfältigen gedanklichen und literarischen Impulse des Aufklärungszeitalters suchen wir in fünf Abschnitten einzugrenzen und transparent zu machen. Ausgangspunkt dabei ist eine Klärung der gesellschaftlichen, theologischen und philosophischen Hintergründe dieser Zeit. Die Literatur erscheint sodann, eingebettet in ihren sozialen, kulturellen und ästhetischen Kontext, in ihrer noch überwiegend gattungsbestimmten Reichhaltigkeit, aus der sich seit der Mitte des Jahrhunderts Klopstock, Lessing und Wieland durch ihre dominante Bedeutung in der Zeit wie durch ihre überragende Nachwirkung herausheben. Damit erhalten diese Erneuerer der deutschen Literatur aber keine unangefochtene Stellung: Der Diskussionsbreite des Jahrhunderts entspricht es, ihnen mit Möser, Winckelmann, Hamann, Lichtenberg und Herder als kritischen, zuweilen auch aggressiven Beobachtern der Zeit eine Art Gegenbild mit gleichem Gewicht an die Seite zu stellen. Dialog und Kontroverse dieser – von ihrer jeweiligen Optik aus der Aufklärung zuarbeitenden – Schriftsteller bilden den Nährboden für eine Generation, die sich mit radikalerem Gestus von den Traditionsbindungen ihrer Zeit befreit und den literarischen Umbruch der siebziger und achtziger Jahre vorantreibt. Goethe und Schiller stehen im Bann dieser aufrührerischen Bestrebungen, geben ihnen aber in ihren Frühwerken eine andersartige und eigenständige Richtung, die die Intentionen der Aufklärung bewahrt und sie zugleich in ein neues Literaturverständnis überführt.

Auch wenn so der Dialogcharakter der Aufklärung als übergeordnetes Merkmal dieser literarischen Phase sichtbar werden soll, kann die Geschichtsschreibung nicht auf segmentierende Aufteilung und überschaubare Gliederung verzichten, wobei Überschneidungen in der Darstellung eines ineinandergreifenden Prozesses, gelegentlich auch Wiederholungen nicht zu vermeiden waren. Denn wir haben die einzelnen Autoren nicht nur in ihrer Abhängigkeit von dieser oder jener Zeitströmung sehen wollen, sondern auch in ihrer Eigenständigkeit. Person und Werk eines Dichters oder Kritikers ist auch ein Ordnungsprinzip, vor allem wenn der betreffende bedeutsam ist. Zur Bedeutung haben wir im Text direkt Stellung genommen – aber auch indirekt durch den Raum, welcher dem einzelnen gegeben oder nicht gegeben wurde. Wir haben nicht alles, was man heute wissen kann, mitteilen wollen, sondern so viel, daß die Literatur, die nach unserer Ansicht lesenswert ist und noch gelesen werden sollte, besser verstanden und genossen werden kann.

Der vorliegende Band ist als Gemeinschaftswerk mit einheitlicher Zielsetzung konzipiert, von den einzelnen Autoren jedoch selbständig und mit der je eigenen «Färbung» geschrieben worden. Dabei sind uns neben einer Fülle von Spezialuntersuchungen selbstverständlich frühere Gesamtdarstellungen eine große Hilfe gewesen, darunter auch die von Richard Newald, an deren Stelle jetzt dieser Band tritt. Sven-Aage Jørgensen hat die Abschnitte A I–III, B I–III, IV, 3 und V, Klaus Bohnen die Abschnitte A IV, B IV, 1–2, C I und IV und Per Øhrgaard die Abschnitte C II–III und D geschrieben. Für seinen mit großer Einsicht und Geduld geleisteten Beistand beim Zustandekommen des Bandes möchten wir Peter Schünemann von der C.H. Beck'schen Verlagsbuchhandlung herzlich danken.

Zuletzt wird der Leser aufgefordert, Aufgeteiltes wieder «zusammenzulesen», in der Trennung das Gemeinsame zu sehen und so den Dialog in der scheinbaren Diskrepanz aufzudecken. Denn – wie Schiller in seiner Antrittsrede seinen Zuhörern ans Herz legt:

«Es ist keiner unter Ihnen allen, dem Geschichte nicht etwas Wichtiges zu sagen hätte; alle noch so verschiedenen Bahnen Ihrer künftigen Bestimmung verknüpfen sich irgendwo mit derselben; aber eine Bestimmung teilen Sie alle auf gleiche Weise miteinander, diejenige, welche Sie auf die Welt mitbrachten – sich als Menschen auszubilden – und zu dem Menschen eben redet die Geschichte.»

A

EINLEITUNG: DAS ZEITALTER DER AUFKLÄRUNG

Das Zeitalter der Aufklärung

Das 18. Jahrhundert wurde schon im Bewußtsein der Zeitgenossen zum Jahrhundert der Aufklärung, obwohl sich die Periodenbezeichnung in der Philosophie und in der Literaturwissenschaft erst etwa 100 Jahre später und noch dazu zögernd durchsetzte. Die Metaphorik des Lichts wurde dabei durchgängig verwendet: le siècle éclairé oder siècle des lumières, the age of enlightenment, verlichting, illuminismo, illustración usw. Wort- und begriffsgeschichtliche Studien haben zwar gezeigt, daß dieses Vokabular in vielen europäischen Sprachen einen religiösen Ursprung hat, aber auch, daß die Metaphorik der ‹Erleuchtung› schon im 17. Jahrhundert auf das Gebiet der Vernunftserkenntnis übertragen wurde. Sie soll demnach zum Ausdruck bringen, daß die bisherige Finsternis nunmehr dem Licht, und zwar dem natürlichen Licht der Vernunft weiche, denn das Licht der Offenbarung schien ja schon seit vielen Jahrhunderten – nach der Auffassung der protestantischen Aufklärer mindestens seit der Reformation wieder – hell und klar.

Mit dieser Feststellung ist kein notwendiger Gegensatz, wohl aber ein Spannungsverhältnis zwischen göttlicher Offenbarung und menschlicher Vernunft angedeutet, das sich zu einer polaren Gegensätzlichkeit entwickeln konnte, aber nach Ansicht besonders der deutschen Aufklärung keineswegs dahin entwickeln mußte oder sollte. Es ging vielmehr anfangs und vielfach auch später darum, durch vorurteilslose Kritik die menschlichen Irrtümer und den angehäuften Aberglauben zu beseitigen, die die Menschheit daran hinderten, die Wahrheit – auch die Wahrheit der Religion – klar zu erkennen; die Aufklärung wurde vielfach als Fortsetzung und Vollendung der Reformation betrachtet.

Rationalismus und Empirismus

Schon vor der Epoche der eigentlichen Aufklärung schufen der Begründer des Rationalismus, René Descartes (1596–1651), und der Begründer des Empirismus, Francis Bacon (1561–1626), deren Voraussetzungen. Descartes wollte mit seinem Satz *cogito, ergo sum* einen festen Ausgangspunkt des Erkennens ausmachen, der nicht angezweifelt werden konnte, und fand ihn im Akt des Denkens selbst. Jede Wahrnehmung ist unsicher, individuell, schon Descartes betont den subjektiven Charakter der Farbe, des Geruchs und des Geschmacks; im Gegensatz zur objektiven, durch die allgemeine Vernunft nachprüfbaren ‹deutlichen› Vernunftserkenntnis bleibt die Wahrnehmung individuell und ein «confusus cogitande modus» (vgl. S. 111 f.). Dagegen wollte

Bacon durch genaue Beobachtung und wiederholte, also kontrollierte Experimente ein gesichertes Wissen schaffen und die intersubjektive Erfahrung zur Basis der Erkenntnis machen. Nur durch ständige empirische Kontrolle waren die falschen Ideen und die Vorurteile wegzuräumen, seien sie nun individueller oder traditioneller Art. Die Ansatzpunkte waren also diametral entgegengesetzt, aber das Ethos des kritischen, d. h. prüfenden und unterscheidenden Philosophierens war ihnen gemeinsam und prägte auch noch die letzte Hälfte des 18. Jahrhunderts, in welcher man zwar noch scharf und genau denken wollte, den Gedanken an die großen Systeme jedoch aufgegeben hatte. Die Philosophen des 17. Jahrhunderts: Descartes, Bacon, Spinoza (1632–1677), Thomas Hobbes (1588–1679) und Leibniz (1646–1716), aber auch Pierre Bayle (1647–1706), dessen *Dictionnaire historique et critique* (1697) von Gottsched übersetzt wurde, und John Locke (1632–1704) gehören zu den Voraussetzungen der Aufklärung, weshalb diese Darstellung mehrmals auf sie zurückgreift. So wurden beispielsweise der Optimismus und die Ansätze zum Individualismus in der Monadenlehre Leibniz' noch bei Herder fruchtbar, während Spinozas Pantheismus Lessing, Herder und Goethe beeinflußte.

I. AUFKLÄRUNG IM EUROPÄISCHEN KONTEXT

1. England

Selbsterkenntnis und Erkenntnis der Welt

Versucht man, einen Überblick über die wichtigsten philosophischen Fragenkomplexe und literarischen Tendenzen im Zeitalter der Aufklärung zu gewinnen, muß man von England ausgehen, denn in dieser Periode und besonders von 1740 bis 1789 wurde der Einfluß des Empirismus dominant, auch in Frankreich, dem Vaterland Descartes'. Gehen wir von der oben erwähnten Erkenntnisproblematik aus, können wir feststellen, daß der von der strengen Methode Descartes' beeinflußte Hobbes noch konsequenter als Bacon von den Empfindungen als alleiniger Quelle der Erkenntnis ausgeht und noch dazu den cartesianischen Dualismus zwischen Denken und Ausdehnung (Materie), ‹res cogitans› und ‹res extensa›, zugunsten eines monistischen Materialismus verwirft. Locke (1632–1704) formuliert später den Ausgangspunkt des Empirismus mit dem klassischen Satz: «Let us then suppose the mind to be, as we say, white paper, void of all characters, without any ideas.» Damit sind die ‹angeborenen Ideen› (ideae innatae) des Rationalismus verworfen, einschließlich der Idee der Ausdehnung. Alles kommt durch die Sinne: *nihil est in intellectu, quod non prius fuerit in sensu.* Leibniz nahm hier eine zwischen Descartes und Locke vermittelnde Position ein. Er unterschied zwischen *vérités de raison*, die – von universaler Gültigkeit – nur durch die Vernunft erkannt und nur durch sie widerlegt werden können, und *vérités de fait*, die nur durch Erfahrung zu erlangen sind. Diese Unterscheidung sollte später in der Diskussion Lessings mit dem Hamburger Hauptpastor Goeze von zentraler Bedeutung werden.

John Locke wird als der hervorragendste Ideologe des englischen Bürgertums verstanden, das so wenig wie später das Proletariat an der handgreiflichen Welt zweifelte. Die Existenz des Puddings wird dadurch bewiesen, daß man ihn ißt, hieß es später, und ähnlich sollen die handfesten Interessen und die Weltoffenheit dieser aufstrebenden Klasse ihren Ausdruck in einem robusten erkenntnistheoretischen Empirismus gefunden haben. Dazu ist allerdings zu bemerken, daß die Probleme, die eine empiristische oder sensualistische Position implizierten, bald erkannt wurden. Für Locke bildeten die Sinnesempfindungen zwar die Grundlage aller Erkenntnis, aber auch er unterschied natürlich zwischen den primären und den sekundären, d. h. in ihrer Qualität subjektiven Sinnesqualitäten. Mit einer Logik, die an Fichtes Weiterbildung der kantianischen Transzendentalphilosophie erinnert, vertrat dann George Berkeley (1685–1753) die Ansicht, daß wir keine Dinge, sondern nur Bündel von Empfindungen erkennen, daß wir also behaupten können, ja logisch behaupten müssen, daß zwischen Sein und Wahrgenommenwerden kein Unterschied besteht. Um den Bestand und die Beständigkeit der Welt zu sichern, mußte er deshalb einen objektiven Idealismus annehmen, der die Existenz und Konstanz der solchergestalt in der Perzeption bestehenden Welt durch einen höchsten, alles Endliche erkennenden und alle endlichen Geister überdauernden Geist gewährleistet.

Einen anderen Weg ging David Hume (1711–1776), der wie Locke in der Erfahrung – *sensation* und *experience* wurden oft bedeutungsgleich verwendet – den Ausgangspunkt jedes Denkens und Wissens sah, für die jedoch offenbar durch den menschlichen Verstand erfolgte Verknüpfung der durch Erfahrung gewonnenen Daten keine objektive Entsprechung feststellen konnte. Damit radikalisierte er einen schon bei Locke vorhandenen Gedanken. Für Hume wurde das Kausalgesetz vollends zweifelhaft, denn die Erfahrung läßt uns strenggenommen nur eine zeitliche und keine ursächliche Folge von Begebenheiten erkennen, die morgen anders sein können. Aus praktischen Gründen allein können und müssen wir aber von der Gültigkeit dieses Gesetzes ausgehen. Diese erkenntnistheoretischen Überlegungen wurden für die Entwicklung des neuen Romans wichtig, der zwar die zeitgenössische Wirklichkeit schildern wollte, dabei aber nicht nur die Subjektivität des Erzählers bzw. des Erzählens thematisierte, sondern eine oft extreme Ichbefangenheit schrulliger Außenseiter schildert und die philosophische Frage nach der Durchschaubarkeit, der Berechenbarkeit der Welt aufwirft. Es scheint in den Romanen des überall in Europa beliebten und nachgeahmten Sterne zweifelhaft, ob es überhaupt *die* Welt gibt und nicht nur ein Bündel von Impressionen, die jedermann anders assoziiert und interpretiert (vgl. S. 201).

Der Mensch und die Gesellschaft

Die wichtigsten Denkanstöße im Staatsrecht und in politischer Theorie gingen von den frühkapitalistischen Niederlanden mit dem Naturrechtler Hugo Grotius (1583–1645) aus; auch Spinoza konnte nur in diesen Staaten, wo religiös und politisch Verfolgte, darunter Bayle und Locke, eine Zuflucht fanden, seine gegen jegliche Orthodoxie verstoßende Philosophie verhältnismäßig unbehelligt entwickeln. In England wurde auch Thomas Hobbes ein Opfer der Bürgerkriege, ging aber nach Paris und entwickelte sich dort zu einem Verteidiger des die Ruhe sichernden Absolutismus (vgl. S. 25). Bei ihm ist der Zusammenhang zwischen einer pessimistischen Anthropologie und politischer Theorie überaus deutlich. Weil der Mensch schon im Urzustand Mangel leidet, wird er seines Nächsten Feind, er ist ein reißender Wolf, oder mit Hobbes: *homo homini lupus.* Aus Selbsterhaltungstrieb unterwirft er sich dem oder den Stärkeren.

Die politische Entwicklung in England wurde indessen nicht vom Absolutismus, sondern von dem aufsteigenden Bürgertum geprägt. Das Handelspatriziat verschmolz mit dem Großgrundbesitz, weil sich der englische Adel schon wegen der Primogenitur vom Bürgertum nicht abschotten konnte; die jüngeren Söhne mußten ein Auskommen finden, aber davon abgesehen nahmen sowohl Königshaus als auch Hochadel an der Expansion des englischen Handels teil. Politische Vertreter dieses nach dem Sturz der Stuarts sich kräftig durchsetzenden Bündnisses waren die Whigs, die auch für die Duldung der im Bürgertum verbreiteten Dissenters eintraten, während die Tories die Interessen des kleineren, alten Landadels und der englischen Staatskirche wahrnahmen. Gerade die Existenz der protestantischen Freikirchen und die ökonomische Macht ihrer Mitglieder bildeten die Voraussetzung für die bald sprichwörtliche religiöse Toleranz; die Dissenters, die nach und nach auch das Wahlrecht erlangten, konnten sich nämlich eigene Bildungsinstitutionen bis zur Universitätsebene schaffen, die öffentliche Diskussion der Prinzipien der Bibelauslegung und der Begründung der Dogmen der unterschiedlichen Religionsgemeinschaften war somit nicht zu vermeiden, und so bewirkte die Freiheit auf dem konfessionellen Gebiet, daß die Wurzeln auch der theologischen Aufklärung in England zu finden sind (vgl. S. 98).

Auch in der Staatstheorie und Religionsphilosophie war Lockes Einfluß bedeutend: Mit seiner Schrift *Two Treatises on Government* (1685) griff er direkt in die Politik ein, da er nicht nur jedes Gottesgnadentum und eine daraus abgeleitete Erbfolge ablehnte, sondern den ‹Gesellschaftsvertrag›, den die Untertanen mit dem Herrscher bei dem Übergang vom supponierten Naturzustand zum Staat abgeschlossen hatten, im Falle einer Pflichtverletzung durch den Monarchen für kündbar hielt. Selbstverständlich trat er für die Gewaltenteilung ein. Zwar konnte man weder in Deutschland noch in Frankreich für solche Thesen politisch eintreten – aber man konnte sie theoretisch behandeln, sie diskutieren. Das geschah in der Rechts- und Staatstheorie, wo Samuel Pufendorf (1632–1694) die *socialitas*, die ‹Gesellschaftlichkeit› als eine anthropologische Konstante betrachtete und so den Urzustand anders als Hobbes sah, wo Christian Thomasius (1655–1728) nicht nur den inneren Frieden, sondern das allgemeine Glück der Bürger als Ziel des Staates betrachtete und wo die beiden Moser absolutistische Willkür unter Berufung auf die alten Rechte der Stände bekämpften. Die Diskussion wurde in der Literatur vor allem in den Staats- und den Bildungsromanen geführt (vgl. S. 204 ff. und 291 ff.; 301 ff.).

Literatur und Gesellschaft

Die politischen und religiösen Auseinandersetzungen zwischen Whigs und Tories, Anglikanern und Dissidenten schufen eine ‹bürgerliche Öffentlichkeit›. Die unterschiedlichen Gruppen bedienten sich gern der Hilfe der

Schriftsteller, wobei ein solches «Mäzenat» unterschiedliche Formen annehmen konnte: Einerseits kauften sich Politiker bei konkreten Anlässen Pamphletisten, d. h. sie bezahlten mehr oder weniger guten Schriftstellern Honorare für die Abfassung politischer Streitschriften. Andererseits konnten geachteten Autoren ohne konkrete Verpflichtungen hohe Ämter und gute Pfründen zuteil werden, und trotz aller Mißbräuche trug dieses System sehr viel zur Blüte der englischen Literatur bei, die sich nach und nach wegen der Größe des englischen Buchmarktes von der direkten Abhängigkeit von den Gönnern freimachen konnte.

Obwohl die englische Literatur in vielfacher Hinsicht in Deutschland als vorbildhaft angesehen wurde, muß man sich darüber im klaren sein, daß die Kenntnisse der französischen Sprache und Literatur in Deutschland weit verbreiteter waren und daß viele englische Autoren zu Anfang den Weg über Frankreich genommen haben, in französischer Übersetzung gelesen wurden – trotz der vielen Hinweise der deutschen Dichter und Kritiker auf England. In Hamburg verweist Barthold Hinrich Brockes (1680–1747) nach seiner frühen Marino-Übersetzung sowohl in seiner eigenen Dichtung als auch in Übertragungen auf England: *Aus dem Englischen übersetzter Versuch vom Menschen des Herrn Alexander Pope Esqu. nebst verschiedenen andern Übersetzungen und einigen eigenen Gedichten* (1740) und *Aus dem Englischen übersetzten Jahres-Zeiten des Herrn Thomson, Zum Anhange des Irdischen Vergnügens in Gott* (1745). Am anderen Ende des deutschen Sprachraumes veröffentlicht Johann Jakob Bodmer (1698–1783) *Johann Miltons Verlust des Paradieses. Ein Helden-Gedicht. In ungebundener Rede übersetzt* (1733), *Versuch einer Deutschen Übersetzung von Samuel Butlers Hudibras* (1737) und *Alexander Popens Duncias mit Historischen Noten und einem Sendschreiben des Übersetzers an die Obotriten* (1747). Später folgt Wielands Shakespeare-Übertragung *Theatralische Werke. Aus dem Englischen. 8 Bände* (1762–1766).

Diese Übersetzungen aus der Hand bekannter Dichter und Kritiker zeigen, was in Deutschland nachahmenswert erschien. Es drehte sich um das große christliche Epos John Miltons (1608–1674), eines vom Puritanismus beseelten englischen Revolutionärs; erst Klopstock trat die Nachfolge an und schuf dann ein eher hoch gefühlvolles als episches Werk, eine religiöse Dichtung, die einer empfindsamen Zeit als Andachtsbuch diente und für kurze Zeit von immenser Bedeutung war.

Neben Milton tritt Alexander Pope (1688–1744), der mit seinen Lehrgedichten *Essay on Criticism* (1711) und *Essay on Man* (1733/34) in unnachahmlicher aphoristischer Zuspitzung und in einer geschliffen-urbanen Sprache die Grundpositionen der englischen Aufklärung bzw. des englischen Klassizismus formuliert. Er war eigentlich Tory, suchte jedoch eklektisch und pragmatisch die Tendenzen seines Zeitalters zu harmonisieren, was ihm dichterisch glänzend gelang. Die Fragen, die Politiker und Philosophen stellten, und die Antworten, die sie suchten, konnte Pope mit einer Eleganz formulieren, die ihm oft den Vorwurf der Oberflächlichkeit eingetragen hat. Die berühmtesten Zeilen, in welchen der Optimismus seiner Zeit und seiner Klasse zum Ausdruck kommt, dürften sein:

> [...] Shew'd erring Pride, whatever is, is right,
> That Reason, Passion, answer one great aim,
> That true Self-Love and Social are the same,
> That Virtue only makes our bliss below
> And that all our Knowledge is, ourselves to know.

Die Kritik an der *superbia*, der intellektuellen Überheblichkeit bei der Beurteilung der Werke Gottes und seiner Vorsehung, ist ein altes genuin theologisches Thema, das sich hier nahtlos mit einer aufgeklärten Anthropologie verbindet, die eine prinzipielle, auf Tugend gegründete Harmonie zwischen Individuum und Gesellschaft unter Berufung auf Sokrates postuliert.

Ob solche Verse eine metaphysische Lehre in ernst zu nehmender Form zum Ausdruck bringen, ob sie ‹philosophisch› sind, kann mit Fug und Recht bezweifelt werden, in dieser Verbindung darf jedoch nicht übersehen werden, daß der Begriff ‹Philosophie› in der Zeit nicht eng oder ängstlich definiert wurde, noch nicht mit dem der heutigen Fachphilosophie identisch war. Die ‹philosophes› waren die französischen Aufklärer, obwohl sie von Voltaire bis Rousseau anders schrieben als die deutschen ‹Schulphilosophen› Wolff und Baumgarten. Die deutschen Aufklärer Moses Mendelssohn, Abbt, Zimmermann, der Kreis um die *Berlinische Monatsschrift* u. a. mögen aus nachkantianischer Sicht die Bezeichnung ‹Popularphilosophen› verdient haben; es fragt sich aber, ob eine solche Bezeichnung, die auch Shaftesbury angeheftet werden kann, nicht das Verständnis für ihre Eigenart und damit die Eigenart des Philosophierens im 18. Jahrhundert überhaupt erschwert. Shaftesbury (vgl. S. 175 f.) wird in der englischen Tradition ‹moralist› genannt, d. h. er ‹philosophiert› auf sokratische Weise: Ohne ein System aufbauen zu wollen, greift er Einzelfragen, auch ganz konkrete Probleme auf, die er kritisch durchleuchtet und an denen er die Gültigkeit seiner Grundüberzeugungen aufweist, die ihm so evident erscheinen, daß sie keinen gelehrten Beweis nötig haben. Philosoph in diesem Sinne war auch Wieland, der nicht nur in Lehrgedichten und Romanen, sondern auch in zahlreichen Essays und Abhandlungen Fragen der Moral, der Ästhetik, der Religion und der Politik behandelt. Zusammen mit seinem englischen Vorbild meinte er, daß nicht der pedantische Gelehrte, sondern der ‹virtuoso›, der allseitig gebildete Mensch auf die richtige Weise philosophiert.

Dies bedeutet natürlich, daß die Grenzen zum dilettantischen Denken fließend wurden, was den Aufklärern nicht verborgen blieb. Lessing und Mendelssohn bestritten deshalb, daß der von ihnen hochgeschätzte Dichter Pope auch als Denker anzusehen, daß er in seinen Gedichten ein ‹Metaphysiker› sei; ihr prüfendes, abwägendes Nachfragen machte also auch nicht vor einem Schriftsteller halt, der in seinen Lehrgedichten *Essay on Man* und *Essay on Criticism* zwar nicht die Summe, aber doch das Credo des englischen Klassizismus glänzend formuliert hatte – aber eben ohne die auch von Lessing geforderte präzise Begrifflichkeit. Ähnlich geht es dem gefeierten, mit religiösem Anspruch auftretenden Klopstock, dem Lessing vorwirft, er beachte den Unterschied zwischen Empfinden und Denken nicht. In diesem Sinne wahrten die besten Aufklärer schon die Grenzen. Sie huldigten jedoch nicht mehr einem Philosophieren *more geometrico*, einer mathematischen ‹Lehrart›, sondern konnten und wollten für ein allgemein gebildetes Publikum schreiben.

Pope gehörte, wie auch sein Gesellschaftsepyllion *The Rape of the Lock* (1712–1714) anzeigt, zur «guten Gesellschaft», zu der trotz der politischen Kämpfe recht homogenen und gleichzeitig offenen englischen Oberschicht, die ihn trotz seiner keineswegs zur Schau getragenen katholischen Konfession akzeptierte – genauso wie sie den Presbyterianer James Thomson (1700–1748) aufnahm und mit guten Ämtern belohnte, als er sein Gedicht *The Seasons* (1726–1730) veröffentlichte, in welchem er mit Ausgangspunkt in dem Werk des größten Naturwissenschaftlers der Zeit das naturbeschreibende Lehrgedicht erneuerte. Der Kosmos Isaac Newtons (1641–1727) erfährt eine deistisch getönte Poetisierung, die Jahreszeiten beweisen in ihrer Abfolge die Harmonie der Schöpfung und die Güte des Schöpfers, bilden eine Art Theodizee. In dieser Hinsicht unterscheidet er sich nicht sehr von Pope.

Bei Thomson, der eine ganze Generation von deutschen Dichtern tief beeinflußte, wechselt Naturbeschreibung mit Reflexionen, wie auch in Edward Youngs (1683–1765) *Night Thoughts* (1742–45, deutsche Übersetzung 1751), die elegischer sind und ihm in der deutschen Empfindsamkeit eine ungeheure Resonanz verschafften. Gleichzeitig war er für die Zeit mit seinen *Conjectures on Original Composition* (1759, deutsche Übersetzung 1760) der große alte englische Dichter, der die neuen Ideen vom Originalgenie, das keine Regeln nötig hat, überzeugend und autoritativ formulierte, so daß seine Wirkung in Deutschland größer war als in England, wo die ständige Auseinandersetzung mit Shakespeare einen rigiden Klassizismus verhindert hatte.

Auf den englischen Dramatiker wies Lessing hin, aber erst auf die Prosaübersetzung Wielands folgte eine deutsche Shakespeare-Rezeption, die überwältigenden Einfluß gewann. Fast ebenso wichtig wurde für die Empfindsamkeit Ossian (vgl. S. 159). England lieferte somit nach der von Pope dominierten klassizistischen Periode einen wichtigen Beitrag zur Emotionalisierung der deutschen Aufklärung, die auch das ‹bürgerliche Trauerspiel› englischer Provenienz empfindsam gestaltete und seine Konflikte oft in die etwas gehobenere Schicht des Landadels verlegte – im Gegensatz zu George Lillos (1693–1739) *The London Merchant: with the Tragical History of George Barnwell* (1731).

Als ‹bürgerlich› wurde jedoch vor allem der moderne Roman empfunden, der von England aus einen wahren Siegeszug durch die Literaturen Europas antrat. Er hob sich als ‹novel› oder ‹History of ...› scharf von den alten ‹romances›, aber auch von den französischen Liebesromanen ab, die auch in England eine gewisse Nachfolge gefunden hatten, z. B. in Eliza Haywoods *Love in Excess, or, The Fatal Enquiry* (1719/20). Wie die Restaurationserzählungen von Aphra Behn (1640–1689), die allerdings auch in ihrem Roman *Orinokoo* (1688) vor wenig zurückschreckte, wurden sie nach den ersten Romanen Richardsons als lasziv betrachtet.

Samuel Richardson (1689–1761) (vgl. S. 177ff. und S. 180) wurde der Schöpfer des paradigmatischen empfindsamen Brief- und Prüfungsromans – der Prototyp erschien mit dem moralisch und ökonomisch vielversprechenden Titel *Pamela or Virtue Rewarded* (1740). Er schildert, wie die aus ehemals wohlhabender, jetzt aber verarmter Familie stammende Heldin und Kammerzofe ihre Jungfräulichkeit gegen den adligen Verführer so erfolgreich verteidigt, daß der Vertreter einer libertinistischen Oberschicht die bürgerliche Heldin heiratet, die trotz der sehr handgreiflichen Annäherungsversuche sich doch nicht so abgestoßen fühlt, daß sie eine Ehe ausschlägt, in welcher der Verführer sich dann auch glücklicherweise in einen frommen christlichen Ehemann verwandelt.

In Richardsons Frauenschilderungen, besonders in *Clarissa* (1748), steckt jedoch sehr viel bis dahin im Roman kaum entwickelte psychologische Analyse der weiblichen Gefühle. Dies sicherte ihm den europäischen Erfolg, der aus anderen Gründen auch seinem Antipoden Henry Fielding (1707–1754) zuteil wurde, der nach satirischen Anfängen über Adaptionen der pikaresken Romanform und Cervantes' *Don Quijote* zu einem neuen Romantyp gelangte, in welchem eine bunte Schilderung des zeitgenössischen Lebens mit dem Lebenslauf eines Helden verbunden wird, der weder die Tugend noch das Laster verkörpert, sondern seine gesunde Natur realisiert. Er schuf damit eine der Voraussetzungen für den Bildungsroman Wielands, der sich jedoch anders als Fielding auf die Schilderung der zeitgenössischen Wirklichkeit nicht einließ. Den endgültigen Sieg der Gattung bildeten dann die Romane Sternes, in welchen der Realismus Fieldings zugunsten einer extrem empfindsamen Subjektivierung zurücktritt.

2. Frankreich

Unter allen Franzosen war wohl Voltaire, d. i. François Marie Arouet (1694–1778), der größte Anglophile, aber gleichzeitig derjenige, der im Bewußtsein der deutschen Intelligenz den französischen Einfluß auf Hof und Adel in Deutschland am deutlichsten zutage treten ließ. Der spätere Hofphilosoph Friedrichs II. hatte jedoch nach einem Zusammenstoß mit einem

Adligen drei Jahre in England verbringen müssen und hatte in seinen *Lettres philosophiques sur les Anglais* (1733) seiner Bewunderung für die englische Aufklärung nachdrücklich und witzig Ausdruck gegeben.

Der Franzose Voltaire trat für den englischen Empirismus, für Bacon und Locke sowie für die Naturwissenschaft Newtons ein und konnte sich so später an der Großen Enzyklopädie Diderots und d'Alemberts beteiligen. Er pries die Geschäftstüchtigkeit der Engländer und wollte in der Londoner Börse den Ursprung der die ganze Gesellschaft durchdringenden religiösen Toleranz erkennen, denn dort trafen sich Anglikaner, Quäker und Juden, ohne daß ihre konfessionellen Standpunkte Kauf und Verkauf, das wirtschaftliche Leben der Gesellschaft störten. Als unerbittlicher Kämpfer gegen religiöse Unterdrückung wandte er sich in Frankreich gegen die katholische Kirche, die im Gegensatz zu der englischen Staatskirche andere Religionsgemeinschaften verfolgen konnte.

In dieser Hinsicht vertrat er eine allgemeine Tendenz zur Verschärfung der Religionskritik in Frankreich. Voltaire selbst blieb beim Deismus stehen, während Julien Lamettrie (1709–1751) in seinem Werk *L'homme machine* (Leiden 1748) einen konsequenten Materialismus verfocht und in den Empfindungen und Gefühlen der Menschen nur Bewegungen der Materie erkannte. Der Deutschfranzose Paul Henri d'Holbach (1723–1789) beschrieb in seinem *Système de la nature; ou, Des loix du monde physique et du monde moral* (1770), wie der Titel verspricht, die Übereinstimmung der moralischen mit der physischen Welt: In der Selbstliebe erkennt er das Gesetz der Trägheit wieder, in der Liebe die Schwerkraft usw., so daß es kaum verwunderlich war, daß diese Richtung innerhalb der französischen Aufklärung in deutschen Augen in ihrer Konsequenz zum gottlosen Immoralismus führen mußte und sowohl von den gemäßigten Aufklärern als auch vom Sturm und Drang abgelehnt wurde. Voltaires schneidender Angriff auf die Lieblingsvorstellungen des optimistischen Deismus in seinem die Lehren Leibniz' parodierenden Roman *Candide* (1759) sowie sein galant-erotischer *Zadig* (1747), der eine Welle erotischer Exotik einleitete, brachten ihn im Bewußtsein des Publikums in die Nähe des Atheismus und des Zynismus.

Dabei blieb aber Voltaire auch in Deutschland eine bewunderte Hauptgestalt der Aufklärung, der er nicht nur in seinem Kampf gegen Autoritäten und Institutionen, sondern auch in seiner Geschichtsphilosophie wichtige Denkanstöße gab. Er blieb auch nach dem spektakulären Bruch mit Friedrich II. für die Öffentlichkeit der Vertreter jener französischen Hofkultur, die den großen König für die neuen Strömungen in der deutschen Literatur blind gemacht hatte, denn der anglophile Voltaire huldigte zwar der englischen Philosophie, aber literarisch dem französischen Klassizismus und lehnte Shakespeare als dramatisches Muster scharf ab.

Ganz anders war die deutsche Rezeption des Antipoden Voltaires, Jean-Jacques Rousseaus (1712–1778), der natürlich auch zur französischen Aufklärung gezählt wurde und immer noch werden muß. Die Themen, die er in seinen philosophischen Schriften und in seinen Romanen anschlug, wurden von Kant, Mendelssohn, Hamann, Herder, Goethe und Schiller aufgenommen und weitergeführt.

Rousseaus *Discours sur les sciences et les arts* (1750), der eine Beantwortung der Preisfrage war, ob der Fortschritt der Wissenschaften und Künste dazu beigetragen habe, die Sitten zu veredeln oder sie zu verderben, hob das Denken über diese in der Literatur der Zeit immer wieder auftauchende Frage auf eine neue Ebene, indem es mit der moralischen Kulturkritik die Einsicht verband, daß die Entwicklung nicht rückgängig gemacht werden kann und daß der moderne Mensch in den Künsten und Wissenschaften selbst ein Mittel zur Überwindung der von ihnen verursachten Misere finden muß. Schiller nimmt in seinen *Briefen über die ästhetische Erziehung des Menschen* diesen Faden auf. Ohne seine Abhandlung *Discours sur l'origine et les fondements de l'inégalité parmi les hommes* (1755) ist Herders Abhandlung *Über den Ursprung der Sprache* kaum denkbar, denn Rousseau entwickelt hier schon die Hypothese vom Menschen als instinktschwachem Mangelwesen, der jedoch die Fähigkeit zur Nachahmung, zur Entwicklung, ja zur Vervollkommnung seiner Fähigkeiten besitzt, ein Gedanke, der noch bei Arnold Gehlen von zentraler Bedeutung ist.

Polemisch schilderten ihn seine Gegner unter den Zeitgenossen als einen eichelnfressenden Primitivisten, der im Ernst an die Möglichkeit eines «Zurück zur Natur» im radikalen Sinne glaubte. Zwar sah er im Gegensatz zu Hobbes den Naturzustand als positiv, sah den ‹Sündenfall› sozusagen erst im Aufkommen der Agrarwirtschaft, denn sie bedeutet Eigentum und bewirkt Arbeitsteilung, aber er entwickelt in der Schrift *Du contrat social* (1762) auch die – wiederum an Schillers Denkmodell erinnernde – These, daß der Mensch zwar die Freiheit des Naturzustandes verlieren muß, gleichzeitig aber, indem er sich zur Gemeinschaft mit seinen Mitmenschen verpflichtet, eine sittliche Freiheit gewinnt, weil er sich freiwillig dem ‹allgemeinen Willen›, an dem er ja auch teilnimmt, beugt und damit den Zwang dem Begriff nach aufhebt.

Für die Literatur war wichtig, daß Rousseau, wie die Auseinandersetzungen Mendelssohns und Hamanns über *La nouvelle Héloïse* zeigen, einen neuartigen Typ des philosophischen Romans schuf. Anders als Voltaires *Candide* transportiert dieser Roman nicht philosophische Thesen, sondern ist selbst das Medium einer philosophischen Bemühung, sei es durch die Darstellung der Natur der Gefühle, sei es durch die Analyse der sich aus jeder Erziehung entwickelnden Spannung zwischen allgemeinen Zielen und einmaliger Individualität. Um die ‹philosophische› und erzählerische Bewältigung der Subjektivität ging es ihm auch in seiner Selbstbiographie, die kaum weniger wichtig als die Romane war. Seine *Confessions* (1770) decken schonungslos die Konflikte einer genialen, aber auch benachteiligten Individualität auf, von der frühen Sexualität bis zu seiner späten Paranoia.

Der neue Roman Rousseaus schildert, wie wenig später auch Wielands Romane, Positionen, die philosophisch (noch) nicht definiert, geschweige denn vermittelt werden konnten und so systematischer Behandlung in der ‹Schulphilosophie› nicht fähig waren, weshalb diese nach einem auch modernen Rezept lieber schwieg. «Die theoretische Aporie wird so vom Subjekt als ein Konflikt erfahren. [...] Es ist der fiktionalen Erzählweise wesentlich, daß sie nicht theorielos ist, wohl aber den theoretischen Fundus ihrer leitenden Konzepte in einer Vielzahl von Brechungen der Erfahrung zur Darstellung bringt, die die theoretischen Grundpositionen in anderer Weise ausdifferenzieren, als der theoretische Diskurs selbst dies vermöchte.» (Stierle)

So findet sich in *La nouvelle Héloïse* (1761) eine ‹philosophische› Analyse der Gefühle, die Mendelssohn mißfiel, eine Analyse, die so wenig wie später *Die Leiden des jungen Werthers* das Problem des Widerstreites zwischen den auch von den Hauptpersonen anerkannten allgemeinen sittlichen Normen und einem Gefühl lösen konnte, das so übermächtig ist, daß es, auf Erden unerfüllt, um der Gerechtigkeit Gottes willen eine Transzendenz verlangt. In eine ähnliche Aporie führt *Émile* (1762), der mit dem Satz anfängt, dem wohl schwer zu widersprechen ist: «Alles, was aus den Händen des Schöpfers kommt, ist gut; alles entartet unter den Händen des Menschen.» Aber warum entartet es unter der Hand des Menschen, der ja auch gut aus der Hand Gottes kam? Rousseau entwickelt als Heilmittel keineswegs ein Programm der Anti-Erziehung bzw. Nicht-Erziehung, will vielmehr durch eine minuziös geplante, sozusagen totale Erziehung, die der Natur und dem Zufall auch gar nichts überläßt, die Fehlentwicklung der Menschheit seit dem Naturzustande wiederum durch Kunst und Wissenschaft rückgängig machen. Auch das pädagogische achtzehnte Jahrhundert konnte diese Forderung nicht einlösen.

Neben Voltaire und Rousseau können natürlich viele andere Namen genannt werden, von den jetzt vergessenen Verfassern und Verfasserinnen von den für Wieland so wichtigen Feenmärchen, die mit dem Morgenländischen nur spielten, bis zu dem immer noch wichtigen Charles-Louis Montesquieu (1689–1755), der in seinen *Lettres persanes* (1721) die europäische Welt fiktional verfremdete und kritisierte und in seinem *De l'esprit des lois* (1748) die Kultur aus den natürlichen Gegebenheiten des Klimas, der Produktionsform und -verhältnisse ableitete. Überhaupt entwickelte die Zeit bis zu einem gewissen Grad durch den Vergleich mit anderen Hochkulturen, aber auch mit dem ‹edlen Wilden›, der zunächst in einem unschuldigen Naturzustand zu leben schien, kultur- und gesellschaftskritische Impulse.

Dies war möglich, weil sich auch in Frankreich, aber anders als in England, eine Art ‹bürgerliche Öffentlichkeit› entwickelte, und zwar in den Salons. In diesen Salons trafen sich leichter und anders als in Deutschland Intelligenz und Adel. Neben dem alten grundbesitzenden ‹Schwertadel› gab es in Frankreich vor allem auch den Amtsadel, in den Bürgerliche aufsteigen konnten.

Obwohl eine solche Nobilitierung in Deutschland nicht unmöglich war, machte sich dort seit 1740 eher eine Tendenz zur (Re-)Feudalisierung bemerkbar. Besonders in Preußen sicherte sich der Adel, von Friedrich II. unterstützt, die höchsten Posten in der Verwaltung, und da sowohl Zunfts- als auch Zollschranken außer in wenigen größeren Handelsstädten die Entwicklung einer finanzkräftigen Bourgeoisie verhinderten, blieben die bürgerlichen Beamten, die also normal keine Spitzenpositionen einnahmen, gesellschaftlich weitgehend unter sich, bis man in den Freimaurerlogen und Lesegesellschaften einen gewissen Ersatz für die englischen coffee houses und die französischen Salons schuf.

Ein hervorragender Vertreter dieser intellektuellen Salonkultur war Denis Diderot (1713–1784), der Kunstkritiker, Philosoph und Dichter zugleich war und mit d'Alembert (1717–1783) das Riesenwerk der späten Aufklärung, *La Grande Encyclopédie*, schuf, das nicht ins Deutsche übersetzt werden konnte. Hier mußte man sich mit Zedlers älterem *Universallexicon* und Bayle begnügen, den Gottsched übersetzt hatte.

In Deutschland wurde besonders Diderots *Theater* wichtig (vgl. S. 212ff.), ein frühes Werk, während sein spätes *Paradoxe sur le comédien* (1773), das eine Brechtsche Distanz des Schauspielers zur Rolle verlangt, vorerst wenig Beachtung fand. Kulturkritisch war sein *Supplément au voyage de Bougainville* wichtig (vgl. S. 198), vielleicht aber noch mehr seine Schrift *Rameaus Neffe*, die zuerst auf deutsch in einer Bearbeitung Goethes erschien, dem Klinger die nach St. Petersburg gelangte Handschrift überließ. Sie enthält eine ätzende Kritik der bürgerlichen Überzeugung von der Glück und Glückseligkeit verschaffenden Tugend, der Diderot als junger Schriftsteller selbst gehuldigt hatte.

3. Deutschland

Im Rahmen der hier grob skizzierten Entwicklung ist das Zeitalter der Aufklärung in Deutschland zu sehen. Sie ist ohne die vielfach früher einsetzenden Strömungen in England und Frankreich nicht zu denken, zeigt jedoch von Leibniz bis Kant, von Haller bis Lessing und Wieland, daß sie keineswegs bloß rezeptiv ist, sondern ein Teil eines alle Gebiete des Lebens und des Denkens umfassenden europäischen Prozesses ist.

Phasen

Will man den Periodenbegriff ‹Aufklärung› nicht zu weit dehnen, muß daran festgehalten werden, daß die deutsche Aufklärung philosophisch gesehen in den achtziger Jahren des 17. Jahrhunderts mit Christian Thomasius (1655 bis 1728) in Halle anfängt und rund hundert Jahre dauert (vgl. Kapitel IV,

Philosophie). Thomasius philosophierte sehr eklektisch und pragmatisch, wichtig war für ihn der Nutzen, weniger die systematische Begründung. Seine stark ethische und praktische Haltung verband ihn in vieler Hinsicht mit den in Halle sehr einflußreichen Pietisten, die gleicherweise an dem Nutzen dogmatischer Systeme zweifelten und dafür tätige Nächstenliebe predigten.

Die deutsche Philosophie nahm in der ersten Hälfte des Jahrhunderts die zentralen Thesen des großen Philosophen Leibniz (1646–1716) nur zögernd auf, und Wichtiges wurde erst in der zweiten Jahrhunderthälfte gedruckt (vgl. S. 53). Auf eine erste, mehr eklektisch-empirische Phase von 1690–1720 folgte also keine Leibniz-Epoche, sondern der Siegeszug des Wolffianismus, der sich zwischen 1720 und 1740 konsolidierte, als Christian Wolff (1679–1754) nicht in Halle lehren durfte, weil er bei der Abgabe des Prorektorats in einer aufsehenerregenden Vorlesung *De Sinarum philosophia practica* dargelegt hatte, daß Menschen auch ohne die Offenbarung eine Moral entwickeln und befolgen und somit ein glückseliges irdisches Leben führen können.

Noch in der dritten Periode, mit der sich der vorliegende Band vorwiegend beschäftigt, spielt der Wolffianismus eine nicht unbeträchtliche Rolle. Wolff war zwar Schüler von Leibniz, griff jedoch auch auf den Aristotelismus zurück und versuchte stark systematisierend sowohl empiristische als auch rationalistische Impulse gut aufklärerisch unter einem ‹pragmatischen›, d. h. funktionalen Aspekt zu vereinigen: «Ich habe mir vorgenommen, die Welt-Weisheit auf eine solche Art abzuhandeln, daß man sie in seinem künftigen Ambte und im menschlichen Leben nutzen könne. Denn ich habe es für einen schädlichen Wahn gehalten, als wenn man bloß darzulegen erlernen sollte, damit man in Gesellschaften Materien zu discurrieren, und in den Schulen Materien zu disputiren und in der verkehrten gelehrten Welt Materien zu Zänckereyen hätte.»

Im Gegensatz zu Thomasius und den späteren ‹Popularphilosophen› legte Wolff jedoch großen Wert auf die Syllogistik, und obwohl er keineswegs den Wert der Induktion leugnete, blieben für Gottsched und für die deutsche Schulphilosophie seine strengen Definitionen, seine mathematische und «deduktivische» Lehrart das große Vorbild.

Als Friedrich II. an die Macht kam, verloren die Pietisten ihre starke Stellung in Halle, Wolff konnte im Triumph an die Universität zurückkehren. Hofphilosoph des Königs wurde jedoch Voltaire (1694–1778), ein Philosoph ganz anderer Art, dessen Wirkung in einem Land, wo alle Gebildeten Französisch verstanden, sehr groß wurde. In der Universitäts- bzw. ‹Schul›-philosophie lebte der Wolffianismus jedoch weiter, und so wurde er für die Entwicklung der Ästhetik als philosophischer Disziplin durch die *Aesthetica* (1750) seines Schülers Baumgarten von großer Bedeutung, während Lessing schon einen neuen Typ der Kritik vertrat, indem er seine Erkenntnisse durch eine Analyse des konkreten Kunstwerks und in ständiger Diskussion mit der

Tradition gewann, also nicht durch die «demonstrativische» Ableitung aus wenigen Grundbegriffen. Doch ist auch Lessings Kritik ohne Kenntnis der Leibniz-Wolffschen Terminologie nicht zu verstehen.

Um 1750 fing dann eine letzte empirisch-kritische Phase der Aufklärung an, die zunehmend auch in Deutschland von neueren französischen und englischen Denkern geprägt wurde. Sie zeichnet sich durch eine weniger systematische als kritische, weniger deduktive als induktive, weniger rationalistische als empiristische Haltung aus sowie durch ein gesteigertes Interesse an der Analyse der Empfindungen und Gefühle und an dem Problem der Subjektivität und der Individualität. Damit zusammenhängend wird in dieser Periode das Problem der Geschichtlichkeit aufgearbeitet; auf allen Gebieten stellte man nunmehr die Frage nach den konkreten realen Voraussetzungen für Verhältnisse, Meinungen und Erkenntnisse, d. h. nicht bloß die systematische Frage nach der Wahrheit, sondern vielmehr die nach der Entstehung der Bedingungen, unter denen sie gestellt werden konnte und gestellt worden war. Diese Epoche hört auf mit, bzw. gipfelt in der endgültigen Absage an die durch Wolff vertretene rationalistische Metaphysik durch Kants Kritizismus, der als produktive deutsche Aneignung und Weiterentwicklung des englischen Empirismus, als Aufklärung über die Aufklärung betrachtet werden kann, indem Kant gegenüber dem alten Vernunftsdogmatismus die Grenzen der Erkenntnis aufzeigt, ohne dem Skeptizismus Humes zu verfallen.

Die Grenzen der Erkenntnis

David Humes Analyse des Erkenntnisvermögens und der Denkkategorien des Menschen hatte ihn zu einer erkenntnistheoretischen Skepsis geführt, die in Königsberg von Immanuel Kant und Johann Georg Hamann (1730–1788) geteilt wurde. Kants *Kritik der reinen Vernunft* und *Kritik der praktischen Vernunft* sind Ergebnisse einer konsequent durchdachten Aufklärung und zeigen, daß Reflexionen über Wesen, Formen und Grenzen der Aufklärung dem 18. Jahrhundert keineswegs unbekannt waren. Mit seinen ‹Kritiken› wollte Kant ja einerseits der naiv vernunftsgläubigen Metaphysik ihre Basis nehmen, weshalb er «der preußische Hume» genannt wurde, andererseits aufzeigen, in welchen Grenzen und unter welchen Bedingungen eine sichere Erkenntnis trotz Hume möglich ist. Es gelingt ihm bekanntlich dadurch, daß er – vereinfacht ausgedrückt – die Gültigkeit der Erkenntniskritik Humes aufhebt, indem er Zeit und Raum als menschliche Anschauungsformen, die mit Kategorien wie Kausalität konstituierend für die Welt sind, wie sie das von den Empfindungen affizierte menschliche Bewußtsein aufnimmt. Die Anschauungsformen bedingen a priori das Erscheinungsbild der Welt, aber über ihre Gültigkeit jenseits der Welt der Phänomene, für die Dinge an sich ist damit nichts ausgemacht; innerhalb unserer Welt, nicht für die Welt an sich, hat die philosophische Erkenntnis jedoch die Überprüfbarkeit und die

Sicherheit, die ein von den rechtmäßigen Ansprüchen der Mathematik und der Logik überzeugter Philosoph verlangen muß, denn die Gesetze sind in beiden Fällen von der menschlichen Vernunft gegeben worden und dulden keine Ausnahmen.

Hamanns Kritik an der Metaphysik, aber auch an Kant ist, daß die Sprache ein a priori, eine unaufhebbare Voraussetzung des Denkens ist, worüber die Philosophen nicht genügend nachgedacht haben. Da die Begriffsbildung in sprachspezifischen Metaphern ihren Ausgangspunkt nimmt, da die Sprache also anders als die Anschauungsformen und Kategorien nichts Allgemeines ist, bleibt sie ein unterschiedlicher, unaufhebbar empirischer Ausgangspunkt für jeden Denker. Jede konstruierte philosophische Metasprache bekommt erst in der jeweiligen ‹zufälligen›, d. h. akzidentiellen Alltagssprache ihre Gültigkeit. Hamann kann Kants «kopernikanische Wendung» nicht mitmachen, für ihn bleibt die Vernunft von der jeweiligen historischen Erfahrung abhängig, er kann auch nach Kants Kritik mit dem Begriff einer allgemeinen, unwandelbaren, nach ihm deshalb absolut gesetzten, ja geradezu hypostasierten Vernunft nichts anfangen.

Aufklärung und Emanzipation

Trotz dieser Hinweise auf die philosophische Entwicklung als Basis für eine Gliederung der Epoche sei noch einmal ausdrücklich daran erinnert, daß die Aufklärung eine Bewegung war, die alle Gebiete umfaßte, sich auf dem Gebiet der Politik als Reformabsolutismus, in der Theologie als Neologie usw. äußerte. Agrar- und Schulreformen wurden durch volksaufklärerische Schriften vorangetrieben, philosophische Schriften, Fabeln, Gedichte und Predigten sollten Aufklärung vermitteln, und zwar nicht nur Aufklärung des Verstandes, sondern auch der Sitten, der Moral, der Empfindungen, des Geschmacks. Ziel der Aufklärung war nie bloß Aufklärung im Sinne von ‹gereinigter›, ‹deutlicher› Erkenntnis, sondern sie sollte zum rechten moralischen und gesellschaftlichen Handeln führen, und zwar in mehrfacher Hinsicht: zur vernünftigen Lebenspraxis, zum Nutzen und zur Wohlfahrt im beruflichen Leben, zu einer dem Gemeinwohl verpflichteten Politik des Fürsten, der sich als Landesvater oder Diener des Staates verstehen sollte, zu einer gerechten Verwaltung von seiten des Beamten, zu richtigen Erziehungsgrundsätzen der Eltern usw.

Die späte englische, französische und deutsche Aufklärung war sehr oft eine praxisbezogene, konkrete und in gewissem Sinne politische Aufklärung. Die Zeit der Enzyklopädien, des umfassenden, durch die Analyse der Tatsachen gewonnenen, kritisch auf seine Verwertbarkeit hin gesichteten Wissens war ja gekommen, Newtons *Regulae philosophandi* hatten Descartes *Discours de la Méthode* abgelöst. Die Vielfalt der geographisch und geschichtlich differenzierten Kultur des Menschen trat ins Gesichtsfeld und trug Neues zur

Anthropologie bei. Es ging um die Untersuchung der menschlichen Vermögen, sowohl prinzipiell als auch in ihrer mannigfaltig bedingten historischen Gestalt, es ging um den Prozeß der Aufklärung, der nicht von selbst verlief und für die ganze Gesellschaft wichtig war.

Die am meisten zitierte deutsche Definition der Aufklärung ist Kants Aufsatz *Was ist Aufklärung?* entnommen, der ein Beitrag zu einer Diskussion über diese Frage – an der übrigens auch Moses Mendelssohn teilnahm – in der *Berlinischen Monatsschrift* (1783/84) ist:

«*Aufklärung ist der Ausgang des Menschen aus seiner selbstverschuldeten Unmündigkeit. Unmündigkeit* ist das Unvermögen, sich seines Verstandes ohne Leitung eines anderen zu bedienen. *Selbstverschuldet* ist diese Unmündigkeit, wenn die Ursache derselben nicht am Mangel des Verstandes, sondern der Entschließung und des Mutes liegt, sich seiner ohne Leitung eines andern zu bedienen. Sapere aude! Habe Mut, dich deines eigenen Verstandes zu bedienen! ist also der Wahlspruch der Aufklärung.»

In Kants Definition tritt das emanzipatorische Moment der gesamten Aufklärung hervor und verbindet sich mit einem Appell an den Willen und die Moral der «selbstverschuldet» Unmündigen. Kant weiß jedoch sehr wohl, daß die Aufklärung als Befreiung aus der Unmündigkeit zwar eine Forderung an den einzelnen sein muß, daß sie jedoch nur in einer Gemeinschaft, durch eine Öffentlichkeit, ein Publikum zustande kommen kann, da sie ein Prozeß ist, der durch Kommunikation, durch den «öffentlichen» Gebrauch der Vernunft vorangetrieben wird. Das «Jahrhundert *Friedrichs*» ist zwar das Zeitalter der Aufklärung, aber noch nicht als aufgeklärt zu betrachten. Der König ermöglicht jedoch diesen Prozeß, indem er im Gegensatz zu anderen Vormündern sagt: «*Räsonniert* so viel ihr wollt, und worüber ihr wollt; *aber gehorcht*!»

Kant unterscheidet den ‹öffentlichen› Gebrauch der Vernunft von dem ‹privaten›. Dabei bezieht sich ‹privat› auf die Sphäre der amtlichen Tätigkeit, in der sowohl Pfarrer als Verwaltungsbeamte sich den Instruktionen der Institutionen fügen müssen, denen sie dienen, ‹öffentlich› dagegen auf die Diskussion, das ‹Räsonnieren› der gelehrten Theologen oder Juristen, die in Zeitschriften ihre Zweifel an den politischen Maximen oder den Dogmen frei diskutieren sollten, die sie im Büro oder auf der Kanzel vertreten müssen.

Kant verspricht sich aus dieser Diskussion die Entwicklung eines freien Denkens, welches das Volk mit der Zeit dazu befähigen wird, frei zu handeln, so daß die Regierung es vorteilhaft finden wird, es dereinst nicht mehr als ‹Maschine› zu behandeln, sondern seiner Menschenwürde gemäß. Die Grenzen der im absolutistischen Staat möglichen Aufklärung sieht er also genau und betont, daß die preußische Freiheit nur möglich ist, weil der König «ein wohldiszipliniertes zahlreiches Heer zum Bürgen der öffentlichen Ruhe zur Hand hat» und deshalb Diskussionen erlauben kann, die in einem ‹Freistaat› hätten unterbunden werden müssen. Für Kant ist der König eben aus diesem Grunde kein Vormund, obwohl seine Armee dafür sorgt, daß die Diskussion –

anders als in einer Republik – jedenfalls vorläufig folgenlos bleibt, und er macht sich, wie der wesentlich skeptischere Hamann in einem Brief schreibt, über die in dem Aufsatz zutage tretende «selbstverschuldete Vormundschaft» keine Gedanken.

Kants aufklärerische Kritik richtet sich in diesem Aufsatz vor allem gegen die Kirche, und er stellt sich somit auf den Standpunkt Friedrichs II., während Hamann sowohl die Wirtschafts- als auch die Kulturpolitik des Königs scharf kritisierte. Der abschließende Absatz im Aufsatz eröffnet jedoch einen Ausblick auf die weitere Entwicklung und allmähliche Veränderung dieses politischen Systems. Kant befindet sich hiermit in Übereinstimmung mit den Haupttendenzen der deutschen Aufklärung, die sich insgesamt emanzipatorisch und kritisch zu den geistlichen und den weltlichen Autoritäten verhielt, jedoch weder atheistisch noch revolutionär war. Sie konnte es nicht sein, weil es gegen die Interessen ihrer Trägerschicht verstoßen hätte. Die Aufklärung wurde, wie anderswo dargestellt, in den deutschen Staaten nicht wie in Holland, England und Frankreich von einer finanzkräftigeren Bourgeoisie vertreten, sondern von Gelehrten und Beamten, die ihr Auskommen im Staatsdienst fanden und nur durch die Maßnahmen eines ‹aufgeklärten› Fürsten auf die Verwirklichung ihrer Ideale hoffen konnten, Ideale, die auch von einer vernünftigen Religion gepredigt wurden. Diese bürgerlichen Beamten waren wie Kant Anhänger eines aufgeklärten Absolutismus, später vielfach einer konstitutionellen Monarchie; auch mehren sich in der zweiten Hälfte des Jahrhunderts die kritischen Urteile über die preußische Politik und über die Berliner Akademie, an der die französischen ‹philosophes› auch nach dem Weggang Voltaires dominierenden Einfluß hatten. Bei aller Bewunderung für den großen König konnten die deutschen Aufklärer sich auf die Dauer nicht verhehlen, daß der König von Anfang an in der Praxis die Lehren Machiavellis befolgte, die er in der Theorie verwarf, und daß er kulturpolitisch nicht bereit war, deutsche Dichter oder Gelehrte zu unterstützen. So blieb das Gepräge der deutschen Aufklärung bürgerlich, bzw. entwickelte sich in einer adelig-bürgerlichen Gesellschaft an kleineren Höfen, nicht in Berlin oder Wien, wohin viele Dichter hoffnungsvoll geblickt hatten.

Literarische Strömungen

Auch die deutsche Literatur im Zeitalter der Aufklärung hatte mit Lessing, Klopstock und Wieland ihren Höhepunkt in der dritten Phase, während die ‹Hochaufklärung› Wolffs ihren literarischen Anspruch mit dem Klassizismus Gottscheds angemeldet hatte. Poetisch und poetologisch hatten dabei französische und englische Kritiker und Dichter wie Boileau (1636–1711) und Addison (1672–1719) als Vorbilder der Literaturreform die führende Rolle gespielt, aber schon mit Gellert und den *Bremer Beiträgern* traten neue Tendenzen hervor, die auch in der dritten Phase weiterwirken.

Es dreht sich dabei zuerst um die Empfindsamkeit (vgl. S. 172ff.), die nicht nur verweltlichter Pietismus ist, sondern ein gesamteuropäisches Phänomen mit vielen Erscheinungsformen. In Deutschland macht sie sich als ‹Zärtlichkeit› schon in den vierziger Jahren bemerkbar, erreicht aber erst ihren Höhepunkt in den siebziger Jahren. Wie die neuere Forschung überzeugend nachgewiesen hat, ist sie «keine Tendenz *gegen* die Vernunft, sondern der Versuch, mit Hilfe der Vernunft auch die Empfindungen aufzuklären» (Sauder). Mitleid(en), Sympathie, Tränen im wirklichen Leben und auf der Bühne zeugen von einer Sensibilisierung und einer Emotionalisierung, die sich sowohl in dem sogenannten ‹weinerlichen Lustspiel› Gellerts als auch in Lessings *Miß Sara Sampson*, in den Werken von Rousseau, Diderot, Young, Sterne, Gellert, Klopstock, Goethe, Sophie La Roche und F.H. Jacobi äußert. Diese Namen machen deutlich, daß der Versuch, die Empfindsamkeit als nicht zur Aufklärung gehörig auszugrenzen, zu Fehldeutungen nicht nur der Empfindsamkeit, sondern der gesamten Aufklärung führen muß.

In den meisten älteren Literaturgeschichten steht der Sturm und Drang in einem noch stärkeren Gegensatz zur Aufklärung als die Empfindsamkeit, während die neuere Forschung mit Recht die gemeinsamen Züge betont und sich gegen die Konzeptionen einer ‹Deutschen Bewegung› oder ‹Goethezeit› gewandt hat, nach denen Sturm und Drang, Klassik und Romantik als Manifestationen des deutschen Geistes einer seichten, vor allem französisch geprägten Aufklärung gegenübergestellt wurden, dessen deutscher Vertreter Wieland war, während Klopstock und Lessing als Vorläufer der Klassik gesehen wurden.

In vieler Hinsicht radikalisiert sich die Aufklärung in dieser nur kurze Zeit dauernden ‹Geniebewegung›, es wird aber auch schon eine Kritik an gewissen Seiten der Spätaufklärung deutlich, deren Tragweite jedoch nicht richtig eingeschätzt wird, wenn man sie auf Irrationalismus, Aufstand des Gefühls usw. reduziert. Vielmehr läßt sich die erwähnte Radikalisierung wiederum anhand der Erkenntnisproblematik exemplifizieren.

Pope hatte mit seinem vielzitierten Satz: *The proper study of mankind is man* zwar schon die Tendenz präzise ausgedrückt, die auch die Spätaufklärung prägen sollte, aber sein Programm bezog sich letzten Endes doch mehr auf den Menschen im allgemeinen als auf den konkreten, geschichtlich bedingten und beschränkten Menschen. Die bohrenden Selbstanalysen Hamanns während seines Londoner Aufenthaltes 1758 zeigen, wie auch der konkrete «Zustand der menschlichen Natur auf der Welt», die Gefühle und Wünsche des einzelnen nun mitreflektiert werden, wie sich die Aufklärung im Individualismus und Subjektivismus radikalisiert:

«So wie alle unsere Erkenntniskräfte die *Selbsterkenntnis* zum Gegenstand haben, so unsere Neigungen und Begierden die *Selbstliebe*. Das erste ist unsere Weisheit, das letzte ist unsere Tugend. So lange es den Menschen nicht möglich ist, sich selbst zu kennen, so lange bleibt es eine Unmöglichkeit für ihn, sich selbst zu lieben. [...] Es ist die Frage nicht allein, wenn ich mein eigen Selbst ergründen will, zu wissen, was der Mensch ist? sondern auch, was der Stand desselben ist; Bist du frey oder ein Sclave? Bist du ein Unmündiger, ein Wayse, eine Wittwe und in welcher Art stehst du in Ansehung höherer Wesen, die ein Ansehen sich über dich anmassen, die dich unterdrücken, die dich übervortheilen und durch deine Unwissenheit, Schwäche, Thorheit zu gewinnen suchen... Gott und mein Nächster gehören also zu meiner Selbsterkenntnis, zu meiner Selbstliebe.»

Hamann kommt also zu dem Ergebnis, daß die – von Sokrates bis Pope – geforderte Selbsterkenntnis vom Einzelmenschen nicht geleistet werden kann, sondern erst in der Erfahrung einer sowohl positiven als auch negativen Abhängigkeit und Eingebundenheit stattfindet: In der mythischen Sprache der Bibel fragt Hamann nach den Möglichkeiten und Voraussetzungen des konkreten, geschichtlich bedingten Menschen, zu der verlangten Selbsterkenntnis zu gelangen. Persönliche Erfahrungen, Erziehung, Leidenschaften, Wissen, Vorurteile und – wiederum ganz konkret – wirtschaftlicher Druck bedingen das Denken, und deshalb gibt es nach ihm keine allgemeine gesunde, sondern nur eine individuelle und manchmal kranke, manchmal träge, manchmal von den Leidenschaften beschwingte Vernunft. Schon hier tauchen also die Motive der Individualität, der Subjektivität, der Emotionalität, der sozialen Bedrückung auf, die in den Dramen des Sturm und Drang so wichtig wurden.

Sein Schüler Herder entwickelte diese Analyse der Situationsgebundenheit und Individualität der Erfahrung und damit der Vernunft zu einer historisch-genetischen Kulturbetrachtung, die er in *Auch eine Philosophie der Geschichte zur Bildung der Menschheit* in Auseinandersetzung mit anderen zeitgenössischen Geschichtskonzeptionen stark polemisch mehr entwarf als darstellte. Auch das leiblich-seelische Selbstbewußtsein als Ausgangspunkt der Welterfahrung und jedes Denkens spielt bei Herder eine Rolle, während Armut und Unterdrückung durch den militaristisch-absolutistischen Staat und die unverhüllte Darstellung der Leiblichkeit und der sexuellen Not in den Dramen der folgenden Generation dominante Themen werden. Aufklärung und Sturm und Drang verhalten sich zueinander «wie Evolution und Revolution, deren Neues eine stürmische Erfüllung und Verwandlung des Alten ist» (G. Kaiser). Neu ist vor allem die allerdings bald verebbende explosive Kraft, die Wendung von der Analyse zu der oft zum Scheitern verurteilten Tat des Selbsthelfers, dessen Gestalt als Prometheus mythisch überhöht wurde und als Identifikationsfigur den von der Aufklärung so bewunderten Sokrates ablöste. Nicht mehr der ironisch fragende Philosoph, dessen Martyrium eine Folge davon ist, daß er sich der Suche nach der Wahrheit verpflichtet weiß, sondern der Aufrührer, der Umstürzler, der eine neue und gerechtere Welt will, ist der Held der neuen Generation.

Die ältere Forschung hob, wie schon erwähnt, den Sturm und Drang sehr stark von einer undifferenziert gesehenen Aufklärung ab und konnte nicht die Züge wahrnehmen, die z. B. auch den Bückeburger und nicht erst den späten Weimarer Herder mit der von ihr als seicht abqualifizierten Periode verbinden. Nachdem heute die Aufklärung neu gesehen wird, ist vielleicht wieder eher die «Verwandlung» zu betonen. Aus den beschriebenen Ansätzen entwickelten der Sturm und Drang und die Klassik trotz aller hier aufgezeigten Kontinuität den Organismusgedanken, eine konsequent historisch-genetische Betrachtungsweise, eine neue Einschätzung des Mittelalters, des Volkes und dessen Kultur und damit verbunden der verschiedenen nationalen Traditionen. Die Polemik der Aufklärer gegen die Vertreter des Neuen einerseits, die vielfachen Verflechtungen andererseits und die Veneration der jungen Generation für Lessing und Klopstock verlangten nach einer sorgsamen Analyse dieser letzten und kurzen Phase, von welcher sich die Klassik ebenso stark unterscheidet wie die Aufklärung im engeren Sinne.

II. DER POLITISCH-GESELLSCHAFTLICHE HINTERGRUND

1. Absolutismus

Wer sich mit der deutschen Literatur des 18. Jahrhunderts beschäftigt, muß sich immer wieder an die altbekannte Tatsache erinnern, daß es in diesem Jahrhundert zwar einen französischen, englischen und spanischen Staat gab, jedoch keinen deutschen. Es gab das «Heilige Römische Reich Deutscher Nation» und einen Kaiser in Wien, aber die politische Wirklichkeit hatte wenig mit diesem Reich und diesem Kaiser zu tun. Die Wirklichkeit war eine aus etwa 300 souveränen deutschen Territorien bestehende Föderation, die der Jurist und Staatswissenschaftler Samuel Pufendorf 1667 «einen irregulären und einem Monstrum ähnlichen Körper» genannt hatte. Es gab weiter einen «immerwährenden Reichstag» in Regensburg, das Reichskammergericht in Wetzlar, wo Goethe eine Zeitlang arbeitete, und den Reichshofrat in Wien, aber obwohl diese Institutionen nicht ohne Bedeutung waren, konnten sie jedoch keineswegs den politischen Willen der «deutschen Nation» zum Ausdruck bringen.

Den Dreißigjährigen Krieg hatten die Bauern, die Bürger und der Kaiser verloren – gewonnen hatten ihn die Territorialfürsten, die in der Phase des Wiederaufbaus ihre Macht konsolidieren konnten. Von ihnen gingen die politischen Initiativen aus, während die Landstände, in welchen der Adel, die Geistlichkeit, die Bürger und in einigen wenigen Gebieten sogar noch Bauern vertreten waren, nur noch versuchen konnten, das Recht der Steuerbewilligung zu behalten, das ihnen die Territorialfürsten zu entreißen suchten, weil sie Steuern sowohl für den Wiederaufbau als auch für den Luxus benötigten, den sie als absolute Herrscher entfalten wollten und mußten, wenn die Residenzstadt sich als das Zentrum darstellen sollte. Schon im 17. Jahrhundert entwickelten die Höfe deshalb eine moderne Repräsentationskultur, zu welcher alle Künste beitrugen, während die bürgerliche Kultur der Städte, die mit Dürer, Hans Sachs usw. im Spätmittelalter und in dem Reformationsjahrhundert eine große Rolle gespielt hatte, ihre Bedeutung nach und nach verlor.

In fast allen Ländern Europas entwickelte sich der Absolutismus, wobei Ludwig XIV. mit seinem Spruch «L'État, c'est moi» das bewunderte und gehaßte Vorbild auch der deutschen Fürsten wurde. Seine glänzenden Erfolge beneideten sie, aber sie dachten wohl weniger darüber nach, daß er letzten Endes nicht verhindern konnte, daß Wilhelm von Oranien den englischen Thron bestieg und somit die Stärke der nicht-absolutistisch regierten Staaten unter Beweis stellte, die theoretisch schon wegen der Teilung der politischen Macht hätten unterliegen müssen.

Seltsamerweise hatte der Absolutismus gerade in England seinen gewandtesten Theoretiker in der Gestalt des Philosophen Thomas Hobbes (1588–1679), der, auch vor dem Hintergrund religiöser Bürgerkriege, mit seinen Schriften «De cive» (1642) und «Leviathan» (1651) die Politik des Absolutismus begründete und rechtfertigte. Die Erfahrungen des 16. und 17. Jahrhunderts bewiesen nach Hobbes, daß der Mensch nach Macht strebt und seinem Nächsten wie ein wildes Tier begegnet (homo homini lupus), so daß der Kampf aller gegen alle der natürliche Zustand (status naturalis) ist, den nur die absolute Macht, das Machtmonopol eines einzelnen, des Fürsten, beenden kann. Der Bürgerkrieg ist ein Rückfall in einen solchen Naturzustand, wobei es gleichgültig ist, ob dieser durch eine Fronde mächtiger Adliger oder durch Religionsstreitigkeiten entfacht wird. Um vor den Stärkeren Schutz zu finden, übertragen die Schwächeren dem Stärksten die Macht. Die Gesellschaft formiert sich folglich, indem die Bürger sich dem Herrscher unterwerfen, um Schutz von ihm zu erlangen. Der «status civilis» wird nach dieser Theorie durch einen Gesellschafts- bzw. Herrschaftsvertrag gegründet. Der König ist somit nicht Herrscher von Gottes Gnaden, denn die Souveränität wurde ihm nicht von Gott, sondern vom Volk übertragen, aber nach der Theorie von Hobbes kann diese Übertragung nicht rückgängig gemacht werden, auch wenn der Fürst seine Verpflichtungen nicht erfüllt.

Ruhe war aber erste Bürgerpflicht, der innere Friede, den der Bestand des Staates garantiert, wurde das höchste Gut – und der Bürger mußte diesen Frieden und nicht etwa sein Gewissen und seine religiösen Überzeugungen, die in England und Frankreich grauenvolle Bürgerkriege, in Deutschland den große Gebiete verwüstenden Dreißigjährigen Krieg hervorgerufen hatten, als höchsten Wert anerkennen. Wenn er dies tat, konnte ihm sein Landesherr aber auch prinzipiell einen Freiraum zugestehen, ihm erlauben, in seiner privaten Sphäre in Übereinstimmung mit seinem religiösen Gewissen zu leben. Die Maxime selbst des ‹unaufgeklärten› Absolutismus war im Deutschen Reich nicht «cujus regio, ejus religio», denn die 1624 existierende Aufteilung in evangelische und katholische Territorien durfte nicht mehr durch Konfessionswechsel des Herrschers geändert werden, aber die Toleranz konnte im 17. und auch im 18. Jahrhundert sehr verschieden praktiziert werden. Ludwig XIV. vertrieb die Hugenotten, aus Salzburg wurden die Protestanten exiliert, aber beide Gruppen fanden im lutherischen, von einem reformierten Fürsten absolutistisch regierten Preußen eine neue Heimat, in der später sogar auch die Jesuiten wirken konnten, die nach der Aufhebung des Ordens durch Papst Clemens XIII. aus den katholischen Ländern flohen. Auch in anderen protestantischen Ländern fanden Hugenotten, Mennoniten, Juden und Katholiken Aufnahme, obwohl die jeweilige Geistlichkeit nicht immer damit einverstanden war.

In gewissem Sinne war der Absolutismus der erste Schritt zum säkularisierten Staat, aber sowohl katholische als auch lutherische und reformierte

Fürsten verstanden sich als christliche Fürsten; lutherische Fürsten waren summi episcopi, d.h. sie behielten sich die letzte Entscheidung auch in kirchlichen Sachen vor. Ferner waren alle drei Konfessionen sich einig, daß die weltliche Macht das Recht und die Pflicht hatte, die Wahrheit zu schützen und den Irrtum zu unterdrücken. Aber das «weltliche Regiment» mußte mit der nicht mehr aus der Welt zu schaffenden Glaubensspaltung zurechtkommen, und es gelingt ihm, indem es in stets höherem Grade die Konfessionen als ein kirchliches und nicht als ein staatliches Problem behandelt, bis schließlich Friedrich II. erklärt, daß in seinen Staaten jeder nach seiner Fasson selig werden könne. Das «weltliche Regiment» hatte auf die Interessen des Staates zu sehen, mußte von seinen Untertanen Toleranz verlangen und übte sie selber, sofern sie in Übereinstimmung mit diesen Interessen stand. Die absolutistischen Fürsten wollten nicht bloß die Christen aufnehmen, die wegen ihres Glaubens verfolgt wurden, sondern wünschten vor allem auch tüchtige, arbeitsame und treue Bürger. Hier verlief indessen auch normalerweise die Grenze, denn da man überzeugt war, daß Atheisten als solche keine Moral besäßen, konnten sie keine zuverlässigen Untertanen abgeben – im Gegensatz etwa zu den «Ketzern». Von Thomas Morus bis Thomasius wurde immer wieder die Forderung nach religiöser Toleranz erhoben, aber sie wurde auch von diesen Theoretikern nicht auf die Atheisten ausgedehnt, zu denen vielfach Spinoza und die Spinozisten gerechnet wurden.

Der zweifache Dualismus des 16. und 17. Jahrhunderts: kaiserlich – reichsständisch und evangelisch – katholisch verlor somit zunehmend an politischer Bedeutung, denn auch die habsburgische Monarchie vertrat nicht mehr die Interessen des Reiches. Ein neuer Kaiser wurde zwar immer von den Kurfürsten gewählt und in Frankfurt gekrönt, aber es war nur ein Schauspiel.

Die reale Macht hatten neben der habsburgischen Monarchie in Österreich-Ungarn die Länder Sachsen, Hannover, Bayern und vor allem Brandenburg-Preußen, dessen Kurfürst – wie die von Hannover und Sachsen auch – den Königstitel erworben hatte.

2. Bevölkerungs- und Bildungspolitik im aufgeklärten Absolutismus

a) Das Beispiel Brandenburg-Preußen

Gerade im 18. Jahrhundert wurde Berlin der eigentliche Gegenpol zu Wien, die Zeichen für den Aufstieg der Hohenzollern wurden gesetzt, die 1871 eine neue Kaiserwürde erlangen sollten, nachdem das alte Reich 1806 zu Ende gegangen war. Es fing mit den Kriegen in Schlesien an, das Friedrich II. der Kaiserin Maria Theresia entriß, indem er trotz seiner Jugendschrift gegen den Machiavellismus diese Gelegenheit zur Mehrung seines Reiches gut machiavellistisch sofort ergriff. In diesen Kriegen, an denen die europäischen Großmächte teilnahmen und die um ein Haar den Untergang Preußens mit sich gebracht hätten, wurde Brandenburg-Preußen eine europäische Großmacht. Alle Deutschen wurden durch diese Auseinandersetzungen gezwungen, zur Person und Politik Friedrichs II. Stellung zu nehmen, denn er, der ein karges, zersplittertes Land in einen modernen, militärisch und wirtschaftlich starken Staat zu verwandeln vermochte, wurde geradezu die Verkörperung eines deutschen Reformabsolutismus; für die Intellektuellen war er außerdem der Philosoph auf dem Thron, der einen aufgeklärten Absolutismus nicht nur praktizieren, sondern auch diskutieren konnte und wollte. Deshalb lohnt ein kurzer Blick auf einige aufklärerische Elemente der preußischen Politik, die so viele Zeitgenossen jedenfalls zu Anfang nachahmenswert fanden und die ihn, man mochte zu ihm stehen wie man wollte, zuletzt zu Friedrich dem Großen machte.

Schulen

In vieler Hinsicht hatte der «unaufgeklärte» Absolutismus in Preußen die Grundlagen für eine künftige Entwicklung gelegt, vor allen Dingen das Heer geschaffen, das Friedrich II. sofort rücksichtslos einsetzte. Aber auch für die ‹Aufklärung› war allerhand getan worden, wie ein Blick auf das Schulwesen verdeutlichen mag.

Friedrich Wilhelm I. reformierte schon 1713 die Gymnasialausbildung und führte durch ein Edikt vom 28. September 1717 die allgemeine Schulpflicht ein, was allerdings in anderen deutschen Staaten schon im 17. Jahrhundert versucht worden war (Weimar, 1619; Gotha, 1642; Württemberg, 1649). 1736 regelten die Principia regulativa Schulhausbau und Lehrerbesoldung, wobei der König 50000 Taler zur Unterstützung der Lehrer armer Gemeinden stiftete. Es fragt sich aber, wie wirksam solche Reformen waren und wieviel sie bewirken sollten und konnten.

Sowohl die Bauern selbst als auch die adligen Gutsbesitzer opponierten gegen den ‹Schulzwang›, denn die Bauern hatten die Kinder im Hof und auf dem Feld nötig, und der Adel konnte allzu aufgeklärte Erbuntertänige nicht gebrauchen. Der Siebenjährige Krieg hatte die Notwendigkeit des Landschul-Reglements von 1736 erwiesen, «weil es viele Dörfer gibt, in welchen kaum einer oder ein paar schreiben können oder auch nur was Geschriebenes lesen, daher die Regimenter nicht einmal gute Feldwebel erlangen können, und es ist oft not, die geschriebenen Cirkularia der Landräte zu verstehen».

Der König wollte Schulen, «um geschicktere und bessere Untertanen» zu erhalten, mußte diese Schulpolitik jedoch immer noch gegen Bauern und Adel, und zwar mit Hilfe der im staatlichen Auftrag handelnden Pfarrer durchzuführen versuchen, war andererseits selber weder als Gutsbesitzer noch als König an einer zu weitgehenden Aufklärung interessiert: «... sonsten ist es auf dem platten Lande genug, wenn sie ein bisgen lesen und schreiben lernen, wissen sie aber zu viel, so laufen sie in die Städte und wollen Secretairs und so was werden; deshalb muß man auf'n platten Lande den Unterricht der jungen Leute so einrichten, daß sie das Nothwendigste, was zu ihrem Wissen nöthig ist lernen, aber auch in der Art, daß die Leute nicht aus den Dörfern weglaufen, sondern hübsch dableiben.»

Untersucht man den Bildungsstand der Lehrer und ihre wirtschaftliche Lage, scheinen die Befürchtungen des Königs etwas übertrieben. Angestellt wurden vorzugsweise Invaliden, jedenfalls abgedankte Soldaten, die auf diese Weise eine Versorgung hatten, wobei ihr Wissen weniger ins Gewicht fiel. Viele konnten nur sehr notdürftig lesen und schreiben, geschweige denn rechnen. Es ist deshalb nicht verwunderlich, daß der Schulunterricht von vielen Bauern für nutzlos gehalten wurde. Doch konnten auch Theologen ohne Stelle und Studenten ohne Abschluß angestellt werden, so daß in einigen Schulen besser unterrichtet wurde. Unter allen Umständen war die Besoldung miserabel, die Mehrzahl der ‹Schulmeister› verdiente zwischen 10 und 60 Taler im Jahr und mußte trotz Dienstwohnung und Naturalvergütungen wie Brennholz, Getreide usw. zusätzlich entweder als Handwerker oder Tagelöhner arbeiten.

Ende des 18. Jahrhunderts gab es in Deutschland neben den Volksschulen auch ‹Industrieschulen›, in denen der Unterricht mit der Erlernung von praktischen Fähigkeiten wie Spinnen, Weben, Stricken verbunden wurde, wobei der wirtschaftliche Ertrag der zur ‹Industriosität› gehaltenen Kinder beträchtlich werden konnte. Die u. a. von J. H. Campe propagierte Schulform, die jedoch auch heftig kritisiert wurde, verlor mit der aufkommenden Industrialisierung ihre Bedeutung und ist in unserem Zusammenhang von marginalem Interesse.

Es wäre natürlich falsch, in diesen Tatsachen einen Beweis für eine bloß deklamatorische preußische Schulpolitik zu erblicken, denn ähnliche Probleme schildert rund hundert Jahre später Jeremias Gotthelf in seinem Roman «Leiden und Freuden eines Schulmeisters», der im schweizerischen Emmental spielt. Die Reformen wurden grundsätzlich nicht um der Bauern, sondern eben um des Staates willen durchgeführt und blieben innerhalb der dadurch gesteckten Grenzen. Der König wollte eine den Verhältnissen der Bauern entsprechende Aufklärung, denn eine solche verhältnismäßige Aufklärung bzw. «Sozialdisziplinierung» sollte dafür sorgen, daß der Staat funktionierte, d. h. daß die Bauern auf dem Lande blieben, Abgaben zahlten und Soldaten wurden. Deshalb hat Friedrich II. auch nicht die Erbuntertänigkeit abgeschafft, weil eine solche Reform der Rekrutierung der preußischen Armee schaden würde. Er hat vielmehr die Steuerprivilegien, die Patronatsrechte und die übrigen Standesprivilegien des Adels bestätigt und eine «Rearistokratisierung» des Heeres und der Administration eingeleitet, weil der Adel durch die fast absolute Herrschaft auf dem Gut, die ihm vorbehaltenen staatlichen

Ämter und Offizierschargen für den Machtverlust im absolutistischen Staat entschädigt werden sollte. Die Bürger dagegen hatten vor allem zu bezahlen – auf die Städte entfielen in Preußen zwei Drittel der Steuern.

Diese Abgaben lasteten schwer, und es kam in den schwierigen Jahren nach dem Siebenjährigen Krieg, als harte indirekte Steuern (Zoll, Akzise) sogar bei Mißernte erhoben wurden, zu aufruhrähnlichen Krawallen, und die von Franzosen geleitete Zolladministration scheint die bestgehaßte Behörde des Staates gewesen zu sein.

Man muß sich vor Augen halten, daß Brandenburg-Preußen ein dünnbesiedeltes und noch dazu andauernd kriegführendes Entwicklungsland war, dessen Heer große Summen verschlang. Dennoch wurde die Entwicklung rapide vorwärtsgetrieben: Um 1700 hatte Ostpreußen etwa 400000 Einwohner, um 1775 837000; um 1700 wohnten in Berlin 24000 Menschen, um 1750 113000. Seit der Mitte des 18. Jahrhunderts nahm das Bevölkerungswachstum zwar überall in Europa kräftig zu, aber die preußischen Könige taten schon vorher besonders viel, um die «Peuplierung» ihrer Länder voranzutreiben, auch weil die Mark Brandenburg durch die Pest 1713/14 rund 215000 Einwohner verloren hatte, was ungefähr einem Drittel der damaligen Bevölkerung entsprach, während in Ostpreußen ungefähr die Hälfte der Einwohner starb. Zwischen 1685 und 1805 sollen schätzungsweise 350000 Kolonisten ins Land gekommen sein, darunter Hugenotten, die sich vorzugsweise in Berlin niederließen und deren ‹Kolonie› bekanntlich noch in Fontanes Romanen eine große Rolle spielt. Auch Salzburger Protestanten, Pfälzer und Holländer wanderten ein – durch Reisezuschüsse und anfängliche steuerliche Erleichterungen angeworben –, so daß die Bevölkerung, als der große König starb, zu einem Drittel aus Einwanderern bestanden haben soll. Eine solche Entwicklung wurde natürlich nur durch Opfer der alteinsässigen Bevölkerung möglich, es wurde ihr überdeutlich, daß der Staat nicht um der Landeskinder, sondern die Landeskinder um des Staates willen da sind. Die Königsberger dankten dem König durch ein so gutes Verhältnis zu der russischen Besatzungsmacht, daß Friedrich II. nach dem Siebenjährigen Kriege aus diesem Grund Königsberg nicht mehr besucht haben soll. Der spätere preußische Zollverwalter J. G Hamann stöhnte nicht über die zu Ende gehende Besatzungszeit, sondern über die zu erwartenden Kontributionen, und später küßte Herder den livländischen Boden, als er die preußische Grenze überschritten hatte.

Diese harte preußische Politik mußte den Zeitgenossen trotz allem jederzeit sympathischer sein als etwa die Gewaltherrschaft des württembergischen Herzogs Carl Eugen (1744–1793), der sein kleines Land fast völlig zugrunde richtete. Er brachte sein Heer von 3000 auf 12000 Mann, seinen Hofstaat auf 1800 Bediente, plünderte den Kirchenkasten, beschlagnahmte die Landschaftskasse usw., bis der Staat mit 13 Millionen Gulden verschuldet war. In seiner Regierungszeit ließ er außerdem Johann Jakob Moser und Ch. Fr. Daniel

Schubart einkerkern, während Schiller das Land floh, weil ihm verboten wurde, weiter Stücke zu schreiben. Es gelang schließlich den Ständen mit einer Klage bei dem Reichshofrat in Wien (1770), ihre Rechte, vor allem das Recht der Steuerbewilligung, wieder wirksam zu machen, bevor sie an die Tilgung der Schulden gehen mußten.

b) Das Beispiel Österreich-Ungarn

Im 17. Jahrhundert hatte der deutsche Kaiser seine Macht zwar nicht wiedergewinnen können, dafür entwickelte sich Österreich-Ungarn zu einem absolutistischen Staat von bedeutendem Gewicht. Die Habsburger konnten ihre Herrschaft im Königreich Böhmen befestigen und in Ungarn die Gegenreformation schonungslos durchführen. Vor allem aber waren die Siege über die Türken wichtig, die nicht nur vor Wien geschlagen, sondern aus ganz Ungarn vertrieben wurden. Die Doppelmonarchie konnte somit eine expansive Politik im Balkangebiet anfangen, die mit einer Kolonisierung und mit einem Germanisierungsprozeß verbunden war, der in Böhmen und Mähren einen gewissen Erfolg hatte, während er in Ungarn auf heftigen Widerstand stieß. Diese Resultate bedeuteten, daß die französische Politik, die nicht nur in den protestantischen Hohenzollern, sondern auch in den Türken natürliche Verbündete sah, auf dem Balkan den Habsburgern weniger gefährlich wurde. Österreich-Ungarn entfaltete nun als die dominierende katholische Macht im Deutschen Reich eine barocke ‹Repräsentationskultur› in den bildenden Künsten und der Musik. Wien wurde Zentrum eines Vielvölkerstaats und wuchs von 100000 Einwohnern um 1700 bis 230000 um 1800. Auf literarischem Gebiet waren die Leistungen weniger beeindruckend; sicherlich wurden viele Kräfte durch die Integration der nicht-deutschen Gebiete in Anspruch genommen, aber auch in den alten deutsch-katholischen Gebieten, sogar im Südwesten des Reiches begnügte man sich mit anspruchslosen Andachtsbüchern und lebte in einer traditionellen Frömmigkeit, die weit konservativer war als der Jansenismus und der Pietismus, obwohl die Reiseschilderungen der norddeutschen Aufklärer (Nicolai, Knigge) *auch* polemisch-satirischen Charakter haben. Es kann jedoch kein Zweifel darüber herrschen, daß sich die katholischen Gebiete in dieser Periode ingesamt rezeptiv verhielten und daß sich die Aufklärung erst allmählich durchsetzen konnte.

Als der junge Friedrich II. der noch jüngeren Maria Theresia Schlesien entriß, während der bayerische Herzog die Kaiserkrone wollte, wurde ein Prozeß der Modernisierung des in vieler Hinsicht lose zusammengefügten Staatskörpers eingeleitet, der unter Maria Theresia begonnen wurde, jedoch den Namen ‹Josephinismus› erhielt, weil ihr Sohn, seit 1765 Mitregent, diese Politik konsequenter, aber weniger klug betrieb. Sie umfaßte die gleichen Elemente wie die preußische Reformpolitik: Konsolidierung der Finanzen und eine Steuerreform, weil sehr viel Geld Wien nie erreichte. Dabei hatte Joseph II. in seiner Schrift *Rêveries* von einem generellen Abbau aller Steuerprivilegien des Adels geträumt; Reformen wurden tatsächlich in Österreich, Böhmen, Mähren, Kärnten usw. durchgeführt, während Ungarn auch in dieser Hinsicht eine Sonderstellung behaupten konnte. Die weniger aufklärerische Maria Theresia wünschte eine Aufhebung der Leibeigenschaft, aber Joseph wollte nur die Lasten erleichtern, wozu ihn allerdings auch Bauernaufstände in Böhmen 1775 zwangen. Außerdem wurde eine Heeresreform in Angriff genommen, um die Schlagkraft der Armee zu stärken, die bei dem Einfall der Preußen in Schlesien keinen nennenswerten Widerstand geleistet hatte; in den Kriegen zeichnete sich nur die ungarische Reiterei aus, die in der Kriegslyrik des Siebenjährigen Krieges oft besungen wird.

Auch das Bildungswesen wurde mit großer Verzögerung 1774 durch eine ‹Allgemeine Schulordnung› auf dem Hintergrund von Agrarkrisen, Pestepidemien und daraus resultierenden Aufständen reformiert, aber auch hier dürften die Ergebnisse erheblich hinter den Plänen zurückgeblieben sein. Überhaupt scheint die Bildungspolitik Josephs II. nicht konsequent. Die Jesuiten wurden zwar von der Leitung des höheren Unterrichts entfernt (vgl. auch den Abschnitt über ‹Josephinismus›), aber gleichzeitig wurde die Zahl der Ausbildungsstätten so drastisch reduziert, daß am Ende nur drei Universitäten übrigblieben: Wien, Pest und Löwen. Eine bedeutende Rolle spielte in Wien der Holländer van Swieten, der als Katholik keine Professur in Leiden bekleiden konnte, hier aber eine Reform der Ausbildung der Ärzte durchführen konnte.

Die süddeutsch-katholische Variante des aufgeklärten Absolutismus unterschied sich in ihren wesentlichen Elementen nicht von der norddeutsch-protestantischen. In beiden Fällen ging es um die Reform des Staatsapparates, nicht des Staates. Disziplin und Effizienz waren die Ziele, die erreicht werden sollten, und Joseph II., der in vieler Hinsicht radikaler war als Friedrich II., konnte zuletzt mit Bitterkeit bemerken, seine Untertanen rebellierten in den Niederlanden dagegen, daß er die Reformen durchführte, die die Franzosen durch eine Revolution erreichen wollten.

III. KIRCHE UND THEOLOGIE

1. Der Pietismus

Nach dem Dreißigjährigen Krieg lagen die konfessionellen Grenzen im Deutschen Reiche zwar fest, aber gerade im 18. Jahrhundert fanden sowohl im Protestantismus als auch im Katholizismus Entwicklungen statt, die auf verschiedene Weise zu dem gleichen Ergebnis führten, zu einer verschärften Kontrolle der Staatsmacht über die Kirchen einerseits, andererseits aber auch zu Spannungen und Gruppenbildungen innerhalb der Religionsgemeinschaften. Wieder dürfen wir Preußen als Beispiel für einen allgemeinen Trend in den protestantischen Gebieten nehmen, der hier bloß deutlicher zutage tritt als anderswo. Es dreht sich keineswegs nur um eine von oben diktierte Kirchenpolitik, sondern um eine Wechselwirkung zwischen staatlichen Interessen und Strömungen innerhalb der Kirchen.

Wichtig für die Kultur des 18. Jahrhunderts wurde der Pietismus, der zwar schon zwischen 1690 und 1740 einen Höhepunkt erreichte, aber sowohl im kirchlichen als auch im literarischen Leben in der zweiten Hälfte des Jahrhunderts immer noch eine prägende Kraft war. Sein Begründer war Philipp Jakob Spener (1635–1705), der als Geistlicher in Frankfurt (1666–86) Konventikel, ‹Collegia Pietatis› genannt, einrichtete, d. h. regelmäßige Zusammenkünfte der Gläubigen außerhalb des öffentlichen Gottesdienstes zu gegenseitiger Erbauung. Diese Konventikel, die ein Kennzeichen der ganzen Bewegung wurden, sollten zwar in erster Linie einem Leben in inniger Frömmigkeit dienen, führten aber eben deshalb zu einem tätigen Christentum, zum Bewußtsein sozialer Verantwortlichkeit; schon in Frankfurt wurde das erste Waisenhaus gegründet, das diesem Verständnis christlicher Nächstenliebe verpflichtet war und die pietistische Idee vermittelte.

Für den Pietismus als Gegenbewegung zur lutherischen Orthodoxie war ein Desinteresse an Kontroverstheologie, an der Dogmatik überhaupt charakteristisch. In erster Linie stand ein solches Studium der Heiligen Schrift auf dem Programm, das auf die Praxis eines frommen, christlichen Lebens zielte, und mit diesem Programm ging Spener 1686 erst nach Dresden, 1691 als Konsistorialrat und Propst nach Berlin. Hier gelang es ihm nicht nur, den Pietismus gegen die Angriffe der Orthodoxie zu schützen, sondern ihn so zu konsolidieren, daß die 1695 gegründete preußische Universität Halle ein weitgehend pietistisches Gepräge erhielt; infolgedessen hatten die Pietisten binnen weniger Jahre sehr viele Schlüsselstellungen in Brandenburg-Preußen inne.

Sein ‹Nachfolger› wurde August Hermann Francke (1663–1723), der dem ‹Halleschen› Pietismus sowohl theologisch als auch praktisch seinen besonderen Charakter gab. Vielleicht unter englischem Einfluß ‹systematisierte› er die Bekehrung, die nach einem schweren Bußkampf in einem plötzlichen Durchbruch erfolgen und – datierbar – den Anfang eines neuen Lebens bilden sollte. Francke wurde durch Speners Vermittlung an die Universität Halle berufen und verstärkte dort das praktische, karitative Gepräge der pietistischen Frömmigkeit. Das Hallesche Waisenhaus wurde unter seiner Leitung pädagogisch und wirtschaftlich zu einem riesigen Komplex von Anstalten und Handelsunternehmen ausgebaut, der vom preußischen Hofe protegiert wurde. Preußische Theologen mußten in Halle studieren, doch die Universität hatte Studenten aus vielen deutschen und nicht-deutschen Ländern, die an dem modernen praxisbezogenen Studiengang teilnehmen wollten; die Studierenden mußten sich an dem Unterricht in den Anstalten beteiligen und so schon während des Studiums ihre Theologie in Lehre und Dienst umsetzen lernen. Sie genossen außerdem eine gute Ausbildung in Hebräisch, Griechisch und Latein, während Dogmatik und Philosophie eine nur geringe Rolle spielten.

Die Erfolge in Halle hatten einen erheblichen Anteil an der Erneuerung des Pfarrstandes und des Schulwesens in Preußen; dadurch gewann der Pietismus bald einen starken Einfluß auf Beamte und Offiziere. Es drehte sich um eine von oben geförderte ‹Kulturrevolution›, die schließlich aus dem Halleschen Pietismus eine Art ‹preußischer Staatsreligion› machte und eine Tradition des staatstreuen, sparsamen, aber auch sozial verantwortlichen Konservativismus schuf, der – trotz Friedrich II. und was auf ihn folgte – bis zum Preußen unter Bismarck weiterlebte, und dessen pietistische Substanz von dem Preußenkenner Theodor Fontane in *Unwiederbringlich* geschildert wird.

Innerhalb des Pietismus erwachten aber auch andere Elemente der christlichen Überlieferung, vor allem traten in den Konventikeln auch eschatologische oder chiliastische Vorstellungen wieder hervor, wenn auch nicht mit der Sprengkraft, die sie im 16. Jahrhundert noch gehabt hatten. Es konnte sich jedoch eine Frömmigkeit entwickeln, die die ‹Welt› als ein ‹Babel› ablehnte und eine neue Welt herbeisehnte oder gar in Lebensgemeinschaften verwirklichen wollte. Am bekanntesten wurde Gottfried Arnold (1666–1714), dessen *Unpartheyische Kirchen- und Ketzerhistorie* (1699/1700) zu einem der Hauptwerke des deutschen Pietismus wurde. Arnold verließ konfessionelle Standpunkte, sah die Konfessionen vielmehr als Verfallserscheinungen an, während es nach seiner These das Merkmal des ‹Ketzers› ist, daß er ein frommes Leben in unbedingtem Gehorsam gegen Gott führe und deshalb in Konflikt mit geistlichen und weltlichen Autoritäten gerate. Andere Pietisten wie Johann Jakob Schütz (1640–1690), Johann Konrad Dippel (1673–1734), Franz Daniel Pastorius (1651–1720) und Hochmann von Hochenau (1670–1721) lebten und predigten aus chiliastischem Geiste, nahmen Verbindung mit den Quäkern auf, verweigerten den Eid, wandten sich gegen die Todesstrafe und überhaupt gegen staatliche Autorität und wanderten in einigen Fällen nach Amerika oder Rußland aus. Hier findet man in Deutschland schon recht früh neben und verbunden mit abstrusen Schwärmereien eine Kritik des absolutistischen Staates, von der in der Aufklärungsphilosophie vorerst nichts zu spüren war.

Auch in Schwaben entwickelte der Pietismus sich zu einer Volksbewegung, so daß die Konventikel 1743 offiziell als Teil des kirchlichen Lebens anerkannt werden. Die wichtigsten Vertreter waren Johann Albrecht Bengel (1687–1752), der die erste textkritische Ausgabe des Neuen Testaments (1734) in Deutschland schuf und mit ihr faktisch die führende englische Bibelkritik überholte. Er wurde für Johann Georg Hamann von Bedeutung, während sein Schüler Friedrich Christian Oetinger (1702–1782) mit seiner Lehre vom ‹Leben› als Synthese von Geist und Materie sowie mit seiner Hervorhebung der Präsenz des biblischen Gottes in der Welt den jenseitigen Gott des deistischen Rationalismus kritisierte und damit das Klima für die panentheistischen Strömungen im Sturm und Drang und im deutschen Idealismus vorbereitete. Auch in Südwestdeutschland konnte der Pietismus übrigens sehr scharfe Töne finden – ein Hofprediger in Württemberg wurde wegen einer kritischen Predigt sogar der Majestätsbeleidigung angeklagt und zum Tode verurteilt, aber da der zuständige Beamte das Urteil nicht unterschreiben wollte, wurde der Geistliche nur seines Amtes enthoben.

Der bekannteste unter den deutschen Pietisten, wenn man den Begriff weit faßt, ist immer noch Nikolaus Ludwig Reichsgraf von Zinzendorf (1700–1760), ein frühreifes religiöses Genie, das schon als neunzehnjähriger Jüngling ein Religionsgespräch zwischen Francke und dem Hauptvertreter der lutherischen Orthodoxie zustande brachte. Er war mit dem Kardinalerzbischof von Paris, Noailles, eng befreundet und vertiefte sich neben der Bibel mit Lust in Pierre Bayles *Dictionnaire historique et critique*, ein Hauptwerk der bibelkritischen Aufklärung, denn in diesem Werk bewies Bayle nach seiner Auffassung, daß der Glaube nicht auf Philosophie und Wissenschaft bauen kann, nicht in ihnen, sondern nur in der Begegnung mit Jesus wurzelt. Zinzendorf vertrat so eine entschiedene ‹Jesusfrömmigkeit›, die in einer als unmittelbar empfundenen Begegnung mit dem Erlöser eine Glaubensgewißheit erreicht, die auf jede spekulative Begründung verzichten kann, ja eine solche wird vielmehr von Zinzendorf abgelehnt, da sie, wie Bayle gezeigt habe, von der Vernunft nicht zu leisten ist. In dem Bekenntnis zu einer Theologie des Kreuzes werden aber auch konfessionelle Gegensätze zweitrangig; die Konfessionen sind als historisch bedingte Erziehungsweisen Gottes anzusehen, und beim Eintritt in die Brüdergemeine mußte weder der lutherische noch der reformierte Christ seine Konfession aufgeben.

Die Brüdergemeinen entwickelten sich aus einer Gruppe von mährischen Flüchtlingen, die einer vorreformatorischen hussitischen Bewegung entstammten. Ihnen gewährte Zinzendorf einen Zufluchtsort auf seinem Gut in der Oberlausitz, wo sie 1722 die Siedlung Herrnhut gründeten. Die Gemeinde wuchs, wollte sich aber nicht, wie es der lutherische Pfarrer forderte, in die lutherische Landeskirche eingliedern lassen. Zinzendorf stellte seine irenische Gesinnung und sein diplomatisches Geschick unter Beweis, als er die Brüder einerseits zur Integration überredete, andererseits die Gründung der ‹Erneuten Bruderunität› (1727) mit Ältestenamt durchsetzte. Er schloß sich den Brüdern an und wollte ihre Unität als eine Art ‹ecclesiola in ecclesia›, also Versammlungen innerhalb der Kirche, ähnlich wie die gewöhnlichen pietistischen Konventikel, verstanden wissen, wobei Zinzendorf weder ein Anhänger des Halleschen Bußkampfes noch des Chiliasmus war. Er wollte keinen Separatismus und erwarb deshalb in Tübingen einen theologischen Kandidatengrad und ließ seine Rechtgläubigkeit von einer Kommission bestätigen, was keineswegs überflüssig war. Der Hauptgegner der Brüdergemeine wurde z. B. in Dänemark der Staatspietismus Hallescher Provenienz, so daß Zinzendorf, der vom pietistischen König Christian IV. bei seinem ersten Besuch herzlich empfangen worden war, bei einem späteren Besuch nicht vorgelassen wurde. Die herrnhutische Niederlassung in Holstein durfte nur kurze Zeit bestehen, während die Aufklärer um den neuen König von dem Fleiß und der Wirtschaftlichkeit der Brüder so begeistert waren, daß die Brüdergemeine Christiansfeld im nördlichen Schleswig unter dem reformeifrigen Struensee und Christian VII. gegründet werden konnte.

Die ‹Herrnhuter› wurden im 18. Jahrhundert eine wichtige Bewegung innerhalb der sonst reglementierten Kirche und ließen sich auch in einigen Ländern gegen Zinzendorfs Intention als eine selbständige Religionsgemeinschaft vom Staat anerkennen. Sie entwickelten eine neue Liturgie, die Empfindungen und Spontaneität Raum ließ und in der die Forschung ein Vorbild für den Wechselgesang der himmlischen Chöre in Klopstocks *Messias* hat erkennen wollen – aber auch eine neue Architektur findet man in den herrnhutischen Siedlungen, die ursprünglich für Fremde nicht zugänglich waren. Berühmt waren ihre ‹Losungen›, ein Bibelwort für jeden Tag, in welchem das Wort Gottes an den einzelnen zu erkennen sei, und ihre ausgedehnte Missionstätigkeit, die sich von Grönland bis Indien erstreckte, und wozu die Brüder auch durch das Los erwählt wurden.

Eine große Bedeutung für die Bildung und den Geist der bürgerlichen Schicht hatten die pietistischen Internate und auch die Schulen der Herrnhuter, durch welche sie bis weit ins 19. Jahrhundert einen großen Einfluß auch auf die Intellektuellen und die oberen Schichten übten, vor allem aber auf die Romantik. Bekanntlich las der herrnhutisch erzogene Novalis nach dem Sophienerlebnis eifrig Zinzendorf, Lavater und Böhme. Ihm waren die vielen Pfarrerssöhne vorausgegangen – von Wieland bis Lenz –, die, in Internatsschulen oder zu Hause erzogen, ererbte pietistische Gedanken und Empfindungsweisen oftmals recht unpietistisch weiterbildeten. Die religiöse Empfindsamkeit, die sich in der Brüdergemeine bis zur Ekstase steigern konnte, die innige Verehrung des Lammes, der Seitenhöhle Christi usw. mußten Anstoß erregen, und so sahen sich die Brüder zu einer gewissen Abschirmung gegenüber der Welt genötigt. Die Frömmigkeit der Brüder wurde jedoch allgemein anerkannt, und wichtig war wohl vor allem, daß die Herrnhuter konsequent an einer Theologie der Erlösung festhielten und daß ihr Gemeindeleben dem religiösen Gefühl so reiche Nahrung gab. Der Erneuerer der protestantischen Theologie, Friedrich Schleiermacher (1766–1834), war von den Herrnhutern erzogen worden, ihre Spiritualität prägte ihn und die ‹romantische› Theologie. Wenn er das Wesen der Religion in dem «Bewußtsein der schlechthinnigen Abhängigkeit» erkennt, ist dies bei Zinzendorf schon vorgebildet.

Die Herrnhuter waren weder staatstreu wie die Halleschen Pietisten noch waren sie Chiliasten, sondern sie zeigten die Möglichkeit einer Gruppenbildung und Lebensgemeinschaft im Staat, aber unabhängig von ihm. Die Brüdergemeinen umfaßten hauptsächlich Handwerker, fast keine Bauern und kleine Gruppen von Adligen. Die Struktur war insofern eine Theo- oder Christokratie, als Christus 1741 Generalältester der Gemeine wurde, dessen Stellung zu wichtigen Fragen durch das Los erfahren werden konnte.

Dies darf jedoch nicht zu der Annahme verleiten, daß von hier aus eine gerade Linie zum Programm der Französischen Revolution: ‹Freiheit, Gleichheit und Brüderlichkeit› führt, obwohl der pietistisch beeinflußte Klopstock sich zunächst für sie begeisterte. Die Freiheitsrechte nahmen sich die aufklärerischen Revolutionäre mit anderen Argumenten: Weil der König seinen Teil des Gesellschaftsvertrages nicht erfüllt hatte, wurde die Souveränität hinfällig. Oder sie betrachteten – wie beispielsweise Wieland in *Schach Lolo* – die Legitimität als ursprüngliche Gewalt, die sich paradoxerweise durch ihre Kontinuation in Recht verwandelt hat.

Einen solchen Rückgang auf einen Ursprung ohne Standesunterschiede kannte der Pietismus natürlich in der christlichen Vorstellung von einem Paradies, die oft genug und besonders zur Zeit der Reformation nicht nur zur Kritik an der Ständegesellschaft benutzt worden war, sondern auch ihr utopisches Potential in alternativen Gesellschaften entfaltet hatte. Die Rückkehr in ein verlorenes Paradies ist jedoch unmöglich, das neue Jerusalem, in welchem der paradiesische Zustand wiederhergestellt wird, kann sowohl nach katholischer als auch protestantischer Auffassung nur durch Gott Wirklichkeit werden. Der Mensch muß auf die Wiederkunft Christi harren. Folglich entwickelte der Pietismus, auch die Brüdergemeine, in Übereinstimmung mit Paulus und Luther eine Standesethik, die von der Ungleichheit der Brüder in der Welt und ihrer Gleichheit vor Gott ausging. Es gab unter den Herrnhutern Adlige, die auf alle Privilegien verzichteten, aber normalerweise erfüllten alle ihre ‹Standespflichten›, die oft als Bürde und Last gesehen wurden. Die Stände entsprechen nach dieser Auffassung der überall in der

Natur herrschenden Abstufung und Mannigfaltigkeit, und aus dieser Haltung entwickelte sich – etwa bei dem älteren Claudius – eine verinnerlichte christliche Untertanengesinnung. Die Auseinandersetzung mit der Französischen Revolution führte dann zu einer organisch-konservativen Staatsauffassung im Gegensatz zu der bloß mechanistisch-utilitaristischen Staatslehre der aufklärerischen Revolutionäre. In diesem Zusammenhang konnten auch die alten vorabsolutistischen ‹Freiheiten› integriert werden, die etwa ein Möser in seiner Kritik am aufgeklärten Absolutismus benützt hatte, es konnte aber auch ein religiös verbrämter Absolutismus entstehen, in welchem unter dem Eindruck der französischen Besatzung der pietistische Enthusiasmus nationalistisch wurde – z. B. bei Arndt – und der König durch Gottes Gnaden sogar eine Art weltlicher Erlöser.

2. Orthodoxie

Weder durch den Pietismus noch durch die Aufklärung wurde die lutherische Orthodoxie beseitigt, wie der Streit Lessings mit Goeze beweist. Sie hatte sich durch eine neue Rezeption der aristotelischen Philosophie weit über die Lehransätze bei Luther und Melanchthon und die Festschreibung der konfessionellen Gegensätze in den Bekenntnisschriften des 16. Jahrhunderts hinaus systematisiert, wobei die im 18. Jahrhundert wichtigen Themen der Status der Heiligen Schrift, die Möglichkeit der Gotteserkenntnis außerhalb der Offenbarung und die Natur des Menschen waren. Es sei hier nur kurz an sie erinnert.

Die orthodoxe Lehre von der Verbalinspiration verschärft die Lehre Luthers, der in der Schrift und in ihr allein das Wort Gottes hörte, aber bekanntlich durchaus einen Unterschied zwischen den biblischen Schriften sah und Jakobs Brief eine «stroherne Epistel» nannte. Für die Orthodoxie ist die Schrift als Ganzes untrüglich wahr und als alleinige Quelle des Glaubens aus sich selbst zu verstehen; sie braucht keine Beglaubigung von außen und hat keine Tradition nötig, um richtig interpretiert zu werden.

Eine ‹natürliche›, d. h. angeborene oder erworbene Gotteserkenntnis gibt es zwar, aber die Vernunft ist so schwach und ihre Erkenntnis so dunkel und unzureichend, daß sie die zur Seligkeit nötige biblische Offenbarung nicht ersetzen kann.

Der Sündenfall bedeutete eine totale Verderbnis der menschlichen Natur. Der Wille ist, was das Heil des Menschen betrifft, von der Sünde geknechtet; der Mensch kann nur durch den Opfertod Christi erlöst werden, indem ihm die Gerechtigkeit Christi zugerechnet wird (Satisfaktionslehre).

3. Aufklärung

Der Pietismus hatte insofern der theologischen Aufklärung vorgearbeitet, als er die Bedeutung der kirchlichen Dogmen relativierte, anderen Konfessionen gegenüber zur Toleranz aufrief und eine ‹Heiligung› des Lebens, also eine moralisch-religiöse Progression verlangte, ohne jedoch an eine immanente Perfektibilität des menschlichen Geschlechtes zu glauben. Für die deutsche Aufklärung ist es charakteristisch, daß sie im Gegensatz zu den Verhältnissen in England und Frankreich auf seiten der Theologie stattfand, daß sie generell keine Konfrontation suchte, obwohl sie sich wie der Pietismus in einem Gegensatz zur Orthodoxie befand.

Aus theologischer Sicht fängt die Aufklärung in England an, denn den Deismus vertraten mehr oder weniger konsequent schon Herbert von Cherbury *(De veritate,* 1625*)*, John Locke *(The Reasonableness of Christianity,* 1693*)*, indem sie von einer ‹natürlichen› Religion ausgingen, zu der der Mensch durch seine Vernunft gelangen kann, und die mit der eben auch als vernünftig angesehenen christlichen Religion sehr wohl zu vereinbaren ist. Immer mehr Gewicht auf die ‹natürliche› Religion legten Shaftesbury, Bolingbroke und John Toland *(Christianity not Mysterious,* 1696*)*, während Matthew Tindal *(Christianity as old as the Creation,* 1730*)* die Auffassung vertrat, die Evangelien seien nicht bloß vereinbar, sondern inhaltlich identisch mit dieser ursprünglichen, allen Menschen gemeinsamen natürlichen Religion, die korrumpiert worden war, von der sich aber Spuren in vielen Religionen durch die Vernunft aufdecken lassen, wodurch eine ‹Kritik› besonders der Anthropomorphismen des Alten Testaments legitim geworden war. Eine solche Kritik war auf dem Kontinent insofern schon von Pierre Bayle *(Dictionnaire historique et critique,* 1695*)* vorbereitet worden, als er die Verbindung zwischen Vernunft und Dogma geprengt hatte, ohne damit die Gültigkeit einer der Vernunft widerstreitenden bzw. sie transzendierenden Offenbarung bestreiten zu wollen. Die von ihm dargestellte Unvereinbarkeit von Wissen und Glauben bedeutete, daß er sowohl von Gottsched, Zinzendorf als auch Voltaire geschätzt wurde. Letzterer machte mit seinen *Lettres sur les Anglais* (1734) die Thesen der englischen Deisten auf dem Kontinent bekannt. Auch sie bildeten die Basis für seinen Kampf gegen die Übergriffe der katholischen Kirche auf die Hugenotten. Während Voltaire Deist blieb, schritten einige der Mitarbeiter an der ‹Großen Enzyklopädie›, einem Hauptwerk der französischen Aufklärung, zum Materialismus und Atheismus weiter, vor allem Holbach in seinem *Système de la Nature* (1770).

Diesen Gedanken begegnete in Deutschland die Philosophie Leibniz', dem es darum ging, die Harmonie zwischen Vernunft und Glauben zu erweisen. Er kritisierte nicht nur die englische Bibelkritik, sondern schrieb sogar eine Verteidigung der von den Deisten natürlich als extrem unvernünftig angesehenen Trinitätslehre *(Defensio trinitatis per nova reperte logica,* 1670*)*. Auch kirchenpolitisch war er tätig – er wollte eine Wiedervereinigung der Konfessionen, und da diese sich als zu schwierig erwies, verhandelte er mit Spener und den Reformierten über eine Einigung der protestantischen Gruppen und mit Francke sogar über Weltmission.

Auf die Dauer ließen sich Konflikte natürlich nicht vermeiden, weil der Vernunftoptimismus Leibniz' ja nicht nur mit der Orthodoxie, sondern auch mit dem Pietismus unvereinbar ist, wozu noch die Relativierung des Bösen als Unvollkommenheit in der *Theodizee* (1710) kommt, die letzten Endes den Begriff der radikalen Sündhaftigkeit des Menschen aufheben muß. Sein Schüler Christian Wolff (1679–1754) veranlaßte mit einer Rektoratsrede, in welcher er die vorbildliche Ethik der Chinesen pries, die keine christliche Offenbarung kannten und doch tugendhaft lebten, einen erbitterten Kampf, den die Pietisten gewannen. Wolff, der seit 1707 in Halle lehrte, wurde 1723 aus diesem Zentrum der pietistischen Reformen vertrieben und verlebte traurige Jahre in Marburg, wo seine Lehrfreiheit keineswegs gesichert war, bis er – mit der Thronbesteigung Friedrichs II. – nach Halle zurückkehren konnte.

Die deutsche Theologie der zweiten Jahrhunderthälfte läßt sich als eine immer weitergehende Rezeption der aufklärerischen Gedanken beschreiben, die aber so zögernd und vorsichtig stattfand, daß Lessing die innere Konsequenz der Gedanken vermißte und drastisch von «Mistjauche» sprach, während der Sturm und Drang diese Theologen schon deswegen verspottete, weil sie ‹vernünftelnd› keinen Sinn für die Bibel als eine große Dichtung des göttlichen Geistes hatten.

In einer ersten Phase bewies Siegmund Jakob Baumgarten (seit 1734 Professor in Halle) mit Wolffscher Logik die Harmonie zwischen protestantischer Kirchenlehre und einer vernünftigen Philosophie und daß die ‹natürliche› Gotteserkenntnis zur Einsicht in die Notwendigkeit einer Offenbarung leitet. Zur gleichen Zeit führte der bekannteste dieser Theologen, Johann Salomo Semler (1725–1791, seit 1753 Professor in Halle), die englische Bibelphilologie in Deutschland ein und demonstrierte die Unhaltbarkeit des orthodoxen Schriftprinzips, das auch von Johann August Ernesti (1707–1781, seit 1742 Professor in Leipzig) angegriffen wurde, der eine rein profane Bibelwissenschaft forderte. Es wurde nun auch in Deutschland die allgemeine Auffassung, daß Gott sich den primitiven, jetzt längst überholten Vorstellungen eines vorderasiatischen Hirtenvolkes angepaßt hatte (Akkomodationstheorie), daß das ‹Wort Gottes› von einer die Gestalt und den Inhalt bedingenden Überlieferung geprägt ist, die bei der Interpretation mit bedacht werden muß, um zu einem ‹gereinigten› Gottesbegriff zu gelangen. Semlers *Abhandlung von freyer Untersuchung des Kanons* (1771/75) wurde ein Hauptwerk der Neologie (= neue Lehre), aber an vielen anderen Neologen gemessen war Semler konservativ und manchmal unklar, weil er mit den älteren Traditionen nicht brechen wollte. Wichtig wurde seine Sonderung zwischen Religion als lebendiger Frömmigkeit und Theologie als Fachwissen, das zwar wichtig ist und die Religion beeinflußt, das sich aber immer ändert und von dem die Glaubensgewißheit nicht abhängen kann. Diese These, die die Dogmen der Orthodoxie relativiert, ist mit einer weiteren Unterscheidung zwischen öffentlicher und privater Religion verbunden. Die Lehren und Gebräuche der öffentlichen kann und soll man gelten lassen, aber selbst der Pfarrer, der sich zu ihnen bekennen muß, ist in seiner privaten Religion nicht an sie gebunden.

Kritischer waren schon Johann Friedrich Jerusalem (1709–1789), der die Erbsündelehre verwarf, und Johann Joachim Spalding (1714–1804), der als Propst und Konsistorialrat in Berlin – in dem Amt Speners – mit seinem Werk *Die Nützbarkeit des Predigtamtes und deren Beförderung* (1772) den Pfarrern die Verkündigung eines praktisch-moralischen Christentums nahelegte. In der Distanz zur dogmatischen Verkündigung und in der Betonung der tätigen Nächstenliebe berührte er sich mit Spener, wurde jedoch schon von dem Bückeburger Herder angegriffen, der die Verkündigung des Christentums von der einer allgemeinen Moral unterscheiden wollte. Spalding selbst wandte sich in einer Neuauflage des Werkes (1791) gegen die verbreitete Tendenz, in der Predigt nur noch ein Mittel zur Propagierung nützlicher Kenntnisse zu sehen, ohne jedoch von seiner grundsätzlichen Überzeugung abzugehen, daß der Staat einen Bedarf an öffentlichen Lehrern der Moral hat, und daß die Pfarrer diese Aufgabe zu lösen haben. Für ihn war das Christentum die unentbehrliche Stütze der natürlichen Religion und Sittlichkeit. Jesus ist Vorbild und Helfer, während Erbsünde, ewige Verdammnis und die orthodoxe Satisfaktionslehre verworfen werden. Überhaupt wird bei ihm deutlich, daß das Dogma eine bloß geschichtlich bedingte Definition einer in der Bibel zutage tretenden Wahrheit ist, die auch anders formuliert werden kann; entscheidend ist das tätige Christentum.

Wie schon erwähnt, entsprangen solche Tendenzen teils den verständlichen und zweifelsohne auch christlichen Reaktionen der Pfarrer auf den desolaten Bildungsstand unter den Bauern, teils wurden sie handfest vom Landesherrn als dem Oberhaupt der Kirche gefördert. Er betrachtete die Pfarrer als seine Beamte, die, falls sie «direkte oder indirekte was gegen die Regierungsart predigen», nach Friedrich Wilhelm I. (1713–1740) «... kassiert» werden sollten. Je mehr das Glaubensbekenntnis an Bedeutung verlor, desto mehr wurden die Pfarrer reine Diener des Königs oder des Staates, und wenn Friedrich II. sich nicht für die Union zwischen Reformierten und Lutheranern interessierte, die sein Vater gern durchgesetzt hätte, so betraute er dafür die Pfarrer mit der Einführung des Kartoffelanbaus. Obwohl diese Aufgabe wichtig war und mit keinem Bekenntnis in Widerstreit steht, wundert es nicht, daß die Kirche im ‹Allgemeinen Preußischen Landrecht› (1794) schließlich sozusagen in den Staat aufgesaugt wird und jede kirchliche Einrichtung über Gemeindeebene die Macht verliert. Es wurde den Religionsgemeinschaften vorgeschrieben, daß sie ihren Mitgliedern keine Glaubenssätze aufzwingen durften, d.h. die Konfession wird von der Moral abgelöst, während der König Friedrich Wilhelm II. kurz vorher als Oberhaupt der Kirche mit dem ‹Wöllnerschen Religionsedikt› (1788) andererseits den allerdings vergeblichen Versuch unternommen hatte, den Rationalismus einzudämmen. Ein von Friedrich Wilhelm III. angefordertes theologisches Gutachten stellte später fest, daß die protestantische Kirche «nur ein Zweig der Staatsverwaltung, ein fast rein politisches, höchstens ein ethisches Institut sei...».

Einen Höhepunkt der dritten Phase der theologischen Aufklärung bildete der Streit Lessings mit dem orthodoxen Hamburger Hauptpastor Goeze, der dadurch ausgelöst wurde, daß Lessing *Fragmente aus der Apologie oder Schutzschrift für die vernünftigen Verehrer Gottes* von Samuel Reimarus (1694–1768) herausgab, in welchem dieser einen klaren Unterschied zwischen der Predigt des lebenden Jesus in den Evangelien und der Verkündigung des für die Menschen gestorbenen Christus durch die Gemeinde machte, und die Auferstehung als einen Betrug entlarven wollte, für welchen die Jünger verantwortlich waren. Reimarus sieht einen Widerstreit zwischen Vernunft und Offenbarung, steht also am Ende einer Diskussion, die Lessing auf höherer Ebene weiterführt, indem er die Offenbarung als Erziehung der noch unmündigen Menschheit zur Erkenntnis der ewigen Vernunftwahrheiten versteht. Die Bedeutung, die die theologischen Auseinandersetzungen für die deutsche Literatur immer noch hatten, wird hier besonders greifbar, da Lessing, nachdem ihm weitere theologische Polemik verboten worden war, in dem Drama *Nathan der Weise* das Verhältnis der positiven Religionen (Judentum, Christentum, Islam) zu einem ihnen gemeinsamen Kern, einer mit der Vernunft und der Natur übereinstimmenden Humanitätsreligion, schildert.

Ungefähr gleichzeitig mit dem ‹Fragmentenstreit› beendete Kant seine *Kritik der reinen Vernunft* (1781), die mit der «kopernikanischen Wendung» in der Philosophie auch der natürlichen Religion des Deismus ein Ende bereitete. Zwar hatte David Hume (1711–1776) schon in *The Natural History of Religion* (1757) und *Dialogues Concerning Natural Religion* (posth. 1779) die kosmologischen und physikotheologischen Gottesbeweise zurückgewiesen und historisch nachgewiesen, daß am Anfang nicht eine ‹natürliche› Vernunftreligion steht, die später von Priestern entstellt wird, sondern Schrecken und Gier des allerhand unverständlichen Wechselfällen unterworfenen Primitiven, aber Hume wurde in Deutschland nur langsam rezipiert.

Die Leibniz-Wolffschen Beweise für die Existenz Gottes wurden also durch Kants Analysen hinfällig, in seiner *Kritik der praktischen Vernunft* (1788) führt er dagegen aus, daß Gott, Freiheit und Unsterblichkeit notwendige Postulate der praktischen (= moralischen, auf Handlung bezogenen) Philosophie seien. Sie sind als Imperative anzusehen, und obwohl sie nicht bewiesen werden können, erfährt der moralisch handelnde Mensch ihre Wahrheit. In der Welt der Erscheinungen gilt Kausalität, Notwendigkeit, in der Welt der Freiheit, an der wir als moralische Wesen auch teilhaben, dagegen nicht. Das wird bei jedem Gewissenskonflikt erfahren, wo uns eine moralische Entscheidung abverlangt wird. Die moralische Vollkommenheit ist uns als Ziel aufgegeben, und weil sie in dieser Welt nicht zu erreichen ist, muß die Unsterblichkeit der Seele als notwendig vorausgesetzt werden. Diese Postulate beruhen jedoch letzten Endes auf der Existenz eines Gottes, der allein diese moralische Weltordnung ‹garantieren› kann.

So lebt die ‹natürliche› Religion auch im kritischen Idealismus weiter als *Die Religion innerhalb der Grenzen der bloßen Vernunft* (1793). Trotz Kants lutherisch-pietistischer Anthropologie, die in dem Menschen etwas radikal Böses findet, bleibt er der positiven Religion gegenüber letzten Endes skeptisch, obwohl sein Rationalismus nicht wie der damalige ‹Naturalismus› eine Offenbarung ausschließt – er hat sie nur nicht nötig.

Nicolai, Wieland, Herder und andere mehr konnten den Überlegungen Kants nicht folgen, schwiegen deshalb oder verwickelten sich in eine Polemik, die ihnen wenig Ehre einbrachte. Im ‹gebildeten Publikum› konnten sich unter diesen Umständen die Folgen eines verwässerten Pietismus und einer den eigentlichen Offenbarungsgehalt preisgebenden Aufklärungstheologie ungestört entfalten. Nicht nur verachteten am Ende des 18. Jahrhunderts die Gebildeten die Religion, sondern auch das Volk, das sie diszplinieren sollte, entzog sich ihr. Der Norweger Henrik Steffens charakterisierte die Situation bei seiner Ankunft in Berlin 1799 so: «Die Kirchen waren leer, und verdienten es zu sein; die Theater waren gedrängt voll, und mit Recht.»

4. Josephinismus

In den katholischen Gebieten war die Entwicklung auf kirchlichem Gebiet auch von dem Wunsch der absolutistischen Fürsten geprägt, die Unabhängigkeit der Kirche vom Staat – und folglich auch ihre Abhängigkeit von Rom – möglichst einzuschränken. Weiter wünschte der Staat, den Einfluß der Kirche auf das Bildungswesen im Interesse eines modernen, zeitgemäßen, d. h. dem modernen Staat dienlichen Unterrichts zurückzudrängen oder ganz zu beseitigen.

Im Gegensatz zu den protestantischen Gebieten konnte man viele Reformen durch Aufhebung von Klöstern und Beseitigung steuerlicher Vorrechte der Kirche finanzieren, während die lutherischen und reformierten Fürsten schon in der Reformationszeit das Kirchengut eingezogen hatten. So führte Joseph II. eine Säkularisation vieler, besonders kontemplativer Klöster durch, die dann als Schulen oder Krankenhäuser verwendet wurden. Die Ausbildung der Priester wurde neu geregelt und effektiver gemacht, gleichzeitig aber der Besuch des Eliteseminars der Jesuiten in Rom, Germanicum-Hungaricum, verboten. Der Einfluß der Jesuiten auf das Schul- und Universitätswesen wurde schon vor der Aufhebung des Ordens durch den Papst im Jahre 1773 weitgehend beseitigt, nicht immer zum Vorteil des Unterrichts. Deshalb durften die Patres in Preußen und in den von Preußen annektierten polnischen Gebieten weiter wirken – die Aufhebung wurde einfach nicht offiziell bekanntgegeben und deshalb nicht rechtsgültig. Dafür erließ Joseph II. 1781 ein Toleranzedikt, das den Protestanten in Österreich bürgerliche Gleichberechtigung zusicherte.

Auch in das Frömmigkeitsleben griff der Kaiser ein, beschränkte nicht nur die Zahl der kirchlichen Feiertage, sondern auch den Umfang und die Zahl von Wallfahrten und Prozessionen. Nicht einmal der Besuch des Papstes 1782 konnte ihn zum Einlenken bewegen.

In dieser Politik gab es deutlich gallikanische Züge, denn es war schon sehr lange das Bestreben der französischen Könige gewesen, die Kirche ihres Landes selbst durch ihnen ergebene Bischöfe zu lenken, und auch im Rheinland tauchten jetzt episkopalistische Gedanken auf, die natürlich den geistlichen Fürsten besonders zusagen mußten. Unter dem Pseudonym Justinus Febronius veröffentlichte der Trierer Weihbischof von Hontheim 1763 die Schrift *De statu ecclesiae et legitima potestate Romani Pontificis*, in welcher er dem Papst nur den Vorrang unter den Bischöfen einräumen wollte. Jedes Eingreifen des Papstes in die Jurisdiktion anderer Bischöfe sei illegitim, die deutsche katholische Kirche müsse wieder von Rom unabhängig werden. Sowohl der Salzburger als auch die rheinischen Erzbischöfe schlossen sich in Erklärungen 1769 und 1786 diesen Thesen an, die sie mit aufklärerischen Reformen verbanden, so z. B. mit dem Versuch einer Reform der katholischen Universität Erfurt, an der Wieland mitwirken sollte. Die geistlichen Fürstentümer erhielten jedoch keine Unterstützung von den weltlichen katholischen Staaten, deren Fürsten wohl den Status ihrer eigenen Bischöfe nicht zu sehr aufwerten wollten. Wichtiger in unserem Zusammenhang ist, daß sich auch die theologische Aufklärung in den katholischen Gebieten rezeptiv verhielt und daß katholische Frömmigkeit erst mit der Romantik auf die Literatur einzuwirken begann. Wie sie in den Augen eines norddeutschen Aufklärers aussah, kann man bei Knigge nachlesen.

5. Freimaurer

Neben Kirche und Schule als den alten und primären Faktoren im Sozialisationsprozeß spielten in der bürgerlichen Schicht des 18. Jahrhunderts kleinere, sekundäre Gruppierungen eine immer wichtigere Rolle. Hierbei ist nicht mehr an diejenigen Gruppen zu denken, die von Standesgenossen und Kollegen zur Wahrnehmung partikulärer Interessen oder besonderer Ziele gebildet wurden, wie die Zünfte der Handwerker, die poetischen oder ‹teutschübenden› Orden des Barockzeitalters oder gelehrte Akademien, sondern an Gesellschaften, denen sich der einzelne frei anschließen konnte, wenn er sich mit deren Zielen identifizierte. Es dreht sich um lose oder festgefügte Gruppierungen – vom Lesezirkel und Klub bis zur Freimaurerloge –, deren Ziel die Überwindung bürgerlicher Beschränktheit und Partikularität war. Durch Zeitschriften und Bücher suchten Beamte und Bürger in den Leseklubs sich über die politische und wirtschaftliche Entwicklung zu informieren, durch Bildung und Tugend, durch philanthropisches Handeln auf die Gesellschaft einzuwirken in den Freimaurerlogen. Ihre Mitglieder sollten Menschenfreunde und Weltbürger sein oder werden.

Die Bedeutung der damaligen Maurerei für die Entstehung eines gebildeten Publikums mag dem heutigen Leser nicht ohne weiteres einleuchten, der in den Logen vielleicht eine nicht ganz ernstzunehmende Honoratiorengruppe versammelt wähnt, die Wohltätigkeit und gute Beziehungen pflegt. In der zweiten Hälfte des 18. Jahrhunderts waren die Logen jedoch ein wichtiger Faktor des gesellschaftlichen Lebens und der Bewußtseinsbildung. Fast alle bedeutenden Schriftsteller und viele Fürsten waren Logenbrüder – und schon in dieser Vokabel tritt ein wichtiges Moment der Maurerei zutage. Neben den pietistischen Konventikeln und vor den Lesegesellschaften bildeten die Logen einen Freiraum, wo die Gleichheit aller gebildeten Menschen guten Willens antizipiert wurde, wo die Schranken zwischen Bürgertum und Adel zwar nicht aufgehoben, aber doch zeitweilig suspendiert waren und somit nicht mehr absolute Gültigkeit beanspruchen konnten. Der Stand wird sowohl im Himmel als auch in einer künftigen, von Tugend und Vernunft geleiteten Gesellschaft hinfällig und von einer moralischen Hierarchie abgelöst, die in den Logen tendenziell und im Prinzip vorweggenommen wurde.

Die Freimaurer waren in den meisten Fällen nicht politisch, sondern eher ‹patriotisch›. Obwohl einige Mitglieder des späteren Jakobinerklubs in Mainz Freimaurer gewesen waren, wäre es falsch, in den Logen Brutstätten einer demokratisch-republikanischen Gesinnung zu sehen. Zwar glaubten einige Zeitgenossen in den Freimaurern Atheisten und Jakobiner zu erkennen, was aber darauf zurückzuführen ist, daß Maurerei und Aufklärung weitgehend identische Ziele hatten und sich einig waren, daß Nation, Konfession und Geburt der wahren Humanität als höchstem Wert untergeordnet sind. Die Maurerei ließ weder Konfessionsunterschiede noch Landesgrenzen als Barrieren gelten, und das Geheimnis, das eifrig gepflegt wurde, ließ sowohl die Mitglieder der Logen in ihrer Selbsteinschätzung als auch Außenstehende in ihren Mutmaßungen sich über den tatsächlichen Einfluß der Logen und der unbekannten ‹Oberen› auf die hohe Politik täuschen. So wurden bekanntlich die Französische Revolution und später der Aufstieg Napoleons den Manipulationen der Freimaurer zugeschrieben, ja Wieland, der diesen Aufstieg voraussah, wurde infolgedessen verdächtigt, über dieses Komplott informiert gewesen zu sein. Die konservative Verschwörungstheorie wird bei jeder Umwälzung ins Feld geführt, ihre Plausibilität ist für viele Zeitgenossen in diesem Fall teils auf die Geheimniskrämerei, teils auf die sprunghafte Entwicklung der Freimaurerlogen und anderer Geheimbünde zurückzuführen.

Die Freimaurerei fing in England an, als vier Londoner ‹Bauhütten› 1717 eine Großloge gründeten. Die Entwicklung in Deutschland nahm 1737 mit der Loge ‹Absalom› in Hamburg, d.h. in einer Stadt, die dem Einfluß der englischen bürgerlichen Kultur sehr offenstand, ihren Anfang; bald folgten Gründungen in Berlin, Braunschweig, Halle, Leipzig, Frankfurt am Main, Dresden, Bayreuth, Prag usw. Auch in Polen, den skandinavischen Ländern und, schon früher als in Deutschland, in Frankreich gab es zahlreiche Logen. Diesen traten auch Fürsten wie Friedrich II. 1738, d.h. noch als Kronprinz, und Herzog Franz Stephan von Lothringen, der spätere Kaiser des Heiligen Römischen Reiches Deutscher Nation – schon 1731 – bei. Freimaurer waren u.a. auch Klopstock, Lessing, Herder, Bürger, Wieland und Goethe. Der Papst warnte 1738 und später 1751 vor den Logen, konnte ihre Verbreitung in den katholischen Staaten aber nur erschweren, nicht verhindern.

Anfangs war das einfache englische Modell mit den drei Graden: Lehrling, Geselle und Meister Vorbild, nach der Jahrhundertmitte drangen von Frankreich «schottische» Formen ein, die sich nicht auf die mittelalterlichen Bauhütten beriefen, sondern auf die Tempelritter, viele Hochgrade einführten, mystische Rituale und ‹unbekannte Oberen› hatten. Diese ‹strikte Observanz› wurde jedoch nach dem europäischen Freimaurerkonvent in Wilhelmsbad 1782 zurückgedrängt, weil sich die Tempelritterfiktion als völlig unhaltbar erwiesen hatte.

Neben der eigentlichen Freimaurerei, die schon viele Spielarten hatte, gab es besonders zwei Gruppierungen, die antiaufklärerischen und aufklärerischen Verschwörungsthesen Nahrung gaben: die *Illuminaten* und die *Rosenkreuzer*.

Der bayerische Professor der Rechte Adam Weishaupt gründete 1776 in Ingolstadt den radikal aufklärerischen Bund der *Illuminaten*, der besonders in katholischen Gebieten einen ‹langen Marsch durch die Institutionen› antrat, also nach Auffassung der Gegner zielstrebig Beamtenschaft und Publikationsorgane infiltrierte. Auch in nichtkatholischen Gebieten verbreitete der Bund sich und erregte das Mißtrauen der Obrigkeit. Die *Illuminaten* wurden 1785 in Bayern, 1792 in Österreich verboten, wirkten aber im Sinne einer mehr oder weniger radikal-demokratischen Aufklärung weiter in den Klubs und Lesegesellschaften.

Auf dem anderen Flügel standen die *Rosenkreuzer*, deren Kennzeichen die Verknüpfung der geheimnisvollen Hochgrade der ‹strikten Observanz› mit pansophischen, kabbalistischen und spiritistischen Elementen war. Hier wurden restaurative Tendenzen wirksam und konnten unter Friedrich Wilhelm II. (1786–1797) in Preußen politischen Einfluß ausüben. Die aufklärerischen

Illuminaten ihrerseits – aber nicht nur sie – witterten überall und so auch hier die Machenschaften der Exjesuiten –, der Orden war 1773 aufgehoben worden. Zweifelsohne spielten viele ehemalige Ordensmitglieder immer noch eine Rolle im Kampf gegen die Aufklärung, aber auch für diesen Orden gilt, daß er seinen Einfluß so schnell verlor, daß die Furcht vor den Exjesuiten übertrieben scheint: die *Rosenkreuzer* wurden schon 1793 in Österreich, 1800 in Preußen verboten.

Die Aufklärung in Deutschland wurde von einer bürgerlich-adligen Beamtenschicht und wenigen wohlhabenden Bürgern getragen. Diese Träger trafen sich in den gar nicht geheimnisvollen Lesegesellschaften und in den Logen, deren Charakter als eine Art Geheimbund anscheinend im Gegensatz zum Ideal der aufklärerischen Öffentlichkeit steht.

Bei näherem Zusehen haben nicht nur die eifrig gehüteten Geheimnisse, sondern auch die damit verbundenen Riten und Gebräuche, ja die Exklusivität der Logen einen aufklärerischen Sinn. Die Logen vertreten ja, wie schon erwähnt, eine teilweise quer zu den staatlichen und kirchlichen Autoritäten stehende Elitenbildung, wie sie Goethe in der Turmgesellschaft in *Wilhelm Meister* schildert, die sich um Wilhelms Schicksal kümmert und auf ihre Weise sein Geschick lenkt, den Lehrling zum Meister erzieht, der nun selber Gutes stiften kann. Auf andere Weise als Staat und Kirche wollten die Maurer wohltätig wirken, und in der fiktionalen Welt des Romans spiegeln die immer wieder auftauchenden und hilfreichen Vertreter der Turmgesellschaft den Glauben an – oder jedenfalls die Hoffnung auf – den Einfluß der geheimen ‹Oberen›, die fast allwissend und allgegenwärtig scheinen und im verborgenen eingreifen, wenn es not tut. Auch die Initiation vor Sonnenaufgang und die Überreichung eines Lehrbriefs hat Goethe von der Freimaurerei übernommen (7. Buch, 9. Kap.) sowie die Ausschmückung im «Saal der Vergangenheit» (8. Buch, 6. Kap.).

Sowohl der Roman Goethes als auch das Epenfragment *Die Geheimnisse* wollen jedoch auch den Sinn der rätselhaften Gebräuche enthüllen, und es ist wichtig, daß die Turmgesellschaft sich zuletzt auflöst und in eine weltweite, aber offene Assoziation verwandelt. Im Epenfragment, dessen zentrales Symbol das von Rosen umwundene Kreuz ist, bilden zwölf Tempelritter eine klösterliche Gemeinschaft, an deren Spitze der große Humanus steht, dessen Leben von Wundern jüdischer, altgriechischer und christlicher Provenienz durchwebt ist. Der arme Pilger Markus, der später auf dessen Stuhl erhöht werden soll, staunt vor den emblematischen Bildern in dem an eine Kapelle erinnernden Saal, wird aber von Humanus belehrt und ermuntert mit den Worten:

> Laß diese Bilder dich zu bleiben laden,
> Bis du erfährst, was mancher Held getan;
> Was hier verborgen, ist nicht zu erraten,

Man zeige denn es dir vertraulich an;
Du ahnest wohl, wie manches hier gelitten,
Gelebt, verloren ward, und was erstritten.

Doch glaube nicht, daß nur von alten Zeiten
Der Greis erzählt, hier geht noch manches vor;
Das, was du siehst, will mehr und mehr bedeuten;
Ein Teppich deckt es bald und bald ein Flor.
Beliebt es dir, so magst du dich bereiten:
Du kamst, o Freund, nur erst durchs erste Tor;
Im Vorhof bist du freundlich aufgenommen,
Und scheinst mir wert, ins Innerste zu kommen.

In einem Aufsatz in Cottas *Morgenblatt* erläutert Goethe die Rolle des Humanus und der «Rittermönche», welche die verschiedenen Religionen der Welt vertreten. Im Epos hätte dargestellt werden sollen, «daß jede besondere Religion einen Moment ihrer höchsten Blüte und Frucht erreiche, worin sie jenem obern Führer und Vermittler sich angenaht, ja sich mit ihm vollkommen vereinigt. Diese Epochen sollten in jenen zwölf Repräsentanten verkörpert und fixiert erscheinen, so daß man jede Anerkennung Gottes und der Tugend, sie zeige sich auch in noch so wunderbarer Gestalt, doch immer aller Ehren, aller Liebe würdig mußte gefunden haben.»

Goethe versucht dann das Epos geistes- oder ideengeschichtlich einzuordnen und macht dabei die Bemerkung: «Wäre dies Gedicht vor dreißig Jahren, wo es ersonnen und angefangen worden, vollendet erschienen, so wäre es der Zeit einigermaßen vorgeeilt. Auch gegenwärtig, obgleich seit jener Epoche die Ideen sich erweitert, die Gefühle gereinigt, die Ansichten aufgeklärt haben, würde man das nun allgemein Anerkannte im poetischen Kleide vielleicht gerne sehen und sich daran in den Gesinnungen befestigen, in welchen ganz allein der Mensch auf seinem eigenen Montserrat Glück und Ruhe finden kann.» Die überkonfessionelle Humanität, die Philanthropie, die Ideale der Aufklärung überhaupt bilden den Gehalt des Gedichtes; diese Ideale sind 1816 zwar allgemein geworden, so daß sie nicht mehr symbolisch verkündet, hinter Riten und Rätseln versteckt werden müssen, aber die poetische Bildlichkeit dient immer noch der Verinnerlichung dieser vernünftigen und tugendhaften Gesinnungen.

Die Esoterik der Maurerei wurde nicht nur von Goethe, sondern allgemein aufklärerisch interpretiert, und gleichzeitig mit der Auflösung ihrer geheimnisvollen Rituale wurde den eingeweihten Maurern bewußt, daß auch die christlichen ‹Mysterien› einen ‹vernünftigen› Kern hatten. Die überlieferten Wunder der positiven Religion und die Symbolik des Gottesdienstes erhielten so auf analoge Weise einen tieferen und zugleich rationalen und moralischen Sinn; hinter den anscheinend abergläubischen Gebräuchen verbarg sich ein vernünftiger Gehalt, der bei zunehmender Aufklärung nicht mehr diese

Bildlichkeit nötig haben wird. So war das Mißtrauen der katholischen Kirche letzten Endes verständlich und berechtigt. Wie auch Lessing in seinen *Gesprächen für Freimäurer* hervorhob, war für die Aufklärung die humane, philanthropische Brüderlichkeit entscheidend – nicht die eroterische Geheimniskrämerei. Aber auch die manchmal etwas abstrus anmutende bald ritterliche, bald altägyptische Symbolik war den Zeitgenossen wichtig und tritt uns noch als Trägerin der Ideale der Maurer in Mozarts *Thamos* und in der *Zauberflöte* entgegen.

IV. PHILOSOPHIE

An der Wende zu einem neuen Jahrhundert – in einem *Athenaeum*-Fragment von 1800 – formuliert Friedrich Schlegel Leistung und Aufgabe der Philosophie seiner Zeit: «Die Philosophie ist eine Ellipse. Das eine Centrum, dem wir jetzt näher sind, ist das Selbstgesetz der Vernunft, das andre ist die Idee des Universums, und in diesem berührt sich die Philosophie mit der Religion.» Das Bild beschreibt auch die philosophische Ausgangslage des 18. Jahrhunderts, nur daß die Zentren der «Ellipse» in bezeichnender Weise vertauscht waren: die «Idee des Universums», in der sich Philosophie und Religion berühren, erschien mit Gottfried Wilhelm Leibniz' (1646–1716) *Essais de théodicée sur la bonté de Dieu, la liberté de l'homme et l'origine du mal* (1710) und *La monadologie* (1714) als gesicherter Bestand philosophischen Wissens, während das «Selbstgesetz der Vernunft» sich erst noch vom Banne der Religion loszureißen und in seinem Eigenrecht zu behaupten hatte. Man hat das 18. Jahrhundert auch das «philosophische Zeitalter» genannt und damit den Prozeß einer wachsenden intellektuellen Bewußtheit der räsonierenden Zeitgenossen im Umgang mit Natur, Moral und Gesellschaft bezeichnet. Über Christian Thomasius (1655–1728), Leibniz, Christian Wolff (1679–1754) und Moses Mendelssohn (1729–1786) bis zu Immanuel Kant (1724–1804) scheint in der Tat die Geradlinigkeit einer Entwicklung unverkennbar, die von Thomasius' eher pragmatischer Abweisung aller Vorurteile in *De Praejudiciis oder von den Vorurtheilen* (1689) und seiner *Einleitung zu der Vernunfft-Lehre* (1691) bis zu Kants grundsätzlichem Diktum von der Aufklärung als dem «Ausgang des Menschen aus seiner selbst verschuldeten Unmündigkeit» *(Antwort auf die Frage: was heißt Aufklärung?*, 1784) reicht. Einmal gelöst aus den Bindungen einer theologisch sanktionierten Metaphysik und auf sein Denkvermögen verwiesen, fühlt sich der Philosoph aufgerufen, die Welt einer fortschreitenden und prinzipiell unbegrenzten Erklärungsfähigkeit aller Dinge zu unterwerfen. Es ist der Glaube an die Perfektibilität, die sich – gewissermaßen als ein der Geschichte innewohnendes Gesetz – trotz aller Widerstände durchsetzt. Die Herstellung von «Glück» der einzelnen wie der Gemeinschaft aller Staatsbürger wird als Leitfaden dieser Philosophie behauptet und in den sich verselbständigenden Disziplinen von Erkenntnistheorie, Moralphilosophie und Ästhetik zu begründen gesucht. Die Philosophie tritt damit in einen wechselvollen Dialog mit der Literatur der Zeit: dem «Selbstgesetz der Vernunft» entspricht die Selbstbestimmung des Subjekts im ästhetischen Bilderfeld der Literatur; sie begründen und erläutern einander. Am Ende des Jahrhunderts entwickelt Schiller seine ästhetische Theorie auf der Grundlage der Philosophie Kants, während Lessing, Herder und Goethe ihre Gedankenwelt im Werk von Benedictus de (Baruch) Spinoza (1632–1677) wiedererkennen. Die Philosophie wird für die Literatur Begründung, Anregung und Bestätigung zugleich.

Ernst Cassirer hat in seiner glänzenden Darstellung der *Philosophie der Aufklärung* (1932) die bestimmenden Fäden des Denkens zwischen den das Jahrhundert einrahmenden Entwürfen von Leibniz und Kant zu beschreiben versucht. Auf dem Felde von «Natur und Naturerkenntnis», «Psychologie und Erkenntnislehre», auf dem der «Religion» und der «geschichtlichen Welt», von «Recht, Staat und Gesellschaft» wie dem der «Ästhetik» sieht er eine Kraft wirksam, die neuartig nicht durch den «bloßen Lehr*bestand*» ist, sondern durch eine «*Form* des philosophischen Gedankens», die allem Tradierten einen «veränderten Sinn» gibt. Mit der Zerstörung der «Form der metaphysischen Systeme» weist sich das philosophische Denken einen neuen Standort an: nicht mehr als «Sondergebiet von Erkenntnissen, die *neben* oder *über* den Sätzen der Naturerkenntnis, der Erkenntnis von Recht und Staat usf. stehen», sondern als «das allumfassende Medium, in dem diese sich bilden, sich entwickeln und sich begründen»:

«In der Tat geht die Grundrichtung und das wesentliche Bestreben der Aufklärungphilosophie keineswegs dahin, das Leben lediglich zu begleiten und es im Spiegel der Reflexion aufzufangen. Sie glaubt vielmehr an eine ursprüngliche Spontaneität des Gedankens; sie weist ihm keine bloß nachträgliche und nachbildende Leistung, sondern die Kraft und die Aufgabe der Lebens*gestaltung* zu. Er soll nicht nur gliedern und sichten, sondern er soll die Ordnung, die er als notwendig begreift, selbst heraufführen und verwirklichen, um, in eben diesem Akt der Verwirklichung, seine eigene Wirklichkeit und Wahrheit zu erweisen.»

Mißtrauen gegenüber allen Systembildungen, Ablehnung umfassender metaphysischer Denkgebäude, Skepsis und Kritikbereitschaft vom Standpunkt einer sich an der Wirklichkeit orientierenden Vernunft sind die Kennzeichen des philosophischen Denkens der zweiten Jahrhunderthälfte. Philosophie wird zum selbstverständlichen Tätigkeitsfeld aller, die sich im Reiche des Geistes überhaupt umzusehen bereit sind. Ins Zentrum tritt nun die «Bestimmung des Menschen», wie Johann Joachim Spaldings einflußreiche Schrift von 1748, die bis 1794 dreizehn Auflagen erlebte, hieß. Wenn dort noch der «Werth» der Vernunft, «dieser herrlichsten Mitgabe meiner Natur, die keiner andern Botmäßigkeit unterworfen ist, als ihrer eigenen», «mit dem recht verstandenen Geiste des Christenthums» ausgesöhnt wird, so löst sich diese Bindung der Philosophie an die Theologie in der Folge weitgehend auf. «Bestimmung des Menschen» als Leitfaden aller Denkbemühungen schließt nun die Bedingungen, die psychischen, sozialen, ästhetischen und politischen Faktoren, die den Menschen in seinem gesellschaftlichen Umkreis prägen, ein. Dem philosophierenden Bürger öffnet sich die ‹wirkliche Welt› mit ihren

Widersprüchen und Möglichkeiten, und er ergreift die Chance, die sich ihm zur Verbesserung seiner Umstände bietet: Erziehung, Bildung, Gesellschaftsverantwortung, nationales Zugehörigkeitsbewußtsein werden zu sozialen Tugenden, die sich in vielfältigen Institutionsgründungen, Wohltätigkeitseinrichtungen und sozialen Initiativen niederschlagen. In unerhörtem Maße wird dabei der im «Selbstgesetz der Vernuft» formulierte Anspruch der Aufklärer in praktische Wirksamkeit umgesetzt. Der Euphorie dieses Vernunftoptimismus treten zwar in den sechziger und siebziger Jahren auch mahnende Stimmen entgegen, aber die von Kant vorgebrachte Forderung nach dem «Mut», sich seines eigenen Verstandes zu bedienen, bestimmte als Impuls das Denken der Aufklärer auch schon, bevor es zum Signum aller Aufklärung ausgerufen wurde. Diesem Anspruch lag das Bewußtsein der räsonierenden Bürger zugrunde, ihre Selbständigkeit wenigstens auf dem ihnen konzedierten Felde zu erproben. Philosophie wird zur sozialen Bewegung, die ein breiteres Publikum zu erfassen vermochte und damit, wenngleich sie nicht an den Stützen der Gesellschaft rütteln wollte, doch den Abstand zwischen den Vertretern einer der pluralistischen Meinungsvielfalt verpflichteten Gesellschaft und den Repräsentanten des das Politikmonopol behauptenden Staats vergrößerten. Geist und Macht in zivilisatorischer Symbiose zu versöhnen, wurde zum frommen Traum der Philosophen. Aber die Vergeblichkeit dieser Bemühungen stimulierte nicht den politischen Aufruhr wie in Frankreich, wo die Philosophen – freilich unter andersartigen gesellschaftlichen Bedingungen – zur Rechtfertigung der Revolution herangezogen wurden. Die deutsche Philosophie dieser Zeit zielt auf ‹innere Bildung›. Was ihr an freierem Umblick und gesellschaftspolitischer Stoßkraft fehlte, ersetzte sie durch einen tieferen Einblick in die Möglichkeiten und Grenzen des Erkennens der ‹Natur› des Menschen unter den Bedingungen der vorgegebenen politischen Ordnung. Dabei gelangt sie zu Bestimmungen, die Kant am Ende des Jahrhunderts in seinen *Kritiken* als eine Erkenntnisethik zusammenfassen konnte, in der die Vernunft zur permanenten Überprüfung ihrer Voraussetzungen aufgefordert wird.

Die Etappen dieses Denkens lassen sich nicht mehr durch die Aneinanderreihung von philosophischen Systementwürfen beschreiben. Philosophie wird zum Denkhorizont der sich abspaltenden Disziplinen von Erkenntnislehre, Moral, Politik und Ästhetik. In ihrem funktionellen Gebrauch erscheint sie als Werkzeug der kritischen, an Erfahrung und Logik gemessenen Überprüfung der tradierten Axiome und Postulate. Anwendungsbreite und zuweilen allzu praxisnahe Orientierungshilfe haben ihr den Namen «Popularphilosophie» eingebracht, die erst Kant wieder auf eine «strenge Wissenschaftlichkeit» angehoben habe. Was in dieser Bezeichnung an Abschätzigkeit liegt, wird heute als historisch zu betrachten sein.

1. Voraussetzungen

Aus der Fülle der Motive und Zielsetzungen lassen sich drei Gedankenkreise als bestimmend für die philosophischen Bemühungen der zweiten Jahrhunderthälfte herausschälen: einerseits der Anspruch der Philosophie als einer auf die menschliche «Glückseligkeit» abzielenden Weltklugheit, andererseits die philosophische Rechtfertigung des Individualitätsgedankens und schließlich die Absicherung der Erkenntnis durch die ‹mathematische Methode›. Die Voraussetzungen dafür schufen Christian Thomasius, Gottfried Wilhelm Leibniz und Christian Wolff. Die Wurzeln der Aufklärungsphilosophie gehen so bis ans Ende des 17. Jahrhunderts zurück, ihre Basis wird erstellt in der ersten Hälfte des 18. Jahrhunderts, und ihre Entfaltung vollzieht sich von den fünfziger bis zu den achtziger Jahren. Aber zu diesem Zeitpunkt war ihr philosophischer Grundansatz nicht mehr unangefochten: mit der Aneignung Spinozas setzt sich eine Weltsicht durch, die ins nächste Jahrhundert überleitet.

Christian Thomasius (1655–1728), der unter großem Publikumszuspruch in Leipzig und Halle lehrte, ist mit Recht der selbständigste Kopf der frühen Aufklärung genannt worden. Seine Bezeichnung ‹Vater der deutschen Aufklärung› verdankt er nicht einem die Zeiten überdauernden System, sondern seiner Methode, philosophisches Denken aus dem Elfenbeinturm der «Gelahrtheit» des 17. Jahrhunderts herauszuführen und mit selbstgewählter Beschränkung an eine praxisnahe Lebensklugheit zu binden. Sein die Zunft aufschreckender Gebrauch der deutschen Sprache in seinen philosophischen und juristischen Vorlesungen (zuerst 1687) wie seine, philosophische Positionen in Gesprächsform entfaltende Zeitschrift *Monatsgespräche* (1688–89) haben ihn zu einem bei den Kollegen angefeindeten Außenseiter gemacht. Appell an die gesunde Vernunft («sensus communis») als Ausgangspunkt der Logik, Auseinandersetzung mit den – rechtes Erkennen und moralisch einwandfreies Handeln gleichermaßen behindernden – Vorurteilen *(De Praejudiciis oder von den Vorurtheilen,* 1689*)*, Trennung von Recht und Moral auf der Basis einer Liebes-Lehre, die die Glückseligkeit des Menschen an die Verwirklichung einer vor staatlichem Eingriff geschützten Privatheit knüpft *(Einleitung zur Sittenlehre,* 1692*)*, sind die Schwerpunkte seiner Philosophie. Seine Aufforderung zum Selbstdenken, das allen autoritativen Festlegungen widerstrebt, verbunden mit einer breiten Aufklärungsabsicht, wie sie sich aus dem Titel seiner *Einleitung zu der Vernunfft-Lehre* von 1691 ergibt («Worinnen durch eine leichte / und allen vernünfftigen Menschen / waserley Standes oder Geschlechts sie seyn / verständliche Manier der Weg gezeiget wird / ohne die Syllogistica das wahre / wahrscheinliche und falsche von einander zu entscheiden / und neue Wahrheiten zu erfinden») lassen ihn aus der Sicht der späten Aufklärung zu einem modernen Autor werden. Anspruch, Methode und Zielsetzung aufklärerischen Denkens waren bei ihm vorgebildet.

In der Überwindung der scholastischen Wissenschaftstradition trifft er sich mit dem universalsten und einflußreichsten Denker der Jahrhundertwende, mit Gottfried Wilhelm Leibniz (1646–1716). Bemühungen um die Verbesserung der deutschen Sprache waren auch für diesen der Weg zur «Reinigung» und zur «Beförderung» von Selbsterkenntnis. Seine Schriften von 1697, *Ermahnung an die Teutschen, ihren Verstand und Sprache besser zu üben, samt beigefügtem Vorschlag einer teutschgesinnten Gesellschaft* wie *Unvorgreiffliche Gedanken betreffend die Ausübung und Verbesserung der Teutschen Sprache*, gehen diesen Weg, auf dem ihm eine Generation später Gottsched folgen wird. Aber das philosophische Werk dieses sich in nahezu allen Wissensgebieten der Zeit umsehenden Universalgelehrten ist selbst noch auf lateinisch oder französisch verfaßt. Es in seiner Gesamtheit zu überblikken, war weder den Zeitgenossen noch der nachfolgenden Generation vergönnt: erst im Jahre 1765 etwa wurde sein erkenntnistheoretisches Hauptwerk, *Nouveaux Essais sur l'entendement humain*, veröffentlicht. Die Diskussion der Zeit konnte sich allerdings auch an den eher populär gehaltenen Zusammenfassungen seines Denkens entzünden und nähren, an der *Theodizee* (1710) und vor allem an der *Monadologie* (1714), die in der deutschen Übersetzung von 1720 den Untertitel erhielt: «Des Herrn Baron von Leibnitz Lehrsätze von den Monaden, von der Seele des Menschen, von seinem Systema harmoniae praestabilitae zwischen der Seele und dem Körper, von Gott, seiner Existenz, seinen andern Vollkommenheiten und von der Harmonie zwischen dem Reiche der Natur und dem Reiche Gottes.» Folgenreich für die Philosophie des 18. Jahrhunderts war darin der Entwurf eines Gesamtgefüges der Welt, in der Einheit und Vielheit als organisches Ganzes in wechselseitiger Beziehung aufeinander gedacht ist. «Monade», «Seele» oder «Geist» sind in ihrer undurchdringlichen («fensterlosen») Vereinzelung einerseits «ein beständiger lebendiger Spiegel des ganzen großen Welt-Gebäudes» (§ 57) und werden andererseits durch das «Systema harmoniae praestabilitae» (§ 82) an die «göttliche Vorsorge» (§ 92) gebunden, die «kraft der Harmonie, welche unter allen Substanzen voraus festgestellt ist» (§ 80), den Zusammenhalt der individuellen Mannigfaltigkeit sichert. Formulierungen wie: «Also ist nichts Unangebautes, nichts Ödes, nichts Unfruchtbares, nichts Totes in dem ganzen Welt-Gebäude; es ist darinnen kein wüster Klumpen, keine Verwirrung als nur dem äußerlichen Scheine nach» (§ 71) oder die Feststellung, «daß die Geister auch überdem gewisse Portraits der Gottheit selbst oder des Urhebers der Natur sind, welche die Fähigkeit haben, den Bau der großen Welt zu erkennen, und denselben durch die nach der Baukunst eingerichtete und aufgeführte Muster einigermaßen zu imitieren, indem ein jedweder Geist in seinem Bezirk gleichsam eine kleine Gottheit ist» (§ 85), haben ihre Faszinationskraft für das ganze Jahrhundert gehabt. Der Gedanke der Individualität als einer in sich ruhenden, eigenständigen, nach Vervollkommnung strebenden und in der Entfaltung dieser Tätigkeit «Glückseligkeit» herstellenden Kraft, wie ihn die Aufklärer als Ausgangs- und Zielpunkt ihrer Überlegungen kennen, findet seine philosophische Begründung bei Leibniz. Wenn auch das «Ich selbst» (§ 29) der *Monadologie* noch mittels der «Haupt-Wahrheiten», des Satzes des Widerspruchs, des zureichenden Grundes und der Identität (§§ 30–34), auf «Gott» als «allerletzte Raison» (§ 37) zielt, so ist doch die von dieser «Raison» als «beste aller möglichen Welten» geschaffene individuelle Energie, auf deren «Innerliches» «eine äußerliche Causa... keinen Einfluß haben kann» (§ 11), Grundlage für das Selbstvertrauen der Aufklärer wie für das – erst im letzten Drittel des Jahrhunderts partiell erschütterte – philosophische Zutrauen in den geordneten Gang der Dinge. Sofern mit Leibniz «die höchste Steigerung aller Energien... zur höchsten Harmonie und zur intensivsten Fülle der Wirklichkeit hinführt», ist «der ideelle Schwerpunkt der gesamten Weltansicht an eine andere Stelle gerückt» (Cassirer).

Leibniz' Gedanken wurden allerdings in der ersten Jahrhunderthälfte nahezu ausschließlich durch seinen Protegé Christian Wolff (1679–1754) vermittelt. Er war der ‹Papst der Philosophie› (wie sein Schüler Gottsched es für die Literatur wurde), dem es darauf ankam, die «Summe alles Vernünftigen» in enzyklopädischer Fülle auszubreiten. Noch Kant meint in der Vorrede zur zweiten Auflage der *Kritik der reinen Vernunft* (1787) der «strengen Methode des berühmten Wolff», die gezeigt habe, «wie durch gesetzmäßige Feststellung der Prinzipien, deutliche Bestimmung der Begriffe, versuchte Strenge der Beweise, Verhütung kühner Sprünge in Folgerungen der sichere Gang einer Wissenschaft zu nehmen sei», seine Reverenz erweisen zu müssen. Gerade dieser mathematische Geist, mit dem Wolff die mannigfaltigen Impulse des Leibnizschen Ansatzes logisch vom Satz des zureichenden Grundes einzugrenzen und damit ‹beweiskräftig› zu machen suchte, hat seine Doppelseite: einerseits etabliert er die Philosophie in Deutschland als eine auf der Kraft unabhängiger Vernunftforschung beruhende Disziplin – was ihn im Ausland zu einer europäischen Berühmtheit machte und ihm im pietistischen Halle seinen Lehrstuhl kostete (1723), ehe ihn Friedrich II. wieder zurückberief (1740) – und andererseits ist die von ihm als notwendig erachtete Pedanterie in der Durchforstung aller philosophischen Bereiche (seine deutsche Logik, Metaphysik, Ethik, Politik und Naturphilosophie umfassen mehr als zehn, seine lateinischen Schriften weitere 25 umfangreiche Bände) die Ursache dafür, daß in der zweiten Jahrhunderthälfte die von ihm repräsentierte «Schulphilosophie» in Verruf geriet. Wolff ist selbst unumstrittener und machtvoll behaupteter Ausdruck des neu gewonnenen Selbstbewußtseins der deutschen Intellektuellen, aber er glänzte durch eine Rationalität, die das «Seinsdenken... durch das Gesetzesdenken abgelöst» hat (Wundt). Damit hatte er zwar das kopernikanische Weltbild mit seinen Folgen für die naturwissenschaftliche Methode in das philosophische Denken eingebracht, zugleich aber auch die Fäden zur Vielfalt der Leibnizschen Individualitätskonzeption zerschnitten. Wo Natur und Wahrheit zu Funktionen des sich seiner selbst bewußten Verstandes werden und sich durch ihre Übereinstimmung mit den logischen Prinzipien des Denkens ausweisen, wo zentrale Termini wie Wirklichkeit und Vollkommenheit ihre definitorische Festlegung mittels der Prädikate «verworrene, klare und deutliche Erkenntnis» (mit denen sich syllogistische Beweisketten bilden lassen) erhalten, da ist dieser Rationalismus nicht vor der Gefahr der dogmatischen ‹Barbarei› gefeit, vor der spätere Kritiker warnen. Wolff lieferte der Zeit die terminologische Begrifflichkeit, der sich kein Denker nach ihm mehr entziehen konnte, aber durch das ausschließliche Primat der mathematischen Methode, in der auch Gott als logisches Endziel der Erkenntnis seinen Platz zugewiesen erhält, schuf er für den sich seiner eigenen Individualität bewußt werdenden Intellektuellen geradezu einen geistigen ‹Leerraum›, den die Generation nach ihm auszufüllen sich berufen fühlte.

Dabei war vor allem die Frage nach Rang und Funktion der ‹Sinnlichkeit› vordringlich. Wolff hatte sie zwar nicht – wie seine zeitgenössischen «Sittenlehrer» – dem theologischen Verdikt unterzogen, doch bedeutete seine Einordnung der ‹sinnlichen Erkenntnis› in die «unteren Vorstellungsvermögen» eine Festlegung, die ihr die prinzipielle ‹Wahrheitsfähigkeit› absprach. Es war Alexander Gottlieb Baumgartens (1714–1762) Verdienst, mit einer «Wissenschaft der sinnlichen Erkenntnis» die Kraft zu rehabilitieren, die von nun an im Wechselspiel mit der Vernunft das aufklärerische Denken bestimmen wird. Als Anhänger Wolffs war er in seiner *Metaphysica* (1739) zwar noch an dessen formale Logik gebunden, gewann jedoch im Rückgriff auf Leibniz wieder den Anschluß an die Monadenlehre mit der Vielfalt ihrer individuellen Impulse. Größte Bedeutung für die gesamte ästhetische Diskussion der Zeit bis zu Kant gewann er mit seiner *Aesthetica* (1750–58), der ersten von philosophischer Seite vorgelegten – zwar noch im Begriffsfeld der Wolffschen Terminologie argumentierenden, diese jedoch inhaltlich überwindenden – Rechtfertigung der poetischen ‹Sinnlichkeit› als einer der Vernunftwahrheit analogen autonomen Kraft. Die Ausstrahlungen dieses Ansatzes sind kaum zu überschätzen. Seine Autorität begründete sich nicht zuletzt auf der Tatsache, daß hier Leibniz' Weltbild – mit der Stringenz der Wolffschen Logik vorgetragen – auf ein Wissenschaftsniveau angehoben wurde, das den strengsten ‹philosophischen Kopf› ebenso zu befriedigen wußte, wie es dem Poeten eine auch der Vernunft standhaltende Beglaubigung seines Tuns gab.

Eine eher populäre Verbreitung der noch auf lateinisch vorgetragenen Gedanken Baumgartens sicherte ihm sein Schüler Georg Friedrich Meier (1718–1777), der in den *Anfangsgründen aller schönen Wissenschaften* (1748–50) die Ästhetik an die poetologische Diskussion der Zeit band und sie damit in ihrer Anwendbarkeit durchschaubar machte. Selbst der Leibniz-Wolff-Baumgartenschen Schule zugehörig – 1743 hatte er einen *Beweis der Vorherbestimmten Übereinstimmung* vorgelegt –, sucht mit ihm der Fachphilosoph wieder den Kontakt zu einer breiteren intellektuellen Öffentlichkeit. Häufig als unoriginaler bloßer Vermittler Baumgartens, dem er in seinem Werk *Leben Alexander Gottlieb Baumgartens* (1763) seinen Dank abstattete, bespöttelt, war er doch der erste, der in seiner *Theoretischen Lehre von den Gemüthsbewegungen überhaupt* (1744) der Empfindsamkeit eine psychologische Grundlage gab, der in den *Gedancken von Schertzen* (1744) Absichten und Gefahren der um sich greifenden «Witz»-Kultur aufwies und der in seiner *Beurtheilung des Heldengedichts, der ‹Meßias›* (1749–52) der Sprachwelt Klopstocks mit zum Durchbruch verhalf. Auf nahezu allen Gebieten der «Weltklugheit» hat er sich zu Wort gemeldet – mit einer *Vernunftlehre* (1752) ebenso wie mit einer vierbändigen *Metapyhsik* (1755–59) oder mit einem *Versuch einer allgemeinen Auslegekunst* (1757) – und mit seiner Lehrtätigkeit in Halle hat er in nicht unwesentlichem Maße – noch Kant greift auf seine Lehrbücher zurück – daran mitgewirkt, die *Allgemeine practische Weltweisheit* (so der Titel eines Werks von 1764) zu verbreiten. Insofern repräsentierte er bereits den Typus des Denkers, der im philosophischen Durchdenken des Wissens der Zeit praxisnahe und auf menschliche Glückseligkeit bezogene Aufklärungarbeit zu leisten sucht.

2. Entfaltung

«Es war nämlich vorzüglichen, denkenden und fühlenden Geistern ein Licht aufgegangen, daß die unmittelbare originelle Ansicht der Natur und ein darauf gegründetes Handeln das Beste sei, was der Mensch sich wünschen könne, und nicht einmal schwer zu erlangen. Erfahrung war also abermals das allgemeine Losungswort, und jedermann tat die Augen auf, so gut er nur konnte.» Goethes Charakteristik der «denkenden und fühlenden Geister» aus dem dritten Buch von *Dichtung und Wahrheit* bezeichnet sehr genau Typus und Fragerichtung der sich seit den fünfziger Jahren entfaltenden Popularphilosophie. Das systematische Gebäude der Wolffschen Philosophie löst sich nun fortschreitend auf, seine deduzierende Formallogik weicht der «unmittelbaren originellen Ansicht der Natur», ein an praktischer Lebensweisheit orientiertes «Handeln» läßt die Metaphysik in den Hintergrund treten und setzt die «Erfahrung» als das «allgemeine Losungswort» ins Zentrum des philosophischen Fragens nach der «Bestimmung des Menschen». Die Grenzen zwischen den Fachwissenschaften verwischen sich: Naturwissenschaft, Psychologie, Ästhetik und die sich im letzten Drittel des Jahrhunderts entschieden stärker profilierende Medizin gehen ebenso Verbindungen mit der Philosophie ein, wie diese sich auf deren Einzelergebnisse stützt. Der schriftstellernde Philosoph oder der philosophierende Schriftsteller – und eine breite Fülle von «vorzüglichen Geistern» fühlte sich dazu berufen – «tat die Augen auf, so gut er nur konnte», und entdeckte dabei «Wahrheiten», die der «Glückseligkeit» des einzelnen in diesem und jenem Leben förderlich waren. Mit dem raschen Anwachsen des Verlags- und Zeitungswesens entstand die soziale Basis für eine philosophische Diskussionsliteratur, die die theoretische Neugierde der denkenden Zeitgenossen zu befriedigen vermochte. An der französischen und englischen Essayistik geschult und vom Empirismus besonders Lockes, Fergusons und Shaftesburys geleitet, gewann diese Literatur eine stilistische und gedankliche Pragmatik, die Kant dann später nur als «fragmentarisches Herumtappen» erscheinen konnte. Einer Philosophie, die sich in eine alle Lebensgebiete umfassende «Anthropologie» auflöste, mußte der strenge Erkenntnistheoretiker den Namen der «Wissenschaft» verweigern. Aber gerade dies nicht auf ein System verpflichtete «Suchen» nach Wahrheit, das disziplinübergreifend zunächst einmal die Fragen formuliert, die einer eingehenderen Untersuchung wert erscheinen, ist das Signum dieses philosophischen Denkens.

Dabei ist das Leibnizsche Modell der «prästabilierten Harmonie», der «Monaden» mit ihrem kraftvoll individuellen Perfektibilitätspotential und dem Optimismus der «besten aller möglichen Welten» in den fünfziger und sechziger Jahren noch unangefochtener Ausgangspunkt aller Überlegungen. Psychologisches Eindringen in die Tiefen der Seele weckte seit den siebziger Jahren ein verstärktes Interesse an den ‹Abgründen› der menschlichen Natur: an Phänomenen wie der Melancholie mit deren verschiedenen Abwandlungen wird die von Leibniz vorgegebene Leib-Seele-Ordnung einer kritischen Überprüfung unterzogen. Die achtziger Jahre brachten sodann – besonders im Kreis um die *Berlinische Monatsschrift* – eine problematisierende Abklärung der Prinzipien aufklärerischen Denkens.

Die psychologische Optik

Die ‹Sinnlichkeit› in ihrer konkreten seelischen Konstitution von «Trieben» und «Begehrungen» war zur Herausforderung für die Philosophie geworden. Willen und Gefühl in ihrem Eigenrecht zu begründen, setzte eine Abkehr gleichermaßen von der Affektenlehre des 17. Jahrhunderts wie von Wolffs *Psychologia empirica* voraus. Leibniz hatte dafür in seiner Konzeption einer sich im «Streben» organisch vervollkommnenden Monade die Voraussetzung geschaffen, Baumgarten und Meier nahmen diesen Gedanken wieder auf und brachten ihn in die Zeitdiskussion ein. Wenn der in der Abgegrenztheit der Monade auf sich verwiesene Geist alle Vorstellungen über sich und die Gesamtheit der Welt aus sich selbst entwickelt, dann wird das Ganze der in ihm wirkenden Kräfte zum eigentlichen Aufgabenfeld philosophischen Nachforschens. Abhandlungen wie die von Meier über die *Gemüthsbewegungen* sind nur sichtbares Resultat des neu gewonnenen Gegenstandsbereichs. Aber auch wenn diese psychischen Kräfte nicht eigens thematisiert werden, bestimmen sie nun als methodische Blickwinkel die Popularphilosophie. «Die psychologische Fassung und die psychologische Verteidigung der Spontaneität des Ich bereitet jetzt für eine neue Grundauffassung der Erkenntnis und für eine neue Grundauffassung der Kunst den Boden vor; sie weist der Erkenntniskritik wie der Ästhetik neue Ziele und neue Bahnen.» (Cassirer)

In der Nachfolge Baumgartens und auf dem terminologischen Boden der Schulphilosophie setzt sich diese psychologische Optik der Erkenntnislehre durch: von Johann Georg Sulzer (1720–1779) *(Versuch über die Glückseligkeit verständiger Menschen,* 1754; *Zergliederung des Begriffs der Vernunft,* 1758*)* über Johann August Eberhard (1739–1809) *(Allgemeine Theorie des Denkens und Empfindens,* 1776*)*, Johann Jakob Engel (1741–1802) *(Der Philosoph für die Welt,* 1775*)*, Johann Georg Heinrich Feder (1740–1821) *(Grundriß der philosophischen Wissenschaften,* 1767*)* bis zu Christoph Meiners (1747–1810) *(Grundriß der Seelenlehre,* 1786*)* und dem glänzenden Essayisten und einflußreichen Vermittler Fergusons (1772) und Burkes (1773) nach Deutschland, Christian Garve (1742–1798) *(Über die Verbindung der Moral mit der Politik,* 1788; *Über die öffentliche Meinung,* 1792*)*. Bezeichnend für die Mehrzahl dieser Philosophen ist ihre enge Verbindung zur ästhetischen Diskussion der Zeit, auf die die Psychologisierung der Erkenntnislehre als Anschauungsfeld naturgemäß hinführte: Sulzer geht geradezu davon aus *(Untersuchungen über den Ursprung der angenehmen und unangenehmen Empfindungen,* 1751/52*)* und faßt in seiner *Allgemeinen Theorie der schönen Künste* (1771–74, mit mehreren Nachauflagen) das ästhetische Wissen enzyklopädisch zusammen, Eberhard schließt damit *(Handbuch der Ästhetik für gebildete Leser aus allen Ständen in Briefen,* 1803–05*)*, Engel begibt sich gar mit seinem Roman *Herr Lorenz Stark, ein Charaktergemälde* (1795/96) auf das Feld der Poesie und mit *Über Handlung, Gespräch und Erzählung* (1774) auch auf das der Romantheorie, und Garve legt in seinen *Vermischten Aufsätzen* (1796) die Summe seines um die «schönen Wissenschaften» bemühten Lebenswerks vor. Philosophisch am stringentesten ist diese Bestimmung der Erkenntnislehre aus der Optik der Psychologie bei dem Kieler Philosophen und Mathematiker (und späteren Mitglied des Finanzkollegiums in Kopenhagen) Johann Nicolaus Tetens (1736–1805) durchgeführt. In seinem Frühwerk *(Über metaphysische Wahrheiten,* 1760*)*, noch ganz im Banne der Leibniz-Wolffschen Philosophie, faßt er in *Philosophische Versuche über die menschliche Natur und ihre Entwicklung* (1776/77) das Grundgesetz dieser psychologischen Methode zusammen:

«Die Modifikationen der Seele so nehmen, wie sie durch das Selbstgefühl erkannt werden; diese sorgfältig wiederholt und mit Abänderung der Umstände gewahrnehmen, beobachten, ihre Entstehungsart und die Wirkungsgesetze der Kräfte, die sie hervorbringen, bemerken; alsdann die Beobachtungen vergleichen, auflösen und daraus die einfachsten Vermögen und Wirkungsarten und deren Beziehung aufeinander aufsuchen.»

Über die bloß sinnliche Empfindung – die äußerlich bleibt – hinaus tritt das «Selbstgefühl» mit der Kraft seiner Subjektivität in den Mittelpunkt psychologischer Analyse. Der Philosoph begreift es nun als seine wesentliche Aufgabe, den Gesetzen dessen nachzuspüren, was die Poeten bereits für ihr Tun entdeckt hatten. In der differenzierten Beschreibung der «Regeln» des Gefühls und dessen kreativer Entfaltung gehen Philosophie, Ästhetik und Psychologie eine Einheit ein, die Kants *Kritik der Urteilskraft* (1791) ebenso vorbereitet wie die Kunstphilosophie der Klassik.

Eine wesentliche Verbindung auf diesem Weg schuf Moses Mendelssohn (1729–1786). Wie kaum ein anderer vereint dieser mit dem Ehrennamen «Der deutsche Sokrates» (nach seinen ‹sokratischen Dialogen› in *Phaedon oder Über die Unsterblichkeit der Seele in drey Gesprächen*, 1767) ausgezeichnete jüdische Denker Empfänglichkeit für ästhetische Reize mit psychologischem Einfühlungsvermögen und philosophischer Durchdringung seines Gegenstands. In seinen *Betrachtungen über die Quellen und Verbindungen der schönen Künste und Wissenschaften* (zuerst 1757) formuliert er – unter dem Eindruck seines Briefwechsels mit Lessing und Nicolai über das Trauerspiel (1756/57) – diesen Zusammenhang:

«In den Regeln der Schönheit, die das Genie des Künstlers empfindet, und der Kunstrichter in Vernunftschlüße auflöset, liegen die tiefsten Geheimnisse unserer Seele verborgen. Jede Regel der Schönheit ist zugleich eine Entdekkung in der Seelenlehre. Denn da sie eine Vorschrift enthält, unter welchen Bedingungen ein schöner Gegenstand die beste Wirkung in unser Gemüth thun kann; so muß sie auf die Natur des menschlichen Geistes zurückgeführt, und aus dessen Eigenschaften erklärt werden können.»

Von seinen *Briefen über die Empfindungen* (1755) über die *Rhapsodie, oder Zusätze zu den Briefen über die Empfindungen* (1761) bis zu den *Morgenstunden oder Vorlesungen über das Daseyn Gottes* (1785) sucht er das Schöne in psychologischer Sicht und mit philosophischem Argumentationsanspruch als den Bereich des Menschen zu fassen, in dem dieser seine «Bestimmung» erfährt. Seine Gedanken über die «gemischten Empfindungen» *(Briefe)* oder über die Illusion *(Rhapsodie)* haben die ästhetische wie die psychologische Diskussion weitergeführt, seine Bemerkungen über das «ruhige Wohlgefallen» beim Betrachten der Schönheit *(Morgenstunden)* führen in die Nähe Kants. Im Genuß des Schönen als «einer künstlichen sinnlich-vollkommenen Vorstellung, oder ... einer durch die Kunst vorgestellten sinnlichen Vollkommenheit» ist für Mendelssohn immer auch die Vervollkommnung des Menschen eingeschrieben. Es geht ihm in seinen philosophischen, psychologischen und ästhetischen Schriften um die Arbeit an einer geistigen und sozialen ‹Aufklärung›, die ihm immer noch nötig scheint, weil – wie er in seinem weit über Deutschland hinaus berühmten *Phaedon* und anläßlich eines Beweises für die «vernünftige Religion» feststellt – «Aberglaube, Pfaffenlist, Geist des Widerspruchs und Sophisterey uns durch vielerley Spitzfindigkeiten und Zauberkünste den Gesichtskreis verdrehet, und den gesunden Menschenverstand in Verwirrung gebracht haben». Als Vermittler zwischen Extrempositionen, als Verfechter einer an der englischen Welt geschulten ‹gesunden Vernunft› und nicht zuletzt als glänzender Stilist nimmt er eine eigenständige Position im Aufklärungsdenken ein. Sie wird ihm zwar nicht von staatlicher Seite – seine Wahl in die Berliner Akademie (1771) wird von Friedrich II. nicht bestätigt –, wohl aber von der ‹Republik der Gelehrten› zuerkannt.

Schwieriger und von Kontroversen begleitet war hingegen sein Einsatz für die kulturelle und soziale Emanzipation des Judentums. Für Mendelssohn war sie eine direkte Konsequenz des aufklärerischen Denkansatzes, aber auch ein Probierstein für die Frage, wieweit eine Einsicht in die Vernunftwidrigkeit aller Vorurteile auf die bürgerliche Praxis im Umgang mit religiösen und gesellschaftlichen ‹Außenseitern› abfärbte. Die soziale Ausgangslage war für seine Glaubensbrüder denkbar ungünstig: Auch in dem sich in religiösen Fragen als aufgeklärt präsentierenden Preußen hatte Friedrich II. mit seinem «Reglement» von 1750 (das noch bis 1812 gültig blieb) die Grenzen für die Juden seines Staats so eng abgesteckt, daß sich außer den wenigen «generalprivilegierten» oder «ordentlichen Schutzjuden» kein Mitglied der jüdischen Glaubensgemeinde sicher fühlen konnte, von den erheblichen und bewußt diskriminierenden ökonomischen Bürden, die ihnen auferlegt wurden, ganz abgesehen. «Allhier in diesem sogenannten duldsamen Lande», schreibt Mendelssohn am 28. Juli 1780, «lebe ich gleichwohl so eingeengt, durch wahre Intoleranz so von allen Seiten beschränkt, daß ich meinen Kindern zu Liebe mich den ganzen Tag in einer Seidenfabrik ... einsperren muß.»

Bitterkeit und Resignation waren indes nicht seine Reaktion auf diese Lage. Seinen wachsenden Ruf als Philosoph und «Menschenfreund» suchte er in praktische Wirksamkeit für die Sache seiner Glaubensbrüder einzusetzen: durch Eingaben und Fürsprachen zugunsten bedrohter Juden, durch klärende Ratschläge in internen jüdischen Glaubensfragen wie vor allem auch durch die Systematisierung und Übersetzung der *Ritualgesetze der Juden* ins Deutsche (1778), ein Werk, das als zivilrechtliche Grundlage der jüdischen Gemeinden wichtig wurde und so das jüdische Zusammenleben stärkte.

Aufklärung war für Mendelssohn auch eine Frage der sozialen und kulturellen Bildungsvoraussetzungen seiner Zeitgenossen. Um seinen Glaubensbrüdern einen Weg aus dem Getto weisen zu können, schien ihm die kulturelle Hebung der vielfach verarmten und schlecht ausgebildeten Juden ebenso unumgänglich wie deren Anpassung an die Lebensformen ihres gesellschaftlichen Umfeldes. Diesem Ziel diente vor allem eine Neuübersetzung des hebräischen Bibeltextes ins Deutsche (im Gegensatz zu Luthers auf der lateinischen «Vulgata» beruhenden Übersetzung): Das *Pentateuch* (die fünf Bücher Moses) erschien nach langjährigen Vorarbeiten, mit auf hebräisch abgefaßten Kommentaren versehen und in hebräischen Buchstaben, im Jahre

1783; sein Tod verhinderte die Fortführung. In orthodox-jüdischen Kreisen wegen der angeblichen ‹Profanierung› des heiligen Textes zunächst umstritten, hat die Nachwelt die bahnbrechende Bedeutung dieses Werks für die kulturelle Eingliederung der Juden in die deutsche Sprachwelt wie für eine Reinigung des hebräischen Schrifttums anerkannt. Mendelssohns Übersetzung, von Gelehrten nach ihm zu Ende geführt, konnte neben die Luthers gestellt werden.

Alle diese Bemühungen um die – Tradition und Eigenart bewahrende – Integration der Juden in eine ihnen abweisend gegenüberstehende Gesellschaft mündeten ein in die unerhört selbstbewußte, dabei dem aufklärerischen Ziel der «Glückseligkeit» aller Bürger im Staat verpflichteten Schrift *Jerusalem, oder über religiöse Macht und Judentum* (1783). Mendelssohn greift darin das brisante Problem des Verhältnisses von Staat und Religion, von «bürgerliche(r) und geistliche(r) Verfassung», auf, definiert deren unterschiedliche Aufgabenbereiche im Sinne des staatlichen Gesetzes- und Machtprivilegs auf der einen und des religiösen Gesinnungs- und Lehrauftrags auf der anderen Seite und gelangt so zu einer Bestimmung dieser «Stützen des gesellschaftlichen Lebens» als sich die «Waage» haltenden, einander respektierenden Faktoren der bürgerlichen Gesellschaft. Der Philosoph meldet sich dabei in aller Entschiedenheit zu Wort:

«Weder Kirche noch Staat haben ... das Recht, Grundsätze und Gesinnungen der Menschen irgend einem Zwange zu unterwerfen. Weder Kirche noch Staat sind berechtiget, mit Grundsätzen und Gesinnungen Vorzüge, Rechte und Ansprüche auf Personen und Dinge zu verbinden, und den Einfluss, den die Wahrheitskraft auf das Erkenntnisvermögen hat, durch fremde Einmischung zu schwächen.»

Mendelssohns Plädoyer für den religionsneutralen Staat und die machtfreie Religion verbindet das aufklärerische Toleranzpostulat mit dem beherzten Anspruch auf die Gleichberechtigung des Judentums in einer Gesellschaft, in der die jüdische Gesetzesreligion die staatliche Ordnung ebenso anzuerkennen wie diese die religiösen Rituale der jüdischen Glaubensgemeinschaft zu respektieren hat. Emanzipation, die sich auf «Gewissensfreyheit» gründet, besteht für ihn zwar in der sozialen Integration des Judentums, nicht aber in einer «Glaubensvereinigung», wie es viele Christen – unter ihnen Lavater in einer «Zuschrift» an Mendelssohn anläßlich seiner Übersetzung von Charles Bonnets *Palingénésie philosophique* (1769) – gefordert hatten. Denn auch dies ist für ihn die Behauptung eines Wahrheitsmonopols, das aufklärerischem Denken widerspricht. Wie er in *Phaedon* mit der sokratischen Herleitung der Unsterblichkeit der Seele als dem Signum menschlicher Einzigartigkeit und Würde die substantielle Gemeinsamkeit hervorgehoben hatte, so pocht er in *Jerusalem* nun auf die Vielfältigkeit der Wege zum «Heil». Ganz im Geiste von Lessings *Nathan* (1779) – nur sehr viel entschiedener als gesellschaftspolitischer Appell vorgetragen – entwirft er hier das Bild einer Gemeinschaft zwischen Christen und Juden, die Einheit und Vielheit in sich schließt und sich erst im ernsthaften Bemühen um die «Wahrheit» in ihrer Bedeutung für den «Frieden» zwischen allen gesellschaftlichen Gruppen erweist.

Jerusalem ist Mendelssohns Vermächtnis als Aufklärungphilosoph wie als Streiter für die Emanzipation des Judentums. Mit ihm löst er eine kontroverselle Debatte aus, die über ihre Zeittypik hinaus auch heute noch von Gewicht ist. Kant hat die Bedeutung des Werks sogleich erkannt; am 18. August 1783 schreibt er an Mendelssohn: «Ich halte dieses Buch vor die Verkündigung einer großen, obzwar langsam bevorstehenden und fortrükkenden Reform, die nicht allein ihre Nation, sondern auch andere treffen wird.»

Der erfahrungspsychologische ‹Einbruch›

Goethes «Losungswort» von der «Erfahrung» hatte aber noch eine andere Seite – und er weist selbst darauf hin: es ist die, vornehmlich von den «Ärzten» praktizierte Anwendung der naturwissenschaftlichen Beobachtungshaltung auf die psycho-physische Konstitution des Menschen. Wie Schings *(Melancholie und Aufklärung,* 1977*)* gezeigt hat, greift sie tief in das philosophische Selbstverständnis der Zeit ein. Ihren literarischen Niederschlag findet sie in der Geisteswelt des Sturm und Drang, beim frühen Herder *(Vom Erkennen und Empfinden der menschlichen Seele. Bemerkungen und Träume,* 1778*)* und im Frühwerk des Mediziners Schiller *(Philosophie der Physiologie,* 1779; *Versuch über den Zusammenhang der tierischen Natur des Menschen mit seiner geistigen,* 1780*)*. Breit entfaltet liegt sie vor in Karl Philipp Moritz' *Magazin zur Erfahrungsseelenkunde* (1783 ff.), der empirisch sammelnden und populär gehaltenen Zeitschrift, die «die Kenntnis des menschlichen Herzens mehr aus der ersten Quelle als aus Erdichtungen schöpfen» will. In seiner eigenen «Erdichtung», dem Roman *Anton Reiser* (1785/90), spricht Moritz der Autobiographie die Rolle einer solchen «ersten Quelle» zu.

Ausgangspunkt für die «Erfahrungsseelenkunde» war die metaphysische Begründung des Leib-Seele-Zusammenhangs seit Leibniz. Der «prästabilierten Harmonie» hatten in Frankreich Lamettrie *(L'homme machine,* 1748*)* ein materialistisch-physiologisches und Helvétius *(De l'esprit,* 1758*)* ein ausschließlich sozial argumentierendes Erklärungsmodell entgegengesetzt und damit die Zunft der Philosophen herausgefordert. Im polemischen Disput um diese Lehren, die immerhin die Grundposition der tradierten Metaphysik radikal umkehrten, meldeten sich allerdings weniger die Philosophen zu Wort – wenn auch Karl Friedrich Flögel (1729–1788) *(Geschichte des menschlichen Verstandes,* 1765*)* und Christian Garve *(Versuch über die Prüfung der Fähigkeiten,* 1779*)* sich dieser Sicht nicht gänzlich verschließen wollten – als der selbstbewußt gewordene Stand der Mediziner. Johann Georg Zimmermann

(1728–1795), Schüler und Biograph Hallers *(Leben des Herrn von Haller,* 1757), der 1768 zum Leibarzt des englischen Königs in Göttingen avancierte, lenkte mit seinem einflußreichen, mehrfach aufgelegten Werk *Von der Erfahrung in der Arzneykunst* (1763/64) den Blick auf die Möglichkeiten in der Medizin, der «Erfahrungsseelenkunde» eine physiologisch haltbare Grundlage zu geben; in seinem Alterswerk *Über die Einsamkeit* (1784/85, mit Vorstufen von 1756 und 1773) weitet er diese Optik auf die Frage nach den Möglichkeiten und Grenzen der Soziabilität des Menschen hin aus. Entschiedener waren da schon die jüngeren Ärzte: 1773–75 legte Melchior Adam Wei(c)kard (1742–1803) anonym eine vierbändige Wochenschrift, *Der philosophische Arzt,* vor, der es ausdrücklich darum geht, «Philosophie und Arzneykunst zu vereinigen» und den «Einfluß der philosophischen Arzneykunst auf Sittenlehre und Staatsverfassung, und überhaupt auf die Beförderung der Glückseligkeit des Menschengeschlechts» zu zeigen. Seinen Spuren folgt Michael Hissmann (1752–1784), der in *Psychologische Versuche, ein Beitrag zur esoterischen Logik* (1777) die Konsequenzen aus der Umkehrung der Leibniz-Wolffschen Psychologie zieht: «Ist die menschliche Seele Materie: so müssen wir nothwendig eine neue Psychologie haben, die nur der physiologische und anatomische Psycholog schreiben kann.»

Eine vermittelnde Position hingegen bezieht Ernst Platner (1744–1818). In seiner *Anthropologie für Aerzte und Weltweise* (1772), 1791 umgearbeitet unter dem Titel erschienen: *Neue Anthropologie für Aerzte und Weltweise. Mit besonderer Rücksicht auf Physiologie, Pathologie, Moralphilosophie und Aesthetik,* steckt er den breiten Rahmen für eine neue Wissenschaft ab, die sich des Menschen in seiner Weltlichkeit annimmt, Körper und Seele in ihren «gegenseitigen Verhältnissen, Einschränkungen und Beziehungen» zueinander bestimmt und mithin die auf die psychologische Optik eingegrenzte Philosophie an die empirisch beobachtende «Arzneikunst» verweist. Die Beiträge, die die «philosophischen Ärzte» zum Aufklärungsdenken leisten, bestimmen nicht zuletzt über Schillers Lehrer J. F. Abel *(Diss. De Origine Charakteris Animi,* 1776) die Anfänge der deutschen Klassik. «Im Zeichen der Erfahrung, mit einer beinahe monopolartigen anthropologischen Kompetenz ausgestattet, wissenschaftstheoretisch in der allergünstigsten Position, prägen sie das Profil der deutschen Popularphilosophie des späten 18. Jahrhunderts kaum weniger als die Philosophen vom Fach (die von ihnen lernen).» (Schings)

Die «Erfahrungsseelenkunde» entdeckt bei ihren Beobachtungen die ‹Schattenseiten› der menschlichen Seele und entfaltet sie in aller Breite. Für den Arzt so reizvolle, weil die Variabilität der Psyche und deren Zusammenhang mit dem Körper enthüllende Phänomene wie Schwärmerei, Enthusiasmus, Hypochondrie, Misanthropie, Fanatismus oder andere als «pathologisch» diagnostizierte ‹Absonderlichkeiten› des Gemüts, zusammengefaßt im altehrwürdigen Erscheinungsbild der «Melancholie», werden für das Aufklärungsdenken zu einer Herausforderung. Das aufklärerische Gebot der Beobachtung und Prüfung forderte eine Untersuchung dieser ‹Abgründe› mit den Mitteln der empirischen Psychologie, allerdings mit der entschieden vorgetragenen Zielsetzung, durch ‹Aufklärung› auch dieser Schattenseiten die menschliche «Glückseligkeit» zu befördern. Selbstbeobachtung und autobiographische Ich-Erforschung, aber auch physiognomische Rückschlüsse vom äußeren Erscheinungsbild auf Seelenkonstitution oder soziale Verhaltensmuster gehören zum Rüstzeug der nach Klarheit und Ordnung strebenden, nun aber mit einer ‹ungeordneten Welt› konfrontierten Denker. Johann Caspar Lavater (1741–1801) und Adolph Freiherr von Knigge (1752–1796) können hier als gegensätzliche Beispiele für diese Bestrebungen dienen.

Der erstere, von der Generation der Stürmer und Dränger als einer der ihren gefeiert, hatte sich seinen religiös-schwärmerischen Drang in Erbauungsbüchern und Dichtungen *(Gereimte Psalmen,* 1768; *Geistliche Lieder,* 1771 ff.; *Schweizer Lieder,* 1767*)* von der Seele zu schreiben gesucht, ehe er sich in seinem Werk *Geheimes Tagebuch. Von einem Beobachter seiner selbst* (1771/72) der erfahrungspsychologischen Selbstbeobachtung unterzog und dabei ein Krankheitsbild enthüllte, dem er mit dem Glauben begegnen zu müssen meinte. In den *Physiognomischen Fragmenten* (4 Bde., 1775–78) weitet er diese Selbstbeobachtung auf eine allgemeine «Fertigkeit, durch das Äußerliche eines Menschen sein Inneres zu erkennen», aus. Der physiognomischen Beschreibungsmethode – seine empirische Materialfülle war für die Zeitgenossen äußerst anregend – glaubt er Einblicke in die Verzweigungen der menschlichen Temperamente abgewinnen zu können, die Krudes und Absonderliches bloßlegen, aber insgesamt den Leser mehr zum «Menschenfreund, als Menschenfeind» werden lassen.

Wie Lavater mit seiner Physiognomie das «heilige Gefühl der Menschenwürde allgemeiner machen» will, so nimmt Knigge sich der «Menschenwürde» im sozialen Kontext an. Aufklärerischer Dogmenkritiker und als Illuminat entschiedener Gegner des Jesuitenordens, hatte er sich selbst mit dem *Roman meines Lebens* (1781–83) einer Art Selbstbeobachtung unterworfen, ehe er sich mit seinem bis heute populär gebliebenen Werk *Über den Umgang mit Menschen* (1788) in der Tradition der charakterologischen Anthropologie daran machte, «Andre zu beobachten und zu bilden», um «Fortschritte in Kenntniß der Menschen überhaupt und in Erkenntniß seiner Selbst insbesondere» zu gewinnen. Die dadurch zu erreichende «Semiotic der Seele» kann dann als Erziehungsinstrument in der Pädagogik ihre Anwendung finden. Hintergrund ist der aufklärerische Glaube an die Möglichkeit der Perfektibilität durch Beobachtung, Einordnung und Erziehung, wie sie auch die zahlreichen pädagogischen Schriften der Spätaufklärung – von Johann Bernhard Basedows (1723–1790) *Elementarwerk* (1774) über Joachim Heinrich Campes (1746–1818) *Theophron oder der erfahrene Ratgeber für die unerfahrne Jugend* (1783) bis zu August Gottlieb Meißners (1753–1807)

Menschenkenntnis (1787) und *Geschichte des Anstandes* (1797) – zeigen. Aber damit wurde auch die Gefahr der «Erfahrungsseelenkunde» sichtbar: Wo nun das ‹Dunkel› der Seele ans Licht geholt worden war, galt es, sich gegenüber der Bedrohung durch das von der ‹Geradlinigkeit› der Natur Abweichende abzusichern. In die soziale Praxis umgesetzt und der Pädagogik übergeben, konnte diese Lehre in die ‹Dogmatik der Normalität› umschlagen und damit die Aufklärung ihres kritischen Potentials berauben.

Die Problematisierung des Aufklärungsdenkens

Im Kreis um die *Berlinische Monatsschrift* ist diese Gefahr gesehen worden. Diese Zeitschrift, das «bedeutendste Forum, das die deutsche Aufklärung in ihrer letzten und höchsten Phase besaß» (Krauss), wurde von Johann Erich Biester (1749–1816) und Friedrich Gedike (1754–1803) initiiert und redigiert. «Eifer für die Wahrheit, Liebe zur Verbreitung nützlicher Aufklärung und zur Verbannung verderblicher Irthümer, und Ueberzeugung einer nicht verdienstlosen Unternehmung» waren – so die «Vorrede» von 1783 – ihr Programm, aber auch «höchste Mannichfaltigkeit, in so weit diese mit angenehmer Belehrung und nützlicher Unterhaltung bestehen kann». Sie konnte sich auf einen Kreis von Männern unterschiedlichster Herkunft und beruflicher Tätigkeit stützen, die sich in der sogenannten «Mittwochsgesellschaft», einer «Gesellschaft von Freunden der Aufklärung», seit 1783 in Berlin zusammengeschlossen hatten, unter ihnen – neben Biester und Gedike – vor allem Johann Friedrich Zöllner (1753–1804), Moses Mendelssohn, Johann Jakob Engel, Friedrich Nicolai (1733–1811) und Wilhelm Abraham Teller (1734–1804). Nach dem Urteil Nicolais trafen sie sich – unter sehr genau festgelegten Formen –, um die «freye Untersuchung der Wahrheit von allerley Art» zu befördern und «solche Materien, welche denkenden Köpfen wichtig sind, durch die Gegeneinanderstellung verschiedener Meinungen, deutlicher zu denken und von allen Seiten zu betrachten». «So gesehen war die Mittwochsgesellschaft ein Stück praktizierter Aufklärung» (Hinske).

Die *Berlinische Monatsschrift* ist nicht nur das Publikationsorgan dieses Kreises, sondern versteht sich als Sammelpunkt vielfältiger Bestrebungen Gesamtdeutschlands. Trotz der Mannigfaltigkeit der Themen, die die Praxisnähe der Aufklärer auf allen Gebieten der Gesellschaft noch einmal anschaulich macht, und trotz mancher Differenzen im gewählten Blickwinkel, die die methodische Breite des Aufklärungsdenkens demonstrieren, trifft doch auf diesen Kreis am ehesten das zu, was F. Schlegel als «Selbstgesetz der Vernunft» apostrophierte. Dazu mag auch das bestimmende Gewicht beigetragen haben, das Kants Beitrag von 1784 in der *Beantwortung der Frage: was ist Aufklärung?* gehabt hatte. Denn in der selbstbewußten Art, in der hier Aufklärung als «Ausgang des Menschen aus seiner selbst verschuldeten Unmündigkeit» bestimmt wird, in der «Faulheit und Feigheit» derjenigen, die nicht den «Muth» haben, sich ihres «eigenen Verstandes zu bedienen», angeprangert werden, schien sich der Allgemeinheitsanspruch einer sich selbst zum höchsten Maßstab ausrufenden Vernunft anzumelden. Aber auch schon in diesem eher programmatischen Zusammenhang – und sehr viel entschiedener in seinen *Kritiken* – problematisiert Kant diese Allmacht der Vernunft: nicht nur dadurch, daß er zwischen dem «öffentlichen und privaten Gebrauch der Vernunft» unterscheidet und ihr damit sozial bestimmte Grenzen setzt, und nicht nur durch die Ablehnung einer «Revolution» im Namen der Aufklärung, die «niemals wahre Reform der Denkungsart zu Stande kommen» lasse, sondern vor allem in der historischen Relativierung der Aufklärung als keineswegs abgeschlossenen Prozeß: «Wenn denn nun gefragt wird: Leben wir jetzt in einem aufgeklärten Zeitalter? so ist die Antwort die: Nein, aber wohl in einem Zeitalter der Aufklärung.» Die «Freiheit» des Vernunftgebrauchs ist ein Auftrag – und darin liegt ein Appell gleichermaßen an die «Regierung» wie an den «Menschen» –, aber an der Ausräumung der «Hindernisse der allgemeinen Aufklärung» «fehlt noch sehr viel». Allerdings gilt für Kant entschieden: nur in einer ‹Erkenntnis der Erkenntnis› ist eine ‹Aufklärung der Aufklärung› zu erwarten.

Die Problematisierung des Aufklärungsdenkens durchzieht die Beiträge der *Berlinischen Monatsschrift* – nicht im Sinne einer Aufgabe von gewonnenen Positionen, sondern als Frage nach Inhalt und Grenzen des Erreichten. Insofern ist diese Zeitschrift ein Organ, das das philosophische Räsonnement des Zeitalters noch einmal in all seiner Breite repräsentiert und zugleich zur Besinnung auf den eingeschlagenen Weg anregt. Und hier ist es insbesondere Moses Mendelssohn, der wie Kant, aber unabhängig von ihm, die Herausforderung Zöllners von 1783 annimmt und die Gelegenheit ergreift, in grundsätzlichen Überlegungen die philosophischen Bestrebungen der Zeit zusammenzufassen. In seinem Beitrag *Über die Frage: was heißt aufklären?* (1784) schließt er an Johann Joachim Spaldings Formulierungen von 1748 an und hält als Perspektive fest: «Ich setze allezeit die Bestimmungen des Menschen als Maaß und Ziel aller unserer Bestrebungen und Bemühungen, als einen Punkt, worauf wir unsere Augen richten müssen, wenn wir uns nicht verlieren wollen.» Von hier aus unterscheidet er zwischen «Aufklärung», die «auf das Theoretische» zielt, und «Kultur», die «mehr auf das Praktische» geht, und faßt sie zusammen im Begriff der «Bildung» des «Menschen als Mensch» wie des «Bürgers» in seinem «geselligen Zustand»: «Aufklärung verhält sich zur Kultur, wie überhaupt Theorie zur Praxis; wie Erkenntniß zur Sittlichkeit; wie Kritik zur Virtuosität», und der Zustand ihrer «Harmonie» heißt «Bildung». «Bestimmung des Menschen» ist daher von Mendelssohn von vornherein aus dem Kontext eines «Selbstgesetzes der Vernunft» gelöst und wird zu einer Frage des Ausgleichs von Lebenshaltung und Denkanstrengung. Seine Differenzierung von «Bestimmung des Menschen als Mensch» und der «Bestimmung des Menschen als Bürger», von

«Menschenaufklärung und Bürgeraufklärung», von «außerwesentlichen» und «wesentlichen» Bestimmungen zielt darauf, das Problem der «Glückseligkeit» an die Lebenssituation der nach «Stand und Beruf» verschiedenen Mitglieder der Gesellschaft zurückzubinden und damit aller dogmatischen Festlegungen zu entziehen. Angesichts der dem Menschen «nun einmal beiwohnenden Grundsätze der Religion und Sittlichkeit» etwa «wird der tugendliebende Aufklärer mit Vorsicht und Behutsamkeit verfahren, und lieber das Vorurtheil dulden, als die mit ihm so fest verschlungene Wahrheit zugleich mit vertreiben». Seine Aufforderung an den «Menschenfreund», auch «in den aufgeklärtesten Zeiten» «Rücksicht» zu nehmen auf diese überkommenen, aber als Lebensorientierung immer noch notwendigen «Grundsätze», «Gebrauch von Mißbrauch» der aufklärerischen Vernunft zu unterscheiden, wird zur Warnung vor der Gefahr einer der Aufklärung innewohnenden Dogmatik: «Mißbrauch der Aufklärung schwächt das moralische Gefühl, führt zu Hartsinn, Egoismus, Irreligion, und Anarchie.» Mit deutlicher Adresse an eine verflachte, sich im Glücksgefühl des Erreichten beruhigende Aufklärung greift Mendelssohn auf die ursprünglichen, Leibniz' Monadenlehre verpflichteten Impulse aufklärerischen Perfektibilitätsdenkens zurück und bestimmt sie in geschichtsphilosophischer Sicht als einen Prozeß, der in der menschlichen Wirklichkeit wie in der von «Nationen» kein Ende findet: «Eine gebildete Nation kennet in sich keine andere Gefahr als das Uebermaaß ihrer Nationalglükseligkeit... Eine Nation, die durch die Bildung auf den höchsten Gipfel der Nationalglükseligkeit gekommen, ist eben dadurch in Gefahr zu stürzen, weil sie nicht höher steigen kann.» Dies aber – so meint er abschließend – «führt zu weit ab von der vorliegenden Frage!» Kein Zweifel indes, daß Moses Mendelssohn mit seinem Beitrag in der *Berlinischen Monatsschrift* noch einmal die gedanklichen, über die Vernunftaufklärung hinaus immer auch die «wahre Glückseligkeit» des Menschen in seinem «geselligen Zustand» einschließenden Bestrebungen der deutschen Popularphilosophie zusammenfaßt – ehe sich am Ende des Jahrhunderts eine Weltsicht Bahn brechen konnte, die deren Grundlage, die Leibnizsche Metaphysik, aufheben wird.

3. Neuansatz

«Dein Büchlein habe ich mit Anteil gelesen, nicht mit Freude. Es ist und bleibt eine Streitschrift, eine Philosophische, und ich habe eine solche Abneigung von allen litterarischen Händeln, daß Raphael mir einen mahlen und Shäckspear ihn dramatisieren könnte und ich würde mich kaum daran ergötzen, was alles gesagt ist.» Diese Kritik Goethes in einem Brief an Jacobi vom 5. Mai 1786 trifft dessen Werk *Friedrich Heinrich Jacobi wider Mendelssohns Beschuldigungen betreffend die Briefe über die Lehre des Spinoza,*

Leipzig 1786. Am 22. November 1783 hatte Jacobi Herder über seine Spinoza-Gespräche mit Lessing informiert und damit seinen Briefwechsel mit Herder über Spinoza eröffnet. Vom 18. bis 29. September 1784 fanden in Weimar die berühmten «Spinoza-Konferenzen» zwischen Jacobi, Herder und Goethe statt, und am 11. September 1785 bemerkte Goethe gegenüber Jacobi kurz nach der Herausgabe der Spinoza-Studien: «Herder findet lustig, daß ich bey dieser Gelegenheit mit Lessing auf Einen Scheiterhaufen zu sitzen komme.»

Das Lessingsche Gespräch mit Jacobi wird zu einer Nahtstelle der deutschen Literatur- und Philosophiegeschichte. Durch die Bemerkungen Lessings über Spinoza begegnen sich nicht nur Aufklärung, Sturm und Drang und Klassik in einer auf einen Punkt konzentrierten Diskussion, sondern sie bringen vor allem Goethe seinen neuen geistigen Standort zum Bewußtsein, den er seitdem nur mehr variierte. Am 20. Dezember 1784 schreibt Herder an Jacobi: «Goethe hat, seit du weg bist, den Spinoza gelesen, und es ist mir ein großer Probierstein, daß er ihn so ganz verstanden, wie ich ihn verstehe.» Ergebnis dieser intensiven Auseinandersetzung Goethes mit Spinoza im Winter 1784/85 ist ein der Frau v. Stein diktierter Aufsatz über Spinoza, in dem er von Spinoza her seine philosophische Position kennzeichnet.

Die Spinoza-Rezeption in Deutschland spiegelt die Auseinandersetzung um die Entwicklung eines neuen Menschenbildes. Von ungemein nachhaltiger Resonanz war das Verdikt Christian Wolffs in seiner *Theologia naturalis* von 1737 (§§ 671–716). Es erschien 1744 mit einer Übersetzung der *Ethik* Spinozas von Joh. Lorenz Schmidt in deutscher Sprache. Wenn Wolff auch nicht von Spinoza «wie von einem toten Hund» sprach, so fand er doch in dessen System nur eine «Verwirrung der Begriffe» (§ 682 Erl.), die vom «Mißbrauch des Kennzeichens der Wahrheit» (§ 677 Erl.) zeuge. Wolffs Spinoza-Kritik ist nicht mehr nur eine Gegenüberstellung zweier unterschiedlicher Systeme, sondern eine Frage nach verbindlicher Wahrheit und verwerflichem Irrtum. Indem er die «Namenerklärungen» (§ 687 Erl.) Spinozas untersucht und deren Wirklichkeit, d. h. ihre Übereinstimmung mit den formal-logischen Gesetzen des Denkens selbst, überprüft, meint er erfaßt zu haben, «wie schlüpfrig der Grund von der ganzen Spinozisterei ist» (§ 687 Erl.), denn Spinoza «hat sie... nicht aus den Sachen selbst hergeleitet und hernach seine Sätze selbst daraus hergeführet, wie es hätte geschehen sollen» (§ 677 Erl.). Daher sei es denn geschehen, «daß er [Spinoza] es auf der bloßen Klarheit ziemlich dunkeler und zweideutiger Wörter beruhen ließ, welche er von seiner schon vorher in dem Gemüte festgesetzten Meinung, ehe er noch an den Beweis derselben gedachte, erbettelt hatte» (§ 687 Erl.). Eine Betrachtung der wesentlichen Begriffe Spinozas kann nach dieser Prämisse folglich nur zu dem Resultat führen, daß Spinoza mit verworrenen und eingebildeten Begriffen argumentiere und somit «weit... von der Wahrheit entfernet sei» (§ 685 mit Erl.). In sehr allgemeiner Form und mit indirektem Hinweis auf

Wolff charakterisiert Jacobi treffend diese Verfahrensweise, wenn er bemerkt: «Ungemessene Erklärungssucht läßt uns so hitzig das Gemeinschaftliche suchen, daß wir darüber nicht des Verschiedenen achten; wir wollen immer nur verknüpfen, da wir doch oft mit ungleich größerem Vortheile trennten... Es entstehet auch, indem wir nur, was erklärlich an den Dingen ist, zusammen*stellen* und zusammen*hängen*, ein gewisser Schein in der Seele, der sie mehr verblendet als erleuchtet.» Dieser verblendende Schein, der nur verknüpft, nicht aber schon menschliche Wirklichkeit enthüllt, ist auch – und in dieser Sicht führen diese Vorbetrachtungen direkt in den Zusammenhang der Spinoza-Gespräche hinein – der Ansatzpunkt für Lessings vehemente Kritik an einer Denkweise, die «unsere elende Art, nach Absichten zu handeln, für die höchste Methode» ausgibt «und den Gedanken oben an» setzt. Im Gespräch mit Jacobi weist er diese Argumentationsform ab und distanziert sich von der aufklärerischen Tradition. Er präzisiert bündig: «Es gehört zu den menschlichen Vorurtheilen, daß wir den Gedanken als das erste und vornehmeste betrachten, und aus ihm alles herleiten wollen.»

Damit wendet sich Lessing auch gegen seinen Freund Moses Mendelssohn. Bereits 1755 hatte Mendelssohn in seinen *Philosophischen Gesprächen* die Diskussion um Spinoza angeregt, noch 1785 – kurz vor seinem Tode – setzte er sich mit dem Spinozismus grundsätzlich auseinander. In den *Morgenstunden, oder über das Daseyn Gottes* bestätigt er – allerdings mit sehr viel differenzierteren und einsichtigeren Bemerkungen, als dies bei Wolff der Fall war – das Urteil Lessings, der in der Unerschütterlichkeit des Verstandes, der in logischen Schlüssen eine allgemeinverbindliche Wahrheit deduziert, das größte Hindernis für den Menschen sieht, sich seiner eigenen Individualität gewiß zu werden.

Die «aufrichtige Liebe zur Wahrheit», die in allen analytischen Bemühungen Mendelssohns kennzeichnend bleibt, verband Lessing mit Mendelssohn – auch wenn sich ihre Vorstellungen von der Art der Wahrheitsgewißheit wesentlich voneinander entfernen. Ihre philosophischen Untersuchungen kreisen lange Zeit um dieselben Fragestellungen. Ehe sich Lessing – für Mendelssohn unerklärlich – eine neue Bahn bricht, gehen sie den Weg miteinander. In einer Rezension der von ihm selbst in Druck gegebenen *Philosophischen Gespräche* Mendelssohns von 1755 bleibt Lessing in seiner philosophischen Position in bezeichnender Weise unentschieden. Spinozas System wird ihm nicht zu einem Leitfaden für eine neue Naturauffassung. Vor allem sei nach dem «Gesichtspunkt» zu fragen, «aus welchem man Spinozas Lehrgebäude betrachten muß, wenn es mit der Vernunft und Religion bestehen solle». Als ein «sehr glücklicher Gedanke» Mendelssohns, Spinoza mit den traditionellen Begriffen von Vernunft und Religion zu vereinbaren, erscheint es ihm daher, Spinozas System «nicht auf die außer uns sichtbare, sondern auf diejenige Welt anzuwenden, welche, mit Leibnizen zu reden, vor dem Rathschlusse Gottes als ein möglicher Zusammenhang verschiedener Dinge in dem göttlichen Verstande existiert hat». Natur, Vernunft und Religion grenzen sich gleichermaßen gegeneinander ab und behalten ihr volles Eigenrecht. Erst die Realisierung des philosophischen Grundgedankens Spinozas wird zum eigentlichen Ansatzpunkt werden, Vernunft und Religion perspektivisch auf Spinozas Naturbegriff zu beziehen und von daher neu zu bestimmen.

Spricht Lessing noch 1755 in der gemeinsam mit Mendelssohn verfaßten Schrift *Pope ein Metaphysiker!* von des «Spinoza irrigem Lehrgebäude», von dem «gefährliche(n) System», das «dieser berufene Irrgläubige» errichtet habe, so ist für ihn – sehr zum Unterschiede davon – Mendelssohn in einem Brief vom 17.4. 1763 ein «kleiner Sophist», wenn er die wirkliche Bedeutsamkeit Spinozas durch eine logische Konstruktion wegzudisputieren versuche. Der Durchbruch zu einem neuen Spinoza-Verständnis bahnt sich an.

Im Fragment *Durch Spinoza ist Leibniz nur auf die Spur der vorherbestimmten Harmonie gekommen* will er nicht etwa eine ihn persönlich bewegende philosophische Haltung andeuten, sondern seine Überlegungen scheinen der Verwunderung entsprungen, «daß sich noch niemand Leibnizens gegen Sie [Mendelssohn] angenommen hat». Eine Art von «Rettung» veranlaßt ihn zu einer Untersuchung des Verhältnisses von Körper und Seele bei Leibniz und Spinoza, nur daß nicht deutlich wird, wer eigentlich «gerettet» werden soll. Nicht zu übersehen ist allerdings, daß Lessing durch das, was er «nur kürzlich von seinem Systeme gefaßt zu haben» vermeint, zu einer Neueinschätzung des spinozistischen Ansatzpunktes vorgedrungen ist. Er stellt gegenüber Mendelssohns Theorie von der vorherbestimmten Harmonie fest: «Leibniz will durch seine Harmonie das Räthsel der Vereinigung zweier so verschiedener Wesen, als Leib und Seele sind, auflösen. Spinoza hingegen sieht hier nichts Verschiedenes, sieht also keine Vereinigung, sieht kein Räthsel, das aufzulösen wäre.» Denn: «Spinoza denkt dabei weiter nichts, als daß Alles, was aus der Natur Gottes und der zu Folge aus der Natur eines einzelnen Dinges formaliter folge, in selbiger auch objective, nach ebender Ordnung und Verbindung, erfolgen müsse.» In der Anerkennung der «Enträtselung» des entscheidenden Problems der damaligen Philosophie durch Spinoza liegt zweifellos der Hinweis auf eine neues Verständnis Spinozas beschlossen.

Ähnlich verfährt er in dem Fragment *Über die Wirklichkeit der Dinge außer Gott*, in dem es als These heißt: «Ich mag mir die Wirklichkeit der Dinge außer Gott erklären, wie ich will, so muß ich bekennen, daß ich mir keinen Begriff davon machen kann.» Die Definition der Wirklichkeit in der Wolffschen Schule und bei Baumgarten halten seiner Auffassung nach einer Analyse nicht stand, wenn sie von einer höheren Perspektive aus betrachtet werden: «Beide Wirklichkeiten (sind) Eins, und Alles, was außer Gott existieren soll, existiert in Gott.» So bleibt nur die Folgerung: «Warum sollen nicht die Begriffe, die Gott von den wirklichen Dingen hat, diese wirklichen

Dinge selbst sein?» Diese Überlegung – einschließlich der Schlußfolgerung, daß damit auch die Zufälligkeit in Gott ist – deduziert Lessing in der Form objektivierter Verstandesschlüsse, die nur einen allgemeingültigen und einsehbaren Tatbestand darzulegen scheinen.

Das System Spinozas ist allerdings nicht das System Lessings. Auch Jacobis in seiner Niederschrift herausgearbeitete Vermutung, Lessing sei ein «Spinozist» gewesen – was damals so viel wie «Atheist» hieß –, besagt ohne weitere Betrachtung nichts. Goethes Feststellung, «daß niemand den anderen versteht, daß keiner bei denselben Worten dasselbe was der andere denkt», trifft auch hier vollauf zu. Lessings Einschränkungen wie diese: «Wenn ich mich nach jemand nennen soll, so weiß ich keinen andern», sind daher in ihrer Tragweite ernst zu nehmen. Die Parallelismen zwischen Spinoza und Lessing herauszuarbeiten, fördert somit das Verständnis des Lessingschen Vorstellungslebens nur wenig. Es ist demgegenüber eingehender danach zu fragen, wie, d.h. unter welcher Perspektive das Natur- und Gottesverständnis Spinozas für Lessings Frage nach dem Menschen fruchtbar werden konnte. Diese die eigentümliche Form des Denkens bloßlegende individuelle Perspektive enthüllt bereits den Inhalt der Spinoza-Rezeption Lessings.

Der Eingang des Gesprächs ist kennzeichnend für Lessings Argumentationsweise. Goethes *Prometheus*-Gedicht wird von Jacobi sehr effektvoll als Anfangspunkt der Diskussion ausgegeben, was ihm nur im Hinblick auf Lessings Reakion wirkungsvoll erscheinen konnte: denn Lessing identifiziert sich überraschenderweise mit der Perspektive des Gedichts: «Der Gesichtspunkt, aus welchem das Gedicht genommen ist, das ist mein eigener Gesichtspunkt» und fügt sogleich eine negative Begründung an: «Die orthodoxen Begriffe von der Gottheit sind nicht mehr für mich; ich kann sie nicht genießen.» Diese Abgrenzung konnte auch den Zeitgenossen nicht überraschen. Merkwürdig sprunghaft erscheint dagegen die positive Umwendung: der Orthodoxie wird Spinoza als einzige Alternative gegenübergestellt: «Hen kai pan! Ich weiß nichts anders. Dahin geht auch dies Gedicht, und ich muß bekennen, es gefällt mir sehr.» Zweierlei ist bemerkenswert: die Anerkennung des «hen kai pan» wird einmal von einer theologiekritischen Abweisung der Orthodoxie und zum andern vom Blickpunkt einer philosophischen Position aus vorgenommen. Theologie und Philosophie ordnen sich einander in neuer Weise zu. Die Philosophie tritt nicht mehr in den Dienst der Theologie wie in der zeitgenössischen theologischen Diskussion oder akzeptiert doch die Theologie als zweite Quelle der Erkenntnis von Wahrheit, wie es auch von Wolff undiskutiert bestehen blieb. Die Frage nach dem Menschen wird nicht mehr von der Theologie her, sondern von der Philosophie aus gestellt, und zwar einzig und allein von ihr. Nur eine neue philosophische Besinnung, die allerdings jene von der Theologie her übernommene Trennung der menschlichen Natur in zwei von Gott getrennte Substanzen überwinden mußte, kann weiterführen. Zur Theologiekritik bedarf es nicht eines

Spinoza, wohl aber zur Neubegründung der Vorstellung von der Natur des Menschen.

Der Spinozismus als mathematisch konstruiertes und durchgegliedertes System vermag dies nicht zu leisten. Er bietet ein objektiv gesichertes Gehäuse, in dem die einzelnen Bausteine als Konstruktionselemente keine Beachtung finden. Ehe Lessing die Meinung Jacobis über das System als Ganzes oder über Einzelfragen hören will, begehrt er – nach kurzer Feststellung: «Ich merke, wir verstehen uns» – zu wissen: «Desto begieriger bin ich, von Ihnen zu hören: was Sie für den *Geist* des Spinozismus halten, ich meyne den, der in Spinoza selbst gefahren ist.» Jacobi versteht offenbar diese Frage nicht nach Lessings Sinn. Er antwortet mit einer Darlegung der Ursprünge und Auswirkungen des spinozistischen Systems, für die Lessing nur die lakonische Feststellung übrig hat: «Über unser Credo also werden wir uns nicht entzweyen», erörtert sodann seine von Spinoza abweichende Theorie der Freiheit und seinen Glauben an eine «persönliche extramundane Gottheit». Hier hakt Lessing mit einer zunächst merkwürdig widersprüchlich erscheinenden These über das Verhältnis Spinozas zu Leibniz ein, die indes auf diesen Geist des Spinozismus weist. Er sagt: «Aber nach was für Vorstellungen nehmen Sie denn Ihre persönliche extramundane Gottheit an? Etwa nach den Vorstellungen des Leibnitz? Ich fürchte, der war selbst im Herzen ein Spinozist.» Und nach Jacobis Skepsis und Bestürzung zugleich verratendem Einwurf: «Reden Sie im Ernste?» erläutert er: «Zweifeln Sie daran im Ernste? – Leibnitzens Begriffe von der Wahrheit waren so beschaffen, daß er es nicht ertragen konnte, wenn man ihr zu enge Schranken setzte. Aus dieser Denkungsart sind viele seiner Behauptungen geflossen, und es ist, bey dem größten Scharfsinne, oft sehr schwer, seine eigentliche Meynung zu entdecken. Eben darum halt' ich ihn so wert, ich meyne: wegen dieser großen Art zu denken, und nicht, wegen dieser oder jener Meynung, die er nur zu haben schien, oder aber auch wirklich haben mochte.»

Sobald Lessing sich allerdings vor die Frage nach einer extramundanen oder intramundanen Ursache der Welt gestellt sieht, muß er die Unterschiedlichkeit Leibniz' und Spinozas zugeben und gestehen, daß er «etwas zu viel gesagt habe». In gleichem Maße erhält auch der Hinweis auf die «Denkungsart» – jener Leibniz und Spinoza verbindende Gesichtspunkt – für die Spinoza-Deutung ein anderes Gewicht. Ziel des Erkenntnisvorgangs ist – so Lessing – für Leibniz und Spinoza der Rückgang auf jene innere Wahrheit, die das Erkennen von seinem fixierten Ergebnis umwendet auf die Daseinsweise dieses Denkens selbst. Für Spinoza, für «einen solchen Himmel im Verstande, wie sich dieser helle reine Kopf geschaffen hatte», stellte sich diese Ausgangsfrage, aber mit veränderten Konsequenzen für die Gewißheit der inneren Wahrheit. Lessing denkt offenbar an Belege aus Spinozas Ethik wie diesen, in dem die Problemstellung umrissen wird: «... jeder, der eine wahre Idee besitzt, weiß, daß eine wahre Idee die höchste Gewißheit in sich schließt, eine wahre Idee haben, bedeutet eben nichts anderes, als ein Ding vollkommen oder aufs beste erkennen, und hieran kann sicherlich niemand zweifeln, er müßte denn glauben, eine Idee sei etwas Stummes, wie ein Gemälde auf einer Tafel, nicht aber eine Daseinsform des Denkens, nämlich das Erkennen selbst.» In dieser «Daseinsform des Denkens», im Erkennen selbst liegt für Spinoza die «höchste Gewißheit», die «wahre Idee», beschlossen. Die «innere Wahrheit», als dynamischer Rückbezug des Menschen auf seine Erkenntnistätigkeit verstanden, wird gehalten von der Objektvität einer wahren Idee, die es im Menschen zu verifizieren gilt. Beide Aspekte dieser Wahrheit sind nur im Individuum selbst greifbar, sie erhalten erst im einzelnen Vorgang des Erkennens Wirklichkeit.

Das System des Spinoza ist nur der äußere Rahmen. Entscheidend ist die innere Perspektive, die sich der Mensch darin anweist. So ist es gewiß kein Zufall, daß Jacobi sich im Gespräch mit Lessing nur dort mit eigenen Ausführungen zu Wort kommen läßt, wo die Situation des erkennenden Subjekts zur Diskussion steht. Lessing stimmt Jacobis Erklärung über die Unendlichkeit des Naturzusammenhangs, in dem die «inwohnende unendliche Ursache» identisch ist mit der unendlichen Reihe von Wirkungen, und die damit gegebene strikte Immanenz des Naturgeschehens, die keinen «Übergang des Unendlichen zum Endlichen» kennt, vorbehaltlos zu und bezweifelt folgerichtig Jacobis Glauben an «eine verständige persönliche Ursache der Welt». Jacobi sucht in der Begründung seiner Annahme «aus dem Fatalismus unmittelbar gegen den Fatalismus» zu schließen, mit dem Ziel darzulegen, «daß ich thue was ich denke, anstatt daß ich nur denken sollte was ich thue». Dagegen erhebt Lessing bezeichnende Vorbehalte: «Ich merke, Sie hätten gern Ihren Willen frei. Ich begehre keinen freyen Willen. Überhaupt erschreckt mich, was Sie eben sagten, nicht im mindesten. Es gehört zu den menschlichen Vorurtheilen, daß wir den Gedanken als das erste und vornehmeste betrachten, und aus ihm alles herleiten wollen, da doch alles, die Vorstellungen mit einbegriffen, von höheren Principien abhängt. Ausdehnung, Bewegung, Gedanke sind offenbar in einer höheren Kraft gegründet, die noch lange nicht damit erschöpft ist. Sie muß unendlich vortrefflicher seyn, als diese oder jene Wirkung, und so kann es auch eine Art des Genusses für sie geben, der nicht allein alle Begriffe übersteigt, sondern völlig *ausser* dem Begriffe liegt. Daß wir uns nichts davon denken können, hebt die Möglichkeit nicht auf.»

Die Frage nach dem freien Willen wird zu einem Kernpunkt des Spinoza-Verständnisses. Nach jenem programmatischen Satz Spinozas: «Wille und Verstand sind ein und dasselbe» gehen auch für Lessing die verschiedenen menschlichen Vermögen, Ausdehnung, Bewegung und Gedanke – wie sie in der zeitgenössischen philosophischen Terminologie heißen –, eine unlösbare Einheit ein, sofern Wille und Verstand in der den Menschen auszeichnenden Kraft der Vernunft gebunden sind, die ihrerseits mit der höheren Naturkausalität oder der göttlichen Vernunft verkettet ist. Jene «Daseinsform des Denkens», die eine wahre Idee einschließt, ist die Vernunft, und da sie im Erkennen Wirklichkeit ergreift, ist sie vollkommen. Vollkommenheit oder Wirklichkeit der Vernunft aber binden zugleich, weil sie «in einer höheren Kraft gegründet» sind, das qualitativ wertende Urteil, so daß der Wille das, was der Mensch erkennt, auch als das Beste ansehen und danach handeln muß. Es stellt sich darin nicht mehr die Alternative Freiheit–Unfreiheit, sondern nur noch die von Schein und Wirklichkeit, Verkennen und Erkennen. Die «höheren Principien», von denen alles, auch die menschlichen Vorstellungen, abhängt, bilden den eigentlichen Raum des Menschlichen. Sie gliedern den Menschen in eine Kette von Kausalitäten ein, innerhalb deren er sich aber erst seiner selbst gewiß wird, denn jeder Rückgang des Menschen auf die in der Erkenntnis sich darstellende innere Wahrheit verbindet ihn zugleich mit jener «höheren Kraft», in der er allen Zufälligkeiten des Lebensgeschehens gegenüber seine Existenz als notwendiges Glied dieses einheitlichen Naturraums erfährt. Dem scheinbar unverbindlichen Spiel der Subjektivität tritt der bindende Zwang des Naturzusammenhangs entgegen und erhebt die Zufälligkeit in den Bereich der Notwendigkeit. Das neuzeitliche Individualitätsbewußtsein erhält erst in dieser Erfahrung der Dialektik der inneren Wahrheit sein sicheres Fundament.

Die Unendlichkeit des Naturraums wird in der perspektivischen Verkürzung durch die Innenwelt des Menschen, durch dessen innere Wahrheit, begrenzt. Auch diese Grenzsetzung allerdings ist unter zwei Aspekten zu sehen. Entgrenzung der Natur und Begrenzung im Menschen sind tatsächlich eins, sie sind nur zwei Erscheinungen eines Ganzen. Die Unendlichkeit der Natur wird hereingenommen in den Menschen, und der Mensch nimmt teil an ihr. Goethe formuliert dies in seiner Studie über Spinoza sehr klar: «Alle beschränkte Existenzen sind im Unendlichen, sind aber keine Teile des Unendlichen, sie nehmen vielmehr teil an der Unendlichkeit.» Die Forderung Lessings, «daß er sich auf alles natürlich ausgebeten haben wollte», bezieht sich nicht nur auf die Transzendenz eines «persönlichen, schlechterdings unendlichen Wesens, in dem unveränderlichen Genusse seiner allerhöchsten Vollkommenheit», sondern ebensosehr auf die philosophische Haltung, die die Unendlichkeit und Einheitlichkeit der Natur durch eine Grenzsetzung in eine erklärbare und eine unbegreifliche Seite aufteilen will. Dahinter steht der Versuch, das dem Menschen jetzt noch nicht Erklärliche grundsätzlich für unbegreifbar zu halten und somit aus der Begrenztheit des individuellen Geistes auf die nicht näher bestimmbare Transzendenz eines objektiven Geistes zu schließen.

Bei Jacobi finden sich Ansätze dieser Position. Das «Unauflösliche, Unmittelbare, Einfache», an das heranzuführen «letzter Zweck» und «das größte Verdienst des Forschers» ist, zeigt allerdings bei ihm noch deutlich schwärmerische Züge. Er postuliert gegenüber der «Erklärungssucht» Spinozas:

«Wer nicht erklären will, was unbegreiflich ist, sondern nur die Grenzen wissen, wo es anfängt, und nur erkennen, daß es da ist: von dem glaube ich, daß er den mehresten Raum für ächte menschliche Wahrheit in sich ausgewinne», worauf er Lessing sehr scharf antworten läßt: «Worte, lieber Jacobi, Worte! Die Grenze, die Sie setzen wollen, läßt sich nicht bestimmen. Und an der anderen Seite geben Sie der Träumerey, dem Unsinne, der Blindheit freyes offenes Feld.» Lessing erscheint diese Grenzsetzung als ein «Salto mortale», den nachzuvollziehen schon einen «Sprung» erforderte, «den ich meinen alten Beinen und meinem schweren Kopfe nicht mehr zumuthen darf». Sprünge gibt es für ihn weder in der Natur, noch kann er sie dem Menschen zugestehen, und gerade dann nicht, wenn damit versucht werden soll, den Menschen dadurch dem Naturganzen zu entfremden, daß er auf die Begrenztheit seiner Subjektivität verwiesen und ihm doch zugleich zugestanden wird, diese Grenze und damit die Transzendenz zu denken. Einordnung in die unendliche Kausalität der Natur heißt auch eine Bindung an dies Naturganze, dem sich die nach Loslösung aus der Gebundenheit suchende Subjektivität nicht durch ein «Kopf-unten» entziehen kann. Freiheit ist zugleich Gebundenheit, und nur innerhalb dieser Dialektik ist überhaupt erst eine Wertskala des menschlichen Handelns denkbar.

Damit stellt sich das Problem der Individualität unter einem neuen Gesichtspunkt. Je nach dem Grad der Vernunfteinsicht gibt es gutes und weniger gutes Handeln des Menschen. Es gibt Täuschung und Verwirrung durch der Vernunft fremde Affekte. Deren Umwendung in tugendhafte Vollkommenheit bedeutet – wie Karl Wilhelm Jerusalem *(Philosophische Aufsätze, 1776)* sagt – «nichts anders, als die dunkeln Vorstellungen unserer Seele zu deutlichen aufzuklären», d. h.: «Tugendhaft ist also derjenige, der nach deutlichen, lasterhaft aber, der nach dunkeln Vorstellungen handelt.» Wenn also in der Stärke der Vorstellungskraft das Wesen von Tugend und Laster begründet und gegenüber der Notwendigkeit aller Handlungen abgegrenzt ist, dann stellt sich die Frage nach Strafe und Belohnung in diesem oder jenem Leben in neuem Licht. In der Unendlichkeit des Naturgeschehens ist kein Raum für eine strafende oder belohnende übernatürliche Macht. Die Natur – und damit Gott, der zu seiner eigenen Vervollkommnung eines Fortschritts zu besserer Einsicht und damit zu tugendhafterem Handeln bedarf – tritt an die Stelle eines höchsten persönlichen Richters. Ihr Medium ist die Zeitlichkeit – und nur in diesem Hinblick auf die Vervollkommnung der Humanität gewinnt die Geschichte ihr Recht.

Das von Friedrich Heinrich Jacobi überlieferte Gespräch signalisiert eine philosophische Wende der Zeit. Parallel mit Kants *Kritiken*, die die Erkenntnistheorie auf eine neue Grundlage stellen, trägt die Neueinschätzung Spinozas dazu bei, das metaphysische Modell der Frühaufklärung, das in der Popularphilosophie zwar noch die Grundlage gewesen, aber nicht mehr weiterentwickelt worden war, durch das pantheistische Zusammendenken von Gott und Natur zu ersetzen. Anziehend war dieses «deus sive natura» vor allem für die Poeten – von den Stürmern und Drängern eher ahnend ergriffen, von Lessing provokativ ‹gerettet› und von Herder und Goethe in ihr eigenes Naturverständnis eingeordnet –, ehe sich die Philosophie Hegels oder Schellings dem spinozistischen Ansatz von ihrem jeweiligen Blickwinkel her annähern. Gedanklich war damit allerdings der Rahmen der Aufklärungsphilosophie gesprengt. Dem «Selbstgesetz der Vernunft» tritt wieder eine «Idee des Universums» an die Seite, in der die aufklärerischen Errungenschaften ‹aufgehoben› und umgeformt werden.

B

DIE LITERATUR DER AUFKLÄRUNG

I. DAS PUBLIKUM

1. Einkommen und Bildung

Die kurzen Hinweise auf Schul- und Bevölkerungspolitik in Preußen (S. 27ff.) haben deutlich machen sollen, daß die Schriftsteller mit keinem großen, kaufkräftigen Publikum rechnen durften. Nicht nur Preußen, sondern ganz Deutschland hatte vorwiegend eine agrarische Wirtschaftsstruktur, auch wenn es im Westen mehr städtische Ansiedlungen gegeben hat. Die Bauern bildeten um 1750 75 % der Bevölkerung und schieden als Käufer von Büchern praktisch aus, obwohl ihre Lage nicht überall so miserabel war wie in Ostelbien. Es gab in Südwestdeutschland, in Bayern und auch anderswo in Verbindung mit der Agrarkonjunktur in der zweiten Hälfte des Jahrhunderts gebietsweise einen bäuerlichen Wohlstand, und in dieser Zeit setzt auch die landesherrlich betriebene Bauernbefreiung ein. Da der Adel von Steuern befreit war, mußte die Obrigkeit schon aus fiskalischen Gründen versuchen, die Verhältnisse der Bauern zu verbessern und die Abgaben, die sie an die Gutsherren zu entrichten hatten, zu verringern. Philanthropische und ökonomische Überlegungen führten in vielen Staaten zu Reformen, die wiederum oft gegen den Widerstand des Adels und die Passivität der Bauern durchgeführt wurden.

Im Zuge dieser Reformen wurden Kalender, Ratgeber und ökonomisch-philanthropische Literatur aller Art gedruckt, was aber nicht heißt, daß die Bauern anfingen, Bücher in größerem Ausmaß zu kaufen und zu lesen. Noch im 19. Jahrhundert bezweifelt Keller in einer Rezension der Romane Gotthelfs, daß die oft reichen Emmentaler Bauern diese teuren «Bauernromane» überhaupt kaufen, statt sich nach der schweren Arbeit mit den herkömmlichen Kalendern zu begnügen. Die Bauern bleiben also entweder normalerweise, wenn sie überhaupt Bücher kaufen, Abnehmer schichtenspezifischer Schriften, oder diese wurden von Geistlichen, Ärzten und den besser ausgebildeten Lehrern gekauft, die die Bauern mit ihnen bekannt machten, eventuell durch Vorlesen in den sogenannten ‹Aufklärungs-Lesegesellschaften›. Die Zeitungsforschung berichtet von einem Pfarrer, der eine *Zeitung für Städte, Flecken und Dörfer* herausgab und sich bei der Distribution auf seine Amtsbrüder stützen konnte. Ein Bild der intendierten und wohl vielfach auch verwirklichten ‹Aufklärung auf dem Dorfe› gibt Pestalozzis *Lienhard und Gertrud*, wo die entscheidende Funktion der gebildeten Stände in diesem Prozeß der Aufklärung von oben pragmatisch geschildert wird – wie übrigens auch in Beckers *Noth- und Hülfsbüchlein*. Die Bedeutung der Kirche, der

Landpfarrer für die ‹Bauernaufklärung› ist kaum hoch genug einzuschätzen. Durch die sonntägliche Predigt, durch Hausbesuche und die Lesegesellschaften wirkten sie länger und qualifizierter auf die Bauern ein als die Lehrer. Auch beim Aufstieg begabter Jungen aus dem Volke spielte dieser Stand eine wichtige Rolle, denn in der Gemeinde konnte eigentlich nur der Pfarrer die Begabung und die Berufschancen einigermaßen abschätzen. Wie schwierig und konfliktvoll eine solche Situation werden konnte, zeigt exemplarisch die Biographie Herders.

In der Stadt gab es natürlich auch beträchtliche Einkommens- und Bildungsunterschiede. Über die Bauern und Handwerker insgesamt schrieb 1785 die *Berlinische Monatsschrift*: «Die allerniedrigste Menschenklasse liest gar nicht, entweder weil sie nicht lesen kann, oder weil sie das Lesen verachtet, zuweilen auch wohl, weil sie nichts zu lesen hat.» Wie groß das gesamte potentielle Publikum war, läßt sich nach den neueren empirischen Forschungen zur Bildungsgeschichte ungefähr abschätzen: Zwischen 1700 und 1800 wuchs die Bevölkerung Deutschlands von 13 bis 24,5 Millionen, Österreich-Ungarn mit eingeschlossen von insgesamt 20 bis 27 Millionen. Es kann um 1770 optimal mit 15 % der Bevölkerung über 6 Jahre als potentiellen Lesern gerechnet werden, wobei noch bedacht werden muß, daß viele Bauern und Handwerker nur die für sie hergestellten Bücher lasen, die nun aber auch unter Umständen hohe Auflagen erzielen konnten. Teilweise ist das dadurch zu erklären, daß einige aufgeklärte Menschenfreunde unter den Fürsten große Auflagen bestellten und verteilten, so z. B. von Rudolph Zacharias Beckers *Noth- und Hülfsbüchlein oder lehrreiche Freuden- und Trauergeschichten des Dorfes Mildheim* (1–2, 1787 und 1798), das von 1788 bis 1811 in einer Million Exemplaren gedruckt wurde.

Es ist weiter davon auszugehen, daß in diesen Schichten eine ältere Lesepraxis immer noch sehr verbreitet und erst in der zweiten Hälfte des 18. Jahrhunderts teilweise durch eine andere ersetzt wurde: Man las nur wenige Bücher – jedoch nicht nur die Bibel und Andachtsbücher, sondern auch Hausväterliteratur, Kalender und Ratgeber verschiedener Art –, diese aber wiederholt und langsam, während die in unserer Periode kräftig steigende Romanproduktion neue Lesegewohnheiten hervorrief. Der Leser «verschlang» nunmehr Bücher, die Moralisten sprachen von einer verwerflichen «Lesewut», die alle Stände ergriffen hatte. Dabei konnte man eigentlich nur die Dienstboten und das Gesinde im Auge haben – für die es natürlich auch eine schichtenspezifische Literatur gab, z. B. Lavaters *Sittenbüchlein für das Gesinde* –, die aber bei einem höheren Grad von Alphabetismus als die Bauern Abnehmer und Leser von Trivialliteratur wurden. Auch Frauen traten im 18. Jahrhundert als wichtige Zielgruppe hervor, sowohl für die Herausgeber moralischer Wochenschriften als auch für die Romanautoren.

2. Das Beispiel Weimar

Wirft man einen Blick auf die Einkommensverhältnisse auch in den Städten, muß bezweifelt werden, ob die so oft beschworene «Lesewut» schon aus ökonomischen Gründen tatsächlich eine so verbreitete «Plage» des 18. und frühen 19. Jahrhunderts gewesen sein kann. Nach neueren Berechnungen (Hans Eberhardt) war die prozentuale Verteilung der Einkommen um 1820 in Weimar:

Über 1000 Taler 2%; 400–1000 Taler 7%; 200–400 Taler 13%; 100–200 Taler 20%; unter 100 Taler 58%.

Etwa 50% auch der städtischen Bevölkerung gehörte somit zu einer Unterschicht, die vielfach mit, zumeist aber unter dem Existenzminimum, das um 100 Taler lag, leben mußte und wahrlich kein Geld für Bücher hatte, aber auch unter den Menschen, die als Käufer von Büchern in Frage kamen, waren die Einkommensunterschiede beträchtlich. Bleiben wir bei der Residenzstadt Weimar, so hat die Forschung die Einkommen – wiederum um 1820 – feststellen können:

Über 3000 Taler verdienten nur Goethe und einige hohe Beamte, ein Bankier und die Unternehmer Bertuch und Froriep (Landesindustriecomptoir).

Der Oberstallmeister verdiente 2125, der Leibarzt 2900. Zwischen 1500 und 2000 verdienten Kanzler von Müller, der Hofmarschall und der Kammersanger; zwischen 1000 und 1500 verdienten u. a. der Oberkonsistorialrat, der Stallmeister, der Oberhofmeister, der Direktor des Gymnasiums, Justizräte, 5 Schauspieler und der Gastwirt im «Elephanten».

Der Bürgermeister und der Leibmedicus verdienten zwischen 900 und 1000, ein Hauptmann, verschiedene Schauspieler, ein Apotheker, Hofadvokaten usw. zwischen 800 und 900, Kammerassessoren, Amtsadvokat und Kaufleute zwischen 700 und 800.

Pfarrer, Assessoren, Gymnasialprofessoren und Hofdamen verdienten zwischen 600 und 700 Taler, Sekretare, Revisoren und Assessoren sowie Küchenmeister, Schauspieler, Diakon und Chor- und Musikdirektoren zwischen 500 und 600 Taler. Unter diesem Einkommen liegen noch ein Sprachmeister und Kanzlisten (300–400), Lehrer, Kammer- und Hofmusiker (200–300), während Boten, Privatlehrer, Kopisten und Schloßknechte unter 100 Taler verdienten.

3. Das bürgerliche Publikum

Der im Verhältnis zu den Bürgern und Bauern reiche, aber nicht eben zahlreiche Hochadel war keineswegs immer an deutscher Literatur interessiert. Im Gegenteil: Die Kultur blieb an den Höfen lange vorwiegend französisch, und wenn die Fürsten auch unter gewissen Umständen noch als Mäzene auftraten, indem sie etwa Klopstock und Wieland unterstützten, so stellten sie damit kein Publikum dar. Dieses bildete sich vielmehr erst in einer anderen, in der bürgerlichen Schicht, wobei auch hier differenziert werden muß.

Die Pfarrer auf dem Lande verdienten zwar nur zwischen 200 und 400 Taler, hatten aber zusätzlich Dienstwohnung und Einkünfte in Naturalien; sonst hätte das protestantische Pfarrhaus nicht die entscheidende Bedeutung für die kulturelle und literarische Entwicklung haben können, die es – anders als der niedere Landadel – im 18. und 19. Jahrhundert hatte.

In der Stadt spielten die hier besser verdienenden Geistlichen natürlich auch eine kulturpolitisch wichtige Rolle, waren hier jedoch ein Teil der Schicht der ‹Bürgerlichen›, die mit dem Absolutismus entstanden war. Diese ‹Bürgerlichen› gehörten weder der Stadtaristokratie noch den Zünften der Handwerker oder den Gilden der Kaufleute an, d. h. dem alten Bürgertum, sie waren vielmehr Beamte der Fürsten mit juristischer Ausbildung, Pfarrer, Ärzte, Gymnasiallehrer, Professoren, Rechtsanwälte, Hoflieferanten und andere Unternehmer.

Es war eine Schicht, in der in weit höherem Maße als in dem alten Bürgertum die Leistung des einzelnen eine Rolle spielte. Die Möglichkeit der Emanzipation durch Wissen und Tüchtigkeit war eine Grunderfahrung, und wenn die höheren Beamtenstellen auch normalerweise durch Adlige besetzt wurden, so war der Aufstieg doch nicht ausgeschlossen und konnte auch, wie schon im 17. Jahrhundert und nach dem Vorbild Frankreichs, durch Nobilitierung erleichtert werden. Soziale Mobilität, Anpassung oder auch Frustration kennzeichneten diese Schicht, die natürlich in hohem Maße schon im 18. Jahrhundert durch Selbstrekrutierung geprägt war. Die Frustration tritt in der Literatur der Aufklärungszeit immer wieder in der betonten Distanzierung von der Sphäre und den Normen des Adels und der Herauskehrung der ‹bürgerlichen› Tugenden der Tüchtigkeit, der Arbeitsamkeit und des Wissens hervor. Andererseits trifft es z. B. einen Werther sehr hart, daß er eine geschlossene adlige Gesellschaft verlassen muß, sein ohnehin erschüttertes Selbstbewußtsein erträgt den Dünkel nicht. In Schillers *Kabale und Liebe* wendet sich der modern überständisch-bürgerlich denkende und empfindende Sohn des offenbar zum Beamtenadel gehörenden Präsidenten von dem Eintritt in die eigentlich höfische Sphäre durch die Heirat mit der Mätresse des Fürsten ab und dem Kleinbürgertum zu – mit den bekannten katastrophalen Folgen.

Während das alte Bürgertum sowohl wirtschaftlich als kulturell stagnierte, bildeten diese ‹Bürgerlichen› und die sich ihnen anschließenden Adligen – oft aus dem Beamtenadel – die Trägerschicht der Aufklärung und der literarischen Kultur in Deutschland, das kein reiches unabhängiges Bürgertum besaß, welches sich mit der französischen oder englischen Bourgeoisie messen konnte. Ein solches Bürgertum konnte wegen der politischen und wirtschaftlichen Zersplitterung Deutschlands nicht entstehen, bzw. war nur ansatzweise in größeren Städten wie Hamburg vorhanden. In den Hauptstädten der Territorialfürsten waren die größeren Unternehmer als Heeres- und Hoflieferanten von den Fürsten abhängig, die Manufakturen hatten die Arbeitskraft der Arbeits-, Armen- und Waisenhäuser nötig, ein Grund mehr, daß die deutschen Bürger und ‹Bürgerlichen› eher evolutionär als revolutionär dachten.

4. Höhere Bildungsinstitutionen

Werfen wir jetzt einen kurzen Blick auf die pädagogischen Institutionen, die sich die bürgerliche Schicht geschaffen hatte, d. h. zuerst auf die gelehrten Schulen, die Gymnasien der Städte. In ihnen wurden die klassischen Sprachen, d. h. vor allem Latein, sowie auch Deutsch, Religion, Geschichte, Naturgeschichte, teilweise auch Literaturgeschichte und Französisch gelehrt. Sehr kritische Schilderungen dieser Schulen findet man bei vielen Autoren des 18. Jahrhunderts, z. B. in Moritz' autobiographischem Roman *Anton Reiser* und in Herders *Journal meiner Reise im Jahre 1769*, in welchem er auf der Grundlage seiner eigenen Schulzeit und seiner Tätigkeit als Lehrer an der Domschule in Riga sehr moderne Reformvorschläge entwickelt.

Auch die Universitäten waren vornehmlich Bildungsinstitutionen des Bürgertums, obwohl sie natürlich auch von Adligen besucht wurden. Zu den vorreformatorischen 18 Universitäten kamen zur Zeit der Reformation und Gegenreformation ebenso viele neue, sie wurden aber in vieler Hinsicht (vgl. etwa Goethes Schilderung seiner Studien in Leipzig) als veraltet angesehen. Vor allem Leipzig und die Neugründung Halle hatten sich in der ersten Hälfte des Jahrhunderts den neuen Reformbewegungen aufklärerischer und pietistischer Provenienz (Chr. Thomasius, A. H. Francke, Chr. Wolff, Gottsched, Gellert) geöffnet, während in der zweiten Jahrhunderthälfte die Neugründung Göttingen mit einem sehr modernen Facherangebot und namhaften Gelehrten als Lehrern (Haller, Michaelis, Heyne, Kästner, Lichtenberg) die Führung übernahm und überdurchschnittlich viel adlige Studenten hatte. Eine Reform der katholischen Universität Erfurt, wohin man Wieland berief, mißlang, und auch Königsberg erreichte trotz Kant keine Spitzenposition. Es muß in diesem Zusammenhang daran erinnert werden, daß der Universitätsunterricht im 18. Jahrhundert vielfach noch sehr schulmäßig war, daß z. B. die zahlreichen Vorlesungen oft bloß Wissensstoff mitteilten und Lehrbücher ersetzten. Erst nach der Jahrhundertwende und im Zuge der Universitätsreform Humboldts und durch eine Reihe hervorragender Gelehrter erreichten die deutschen Universitäten das Niveau, das sie im 19. und 20. Jahrhundert zu entscheidenden Bildungsfaktoren machte.

Neben den öffentlichen und privaten Schulen gab es den Privatunterricht durch Hauslehrer, Hofmeister oder ‹Informatoren› – für den Landadel gab es praktisch nur diese Alternative zur Internatsschule. Die Hauslehrer, die später auch in den gehobenen bürgerlichen Kreisen häufig lehrten, mußten ihre Schüler natürlich in allen Fächern bis zum Abitur unterrichten, so daß sie leicht auf eine tägliche Arbeitszeit von 6 bis 10 Stunden kamen, wenn man in Betracht zieht, daß sie mit ihren Zöglingen auch beten, essen und spazierengehen mußten und sogar in einigen Fällen mit ihnen gemeinsam ein Zimmer bewohnten. Die Bedingungen waren jedoch von Fall zu Fall verschieden. In einigen Häusern betrachtete man sie als Bediente, wodurch ihre pädagogische Autorität beeinträchtigt wurde. Das Gefühl der Abhängigkeit verstärkte sich dadurch, daß die Theologen, die das Gros der ‹Informatoren› stellten, durch die Gunst des Hausherrn auf eine erledigte Pfarrstelle zu gelangen hofften. Eine stattliche Reihe von deutschen Schriftstellern und Philosophen – von Kant über Hamann und Herder bis Hölderlin – waren als Hofmeister tätig, und liest man Hamanns Briefe aus Livland und Kurland, gewinnt man einen lebhaften Eindruck von den unterschiedlichen Bedingungen, unter welchen ein Hauslehrer arbeiten mußte. Die Schilderung in Jakob Michael Reinhold Lenz' *Der Hofmeister oder die Vorteile der Privaterziehung* spitzt sämtliche Konfliktmöglichkeiten zu, und Hamanns Briefe zeigen, daß es notwendig zu Spannungen zwischen dem oft lädierten Selbstbewußtsein des bürgerlichen Kandidaten und dem Standesbewußtsein seiner adligen Brotgeber kommen mußte. Bei dem allerdings schon älteren und berühmten Herder führten sie dazu, daß er darauf verzichtete, einen jungen Prinzen auf einer Bildungsreise zu begleiten. Nach der Zeit als Hauslehrer konnte der ‹Informator› als Hofmeister seinen Zögling auch an die Universität begleiten, hatte dort die Aufgabe, den akademischen Unterricht mit ihm zu wiederholen und durfte, wenn das Haus vornehm war, ihn auf der Bildungsreise durch Europa begleiten, eine Aufgabe, die natürlich besonders begehrt war.

Eine weitere Bildungsmöglichkeit für den Adel war der Besuch einer Ritterakademie. Die meisten von diesen Institutionen waren im 17. Jahrhundert gegründet worden und sollten eine ‹höfische› Bildung vermitteln. Neben Deutsch, Religion und Latein wurden auch Französisch, Italienisch, Recht, Fechten, Tanzen und höfisches Betragen gelehrt. Diese Institutionen vermittelten eine praxisnahe Ausbildung und wurden deshalb noch im 18. Jahrhundert oft als zeitgemäßer angesehen – obwohl auch die Universität Göttingen beim Adel sehr beliebt war. So wurden in die ‹Hohe Carlsschule› (1773–1794) neben den adligen ‹Cavalieren› auch bürgerliche ‹Eleven› aufgenommen, die in den Dienst des Herzogs treten sollten. Von diesen ‹Eleven› dürfte Friedrich Schiller der bekannteste sein, der nach Meinung des in der gelehrten pietistischen Internatsschule Klosterberge erzogenen Wieland nun tatsächlich auch sehr mangelhafte Kenntnisse der Antike besaß.

Diese boshafte Bemerkung ist für ein heutiges Publikum von Interesse, weil sie ein wichtiges Problem der Rezeption beleuchtet. Die gründliche und wiederholte Lektüre von biblischen und antiken Texten in der Schule fand ihren Niederschlag in der anspruchsvolleren Literatur dieser akademischen Schicht und bedeutet, daß der moderne Leser oft überfordert ist, ohne es zu wissen. Die nicht übersetzten lateinischen und griechischen Zitate sowie die mythologischen Allusionen, die auch der kritisierte Eleve Schiller liebte, zeigen deutlich, daß der Autor sich auf einen ihm und dem Leser gemeinsamen Kanon bezieht, und bilden erkennbare und deshalb leichter zu nehmende Hürden. Schwieriger sind die verdeckten Anspielungen auf die Bibel und die klassischen Autoren als eine verbindliche Tradition, die damals allen noch aus der Schule bestens vertraut war. Sie konnten bei gelehrten und raffinierten Autoren wie Wieland und Hamann zu einer hohen und reizvollen Kunst entwickelt werden, die heute kaum auf die intendierte Weise genossen werden kann, weil sich die Formen der Bildung radikal geändert haben.

5. Der Büchermarkt

Produktion, Konsumtion, Kritik

Das potentielle literarisch gebildete Publikum war an heutigen Verhältnissen gemessen sehr klein, trotzdem spricht die Buch- und Leserforschung von einem sprunghaften Ansteigen der Buchproduktion und von einer ‹Leserevolution›. Die Zahlen, die genannt werden, divergieren und können nicht exakt sein. Eine wichtige Quelle sind die Meßkataloge der Buchmessen in Frankfurt und vor allem Leipzig; sie erfassen jedoch nicht die Bücher, die zwischen den Messen erschienen, auch darf nicht vergessen werden, daß sehr viele süddeutsche Verleger nach 1773 nicht nach Leipzig kamen, während Frankfurt zur Bedeutungslosigkeit herabgesunken war. Es scheint jedoch einigermaßen sicher, daß zwischen 1700 und 1800 ungefähr 175 000 Titel erschienen, davon zwei Drittel nach 1760, wo die Buchproduktion wieder den Stand vor dem Dreißigjährigen Krieg erreichte, denn nach Goldfriedrich war der Jahresdurchschnitt in den Meßkatalogen 1746–1756 1347 Titel, während in den Jahren 1610–1619 durchschnittlich 1587 Titel verzeichnet wurden, 1632–1641 jedoch nur 660.

Nach zuverlässigen Angaben dürften 1775 mehr als 2000, 1783 mehr als 3000, während 1790 in ungefähr 260 Verlagen rund 3560 Bücher erschienen sein. Im Lagerkatalog Fr. Nicolais stammten im Jahre 1787 26% der Werke aus Leipziger Verlagen.

In unserem Zusammenhang ist der Anteil der deutschsprachigen Belletristik an diesem Ausstoß wichtig. Alle Zahlen zeigen, daß lateinisch geschriebene Werke sowie theologische und juristische Bücher einen stets geringeren Marktanteil erreichten, während z. B. auf der Ostermesse 1740 40, 1770 181 und 1800 523 belletristische Titel erschienen. Genauer registriert das *Magazin des Buch- und Kunsthandels* die Titel in den Jahren 1780, 1781 und 1782; es kommt auf insgesamt 7846 Titel, wovon 1154 auf ‹Schöne Wissenschaften und Künste› entfallen. In den drei Jahren erschienen 446 Romane, 287 Schauspiele, 204 Werke als ‹Dichtung›, 36 als ‹Prosaische und vermischte Schriften› und 181 als ‹Theoretische und kritische Schriften›.

Was die Höhe der Auflagen und damit die Zahl der insgesamt gedruckten Werke betrifft, ist man auch auf Schätzungen angewiesen, nach denen, falls von Nachdrucken und Neuauflagen abgesehen und mit einer mittleren Auflage von 1000 Exemplaren gerechnet wird, in den Jahren 1770 bis 1790 jährlich etwa zwei Millionen Bücher gedruckt wurden. Diese Rechnung ist vorsichtig, weil der Nachdruck, besonders in Süddeutschland, überwältigend war und von den Landesherren geschützt und unterstützt wurde, denn auf diese Weise floß kein Geld ins Ausland, die Aufklärung im eigenen Lande wurde weiter befördert und ging auf Kosten der Leipziger, die nach Ansicht des süddeutschen Buchhandels die Bücher so teuer verkauften, daß es ihre Verbreitung einschränkte. Der Protest der Autoren war lange Zeit von geringem Belang, weil die Buchhändler und das Publikum davon ausgingen, daß der Autor sein Werk ein für allemal dem Verleger verkauft hatte und daß ihm infolgedessen keine zusätzlichen Einnahmen durch Neuauflagen zustünden; demzufolge würde er durch Nachdrucke nichts verlieren, sondern nur berühmter werden. Der Gedanke des geistigen Eigentums war erst im Entstehen, und es dauerte lange, bis die Landesherren zu Maßnahmen gegen den Nachdruck zu bewegen waren.

Der Anstieg der Buchproduktion war also überwältigend und hatte zur Folge, daß eine institutionalisierte Kritik entstand, der eine wichtige, oft umstrittene Funktion in der Literaturgesellschaft zukam, denn die Leser hatten nun zweifelsohne ‹Kunstrichter› nötig, aber diese waren nicht selten selber Autoren, oft waren sie von Verlegern abhängig; deshalb wurde der ‹unpartheyische› Charakter der Kritik von den Autoren immer wieder und nicht ohne Grund angezweifelt.

Die Autoren und Kritiker bildeten eine ständig wachsende Gruppe: 1773 soll es 3000, 1785 schon 5500 und um 1800 10648 Schriftsteller gegeben haben. In ‹Zedlers Universal-Lexikon› werden die Ursachen der «Vielschreiberey» analysiert und über die Zusammensetzung dieser ‹Gelehrtenrepublik› Mutmaßungen angestellt. Die Zahl umfaßt Gelehrte, die gelegentlich etwas veröffentlichten: Universitätsprofessoren, Geistliche und Beamte schrieben teils wissenschaftliche Werke, teils moralisierende Tagesliteratur und volksaufklärerische, ‹philanthropische› Schriften. Eine weitere Gruppe bildeten arbeitslose Akademiker, die als Übersetzer tätig waren, und die Leute, die in ‹Buchmanufakturen› für die rührigen Verleger gut verkaufbare einheimische Waren herstellten. Hierbei drehte es sich zu einem großen Teil um Studenten, die ihr Studium nicht abgeschlossen hatten, und um arbeitslose Kandidaten, die eine solche Arbeit einer Hauslehrerstelle vorgezogen hatten. Lichtenberg wird wohl recht gehabt haben, als er 1777 bemerkte: «Es sind zuverlässig in Deutschland mehr Schriftsteller als alle vier Weltteile zu ihrer Wohlfahrt nötig haben.» Es muß hinzugefügt werden, daß diese Schriftsteller aus verschiedenen Gründen oft anonym publizierten: Für Beamte und Geistliche war die Publikation aufklärerischer und moralischer Tagesliteratur, wodurch sie ihr Gehalt aufzubessern suchten, unbedenklich, ja sie wurde in vielen Fälllen von den Universitätslehrern erwartet. Die Veröffentlichung kontroverser Schriften war jedoch nicht ohne Risiko, konnte jedenfalls ihre Laufbahn beeinträchtigen; bei der Teilnahme an den oft vehementen literarischen Fehden konnte man mit Hilfe der Anonymität hoffen, als Schriftsteller selber nicht persönlich angegriffen zu werden und ‹Unparteilichkeit› behaupten zu können – und schließlich war die Beschäftigung des ‹privatisierenden› Gelehrten als Übersetzer oder gar in den ‹Buchmanufakturen› nicht nur ein Eingeständnis, daß einem das erstrebte Amt nicht zuteil geworden war, sondern wäre bei einer erhofften späteren Anstellung keine Empfehlung gewesen. In einigen Polemiken über die Qualität der oft sehr rasch verfertigten Übersetzungen treten die elenden Existenzbedingungen dieses akademischen Proletariats klar hervor.

6. Zeitungen und Zeitschriften

Eine wichtige, aber bisher nicht genügend erforschte Rolle im Alphabetisierungsprozeß spielten die Tages- und Wochenzeitungen, von denen es um 1750 100 bis 120 gab, die in Schenken, Kaffee- und Wirtshäusern eifrig gelesen wurden, so daß sie wohl schätzungsweise eine Million Leser gefunden haben bzw. ‹Zeitungshörer›: Denn neben den politisierenden Handwerkern traf der zeitgenössische Spott auch den Schulmeister, der seinen Bauern die Zeitung vorlas und erklärte. Auch wurde die Zeitung schon im 17. Jahrhundert Stoff für ‹Zeitungcollegs› an den Universitäten und Ritterakademien.

An der Spitze lag der *Unpartheyische Correspondent* in Hamburg, der am Ende des Jahrhunderts eine Auflage von 30000 Stück erreichte; mehrere andere Zeitungen kamen über Auflagen von 10000. Diese Zeitungen übten auch die unteren Schichten, jedenfalls in den Städten, in ein neues Leseverhalten ein, aber Briefe und zeitgenössische Berichte beweisen, daß auch Gebildete wie Klopstock und Kant die tägliche ‹extensive Informationslektüre› nicht verschmähten.

Die erste deutschsprachige Zeitschrift, *Monatsgespräche*, gab Chr. Thomasius 1688–90 heraus. Auf ihn folgten dann in der ersten Hälfte des 18. Jahrhunderts die ‹moralischen Wochenschriften›, die für die Entwicklung einer mittleren deutschen Prosa außerordentlich wichtig wurden. Sie wandten sich an ein allgemeines Publikum, darunter betont an die Frauen, ein Publikum, das keine gelehrte Bildung genossen hatte. Die Beiträge zu diesen Periodika, die übrigens zu einem sehr großen Teil aus Übersetzungen bestanden, durften nicht in einer schwerfälligen und von Latinismen strotzenden Gelehrtensprache abgefaßt werden. In dem Zeitraum 1740 bis 1789 war mit wenigen Ausnahmen die große Zeit dieser Wochenschriften jedoch vorüber, dafür stieg die Zahl der allgemeinbildenden, fachspezifischen, aber auch der literarischen Zeitschriften rapide: In der Periode 1770–90 rechnet die Forschung mit einer Gesamtzahl von etwa 2000, von denen bis 1740 31 Titel, 1750 weitere 26, 1760 34, 1770 25, 1780 96 und bis 1790 111 Titel, d.h. insgesamt 323 als literarische Zeitschriften angesehen werden können, von denen einige jedoch sehr kurzlebig waren. Die Auflagenzahlen lagen durchschnittlich um 1000, die untere Grenze bei 500, eine Auflage um 4000 soll nur Schubarts eher politische «Deutsche Chronik» (1774–1793) kurz erreicht haben. Typisch für eine erfolgreiche Zeitschrift dürften die Entwicklungskurven von Wielands auch nicht streng literarischem *Teutschem Merkur* (1773–1810) sein: Im ersten Jahr 2500, im zweiten 2000, nach zehn Jahren noch 1500, schließlich 800. Für *Die Allgemeine deutsche Bibliothek* und ihre Fortsetzung *Neue allgemeine deutsche Bibliothek* (1765–1805) läßt sich eine ähnliche Entwicklung feststellen: Von 2500 Exemplaren bewegt sich die Auflage hinunter auf 1800 bis 1500, um schließlich bis auf 1250 zu sinken. In beiden Fällen dreht es sich um Unternehmen, die auf das große gebildete Publikum zugeschnitten waren, wobei Wielands Zeitschrift mit wechselnder Gewichtung Dichtungen, Historisches, Geographisches und Politisches brachte, während die *Allgemeine deutsche Bibliothek* sich als Rezensionsorgan vornehmlich mit philosophischer und theologischer Literatur beschäftigte. Da die deutsche Aufklärung jedoch sehr theologisch war und blieb, war der Einfluß dieser Zeitschrift, an der eine ganze Generation von Aufklärern mitwirkte, beträchtlich. Weiter sind zu nennen Boies *Deutsches Museum* (1776–1791) und W.L. Wekhrlins (1739–1792) *Das graue Ungeheuer* (1784–1787). Eine Sonderform waren die jährlich erscheinenden ‹Musenalmanache›, von denen Boies *Göttinger Musenalmanach* (1770–1775) an erster Stelle stand; sie dienten der Empfindsamkeit, dem Göttinger ‹Hainbund› und dem aufkommenden Sturm und Drang als Publikationsorgane, in denen vor allem Lyrik und Kurzformen vertreten waren, vgl. noch Goethes und Schillers ‹Xenienalmanach›. Schließlich sind noch die ‹Taschenbücher› zu nennen, vor allem Lichtenbergs *Taschenbuch zum Nutzen und Vergnügen* (1778–84). Es sollte unterhalten, enthielt Erzählungen, Gedichte, Essays, sowie historische und populärwissenschaftliche Abhandlungen, aber z.B. auch Lichtenbergs Angriffe auf Lavaters physiognomische Theorien und Vossens Thesen zur Aussprache des Altgriechischen.

Die rein literarischen Zeitschriften wie *Briefe die neueste Litteratur betreffend* (1759–1765), Gerstenbergs *Briefe über Merkwürdigkeiten der Literatur* (1766/67 und 1770), Jacobis *Iris* (1774) erschienen in kleineren Auflagen und waren besonders gefährdet, wobei es jedoch wichtige Ausnahmen gab, so

z. B. die sogenannten *Bremer Beiträge* (1748–1757). Die von Nicolai gegründete und von Christian Felix Weiße fortgeführte *(Neue) Bibliothek der schönen Wissenschaften und Künste* hatte recht viele Leser und vertrat sehr lange, von 1757 bis 1806, eine aufklärerische, nach und nach jedoch etwas überholte Literaturkritik, die aber sicher dem Geschmack eines Großteils des Publikums entsprach.

Es gibt kaum einen deutschen Schriftsteller von Bedeutung, der nicht an einer Zeitschrift mitgearbeitet bzw. eine herausgegeben hat. In ihnen erschienen oft wichtige literarische Neuerscheinungen in fortgesetzter Folge, so z. B. Wielands *Oberon* und Goethes *Unterhaltungen deutscher Ausgewanderten*; in ihnen wurden literarische Fehden ausgefochten, so z. B. in den Frankfurter *Gelehrten Anzeigen* (1772–1790), die zweimal wöchentlich erschienen und in denen der Sturm und Drang mit beißendem Spott in etwa 400 Rezensionen neue Maßstäbe propagierte. Oder sie konnten, wie Lessings *Hamburgische Dramaturgie* in der Kritik zu neuen theoretischen Positionen gelangen.

Dies geschah allerdings selten. Oft findet man immer noch auch in den renommierten Zeitschriften bloße Referate verbunden mit eingehender Besprechung ‹schöner Stellen›, philologischen und historischen Anmerkungen besonders zu Übersetzungen und schließlich eine wenig differenzierte Beurteilung des ganzen Werkes. Das hängt natürlich damit zusammen, daß sehr viele von den 3000 damals lebenden Schriftstellern mit Fug und Recht vergessen worden sind. In der *Deutschen Bibliothek der schönen Wissenschaften* heißt es 1767:

«Wir leben jetzt in der Zeit der Journale; unsere ganze Litteratur ist mit wöchentlichen, monatlichen oder vierteljährigen Blättern überschwemmt, die wie ein wildes Wasser aus jedem Winkel Deutschlands hervorbrausen. Junge Studenten und Magister seit gestern und ehegestern, veraltete Professoren, trostlose Candidaten, abgesetzte Prediger; ein so abentheuerliches Gemengsel von seynwollenden Kunstrichtern drängt sich zum Theater, alle unterwinden sich, Dollmetscher des Publikums zu seyn, und jeder glaubt, seine Stimme sey auch die Stimme der Welt.»

Bedenkt man, daß es sich um ein Organ der Aufklärung handelt, ist diese nicht sehr schmeichelhafte Charakteristik der ‹bürgerlichen Öffentlichkeit› erwägenswert. Wenn schon nicht «veraltete» Professoren, so sollten sich doch Magister und «abgesetzte» Pfarrer an dem Werk der Aufklärung beteiligen dürfen?

7. *Kritik und ‹bürgerliche Öffentlichkeit›*

Im Anschluß an Habermas' *Strukturwandel der Öffentlichkeit* (1962) hat die literaturwissenschaftliche Forschung gerade in den Zeitschriften und Büchern der Aufklärungsepoche jene ‹bürgerliche Öffentlichkeit› erkennen wollen, die die ‹repräsentative› Öffentlichkeit des Absolutismus ablöst. Nach diesem Modell spricht sich auch in der literarischen Kritik, die eine politische antizipiert, das «Laienurteil des mündigen oder zur Mündigkeit sich verstehenden Publikums» aus, das alles einem «öffentlichen Räsonnement» unterwirft und zur «öffentlichen Meinung» wird, vor der schließlich auch der absolutistische Staat seine Politik rechtfertigen muß. Unter der Suggestionskraft der These verwandelt sich in vielen Darstellungen das damalige Publikum in eine sich aufklärende homogene Masse von Lesern und Schriftstellern, die ihre Rollen ständig vertauschen.

Die empirische Forschung hat inzwischen mit einem nostalgischen Blick auf die schöne These feststellen müssen, daß das Modell nicht ohne weiteres tauglich ist, vielmehr ist die Epoche der Aufklärung mit dem Aufkommen des professionellen Kritikers und Literaten eng verbunden; Institutionalisierung bewirkt Professionalisierung. Die Polemik der *Deutschen Bibliothek* darf man natürlich nicht für bare Münze nehmen, aber sie gibt doch die Gruppe an, aus der die professionellen Literaten hervorgingen, die sich auf einmal als das Publikum und dessen Sprachrohr verstanden. Schon seit 1714 kann man eine Entwicklung von Buch- und Zeitschriftenliteratur feststellen, die die wirtschaftliche Grundlage für die Existenz sehr vieler Autoren wurde. Gegen die These von Habermas könnte man einwenden, daß der ältere ständische Dichtertyp (vgl. unten), der sich als Poet oder Gelehrter in Abständen an die Öffentlichkeit wandte, eher dem Modell entspricht als der Kritiker der Hoch- oder Spätaufklärung, dessen Existenz von einer pausenlosen Produktivität abhing.

Schon die Zeitgenossen reflektieren über das Verhältnis dieser oft anonymen ‹Kunstrichter› zu dem ‹stummen› Publikum und über ihre Legitimation als dessen Sprachrohr. In den *Sokratischen Denkwürdigkeiten* stellt Hamann in einer *Vorrede an das Publicum oder Niemand den Kundbaren* dieses Publikum als den alttestamentlichen Götzen Baal vor, dessen Existenz die Baalspriester dadurch beweisen wollen, daß sie die Mahlzeiten, d. h. Bücher, verzehren, die die Schriftsteller dem Götzen zu Füßen legen. Die Reflexion über die Rolle des Kritikers, sein Verhältnis zu Schriftsteller und Leser behandelt Hamann in zwei kleineren Schriften. Sie setzt sich bei Herder fort, aber nur sehr abstrakt wird man behaupten können, daß das aufklärerische Publikum in der literarischen Öffentlichkeit ‹sich verständigt› bzw. daß die Kritiker im Namen dieses Publikums räsonieren. Vielmehr waren sie als Autoren und Kritiker nicht nur genötigt, auf die sehr verschieden gehandhabte Zensur Rücksicht zu nehmen, sondern wichtiger noch dürften die handfesten wirtschaftlichen Interessen der Verleger gewesen sein, die ja nicht nur Bücher herausgaben, sondern auch die Zeitschriften, in denen diese Bücher – und die Bücher der Konkurrenten – besprochen wurden. Die Folgen der Kapitalisierung des Buchmarktes und des Existenzkampfes der Verleger und der Schriftsteller ließen keine ‹herrschaftsfreie› Kommunikation zu, in welcher nur die Argumente zählen. Davon abgesehen war es auch in anderen Fällen kaum das Ziel, einen Konsensus zu erreichen, sondern es ging darum, sich durchzusetzen. Noch Schiller sorgte dafür, daß die *Horen* in der *Allgemeinen Literaturzeitung* von einem Mitglied der «Sozietät» wohlwollend besprochen wurden, die die *Horen* trug, so daß auf weitere Anzeigen in den ‹Gelehrten Journalen› verzichtet werden konnte. Die Fehden zwischen Gottsched und den Schweizern Bodmer und Breitinger gingen bis zur persönlichen Verunglimpfung, Schillers und Goethes «Xenien» waren auch nicht auf Verständigung angelegt und Wieland wollten die Romantiker, wie sie sagten, «annihilieren».

Auch die These, daß es anfangs anders gewesen war und daß der Zerfall der homogenen, aufgeklärten Bürgerlichkeit mit der nicht mehr überschaubaren Buchproduktion zusammenhing, ist kaum stichhaltig, obwohl es natürlich zu denken gibt, daß die *Allgemeine Deutsche Bibliothek* 1769 nur die Hälfte der Neuerscheinungen besprechen konnte. Hätte die *Bibliothek* aber alle besprochen und hätten die Abonnenten diese Besprechungen kritisch wägend zur Kenntnis nehmen müssen, um nicht bevormundet zu werden, wären die Leser der Rezensionen nie zum Lesen der Bücher gekommen, eine Gefahr, die in unserer Zeit der Informationsschwemme jedem klar ist – Fichte sah sie voraus.

Eine weitere erwägenswerte These ist, daß diese ‹bürgerliche Öffentlichkeit› dadurch zerstört wurde, daß die Weimarer Klassik mit dem ‹autonomen›, funktionslosen, nur für eine Elite geschaffenen Kunstwerk eine Art ‹Gegenöffentlichkeit› bzw. ‹schöne Öffentlichkeit› schuf, so daß sich der aufklärte Bürger der Unterhaltungsliteratur bzw. der ‹mittleren› Literatur zuwenden mußte, wenn er die Probleme seiner Welt analysiert und diskutiert sehen wollte. Dabei ist jedoch zu bedenken, daß auch Schiller sehr darauf bedacht gewesen war, sich ein Publikum zu schaffen und zu erhalten; daß er sich nicht abkapseln wollte, daß aber die anspruchsvollere Literatur auch damals sich weniger gut verkaufte. Die Existenz von ‹zwei Öffentlichkeiten› mußte jedem Dichter bei einem Vergleich der Honorare klar werden:

«Es ist nunmehr wohl ausgemacht, daß Schriftsteller und Verleger, die Fabrikware liefern, besser fahren, als diejenigen, welche auf inneren wahren Wert ihrer Produkte Rücksicht nehmen [...]. Unser Publikum besteht nicht etwa aus den Tribunalen, die in Jena, Göttingen und Berlin entscheiden, auch nicht aus den jungen Kandidaten, angehenden Pastoren oder Studenten, welche hie und da in mancher anderen gelehrten Zeitung spuken, nein, das Publikum, dessen Stimme zwar nicht in kritischer, aber in ökonomischer Hinsicht über unsere Schriftsteller richtet, besteht aus Friseuren, Kammerjungfern, Bedienten, Kaufmannsdienern und dergleichen, die man in unseren Lesebibliotheken zu Dutzenden antrifft. Daher gehen die gräuelvollen Märchen, die Lauren und dergleichen trotz aller Geiselhiebe gut ab, während eine Buchhandlung in einer ansehnlichen Stadt Deutschlands mit Mühe und Not zwei Exemplarien von Herders zerstreuten Blättern absetzte!» (G. F. Rebmann: *Kosmopolitische Wanderungen durch einen Teil Deutschlands*, 1793, zit. nach Kiesel/Münch.)

Während Rebmann den beruflichen Hintergrund der Kritiker ähnlich wie die *Bibliothek der schönen Wissenschaften* sieht, aber positiver bewertet, unterscheidet er aus aufklärerischer Perspektive von dem aufgeklärt bürgerlichen ein niederes Publikum, dessen ‹Lesesucht› er aber trotzdem als nützlich für die Menschheit, wenn auch noch nicht für die Literatur, betrachtet. Dieses größere Publikum hat nach ihm keine Stimme, konstituiert keine Öffentlichkeit, höchstens eine so ‹unschöne›, daß die meisten Kritiker meinten, es wäre besser, wenn es nicht läse.

8. Zensur

Ein weiterer Faktor, der das literarische Leben im Deutschen Reich stark beeinflußte, war die fast unüberschaubare und unberechenbare Zensur, die es sowohl auf Reichsebene als auch in den einzelnen Staaten gab. Es handelte sich um eine altehrwürdige Institution, die übrigens nicht von allen Aufklärern ohne weiteres grundsätzlich abgelehnt wurde, weil auch sie dem ‹ungelehrten Pöbel› nicht immer so recht trauten. Als sich die Forderungen nach unbedingter Pressefreiheit schließlich in den achtziger Jahren mehrten, war es fast zu spät, denn die Französische Revolution überzeugte die Landesherren von der Notwendigkeit einer strengen Kontrolle, die sich im 19. Jahrhundert noch verstärkte.

Die Richtlinien, nach denen die Zensur verfuhr, waren unterschiedlich, wurden auch je nach Einstellung des Zensors ausgelegt. Außerdem waren sie auch sehr uneinheitlich, weil sehr verschiedene Behörden mit der Aufgabe beauftragt wurden (vgl. Kiesel/Münch, S. 104–123). Interessant ist, daß Friedrich II. 1747 der Berliner Akademie der Wissenschaften eine recht weitgehende Zensur übertrug, und zwar aus fiskalischen Gründen: Für die Vorzensur z. B. einer Leichenpredigt wurden 6 gute Groschen an die Akademiekasse bezahlt. Es muß hinzugefügt werden, daß die Bestände vieler Hof- und Universitätsbibliotheken auf die zur Nachzensur abgelieferten Bücher zurückgehen.

Unter Umständen konnte die oft sehr zeitraubende Zensur beträchtliche finanzielle Schäden verursachen. Wielands Roman *Geschichte des Agathon* wurde sowohl von der Zensur in Wien als auch in Zürich verboten, was den Absatz natürlich sehr beeinträchtigte, während Zedler, der ein monumentales *Universal-Lexikon* herausgab, sogar z. T. durch die Zensurschwierigkeiten ruiniert wurde. Andererseits konnte es auch eine gute Reklame für ein Buch werden, wenn der Druck verboten wurde; denn da man die Zensur so unterschiedlich handhabte, mußte dies nicht heißen, daß der Druck ausgeschlossen war, vielmehr konnte man u. U. nach einem Verbot mit einem größeren Absatz rechnen. Zugespitzt drückte es der bekannte deutsche Buchhändler Perthes 1814 so aus: «Deutschland hatte immer die vollständigste Preßfreiheit, der Sache und der That nach, denn was in Preußen nicht gedruckt werden durfte, das durfte es in Württemberg, was in Hamburg nicht, zehn Schritte davon in Altona. Kein Buch blieb ungedruckt, keines unverbreitet.» (Zit. nach Kiesel/Münch.)

Trotzdem darf die Zensur nicht bloß als eine so oder so zu nehmende Hürde bei der Publikation eines Buches angesehen werden. Ihre Funktion war von alters her diejenige gewesen, die Verbreitung von Ansichten, die dem Staat, der Moral oder der Religion schädlich waren, unter das ‹gemeine Volk› zu verhindern, denn um die Streitigkeiten, die auf Latein unter den Gelehrten ausgefochten wurden, hatte sie sich weniger gekümmert. Inzwischen diskutierten die Gelehrten aber in der Muttersprache, das ‹gemeine Volk› war ein ‹Publikum› geworden, das solche Streitigkeiten verstehen oder auch mißverstehen konnte. Die Anhänger der Zensur beriefen sich natürlich auf die Gefahren für das Volk, für den Staat und besonders auch für die Religion. So wurde der theologische Streit zwischen dem Hauptpastor Goeze und Lessing von dessen Landesherrn, dem Herzog von Braunschweig, durch ein Publikationsverbot abgebrochen, nachdem Goeze ihn öffentlich an seine Zensurpflichten recht deutlich gemahnt hatte. Gleicherweise griff der Frankfurter Magistrat ein, als eine Schrift von demselben Pastor Goeze in den *Frankfurter Gelehrten Anzeigen* angegriffen wurde; eine Folge war, daß die ‹Anzeigen› die Besprechung theologischer Schriften danach vermieden.

Der Appell an die Zensur war jedoch nicht bloß ein Ausweg für die gefährdete Orthodoxie. Auch aufklärerische Kritiker scheuten sich nicht, öffentlich und deutlich auf angeblich religionsgefährdende Tendenzen hinzuweisen, um eine ihnen unbequeme Richtung zurückzudrängen. So schreibt etwa Gottsched in seiner Zeitschrift *Das Neueste aus der anmuthigen Gelehrsamheit* 1752 im Hinblick auf Klopstocks *Messias*: «In Wahrheit, muß man sich sehr wundern, wie unsere Gottesgelehrten so still sitzen und nicht wahrnehmen, wie solche neue geistliche Lügende in diesen zu Freigeisterei und Religionsspötterei so geneigten Zeiten dem wahren Christentum schaden werde. Sie verfolgen mit löblichem Eifer die Zinzendorfischen Schwärmereien ... und sehen nicht, daß in dieser neuen Epopoe der Geist der Schwarmerei, nur auf schlauere und nicht so plumpe Art herrschet, aber eben deswegen noch desto schädlicher und ansteckender ist.»

Weder Lessing noch Goeze verloren ihr Amt wegen ihrer theologischen Streitschriften – aber die Landesherren konnten bedeutend radikaler eingreifen, wenn sie und ihre Politik angegriffen wurden. Das bekannteste Beispiel hierfür ist Chr. Daniel Friedrich Schubart, der, nachdem er auf württembergisches Gebiet gelockt worden war, verhaftet und von dem Herzog über 10 Jahre auf dem Hohenasperg eingekerkert wurde. Seine Haft war zu Anfang sehr grausam, nach und nach wurden die Bedingungen, unter denen er gefangengehalten wurde, jedoch gemildert, er konnte Besucher empfangen, schreiben usw. Im Laufe der Gefängnisjahre bekehrte er sich zum Pietismus, und der Herzog feierte den Erfolg seiner erzieherischen ‹Maßnahmen› dadurch, daß der aus der Haft entlassene Schriftsteller nicht nur seine Zeitschrift wieder herausgeben durfte, sondern noch dazu zum Hofdichter und Theaterdirektor ernannt wurde. Die *Deutsche Chronik* wurde aber während der Französischen Revolution wieder unter Zensur gestellt, weil sie über die Entwicklung in Frankreich zu positiv berichtete.

Verglichen mit Schubarts Schicksal war die fünfjährige Haft Wekhrlins sehr leicht. Er durfte weiter schreiben, die Bibliothek des Fürsten Öttingen-Wallerstein benutzen, ja er konnte sogar kleine Reisen unternehmen. Man wagte wohl nicht mehr, so grausam vorzugehen, aber Lessing hatte schon in einem Brief an Nicolai vom 25. August 1769 den Spielraum der Freiheit im aufgeklärtesten deutschen Staat klar und deutlich umschrieben. Er wußte, daß der König und der Adel nicht angegriffen werden durften, und daß die Toleranz Friedrichs II. in religiösen Fragen damit zusammenhing, daß er sie nicht für wichtig hielt oder die Kirche gern geschwächt sah:

«Was Ihnen Gleim von Wien gesagt hat, ist ganz ohne Grund; aber Gleim hat von dem Projekte in Wien ohne Zweifel so reden wollen, wie man es allenfalls in Berlin noch einzig und allein goutieren könnte. Wien mag seyn wie es will, der deutschen Literatur verspreche ich dort immer noch mehr Glück als in Eurem französirten Berlin. Wenn der Phädon [von Moses Mendelssohn] in Wien confiscirt ist: so muß es bloß geschehen seyn, weil er *in Berlin* gedruckt worden, und man sich nicht einbilden können, daß man in Berlin für die Unsterblichkeit der Seele schreibe. Sonst sagen Sie mir von Ihrer Berlinischen Freyheit zu denken und zu schreiben ja nichts. Sie reducirt sich einzig und allein auf die Freyheit, gegen die Religion so viel Sottisen zu Markte zu bringen, als man will. Und dieser Freyheit muß sich der rechtliche Mann nun bald zu bedienen schämen. Lassen Sie es aber doch einmal einen in Berlin versuchen, über andere Dinge so frey zu schreiben, als Sonnenfels in Wien geschrieben hat; lassen Sie es ihn versuchen, dem vornehmen Hofpöbel so die Wahrheit zu sagen, als dieser sie ihm gesagt hat; lassen Sie einen in Berlin auftreten, der für die Rechte der Unterthanen, der gegen Aussaugung und Despotismus seine Stimme erheben wollte, wie es itzt sogar in Frankreich und Dänemark geschieht: und Sie werden bald die Erfahrung haben, welches Land bis auf den heutigen Tag das sclavischste von Europa ist. Ein jeder thut indeß gut, den Ort, in welchem er seyn muß, sich als den besten einzubilden; und der hingegen thut nicht gut, der ihm diese Einbildung benehmen will.»

9. Die Lesegesellschaften als Teil der bürgerlichen Öffentlichkeit

Bücher waren im Verhältnis zu einem mittleren Einkommen nicht billig, und zwischen dem Siebenjährigen Krieg und den Napoleonischen Kriegen stiegen die Preise wegen der wirtschaftlichen Krisen, Währungswirren und Änderungen im Buchhandel um das Fünffache. Die Lesegesellschaften sorgten für Abhilfe und boten außerdem, was in der Zeit von Bedeutung war, eine willkommene Gelegenheit, mit anderen Bürgern das Gelesene zu diskutieren. Sie wurden deshalb sehr wichtig für den bürgerlichen Emanzipationsprozeß, was sich in der Zahl der Gründungen spiegelt, wobei es keineswegs sicher ist, daß die Forschung alles erfaßt hat: 1760–70 wurden 8, 1770–80 50, 1780–90 etwa 170 Lesegesellschaften gegründet, wozu in den neunziger Jahren weitere 200 kamen, so daß die Zahl der jetzt bekannten um 430 liegt.

Es gab mehrere Typen, die vom gemeinsamen Abonnement bis zum Lesekabinett mit Präsenzbibliothek reichten, das nicht nur fast zum Club wurde; einige Lesegesellschaften entwickelten sich jedenfalls nach Ansicht der Behörden fast zu ‹Jakobinerclubs›, weshalb die anfänglich oft von wohlwollenden, die Aufklärung fördernden Landesfürsten protegierten Gesellschaften nach 1790 streng überwacht wurden und sich Eingriffe in ihre Abonnements gefallen lassen mußten.

Die Mitglieder waren Beamte, Geistliche, Gymnasiallehrer und Beamtenadel, kurz die Schicht der ‹Bürgerlichen›. Normalerweise wurden Frauen nicht zugelassen, in Bremen, wo es möglich war, machten sie 25% der Mitgliedschaft aus. Die Zahl der Mitglieder betrug durchschnittlich 20 bis 50, und in der Residenzstadt Bonn hatte die Lesegesellschaft zwischen 1784 und 1794 168 Mitglieder, unter denen sich 49 Adlige, 65 Beamte, 25 Theologen und 19 Universitäts- und Gymnasialprofessoren befanden. Mitgliedschaft und Abonnements kamen wohl durchschnittlich auf etwa 10 Taler jährlich, aber einige Gesellschaften schlossen sich mit höheren Mitgliedsbeiträgen gegen unten ab. Alle Mitglieder hatten gleiche Rechte, alle Gesellschaften hatten eine ‹Verfassung›, die Wahlen, Geschäfte des Vorstandes usw. regelte, so daß sie demokratische Zellen bildeten, in welchen das ständische Prinzip keine Gültigkeit hatte und alle Mitglieder gleich waren. Außerdem waren sie im Gegensatz zu den Logen, wo das Gleichheitsprinzip auch galt, öffentlich. Unterhalb der Schicht der gebildeten Bürgerlichen gab es kaum Mitglieder – die Gleichheit bezieht sich also natürlich nur auf das Verhältnis zwischen Adligen und Bürgerlichen.

Rechnen wir damit, daß die tatsächliche Zahl der Lesegesellschaften noch größer war, kommen wir mit einer vorsichtigen Schätzung auf eine Mitgliederzahl zwischen 20000 und 30000.

Durch die Analyse der Bibliotheksbestände können Schlüsse auf die Lektüreinteressen der Mehrheit der Mitglieder gezogen werden. Die Forschung hat festgestellt, daß in der ersten, uns hier interessierenden Periode die

Periodika dominierten, und zwar Periodika historisch-politischen und allgemein wissenschaftlichen Inhalts, was in schöner Übereinstimmung mit dem Informationsbedürfnis dieser Gruppe steht, deren Emanzipation auf der Basis eines Wissensvorsprunges auf diesen Gebieten möglich wurde. Auch vier bis fünf Zeitungen wurden abonniert. Nach diesen allgemeinen Zeitschriften nehmen verschiedene fachwissenschaftliche Periodika den zweiten Platz ein, während unterhaltende und literarische Zeitschriften mit je etwa 10% weit zurückbleiben. Die weniger umfangreichen Bücherbestände zeigen eine ähnliche Verteilung, ja man schloß in einigen Gesellschaften sogar die schöne Literatur aus, kaufte jedenfalls Bücher, deren Nützlichkeit nicht angezweifelt werden konnte, denn «die Lectüre des thätigen Bürgers muß so beschaffen seyn, daß die Zeit, welche er darauf verwendet, ihn in keiner Rücksicht gereuen kann» (Statuten der Erlanger Bürgerlesegesellschaft 1791). Das heißt, daß vor allen Dingen Romane didaktischen Gepräges angeschafft wurden, erst in der Restaurationszeit drängt die schöne Literatur – vielfach besserer, aber natürlich auch schlechter Qualität – mit der erforderlichen apolitischen Haltung hervor und macht in den Leihbibliotheken, die jetzt wichtiger werden, drei Viertel der Bestände aus. Damit wurden sie in Universitätsstädten für die Studenten wichtig, die übrigens zu den meisten Lesegesellschaften wohl kaum Zutritt hatten.

Bei diesen Leihbibliotheken dreht es sich natürlich um einen anderen Typ als denjenigen, der Ober-, Mittel- und Unterschichten, d. h. hier Handwerker und Dienstboten, mit Unterhaltungsliteratur versorgt hatte, und über dessen Kunden es noch 1782 heißt: «Gelehrte und Ungelehrte, Ökonomen und Militärpersonen, Alte und Junge, männliches und weibliches Geschlecht sucht einen Teil der Zeit mit Lesen auszufüllen – alles will jetzt lesen, selbst Garderobemädchen, Kutscher und Vorreiter nicht ausgenommen.»

10. Das Publikum und die Schriftsteller

Das vielleicht etwas beklemmende Ergebnis der regen Forschung auf diesem Gebiet ist also, daß die sich emanzipierende bürgerliche Schicht vorerst nur in sehr wechselndem und zumeist bescheidenem Maße als Käufer und Leser der ‹hohen› Literatur der Epoche in Betracht kommt. Die Auflagen bzw. Subskriptionszahlen einiger Erfolge bekannter Autoren belegen es deutlich:

Klopstock: *Gelehrtenrepublik* (1773/74): 3600
Wieland: *Agathon* (1766–67): 1500 (1. Fassung)
Lessing: *Nathan der Weise* (1779): 2000
Goethe: *Schriften* (1787/90): 4000
Wieland: *Teutscher Merkur:* 2000
Nicolai: *Allgemeine deutsche Bibliothek:* 1800
Nicolai: *Sebaldus Nothanker* (1773–1794 in vier Auflagen): 12000

Schiller: Kalender mit der *Geschichte des Dreißigjährigen Krieges:* 7000
Jean Paul: durchschnittlich 3000

Es muß wiederholt werden, daß diese Zahlen zu multiplizieren sind, um auf die Leserzahl zu kommen, und es muß auch daran erinnert werden, daß man auch in den höheren Kreisen sehr viel vorlas; bekannt ist das Bild der Tischrunde bei Anna Amalie, wo die Dichter, Hofleute und Beamte alle lauschen wie in den ersten Strophen des Epos *Oberon*, in welchen die archaisch ergriffene Muse sanft auf das Kanapee inmitten der kritischen, aber aufnahmebereiten Zuhörer genötigt wird, denn sitzend auf einem solchen Kanapee hatte Wieland sein Gedicht einem gebildeten Zuhörerkreis vorgelesen, bevor es gedruckt wurde. Dieser Kreis war ihm wichtig, aber trotzdem mußte die Frage nach dem Publikum, nach dessen Größe und Beschaffenheit von den deutschen Autoren immer wieder gestellt werden, weil dieses Publikum für sie die Existenzgrundlage war, bzw. hätte sein sollen.

Ein erfolgreicher Buchhändler, Verleger und gleichzeitig ein berühmter Schriftsteller schätzt in einem erfolgreichen Roman seine Kollegen in der ‹Literaturgesellschaft› so ein: «Dieses gelehrte Völkchen von Lesern und Lernenden, das etwa 20000 Menschen stark ist, verachtet die übrigen Menschen, die außer ihnen deutsch reden, so herzlich, daß es sich nicht die Mühe nimmt, für sie zu schreiben; und wenn es zuweilen geschieht, so riecht das Werk gemeiniglich dermaßen nach der Lampe, daß niemand es anrühren will. Die 20 Millionen Ungelehrte vergelten den 20000 Gelehrten Verachtung mit Vergeltung, sie wissen kaum, daß Gelehrte in der Welt sind» *(Das Leben und die Meinungen des Herrn Magister Sebaldus Nothanker,* 1773*)*. Die Kluft sah von der Seite der elitären Schriftsteller nicht weniger unüberbrückbar aus.

Unter diesen Schriftstellern war Klopstock der erste, der nur seiner Dichtung leben wollte. Er war außerdem ein empfindsam-religiöser Dichter, der sowohl im Bürgertum als auch im Adel eine begeisterte Leserschar hatte und sehr schnell mit großem Selbstbewußtsein den ersten Platz auf dem Parnaß einnehmen konnte. Klopstock-Forscher haben mit großer Akribie die Einnahmen ausgerechnet, die er im Laufe seines Lebens hatte. Er kam schon 1750 in den Genuß einer dänischen Pension, die er bis zu seinem Tode 1803 bezog und die ihm gewährt wurde, damit er den *Messias* unabhängig von der Tagesschriftstellerei vollenden möge. Da sie nicht ausreichte, wurde sie mehrmals erhöht. Als er nach 20 Jahren von Kopenhagen nach Deutschland zurückging, bekam er vom Hofe in Darmstadt eine weitere Jahresgabe. Trotz der Begeisterung des deutschen Publikums für seine Werke betrugen seine Honorare zeitlebens nur rund 9500 Reichstaler, während er von den Höfen rund 47500 Reichstaler empfing, wozu noch einmalige Zuwendungen und eine Pension für seine mittellose Witwe gerechnet werden müßten.

Einer der geachtetsten Schriftsteller Deutschlands konnte also nicht von seinen Einnahmen leben, und aus der Subskriptionsliste zur *Gelehrtenrepublik* geht eigentlich hervor, daß sein Publikum letzten Endes eben unter den

20000 zu finden ist, von denen Nicolai schrieb. Die wichtigsten Gruppen und ihren prozentualen Anteil gibt folgende Tabelle an, wobei die erste Gruppe nur Mutmaßungen zuläßt bzw. einer personalhistorischen Auswertung bedürfte:

Subskribenten ohne nähere Berufsangaben, Ungenannte und Studenten:	34,2 %
bürgerliche Beamte der Verwaltung:	19,9 %
beamteter Adel:	6,6 %
Adel ohne Berufstitel:	5,5 %
beamtete Erzieher (Professoren, Lehrer):	8,6 %
bürgerlicher Klerus:	6,7 %
Candidaten (d. h. noch nicht beamtete Theologen):	2,2 %
Ärzte, Advokaten usw.:	4,9 %
Kaufleute, Bankiers usw.:	3,6 %
Bibliotheken:	0,5 %
Lesegesellschaften:	0,2 %

Trotz seiner Herkunft aus einem wohlhabenden Patrizierhaus und trotz des Tyrannenhasses der Geniegeneration ist es nicht verwunderlich, daß Goethe mit tiefer Skepsis für das Mäzenat und nicht für den freien Markt optierte, ebenso wie der ältere Wieland, der nach langer Zeit als Hauslehrer, Kanzleiverwalter, Professor und schließlich Prinzenerzieher endlich sein Einkommen als Schriftsteller mit Gehalt bzw. Pension von einem Hofe kombinieren konnte und so zu einem gewissen Wohlstand und einer gewissen Unabhängigkeit gelangte. Auch Lessing war ein warnendes Beispiel. Er wollte zwar nie wie Klopstock nur als ein dem gewöhnlichen Leben enthobener ‹Dichter› existieren, sondern hätte gern als ‹Schriftsteller›, Bühnenautor, Dramaturg und Kritiker gelebt, mußte zuletzt aber froh sein, die Stelle eines Bibliothekars zu erlangen, eine der klassischen Sinekureposten, die einem Dichter gegeben wurden, wobei es dahingestellt sei, ob dieser Posten für Lessing zur ‹Sinekure› wurde.

Schiller hatte weniger Glück als die älteren Weimarer. 1784 hatte der berühmte Dichter der *Räuber*, nachdem er dem württembergischen Herzog, seinem Herrn, entflohen war, dem Publikum vorbehaltlos gehuldigt: «Das Publikum ist mir jetzt alles, mein Studium, mein Souverain, mein Vertrauter. Ihm allein gehör ich jetzt an.» Nicht *seine* Stücke, sondern die Kotzebues wurden jedoch die großen Erfolge; nicht Wielands *Teutscher Merkur* ging kurze Zeit nach der Publikation der *Horen* ein, wie Schiller gemeint hatte, sondern *Die Horen*, während Wielands Zeitschrift, dic für die «mittelmäßigen Leute» geschrieben wurde, munter weiterlebte. Aus finanziellen Gründen war Schiller genötigt, den Geschmack des Publikums zu berücksichtigen; er produzierte dabei rastlos, ruinierte seine ohnehin angegriffene Gesundheit endgültig und mußte schließlich auch Hilfe von den Höfen in Anspruch nehmen, ohne allerdings Hofdichter zu werden.

In der großen Rezension der Werke Bürgers entwickelte Schiller seine Gedanken über das Verhältnis zwischen Dichter und Volk und über ‹Volkstümlichkeit›; der Dichter soll zwar für das Volk schreiben, aber er muß es zu sich emporheben und den Geschmack des Volkes veredeln. Aber Schiller konnte sich trotz aller Mühe kein Publikum erziehen und schrieb 1799 enttäuscht an Goethe: «Das einzige Verhältniß gegen das Publicum, das einen nicht gereuen kann, ist der Krieg.» In den *Xenien* äußerte sich das elitäre Bewußtsein der beiden großen Dichter auch den andern Schriftstellern gegenüber auf eine Weise, die sowohl der leicht erregbare Herder als auch der konziliante Wieland als unerträglichen Hochmut empfanden. Die Öffentlichkeit war tief gespalten.

Die Schwierigkeiten der Autoren mit dem Publikum hängen z. T. damit zusammen, daß dieses gleichsam erst im Entstehen war und außerdem einen überregionalen Charakter hatte – es war dem in einer ‹Provinz› lebenden Dichter unbekannt, der vielleicht eher den Geschmack seines gnädigen oder ungnädigen Landesherrn abschätzen konnte. Vielfach ließ er sich bewußt oder unbewußt von dem alten Bild des «gelehrten» Lesers und Kenners leiten und konnte sich nur schwer mit der Vorstellung zurechtfinden, daß er als ‹freier Schriftsteller› seine Dichtungen künftig als Ware auf einem Markt verkaufen sollte, der dem Wechsel von Angebot und Nachfrage unterworfen war. Das Selbstverständnis des Dichters blieb lange ein anderes.

Von Goethes *Dichtung und Wahrheit* ausgehend ist es üblich geworden, von einem ‹ständischen› Dichtertyp zu reden, d. h. von einem Dichter, der in seinen ‹Nebenstunden› vor allem Poetisches schrieb und es deshalb auch nicht als den eigentlichen Sinn seiner Existenz ansehen konnte: Brockes, Haller, Hagedorn, Gottsched, Bodmer und Gellert sind Beispiele solcher Dichter, deren geachteter bürgerlicher Stand sozusagen auf ihre Produkte einen gewissen Glanz warf, das nebenberufliche Dichten jedenfalls als honorig erscheinen ließ. Sie waren von den Einnahmen, die ihre Schriften erbrachten, nicht abhängig, und obwohl ein Honorar bezahlt wurde, konnte man darauf verzichten; es stand jedenfalls nicht im Verhältnis zu der Arbeit, die in solchen ‹Nebenstunden› geleistet wurde. Die Publikation wurde oft damit begründet, daß ein Kreis von Freunden den widerwilligen Autor zum öffentlichen Hervortreten genötigt hätte, wodurch das Publikum zu einem erweiterten Freundeskreis wird, der den Drucker bloß für die ‹Vervielfältigung› des Werkes bezahlt, welches der Dichter ja nicht publiziert, um dafür bezahlt zu werden, vielmehr nur, um weitere Liebhaber und Freunde zu gewinnen. Noch der junge Wieland stellt sich in seinen Vorreden als einen Liebhaber der Dichtkunst und einen Dilettanten vor, der nur seinen Freunden einen Gefallen tut und deshalb nicht mit der Elle gemessen werden will, die die Kritik an Horaz oder Pope anlegt, die beide als Schriftsteller lebten und sich ein Tusculum oder ein Twickenham kaufen konnten.

In dieser Abgrenzung kommt klar zum Ausdruck, daß der junge Wieland auch den ‹freien Schriftsteller› kennt, und zwar in der Gestalt des vielbewunderten Pope, der sich mit dem Ertrag seiner Homerübersetzung ein Gut kaufen konnte. Die Verhältnisse in England und Frankreich wurden mit Neid betrachtet, und zwar mit Recht, obwohl das Los der Mehrzahl der dortigen Schriftsteller sich weder mit dem Popes noch mit dem Voltaires vergleichen ließ, der sich ein Gut in der Schweiz kaufen konnte. Solche Einnahmen waren auf dem deutschen Markt unvorstellbar, aber es gelang immerhin Wieland, das kleine Gut Ossmanstedt in der Nähe von Weimar zu erstehen; halten konnte er es nicht.

In gewissem Sinn verkörpert Klopstock schon eine dritte Variante des Schriftstellers, den Seher, den *Vates*, der wegen seiner göttlichen Inspiration aller Sorgen enthoben sein sollte. Säkularisiert wird dieser Typus in der ‹Geniebewegung›, gewissermaßen schon bei Hamann, insofern dieser sich als Sokrates Redivivus, trotz der scharfen Kritik seiner aufklärerischen und frommen Freunde, das Recht einer unbürgerlichen Existenz herausnahm, bis es nicht mehr möglich war, und er aus einem Sokrates ein Zöllner wurde. Auch die ‹Originalgenies› mußten sehr bald einen bürgerlichen Lebensweg finden oder zugrunde gehen, aber mit dieser Generation ist das gesteigerte Selbstbewußtsein des Dichters, des Künstlers, des bürgerlichen Außenseiters nicht mehr ein Ausnahmefall und nicht mehr von den Bürgern als pathologisch abzuqualifizieren.

II. ÄSTHETIK UND POETOLOGIE – DIE NEOKLASSIZISTISCHEN GRUNDBEGRIFFE

Die deutsche Kritik und Ästhetik entwickelte sich in der zweiten Jahrhunderthälfte fast revolutionär. Lessing, Winckelmann, Kant, Herder, Goethe und Moritz sind die bekanntesten Namen, von Bedeutung waren aber auch Abbt, Mendelssohn, G. F. Meier, Baumgarten und Hamann. Sie nahmen alle ihren Ausgang in Fragen, die seit der Antike diskutiert worden waren, und suchten sie vor dem Hintergrund der neuen philosophischen Erkenntnisse zu vertiefen.

Wenn dieselben Probleme immer wieder auftauchen, läßt sich diskutieren, ob diese Rekurrenz sich auf anthropologische Konstanten zurückführen läßt oder ob sie durch das antik-christliche Erbe bedingt ist; der Rekurs auf die Antike blieb im 18. Jahrhundert noch das entscheidende Moment in der ästhetischen Diskussion. Um die oft eifrig und spitzfindig geführten Debatten zu verstehen, lohnt sich deshalb vor allem das Studium der klassischen Texte: Aristoteles' *Poetik*, Horaz' *De Arte Poetica (Ad Pisones)* und Longinus' Abhandlung *Über das Erhabene*. Die Poetik des Aristoteles wurde zwar schon vor 1300 ins Lateinische durch Wilhelm von Moerbeke übersetzt, erlangte aber erst mit dem Kommentar Castelvetros (1570) und der Poetik Julius Cäsar Scaligers *(Poetices Libri VII,* 1561*)* in Italien die dominierende Stellung, die sich durch die zweite wichtige Rezeptionsphase im Frankreich des 17. Jahrhunderts befestigte. Als Werk des großen griechischen Philosophen wurde sie als die autoritative Begründung der Ästhetik aufgefaßt, während Horaz, der als Lesestoff in den Schulen jedem Gebildeten vertraut war, als der Praktiker verstanden wurde. Erst im 18. Jahrhundert kamen die Gedanken des Longinus in Verbindung mit den Diskussionen über das Erhabene und Schöne, teils über die dichterische Begeisterung zum Tragen.

Für die Rezeption war charakteristisch, daß man die Begriffe nicht nur kommentierte, sondern dabei auch systematisierte. Durch kurze Bemerkungen dieser ‹Klassiker› angeregt, wollten schon die Italiener die kohärente Theorie einer klassischen Ästhetik entwickeln, wobei sie sehr oft platonische und aristotelische Ansätze in einer Synthese zu vereinigen suchten. Außerdem wurden die so oft geradezu herausdestillierten Kennzeichen der Gattungen, vor allem der Tragödie, präskriptiv verstanden, als ‹Regeln›, die auch für moderne Werke unbedingte Gültigkeit besitzen, so z. B. die Lehre von den drei Einheiten: die der Handlung, der Zeit und des Ortes, die in der Tragödie beachtet werden müssen.

Für Gottscheds *Versuch einer Critischen Dichtkunst vor die Deutschen*

(1730, 1751) war die französische Aristoteles-Rezeption maßgeblich, aber ebenso bezeichnend für das Werk wie für die ständige Diskussion dieses Ausgangspunktes ist es, daß es allen Erwägungen eine Übersetzung der Horazischen Poetik vorausschickt. Sein Ziel ist dabei, auf der Basis der modernen Philosophie Christian Wolffs einen exakten Sinn der Begriffe der tradierten Poetik festzulegen und sie in einen systematischen Zusammenhang zu bringen, so daß die Bestimmungen der einzelnen Gattungen sich aus den allgemeinen obersten Prinzipien «demonstrativisch» ableiten lassen. Er will also eine philosophisch reflektierte Poetik schreiben, d. h. eine Poetik, die von den Anfangsgründen ausgeht: «Wenn man nun ein gründliches Erkenntniß aller Dinge Philosophie nennet: so sieht ein jeder, daß niemand den rechten Character von einem Poeten wird geben können, als ein Philosoph; aber ein solcher Philosoph, der von der Poesie philosophieren kann, welches sich nicht bey allen findet, die jenen Namen sonst gar wohl verdienen... Ein Philosoph, der sich darauf versteht, heißt ein Kritikus, wie Shaftesbury es in seinem *Advice to an Author* dargestellt hat.» Diesen Sinn hat also eine ‹critische› Dichtkunst, und es heißt weiter: «Unter den Griechen ist ohne Zweifel Aristoteles der beste Kritikus gewesen.» Die Auseinandersetzungen mit Gottsched sind deshalb im Grunde oft Kritik an seinem französisch inspirierten Aristotelesverständnis; erst allmählich und besonders unter Einfluß der Shakespeare-Rezeption setzt eine Kritik an Aristoteles selbst, oder eher an der ahistorischen Interpretation seiner Schrift ein, die sich dann zu einer Auseinandersetzung mit den Grundthesen der auf diese Weise systematisierten klassizistischen Ästhetik entwickelt. Dabei greift die neue Generation aber auch immer wieder auf die Antike zurück. Es dreht sich hierbei nicht nur um den Hauptbegriff ‹Nachahmung der Natur›, sondern auch um die Funktion bzw. Wirkung der Dichtung ingesamt wie der einzelnen Gattungen (vgl. etwa Lessings Analyse der kathartischen Wirkung der Tragödie, die Auseinandersetzungen um Geschmack und Genie etc.). Unter ‹Nachahmung der Natur› wurde der Wirklichkeitsbezug der Kunst und das Wesen der Fiktionalität thematisiert, die Katharsisdiskussion suchte individual- und sozialpsychologische Funktionen der Tragödie aufzuhellen, aber für lange Zeit stand es für alle Kunst fest, daß sie eine Funktion hatte, daß sie sich einem höheren Zweck unterzuordnen hatte: sie sollte, mit Horaz, *prodesse et delectare*, nützen und vergnügen.

1. Nachahmung der Natur (Mimesis) und Wahrscheinlichkeit

«Die Epik und die tragische Dichtung, ferner die Komödie und die Dithyrambendichtung sowie – größtenteils – das Flöten- und Zitherspiel: sie alle sind, als Ganzes betrachtet, Nachahmungen. Sie unterscheiden sich jedoch in dreifacher Hinsicht voneinander: entweder dadurch, daß sie durch je verschiedene Mittel, oder dadurch, daß sie je verschiedene Gegenstände, oder dadurch, daß sie auf je verschiedene und nicht auf dieselbe Weise nachahmen.»

Mit dieser Definition auch der Wortkunst wird hervorgehoben, daß sie nicht Wirklichkeit ist, sondern deren Darstellung mit verschiedenen Mitteln, ein Bild, aber keine bloße Widerspiegelung. In diesem Bild ist nach Aristoteles das Wesen des Abgebildeten darzustellen, was wiederum heißt: nicht das bloß Zufällige, das Akzidentielle, das einzelne, nur Individuelle, sondern das Zugrundeliegende, das Allgemeine; deshalb ist die Kunst philosophischer und damit höher einzuschätzen als die Geschichte, die das Besondere als ihren Gegenstand hat (1447a–b; 1451b). Wenn der Dichter nicht das tatsächlich Geschehene darzustellen hat, sondern auch das, was geschehen könnte, das Mögliche also, ist es von vornherein ausgeschlossen, in der aristotelischen Definition die Forderung nach einer engen, quasi dokumentarischen Bindung an die Wirklichkeit zu erblicken. Wenn etwas als Nachgeahmtes in dem Kunstwerk wiedererkannt wird, ist es also nicht das schon Erkannte, das Vorhandene in seiner Verdoppelung, sondern es ist das Wesenhafte. In einer unausgesprochenen Polemik gegen Platon wird klar, daß die Kunst kein bloßes Schattenbild eines Urbildes schafft, ein Schattenbild der Idee, das immer unvollkommen bleiben muß. Die Kunst zeigt vielmehr in dem Artefakt die Wirklichkeit, die sich durch Form und Materie konstituiert, aber so, daß der mimetische Charakter, d. h. der Kunstcharakter, klar ist.

Vulgärmimetische Auslegungen gab es schon in der Antike, wo der Maler Zeuxis Trauben gemalt haben soll, die Sperlinge herbeilockten. Wichtiger wurde die These, daß die Mimesis zur Darstellung der Vollkommenheit, der Schönheit, tendieren müsse, die in der Natur angelegt ist, aber nicht immer oder nur partiell zur Entfaltung kommt. In der ästhetischen Diskussion des 18. Jahrhunderts wandte man sich deshalb oft gegen die «holländische» Manier zu malen, die zwar genau und täuschend sei, jedoch einen trivialen Realismus vertrete, insofern als sie bloß einen Ausschnitt einer womöglich niederen Realität getreu abbildete. Man unterschied m. a. W. noch nicht immer klar zwischen der Schönheit des Gegenstandes und der Schönheit der Darstellung, vielmehr verlangte man besonders in den von Frankreich inspirierten Schulen die Nachahmung der schönen Natur, *l'imitation de la belle nature*.

Diese ästhetische Forderung wurde durch einen optimistischen Zug der Aufklärungsphilosophie verstärkt. Meint man mit Pope: «Whatever is, is right», oder mit Leibniz, daß die Welt die beste aller möglichen Welten sei, daß das Böse oder das Übel in dieser Welt als ein Schatten in einem Gemälde aufzufassen sei, ohne welchen das Licht nicht sichtbar wäre, dann scheint die These einleuchtend, es sei die Aufgabe der Kunst, in der wahrnehmbaren anschaulichen Schönheit des Ausschnitts die philosophisch erkannte relative Vollkommenheit des Ganzen darzustellen – relativ, weil natürlich nur Gott allein vollkommen ist. Schönheit ist also Vollkommenheit in der Erscheinung, sie stellt im Artefakt die Harmonie der Welt nachahmend dar, die uns sonst nicht «in die Sinne fällt», weil wir das große Kunstwerk der Welt nicht überschauen.

Auch der aristotelische Begriff des Möglichen bekommt im 18. Jahrhundert einen anderen Sinn. Der Gedanke, daß diese Welt eben nur *eine* der möglichen Welten ist, daß es eine Vielheit der Welten geben könnte, rechtfertigt eine sozusagen heterokosmische Dichtung innerhalb des Rahmens der Mimesislehre. Dabei geht es nicht nur darum, etwa Miltons oder Klopstocks Engel, Teufel und Himmel poetologisch zu rechtfertigen, obwohl dies natürlich wichtig war – die Zensurbehörde in Zürich verzögerte lange eine Übersetzung Bodmers von Miltons *Paradise Lost*. Nicht nur Patriarchaden stellen indessen mögliche und nicht wirkliche Welten dar, sondern auch die Fabel. Zwar warnt Gottsched: «Die göttliche Macht erstreckt [sich] auch auf alles Mögliche: aber auf nichts Unmögliches: daher muß man sich nicht auf sie berufen, seine ungereimten Einfälle zu rechtfertigen», aber auch er kennt den Begriff der «bedingten Wahrscheinlichkeit»: «Daß z. E. die Bäume sich einen König wählen können, das ist an sich selbst, in dieser Welt, weder möglich, noch wahrscheinlich: gleichwohl macht dort im Buche der Richter Jotham eine schöne Fabel daraus; der es an der hypothetischen Wahrscheinlichkeit nicht im geringsten mangelt. Denn man darf nur die einzige Bedingung zum voraus setzen, daß die Bäume etwa in einer anderen Welt Verstand und eine Sprache haben: so geht alles übrige sehr wohl an. Es wird möglich und wahrscheinlich seyn, daß sie in ihrer Wahl auf den Ölbaum fallen werden...» (*Critische Dichtkunst*, VI. Hauptstück, § 3.)

Schwierigkeiten bereitete den damaligen Theoretikern die Lyrik, da sie den aristotelischen Mimesisbegriff zunächst sehr eng faßten und bei ihren Systematisierungsversuchen scheiterten, weil Aristoteles selber keine Gattung ‹Lyrik› kennt. Es ist einfach, ein Bild als Nachahmung der Natur aufzufassen und ein Drama als Nachahmung einer Handlung zu definieren. Auch Tanz läßt sich als Nachahmung verstehen, schwieriger wird es bei der Musik und besonders schwierig bei lyrischen Gedichten, die unmittelbar den Charakter einer Aussage zu haben scheinen. Trauergedichte oder die Psalmen Davids, die man als religiöse Oden bezeichnete, wurden immer wieder unter diesem Aspekt diskutiert. Eine fehlende Einbeziehung der Lyrik müßte jedoch zu schweren Zweifeln an der Gültigkeit des Grundprinzips der Nachahmung führen, und so heißt es bei Gottsched, der einen konsequent poetologischen gegenüber einem gemischt rhetorisch-poetologischen Ansatz durchführen wollte: «Die Klaggedichte, die Kanitz und Besser auf ihre Gemahlinnen gemacht, werden sonst als besondere Muster schön ausgedrückter Affecten angesehen. Man kann sie auch gar wohl unter diese Art der Nachahmung rechnen, ob sie gleich ihren eignen Schmerz, und nicht einen fremden vorstellen wollen: denn so viel ist gewiß, daß ein Dichter zum wenigsten dann, wenn er die Verse macht, die volle Stärke der Leidenschaft nicht empfinden kann. Diese würde ihm nicht Zeit lassen, eine Zeile aufzusetzen, sondern ihn nötigen, alle Gedanken auf die Größe seines Verlustes und Unglücks zu richten. Der Affect muß schon ziemlich gestillet seyn, wenn man die Feder zur Hand nehmen, und all seine Klagen in einem ordentlichen Zusammenhange vorstellen will. Und es ist ohnedem gewiß, daß alle beyde obenerwähnte Gedichte eine gute Zeit nach dem Tode ihrer Gemahlinnen verfertigt worden: da gewiß die Poeten sich nur bemühet haben, ihren vorigen betrübtenn Zustand aufs natürlichste auszudrücken.» *(Critische Dichtkunst,* IV. Hauptstück, § 4.)

Auf den ersten Blick scheint dies eine durch Systemzwang hervorgerufene Notlösung zu sein. Später sollte der englische Romantiker Wordsworth, ohne einem streng mimetischen Ansatz verpflichtet zu sein, kürzer und prägnanter einen ähnlichen Gedanken ausdrücken: «Poetry takes its origin in emotion recollected in tranquility.» Vielmehr hat das wachsende Interesse für das Verhältnis zwischen der Kunst und den Empfindungen des Künstlers, das in einer streng mimetischen Theorie eigentlich völlig belanglos ist, solche Erwägungen veranlaßt, die in dem Werk Batteux' *Les beaux arts réduits à un même principe* oder wie es in der Übersetzung Johann Adolf Schlegels heißt: *Die Einschränkung der schönen Künste auf einen einzigen Grundsatz* (2. verbesserte Auflage, Leipzig 1759) eine ziemlich wichtige Rolle spielen. Dieses Werk, das von verschiedenen Autoren, u. a. auch von Gottsched, übersetzt wurde, bildet den Hintergrund für die letzten Auseinandersetzungen über den poetologischen Wert des aristotelischen Begriffes auch in Deutschland.

Batteux will mit philologischen Argumenten beweisen, daß viele Diskussionen gegenstandslos sind, weil die heutigen Kritiker die poetologische Metasprache der Griechen nicht verstanden hätten: Poiein und mimain, also schaffen und nachahmen, wurden von den Römern mit facere bzw. facere poema und fingere bzw. imitari übersetzt. Daraus geht deutlich hervor, argumentiert er, daß Nachahmung teils eine alltägliche Bedeutung hat, teils als terminus technicus Fiktion bedeutet, d. h. Nicht-Natur, Artefakt. Ähnlich verhält es sich mit dem zentralen Begriff der Wahrscheinlichkeit: Die Kunst ist nie wahr, sie soll aber immer wahrscheinlich, verisimilis, sein. Kunst ist also immer ‹künstlich›, der Rückgriff auf die ‹wahren› Gefühle des Poeten ist sozusagen systematisch ausgeschlossen.

Auch Batteux kann diesen Ansatz jedoch nicht durchhalten und verstrickt sich auf dem Gebiet der Ode – diesmal der religiösen, der Psalmendichtung Davids – in Schwierigkeiten, die unlösbar scheinen: Einerseits schreibt er, daß es sich um den Ausdruck ‹wahrer› Gefühle handelt, andererseits konstatiert er, von der Wirkung ausgehend, daß die Reaktion der Leser ästhetisch ist, d. h. ein Element enthält, das einem ‹wahren› Ausdruck religiöser Verzweiflung gegenüber unangemessen wäre. So bleibt ihm nur ein theoretisch kaum haltbares ‹als ob› als Ausweg übrig: Der Odendichter ahmt zwar nicht nach, tut aber, als ob er nachahme. Damit ist jedoch das ‹Wahrscheinliche› auf eine stilistische oder rhetorische Qualität reduziert.

Es ist kein Wunder, daß die Kritik hier einsetzt. Johann Elias Schlegel hatte schon in seinen Abhandlungen über die Nachahmung (1742/1745) in mancher Hinsicht die Rolle des Fiktionsbewußtseins beim Kunstgenießenden klarer gesehen: Die ‹Nachahmung der Natur› ist für ihn ein potenziertes Abbild, das das Wesen des Abgebildeten oder eine Seite davon klarer zum Ausdruck bringt, als es in der Natur, der Wirklichkeit, der Fall ist. So vermag er das epistemologische Moment der aristotelischen Mimesislehre zu bewahren, indem er an dem Erkenntniswert des Abbildes festhält und meint, es zeige «einen sonderbaren Nutzen der Dichtkunst, daß sie der Philosophie auch darinnen behülflich ist, da sie geübt macht, sich deutliche Begriffe von den Dingen zu bilden.» Mit ‹deutlich› wird zwar ein philosophischer Anspruch erhoben, in den Abhandlungen werden jedoch sehr fein die spezifisch ästhetischen Momente analysiert. Das Kunstwerk soll unterrichten und vergnügen, aber das Vergnügen geht dem Unterrichten vor; es müssen z. B. die «Bilder den Vorbildern unähnlich» gemacht werden, wenn das Vergnügen dies verlangt, d. h. auch Schlegel verlangt Verschönerung und Milderung vom Kunstwerk: «Sollten uns Raserey, Ohnmacht und Tod so schrecklich abgebildet werden, als sie in der That sind: So würde öfters das Vergnügen, das uns die Nachahmung derselben gewähren sollte, in Entsetzen verkehrt werden...» Da die Kunst jedoch ohne tragische Erschütterung nicht auskommt, wird der Dichter «eine Art des Todes schaffen müssen, die sich jedermann wünschen möchte, und keiner erhält».

Der Vergleich zwischen Bild und Vorbild bleibt auch in einer solchen Darstellung ein wichtiger Bestandteil des notwendigerweise reflektierenden Vergnügens: «Folglich werden in dieser Einbildungskraft zwo Vorstellungen erfordert, nämlich eine von dem Vorbilde und die andre von dem Bilde; und die ganze Wirkung der Nachahmung fällt hinweg, so bald eine von diesen beyden Vorstellungen mangelt.» Neben der ‹Täuschung› gibt es somit ein nie völlig suspendiertes Bewußtsein von der ‹Künstlichkeit› des Kunstwerkes, ein Bewußtsein, das Dubos, Schlegel und Mendelssohn auf verschiedene Weise als partielle Illusion zu definieren suchen. Es bestimmt die Qualität jeglichen Kunsterlebnisses, das der Lyrik mit einbegriffen, denn auch beim Lesen eines Gedichtes reflektiert der Leser immer über das Verhältnis zwischen dem Bild und einer allgemeinen Vorstellung von dem Abgebildeten; wenn Schlegel zwischen einerseits epischer, andererseits dramatischer *und* lyrischer Dichtung unterscheidet, gibt er zu verstehen, daß die Relation Dichter/Gedicht für den Leser keinen fundamental anderen Charakter hat als die Relation Drama/Dramatiker. Wenn er auch meint, daß der Dichter in den meisten Oden «seinen eigenen Affect» ausdrückt, so deutet die Zusammenstellung von Drama und Lyrik an, daß die ‹Oden› vom Leser im Grunde als Rollengedichte zu lesen sind.

Sowohl in der aristotelischen Poetologie als auch in ihrer Rezeption im 18. Jahrhundert gibt es ein Bewußtsein von der Differenz zwischen Kunst und

Wirklichkeit; die aristotelische Dramaturgie verlangt auch keineswegs Illusion in dem Sinne, daß der Zuschauer vergessen soll, daß er im Theater sitzt, vielmehr taucht dieser Gedanke erst in unserer Epoche bei einigen Theoretikern auf, vgl. etwa Diderots Bemerkungen zu seinem Schauspiel *Der Hausvater*. Bei den wichtigsten Theoretikern der zweiten Jahrhunderthälfte wird indessen deutlich, daß der Mimesisbegriff in den endlosen Debatten verflachte und deshalb nicht mehr als tauglich befunden wurde. Lessing geht noch im *Laokoon* von der Mimesis aus (vgl. etwa Abschnitt VII) und wendet sich in den *Materialien* gegen «wahllose Nachahmungen der ersten, der besten Gegenstände; schön oder häßlich, edel oder niedrig» (3, VII). In der *Hamburgischen Dramaturgie* (70. Stück) hält er immer noch an dem Prinzip der «Nachahmung der Natur» fest, d. h. an einer selektiven und deutenden Mimesis, die nicht ein verklärtes, sondern geklärtes Bild der scheinbar widerspruchsvollen Fülle der Erscheinungen geben soll, denn die Natur ist in ihrer «unendlichen Mannigfaltigkeit ... nur ein Schauspiel für einen unendlichen Geist». Andererseits beobachtet er, wie der «holländische» Geschmack an der «gemeinen und alltäglichsten Natur» zunimmt und wie allerhand «Mischspiele» mit einem Hinweis auf ‹Natur› gerechtfertigt werden. Daher schreibt er warnend, daß «das Beispiel der Natur, welches die Verbindung des feierlichen Ernstes mit der possenhaften Lustigkeit rechtfertigen soll, ebensogut jedes dramatische Ungeheuer, das weder Plan, noch Verbindung, noch Menschenverstand hat, rechtfertigen könne.» Daraus folgert er: «Die Nachahmung der Natur müßte folglich entweder gar kein Grundsatz der Kunst sein; oder, wenn sie es doch bliebe, würde durch ihn selbst die Kunst, Kunst zu sein aufhören; wenigstens keine höhere Kunst sein, als etwa die Kunst, die bunten Adern des Marmors in Gips nachzuahmen; ihr Zug und Lauf mag geraten, wie er will, der seltsamste kann nicht so seltsam sein, daß er nicht natürlich scheinen könnte; bloß und allein der scheinet es nicht, bei welchem sich zu viel Symmetrie, zu viel Ebenmaß und Verhältnis, zu viel von dem zeiget, was in jeder andern Kunst die Kunst ausmacht; der künstlichste in diesem Verstande ist hier der schlechteste, und der wildeste der Beste.»

Der Naturbegriff hatte sich geändert, die Vorstellung von einer harmonischen Ganzheit als universaler ‹Vorlage› und Rechtfertigung des ‹schönen› Kunstwerks trug nicht mehr, wie Lessing feststellt. Ein anderer Naturbegriff wurde Ausgangspunkt für Angriffe. Ohne den aristotelischen Grundsatz als solchen in Zweifel zu ziehen, vielmehr polemisch von ihm ausgehend, konnte Hamann Moses Mendelssohn und mit ihm die Berliner Kritik angreifen, die an einer ängstlich selektiven Mimesis festhielt, deren Restriktionen Hamann mit dem Gesetz des Alten Testaments vergleicht, das für die Christen keine Gültigkeit mehr hat: «Wer ist aber der ästhetische Moses, der Bürgern eines freyen Staats schwache und dürftige Satzungen vorschreiben darf? (die da sagen: Du sollst das nicht angreifen, du sollst das nicht kosten, du sollst das nicht anrühren. In der Natur ist manches unrein und gemein für einen

Nachahmer – auch alles, was möglich ist, laßt euch nicht gelüsten!) Wenn man es uns eben so schwer machen will Originale zu seyn als Copien zu werden; was hat man anders im Sinn als uns in Maulesel zu verwandeln?»! – Hamann sieht also vor allem den *Künstler* als Nachahmer, den man durch Vorschriften unfähig machen will, ein Kunstwerk zu erzeugen oder eine nicht zurechtgestutzte Natur nachzuahmen – Maulesel sind unfruchtbar.

Es ließen sich bei den Vertretern des Sturm und Drang sehr leicht viele Beispiele der Ablehnung und der Polemik gegen Batteux und die Nachahmungstheorie als solche anführen, aber auch – trotz der Schöpfungs- oder Genieästhetik – manche Anlehnung an sie. Es ist aber deutlich, daß der Begriff ‹Nachahmung der Natur› immer mehr der Trivialisierung anheimfällt. So tauchen Begriffe wie «Nachbildung» (Gerstenberg), «bildende Nachahmung des Schönen» (K. Ph. Moritz), «Einfache Nachahmung der Natur, Manier, Stil» (Goethe) auf, d. h. die mit dem Begriff der Mimesis ursprünglich gemeinte Problematik wird mit anderen Begriffen, Wörtern, Umschreibungen ausgedrückt. Für Hegel war ‹Nachahmung der Natur› zwar immer noch «die geläufigste Vorstellung», aber völlig inhaltsleer geworden: «Dieser Ansicht nach soll die Nachahmung als die Geschicklichkeit, Naturgestalten, wie sie vorhanden sind, auf eine ganz entsprechende Weise nachzubilden, den wesentlichen Zweck der Kunst ausmachen ... Dies Wiederholen kann aber sogleich als eine *überflüssige* Bemühung angesehen werden ... sogar als ein übermütiges Spiel ..., das hinter der Natur zurückbleibt. Denn die Kunst ist beschränkt in ihren Darstellungsmitteln und kann nur einseitige Täuschungen, z. B. nur für *einen* Sinn den Schein der Wirklichkeit hervorbringen.» Hegel sieht den Begriff als rein formell an, so daß darin «das *objektive* Schöne selbst» verschwindet: «Denn es handelt sich sodann nicht mehr darum, wie das beschaffen sei, was nachgebildet werden soll, sondern nur darum, daß es *richtig* nachgeahmt werde.»

2. Geschmack, Norm und Geschichte

Die Gemeinplätze *De gustibus non est disputandum*, über Geschmack läßt sich nicht streiten, der Geschmack sei ein *Je ne sais quoi*, weisen auf eine nicht ohne weiteres zu analysierende Gefühlsqualität im Geschmacksurteil hin, die auch eine widerspruchslose Einordnung in eine systematische Ästhetik erschwert. Es gibt andererseits eine unmittelbare Evidenz und unbestreitbare Authentizität des jeweiligen individuellen Geschmacks, die die Theorie untersuchen muß.

Betrachtet man den Ursprung des Begriffs, wird jedoch bald klar, daß der Geschmack als guter Geschmack aufzufassen ist, und daß nur der Gebildete einen guten Geschmack hat bzw. hat entwickeln können. In Balthasar Graciáns *El Discreto* (1646) hat der erfahrene Weltmann, der alles prüft und unterscheidet, ‹gusto›, d.h. er weiß, ohne sich viel zu überlegen, in jeder Situation die richtige Wahl zu treffen. Auch in Frankreich hat der ‹honnête homme› einen ‹bon goût›, er besitzt *délicatesse*, empfindet, beurteilt und wählt spontan und ohne Reflexion das Richtige.

Die Legitimation der Spontaneität des Urteils scheint also gesellschaftlich zu sein: Durch steten Verkehr mit den rechten Leuten, durch das ständige Lesen guter Bücher und die Betrachtung schöner Gemälde entsteht dieser Geschmack nach und nach, internalisiert der sich Bildende unbewußt die Normen der betreffenden gehobenen Schicht.

Das Geschmacksurteil ist aber nicht nur spontan und unreflektiert, sondern bezieht sich wie jedes ästhetische Urteil auf das Besondere, auf ein Einzelobjekt, während sich das logisch demonstrierbare Verstandesurteil auf ein Allgemeines bezieht. Gerade dieser Unterschied ist natürlich wichtig, denn zwar kann die Ästhetik allgemeine Prinzipien aufstellen, sie müssen aber auf Einzelwerke angewandt werden. In den Diskussionen über den Geschmack rückt also das über ein Einzelwerk urteilende Individuum in das Blickfeld, damit aber auch die Umstände, die bei der Ausbildung seines Geschmacks entscheidend waren.

So bildet die Analyse des Geschmacks eine der Voraussetzungen für die Entstehung einer geschichtlichen Betrachtung der Literatur, und wichtige Stationen waren dabei die *querelle des anciens et des modernes* in Frankreich und das Interesse für mittelalterliche Literatur und Volksdichtung in England. Zwar war der Ausgangspunkt des Streites zwischen den Alten und Modernen der ahistorische Vergleich, aber in den vielen Vergleichen und Parallelen wurde die Bedeutung nicht nur der modernen, wahren Religion des Christentums für die Dichtung diskutiert, sondern auch die Rolle der Staatsverfassungen und der Einfluß des Klimas. Das heißt nicht, daß man ohne weiteres *den* guten Geschmack aufgibt, aber es wurde immer deutlicher, daß der Geschmack sich ändert. Es läßt sich folglich von der Tradition aus dafür argumentieren, daß der Geschmack der Alten der gute sei, weil ihre Werke so viele Jahrhunderte überlebt haben, während die Modernen ihren falschen Geschmack verallgemeinern – oder aber davon ausgehen, daß es auch in der Literatur Fortschritte gibt, daß ein gutes Werk einen Künstler zu einem noch besseren anfeuern kann und daß das Urteil darüber nicht von der Tradition, d.h. den Werken der Alten, abhängt, sondern von dem vernünftig urteilenden Geschmack, der die Unterschiede abwägen kann. Das führt letzten Endes zu der Forderung, daß das Geschmacksurteil als ein Vernunfturteil expliziert wird, denn entweder ist der Ausgangspunkt in der Empirie der Tradition oder in der Ratio der Moderne zu finden. So versteht Voltaire unter *goût* den *bon goût* des *Siècle de Louis XIV.*, das er als die französische Klassik deklariert, aber der Geschmack gerät in der folgenden Generation in einen Gegensatz zu dem neuen zentralen Begriff ‹Genie› und wird in der *Großen Enzyklopädie* von Diderot und d'Alembert als Produkt der Konvention verstanden.

In England lief die Diskussion etwas anders, weil hier wie später auch in Deutschland der Einfluß der Gedanken Shaftesburys (vgl. S. 175 ff.) spürbar wurde. Er war zwar ein Schüler Lockes, wurde jedoch auch von den Cambridge Platonists beeinflußt und war noch dazu eigentlich kein Philosoph, sondern das, was man damals ‹Moralist› nannte: Er schrieb Essays, in welchen er sokratisch-unsystematisch seinen Ausgangspunkt in Einzelfragen nahm, und bei deren Behandlung er an die gesunde Urteilskraft und das moralische Empfinden der Leser appellierte. Er ist insofern Platoniker, als er von der Identität des Wahren, Guten und Schönen überzeugt ist: Der Geschmack nimmt das Wahre und Gute als Schönheit wahr, er ist zwar subjektiv, kann aber die reale Präsenz des Guten in der Schönheit erfassen, und dazu bedarf es keiner gelehrten Theorie. Dem Geschmack als Sinn für Schönheit entspricht ein moralischer Sinn, *a moral sense,* der den Menschen zum richtigen Handeln anspornt. Sinn für das Gute und Schöne erwirbt man nicht durch philosophische Untersuchungen und mit Hilfe von wissenschaftlichen Abhandlungen, sondern durch ein geselliges Leben mit guten, gebildeten Freunden, durch das Erleben der Natur und dadurch, daß man auf die Stimme des Gewissens in seinem Herzen aufmerksam horcht. Das ist das Ideal eines begabten, vielseitigen Gentleman, eines *virtuoso*, während Shaftesbury von dem Gelehrten herzlich wenig erwartet und über sein Spezialistentum spottet. Sein Einfluß auf Wieland, Hamann und Goethe, die sich auf kein System festlegen ließen, sondern für diese Mischung aus Empirie und Idee viel Sinn hatten, wurde beträchtlich und ist auf den disparatesten Gebieten spürbar. Von ihm konnte Wieland sich die Rechtfertigung des urbanen Spottes über religiöse Schwärmerei holen, sie konnten bei ihm die «innere Form» des Kunstwerkes und Beschreibung des künstlerischen Genies als eines Prometheus vorgebildet finden usw.

Viele englische Kritiker schrieben Abhandlungen über den Begriff des Geschmacks, wobei Hume die radikale und konsequente These vertrat, daß Schönheit keine Eigenschaft der Dinge ist, sondern ihnen vom Betrachter verliehen wird. Um nicht einem völligen Relativismus zu verfallen, rekurriert er wieder auf den neoklassizistischen Standpunkt: daß es auf den guten Geschmack ankomme, den zu allen Zeiten eine kleine gebildete Gruppe vertritt. Er grenzt sich damit vom Volk ab, obwohl es gleichzeitig eben in England zu einem starken Interesse nicht nur für die mittelalterliche Dichtung, deren Normen nicht mit denen der Antike übereinstimmten, sondern auch für Volksdichtung kam, da die mittelalterlichen Balladen nach diesen neuen Erkenntnissen im Volk weitergelebt hatten und durch das Volk geprägt worden waren.

So entwickelte sich eine Art von ‹Primitivismus›: Ohne eigentlich die neoklassizistischen Normen aufzugeben, arbeiteten viele Kritiker sozusagen mit einem doppelten Maßstab. Sie gaben mittelalterliche Dichtungen heraus, sammelten Überreste alter englischer, schottischer und gälischer Dichtung, suchten Homer als einen primitiven Barden zu verstehen und interpretierten Werke des Alten Testamentes als morgenländische Dichtungen. Wie bei Shaftesbury gilt, daß diese Strömungen – hier nur noch wenig später – nach Deutschland übergriffen und für die deutsche Literatur ungeheuer wichtig wurden. Es dreht sich um Richard Hurds *Letters on Chivalry and Romance* (1762), Thomas Percys *Reliques of Ancient English Poetry* (1765), Hugh Blairs *A Critical Dissertation on the Poems of Ossian* (1763), Robert Lowths *De sacra poesi Hebraeorum* (1753), Thomas Blackwells *Enquiry into the Life and Writings of Homer* (1735), um nur die wichtigsten zu nennen. In ihnen wie in Shakespeares Werken fanden diese Kritiker zwar viele ‹Fehler›, d. h. Verstöße gegen die dramatische Regelmäßigkeit, Phantastisches usw., rühmten aber die poetisch-einfachen Sitten und Empfindungen, das ‹Gothische› und ‹Romanische›, das sie historisch mit dem Hinweis auf die feudale mittelalterliche Gesellschaft, mit dem Bildungsstand des Volkes zu rechtfertigen suchten.

Die deutsche Diskussion über den Geschmack ist in ihren Anfängen von der französischen bestimmt. Sowohl Johann Ulrich König in seiner *Untersuchung von dem guten Geschmack* (1727) als auch Gottsched sehen in dem Geschmacksurteil eine vorrationale, spontane Gefühlsreaktion, eine unreflektierte Empfindung, die jedoch keineswegs als bloß subjektiv oder rein irrational anzusehen ist, denn in ihr ist auch der Verstand tätig: «Der gute Geschmack ist nämlich der von der Schönheit eines Dinges nach der bloßen Empfindung richtig urtheilende Verstand, in Sachen, davon man kein gründliches oder deutliches Erkenntnis hat», heißt es bei Gottsched. Es dreht sich um eine deutsche Version einer Definition Leibniz', worauf Gottsched selbst aufmerksam macht: «Le goût distingué de l'entendement, consiste dans les perceptions confuses, dont on ne sauroit assez rendre raison. C'est quelque chose d'approchant de l'instinct.»

Bei Leibniz, Gottsched, Baumgarten sowie bei Lessing und anderen Theoretikern dieser Epoche haben wir einen Sprachgebrauch, der dem heutigen Leser nicht ohne weiteres verständlich ist. Descartes unterscheidet zwischen klaren und deutlichen Erkenntnissen, wobei ‹deutlich› eine höhere Stufe ist als ‹klar›. Diese Terminologie übernimmt und erweitert die deutsche Philosophie und Ästhetik, nämlich Leibniz, Wolff, Baumgarten und Kritiker wie Gottsched, Lessing usw. Sehen wir in diesem Zusammenhang von den Variationen ab, gibt es als Stufenfolge der Erkenntnis: dunkel und klar, wobei klar dann wiederum Oberbegriff für verworren und deutlich sein kann. «Est cognitio vel obscura, vel clara; et clara rursus vel confusa, vel distincta» (Leibniz).

Es genügt nicht, daß man eine Idee, eine Erkenntnis klar von anderen unterscheiden kann, sondern man muß sie analysieren können, in ihre Bestandteile auflösen und die Gründe angeben können, warum sie so oder so beschaffen ist, damit sie das Prädikat ‹deutlich› bekommt. ‹Klar› bedeutet, daß eine Idee von einer anderen zu unterscheiden ist, aber dabei können nicht nur intellektuelle, sondern auch sinnliche Momente eine entscheidende Rolle spielen. Die Klarheit kann m. a. W. ‹verworren›, ‹confusa›, d. h. zusammengesetzt, komplex, eine Totalerfahrung sein, an welcher sowohl Verstand als auch die Sinne teilhaben, die aber in ihrer Anschaulichkeit nicht die philosophische ‹Deutlichkeit› besitzt, von der man somit alle ‹Gründe› nicht angeben kann. Diesen Charakter besitzt also das Geschmacksurteil, obwohl es, wie hervorgehoben, unter Umständen geradezu instinktiv sein kann und man besonders in der emotionalistischen Phase der Aufklärung die Evidenz des Gefühls gegen die ‹Sophisterei› der Analyse ausspielte. Die Frage, ob der Geschmack völlig subjektiv und deshalb philosophisch uninteressant ist, ob er durch Erziehung vermittelt wird und deshalb nach Land und Zeit verschieden sein muß, ob es unter diesen Umständen *einen* guten Geschmack geben kann, wird erst von Kant überzeugend durchdacht.

3. Das Genie. Witz, Einbildungskraft und Originalität

Auch der Geniebegriff gehört in mancher Hinsicht zur Tradition, denn bereits mit den Musenanrufungen der griechischen Epen wurde jedenfalls für diese Gattung der Anspruch erhoben, der Dichter sei Sprachrohr des Göttlichen. Später wurde in dem platonischen Dialog *Ion* und auch an anderen Stellen mehr oder weniger eindeutig die schon von dem platonischen Sokrates mit Ironie behandelte These aufgestellt, der Rhapsode, der Künstler schaffe in einem göttlichen Wahnsinn, furor poeticus, über den er nachher nicht Rechenschaft abzulegen vermag.

Gottsched entmythologisiert diese Bestimmungen: «Weil nun diese natürliche Geschicklichkeit im Nachahmen bey verschiedenen Leuten auch sehr verschieden ist; so daß einige fast ohne alle Mühe eine große Fertigkeit darinnen erlangen, andere hergegen bey vieler Quaal und Arbeit dennoch hinten bleiben: so hat man angefangen zu sagen, daß die Poeten nicht gemacht; sondern gebohren würden, daß sie den heimlichen Einfluß des Himmels fühlen und durch ein Gestirn in der Geburt zu Poeten gemacht seyn müßten: das heißt in ungebundener Schreibart nichts anderes, als ein gutes und zum Nachahmen geschicktes Naturell bekommen haben.» (*Critische Dichtkunst,* II. Hauptstück, § 10.)

Alle Rede von göttlicher Inspiration ist also metaphorisch; was ein Dichter haben muß, ist: «Ein glücklicher munterer Kopf ist es, wie man insgemein redet; oder ein lebhafter Witz, wie ein Weltweiser sprechen möchte; das ist, was oben beym Horaz, *Ingenium et mens divinior* hieß» (§ 11). Witz ist also eine philosophische Bestimmung und wird in dieser Hinsicht näher erläutert: «Dieser Witz ist eine Gemütskraft, welche die Ähnlichkeiten der Dinge leicht wahrnehmen, und also eine Vergleichung zwischen ihnen anstellen kann. Er setzt die Scharfsinnigkeit zum Grunde, welche ein Vermögen der Seelen anzeiget, viel an einem Dinge wahrzunehmen.»

Obwohl Gottsched sehr viel Gewicht auf die kognitive Begabung des Dichters legt, fehlt die Phantasie, die Einbildungskraft nicht völlig, doch sie ist eher eine Art kombinatorisches Erinnern, das auf einem großen Assoziationsvermögen beruht. Er folgt hier Chr. Wolff: «Die Vorstellung solcher Dinge, die nicht zugegen sind, pflegt man Einbildung zu nennen. Und die Kraft der Seele, dergleichen Vorstellungen hervorzubringen, nennet man die Einbildungskraft.» Wolff definiert das Vermögen zu dichten (facultas fingendi) als das Vermögen, nie gesehene Bilder der Einbildung durch Teilung und Zusammensetzung ‹echter› Erinnerungsbilder hervorzubringen – eine Auffassung, die nicht nur von Gottsched, sondern auch von den Schweizern G.F. Meier, Baumgarten und Sulzer übernommen wird. Einbildungskraft in diesem Sinne, Witz und Scharfsinn machen den Poeten.

Die Reduktion der Topoi von der Inspiration usw. mag auf dem Hintergrund des Rationalismus Descartes' und des Empirismus Lockes überfällig erscheinen; wenn man sehr zähe an dieser Idee festhielt, ja wenn sie gerade in der Geniebewegung neue Sprengkraft bekam, so ist dies zweifelsohne darauf zurückzuführen, daß der ontologische Status des Kunstwerkes im Rahmen der gängigen Poetik kaum zufriedenstellend definiert werden konnte – erst Baumgarten konnte überzeugend für eine Ästhetik argumentieren. In der von uns behandelten aristotelischen Tradition kann sich die Kunst *anders als die Geschichte fast* zur Philosophie erheben, aber je strenger die Anforderungen an die Philosophie wurden, je mathematischer und damit abstrakter die Naturwissenschaften und mit ihnen die Philosophie wurde, desto weniger taugte natürlich das poetische *Bild* zum Vermitteln von ‹höherer› Erkenntnis. Um so verlockender erschien es den Künstlern, aber z.T. auch den Poetologen, an den alten metaphorischen, d.h. philosophisch weniger verbindlichen, jedoch aussagekräftigen Bestimmungen festzuhalten, wobei besonders plotinische Traditionen von Bedeutung waren.

Aristoteles hatte sich gegen die platonische Auffassung gewandt, die Dichtung als Nachahmung sei Abbild eines irdischen Abbildes des Urbildes im Reich der Ideen und somit noch weniger des wahren Seins teilhaftig als die äußere Natur. Schon in der Antike war aber eine emanistische Umbildung des Platonismus für die Kunstlehre wichtig geworden. Zwar sind die Ideen auch bei Plotin und seinen Nachfolgern bis hin zu Shaftesbury die wahre Wirklichkeit, aber anstatt daß sie sozusagen im Himmel bleiben und Schattenbilder werfen, sind sie als aktive, als formende Kräfte zu denken, die von Gott aus in die Welt hineinfließen, jedoch so, daß dies jedenfalls bei Plotin keine Realitätsminderung der Gottheit bedeutet und daß die Welt dadurch nicht göttlich wird. Die Emanation begründet deshalb bei Plotin noch keinen Pantheismus. Die Gottheit ist die höchste Idee, in der alles eins ist, d.h. Güte, Wahrheit und Schönheit identisch sind. Die Ideen schlagen sich dann auf einer tieferen Stufe in Hypostasen nieder, dringen in die Welt und formen sie. Die Welt besteht durch die Teilhabe an den Ideen, wobei immer wieder die Sonne als Bild verwendet wird, die durch ihr Licht die dunkle, formlose Finsternis erhellt, in den Bereich des Sinnlichen hineinstrahlt, dessen unterste Stufe Raum und Materie bilden. Als Abbild und Erzeugnis bringt die schaffende Natur, bei Plotin die untere Weltseele, Physis, die wahrnehmbare Körperwelt hervor und gestaltet sie. Es liegt also sehr nahe, diese schaffende Weltseele als Gott zu verstehen, als eine natura naturans gegenüber der natura naturata, der geschaffenen Natur, sie wie Shaftesburys «universal plastic nature» als göttlich zu fassen. Denkt man dann noch Plotin und Spinoza zusammen, faßt man des letzteren *deus sive natura*, also Natur = Gott, als diese formende Natur auf, dann wird klar, daß dieser meist philosophisch nicht gründlich durchdachte, sondern als erahnte Wahrheit aufgefaßte Plotinismus auch auf poetologischem Gebiet explosiv wirken konnte. Wenn eine göttliche Weltseele unbewußt als natura naturans in der Natur wirkt, dann kann sie auch als unbewußte – oder bewußte – schöpferische Kraft im Künstler wirken, der dann nicht der Natur gegenübersteht, sondern einen Teil von ihr bildet. Er geht also nicht mehr wie bei Aristoteles und Platon den Umweg über die ihn umgebende äußere Natur, sondern gestaltet diese als sein Material nach Gesetzen, die ihm eingeboren sind. Er wird nach Shaftesbury «a second maker, a just Prometheus under Jove».

In der Zeitschrift *Das Neueste aus der anmuthigen Gelehrsamkeit* schrieb Gottsched 1760 einen Satz, der Mendelssohns Spott in den *Briefen die neueste Litteratur betreffend* (Br. 210) hervorrief: «Dieser Fremdling, das Genie, ist jetzt ein alltäglicher Gast. Was ist wohl dieser Ausländer, der sonst in Deutschland einfach Geist und Witz sich nannte, für ein Kerl?» Er sieht m. a. W. keine Notwendigkeit, seine Definition der dichterischen Begabung zu ändern; davon abgesehen war der Begriff ‹Genie› jedoch auch in Deutschland nicht so neu.

In dem französischen Wort fallen die lateinischen Begriffe ‹ingenium› und ‹genius› zusammen, es bezeichnet Fähigkeit, Talent, Begabung, zuletzt aber auch die Person, die diese Begabung besitzt. Auch auf deutsch konnte man im 18. Jahrhundert Genie haben und später ein Genie sein. Der Begriff war dabei nicht auf den ästhetischen Bereich beschränkt, wurde aber hier früher und gründlicher reflektiert, weshalb ‹Genie› bald in erster Linie ein künstlerisches Genie bezeichnete und vielfach in die neuplatonische Tradition integriert wurde. Für die Entwicklung des Begriffes in Deutschland hat die englische Ästhetik sicher die größere Bedeutung gehabt, aber auch in Frankreich gibt es frühe Ansätze zur Genieästhetik. Schon Perrault betonte in der *querelle des anciens et des modernes*, daß das moderne Genie ebenso ursprünglich sei wie das antike, daß es in künstlerischer Begabung keinen Fortschritt gebe, dagegen sehr wohl in der Kunst. Das spätere Genie lernt von dem früheren, das moderne von dem antiken; so sieht es auch Dubos, und bei ihm taucht schon die organische Metapher des Wachstums auf, die er auf das Genie, nicht auf das Werk bezieht. Bei Diderot schließlich ist das Genie ein angeborenes, nicht erlernbares schöpferisches Vermögen, das weder rein rational noch rein instinktartig operiert, sondern vielmehr Ahnung und Kalkül verbindet. In dem Artikel ‹Genie› der *Grande Encyclopédie*, den er sicher nicht geschrieben, wohl aber gutgeheißen hat, kommt als weitere wichtige Bestimmung hinzu, daß das Genie sich keinen Regeln fügt, daß es ‹wild› ist, aber auch, daß es fast göttlich alle Möglichkeiten auf einmal überschaut, die beste wählt und in seinem Werk verwirklicht.

In England ist die Bedeutungsentwicklung ähnlich, jedoch wurde ‹genius› früh Bezeichnung persönlicher Eigenart und rückte in die Nachbarschaft von ‹original›. Für die weitere Entwicklung wurde vor allem die kritische Beschäftigung mit Shakespeare wichtig, der als ungelehrtes, d. h. nicht in der vorbildlichen klassischen Tradition erzogenes Genie betrachtet wurde. Er «knew little Latin and less Greek», er war «Nature's child, who warbles his native wood-notes wild», in ihm fand Addison wie in Homer und Pindar «something nobly wild and extravagant». Shakespeares Platz in der englischen Literatur schloß eine rein klassizistische Theorie aus, die ihm diesen Platz hätte streitig machen müssen, und so verlangt Edward Young in seiner besonders in Deutschland sehr folgenreichen Abhandlung *Conjectures on Original Composition* (1759) vom großen Künstler nicht Nachahmung der Alten, sondern Originalität, denn auch die Alten hätten nicht nachgeahmt. Für diesen Kritiker ist das Kunstwerk etwas organisch Gewachsenes, nicht etwas Gemachtes, das Genie weiß selber nicht, wie das Kunstwerk entsteht, kann über sein Schaffen nicht Rechenschaft ablegen.

Damit setzt sich Young sehr radikal von der sonst üblichen Auffassung dieses Problems ab. Neben dem Grundsatz der ‹Nachahmung der Natur› gab es eine ‹Nachahmung der Alten›, der antiken Vorbilder, aber auch in England herrschte die neoklassizistische These, es liefe dabei eigentlich auf dasselbe hinaus. In Popes *Essay on Criticism*, einem Hauptwerk des englischen Klassizismus, heißt es über Vergil, daß er anfangs nur die Natur und nicht Homer nachahmen wollte, aber: «Nature and Homer were, he found, the same.» Infolgedessen gilt für die Regeln der antiken Poetik:

> Those RULES of old dicover'd, not devis'd,
> Are Nature still, but Nature methodiz'd...

Die klassizistische Haltung zu den ‹Regeln› bleibt deshalb eigentlich bis Lessing unverändert, denn auch er prüft die Regeln des Aristoteles am Kunstwerk und entdeckt ihre Gültigkeit aufs neue. Er will zeigen, daß der französische Klassizismus die aristotelische Definition der tragischen Katharsis falsch interpretiert hat, aber wichtiger noch: Aristoteles ist kein Gesetzgeber, sondern zeigt naturgegebene Gesetzmäßigkeiten der Kunst auf, die er formuliert. Er hat die ‹Regeln› nicht gegeben, sondern gefunden. Nicht vor

Aristoteles, sondern vor seinen nachprüfbaren Erkenntnissen soll man Achtung haben:

> Learn hence for ancient rules a just esteem:
> To copy nature is to copy them.

In Deutschland bildeten die französischen und vor allem die englischen Überlegungen die Voraussetzungen für eine Genie- oder Schöpfungsästhetik, die mit Kant den Stand der europäischen Diskussion weit hinter sich lassen sollte. In der ersten Phase wird Genie als ‹ingenium› verstanden. Adelung polemisiert in seinem großen Wörterbuch gegen die Ableitung von ‹genius› und kann sich dabei auf Chr. Wolff und Baumgarten stützen, dessen «felix aestheticus» auch «venustum ingenium» genannt wird. Es herrschte jedoch auch in Deutschland die allgemeine Auffassung, daß das Genie angeboren ist, und Gellert meinte, auch der Name eines großen Gelehrten sei nicht durch bloßes Studieren, durch das «ängstliche Durchlaufen gewisser Kompendien und Systeme» oder durch die Befolgung von Regeln zu erlangen, sondern setze «eine gewisse natürliche Größe und Lebhaftigkeit» voraus. Das Genie ist also nicht auf das künstlerische Genie beschränkt, es ist naturgegeben, bei Baumgarten angeboren, «connatum». Wichtiger für Baumgarten ist dabei noch, daß er den Dichter einen Schöpfer, «factorem et creatorem», nennt und ihn in seinem Schaffen in Analogie zu der Natur setzt: «natura et poeta producunt similia». Die Regeln sind schon bei Gellert «Anleitungen, die man aus den Meisterstücken gezogen».

Das Genie spielt also nicht erst mit dem Sturm und Drang, sondern schon in der Hochaufklärung eine wichtige Rolle. Auch Mendelssohn und Lessing kommen ohne den Geniebegriff nicht aus. Mendelssohn meinte, daß das Genie den Mangel der Exempel ersetzen könne, während der Mangel des Genies unersetzlich sei. Damit ist aber keineswegs gesagt, daß das Genie allein gesetzgebend ist, vielmehr korrelieren Genie und Geschmack: Der Geschmack korrigiert den Subjektivismus des Genies, der das innovative Element ist, ohne welches die Kunst steril wird, während der der Tradition oder Konvention verpflichtete kritische Geschmack dafür sorgt, daß die Kunst nicht bloß subjektiv bleibt und damit unverständlich wird.

Lessings Gedanken zum ‹Genie› wandeln – auch unter dem Einfluß seiner Shakespearelektüre – Positionen ab, die wir schon kennenlernten: Das Genie ist das ursprüngliche und «hat die Probe aller Regeln in sich». Das bedeutet, daß, wenn auch nicht das Schaffen des Genies analysiert werden kann, so doch die Werke des Genies, die, auch wenn sie original sind, in Übereinstimmung mit einer vielleicht noch nicht erkannten Gesetzmäßigkeit entstanden sind. Lessing sieht keine Feindschaft oder Gegensätze zwischen Kritik und Genie; das Genie muß nicht theoretisch begabt sein, muß nicht zu einer deutlichen Erkenntnis gelangen können, sondern erkennt anschauend-konkret und kann das Erkannte schöpferisch verwenden, auch wenn es sich um ein Kunstwerk handelt, denn auch das Genie muß nicht jedesmal die Kunst für sich neu erfinden. So antizipiert Lessing in vieler Hinsicht die spätere Weimarer Klassik.

4. Das Erhabene

Nach antiker Auffassung kann der von den Göttern inspirierte Dichter mit seiner Kunst die Menschen dem Göttlichen näherbringen, die menschliche Seite zu den Göttern erheben. Platon spricht sogar von einem «Höherwandeln der Seele zu den Göttern». In Longinus' Abhandlung *Peri hypsus* wird diese Erhebung des Menschen zum Göttlichen durch die hohe Dichtung das große Thema. Über ihre Wirkung in der Antike wissen wir nichts, aber sie wurde im 18. Jahrhundert durch die Übersetzung Boileaus (1674) ein so großer Erfolg, daß diese Übersetzung im Laufe der folgenden hundert Jahre 20 Auflagen erlebte.

Für Boileau ist das Sublime des Longinus eine höhere Art des Schönen. Das Interessante für das 18. Jahrhundert bestand jedoch in der Möglichkeit einer Differenzierung zwischen dem Schönen und dem Erhabenen, die schon bei Addison auftritt und bei Burke weiterentwickelt wird, der damit ein antikes, bei Lukrez vorkommendes Motiv aufgreift: Er beschreibt die Gefühle eines Menschen, der vom sicheren Ufer aus nicht nur die stürmische See, sondern auch einen Schiffbruch erlebt und in dessen Gemüt sich Gefühle wie Mitleid, Schwermut und Entsetzen mit der Erleichterung darüber mischen, daß er selber nur Zuschauer ist, daß es also für ihn bloß ein tragisches Schauspiel ist. Sowohl dieses ‹Schauspiel› als auch die Gefühle, die es hervorruft, konnten ‹erhaben› genannt werden.

Für die Poesie, für die Ästhetik, ja für die Anthropologie wurde die Analyse dieser gemischten Empfindung, dieser negativen Lust, die man auf verschiedene Weise zu klären und zu erklären suchte, außerordentlich wichtig. Es geht dabei um eine ganze Skala von Empfindungen: Das Gefühl des Erhabenen ergreift den Menschen, der sich mit Schaudern vor dem Antlitz des alttestamentlichen Gottes stehen sieht, den die Psalmen Davids preisen und dessen allmächtiges Schöpfungswort schon Longinus erhaben genannt hatte. Das Erhabene ist jedoch, wie schon angedeutet, keinesfalls nur etwas, dem der Mensch bei der Begegnung mit etwas Höherem, Übersinnlichem gegenübersteht, es erwacht und behauptet sich auch in der Seele des Menschen in dem Erlebnis einer übermächtigen oder übergroßen physischen Natur. Haller schildert in seinem größten Gedicht solche Eindrücke und Empfindungen angesichts der Alpenwelt, während Kant feststellt, erhaben sei, «was schlechthinnig groß ist». Die Natur ist für ihn in denjenigen ihrer Erscheinungen erhaben, «deren Anschauung die Idee ihrer Unendlichkeit bei sich führt». Gerade ‹Unendlichkeit› wird zum Schlüsselbegriff, weil damit ein Transzendieren des Endlichen gegeben ist.

Die unermeßliche Größe und Kraft der Natur ruft nach dieser Auffassung im Betrachter ein lebhaftes Gefühl der Bedrohtheit der menschlichen Existenz hervor, ein Gefühl der Schwäche und Vergänglichkeit der *physischen* Existenz, aber auch etwas anderes: Besonders in Schillers Auslegung des Erhabenen ruft die Vernichtung oder Bedrohung dieser Existenz auch eine Überzeugung von der Unzerstörbarkeit der *sittlichen* Kraft des Menschen hervor, der auch im tragischen Konflikt den Untergang des physischen Menschen zu wählen vermag, um die moralische Integrität zu bewahren oder zu gewinnen. Der Mensch wird der Erhabenheit seiner Seele inne, im Erhabenen manifestiert sich die Überlegenheit des Geistes über die Materie, die sittliche Größe des an den Körper gefesselten Menschen: Die an die Welt der Erscheinungen gebundene harmonische Schönheit weicht der Würde des Geistes.

Am anderen Ende der Skala dieser Empfindungen, auf empfindsamer, weniger heroischer Ebene stehen die Gefühle, die in der englischen Friedhofsdichtung (Thomas Grays *Elegy on a Country Churchyard)* und in der wilderen ossianischen Schwermut zum Ausdruck kommen. In vielen Abhandlungen auch bei Klopstock und in der Dichtung des Hainbundes taucht die Mischung von süßer Erinnerung und Trauer über die verstorbenen Lieben auf, die Erkenntnis der Vergänglichkeit alles Schönen am herbstlichen Grabhügel des Freundes verbindet sich mit dem Ausblick in eine Ewigkeit, in welcher das irdisch Schöne in das himmlisch Erhabene übergeht. Das bei Longin ursprünglich Gemeinte ist sowohl in dieser Variante als auch bei Kant und Schiller in vieler Hinsicht ein anderes geworden und hat sehr deutlich das Gepräge des 18. Jahrhunderts angenommen. Die antike Tradition blieb jedoch durch diese wiederholte Lektüre und die neue Deutung der Quellen lebendig.

5. Die Grundlegung einer systematisch-philosophischen Ästhetik

a) Baumgarten

Alexander Gottlieb Baumgarten (1714–1762) ist kein Kritiker, sondern ein Ästhetiker, dessen Begriffe in die Kritik eingingen und zu ihrer Präzisierung beitrugen. Seine Hauptwerke sind *Meditationes philosophicae de nonnullis ad poema pertinentibus* (1735) und *Aesthetica* (1750), die der modernen Disziplin den Namen gegeben hat. Mit ihr wurde er der Begründer der Ästhetik als eines selbständigen Zweiges der Philosophie innerhalb der Leibniz-Wolffschen Schule, und auch Kant nannte ihn einen vortrefflichen «Analysten» und hat ihn im Unterricht herangezogen.

Baumgartens Ausgangspunkt ist, daß die Kunst selbst zwar keine deutliche, begriffliche Erkenntnis oder Rede ist oder sein soll, daß es sich jedoch mit der Rede über die Kunst anders verhält, wenn sie Wissenschaft oder Philosophie sein will. Er definiert diese Kunstwissenschaft als «scientia cognitionis sensitivae», aber auch als «ars pulcre cogitandi», so daß die Ästhetik ebenso wie die Logik Wissenschaft und Kunst zugleich ist, nämlich die Kunst zu dichten und gleichzeitig die Wissenschaft von der sinnlichen Erkenntnis. «Sensitivus» heißt hier somit nicht nur ‹sinnlich›, sondern bezeichnet die ‹klar-verworrene› Erkenntnis, d. h. alles, was unterhalb der philosophischen, d. h. ‹klar-deutlichen› Erkenntnis liegt (vgl. zur Terminologie den Abschnitt über ‹Geschmack›), und so kann Baumgarten das Gedicht als «oratio sensitiva perfecta» definieren, als eine vollkommene ‹sinnliche› Rede.

Die Ästhetik – aisthesis bedeutet sinnliche Wahrnehmung – erforscht diese nicht-philosophische Erkenntnis und kann auf dieser Basis die Gesetze formulieren, die das Wortkunstwerk erfüllen muß. An anderer Stelle heißt es: «Aesthetices finis est *perfectio* cognitionis sensitivae qua talis. Haec est *pulchritudo*.» Damit ist das Ziel der Ästhetik die Vollkommenheit der sinnlichen Erkenntnis als solcher, was dann wiederum als Schönheit definiert wird. Auch hier sind ein paar Momente kurz zu erläutern.

«Cognitio» bezeichnet nicht nur den Erkenntnisakt, sondern auch dessen Inhalt, bzw. den Ausdruck einer Vorstellung. Während in der Leibniz-Wolffschen Schule die deutliche (distincta), also philosophische Erkenntnis bisher als höher, und damit auch als vollkommener als die klare galt, so daß eine philosophische Dichtung logischerweise die vollkommenere hätte sein müssen, führte Baumgarten eine weitere und wichtige Distinktion ein: Es gibt auf der Stufe der Sinnlichkeit eine ihr eigentümliche Vollkommenheit, die nicht an ihrer mehr oder weniger ausgeprägten Nähe zur ‹deutlichen› Erkenntnis zu messen ist, entscheidend für die Vollkommenheit der sinnlichen Rede ist vielmehr ihr Reichtum an Sinnlichkeit.

In der zeitgenössischen Ästhetik wurde die Schönheit oft als die in Erscheinung tretende Vollkommenheit aufgefaßt, als Vollkommenheit, wie sie sich sinnlich darstellt. Baumgarten definiert dagegen die Schönheit als «perfectio phaenomenon», d. h. als Vollkommenheit der Erscheinung(en), nicht als die Erscheinung der Vollkommenheit. Auf diese Weise hört die Schönheit auf, eine immer unvollkommene, weil sinnliche Repräsentation der letzten Endes nur intelligiblen, nur dem Geist zugänglichen Vollkommenheit zu sein, und Baumgarten macht, indem er ein altes aristotelisches Motiv wieder aufnimmt, ausdrücklich darauf aufmerksam, daß Häßliches schön dargestellt werden kann. Damit löst er die Kunstschönheit von der oft vorhandenen Bindung an eine Naturschönheit, die sie vergeblich zu erreichen sucht, findet sie vielmehr nicht im Sujet, sondern in der Darstellung. In den posthum herausgegebenen Vorlesungsnotizen heißt es sogar: «Ich kann eine Sache groß denken, ohne auf ihre Sittlichkeit zu sehen und ohne an ihre Würdigkeit zu denken; und sie bleibt dennoch ästhetisch groß.» Damit hat er der Kunst einen eigenen, selbständigen Wert gegeben, nicht nur der philosophischen Erkenntnis gegenüber, sondern auch der Moral, und somit der Autonomieästhetik der Klassik vorgearbeitet.

Die Schönheit ist also keine himmlische, sondern eine irdische Angelegenheit und damit mit der sinnlichen Wahrnehmung und nicht mit dem Reich der platonischen Ideen verknüpft. Außerdem gehen die ästhetischen Urteile nicht aus einer Reihe deutlicher Prämissen hervor. Sie sind nicht logisch überprüfbar, was nicht heißt, daß sie rein subjektiv sind. Der analysierende Ästhetiker kann feststellen, daß für das Gebiet der ‹sinnlichen› Erkenntnis zwar nicht die Logik, die die Vernunftschlüsse kontrolliert, dafür aber ein «analogon rationis» zuständig ist, und er vermag weiter zu untersuchen, welche Voraussetzungen gegeben sein müssen, wenn sein Urteil positiv ausfallen soll.

Die meisten Bestimmungen der Kunstschönheit, die Baumgarten auflistet, stammen aus der traditionellen Poetologie, so vor allem ‹Harmonie› als Einheit in der Mannigfaltigkeit der klar zu perzipierenden Merkmale. Baumgarten dringt jedoch auch hier an mehreren Stellen zu neuen Erkenntnissen vor. Wenn der Reichtum an Merkmalen zur Schönheit beiträgt, wenn das Individuelle im Gegensatz zum Allgemeinen mehr Merkmale enthält, so tritt damit schon 1735 in den *Meditationes* eine dem Klassizismus widersprechende Forderung nach Individualität auf, die erst viel später von der Kritik erhoben werden sollte. Wenn die künstlerische Wahrheit sinnlich erkennbare, individuelle Wahrheit sein soll, so formuliert er damit auch eine ästhetische Forderung, die später noch nachdrücklicher ausgesprochen werden sollte.

b) Kant

Ähnlich wie Baumgarten ist Kant kein Kritiker, geht aber wie er von der Grundvoraussetzung aus, daß die Ästhetik eine eigenständige philosophische Disziplin sein muß, weil das Schöne weder ohne weiteres dem Wahren noch dem Guten zu- oder gar untergeordnet werden kann.

Kants Analyse fängt nicht mit dem Sein, sondern mit dem Bewußtsein an, das die Welt des Menschen strukturiert. Er definiert in den drei Kritiken die Grenzen der menschlichen Vermögen, deren Dreiteilung Moses Mendelssohn vorgeschlagen hatte: Das Erkenntnisvermögen bezieht sich auf das Wahre, das Begehrungsvermögen auf das Gute und das Billigungsvermögen auf die Gefühle, auf Lust und Unlust. Kants *Kritik der reinen Vernunft* behandelt die Erkenntnis, seine *Kritik der praktischen Vernunft* die Praxis, d.h. das Handeln, die Moral, während er in seiner *Kritik der Urteilskraft* u.a. die Möglichkeit ästhetischer Urteile und das Wesen des Genies untersucht.

Was das Geschmacksurteil betrifft, so steht Kant vor der Frage, ob es durch eine soziale Norm bedingt ist, ob es rein subjektiv ist oder ob es ein Verstandesurteil antizipiert, denn es beansprucht ja wie dieses allgemeine Gültigkeit. Kant definiert Geschmack als das Vermögen, die Schönheit auf

Basis eines Lust- oder Unlustgefühls zu beurteilen. Es bezieht sich also auf die Art und Weise, wie ein Subjekt etwas erlebt, auf seinen Gemütszustand, und ist in diesem Sinne subjektiv: «Was an der Vorstellung eines Objekts bloß subjektiv ist, d.i. ihre Beziehung auf das Subjekt, nicht auf den Gegenstand ausmacht, ist die ästhetische Beschaffenheit derselben.»

Kant ist jedoch nicht der Ansicht, daß der Geschmack bloß subjektiv in dem Sinne von individuell ist und daß keine Analyse der Voraussetzungen des Geschmacksurteiles gegeben werden kann. Schön ist etwas, wenn seine Gestalt gefällt, d.h. wenn sie für die Wahrnehmung zweckmäßig ist, ohne daß dabei ihre objektive Funktion eine Rolle spielt: «Schönheit ist Form der Zweckmäßigkeit eines Gegenstandes, sofern sie ohne Vorstellung eines Zweckes an ihm wahrgenommen wird.» Und weiter heißt es bei ihm: «Schön ist das, was ohne Begriff allgemein gefällt.»

Ein ästhetisches Urteil bezieht sich immer auf einen einzelnen Gegenstand, geht von ihm aus und bestimmt ihn, im jeweiligen Falle, als schön, was Kant ein reflektierendes Urteil nennt. Im Gegensatz zu der individuellen Empfindung, die sich auf etwas Kulinarisches oder sonst bloß Angenehmes bezieht, verbirgt sich in dem ästhetischen Urteil jedoch ein Anspruch auf Allgemeingültigkeit, so daß es sich mit einem Satz vergleichen läßt, der eine allgemein nachprüfbare Erkenntnis oder eine moralische Maxime ausdrückt. Diesen Anspruch stellt es, weil es ein «interesseloses Wohlgefallen» ausdrückt: Es stecken keine Begierden dahinter, kein Appetit soll befriedigt werden, man kann und muß den schönen Sonnenuntergang nicht besitzen. Da das bloß individuelle Interesse somit ausgeschaltet ist, kann postuliert werden, daß die Quelle des Urteils in der allgemeinen, uns allen gemeinsamen menschlichen Natur liegen muß. Es ist nicht nur ‹privat›, es ist prinzipiell von allen zu fällen, ist von allen nachvollziehbar. Selbstverständlich besitzen keineswegs alle die gleiche ästhetische Sensibilität, die auch ein Ergebnis der Anlagen, der Erziehung usw. ist, was aber Kant nicht stören kann: Wenn das Allgemeingültige durch zufällige Mängel des einzelnen nicht erkannt wird, bleibt der prinzipielle Anspruch doch bestehen. Es dreht sich bei dem zugrundeliegenden ästhetischen Erlebnis also keineswegs nur um ein bloßes Gefühl.

In der ästhetischen Wahrnehmung, in dem Wahrnehmen des Schönen, sind natürlich die Sinne und die Einbildungskraft tätig, aber auch der Verstand, der von der Einbildungskraft immer dazu aufgefordert wird, sich durch eine begriffliche Bestimmung der Perzeption Einheit zu verschaffen. Der Verstand bleibt aber bei der Anschauung, d.h. bei der wahrgenommenen formalen Zweckmäßigkeit, stehen und stößt nicht zu einem begrifflichen Erkennen vor; vielmehr findet ein freies Spiel zwischen den Seelenkräften statt, welches eine Lust, ein Wohlgefallen erregt, das auf der Harmonie der Vermögen beruht.

Die Schönheit ist also auch bei Kant nicht die sinnliche Erscheinungsform des Vollkommenen, sondern der Mensch macht die schöne Natur zum

Symbol des Guten, die große und wilde Natur zum Symbol des Erhabenen, der sittlichen Größe des Menschen. Die Natur ist also nicht das unaussprechlich Erhabene, sondern der Mensch projiziert es in sie hinein: Er produziert in dem freien Spiel der Seelenvermögen eine ästhetische Idee, d.h. eine Vorstellung der Einbildungskraft und der Vernunft bzw. des Verstandes, die in sich mehr zusammenfaßt und ausdrückt als jeglicher Begriff und somit das rein begriffliche Erkennen übersteigt. Dies beruht darauf, daß die Differenz zwischen den Begriffen, die der Verstand offeriert, und der Anschauung die Einbildungskraft immer neu ansetzen und das Spiel der Seelenkräfte nicht zur Ruhe kommen läßt.

Kants Genieauffassung liegt innerhalb der Grenzen des schon oben Dargestellten. Er zitiert das Sprichwort der ostpreußischen Bauern: «Das ist keine Kunst, es ist nur eine Wissenschaft», um den auch dem ‹gemeinen Mann› evidenten Abstand zwischen dem bloß Gelehrten und dem Genie zu bezeichnen, den er im Rahmen seines Denkansatzes folgendermaßen definiert:

«Genie ist das Talent (Naturgabe), welches der Kunst die Regel gibt. Da das Talent als angeborenes produktives Vermögen des Künstlers selbst zur Natur gehört, so könnte man sich auch so ausdrücken: Genie ist die angeborene Gemütslage (ingenium), durch welche die Natur der Kunst die Regel gibt.»

Das schöpferische Genie ist also eine Naturgabe, die nicht durch Fleiß erworben werden kann; sein Werk ist vor den Regeln da und die Kunst der Nachahmer bzw. der verschiedenen Schulen entwickelt sich auf der Basis der genialen Werke. An anderer Stelle hebt Kant wie Lessing hervor, daß das Genie unbewußt schafft und keine theoretische (deutliche) Erklärung seines Schaffens geben kann. Zusammen mit Lessing und Herder ist er keineswegs willens, der Generation der ‹Originalgenies› zu huldigen. Bei ihm wie bei Mendelssohn hat der Geschmack als Vertreter einer durch Bekanntschaft mit der künstlerischen Tradition erworbenen Sensibilität seine Funktion dem Originalen gegenüber. Das Genie ist zwar «ein Talent, dasjenige, wozu sich keine bestimmte Regel geben läßt, hervorzubringen», weshalb, so läßt sich schließen, «Originalität seine erste Eigenschaft sein müsse». Damit wäre Originalität das der Tradition völlig Inkommensurable, das an keinem Maßstab gemessen werden kann. Er fügt aber hinzu, daß, «da es auch originalen Unsinn geben kann, seine Produkte zugleich Muster, d.i. exemplarisch sein müssen; mithin anderen doch dazu, d.i. zum Richtmaße oder Regel der Beurteilung dienen müssen».

Ob die Werke dazu tauglich sind, hängt offenbar davon ab, ob sie in einen Traditionszusammenhang integriert werden können, d.h. es hängt von dem gebildeten Geschmack und von der produktiven Aneignung durch andere Künstler ab – anders ausgedrückt: Echte künstlerische Originalität ist traditionsbildend.

Kurz beschäftigt sich auch Kant mit der These, Kunst sei Nachahmung der

Natur; er hebt wie Johann Elias Schlegel die Differenz zwischen Wirklichkeits- und adäquater Fiktionserfahrung hervor, die Illusion und völlige Täuschung ausschließt und ein reflektierendes Kunsterlebnis verlangt. In Übereinstimmung mit seiner Geniedefinition kann er aber auch die Parallelität der Kunst- und Naturwerke unterstreichen und erinnert damit an Goethe. Zwar muß man sich immer bei einem Kunstwerk bewußt sein, daß es Kunst und nicht Natur ist, «aber doch muß die Zweckmäßigkeit in der Form desselben von allem Zwange willkürlicher Regeln so frei scheinen, als ob es ein Produkt der bloßen Natur sei ... die Natur war schön, wenn sie zugleich als Kunst aussah; und die Kunst kann nur schön genannt werden, wenn wir uns bewußt sind, sie sei Kunst, und sie uns doch als Natur erscheint.»

Das Erregende hierbei ist die Feststellung, erst die als ein Kunstwerk erscheinende Natur sei schön, womit die Naturschönheit von der Kunstschönheit abhängig wird und nicht umgekehrt, wie in vielen Spielarten der traditionelleren Mimesislehre. Mit dieser klaren Unterscheidung zwischen Natur- und Kunstschönheit, die weiter differenziert wird, verbindet er aber auch eine Erkenntnis der Gemeinsamkeit, die auf einer die Natur und den echten Künstler gleichermaßen umfassenden Schöpferkraft gründet. Auch hier formuliert Kant Einsichten, die ihn mit der Weimarer Klassik verbinden. Sie sollten ihre Fruchtbarkeit in detaillierten Analysen konkreter Kunstwerke beweisen.

III. GATTUNGEN

Gottscheds *Versuch einer critischen Dichtkunst* (4. Auflage, Leipzig 1751) wollte die traditionelle, von der Antike überlieferte Poetik auf der Basis der Philosophie Wolffs zu einer modernen normativen und systematischen Theorie ausbauen. Die aristotelische Poetik ist fragmentarisch überliefert und in vieler Hinsicht eher Dichtungslehre und empirische Bestandsaufnahme, da Aristoteles von einer Analyse der als wirksam und mustergültig empfundenen Epen, Tragödien und Komödien ausgeht. Sie stellt weder eine abgeschlossene Ästhetik noch eine abgerundete Gattungspoetik dar. Die vielfachen Versuche, die antiken poetologischen Ansätze zu systematisieren und zu harmonisieren, die in der Renaissance einsetzten, wurden in der zweiten Hälfte des 18. Jahrhunderts von einem im allgemeinen wieder mehr konkret-empirischen und nach und nach genetisch-historischen Verfahren abgelöst, wobei der Rückgriff auf Aristoteles selbst immer wichtiger wurde, vor allem bei Lessing.

Da Aristoteles nur Epos und Tragödie ausführlicher behandelt und die Lyrik nicht als Gattung definiert, bleibt bis über die Jahrhundertmitte hinaus und teilweise weit ins 19. Jahrhundert hinein ein Schwanken zu beobachten, ob die Dichtung nun in drei oder vier Hauptgattungen einzuteilen sei, während die Untergattungen oft ohne erkennbare Systematik aneinandergereiht werden. Der maßgebliche französische Theoretiker der Epoche war Batteux, der sich auf eine Dreiteilung zubewegt, aber noch seine deutschen Übersetzer Johann Adolf Schlegel und Karl Wilhelm Ramler sowie Wieland und Eschenburg diskutieren die Beibehaltung der didaktischen Poesie als einer vierten Gattung. Auch Herder schwankt. Die triadische Einteilung kennt er natürlich und bezieht sie mehr oder weniger klar auf Vergangenheit (Epos), Gegenwart (Drama) und «Entzückung», d.h. Zeitenthobenheit, in der Lyrik (Suphan IV, 194). Daneben erwägt er aus historischen Gründen die Beibehaltung der «schlechthin lehrenden Poesie» (XV, 558) im Gattungssystem. Er erwägt sogar, die Gattungen auf die Lebensalter des Menschen zu beziehen: der entzückte Jüngling schreibt Oden, darauf folgt die Zeit der dramatischen Affekte. Der Periode der epischen Ergötzung schließt sich dann das betrachtende Alter an, in dem er Lehrgedichte verfaßt (Suphan XXXII, 75).

Maßgeblich für die spätere Entwicklung der Gattungen wurde die Dreiteilung, wie sie Goethe in den *Noten und Abhandlungen zu besserem Verständnis des west-östlichen Divans* klassisch formuliert:

«Es gibt nur drei echte Naturformen der Poesie: die klar erzählende, die enthusiastisch aufgeregte und die persönlich handelnde: *Epos, Lyrik und Drama.* Diese drei Dichtweisen können zusammen oder abgesondert wirken. In dem kleinsten Gedicht findet man sie oft beisammen, und sie bringen eben durch diese Vereinigung im engsten Raum das herrlichste Gebild hervor, wie wir an den schätzenswertesten Balladen aller Völker deutlich gewahr werden. Im ältesten griechischen Trauerspiel sehen wir sie gleichfalls alle drei verbunden, und erst in einer gewissen Zeitfolge sondern sie sich» (HA II, 187f.).

Goethe grenzte das Lehrgedicht als Gattung also aus, und obwohl die literarische Wirklichkeit vielfältiger blieb, wurde die Trias von der Ästhetik des deutschen Idealismus übernommen und immer wieder neu begründet. Der letzte, in der Nachkriegszeit sehr erfolgreiche Versuch war wohl der von Emil Staiger, der in seinem Buch *Grundbegriffe der Poetik* (1946) meinte, die Frage nach dem Wesen der Gattungen führe auf die Frage nach dem Wesen des Menschen, so daß «aus der Fundamentalpoetik ein Beitrag der Literaturwissenschaft an die philosophische Anthropologie wird» (Einleitung). Auf der Basis der Philosophie Heideggers wird aus der «Zeitlichkeit» bzw. Zeiterfahrung des Menschen gefolgert: «Das lyrische Dasein erinnert, das epische vergegenwärtigt, das dramatische entwirft.»

Bescheidener im äußeren Anspruch, aber literaturgeschichtlich ergiebiger waren die späteren Versuche von mehr literatur-, sozial- und rezeptionsgeschichtlich orientierten Forschern wie F. Sengle *(Vorschläge zur Reform der literarischen Formenlehre,* 2. Aufl. 1969*)*, Jauß, Klaus Scherpe, Georg Jäger u. a., der vielfältigen literarischen Wirklichkeit näherzukommen. Diese Forschungen haben auf sehr unterschiedliche Weise das Gattungsgefüge nicht nur apriorisch, systematisch oder immanent, sondern auch seine spezifische Abhängigkeit von der sich entwickelnden literarischen Öffentlichkeit beschrieben.

Der Stellenwert der Gattungen bleibt natürlich von der immer noch andauernden Autorität der antiken Poetik bestimmt, aber es ist deutlich, daß Verschiebungen stattfinden und Mischgattungen entstehen. Auch sind Spannungen zwischen dem traditionellen Rang einer Gattung und ihrer zeitgenössischen Bedeutung klar erkennbar. Diese Prozesse sind natürlich nicht nur auf Innovationsbestrebungen der Autoren zurückzuführen, sondern auch auf Wünsche und Bedürfnisse des neuen Publikums. Die Gattungen hat man als eine Art von «Institutionen» beschrieben, die ihre Entstehung, Existenz sowie ihren Verfall der Befriedigung oder Nicht-Befriedigung solcher Bedürfnisse verdanken. So läßt sich unschwer feststellen, daß sich viele deutsche Dichter in der zweiten Hälfte des 18. Jahrhunderts noch um das ‹Heldengedicht›, das große Nationalepos, bemühen, während das breitere Publikum sich vor allem für den neuen Roman interessiert, der sich dann schließlich als die wichtigste moderne Gattung durchsetzt – nicht nur wegen der sowohl für Autor als Verleger wichtigen Verkaufszahlen, sondern weil er wesentlichere Probleme des Zeitalters erörtert. Es handelt sich dabei nicht um abenteuerliche Robinsonaden oder um den alten galanten Roman, sondern um den «Roman für den denkenden Kopf» (Lessing über Wielands *Agathon*), den Bildungsroman, der die Probleme der sich bewußt werdenden Subjektivität aufnimmt. Gleichzeitig fällt das Fehlen eines ernstzunehmenden utopischen Romans in Deutschland auf, während Wieland noch mit einem allerdings sehr skeptischen Fürstenspiegel Erfolg hat, und in *Agathon* das Scheitern des Helden an der politischen Wirklichkeit schildert.

Solche Entwicklungen gibt es aber nicht nur auf dem Gebiet der epischen Dichtung. Ebenso einschneidend sind die Veränderungen auf dem Gebiet der Lyrik, wo die ‹hohe› Ode Klopstocks, die volkstümliche Balladendichtung und die ‹Erlebnislyrik› Goethes entstehen. Im Drama liegen die Verhältnisse ähnlich: Das ‹weinerliche› Lustspiel und das ‹bürgerliche› Trauerspiel waren nach den Regeln der überkommenen Poetik unzulässige Mischgattungen. Das Publikum dagegen akzeptierte, ja begrüßte die Normverletzungen, weil es im ‹bürgerlichen› Trauerspiel, dessen Erfolg an den Tränen des Publikums zu messen war, den unterdrückten Zustand des Bürgers wiedererkennen konnte; die Darstellung der stark emotionalisierten familiären Bindungen, mit denen der Zuschauer sich identifizierte, hatte zweifelsohne eine kompensatorische Funktion, denn mit dem öffentlich-staatlichen Zustand war zunächst nur eine sehr zaghafte Auseinandersetzung möglich. Der Bürger war noch kein handelnder Held, auch nicht im theatralischen Sinne.

Die Gattungen waren also durchaus in Bewegung, hatten aber gleichwohl einen ganz anderen Status als heute. Kein Literaturkritiker könnte gegenwärtig seine Werturteile mit Hinweisen auf Gattungen und Gattungsgesetze begründen. Die normative Gattunspoetik wurde schon im Sturm und Drang durch die Forderung nach dem Charakteristischen an Stelle des Schönen stark angeschlagen, und obwohl das Schöne und die klaren Gattungsunterschiede in der Klassik wieder restauriert wurden, verlor die Poetik während der poetischen Revolution der Romantik vollends ihren präskriptiven Charakter: In allen poetischen Formen und deren Mischungen durfte sich die romantische Individualität äußern, was keineswegs bedeutete, daß die Romantiker nicht formbewußt waren. Sie wollten mit den Formen spielen und in diesem Spiel den modernen, d.h. mittelalterlich-romantischen Geist dem antikklassischen gegenüberstellen. So konnte das Drama für Friedrich Schlegel die Grundlage des Romans werden, konnten sich Fiktion und Kritik in Wackenroders und Tiecks *Herzensergießungen eines kunstliebenden Klosterbruders* mischen. In der hier behandelten Periode war das sich entwickelnde und modifizierte Gattungsgefüge jedoch im Bewußtsein sowohl der Autoren als auch des Publikums für den ‹Erwartungshorizont› noch durchaus konstituierend. Auch die hierarchische Rangordnung der Gattungen hatte ihre Gültigkeit keineswegs verloren.

1. Epische Dichtungen

Das Nationalepos

Über das ‹Heldengedicht› heißt es noch in der vierten Auflage (1751) von Gottscheds *Versuch einer critischen Dichtkunst (II. Theil, I. Abschnitt, IV. Hauptstück, I.):*

«Nunmehr kommen wir an das rechte Hauptwerk und Meisterstück der ganzen Poesie, ich meine an die Epopee, oder an das Heldengedicht. Homer ist, so viel wir wissen, der allererste, der dergleichen Werk unternommen, und mit solchem Glücke, oder vielmehr mit solcher Geschicklichkeit ausgeführet hat; daß er bis auf den heutigen Tag den Beyfall aller Verständigen verdienet hat, und allen seinen Nachfolgern zum Muster vorgeleget wird. So groß die Menge der Poeten unter Griechen und Lateinern, Italienern, Franzosen, Engelländern und Deutschen gewesen: so klein ist nichtsdestoweniger die Anzahl derer geblieben, die sich gewagt haben, ein solches Heldengedicht zu schreiben. Und unter zehn oder zwanzigen, die etwa innerhalb drey tausend Jahren solches versuchet haben, ist es kaum fünfen oder sechsen damit gelungen: woraus denn die Schwierigkeit eines so wichtigen poetischen Werkes sattsam erhellen kann.»

Bei Gottsched ist das Epos also vor allem das Nationalepos, das große patriotische Gedicht, das jedes Volk gern besitzen möchte. Das unerreichbare Vorbild bleibt dabei Homer, dem man vor dem Aufkommen des Historismus prinzipiell noch nacheifern kann und muß – allerdings im Bewußtsein der ungeheuren Schwierigkeit dieser dichterischen Aufgabe. Die Taten Hermanns des Cheruskers werden besungen sowie die Kriege Karls XII. oder Friedrichs des Großen. Leider müssen wir aber feststellen, daß das große deutsche Nationalepos trotz der produktiven Kritik und der literarischen Schützenhilfe Gottscheds nicht zustande kam. Alle Versuche, eine *Theresias* (1746, Franz Freiherr von Seyb), einen *Hermann oder das befreyte Deutschland* (1751, Otto Freiherr von Schönaich), einen weiteren *Hermann* (1751, Fragment) und einen *Cyrus* (1758), beide von C. M. Wieland, zu schaffen, mißlangen aus verschiedenen Gründen. Empfindsam pries der Offizier Ewald von Kleist Freundschaft und Todesverachtung in seinem Epos *Cissides und Paches. In drey Gesängen vom Verfasser des Frühlings*, aber noch 1794 wollte Daniel Jenisch eine eher traditionelle *Borussias* schaffen, die ebenso wenig gelang wie Johann Ladislav Pyrkers epigonale Heldengedichte *Tunisias* (1820) und *Rudolph von Habsburg* (1825). Auch Goethes *Achilleis* (1798/99) blieb Fragment.

Die Ohnmacht so vieler ehrgeiziger Poeten vor der Epopöe läßt sich wohl kaum mit Gottsched allein auf das so selten auftretende epische Vermögen zurückführen, sondern eher darauf, daß diese Gattung nicht mehr zeitgemäß realisiert werden konnte. Die spätere Theorie hat jedenfalls das Versagen der

Poeten vor dem Heldengedicht überwiegend geschichtsphilosophisch erklärt. G. Lukács formuliert in seiner *Theorie des Romans* (1916) seine These folgendermaßen:

«Epopöe und Roman, die beiden Objektivationen der großen Epik, trennen sich nicht nach den gestaltenden Gesinnungen, sondern nach den geschichtsphilosophischen Gegebenheiten, die sie zur Gestaltung vorfinden. Der Roman ist die Epopöe eines Zeitalters, für das die extensive Totalität des Lebens nicht mehr sinnfällig gegeben ist, für das die Lebensimmanenz des Sinnes zum Problem geworden ist, und das dennoch die Gesinnung zur Totalität hat. [...] Die Epopöe gestaltet eine von sich aus geschlossene Lebenstotalität, der Roman sucht gestaltend die verborgene Totalität des Lebens aufzudecken und aufzubauen» (Kap. 3).

Eine «geschlossene Lebenstotalität», eine für alle gültige Weltordnung, gab es Ende des 18. Jahrhunderts längst nicht mehr. Die mythisch verankerten typenhaften Helden und Könige Homers konnten kein Vorbild mehr für die Schilderung der Taten und des Charakters des preußischen Königs abgeben. Eine mythologische Erklärung und Überhöhung der politischen Erfolge Friedrichs durch einen Ratschluß der Götter und ihr Eingreifen in die Schlachten verbot sich. Wie schon Voltaire in der Vorrede zu seiner *Henriade* (1723) feststellt, setzt die Mythologie eine nicht mehr vorhandene Naivität voraus – oder sie degeneriert zur unverbindlichen poetischen Maschinerie. Die Politik der Könige ist nach Voltaire schon seit der römischen Antike und erst recht in moderner Zeit so wichtig, daß sie analysiert und nicht mythologisiert werden muß.

Klopstock und die Patriarchaden

Da das Epos trotz dieser Schwierigkeiten poetologisch gesehen die große Herausforderung für die deutsche Literatur blieb, versuchten die Dichter, allen voran Klopstock, andere Wege zu gehen. Mit Miltons *Paradise Lost* (1660) hatten die Engländer ein biblisches Epos erhalten, das den griechischen und römischen Nationalepen ebenbürtig, wenn nicht gar überlegen war, weil es nicht vom Ursprung eines Volkes, sondern von dem der ganzen Menschheit handelte. Klopstock eiferte Milton nach, indem er mit seinem Epos *Messias* die Erlösung der gesamten Menschheit durch einen göttlichen Helden besang. Fabel und Thema des Gedichtes stuften es über das Nationalepos ein, und Klopstock kam außerdem dem Zeitgeschmack mit seiner subjektiv-gefühlvollen Religiosität entgegen. Sie verband die weltbürgerlich-philanthropische Haltung der Spätaufklärung mit einer empfindsamen Frömmigkeit, die es dem Publikum ermöglichte, das Werk als poetisches Erbauungsbuch, ja fast wie die «heilige Poesie der Hebräer» (Lowth) in wiederholter, andachtsvoller Lektüre aufzunehmen.

Gottsched verwarf als Vertreter einer älteren, klassizistisch-französisch orientieren Aufklärung dieses Werk mit seinem Gefühlsüberschwang und seinen kühnen sprachlichen Neubildungen, die sein Schüler Christoph Otto von Schönaich in dem Werk *Die ganze Aesthetik in einer Nuß, oder Neologisches Wörterbuch; als ein sicherer Kunstgriff, in vierundzwanzig Stunden ein geistvoller Dichter und Redner zu werden, und sich über alle schale und hirnlose Reimer zu schwingen* (1754) heftig angriff. Der Titel zeigt die Fronten auf und macht den Versuch deutlich, Klopstock als einen neuerstandenen Barockdichter zu diffamieren, dessen Sprachkunst als bloße Rhetorik erlernbar ist wie diejenige in Harsdörffers *Poetischem Trichter*.

Gottscheds alter Gegner Bodmer hatte schon 1723/24 eine Prosaübersetzung des *Paradise Lost* verfertigt, die aber wegen theologischer Bedenken der Zensur erst 1732 veröffentlicht werden konnte. So erschien erst 1754 eine Versübersetzung von seiner Hand. Er hatte aber schon 1750 selber *Noah, ein Heldengedicht* geschrieben, das erste einer ganzen Reihe solcher alttestamentlicher Gedichte, meist epischer Art: *Jacob und Joseph* (1751); *Die Synd-Flut* (1751); *Jacob und Rachel* (1752); *Dina und Sichem* (1753); *Joseph und Zulika* (1753); *Jacobs Wiederkunft von Haran* (1753); *Der erkannte Joseph und der keusche Joseph. Zwei tragische Stücke* (1754).

Diese Fließbandproduktion ermunterte andere: C. N. Naumann schrieb einen *Nimrod* (1753), Wieland den *Geprüften Abraham* (1753), Salomon Gessner das Prosaepos *Der Tod Abels* (1758), Lavater *Abraham und Isaak* (1776) und das neutestamentliche Epos *Joseph von Arimathia* (1795). Lavater versuchte sogar, es Klopstock mit einem *Jesus Messias* (1781–86) gleichzutun. Zwar war die dichterische Behandlung der göttlichen Offenbarung nicht unproblematisch, aber besonders die alttestamentliche Patriarchenzeit ermöglichte eine «glaubwürdige» Mythologie, eine im poetologischen Sinne ‹wunderbare› Welt von Engeln und Teufeln, die den morgenländischen Helden so poetisch und plastisch beistehen wie die griechischen Götter den homerischen Helden. Von Gessner und Wieland abgesehen versuchten sich aber keine begabten Dichter in der so prononciert von Bodmer und seiner Schule belegten Gattung, so war diese Mode noch kurzlebiger als die bardisch-skaldische. Diese Patriarchaden sind mit ihrer morgenländischen Gelehrsamkeit und Staffage letzten Endes auch ganz anders als das Epos Klopstocks, das, oft genug handlungsarm und unanschaulich, doch aus einem religiösen Subjektivismus und einer empfindsamen Frömmigkeit lebte, das dem nüchternen Bodmer fremd blieb.

Die Idylle

Während das biblische Epos gewissermaßen das nicht mehr mögliche nationale Epos hinter oder unter sich ließ, gab es auch noch andere Möglichkeiten, sich produktiv zu einer Tradition zu verhalten, deren Gültigkeit eigentlich schon erschüttert war. Man konnte in die ebenso traditionelle Form des komischen Epos ausweichen, das noch zu behandeln ist, oder in die kleine Form der Idylle, die in dieser Zeit eine Blüte erlebte und mannigfaltige Formen entwickelte.

Als Gattung ist die Idylle schwer zu definieren. Sowohl Gottsched als auch Sulzer in seiner *Allgemeinen Theorie der schönen Künste* (1771–74) behandeln die Idylle zusammen mit der Schäfer- oder Hirtendichtung. Schäferliches gibt es zwar in vielen Gattungen, aber diese Zuordnung impliziert, was sehr wichtig ist, die Abgehobenheit der Idylle von der zeitgenössischen gesellschaftlichen Wirklichkeit als konstitutivem Moment. Die heutigen Schäfer oder Bauern sind, so stellt Gottsched fest, «mehrentheils armselige, gedrückte oder geplagte Leute». Darüber hinaus «herrschen unter ihnen schon so viel Laster, daß man sie nicht mehr als Muster der Tugend aufführen kann». Man kann aber zu einer Bestimmung der in der Geschichte der Gattung wirksamen Momente gelangen und «sie dahin zusammenfassen, daß diese Gattung einen abgegrenzten Raum beschreibt, in dem sich Grundformen menschlicher Existenz verwirklichen. [...] Daß diese Grundformen aber nur in einem beschränkten, aus den Bewegungen der Geschichte ausgesparten Raum als möglich gedacht werden, scheidet die Idylle von der Utopie, welche die Totalität der entwickelten und differenzierten menschlichen Existenz in eine ideale Ordnung bringen möchte» (Renate Böschenstein). In unserem Zusammenhang ist natürlich hinzuzufügen, daß diese Beschränkung den Dichter auch von dem Totalitätsanspruch des Heldengedichts entlastet, daß einige Spielarten aber sehr wohl die Bedrohung durch die Geschichte thematisieren können.

Eine Art Idylle ist Ewald von Kleists (1715–1759) berühmtes, in Hexametern geschriebenes Gedicht *Der Frühling* (1749), das unter dem Eindruck von Thomsons *The Seasons* (1730) geschrieben worden war und übrigens Fragment blieb. Die Natur ist friedlich, das Leben des Bauern in ihr ist harmonisch, aber der Dichter sieht das Idyll in der von Gott geschaffenen Natur durch den von Menschen immer wieder entfachten Krieg bedroht und versucht, ihn durch eine Mahnung an die Fürsten zu beschwören. Aus der Anschauung der friedlichen Gottesnatur erwächst jedoch auch der utopische Traum von einer glücklichen Welt, wie sie nach dem Willen Gottes hätte sein sollen. Nicht nur die Bibel, sondern auch und im eminenten Sinn die Natur ist Ort der Offenbarung eines gütigen Gottes geworden und damit Gegenbild zur ungerechten Gesellschaft. Gott spricht durch seine Schöpfung, durch Gewitter, Regen und Sonne, und der Dichter will dort, in der Natur, begraben werden, wo Gottes Güte und Allmacht sich ihm offenbarten.

Ewald v. Kleists Familie war verarmt, und so mußte er mehr oder weniger notgedrungen die Offizierslaufbahn wählen, die ihm nicht zusagte. Er stand in dänischen und preußischen Diensten, war 1752–53 preußischer Werbeoffizier in der Schweiz und lernte hier Bodmer, Breitinger und Gessner kennen. In Leipzig schloß er Bekanntschaft mit Lessing und wurde das Vorbild für dessen Major v. Tellheim in *Minna von*

Barnhelm. Neben anakreontischen und patriotischen Gedichten verfaßte er das Epos *Cissides und Paches*; sein größter Erfolg war jedoch *Der Frühling*, in welchem sich wie bei Klopstock und vielen Hainbündlern ein neues inniges Naturgefühl Bahn bricht. Kleist wurde in der Schlacht bei Kunersdorf schwer verwundet und starb an seinen Verletzungen.

Die moderne Idylle im engeren Sinne entwickelt sich mit Gessner, Voß und Maler Müller. Unerreichtes Vorbild in den Augen der Zeitgenossen, nicht nur in Deutschland, sondern in ganz Europa, wurde aber zweifelsohne Salomon Gessner (1730–1788) mit seinen *Idyllen* (1756), die ein antik eingekleidetes, ideales, tugendhaftes, einfaches und empfindsam getöntes Leben schildern. Sie hatten einen immensen Erfolg, wurden in fast alle europäischen Sprachen übersetzt und begeisterten Turgot, Diderot, Rousseau, Wieland, Winckelmann, Lavater und viele andere – und wurden schon von Hegel als so langweilig abqualifiziert, «daß ihn wohl niemand heutigentags mehr liest». Dem modernen Leser wird der Erfolg vielleicht verständlicher, wenn er neben dem Idyllendichter auch den Maler Gessner studiert, obwohl – oder weil – Gessner vom Sturm und Drang vorgeworfen wurde, er sei tatsächlich nur ein malender Dichter, d. h. seinen Personen fehle Empfindung, seinen Szenen Handlung, seine Menschen seien bloße Staffage der Landschaftsgemälde. Auch nach Lessings Richterspruch über die malende Poesie in *Laokoon* hielt Gessner an dem Satz «ut pictura poesis» im alten Sinne fest, und eben deswegen sollte der moderne Leser sich seine Gemälde und Illustrationen anschauen, die ja zeigen, wie betörend schön man sich die pastorale Landschaft vorzustellen hat.

Salomon Gessner, in Zürich geboren, war Patriziersohn, der Vater Buchhändler. Im Gymnasium versagte er, wurde 1749 nach Berlin geschickt, um in der Spenerschen Buchhandlung eine Ausbildung zu erhalten. Er beschäftigte sich aber mehr mit Malerei, Kupferstecherei und Literatur und lernte den dort lebenden, aber in Zürich geborenen Ästhetiker J. G. Sulzer (1720–1779) sowie den Dichter Karl Wilhelm Ramler kennen. Auf der Rückreise in die Schweiz besuchte er Hagedorn und Gleim. In Zürich lebte er als Dichter, Graphiker und Verleger und war befreundet mit Ewald v. Kleist, Wieland, Bodmer, Breitinger und Hirzel. 1754 verfaßte er den von Bodmer geschätzten Schäferroman *Daphnis*, außerdem Gedichte und Briefe über die Landschaftsmalerei, aber vor allen Dingen die *Idyllen*, die ihn zu einer europäischen Berühmtheit machten. Gessner übernahm später das Geschäft des Vaters, beteiligte sich an einer Porzellanfabrik, wurde Mitglied des Großen und nachher des Kleinen Rates und zuletzt noch Aufseher des Sihlwaldes, dessen Forsthaus die Familie in den Sommermonaten als «romantische Einsiedeley» bewohnte.

Gessners Leben war das eines erfolgreichen Patriziers, und die Forschung hat sich mit den Zeitgenossen darüber gewundert, daß gerade er der *Sehnsucht* der Zeit nach einem einfachen Leben in Harmonie mit der Natur Ausdruck geben konnte, da er doch ein solches Leben anscheinend selbst führen konnte. Allerdings wird bald klar, daß er wie Gottsched den sentimentalischen Charakter der Schäfergedichte deutlich sah und jeden Einbruch der zeitgenössischen bäuerlichen Volkskunst in die poetische Sphäre abwehrte.

Das Realistische in seinen Idyllen liegt nicht in den Personen und ihren Lebensumständen – Gessner hält vielmehr stilisierend an der Antike fest –, sondern in ihren Empfindungen, in ihrem modernen Naturerlebnis. Es waren die Empfindungen der zeitgenössischen Stadtbewohner und Intellektuellen, die in die Natur flohen und dort selige Stunden erlebten, welche er in die Kindheit des menschlichen Geschlechts zurückprojizieren konnte, weil er mit seiner Zeit der Überzeugung war, daß die Natur und der empfindende Mensch sich ewig gleichbleiben. Gessner wußte um den «sentimentalischen» Charakter schon der antiken Pastoraldichtung. Schon Theokrit hatte, vielleicht weniger als der Schweizer, seine Hirten idealisiert, aber nach Sulzer ist gerade die Schilderung des arkadischen Landlebens in diesen Idyllen wegen eines gewissen, nicht zu weit getriebenen Realismus dichterisch besonders gelungen:

«[...] seine Hirten haben noch Beschwerlichkeiten und Mühe zu ertragen, sie haben noch Arbeiten zu verrichten, sie leiden noch Unbequemlichkeiten, u.d.m. ob sie gleich alles dieses ertragen, verrichten, leiden, wie dichterische Landmenschen. Und hieraus ist seinen Idyllen ein anderer Vortheil zugewachsen; sie sind einmahl dadurch mannichfaltiger geworden, und zweytens hat es dem Dichter Gelegenheit gegeben, auch die sittliche Denkart des Hirten zu schildern, und ihn nicht blos von der Seite der eigentlichen Zärtlichkeit des Herzens zu zeigen: Umstände, welche der Ermüdung des Lesers wehren und die Täuschung außerordentlich befördern.»

Der moderne Leser mag auch seine Schwierigkeiten haben, die sittlichen Konflikte der Hirten ernst zu nehmen, aber die Forschung hat gezeigt, daß Gessner, der sonst jede Aggression aus seiner Welt verbannt, in dem von Bodmer ‹bestellten› Epos *Der Tod Abels* nicht nur den ersten Mord in der patriarchalischen Welt schildert, sondern auf unterschwellige Weise die mythologische bzw. dogmatische Erklärung durch eine psychologische ersetzt, die nicht nur den Vater Adam, sondern auch Gottvater an dem Totschlag mitverantwortlich werden läßt. In den eigentlichen Idyllen ist das Leben der kleinen Gemeinschaften, die «frey von allen den Sclavischen Verhältnissen» (Vorrede) sind, nicht von innen, höchstens von außen bedroht. Sie stellen somit letzten Endes doch Ausnahmen dar, haben – wie auch die Utopien – etwas prinzipiell Inselhaftes und beinhalten wie diese in der Schilderung der freien Gesellschaft vor der Entstehung des eigentlichen Staates eine regulative Idee. Am nächsten kommen sich die beiden Gattungen in F. L. Stolbergs Roman *Die Insel* (1788).

Dieser Roman enthält in seinem zweiten Buch mehrere Prosa- und Hexameteridyllen, die die Dichtung der erträumten utopischen Insel antizipieren. Der Ausgangspunkt ist die Gegenwart, ist Überdruß an und Flucht aus der zeitgenössischen Welt der politischen Intrigen, aber nicht so handfest wie in Schnabels *Wunderliche Fata*. Eine Gruppe gebildeter Mitglieder der gehobenen Gesellschaftsschicht hat sich aus der Welt zurückgezogen und träumt auf einer kleinen Donauinsel den Traum von der harmonischen, pastoralen

Gesellschaft, in welcher man einem Engländer zu verstehen gibt, daß man nicht wie Robinson Crusoe die Insel als Exil und später als Kolonie betrachtet; vielmehr ist es so, «daß allen Umgang mit Fremden zu meiden, keine Art des Handels zu treiben, kein Geschenk anzunehmen, den Gebrauch des Geldes zu verabscheuen, heilige Sitte unsers Volkes sei». Die Utopie ist wie so oft eine Rückkehr zur frühen goldenen Zeit, aber das einfache Leben, die ‹Einfalt›, ist nicht der natürliche, ursprüngliche Zustand wie in der Idylle, sondern muß durch eine strenge Auslese gesichert werden:

«Daß wir keinen, den die Verzweiflung, Armuth, Mangel an irgend einem Gut oder Scheingut zu uns führten, mit uns nähmen, versteht sich von selbst.

Und von selbst auch, daß wir keinen, der nicht wahrhaftig edel, weise und ein Christ wäre, annehmen wollten. Ein Vorsatz, welchen auch die neumodischen Tolerantisten nicht mit ihrer gewöhnlichen bittern Untoleranz anklügeln dürften.»

Der fromme Graf ist rigoroser als Schnabel, der auch Unglückliche auf seine Insel aufnahm, wenn sie nur lutherisch waren. Der Klopstockschüler geht noch weiter: Um das einfache und lautere Leben der zur Idylle Zurückgekehrten zu sichern, bricht man auch die geistige Verbindung mit der europäischen Gegenwart und Vergangenheit ab. Sie lesen, auf der Insel angekommen, zuletzt noch Miltons *Paradise Lost* und verbrennen dann alle mitgebrachten Schriftsteller, die «unserm Völkchen der Einfalt unnütz ja gefährlich wären». Stolbergs Sophron ist radikaler als Platon, und sowohl seine Argumentation als auch seine Metaphorik verraten den völlig «sentimentalischen» Charakter des utopisch-idyllischen Entwurfs, der sich hier bewußt von Defoe, Schnabel und vielleicht auch Bacon *(Nova Atlantis)* absetzt, die auf Wissen und Kultur nicht verzichten wollen. Sophron will die Rückkehr in einen ewigen, geschichtslosen Ursprungsmorgen:

«Wir wollen weder eine allgemeine Akademie von Gelehrten, noch drükkende Ungleichheit. Einfalt, Unschuld, Glückseligkeit und Freiheit, sind unsre Schutzgöttinnen, welche Opfer erfordern, die uns nicht zu theuer scheinen müssen. Sonst blieben wir lieber hier. Wollen wir reisen, so müssen wir viele Kenntnisse mit uns aussterben lassen, wie ein Licht, das uns geleuchtet hat, den Morgen auslöschen, damit es unser Haus nicht anzünde.»

Die realistische Idylle: Müller und Voß

In *Dichtung und Wahrheit* kritisiert Goethe das Überhandnehmen der Idyllen und meint, bei aller Anmut und «kindlicher Herzlichkeit» verführe das «Charakterlose» der Kunst Gessners zur Nachahmung. Herder äußert sich ebenso kritisch in seiner Abhandlung *Theokrit und Gessner*. Den Gegenentwurf schufen zwei Dichter aus der Unterschicht, in deren Wirken nicht nur Wirklichkeitsnähe, sondern auch sozialer Protest zu finden ist.

Friedrich (genannt Maler) Müller (1749–1825) war der Sohn eines Bäckers und Gastwirts und mußte das Gymnasium vorzeitig verlassen, weil der Vater starb. Er ging bei dem Hofmaler K. Manlich in Zweibrücken in die Lehre und wurde später Kupferstecher. 1774 zog er nach Mannheim, wo er Klinger, Merck, Goethe und v. Dalberg kennenlernte, Mitglied der «Deutschen Gesellschaft» wurde und an dem «Göttinger Musenalmanach» beteiligt war. Nachdem er 1777 zum kurfürstlichen Kunstmaler ernannt worden war, ging er ein Jahr später mit Unterstützung des Hofes und Goethes nach Rom, um sich als Maler weiterzubilden. Dort geriet er in finanzielle Schwierigkeiten und mußte sich u. a. als Fremdenführer ernähren. 1780 konvertierte er zum Katholizismus und wurde 1798 aus Rom wegen antirepublikanischer Tätigkeit verbannt. Er kehrte heimlich zurück, wurde 1805 von dem bayerischen Kronprinzen zum Hofmaler ernannt und bezog von ihm eine Pension.

Maler Müller schrieb Balladen und Volksliedhaftes und versuchte sich an dem großen Thema der Sturm-und-Drang-Periode: *Fausts Leben dramatisiert* (1778). Einen größeren Erfolg hatten jedoch seine klassischen, deutschen und auch biblischen Idyllen: *Bacchidon und Milon, eine Idylle nebst einem Gesang auf die Geburt des Bacchus, von einem jungen Mahler* (1775), *Der Satyr Mopsus, eine Idylle in drey Gesängen. Von einem jungen Mahler* (1775), *Die Schaaf-Schur, eine Pfälzische Idylle* (1775), *Das Nußkernen* (1776) und *Adams erstes Erwachen und erste selige Nächte* (1778). Müller verwirft mit scharfen Worten die Stilisierung in den Idyllen Gessners und gibt in seinen eigenen Idyllen eine weit lebhaftere Schilderung der Sinnlichkeit, ja sogar der Triebhaftigkeit der nicht mehr sanft-unschuldigen menschlichen Natur. In den biblischen Idyllen – er hat auch einen *Erschlagenen Abel* geschrieben – wird vielmehr die fundamentale Tragik des menschlichen Geschlechts und seiner Ursprungsgeschichte schon in der ersten Familie offenbar. In den deutschen Idyllen wird nicht nur die soziale Umwelt recht klar beschrieben, sondern darüber hinaus ist eine Individualisierung spürbar. Die Idylle ist bei Maler Müller nicht mehr zeit- und raumenthoben. Gleichzeitig ist der Mensch nicht in der Natur, er *ist* Natur.

Voß, der Enkel eines Leibeigenen, findet in seinen frühen Idyllen noch schärfere Töne. Unter dem Titel *Die Leibeigenschaft* veröffentlichte er 1776 die Idyllen *Der Pferdeknecht* und *Der Ährenkranz*, später folgten *Die Bleicherin* (1777), *Die Erleichterten* (1800) und auch die plattdeutsch geschriebenen *De Winterawend* (1776) und *De Geldhapers* (1777).

Hier finden sich frühe revolutionäre Töne, als der Junker den jungen Bauern nicht nur um Geld und geleistete Fronarbeit, sondern auch um die versprochene Erlaubnis zur Heirat prellt:

Michel

... Hans, mir empört sich das Herz! Ich lasse dem adligen Räuber
Einen roten Hahn auf das Dach hinfliegen die Nacht noch,
Zäume den hurtigsten Klepper im Stall und jage nach Hamburg!

Die Reaktion des anderen Pferdeknechts hält ihn nicht zurück, nur der Hinweis auf die Gerechtigkeit Gottes. Der Pfarrer tritt so einerseits als soziales Gewissen auf, verhindert andererseits aber gerade dadurch den Aufstand:

Hans

Hebe dich weg, Mordbrenner! Zugleich mit dem Alten verbrennst du
Auch unschuldige Kinder!

Michel

Die Wolfsbrut? Fällt denn der Apfel
Weit vom Stamm? Sie heuleten ja schon mit dem Alten die Wolfsbrut!
Lacht doch das Jünkerchen, wo gestraft wird; drohet auch selber!

Hans

Aber es heißt ja: «Die Rache ist mein, und ich will vergelten!»
Denkest du nicht, wie der Pfarrer den Spruch so kräftig ans Herz uns
Legete, daß auch der Junker verstört aussah in dem Kirchstuhl?

Michel

Herrlicher Spruch! Ja, sein ist die Rach, und Gott will vergelten!
Ha, das labt, wie ein Trunk den Ermatteten! Nun in Geduld denn
Ausgeharrt! Einst treten auch wir vor unseren Rächer!

In dem *Ährenkranz* feiert Voß die immer noch mögliche friedliche Lösung des sozialen Konflikts: ein freundlicher, bürgerlich anmutender und patriarchalisch gesinnter Gutsherr gibt den Bauern auf ihre Bitte die Freiheit «zurück und nährenden Acker in Erbpacht», denn auch wenn das Joch leichter geworden ist, bleibt es unvereinbar mit der ursprünglich angeborenen Freiheit.

Voß hat seine soziale Indignation nie abgelegt, bekannter als diese Idyllen wurden jedoch *Der siebzigste Geburtstag* (1781) und *Luise. Ein ländliches Gedicht in drei Idyllen* (1795 als Buchausgabe mit Kupferstichen von Chodowiecki). Die erste Idylle erschien als *Luise* 1784, die zweite als *Des Bräutigams Besuch* bereits 1783, während die letzte als *Luise. An Schultz* auch schon 1784 gedruckt worden war. Eine Tendenz zur größeren Form, in den späteren überarbeiteten Fassungen zur Zerdehnung macht sich bemerkbar, aber auch inhaltlich unterscheidet sich *Luise* von den frühen Idyllen. Sie spielt jetzt in einer behäbigen, ländlichen Bildungsbürgerlichkeit und hat deutlich autobiographische Züge. Das Dorf ist Ausgangspunkt, nicht die Natur, die aus der Perspektive des Spaziergängers gesehen wird, den eine warme Tasse Kaffee oder ein Glas Wein bald erquicken wird.

Voß, der lange Jahre unermüdlich an der Übersetzung der *Odyssee* arbeitete, idealisierte und typisierte auf epische Weise die Existenz des Landpfarrers und seiner Familie. Gestalten und Handlung repräsentieren in diesen Idyllen gültige Lebensformen, die ausführlicher Schilderung würdig sind – vom Schlafrock des Pfarrers über das Brennen der Kaffeebohne bis zur Hochzeit. Alltäglichkeit und Fest werden mit gleicher homerischer Ausführlichkeit geschildert, die Idylle will hier eine Art epische Totalität erreichen, obwohl sie so überaus deutlich nur einen Ausschnitt der Welt schildert. Gleichwohl: Es handelt sich nicht mehr um einen, sondern um *den* Bräutigam, genau wie bei Homer um *den* König oder *den* Seher. Es handelt sich mit anderen Worten auf andere Weise immer noch um die Schilderung menschlicher Urverhältnisse – und das heißt bei Voß eben Familienverhältnisse. Liebe kann es wohl wie bei Gessner außerhalb der Geschichte geben – Ehen nicht, und so hat der Bräutigam dann auch schon sein Amt, die Voraussetzung für die Heirat.

Das aufgeklärte, gebildete Bürgertum setzt sich bei Voß nicht nur moralisch und sozialkritisch vom Adel ab, es sieht sich vielmehr historisch als diejenige Schicht, die als Erbin der klassischen Antike ihre eigene Lebensform als Norm verstehen darf. Voß blieb durchaus folgerichtig nicht nur bei seinem Aristokratenhaß, sondern auch bei seiner Bejahung der Französischen Revolution. So gibt es auch in dem 1793 geschriebenen Gedicht *Junker Kord* den gewissenlosen Junker und den sklavischen Kandidaten, der das vom Junker Kord geschwängerte Dienstmädchen untertänig heiratet, um so an eine Pfarre zu kommen. Es findet sich jedoch sowohl in *Luise* als auch in der frühen Idylle *Der Ährenkranz* das patriarchalische Verhältnis nicht nur zwischen Pfarrer, Bauern und Knechten, sondern auch zwischen dem väterlich gesinnten Baron und der dankbaren Gemeinde – ja sogar zwischen der gnädigen Gräfin und ihrer Patin Luise. Die Idylle wurde bei Voß nicht jakobinisch, sie wurde der Ausdruck deutscher Bürgerlichkeit und Vorbild für Goethes «bürgerliche Idylle» in *Hermann und Dorothea*, die vor dem Hintergrund der großen Umwälzungen sich bewußt auf die kleine, halb bäuerliche Stadt beschränkt, an der die Flüchtlinge vorbeiziehen. In dieser Beschränkung lassen sich die einfachen menschlichen Beziehungen noch als zeitenthoben darstellen.

Das komische Epos

Während Gottsched das biblische Epos verwarf, ließ er das komische Epos, darunter das Tierepos, gelten und schrieb in seiner *Dichtkunst* ein langes Kapitel: «Von den scherzhaften Heldengedichten». Er verfolgt darin ihre Geschichte zurück bis zur pseudohomerischen *Batrachomyomachia*, zu deutsch ‹Froschmäusekrieg›, und kennt auch die mittelalterliche und niederdeutsche Tradition. Als Muster für das moderne komische Epos in Deutschland sieht er Tassonis *La secchia rapita* (Der geraubte Eimer; 1611), Boileaus *Le Lutrin* (Das Chorpult, 1673), Samuel Butlers *Hudibras* (1663–78; übersetzt von Bodmer 1765) und vor allem Alexander Popes *The Rape of the Lock* (Der Lockenraub; 1712) an, die so gut sind, daß die fehlende Theorie dieser Gattung seiner Auffassung nach nicht so sehr ins Gewicht fällt.

Dabei übersieht Gottsched wichtige Entwicklungen innerhalb dieser Gattung (vgl. S. 139); aus seiner Poetik geht deutlich hervor, daß das alte komische Epos zwar Parodie ist und angemaßte Größe satirisch entlarven will, sich jedoch keineswegs gegen das große Epos richtet, dessen Gültigkeit die Parodie vielmehr bestätigt, sondern nur gegen das Unzulängliche, das sich selber ernst nimmt. Zeitgenössische deutsche Beispiele sind die vergilisch oder homerisch besungenen Literaturfehden, z. B. *Der deutsche Dichterkrieg* (1741), der Merbod und Grebertin, d. h. Bodmer und Breitinger, lächerlich macht, während diese später Schottged (Gottsched) angreifen. Vorbild hierfür war wiederum Pope mit seinem *The Dunciad* (1728) und *The Dunciad Variorum* (1729). Diese sehr zeitgebundenen Literatursatiren sind heute natürlich von sehr begrenztem Unterhaltungswert, während die Seereise eines Kleinbürgers, von dem Dänen Ludvig Holberg in *Peder Paars* (1719) als gefährliche Odyssee beschrieben, noch so viel Unterhaltungswert besaß, daß eine deutsche Übersetzung 1764 publiziert wurde.

Ein großer Erfolg wurde das in Knittelversen geschriebene Werk *Leben, Meynungen und Thaten des Hieronimus Jobs dem Kandidaten, und wie Er sich weiland viel Ruhm erwarb, auch endlich als Nachtwächter zu Sülzburg starb* (1784) des Bochumer Arztes Karl Arnold Kortum (1754–1824), das in der zweiten Auflage in *Die Jobsiade. Ein komisches Heldengedicht in drei Theilen* (1799) umgetauft wurde und das Leben des faulen Studenten und Aufschneiders Jobs besingt, bei dessen Geburt ein wahrsagender Traum der Mutter verkündet, ihr Sohn würde es weit bringen und sogar Pfarrer werden. Wie der Titel der Erstfassung verrät, bringt er es wegen seines liederlichen Lebenswandels hier nur zum Nachwächter, während er in der zweiten Fassung nach einem Scheintod Schloßherr wird. Das Werk weicht zwar mit seinen derben Holzschnitten in vieler Hinsicht von der Traditionslinie ab, schildert jedoch nicht nur das Leben in einer verschlafenen Kleinstadt, sondern auch die Verhältnisse an der Universität mit einer eher an Christian Reuters *Schelmuffsky* als an Zachariaes Epos *Der Renommiste* (1744) erinnernden Erzählfreude, so daß es noch Wilhelm Busch zu einer zweiten Jobsiade begeistern konnte.

Travestien

Während die Wirkung des komischen Epos auf der Diskrepanz zwischen der hohen Form des Epos und der Geringfügigkeit des Helden und der Handlung beruht, hält das travestierte Epos an den erhabenen Helden und Göttern fest, ändert aber Form und Stilmittel, so daß sie ins Alltägliche und Triviale abgleiten. Dahinter kann die Absicht stehen, die heroische Pose bloßzustellen oder die Mythologie als bloße Staffage zu enthüllen, wobei natürlich vor allem moderne Werke, die in der Nachfolge der hohen antiken Dichtung stehen wollen, getroffen werden. Oft geht es aber nur darum, mit den ehrfurchtsvoll behandelten klassischen Werken respektlos zu spielen, was wie jeder Aufruhr gegen eine Autorität Vergnügen macht, aber heute nicht aufregend ist, da die Klassiker längst entthront sind. Die Vorlagen für die Travestien sind folglich weniger bekannt, was den Zugang zu diesen wiederum erschwert. Interessanter für die moderne Rezeption sind daher eher die in den Travestien enthaltenen allgemein satirischen bzw. allgemein literatursatirischen Momente, aber auch diese können wiederum nur auf dem Hintergrund der travestieren Werke wirklich verstanden werden. So errreicht die Travestie meistens nicht die Popularität der Parodie.

Travestien gibt es natürlich in allen Gattungen, in der Verserzählung genauso wie im Epos und Kleinepos. Die lesenswertesten Beispiele in den Kleinformen finden sich bei Wieland, wobei vor allem seine *Comischen Erzählungen* (1765) zu nennen sind, die die Götter auf ein überaus menschliches Format reduzieren. Seine elegant gewagte und augenzwinkernde Schilderung der völlig moralfreien Erotik der Götter und Helden nähert sich hier dem französischen Rokoko, während er in der kurzen, fragmentarischen *Titanomachie oder Das neue Heldenbuch. Ein burleskes Gedicht in so viel Gesängen als man will* in Knittelversen den altdeutschen Stil und das hemdsärmelige Gebaren der damaligen Stürmer und Dränger verspottete.

Vorbild dieser sich oft ‹burlesk› nennenden Verse waren vor allem die Dichtungen des Franzosen Paul Scarron (1610–1660), der u. a. *Typhon ou la gigantomachie* (1644) und *Le Vergile travesti en vers burlesque* (1648–53) veröffentlicht hatte. In seiner Nachfolge schrieb Johannes Aloys Blumauer (1755–1798) *Die Abentheuer des frommen Helden Aeneas oder Das zweyte Buch von Vergils Aeneis. Travestiert* (1782). Mit einem Schlag wurde der Verfasser berühmt, der in diesem Werk der josephinischen Aufklärung die kirchlichen und politischen Verhältnisse in Österreich scharf angriff. Wie bei Homer und Vergil lernt der Held die Unterwelt kennen – und wie bei Dante sind die politischen Gegner und die Kleriker dort zu finden. Das unvollendete Werk rief Fortsetzungen, aber auch Gegenschriften hervor – und nicht zuletzt Nachahmungen.

Das Rokokoepyllion

Popes *Lockenraub* behandelt eine tatsächlich stattgefundene Begebenheit in der Londoner ‹Gesellschaft›. Ein junger Lord hatte damals einer Cousine eine Locke geraubt, was ihre Familie als einen skandalösen Vorfall ansah. Pope wurde gebeten, diesen Streit beizulegen, und tat dies durch eine spielerisch-übertreibende Darstellung des Raubes und seiner Folgen. Es war deshalb natürlich nicht seine Absicht, die beiden Familien und die Londoner Society, in der auch er verkehrte, satirisch bloßzustellen oder lächerlich zu machen, sondern die Begebenheit als eine gerade für die Gesellschaft amüsante Bagatelle zu behandeln. Vielmehr würde die Gesellschaft selbst sich lächerlich machen, wenn sie fortführe, diesen Streit ernst zu nehmen. Pope reduziert seine Bedeutung, indem er ihn im Kontext der Welt der Bälle und Spieltische, der Roben und der Putztische, der kleinen Intrigen und der Pfänderspiele als das große Ereignis darstellt, an dem, wenn nicht die Götter, so doch die Sylphen und Gnome teilnehmen. Hier lächelt man zu guter Letzt über die geschilderte, gewaltige Aufregung, denn in der ‹Gesellschaft› kann es keinen ernsten Anlaß zur Aufregung geben. Mit dieser Welt, so wie sie ist, und mit ihren Grenzen ist der Dichter auch insofern einverstanden, als er sich mit ihren Torheiten abgefunden hat und sie «scherzhaft» und nicht rein satirisch schildert. In Johann Jakob Duschs (1725–1787) Abhandlung *Von der komischen Heldenpoesie* (1758) wird zwischen ironischen, satirischen und «scherzhaften» Heldengedichten unterschieden. Die letztere Art definiert er folgendermaßen:

«Witz, munterer Scherz, der am wenigsten beleidigt, und die Sitten artiger Leute, das feine und hohe Komische hat in derselben seinen Platz. [...] Das scherzhafte epische Gedicht erfordert Feinheit, Artigkeit und gute Sitten des Verfassers; eine Wahl solcher Handlungen, worüber man wohl scherzen kann, die aber keine Satyre verdienen, und einen feinen Witz, der beständig ermuntert und gefällt, und niemals beleidigt. Er scherzet frey, aber seine Satyre ist sehr fein, und verwundet nicht; sie greift nur die allerkleinsten Thorheiten an, deren Entdeckung nicht einmal roth machet; und greift sie auf eine schmeichelhafte Art an. Der Dichter führt, mit einem Worte, die Sprache der angenehmsten und witzigsten Leute.»

Das Rokoko als literarisches Phänomen

Die zitierte Gattungsbestimmung sowie Duschs Kritik an Zachariaes Werk *Der Renommiste*, welches er «unter das satyrische Heldengedicht» setzt, zeigt, daß sich eine neue Gattung mit einem neuen ‹Ethos› etabliert hat. Das Gedicht Popes ist ein Zeugnis der englischen Rokokokultur, die Anfang der vierziger Jahre auf deutsche Kreise Einfluß gewann und in zahlreichen Werken der Jahre zwischen 1740 und 1780 zu spüren ist.

Wie bei den meisten Stil- und Epochenbegriffen handelt es sich auch bei dem Begriff ‹Rokoko› um eine Schöpfung späterer Zeiten. Eichendorff verwendet den Terminus pejorativ zur Charakterisierung des dekadenten, dem Untergang durch die Revolution geweihten Lebensstils des Ancien Régime, und diese geringschätzige Ablehnung blieb an dem Begriff lange haften. Im 19. Jahrhundert wurde mit ‹Rokoko› meistens ein Komplex von französischen Schlüpfrigkeiten, amoralischem Zynismus und eleganten Kleinigkeiten verstanden. Als wertneutraler Periodenbegriff gewann er erst in der

Kunstgeschichte festere Konturen, nämlich als Bezeichnung für den Übergang vom Barock zum Klassizismus. Von da aus gelangte er schon in den zwanziger Jahren in die Literaturwissenschaft, wo er dann in den fünfziger Jahren vor allem durch A. Anger differenziert und präzisiert wurde.

In der bildenden Kunst, die für den literaturwissenschaftlichen Gebrauch des Begriffes oft immer noch maßgebend ist, bezeichnet ‹Rokoko› also den Stil der Régence, einen leichten, eher spielerisch getönten Nachklang des Barock: Watteau, Boucher – aber auch Vorliebe für Exotisches, für Chinoiserien usw. In der Musik bildet Mozart den Gipfel der Rokokokunst, die sonst immer noch meist als eine französisch inspirierte Stilrichtung angesehen wird. Schon mit diesen Andeutungen sollte es klar geworden sein, daß das Rokoko zwar Virtuosität und Schmelz bedeutet, sich darin jedoch nicht erschöpft.

Es soll natürlich keineswegs geleugnet werden, daß die ältere These, das Rokoko sei diesseitig, skeptizistisch, leichtsinnig, formgewandte Spielerei, auch für Züge der Dichtung dieser Epoche zutrifft. Nur muß sowohl nach Gattungen als nach Nationen differenziert werden. Schon das englische Rokoko ist anders als das französische, zu ihm werden neben Dichtern wie Matthew Prior (1664–1721) und John Gay (1685–1732) vor allem als Hauptfigur Alexander Pope (1688–1744) gezählt, der gleichzeitig als einflußreichster Vertreter des englischen Klassizismus gilt. Auch wurde die Rokokokultur in England nicht nur vom Adel, sondern von einem optimistischen, gut verdienenden Bürgertum getragen.

Dieses Bürgertum gab es in Deutschland nur an wenigen Orten – so z. B. in Hamburg, das mit Friedrich von Hagedorn (1708–1754), der einige Jahre in London gelebt hatte und in Hamburg Sekretär der englischen Kaufmannsgesellschaft ‹English Court› war, das Einfallstor für diese gelassen diesseitige Dichtung wurde, die dann später auf Leipzig und Halle übergriff und auch die weniger begüterten bürgerlichen Beamten und Akademiker begeisterte.

Aus den angeführten Gründen nähert sich das deutsche Rokoko nur vereinzelt, so z. B. in den *Schäfererzählungen* (1742) von Johann Christoph Rost (1717–1756) und in den *Comischen Erzählungen* (1765) Wielands, dem frivolen Immoralismus. Trotz des oft gewagt Spielerischen in vielen Gedichten von Lessing, Uz und Wieland bleiben die erotischen Pointen oft im Wortspiel, in Traumerlebnissen verborgen, und es überwiegt die «scherzhafte» Behandlung der Sinnlichkeit. Bevorzugt werden Gattungen, in welchen Dichter und Leser über den naiven Hahnrei oder den betrogenen Betrüger lachen können, in welchen der Heuchler entlarvt wird, der sich über allzu menschliche Schwächen ereifert, denen er selber unterliegt. An die Verserzählung oder Fabel – die Grenzen verwischen sich – wird dann womöglich eine nicht besonders ernstgemeinte Moral geknüpft. Das bedeutet: Das Rokoko bildete keine Epoche, sondern eine teilweise stark gattungsgebundene Strömung innerhalb der deutschen Aufklärung. Es gibt wenig Dichter, die nur Rokokohaftes, und ebenso wenig Dichter, die nichts Rokokohaftes geschrieben haben. Nicht nur Weiße und Wieland, sondern auch Lessing, Gerstenberg, J. G. Jacobi und Goethe haben sich in Gattungen mit Rokokoeinschlag versucht.

Das deutsche Rokoko lehnte sich, wenn es philosophieren wollte, nicht an Voltaire, sondern an Shaftesbury, noch mehr wohl an Horaz an. Wie so oft in der Literaturgeschichte läßt sich das Neue nicht als Fortsetzung oder Abgrenzung vom Vorhergehenden allein erklären, sondern muß in wichtigen Stükken als Neuinterpretation des literarischen Erbes, des durch Schule und Universität vermittelten klassischen Bildungspotentials verstanden werden. Das horazische «aut prodesse aut delectare» bzw. «Omne tulit punctum, qui miscuit utile dulci» wird immer wieder variiert. Damit sollen die beiden Momente des Nützlichen und des Angenehmen, die sich nicht ausschließen dürfen, hervorgehoben werden. Wem die gute Mischung gelingt, der erringt den Preis. Obwohl für diese Strömung die ästhetische Lust zweifelsohne Vorrang hatte, war damit kein grundsätzlicher Ästhetizismus verbunden, sondern allenfalls eine Bevorzugung der Gattungen, deren Kennzeichen die durch den «Scherz» erreichte Loslösung von dem unmittelbaren moralischen oder didaktischen Zweck ist.

In diesem Sinne läßt sich auch behaupten, daß das Rokoko schon wichtige Momente der Klassik antizipiert, besonders bei Wieland. Folgerichtig schreitet Wieland auch von den beliebten kleinen Formen zu größeren, zum Rokokoroman *Don Sylvio von Rosalva*, der den Bildungsroman *Agathon* präludiert, zu den ironischen Märchenepyllien, die dem gewichtigen *Oberon* vorangehen. Bei ihm wie bei anderen Autoren, etwa J. G. Jacobi, kann das Rokoko aber auch Momente der Empfindsamkeit aufnehmen, wie deutlich werden wird.

Das Gesellschaftsepyllion

Das deutsche Gesellschaftsepyllion knüpft, wie schon angedeutet, eng an Popes *Lockenraub* an: Johann Peter Uz (1720–1796) nennt seinen *Sieg des Liebesgottes* (1753) ausdrücklich eine Nachahmung, während der enge Bezug in anderen Fällen durch die Titelgebung angedeutet wird: *Das Schnupftuch* (1754, in *Scherzhafte Epische Poesien nebst einigen Oden und Liedern*) von J. F. W. Zachariae, J. J. Duschs *Das Toppé* (1751) und *Der Schooßhund* (1756), J. J. Eberles *Das Strumpfband* (1765) und E. L. M. Rathlefs *Der Schuh* (1772) geben dem Leser deutlich zu verstehen, was er von dem Gedicht zu erwarten hat. Die meisten dieser Kleinepen sind längst vergessen, ihre Welt der harmlosen Intrigen, der Pfänderspiele, der Sylphen und Amoretten ist versunken. In ihren besten Werken kann sie allenfalls noch amüsant sein. Zu diesen Werken gehören *Der Renommiste*, den der junge Leipziger Student Zachariae unter Gottscheds Augen schrieb.

Justus Friedrich Wilhelm Zachariae stammte aus einer Beamtenfamilie, der Vater war Kammersekretär. Unter dem Eindruck der Übersetzung des *Lockenraubs* durch die Gottschedin schrieb er sein erstes komisches Epos, das er in Gottscheds *Belustigungen des Verstandes und des Witzes* 1744 veröffentlichte. Er wechselte zur modernen Universität Göttingen über und wurde anschließend ein geschätzter Lehrer an dem berühmten Braunschweiger Carolinum. Zachariae war Zeitschriftherausgeber und stand in brieflicher oder persönlicher Verbindung mit den meisten berühmten Literaten seiner Zeit. Er wurde als geselliger Mensch und talentierter Dichter geschätzt, auch von Goethe, der ihm eine Ode widmete. Zwar wurde Zachariae durch seine komischen bzw. scherzhaften Epen bekannt, aber er schrieb auch ernstere, empfindsamere Werke, z. B. die Young und Thomson nachempfundenen *Tageszeiten* (1755). 1760 übersetzte er Miltons *Paradise Lost* und veröffentlichte selber gleichzeitig eine *Schöpfung der Hölle*. Auch bei ihm zeigt sich also die starke Gattungsgebundenheit des Rokoko.

Der Renommiste (1744, Neufassung 1754) ist nach Zachariaes eigener Angabe ein komisches Heldengedicht, während er *Das Schnupftuch* «scherzhaft» nennt. In seinem Erstlingswerk stellt er den Jenenser Studenten Raufbold dem Leipziger Stutzer Sylvan gegenüber: Raufbold ist wegen einer Schlägerei von der Universität Jena relegiert worden und geht nach Leipzig, wo er seinen alten Freund, den Renegaten Sylvan, trifft, der nun der Göttin Mode und der schönen Rothmündin huldigt. Er will auch Raufbold bekehren, was ihm jedoch nicht gelingt, aber da Raufbold sich auch in die Rothmündin verliebt, müssen sie sich natürlich schlagen. An diesem Kampf nehmen ganze Geisterheere teil, auf der einen Seite die Sybariten, der Putz und andere dienstbare Geister der Göttin Galanterie, auf der anderen Pandur, der Kobold Warasdin und andere Diener der großen Jenenser Göttin der Schlägerei, die in einer entscheidenden Phase der Schlacht durch die Puderwolken der Leipziger zeitweilig erblinden. Sylvan verspricht der Göttin Mode, jeden Tag die Locken zu kräuseln und jeden Morgen Kaffee zu trinken und verletzt mit ihrer Hilfe Raufbold, der den Degen von sich wirft, von seinem Schutzgeist jedoch geheilt wird, so daß er Sylvan am Arm noch verletzen kann, bevor er auf und davon ist.

Zachariaes renommierender Student hat deutliche Ahnen in dem antiken miles gloriosus, in dem großsprecherischen Jacob von Thybo in der gleichnamigen Komödie von Ludvig Holberg und erinnert auch stark an Christian Reuters ebenso tapferen Schelmuffsky. Die Satire trifft jedoch auch die Leipziger Stutzer, und wenn *Das Schnupftuch* auch ‹scherzhafter› ist, so fehlt auch hier die Ironie gegenüber dem Adel nicht, was kaum verwunderlich ist. Die Standesgrenzen waren in Deutschland weniger durchlässig als in England.

Auch dieses Gedicht beginnt mit einer parodierenden Anrufung der «Heldenmuse», die an das homerische und vergilische Epos erinnern soll, doch der Dichter muß bekennen, daß diese Muse ihm fern ist, so daß er eine ungebildete, das gedruckte Papier lediglich zu Papilloten verwendende Doris um Beistand anruft. Sein Vorhaben erklärt er nach bewährtem Muster:

Ich sing ein Heldenlied von einer Kleinigkeit,
Und träume wie der Held von Ruhm und Ewigkeit.
Wie träumen? Nein, mit Recht kann ich den Kranz verlangen,
Mit dem auf hohen Haupt die Heldendichter prangen,
Da durch der Muse Gunst in Wundern unverirrt,
Ein zweites Ilium aus einem Schnupftuch wird.

Die Anlehnung an Pope zeigt sich am Namen der Heldin: Belinda; sie zeigt sich in den oben zitierten Zeilen, die an Popes «What mighty contests rise from trivial things, I sing [...] Slight is the subject, but not see the praise.» Auch inhaltlich kann niemand die Ähnlichkeiten übersehen: Der Graf Hold hat Belinda ein Schnupftuch entwendet, die Göttin Zwietracht sorgt dafür, daß sie es zurückverlangt. Er muß unter dem Druck seines Hofmeisters das Liebespfand wieder abgeben, schwört aber dann, ihrem Hause fernzubleiben. Der Sylphe Ariel bewegt noch dazu die Göttin Langeweile, deren Schloß in Westfalen liegt, das Haus der Belinda einzunehmen. Die Mutter verlangt daraufhin, daß die Tochter dem Grafen das Schnupftuch wieder ausliefert, weil sie sich sonst wie ein dummes Bürgermädchen benähme und die Gesellschaften der Mutter ruiniere – überhaupt spielt der Adelsstolz der beiden Damen eine große Rolle. Die von Langeweile heimgesuchte Gesellschaft setzt sich zum Teil aus Karikaturen des Adels zusammen: Herr von Baum, «reich und dumm und lieblich von Gestalt», ein Baron von Knall, ein Hauptmann von Trumpf, und schließlich heißt es:

Auch irrten tief im Saal ein paar vernünftge Leute,
Doch schlechte Bürger nur, und in gehörger Weite
Vom adlichen Gespräch ...

Wie bei Pope die Locke wird hier das Schnupftuch, der Anlaß des Streites, nach dessen Beendigung «des Firmamentes Zier», d.h. als Sternbild an den Himmel versetzt.

Ein ganz großer Erfolg war auch *Wilhelmine oder der vermählte Pedant. Ein prosaisches comisches Gedicht* (1764) von Moritz August von Thümmel (1738–1817). Die überzeugendste Bestätigung dieses Erfolges war, daß Friedrich Nicolai seinen Roman *Das Leben und die Meinungen des Herrn Magister Sebaldus Nothanker* (1773–1776) als eine Fortsetzung der *Wilhelmine* publizierte.

Wie Zachariae studierte Thümmel Rechtswissenschaft in Leipzig, aber er konnte schon die Vorlesungen Gellerts besuchen, mit dem er wie auch mit G.W. Rabener, Ewald von Kleist und Christian Felix Weiße in Verbindung trat. Er wurde Kammerjunker am Coburger Hof, später Minister, konnte sich aber nach einer Erbschaft und einer reichen Heirat 1783 vom Hofdienst zurückziehen. Neben *Wilhelmine* schrieb er eine etwas frivole Verserzählung, *Die Inoculation der Liebe* (1771), und nach einer längeren Schaffenspause seinen berühmten Roman in der Sternenachfolge *Reise in die mittäglichen Provinzen von Frankreich* (1791–1805), der sein größter schriftstellerischer Erfolg wurde und seine Erlebnisse auf Reisen in Österreich, Holland, Italien, Frankreich und besonders in der Provence in den Jahren 1771 bis 1777 verwertete.

Wilhelmine, in einer neuartigen rhythmischen Prosa geschrieben, schildert sanft-ironisch den Gegensatz zwischen dem schlichten Pfarrhaus und dem glänzenden Hofe, beides Sphären, die Thümmel gut kannte. Die Titelheldin, die Tochter eines Gutsverwalters, ist seit vier Jahren Kammermädchen und etwas mehr beim Hofmarschall, während sich der biedere Pfarrer Sebaldus in heimlicher Liebe zu ihr verzehrt. In der Nacht erscheint ihm Luthers Geist, teilt ihm mit, daß sie am folgenden Tag ihren alten Vater besuchen wird, und fordert ihn auf, diese Gelegenheit, wo sie fern vom Hofe ist, resolut zu nutzen. Sebaldus bekommt ihr Jawort, denn der Leser erfährt bald, daß der Hofmarschall, der jetzt für die schöne Komtesse Klarisse schwärmt, gern bereit ist, auf Wilhelmine zu verzichten, ja er wird, verspricht er, mit seiner Anwesenheit und einem fürstlichen Essen der bescheidenen Hochzeit Glanz verleihen, falls der natürlich ahnungslose Sebaldus dafür sorgt, daß der alte Graf von Nimmer seine Tochter Klarisse am Hochzeitsschmaus teilnehmen läßt. Es gelingt, und so heißt es vom Hofmarschall:

«Er, der ehemals dem weinenden Pfarrherrn seine Geliebte entzog, gibt sie ihm jezt bei einem freigebigen Gastmahle geputzt und artig wieder zurück und macht ihm alle sein ausgestandenes Leiden vergessen. So überschickte einst der große Agamemnon seine Chryseis dem belorbeerten Priester des Apoll, die der königliche Liebhaber der väterlichen Sehnsucht lange Zeit vorenthielt.»

Die klassische Allusion entdeckt und verhüllt das verfängliche Spiel des Hofmarschalls, der schließlich der Braut sein Geschenk überreicht: «[er] hing ihr ein demantenes Kreuz um, das an einem schwarzmoornen Bande zwischen dem schönen Busen hinunterrollte. – Oh, was für ein Bewußtsein überströmt' jetzt die blutvollen Wangen der Schönen.»

Die Geschenke häufen sich in ihrem Schoß, der gute Sebaldus dankt seinen Gönnern. «Man sah an dem satirischen Lächeln der Gäste, wie gut seine fröhlichen Danksagungen angebracht waren», heißt es dann am Ende des 5. Gesanges. Der Leser empört sich jedoch nicht über die Naivität des Pfarrers, genausowenig wie über das Benehmen der Hofleute, als es danach aussieht, als würde der ganze Pfarrhof verbrennen: «Doch kaum begriffen sie das drohende Unglück ihres betrübten Wirtes, so flohen sie ihn als wahre Hofleute, mit eilenden Füßen, und nach einem kurzen, gleichgültigen Lebewohl verließen sie alle das neue Ehepaar in Tränen.»

Obwohl Thümmel den Hof kritischer schildert als den pedantischen Pfarrer und das Dorf, ist Wilhelmine doch keine unschuldige Dorfschöne und kein Opfer einer höfischen Intrige. Sie weiß, was gespielt wird und spielt mit. Sie wird mit der Zeit eine Achtung einflößende Pfarrersfrau werden – und der Pfarrer ist ohne unnötiges Wissen um das Gerede glücklicher. Das

Werk entfernt sich zusehends von der Gattung des scherzhaften Gesellschaftsepyllions, die Mythologie fehlt und auch der ständige Bezug auf das Vorbild Pope, aber die ironische Leichtigkeit und das ästhetische Spiel mit Leben und Meinungen sind rokokohaft und grenzen es deutlich von der Idylle ab.

Märchen- und Ritterepyllion

Schließlich gab es auch ein ganz anderes Epos, das nach Ansicht der damaligen Theoretiker eigentlich gar kein Epos sei: das Ritterepos Ariostos und Tassos, das in der italienischen Renaissance entstanden war. Gottsched meint über dessen ersten Ursprung:

«Nachdem die Gelehrsamkeit in Europa, sonderlich im Occidente, unter die Bank gerathen war, und die Völker gegen das dreyzehende oder vierzehende Jahrhundert etwas zur Ruhe kamen, ward eine neue Art von Fabeln erfunden, die den Heldengedichten sehr nahe kam. Diese waren die Ritterbücher, z. E. von Amadis in Frankreich, vom großen Roland...» (IX. Cap., § 12).

Gottsched geht sowohl auf den Kreis um Karl den Großen als auch auf die Kreuzzüge näher ein, denen nach seiner Auffassung die Entstehung einer Unmenge von Lügenmärchen zu verdanken ist, denn diese irrenden Ritter und Pilger mußten erzählen, je phantastischer je besser, und so treten nach dieser Epoche in dieser Gattung ungeheure Riesen, verkleidete Prinzessinnen, Zauberschlösser, Drachen, Teufel usw. auf – es sind nach Gottsched Geschichten «ohne Maß und Ziel». Unter den von ihm genannten Autoren tritt Tasso, aber nicht Ariost auf. Mehr und Zutreffenderes über den ‹Romanzo› konnte das Publikum aus dem Werk J. N. Meinhards, *Versuch über den Charakter und die Werke der besten italienischen Dichter* (1763/64), erfahren, das auch Wieland gelesen hat.

In der italienischen Renaissance war in Verbindung mit der Wiederentdekkung der Poetik des Aristoteles, die sehr bald kanonische Gültigkeit bekam, die poetische Legitimität des Romanzo eifrig diskutiert worden. Verstand man die aristotelische Poetik als eine Darstellung sämtlicher möglicher Gattungen, als ein zeitloses Gattungssystem, war der Romanzo poetologisch nicht zu legitimieren, denn seine Abweichungen vom antiken Epos waren unübersehbar. Wurde diese neue und überaus beliebte Gattung aber anerkannt, war damit erwiesen, daß sich die modernen Autoren in ihrem Verhältnis zu den alten, d. h. den antiken, nicht immer bloß nachahmend oder nacheifernd verhalten mußten, sondern originale Neuschöpfungen wagen konnten, die in Übereinstimmung mit ihrem ‹romantischen›, d. h. christlich-mittelalterlichen Inhalt auch in ihrer Form anders zu sein hatten. Und in der Tat sind die Unterschiede beträchtlich. Der Romanzo benutzt statt des Hexameters die Stanze, die Ottaverime der italienischen Volkspoesie, die auch von Wieland übernommen und mit artistischer Freiheit abgewandelt wird. Die Handlung konnte im aristotelischen Sinne oft ‹groß› genannt werden: Die Eroberung Jerusalems läßt sich mit der Trojas oder mit der Gründung Roms vergleichen, Könige, Herzöge, Kaiser und Ritter konnten sich mit den alten Heroen messen, aber noch im 18. Jahrhundert wurde oft auf die fehlende Einheit der Handlung im Romanzo hingewiesen und damit auf einen Verstoß gegen eine wichtige Forderung der aristotelischen Poetik. Es gibt im Romanzo statt der Einheit eine Vielfalt von Handlungen bzw. von Handlungssträngen, die schon die Renaissanceepiker effektvoll handhabten und die in Wielands *Neuem Amadis* mit souveräner Meisterschaft fast ins Absurde gesteigert wird. Damit verbunden wird ein anderes wichtiges Merkmal des Romanzo häufig spielerisch variiert: Der Erzähler greift immer wieder mit Kommentaren, Erklärungen, Begründungen ein, diskutiert mit dem Leser, ob hier die Musen anzurufen wären, ob ein Sylphe oder ein anderer Geist zu Hilfe kommen sollte, wenn man die Wichtigkeit der Begebenheit bedenkt und sie mit ähnlichen Begebenheiten in den Werken anderer Autoren vergleicht usw. Durch Digressionen dieser Art wird der Leser natürlich eher verwirrt als daß ihm geholfen wird, aber er wird jedenfalls in eine ständige Spannung versetzt, die mit der Haltung des Lesers oder Hörers eines klassischen Epos kontrastiert, der durch die Vorausdeutungen auf den Gang der sowieso bekannten Handlung unterrichtet wird.

Weiter findet sich in der bunten Vielfalt der Handlungen und Personen eine Mischung von Tragischem und Komischem, Erhabenem und Lächerlichem, und zwar nicht fein säuberlich auf tragische oder komische Personen verteilt. Auch die Helden können in ihren Liebeswirren den Verstand verlieren und sich äußerst unstandesgemäß verhalten. Allerdings gibt es hier große Unterschiede zwischen Ariost und Tasso, der sich mit seiner *La Gerusalemme Liberata* (1575) einer strengeren, an Vergil orientierten klassisch-epischen Form nähert und auch die Liebeskonflikte der Helden ernster und unter religiösem Aspekt schildert.

Das Rokoko wandte sich auch auf dem Gebiet der Kleinepik vielfach dem Märchenhaften, Morgenländischen, Orientalischen als beliebter Einkleidung zu. Es wurden Geschichten und Motive aus der Sammlung Perraults *Contes de ma mère l'Oye* (1697), aber auch aus 1001 Nacht aufgegriffen. Daneben spielten auch mittelalterliche Stoffe, besonders aus dem Kreis der Sagen um Karl den Großen, eine Rolle. Besonders ergiebig waren die Kreuzzüge, die Mittelalterliches, Orientalisches und Märchenhaftes verbinden. Für die Art der Behandlung dieser im damaligen Sinn des Wortes ‹romantischen› Stoffe war die Rezeption des spielerischen, italienischen Renaissanceepos wichtig, die in Deutschland durch das erwähnte Werk Johann Nikolaus Meinhards ermöglicht wurde und eine weitere Auflockerung des klassizistischen Gattungssystems darstellte. Die *Versuche über den Charakter und die Werke der besten italienischen Dichter* (1763–64) waren für Wielands *Idris* (1768),

Der neue Amadis und noch für seinen *Oberon* von großer Bedeutung, in denen er – auch nach dem modernen Vorbild Sternes – mit allen epischen Konventionen spielt (vgl. die betreffenden Abschnitte S. 297ff). Der heute wenig bekannte Ludwig Heinrich von Nicolay publizierte Nachdichtungen von Boiardo und Ariost in seinen *Vermischten Schriften* (1778–80), und die Spezialforschung nennt weitere Namen, unter ihnen auch Alxinger, der einen *Doolin von Maynz* (1787) schrieb. Die meisten dieser vorromantischen Ritterepen waren jedoch empfindsam-moralisch und konnten sich als solche nicht gegen Klopstocks biblisches Epos behaupten. Sie gerieten in Vergessenheit, aber das Ritterepos blieb auch in der Romantik eine Herausforderung an die Dichter, die sie kaum einlösen konnten – auch Fouqués Ritterepen sind versunken. Wieland hatte nur wenige Schüler, die virtuose Erneuerung der epischen Kunst Ariosts gelang nur ihm.

Verserzählung

In den Jahren 1740–80 erlebte die deutsche Verserzählung eine kurze Blüte, um im 19. Jahrhundert durch die Prosaerzählung abgelöst zu werden wie schon vorher das Epos durch den Roman. Nach Ansicht vieler Zeitgenossen entstand die eigentliche Verserzählung erst im 18. Jahrhundert. Auf jeden Fall nahm sie einen neuen Anfang mit Hagedorns *Versuch in poetischen Fabeln und Erzählungen* (1738); dieser Titel verrät schon, daß Fabeln und Erzählungen zweierlei sind, obwohl auch die Fabel eine Erzählung in Versen ist oder sein kann. Hagedorn hat im Bewußtsein der Zeit mit diesen «poetischen Fabeln und Erzählungen» eine neue Gattung geschaffen, in welcher eine ganze Epoche, also nicht nur das deutsche Rokoko, ihren genuinen Ausdruck fand. Nach Johann Georg Sulzers *Allgemeiner Theorie der schönen Künste* (2. Auflage, 1792) handelt es sich bei der ‹poetischen› Erzählung um eine neue «Dichtungsart». Seine Definition dieser Gattung lautet:

«Eine besondre Art des Gedichts, womit die Neuern die Dichtkunst bereichert haben: denn es scheinet nicht, daß den Alten diese Dichtungsart bekannt gewesen sey. Die Erzählung kommt darinn mit der äsopischen Fabel überein, daß sie eine kurze Handlung in einem gemäßigten Ton, der weit unter dem eigentlichen epischen zurückbleibt, erzählt; sie geht aber von ihr darinn ab, daß sie nicht bedeutend ist wie die Fabel. Der Dichter hat seinen Endzwek bey der Erzählung erreicht, wenn der Leser blos die erzählte Handlung in dem Lichte, darinn er sie hat vorstellen wollen, gefaßt hat, da der Fabeldichter eine Lehre zur Absicht hat. Es läßt sich zwar, wie einer unsrer besten Kunstrichter anmerkt, auch aus ihr, wie aus jeder Handlung, irgendwo eine Sittenlehre absondern. Dennoch ist sie nicht etwa ein in eine sinnliche Geschichte verkleideter Lehrsatz; und das Allegorische ist ihr auf keine Weise nothwendig. Sie ist, sagt er ferner, die heroische oder comische Epopee im Kleinen; die erste Anlage dazu, nur die wesentlichsten Bestandteile derselben in ihrer einfachsten Form. [...] Diese Dichtungsart ist in Ansehung des Inhalts einer großen Mannigfaltigkeit fähig; sie kann Handlungen und Thaten, Leidenschaften, herrschende und vorübergehende Empfindungen, ganze Charaktere, Begebenheiten, Glücks- und Gemüthsumstände schildern; und in Ansehung des Tones kann sie pathetisch, sittlich oder scherzhaft seyn.»

Aus diesem Versuch, die neue Untergattung näher zu bestimmen, geht deutlich hervor, daß sie nicht lehrhaft ist wie die Fabel. Obwohl sie wie alle Dichtung nicht *nur* ästhetische Lust vermittelt, ist sie doch vor allem als reine Erzählung zu lesen. Als Kleinepik ist sie ebenso wenig wie das Epos auf eine Lehre oder einen hinter den dichterischen Bildern verborgenen «allegorischen» Sinn zu reduzieren, vielmehr soll die Handlung als solche unter dem vom Erzähler gewählten Blickwinkel auf das Gemüt des Lesers einwirken. Schließlich ist die Verserzählung weder auf einen bestimmten Stoff noch auf einen bestimmten ‹Ton›, wie etwa den hohen des Epos, den empfindsamen der Idylle oder den scherzhaften des Gesellschaftsepyllions festgelegt.

Verserzählungen sind kleinepische Gebilde von sehr unterschiedlichem Umfang, umfassen etwa 20 bis hin zu 2000 Versen. Sie können gereimt sein, können in vers libres, in Alexandrinern oder strophisch geschrieben sein – oder in reimfreien Blankversen verfaßt werden. Daneben zeichnet sich die Verserzählung, wie die Definition angibt, durch eine außerordentliche Vielfalt von Themen und Haltungen aus – und durch einen stark ausgeprägten Traditionsbezug. Hagedorns Vorbilder und Stoffquellen waren neben Äsop und Phädrus die französischen und englischen Rokokoschriftsteller Jean de La Fontaine, Matthew Prior, Pope, Gay etc. Der ideale und gebildete Leser genießt die formale und inhaltliche Abwandlung des ihm wohlbekannten Motivs, auf dessen Provenienz häufig sogar ausdrücklich aufmerksam gemacht wurde. Es geht also nicht um Erfindung, um einen originalen Stoff, sondern es wird auf die Vorlagen verwiesen und der Leser damit aufgefordert, den neuen, ihm vorgelegten ‹Versuch› mit früheren Behandlungen desselben Motivs zu vergleichen, also ‹intertextuell› zu lesen. Der urbane Witz, die wenn nicht überraschende, so doch überraschend formulierte Pointe, die Leichtigkeit des Erzählens und Geschmeidigkeit der Sprache blieben von Hagedorn bis Wieland kennzeichnend für den Haupttypus der Verserzählung.

Diese Kennzeichen bedingen zugleich die große Beliebtheit und die kurze Blüte dieser «Dichtart», denn eine Unmenge von gebildeten Dilettanten, deren Werke kaum zu erfassen sind, traute sich solche Variationen zu, die aber nur wirklichen Formkünstlern gelangen. Das Gedicht wurde fast vorgeformtes Material; symptomatisch für die Haltung zu den meisten Fabeln und Erzählungen ist wohl, daß Karl Wilhelm Ramler in seiner Anthologie *Fabeln und Erzählungen aus verschiedenen Dichtern* (1797) die Gedichte nicht nur ohne Verfasserangabe, sondern auch stilistisch überarbeitet herausgeben konnte. Der Sturm und Drang und später die Romantik fegten mit ihrem

Originalitätsanspruch solche Sammlungen vom Tisch der ernstzunehmenden Literatur; die mit ihr verbundene dichterische Praxis lebte jedoch bis in die Biedermeierzeit ungestört weiter.

Die ersten maßgeblichen Verserzählungen wurden schon vor der Jahrhundertmitte geschrieben, aber die älteren Autoren pflegten natürlich auch nach ihren Anfangserfolgen die Gattung: Hagedorn veröffentlichte 1750 *Moralische Gedichte*, die weitere Fabeln und Erzählungen enthalten und als Fortsetzung vom *Versuch* aufzufassen sind. Nachdem Gellert 1746/48 zwei Bände *Fabeln und Erzählungen* publiziert hatte, erschienen 1754 seine *Lehrgedichte und Erzählungen*. Sehr viele Verserzählungen wurden zuerst in Zeitschriften veröffentlicht, z. B. in den *Belustigungen des Verstandes und Witzes*, im *Teutschen Merkur* oder im *Deutschen Museum*, um dann oft sehr viel später, meistens unter der erfolgversprechenden Gattungsbezeichnung, als Sammlung zu erscheinen, wie z. B. J. A. Schlegels *Fabeln und Erzählungen* (1765) und Zachariaes *Fabeln und Erzählungen in Burcard Waldis' Manier* (1771).

Die Zahl der bis etwa 1780 erschienenen *Fabeln und Erzählungen, Poetischen Erzählungen, Komischen Erzählungen, Neuen Fabeln und Erzählungen* sind Legion und die Grenzen zwischen den verschiedenen Typen so durchlässig, daß es kaum möglich ist, ein klares Kriterium für eine überzeugende Einteilung zu finden, da die verschiedenen Spielarten sich in den wenigen Jahren nicht verfestigen oder herauskristallisieren konnten (vgl. «Vers- und Prosafabeln»). Ein Schäfermotiv kann in Verserzählungen sowohl empfindsam als auch «komisch» in der Bedeutung von frivol erotisch behandelt werden; neben schwankhaften Behandlungen des Lebens der Bauern, der einfachen Leute überhaupt, wie in den erwähnten *Fabeln und Erzählungen in Burcard Waldis' Manier*, finden sich moralische, ja sogar gesellschaftskritische Verserzählungen mit diesem Thema, so daß eine Einteilung nach Stoffen und Motiven allein kaum möglich ist. Eine Einteilung nach dem ‹Ton›, d. h. also satirisch, moralisch, scherzhaft usw. verspricht mehr. Einige Abwandlungen des von Hagedorn geschaffenen Prototyps sind verhältnismäßig klar zu erkennen, aber es ist fraglich, ob eine genauere Einteilung wegen der vielen Übergänge und ‹Zwischentöne› sehr sinnvoll wäre. Falls man strenger und konsequenter als im 18. Jahrhundert kategorisieren will, ist nicht auszuschließen, daß man zu der banalen Feststellung gelangt, daß die ‹poetische› Erzählung eine Verserzählung von mittlerer Länge ist, die inhaltlich nicht festgelegt werden kann und von sämtlichen literarischen Strömungen gern benutzt wird.

Hagedorns leichte Anzüglichkeiten wurden schon bei Johann Christoph Rost (1717–1765) in seinen Schäfergedichten zu handfester Erotik, und der ‹komische› Ton findet viele Nachahmer. Lessings erotische Verserzählungen erschienen verstreut in Zeitschriften, nur das umfangreichere Gedicht *Der Eremit* wurde als Einzeldruck veröffentlicht. Er bereitete dann für den zweiten Teil der *Vermischten Schriften* (1771) eine Sammlung *Fabeln und*

Erzählungen vor, die erst postum (1784) veröffentlicht wurde. Die meisten der Erzählungen sind verhältnismäßig kurz, derber und witziger als die Hagedorns (vgl. etwa *Die Teilung* und *Der über uns*). Sie nähern sich dem Schwank wie Zachariaes Waldis-Nachahmungen aus einleuchtenden Gründen auch. Weiter sind vor allem Wielands *Comische Erzählungen* (1765) zu nennen, die für J. D. Hartmann und J. F. Löwen vorbildhaft waren. Sie haben das Liebesleben der antiken Götter zum Thema, was dem travestierenden Dichter viel Freiheit läßt und unchristliche Lehren aus dem Geschehen zu ziehen erlaubt. Anders gestaltet, aber sehr erfolgreich war Thümmels *Die Inoculation der Liebe. Eine Erzählung* (1771), in welcher der Beischlaf vom Verführer als Impfung gegen Blattern dargestellt wird. Auch Heinses Voyeurgeschichte *Die Kirschen* (1773) und seine Anthologie *Erzählungen für junge Damen und Dichter gesammelt und mit Anmerkungen begleitet. Komische Erzählungen* (1775) sind gelungene Beispiele dieser Gattung, über die sich das 19. Jahrhundert mehr empörte als das 18., wo sogar ein Heinse von Gleim verteidigt werden konnte.

Eine weniger ‹komische›, eher scherzende Spielart der mythologischen Liebesgeschichte begegnet uns in den bei den Zeitgenossen sehr beliebten *Tändeleyen* (1759) von Heinrich Wilhelm von Gerstenberg. Sie sind in dem von den Anakreontikern beliebten ‹genre mêlé› geschrieben, d.h. in sich ablösenden Folgen von Prosa und Vers. Sein Studienfreund Matthias Claudius versuchte sich 1763 in *Tändeleyen und Erzählungen*, aber J. G. Jacobi wurde sowohl in kleineren als auch in größeren Werken wie *Die Winterreise* (1769) und *Die Sommerreise* (1770) der Meister des empfindsamen ‹genre mêlé›. Weiterhin steuerten auch die eigentlichen Anakreontiker Johann Wilhelm Ludwig Gleim (1719–1803), Johann Peter Uz (1720–1796) und Johann Nikolaus Götz (1721–1781) kürzere rokokohafte und empfindsame Erzählungen von Göttern, Nymphen und Schäfern bei. Immer wieder wird das Motiv des belauschten Bades, des geraubten Kusses, der naiven Schönen abgewandelt, wobei der Übergang zur anakreontischen Lyrik wegen der Handlungsarmut oft fließend wird.

In Gellerts *Fabeln und Erzählungen* (1746/48) sowie in seinen *Lehrgedichten und Erzählungen* (1754) ist der Ton ernster und empfindsamer. Auch dieser Typus wurde weiter gepflegt. Bei Gleim, Matthias Claudius, aber auch bei Johann Heinrich Merck (1741–1791) finden sich Beispiele dafür. Schon bei Gellert sind gesellschaftskritische Töne nicht selten (vgl. etwa *Der Informator, Der Held und der Reitknecht*). Sie sind auch bei den anderen hier Genannten zu finden – und bei der berühmten ‹Karschin›.

Anna Luise Karsch (1722–1791) war die Tochter eines Bauern und hatte in ihrer Jugend als Viehmagd gedient. Nach zwei gescheiterten Ehen mit trunksüchtigen und gewalttätigen Männern half ihr ein Baron, der ihr poetisches Talent entdeckt hatte, nach Berlin zu gehen, wo sie mit Ramler und Mendelssohn in Verbindung trat. Vor allem Gleim, an den sie sich hingezogen fühlte, unterstützte sie nach Kräften. Sie wurde als eine «deutsche Sappho», als ‹Natur-› oder ‹Volksdichterin› angesehen und bestaunt. Friedrich II. empfing sie bei Hofe, Friedrich Wilhelm II. schenkte ihr sogar ein Haus. Sie schrieb mühelos eine Unmenge Huldigungs- und Gelegenheitsgedichte, pries fürstliche Geburtstage, Beilager und Leichenbegängnisse sowie die ruhmreiche preußische Armee. Doch sie verfaßte auch einige Gedichte, in denen sie das stilisierte Schäferleben dem wirklichen gegenüberstellt oder das Los der Kriegsveteranen schildert.

Der Hauptvertreter der Verserzählung in der zweiten Jahrhunderthälfte ist zweifelsohne Wieland, der viele Spielarten ausprobierte. Unter dem Eindruck des im Kreis um Bodmer sehr geschätzten James Thomson (1700–1748) publizierte er schon 1752 moralisch-empfindsame *Erzaehlungen* in reimlosen Blankversen, die die Natur und eine glücklich-unglückliche, vor allem aber tugendhafte Liebe besingen – eigentlich seine Liebe zu Sophie la Roche. Ähnlich stark wirkte Thomson auf Ewald von Kleist, der 1756 *Gedichte vom Verfasser des Frühlings* und 1758 *Neue Gedichte vom Verfasser des Frühlings* erscheinen ließ und im Titel den Leser ausdrücklich auf seinen erfolgreichen *Frühling* und damit auch auf Thomsons *The Seasons* aufmerksam macht, um das ‹Ethos› dieser Erzählungen anzugeben.

Bekannter als diese frühen Gedichte wurden allerdings die späteren *Comischen Erzählungen* (1765) Wielands und die Verserzählungen der Weimarer Zeit, die sowohl europäische, vor allem aber französische und orientalische Märchenstoffe verwenden. Sie sind in Haltung und Stil sehr verschieden. Wieland beherrscht in Weimar alle Möglichkeiten der Gattung, er schreibt ernste Werke wie *Geron der Adeliche* und *Sixt und Klärchen oder der Mönch und die Nonne auf dem Mädelstein*, politisch-satirische wie *Schach Lolo* schwankhafte wie *Hann und Gulpenheh* und *Pervonte oder die Wünsche*. Wie Wielands Versepen fallen auch seine Verserzählungen – und nicht nur sie, sondern mit ihnen die ganze Gattung – später unter das Verdikt der fehlenden Originalität, das die Romantiker aussprachen, waren aber schon vorher durch die neu aufblühende Gattung der Ballade abgelöst worden.

Vers- und Prosafabel

In seiner *Abhandlung über die Fabel* schreibt Lessing kritisch über die zeitgenössische Fabeldichtung:

«Der allgemeine Beifall, den *Lafontaine* mit seiner muntren Art zu erzählen erhielt, machte, daß man nach und nach die äsopische Fabel von einer ganz andren Seite betrachtete, als sie die Alten betrachtet hatten. Bei den Alten gehörte die Fabel zu dem Gebiete der Philosophie, und aus diesem holten sie die Lehrer der Redekunst in das ihrige hinüber. *Aristoteles* hat nicht in seiner Dichtkunst, sondern in seiner Rhetorik davon gehandelt; und was *Aphthonius* und *Theon* davon sagen, das sagen sie gleichfalls in Vorübungen der *Rhetorik*. Auch bei den Neuern muß man das, was man von der äsopischen Fabel wissen will, durchaus in der Rhetorik suchen; bis auf die

Zeiten des *Lafontaine*. Ihm gelang es, die Fabel zu einem anmuthigen poetischen Spielwerk zu machen; er bezauberte; er bekam eine Menge Nachahmer, die den Namen eines Dichters nicht wohlfeiler erhalten zu können glaubten, als durch solche in lustigen Versen ausgedehnte und gewässerte Fabeln. [...] So stehen wir noch.»

Diese scharfe Kritik macht deutlich, weshalb der Titel *Fabeln und Erzählungen* im 18. Jahrhundert so geläufig wurde. Lessing meint, daß die Fabel von den Dichtern als ein «Kinderspiel» betrachtet wird, und spielt mit diesem Ausdruck wohl darauf an, daß La Fontaine mit seinen *ad usum delphini*, für den sechsjährigen französischen Kronprinzen unter Benützung der ganzen Tradition geschriebenen Versfabeln einen kaum zu überbietenden Erfolg gehabt hatte. In Frankreich und in Deutschland fand die neue lockere und artistische Form viele Nachahmer, aber es ist anzumerken, daß Boileau der Fabel noch keinen Platz in seiner Poetik einräumte. Die von Hagedorn bis Gellert witzig, leicht und plauderhaft gehandhabte Versfabel näherte sich der modernen Verserzählung, aber der dreißigjährige Kritiker Lessing wollte die Fabel zu ihrer ursprünglichen Einfachheit, zur moralisch-philosophischen Zweckform zurückführen. Wie er später in der *Hamburgischen Dramaturgie* im Rückgriff auf Aristoteles die Form der Tragödie aus dem ihr spezifischen Zweck, aus der mit ihr intendierten Wirkung ableitet und die französische Tragödie auf dieser Basis verwirft, so verwirft er hier – wiederum mit den «Alten» – die Entwicklung der Fabel zu «einem anmuthigen poetischen Spielwerk», weil diese Versfabel die spezifische, moralisch-philosophische Wirkung verfehlt, die der echten Fabel eigen ist.

In Hagedorns *Versuch in poetischen Fabeln und Erzählungen* überwiegen die Erzählungen, auch von Gellerts *Fabeln und Erzählungen* (1746) sind weitaus die meisten keine Fabeln im strengen Sinne, aber auch keineswegs bloß «Erzählungen» nach der von der zeitgenössischen Poetik gegebenen Definition (vgl. S. 147). Sie haben wie die echten Tierfabeln auch eine Lehre oder eine Tendenz. Wird die Moral durch die Erzählung von dem vermittelt, was gewitzten Dienern, sparsamen Vätern, heiratslustigen Jungfern, aber auch Kutschpferden, Bienen und Hennen begegnet, dann ist es natürlich schwierig, die Gattungsgrenzen klar zu ziehen. Die Beliebtheit der Gedichte Gellerts, der ein echter Volksschriftsteller wurde, beweist, daß er Gestalten und Konflikte schilderte, die das Volk aus seinem Alltag kannte; deshalb schenkte ihm ein dankbarer Bauer eine Fuhre Brennholz. Er hatte, wie er selber oft hervorhob, als Publikum nicht die Gelehrten, sondern die vernünftigen Ungelehrten, vor allem das «vernünftige Frauenzimmer» vor Augen. Die Funktion der guten Fabel, die «nutzt, indem sie vergnügt», drückte er in der bekannten Fabel *Die Biene und die Henne* aus, in welcher die Henne als die verkörperte träge Nützlichkeit, die über jedes Ei gackert, sich über die Biene ärgert, die von der einen schönen Blume zur andern fliegt. Die Biene verweist auf den Honig, aber auch auf den Stachel:

Auch hat uns die Natur beschenkt,
Und einen Stachel eingesenkt,
Damit wir die bestrafen sollen,
Die, was sie selber nicht verstehn,
Doch meistern und verachten wollen;
Drum, Henne, rath ich dir, zu gehn.

In unmittelbarem Anschluß daran folgt die Moral, die die Fabel als eine poetologische Allegorie interpretiert, ja sie noch dazu als eine ‹Stachelschrift›, eine Satire auf diejenigen auslegt, die in der Kunst nur nutzlosen Zeitvertreib sehen können:

O, Spötter, der mit stolzer Miene,
In sich verliebt, die Dichtkunst schilt;
Dich unterrichtet dieses Bild.
Die Dichtkunst ist die stille Biene;
Und willst du selbst die Henne seyn;
So trifft die Fabel völlig ein.
Du fragst, was nützt die Poesie;
Sie lehrt und unterrichtet nie.
Allein, wie kannst du doch so fragen?
Du siehst an dir, wozu sie nützt;
Dem, der nicht viel Verstand besitzt,
Die Wahrheit durch ein Bild zu sagen.

Christian Fürchtegott Gellert (1715–1769) wurde als Sohn eines lutherischen Landpfarrers geboren. Nach Besuch der Fürstenschule St. Afra, wo der Satiriker Rabener sein Mitschüler war, studierte er in Leipzig Theologie und wurde anschließend Hauslehrer. 1740 kehrte er nach Leipzig zurück, wurde Magister und schließlich mit der Abfassung der Abhandlung *Pro commoedia commovente* 1751 außerordentlicher Professor. Er hatte schon vorher Vorlesungen über Moral, Poesie und Beredsamkeit gehalten und wichtige dichterische Werke veröffentlicht. Zu Anfang publizierte er in den *Belustigungen des Verstandes und Witzes*, dem Organ des Gottschedkreises, gehörte aber seit 1744 zu den *Bremer Beiträgern*, den Herausgebern der *Neuen Belustigungen des Verstandes und Witzes*. 1745 hatte er das Lustspiel *Die Betschwester*, 1746–1748 seine *Fabeln und Erzählungen* und den Roman *Leben der schwedischen Gräfin von G**** veröffentlicht. In diesen Jahren entstanden zwei andere ‹Rührkomödien›: *Das Loos in der Lotterie* (1746) und *Die zärtlichen Schwestern* (1747). Von Bedeutung waren außerdem *Geistliche Oden und Lieder* (1757), darunter das von Beethoven vertonte *Die Himmel rühmen des Ewigen Ehre*. Er führte eine ausgedehnte Korrespondenz und veröffentlichte schon 1751 das Buch *Briefe nebst einer praktischen Abhandlung von dem guten Geschmack in Briefen*, das einen wichtigen Beitrag zur Entwicklung der Briefkultur des Jahrhunderts darstellt.

Gellert war ein außerordentlich beliebter und einflußreicher Universitätslehrer, mehr noch: eine dichterische und moralische Autorität. Nach seinem Leichenbegängnis pilgerte die erste moralisch-empfindsame Generation so zahlreich zu seinem Grabe, daß die Stadtverwaltung den Friedhof zeitweilig schließen und sein Grab vor Andenkensammlern sichern mußte. Gellert verkörperte für diese Generation die Ideale des sich und seiner Werte bewußt werdenden Bürgertums, das sich vom Hof und Adel mit einer Kritik absetzte, die sich auf das Christentum und die Nächstenliebe berief, aber noch apolitisch blieb. Man war sich seiner moralischen Überlegenheit bewußt, die Sphäre des Hofes überließ man intriganten Tellerleckern, an den Gutsherrn und an den Fürsten als Landesherrn, als Landesvater begann man aber, moralische Forderungen zu stellen. Während Gellert in seinen Komödien vorsichtiger blieb und sich auf die Sphäre des bürgerlichen Haushaltes beschränkte – die Stücke sollten ja gern gespielt werden können –, setzt er in seinen Fabeln die traditionelle Ständekritik fort, ab und zu mit einer Schärfe, die an das 16. und 17. Jahrhundert erinnert. Beispielhaft für eine solche Kritik ist Gellerts berühmte Fabel:

Das Kutschpferd

Ein Kutschpferd sah den Gaul den Pflug im Acker ziehn,
Und wieherte mit Stolz auf ihn.
Wenn, sprach es, und fieng an, die Schenkel schön zu heben,
Wenn kannst du dir ein solches Ansehn geben?
Und wenn bewundert dich die Welt?
Schweig, rief der Gaul, und laß mich ruhig pflügen,
Denn baute nicht mein Fleiß das Feld,
Wo würdest du den Haber kriegen,
Der deiner Schenkel Stolz erhält.

* * *

Die ihr die Niedern so verachtet,
Vornehme Müßiggänger, wißt,
Daß selbst der Stolz, mit dem ihr sie betrachtet,
Daß euer Vorzug selbst, aus dem ihr sie verachtet,
Auf ihren Fleiß gegründet ist.
Ist der, der sich und euch durch seine Hand ernährt,
Nichts bessers, als Verachtung werth?
Gesetzt, du hättest beßre Sitten:
So ist der Vorzug doch nicht dein.
Denn stammest du aus ihren Hütten:
So hättest du auch ihre Sitten.
Und was du bist, und mehr, das würden sie auch seyn,
Wenn sie, wie du, erzogen wären.
Dich kann die Welt sehr leicht, ihn aber nicht entbehren.

Neben Gellert und Hagedorn traten vor der Mitte des Jahrhunderts als Fabeldichter besonders Ludwig Meyer von Knonau mit der Sammlung *Ein halbes Hundert Neuer Fabeln* (1744) und Magnus Gottfried Lichtwer mit *Vier Bücher Aesopischer Fabeln* (1748) hervor, neue Wege in Anlehnung an Aesop wollte aber erst Lessing gehen.

Die äsopische Fabel

1759 veröffentlichte Lessing seine *Fabeln. Drey Bücher. Nebst Abhandlungen mit dieser Dichtart verwandten Inhalts.* Hier wandte er sich von seinen frühen Versfabeln ab und wollte die äsopische Prosafabel erneuern, die er besonders schätzte, weil sie am «gemeinschaftlichen Raine der Poesie und Moral» wachse. Sie ist somit in eminentem Sinne moralisch-didaktische Dichtung und jede erzählerische Abschweifung oder Verzierung leitet von der klaren, anschauenden Erkenntnis der Lehre ab, wie er es in der Fabel *Der Besitzer des Bogens* demonstrieren will. Es war, wie er schreibt, seine Absicht nicht, «die Welt mit meinen Fabeln zu belustigen», er hatte dagegen sein «Augenmerk nur immer auf diese oder jene Sittenlehre, die ich, meistens zu meiner eigenen Erbauung, gern in besonderen Fällen übersehen wollte». Seine berühmte und vielzitierte Definition, in welcher jeder Begriff vorher diskutiert und geklärt worden ist, lautet folglich:

«Wenn wir einen allgemeinen moralischen Satz auf einen besonderen Fall zurückfuhren, diesem besonderen Fall die Wirklichkeit ertheilen, und eine Geschichte daraus dichten, in welcher man den allgemeinen Satz anschauend erkennt: so heißt diese Erdichtung eine Fabel.»

Die Lehre der Fabel ist also moralisch und allgemeingültig, muß aber konkret und in einem in der Welt der Fabel als tatsächlich geschehenem Einzelfall anschaulich erzählt werden. Wegen der Kürze bevorzugt Lessing die Tierfabel, denn der Charakter der Tiere – der Fuchs ist schlau, der Wolf gefräßig usw. – steht ja bereits fest und muß nicht erst dargestellt werden. Dazu kommt aber ein weiteres Moment.

Mit dem starken Bezug auf die äsopische Tradition wird ein Leser vorausgesetzt, der diese Tradition kennt, denn Lessing wiederholt natürlich nicht bloß die Fabeln, sondern wandelt sie ab, so daß sich die Moral erst bei einem Vergleich mit Äsop oder Phädrus in aller Deutlichkeit ergibt. Die Moral ist außerdem nicht immer leicht zu ziehen und wird nicht immer gezogen. Die Fabeln Lessings verlangen oft einen schärfer reflektierenden Leser als diejenigen Gellerts. Als Beispiel sei die von der Forschung ausführlich interpretierte Fabel *Der Esel mit dem Löwen* angeführt:

«Als der Esel mit dem Löwen des Äsopus, der ihn statt eines Jägerhorns brauchte, nach dem Wald ging, begegnete ihm ein anderer Esel von seiner Bekanntschaft und rief ihm zu: Guten Tag, mein Bruder! Unverschämter! war die Antwort. – Und warum das? fuhr jener Esel fort. – Bist du deswegen, weil du mit einem Löwen gehst, besser als ich? Mehr als ein Esel?»

Äsop war laut der Überlieferung ein phrygischer Sklave, seine Fabeln haben wie die pikaresken Romane im 16. Jahrhundert die Perspektive von unten. An der Stellung des Löwen, des Königs der Tiere, wird nicht gezweifelt, wohl aber hier an der Weisheit des in Fürstendienste getretenen Esels. Die Sympathie in den Fabeln gehört nicht dem gefräßigen Wolf, sondern dem Lamm, das sich einmal bei Lessing in der beneidenswerten Lage befindet, daß der Wolf, der es in der Überlieferung frißt, weil es das Wasser verunreinigt, den Fluß nicht überspringen kann. Beide Tiere spielen dabei auf die Tradition an.

Nach der Jahrhundertmitte wird eine Aktualisierung des gesellschaftskritischen Potentials der Gattung nach den religiösen und moralischen Fabeln der vergangenen Jahrhunderte spürbar. Die moralische Entrüstung schlägt in eine stärker sozialkritische, ja politische um. Die zunehmende Radikalisierung läßt sich an der u. a. von Gellert, Lessing und Pfeffel behandelten Geschichte vom Tanzbären, der zuletzt seinen Herrn erwürgt, sehr gut ablesen.

Charakteristische Vertreter dieser Zeit der wachsenden politischen Spannung sind Gottlieb Konrad Pfeffel (1736–1809) mit seinen *Fabeln, der Helvetischen Gesellschaft gewidmet* (1783) und *Poetischen Versuchen* (1–3, 1789–99) sowie Christian August Fischer (1771–1829) mit *Politischen Fabeln* (1796), die die bisher versteckte Tendenz offener zum Ausdruck brachten. Symptomatisch ist Pfeffels radikalisierende Abänderung der oft erzählten Geschichte vom unschuldigen Lamm, das wehrlos vom Löwen oder vom Wolf zerrissen wurde:

Der Löwe saß auf seinem Thron von Knochen
Und sann auf Sklaverei und Tod.
Ein Igel kam ihm in den Weg gekrochen;
«Ha! Wurm!» so brüllte der Despot
Und hielt ihn zwischen seinen Klauen:
«Mit einem Schluck verschling ich dich!»
Der Igel sprach: «Verschlingen kannst du mich;
Allein du kannst mich nicht verdauen.»

Es ist jedoch weder so, daß die gesellschaftskritische Tendenz notwendig zum Wesen der Fabel gehört, noch daß sie mit dieser revolutionären Tendenz ihre eigentliche Form endlich realisiert. Als Zweckform diente sie immer auch der Sozialisierung und vermittelte systemstabilisierende Haltungen. Genau diese affirmative Funktion hatte die pädagogisierte Fabel z. B. in Chr. F. Weißes weitverbreiteter Zeitschrift *Der Kinderfreund* (1776–82) und behält sie in der pädagogischen Literatur bis in unser Jahrhundert.

Exkurs: Anakreontik. Scherzhafte Lyrik

In der Periode 1740 bis 1789 finden mit Klopstock und Goethe zwei große Revolutionen in der Lyrik statt. Die Oden Klopstocks und die ‹Erlebnislyrik› des jungen Goethe waren in ihrer Art und Qualität gleichsam unvorhersehbar, nicht aber voraussetzungslos. Nationale und antike Überlieferungen wurden auf neue Weise produktiv angeeignet. Neben der Wiederentdeckung des Volksliedes und der mittelalterlichen Dichtung verblaßten im 19. Jahrhundert die Oden Klopstocks, die wenig Nachfolger fanden, während Goethes Gedichte und das Volkslied geradezu den Begriff des Lyrischen bestimmten. Die kleineren Dichter vor, um und nach Klopstock spielten mit ihren Nachahmern bis in die Biedermeierzeit in unzähligen Almanachen und Taschenbüchern eine Rolle, um dann zu verschwinden.

Die Anakreontik ist eine Schöpfung der vierziger Jahre des achtzehnten Jahrhunderts, wurde aber wie die Verserzählung und die Fabel in der zweiten Hälfte des Jahrhunderts eifrig weitergepflegt. Von Goethe über J. G. Jacobi und Heinse bis zu Mörike schrieben sehr viele Dichter Anakreontisches, und das literaturgeschichtlich wichtigste Mitglied des Hallenser Kreises, Ludwig Gleim (1719–1803), erlebte als die Institution «Vater Gleim» noch Klassik und Romantik. Auf einem Sinekureposten und ohne finanzielle Sorgen wurde er wechselnden Anlässen und Moden gerecht. Auf seine Gedichtsammlung *Preußische Kriegslieder* (1758) folgte weitere politische Lyrik: Huldigungsgedichte an den preußischen König, Marsch- und Siegeslieder, so etwa das *Siegeslied als Mainz überwunden war* (1793). Er erneuerte nach Moncrifs Vorbild die komische, scherzhafte bis bänkelsängerische Romanze und veröffentlichte *Gedichte nach den Minnesingern* (1773). Gleim widmete sich einer ausgedehnten Korrespondenz mit der gesamten literarischen Welt, half angehenden großen und kleinen Dichtern und verkörperte auf gefällige und freundliche Weise das zu jeder Zeit vorhandene Mittelmaß, das auch fruchtbare Anregungen geben oder weitergeben kann.

Mit Johann Peter Uz (1720–1796) und Johann Nikolaus Götz (1721–1781) zusammen griff Gleim auf den griechischen Lyriker Anakreon zurück, der um 500 v. Chr. gestorben war, oder vielmehr auf die hellenistischen Sammlungen von ‹Anacreontea›, die sehr viele Nachahmer fanden. Ihre Übersetzung *Die Oden Anakreons in reimlosen Versen* (1746, 2. Aufl. 1760) schenkte der deutschen Literatur das nötige klassische Vorbild für eine scherzhafte, aber auch empfindsame bzw. ‹zärtliche› Lyrik, in welcher der lehrhafte oder moralische Zweck völlig fehlte, die andererseits aber keineswegs un- oder amoralisch war. Diese Lyrik war eingestandenermaßen ein Spiel mit überlieferten antiken Motiven, die mit dem Alltag der Dichter und Leser wenig Berührung hatten. Ihr Sinn lag in einer Sensibilisierung und Verfeinerung der poetischen Ausdrucksmittel.

Aus den Anakreonteen übernahmen und adaptierten die Dichter die Versformen, wobei besonders die reimlose Verszeile, bestehend aus drei Jamben, bis zum Überdruß benutzt wurde. Die Themen waren Liebe, Wein und Freundschaft, die unermüdlich variiert wurden. Alles ist in eine ‹amoene› Landschaft mit Bächen, Büschen, Grotten und Quellen versetzt, die belebt ist von Faunen, Nymphen, spröden Schäferinnen und blöden Schäfern. Hier belauscht man die Schöne im Bad oder weckt die schlafende Geliebte, wenn man nicht unter Bäumen seinen Wein trinkt.

Diese Stilisierung ist von der älteren Forschung oft als Lebensflucht getadelt worden, wobei sie sich auf die zahlreichen Stellen stützen konnte, an denen die Dichter selbst den kompensatorischen Charakter dieser Fiktionen zugeben. Am einprägsamsten hat Uz in dem Gedicht *Der Schäfer* den alten Gegensatz von Stadt und Land dargestellt, aber gleichzeitig die Irrealität der in diesem Falle sehr empfindsamen Traumwelt thematisiert:

Arkadien! sey mir gegrüsst!
Du Land beglückter Hirten
Wo unter unentweihten Myrthen
Ein zärtlich Herz allein noch rühmlich ist.

Ich will mit sanftem Hirtenstab
Hier meine Schafe weiden.
Hier, Liebe! schenke mir die Freuden,
Die mir die Stadt, die stolze Stadt nicht gab.

Wie schäfersmässig, wie getreu
Will ich Climenen lieben,
Bis meinen ehrfurchtvollen Trieben
Ihr Mund erlaubt, daß ich ihr Schäfer sey!

Welch süssem Traume geb ich Raum,
Der mich zum Schäfer machet!
Die traurige Vernunft erwachet:
Das Herz träumt fort und liebet seinen Traum.

Die unaufgelöste Dissonanz zwischen einem trüben Alltag und dem Traum von einem verlorenen Arkadien der Unschuld kann wohl kaum klarer zum Ausdruck kommen. Obwohl Uz auch weniger moralisch-empfindsam sein kann, wirkte der Angriff des jungen, vehement religösen Wieland gerade auf ihn als Vertreter einer unmoralischen Liebesdichtung absurd. Wenig später zeigte Wieland selber, daß er ganz anders amoralisch-artistisch mit diesen Motiven spielen konnte, die der deutschen Dichtung die Möglichkeit öffneten, in dieser Gattung lange vor der Klassik eine heitere und entschiedene Diesseitigkeit zu gestalten.

Eine Randfigur der Anakreontik war Karl Wilhelm Ramler (1725–1798), in dessen zahlreichen Anthologien die Hallenser stark vertreten waren. Die Musenalmanache und Taschenbücher der siebziger Jahre waren die Organe einer neuen Generation, aber auch in diesen Publikationen hatten die Anakreontiker, für die noch der alte Herder lobende Worte fand, ihren Platz.

Exkurs: Ossianismus

Mit dem Werk *Fragments of Ancient Poetry collected in the Highlands of Scotland and translated from the Gaelic or Erse Language* (1760) schuf der Schotte James Macpherson (1736–1796) eine europäische Sensation und eine neue Art epischer Dichtung in rhythmischer Prosa. Auf die erste Sammlung kürzerer ‹Heldenlieder› mit lyrischen und dramatischen Einschlägen folgten die Kleinepen *Fingal* (1762) und *Temora* (1763). Seine Werke wurden in die Hauptsprachen Europas übersetzt – sogar ins Lateinische. Vor der Jahrhundertwende erschienen schon vier deutsche Gesamtübersetzungen, wobei man den Eindruck von der Kunst Ossian-Macphersons am leichtesten durch Goethes Übertragung einiger Fragmente in seinem Roman *Die Leiden des jungen Werthers* und durch Herders Proben in der Abhandlung *Vom Geist der Ebräischen Poesie* bekommt. Bei den meisten Zeitgenossen waren die Übersetzungen des Wiener Jesuiten Michael Denis (1768–69), zum großen Teil in Hexametern, überaus beliebt.

Die ossianischen Gesänge sind in Wirklichkeit eine geniale Fälschung, was schon einige Zeitgenossen wie Dr. Johnson und Gerstenberg mutmaßten, während Herder und viele andere daran glaubten, daß Macpherson diese Lieder tatsächlich als im Volk noch mündlich überlieferte Reste und Bruchstücke eines großen epischen Werkes des Barden Ossian in den abseits gelegenen Gegenden Schottlands gesammelt hatte. Der Barde soll im 3. Jahrhundert gelebt haben, nach den Berechnungen der damaligen Zeit also etwa 1000 Jahre später als Homer, aber in einer Gesellschaft, die eine ebenso einfache und ursprüngliche Kultur besaß. Von dieser Gesellschaft konnte man nun, so meinten die Zeitgenossen, einen echten, wahren, lebhaften und poetischen Eindruck gewinnen und dann diese europäische Vorzeit mit der homerischen Welt vergleichen. Die gelungene historische Fälschung trug paradoxerweise zur Entwicklung einer historisch vergleichenden Betrachtungsweise in der zweiten Jahrhunderthälfte entscheidend bei.

Die für uns fast unglaubliche Wirkung der Fälschungen ist auf eine Reihe von Faktoren zurückzuführen, die erst in ihrer Gesamtheit die Begeisterung einer ganzen Epoche zu erklären vermögen. Einen guten Eindruck von diesem Komplex vermittelt der lange Artikel *Oßian* in Sulzers *Allgemeiner Theorie der schönen Künste* (III, 631–43), wobei auffällt, daß moralische Überlegungen bei dem stark wertenden Vergleich zwischen der homerischen und der ossianischen Welt eine große Rolle spielen.

Sulzer hebt zunächst hervor, daß durch die unerwartete mündliche Überlieferung im Volk nicht nur das Werk eines genialen Dichters, der sich mit den besten der Antike messen könne, erhalten sei, sondern sich in diesen Liedern auch eine andere, ehemals mögliche Funktion des Dichters und der Kunst in der Gesellschaft offenbare:

«Er nahm die Harfe nicht zum Zeitvertreib in die Hand, auch nicht aus

Ruhmbegierde, sich einen Namen zu machen. Zu seiner Zeit waren Musik und Poesie nicht Künste, die ein Muße verschaffender Reichthum zu seinem Zeitvertreib herbey ruft; sie waren öffentliche, auf das innigste mit der Politik und den Nationalsitten vereinigte Anordnung, deren unmittelbarer Zwek die Ausbreitung der Tugend, und Erhaltung der Freyheit war; Künste, die ein wesentlicher Theil der Maschine waren, wodurch der Nationalcharakter verbessert, oder wenigstens in seiner Kraft erhalten, und der Staat in seiner Stärke befestigt werden sollte.

Deswegen ist er von allen Dichtern, die wir kennen, der einzige seiner Art. Denn er hat als epischer Dichter vor andern den Vorzug, daß er bey den meisten der großen Thaten, die er besingt, nicht nur ein Augenzeuge, sondern auch eine Hauptperson gewesen.»

Die Zeit Ossians war nach Sulzer also fast eine goldene Zeit, wo die Kunst nicht nur ein privates oder geselliges Vergnügen darstellte, sondern für die Nation wichtig war und volksbildend wirkte, eine Zeit, von der Goethes Tasso später träumte, in welcher der Dichter die Taten der Politiker nicht bloß besang, sondern der Dichter und der Staatsmann vielmehr eins waren. Ossian vertritt für das 18. Jahrhundert einen Dichtertypus, den es weder in der Antike noch in der Moderne gegeben hatte, sondern nur in der plötzlich fast historisch greifbar gewordenen keltischen Welt.

Zwar waren die Kelten oder Schotten keine Deutschen, doch durch sie hat die Gegenwart teil an einer nord- und westeuropäischen Vergangenheit und an einer Dichtung, die der griechischen gleichwertig ist. Während Ovid neben Ossian als «ein poetischer Schwätzer» gilt, wird Homer zwar gelobt, aber auch als an vielen Stellen recht «weitschweifig» bezeichnet. Noch wichtiger scheint Sulzer das moralische Gefälle zwischen den beiden Völkern zu sein. Die Griechen sind «abergläubisch», «verschlagen», «ruhmräthig und prahlerisch», oft «brutal», «dabey große Redner und schöne Schwätzer». Schlimmer noch: «Das schöne Geschlecht spielt bey ihnen eine schlechte Rolle. Befriedigung sinnlicher Triebe und Bestellung des Hauswesens waren hauptsächlich die Dinge, wozu dies Geschlecht ihnen bestimmt schien.»

Dagegen gibt es bei Ossian keine Göttermaschinerie, «alles ist blos menschlich», obwohl es um epenwürdige Heldentaten geht. Den Inhalt der Dichtungen bilden die Kämpfe der irischen, schottischen und skandinavischen Fürsten in einer Landschaft voller Berge, Höhlen, Inseln und Nebel, in denen sich keine Götter offenbaren, aber immerhin die Stimmen der toten Helden vor der Schlacht zu hören sind (vgl. *Temora*). Den Stil beschreibt Sulzer für den heutigen Leser etwas überraschend als knapp und einprägsam, so daß die Phantasie stark angeregt werde. Der Leser stelle sich dadurch viel mehr vor als tatsächlich beschrieben wird. Ossians Helden sind außerdem ritterlich, ja Fingal, «der bessere Achilles», der im Streit so furchterregend ist, «hat ein Herz voll Großmuth, voll Zärtlichkeit und voll Bescheidenheit». Immer wieder werden diese Eigenschaften hervorgehoben, und der einzige

Wunsch der Helden ist, im Lied der Barden weiterzuleben, «das von Mund zu Mund auf die Nachwelt» kommt. Es ist fast unnötig hinzuzufügen: «Und doch sind diese geborne Krieger höchst empfindsam für weibliche Schönheit. Ein weißer weiblicher Arm, schwarze, über eine weiße Brust wallende Loken, eine schöne Stimme, erweken in ihnen ein süßes, aber dabey sehr sittsames Gefühl.»

Die Wirkung der ossianischen Gedichte beruhte also, wie die letzten Textproben aus Sulzers langem Artikel belegen, darauf, daß die Ideale einer moralischen, empfindsamen, unter Umständen auch empfindsam-anakreontischen Zeitströmung in die eigene Vergangenheit zurückprojiziert worden waren, die man stolz gegen das moderne Rokoko und den Klassizismus, ja gegen die Antike selbst ausspielen konnte. So wurden diese ‹Überbleibsel› einer großen Vergangenheit vorbildhaft für die moderne Dichtung, die einzelne Elemente, besonders in Landschaftsschilderungen, übernahm, so daß Ossianisches neben den Versatzstücken der ‹amoenen Landschaft› der Anakreontiker in der Form von wilden Wolken, Heide, Grabmalen usw. immer wieder erkennbar wird. Die Gestalten des edlen Sängers, des empfindsamen Kriegers und der keuschen Magd werden genauso wichtig wie der junge Hirte, der weinselige Greis und die schelmische Nymphe, die, allerdings leicht verkleidet, sogar in den mit Ossian eng verwandten skaldischen oder bardischen Gedichten auftreten. Am wichtigsten ist aber wohl, daß die Zeit in diesem Werk einen Ausdruck für ein Gefühl fand, das Blair in seiner *Critical Dissertation* stark hervorhebt: «the joy of grief», eine Formulierung, die der Ossiandichter sehr oft verwendet und womit er in die Vergangenheit eine zeitgenössische Lieblingsempfindung hineinlegte.

Exkurs: Barden und Skalden

Wenn es bei den Kelten empfindsam zugeht, so müßte es, könnte man meinen, jedenfalls bei den Skalden anders aussehen, denn die barbarische Unempfindlichkeit der Wikinger hatte ja Lessing in der Polemik gegen Winckelmann hervorgehoben und mit der griechischen Klage über Schmerz und Tod verglichen. Blair zitiert in seiner *Critical Dissertation* eine Totenklage Regnar Lodbrogs, die der dänische Gelehrte Ole Worm ins Lateinische übersetzt hatte. Der nordische Held freut sich in der Stunde seines Todes über die Gewißheit, daß er bald in Walhall aus den Schädeln seiner Feinde Wotans Bier trinken wird. Damit kam, so schien es jedenfalls Wieland, ein neuer barbarischer Klang in die deutsche Dichtung. Er schrieb mit spöttischer Anspielung auf die Totenklage und auf Gerstenberg als den Initiator des «Bardengebrülls»:

> «Die Musen krähen uns in fremden rauhen Tönen
> Kamschatkische Gesänge vor,

Entsagen, um neu zu sein, dem Schönen,
Betäuben den Verstand, und martern unser Ohr.
Es hieß sogar (wir wollen Bessers hoffen!)
Sie hätten einst im dicken Gerstensaft
Mit Wodans wilder Brüderschaft
Aus Menschenschädeln sich besoffen.» *(Der verklagte Amor,* 1774)

Gerstenberg, der in Kopenhagen zum Kreis um Klopstock gehörte, hatte 1766 sein *Gedicht eines Skalden* veröffentlicht. Hier gab er auch die *Briefe über Merkwürdigkeiten der Literatur*, die sogenannten *Schleswigschen Literaturbriefe* (1766/67) heraus und trat in seiner Literaturkritik sehr nachdrücklich sowohl für Shakespeare als auch für Young und Ossian ein, die nach ihm Vorbilder für eine neue, echt deutsche Dichtung werden sollten. Es waren solche Ansichten, die Herder in Frankreich darüber seufzen ließen, daß er nicht in Kopenhagen an Land gegangen war, nicht nur um Klopstock zu treffen, sondern auch um: «Gerstenberg aufzusuchen, mit ihm die Barden und Skalden zu singen, ihn über seine Liebe und Tändeleien im Hypochondristen (Zeitschrift Gerstenbergs, SAJ) und wo es sey zu umarmen, die Briefe über die Merkwürdigkeiten etc. mit ihm zu lesen, von Hamann, Störze (H. P. Sturz, SAJ), Klotz u.s.w. zu sprechen, und Funken zu schlagen, zu einem neuen Geiste der Litteratur, der vom dänischen Ende Deutschlands anfange und das Land erquicke. Alsdenn da über die Skalden zu schreiben...»

Die Aufsätze Herders über Ossian und Shakespeare in der Sammlung *Von deutscher Art und Kunst*, die zum Manifest der Sturm-und-Drang-Bewegung wurde, waren für eine geplante Fortsetzung der *Schleswigschen Literaturbriefe* geschrieben worden und nehmen tatsächlich ein Gespräch mit Gerstenberg u. a. über die Echtheit der ossianischen Dichtungen auf. Gerstenberg lebte zwar in einer Stadt, wo man sich intensiv mit der altnordischen Skaldendichtung beschäftigte, aber hatte das *Gedicht eines Skalden* nun tatsächlich etwas mit der nordischen Vorzeit zu tun?

Das Gedicht besteht aus fünf Gesängen, die Metrik ist sehr unruhig und wechselt von Gesang zu Gesang, obwohl die Handlung in diesem *Prosopopoema Thorlaugur Himintung des Skalden*, des Skalden mit der himmlischen Zunge, durchgehend gar nicht so unruhig ist. Im ersten Gesang begegnet uns keineswegs eine wilde nordische Vergangenheit, sondern heitere Gegenwart, die der Skalde allerdings mythologisierend beschreibt; die Anspielungen auf die dem deutschen Leser noch nicht vertraute nordische Mythologie und die dänische Gegenwart werden durch Anmerkungen erkärt: Alfadur ist Frederik V., Vingolf das Sommerschloß des Königs, Fredensborg; Gladheim, Palast der Freude, ist das Schloß Frederiksborg usw. Der Skalde Thorlaugur ist irgendwie zu neuem Leben erweckt worden, entdeckt jedoch, daß er nicht in Walhall ist, sondern auf dem alten vaterländischen Boden steht, sogar auf dem Hügel, wo er und sein Freund Halvard, dem er einen «Todesbund» ge-

geschworen hat, begraben liegen. Er erinnert sich an die innige Freundschaft, die sehr empfindsam gefärbt ist, und daran, wie die beiden Freunde eine badende Göttin belauschten, die zwar behende in die Tiefe verschwand, von der es aber heißt:

> Es schertzt um ihren Hals ihr blondes Haar,
> Verbirgt ihn halb, stellt halb entblößt ihn dar.
> Die seidnen Locken spielen mit den Lüften
> Und thauen herab auf Marmor-Hüften.

Der Skalde Gerstenberg hat seine *Tändeleyen* nicht vergessen, und so geht es natürlich weiter mit dem unvermeidbaren: «Der volle Busen wallt auf zarten Wogen ...» Er beschreibt eine typische Rokokosituation mit dem gewöhnlichen Rokokovokabular, und etwas naiv wird der Wechsel signalisiert:

> Schnell hören wir aus einem Zauberkahn
> Fremde Spiele der Saiten
> Mystische Lieder begleiten ...

Das «mystische» Lied ist ein hymnischer Preis der Freundschaft, von den Valkyrien oder Nornen gesungen, die das selige Leben der «in die Freude der Götter entrückten Helden» besingen, denen die Valkyrien «Einherium Ol», das himmlische Bier der Recken bringen. Ekstatisch schwören die beiden, daß sie einander nicht überleben wollen, ein Schwur, der dann im dritten Gesang die zu erwartenden Folgen hat. Ein anderer Skalde will dem Thorlaugur die Gold- oder Mundharfe abnehmen, die ihm Halvard bei seiner Abreise nach England – wohin denn sonst? – geschenkt hat. Zwar siegt Thorlaugur, gleitet aber im Blut des Gegners aus – und gerade in diesem Augenblick erscheint Halvar, glaubt den Freund tot und stürzt sich in sein Schwert. Für die beiden Freunde wird ein Grabhügel aufgeworfen, der dem «Wandrer süße Schwermuth winkt, Und zur Begeistrung ihn erhebt».

Der empfindsame Freundschaftskult, die süße Schwermut auf dem Friedhof – all das ist reinstes 18. Jahrhundert, das der Skalde als himmlisch auffaßt. Das Huldigungsgedicht, in welches sich das Lied hier verwandelt, muß natürlich die Gegenwart preisen, und so wechselt unerwartet die Perspektive: sein «mütterliches Land» nennt der Skalde «unfreundlich, ungeschmückt und rauh und wüste», «blutig», voll von «Graun und Meuterey». Ein Gott hat jetzt die Wildnis und mit ihr die Menschen veredelt. Während früher wie bei Ossian auch die Frauen Helm und Speer ergriffen, geht die Mutter jetzt mit acht Kindern im Park spazieren, worüber sich der Skalde inniglich freut. Diese harmonische christliche Gegenwart macht ihm deutlich, daß die alten Götter untergegangen sind, und nur in der Vision, in welcher er die schon stattgefundene Götterdämmerung schildert, entfaltet der Skalde als ein rückwärtsgewandter Prophet seine ‹primitive› Kunst in Alliterationen und hyperbolischen Bildern:

«Furchtbar billt aus dampfender Grotte
Mit weitgeöffnetem Schlund
Hinter dem fallenden Gotte
Garm der Höllenhund.»

Die alten heroischen Zeiten sind vorüber, aber man erinnert sich ihrer und ihres Gefühlsüberschwanges gern – und auch ihrer Todesfixiertheit. Die ossianischen Klänge sind neben den Momenten eines Huldigungsgedichtes an einen aufgeklärten und humanen Monarchen nicht zu überhören. Es ist ein Dokument einer temperiert empfindsamen und poetischen Religiosität, das Erwachen des Heidnischen mündet also ins Christlich-Aufklärerische, was nicht verwunderlich ist, denn christlich-aufklärerisch war die Welt des Kopenhagener Kreises, in der Gerstenberg lebte.

Die Auffassung, daß Skandinavisches und Keltisches letzten Endes identisch seien, finden wir lange vor Gerstenberg bei Paul Henri de Mallet (1730–1807), der mit seinen Werken *Introduction à la Historie de Dannemarc* (1755) und *Monuments de la Mythologie et de la Poesie des Celtes et particulièrement des anciens Scandinaves* (1756) einer europäischen Öffentlichkeit seine Thesen über die skandinavische Vorzeit vorgelegt hatte. Der Kopenhagener Kreis um Klopstock hielt nicht viel von dem Schweizer Mallet, der 1752–60 Professor für französische Sprache und Literatur an der Akademie der schönen Künste war. Er hat aber zweifelsohne ein größeres europäisches Publikum gehabt als die dänischen Gelehrten. Seine Werke wurden 1770 in erweiterter Form von Thomas Percy übersetzt, der schon 1765 seine berühmten *Reliques of Ancient English Poetry* veröffentlicht hatte.

Mallet unterscheidet nicht scharf zwischen germanisch und keltisch, sondern subsumiert gallisch, britannisch und germanisch unter den Begriff keltische Religion, die er als Gegensatz zur griechisch-römischen Religion auffaßt. Beide natürlich falschen Religionen wurden von der wahren Religion des Christentums zwar überwunden, aber – und hier spricht der Schüler Montesquieus – die keltische Religion entsprach unserem Klima, unserer Natur und unseren Bedürfnissen weit besser als die griechische. Spuren unserer alten Religion sind sogar noch in der Gegenwart zu finden, z. B. in der bis zum Fanatismus gehenden Begeisterung für das Militär, für den Zweikampf und in der Stellung der Frau. Sogar der Aberglaube der Europäer ist auf diesen alten Glauben zurückzuführen, ihre Hexen, Feen, Riesen und Zauberer sind Überbleibsel der keltischen Religion und stehen uns näher als alle Nymphen und Najaden.

Da wir, so Mallet, von Natur aus der keltischen Mythologie näherstehen, sollten wir uns in sie und die von ihr inspirierte alte Dichtung vertiefen, sie zum Leben wiedererwecken, die Barden, diese alten Poeten und Theologen unserer Väter, befragen und ihnen in den dunklen und schauervollen Wäldern lauschen, wenn sie ihre heiligen und mystischen Lieder singen. Und wir können nach Mallet diese Vorfahren befragen, weil wir in der *Edda* ihren Glauben und ihre Dichtkunst überliefert haben. Die Isländer konnten sich, auch als sie sich zum Christentum bekehrt hatten, keine Poesie ohne den Reichtum ihrer Mythologie vorstellen, waren aber nicht, meint Mallet, so unvernünftig und geschmacklos wie spätere europäische Dichter, die das Evangelium mit der Mythologie vermischen und die Apostel sich mit Nymphen unterhalten lassen.

Mallet sieht die gesamte Edda also als ein poetisches Dokument, besonders natürlich den Teil, den er als *Scalda* oder ‹Dichtkunst› bespricht, und zwar nicht als ein dichterisches Dokument von lediglich historischem Interesse. Im Rückgang auf die Edda kann man verkrustete moderne Formen durchbrechen, mehr noch: die Edda gibt «un nouveau point de vue», einen neuen Blickwinkel, läßt uns Altbekanntes neu und frisch sehen, die philosophischen und religiösen Wahrheiten eingeschlossen, die wir natürlich nicht bei den Barden suchen müssen.

Wir finden bei Mallet sowohl ein gelehrt-kritisches als auch ein poetisches Interesse für die nordische bzw. keltische Dichtung, von der er eine neue sensibilisierende Wirkung erhofft, die die griechisch-römische Dichtung nicht mehr leisten kann. Die antike Kultur kann für uns nur ein Bildungserlebnis sein, sie bleibt uns letzten Endes fremd, weil sie nicht mit unserer Natur übereinstimmt. Die nordische Mythologie ist also für Mallet nicht bloß Ersatz für eine schal gewordene antike Mythologie, eine Sammlung von literarischen Requisiten, die beliebig verwendbar sind. Sie ist aber auch keine neue Mythologie im Sinne der Romantiker. Die nordische Mythologie ist vaterländisch, poetisch, erkenntnisfördernd sogar – aber sie kann weder Religion noch Philosophie ersetzen, noch sie in irgendeiner neu zu schaffenden Synthese überholen. Für Mallet ist die nordisch-keltische Religion und ihre Mythologie geschichtliche Vergangenheit, die aber wieder für die Dichtung fruchtbar gemacht werden soll.

Ähnliche Gedanken finden wir später bei Klopstock. Wie Mallet glaubt er, daß bei den alten «Scythen», den Vorfahren der nordischen und keltischen Völker, der ursprüngliche Monotheismus noch vorhanden war und daß der Begriff eines höchsten Wesens auch später nicht völlig unterging wie bei den Griechen und Römern. Die These, daß die ursprüngliche ‹natürliche Religion› oder die Uroffenbarung monotheistisch gewesen war, kann natürlich keine Originalität beanspruchen. Das Neue bei Klopstock war, daß er – radikaler als Mallet und Gerstenberg – von einer «adventistischen Qualität der germanischen Religion» (G. Kaiser) überzeugt war, d. h.: so wie die jüdische Religion dem kommenden Messias den Weg geebnet, das auserwählte Volk auf das Kommen Christi vorbereitet hatte, so war auch die germanische Religion für die Germanen ein Weg zum Christentum gewesen. Deshalb ist sie ehrwürdig, ihr Andenken darf nicht verlöschen, ihre gewaltsame Unterdrückung durch Karl den Großen, der die Sachsen zwangsbekehrte, war verwerflich.

So kann Klopstock die germanische Mythologie der klassischen vorziehen, würde aber seine biblischen Dichtungen natürlich nicht als mythologisch auffassen. In der Ode *Der Hügel und der Hain* formuliert er:

Weck' ich aus dem alten Untergange Götter
Zu Gemählden des fabelhaften Liedes auf;

So haben die in Teutoniens Hain
Edlere Züge für mich!
Mich weilet dann der Achäer Hügel nicht:
Ich geh zu dem Quell des Hains!

Die alten Götter sind zwar untergegangen, doch Klopstock fühlt sich zugleich als christlicher Prophet und germanischer Barde. Obwohl bei ihm das Christliche immer dem Nationalen übergeordnet war, tritt der Barde doch auch manchmal mit dem Anspruch des ‹heiligen Sängers› auf, um einen Mittelbegriff zu verwenden. Aber auch, wo dies nicht der Fall ist, läßt Klopstock uns nicht daran zweifeln, daß sein Patriotismus sich auf ein vergangenes und künftiges deutsches Vaterland bezieht, während der Skalde Gerstenberg eine gemeinsame germanische Vergangenheit im Dienste des übernationalen, humanen Patriotismus des dänischen Gesamtstaates heraufbeschwor. In dem *Vaterlandslied* für Johanna Elisabeth von Winthem, seine spätere Frau, heißt es 1770, als er noch in Kopenhagen lebte:

Ich bin ein deutsches Mädchen!
Mein Aug' ist blau, und sanft mein Blick,
Ich hab' ein Herz
Das edel ist und gut.

Ich bin ein deutsches Mädchen!
Zorn blickt mein blaues Aug' auf Den,
Es haßt mein Herz
Den, der sein Vaterland verkennt.

Ich bin ein deutsches Mädchen!
Erköre mir kein ander Land
Zum Vaterland,
Wär' mir auch frei die große Wahl.

Ich bin ein deutsches Mädchen!
Mein hohes Auge blickt auch Spott,
Blickt Spott auf Den,
Der Säumens macht bei dieser Wahl …

Die Hinwendung zur keltisch-germanischen Vergangenheit, die zu Anfang noch an den humanistischen Patriotismus erinnerte, änderte sich zusehends. Ein moderner Begriff von Volk und Nation entwickelt sich vielleicht früher an Orten, wo sich zwei Kulturen begegnen: für Herder war Riga wichtig, für Klopstock Kopenhagen, für den aufkommenden Sturm und Drang das Elsaß und die Universität Göttingen, wo aufgrund der Personalunion Hannovers mit Großbritannien die Akademiker stark von England beeinflußt waren. Der entscheidende Faktor für diese Bewegung ist der neue Begriff vom Volk als Träger einer verschütteten nationalen Tradition, die im Verhältnis zur gelehrten Bildung der bürgerlichen Beamtenschicht und der französischen der Höfe und des Adels als eine Art alternativer Kultur entdeckt wurde. Dabei spielen Macpherson, Percy und Gerstenberg eine wichtige Rolle, die alle auf frühe Dichtungen der nord- und westeuropäischen Nachbarländer hinweisen und noch dazu auf alte Tugenden, mit denen sich der moralisch-empfindsame Bürger identifizieren konnte, indem er sie sowohl als nationale als auch übernationale, allgemeinmenschliche und nicht an Stand gebundene Werte proklamierte.

Exkurs: Romanzen und Balladen

Angeregt durch Percy und Macpherson schrieb Herder nicht nur den *Auszug aus einem Briefwechsel über Ossian und die Lieder alter Völker* (1773), sondern veröffentlichte später auch die Sammlung *Stimmen der Völker in Liedern* (1778/79); Goethe sammelte – auf Herders Anregung – im Elsaß mündlich überlieferte deutsche Volkslieder, Bürger schrieb seinen *Herzenserguß über Volks-Poesie* (1776) und Nicolai, der in allem nur Regression und Geschmacksverirrung sah, verfaßte seine Parodie *Eyn feyner kleyner Almanach Vol schoenerr echterr liblicherr Volckslieder, lustiger Reyen, unndt kleglicherr Mordgeschichte, gesungen von Gabriel Wunderlich weyl. Benkelsengerrn zu Desaw, hg. v. Daniel Saueberlich, Schusterrn tzu Ritzmücken an der Elbe* (1777/78).

In Nicolais Titelgebung wird auf die in den Augen der älteren Generation vorhandene und ihr wenig sympathische Nähe der Volkslieder zum trivialen Bänkelsang bzw. zur Moritat hingewiesen, was insofern sehr verständlich ist, als in den Romanzen und Balladen, die unter dem Eindruck der neuentdeckten Volkspoesie entstanden, solche Bezüge durchaus zu erkennen sind. Gleims *Marianne* (1756) ist eine Art Moritat. Die sehr reflektierte Hinwendung oder Herablassung zum Volk äußerte sich nicht nur in dick aufgetragener Moral und überdeutlicher Charakterzeichnung, sondern auch in einem scherzhaften, ironischen Ton, der als eine Art Rückversicherung den gebildeten Leser – manchmal etwas schillernd – darüber aufklärt, wie ernst das ‹naive› Gedicht und dessen Moral zu nehmen sind. Sulzer ärgert sich darüber und schreibt: «Unsere Dichter haben sich angewöhnt, der Romanze einen scherzhaften Ton zu geben und sie ironisch zu machen. Mich dünkt, daß dieses dem wahren Charakter der Romanze gerade entgegen sey.»

Sulzers Protest ist vor dem Hintergrund zu verstehen, daß es weder damals noch später gelungen ist, eine klare Grenze zwischen Romanze und Ballade zu ziehen. Formal kann man zu dieser Zeit die spanische Romanze als «größtentheils in achtsylbigen Versen, und vierzeilichten Strophen abgefaßt [...] deren Reime größtentheils Assonanzen sind» (Sulzer) definiert finden, aber ‹Ballade› und ‹Romanze› wurden oft unterschiedslos benutzt, so z. B. von Bürger als Gattungsbezeichnung für *Leonore*. So bleibt nur die Möglichkeit, rein stofflich zwischen den Romanzen, die sich an die romanische Tradition (Gongora, Moncrif), und den Balladen, die sich an die keltisch-englisch-nordischen Vorbilder (Ossian, Percy und die dänischen ‹Kiämpeviser›, auf die Gerstenberg hingewiesen hatte) anschlossen, zu unterscheiden, was natürlich, etwa bei deutschen Balladen mit mittelalterlichem oder zeitgenössischem Motiv, wenig befriedigend war. Sulzers Versuch einer Definition lautet:

«Gegenwärtig giebt man den Namen Romanze kleinen erzählenden Liedern, in dem höchst naiven und altväterischen Ton der alten gereimten Romanzen. Der Inhalt derselben ist eine Erzählung von leidenschaftlichem, tragischem, verliebtem, oder auch bloß belustigendem Inhalt. Weil die Romanze zum Singen gemacht ist, so ist die Versart lyrisch, aber höchst einfach, wie sie in jenen Zeiten durchgehends war, von einerley Sylbenmaaß und von kurzen Versen. Gedanken und Ausdruck müssen in der höchsten Einfalt und sehr naiv seyn, wobey man sich der gemeinsten, auch allenfalls etwas veralteten Ausdrücke und Wortfügungen bedienet, die auch den geringsten Menschen leicht faßlich sind.»

Diese Definition deckt auch die Volks- und Kunstballade ab, die Sulzer in dem historischen Abschnitt ebenfalls bespricht. Es handelt sich also um eine neu entdeckte, singbare bzw. liedhafte, volkstümliche, oft sehr emotional geladene episch-lyrische Gattung von teilweise naiv-archaisierendem Charakter. Es fehlen hier noch einige Momente, z. B. das des Sprunghaften, die bei Herder wichtig werden, und das dramatische Element, das Goethe auch in der Ballade findet, die er deshalb später das «Urei» aller Dichtung nennt. Trotzdem ist diese für die Dichtung des Sturm und Drang, der Klassik, der Romantik, ja des 19. Jahrhunderts wichtige Gattung in ihren Anfängen nicht schlecht definiert. Mit der Distanzierung von den «scherzhaften» frühen Formen ist sogar die spätere Entwicklung angedeutet, bis im 20. Jahrhundert wieder ironische und gesellschaftskritische Romanzen (Kästner, Brecht) geschrieben werden. Denn solche kritischen Töne gibt es sehr wohl schon bei Bürger, der mit *Des Pfarrers Tochter von Taubenhain* das Motiv des vom Junker entehrten bürgerlichen Mädchens, das Kindsmörderin wird, mit allen grausigen Momenten virtuos durchspielte. Ebenso gelungen ist seine Travestie *Neue weltliche hochteutsche Reime enthaltend die abentheyerliche doch wahrhaftige Historiam, von der wunderschönen durchlauchtigen kaiserlichen Prinzessin Europa und einem uralten heidnischen Götzen Jupiter* (1777), in welcher er als Bänkelsänger auf dem Markt agiert. Weitere Vertreter dieser Gattung waren J. Fr. Löwen (1727–1771), der vielgewandte Chr. F. Weiße (1726–1804) und Fr. W. Gotter (1746–1797).

2. *Roman*

Die großen deutschen Romane aus dem 17. Jahrhundert waren Ende des 18. Jahrhunderts zwar noch bekannt – Gottsched nennt sehr viele in seinem Kapitel *Von milesischen Fabeln, Ritterbüchern und Romanen* –, hatten jedoch ihr Publikum sowohl im Adel als auch unter den Bürgerlichen verloren. Gottsched definiert sie als Liebesgeschichten, die, wie die klassischen Vorbilder zeigen, auch «Leuten aus dem Mittelstande begegnen» können. Ihre Personen müssen, anders als im Epos, nicht historische Helden sein. Falls sie es doch sind, verlangt Gottsched, «daß man sie genau nach den Sitten der Zeiten, der Oerter, des Standes» schildert und sie nicht «wie belesene Schulmeister» oder ein «hochtrabender Sophist» reden läßt. Während Gottsched den alten Anfang «medias in res» noch anerkennt, wendet er sich mit dieser Kritik gegen den ‹hohen› Roman des Barock, verlangt einen mittleren Stil, «eine natürliche Art zu erzählen», und verwirft völlig den Gebrauch von Mythologie in den Romanen, kritisiert aber auch die Anleihen des französischen Romans bei *Tausend und eine Nacht*, den *Contes de Fées* usw. Schließlich betont er, daß der Roman «den Sitten keinen Schaden thun» darf und nennt neben Heliodor nur Richardsons *Pamela*, die er doch nicht ganz ohne Skrupel gelten lassen will.

Mit dem Namen Richardsons ist der auch in Deutschland erfolgreichste Autor des neuen Romans genannt, eine Gattung, die jedoch noch nicht ganz salon- und theoriefähig geworden war: Sulzer führt noch keinen Artikel ‹Roman› in seiner *Allgemeinen Theorie der schönen Künste* (2. Aufl. 1792) auf und als Wielands *Agathon* erscheint, ist er für Lessing «der erste und einzige deutsche Roman für den denkenden Kopf von klassischem Geschmacke. Roman? Wir wollen ihm diesen Titel nur geben, vielleicht, daß er einige Leser mehr dadurch bekömmt. Die wenigen, die er darüber verlieren möchte, an denen ist ohnedem nichts gelegen.» In diesen Worten kommt Lessings Beurteilung sowohl der bisherigen Romanproduktion als auch des deutschen Publikums zum Audruck, das offenbar in einen großen ungebildeten Teil, der schlechte Romane liest, und einen kleinen gebildeten oder eher gelehrten und vielleicht auch kunstfremden Kreis, der sich von einer solchen Lektüre abwendet, auseinanderfällt. Für Lessing existieren also weder die barocken Romane noch Schnabels *Wunderliche Fata einiger Seefahrer* (1731) als ernstzunehmende Literatur, obwohl der erste Teil des letztgenannten Werkes bis

1768 in sieben Auflagen erschien, und auch Gellerts *Das Leben der schwedischen Gräfin von G**** (1746) hat für ihn keine Bedeutung. Der deutsche Roman entsteht nach Lessing erst, als Wieland an den neuen europäischen Roman, vor allem an Fielding und Sterne, anknüpft.

Fast so unerwartet wie der erste deutsche Roman auf europäischem Niveau erschien eine große Abhandlung, die zum großen Teil auf *Agathon* fußt: *Versuch über den Roman* (1774) des jungen Offiziers Friedrich von Blanckenburg, der sich ohne großes literaturgeschichtliches Wissen als feinfühliger Kritiker erwies, die Möglichkeiten des zeitgenössischen europäischen Romans sehr gut einschätzte und sich für die Aufnahme des Romans als einer dem Epos gleichwertigen Form in den Kanon der Gattungen einsetzte. Er argumentiert, wie viele Aufklärer, auch sozialpädagogisch: Da es eine große Anzahl schlechter, von einem ungebildeten Publikum gierig verschlungener Romane gebe, könne die Kritik schon aus moralischen Gründen die Romane nicht länger vernachlässigen. Denn das Problem sei ja keineswegs neu, wie er mit einem Zitat aus Kästner belegt, der im Hinblick auf Ziglers *Asiatische Banise* die wechselnden Romantypen und das sich gleichbleibende weibliche Romanpublikum satirisch bestimmt:

> Mit kühnen, treuen, frommen Rittern,
> Verdarb sich der Geschmack von unsern guten Müttern;
> Mit feinerm Witz, empfindungsvollen Scherzen,
> Verdirbt man unsrer Töchter Herzen.

Da die Romane offenbar nicht abzuschaffen sind, wäre es klüger, ihre Qualität durch Kritik anzuheben, und es gibt nun nach Blanckenburg nicht nur mit Fielding in England, sondern neuerdings mit Wieland auch in Deutschland Vertreter eines neuen, künstlerisch wertvollen Romans – wobei er also nicht, wie viele andere Kritiker, die alte Gattungsbezeichnung ‹Roman› vermied und wie Wieland und Fielding lieber den Terminus «Geschichte» benutzte: *History of Tom Jones, Geschichte des Agathon* bzw. *The Life and Opinions of Tristram Shandy, Das Leben und die Meinungen des Herrn Magister Sebaldus Nothanker.* An diesen Werken läßt sich der poetologische Ort des Romans bestimmen. Nachdem Blanckenburg hervorgehoben hat, daß der Roman im Gegensatz zum Epos das ganze Leben eines Menschen unter dem Gesichtspunkt seiner Entwicklung oder Bildung schildern kann, folgt eine zweite, grundlegende Unterscheidung, die über Hegel bis Lukács immer wieder auftaucht, nämlich die These, «daß, so wie das Heldengedicht öffentliche Thaten und Begebenheiten, das ist, Handlungen des Bürgers (in einem gewissen Sinn dieses Worts) besingt: so beschäftigt sich der Roman mit den Handlungen und Empfindungen des Menschen. Diese beyden Unterschiede gründen sich auf die Verschiedenheit in den Sitten und der Einrichtung der Welt. So wie aber vorzüglich in der Epopee die Thaten des Bürgers in Betracht kommen: so scheint in dem Romane das Seyn des

Menschen, sein innrer Zustand das Hauptwerk zu seyn. Bey jenen Thaten läßt sich für den Bürger eine anziehende Unterhaltung denken, weil diese Thaten entweder den Ruhm der Vorfahren, oder die Wohlfahrt ihres Landes enthalten können. Wenn die Epopee den gehörigen Eindruck machen soll: so muß ihr Inhalt aus dem Volk genommen seyn, für das sie geschrieben wird. Wie könnte der Muselmann sich bey der christlichen Epopee gefallen? – Und wenn sich der Romandichter auf Thaten und Unternehmungen des Menschen allein einschränken wollte, was kann heraus kommen, das den vorangeführten Thaten gleich interessant wäre? – Aber wohl kann uns das Innre des Menschen sehr angenehm beschäftigen.– Bey einer gewonnenen Schlacht ists nicht das Innre des Feldherrn, um das wir uns bekümmern; die Sache selbst hat ihren Reiz für uns; aber bey den Begebenheiten unsrer Mitmenschen, ist es der Zustand ihrer Empfindung, der uns, bey Erzählung ihrer Vorfälle, mehr oder weniger Theil daran nehmen läßt. Dies lehrt Jeden die Erfahrung. Sind es Thaten und Begebenheiten, die uns so angenehm im Tom Jones unterhalten, oder ist es nicht vielmehr dieser Jones selbst, dieser Mensch mit seinem Seyn und seinen Empfindungen?»

Blanckenburg sagt deutlich, daß der epische Held als Staats«bürger» auftritt und als solcher ästhetisch interessant ist; er ist ‹öffentlich›, repräsentiert eine Gemeinschaft und die Vergangenheit dieser Gemeinschaft, ist als Vertreter und Typus und nicht als Individuum darzustellen. Der Romanheld als Vertreter anderer Zeiten und Sitten interessiert als Mensch und Individuum; wie er geworden ist und wie er empfindet, sein «Inneres» steht im Mittelpunkt. Damit ist auch der alte Abenteuerroman überholt, dessen Taten und Begebenheiten weder repräsentativ noch psychologisch interessant sind. Die Absage an den in Blanckenburgs Terminologie «historischen» Roman, in welchem die Handlung den Vorrang hat, bedeutet jedoch keineswegs den Verzicht auf einen unter Umständen äußerst bunten Ablauf der Ereignisse. Wielands *Agathon* folgt bekanntlich in vielem dem Muster Heliodors, d. h. es gibt Schiffbruch, Seeräuber, Entführungen, Verkleidungen usw. Auch Fieldings Helden leben auf andere Weise ein äußerst abwechslungsreiches Leben. Entscheidend ist, daß die bunte Handlung zur Ausbildung des Charakters des Helden beiträgt, daß sie auch eine Geschichte seines «Werdens» wird, die sein «Sein» erklärt und kein bloßes «Erzehlen» ist. Diese Integration, die möglichst deutlich hervortreten soll, ist eine Grundforderung Blanckenburgs. So verwirft er etwas überraschend den in seiner Zeit so beliebten Briefroman, weil die in das Geschehen oft leidenschaftlich verwickelten Briefschreiber «das Wie bey dem Entstehen ihrer Begebenheiten» nicht genügend klar analysieren und anschaulich genug darstellen können, während dies dem auktorialen Erzähler viel leichter gelingt. Trotzdem konnte Blanckenburg, weil er als Kritiker nicht dogmatisch verfuhr und durchaus bereit war, sein Urteil zu revidieren, nach dem Erscheinen von Goethes Briefroman *Die Leiden des jungen Werthers* eine sehr positive Rezension schreiben.

Die Theorie des Romans entfaltet sich also vor dem Hintergrund einer bloß zum Konsumieren bestimmten Masse von Romanen und einiger weniger in die Zukunft weisenden, den Bildungs- oder Entwicklungsroman konstituierenden ‹Geschichten›. Die Forschung hat nachgewiesen, daß die älteren Romantypen bis weit über die Jahrhundertmitte hinaus Muster für die sprunghaft steigende Produktion von Unterhaltungsromanen waren und auch auf die anspruchsvolleren Romane formbildend wirkten. So kann Eva D. Becker noch für diese Periode zwischen dem empfindsam-didaktischen Prüfungsroman, dem komischen Narrenroman und dem «mittleren» Roman unterscheiden. Eine weitere genetische Darstellung der letzteren, in die Zukunft weisenden Form müßte sich auch auf die Definition Fieldings einlassen, sein neuer Roman sei ein «comic epic poem in prose» (vgl. den Abschnitt über das scherzhafte und komische Epos). Im «mittleren» Roman sind die großen Wandlungen zu verzeichnen, hier entstehen u. a. der Erziehungs-, der Bildungs- oder Entwicklungsroman, der empfindsam-humoristische und der – als formales Experiment interessante, aber kurzlebige – Dialogroman. Wichtig und vorbildhaft für die erste Phase dieser Entwicklung war jedoch vor allem der englische, aber auch z. T. der französische empfindsame Roman, und so kann man wohl sagen, daß «die Empfindsamkeit gedanklich und formal ihren adäquatesten Ausdruck im bürgerlichen didaktischen Aufklärungsroman gefunden [hat]» und auch später «durch das Beispiel Rousseaus und Goethes noch bestärkt, im ganzen 18. Jahrhundert zahlenmäßig den Ton angibt» (D. Kimpel), trotz der Romane Wielands und des älteren Goethe.

Die Empfindsamkeit

Die Empfindsamkeit ist eine gesamteuropäische Strömung innerhalb, nicht gegen die Aufklärung. Sie tritt in Frankreich und England früher als in Deutschland hervor, was wohl damit zusammenhängt, daß sie zwar nicht im alten Bürgertum entstand, jedoch wie die Aufklärung insgesamt vor allem von den Bürgerlichen, von Akademikern und Beamten als eine überständische Ideologie entwickelt und getragen wurde, die natürlich auch Anhänger unter Patriziern und Adligen finden konnte. Sie hat deshalb auch in den verschiedenen Ländern je nach den politisch-sozialen Umständen ein anderes Gepräge und ist außerdem kein rein literarisches Phänomen. Sie hängt mit religiösen, philosophischen und kulturell-gesellschaftlichen Umständen zusammen, die teils länderübergreifend, teils national bedingt sind.

Schon in der ersten Hälfte des 18. Jahrhunderts, ja teilweise viel früher, lassen sich in allen Ländern Strömungen feststellen, die sehr nachdrücklich nicht nur den Kopf, sondern auch das Herz aufklären wollten. Dabei steht ‹Herz› sowohl für Gefühl als auch für Tugend. Die Harmonie zwischen Kopf und Herz, Vernunft und Tugend war die Voraussetzung für eine ‹vergnügte› Seele, für die in diesem Jahrhundert dem Menschen ‹zukommende› und anzustrebende irdische Glückseligkeit. Die statt dessen vorhandene Disharmonie war jedoch nicht zu übersehen, und so wurde nach deren Ursachen gefragt, weil man sich keinen Schöpfer vorstellen konnte, der eine solche Harmonie nicht intendiert hätte. Die Antworten fand man teils in der politischen Mißwirtschaft der Fürsten, teils in einer kollektiven, mehr oder weniger selbstverschuldeten Störung des seelischen ‹Haushalts›, wobei man oft genug Symptom und Ursache verwechselte und die Ursache der Malaise in einer individuellen ‹Verzärtelung›, ‹Empfindelei› und ‹Schwärmerei› suchte. Die Kritik nahm in der zweiten Hälfte des Jahrhunderts immer mehr zu, obwohl sich der Empfindsame von Anfang an dadurch definierte, daß er sich von dem ‹Empfindelnden› distanzierte, und bis zum Ende des Jahrhunderts gab es trotz der virulenten modischen Empfindsamkeit in der trivialen Unterhaltungsliteratur auch positive Bestimmungen dieser Tendenz, die schon von der folgenden Generation als eine der wichtigsten des ganzen Jahrhunderts angesehen wurde:

«Einen *dritten* Charakter der Sittsamkeit des Jahrhunderts setzen wir in der *Zart- und Weichmütigkeit.*

Das häusliche Stilleben, die Liebe zur Ruhe und Gemächlichkeit, die negative Tugend, das verfeinerte sittliche Gefühl und Aufklärung überhaupt, bilden diese weiche Seite der menschlichen Natur sehr glücklich aus. [...] Eine der glücklichstgesagten und wie aus dem Brunnquell der Wahrheit geschöpften Sentenzen ist die unseres Fabeldichters, Pfeffel:

Empfindsamkeit ist das Genie zur Tugend.

Ohne Genie kein Dichter; ohne Empfindsamkeit kein Tugendhafter; und wenn gleich der Empfindsame nicht immer der Tugendhafteste ist; so ist der Tugendhafteste immer der Empfindsamste, das heißt nach unserer obigen Erklärung, der des *sittlichen Schnell- und Feingefühls empfänglichste. [...] Wenn Wohlthätigkeit aus Religiosität* in unsern Tagen selten ist: warum ist Wohlthätigkeit noch immer die allgemein-geübteste der öffentlichen Tugenden? [...] Ich antworte:

Aufklärung und Verfeinerung haben den Geist der Empfindsamkeit, haben statt religiöser, Menschengefühle geweckt: man hat in unsern Tagen mehr Sinn dafür, dem Nebenmenschen seine *Leiden auf Erden*, als sich selbst (wir reden hier in der Sprache des Systems von der Ewigkeit der Höllenstrafen) die Quaalen der Hölle zu lindern.

Eine andre schöne Wirkung der Empfindsamkeit ist *Milde* und Gelindigkeit in der *Behandlung des Gesindes und jeder Art der Untergebenen, vorzüglich auch in der physischen Erziehung der Kinder.*

Schläge und körperliche Strafen überhaupt sind aus jeder rechtlichen Haushaltung, so wie, für die meisten Fälle, in jeder wohlgeordneten Erziehungsanstalt, verbannt; überall betrachtet man sie mehr als nothgedrungene Zwangs-, denn als unentbehrliche Bildungsmittel.» (Daniel Jenisch, *Geist und Charakter des achtzehnten Jahrhunderts usw.*, Berlin 1800. Zit. nach W. Doktor und G. Sauder.)

Weiter erwähnt Jenisch die Abschaffung der Tortur, den Versuch «zur Abstellung der Todesstrafen», ja schreibt eigentlich der Empfindsamkeit überhaupt das Verdienst zu, den ganzen Humanisierungsprozeß im 18. Jahrhundert vorangetrieben zu haben. Jenisch beschreibt geradezu einen Sensibilisierungsprozeß, dessen Ergebnis ein fast unbewußt feinfühliges moralisches Handeln ist. Diese Sensibilisierung erstreckt sich auf sämtliche Lebensgebiete in einer Welt, die keine angedrohten Höllenstrafen nötig hat, um moralisch zu handeln, in welcher also die orthodoxe Religiosität abnimmt. Allgemeines Mitgefühl lindert das Leiden der Opfer der Kriege und der Naturkatastrophen, Menschlichkeit prägt den Umgang mit Gesinde und liegt den großen pädagogischen Reformen des Jahrhunderts zugrunde.

Von ebenso umfassender Wirkung ist die Empfindsamkeit in den Augen Johann Carl Wezels, der sie als eine «Nationalkrankheit» auffaßt, die nicht bloß auf die Lektüre empfindsamer Schriften zurückzuführen ist, sondern eher eine echte Zivilisationskrankheit darstellt, deren Ursachen in dem ganzen modernen Leben zu finden sind:

«... und die gegenwärtige Empfindsamkeit ist kein gemachtes, blos von gewissen Schriften veranlaßtes, sondern größtentheils ein natürliches Übel. Ihre erste hauptsächliche Ursache liegt in dem verderbten Stoffe der Körper, in der Lebensart, in den Nahrungsmitteln, in den Sitten; alles dieses zielt darauf ab, die Eingeweide, den wahren Quell der Empfindsamkeit, durch Überspannung und Ruhe zu schwächen, ihnen eine unregelmäßige Reizbarkeit mitzutheilen und sie für die leiseste Berührung jeder Idee empfindlich zu machen: die gehäufte Anzahl hypochondrischer und hysterischer Personen, die daraus entstund, erzeugte zuerst die deutsche Empfindsamkeit. [...] Nun kömmt es darauf an, welche Art von Ideen und Büchern am meisten im Umlaufe sind: liest man viel Gebetbücher und theologische Schriften, so bekömmt die Empfindsamkeit das Kleid der Bigotterie, des Fanatismus, der Andacht; liebt man moralische Bücher voll Tugend, Menschenfreundlichkeit und Mitleid, dann nimmt sie den Mantel der Tugend um; stehen Romane und Liebesgeschichten in Ansehen, so mischt sich die leidige Liebe ins Spiel; und Ärzte und Buchhändler können uns also berichten, wie hoch an jedem Orte der Thermometer der Empfindsamkeit steht, und welches ihr stadtübliches Modekleid ist – Religion, Tugend oder Liebe. Diese Hauptquelle der Empfindsamkeit können auch nur Ärzte und solche Personen hindern, die durch ihr Beispiel Einfluß auf Sitten und Lebensart haben: die Schriftsteller haben nichts gethan, als daß sie ihre Richtung auf einen anderen Gegenstand leiteten. Sonst war die deutsche Empfindsamkeit Pietismus: Youngs Nachtgedanken machten sie zu poetischer Andächteley: die Richardsonschen Romane, diese Gallerien von idealen Charaktern und moralischen Gemeinplätzen, verwandelten sie in moralische Engbrüstigkeit: Yorick's empfindsame Reisen gebaren uns einen Namen für eine längst existierende Sache und wirkten mehr auf die Schriftsteller als auf die Leser, weil der Mann den losen Streich gespielt und mit seiner Empfindsamkeit Witz verbunden hatte: endlich wurde sie durch melancholische Geschichten und süßlichte Romane zu melancholischer und tändelnder Liebe. Der Hang zur Empfindsamkeit liegt in der Stimmung des teutschen Geistes.» (J. C. Wezel, *Robinson Krusoe*. Neu bearbeitet. Zit. n. W. Doktor und G. Sauder.)

Für Wezel ist die Empfindsamkeit eine Art Hypochondrie, die Übereinstimmungen in der Beschreibung und der klinischen Erklärung sind offensichtlich, wenn man die zeitgenössischen Nachschlagewerke konsultiert. Es handelt sich in diesem Fall jedoch um eine kollektive, ja eine «Nationalkrankheit», die älter ist als der Begriff ‹Empfindsamkeit›. Die aufeinanderfolgenden literarischen Phasen kennzeichnet er auf eine Weise, die vieles in der literaturgeschichtlichen Diskussion antizipiert, z. B. die These, daß der Pietismus eine frühe Spielart der Empfindsamkeit ist, den Young poetisiert.

Die ältere Auffassung, daß die Empfindsamkeit säkularisierter Pietismus sei, läßt sich vor dem Hintergrund des europäischen Charakters dieser Strömung natürlich so wenig aufrechterhalten wie die These, sie sei in erster Linie eine deutsche Erscheinung. Auch ist der Pietismus keine eindeutige Größe, aber er wurde insofern doch für die Entwicklung in Deutschland wichtig, als er von den Gläubigen Rechenschaft über Bußkampf, Durchbruch und Wiedergeburt und somit teilweise eine penible Analyse der seelischen Regungen forderte. Der Pietismus hat ein geistiges Klima geschaffen, in welchem die Bekehrten, die Erwählten auf die feinsten Regungen des Gefühls achteten, wie in der autobiographischen Prosa von Jung-Stilling und Moritz unverkennbar ist. Wenn auch ein direkter, stilistisch eindeutig belegbarer Einfluß auf den Wortschatz Klopstocks und seiner Jünger schwieriger festzustellen ist als die ältere Forschung meinte, so bleibt doch unbestreitbar, daß Liebe, Freundschaft und Naturerlebnis mit Vokabeln aus dem religiösen Bereich gefeiert wurden, daß solche Erlebnisse und solche Bindungen quasisakralen Charakter bekamen. Mit «poetischer Andächteley» beschreibt Wezel das, was man später Säkularisierung des Religiösen oder Sakralisierung des Weltlichen genannt hat. Auch der Freundschaftskult, der die ‹wenigen Edlen› verband, die für so intensive Gefühle aufgeschlossen waren, schuf einen elitären Bund, dessen Mitglieder, man denke an Klopstock und seine Jünger, sich vom Mittelmaß ebensosehr absonderten wie die pietistischen Erwählten von den Weltkindern.

Hier wird nun allerdings auch die Grenze solcher oft mit bloßen Analogien arbeitenden Thesen deutlich, obwohl sie immer noch schwer zu ziehen ist. Für viele Zeitgenossen war Hamanns anscheinende Gleichsetzung von religiösem Genie und Prophetentum kaum anstößiger als die These Pfeffels, daß die «Empfindsamkeit das Genie der Tugend» ist. Das christliche Dogma verlor seine Gültigkeit, und man machte sich frei von dem pessimistischen Menschenbild des orthodoxen Christentums, dachte «menschlich», wie aus Jenischs Ausführungen hervorgeht. Trotz vorhandener struktureller Analogien zwischen Empfindsamkeit und Pietismus sind die substantiellen Unterschiede gravierend, denn die feste Überzeugung der Empfindsamen, daß der Mensch von Natur aus gut sei, kann kaum als säkularisiertes pietistisches Erbe angesehen werden.

Der Optimismus hatte viele Wurzeln, u. a. die Philosophie von Leibniz, aber in der Anthropologie spielte eher Shaftesbury (1671–1713) eine wichtige Rolle. Er vertrat in seinen Schriften einen optimistischen, platonisch getönten Deismus und wandte sich mit überlegenem Witz gegen religiösen Fanatismus und Sektierertum. Er tat dies in einer Reihe essayistischer Schriften: *Inquiry concerning Virtue* (1699), *A Letter concerning Enthusiasm* (1707), *Soliloquy, or Advice to an Author* (1720) und *Characteristics of Men, Manners, Opinions, Times* (1711), die für die ganze Spätaufklärung wichtig wurden und so verschiedene Geister wie Wieland und Herder tief beeindruckten. Die

Form seiner Darlegungen begeisterte die Zeitgenossen, denn Shaftesbury war kein «Schulphilosoph», sondern in englischer und französischer Tradition «Moralist», der wichtige Lebensfragen in völlig unakademischen Briefen oder wie Platon in Dialogen behandelte, weil er der vielzitierten Überzeugung war: «The most ingenious way of becoming foolish is by a system.» Ausgangspunkt seiner Überlegungen war, daß Güte, Schönheit und Wahrheit nicht nur im Kosmos eine harmonische Einheit bilden, sondern daß dies auch im Menschen der Fall ist, daß dieser nicht nur tugendhaft und gut werden kann, sondern einen angeborenen, auszubildenden «moral sense» besitzt. Er muß weder ein moralisches System haben noch eine Offenbarung empfangen, um zu erkennen, was gut ist, sondern kann hier seiner Natur vertrauen. Es gibt eine «moral beauty», von der der Mensch – wie von der ästhetischen – angezogen wird und an der er sich bildet. Das Schlechte und das Häßliche stößt den Gebildeten gleichermaßen ab, weil er von der Harmonie in der Natur und der Harmonie in der Menschenwelt durchdrungen ist, in welcher Selbstliebe und Liebe zum Nächsten, zur Gemeinschaft sich in Harmonie befinden, weil «benevolence» ebenso fundamental ist wie «self-love». Sowohl Hamann als auch Lessing sahen, daß Shaftesbury mit diesem Vertrauen auf die moralischen und intellektuellen Fähigkeiten des Menschen einen verdeckten «Misglauben» *(Sokratische Denkwürdigkeiten)* vertrat, bzw. ein «gefährlicher Feind der Religion» *(Literaturbriefe)* war, während die Enzyklopädisten, aber auch der Sturm und Drang ihn lobten. Von seiner Position aus konnte er die neoplatonische These von der Teilhabe des Dichters an der schöpferischen, formenden Kraft im Universum («the universal Plastic Nature») griffig mit den Worten formulieren, der Dichter sei «a second Maker, a just Prometheus under Jove».

Shaftesburys philosophische Überzeugungen und ästhetische Kultur hängen eng mit seiner sorgfältigen Erziehung – unter seinen Erziehern war der Philosoph John Locke – und seiner Position in der englischen Gesellschaft zusammen: es sind die Ideale des englischen «fine Gentleman». Sie spielen aber sowohl für den schwäbischen Pfarrerssohn Wieland als auch für den Schulmeistersohn und Aufsteiger Herder, für die Aufklärer, die Empfindsamen und den Sturm und Drang eine überaus wichtige Rolle; der junge Hamann übersetzte sogar Auszüge seines Werkes ins Deutsche. Seine *Charackteristicks* erlebten zwischen 1711 und 1790 elf Auflagen.

Auch das Werk seines Schülers Francis Hutcheson *Inquiry into the Original of our Ideas of Beauty and Virtue* (1725) wurde übersetzt, und obwohl sich mit Hume nicht nur die Art, sondern auch der Ausgangspunkt des Philosophierens radikal änderte, war auch für ihn «sympathy», das Gefühl der Gemeinschaft, das «Mit-Fühlen», eine fundamentale anthropologische Tatsache. Gerade die natürliche Verbundenheit mit dem Mitmenschen konstituiert den Gegensatz zum Pessimismus von Hobbes, der den Kampf aller gegen alle als den Naturzustand ansieht; ebenso deutlich ist der Abstand zur lutherischen Menschenauffassung. Für Hume beweist das angenehme Gefühl nach einer guten Tat, daß diese in der Natur des Menschen gegründet ist. Dieses angenehme Gefühl ist neben Nützlichkeitserwägungen ein weiterer Grund, moralisch zu handeln.

Der erste erfolgreiche empfindsame Roman in England pries zwar auch die Tugend, wurde jedoch nicht von einem Aristokraten, sondern von einem Kleinbürger und – als Briefsteller in Auftrag gegeben – aus anderer Perspektive geschrieben. Samuel Richardsons (1689–1761) *Pamela, or Virtue Rewarded. In a Series of Familiar Letters from a Beautiful Young Damsel to her Parents* (1740) schildert den Sieg des tugendhaften Dienstmädchens über den amoralischen Adligen, der zuletzt vor der Moral kapituliert, sich zur Tugend bekehrt und sie durch die unstandesgemäße Heirat mit dem Dienstmädchen als höchsten Wert anerkennt. Die Heuchelei des Buches entlarvte Henry Fielding in seinen Parodien *Apology for the Life of Mrs. Shamela Andrews* (1741) und (besonders gelungen) *Joseph Andrews* (1742), in welchem Pamelas keuscher Bruder Joseph der Schwester von seinen Bedrängnissen berichtet. Tragisch endet Richardsons Meisterwerk *Clarissa; or the History of a Young Lady* (1747f.): Der adlige Schurke mit dem sprechenden Namen Lovelace vergewaltigt die standhafte Heldin, die, von ihren Verwandten verstoßen, nachher dahinsiecht. Die etwas plane Psychologie und platte Moral des ersten Romans sind hier durch die in zwei Briefwechseln entfaltete Schilderung komplexerer Charaktere ersetzt. Denn Clarissa liebt im Grunde den Aristokraten, den ihre Verwandten zurückweisen und wird von ihm wiedergeliebt. Doch verlangt er, auch um ihre Familie wegen der Zurückweisung zu demütigen, ihre Hingabe vor der Heirat, was sie, anders als Lessings Sarah, verweigert. *Sir Charles Grandison* (1753/54) ist der vollendete moralische Gentleman, in jeder Hinsicht vorbildhaft. Aus dem langatmigen Roman, den Musäus mit seinem *Grandison der Zweite oder Geschichte des Herrn von N*** (1760/62) verspottete, holte sich der empfindsame Wieland den Stoff für sein Trauerspiel *Clementina von Poretta* (1760).

Richardsons Romane sind heute schwer zu genießen, wurden aber von Diderot und Rousseau gepriesen, ja von dem ganzen literarischen Europa verschlungen, so daß ihre Motive, Charaktere, Namen immer wieder begegnen – Nivelle de la Chaussée dramatisierte 1743 *Pamela*, Goldoni schrieb 1750 *Pamela fanciulla* und *Pamela maritata* usw. Entscheidend ist aber nicht der rührselige Stoff, sondern die Art seiner Darstellung. Der Briefroman ist künstlerisch die wichtigste Neuschöpfung der Empfindsamkeit, denn er erlaubt eine fast dramatische, aber gleichzeitig auch intime Schilderung der seelischen Vorgänge, die nunmehr wichtig werden. Minuziös schildert Richardsons Heldin nicht nur die Ereignisse, sondern im Medium der Briefe an die Eltern und an die vertraute Freundin auch ihre sich abwechselnden Gefühle und Reaktionen darauf sowie die Versuche, über sich selbst Klarheit zu gewinnen. Dabei schimmern in den Briefen Wünsche und Träume durch, die der Briefschreiberin noch nicht bewußt sind. Richardson hält bis *Sir*

Charles Grandison die Herausgeberfiktion aufrecht, d. h. die Briefe wollen laut der Vorrede geschrieben sein «unter dem unmittelbaren Eindruck aller jener Umstände, die sie veranlaßten». Es wird also nicht rückblickend-distanziert, sondern aus nächster Nähe erzählt.

Wendet man den Blick nach Frankreich, wird man feststellen, daß die frühe Empfindsamkeit hier vor allem im Drama ihren Ausdruck fand. Erst Rousseaus *Julie ou La nouvelle Héloïse* (1761) setzt für den späteren empfindsamen Roman Maßstäbe. Zu erwähnen sind allerdings auch zwei frühe Romane: *La Vie de Marianne* (1731–36) von Marivaux und Abbé Prévosts *Manon Lescaut* (1731). *La Vie de Marianne* ist ein Lebensbericht in zurückblickenden Briefen, in welchen die alternde Comtesse einer Freundin ihr Leben erzählt und mit feinster Psychologie den Aufstieg der Waise in der adligen Gesellschaft von Paris analysiert. Auch hier wird empfindsame Tugend rigidem Standesdünkel und Verführungsversuchen gegenübergestellt, aber der Weg nach oben wird wiederholt dadurch möglich, daß die arme Marianne darauf verzichtet, ihn zu betreten: So erklärt sie den vornehmen Verwandten ihres Bewerbers, sie verzichte auf ihn, was ihren Seelenadel beweist und die Verbindung eben deshalb doch möglich macht. Der Roman blieb Fragment.

Abbé Prévost übersetzte zwar Richardson ins Französische, in seinem Roman *Manon Lescaut* bricht sich jedoch ein weit radikalerer Emotionalismus Bahn, der mit Optimismus und Tugend wenig zu tun hat. Der Roman enthält eine sezierende, alles bloßlegende Darstellung einer absoluten, vor Diebstahl, Raub und Mord nicht zurückschreckenden Leidenschaft, ja Hörigkeit, die durch ein unschuldig-amoralisches Mädchen hervorgerufen wird. Die Handlung ist so bunt wie in einem Abenteuerroman, die Welt so voller Intrigen wie in einem Barockroman. Sie ist wie die barocke Welt undurchschaubar und unbeständig, selbst die Liebste ist käuflich und findet nichts dabei. Die Befriedigung der Lust ist hier das höchste Ziel des Menschen, der in dieser Welt herumgetrieben wird. Das Glücksverlangen beherrscht ihn, rechtfertigt alles – und stürzt ihn ins Unglück. So mischen sich auf ganz andere Weise als bei Richardson Elemente des Vergangenen und des Neuen.

In einer anderen Lieblingsgattung der empfindsamen Strömung, der empfindsamen Komödie, wurde Frankreich früh führend. Auch in England gab es eine ‹sentimental comedy›, aber das ‹Mit-Leiden›, das ‹Mit-Fühlen›, das als kollektives Erleben im Theater die Zuschauer eines rührenden Stückes Tränenflüsse vergießen ließ, entwickelte sich stärker in Frankreich. Die ‹comedie larmoyante› des Pierre Claude Nivelle de la Chaussée, in welcher das Komische zurücktrat und zuletzt ganz verschwand, wurde ein Riesenerfolg. In diesem ‹weinerlichen Lustspiel› herrschte, anders als in den kurz besprochenen Romanen, ein an Richardson erinnerndes moralisches Pathos. Das Laster wird nicht verspottet wie in der alten Komödie, sondern die Tugend als Beispiel zur Nachahmung gepriesen; sie verspricht die glückliche Lösung aller Konflikte. So nähert sie sich dem ‹drame serieux›, dem Schauspiel, d. h. dem ernsten Stück mit nicht-tragischem Ausgang, das Diderot unter dem Einfluß auch des englischen ‹bürgerlichen Trauerspiels› schaffen sollte. Es bleibt festzuhalten, daß ‹bürgerlich› in diesem Zusammenhang primär den nicht-öffentlichen Bereich – im Gegensatz zu der Sphäre der klassischen Tragödie – anzeigt. Die Gattungsbezeichnungen ‹domestic tragedy›, ‹tragédie domestique› geben die private Sphäre der Gattung an und nähert sie dem Roman, der sich, wie oben erwähnt, auf dieselbe Weise vom Epos unterscheidet.

Der empfindsame Prüfungsroman in Deutschland

Eine erste Periode der Empfindsamkeit kann in Deutschland zwischen etwa 1740 und 1750 angesetzt werden. In dieser Zeit publizierte Gellert seine Komödie *Die zärtlichen Schwestern* (1747) und verteidigte die neue Gattung des rührenden Lustspiels in seiner Abhandlung *Pro commoedia commovente* (1751). Vor allem aber erschien sein Werk *Leben der schwedischen Gräfin von G**** (1746), das den Siegeszug des empfindsamen Romans einleitete, über den sowohl Kästner als eigentlich auch Blanckenburg seufzten. Dieses Werk ist kein Briefroman, sondern die Gräfin erzählt rückblickend die Bedrängnisse ihres Lebens; sie kann zwar Briefe als Dokumente benutzen und schaltet im 2. Teil die langen Briefe ihres Gemahls aus der sibirischen Verbannung ein, da sie aber wie die Comtesse in Marivaux' Roman *La Vie de Marianne* ihre Memoiren schreibt, können und sollen diese Briefe nicht die bei Richardson intendierte unmittelbare Gefühlsintensität vermitteln. Im Gegenteil predigt die Gräfin «Gelassenheit», eine fast quietistisch anmutende Ergebung in den Willen Gottes, obwohl seine Wege so unerforschlich sind, daß sowohl Graf und Gräfin an dem Sinn der sie treffenden Schicksalsschläge zweifeln. Gellert benutzt noch viele Ingredienzen des alten Abenteuerromans, obwohl die Gräfin den Abstand zwischen ihrem Leben und solchen Romanen betont. Immerhin spielen Intrigen des Hofes, Krieg, Deportation, Doppelehe, Geschwisterliebe usw. eine bedeutende Rolle. Während die Gräfin, der Graf und ihr zweiter Gemahl, den sie in der Überzeugung geheiratet hat, ihr Gatte sei tot, durch ihre Gelassenheit die Prüfungen überstehen, scheitern die sich leidenschaftlich liebenden Geschwister, deren Unglück jedoch auch auf die außerehelichen Verhältnisse der älteren Generation, d. h. des Grafen, zurückzuführen ist.

Bei Richardson wie bei Gellert finden wir die distanzierte Haltung zum Hofe, die Kritik an dessen Lasterhaftigkeit und den Rückzug aus dem öffentlichen Leben in die Sphäre der bürgerlichen Familie – bezeichnenderweise wird Amsterdam Zufluchtsort. Auch bekennt Gellert sich auf überschwengliche Weise zu Richardson mit dem Gedicht *Über Richardsons Bildnis*, das ihn nicht nur neben Homer stellt, sondern in seinem Werke eine nicht nur ästhetisch ewiggültige, sondern auch erbauliche Gesamtinterpretation der Welt findet:

Die Werke, die er schuf, wird keine Zeit verwüsten,
Sie sind Natur, Geschmack, Religion.
Unsterblich ist Homer, unsterblicher bei Christen
Der Britte Richardson.

In der Gellert/Richardson-Nachfolge stand J. G. Pfeils *Die Geschichte des Grafen von P.* (1755), obwohl er auch deutlich Prévost benutzt, ihn streckenweise sogar fast abschreibt. Dieser Graf findet jedoch anders als der französische Chevalier den Weg zur Tugend zurück. J. T. Hermes' *Geschichte der Miß Fanny Wilkes, so gut als aus dem Englischen übersetzt* (1766), verweist werbend auf die englischen Vorbilder: Miß Fanny ist eine Neuauflage von *Pamela* und *Clarissa*, nur wird die Tugend hier noch spektakulärer bedroht. Besser ist sein größter Erfolg *Sophiens Reise von Memel nach Sachsen* (1769–73; 2. Aufl. 1774–76). Die bunte Handlung, die sich im Krieg 1756–63 abspielt, schildert wohl zum ersten Mal die Heldin eines empfindsamen Prüfungsromans, der die Tugend allein nicht helfen kann. Sie kann sich zwischen zwei sie liebenden Männern nicht entscheiden und wird deshalb von beiden verlassen.

Der erste deutsche Frauenroman

Unter den empfindsamen deutschen Prüfungsromanen ist Sophie La Roches *Die Geschichte des Fräuleins von Sternheim* (1771) noch sehr lesbar und wurde von den jüngeren Zeitgenossen, um Goethes emphatischen Ausdruck zu benutzen, nicht als ein Buch, sondern als eine «Menschenseele» beurteilt – die Seele einer Frau, die oft genug die «Sternheim» genannt wurde.

Sophie La Roche, geb. Gutermann (1731–1807), entstammte einer Augsburger Patrizierfamilie. Nach einer aus konfessionellen Gründen aufgelösten Verlobung besuchte sie Verwandte in Biberach und wurde von ihrem Vetter C. M. Wieland schwärmerisch geliebt. Auch dieses Verhältnis mußte sie aufgeben und heiratete den Kurmainzer Hofrat G. M. La Roche, der Gutsverwalter beim Grafen Stadion wurde, an dessen Hof sie den Biberacher Kanzleiverwalter Wieland ziehen konnte. Sophie La Roche lebte später mit ihrem Gatten in Ehrenbreitstein bei Koblenz, wo sie u. a. Goethe empfing, der ihre Tochter «Maxe», später verheiratete Brentano, verehrte. Sie war aber nicht nur die Großmutter von Clemens und Bettina Brentano, sondern eine in der Zeit vor der Klassik bekannte Schriftstellerin. Sie schrieb neben ihrem Erfolgsroman u. a. *Rosaliens Briefe an ihre Freundin* (1780), *Moralische Erzählungen* (1782–84) und *Melusinens Sommerabende* (1806).

Auch dieser Briefroman schließt sich formal und in seinen Motiven an die englischen Vorbilder an, ja auch die Handlung spielt zur Hälfte in England, und Fräulein von Sternheim – deren Großmutter mütterlicherseits eine Engländerin war – wird zuletzt Lady Seymour. England ist auch in gesellschaftlicher Hinsicht das Ideal, denn die Heldin hat trotz ihres Titels «von Sternheim» Schwierigkeiten, weil ihr Vater nur ein wegen seiner Verdienste im Krieg geadelter Professorssohn ist. Wegen dieser Mesalliance meinen ihre adelsstolzen Verwandten, die junge, begabte und tugendhafte Sophie dem Fürsten als Mätresse zuspielen zu können, um dadurch Vorteile zu erlangen. Aus Angst vor diesem Ansinnen, das sie empört und in aller Öffentlichkeit zurückweist, so daß der Fürst sie bewundern muß, heiratet sie einen Lord Derby. Diese Heirat ist jedoch ein Betrug, der englische Gesandtschaftsgeistliche ist in Wirklichkeit nur ein Bedienter des Lords, der sie verläßt, als er ihre Tugend und ihre Empfindsamkeit satt hat und noch dazu entdecken muß, daß sie Lord Seymour liebt, der ihre Rolle am Hof mißverstanden und sie deshalb verlassen hatte.

Das unglückliche Fräulein von Sternheim zieht sich unter dem Namen Madam Leidens von der Welt zurück, denn trotz ihrer Unschuld kann sie natürlich nicht mehr am Hof leben. Den Sinn ihrer Existenz sieht sie nunmehr in aktiver Menschenliebe. Sie richtet eine Schule für arme Mädchen ein und probiert ihre Vorstellung von Erziehung aus, indem sie selbst 13 Mädchen unterrichtet. Sie wird als tugendhafte, empfindsame Seele bekannt, deren Rat wegen ihrer moralischen Gesinnungen gesucht wird. Mit Recht hat die Forschung deshalb eine Stelle hervorgehoben, wo sie eine wohlhabende Witwe zu einer neuen Heirat überreden soll. Madam Leidens lobt die guten Eigenschaften der Bewerber, preist die Möglichkeit, als Stiefmutter Gutes zu tun, bekommt aber von der Witwe die Antwort: «ich wünsche diesen Männern würdigere Gattinnen, als sie mich abschildern; aber mein Nacken ist von dem ersten Joche so verwundet worden, daß mich das leichteste Seidenband drücken wird.» Madam Leidens gibt auf und schreibt: «[ich] wunderte mich aber in meinem Zimmer über den Eifer, womit ich mich in diese Sache gemischt hatte.»

Die Ehe als notwendige soziale Institution wird zwar nicht angezweifelt, aber Fräulein von Sternheim kann eigentlich nichts gegen die Argumente der Witwe einwenden: «Ich wähle nicht; ich will meine Freiheit genießen, die ich durch so viele Bitterkeit erkaufen mußte», denn die Ehe bedeutet die Unfreiheit der Frau. So muß das Fräulein, das betrogen wurde und selber allein lebt, sich über die Hintergründe ihrer Einmischung befragen. Es bleibt ihr offenbar letzten Endes unmöglich, sich eine selbständige und glückliche Existenz der Frau vorzustellen, was ihr Erziehungsprogramm auch zeigt. Zwar sollen die Mädchen allerlei nützliche Fähigkeiten erwerben, dagegen keine Philosophie oder Mathematik kennenlernen: «Aber von der Bedeutung des Ausdrucks *Edle Seele*, von jeder wohltätigen Tugend geben Sie ihnen den vollkommnesten Begriff, teils durch Beschreibung, teils und am meisten durch Beispiele von Personen, welche diese oder jene Tugend auf eine vorzügliche Art ausgeübt haben.

Soll ich sie auch Romane lesen lassen?

Ja, zumal da Sie es ohnehin nicht verhindern können. Aber suchen Sie, so viel Sie können, nur solche, worin die Personen nach edlen Grundsätzen handeln, und wo wahre Szenen des Lebens beschrieben sind.»

Sophie La Roche definiert hier ihren eigenen Roman und seine Funktion in der Erziehung der Frau, in der ‹verhältnismäßigen› Aufklärung, die sie im übrigen nur mit so viel Kenntnissen über Physik und Geschichte versehen soll, daß «sie nicht ganz fremde dasitzen und Langeweile haben, wenn Männer sich in ihrer Gegenwart davon unterhalten». Der Roman hat eine didaktisch-unterhaltende Funktion gerade für die Frauen, die nicht theoretisch-systematisch unterrichtet werden, und die Lehren, die mit Vergnügen verbunden sind, werden sie, so die These, nicht so leicht vergessen wie die trockene Moral, die ihnen oft vorgepredigt wird. Die Funktion des neuen Romans kann kaum klarer ausgedrückt werden.

Anders als Gellerts Gräfin kennt Fräulein von Sternheim Neigungen, die nicht bloß aus moralischen Grundsätzen hervorgehen. Die Tugend der schwedischen Gräfin läßt gut vorsubjektivistisch die Liebe zum zweiten Ehemann beim Wiederauftauchen des ersten, totgeglaubten völlig verschwinden, ja der zweite kann im Haus als Hausfreund weiter mit dem neu vereinten Ehepaar und der früheren Geliebten des Grafen in schöner Eintracht leben. Dagegen kann die Sternheim ihre Liebe zu Lord Seymour nicht vergessen und schlägt auch die Hand eines würdigen Liebhabers, seines Bruders Lord Rich, aus, der voller Verständnis feststellt: «Der unauflöslich rätselhafte Eigensinn eines einmal gefaßten Vorzugs hatte schon lange und unwillkürlich die Neigung ihres Herzens gefesselt.» Auch versteht er die ebenso unbedingte Liebe seines Bruders zu dieser Frau und keiner anderen, aber die Tugend, die er in seiner Schwägerin verkörpert sieht, läßt Lord Rich nach schweren inneren Kämpfen seine Liebe in Ehrerbietung verwandeln, und zwar so sehr, daß er ihren erstgeborenen Sohn als sein eigenes Kind betrachtet.

Sophie La Roche hat einerseits an der gültigen Moral festgehalten und jede subjektive Unbedingtheit vermieden – es gibt hier keinen Werther – und andererseits alle erlaubten seelischen Konflikte einer empfindsamen und gesitteten Frau dargestellt. Sie hat das Problem der Abhängigkeit der Frau in der Ehe angesprochen und den Standesdünkel empfindsam-tugendhaft in ihrem Werk kritisiert, das mit allen Elementen der englischen Mode arbeitet. Der Leser findet hier die Schwermut und vornehme Melancholie der Briten, er erlebt den guten Pfarrer, den er aus Oliver Goldsmiths (1728–1774) *The Vicar of Wakefield* (1766) schon kennt, und die düstere Landschaft Schottlands, die er mit ossianischen Farben ausmalen kann. Dabei muß er nicht völlig auf die Spannung des Abenteuerromans verzichten – die arme Sternheim wird nicht nur durch eine vorgetäuschte Trauung betrogen, sondern auch einmal entführt und in einen Turm geworfen.

Werther- und Siegwart-Fieber

Für die weitere Entwicklung der Empfindsamkeit in Deutschland war *La nouvelle Héloïse* (1761) von Jean-Jacques Rousseau (1712–1778) von Bedeutung. Das Buch bewegte Kant tief, Mendelssohn schrieb eine kritische Rezension, und Hamann verteidigte dieses Werk, in welchem er – anders als bei Richardson – eine philosophische Analyse der Leidenschaften fand und nicht den Versuch, die Leidenschaften durch Philosophie zu mäßigen. Das Verhältnis zwischen einer allgemeinen moralischen oder religiösen Norm und dem Gefühl, in welchem man das Individuelle erkannte, wurde hier das Thema eines Romans; die Gattung erhielt damit eine philosophische Würde, gegen die sich die ältere Generation wehren mußte, weil sich die Kunst für sie ja eben durch ihre ästhetische ‹Klarheit› und nicht durch philosophische ‹Deutlichkeit› auszeichnete und höchstens eine Lösung mitteilen, nicht suchen konnte.

Das Leben Julies und ihres bürgerlichen Geliebten Saint-Preux ist ein lebenslanger Kampf gegen die von Gott und der Gesellschaft nicht sanktionierte Liebe. Julies Ehemann ruft Saint-Preux zurück in die utopische Gesellschaft, die sich um Julie gebildet hat, aber auch die quasi vollkommene Welt, in der es keine Standesunterschiede gibt und die Tugend herrscht, kann die Leidenschaft Julies nicht läutern. Sie stirbt an diesem Widerspruch und in der Hoffnung, daß die Tugend, die die beiden Liebenden auf Erden trennte, sie im Jenseits verbinden wird. Die Unbedingtheit des Gefühls hat auf Erden keine Möglichkeit – ist aber damit nicht ins Unrecht gesetzt.

In diesem geistigen Klima entstand auch der Roman Goethes, der den Höhepunkt des empfindsamen Briefromans in Deutschland bildet: *Die Leiden des jungen Werthers* (1774) (vgl. S. 455 ff.). Goethe erkannte und entwickelte die Möglichkeiten der unmittelbaren, momentanen Gefühlswiedergabe, die Richardson entdeckt hat, und vertiefte sie in einer Analyse der erst allmählich aufbrechenden und später nicht zu zähmenden Leidenschaft, die die Schranken von Tugend und Empfindsamkeit durchbricht. In den Reflexionen über die gesellschaftliche Position des bürgerlichen Intellektuellen, «über die fatalen bürgerlichen Verhältnisse», führt er das Thema der Standesgesellschaft, die in fast keinem empfindsamen Prüfungsroman fehlt, einerseits weiter, radikalisiert es andererseits, indem er von der Verwerfung der bürgerlichen Schranken zu der Frage nach der fundamentalen Bedingtheit der menschlichen Existenz weiterschreitet, gegen die Werther sich aus der Unbedingtheit seines Gefühls auflehnt. Die Natur, die bei La Roche Kulisse für die Gefühle der Heldin bildet, liegt bei Goethe anfangs in homerischem Sonnenschein, wandelt sich aber nicht nur ins Ossianische, sondern «in den Abgrund des ewig offenen Grabes», da das Leben über jedes einzelne Leben hinweggeht.

Für den Briefroman war die Authentizitätsfiktion wichtig. *Die Leiden des jungen Werthers* schienen durch autobiographische Züge und die Anspielung auf den Selbstmord Karl Wilhelm Jerusalems diesen Zug noch zu steigern. Es entstand ein Wertherfieber, man kleidete sich wie Werther und Lotte, das Buch wurde eine Sensation und rief bei der älteren Generation Kritik (bei Lessing) und Parodie (bei Nicolai) hervor.

Es stimmt nachdenklich, daß *Siegwart. Eine Klostergeschichte* (1776) ein triviales, heute nur noch literaturgeschichtlich interessantes Werk, eine fast ebenso große zeitgenössische Resonanz hatte. Der Hainbündler und Klopstockjünger Johann Martin Miller (1750–1814) begründete mit dem Buch fast eine eigene Gattung und führte in die deutsche Literatur ein Motiv ein, das später für die Romantik wichtig werden sollte. Trotz einer stellenweise klar zutage tretenden Faszination des pietistisch angehauchten Ulmer Pastors von der klösterlichen Stille und Weltabgeschiedenheit bleibt das Motiv spektakulös, denn das Kloster konnte für den empfindsamen Aufklärer nur die Stätte der lebendig Begrabenen, der Dahinwelkenden sein. Der schwärmerisch fromme Siegwart will Mönch werden, und ein Mädchen, das ihn liebt, wird Nonne und stirbt. Siegwart verliebt sich in ein anderes Mädchen, das er aus sozialen Gründen nicht heiraten kann und das von ihren bösen Verwandten ins Kloster gesteckt wird. Als Gärtner verkleidet findet er sie, aber sie wird ihm durch den Tod entrissen. Er wird Kapuzinerpater, nimmt einer sterbenden Nonne die Beichte ab – und erkennt in der Todkranken seine geliebte Mariane, die diesmal nun wirklich stirbt. Einige Tage später ist er verschwunden – «der edle Jüngling lag erstarrt und todt im blassen Mondschein auf dem Grab seines Mädchens, dem er treu geblieben war bis auf den letzten Hauch».

Der ‹mittlere› Roman der Aufklärung

Henry Fielding (1707–1754) hatte seine ersten Romane in Opposition zu Richardson geschrieben. Mit seinem «comic epic in prose» näherte er sich dem *Don Quichote*, dem großen humoristischen Roman Cervantes'. Die Parodie löst sich auch bei Fielding vom Parodierten, die Satire vom unmittelbaren Anlaß. Zwar will Fielding noch in *Tom Jones* «laugh mankind out of their favourite follies and vices» (Dedication), aber in seinem ersten Kapitel bezeichnet er die «menschliche Natur», einfach und gewürzt, als das Gericht, das er seinen Lesern anbieten will, und ein ähnlicher Vorgang läßt sich auch bei Wieland im Übergang von *Don Sylvio* zu *Agathon* beobachten (vgl. S. 291 ff.). Komisch übertriebene Vorfälle wie der Kampf mit den «Gras-Nymphen» verschwinden aus der Handlung sowie grotesk verzeichnete Figuren, z. B. die Don Sylvio zugedachte Braut Mergelina. Diese Bewegung von einem satirisch ‹niedrigen› bis zu einem realistisch ‹mittleren› Roman bedingt auch die Wahl bzw. die Entwicklung anderer Erzählformen.

Das auktoriale Erzählen, das Fielding und Wieland wieder aufnehmen, erlaubt eine reflektierende Distanz dem Helden, seinem Leben und seinen Meinungen gegenüber, die noch ausgesprochener in den vielen ‹verfremdenden› Gesprächen des Erzählers mit dem Leser hervortritt, durch welche er in das rechte Lesen eingeübt wird. Der Leser darf nicht selbstvergessen das Buch verschlingen und sich mit dem Helden identifizieren, sondern soll abwägen. Die Identifikation mit einer meist vollkommen tugendhaften Heldin, die der anscheinend unmittelbare und ‹wahre› Gefühlsausdruck im Briefroman nahelegt, soll vermieden werden, damit der Leser einen mit Fehlern behafteten, aber doch guten (das griechische ‹agathos› bedeutet gut, edel) Menschen in seinem ganzen Werdegang folgt, während die meisten empfindsamen Briefromane eine Prüfungs- oder höchstens Läuterungsphase beschreiben. In weit höherem Maße als im Briefroman kann der Erzähler diesen Werdegang mit der Beschreibung einer vom Helden nicht immer durchschauten Abhängigkeit von der Umwelt, mit der Darstellung seiner mehr oder weniger bewußten Auseinandersetzung mit Ideen und politischen Verhältnissen verbinden. Es geht in *Agathon* nicht um eine Darstellung der antiken Geschichte, vielmehr um die innere Geschichte des Menschen, wobei die Probleme so offenkundig modern waren, daß die antike Einkleidung der Geschichte vor der Zensur nicht schützen konnte. Fielding schilderte die zeitgenössische englische Gesellschaft, Wieland wich in die Antike aus, schuf aber trotz dieser Stilisierung den Entwicklungs- oder Bildungsroman, der später als der wichtigste Beitrag Deutschlands zur Romankunst betrachtet werden sollte.

Neben Wieland ist man in unserem Jahrhundert wieder auf den lange vergessenen Johann Carl Wezel (1747–1819) als Vertreter des spätaufklärerischen Romans aufmerksam geworden.

Als Sohn eines fürstlichen Reisemundkochs gehörte er – wie Schnabel – zu einer Gruppe von Kleinbürgern, denen es unmöglich war, die Abhängigkeit des deutschen Bürgertums vom Adel und vom Fürsten zu vergessen. Wezel besuchte das humanistische Gymnasium seiner Geburtsstadt Sondershausen in Thüringen und studierte Theologie, Philosophie und Philologie in Leipzig, wo er bei Gellert wohnte. Ohne Abschlußexamen verließ er die Universität, um Hofmeister zu werden. Später versuchte er als Kritiker und freier Schriftsteller zu leben, was ihm nicht gelang. Er war auch kurze Zeit Theaterdirektor in Wien. Nach einer schweren seelischen Krise kehrte er Ende der achtziger Jahre nach Sondershausen zurück, wo er einsam und psychisch zerrüttet bis zu seinem Tode lebte, nachdem einige Heilungsversuche fehlgeschlagen waren.

Wezel war philosophisch von Locke, Albrecht von Haller, Lamettrie, Holbach und Helvétius, d. h. von einer zunehmend materialistischen Anthropologie beeinflußt. Seine misanthropische Skepsis der von den Zeitgenossen gepriesenen empfindsamen Tugend gegenüber war von Anfang an unübersehbar, nicht nur in *Wilhelmine Arend, oder die Gefahren der Empfindsamkeit* (1782). Die *Lebensgeschichte Tobias Knauts des Weisen, sonst der Stammler genannt* (1773–76) ist eine Art pikaresker Roman, in welchem der mißgestaltete Tobias die Welt insofern aus der Perspektive des Pikaro erlebt, als sie in ihrer grotesken Sinnlosigkeit demaskiert wird. Der Roman könnte aber auch als eine Art Parodie des im Entstehen begriffenen Bildungsromans betrachtet werden, da das Ergebnis der Begegnung des Helden mit der Welt der Rückzug aus ihr in eine selbstgewählte Illusion ist.

Belphegor oder die wahrscheinlichste Geschichte unter der Sonne (1776) ist ein deutsches Gegenstück zu Voltaires ‹philosophischem› Roman *Candide ou l'optimisme* (1759), der den vielsagenden Untertitel hat: Aus dem Deutschen übersetzt. Das Buch ist nämlich ein scharfe Auseinandersetzung mit dem Leibnizschen Optimismus, der vor dem Hintergrund der großen Naturkatastrophe des Jahrhunderts, des Erdbebens von Lissabon am 1. 11. 1755, Voltaire absurd vorkam. Der Philosoph Pangloss erklärt ja seinem Schüler nicht nur, daß alles seine zureichende Ursache hat, sondern auch, daß alles sehr gut ist in dieser, der besten aller möglichen Welten. Bekanntlich ist die Handlung des Romans nicht arm an Unglücksfällen: Erdbeben, Krieg, Vergewaltigung, Kastration, Sklaverei usw., aber alles ist für Pangloss letzten Endes eine Bestätigung seiner Philosophie.

Belphegor hegt wie Candide einen unerschütterlichen Glauben an das Gute und beharrt auch in diesem Glauben an die Menschen und an die Welt, nachdem er von der Geliebten verraten wird, weil er kein Geld mehr hat, und danach zum Krüppel geschlagen wird und auf dem einen Auge erblindet ist. Mit dem hausbackenen Theologen Medardus, der in allem ein Mittel der Vorsehung zu einem noch nicht erkannten Zweck vermutet, und dem Zyniker Fromal durchstreift er wie Candide die vier Welten, verliert seine Gefährten aus den Augen und findet sie und seine inzwischen etwas ramponierte Geliebte wieder. Trotz seines Optimismus muß er sich die Frage stellen, ob alles Unglück nicht doch daraus entsteht, daß die Natur den Menschen offenbar als Raubtier erschaffen hat und sie deshalb letzten Endes für alle seine Untaten verantwortlich ist. Das Motto des Buches ist das Hobbes-Zitat: Bellum omnium contra omnes. Aber der Krieg aller gegen alle ist genau der Grundsatz des Absolutismus, gegen den sich die Aufklärung im Namen der Menschheit und der Tugend auflehnte. Während Voltaires Helden zuletzt eine Freistatt finden und dort ihren Garten bauen, lassen Wezels Helden diese Arbeit von schwarzen Sklaven verrichten, mit denen sie patriarchalisch in schönster Eintracht leben; doch verläßt der Idealist Belphegor zuletzt dies Paradies, um am Aufstand der Amerikaner gegen die Engländer teilzunehmen.

Als Wieland *Belphegor* erhalten hatte, schrieb er Wezel am 22. Juli 1776, daß dieser alle Voraussetzungen habe, um ein deutscher Fielding zu sein, nur fehle ihm «gute Laune». Sein letztes großes Werk *Hermann und Ulrike. Ein komischer Roman* (1780) erinnert auch mehr an Fielding als an Voltaire, ohne daß es möglich wäre, von wirklicher ‹guter Laune› zu sprechen. Dafür gibt er in der Vorrede einige Bemerkungen zur Poetologie des Romans, die sehr erhellend für das Selbstverständnis der damaligen Romanautoren sind:

«Der Roman ist eine Dichtungsart, die am meisten verachtet und am meisten gelesen wird, die viele Kenntnisse, lange Arbeit und angestrengte Übersicht eines weitläufigen Ganzen erfordert und doch selbst von vielen Kunstverwandten sich als Beschäftigung eines Menschen verschreien lassen muß, der nichts Besseres hervorbringen kann.»

Er sieht die Ursache der Geringschätzung des Romans teils in der Tatsache, daß er in der Poetik des Aristoteles keinen Platz hatte, teils in den schlechten Abenteuerromanen, aber auch in den empfindsamen Werken, in denen es «Meerwunder von Tugend und schöne moralische Ungeheuer» gibt. Wezel will gerade aus «Respekt für die Tugend [...] sich also nicht sosehr an dem Schöpfer versündigen und seine Welt schöner machen, als er es für gut befand». Für Wezel ist der Roman einerseits der Biographie, andererseits dem Lustspiel zu nähern, und er gebraucht in dieser Verbindung wohl als erster den Ausdruck «bürgerliche Epopöe»: «so würde die wahre *bürgerliche Epopöe* entstehen, was eigentlich der Roman sein soll.» Mit «bürgerlich» meint er, anders als Blanckenburg, «menschlich», und wendet sich wie dieser gegen den hohen Stil im Roman.

Der Personenkreis in Wezels *Hermann und Ulrike* ist sehr groß und vielfältig; er umfaßt schrullige, naive, abgefeimte Charaktere und erinnert tatsächlich hier an die englische Romantradition bis hin zu Dickens. Formal fallen die vielen Dialoge, Briefe und Ich-Erzählungen auf, die Wezel in der Vorrede zu diesem auktorialen Roman selbst hervorhebt. Streckenweise nähert er sich hier dem Dialogroman. Inhaltlich nimmt das Buch das wohlbekannte Thema des Standesunterschiedes auf und verbindet es auf einmalige Weise mit dem Entwicklungsthema, ohne daß Wezel es radikal durchführen kann. Der helle Kopf Heinrich Hermann wächst auf dem Grafenschloß mit der zwar armen, aber doch adligen Ulrike auf, einer Verwandten des schrulligen Grafen, der Hermann verjagt, als er die aufkeimende Liebe zwischen den beiden entdeckt. Die bunte Handlung verschlägt Ulrike in ein Haus, wo Mätressen vermittelt werden, und läßt Hermann eine Zeitlang Spieler werden. Sie bekommen ein uneheliches Kind, das stirbt, versuchen eine bäuerlich-arkadische Existenz und scheitern damit. Durch tapfere Entsagung und nützliche Kentnisse gelingt es jedoch dem Paar, sich in der bürgerlich-höfischen Welt zu etablieren. Ulrike wird Hofdame an einem kleinen Hofe und kann Heinrich eine Stelle in der Verwaltung verschaffen, wo er Machenschaften und Betrügereien des Präsidenten aufdeckt. Er gewinnt die Gunst des Fürsten, der schließlich gegen den Willen der Fürstin die Heirat der beiden durchsetzt, obwohl er Ulrike gerne als Mätresse gehabt hätte.

Das Glück der beiden ist also gemacht, und der gefestigte Held schlägt sogar eine Nobilitierung aus, was aber nicht darüber hinwegtäuschen kann, daß Heinrich Hermann sich anpaßt, während sein widerborstiger Vater von Anfang an aus seinem Widerwillen gegen den Adel keinen Hehl macht. Der Roman ist wohl gerade deshalb ‹realistisch›, denn es gibt keine anderen Möglichkeiten für die beiden Hauptpersonen als eben Beamtenlaufbahn und Küche. An den «fatalen bürgerlichen Verhältnissen» sowie an seinem absoluten Gefühlsanspruch war Werther gescheitert. Auch Agathon mußte in der stilisierten antiken Welt nicht nur politisch scheitern, als er seine Ideale verwirklichen wollte, sondern im Namen der Tugend auf die schöne Danae verzichten – und damit auf ihre und seine Selbstverwirklichung. Ein bescheidenes Glück ist in *Hermann und Ulrike* durch Dienst und Unterordnung zu gewinnen, wobei es unheimlich anmutet, daß Heinrich Hermann so viel Autobiographisches hat, daß er sein Glück an einem kleinen Hofe macht – und daß Wezel nach seinem Ausbruch in die bürgerliche Welt nach Sondershausen zurückkehrte, um in dem Duodezfürstentum seiner Kindheit dahinzudämmern.

Lebensläufe

Wezels Bemerkung, man könne die verachtete Gattung des Romans aus der Verachtung zu Vollkommenheit und Ansehen bringen, «wenn man sie auf der einen Seite der Biographie und auf der andern dem Lustspiel näherte», ist mit seiner doppelten Empfehlung als ein Hinweis auf das Werk Fieldings zu verstehen, weist aber auch auf die zukunftsträchtigen Tendenzen der Epoche hin, die auch von Blanckenburg mit der These verteidigt wurden, der Roman könne im Gegensatz zum Epos ein ganzes Leben, die «innere Geschichte» eines Menschen schildern und sei eben dadurch als besondere poetische Gattung zu definieren. Die Bezeichnung ‹Geschichte› für den neuen, nichtromanesken Roman meint meistens auch den Lebenslauf des Helden, und die Frage nach der Einheit des Romans, die damit thematisiert wurde, beinhaltet letzten Endes natürlich auch die Frage nach der Einheit des geschilderten Lebens, nach seinem Sinn oder seinem fehlenden Sinn, eine Frage, die mehr oder weniger grundsätzlich dann in den Bildungs- und Entwicklungsromanen gestellt und beantwortet wurde.

Autobiographien

Dieser Gattungstyp des Romans setzte ein stärkeres Ich-Bewußtsein und eine gesteigerte Subjektivität voraus, die nicht bloß mit der Empfindsamkeit zusammenhängt, sondern religiöse Wurzeln hat. Die von allen pietistischen Strömungen geforderte persönliche Aneignung der Heilsbotschaft, die eine bewußt erlebte Bekehrung mit den Stationen Bußkampf, Durchbruch, Anfechtungen usw. implizieren konnte, führte nicht nur zu einer Verinnerlichung und einer Steigerung des religiösen Gefühls, sondern auch zu einem gesteigerten Interesse an dem Lebenslauf des einzelnen Individuums. Es ging ja nicht nur um die Bekehrung, sondern um ein neues Verständnis des ganzen bisherigen Lebens, in welchem man die Führung Gottes feststellen, d.h. einen bisher verborgenen Sinn aufdecken wollte. Unter diesem Aspekt bekommen die einzelnen Phasen eine tiefere Bedeutung, in ihnen ist Gottes Finger zu erkennen, sie bereiten Späteres vor. Nicht nur bekannte Pietisten wie Spener und Francke haben solche Darstellungen ihres Lebens geschrieben, es gibt in diesem Jahrhundert eine Fülle solcher Lebensläufe. Johann

Georg Hamann hat *Gedanken über meinen Lebenslauf* nach seiner Umkehr geschrieben, wobei sowohl die genaue Datierung: London, den 21. April 1758, als auch das Motto bezeichnend sind: «biß hieher hat mich der Herr geholfen.» Eine literarisierte Form dieser Lebensbeichten stellen die Lebensläufe in Johann Gottfried Schnabels (1692–1752) Roman *Wunderliche Fata einiger Seefahrer* (1731–43) dar: Durch den Bericht ihres Lebenslaufs weisen die Personen sich als würdig aus, in die Gemeinschaft derjenigen aufgenommen zu werden, denen das Wort Gottes eine feste Burg ist und denen er deshalb ein Asyl auf der Insel Felsenburg geschenkt hat.

Eine solche unerschütterliche Überzeugung von Gottes Führung hatte auch Jung-Stilling (1740–1817), dessen *Heinrich Stillings Jugend. Eine wahrhafte Geschichte* (1777) von Goethe herausgegeben wurde.

Johann Heinrich Stilling, geboren in Grund bei Hilchenbach (Westfalen), gestorben in Karlsruhe, war der Sohn eines pietistischen Schulmeisters und Schneiders. Er wuchs in äußerst ärmlichen Verhältnissen auf, wurde früh zur Feldarbeit herangezogen und in die Schneiderlehre gesteckt, aber es gelang ihm, der schon früh Hauslehrer wurde, nach Mühen und Entbehrungen ein Studium der Medizin in Straßburg anzufangen, wo ihm Goethe und Herder begegneten. Stilling wurde ein erfolgreicher Starchirurg, wechselte aber nach Schwierigkeiten mit Kollegen zur Kameralwissenschaft über und hatte Professuren in Kaiserslautern, Marburg und Heidelberg. Er war der Verfasser von zahlreichen wissenschaftlichen Veröffentlichungen, von heute vergessenen Romanen, Gedichten, erbaulichen Schriften und eifriger Polemik gegen ihm unchristlich erscheinende Tendenzen in der Aufklärung. Aufschlußreich sowie sozial- und mentalitätsgeschichtlich wichtig sind seine autobiographischen Schriften: Neben *Heinrich Stillings Jugend* veröffentlichte er: *Heinrich Stillings Jünglings-Jahre. Eine wahrhafte Geschichte* (1778); *Heinrich Stillings Wanderschaft. Eine wahrhafte Geschichte* (1778); *Heinrich Stillings häusliches Leben. Eine wahrhafte Geschichte* (1789).

Ein quietistischer Zug ist besonders in *Heinrich Stillings Jugend* unverkennbar. Da alles letzten Endes Gottes Fügung ist, geht es im Leben darum, Augen und Ohren aufzumachen, um Gottes Führung zu erkennen, seinem Fingerzeig zu folgen, ohne daran zu denken, wohin der Weg führt und was morgen wird. Retrospektiv kann der Gläubige Gottes Plan erkennen, aber im Augenblick des Handelns selbst bedeutet Handeln, der inneren Stimme zu folgen, dem sicheren Gefühl, in welchem sich der Wille Gottes kundgibt.

Das Werk beschreibt den Lebenslauf eines hochbegabten, hochsensiblen, aber gleichzeitig doch zähen und selbstbewußten Aufsteigers, der es als seine Lebensaufgabe ansieht, für Christus Zeugnis in der Welt abzulegen. Diese Welt wird mit vielen Einzelheiten geschildert, es entsteht ein lebendiges Bild der Unterschicht und des Kleinbürgertums, aus dem er sich emporarbeitet, aber auch der gelehrten Welt mit ihren Streitigkeiten und ideologisch-religiösen Kämpfen, an denen er sich demütig-selbstbewußt als ein David beteiligt (vgl. schon 1775 *Die Schleuder eines Hirtenknaben gegen den hohnsprechenden Philister den Verfasser des Sebaldus Nothanker*). Das Bewußtsein von Gottes Führung gibt ihm Kraft, auch Demütigungen zu ertragen, aber gerade die felsenfeste Überzeugung, daß Gott hinter jedem Ereignis steckt und alles lenkt, setzt auch seiner Selbstanalyse Grenzen, denn er handelt letzten Endes so oder so, weil Gott es will und nicht weil er durch sein Leben in einer bestimmten Weise geprägt worden ist, die ihn entsprechend handeln läßt. Wie in den alten pietistischen Lebensläufen strukturiert die Vorsehung das Leben zu einem guten Ende hin.

Vorsichtiger, ja skeptischer erzählt Ulrich Bräker (1735–1798) in seiner *Lebensgeschichte und natürliche Ebentheuer des Armen Mannes in Tockenburg* (1789). Bräker war der Sohn eines Kleinbauern, wurde Salpetersieder und im Siebenjährigen Krieg Soldat im preußischen Heer. Er desertierte, ging in seine Heimat zurück, wo er als Garnwollhändler tätig war, ohne daß es ihm gelang, eine gesicherte wirtschaftliche Existenz zu gründen. Er lebte weiterhin in ärmlichen Verhältnissen, in einer unharmonischen Ehe und mußte sich von seiner Frau und sich selbst fragen lassen, welchen Sinn seine Mitgliedschaft in der *Moralischen Gesellschaft* in Lichtenstieg hatte und welchen Nutzen seine Verbindung mit der *Literarischen Gesellschaft* in St. Gallen der Familie brachte. Schonungslos schildert er sein vergangenes und gegenwärtiges Leben, und wenn es vielleicht auch etwas überspitzt ausgedrückt ist, daß Bräker «seine Geschichte als die historische Genese seines Ichs» (K.-D. Müller) begreift, so ist es ihm doch nicht mehr möglich, an sein Leben eine teleologische Betrachtung anzulegen. In seinem perspektivlosen, kümmerlichen Leben kann Bräker keine von Gott gewollte Einheit erkennen; es hat zu nichts geführt, nicht einmal zu einer pietistischen Bekehrung, die er zwar als Möglichkeit erkennt, aber ablehnt. Er sieht die Ursache seiner Lage in der Armut seiner Eltern und seiner eigenen Unstetigkeit, aber diese auf den Ursprung zurückgehende Erklärung gibt dem Leben nicht zwangsläufig einen Sinn. Bräker stilisiert seinen Lebenslauf nicht auf ein von der Vorsehung gewolltes Ende hin, und so bleibt dem reflektierenden Erzähler eigentlich nur die verklärende Erinnerung an die Jugend, an die «Ebentheuer» in preußischen Diensten, die für die «zukunftslose Gegenwart» jedoch eigentlich belanglos, weil völlig vergangen sind. Der arme Mann in Tockenburg weiß keinen Rat und ist sich, modern gesprochen, über den kompensatorischen Charakter seiner literarischen Interessen völlig im klaren.

Den Höhepunkt der Selbstbiographie bildet vor Goethes *Dichtung und Wahrheit* Karl Philipp Moritz' autobiographischer psychologischer Roman *Anton Reiser* (1785–1790) (vgl. S. 488 ff.). Wie Jung-Stilling und Bräker stammt Moritz aus ärmsten Verhältnissen, wie Jung-Stilling hat auch er eine stark religiöse – vom Spätpietismus geprägte – Erziehung gehabt, die ihn am Ende schwer belastete. Er flüchtete sich aus geistigem und sozialem Elend in die Kunst, ins Theater, aber auch diesen Weg kann er im Leben wie im Roman nicht gehen. Das Buch beschreibt mit einer fast psychoanalytischen Hellsichtigkeit die Schäden und die Abwehrmechanismen, die sich bei ihm entwickelten. Von Gottes Führung ist dabei nichts zu spüren. Dagegen sucht er in der

Erinnerung sein Ich, wie es geworden ist, und spürt den zerstörerischen Einflüssen nach, denen es ausgesetzt war. Der Roman beschreibt, welche Irrwege Anton Reiser geht, aber auch, wie «sein eigenes Dasein erst anfing, ihn zu interessieren, weil er es in einem gewissen Zusammenhange, und nicht einzeln und zerstückt betrachtete». (Der *Anton Reiser* wird schließlich auch mittelbarer Anlaß für Moritz, das *Magazin zur Erfahrungs-Seelenkunde* zu begründen, das seine Bedeutung für das Zeitalter aus der Erkenntnisvermittlung gewinnt, von welcher Menschen unter sich selbst zu sprechen veranlaßt werden.) *Anton Reiser* schildert keinen Ausweg, schließt jedoch anders als Bräkers Autobiographie sehr früh ab, nämlich als der Student sich entschließt, Schauspieler zu werden, und es nicht werden kann. Das Ende des Romans und das Alter seines Helden lassen die Möglichkeit offen, daß die Selbsterkenntnis, um die er gerungen hat, ihm einst die Wege zeigt, die er gehen muß, um die in ihm angelegten Möglichkeiten zu verwirklichen. Ob er sie gehen kann, ist eine andere Frage, denn die soziale Abhängigkeit des armen Studenten ist unaufhebbar.

Einen noch schwierigeren Weg hatte der 1754 in Litauen geborene Salomon Maimon zurückzulegen, der sich aus ärmlicher orthodox-jüdischer Umwelt löste, als mittelloser Talmudschüler in Königsberg, Berlin, Hamburg und Altona die zeitgenössische deutsche Philosophie kennenlernte, in Verbindung mit Moses Mendelssohn trat und schließlich auch Mitarbeiter an Moritz' *Magazin zur Erfahrungs-Seelenkunde* wurde. Er schrieb mehrere vielbeachtete kritische Aufsätze zu Kant, die Kant mit großem Respekt zur Kenntnis nahm. Moritz gab 1792/93 *Salomon Maimons Lebensgeschichte* heraus, ein Werk, das nicht nur von großem kulturhistorischem Interesse ist, sondern auch vieles über die jüdische Aufklärung mitteilt – hierin an Bedeutung dem Werk Moses Mendelssohns durchaus an die Seite zu stellen. In ihrer schonunglosen Offenheit läßt sich Maimons Autobiographie mit Bräkers und Moritz' Werk vergleichen.

1782 erschienen Rousseaus *Confessions* (1786–90 von Knigge ins Deutsche übertragen), die in der Titelgebung Augustins berühmte *Confessiones* ‹zitieren›, ein Werk, das das ganze europäische Frömmigkeitsleben, u. a. auch den Pietismus, tief beeinflußt hat. Augustin wollte wie so viele nach ihm, sein Leben als eine Suche nach Gott deuten – oder als Gottes Suche nach ihm – und durchleuchtet und bekennt vor Gott seine Sünden und Irrwege. Rousseau will mit einer ähnlich schonungslosen Offenheit eine Lebensbeichte ablegen und beruft sich in Apostrophen an das höchste Wesen auf seine Ehrlichkeit, die ihn vor allen anderen auszeichnet und ihn deshalb, so argumentiert er, schon zur Absolution qualifizieren sollte. Genau so leidenschaftlich wie mit sich selbst geht er jedoch mit seinen Feinden ins Gericht; gleichzeitig mit jeder Klage und Selbstanklage rechtfertigt er sich selbst und jede begangene Tat, darunter auch, daß er, der der Kindererziehung neue Wege zeigen wollte, seine eigenen Kinder dem Findelhaus überließ. Seine faszinierende Selbstanalyse zeigt ihn als einen verletzlichen, paranoiden, hypochondrischen und extrem selbstbezogenen Menschen, der aber erst durch die Menschen, die er trifft, durch die Umwelt, in der er lebt, so geworden sein will. Seine Analyse seiner Tugenden und Schwächen, wie sie ihn ins Unglück stürzen und wie sein gefühlvolles Herz einmal gerechtfertigt werden wird, stellte auf damals sensationelle Weise die Subjektivität auf die Tagesordnung.

Moralische und satirische Lebensläufe

Gehen wir von Wieland aus, so ist schon bei ihm die Tendenz deutlich zu erkennen, Fieldings «comic epic in prose», seinen von Cervantes übernommenen Romantyp, noch weiterzuentwickeln, und zwar zur Darstellung der Entwicklung, Erziehung, Bildung eines Menschen in seiner jeweiligen Besonderheit, wie sie sich in Auseinandersetzung mit der ihn umgebenden Welt ausbildet. Nicht diese Welt, nicht politische Konstellationen noch Ideen bilden den Gegenstand der Darstellung, sondern deren Bedeutung für die Entfaltung dieses ganz bestimmten Individuums. Wielands *Agathon* (vgl. S. 292) bildet nach Blanckenburg das Muster für den modernen deutschen Roman, obwohl Wielands Roman nicht, wie Blanckenburg es wünscht, «einheimische Sitten» schildert; auch der damals nicht veröffentlichte Roman *Wilhelm Meisters theatralische Sendung* peilt ähnlich wie Wezels *Hermann und Ulrike* den einheimischen Entwicklungs- und Erziehungsroman an.

Dieser Romantyp hat sich aber noch nicht wirklich konstituiert; in vielem erinnert Wezel noch sehr an Fielding, nicht nur in seiner Vorliebe für schrullige Personen, sondern auch darin, daß Heinrich Hermann, wie Wielands Don Sylvio übrigens auch, eher ent-täuscht wird, als daß er sich entwickelt. Der Roman schildert eine «wiederholte Desillusion» (E. D. Bekker) und kann deshalb auch als eine Vorform eingestuft werden. Es gibt indessen eine ganze Reihe von ‹Geschichten›, die den Werdegang, die Lebensläufe tüchtiger, aufsteigender, empfindsamer oder nicht empfindsamer deutscher Jünglinge in moralisch-didaktischer oder satirischer Absicht schildern. Nur sehr wenige nähern sich dem Niveau von *Agathon* und *Wilhelm Meisters theatralischer Sendung*. Es zeigt sich jedoch deutlich, daß der Roman insgesamt nicht mehr bloß spannende Unterhaltung liefert, sondern nun die Funktion übernommen hat, die brennenden Fragen der Zeit kritisch zu durchleuchten. Die Romane setzen sich mit dem Phänomen der Empfindsamkeit, mit Fragen der Pädagogik, der sozialen Gerechtigkeit, der französischen Revolution usw. kritisch auseinander.

J. G. Schummel (1748–1813) schrieb den Roman *Wilhelm von Blumenthal* (1780/81), dessen Held durch nachahmungswerte Tugend, Vernunft und Gottvertrauen seinen Aufstieg in der Welt schafft, während Friedrich Traugott Hases (1754–1823) Dialogroman *Gustav Aldermann* (1779) zeigt, daß nur intriganter Zynismus und Betrügereien zum Aufstieg, dann aber auch zum Sturz führen. Die Spezialforschung hat von einem «Verbildungsroman» gesprochen. J. J. Engels späterer Roman *Herr Lorenz Stark. Ein Charaktergemälde* (1801) konzentriert sich auf den Generationskonflikt: Mit der vom Vater anerkannten Selbständigkeit, die der Held erlangt, findet der Roman einen natürlichen Abschluß – allerdings lange vor dem Ende des Lebenslaufes.

Wie schon Wezels Romane zeigen, kann der Lebenslauf in satirischer Absicht verfaßt werden, so daß das Hauptgewicht auf Tendenzen oder Haltungen liegt, denen der Held begegnet oder die er vertritt. Neben Wezels *Tobias Knaut* und *Belphegor* sind vor allem einige Romane Knigges zu nennen.

Adolph Freiherr von Knigge (1752–1796), geboren auf Schloß Bredenbeck bei Hannover, gestorben in Bremen, stammte aus einem verarmten landadligen Geschlecht. Nach einem Jurastudium in Göttingen wurde er zuerst Hofjunker, hatte später eine mehrfach unterbrochene Verwaltungskarriere und war oft auf den Ertrag seiner Schriften und Übersetzungen angewiesen. Die satirischen Elemente in seinem berühmten Werk *Über den Umgang mit Menschen* (1788) sind später oft übersehen worden. Für seine Zeitgenossen war der Verfasser der *Sechs Predigten gegen Despotismus, Dummheit, Aberglauben, Ungerechtigkeit, Untreue und Müßiggang* (1783) ein konsequenter Aufklärer, der das ‹von› vor seinem Namen strich und ‹Freiherr› als ‹freier Herr› verstanden haben wollte. Knigge war 1780–84 Mitglied des radikalaufklärerischen Illuminatenordens und schrieb unter dem Eindruck der Französischen Revolution sehr bissige politische Satiren, u. a. *Des seligen Herrn Etatsraths Konrad von Schaffskopf hinterlassene Papiere. Von seinen Erben herausgegeben* (1792).

Knigges *Geschichte Peter Clausens* (1783–1785) zeichnet das Bild eines bürgerlichen Aufsteigers, der zuerst wie Simplicissimus die Unmoral der Welt staunend wahrnimmt und dabei enthüllt, später im Gegensatz zum pikaresken Helden Karriere macht, geadelt wird und, als seine Reformpläne scheitern, das Leben nicht als barocker Einsiedler fern von der Welt, sondern auf seinen Gütern verbringt. Der Roman *Benjamin Noldmanns Geschichte der Aufklärung in Abyssinien, oder Nachrichten von seinem und seines Vetters Aufenthalt an dem Hofe des großen Negus oder Priester Johannes* (1791), vgl. dazu auch sein Werk *Josephs von Wurmbrand, Kays. abyssinischen Exministers, jetzigen Notarii Caes. publ. in der Reichsstadt Bopfingen, politisches Glaubensbekenntnis mit Hinsicht auf die französische Revolution und deren Folgen* (1792), bewegt sich von der Lebensbeschreibung zur utopisch-kritischen Reisebeschreibung hin und verarbeitet den Eindruck der Französischen Revolution.

Ein großer Erfolg war Johann Gottwerth Müllers (1743–1828) *Siegfried von Lindenberg* (1779, erweiterte Fassung 1781–82), in dem ein Krautjunker den Lebensstil der deutschen Duodezfürsten imitiert und dadurch sich – und die Fürsten – lächerlich macht. In der erweiterten Fassung wird der Junker übrigens durch einen vernünftigen Ratgeber bekehrt oder geheilt. Diese

Struktur erinnert nicht nur an Wielands *Don Sylvio*, sondern an noch ältere Traditionen, letzten Endes natürlich an Cervantes. Wilhelm Ehrenfried Neugebauer hatte schon 1753 den Roman *Der teutsche Don Quijote* publiziert, in welchem der Held die einheimische Wirklichkeit erst nach einer Reihe von Ernüchterungen von der galanten Welt zu unterscheiden lernt. Johann Karl August Musäus (1735–1787) schildert in *Grandison der Zweite. Oder Geschichte des Herrn v. N.*** in Briefen entworfen* (1760–62) einen Helden, der von Richardsons Sir Grandison so begeistert ist, daß er dessen Leben nachahmt. Dabei wird die Lebensferne der von Richardson vertretenen empfindsamen Ideale dem Leser sehr witzig vor Augen geführt.

Das bekannteste und immer noch sehr lesenswerte Beispiel eines solchen satirisch-didaktischen Lebenslaufes bildet das Werk Friedrich Nicolais *Das Leben und die Meinungen des Herrn Magister Sebaldus Nothanker* (1773–76), das sich in der Titelgebung an Sternes *The Life and Opinions of Tristram Shandy* (1660–67) anlehnt, aber einen ganz anderen Geist atmet. Die Hauptperson ist zwar auch ein liebenswürdiger Mensch, der unaufhörlich sein Steckenpferd reitet, in diesem Falle die rechte Auslegung der Apokalypse, aber seine theologischen Meinungen stürzen ihn ins Unglück. Im Gegensatz zu seinem Generalsuperintendenten Doktor Stauzius, der an Lessings Gegner, den orthodox-lutherischen Hamburger Hauptpastor Goeze, erinnern soll, zweifelt Sebaldus Nothanker an der Ewigkeit der Höllenstrafen und wird deshalb seines Amtes enthoben. Seine Frau stirbt vor Schrecken und Kummer, was aber nur das erste Glied einer langen Kette von Verfolgungen und widrigen Schicksalsschlägen ist, bis zuletzt ein Los in der Lotterie dem armen schrulligen und selbstlosen Sonderling einen ruhigen Lebensabend sichert – und der übriggebliebenen Tochter einen Ehemann, den empfindsamen Dichter Säugling, der sie ohne Mitgift nicht heiraten darf.

Der Held dieses Lebenslaufes ändert sich nicht, er wird nicht einmal desillusioniert, sondern bleibt der reine, liebenswürdige Tor. Nach bewährtem Muster enthüllt seine Weltfremdheit die Bosheit, Unduldsamkeit und Torheit der Welt, und Nicolai kann dies satirische Schema um so leichter benutzen, als Sebaldus Nothanker eben kein radikaler Deist oder ‹Naturalist› ist, sondern ein irenischer und undogmatischer Christ, der wegen seines aufgeklärten Christentums von geistlichen und weltlichen Machthabern verfolgt wird. Sebaldus, der seinem Gewissen unbedingt folgt, ist nach Nicolai der wahre Nachfahre Luthers, denn nicht die lutherische Orthodoxie, sondern die Aufklärung als Kampf gegen Bevormundung und für geistige Freiheit war für Nicolai die Fortsetzung der Reformation.

Reiseberichte und Reiseromane

Im 18. Jahrhundert setzte eine fast explosive Entwicklung nicht nur des Reisens, sondern auch der Reisebeschreibungen ein, die zu einer Lieblingslektüre der Zeit wurden. Die schwierigen Reisen vergangener Jahrhunderte waren vor allem Pilgerfahrten ins Heilige Land oder Handelsexpeditionen (Marco Polo), dienten also dem Seelenheil oder dem Gelderwerb. Ähnlich verhielt es sich mit den großen Entdeckungsreisen der Spanier, Portugiesen und Engländer, die ihren Anfang im 16. Jahrhundert hatten. Auch sie dienten dem Handel, der Erschließung neuer Seewege und neuer Märkte, woran sich dann recht zwangslos die Eroberung und Christianisierung der neuentdeckten Länder anschloß.

Diese weiten Fahrten waren mit sehr großen Mühen und Gefahren verbunden, aber auch schon gewöhnliche Reisen innerhalb Europas waren bis ins 18. Jahrhundert zeitraubend, kostspielig und keineswegs ungefährlich. Die Kavalierstouren der Fürstensöhne und der Angehörigen des Hochadels dehnten sich auf mehrere Jahre aus, machten sie aber auch mit den Hauptstädten und Höfen Europas bekannt und bereiteten sie auf ihre späteren Lebensaufgaben vor. Von diesen Reisen profitierten auch ihre nicht-adligen Hofmeister oder Hauslehrer, die so die Bildungsreisen der bürgerlichen Akademiker des 18. und 19. Jahrhunderts antizipierten. Noch Herder begleitete in seiner Jugend und auch auf seiner Italienreise hohe Herrschaften und litt darunter, während der wohlhabende Bürger Johann Caspar Goethe in seinem erst 1932 veröffentlichten Werk *Viaggio per l'Italia* (1740), an dem er mutmaßlich bis 1768 arbeitete, in einer Reihe von fiktiven Briefen den ‹gelehrten› Ertrag und die ‹kuriosen› Beobachtungen seiner Reise festhielt. Darin beschreibt er auch die Situation des Reisenden, der «nach einer oft gefährlichen und ziemlich unbequemen Reise [...] in den meisten Dorfschenken sogar fürchten [wird], in eine Räuberhöhle geraten zu sein» und weiß auch allerhand von der «Verschlagenheit des italienischen Volkes in puncto Geldverdienen» zu berichten. Der Abstand zwischen seinem Werk und der *Italienischen Reise* seines Sohnes ist zwar ungeheuer, die Klagen über Verdrießlichkeiten auf der Reise sind jedoch nicht so verschieden. Bei den Bildungsreisen nach Italien ging es natürlich nicht so sehr um die zeitgenössische Welt, obwohl der päpstliche Hof die protestantischen Reisenden oft zu empört faszinierten Kommentaren veranlaßte, sondern in erster Linie darum, die Überreste der antiken Kultur zu erleben, deren Literatur man schon in der Schule und auf der Universität kennengelernt hatte. Doch dieser Sprung von Gelehrsamkeit zum Kunstgenuß gelang keineswegs immer. Zwar gab es in verschiedenen Residenzstädten Museen und Kunstgalerien, es war aber schwierig und teuer, die Kunstwerke zu reproduzieren, nur wenige konnten sich eine Sammlung von Stichen leisten.

Für die vielen, die gern gereist wären oder sich jedenfalls für Reisen interessierten, gab es jedoch eine Menge Reisebeschreibungen und Reiseromane zu lesen. Im frühen 18. Jahrhundert spielten die Robinsonaden noch eine große Rolle. Nach dem Muster von Daniel Defoes (1659–1731) Werk *The Life and Strange Surprising Adventures of Robinson Crusoe* (1719) entstanden eine Reihe von ähnlichen Werken, unter denen Johann Gottfried Schnabels (1692–1752) mehrbändige *Wunderliche Fata einiger Seefahrer* (1731–43), das unter dem Titel *Insel Felsenburg* Berühmtheit erlangt hat, weite Verbreitung fand. Werke dieser Art stehen vielfach dem Abenteuerroman näher als dem englischen Vorbild, das nach der Aussage des Verfassers einen emblematischen Sinn hat. Als ihm die Frage nach der Wahrheit des Berichtes gestellt worden war, verwies er darauf, daß Robinsons Leben auf der Insel einen allegorischen Charakter hat und in diesem Sinne ‹wahr› ist. Der Bericht über seine Reisen und sein Leben auf der fernen Insel ist als ein Gleichnis zu lesen: Durch Gottesfurcht, Fleiß, Bedürfnislosigkeit und erfinderischen Geist gelingt es Robinson, nicht nur eine Zivilisation aufzubauen, Freitag zu bekehren und zuletzt aus der Insel eine britische Kolonie zu machen, sondern vor allem die wuchernde Wildnis in seiner Seele durch Roden und Jäten zu überwinden.

Die produktive Rezeption des englischen Werkes war jedoch noch nicht abgeschlossen. Auf die vorbildhaften Züge griffen die pädagogischen Robinsonaden des späten 18. Jahrhunderts zurück, vor allem Joachim Heinrich Campe (1746–1818), der mit seinem Werk *Robinson der Jüngere* (1779–80) das erfolgreichste Kinderbuch nicht nur des damaligen Jahrhunderts schuf. Es wurde in zahlreiche europäische Sprachen übersetzt, und eine lateinische Übersetzung wurde sogar in der Tertia als Schullektüre benutzt.

Das Buch vermittelt außerordentlich geschickt und unter Beibehaltung der Spannung des Originals deutlicher die Ideale der Aufklärung, indem es den Weg Robinsons von der Zivilisation über einen absoluten Nullpunkt, den mühsamen Anfang und die Keimzelle einer neuen Gesellschaft durch die Hinzukunft Freitags zurück zur Zivilisation schildert. So will es die Kinder «zur Zufriedenheit mit ihrem Zustande, zur Ausübung jeder geselligen Tugend, und zur innigen Dankbarkeit gegen die göttliche Vorsehung ermuntern».

Campes Zweck war Unterhaltung und Nutzen, das Buch war zum Vorlesen im Schoß der Familie bestimmt, forderte zu weiteren pädagogischen Erörterungen des Erzählten auf und sollte übrigens auch vor der Empfindsamkeit warnen.

Die fast gleichzeitig erschienene Bearbeitung des englischen Werkes durch Wezel: *Robinson Kruso* (1779–80) war zwar kein großer Erfolg, ist aber insofern doch interessant, als Wezel nicht bloß die Entstehung und die weitere Entwicklung der harmonischen Inselgesellschaft, sondern auch deren Untergang durch die unvermeidliche Differenzierung schildert, die eine notwendige Folge des Zivilisationsprozesses ist.

Weder Defoe noch Campe wollten vor ihrem Publikum das Bild einer farbigen, exotischen Welt entwerfen und behandeln nur sehr punktuell den Gegensatz zwischen der – fraglos höheren – europäischen Zivilisation und der fremden. In den beiden Romanen ist die fremde Welt auf der einsamen

Insel eine Art pädagogisches Modell, das nicht zur Kritik, sondern zur Bejahung der eigenen Kultur führen soll. Eine andere Möglichkeit ist die eindringliche Schilderung einer fremden Kultur als positives Gegenbild zur europäischen. Auch hier gibt es in der ersten Hälfte des Jahrhunderts Vorbilder – berühmt waren vor allem das Liebespaar Inkle und Yarico. In *The Spectator* (Nr. 11) wurde die Geschichte von dem Engländer Inkle erzählt, der von der jungen Eingeborenen Yarico gerettet wird, sie zur Frau nimmt und sie später als Sklavin verkauft. Der Stoff wurde in England von George Colman für ein Drama bearbeitet, Bodmer und Gessner schrieben Gedichte über die Liebe der beiden und die Reue Inkles.

In der zweiten Hälfte des Jahrhunderts war Tahiti das berühmteste Beispiel einer Welt der Unschuld, die als Gegenpol zur verderbten Zivilisation Europas dargestellt wurde. Die Expeditionen Bougainvilles (1766–69) und James Cooks (1769–71, 1772–75 und 1777–79) erregten großes Aufsehen, die Berichte über diese Reisen wurden in ganz Europa eifrig gelesen. Johann Georg Forster, der mit seinem Vater an der zweiten Reise Cooks teilgenommen hatte, veröffentlichte 1778 sein ursprünglich auf Englisch geschriebenes Werk *Reise um die Welt*, das Wieland dem deutschen Publikum durch einen Auszug im *Teutschen Merkur* vorstellte.

Johann Georg Adam Forster, geboren 1754 in Nassenhuben bei Danzig, gestorben 1794 in Paris, war der Sohn eines hochbegabten, naturwissenschaftlich interessierten Pfarrers, den er schon als Elfjähriger auf einer im Auftrag von Katharina II. unternommenen Rußlandreise begleitete. Nach der Reise, die zu keiner weiteren Beschäftigung in russischen Diensten führte, ging der Vater mit dem Sohn nach London, während die restliche Familie erst später nach England übersiedelte. Nach einem schwierigen Anfang wurde der Vater aufgefordert, anstelle von Sir Joseph Banks an der zweiten großen Expedition Cooks teilzunehmen. Er nahm auch diesmal den Sohn als Gehilfen mit, der nachher *A Voyage towards the South Pole and round the World* (1777) schrieb. Mit einem Schlag war der junge Forster berühmt, auch als ein glänzender Schriftsteller. Er ging schon 1778 nach Deutschland zurück, wurde Professor für Naturgeschichte in Kassel und gab gemeinsam mit Lichtenberg das *Göttingische Magazin der Wissenschaften und der Literatur* heraus. Um die Tochter des berühmten Göttinger Altphilologen Heyne heiraten zu können, ging er als Professor nach Wilna, wo die Verhältnisse aber nicht viel besser waren. Von russischer Seite wurde ihm die Leitung einer großen Weltumsegelung übertragen, und er konnte nach Deutschland zurückkehren, um diese Reise vorzubereiten. Die Pläne zerschlugen sich, und Forster mußte eine Stelle als Universitätsbibliothekar in Mainz übernehmen. Wie sehr viele seiner Zeitgenossen begeisterte sich Forster für die Französische Revolution und wurde nach der Besetzung der Stadt Mainz durch die Franzosen 1792 Mitglied der *Gesellschaft der Freunde der Freiheit und Gleichheit*. In Flugschriften und Zeitungen warb er für die Republik und ging als Abgeordneter des Rheinisch-Deutschen Nationalkonvents nach Paris, um den Anschluß von Mainz an die französische Republik zu beantragen. Nach der Rückeroberung der Stadt durch die deutschen Truppen mußte Forster in Paris bleiben und starb unter kümmerlichen Umständen.

Im *Teutschen Merkur* schrieb Wieland über Tahiti, es sei die glückliche Insel, «wo wir mit Recht so erstaunt sind unsere Lieblingsträume von arkadischer Unschuld, Einfalt, Ruhe und kummerfreiem Wohlleben eines Volkes, das in ewiger, unbesorgter, lieblicher Kindheit an den Brüsten der Natur hängt – realisiert zu sehen». Schon in diesen Bemerkungen, die für Forsters Reisebeschreibung werben, tritt klar zutage, daß die Begegnung mit den Naturvölkern anthropologische und kulturkritische Fragen von prinzipieller Reichweite aufwarf. In fast allen Berichten über Tahiti wurde die Insel zum utopischen Gegenstand der verderbten europäischen Zustände stilisiert. Den vertrauensseligen und unschuldigen Eingeborenen waren diesen Berichten zufolge Privateigentum und Eifersucht unbekannte Begriffe – so unbekannt wie die Geschlechtskrankheiten vor der Ankunft der christlichen Europäer. Forster war in vieler Hinsicht differenzierter und nüchterner als Bougainville, beschreibt aber auch die Insel als fast ein irdisches Paradies: Ein liebliches Klima, völlige Freiheit von Nahrungssorgen, eine Gesellschaft, deren einfache Struktur mit der europäischen Ständegesellschaft kontrastiert.

Mehr oder weniger ernstgemeinte Auswanderungspläne tauchen in dem Kreis um Klopstock auf, und J. F. W. Zachariae schreibt in seinem Gedicht *Tayiti, oder Die glückliche Insel* (1777):

> Von jener Insel, welche die Natur
> Dem Europäer noch verbarg. Wo Ruh
> Und Fröhlichkeit und Unschuld, Lieb und Tanz
> Nur mit Vergnügen den Bewohner kränzt,
> Wo Cocos, Bananas, Ingramen, Curassol
> Und Girauman und Brodfrucht, alle gleich
> Mit stetem Überfluß verschwendrisch spreißt
> Dem Ankömmling ein neues Paradies.
> Tayiti! o des süßen Namens Schall
> Drang mir ins Herz …

Zu dieser in fast allen ernstzunehmenden Reiseberichten enthaltenen Zivilisationskritik, die sich vielfach Rousseaus Gedanken über Kultur und Natur zu eigen macht, nahm Kant in seinem Essay *Mußmaßlicher Anfang der Menschengeschichte* (1786) Stellung. Ausgehend von dem biblischen Bericht über das Leben der ersten Menschen im Paradies beschreibt er jedoch den verlorenen Zustand der Unschuld negativ; der Zustand vor dem Sündenfall, den die Tahitischwärmer dort wiederfinden wollten, ist für ihn der Zustand der Unmündigkeit, wo der Mensch bloß der Stimme der Natur, des Triebes gehorcht, anstatt der Vernunft und der Stimme der Sittlichkeit zu folgen. Strenggenommen war der Mensch damals kein Kind, sondern weniger als ein Mensch.

In seinem posthum herausgegebenen *Nachtrag zu ‹Bougainvilles Reise›* bezieht sich Diderot direkt auf Tahiti und die Begegnung der Europäer mit einer scheinbar vorbildhaften primitiven Kultur. Er sieht die Entwicklung der europäischen Kultur als einen irreversiblen Prozeß an, was eine durch die

Begegnung mit der Inselwelt ausgelöste relativierende Sicht nicht ausschließt. Das Ergebnis des Dialogs, an dem sich auch ein Inselbewohner beteiligt, ist der seitdem oft geäußerte Wunsch, die primitiven Völker möchten von der Begegnung mit den Segnungen und den Gefahren der europäischen Zivilisation verschont werden.

Forsters internationaler Horizont, seine naturwissenschaftlichen Interessen und seine weiten Reisen waren einmalig in der deutschen Gelehrtenwelt, aber er unternahm, wie viele andere auch, kleinere und weniger exotische Reisen. Mit dem jungen Alexander von Humboldt reiste er nach England, und sein Werk *Ansichten vom Niederrhein von Brabant, Holland, England und Frankreich im April, Mai und Junius 1790* (1791–94) war wohl für die deutsche Literatur wichtiger als seine erste Reisebeschreibung. Es handelt sich dabei um eine aus echten Briefen an Frau und Freunde entstandene Sammlung von Essays über Eindrücke, die er empfangen, und Meinungen, die er sich gebildet hatte. Schon in seinem Bericht über Cooks Reise hatte er über die Standortgebundenheit, d. h. die relative, nicht absolute Subjektivität des Erzählens nachgedacht und es mit der Metaphor des verschiedenfarbigen Glases zum Ausdruck gebracht. In den *Ansichten* thematisiert er nun den notwendigen, nicht zu überspringenden Anteil des Subjekts auch an der wahrheitsgetreuen Berichterstattung durch die Briefform, die Anrede an den Adressaten usw.

Die *Ansichten* behandeln die Landschaft, die Natur, die er mit den geschulten Augen des Naturwissenschaftlers beobachtet und mit poetischer Präzision beschreibt; er trifft F. H. Jacobi, Iffland stößt zu der Reisegesellschaft; Forster schildert Bildergalerien in Deutschland und den Niederlanden, den Kölner Dom usw. Der zweite Teil befaßt sich hauptsächlich mit der Schilderung der politischen Zustände: Preußische Truppen standen in Lüttich, um die Rechte des Fürstbischofs zu verteidigen, die österreichischen Niederlande hatten sich gegen die sich überstürzenden Reformen Josephs II. empört, in Frankreich fanden die großen Umwalzungen statt. Es gab also gleichzeitig mehrere Revolutionen mit verschiedener Stoßrichtung, und Forster konnte nicht anders als dazu Stellung nehmen. Als er in Holland vor der Abreise nach England unter der übermäßigen Geschäftstüchtigkeit oder Gewinnsucht der Einwohner von Hellevoetsluis zu leiden hatte, «dem allgemeinen Lose der Reisenden», faßte er rückblickend in einer rhetorisch durchgeformten und rhythmisch ausgewogenen Prosa sein differenziertes und doch sehr entschiedenes Urteil zusammen:

«Das Bild einer freien und arbeitsamen, gesunden und wohlgekleideten, genügsamen und reinlichen, gutgearteten und durch Erziehung zu einer auf Grundsatz ruhenden Tugend gebildeten Nation – sei auch mit ihrer Ruhe Gleichgültigkeit und Kälte, mit ihrer Einfalt Einseitigkeit und Beschränktheit, mit ihrer Emsigkeit kleinliche Liebe des toten Eigentumes zuweilen unvermeidlich verbunden – bleibt uns dennoch ein erfreuliches, versöhnendes Exemplar der Menschheit, das uns zumal für jenen scheußlichen Anblick belohnt, den die erschlaffte, zur herz- und geisttötenden Sklaverei unter dem Joche der papistischen Hierarchie so tief herabgesunkene menschliche Natur in Brabant bei so viel mehr versprechenden Anlagen uns gewährte.»

Die Reisebeschreibungen, die Deutschland und seine Nachbarländer behandeln, haben somit eher eine direkt kritische Funktion. Der Ausbruch der Französischen Revolution verstärkte diese in verschiedenem Grade schon vorhandene Tendenz in Werken wie Ludwig Wekhrlins (Pseudonym Anselmus Rabiosus) *Reise durch Oberdeutschland* (1778), *Briefe eines reisenden Franzosen* (1783) von Johann Kaspar Riesbeck. In Friedrich Nicolais fast monströser zwölfbändiger *Beschreibung einer Reise durch Deutschland und die Schweiz im Jahre 1781, nebst Bemerkungen über Gelehrsamkeit, Industrie, Religion und Sitten* (1783–96) sucht man auch in den Bänden, die nach der Französischen Revolution erschienen sind, vergebens wirklich politische Gesichtspunkte. Gut konservativ-aufklärerisch kritisiert er die prunkvollen katholischen Gottesdienste und die Wallfahrten in Österreich, den Luxus und die fehlende Industrie in Wien, die Verschwendung in München, die vielen protestantischen Theologen in Württemberg, während er sich über Handel und Bürgerfleiß freut. Seine Reisebeschreibung ist ein topographisch-geographisches Nachschlagewerk geworden. Nicolai hat sowohl seine Lektüre vor als auch nach der Reise gewissenhaft ausgewertet und zitiert Nachschlagewerke, statistische Nachrichten usw.

Bei anderen späteren Autoren verstärkte sich dagegen die Tendenz, den Reisebericht als politische Korrespondenz und somit als Vehikel der Kritik an den politischen Verhältnissen im eigenen Lande zu benutzen, vgl. etwa Gerhard Anton von Halems *Blicke auf einen Theil Deutschlands, der Schweiz und Frankreichs* (1791). Joachim Heinrich Campes *Briefe aus Paris, zur Zeit der Revolution geschrieben* (1790) nähern sich der politischen Berichterstattung.

Die empfindsamen Reisen

Für die deutsche Literaturgeschichte war ohne Zweifel Laurence Sternes (1713–1768) *A Sentimental Journey Through France and Italy* (1768) wichtiger als alle anderen Reisebeschreibungen. Durch sie erhielt eine literarische Strömung in Deutschland einen neuen und bleibenden Namen. In der ersten, von Gellert geprägten Phase hatte man den Begriff «Zärtlichkeit» benutzt, vgl. Gellerts *Die zärtlichen Schwestern*. ‹Empfindsam› ist erstmalig in einem Brief der Gottschedin aus dem Jahre 1757 belegt, wurde aber anscheinend nicht häufig verwendet, jedenfalls meinte Lessing 1768 in einem Brief an den Sterne-Übersetzer Bode, der für ‹sentimental› ein deutsches Äquivalent suchte, damit ein ganz neues Wort vorschlagen zu können: «Wagen Sie, *empfindsam*! Wenn eine *mühsame* Reise eine Reise heißt, bei der viel Mühe ist; so kann ja auch eine *empfindsame* Reise eine Reise heißen, bei der viel Empfindung war.»

Die Empfindsamkeit hatte damit nicht nur einen Namen erhalten, sondern mit Sternes Yorick eine Identifikationsfigur für eine ganze Generation, deren Sensibilität reflektierter und subjektiver war als die der ‹zärtlichen› Helden und Heldinnen Gellerts. Die bei diesem in ihrem Inhalt und gegenseitigen Verhältnis noch recht eindeutig zu bestimmenden Größen Verstand/Vernunft und Herz verloren diese Eindeutigkeit. Die Welt wurde in so hohem Maße vor allem Anlaß zu subjektiven Reflexionen, zu manchmal momentan wechselnden Stimmungen, daß sowohl sie als auch das Geschehen an Bedeutung verlieren. Auch Bagatellen, Triviales können wichtige Empfindungen und Überlegungen hervorrufen, während das allgemein als wichtig Angesehene den Empfindsamen oft kalt läßt. Die Folge der Handlungen wird deshalb oft von den ‹Launen›, den Einfällen des Helden gesteuert oder der Held reagiert bloß, aber auf eine subjektive, oft völlig ‹unangemessene› Weise, legt dem Geschehen einen tieferen oder abwegigen Sinn bei. Das Weltbild dieser Originale, der oft liebenswürdigen Sonderlinge, die ihre Steckenpferde reiten, wird keineswegs durch eine Konfrontation mit einer allgemeingültigen Wirklichkeit entlarvt, wie das der alten Narren, vielmehr löst sich die Welt in eine Vielzahl solcher Welten auf, weil der reflektierende Empfindsame sehr wohl um eine objektive Welt weiß, jedoch überzeugt ist, daß niemand sie objektiv zu erkennen vermag. So geht die Welt in eine Reihe von Umwelten auf: Der empfindsame Held gestaltet um sich herum seine Welt. Es handelt sich dabei keineswegs um ein bloß durch das Gefühl bestimmtes oder gar irrationales Verhältnis zur Welt, die Subjektivität ist durchaus reflektiert und vor dem Hintergrund der zeitgenössischen erkenntnistheoretischen Diskussionen zu sehen.

Sterne erlebte erst mit *A Sentimental Journey* seinen Durchbruch auf dem deutschen Markt. Danach wird auch der Einfluß von *Life and Opinions of Tristram Shandy* (1760–67) deutlich spürbar. Die *Empfindsame Reise* wurde mehrmals übersetzt und zog eine wahre Flut von Nachahmungen nach sich (Michelsen, Kap. 2), von denen nur sehr wenige erwähnenswert sind. Wichtig für die Rezeption wurde die Verstärkung der Gefühlskomponente in der Übersetzung Bodes, so daß die kleine Schrift auf eine ganze Generation fast wie «Rauschgift» (Michelsen) wirkte und oft hysterische Emotionen freisetzte. So wenig wie bei *Werther* blieb die Wirkung auf die Literatur beschränkt.

Unter den Nachahmungen war das Werk J. G. Schummels *Empfindsame Reisen durch Deutschland* (1771) wohl dasjenige, das durch Titelgebung und Stil vom Erfolg Sternes am deutlichsten profitieren wollte. Schummels Werk ist eine Mischung von Prüfungs- und Abenteuerroman, dem er Digressionen und Reflektionen in Sternes Manier aufpfropft. Die Nachahmung ist ganz äußerlich, wichtige Züge in der Kunst und im Denken Sternes verflachen.

Anders verhält sich Wieland, wo Spuren einer Sterne-Rezeption in sehr vielen Romanen und Epen festzustellen sind, obwohl er keine ‹empfindsamen› Reisen schreibt. So wird z. B. in den *Abderiten* der aus *Tristram Shandy* bekannte Hafen Slawkenbergius als Autorität angeführt, um das Fortleben der antiken Schildbürger zu erklären, d. h. er bekommt eine wichtige Rolle in dem raffinierten intertextuellen Spiel Wielands, und zwar gerade dort, wo mit Wirklichkeit und Fiktion gespielt wird. Indessen muß doch festgestellt werden, daß es fundamentale Unterschiede in der Fragestellung gibt. Wielands Helden schwanken bis zuletzt zwischen zwei Polen, die mit ‹Natur›, ‹Vernunft›, ‹Wirklichkeit› einerseits, ‹Enthusiasmus›, ‹Schwärmerei›, ‹Idee› andererseits umschrieben werden. Obwohl die ‹Schwärmerei› das Element ist, das schon Don Sylvio vor einer Kapitulation vor der prosaischen, schlechten Wirklichkeit immer wieder bewahrt, bleibt anders als bei Sterne der Gegensatz zwischen solchen Polen sogar über den Tod hinaus; der Spötter Lukian begegnet im Jenseits dem Schwärmer Peregrinus Proteus und muß der Schwärmerei eine Funktion zugestehen – mehr aber nicht. Der Sonderling, der auch bei Wieland so oft auftritt, hat meistens der Gesellschaft gegenüber eine andere Funktion als bei Sterne, nämlich eine satirische. Er ist im Grunde der Weise, der nur schrullig und narrenhaft erscheint, weil er wie Demokrit in Abdera unter Narren lebt, die ihn notwendig für einen Narren halten müssen.

Weitere frühe Nachahmungen sind Johann Georg Jacobis *Die Winterreise* (1769) und *Die Sommerreise* (1770), die beide auch als Idyllen im genre mêlé aufgefaßt werden können. Erst sehr spät erscheint ein Werk, das sich auf einmal in der Sterne-Nachfolge sieht und doch keine Nachahmung sein will – und dessen Publikation vielleicht eben deshalb so lange auf sich warten ließ: Thümmels: *Reise in die mittäglichen Provinzen Frankreichs* (1791–1805), die auf Fahrten zurückgehen, die er in den Jahren 1772 und 1774 bis 1777 unternahm.

Der Roman schildert eine Reise, auf welcher sich die Hauptperson Wilhelm von der Modekrankheit der Hypochondrie heilen möchte. An einen fiktiven Briefempfänger Eduard berichtet er in tagebuchartigen Aufzeichnungen und Gedichten über die Stationen seiner Reise, die ihn zwar von vielen Plagen befreit – jedenfalls zeitweilig –, ihn aber nicht heilt. Er bleibt ein Hypochonder, der unter der letzten Endes jede Unmittelbarkeit zerstörenden Selbstbeobachtung leidet – trotz der Begegnung u. a. mit dem Lebenskünstler Saint-Sauveur, dessen Name viel verspricht. Auch mit einem Programm von sich abwechselnden neuen Erlebnissen gelingt es nicht, Wilhelm von seinen selbstquälerischen Reflexionen zu heilen. Trotz der Form des Reiseromans, trotz der Wirklichkeitsfiktion und trotz vieler stilistischer und kompositorischer, ja motivischer Anleihen ist das Buch nur bedingt eine Sterne-Nachahmung, sondern eher eine spätaufklärerische Kritik an der Empfindsamkeit, deren gesteigerte Empfänglichkeit für alle Reize und deren feinfühliges Reflexionsvermögen teils positiv, teils negativ geschildert wird, da Wilhelm einerseits das Fremde intensiv erfaßt, wegen seiner neurotischen Ichbefangenheit jedoch schließlich immer verfehlt. Eine Beziehung zu anderen Menschen bleibt letzten Endes aus.

Die nicht vehemente, aber doch vorhandene Gesellschaftkritik, die sich in *Wilhelmine* vor allem als Kritik am Hof äußert, fehlt auch hier nicht; sie trifft vor allem den Katholizismus, den er als abergläubische Frömmigkeit und (in Avignon) als korruptes politisches System schildert. Auch die Verhältnisse in den Gefängnissen werden als unmenschlich dargestellt, zu einer grundsätzlichen Kritik des absolutistischen Systems gelangt Thümmel nicht, obwohl – oder weil – er das Buch erst nach der Französischen Revolution publiziert hat.

Zur Sterne-Nachfolge in Deutschland wird auch Hippel gerechnet. Auf die unaufgelösten Widersprüche in seinem Leben und in seinem Werk macht schon Eichendorff in seinem Werk *Der deutsche Roman des 18. Jahrhunderts* (1851) nachdrücklich aufmerksam und schreibt:

«Ein solcher Charakter hätte den Humor erfunden, wenn er ihn nicht bei den Engländern, bei Swift und Sterne, schon vorgefunden hätte. Denn was wäre der Humor anders als das moderne Bewußtsein des innern Zwiespalts, das mit den Gegensätzen, weil es sie nicht mehr zu versöhnen vermag, in einer Art verzweifelten Lustigkeit spielt, um sie erträglich zu machen.»

Mit diesen Worten hat Eichendorff den Humor bei Hippel in vieler Hinsicht treffend charakterisiert und mit dem Hinweis auf Swift auch auf dessen satirische Züge hingewiesen. Obwohl er nicht wie Schummel Sternes «humour» als gute Laune oder Launigkeit mißversteht, verfehlt seine Definition dennoch das Eigentümliche des englischen Humors.

Theodor Gottlieb (ab 1791 von) Hippel, geboren 1741 in Gerdaunen (Ostpreußen), gestorben 1796 in Königsberg. Das verarmte Adelsgeschlecht – der Vater war Schulrektor – hatte seinen Adelstitel abgelegt, den Theodor später erneuern konnte. Er begann in Königsberg ein Theologiestudium und hatte eine Hofmeisterstelle, die er verlor, als er eine Reise nach St. Petersburg unternahm, jedoch ohne in russische Dienste zu treten. Nachdem er eine andere Hofmeisterstelle verloren hatte, weil er sich in die Tochter des Hauses verliebte, wandte er sich der Rechtswissenschaft zu. Er beendete das Zweitstudium sehr schnell, wurde Freimaurer und schlug eine sehr erfolgreiche Beamtenlaufbahn ein, so daß er zuletzt Bürgermeister, Stadtpräsident und Geheimer Kriegsrat wurde. Hippel war sowohl mit Kant als auch mit Hamann befreundet und schrieb außer seinen Romanen Lustspiele, unter denen *Der Mann nach der Uhr* (1765) das bekannteste ist. Daneben publizierte er *Freimaurerreden* (1768) und *Geistliche Lieder* (1772), wichtiger waren jedoch seine aufsehenerregenden Schriften über die Ehe und die Stellung der Frau: *Über die Ehe* (1774, 2. vermehrte Auflage 1792, 3. Auflage 1793) und *Über die bürgerliche Verbesserung der Weiber* (1792). Seine Werke erschienen anonym, nur allerengste Freunde wußten davon.

Lebensläufe nach Aufsteigender Linie nebst Beylagen A, B, C (1775–81) verraten in ihrer Form den Einfluß Sternes: Obwohl der Titel eine Progression verspricht und das Werk sich also in dem Sinne von *The Life and*

Opinions of Tristram Shandy unterscheidet, dessen Ende zeitlich vor dem Anfang liegt, spielt auch hier die Handlung selbst eine weniger wichtige Rolle als die sich daran knüpfenden Überlegungen, die sich zu längeren Digressionen entwickeln. In beiden Fällen wird die lockere, ja scheinbar völlig planlose Aufeinanderfolge der Begebenheiten und Gespräche zum Beweis für die Wahrheit, d. h. der vorgetäuschten nicht-fiktiven Tatsächlichkeit des Berichteten. An Sterne erinnern auch die schrulligen Charaktere mit absonderlichen Steckenpferden. Das merkwürdigste reitet der «Sterbegraf», der Todkranke in sein Haus aufnimmt, um sie beim Sterben zu beobachten. Durch die genaue Beobachtung des Sterbens entwickelt er seine «Lebenslehre», denn die wahre Philosophie ist «Sterbekunst». Er selber schläft alle Vierteljahre in einem Sarg.

Als guter Christ darf und kann der Graf zwar den Tod als einen Ausgang aus diesem Jammertal sehen, aber hinter der Hoffnung auf das ewige Leben als Erlösung der Seele steckt doch wohl auch Todesangst; eine durch ständiges Kreisen um das Sterben versuchte Beschwörung der Angst vor dem Tod als Vernichtung vermischt sich mit einer Todesmystik, die die lebende Frau mit der toten Geliebten verschmelzen läßt. In dieser «poetischen Thanatologie» (Mundt, 1833) ist wie bei Novalis auch der Einfluß des Pietismus zu spüren.

Die späteren *Kreuz- und Querzüge des Ritters A bis Z* (1793–94) spielen mit Elementen aus Sterne und verbinden sie mit Strukturen aus *Don Quixote*. Auf der Suche nach der Geliebten mit dem sprechenden Namen Sophie, d. i. Weisheit, irrt der edle Herr von Rosenthal, von seinem treuen Sancho Panza begleitet, durch die Geheimbünde und Freimaurerorden Europas, um seine Jugendgeliebte zuletzt wiederzufinden und heimzuführen. Auf eigenem Boden baut er mit ihr die unsichtbare Kirche, das wahre Eldorado, das nicht durch geheimnisvolle Initiationen gefunden wird, sondern nur in der eigenen Brust.

Wie so viele Aufklärer, vgl. Lessings *Ernst und Falk*, wurde auch der Freimaurer Hippel von den leeren Zeremonien und der Geheimniskrämerei der Orden abgestoßen, obwohl er für die Ideale der Gesellschaften: Philanthropie und eine standesunabhängige intellektuelle und moralische Elite, eintrat.

Zwischen Utopia und Abdera

Wie bereits hervorgehoben, bestand eine wichtige Funktion des Romans darin, daß sich die im absolutistischen Staat lebenden Bürger in dieser neuen Gattung über ihre Probleme verständigen konnten. In diesem Staat waren sie ohne politischen Einfluß, und Blanckenburg hob deshalb als ein wichtiges Gattungsmerkmal des neuen Romans hervor, daß dieser die innere Entwicklung des Menschen behandle und nicht den Menschen als «Bürger», als öffentliche Person und in einem Gemeinwesen handelnd, wie es das alte Epos getan hatte. Doch sowohl Blanckenburg wie auch die meisten zeitgenössischen Romanautoren wußten genau, daß die gesellschaftlichen, d.h. auch politischen Zustände die innere Entwicklung des Menschen bedingen und deshalb direkt oder indirekt geschildert werden müssen. Und das neue Programm für den Roman schloß auch nicht Werke aus, die gesellschaftliche Probleme als solche behandeln. In Wielands Roman *Agathon*, der für Blanckenburg das Musterbeispiel ist, werden die politischen Ideale und Enttäuschungen des Helden ausführlich geschildert – aber alles ist in die Antike transponiert, so daß die Distanz zu den bestehenden Verhältnissen gewahrt erschien, die dem Bürger nur eine passive Rolle erlaubten. Schon die barokken Staatsromane hatten dem Bürger mit aller Deutlichkeit die Rechte und Pflichten der Fürsten gegenüber dem immer gehorsamen Volk entwickelt und theologisch begründet, und wie die Verhältnisse in Deutschland nun einmal waren, konnten auf die barocken Staatsromane hier keine Utopien, sondern höchstens Fürstenspiegel folgen.

Das Ethos des politischen Romans im 18. Jahrhundert zeigt sich schon in der Titelgebung des ersten größeren Werks, das solche Probleme aufgreift: Johann Michael von Loens *Der redliche Mann am Hofe* (1740) schildert die Wirren im aquitanischen Königreich, die dann durch die politischen und moralischen Tugenden des Grafen Rivera, der als redlicher Mann natürlich lieber fern von der Welt auf seinen Gütern geblieben wäre, überwunden werden können. König und Staat werden durch seine Kur vom ‹politischen›, d.h. rein machiavellistischen Verhalten geheilt, aber auch gegen radikalpietistische Elemente kämpft Rivera und tritt für einen aufgeklärten, von der Philosophie des Thomasius beeinflußten Absolutismus ein.

Dreißig Jahre später diskutiert der Schweizer Albrecht von Haller die Staatsformen Demokratie, Aristokratie, konstitutionelle Monarchie und Absolutismus in seinen drei Staatsromanen: *Usong. Eine morgenländische Geschichte in vier Büchern* (1771), *Alfred König der Angelsachsen* (1773) und *Fabius und Cato, ein Stück der römischen Geschichte* (1774). Es werden die Gefahren des Despotismus behandelt, der etwa in Ziglers *Asiatischer Banise* (1689) mit allen erdenklichen Greueln geschildert wird. Sein Aufkommen wird jedoch nur legitimistisch und religiös erklärt, nämlich durch die nichtfürstliche Herkunft des feigen Tyrannen Chaumigrem, der die Macht nur vorübergehend und als eine Art Geißel Gottes zu ergreifen vermag. Demgegenüber leitet Haller als Schüler Montesquieus die unterschiedlichen Herrschaftsformen aus den Produktionsverhältnissen und aus klimatischen und geschichtlichen Umständen ab, wobei seine Romanwelten jedoch recht abstrakt bleiben. Das Morgenländische in *Usong* bleibt blaß, und der Schweizer Patrizier verfällt außerdem keineswegs einem völligen Relativismus. Der aufgeklärte morgenländische Despot ist fast ein Wunder und kann eben deswegen diese Staatsform nicht allgemein wünschenswert machen; demgegenüber sind die geschilderten Streitigkeiten in der Adelsrepublik Venedig zu erwarten, können aber nach Ansicht des Berner Aristokraten diese Staatsform natürlich nicht diskreditieren.

Wielands Werk *Der goldene Spiegel oder Die Könige von Scheschian, eine wahre Geschichte. Aus dem Scheschianischen übersetzt* (1772), vgl. S. 301 ff., ist als Fürstenspiegel ein Bekenntnis zum Reformabsolutismus und wurde im Hinblick auf den Wiener Hof geschrieben. Der ideale Fürst erhebt sich über Standesinteressen und dient dem ganzen Volk, das ist die Lehre des Werks. Leider stimmt der Rahmen, in welchem der weise Danischmend dem Sultan von den bösen und vorbildhaften Regenten erzählt, recht skeptisch: Der Sultan schläft immer bei der Nutzanwendung ein. Es wird zwar neben all den schlechten und weniger schlechten Staaten und Verfassungen eine Utopie geschildert, die jedoch nur eine Zeitlang unter mildem Himmel und in isolierter Lage für eine ganz kleine Gesellschaft realisierbar ist. Für die eigentlichen normalen Staaten gilt, daß alle Theorien letzten Endes unnütz sind, denn der Egoismus des Selbstherrschers oder das Machtstreben der Stände wird sich am Ende doch durchsetzen. Die Fortsetzung dieses Staatsromans, die *Geschichte des weisen Danischmend und der drei Kalender* (1775), ist keineswegs optimistischer.

So gelangte Wieland zu einer illusionslosen Einschätzung sowohl des Absolutismus als auch der ‹Volksherrschaft› und überwarf sich mit den Vertretern von rechts und links, als er im *Teutschen Merkur* 1777 den Aufsatz *Über das göttliche Recht der Obrigkeit oder Über den Lehrsatz: Daß die höchste Gewalt in einem Staat durch das Volk geschaffen sei, an Herrn P. D. in C.* veröffentlichte. Das Volk sei wie ein Pferd, meinte er dort, das nur glücklich sei, wenn jemand im Sattel sitze und es mit starker Hand lenke. Er argumentierte aber keineswegs legitimistisch, sondern modern gesprochen eher cäsaristisch: Der Krieg aller gegen alle wird durch den Stärkeren beendet, dessen Kinder dann den Thron erben, obwohl sie nicht mehr stark sind, sondern oft degeneriert. So lange das Volk diesen Zustand aus Gewohnheit erträgt, ist dagegen nichts einzuwenden, weil vor allem der Streit unter den Bürgern zu vermeiden ist. Kommt es aber wieder zum Bürgerkrieg, ist auch ein Cromwell ‹von Gottes Gnaden›, wenn er mit dem Recht des Stärkeren den legitimen, schwachen oder glücklosen König hinrichten läßt. Wieland war nicht besonders empört über die Hinrichtung Ludwigs XVI. und sah den Aufstieg Napoleons früh voraus. Bei der Begegnung mit ihm verhielt er sich allerdings weit kühler als der Legitimist Goethe.

Wielands Skepsis äußerte sich auch in seiner satirischen Darstellung der Narrengesellschaft in den *Abderiten* (1774), vgl. S. 308. Abdera ist ein antikes Schilda, sein einziger vernünftiger Bürger und Einwohner ist der lachende Philosoph Demokrit. Er beobachtet als weiser, vorurteilsloser und kosmopolitischer Mensch das Treiben seiner Landsleute, denen er in ihrer unheilbaren Torheit nicht zu helfen vermag. Zuletzt muß er die Stadt verlassen. Abdera geht unter, seine Einwohner verstreuen sich in alle Welt und sitzen nun in jeder Stadt.

Abdera ist als Stadtstaat ein Abbild einer Gesellschaft im kleinen, die sich durch wohlgemeinte Ratschläge und spiegelbildhafte Erzählungen nicht helfen läßt und von welcher der Weise sich mit einem etwas melancholischen Lächeln zurückziehen muß. Vernunft und Humanität realisieren sich nur individuell – höchstens in der kleinen Gemeinschaft der Talbewohner im *Goldenen Spiegel*, die fast als eine Großfamilie anzusehen ist. Das Thema begegnet dem Leser immer wieder, nicht nur bei Wieland, sondern in Stolbergs Erzählung *Die Insel*, in Goethes *Wilhelm Meister*, bei Hippel usw. Die kleine Gemeinschaft muß im achtzehnten Jahrhundert aber nicht bloß Zufluchtsstätte bleiben, sie kann auch Ausgangspunkt für Reformen sein. Es gibt nicht nur die elitär-pessimistische, sondern auch die pädagogisch-optimistische Variante, die Johann Heinrich Pestalozzi (1746–1827) mit seinem Erfolgsroman *Lienhard und Gertrud. Ein Buch für das Volk* (1781–87) repräsentiert.

Pestalozzi wollte ein «ABC-Buch der Menschheit» schreiben, wie er später erklärte. Der Roman, für dessen Veröffentlichung sich Lavater einsetzte, ist ein sozialpädagogisches Werk, das ein Modell für die Volkserzieher, die Pfarrer, Lehrer und Gutsherren bereitstellen will, obwohl es sich anscheinend direkt an das Volk wendet. In der Vorrede zum Teil I, 1781, heißt es:

«Diese Bogen sind die historische Grundlage eines Versuchs, dem Volk einige ihm wichtige Wahrheiten auf eine Art zu sagen, die ihm in den Kopf und ans Herz gehen sollte.

Ich suchte sowohl das gegenwärtige Historische als das folgende Belehrende auf die möglichst sorgfältige Nachahmung der Natur und auf die einfache Darstellung dessen, was allenthalben schon da ist, zu gründen.»

Mit diesen Worten gibt Pestalozzi an, daß sowohl die Erzählung selbst (das Historische) als auch die Lehre, die Reformvorschläge, als realistisch anzusehen sind, ja die Keime einer besseren Zukunft sind sogar schon vorhanden. Die Reformen fangen hier in der kleinsten Gemeinschaft, der Familie, an, wo die Hausfrau den guten, aber leicht zum Trinken verführbaren Mann moralisch stützt und die Hilfe des Junkers gegen den ungerechten Vogt anruft, der die Einwohner des Dorfes in seine Wirtschaft nötigt. Die Besserung der Zustände fängt also zu Hause an, läßt sich aber nur mit der Hilfe der guten und wohlwollenden Obrigkeit durchführen. Als die Herrschaft des Vogtes gebrochen ist, lassen sich allerhand Reformen durchführen, bei denen nicht nur der redliche Pfarrer, sondern auch ein alter Freund des Junkers, ein ehemaliger Leutnant, mitwirkt, der nun Dorfschulmeister wird. Als die Nachricht von den pädagogischen und wirtschaftlichen Erfolgen dieser Philanthropen das Ohr des Landesfürsten erreicht, wird das Musterdorf Ausgangspunkt für Reformen im ganzen Land.

Im Roman spiegelt sich der Glaube an die Möglichkeit, das Volk auf patriarchalischem Wege ‹aufzuklären›. Diese ‹Bauernaufklärung› wirkte bis weit ins 19. Jahrhundert hinein, ist philosophisch nicht radikal und steht nicht in Konflikt mit der Kirche, obwohl sie sich gegen das orthodoxe Dogma und den politischen Einfluß der ‹Pfaffen› wendet. Es geht in erster Linie um die dörfliche Lebenspraxis, und das Werk ist von der Überzeugung getragen, daß allen Menschen geholfen werden kann; auch der böse Vogt bereut zuletzt. Aus volkserzieherischem Enthusiasmus geschrieben, bildet das Buch in seiner stilistischen und kompositorischen Unbeholfenheit einen fast rührenden Gegensatz zu den *Abderiten* Wielands.

Die Prosaerzählung

Unter ‹Erzählung› faßt Sulzer neben der ‹narratio› der Rhetorik, die einen Teil der Rede bezeichnet, nur die Verserzählung. Es gibt jedoch eine ganze Menge Prosaerzählungen in mehreren Spielarten, die Goethe in der Einleitung zu den *Unterhaltungen deutscher Ausgewanderten* kritisch mustert. Die Erzählung nimmt, wie auch der Roman, zu dem der Übergang fließend ist, den niedrigen Rang in der Hierarchie der Gattungen ein und erfreut sich erst später als ‹Novelle› einer stärkeren Aufmerksamkeit der Forschung.

Die Erzählung des 18. Jahrhunderts in Deutschland ist in Form und Inhalt ohne die ‹Moralischen Wochenschriften› und ihre kurze Fiktionsprosa mit didaktisch-moralischem Zweck nicht denkbar. Das berühmteste Beispiel liefert die Erzählung von Inkle und Yarico (*The Spectator,* Nummer 11), die immer wieder in neuen Variationen erzählt wurde. Vorbild für die sich aus dieser Prosa entwickelnde deutsche ‹moralische Erzählung› war vor allem Jean François Marmontel (1723–1799), dessen ‹contes moraux› seit 1755 erschienen. Poetologisch interessant ist es, daß er die Erzählung als prosaisches Gegenstück zum Lustspiel versteht, weil sie ebenso wie das ernste Lustspiel oft recht empfindsam bürgerliche Tugenden und Verfehlungen schildert. Sie wurden auch in Deutschland oft in Zeitschriften veröffentlicht, um später in Sammlungen zu erscheinen.

Die Erzählung wurde von zahlreichen Unterhaltungsschriftstellern gepflegt, aber auch ernstzunehmende Autoren verschmähten keineswegs diese Gattung, so daß sie am Ausgang des Jahrhunderts als vollgültige künstlerische Form betrachtet werden konnte. Zu nennen sind Wielands *Bonifaz Schleicher* (1776), eine Studie über Heuchelei und Selbstbetrug, und Johann Heinrich Mercks *Die Geschichte des Herrn Oheim* (1778) und *Herr Oheim der Jüngere* (1781/82) sowie *Lindor. Eine bürgerlich-teutsche Geschichte* (1781), die sozialkritisch die Möglichkeiten eines moralischen Handelns in der Gesellschaft untersuchen, aber auch die Unmöglichkeit zeigen, auf dem Lande außerhalb der Gesellschaft in Übereinstimmung mit der ‹Natur› zu leben. Ebenfalls im *Teutschen Merkur* veröffentlichte Wezel *Peter Marks* (1776) und *Die wilde Betty* (1779), die Eheprobleme sehr satirisch schildern.

Die größten Erfolge konnte jedoch August Lafontaine (1758–1831) verbuchen, der, um die Tugend zu schützen und Unerfahrene zu warnen, horrende und lüsterne Geschichten in großen Mengen lieferte.

Eine Art ‹moralischer Erzählung› ist auch die Kriminalgeschichte, für die Pitavals *Causes célèbres*, die 1747 ins Deutsche übersetzt wurden, eine Inspirationsquelle waren. Es war dabei dem Erfolg keineswegs abträglich, wenn die unerhörte Geschichte sich tatsächlich ereignet hatte. Christian Heinrich Spieß veröffentlichte *Selbstmörderbiographien* (1785) und *Biographien der Wahnsinnigen* (1795/96), aber schon 1776 hatte Lenz im *Deutschen Museum* seine Erzählung *Zerbin oder Die neuere Philosophie* veröffentlicht, die das Gretchenthema abwandelt. Schiller schrieb *Der Verbrecher aus verlorener Ehre* (1787) und *Das Spiel des Schicksals* (1787).

Voltaire hatte mit seinem Kurzroman bzw. seiner Erzählung *Candide ou l'Optimisme* (1759) eine ‹philosophische Erzählung› geschrieben, in welcher er Leibniz' Optimismus durch die Handlung ad absurdum führt und sie fiktional widerlegt. In der ‹philosophischen Erzählung› ist die Handlungsführung also weitgehend durch die zu demonstrierende These bedingt. Diese Form wurde in Deutschland von Wieland übernommen, der in *Koxkox und Kikequetzl* (1770) antirousseauistisch die Kleinfamilie und nicht den einzelnen als Anfang, als leicht zu zerstörende Keimzelle der menschlichen Gesellschaft sieht. In derselben Gattung schrieb Wezel *Satirische Erzählungen* (1778/79), während die *Skizzen* des Vielschreibers A. G. Meißner (1753–1848) – er veröffentlichte zwischen 1778 und 1793 vierzehn Sammlungen – sowohl philosophische als auch moralische Erzählungen enthalten.

Die dritte Hauptgruppe bilden die französischen und französisch inspirierten Feenmärchen. Diese Gattung entstand um 1700 und wurde bald ein so großer Erfolg, daß 1785–89 eine Sammlung *Cabinet des Fées* von insgesamt 41 Bänden erscheinen konnte. Trotz Gottscheds Ablehnung der Gattung wurden die Feenmärchen und neben ihnen die Märchen aus *Tausendundeiner Nacht* auch in Deutschland bald beliebt und verschmolzen in mancher Nachdichtung. Die Spannweite der Gattung tritt schon in Wielands *Don Sylvio* zutage, wo einerseits das Verhältnis des jungen und unerfahrenen Helden zur Wirklichkeit vom Lesen der Feenmärchen gestört wird, der aber andererseits auch ohne sie seine schöne, junge und reiche Witwe nicht gefunden hätte. Die Märchen konnten naiv gelesen werden, aber viele von ihnen sind auch parodistisch konzipiert; durch ein solches, leicht laszives Märchen wird auch der naive Leser Don Sylvio geheilt und zum rechten Lesen erzogen. Die wichtigsten deutschen Sammlungen waren Wielands *Dschinnistan* (I–III, 1786–1789), worin auch Originalbeiträge aus seiner Hand zu finden sind, und Friedrich Justin Bertuchs *Blaue Bibliothek aller Nationen* (1747–1822).

Musäus schrieb 1782–1788 sein Werk *Volksmärchen der Deutschen*, die eine Wieland verwandte Freude an übermütigem Spiel und toller Phantasie atmen. Wie dieser durchbricht er die Illusion mit witzigen Anspielungen und ironisiert die Natürlichkeit der Märchenwelt, in der jedes Problem durch irgendeine Verwandlung leicht zu lösen ist. Sein Werk setzt ein belesenes Publikum mit Sinn für das Spielerische voraus. Eine Kritik, die sein Werk an den *Kinder- und Hausmärchen* der Brüder Grimm mißt, ist daher verfehlt und nur ein weiteres Beispiel für den Umbruch in der Literatur am Ausgang des 18. Jahrhunderts, der oft unbegreiflich schnell zum völligen Unverständnis einer Dichtung führte, die nur eine oder zwei Generationen zurücklag. In späteren Auflagen wurden die ironischen Bemerkungen ausgemerzt, um dem neuen Publikumsgeschmack entgegenzukommen.

Leichter verdaulich für die folgenden Generationen waren die Rittererzählungen, die in Sprache und Motiven den Ritterstücken, vor allem Goethes *Götz von Berlichingen* und den Volksliedern folgten, auf die Herder hingewiesen hatte. In diesen Geschichten wimmelt es von biederen altdeutschen Helden, von dicken Pfaffen und armen Nonnen, von machtgierigen Fürsten und verschlagenen Bischöfen. Zu nennen sind: *Romantische Erzählungen nebst Abhandlungen über Gegenstände vergangener Zeit* (1784) von Johann Christoph Krause, *Skizzen aus dem Klosterleben* (1786) von Johann Friedrich Ernst Albrecht und *Sagen der Vorzeit* (1787–98) von Georg Leonhard Wächter. Sie leiten bereits zur Spätromantik über.

3. Drama

Die Rührkomödie

Auf der Bühne wie im Roman entstanden unter dem Einfluß der Empfindsamkeit neue Formen, die das Selbstverständnis des selbstbewußter werdenden Bürgertums angemessener zum Ausdruck bringen konnten: das weinerliche Lustspiel und das bürgerliche Trauerspiel. In beiden Fällen zeichnet die Spannung zwischen Adjektiv und Substantiv den Bruch mit dem bisher gültigen dramatischen System an.

Die heroische Tragödie will im Schicksal des hohen Helden etwas Überindividuelles zum Ausdruck bringen, den Kampf kosmischer oder metaphysischer Mächte, der den Untergang eines ganzen Volkes mit sich führen kann. Der Sturz eines solchen Helden ist tief, muß es sein, und deshalb ordnete die ‹Ständeklausel› um der ‹Fallhöhe› willen dem ersten Stand die Tragödie, dem dritten die Komödie zu. So konnten auch die ersten ‹ernsten› Stücke mit bloß bürgerlichen Helden und – noch – mit versöhnlichem Ausgang des Konfliktes, nur der Gattung ‹Komödien› untergeordnet werden. Es entstand ‹la comédie larmoyante›, ‹the sentimental comedy›, die ‹Rührkomödie› oder das ‹weinerliche Lustspiel›, das Gellert in seiner akademischen Abhandlung *Pro commoedia commovente* (1751) als Neuschöpfung verteidigte.

In der alten ‹Verlachkomödie› waren die bürgerlichen Laster und Torheiten verspottet und ihre Träger, zu denen auch Vertreter des niederen Adels gehören konnten, der Lächerlichkeit preisgegeben worden. Der prahlerische Offizier, der Heuchler, der Geizige, die Putzsüchtige, die Heiratslustige stellten Eigenschaften und Verhaltensweisen dar, von denen sich die Zuschauer distanzieren sollten.

Ganz anders war die ‹Rührkomödie›, der es um die Darstellung der Tugenden und nicht der Untugenden ging. Europäisches Muster wurde Nivelle de la Chaussées *Mélanide* (1741), die die Versöhnung zwischen Ehegatten nach sechzehnjähriger Trennung empfindsam feiert. Vor allem von Frankreich ließ sich auch Gellert inspirieren, der der einzige ernstzunehmende Vertreter der Gattung in Deutschland ist.

Die Betschwester (1741) bildet den Übergang von der älteren sächsischen Typenkomödie zur neuen Form, denn die Hauptperson, die Richardin, ist eine herzlose und habgierige Fromme, der aber als Kontrastfiguren Vertreter einer echten, sowohl vernünftigen als auch tugendhaften Nächstenliebe gegenüberstehen. Sie sind die Vorbilder, denen der Zuschauer nacheifern soll, es geht um die Einübung in die rechte Tugend, die Darstellung des Positiven ist schon hier wichtiger geworden als das Lachen über die Laster. Diese Züge verstärken sich in den folgenden Stücken, in welchen auch die Intrige von untergeordnter Bedeutung ist. «Die Bühne wandelt sich kontinuierlich zur Kanzel, von der aus die Dramengestalten durch die Theaterillusion notdürftig kaschierte längere oder kürzere Vorträge über Themen und Gegenstände halten, die sämtlich der Fixierung des bürgerlichen Lebensstils und der mit ihm verbundenen moralischen Ideologie dienen und diese gleichzeitig von der ‹großen Welt› und ihrer gesellschaftlichen wie menschlichen Unmoral abgrenzen» (Steinmetz).

In diesen Lustspielen wird aber so wenig wie in Gellerts Roman ein Bild des tätigen Bürgers gegeben. Es geht in dieser Gattung um Häusliches, Familienglück und Familienkrisen, die Stücke beschränken sich nicht nur auf die bürgerliche Sphäre, sie klammern, so gut es geht, alles aus, was außerhalb des Hauses, der Familie vor sich geht, was in Übereinstimmung mit dem alten Gattungsverständnis ist, nach welchem die Komödie die Laster des Bürgers, des Privatmannes zu behandeln hat. Die Wichtigkeit des Geldes wird allerdings sehr stark hervorgehoben, es ist das durchgängige große Thema, nur – man erbt es, gewinnt es in der Lotterie, verliert es unter Umständen in einem nicht näher beschriebenen Bankrott, man erheiratet es, ja, man verleiht es gegen Zinsen, aber man erwirbt es nie.

Geiz und Habgier ist in dieser Welt des Geldes verwerflich, aber der Widerspruch wird nicht klaffend, denn die Tugend bewahrt den Besitzenden vor Armut und läßt auch die Liebenden nicht ohne Erbschaft. In der Gelassenheit, in der Ergebung in den Willen Gottes, der sich durch die hinzunehmenden Fügungen des Lebens kundgibt, gewinnt der vernünftige und tugendhafte Mensch auch im Verzicht das ihm beschiedene Glück, auch wenn er wie Julchen in dem Stück *Die zärtlichen Schwestern* (1747) den Geliebten verliert. In diesem Stück verursacht eine Erbschaft, in *Das Loos in der Lotterie* (1746) ein Lottogewinn, die dramatischen Verwicklungen, die an den Tag bringen, wem die Tugend und wem das zeitliche Gut, das er doch verliert, wichtiger ist.

Schauspiel und bürgerliches Trauerspiel

In der zweiten Hälfte des Jahrhunderts fanden weitere tiefgreifende Wandlungen und Umwälzungen im Gattungsgefüge des Dramas statt. Lessing schuf mit *Miß Sara Sampson* und *Emilia Galotti* eine neue Art von Trauerspiel und mit *Minna von Barnhelm* eine Komödie, die sich dem ‹Schauspiel› nähert, ja die Tragödie streift. Er gewann damit Anschluß an Strömungen, die sich schon in England und Frankreich bemerkbar gemacht hatten. In der *Hamburgischen Dramaturgie* betonte er zwar die Bedeutung Shakespeares, wichtiger für ihn und zunächst für das deutsche Drama war jedoch Diderot, dessen Stücke *Der natürliche Sohn* (1757) und *Der Hausvater* (1758) er mit den dazugehörigen Abhandlungen übersetzte und 1760 unter dem Titel *Das Theater des Herrn Diderot* anonym veröffentlichte. In der Vorrede behauptete Lessing, daß nach Aristoteles kein «philosophischerer Geist sich mit dem Theater abgegeben» habe als eben Diderot, und als er sich bei der zweiten Auflage 1781 zur Übersetzung bekannte, betonte er, daß nicht nur er selbst sehr viel von dem Franzosen gelernt habe, sondern daß dieser «auf das deutsche Theater weit mehr Einfluß gehabt zu haben» scheine als auf das französische.

In der dem *Hausvater* beigegebenen Abhandlung *Von der dramatischen Dichtkunst* skizziert Diderot (in der Übersetzung Lessings) das neue Gattungsgefüge, das für das deutsche Drama so wichtig wurde, folgendermaßen:

«Das dramatische System nach seinem ganzen Umfange wäre also dieses: die lustige Komödie, welche das Laster und das Lächerliche zum Gegenstand hat; die ernsthafte Komödie, welche die Tugend und die Pflichten des Menschen zum Gegenstand hat; das Trauerspiel, das unser häusliches Unglück zum Gegenstand hätte; und die Tragödie, welche zu ihrem Gegenstande das Unglück der Großen und die Unfälle ganzer Staaten hat.»

Die beiden mittleren Gattungen im System Diderots beschränken sich also auf die häusliche, die private Sphäre, jedoch mit dem Anspruch, eben dadurch das Allgemeinmenschliche und -gültige auf die Bühne gebracht zu haben; der Sturz des Königs läßt uns kalt, trifft das Unglück ihn dagegen als Menschen, als Vater oder Ehemann, erregt es unser Mitleid und Mitempfinden, so wird oft in der Nachfolge Diderots argumentiert.

Der Bürger kann nunmehr weder sich noch seine Belange in dem repräsentativen Helden des Nationalepos oder in dem Fürsten der heroischen Tragödie mehr erkennen. Im Roman wie auf der Bühne zieht sich der Bürger vorerst in eine moralisch-empfindsame private Sphäre zurück oder vielmehr: In diesem Rückzug auf der Bühne tritt einerseits die reale Machtlosigkeit des dritten Standes zutage, andererseits äußert sich gleichzeitig eine moralische Distanzierung von der Sphäre einer Politik der reinen Staatsräson. Der Bürger erlebt sich darüber hinaus immer mehr als Opfer der gewissenlos agierenden Herrscher, und so zeigen die späteren bürgerlichen Trauerspiele *Emilia Galotti* und *Kabale und Liebe* die Zerstörung der privaten, moralischen Sphäre durch den Fürsten, der gerade als Herrscher diesen Freiraum hätte schützen sollen. Zum Ausdruck kommt Klage, ja ein Einklagen der Fürsten vor den himmlischen Richter, aber keine Auflehnung. Der Bürger verharrt noch in der Passivität und kann in dieser Passivität auch die alte heroische Tragödie als Unterhaltung, als eine Art ‹Haupt- und Staatsaktion› genießen, die im Laufe eines langen Theaterabends gemeinsam mit Ballett, Harlekinade oder Gaukllerauftreten geboten wurde, wie die Theateraufführungen sogar am Nationaltheater in Hamburg zeigen.

Ursprünglich hatte Diderot ein ‹drame serieux› zwischen Komödie und Tragödie etablieren wollen, im zitierten Text ist die Stelle von der ‹comédie serieuse› besetzt, aber in beiden Fällen handelt es sich um ein ernstes, jedoch untragisches Drama; die von Lessing übersetzten Stücke *Der Hausvater* und *Der natürliche Sohn* nennt er ‹Schauspiele›. Dieser Terminus, den es schon seit dem 16. Jahrhundert gab, wurde nun öfters als Bezeichnung für Stücke verwendet, die bewußt die eine oder andere der traditionellen Regeln verletzen; so wurden z. B. auch Goethes *Stella* und Schillers *Die Räuber* als ‹Schauspiele› bezeichnet. Aus dieser Tendenz zur Mitte hin, die die Verbürgerlichung des Theaters bekundet, ist auch zu erklären, daß Diderot die Randgattungen verwirft: «Die burleske Gattung und die wunderbare Gattung haben keine Dichtkunst und können keine haben.» Die parodierende oder travestierende Darstellung des Erhabenen sowie auch das Wunder, das Märchenhafte, die Zauberkünste u. ä. verbannt Diderot also von der Bühne und vertritt in seinen Abhandlungen einen «illusionistischen Naturalismus» (Julius Petersen); um für diesen ‹Naturalismus› als künstlerisch vorbildlich argumentieren zu können, um ihn als den einzigen natürlichen Stil darzustellen, verwischt Diderot in seinem dramaturgischen Modell noch die Grenzen zwischen Wirklichkeit und Fiktion. Weiter schlägt er statt der herkömmlichen dramatischen Typen, also statt des Geizigen, des Menschenfeindes, des Heuchlers usw. für die ernsthafte Komödie den Hausvater, den Kaufmann usw. als Hauptpersonen vor; die «Tugenden und Pflichten» jedes Standes (‹condition›) können so zum allgemeinen Nutzen dargestellt werden.

Betrachtet man die innovative Dramenproduktion in der zweiten Hälfte des 18. Jahrhunderts, kann man kaum an Lessings These von der großen Wirkung Diderots zweifeln. Viele dieser neuen Stücke sind in ihrer Ablehnung des echt Tragischen und des natürlich ab und zu grausam wirkenden

Komischen in einer etwas empirisch-hausbackenen Vorstellung von der Würde des Menschen befangen, gegen die schon Hamann in seiner Abhandlung *Fünf Hirtenbriefe das Schuldrama betreffend* (1763) protestiert, die einen Ausläufer der durch Diderot entfachten Debatte behandelte. Noch in Lenzens *Anmerkungen übers Theater* (1774) ist die Anlehnung an Diderot spürbar, während A. W. Schlegel am Ausgang des Jahrhunderts Diderot für die Flut der bürgerlichen Rührstücke verantwortlich machte. Bissig und ungerecht, aber mit der Scharfsicht einer neuen Generation charakterisiert Schiller in einem Totengespräch mit dem Schatten Herakles/Shakespeare die in der Diderotnachfolge geschriebenen populären Stücke Schröders und Kotzebues und die ihnen zugrundeliegenden Normen, die Shakespeare dauernd mißversteht. Der zeitgenössische ‹Naturalismus› mußte Shakespeares *Hamlet* mit dem Gespenst des alten Königs als unrealistisch verwerfen:

Ich

Nicht mehr von diesem tragischen Spuk. Kaum einmal im Jahre
Geht dein geharnischter Geist über die Bretter hinweg.

Er

Auch gut, Philosophie hat eure Gefühle geläutert,
Und vor dem heitern Humor flieht der schwarze Affekt.

Ich

Ja ein derber und trockener Spaß, nichts geht uns darüber.
Aber der Jammer auch, wenn er nur naß ist, gefällt.

Er

Also sieht man bei euch den leichten Tanz der Thalia
Neben dem ernsten Gang, welchen Melpomene geht?

Ich

Keins von beiden! Uns kann nur das Christlich-Moralische rühren,
Und was recht populär, häuslich und bürgerlich ist.

Er

Was? Es dürfe kein Caesar auf euren Bühnen sich zeigen,
Kein Anton, kein Orest, keine Andromacha mehr?

Ich

Nichts! Man sieht bei uns nur Pfarrer, Kommerzienräte,
Fähndriche, Sekretärs oder Husarenmajors.

Er

Aber ich bitte dich Freund, was kann denn dieser Misere
Großes begegnen, was kann Großes denn durch sie geschehn?

Ich

Was? Sie machen Kabale, sie leihen auf Pfänder, sie stecken
Silberne Löffel ein, wagen den Pranger und mehr.

Er

Woher nehmt ihr denn aber das große gigantische Schicksal
Welches den Menschen erhebt, wenn es den Menschen zermalmt?

Ich

Das sind Grillen, Uns selbst und unsre guten Bekannten,
Unsern Jammer und Not suchen und finden wir hier.

1756 schrieb die *Bibliothek der schönen Wissenschaften* einen Preis von 50 Talern für das beste deutsche Trauerspiel aus. Lessing und Kleist konnten ihre Stücke nicht beenden, Weiße sprang ab, und so erhielten Johann Friedrich von Cronegk und Carl Theodor Breithaupt die Auszeichnung für die traditionellen Alexandrinertragödien *Codrus* und *Barbarussa und Zephire*, obwohl die Preisrichter auch erwogen, dem bürgerlichen Trauerspiel Breithaupts *Der Renegat* einen Preis zu geben. In dieser Gattung versuchte sich auch J. C. Brandes, der reißerische Stücke in der Nachfolge von Lessings *Miß Sara Sampson* (1755) schrieb, in welchen Familienintrigen und – wie bei Lessing – Giftmorde eine große Rolle spielen. Das englische bürgerliche Trauerspiel (‹domestic tragedy›), das mit George Lillos *George Barnwell or the Merchant of London* (1731) das englische Bürgertum zu den richtigen sozialen Tugenden erziehen wollte, wurde auch auf der deutschen Bühne beliebt, wobei, wie in den erwähnten Stücken Diderots, die Handlung sich oft in einer etwas gehobeneren Schicht abspielte. Auch wenn die klassische französische Tragödie und Voltaires Stücke ihren Platz im Spielplan behaupten konnten, wie die neuere Forschung hervorgehoben hat, setzte mit *Miß Sara Sampson*, Pfeils *Lucie Woodwill* und Brawes *Der Freigeist* eine neue Entwicklung ein. Eine Verführung, eine unstandesgemäße Liebe spielt oft wie in den Romanen Richardsons eine Rolle, aber, das sei nochmals unterstrichen, ein scharfer Standeskonflikt wie in *Emilia Galotti* oder *Kabale und Liebe* ist keineswegs ein Gattungsmerkmal – ‹domestic› heißt ja häuslich.

Fast direkt an Diderot schließt sich Otto von Gemmingens (1755–1830) Schauspiel *Der Hausvater* (1780) an, das ebenfalls den ‹Stand› des Familienvaters thematisiert. In der Dramatik der folgenden Jahre werden solche mit dem ‹Stand› der Hauptperson zusammenhängenden Probleme immer wieder behandelt, was zu beweisen scheint, daß Diderots Empfehlungen beherzigt wurden. Wenn etwa Lenz Stücke wie *Der Hofmeister* oder *Die Soldaten* bringt, so wollte er weder bloß einen jungen Gelehrten oder einen bramarbasierenden Soldaten schildern, wie sie in den alten Typenkomödien vorkamen, sondern Menschen, die durch ihren Stand geprägt bis deformiert worden sind. Schon Major Tellheim in *Minna von Barnhelm* ist in diesem Sinne ein Soldat, d. h. er hat die Tugenden und Vorurteile seines Standes, ist jedoch alles andere als eine Figur aus einer Typenkomödie.

Lessings Komödie führt als Untertitel *Das Soldatenglück*. Er war natürlich nicht der einzige Autor, der sich mit aktuellen Soldatenstücken auf die Bühne wagte. Autoren wie etwa Gottlieb Stefanie und Heinrich Ferdinand Möller schrieben vor dem Hintergrund der zeitgenössischen Kriege eine lange Reihe von Lustspielen, in welchen gnädige Fürsten, brave Soldaten und treue Untertanen dem Publikum Unterhaltung verschafften. Die größten Erfolge erzielten jedoch August Wilhelm Iffland (1759–1814) und August Kotzebue (1761–1819) (vgl. Bd. VII, 1, S. 468–478), die beide auch sehr gute Theaterpraktiker waren. Iffland, der ein hervorragender Schauspieler und Regisseur war und 1785 bis 1792 das Mannheimer Theater leitete, schrieb die populärsten Rührstücke, in welchen wiederum die durch den ‹Stand› bedingten Probleme behandelt und gelöst werden, z. B. *Die Jäger* (1785) und *Die Hagestolzen* (1791). In diesen Stücken begegnen die Themen und teilweise auch die Personengalerie der ‹weinerlichen Komödie› Gellerts. Kotzebue, der neben seiner Beamtenkarriere auch Theaterleiter in Wien, Petersburg und Königsberg war, verfaßte die immer noch interessanten Stücke *Menschenhaß und Reue* (1789) und *Die deutschen Kleinstädter* (1803). Auch Friedrich Ludwig Schröder (1744–1816), der das Hamburger Theater leitete, schrieb Rührstücke, u. a. das *Portrait der Mutter oder die Privatkomödie*, konnte jedoch bei weitem nicht mit Iffland und Kotzebue konkurrieren.

Der erfolgreichste unter den älteren Bühnenautoren war zweifellos Christian Felix Weiße (1726–1804), dessen Position, große Produktion und Popularität an Gleim erinnern. Als Kreissteuereinnehmer hatte er ein einträgliches Amt und pflegte gute Beziehungen zu allen Seiten. Er schrieb anakreontische Lyrik und im Siebenjährigen Krieg natürlich Patriotisches – seine *Amazonenlieder* (1760) machten ihn berühmt und wurden immer wieder neu gedruckt. Fast noch beliebter waren allerdings seine *Lieder für Kinder* (1766), denen in diesem pädagogischen Jahrhundert ein großer und lange andauernder Erfolg zuteil wurde. Er arbeitete auch an Basedows *Lesebuch* mit, verfaßte selber ein *ABC- und Lesebuch für kleine Kinder* und gab die Zeitschrift *Der Kinderfreund* (1775–82) heraus, die fünf Neuauflagen erlebte.

Seine Dramen gehörten zu den erfolgreichsten und wichtigsten in der zweiten Jahrhunderthälfte. Ohne Weißes künstlerische Schwächen leugnen zu wollen, hat die neuere Forschung doch zeigen können, daß Lessings vernichtende Kritik der shakespearisierenden Tragödie *Richard III.* in der *Hamburgischen Dramaturgie* Weißes Drama nicht gerecht wird. Schon in Leipzig, wo er gleichzeitig mit Lessing studierte, hatte Weiße Verbindung mit der Schönemannschen Truppe und schrieb sowohl Tragödien als auch bürgerliche Trauerspiele. Er verknüpft dabei Elemente der heroischen Tragödie mit Shakespeare und schafft überlebensgroße Bösewichter, deren moralische und pathetisch-rhetorische Maßlosigkeit ihn neben Gerstenberg zu einer Voraussetzung der Dramen der Sturm-und-Drang-Generation werden läßt. Seine Lustspiele (Gesamtausgabe 1783) tragen empfindsames Gepräge und sind, obwohl damals erfolgreich, weniger interessant als seine Versuche in der modernen und bald sehr beliebten Gattung des Singspiels.

Die Oper war als ‹höfische› Gattung nicht sehr beliebt und außerdem sehr teuer. Hinzu kam, daß sie von einem landläufigen, quasi ‹naturalistisch› verstandenen Mimesisbegriff als ‹unnatürlich› verworfen werden mußte. Liest man bei Sulzer nach, findet man eine Reihe von kritischen Anmerkungen, die bezeugen, daß das Phantastische, Spektakuläre sowie die durch die Arien, ja das Singen überhaupt bedingte Stilisierung auf Unverständnis stießen. Sulzer kritisiert, daß lange Arien gesungen werden, wo höchste Eile geboten ist, er ärgert sich über die Tonläufe, die das Singen in die Nähe von Instrumentalmusik bringen usw. Er weiß, daß die griechischen Tragödien eine andere Art von Opern waren, und – ohne sich zu verhehlen, daß die Tragödiendichter zu dieser Form kaum zurückkehren wollen und können – überlegt er sich, ob eine Vertonung der Bardiete Klopstocks nicht zu einer Erneuerung, d. h. Vereinfachung der Oper beitragen könnte.

Auch auf dem Gebiet des Musikdramas gibt es also eine Bewegung zur ‹Natur› und zur Mitte hin; auch Sulzer verwirft wie Diderot nicht nur das Märchenhafte und die Zauberwelt in den Opern, sondern er sieht auf der anderen Seite des Spektrums, in der Operette bzw. komischen Oper, Tendenzen zur ‹Veredelung›, so daß «itz allmählich ein ganz neues musikalisches Drama» entsteht, eine Gattung «von gemäßigtem sittlichem Inhalt», die der «ernsthaften Komödie» Diderots genau entspricht. Die Terminologie ist noch fließend, Singspiel kann Oper heißen, bzw. bei Mozart Oper in deutscher Sprache, aber die Tendenz scheint klar. Die ‹unnatürlichen› Arien werden im neuen ‹Singspiel› zugunsten von Rezitativen «in abgemessener Bewegung (Arioso)» eingeschränkt, einfache liedhafte Einlagen, eine Beschränkung der Zahl der Personen und eine vereinfachte Handlung werden als Merkmale der neuen Gattung angegeben. Hier wetteifert Weiße, der mit dem Komponisten Hiller zusammenarbeitete, nicht nur mit Wieland, sondern mit Goethe, dessen *Erwin und Elmire* (von der Herzoginwitwe Anna Amalie vertont) und *Claudine von Villa Bella* der neuen Gattung zugerechnet wurden.

Das Ritterdrama

Die Bardendichtungen, einschließlich der Bardiete, hatten eine auf der deutsch-germanischen Vergangenheit fußende neue Darstellung schaffen wollen. Der Mißerfolg, der sich nach kurzer Zeit einstellte, hängt zweifellos damit zusammen, daß Anspielungen auf die wenig bekannte Mythologie und die den meisten Lesern fast ebenso nebelhafte Frühgeschichte keine Atmosphäre, keine ‹Sinnlichkeit› oder Anschaulichkeit vermitteln konnten. Eine produktive Rezeption, in welcher die Phantasie des Lesers das Gedicht ergänzt, indem sie die Allusionen realisiert, war schwer, weil sich das Publikum in dieser Welt nicht so heimisch fühlen konnte wie in der antiken.

Ganz anders wirkte Goethes *Götz von Berlichingen*, denn das Kaisertum, weltliche und geistliche Fürsten sowie reichsunmittelbare Ritter und Reichsstädte hatte das Publikum noch vor Augen. Luther, die Bauernaufstände, das sechzehnte Jahrhundert ragten wie die Ruinen der Ritterburgen aus der ureigenen Vergangenheit in die Gegenwart hinein. So entstand neben *Götz* eine ganze Reihe von Ritterdramen, welche die Romantiker in ihrer Hinwendung zum Mittelalter beeinflußten. In dem biedermeierlichen Interesse für die Heimat, für die eigene Stadt und ihre Geschichte lebte diese ‹vaterländische› Gesinnung weiter, im Drama bis Grillparzer, in der Chroniknovelle sogar bis Storm. Die Autoren griffen also nicht nur auf die deutsche, sondern auch auf die Landes-, ja die Regionalgeschichte zurück.

Zu nennen ist eine Reihe von sehr produktiven Unterhaltungsschriftstellern: Jakob Maier (1739–1784) schuf mit dem *Sturm von Boxberg* (1778) «ein pfälzisches Originalschauspiel», Josef August Graf von Törring-Jettenbach (1753–1836) schöpft in *Kaspar der Thorringer* (1779) nicht nur aus der Geschichte Bayerns, sondern auch aus der seines Geschlechtes. Sein größter Erfolg war jedoch die *Agnes Bernauerin* (1781), ein Stück, in welchem er den ihn offenbar selbst bewegenden unlösbaren Konflikt zwischen der Liebe und den unbedingten Pflichten des hohen Standes publikumsgerecht darstellen konnte. Josef Marius von Babo hatte sich erst mit einem zeitgenössischen Soldatenstück versucht, danach sowohl ein klassizistisches Drama als auch eine Art Bardiet geschrieben, bevor ihm mit *Otto von Wittelsbach, Pfalzgraf von Bayern* (1782) ein bayerisch-vaterländisches Stück gelang, das nicht nur ein zeitgenössischer Erfolg wurde, sondern auch noch im 19. Jahrhundert bei feierlichen Anlässen im bayerischen Königshaus aufgeführt wurde. Am Burgtheater in Wien verfolgte man aufmerksam diese Aufarbeitung der Geschichte des Nachbarlandes und so entstanden auch dort Dramen, die den historischen Stücken Grillparzers den Weg bereiten: Friedrich Wilhelm Zieglers *Fürstengröße* (1793), Paul Weimanns *Stefan Fädinger oder der Bauernkrieg* (1777). Auch Iffland trug mit einem *Friedrich von Österreich* (1791) zu der fast unüberschaubaren Menge von Stücken dieser Art bei, die insofern interessant sind, als sie nicht nur vaterländische Gefühle wecken wollen, sondern auch die Normen der bestehenden Standesgesellschaft als gültig ansehen, die in zunehmenden Maße in den bürgerlichen Trauerspielen angezweifelt worden waren. Es dreht sich jedoch offenbar weitgehend um gattungsspezifische Züge, denn Babo u. a. konnten in ihren Lustspielen eine seit Richardson fast traditionell gewordene moralische Adelskritik pflegen. Eine solche impliziert allerdings auch keine Forderung nach einer Änderung der bestehenden Zustände, die in der Zeit vor und während der Französischen Revolution brüchig genug waren.

4. Das Lehrgedicht, die Satire, der Essay

Das Lehrgedicht

Neben den durch ihre Form definierten drei Hauptgattungen hielten viele Kritiker im 18. Jahrhundert und noch in der Biedermeierzeit an der Existenz einer vierten, nämlich der ‹lehrhaften›, der didaktischen Poesie fest. Sie taten es mit guten historischen Argumenten, vor allem wegen des Lehrgedichts, das seit der Antike einen Ehrenplatz in der Hierarchie der Gattungen einnahm. Historisch war die Gattung also zu rechtfertigen, ‹philosophisch›, d. h. systematisch, kaum, weil sie weder eine spezifische Form noch eine Handlung, eine Fabel hatte. Sie ‹ahmt› die Natur nicht nach, ist nicht mimetisch, sondern expositorisch (vgl. Aristoteles' *Poetik*, Kap. 1).

Im Anschluß an die Kritik in der aristotelischen Poetik verwirft Gottsched deshalb die «dogmatischen Poesien oder Lehrschriften», weil sie zwar in Versen geschrieben, aber «nichts gedichtetes, das ist, keine Fabeln» sind. Er listet sie dem Inhalt nach auf: «Es sind philosophische Abhandlungen gewisser Materien, Vernunftschlüsse, Untersuchungen, Muthmaßungen der Weltweisen, Ermahnungen zur Tugend, Trostreden im Unglück...» und schließt: «Also würden denn wohl alle diese Stücke gar nicht in die Poesie laufen, wenn sie in ungebundener Schreibart abgefaßt wären.» Zu dieser Gruppe zählt er logischerweise außerdem Lob- und Trauergedichte.

Der historische Gesichtspunkt siegt jedoch, und Gottsched rechtfertigt den Sieg mit systemwidrigen Argumenten rhetorischer bzw. stilistischer Art: «Der Ausputz, die Zierrathe, der geistreiche und angenehme Vortrag macht, daß sie Poesien werden: da sie sonst in ihrem gehörigen philosophischen Habite ein sehr mageres und oft verdrüßliches Ansehen haben würden.» Dagegen könnte man allerdings einwenden, daß Lehrgedichte wie die Poetiken von Boileau und Pope keineswegs durch die poetische Form an philosophischer Deutlichkeit gewinnen, was aber wenig besagt, denn nach Gottscheds Ansicht haben die Poeten solche Gedichte nicht für Philosophen geschrieben, sondern «um den mittelmäßigen Köpfen zu gefallen [...] und diese machen allezeit den größten Theil des menschlichen Geschlechtes aus».

Lessing ist konsequenter als Gottsched und verwirft das Lehrgedicht aus aristotelischen Gründen, während der eklektische Sulzer die Argumentation Gottscheds zu vertiefen sucht. Er will die poetische Form nicht als ein Zugeständnis an Leser betrachten, die nicht imstande sind, einer theoretischen Darlegung zu folgen. Vielmehr sieht er sie als eine Möglichkeit, dem Leser wichtige Wahrheiten nicht bloß theoretisch, sondern auch emotional mitzuteilen, obwohl es sich dabei um «ein System von Lehren und Wahrheiten» handelt. Denn als guter Aufklärer hält Sulzer daran fest, man könne «bey jeder Dichtungsart dem Menschen nützliche Lehren geben und dem Verstand wichtige Wahrheiten einprägen.»

In dem emotionalen Charakter des Lehrgedichts liegt für Sulzer der entscheidende Unterschied gegenüber der philosophischen und auch der rhetorischen Darstellung; außerdem nähert der Dichter durch anschauliche Szenen das Lehrgedicht dem Epos:

«Überall merkt man, daß er die Wahrheit nicht blos erkennet, sondern stark fühlet; und da wo sie an Empfindung gränzet, überläßt er sich bisweilen derselben, und mahlet im Vorbeygang leidenschaftliche Scenen, die mit seinem Inhalt verwandt sind, in dem Ton des epischen Dichters.»

Zweifellos ist diese Definition durch die Musterbeispiele der Gattung, die Lehrgedichte Hallers und sicher auch Youngs *Night Thoughts* geprägt, aber in Wirklichkeit umfaßte die Gattung sehr Heterogenes, denn das «Lehrgedicht hat ebensoviel Gattungen, als die Wahrheit Gattungen hat» (Batteux). Dabei steht das philosophische Lehrgedicht jedoch sicherlich an der Spitze, in der ersten Phase vertreten von Barthold Hinrich Brockes (1680–1747), vor allem aber von Haller.

Albrecht, seit 1749 von, Haller (1708–1777) war einer der größten Gelehrten des 18. Jahrhunderts, eine Universalbegabung, die, methodisch der modernen empirischen Wissenschaft verpflichtet und voller Verachtung gegenüber dem Rationalismus Descartes', auf den Gebieten der Physiologie, der Anatomie und der Botanik Hervorragendes geleistet hat. Als Professor in Göttingen und Präsident der ‹Gesellschaft der Wissenschaften zu Göttingen›, bei deren Gründung im Jahre 1751 er eine wichtige Rolle spielte, hat er außerdem maßgeblichen Anteil an der Entwicklung der damals modernsten Universität Deutschlands gehabt. Neben seinen zahlreichen wissenschaftlichen Werken hat er außerdem die *Göttingischen Gelehrten Anzeigen* zu einem international anerkannten Rezensionsorgan gemacht. 1753 kehrte er nach seiner Heimatstadt Bern zurück, um – zur Verwunderung der gelehrten Welt Europas – dort Verwaltungsposten zu übernehmen.

Neben seinen naturwissenschaftlichen Arbeiten ist sein literarisches Werk schmal, auch wenn man seine Staatsromane (vgl. S. 205) berücksichtigt, deren Bedeutung neben seinen Lehrgedichten gering ist. Mit seinem *Versuch schweizerischer Gedichte* (1732), der zu seinen Lebzeiten 11 Auflagen neben Raubdrucken erlebte, hat er der Literatur des Jahrhunderts jedoch entscheidende Impulse gegeben.

Von der Tradition des großen deskriptiven Lehrgedichts der Antike beeinflußt, entwickelt Haller eine moderne philosophische Dichtung, die von Schiller und in gewissem Sinne auch Hölderlin weiterentwickelt, aber nicht übertroffen wird. In dem großen Gedicht *Die Alpen*, das Lessing zum Ausgangspunkt seiner Kritik an der naturbeschreibenden Dichtung in *Laokoon* diente, schildert Haller die erhabene Natur der Gebirge und das karge, aber moralisch vorbildhafte Leben der ‹Hirten› dieser Gebirgswelt. In Übereinstimmung mit der klassischen Tradition knüpft er also mit seinen Reflexionen an die Naturschilderung an und antizipiert in seiner Abwandlung der seit der Antike gängigen Gegenüberstellung von verdorbenen Stadtbewohnern und unschuldigen Hirten bzw. Bauern die Kulturphilosophie Rousseaus.

Beeindruckender ist *Über den Ursprung des Übels*. Haller versucht eine Theodizee und bleibt in der Aporie stecken. Das Problem des Bösen in der von Gott geschaffenen Welt mußte dem Jahrhundert ein Ärgernis bleiben, wollte es am Optimismus festhalten, und gerade Hallers Ungenügen an den metaphysischen oder theologischen Lösungen, d. h. an dem Gedanken einer letzten Endes doch zutage tretenden Zweckmäßigkeit einerseits oder an einem prinzipiell unerforschbaren ‹Ratschluß› Gottes andererseits, verleiht seinem Gedicht seinen bohrenden und aufwühlenden Charakter.

Ebenso formal und inhaltlich unabgeschlossen und dabei wiederum die Unlösbarkeit der Fragen aufdeckend ist sein *Unvollkommenes Gedicht über die Ewigkeit*, in welchem er nicht nur über die Begriffe Zeit und Ewigkeit philosophiert, sondern vergebens versucht, dem individuellen Tod einen Sinn zu geben, der allgemein gedacht und nach der christlichen Dogmatik und der Philosophie der Zeit sich eigentlich harmonisch und von selbst ergeben sollte.

Ganz anderer Art sind die Werke, die nach der Jahrhundertmitte entstehen: Wielands *Die Natur der Dinge* (1752) und *Anti-Ovid* (1752) – schon die Titel machen den Bezug zu den großen Vorbildern Lukrez und Ovid deutlich. Die Breite der Gattung wurde auch größer – Sulzer zählt nicht nur Wielands kleines Epyllion *Musarion* (1768), das zweifelsohne lehrhafte Züge hat, zum Lehrgedicht, sondern auch Lessings Drama bzw. dramatische Dichtung *Nathan der Weise*, ja nennt sie mit Mendelssohn das «erhabenste aller Lehrgedichte». Er gibt schließlich dem innigen Wunsch Ausdruck, Wieland möge noch die Philosophie Leibniz' in einem Lehrgedicht darstellen wie weiland Lukrez die Lehre Epikurs.

Nach den philosophischen Lehrgedichten stehen die fachwissenschaftlichen, die in der antiken Tradition von Vergils *Georgica* stehen, und die poetologischen, die sich auf Horaz, Boileau und Pope berufen können.

Deskriptive Gedichte wie Thomsons *The Seasons* und E. v. Kleists *Der Frühling* – von Thomson angeregt – wurden oft in die Nähe des Lehrgedichts gerückt, weil die Beschreibungen auf Höhepunkten in Betrachtungen übergehen und so an Hallers *Alpen* erinnern, wo die Landschaftsbeschreibung jedoch deutlich den theologisch-philosophischen Reflexionen untergeordnet ist. Ähnliches gilt für die sogenannten ‹historischen› Gedichte. J. G. Zimmermanns *Die Zerstörung Lissabons* will nach der Aussage des Verfassers die Katastrophe jedoch nicht zu einer kritischen Auseinandersetzung mit dem Optimismus benützen, wie Voltaire es in seinem Gedicht getan hat und im Titel deutlich zum Ausdruck bringt: *Poème sur le désastre de Lisbonne, ou Examen de cet axiome, Tout est bien.*

Die Satire

Im 18. Jahrhundert hatte die lucilische Verssatire, die im 17. Jahrhundert mit Laurembergs *Veer Schertz Gedichte in nedderdütsch gerimet* (1652) u. a. m. eine Rolle gespielt hatte, ihre Bedeutung verloren. Zu nennen sind wenig bedeutende Werke wie etwa Hallers jugendliche Versuche *Die verdorbenen Sitten* und *Der Mann nach der Welt*. Wichtiger sind die formal nicht festgelegten Werke in der Tradition Menipps von Gadara wie Petronius' *Satyricon* und Senecas *Apokolokynthosis*. Sie übten neben dem von Wieland übersetzten Lukian und dem englischen Vorbild Swift einen beträchtlichen Einfluß auf die Literatur des Jahrhunderts aus. Man sprach zwar noch von ‹Satiren› im Sinne kürzerer Verssatiren, im Grund aber war die Satire nicht mehr formal festzulegen, wie schon Sulzer bemerkt:

«Auch ist hier überhaupt zu erinnern, daß die Satire nicht, wie die meisten andern Werke redender Künste, ihre eigene Form habe. Sie zeigt sich in Gestalt eines Gesprächs, eines Briefes, einer Erzählung, einer Geschichte, einer Epopöe, eines Drama, und sogar eines Liedes.»

«Satirisch» bezieht sich somit nicht mehr auf eine bestimmte Gattung, sondern auf eine Haltung, die den Gegensatz von Sein und Schein, die Spannung zwischen der tatsächlichen Welt und einer verbindlichen Norm schildert und die Anmaßung oder Heuchelei «straft». Die Satire verrichtet nach Sulzer mit anderen Mitteln das Werk des moralischen Philosophen und ist deshalb eins der wichtigsten «Werke des Geschmacks» und darf unter keinen Umständen zu der «Classe der scherzhaften und belustigenden Werke» gezählt werden, obwohl auch er natürlich die traditionelle Einteilung in moralisch entrüstete, strafende Satire und die «blos lustig scheinende» kennt.

Als Vertreter der allgemeinen Meinung spricht Sulzer auch, wenn er die auf bestimmte Personen als herausragende Vertreter allgemeiner Torheiten zielende Satire verwirft, deren ehrwürdige Tradition bis Aristophanes zurückreicht. Sie wurde zwar in den literarischen Fehden zwischen Leipzig und Zürich eingesetzt, bedeutende Satiren dieser Art schrieb jedoch nur Christian Ludwig Liscow (1701–1760), der die Form der ironischen Lobrede meisterhaft handhabte. Er griff in der Gestalt wohlbekannter Professoren der Rechtswissenschaft, der Theologie und Rheotrik die dünkelhafte, aufgeplusterte Gelehrsamkeit, die beflissene Autoritätsgläubigkeit und die oft devote Untertanshaltung des ganzen Standes mit wohlaufgelegter Aggressivität an. In dem karikierenden Lob des blinden Glaubens, des blinden Gehorsams und der dem Vorsitzenden und der Wissenschaft gleich nützlichen «Gesellschaft der kleinen Geister» kommt ein sonst wenig hervortretender Kampfgeist der deutschen Aufklärung zu Wort, ebenso in seiner mehr allgemeinen Satire *Die Vortrefflichkeit und Nothwendigkeit der elenden Scribenten* (1734).

Im allgemeinen verwarf man jedoch den hinter dem ‹Pasquill› vermuteten

«Privathaß» und wandte sich statt dessen zunächst einer oft recht harmlos anmutenden Typensatire zu. Beliebte Typen sind der Hypochonder, der Heuchler, der Stutzer, der Renommist, der rohe und unwissende Junker und Bauernschinder usw. Verspottet wurden also vor allem allgemeinmenschliche und bürgerliche Untugenden, vertreten durch das Bürgertum und den Landadel. Der in der Zeit erfolgreichste Satiriker Gottlob Wilhelm Rabener (1714–1771) lehnte die satirische Behandlung von Obrigkeit und Kirche ab, oder vielmehr: mußte mit einem Seitenblick auf die ganz andersartigen Verhältnisse in England noch auf sie verzichten.

Dies änderte sich zum Teil im Laufe der zweiten Jahrhunderthälfte. Der scharfe Prosasatiriker Lichtenberg schuf den satirischen Aphorismus, epigrammatisch zugespitzte Behauptungen, die den Leser zum Weiterdenken geradezu zwingen. Er erneuerte außerdem in seiner glänzenden Polemik gegen die Bekehrungssucht und die pseudowissenschaftliche Physiognomik Lavaters die Personalsatire, die dann von Goethe in *Götter, Helden und Wieland* fast überboten wurde. Theoretische Überlegungen zur Satire stellte Schiller in *Über naive und sentimentalische Dichtung* an, glänzende satirische Romane und Kleinepen schrieben maßgebliche Autoren wie Nicolai, Wieland, Wezel, Knigge, Kortum und Thümmel. Sie verspotteten in diesen Werken nicht nur Klerus und Hof, sondern die sozialen, politischen und weltanschaulichen Grundlagen der geistlichen und weltlichen Obrigkeit, und zwar sowohl die Orthodoxie und den Legitimismus der Machthaber als auch den illusionären Optimismus vieler Reformeiferer. Denn die Satire muß die Wirklichkeit nicht an einem von der Utopie geliehenen Maßstab messen, von Juvenal bis Swift gibt es in der Satire auch stark konservative Elemente. Verspottet werden die pädagogischen Reformen, die unausgegorenen Ideen der politisch bewußt werdenden Bürger usf.

Der Essay

Für das Lehrgedicht wie für die Verssatire gilt, daß ihre Blütezeit um 1740 vorüber ist. Einer Periode, in der die Prosa durch den Roman auch als künstlerisches Medium Anerkennung erlangte, mußte nicht nur Gottscheds bloß formal begründete Unterscheidung zwischen Abhandlung und Lehrgedicht sinnlos erscheinen, sondern auch die Gattung selbst. Sie mußte sich fragen, ob die Probleme, die das Lehrgedicht auf seine Weise behandelte, in der Prosa nur so dargestellt werden können, daß sie «in ihrem gehörigen philosophischen Habite ein sehr mageres und oft verdrüßliches Ansehen haben» (vgl. S. 219), oder ob es einen anderen «Habit» geben kann. Auf die Anschaulichkeit, das Gefühl und die Lebhaftigkeit kam es nach Sulzer an, und eine solche Prosa hatte sich entwickelt: Wieland wendet sich mit Lessing, der in seiner Jugend auch Lehrgedichte geschrieben hatte, mit Lichtenberg und anderen dem ‹Versuch› in Prosa, dem Essay zu.

Michel de Montaigne (1533–1592) hatte mit seinen *Essais* (1580) schon längst den Prototyp geschaffen, aber auch Francis Bacons *The Essays or Counsels, Civil and Moral* (1597) waren für die weitere Entwicklung bedeutsam. Weniger das eigene Selbst einbeziehend als Montaigne, suchte Bacon in stilistisch geschliffenen Prosastücken seine unmaßgeblichen Gedanken über alle Themen, von Gartenbau und Reisen bis zu Liebe und Tod, darzustellen – kurz, pointiert und keineswegs in ein großes System eingebettet. Vielmehr geht es, wie die Forschung fast einmütig hervorhebt, bei dem Essay darum, bei aller formalen Meisterschaft und Abrundung das Denken über ein bestimmtes Thema als einen unabgeschlossenen Prozeß darzustellen. Gerade dies bedeutet, daß der Essay eine angemessene Ausdrucksform für eine Zeit werden kann, die den großen Systemen mißtraut, auf die sich das Lehrgedicht bezog. Der Essay zielt auf die Wahrheitsfindung, nicht wie die Abhandlung und der Traktat auf die Darstellung der schon gefundenen oder feststehenden Wahrheit. Der Leser soll durch diese Form zum Weiterdenken aufgefordert werden. Der Autor legt seinen persönlichen Standpunkt dar, ist sich jedoch seiner Subjektivität bewußt und bringt sie oft durch die Form explizit zum Ausdruck. Sehr beliebt sind nämlich Briefe und Dialoge, wobei der Brief als Dialog mit einem nicht anwesenden Gesprächspartner zu verstehen ist. In diesen Formen kommt die bei angestrebter Sachlichkeit nicht verleugnete Individualität des Erkennenden zum Ausdruck, der sich in einem ‹Versuch›, der seine Vorläufigkeit eingesteht, mit fast allen Problemen auseinandersetzen kann.

Essayistisch sind sehr viele Besprechungen Lessings in den *Briefen* und in den *Literaturbriefen*, in welchen er mit Ausgangspunkt in der Rezension eines Werkes zu allgemeinen oder prinzipiellen Fragen übergeht; so diskutiert er z.B. das Verhältnis zwischen Empfinden und Erkennen anläßlich der Besprechung von Klopstocks *Messias*. Essays sind auch viele Briefe und ‹Sendschreiben› Wielands, die er im *Teutschen Merkur* veröffentlicht hat und viele der kurzen, sich fast immer auf Gesprächspartner beziehenden Schriften Hamanns, die den unabgeschlossenen, individuellen und prozessualen Charakter der Wahrheitsfindung anders, aber ebenso entschieden wie Lessing betonen. Eine sehr folgenreiche Sammlung von Essays war *Von deutscher Art und Kunst*, aber auch die sogenannten «Popularphilosophen» Abbt, Garve und Mendelssohn schrieben in der Tradition der nicht ‹schulmäßigen› Philosophie der französischen und englischen ‹Moralisten› Essays, die sich zwar kaum mit denen von Blaise Pascal, Shaftesbury, Voltaire und Diderot messen können, jedoch oft mit denen des überaus beliebten und einflußreichen Fontenelle (1657–1757), dessen *Dialogues des Morts* (1683) viele Nachahmer fanden.

Im Dialog drückt sich eine philosophische Haltung aus, nach welcher die Erkenntnis der Wahrheit das Ergebnis eines gemeinsamen Bemühens, eines Gespräches ist, wo keine These von vornherein die richtige ist, aus der sich dann alles ableiten, deduzieren läßt. Auch wenn die Meinung des Autors von vornherein feststeht, muß sie sich jedenfalls in der fiktionalen Diskussion bewähren. Diese Diskussion wiederholt somit einen schon stattgefundenen dialektischen Prozeß, in welchem verschiedene Auffassungen zu dem oft keineswegs feststehenden Resultat ihren Beitrag leisten. Das in der zweiten Hälfte des Jahrhunderts vielerorts immer stärker werdende Bewußtsein von der Standortgebundenheit menschlichen Denkens, der Wunsch, die Vielfalt der möglichen Ansätze auch in der Darstellung zu berücksichtigen und schließlich auch die Möglichkeit, im Dialog extreme oder verfängliche Themen durch einen Teilnehmer vertreten zu lassen, der dann natürlich ‹widerlegt› wird – all dies hat die Form sehr beliebt gemacht. Mendelssohn schrieb 1755 *Philosophische Gespräche* und später *Phädon oder Über die Unsterblichkeit der Seele. In drey Gesprächen* (1767), der in der Titelgebung auf Platons Dialog verweist. Herder, Wieland, Schlosser und vereinzelt auch Lessing und Goethe haben ebenfalls diese Form benutzt.

Eine Sonderform sind die ebenfalls sehr beliebten Götter- und Totengespräche. Da die Toten wie die Götter in das diesseitige Leben nicht verstrickt sind, können sie mit einer durch Distanz und Erfahrung bedingten, überlegenen Weisheit den Lauf der Welt verfolgen und kommentieren. Der erfolgreiche journalistische Schriftsteller David Faßmann (1685–1744) hatte eine weniger seriöse, aber sehr beliebte Form geschaffen, die ihm erlaubte, im Totenreich Monarchen, Helden und Mätressen aus allen Zeitaltern ihre Erfahrungen austauschen zu lassen. Schon in den ‹moralischen Wochenschriften› hatte man jedoch Fontenelle rezipiert, später wurde die Gattung in Bodes *Deutschem Museum* und Wielands *Teutschem Merkur* gepflegt. Hervorzuheben sind vor allem Wielands *Gespräche im Elysium* und *Neue Göttergespräche*, in welchen die Französische Revolution behandelt wird, wobei Jupiter mit bemerkenswerter olympischer Ruhe das Schicksal des französischen Königs kommentiert und ein von Juno gewünschtes Eingreifen ablehnt.

Es waren jedoch keineswegs nur Dichter und Literaten, die Essays schrieben. Die Gattung entwickelte sich als Folge der sich etablierenden Öffentlichkeit. Goethe bemerkt in *Dichtung und Wahrheit* II. 7., nachdem er Bengel, Crusius und andere mystisch-prophetische Ausleger der Heiligen Schrift charakterisiert hat, daß es auch andere theologische Richtungen gab und beschreibt anschließend eine allgemeine Entwicklung unter den Gelehrten:

«Näher aber lag denen, welche sich mit deutscher Literatur und schönen Wissenschaften abgaben, die Bemühung solcher Männer die wie Jersusalem, Zollikofer, Spalding in Predigten und Abhandlungen, durch einen guten und reinen Stil, der Religion und der ihr so nahe verwandten Sittenlehre, auch bei Personen von einem gewissen Sinn und Geschmack, Beifall und Anhänglichkeit zu erwerben suchten. Eine gefällige Schreibart fing an, durchaus nötig zu werden, und weil eine solche vor allen Dingen faßlich sein muß, so standen von vielen Seiten Schriftsteller auf, welche von ihren Studien, ihrem Metier klar, deutlich, eindringlich, und sowohl für die Kenner als auch für die Menge zu schreiben unternahmen.»

Als Beispiele dieser Art von Schriftstellern nennt Goethe die Ärzte Haller und Zimmermann, unter den Juristen Pütter und den jungen Moser. Er beschreibt m. a. W. das Aufkommen einer neuen Prosa, in welcher die Gelehrten nicht nur füreinander, sondern auch für eine breite und gebildete Öffentlichkeit zu schreiben wünschten. Man ging nun davon aus, daß die Ergebnisse der Wissenschaft für die Aufklärung, für die Meinungsbildung wichtig waren und die Gelehrten ihren Beitrag zu liefern hatten.

Solche Beiträge müssen natürlich nicht Essays sein. Zahlreiche Gelehrte vermittelten vielmehr die Ergebnisse ihrer Wissenschaft an das gebildete Publikum eher als Autoritäten. Unter Kants Aufsätzen haben am ehesten *Was ist Aufklärung?* und *Mutmaßlicher Anfang der Menschengeschichte* den Charakter des ‹Versuchs›, während man andere populärwissenschaftliche Abhandlungen nennen könnte. Alle diese Schriften trugen jedoch zur Bildung einer bürgerlichen Öffentlichkeit bei, die in dieser Periode nach und nach zum politischen Faktor wurde. Einige Rechtswissenschaftler und juristisch gebildete Beamte konnten in ihrer Stellung und mit ihren Publikationen einen Druck ausüben, dessen Bedeutung an der Härte der Sanktionen wohl am ehesten zu messen ist. Hier spielen die beiden Moser – Goethe erwähnt den jüngeren unter den guten Stilisten – eine wichtige Rolle. Ihr Leben und ihre Schriften waren ein standhafter Protest gegen fürstliche Willkür und gleichzeitig der Beweis dafür, daß die Fürsten ohne die bürgerlichen Gelehrten nicht mehr auskamen, wobei es nur wenig besagte, daß die Familie schließlich ihren ursprünglichen Adel erneuern ließ.

Johann Jakob Moser (1701–1785) war eine bedeutende Begabung und wurde schon mit neunzehn Jahren außerordentlicher (und unbesoldeter) Professor der Rechtswissenschaft. Nach einer Zeit in kaiserlichen Diensten trat er als «wirklicher Regierungsrat» in Stuttgart aus christlich-pietistischem Verantwortungsgefühl mit großer Schärfe gegen die Mätressenwirtschaft am Hofe auf. Nach einer Periode als Professor an der Universität Frankfurt an der Oder, die er nach einem Zusammenstoß mit Friedrich Wilhelm I. verließ, als der König von den Professoren verlangte, daß sie mit seinem Hofnarren disputieren sollten, lebte er etwa acht Jahre als Privatgelehrter in enger Verbindung zur Brüdergemeinde. Moser schrieb ein *Teutsches Staatsrecht* in fünfzig Teilen mit dreißig Supplementbänden samt einer Vielzahl von Arbeiten zur Rechtsgeschichte, auch der einzelnen Länder des Reiches. Als er wieder in Württemberg ein Amt übernahm, konnte er viele Reformen durchführen, verteidigte jedoch das Recht der Landstände so eisern, daß er als Sechzigjähriger fünf Jahre lang auf dem Hohentwiel in strengster Haft verbrachte, bis der Reichshofrat seine Befreiung durchsetzte, die von der Bevölkerung mit Jubel begrüßt wurde. Er veröffentlichte im hohen Alter mehrere Werke zu europäischer Rechtsgeschichte. In der Haft hatte er außerdem über tausend geistliche Lieder geschrieben und die Erzählungen *Eines alten Mannes muntere Stunden während eines engen Festungsarrestes*.

J. J. Moser vertritt also wie Möser eine «konservative» Opposition gegen den Absolutismus und verteidigte ebenfalls die alten ‹Freiheiten›, d. h. die verbrieften

Rechte der Stände. Er ist so wenig wie sein Sohn als Vorläufer einer naturrechtlich argumentierenden revolutionären Politik aufzufassen.

Friedrich Karl von Moser (1723–1798) stand in hessischen Diensten und war anders als der Vater eher essayistisch und dichterisch tätig, obwohl auch er eine *Sammlung der neuesten und wichtigsten Deduktionen in deutschen Staats- und Rechtssachen* (Bd. 1–9, 1752–56), *Sammlung von Reichshofratsgutachten* (1–6, 1752–69) und eine *Geschichte der päpstlichen Nuntien in Deutschland* (1–2, 1787/88) schrieb. Er war ein sehr erfolgreicher, aber auch selbstherrlicher und heiß umstrittener Minister, der nach einem Zusammenstoß mit seinem Landesherrn ebenfalls zurücktreten mußte, sein Vermögen verlor und des Landes verwiesen wurde. In Frankfurt gehörte er dem Kreis um Goethes «schöne Seele» Susanne von Klettenberg an. Er schrieb zahlreiche Dichtungen, politische und staatsrechtliche Schriften populärer Art: Sein erstes Werk, *Der Charakter eines Christen und ehrlichen Mannes bey Hofe* (1751), knüpft in der Titelgebung an den Roman Loens *Der Graf von Rivera oder der ehrliche Mann am Hofe* (1740) an, sein Epos *Daniel in der Löwengrube* (1763) erinnert an den zu Unrecht und um seines Glaubens willen verfolgten frommen Diener des Königs im Alten Testament. Darüber hinaus schrieb er *Geistliche Gedichte* (1763), *Patriotische Briefe* (1767) und vieles mehr.

Weniger aufsehenerregend war das Leben des Juristen und Beamten Johann Georg Schlosser (1739–1799), der Goethes Schwester Cornelia heiratete, ebenso wie Goethe Autor, aber auch Redakteur der von Johann Heinrich Merck herausgegebenen *Frankfurter Gelehrten Anzeigen* war und auch wegen seiner schroffen Rechtlichkeit aus dem Staatsdienst scheiden mußte, um zuletzt die ehrenvolle Stelle eines Syndikus in Frankfurt für kurze Zeit zu bekleiden. Er schrieb nicht nur über Rechtswissenschaft und Politik, sondern auch über Moral, Theologie und Dichtung. Auch der Historiker und Statistiker Ludwig Schlözer (1735–1809), der als Theologe anfing, längere Zeit in Schweden und Rußland verbrachte, entfaltete als geachteter Professor in Göttingen eine reiche publizistische Tätigkeit. Zu nennen ist ebenfalls Isaak Iselin (1728–1782), der ein hoher Beamter in Basel war, eine Geschichtsphilosophie entwarf und als Publizist physiokratische Ideen vertrat.

Zu der Gruppe der politisch und sozial verantwortungsbewußten Beamten gehört auch Helferich Peter Sturz (1736–1779), der als der erste eigentliche deutsche Essayist angesehen worden ist.

Der in Darmstadt geborene Sturz gelangte nach Studien in Jena, Göttingen und Gießen, wo er Merck kennenlernte, über eine Stelle in Schlewig-Holstein nach Kopenhagen. Dort arbeitete er in der sogenannten «Deutschen Kanzlei», zu deren Aufgabenbereich außer Schleswig-Holstein die dänische Außenpolitik gehörte. Zusätzlich wurde er der Privatsekretär des mächtigen Ministers J. H. E. Bernstorff und Mitglied des Kreises um Klopstock. Er begleitete den dänischen König Christian VII. auf dessen Reise nach England und Frankreich und wurde, obschon zur Partei Bernstorffs gehörend, nach dem Sturz Struensees (1772) verhaftet und später nach dem damals dänischen Oldenburg verbannt, obwohl ihm höchstens Unvorsichtigkeit vorzuwerfen war. Sturz war von Struensee aus seinem Amt in der Deutschen Kanzlei entfernt worden, malte aber die Königin Caroline Mathilde und kam so in engen Kontakt mit ihr, deren Liebhaber Struensee war. Obwohl er in den Dienst des neuen Herzogs von Oldenburg trat, verlebte er dort trübe Jahre.

Sturz hatte aus nächster Nähe mehrere politische Umwälzungen verfolgen können – sein bester Essay ist das Porträt *Erinnerungen aus dem Leben des Grafen Johann Hartwig Ernst von Bernstorff* (1777). In der Umgebung des

Königs war er auf der Reise hervorragenden Politikern begegnet, hatte in London auch am Theaterleben teilgenommen und dort den Schauspieler Garrick und die deutsche Malerin Angelika Kauffmann getroffen. Seine Essays, die er oft in der Form von Briefen verfaßte und die sich keineswegs auf seine Reise beschränken, veröffentlichte er in Bodes *Deutschem Museum*. Als Philanthrop verfaßte er eine *Abhandlung über Todesstrafen* (1776). Nach Jahren als Beamter deutscher Herkunft in Dänemark schreibt er abgewogen über Patriotismus, lernt in der oldenburgischen ‹Verbannung› die Hypochondrie kennen und schildert den gewaltigen Eindruck, den eine Predigt Herders auf ihn machte, die er in Pyrmont gehört hat usw. Dabei realisiert er die Form des Essays auf überzeugende Weise, indem er von einer zugespitzten These, einer persönlichen Begegnung oder dem unmittelbaren Eindruck eines Vorfalles oder einer Schrift ausgeht und von da aus engagiert und in einer glänzenden Prosa dem Leser seine Beobachtungen vorlegt.

IV. ERNEUERUNG DER DEUTSCHEN LITERATUR

Die zuvor beschriebene Wende in der kulturellen Landschaft Deutschlands, die sich um das Jahr 1750 in der Öffentlichkeit vollzieht, hat ihre markantesten Wirkungen in der Literatur gezeigt. Es ist die Generation der um 1730 Geborenen, die sich nun mit ihren kritischen und poetischen Werken Gehör zu schaffen weiß und dabei auf ein aufnahmebereites Publikum trifft. Von einer radikalen Umwälzung – wie sie etwa die Sturm-und-Drang-Generation in den siebziger Jahren für sich beanspruchen wird – kann allerdings kaum die Rede sein. Innerhalb des relativ festgefügten Rahmens, den frühaufklärerisches Denken für alle Formen kultureller Aktivität abgesteckt hatte, vollzieht sich vielmehr eine zunächst vorsichtige Umwertung der Traditionsbestände, die mit der Ausbildung einer neuen Sichtweise auf Altbekanntes nach und nach die «Stützen der bekanntesten Wahrheiten» (Lessing) einzureißen beginnt und so der nachfolgenden Generation den Weg ebnet, sich losgelöst von allen Traditionsmustern auf die Autonomie einer in sich selbst erfahrenen Schaffenskraft zu berufen. Charakteristisch für diese Übergangsphase ist daher eine Form des Denkens, der sich der Blick erst in der Bearbeitung des Überkommenen und in der Auseinandersetzung mit ihm schärft. Es ist eine streitbare Periode, in der die literarischen Fehden – auch für den, der sich ihnen (wie Klopstock) zu entziehen sucht – durch eine reichhaltige Zeitschriften-Publizistik eine breitere Öffentlichkeit zu bewegen beginnen und so ein Publikum heranbilden, das in seinen literarischen Erwartungen bewußter, damit aber auch flexibler für Neuansätze wird.

Der Streit, den diese Generation provoziert, steht nicht voraussetzungslos da. Er hat seinen Hintergrund, aber auch seine entscheidende Qualität vor allem im grundsätzlichen Gegensatzpaar des zeitgenössischen Wirklichkeitsverständnisses: in der Auslegung des Menschen von der Statik einer universellen Vernunft her auf der einen und der Selbstbestimmung aus der Variabilität der sinnlichen Gefühlsqualitäten auf der anderen Seite. Diese anthropologische Grundfigur – noch von Gottsched in ihrer Gegensätzlichkeit behauptet – wird in wachsendem Maße unterhöhlt und zu einer Zusammengehörigkeit umgewertet, die der Literatur neue Sprachformen abverlangt. In diesem Bemühen, die ‹Sinnlichkeit› als eine dem Menschen nicht nur zugehörige, sondern auch notwendige – wenngleich ihn auch gefährdende – Dimension ‹zur Sprache› zu bringen, ist der Ansatzpunkt eines neuen Literaturanspruchs zu erkennen. Es ist ein Ansatz, der sich den Errungenschaften erst jüngst etablierter Wissenschaften – wie der Naturforschung, der Psychologie und der Ästhetik – verdankt und der auf weite Bereiche menschlichen Selbstverständnisses ausstrahlt: Er untergräbt die philosophische Basis der herrschenden Wolff-Schule ebenso wie den Herrschaftsanspruch der sich weiterhin auf die Dichotomie von ‹Leib› und ‹Seele› berufenden Theologie und greift von hier aus auch ein in das soziale Bewußtsein des einzelnen, dessen ‹Natürlichkeitsbedarf› sich unversehens im Widerspruch sieht zur allseitig konstatierten höfischen Konventionalität der Aristokratie. Das Publikum beginnt, der Literatur gegenüber Erwartungen zu formulieren, die es einzulösen gilt.

Aus der Vielzahl der Schriftsteller dieser Zeit, die auf je eigene Weise dazu beigetragen haben, die Geschmackshaltung dieses – zahlenmäßig immer noch recht bescheidenen – literarischen Publikums zu prägen, seien in literaturhistorischer Sicht die Lebenswerke Klopstocks, Lessings und Wielands hervorgehoben. Nicht so sehr wegen ihrer dominanten Stellung auf dem Literaturmarkt, sondern weil sie auch von den Zeitgenossen als herausragende Erneuerer literarischen Sprechens anerkannt waren, das ihnen Maßstabscharakter und Autorität verlieh. Sie stellen gewissermaßen drei Sprachmöglichkeiten in einer sich von Normbindungen lösenden Zeit dar, die in ihrem Lebensweg, in ihrer Optik und Artikulationsweise, in der Wahl ihrer literarischen Vermittlungsformen und zumeist auch in ihrem Publikum sehr unterschiedlich waren. Von ihrem jeweiligen Ausgangspunkt aus suchten sie ihre literarischen Ziele innerhalb der Grenzen der ihnen gemäßen Gattung zu verwirklichen: auf dem Felde des Dramas (Lessing), dem des Romans (Wieland) und dem der Lyrik (Klopstock). Sie trugen so nicht unerheblich dazu bei, diese Gattungen als literarische «Grundformen» im Sinne Goethes zu etablieren.

1. Friedrich Gottlieb Klopstock (1724–1803)

Am Anfang vieler Darstellungen zu Klopstock erscheint, was schon Franz Muncker 1893 in seiner ersten großen Biographie des Autors, der *Geschichte seines Lebens und seiner Schriften*, vorab bemerken zu müssen meinte: «Von seinen Zeitgenossen einst vergöttert, ist er und was er geschafften hat, uns längst fremd, zum Teil sogar ungenießbar und unverständlich geworden; wir sprechen heutzutage im allgemeinen oft noch das Lob nach, das frühere Bewunderer ihm gezollt haben, aber wir freuen uns seiner Werke nicht mehr unmittelbar. Und doch» – so fährt er fort – «wissen wir, daß er durch diese Werke unsre neuere Dichtung erst begründet hat, daß auf seine Anregung vieles zurückgeht, was wir zu dem Bedeutendsten und Schönsten in unsrer Kunst zählen, daß er einst nicht bloß von der Menge, sondern fast noch mehr von den größten Geistern unsres Volkes, deren Urteilen wir sonst nur zaghaft zu widersprechen pflegen, als echter, genialer Dichter laut und oft gefeiert worden ist.» Diesem «Zwiespalt unsrer Anschauungen» sucht er durch eine «geschichtliche, unparteiische Betrachtung» zu entrinnen und steckt damit den Weg ab, der auch heute noch gefordert ist. Seit dem Erscheinen der ersten drei Gesänge des *Messias* im Jahre 1748 und zumindest bis 1775, als die junge Generation der Stürmer und Dränger – auch sie ohne ihn nicht denkbar – die Säulen der Vorväter zu stürzen begann, steht sein Werk im Meinungsstreit der Zeit und gewinnt dabei die Unabhängigkeit einer Institution, ohne die die Literatur der zweiten Hälfte des Jahrhunderts nicht vorstellbar ist. Er war «nicht nur Wendepunkt, sondern ebensosehr Knotenpunkt innerhalb der deutschen Dichtungsgeschichte» (Böckmann).

Worin aber genauer die Bedeutung und die Wirkung Klopstocks bestehen, verliert sich zuweilen im Dunkel von Allgemeinheiten. Schiller spricht in *Über naive und sentimentalische Dichtung* von ihm als «dem Abgott der Jugend», deren «exaltierten Stimmungen des Gemüts» er entgegenkomme, und warnt zugleich davor, daß «man in Deutschland Früchte genug von seiner gefährlichen Herrschaft gesehen» habe. Goethe führt im zweiten Buch von *Dichtung und Wahrheit* den «trocknen Geschäftsmann» an, der den *Messias* «alle Jahre einmal in der Karwoche, in welcher er sich von allen Geschäften zu entbinden wußte», als das «herrlichste Erbauungsbuch» «im stillen durchlas und sich daran fürs ganze Jahr erquickte» (was den Kindern in der restlichen Zeit dann die Möglichkeit gab, «die auffallendsten Stellen auswendig zu lernen und besonders die zartesten und heftigsten so geschwind als möglich ins Gedächtnis zu fassen»). Auf das «Heilige» gegründete religiöse Andacht des «geschäftstüchtigen Mannes» und ästhetischer Genuß an der Sprachgewalt von «exaltierten Stimmungen» bei der Jugend sind die Pole seiner unmittelbaren Wirkung. Breite und Ambivalenz der zeitgenössischen Aufnahme bezeichnen einen Dichtertypus, der in der Mitte des 18. Jahrhunderts zum Kreuzungspunkt geistesgeschichtlicher und ästhetischer Strömungen der Zeit wird. In einer Periode wachsender Bedeutungslosigkeit des Christentums bezieht er gerade aus dieser Religion eine Fülle von Impulsen, die Werk und Leben gleichermaßen prägen, und in der Phase einer sich an der Rokokowelt und am anakreontischen Spiel vergnügenden Literatur setzt er diesen Gebilden des geistreichen «Witzes» den Ernst und die Würde eines aufs «Leben» ausgerichteten Literaturverständnisses entgegen, das von einer sich auf sich selbst besinnenden Generation als Herausforderung und Leitbild angenommen wurde. Gegenläufigkeit zu den Strömungen der Zeit, die Verweigerung, sich in einen Kulturbetrieb einspannen zu lassen, in dem Poesie als Ergebnis von «Nebenstunden» den Geschäftigkeiten des Broterwerbs untergeordnet wurde, damit aber auch der selbstgewisse Anspruch, sein Dichteramt als höhere «Berufung» zu behaupten, kennzeichnen diesen Autor. Goethes eher abgewogenes Urteil im 10. Buch von *Dichtung und Wahrheit* weist auf diese soziale Bedeutung Klopstocks als Begründer und Repräsentanten eines neuen Dichterbildes hin: «Nun sollte aber die Zeit kommen, wo das Dichtergenie sich selbst gewahr würde, sich seine eignen Verhältnisse selbst schüfe und den Grund zu einer unabhängigen Würde zu legen verstünde. Alles traf in Klopstock zusammen, um eine solche Epoche zu begründen.»

Er ist der erste der Dichter in der deutschen Literatur, der sich mit dem Poeta-vates-Nimbus umgibt und sich mit dieser Rolle als Seher und Künder identifiziert. Damit schafft er sich eine enthusiastische Gemeinde, der er selbst mit Distanz gegenübersteht: Die Räucherkerzen auf dem Altar der Klopstock-Verehrung, die die jungen Poeten des Göttinger Hains buchstäblich für ihn entzündeten, mögen ihm zwar geschmeichelt haben, aber sie haben ihn nicht verblendet oder ihn gar zu seinen Verehrern herabsinken lassen. Sein Weg ist von früh an der einer «unabhängigen Würde», mit der er sich – wie Goethe weiter bemerkt – «im Vorgefühl der ganzen Kraft seines Innern, gegen den höchsten denkbaren Gegenstand (wendet)» und durch die «Würde des Gegenstands ... das Gefühl eigner Persönlichkeit» verstärkt. Die Aura des Elitären, die ihn dabei umgibt und die auch explizit in seine politischen Überlegungen zur *Gelehrtenrepublik* (1774) eingeht, ist indes auch als ein Versuch zu werten, sich in einer ständischen Gesellschaft als unabhängiger Bürger zu behaupten. Auch wenn er zeitlebens von der Unterstützung der «Großen dieser Welt» lebte und sich – ohne Berufspflichten – seinem Lebenswerk, dem *Messias*, widmen konnte, hat er sich den damit gegebenen Verpflichtungen und Zwängen mit Anstand entziehen können. Selbstbewahrung wird zum Signum einer Dichterpersönlichkeit, die sich nie in die theoretischen Debatten der Zeit um Ziele und Wege der Aufkärung eingemischt hat – in der Kantischen Philosophie sah er gegen Ende des Jahrhunderts geradezu eine Verwirrung des Geistes –, die aber gerade in ihrer selbstbewußten Unbeirrbarkeit und der freien Entfaltung ihrer Kräfte den Menschentypus verkörperte, um den es dem Aufklärungszeitalter als Forderung und Ideal ging. Unabhängig von den Postulaten und Programmen seiner aufklärerischen Zeitgenossen und oft im Widerstreit mit ihnen gelang es ihm, den Weg zu einer Selbstbestimmung zu zeigen, die in der Aufklärung auch des Gefühls der Generation nach ihm die Möglichkeit einer autonomen Entfaltung ihrer Kräfte gab und damit die Energien freisetzte, die Bürgern wie Poeten eine neue Rolle im gesellschaftlichen Gefüge der Zeit anwiesen. Dem Schicksal der Grundleger entging er allerdings nicht. Die von ihm inspirierte Generation setzte sich selbst absolut und verdrängte ihn aus ihrem Gedächtnis. In seiner Reminiszenz charakterisiert ihn Goethe mit dem Abstand dessen, der seine frühe Verpflichtung gegenüber dem Dichter im Alter abgeklärt hat: «Ein gefaßtes Betragen, eine abgemessene Rede, ein Lakonismus, selbst wenn er offen und entscheidend sprach, gaben ihm durch sein ganzes Leben ein gewisses diplomatisches, ministerielles Ansehn, das mit jenen zarten Naturgesinnungen im Widerstreit zu liegen schien, obgleich beide aus *einer* Quelle entsprangen. Von allem diesen geben seine ersten Werke ein reines Ab- und Vorbild, und sie mußten daher einen unglaublichen Einfluß gewinnen.»

Jugendjahre. *Der Messias*

Großbürgerliche Verhältnisse prägen Klopstocks erste Lebensjahre. Am 2. Juli 1724 wird er als erstes von insgesamt 17 Kindern des fürstlich-mansfeldischen Kommissionsrats Gottlieb Heinrich Klopstock (1698–1756) und dessen Frau Anna Maria Schmidt (1703–1773), Tochter eines Ratskämmerers und Großhandelskaufmanns, in Quedlinburg geboren. Reichtum, Ansehen und Geborgenheit schienen sich mit einem sorglosen Leben in freier Naturumgebung verbinden zu wollen, als die Familie 1732 auf die Herrschaft Friedeburg (nahe Eisleben) übersiedelte, um dort die Generalpacht des Guts zu übernehmen. Für den Knaben war dies eine Zeit des engen Umgangs mit der Natur und der Entwicklung eines ausgeprägten Sinns für die körperliche Entfaltung seiner Kräfte, die indes schon vier Jahre später durch den ökonomischen Ruin des Vaters abrupt abgebrochen wurde. Nach Quedlinburg zurückgekehrt, besuchte Klopstock ohne größere innere Anteilnahme das dortige Gymnasium, ehe sich ihm Ende 1739 eine Möglichkeit bot, einen Freiplatz an der Fürstenanstalt Schulpforta zu erhalten. Hier nun – in den sechs Jahren, während er diese Schule besuchte – konnte die geistige Bildung nachgeholt werden, die bislang versäumt worden war. Als er Schulpforta im September 1745 verließ, um an der Universität Jena Theologie zu studieren, war er – den philologischen und theologischen Studien dieser Schule gemäß – insbesondere mit der griechischen und römischen Sprach- und Literaturwelt vertraut, weniger mit den deutschen und europäischen Literaturen. Humanistische Bildungstradition und protestantisches Bibelstudium gehörten zu den Gütern, deren Aneignung als wesentliche Voraussetzung für den Werdegang eines Pädagogen, Gelehrten oder Pfarrers erachtet wurde, und Klopstock unterwarf sich diesem Anspruch mit der Wahl seines Studiums.

Lebhaftes Interesse scheint er seinem Fach indes nicht entgegengebracht zu haben, und auch nach seinem Wechsel auf die Universität Leipzig (1746), den wohl vor allem die Unterstützung durch seinen Vetter Johann Christoph Schmidt, dem Bruder seiner als Fanny literarisch verewigten ersten – und unerwiderten – Liebe Maria Sophia Schmidt, veranlaßt hatte, widmet er sich mehr der Philosophie, Poetologie und Morallehre. Vor allem aber wurde das literarische Leben dieser Stadt, des vielgerühmten «Klein Paris» des 18. Jahrhunderts, für ihn von Bedeutung. Im Schatten des Literaturpapstes dieser Jahre, Johann Christoph Gottsched (1700–1766), dessen Vorlesungen in Leipzig Klopstock besuchte, hatte sich ein Kreis junger Literaten gebildet, die mit ihrer Zeitschrift *Neue Beiträge zum Vergnügen des Verstandes und Witzes* sich von ihrem übermächtig-dekretierenden Lehrer zu distanzieren suchten. Er wurde zu Klopstocks erstem literarischen Freundeskreis, der seine weitere Entwicklung bestimmte und ihm zu literarischem Ruf verhalf. In dessen – nach dem Verlagsort *Bremer Beiträge* genannten – Zeitschrift ließ er – nach anfänglichem Widerwillen – im vierten und fünften Stück des vierten Bandes

1748 die ersten drei Gesänge des *Messias* erscheinen. Der literarische Wirbel um diese Veröffentlichung, die den lange schon schwelenden Streit zwischen Gottsched auf der einen und den Züricher Literaturtheoretikern und Gymnasialprofessoren Johann Jakob Bodmer (1698–1783) und Johann Jakob Breitinger (1701–1776) auf der anderen Seite zu heftigen Polemiken schürte, veränderte seine Lebensbahn entscheidend. Das Studium war nun gänzlich ohne Interesse für ihn. Zahlreiche Versuche, sich eine Unterstützung durch fürstliche Gönner zu sichern oder – schlimmstenfalls – eine Professur zu übernehmen, scheiterten zunächst. Er rettete sich auf eine Hofmeister-Stelle bei einem Verwandten in Langensalza, um dann schließlich 1750 einer Einladung Bodmers, in dessen Haus an seinem Epos weiterarbeiten zu können, zu folgen. Noch während seines Aufenthalts bei seinem – ihm allzu patriarchalisch gegenübertretenden – Gönner erreicht ihn durch den Minister am Kopenhagener Hof, Johann Hartwig Ernst von Bernstorff (1712–1772), die Nachricht, daß ihm der dänische König Frederik V. eine Pension zur Vollendung seines *Messias* ausgesetzt hatte. Nach anfänglichem Zögern – vor allem fehlte eine auskömmliche Alternative – reiste er schließlich im Frühjahr 1751 nach Kopenhagen, dem er bis 1770 verbunden blieb. Der früh berühmte, als nationaler Heros gefeierte Dichter hatte damit – was von ihm und seinen Zeitgenossen bitter registriert wurde – im Ausland jene materielle Absicherung erfahren, die der vom hohen nationalen Anspruch seiner dichterischen Aufgabe überzeugte Klopstock eigentlich von seinem Vaterland erwartet hatte. Der Fortgang seines Lebenswerks war nun allerdings gesichert.

Über die Voraussetzungen dieses Werks berichtet er am 10. August 1748 – noch aus Langensalza – an Bodmer:

«Ich war ein junger Mensch, der seinen Homer und Virgil las und sich schon über die kritischen Schriften der Sachsen im stillen ärgerte, als mir Ihre und Breitingers in die Hände fielen. Ich las, oder vielmehr ich verschlang sie; und wenn mir zur Rechten Homer und Virgil lag, so hatt' ich jene zur Linken, um sie immer nachschlagen zu können. O wie wünscht' ich damals Ihre versprochene Schrift: ‹Vom Erhabnen› schon zu besitzen und wie wünsch' ich es jetzt noch! Und als Milton, den ich vielleicht ohne Ihre Übersetzung allzuspät zu sehen bekommen hätte, mir in die Hände fiel, loderte das Feuer, das Homer entzündet hatte, zur Flamme auf und hob meine Seele, um den Himmel und die Religion zu singen.»

Damit sind die literarischen Leitlinien des jungen Klopstock angedeutet. Sie öffnen ihm noch in Schulpforta eine Welt, die die aufkeimende Kritik von Gottscheds Poetik in Bahnen lenkt, die seinen eigenen, noch ungewissen Erwartungen und Zielsetzungen entgegenkamen. Es handelt sich dabei vor allem um Bodmers Schriften *Von dem Einfluß und Gebrauche der Einbildungskraft* (1727) und *Critische Abhandlung von dem Wunderbaren in der Poesie und dessen Verbindung mit dem Wahrscheinlichen, in einer Verteidi-*

gung des Gedichts Joh. Miltons von dem verlorenen Paradiese (1740) sowie um Breitingers systematische Zusammenfassung in *Critische Dichtkunst, worinnen die Poetische Mahlerey in Absicht auf die Erfindung im Grunde untersucht und mit Beyspielen aus den berühmtesten Alten und Neuern erläutert wird* (1740).

Neuartig bei den Schweizern und durchaus einzigartig für das 18. Jahrhundert ist ihr Versuch einer Poetik aus dem Geiste der Religion. Durchaus der zeitgenössischen Erkenntnislehre in der Nachfolge von Leibniz und Wolff verpflichtet und keineswegs revolutionär gegenüber dem ästhetischen Grundprinzip der Zeit, der Poesie als einer «Nachahmung der Natur», erweitern sie den Vorstellungsraum dieser Natur, indem sie die «unsichtbare Welt» einschließen, die religiösen Glaubenswahrheiten als Stoffbereich der Poesie rehabilitieren, das «Herz» und die «Bewegung der Gemüthes-Leidenschaften» zum eigentlichen Aufgabenfeld gelungener Kunst erklären und zu diesem Zweck der erhabenen Darstellungsform, gebunden an das Wunderbare und den Neuigkeitswert des poetisch vermittelten Gegenstandes, eine Bresche schlagen. Der «Witz»-Kultur, wie sie Gottsched verfochten hatte, tritt eine «Herzens»-Kultur entgegen, die «Einbildungskraft» löst sich aus ihrer Vernunftbindung und umgreift den weiten Phantasieraum des Möglichen, und dem «Wirklichen» erscheint das «Wunderbare» als eine reiche Quelle poetischer Erfindungslust gegenübergestellt. Manches mag an diesen poetologischen Erörterungen noch unabgeklärt oder widersprüchlich erscheinen, aber der durch sie entfachte Literaturstreit zwischen Leipzig und Zürich hatte doch die Konsequenz, daß die frühaufklärerische Regelpoetik in ihrer unwidersprüchlichen Verbindlichkeit erschüttert wurde. Die Züricher konnten sich in einer Zeit wachsender Emotionsbereitschaft zahlreiche Anhänger schaffen, ohne daß doch ihr theoretisches Gebäude im engeren Sinne übernommen worden wäre oder daß ihre Poetik direkte Nachfolger gefunden hätte. Ihre Bedeutung liegt in der Öffnung des Blickfeldes für die Entfaltungskraft einer das Gefühl entzündenden Phantasie, die einer empfindsamen Generation gleichermaßen Impulse für ihr eigenes Schaffen geben wie als Legitimation für die Rechtmäßigkeit ihres Tuns dienen konnte.

Für Klopstock waren mehrere Aspekte dieser literaturkritischen Position anziehend. Zunächst vor allem mußte es ihm als eine Bestätigung seiner eigenen religiösen Erfahrungswelt erscheinen, daß die Offenbarung auch in ihrer unmittelbaren Vernunftwidrigkeit eine Anerkennung erfahren hatte, die sie zum Gegenstand der Poesie berechtigte. Religiöse Wahrheiten allerdings, die zuallererst das Ziel hatten, «das Herz zu rühren» und sich in dieser Gefühlsqualität von der protestantischen Orthodoxie abhoben. Wieweit hierbei explizit pietistische Einflüsse wirksam waren, mag unentschieden bleiben: Klopstock hat sich über solche Abhängigkeiten von Lehrgebäuden nie Rechenschaft abgelegt, sondern auch hier nahezu naiv seinem sich im Umgang mit der Welt bildenden «Herzen» vertraut. Mit dem Hinweis der

Schweizer auf Pseudo-Longinus' Schrift *Über das Erhabene* konnte Klopstock sodann die aus dem Gefühlsreservoir der Offenbarung schöpfende Dichtung über einen antiken Gewährsmann an seine klassisch-humanistische Bildungstradition anbinden: Die Erhabenheit der Gefühlsbewegung als Zentrum der Poesie konnte nun ihre Rechtfertigung durch einen Vertreter der antiken Rhetorik selbst erfahren, ein für Klopstock und seine Zeitgenossen nicht unwesentlicher Begründungsschritt, der es ihm überhaupt erst möglich machte, die Schweizer neben Homer und Vergil gelten zu lassen. Bodmers Übersetzung von John Miltons (1608–1674) *Paradise Lost* – in zweiter Auflage 1742 erschienen – schließlich und damit die Erschließung einer als vorbildhaft erfahrenen englischen Literatur greift bereits unmittelbar in die poetischen Absichten des Schulpforta-Zöglings ein. Hier war das Muster eines religiösen Epos, das die Offenbarungsgeschichte des Alten Testaments im erhabenen Sprachgestus lebendig gemacht hatte. Daran wollte er anschließen und – mit nicht Geringeren als Homer und Milton wetteifernd – Gottscheds Klage, daß nur wenigen das «rechte Hauptwerk oder Meisterstück der ganzen Poesie ich meine... die Epopee, oder... das Heldengedicht» gelungen sei, zuschanden machen. In seiner lateinischen Abschiedsrede von Schulpforta am 21. September 1745 spricht er von der «Epopöe, diesem höchsten Werke der Dichtkunst», bedauert nach einem Überblick über die Epen von Homer bis zur Gegenwart, daß «diese göttliche Kunst das unglückliche Schicksal» gehabt habe, «fast allein nur von ungeweihten Händen betastet und am Boden niedergehalten» worden zu sein, und ruft emphatisch aus: «Wofern aber unter den jetztlebenden Dichtern vielleicht der noch nicht gefunden wurde, der bestimmt ist, sein Deutschland mit diesem Ruhme zu schmücken, o so werde geboren, großer Tag, der diesen Sänger hervorbringen, und den, o Sonne, eile schneller herbei, die ihn zuerst erblicken und mit freundlichem Antlitz bestrahlen soll!»

Der Jüngling selbst fühlt sich von der Sonne «mit freundlichem Antlitz» bestrahlt. Als Lebensaufgabe setzt er sich das Ziel, den Deutschen das so sehr vermißte Nationalepos zu schenken. So hoch der Anspruch, so unentschlossen war er zunächst in der Wahl des Stoffes: anfänglich schwebten ihm Hermann der Cherusker oder der erste Sachsenkaiser Heinrich als würdige historische Gegenstände vor, ehe er sich – von Miltons Vorbild beflügelt und von Bodmers *Critischem Lobgedicht*, das die «Natur vom Wunderbarn und Großen / In Engeln, Geistern, Mensch und Körpern eingeschlossen» zu singen empfohlen hatte, bestätigt – dem mythologischen Weltgedicht von Christi Leidensgeschichte, Auferstehung und Himmelfahrt zuwandte. An die Stelle des Nationalepos war damit ein die Menschheitsgeschichte umspannendes religiöses Epos getreten, das sich nicht mehr mit den antiken Maßstäben des homerischen «Musters» messen ließ. Einen ersten nicht erhaltenen Prosaentwurf führte er dann in der Jenaer und Leipziger Zeit in deutschen Hexametern aus, überwand damit den einen freieren Versfluß beengenden

Alexandriner der Barockzeit und führte den griechischen Sprachgestus in die deutsche Literatur ein. An seinem großen, auf zwanzig Gesänge angelegten Entwurf arbeitete er sein Leben lang, teils um inhaltlichen, meist von theologischer Seite vorgetragenen Einwürfen zu entsprechen, teils um stilistische, auf die rechte Eindeutschung des Hexameters zielende Glättungen vorzunehmen. Ein Jahr nach dem Abdruck der ersten drei Gesänge in den *Bremer Beiträgen* gab der Ästhetiker Georg Friedrich Meier, der noch 1744 mit seinen *Gedancken von Schertzen* eine Rechtfertigung der Rokokoliteratur vorgelegt hatte und der nun mit seiner *Beurtheilung des Heldengedichts, Der Meßias* (1749) Klopstock an die Seite trat und einen wesentlichen Anteil an der danach einsetzenden heftigen Debatte um den *Messias* hatte, die erste Buchausgabe heraus. Im Jahre 1751 konnte Klopstock dann die ersten fünf Gesänge vorlegen, und 1755 erschienen in Kopenhagen die Gesänge 1–10 in zwei Bänden, mit Klopstocks Vorrede *Von der heiligen Poesie*. In dieser Form hat das Werk – wie auch Goethe bestätigt – die größte Breitenwirkung und den maßgeblichen Einfluß gehabt, von dem viele Zeitgenossen schwärmten. Es war die Zeit einer Empfindsamkeitskultur, in der «Zärtlichkeit» – ein auch für den *Messias* zentrales Wort – und gefühlvolle Herzensbindungen zu den sozialen Tugenden einer die subjektive Innerlichkeit kultivierenden und sich gegen die Wirklichkeit abschirmenden Jugend wurde. Im Jahre 1768, als der dritte Band mit den 11.–15. Gesängen in Kopenhagen erschien, hatten die Zeiten sich geändert, und als die Gesamtausgabe dann 1773 vorlag, war das Werk gewissermaßen das großartige Denkmal einer vergangenen Zeit, das zwar bewundert werden konnte, aber weder Neuigkeitswert hatte noch sich mit den literarischen Intentionen der sich nun vordrängenden Generation der Stürmer und Dränger vertrug. Von wachsender Unzeitgemäßheit unbeeindruckt, setzte Klopstock sich weiter mit seinem Werk auseinander: Mit der Jahreszahl 1780 legte er in Altona eine verbesserte Ausgabe vor, und 1799 zum Druck seiner bei Göschen in Leipzig erscheinenden Werke brachte er Änderungen an. Das Werk war ihm zum Begleiter seines Lebens geworden und zur Herausforderung für eine Nachwelt, die gleichermaßen den Sinn für mythische Überhöhung der epischen Dichtung wie fur den religiösen Enthusiasmus einer «heiligen Poesie» verloren hatte.

Auf diese «heilige Poesie» sucht Klopstock seine Leser in der Vorrede zur Ausgabe von 1755 einzustimmen. Ausgangspunkt ist die theologisch und poetisch gleichermaßen brisante Frage, die auch die Eingangsverse des *Messias* aufwerfen, «ob es erlaubt sei, den Inhalt zu Gedichten aus der Religion zu nehmen». Klopstock beantwortet sie mit Überlegungen zur Funktion von Dichtung und den sich daraus ergebenden Möglichkeiten, im «Hauptplan der Religion» einen «Schauplatz des Erhabnen» zu erschließen, der die poetische Wirkung auf eine von ihm angestrebte neue Höhe treiben könne. «Moralische Schönheit» ist ihm «Endzweck der hohen Poesie», und «diese allein verdient es, daß sie unsre ganze Seele in Bewegung setze»: «Der Poet, den wir meinen, muß uns über unsre kurzsichtige Art zu denken erheben, und uns dem Strome entreißen, mit dem wir fortgezogen werden. Er muß uns mächtig daran erinnern, daß wir unsterblich sind, und auch schon in diesem Leben, viel glückseliger sein könnten.» Ganz im Sinne der Schweizer lehnt er die «Werke des Witzes» ab und weist das aus dem «bewegten Herzen» dichtende «Genie» auf das «Erhabne», das Bilder «mit einer solchen Würde und Hoheit (zeigt), daß sie die edelsten Begierden des Herzens reizt, sie in Tugend zu verwandeln». Wenn «das Herz ganz zu rühren ... überhaupt, in jeder Art der Beredsamkeit, das Höchste (ist), was sich der Meister vorsetzen, und was der Hörer von ihm fordern kann», dann ist der Weg, dies «durch die Religion zu tun, ... eine neue Höhe, die für uns, ohne Offenbarung, mit Wolken bedeckt war». Mit einem für Klopstocks Sinn für körperliche Stärke und Ertüchtigung kennzeichnenden Wort ist ihm die Religion, «in der Offenbarung selbst», «ein gesunder männlicher Körper», aus dem «unsre Lehrbücher ... ein Gerippe» gemacht hätten, und einer so als lebendige Kraft verstandenen Religion «ahmt» der «Verfasser des heiligen Gedichts» nach, «wie er in einem nicht viel verschiedenen Verstande, der Natur nachahmen soll». Seine «Erdichtungen» – hier noch in traditioneller Terminologie «Nachahmungen» genannt, was später bei ihm «Darstellung» heißen wird *(Von der Darstellung,* 1779*)* – binden sich nicht sklavisch an die in der Bibel vorgegebenen Ereignisse, sondern suchen deren – das Herz zum Erhabenen der «moralischen Schönheit» stimulierenden – Gefühlswerte einzufangen und zu vermitteln. Denn als «Hauptplan der Religion» erscheint ihm: «Große wunderbare Gegebenheiten, die geschehen sind, noch wunderbarere, die geschehen sollen! eben solche Wahrheiten! diesen Anstand! diese Hoheit! diese Einfalt! den Ernst! diese Liebenswürdigkeit! diese Schönheit, soweit sie sich durch eine menschliche Nachahmung erreichen lassen.»

Als Stoffvorlage für sein Werk zieht Klopstock die Evangelien, die Apostelgeschichte und die Apokalypse heran. Das Weltall ist der Schauplatz des Geschehens, die Vorgänge auf der Erde werden in den Kampf zwischen Himmel und Hölle einbezogen. In der das Werk einleitenden Ölberg-Szene ist der Messias bereit, seine Erlösungstat zu vollbringen und sich zu opfern (1. Gesang). Wie Gabriel sein Gebet dem Vater weiterbringt, so entfesselt Satan die Macht der Hölle, in der gegen den Widerstand Abbadonas der Tod des Messias beschlossen wird. Der scheinbare Erfolg der Hölle offenbart sich (3. Gesang) im beginnenden Seelenleid des Heilands und in der Gewinnung des Verräters Judas. Im 4. Gesang treten irdisches Spiel und Gegenspiel hervor: Kaiphas, Werkzeug des Satans, setzt im Hohen Rate gegen Gamaliel und Nikodemus die Verurteilung des Messias durch. Judas führt sein Verräterwerk aus. Der Erlöser spricht mit seinen Sendboten beim letzten Abendmahl von der Liebe. Die große Erlösungstat offenbart sich dem Messias in den Gesichten aller Sünden des Alten Bundes (5. Gesang). Die Himmlischen entfernen sich trauernd, aber getröstet vom Hymnus Eloas ist der Messias auf die Zukunft vorbereitet. Von nun an folgt die Dichtung dem biblischen Bericht: Gefangennahme und Verhör vor den Hohen Priestern (6. Gesang), vor Pilatus und Herodes, Verurteilung (7. Gesang). Dem milden Hannas und dem erbarmungslosen Kaiphas gesellt sich der sinnlose Hasser Philo. Unruhe treibt Portia in den Palast des Hohen Priesters. Auf ihre Fürsprache bei ihrem Gatten Pilatus setzt Maria ihre letzte Hoffnung. Der biblische Bericht wird in den folgenden drei Gesängen zu einer großen Revue und einem ersten Gericht, das sich unmittelbar an den Tod des Heilands anschließt. Engel umschweben das Kreuz, Satan und Adramelech verspüren im Toten Meer den Zorn Gottes. Inmitten der gestörten Weltordnung erleidet der Messias den Tod. – Triumph und himmlische Herrschau sind die Leitmotive des Erlösungswerks. Zuerst erscheint dessen Vorgeschichte in den auferstandenen Gestalten des Alten Testaments (11. Gesang). Nach der Totenklage (12. Gesang) sammeln sich die Menschen, Seelen und Geister um das Heilige Grab. Der Auferstehung folgt als Vorbote des Gerichts der Verzweiflungstod Philos (13. Gesang). Nachdem sich der Auferstandene den Frauen und den Jüngern in Emmaus gezeigt (14. Gesang) und sich Thomas geoffenbart hat, hält er das erste Gericht auf dem Tabor über die Seelen der jüngst Verstorbenen (15. Gesang), feiert seinen endgültigen Sieg über Satan, nachdem er zur Hölle hinabgestiegen ist (16. Gesang), und schart die Seelen der Auserwählten des Alten Bundes um sich (17. Gesang). In Visionen zeigt der Messias dann dem Stammvater Adam einzelne Vorgänge des Jüngsten Tages (18. Gesang), steigt der Erlöser durch die himmlischen Gefilde zum Thron Jehovas empor, bis er, von Jubelchören der Engel und Seelen begleitet, seinen Platz zur Rechten des Vaters einnimmt (20. Gesang).

Ganz im Sinne der Erläuterungen in *Über die heilige Poesie* ist der *Messias* als Entfaltung einer breiten Palette von «Herzenslagen» zu lesen, die in den Rahmen einer kosmologisch ausgeweiteten Heilsgeschichte eingelagert werden. Auf diese Weise wird manches von der Anziehungskraft des Werks auf seine Zeitgenossen verständlich. Was die ersten Verse des 11. Gesanges andeuten, ist bestimmend für das ganze Werk:

> «Wenn ich nicht zu sinkend den Flug der Religion flog,
> Wenn ich Empfindung ins Herz der Erlösten strömte; so hat mich
> Gottes Leitung getragen auf Adlers Flügeln! es hat mich,
> Offenbarung, von deinen Höhn die Empfindung beseligt.»

Die Schilderung eines die Unendlichkeit von Raum und Zeit durchwandernden, Vergangenheit und Zukunft durchkreuzenden, das Personal von Himmel, Erde und Hölle vorführenden Geschehens kreist im Erlösungsakt des «Gottmenschen» in den ersten zehn Gesängen – bis zu Golgatha – um den Empfindungswert des Leidensbildes, wo der Messias «freigehorsam, dem Mittlertode sich hingab», und in den zehn folgenden Gesängen um die «Wonne» der Erbauung über «des Vollenders Freuden», «des Siegers

Triumph» und der «Erhebung des Sohns» (11. Gesang). Typologisch bespiegeln sich beide Teile im Sinne einer Kontrastierung von Leidenstheologie, für deren Gestaltung Klopstock Edward Youngs *Night Thoughts* (in der Übersetzung von Ebert zuerst 1752 erschienen) viel verdankt, und der Erlösungstheologie des Neuen Testaments, die ihre hymnische Steigerung in den freien Oden des 20. Gesangs findet. So eng sich Klopstock auch an die Bilder- und Sprachwelt der Bibel hält, so sehen seine «Erfindungen» in der Offenbarung doch nur den «Körper», in dem sich der empfindungsreiche Kampf zwischen Himmel und Hölle, Gut und Böse, Zärtlichkeit und Verrat, Schmerz und Jubel, Trauer und Erlösung abspielt. Besonders die Höllen-Szenerie – in ihrer Ohnmächtigkeit von vorneherein der siegesgewissen Verachtung ausgeliefert –, und hierin das Schicksal des reuigen abgefallenen Engels Abbadona, dem der 19. Gesang ein theologisch heftig umstrittenes glückliches Ende in Aussicht stellt, hatte es – wie auch Goethes Kindheitserinnerungen zeigen – den Zeitgenossen angetan. Bei aller Weitläufigkeit der Schauplätze war es doch vor allem der menschlich nachvollziehbare dramatische Spannungsbogen zwischen dem «Schauplatz ihrer (der Menschen) Erbarmung» und den «Örtern der Qual» (2. Gesang), der den «Flug der Religion» als «Empfindung» eines den einzelnen angehenden inneren Zwiespalts anziehend machte. So konnte denn Klopstocks Werk auch unabhängig von seinem religiösen Glaubensgehalt eine poetische Faszination gewinnen, und zwar dadurch, daß es der Gewalt widerstreitender Empfindungen eine affektgeladene, der Rhetorik des Pathos verpflichtete und die Phantasiewelt beflügelnde Sprache gegeben hatte, die der Erhabenheit des Gegenstandes angemessen war. Als Kultbuch der fünfziger Jahre steht der *Messias* am Wendepunkt der Zeit: noch einmal behauptet sich – in der Tradition der humanistischen Poetik – das Epos als literarische Gattung, ehe es – trotz der zahlreichen Nachfolger Klopstocks – vom Roman in seiner erzählenden und von der Tragödie in seiner dramatischen Form abgelöst wird. Und noch einmal feiert der Hymnus auf die Religion einen Triumph, bevor er der theologischen Kritik der Aufklärung zum Opfer fällt. Aber es ist bei Klopstock schon eine Religion des «Herzens», die sich mit der säkularisierten Sprache der Empfindsamkeit verbinden konnte und so den Schritt vorbereitete, der in der Gefühlsaussprache den Kern der Poesie zu sehen bereit war. Selbst noch gebunden an verpflichtende Offenbarungstraditionen, schuf Klopstock so die Erfahrungsvoraussetzungen für ein von diesen Bindungen sich lösendes Autonomiebewußtsein der ihm nachfolgenden Generationen.

Die Kopenhagener Zeit und die Odendichtung

«Es ist hier so nahe am Nordpole nicht, als Sie denken und ich dachte«, schreibt Klopstock am 11. Mai 1751 an seine «Liebste Cousine» Maria Sophia Schmidt, die Fanny seiner frühen Odendichtung. Kopenhagen, die nordseeländische Landschaft und der Empfang durch «so würdige Männer» wie den Grafen Adam Gottlieb Moltke und den Minister Johann Hartwig Ernst Bernstorff hatten ihn für seine neuen Lebensumstände eingenommen. Die «Großen dieser Welt» zeigten sich ihm nicht nur im geselligen Umgang entgegenkommend, sondern interessierten sich überdies ausnehmend für den «jetzigen Zustand unsrer schönen Wissenschaften». Als unkonventionell und freizügig erwies sich sogar der König Frederik V., der ihm mit der Aussetzung einer – alle wesentlichen Bedürfnisse deckenden – Pension die Weiterarbeit am *Messias* ermöglicht hatte. «Da ich beim Könige war» – schreibt er an Giseke am 4. Mai 1751 und referiert «des Königs eigne Worte» –, «so gab er mir in sehr gnädigen Ausdrücken seinen Beifall wegen des Messias. Er redete von meiner Ode und sagte, daß sie sehr schmeichelhaft für ihn wäre. Er beklagte [Joh. Elias] Schlegels frühen Tod [1719–1749], der soviel Geist gehabt hatte. Er redete von der Wollust des Gemütes, die ein Geist, der sich immer zu erweitern fähig wäre, in den Wissenschaften fände; sagte, daß man wahre Gelehrte mehr als Gold schätzen müßte.» Kein Wunder, daß er ihm als «der beste und menschlichste Mann in Dänemark» erscheint, der überdies an seine Geldgeschenke keine den Dichter demütigenden Bedingungen knüpft: Seine Huldigungsgedichte an Frederik ordnen sich denn auch nur wenig dem Ton der traditionellen Panegyrik ein, wie sie sich seit dem 17. Jahrhundert herausgebildet hatte. Bis zum Tode Frederiks (1766) steht Klopstock unter dem persönlichen und Privilegien sichernden Schutz des Königs, vier Jahre später – nach dem Sturz Bernstorffs 1770 – verläßt er mit diesem das Land, um sich in Hamburg niederzulassen. Seinen *Messias* hatte er zu diesem Zeitpunkt noch nicht vollendet, aber die Pension wird ihm – nach anfänglichem Zögern durch die neuen Machthaber – weiterhin und schließlich bis an sein Lebensende gezahlt.

Klopstock hatte in Dänemark eine Zuflucht gefunden, die ihm unbeschwert von Berufspflichten allein seiner Dichtung zu leben erlaubte, die ihm überdies unschätzbare Erfahrungen kultureller, sozialer und politischer Art vermittelte, wie sie ihm kaum ein deutsches Fürstentum hätte geben können: Eng verbunden mit dem Bernstorffschen Hause wuchs er in eine dem Französischen, Englischen und Deutschen gleichermaßen offene Kultur hinein, von der er mancherlei Anregungen erhielt, im Umgang mit den herrschenden Gesellschaftsschichten eignete er sich die von Goethe gerühmte Weltoffenheit und -gewandtheit an, die seinem Freiheitsbedürfnis entgegenkam, und die unmittelbare Nähe zur Politik öffnete ihm die Augen für praktische Fragen der Reformierung einer vorwiegend agrarischen Gesellschaft, wie sie vom Bernstorff-Kreis im Rahmen eines absolutistischen Systems betrieben wurde. Resultat solcher Weltzugewandtheit war zunächst das Engagement an der Manufakturwirksamkeit des Züricher Freundes Hartmann Rahn, den er nach Kopenhagen zu ziehen wußte, um ihm dort die Möglichkeit, «eine neue Art auf Seide zu drucken», zu geben – ein Unternehmen, das allerdings 1756, nur vier Jahre nach seinem Start, aufgegeben werden mußte. Die politischen und praktischen Erfahrungen der Kopenhagener Zeit sind schließlich in die Überlegungen zur *Gelehrtenrepublik* (1774) eingegangen.

Privat waren Klopstocks Liebesnöte noch nicht überwunden. Seine Fanny konnte sich nicht für ihn erklären, es hatte nicht in ihrer «Gewalt» gestanden, wie sie dem immer noch verletzten Jugendfreund auf dessen Anfrage hin im hohen Alter schrieb. Die unerfüllte Liebe wird zu einem Motiv der frühen Lyrik und als solche literarisch zu einer Frage von Sein und Vergänglichkeit hochstilisiert (*An Fanny:* «Erweinte Stunde, komm aus den dämmernden / Kühlen Gewölben, Stunde des Todes, komm!»). In einer für die Zeit unerhörten Selbstentblößung läßt Klopstock Freunde und Bekannte an seinen unglücklichen Lebensumständen teilhaben; die Briefe werden dabei ebensosehr zu einer Herzensaussprache wie die Dichtung sich von diesen persönlichen Erfahrungen nährt. Am 5. Juni 1751 schreibt er etwa über die Stimmung der «dunkel(n) Melancholie», die ihn plagt und die ihn zu seinen Versen über Fanny anregt: «So war mein Herz (ich erinnere michs noch sehr deutlich) da ich die traurigste unter meinen Oden machte.» Aber nun war seine Gesprächspartnerin schon eine neue Seelenfreundin, die Hamburger Bekannte und Verehrerin seines *Messias*, Meta Moller (1728–1758), mit der er sein Leiden an Fanny teilte. Sie wird ihm – vorbereitet durch einen ungewöhnlichen, in seiner freien Gefühlsaussprache den Wandel der Zeit veranschaulichenden Briefwechsel – zur Lebensgefährtin, die er 1754 heiratet. Mit seinem «Propheten Young» beschreibt er Meta als «sanft, bescheiden, melancholisch, schön, und weiblich» (22. Dezember 1751). Partnerin und Stütze in der fremden Welt Kopenhagens, war sie Muse für sein episches Projekt und wurde auch selbst in bescheidenem Umfang literarisch tätig; Klopstock gab ihre Werke, darunter das Trauerspiel *Der Tod Abels*, 1759 heraus. Aber nach nur vier Jahren, im November 1758, starb Meta im Kindbett und ließ den Dichter, der nun nach der Veröffentlichung der ersten zehn Gesänge des *Messias* auf dem Höhepunkt seines Ruhm stand, einsam und unstet zurück. Erst im hohen Alter (1791) ging er wiederum eine Ehe ein, und zwar mit der soeben verwitweten Johanna Elisabeth von Winthem, einer Nichte Metas, die ihm schon einige Zeit zuvor zur Seite gestanden hatte.

Literarischen Halt und gesellschaftlichen Umgang fand Klopstock in einem «Zirkel» gleichgesinnter deutscher Theologen, Historiker und Schriftsteller, denen Bernstorff – hierin vielfach den Anregungen Klopstocks folgend – eine Anstellung in Kopenhagen verschaffen konnte. Diesem deutschen Kreis gehörten unter anderem an: Johann Andreas Cramer (1723–1788), der alte Freund und Mitarbeiter an den *Bremer Beiträgen*, nun Hofprediger, Gottfried Benedict Funk (1734–1814), der Übersetzer von Dubos' *«Reflexions critiques sur la poesie et sur la peinture» (Kritische Betrachtungen über die Poesie und die Mahlerey* 1760–61), Johann Heinrich Schlegel (1726–1780), der ältere Bruder des an der Ritterakademie in Sorø tätigen und früh verstorbenen Dramatikers und Ästhetikers Johann Elias Schlegel, als Herausgeber der Werke seines Bruders und als Übersetzer aus dem Englischen bedeutend geworden, schließlich Gerstenberg und – als Bernstorffs Sekretär – der glänzende Essayist Helferich Peter Sturz (1736–1779), der sich auf dem Felde des Dramas *(Julie,* 1767), dem der ästhetischen Theorie *(Fragment über die Schönheit,* 1776) und dem der Biographie *(Erinnerungen an Bernstorff,* 1777) einen hochgeschätzten Namen machen wird. Reger Gedankenaustausch – zuweilen in wöchentlich arrangierten Zusammenkünften – ersetzten den nur begrenzt möglichen Konktakt zum Umfeld der dänischen Gesellschaft. Der Kopenhagener Kreis wurde zu einer kulturellen Insel – Meta Klopstock konnte Seeland 1754 eine neue «Beiträgerinsel» nennen –, deren Bedeutung sich durchaus mit den Zentren Königsberg, Leipzig oder Berlin vergleichen läßt. Mit der moralischen Wochenschrift *Der Nordische Aufseher* (1758–1761) verschaffte Cramer als Herausgeber diesem Kreis überdies ein Publikationsorgan, das durch Lessings Angriffe in den *Briefen, die neueste Litteratur betreffend* von 1759 eine insgesamt sicherlich ungerechte traurige Berühmtheit erlangte. Sinnenfrohe Weltoffenheit und empfindsam-moralische Religiosität verbinden sich in dieser Zeitschrift mit praktisch-politischem Engagement und mit einer für das Genre ungewöhnlichen Aufgeschlossenheit für die Dichtung.

Cramers Bemühungen ist es denn auch zu verdanken, daß Klopstock sich auch über seine poetischen Vorstellungen theoretisch Rechenschaft ablegt. Seine kleineren Arbeiten *Von der Sprache der Poesie* (1758), *Von dem Range der schönen Künste und der schönen Wissenschaften* (1758) und *Gedanken über die Natur der Poesie* (1759) erschienen zuerst im *Nordischen Aufseher*. Sie weiten die Gedanken zur *«heiligen Poesie»* von 1755 auf eine nähere Gattungsdifferenzierung hin aus und beziehen dabei insbesondere die «Ausdrucks»-Form der Lyrik als Problem der «Abschilderung der Leidenschaften» ein. Im Grundsätzlichen bleiben seine Bestimmungen ebenso allgemein wie charakteristisch: «In einem Gedichte vom Landleben» etwa müsse der «lyrische Dichter ... sowohl dadurch, daß er dem Tone der Ode gemäß singt, als auch dadurch, daß er die schöne Gegend, als ein Werk des Allmächtigen vorstellt, uns *entzücken» (Gedanken über die Natur der Poesie).* Sein Augenmerk ist vordringlich darauf gerichtet, wie dies «Entzücken» und die Preisung des «Allmächtigen» durch die Sprache zu erreichen ist. Und hier erweist sich Klopstock als der bedeutende Sprachschöpfer, der mit seiner Lyrik eine nachhaltige Wirkung auf die Entwicklung dieser Gattung gehabt hat, wenn er auch, von Hölderlin abgesehen, keine bedeutenderen Nachfolger gefunden hat. Fragen der Wortbildung, der Wortzusammensetzung und der Wortfolge nehmen ihn ebenso gefangen wie solche der metrischen und der rhythmischen Möglichkeiten der deutschen Sprache. Dichten ist ihm ein sehr bewußter Vorgang, und die Regeln für gelungenes lyrisches Sprechen sucht er sich selbst zu erarbeiten. Seine Verpflichtung gegenüber der humanistischen Poetik-Tradition – und in der Odentheorie seine Anlehnung an das «Muster» des Horaz – läßt ihn sich antiken Metren zuwenden, die er mit großer Sicherheit ins Deutsche überträgt. Überlegungen dazu *(Von der Nachahmung der griechischen Silbenmaße im Deutschen)* stellt er dem zweiten Band seiner *Messias*-Ausgabe von 1755 voran. Gleichzeitig stellt er sich in der zeitgenössischen Diskussion mit Vehemenz auf die Seite derer, die mit der Ablehnung des Reims die Liedformen in der Lyrik bekämpfen. Von seinen *Geistlichen Liedern* (1758 und 1769), die im gottesdienstlichen Zusammenhang eher lehrhaften Zwecken dienlich sein sollten, abgesehen, hat er sich in seiner auf den Enthusiasmus des erhabenen «Entzückens» gestimmten Lyrik an diese Sprachform gehalten. Seine Gedichte verbinden den kunstfertig gestalteten hohen Stil der antiken Oden-Tradition mit einem sich auch persönlichen Erfahrungen verdankenden Gefühlston, der den Ausdruck der Empfindungen anstrebt, diese aber zugleich – in Form und Inhalt – in eine allgemeine, meist religiöse Gesetzlichkeit einbindet und sie so entpersönlicht. Klopstock führt auf die lyrische Erlebnissprache, wie sie Goethe verwirklicht, hin, aber er vermag selbst den «Ausdruck» nur im Rahmen der tradierten Rhetorik und deren Stilerwartungen zu vermitteln.

Lyrik ist für ihn zunächst nur ein Nebenerzeugnis seiner Arbeit am *Messias*, ohne die Absicht zur Veröffentlichung. Freunde, denen seit 1747 seine Oden zugedacht waren, verbreiteten sie in Abschriften oder in verstreuten Einzeldrucken. Erst im Jahre 1771, nachdem zuvor in Darmstadt ein Privatdruck seiner *Oden und Elegien* erschienen war und Schubart eine Sammlung seiner poetischen und prosaischen Werke herausgegeben hatte, veröffentlichte er seine Oden in der von ihm angestrebten Form und – bezeichnenderweise – mit Angabe des jeweiligen Metren- und Versschemas. Erweitert und umgearbeitet gingen sie schließlich in die Werkausgabe von 1798 ein. Im chronologischen Überblick werden nun thematische Schwerpunktverlagerungen sichtbar, die die wechselnden Interessen des Autors spiegeln, ohne daß doch von einem entschiedenen Bruch oder einer Entwicklung seiner lyrischen Sprache die Rede sein könnte. Für die frühe Zeit sind es vor allem die Themen der unerfüllten und erfüllten Liebe *(An Fanny, Der Abschied, An Cidli, Das Rosenband)*, des Preises der religiösen «Allgegenwart» Gottes *(An Gott)*, des Freundschaftskultes *(Der Zürcher See, Auf meine Freunde)*, der Huldigung des Dichtergenies *(An Bodmer, An Young)* oder der Naturhymnik *(Die Frühlingsfeier, Die frühen Gräber)*. In den sechziger Jahren drängen sich vaterländische Motive vor *(Kaiser Heinrich, Wir und Sie, Teone, Mein Vaterland)*, und im letzten Drittel seines Lebens wendet sich Klopstock stärker politischen Themen *(Der jetzige Krieg, An den Kaiser, Die Etats Généraux, Sie und nicht Wir, Der Erobrungskrieg)*, der Reflexion über Dichtung *(Mein Gewissen, Beide, Die Sprache, Ästhetiker)* oder Betrachtungen über Zeit und Ewigkeit zu *(Das verlängerte Leben, An die nachkommenden Freunde, Das Wiedersehen, Die höheren Stufen).* Viele der späteren Oden nehmen einen eher lehrhaften Ton an oder sind Zeugnis eines im Alter stärker erweckten Interesses für politische Veränderungen seiner Gesellschaft; sie sind gewiß registriert worden, treten aber doch deutlich hinter der Breitenwirkung und der literarhistorischen Bedeutung der frühen Liebes-, Freundschafts- und Naturdichtung zurück. Oden wie *Der Zürcher See* (1750), *Die Frühlingsfeier* (1759), *Die frühen Gräber* (1764) oder auch *Das Rosenband* (1753) lassen erkennen, wie hier der lyrische Sprachton vom Enthusiasmus einer alle Lebensbezüge durchziehenden Empfindung geprägt ist. Die aufs «Entzücken» zielende «Abschilderung der Leidenschaften» sucht ihren Gegenstand vom Herzen aus zu beleben und die Sprache so zum «Ausdruck» einer inneren Erfahrung zu steigern. Verhaßt ist Klopstock – wie er an Meta schreibt (9. Mai 1752) – eine «Sprache, die von der Gegenwart unbeseelt ist», und seine besten Gedichte lassen sich auf diese «Gegenwärtigkeit» einer «beseelten» Erfahrung zurückführen. Am 27. August 1752 etwa berichtet er Meta über eine solche Lebenssituation: «Ich war diesen Morgen Deiner recht wert. Ich blieb noch eine ganze Stunde im Bette. Wie hing meine Seele an deiner Seele! Wie war ich Dein, Dein!» – und überführt dieses Erlebnis des wiedergewonnenen Glücks ins Gedicht *Das Rosenband*, das den anakreontischen Motiv- und Sprachgestus von der Anteilnahme einer Gefühlsbewegung her auflöst:

«Ich sah sie an; mein Leben hing
Mit diesem Blick an ihrem Leben:
Ich fühlt es wohl und wußt es nicht.
...
Sie sah mich an; ihr Leben hing
Mit diesem Blick an meinem Leben,
Und um uns ward's Elysium.»

Ähnliche Erfahrungsnähe zeigt die Ode *Der Zürcher See*: Eine von seinen Züricher Bewunderern und Freunden arrangierte Kahnfahrt auf dem See, vom Dichter enthusiastisch begrüßt und – wie Briefe zeigen – auch in vollen Zügen genossen, wird in der Wiedererinnerung zum hymnischen Preis der «Göttin Freude» und der «Hütten der Freundschaft», in denen die «suchende Seele» sich geborgen fühlt. Aber der sich darin aussprechende, in Gefühlsbewegung umgesetzte Sinnengenuß führt das lyrische Ich nicht in die Unbedingtheit einer nur seinem Erleben vertrauenden Selbstaussprache. Bindungen tradierter Art wie Freude-Topik oder eine Religions-Emblematik stellen dies Ich in den Zusammenhang eines Ordnungsgedankens, von dem Klopstocks Gesamtwerk geprägt ist. Brockes' Naturbeobachtung ist hier zwar von einem Naturgefühl abgelöst, aber diese Verinnerlichung der Natur findet ihren Sinnbezug weiterhin im «großen Gedanken» der göttlichen «Schöpfung», wie die Anfangsstrophe des Gedichts es programmatisch formuliert:

«Schön ist, Mutter Natur, deiner Erfindung Pracht
Auf die Fluren verstreut, schöner ein froh Gesicht,
Das den großen Gedanken
Deiner Schöpfung noch *einmal* denkt.»

An Cramer schreibt Klopstock am 3. Juli 1752: «Die volle Freude hat ebensowenig ihren ganzen Ausdruck als der volle Schmerz.» Diese Erkenntnis – hier im persönlichen Brief vorgebracht – gilt auch für die Dichtung. Innerhalb der Tradition eines antiken Oden-Verständnisses sucht Klopstock sein von der Triebkraft der Gefühlsbewegung gesteuertes Lebensverständnis zum «Ausdruck» zu bringen – und er gelangt darin so weit wie kein anderer seiner Generation –, aber um diesem Gefühl einen «ganzen Ausdruck» geben zu können, bedurfte es einer Befreiung von den um die Mitte des Jahrhunderts noch mächtigen Traditionsbindungen vielfacher Art, die erst die Generation nach ihm und auf ihm aufbauend erreichen wird.

Bardenlob, Dramatik und Gelehrtenrepublik

Die Anfänge der sechziger Jahre – noch geprägt von den Wirren des Siebenjährigen Krieges – brachten eine literarische Neubesinnung, die als Geschmackswandel kulturell und in ihrer Hinwendung zum Historischen und Nationalen als soziales Phänomen beschrieben worden ist. Mit James Macphersons *Ossian*-Fälschung (vgl. S. 159ff.) bot sich den deutschen Literaten ein Orientierungspunkt an, der begierig aufgegriffen und weiterentwickelt wurde. In die nun um sich greifende *Ossian*-Mode ordnet sich als einer der ersten und Gewichtigsten Klopstock ein. Keltisches und germanisches Traditionsgut «unsrer Vorfahren» vereinigen sich bei ihm zum Bardenlob einer ursprünglichen und unverfälschten, dabei von mannhafter Tugend und ernsthafter Religiosität geprägten Kultur. Wie er Milton in seinem *Messias* verpflichtet ist und wie er Young in seinen schwermütigen Oden nachzueifern pflegt, so wird ihm Ossian, an dessen historischer Echtheit er nicht zweifelt, nun zum Leitstern seiner weiteren poetischen, historischen, sprachwissenschaftlichen und politischen Bemühungen. «Ossians Werke sind wahre Meisterstücke», schreibt er am 8. September 1767 an den Übersetzer Michael Denis: «Wenn wir einen solchen Barden fänden! Es wird mir ganz warm bei diesem Wunsche. – Ich hatte in einigen meiner ältern Oden griechische Mythologie, ich habe sie hinausgeworfen und sowohl in diese als in einige neuere die Mythologie unsrer Vorfahren gebracht.» «Angenommen» hatte er diese »Mythologie unsrer Vorfahren» – wie er dankbar gegenüber Gerstenberg erkennt (19. November 1771) –, nachdem dieser sein *Gedicht eines Skalden* (1766) veröffentlicht hatte, angeregt wurde er von vielfacher Seite, so vor allem durch den auch in Kopenhagen tätigen Schweizer Paul Henri de Mallet (1730–1807), der – in Vermischung des Keltischen und Skandinavischen – deren Mythologie in seinem Werk *Monumens de la Mythologie et de la Poesie des Celtes et particulièrement des anciens Skandinaves* (1756) ausgebreitet hatte, und durch Johann Heinrich Schlegels wertvolle Quellensammlung in der Vorrede zum *Hermann*-Drama seines Bruders Johann Elias (1761). Wenn für Klopstock auch die Mythologien austauschbar waren – bei gleichbleibender Bindung ans Christentum –, so ist doch unverkennbar, daß sich ihm mit der Welt seiner «Vorfahren» ein Gegenwartsbezug eröffnete, der seinen patriotischen Neigungen entgegenkam. Das patriotische Feuer beanspruchte eine Rechtfertigung, und er fand sie in den historischen und poetischen Impulsen des *Ossian*-Dichters.

Die Kontinuität zu seiner gefühlvollen Odendichtung war dabei leicht herzustellen. In einer die Herausgabe der vermeintlichen *Ossian*-Texte begleitenden Abhandlung *Von dem Alter der Gedichte Ossians, des Sohns Fingals* hatte Macpherson das Publikum dadurch einzustimmen gesucht, daß er von diesen «alten Gedichten» meint, sie «drücken die zärtliche Schwermut einer verzweifelten Liebe mit unwiderstehlicher Einfalt nach der Natur aus. Der Schall der Wörter ist der Empfindung so angemessen, daß sie auch einem Unkundigen der Sprache das Herz treffen und schmelzen. Eine erhörte Liebe spricht mit besonderer Rührung und Zärtlichkeit.» Und Hugh Blair meint in seiner *Critical dissertation on the poems of Ossian* (1763) «the voice of nature» zu hören, mit der der Dichter «the majesty of his sentiments» zum Ausdruck bringe und von der kein Leser sich erheben könne, «without being warmed with the sentiments of humanity, virtue and honour». Für Klopstock sind dies Bestätigungen seiner eigenen poetischen Intentionen. Zusätzlich zeichnen der Ossian-Kult und die mit ihm verbundene Belebung des germanischen Altertums das Bild eines Dichters, der Naturnähe und Gefühlsunmittelbarkeit mit der vaterländischen Rolle eines Staatsrepräsentanten verbindet. Der Barde wird zum Sänger der Heldentaten einer noch unverdorbenen Nation, die in ihrem Kampf um Freiheit «Menschlichkeit, Tugend und Ehre» als Ideale aufrechterhält. Ossianismus und Germanentum werden dem Dichter des *Messias* Vorbild und Gegenbild zugleich: In der Rekonstruktion der eigenen nationalen Vorgeschichte kann der Patriotismus Kontinuität und Legitimität gewinnen, und in der Kontrastierung einer unentzweiten, dem Dichter seine gleichberechtigte Stellung im nationalen Verband anweisenden Gesellschaft mit der national und ständisch zerrissenen Gegenwart wird eine Kritikmöglichkeit eröffnet, die das moralische Argument des Bürgers durch die historische Einsicht in den Verfall der gegenwärtigen politischen Kultur ergänzt. Die Hinwendung Klopstocks zur Bardendichtung und zur Geschichte ist in diesem doppelten Sinn als Idealbild und Kritikpotential zu lesen. Was uns heute an dieser scheinbar bizarren Rückwendung auf die germanische Mythologie ermüdet, gewinnt so eine überraschende gesellschaftspolitische Dimension, die auch Klopstocks zunächst begeisterte Aufnahme der Französischen Revolution verständlich macht.

Schon 1760 hatte er in einer *Beurteilung der Winckelmannischen Gedanken über die Nachahmung der griechischen Werke in den schönen Künsten* gegen die uneingeschränkte «Nachahmung der Alten» Argumente vorgebracht, die seine Vaterlandsdichtung vorbereiten. In einer Attacke gegen die «abstrakten Ideen, die wir allegorische Personen zu nennen pflegen», hält er dem Dichter als Ziel vor Augen, «die wahre heilige und weltliche Geschichte» als Sujet aufzugreifen:

«Zuerst will ich (so müßte der junge Künstler, der sich fühlt, zu sich selbst sagen) zuerst will ich für die Religion arbeiten! Hierauf soll die Geschichte meines Vaterlandes mein Werk sein, damit auch ich etwas dazu beitrage, meine Mitbürger an die Taten unsrer Vorfahren zu erinnern, und denjenigen Patriotismus unter uns wieder aufzuwecken, der sie beseelte! ... Die heilige Geschichte also, und die Geschichte *meines* Vaterlandes – die andern mögen die Geschichte *ihres* Vaterlandes arbeiten. Was geht mich, wie interessant sie auch ist, sogar die Geschichte der Griechen und Römer an?»

Er selbst verwirklicht diese Vorstellungen zunächst in drei biblischen Dramen: *Der Tod Adams* (1757), *Salomo* (1764) und *David* (1772) und sodann in einer Trilogie, die die vaterländische Geschichte am Beispiel des Cheruskerfürsten Hermann aufgreift: *Hermanns Schlacht* (1769), *Hermann und die Fürsten* (1784) und *Hermanns Tod* (1787). Was sich auszuschließen scheint, ist bei Klopstock noch verbunden: sichtbar nicht nur in seinem Winckelmann-Aufsatz, sondern auch noch in der Anordnung der Bände seiner ab 1798 bei Göschen erscheinenden Werke, wo die religiösen und die bardischen Dramen parallel nebeneinander in den einzelnen Bänden verklammert werden. Theologische Bedenken hatte Klopstock nicht: Für ihn führt die germanische Welt, die ihm bereits zum Monotheismus gelangt zu sein schien, ebenso auf die christliche Heilslehre zu wie die jüdische Lehre des Alten Testaments. Religion und Vaterland werden ihm zu zwei miteinander verbundenen Größen, die sein Denken seitdem bestimmen, in den Oden wie in seinen kultur- und sprachgeschichtlichen Arbeiten.

Mit seinen biblischen Dramen ordnet er sich in die Gattungstradition des «Trauerspiels» ein, wenngleich er in seinem «Vorbericht» zum *Tod Adams* feststellt, «daß sein Stück wegen gewisser Nebenumstände nicht aufs Theater gehöret». Seinen vaterländischen Dramen hat er – in Anknüpfung an die Bardendichtung und im Mißverständnis von Tacitus' «barditus» – den Namen «Bardiete» gegeben, um auch von der Bezeichnung her seinen Bruch mit der dramatischen Gattungstradition anzudeuten. In seiner «Vorrede» zu *Salomo* bemerkt er voll Selbstbwußtsein: «Wenn ich Leser oder Zuschauer habe, die beim Empfinden auch denken mögen: so behaupte ich, eine Materie gewählt zu haben, die, am Tragischen, alle die bisher berühmt geworden sind, übertrifft.» Aber schon seine Zeitgenossen haben das so nicht sehen können. In einer literarischen Situation, in der sich unter dem Einfluß der Aristotelischen Theorie und der Shakespearschen Praxis das Drama zu einer konfliktreichen Entfaltung des handelnden Menschen entwickelte, konnten Klopstocks Empfindungs- und Gedankendramen – beides ist für ihn nur geringfügig unterschieden – kaum einen gattungsverändernden Anklang finden. Von Herder wurde ihm Handlungsarmut seiner Dramen vorgeworfen, aber er verteidigt sich damit, daß er Handlung nicht nur «in der äußerlichen Tat» sehen möchte, sondern vor allem in den inneren Konflikten seiner in Entscheidungssituationen gestellten Helden. Mit Bedacht wählt Klopstock daher in seinen biblischen Dramen solche Elemente eines tradierten «wahren» (und in «Anmerkungen» erläuterten) Stoffes aus, die die Szenerie des Seelenkampfes als bewegenden Handlungsträger veranschaulichen: im *Tod Adams* die «Todesangst» des Helden, der nun das «Urteil: Ich sollte des Todes sterben» (I, 3) an sich vollzogen sieht, und das teilnehmende Leiden seiner (der Menschheits-)Familie, in *Salomo* das «bittre Elend» des durch seine Verstandesstärke dem Abgott «Moloch» verfallenen und sich wieder zu seinem Gott durchringenden Helden, dessen Wort:

«Im Herzen ist des Elends Ursprung. Spielt
Nicht das Herz mit diesem folgsamen Verstande?» (I, 2)

den inneren Spannungsrahmen abgibt und im *David* das breit entfaltete Leiden des auserwählten Volkes, das durch Gott für die Verfehlung Davids – den ihm von teuflischen Kräften eingegebenen Befehl zur Zählung des Volkes – bestraft wird. Verfehlung, Leiden, Untergang sind die Etappen dieser Dramen. Der Gott der Bibel ist zwar der durch das Zeugnis der Offenbarung abgesicherte Garant der Ordnung, aber das barocke «Schaugerüst» der Aburteilung der Leidenschaften ist damit nicht wieder aufgegriffen. Im Gegenteil: Im Vorbericht zum *Tod Adams* verweist Klopstock angesichts der umstands- und zeitbedingten Tragödie seiner Helden auf «eine gewisse zarte Widersetzlichkeit der Empfindung», die «uns doch allezeit aufs wenigste» übrigbleibe und die «uns» veranlasse, «den großen Mann, für den uns die Geschichte und der Dichter einnehmen wollen, lieber in andern als in solchen Umständen, die der Natur so oft ein falsches Kolorit geben, handeln» sehen zu wollen. Sympathie mit dem durch «Fluch», Zweifel oder Verfehlung Leidenden sollen die Dramen wecken; eine «zarte Widersetzlichkeit der Empfindung» bewegt die «Leser oder Zuschauer, die beim Empfinden auch denken mögen», zur mitfühlenden Einsicht in die Größe des Menschen, der im Leiden seine Stärke beweist. Auch dies ist – wie es wenig später heißt – «ein Vorhof zu dem Heiligtume», dessen «Miene von Weltlichkeit» die biblischen Dramen entfalten.

In einen solchen «Vorhof» führen auch die *Hermann*-Dramen, nur daß das «Heiligtum» nicht mehr die Religion ist, sondern das «Vaterland». «Ein Nationalgedicht interessiert die Nation», schreibt Klopstock an Gleim (19. Dezember 1767) zu *Hermanns Schlacht*. Das Stück sei ihm «lieb», «weil mirs mit diesem Vaterländischen sehr von Herzen gegangen ist», und er denke, «daß jenes Vaterländische wieder zu Herzen gehen soll». Mit seiner Themenwahl bekennt sich Klopstock damit zur patriotischen Bewegung der sechziger Jahre, die in ihren Überlegungen zum «Nationalgeist» einen Selbstverständigungsprozeß der Bürger einleiten, der sich auch gegen die ständische Ordnung einer übernationalen Aristokratie richtet. Über den Züricher Kreis sind Klopstock Franz Urs von Balthasars *Patriotische Träume eines Eydgenossen, von einem Mittel, die veraltete Eydgenossenschaft wieder zu verjüngen* und Johann Georg Zimmermanns *Von dem Nationalstolze* (1758) vertraut. In Deutschland haben Thomas Abbts *Vom Tode fürs Vaterland* (1761) vom preußischen Standpunkt und Friedrich Karl von Mosers *Von dem Deutschen National-Geist* (1765) aus reichspatriotischer Sicht die Debatte – nicht zuletzt unter dem Einfluß des Siebenjährigen Kriegs – verschärft. In ausgeweiteter Form, nicht mehr nur auf politische Verfassungsfragen zielend, sondern als einheitstiftende, Geschichte und Gegenwart des Vaterlandes umfassende kulturelle Wertegemeinschaft leiten J. J. Bülaus *Noch etwas zum Deutschen Nationalgeiste* (1766) und Justus Mösers Rezension von Mosers Buch in den Umkreis des Klopstockschen Patriotismus. Erst die Einbeziehung der Geschichte und damit die Behauptung einer ursprünglichen und nun pervertierten Zugehörigkeit zu einem «Volk» gibt dem Gedanken vom «Nationalgeist» die Sprengkraft, die auch Klopstocks vaterländischen Dramen eigen ist. Was sie von Hermanns Schlacht gegen die römischen Eindringlinge und «Tyrannen» sagen, wie sie die Rolle der Fürsten im neidvollen Aufruhr gegen den «Helden des Vaterlandes» beurteilen und was schließlich der Tod Hermanns als Konsequenz des inneren Zerfalls der Germanenstämme bedeutet, ist im historischen Kleid vor allem auch auf eine Gegenwart gemünzt, die diese Form von Patriotismus vergessen hat. Kritik an Untertanengeist und Appell an eine – im Cheruskerfürsten visualisierte – «Vaterlandsliebe» sind denn auch die Triebkräfte dieser Dramen. Aber dies Vaterländische soll «zu Herzen» gehen. Klopstock verbindet den politisch-historischen Stoff mit den Elementen des Seelendramas, um die «Widersetzlichkeit der Empfindung» wecken zu können: Die äußere Handlung wird zugunsten des inneren Bewegungsablaufs der Dramenfiguren und insbesondere der Leidensgeschichte Hermanns verdrängt. Der Titelheld formuliert die Problemstellung so:

«Es sind viel traurige Schicksale einzelner Menschen, niedergestürzte Hoffnungen, toddrohende Wunden, die der Gute von dem Bösen empfing, geheimer Gram, der einwurzelt, Liebe, die verachtet wird, und ach auch Freiheitsgefahr: allein was sind sie, so bald ihr sie neben das Schicksal eines Volkes stellt, welches eine Schlacht verliert! und gar neben eines unüberwundenen, welches die Schlacht... die Schlacht, wollte ich sagen, gegen das Volk verliert, das keinen Erdwinkel, und keine Meerenge übrig läßt, wo es nicht gebieten will! Und dann der Graus von Allem! das unedelste, niedrigste, niederwerfendste, daß dieses Volk, auch aus Geldsucht, gebeut! Es ist schrecklich, sehr schrecklich!» *(Hermann und die Fürsten*, 5. Szene)

Deutliche Prioritäten sind hier gesetzt. «Traurige Schicksale einzelner Menschen», «Freiheitsgefahr» und «das Schicksal eines Volkes» sind die Stufenleiter dieser Dramen. Als Seelenstudien verbinden sie die biblischen und vaterländischen Stücke «für die Schaubühne», in ihrer Wertung des «Heiligtums» allerdings lassen sie erkennen, daß Klopstock sich nun entschieden der Sache des «Volkes» in Geschichte und Gegenwart angenommen hat. Die Widmungsadresse des zweiten *Hermann*-Bardiets («An den fürstlichen Weisen, Karl Friedrich, Markgrafen von Baden, der, nach viel andern vaterländischen Taten, vor Kurzem auch die Leibeigenschaft aufgehoben hat») schlägt den Bogen zu aktuellen politischen und sozialen Fragen. Freiheit und Vaterland werden ihm aber nicht nur zu abstrakten Deklamationen, sondern stimulieren auch wieder seinen Sinn für praktische Wirksamkeit. Dem Markgrafen von Baden dankt er mit seiner Widmung für dessen Angebot, an der Gründung einer «Deutschen Gesellschaft» zur Förderung der Kultur aktiv mitzuwirken: Klopstock verbringt den Winter 1774/75 in Karlsruhe, muß aber erkennen, daß seine Vorstellungen sich dort kaum verwirklichen lassen konnten, und reist wieder ab, versorgt mit einer Pension des Markgrafen. Sein erstes *Hermann*-Drama hatte er – noch von Kopenhagen aus – Kaiser Joseph II. gewidmet, in der Hoffnung, daß dieser seinen großangelegten und durch konkrete Maßnahmen untermauerten *«Plan zur Unterstützung der Wissenschaften in Deutschland»* (1768) aufgreifen und ihm selbst ein Aktivitätsfeld in Wien erschließen würde, aber auch hier blieb es bei Wohlwollen und unverpflichtendem Entgegenkommen. Klopstocks frühentwickeltes Interesse an der Geschichte, dokumentiert in nicht verwirklichten historiographischen Plänen – so 1750 in einer Geschichte des Dänenkönigs, 1756 in einer *«Deutschen Enzyklopädie»* oder 1763 in einer *Geschichte der Schlesischen Kriege*, die er dann erst 1786–88 in «historischen Bruchstücken» auszuarbeiten begann –, und seine Bemühungen um die Reinigung und Hebung der deutschen Sprache *(Über die deutsche Rechtschreibung*, 1778, *Über Sprache und Dichtkunst. Fragmente*, 1778/79, *Grammatische Gespräche*, 1794*)*, um Übersetzungsfragen und um die Wiedergewinnung der altgermanischen Sprachdenkmäler weisen auf den Gedanken einer kulturellen Stärkung Deutschlands durch die Rückbesinnung auf die historisch-vaterländischen Traditionen hin. Daran möchte er in seinem kulturpolitischen und poetologischen Hauptwerk, bei dessen Herausgabe er auch praktisch durch das Subskriptionsverfahren das buchhändlerische Vertriebssystem zu ändern suchte, beitragen: *Die Deutsche Gelehrenrepublik, ihre Einrichtung, ihre Gesetze, Geschichte des letzten Landtages. Auf Befehl der Aldermänner durch Salogast und Wlemar* (1774).

Das Werk hat eine durchaus zwiespältige Aufnahme erfahren. Klopstocks intellektuelle Zeitgenossen, die sich vom Dichter der *Oden* (1771) und des endlich abgeschlossenen *Messias* (1773) eine Wiedererneuerung von Thomas Morus' *Utopia*, von Francis Bacons *Nova Atlantis* oder Leibniz' übernationalem Akademie-Entwurf erwartet hatten, sahen sich enttäuscht. Vaterländische Begrenzung – mit scharfer Abweisung des «Ausländischen» –, altgermanischer Fiktionsrahmen – die Aufzeichnungen werden Salogast und Wlemar, vermeintlichen Rechtsgelehrten der salischen Franken und der Friesen, zugewiesen –, fragmentarische Form und epigrammatische Kürze – für Klopstock, im Gegensatz zur Poesie, Stilideal der Prosa – verstörten sie so sehr, daß sie darin nicht eine Programmschrift zur Aufgabe und Zielsetzung einer «Republik der Gelehrten» zu sehen vermochten. Allein die Hainbündler fühlten sich in ihrem Bemühen um Verbindung von Vaterlandsepos und poetischem Gefühlsausdruck bestärkt. Aber auch Goethe nennt es im Juni 1774 – sogleich nach seinem Erscheinen – ein «herrliches Werk», dabei aber die gesellschaftspolitischen und nationalgeschichtlichen Aspekte ausklammernd:

«Die einzige Poetik aller Zeiten und Völker. Die einzigen Regeln, die möglich sind! Das heißt Geschichte des Gefühls, wie es sich nach und nach festiget und läutert und wie mit ihm Ausdruck und Sprache sich bildet; und die biedersten Aldermanns Wahrheiten, von dem was edel und knechtisch ist am Dichter. Das alles aus dem tiefsten Herzen, eigenster Erfahrung mit einer bezaubernden Simplizität hingeschrieben!»

In mancher Hinsicht faßt die *Gelehrtenrepublik* Bestrebungen zusammen, die Klopstocks Gesamtwerk prägen. Sein früh erwachtes Bewußtsein von der Berufung des Dichters und seiner erzieherischen Rolle in der Gesellschaft wird nun ins Bild eines organisatorischen Zusammenschlusses gebracht, das der Geburtsaristokratie die «Aristokratie des Geistes» entgegenhält, und sein Pochen auf die Einzigartigkeit des Genies erhält die umfassende Begründung in der Abweisung des «Geists der Nachahmung». Gesellschaftliche und poetische Zielsetzungen fließen zusammen und ergänzen einander, legitimiert durch die «Geschichte des Vaterlandes», die den Anspruch der deutschen «Nation» auf «Freiheit» und «Würde» zu bestätigen scheint. Klopstocks Traum von einer Gelehrtenrepublik ist nicht ohne elitären Anstrich: eine strikte Hierarchie trennt «Aldermänner», «Zünfte» und «Volk» voneinander und in ihren Möglichkeiten, Einfluß auf die Republik zu gewinnen. Die Bedeutung des «Volks» oder des «Pöbels» ist gering, die «Zünfte» – «vier ruhende und elf wirksame» –, unterteilt in «darstellende» – Geschichtsschreiber, Redner, Dichter – und «abhandelnde» – Gottesgelehrte, Naturforscher, Rechtsgelehrte, Astronomen, Mathematiker, Weltweise, Scholiasten und die «gemischte Zunft» –, stellen das eigentliche kreative Potential, repräsentiert durch die gewählten «Aldermänner», dar. Auf den «allgemeinen Landtagen» werden die übergeordneten «Beschlüsse gefaßt, Gesetze und Richtlinien verabschiedet, Belobigungen und Sanktionen ausgesprochen». «Die Einrichtung der Republik ist aristokratisch», heißt es: «Da die Gesetze auch die größten unserer Mitbürger angehn, so kann es nicht geschehn, daß die Aristokratie in Oligarchie ausarte.» Und der Tendenz zur Demokratie ist «dadurch völlig gesteuert worden, daß das Volk die vierte Stimme verloren hat, und die Aldermänner den Vortrag des Ratfragers [aus dem Volk] abweisen können».

Mit dieser Geistesaristokratie entwirft Klopstock das Gegenbild einer Gesellschaft, die die Werte der absolutistischen Feudalordnung für das Reich der Wissenden und Gebildeten aufhebt. Vordringlich dabei ist nicht die Frage nach dem praktischen Realitätssinn solcher Überlegungen, sondern die Tatsache, daß sich der gebildete Bürger im Selbstgefühl seiner Überlegenheit den herrschenden Gesellschaftsnormen der Zeit verweigert und im Anspruch der Selbstverwaltung die etablierten Institutionen herausfordert. Die Gelehrtenrepublik ist als Freiraum für das Bildungsbürgertum innerhalb absolutistischer Staatsgebilde gedacht, die den historisch-ursprünglichen Gedanken einer freien Entfaltung des Geistes usurpiert haben. Vaterländische Legitimationsgrundlage und nationaler Überlegenheitsanspruch unterscheiden Klopstock von der Topik der die Universalität des Geistes proklamierenden Gelehrtenrepubliken, aber auch die Kriterien für die soziale Rangfolge der «Republikbürger» lassen den Bezug zu einer neuen Zeit erkennen: Im «Rat der Aldermänner» und in der «Geschichte des letzten Landtages» werden die Maßstäbe entwickelt, die dem «Schreiben» die Überlegenheit über das «Handeln» sichern. Skizzenhaft – und gegen die «Narrenteidungen» der poetologischen «Regulbücher» gerichtet – präsentiert Klopstock hier seine Genieästhetik, die Goethe «neues Leben in die Adern gießt». «Reizbarkeit der Empfindungskraft», «Lebhaftigkeit der Einbildungskraft» und «Schärfe des Urteils» sind die «Verhältnisse, durch welche das poetische Genie entsteht». Kein «Sklav seiner Zeiten», schafft es «mit gewaltigem Feuer» aus dem «Geist», der in ihm ist. Wer «mit wahrem Gefühl ganz empfunden hat», bringt «Originalwerke» hervor, in denen der «Inhalt» «Gestalt gewonnen» hat.

Solche Forderungen mußten in der Tat die junge Generation insbesondere der Hainbündler ansprechen. Mit ihnen gewinnt Klopstock noch einmal den Anschluß an die zeitgenössische Literaturentwicklung. Unverkennbar aber ist auch, daß die Gefühlspoetik, die seinen dichterischen Werken seit dem Erscheinen der ersten Gesänge des *Messias* zugrunde lag, nicht auf eine Erlebnisunmittelbarkeit zielt, sondern thematisch den überpersönlichen Größen von Religion und Vaterland verpflichtet bleibt und formal sich in die Tradition der antiken Rhetorik einordnet, der er in der Eindeutschung noch einmal eine neue Kraft gab. Erfahrungsnähe, Erhabenheitsgestus und Leidenschaftsentfaltung zielen in der das Nachahmungsprinzip überwindenden «Darstellung» noch auf den Gedanken der «moralischen Schönheit». Ohne Zweifel hat Klopstock – gesellschaftspolitisch zugespitzt in der *Gelehrtenrepublik* – den Anspruch des Dichters auf eine geistige Führungsrolle im Staat anzumelden gesucht und damit der Welt der «schönen Wissenschaften» den Weg gewiesen, aber er selbst konnte sich der Autonomie des Selbstdenkens und Selbstfühlens ohne verpflichtende religiöse und nationale Autoritäten nicht überlassen. Einer Nachwelt, für die diese Autoritäten keine Verbindlichkeit mehr hatten, mußte sein Werk anachronistisch erscheinen. Wie das Beispiel Goethes zeigt, konnten die Impulse des Neuen allerdings auch hinter den tradierten Einkleidungen oder unzeitgemäßen «Altertümlichkeiten» freigelegt werden. Und diese Impulse einer Empfindungspoesie und Naturkraft haben ihm die überragende Rolle des Dichterfürsten gesichert, ehe diese sich in den achtziger und neunziger Jahren zur Gestalt des Monuments versteinerte. Als er am 14. März 1803 stirbt, huldigt die Öffentlichkeit durch große Anteilnahme an seinem Begräbnis einem herausragenden Repräsentanten der deutschen Literatur, der seine Zeit überlebt hatte, aber des Andenkens sicher sein konnte.

2. Gotthold Ephraim Lessing (1729–1781)

Im Rückblick auf die Entwicklung der deutschen Literatur berichtet Goethe davon, wie er «durch Gespräche, durch Beispiele und durch eignes Nachdenken gewahr» wurde, «daß der erste Schritt, um aus der wäßrigen, weitschweifigen, nullen Epoche sich herauszuretten, nur durch Bestimmtheit, Präzision und Kürze getan werden könne». Gotthold Ephraim Lessing erscheint ihm dabei als einer derjenigen, die diesen «Schritt» – und zwar «durch Reflexion» – in eine neue «Epoche» hinein getan haben. Goethes Urteil deckt sich mit dem seiner Zeitgenossen und gilt auch heute noch nahezu uneingeschränkt. Lessings Werk hat so sehr «Epoche» gemacht, daß die Jahre zwischen 1750 und 1780 mit seinem Namen und Wirken unlöslich verbunden sind. Durch «Bestimmtheit, Präzision und Kürze» gelang es Lessing, das Literaturverständnis aus dem Bann der Regeldoktrin Gottscheds zu lösen und in Anlehnung an die antike und englische Welt einem poetologischen Denken zum Durchbruch zu verhelfen, das bis weit ins 19. Jahrhundert seine Geltung behielt. Das Theater bereicherte er mit Dramen, die die literarische Landschaft seiner Zeit veränderten und die als ‹klassische› Stücke bis heute zum Repertoire der Bühnen gehören. Und auf dem Felde der Theologie erstritt er sich mit scharfsinniger Argumentation und rhetorischer Brillanz eine Unabhängigkeit von der zeitgenössischen Religionsdebatte, die ihm gleichermaßen die Anerkennung als herausragendem Repräsentanten der Aufklärung wie die Einordnung als Begründer der neuzeitlichen Theologie sicherte. Für Lessing waren Ästhetik, Dichtung und Theologie noch drei miteinander verbundene und sich gegenseitig erläuternde Dimensionen im Versuch der Orientierung in einer geistigen Welt, die ihm durch unüberprüfte Normen und Traditionen geprägt erschien. Das Überdenken des Vorgegebenen, die Kritik an allen dogmatischen Festlegungen und der Einsatz einer sich auf die persönliche Erfahrung stützenden Urteilskraft gehörten zu seinen Waffen in den zahlreichen «Fechterstreichen», auf die er sich einließ und die ihm den Ruf eines – von manchen Zeitgenossen gefürchteten – streitbaren

Geistes einbrachten. In Disput, Kritik und Polemik suchte er seine gedankliche und soziale Unabhängigkeit zu behaupten – und dies gelang ihm in einem solchen Maß, daß er in den siebziger Jahren als Autorität in Dichtung, Gelehrsamkeit und Literaturtheorie anerkannt war –, aber Notwendigkeit und Mühe der kritischen Überprüfung von obsolet gewordenen Traditionen zeigen auch, daß er selbst einer Zeit des Umbruchs angehörte: Noch eng gebunden an die Gelehrtentradition des 17. Jahrhunderts, weist er den Weg in die kritische Erfahrungswissenschaft des späten 18. Jahrhunderts; an der Gedankenwelt der frühaufklärerischen Regelpoetik geschult, führt er das dramaturgische Denken auf die Ästhetik der Klassik zu; und selbst in seinen Anfängen noch dem Typenlustspiel verhaftet, legt er mit *Minna von Barnhelm* (1767) und *Nathan der Weise* (1779) erste Beispiele einer Symbolkunst vor, an denen sich die nachfolgende Generation schulte. Das Zwischen-den-Zeiten-Stehen wird sein geistiger und sozialer Standort. Die «lebendige Quelle» der Originalgenies fühlt er nicht in sich, aber er ebnete ihnen durch seine kritischen Differenzierungen den Weg; sein Versuch, eine freie Schriftstellerexistenz zu führen, scheitert an den Bedingtheiten der Zeit, der Anspruch indes, der sich darin anmeldet, wird zum Leitfaden zahlreicher Schriftstellergenerationen nach ihm. Intellektuelle Unruhe und soziale Unsicherheit gehören zu den Lebensbedingungen dieses Autors, aber nicht zuletzt diese haben ihn zu einem immer wieder neu gedeuteten, in sehr unterschiedlicher Weise inspirierenden ‹Zeitgenossen aller Epochen› werden lassen.

Literarische Anfänge. Von den frühen Lustspielen bis zu *Philotas* (1729–1759)

Lessings sozialer Hintergrund gleicht dem zahlreicher Autoren des 18. Jahrhunderts. Am 22. Januar 1729 als drittes von zwölf Kindern des protestantischen Pastors primarius Johann Gottfried Lessing und seiner Frau Justina Salome, geb. Feller, in der Kleinstadt Kamenz (kursächsische Oberlausitz) geboren, sind seine frühen Erfahrungen von den Traditionen des lutherischen Elternhauses geprägt. Geistige Beweglichkeit – sein Vater hatte sich als Wissenschaftler wie als Übersetzer theologischer Literatur einen Namen gemacht – sind dafür ebenso charakteristisch wie die Strenge eines religiös fundierten Lebenswandels, die unter «Ehrbarkeit» auch die Abgrenzung von weniger gut beleumdeten gesellschaftlichen Kreisen verstand. Es ist eine Welt der Selbstbehauptung unter materiell bescheidenen Vorzeichen – die leidige Geldfrage, auch durch die Unterstützungsbedürftigkeit der Eltern, wird Lessing sein Leben hindurch plagen – und unter dem Zwang, die gesellschaftliche Reputation als geistige und moralische «Spitze» der Kleinstadt durch Haltung und Lebensführung zu bewahren. Der junge Lessing paßt sich diesen Verhältnissen durch Wißbegierde und intellektuelle Beweglichkeit an. Gelehrsamkeit, vom Vater früh durch eine solide Ausbildung gefördert – zunächst in der Kamenzer Lateinschule, sodann (von 1741 bis 1746) in einer der drei renommierten sächsischen Fürstenschulen, St. Afra in Meißen –, wird zum Fundament seiner schriftstellerischen Laufbahn. Sie bricht sich durch sein ganzes Leben hindurch immer wieder leidenschaftlich Bahn – auf den Gebieten der klassischen Philologie, der Kunstanalyse, der Altertumswissenschaft und der Theologie. Es ist bezeichnend für Lessing, daß er dieser breiten Entfaltung seines gelehrten Instrumentariums als einer Wahrheitssicherung bedarf. Ursache dafür ist gewiß das mangelnde Vertrauen in die Gültigkeit einer sich einem «innern Gefühl» verdankenden Aussage; der Grund für die Einschätzung dieser «Macht der Gelehrsamkeit» hingegen ist in seiner frühen Jugend zu suchen.

Auf die Probe gestellt wurde diese vor allem an der klassischen Literatur (Cicero, Vergil, Horaz, aber auch Theophrast, Plautus und Terenz) und der französischen Kultur geschulte Bildung, als der Siebzehnjährige die räumliche Enge von Kamenz und die klosterhafte Internatsstrenge St. Afras mit der Universität Leipzig vertauschte, an der er sich am 20. September 1746 immatrikulieren ließ. Für den lebhaften und wißbegierigen Kopf muß diese als «Klein-Paris» gerühmte Stadt eine Art Schockerlebnis gewesen sein. Leipzig war zu dieser Zeit Handels- und Kulturzentrum Sachsens, mit einer kurfürstlich gebilligten und geförderten Liberalität und mit einer Offenheit gegenüber den Vergnügungen dieser «Welt», die ihresgleichen suchte. Dabei genoß ihre Universität mit Gelehrten wie dem Mathematiker und Schriftsteller Abraham Gotthelf Kästner, dem klassischen Philologen Johann August Ernesti, dem Archäologen Johann Friedrich Christ und schließlich Gottsched, dem «Literaturpapst» dieser Zeit und (seit 1734) Professor der Logik und Mathematik, einen vorzüglichen Ruf. Leipzig wird zur Herausforderung für den jungen Lessing, und dem Einfluß dieser Stadt ist der Keim einer Entwicklung zu verdanken, die deren Kultur- und Lebensideale allerdings schließlich weit hinter sich ließ.

Lessing war – unentschlossen der Familientradition folgend – als Student der Theologie eingeschrieben worden, widmete sich jedoch allen anderen Wissenschaften mehr als dieser. Für wenige Monate (April–Juni 1748) versuchte er sich in der medizinischen Fakultät. Von akademischer Ordnung und Zielstrebigkeit hielt er indes nichts; statt dessen geriet er in die Literatur- und Theaterkreise der Stadt. Hier ist es vor allem Christlob Mylius, ein ferner Verwandter und erfahrener Kenner des Leipziger Kulturlebens, der ihm den Weg ebnet zu ersten Publikationen (Gedichten in anakreontischem Stil, Fabeln und die Komödie *Damon oder die wahre Freundschaft*) und zum Theatermilieu im Umkreis der – sich von ihrer Zusammenarbeit mit Gottsched lösenden – bedeutenden Theaterprinzipalin Friedrike Caroline Neuber, der es gelungen war, sich in Leipzig auf längere Zeit zu etablieren. Neben Mylius, dem vielseitigen Journalisten und Naturforscher, der dem Lessingschen Elternhause allerdings in religiösen Fragen als zweifelhaft galt, tritt Christian Felix Weiße, eine der vielen poetischen und (später) pädagogischen

Begabungen im Umkreis Lessings, die durch seinen Ruhm verdrängt wurden. Beide gehören sie zu den wichtigen Anregern für Lessing, und in ihren Spuren entwickelt sich ein Werk, das sich von seinen Mitstreitern aber vor allem dadurch abhebt, daß es entwicklungsfähig war und so die Anfänge produktiv weiterentwickelte.

Dies Werk verdankt sich zu Beginn einem Ausbruch aus der vorgegebenen Lebensbahn. Was dem orthodoxen Elternhaus als ausgesprochener sozialer Fehltritt erschien – seine Verbindung mit dem Leipziger Komödiantenmilieu –, war für den jungen Lessing der Weg zu Selbstbestimmung durch Anschluß an die sich in den vierziger Jahren breit entfaltende «weltliche Kultur». Im berühmten Rechtfertigungsschreiben an seine Mutter vom 20. Januar 1749 spricht er davon, wie ihm nach einigen Monaten in Leipzig «die Augen» aufgegangen seien – «zu meinem Glücke, oder zu meinem Unglücke? Die künftige Zeit wird es entscheiden» –: «Ich lernte einsehen, die Bücher würden mich wohl gelehrt, aber nimmermehr zu einem Menschen machen.» Er sucht «Gesellschaft, um nun auch leben zu lernen. Ich legte die ernsthaften Bücher eine zeitlang auf die Seite, um mich in denjenigen umzusehen, die weit angenehmer, und vielleicht eben so nützlich sind. Die Comödien kamen mir zuerst in die Hand.» Und diese weisen ihm den Weg zu sich selbst: «Ich lernte mich selbst kennen, und seit der Zeit habe ich gewiß über niemanden mehr gelacht und gespottet als über mich selbst.»

Trotz des Rechtfertigungsgestus weisen diese Zeilen den Horizont an, in dem Lessings Frühwerk zu sehen ist. Seine Hinwendung zur Komödie ist ein sozialer Ausbruch und zugleich ein Weg der Selbstfindung. Das mag bei der traditionellen Grundfigur seiner ersten Komödien überraschen: es handelt sich um Typen-Lustspiele im Stil der sächsischen Komödie mit für die Zeit geläufigen und wenig originellen Titeln wie *Damon* (entst. 1747), *Der Misogyn* (entst. 1748) oder *Die alte Jungfer* (entst. 1749), Stücke, die aus der «Lust zum Theater» entstanden sind und zumeist der Vergänglichkeit des Theaterabends anheimfielen, Werke aber auch, die den «Witz» als «Formprinzip» dieser Literatur auf eine Weise kultivierten, die eine bemerkenswerte Schärfe der Diktion und Beweglichkeit des Ausdrucks verraten. Die Theater waren von diesen – im Sinne Gottscheds empfehlenswerten – Verlach-Komödien mit ihren klaren moralischen Wertzuweisungen und ihrem Anspruch, der französischen «Esprit»-Kultur die Stirne bieten zu können, überschwemmt, aber bezeichnend für den jungen Lessing ist, daß er auch hier schon die Unverbindlichkeit des selbstgefälligen Formspiels aufbricht und dem Typenschema eine Problemdebatte aufzwingt, die es schließlich sprengen wird. So wird sein wohl frühestes Stück *Der junge Gelehrte* (entst. 1747 und von der Neuberschen Truppe 1748 aufgeführt) als Gelehrten-Satire (mit scharfem Blick auf Lessings anfängliche Lebenserwartungen) gelesen werden können, zugleich aber auch als Anschauungsfall eines von den tradierten Bildungsidealen verstörten Sinnes, dessen Brandmarkung als Störenfried und dessen Vertreibung aus dem «Vaterland» nicht zuletzt – in für Lessing auch persönlicher Weise – auf die Gesellschaft zurückfällt. So thematisieren *Die Juden* (entst. 1749) – über die komödiantische Verwechslungsgeschichte hinaus – vor allem die Selbstverständlichkeit der religiösen Diskriminierung einer Zeit, die den Juden die Bürgerrechte verweigerte und sie in eigene Stadtviertel verwies, und weisen damit voraus auf das Toleranzpostulat von *Nathan der Weise* (1779). Und schließlich greift *Der Freigeist* (entst. 1749) in die zentrale Debatte der Zeit um die Vorherrschaft von «Kopf» und «Herz» ein, liefert darin aber den religiös anstößigen Freidenker nicht der satirischen Entlarvung aus, sondern deckt auch in ihm die hinter Floskeln verborgenen Schichten seines Innern auf, die ihn zu einem mit sich selbst übereinstimmenden Leben befähigen – ein Vorgriff auf seine vollendetste und wirksamste Komödie *Minna von Barnhelm* (1767). Es sind Komödien, die in tradiertem und sich vielerlei Vorbildern verdankendem Gewand einen ersten Schritt auf dem Wege andeuten, den Lessings spätere Werke gehen werden: Nicht mit der selbstzufriedenen Reproduktion anerkannter Verhaltensweisen hat es Literatur zu tun, sondern mit dem Aufstören, mit dem «Zweifeln» am Vorgegebenen und mit der Aufforderung, in der theatralisch entfalteten verwirrenden Verkehrung Impulse zur Selbsterkenntnis zu gewinnen. Auf differenzierte Lebenseinsicht zielen auch schon diese frühen Problemstücke, aber auch der geschärfteste und die Fragen im «witzigen» Wechselspiel zuspitzende Dialog kann nicht darüber hinwegtäuschen, daß ihre Form die angestrebten Inhalte nicht zu tragen vermag. Der Ausbruch verlangt eine grundsätzliche Neubesinnung.

Für Lessing ist diese Zeit des Nachdenkens eine unruhige Zeit. Von Gläubigern bedroht (wegen einer nicht eingelösten Bürgschaft für die zerfallende Komödiantentruppe), flieht er aus dem sächsischen Leipzig und hält sich vom November 1748 bis zum Dezember 1751 im preußischen Berlin auf, wechselt für ein Jahr nach Wittenberg über, um seine Magister-Ausbildung mit einem Werk über den spanischen Verfasser Juan Huarte abzuschließen, ist ab November 1752 bis Oktober 1755 wieder in Berlin, siedelt wieder nach Leipzig über, wo er sich – als Reisebegleiter des Leipziger Kaufmanns Gottfried Winkler – eine auf zwei bis drei Jahre berechnete Bildungsreise erhofft (die bei Ausbruch des Siebenjährigen Krieges nach wenigen Monaten in Amsterdam endet), vertauscht im Mai 1758 wiederum Leipzig mit Berlin, das er «über Nacht» im November 1760 verläßt, um sich als Sekretär des preußischen Generals von Tauentzien nach dem schlesischen Breslau zu verdingen: Jahre voll äußerer und innerer Unruhe, bei denen nicht immer auszumachen ist, welches der «Wind» ist, der ihn «umtreibt», die Jahre des Zwanzig- bis Dreißigjährigen aber auch, die sein Ansehen als Literaturkritiker, Gelehrter und Dichter festigten und seinen Ruhm vorbereiteten. Von «organischer» Entwicklung in einzelnen Schritten kann keine Rede sein, es ist ein Weg mit Brüchen, Hindernissen und gescheiterten Hoffnungen. Aber so gesehen scheint er symptomatisch für die kreativen Entwicklungsmöglichkeiten dieser Übergangszeit: Der sozialen Ungebundenheit – mit all ihren Unsicherheiten – korrespondiert eine geistige Beweglichkeit, die im permanenten Perspektivenwechsel sich auf zahlreichen Wissensgebieten erprobt und sich so einen tragfähigen Durchblick eröffnet. Lessing sucht ihn auf den Feldern der Literaturästhetik, der Theologie und der Poesie zu schaffen.

In Berlin etabliert er sich mit Hilfe von Mylius als Redakteur der von Christian Friedrich Voß verlegten *Berlinischen privilegirten Zeitung*, später auch der Monatsbeilage «Das Neueste aus dem Reiche des Witzes». Er tritt als Rezensent, der sich an europäischen Maßstäben orientiert, auf die Bühne eines kulturell wenig entwickelten, aber durch Friedrich II. in seinen Machtträumen bestärkten Berlin und weitet seine Kreise als freier Schriftsteller – auch fern von Berlin – schnell aus: durch Zeitschriftgründungen *(Beiträge zur Historie und Aufnahme* [= Verbesserung] *des Theaters* [ab 1750 zusammen mit Mylius]*), Die Theatralische Bibliothek* (1754–59), *Briefe, die neueste Litteratur betreffend* (ab 1759 zusammen vor allem mit Mendelssohn und Nicolai), durch Übersetzungen aus dem Englischen, Französischen, Italienischen und Spanischen, durch gelehrte Polemiken (vor allem durch das gegen die Horaz-Übersetzung des Pastors Samuel Gotthold Lange gerichtete *Vade mecum* [1754]), durch theologische «Rettungen» (Lemnius, Cardanus, Cochlaus [1754]), vor allem aber auch durch die Sammlung seiner bisherigen Produktion in seinen *Schriften* (6 Bände, 1753–1755). Der dichterische Ertrag reicht von dem Lyrik-Bändchen der *Kleinigkeiten* (1751) über das «bürgerliche Trauerspiel» *Miß Sara Sampson* (1755), die Sammlung seiner Fabeln *(Nebst Abhandlungen mit dieser Dichtungsart verwandtem Inhalts)* (1759) bis zur Tragödie *Philotas* (1759), von Fragmenten wie dem *Samuel Henzi* (1749) und dem *Faust* (1759) einmal abgesehen. In dieser Fülle heterogener Aktivitäten eine einheitliche Linie zu sehen, mag schwerfallen. Manches verdankt sich gewiß der Tagesschriftstellerei, dem reinen Broterwerb. Dennoch zeichnen sich einige durchgehende gedankliche Kreise ab.

Kern aller intellektuellen Bemühungen Lessings ist eine neue Haltung gegenüber Gegenständen, die seiner Aufmerksamkeit wert erscheinen. Es ist für ihn eine Zeit der Sichtung alles Überkommenen – und er bezieht dabei die antike Tradition ebenso ein wie die zeitgenössischen Erträge der europäischen Kulturnationen –, nicht um den vorliegenden «Systemen» neue Theoriegebäude entgegenzusetzen, sondern um den «forschenden Geist» als einen kritischen Geist in sein Recht zu setzen. In den *Selbstbetrachtungen* aus dem Nachlaß formuliert er diese Haltung einmal programmatisch: «Der aus Büchern erworbne Reichthum fremder Erfahrung heißt Gelehrsamkeit. Eigne Erfahrung ist Weisheit. Das kleinste Capital von dieser ist mehr werth als Millionen von jener.» Er hat «eigne Erfahrung» zum Maßstab seiner kritischen Untersuchungen gemacht. Das ist der Angelpunkt seines Denkens. Enzyklopädische Wissensanhäufung – wie für das 17. Jahrhundert kennzeichnend – und logische Deduktionsketten – so die Methode frühaufklärerischen Denkens – büßen ihren Anspruch auf Verbindlichkeit ein. Zwar kann Lessing auf «Gelehrsamkeit» nicht verzichten – und sein lebenslanger Umgang mit «Büchern» belegt dies in aller Anschaulichkeit –, aber sie spielt für ihn nur eine Rolle als Instrument auf dem Wege der Wahrheitssuche: ihre Einsichten müssen ihre Aussagekraft in der Begegnung mit individueller Kritik erweisen. Diese Subjektivierung des Denkens, die Bindung der Vernunft an die Lebenswirklichkeit des einzelnen hebt nicht den Anspruch scharfsinniger und den logischen Regeln folgender Analyse auf, aber sie gibt ihm eine andere Richtung. «Natürlichkeit» in allen Denkoperationen wird zum Ausweis ihrer «Wahrheitsnähe», in ihr wird der «Geist» hinter allen «Buchstaben» vorgegebener Denkfixierung aufgedeckt. Sie ist ihm nicht nur individueller Maßstab der Kritik, sondern nimmt bei ihm zunehmend den Charakter eines «Gesetzes» an, das in der Tat nicht nur den aufklärerischen Rationalismus aufheben mußte, sondern zugleich einen Naturbegriff voraussetzte, den Lessing freilich erst mit seinen späten Hinweisen auf Spinoza andeuten konnte. Einem «System» konnte sich Lessing allerdings auch hier nicht verbinden; sein Weg war die Kritik und deren Methode der Zweifel an den «Stützen der bekanntesten Wahrheiten», wie er es 1751 in bezug auf Diderot formuliert.

Dieser Zweifel mußte sich sogleich auf seinem ureigensten Gebiet, der religiösen Tradition seines Elternhauses, bewähren. Die Theologie wird ihm zum Anstoß- und Probierstein seines Denkens. Gegenüber dem Vater gibt der Zwanzigjährige am 30. 5. 1749 zu bedenken, «ob Der ein besserer Christ ist, der die Grundsätze der christlichen Lehre im Gedächtnisse und, oft ohne sie zu verstehen, im Mund hat, in die Kirche geht und alle Gebräuche mitmacht, weil sie gewöhnlich sind, oder Der, der einmal klüglich gezweifelt hat und durch den Weg der Untersuchung zur Ueberzeugung gelangt ist oder sich wenigstens noch darzu zu gelangen bestrebt». Für Lessing ist der Weg klar: es ist der der «Untersuchung». In einigen Lehrgedichten desselben Jahres durchmustert er diese Traditionslinien *(Aus einem Gedicht über die menschliche Glückseligkeit, An den Herrn Marpurg ..., Die Religion)*, kritisiert die den positiven Religionen anhaftende selbstherrliche Dogmatik, verweist zugleich jedoch auf die im «Geist des Christentums» liegenden Möglichkeiten der Religion als Mittel der Selbsterhellung des einzelnen im Rückbezug auf sein «eignes Haus», auf das Innere seiner Natur. Aus dem Nachlaß erhaltene Fragmente zeigen, wie sehr ihn die theologische Frage bewegt und mit welcher Unvoreingenommenheit er sich innerhalb der tradierten Religionen zu orientieren sucht. Dem Pietismus – weiterhin unter der offiziellen Oberfläche der Aufklärung lebenskräftig, wenn auch (oder gerade weil) von der lutherischen Orthodoxie verfemt – widmet er mit den *Gedanken über die Herrnhuter* (1750) eine Studie, die dem Vorwurf des Sektierertums das Unverfälschte einer Gefühlsreligion entgegenhält, der es vor allem um sittliche Praxis geht. Auch in dieser «Rettung» wird Lessing nicht zum Herrnhuter, ebensowenig wie er im *Christentum der Vernunft* (1752/1753) das Modell des Deismus übernimmt. Es sind Versuche, in den vorgegebenen theologischen Sinnangeboten den Gedanken aufzudecken, der der auf den natürlichen Erfahrungskreis bezogenen Vernunft in ihrer Selbstverständigung weiterhilft. Lehrt der Herrnhuter «uns die Stimme der Natur in unsern Herzen lebendig zu empfinden», so sieht der vernünftige Christ nach Lessing letztlich auf ein «Gesetz», das «aus ihrer eigenen Natur genommen» sei und «kein anderes sein» könne «als: Handle Deinen individualistischen Vollkommenheiten gemäß!» Beide – die «Stimme der Natur in unsern Herzen» und das aus dem Gedanken der Dreieinigkeit deduzierte Vernunft-«Gesetz» – sind in ihrem Bezug aufeinander unentbehrlich für den Menschen, und in dieser Verbindung von «Kopf» und «Herz» erhält Handeln das Prädikat sittlicher Auszeichnung. Was die theologischen Systeme der Zeit verschüttet haben, kann die auf deren «Geist» zielende Religionsbetrachtung wieder aufdecken.

Ähnlich ist Lessings Umgang mit den ästhetischen Modellen seiner Zeit. Waren die ersten Rezensionen noch kritische, an der «eignen Erfahrung» gemessene Fingerübungen – wenn auch in selbstwußt-souveränem Gestus (besonders in seiner Abweisung der Gottschedianer wie der Schweizer) vorgetragen und mit Aufmerksamkeit für die neuen «Töne» der Zeit wie denen Diderots, Rousseaus oder Klopstocks –, so suchen die neugegründeten Zeitschriften die Erfahrungsbasis durch Sammlung der klassischen Tradition (Plautus, Seneca) wie der Präsentation gegenwärtiger Strömungen zu erweitern. Hinter der oftmals tagesgebundenen Sichtung eines umfassenden Materials wird jedoch erkennbar, wie sich die Aufmerksamkeit des Theaterautors immer dann zu sammeln scheint, wenn es um dramentheoretische Fragen geht. Formprobleme der Komödie und der Tragödie wie erste Ansätze zu einer Theorie des Dramas ziehen sich als roter Faden durch diese Schaffensphase. Sie werden angeschnitten, ohne zu einer endgültigen Klärung zu führen. Erst die *Hamburgische Dramaturgie* (1767–69) bringt sie zu einem Abschluß.

Das Problem des Dramas greift Lessing dabei von der Frage der gattungsgemäßen Wirkungsweise her an. Wie schon in der Theologie sucht er zwischen der verstandesgeleiteten Normativität der Regelpoetik Gottschedscher Prägung und den aufs Gefühl zielenden Sensualismustheorien in der Nachfolge Dubos' zu vermitteln. Das Ergebnis ist einerseits eine Weiterführung seiner Komödien-Konzeption und andererseits die Grundskizze zu seiner Tragödientheorie. Erstere entwickelt er im Zusammenhang mit seinen Bemerkungen zu Chassirons und Gellerts *Abhandlungen von dem weinerlichen oder rührenden Lustspiele* (im 1. Stück der *Theatralischen Bibliothek* von 1754), die vor dem Hintergrund der sächsischen Typenkomödie den innovativen Reiz der sich ausbreitenden Gefühlskultur hatten. Lessing sucht auch hier durch «Unterscheiden» zu einer Lösung zu gelangen: «Das *Possenspiel* will nur zum Lachen bewegen; das *weinerliche Lustspiel* will nur rühren; die wahre *Komödie* will beides.» In dieser Differenzierung ist angedeutet, was seine eigene Komödienpraxis schon ansatzweise zu verwirklichen suchte. Im Zusammenhang mit der satirischen Urteils- und selbstgewissen Verlach-Haltung der Typenkomödie ist darüber hinaus und in wirkungsästhetischer Dimension das angesprochen, was er in seinem Brief an die Mutter bemerkt hatte: daß der Komödie auch eine Selbsterkenntnisfunktion zukommen könne. *Minna von Barnhelm* wird dies in der Praxis, die *Hamburgische Dramaturgie* in der Theorie weiterführen.

Wichtiger sind die Differenzierungen zur Wirkungsabsicht der Tragödie in einem damals nicht veröffentlichten *Briefwechsel mit Mendelssohn und Nicolai*, seinen Berliner Freunden und Mitstreitern auf dem Felde der literarischen Aufklärung (1756/1757). Von Nicolais Abhandlung *Von dem Trauerspiele* (1756) – einer Dubos' Sensualismus-Theorie verpflichteten Konzeption – ausgehend, greift Lessing im Begriffsfeld der aristotelischen Poetik die Wirkungsformen von Bewunderung, Schrecken und Mitleid auf und sucht von hier aus die der Tragödie «wesensgemäße» Wirkungweise zu bestimmen. Voraussetzung ist für ihn – entgegen Nicolais reiner Sensibilisierungshaltung –, «daß das Trauerspiel durch Erzeugung der Leidenschaften bessern kann». Das Mittel dazu müsse ein Affekt sein, der weder abstößt vom Geschehen auf der Bühne (wie der Schrecken) noch den Betrachter in «kalter» Ruhe zurückläßt (wie die Bewunderung), der also einerseits den Zuschauer in den «Gefühlskreis» des tragischen Vorgangs hineinzwingt, der ihm aber andererseits genügend Abstand gibt, um zu einer Selbstbesinnung angesichts des Gesehenen zu gelangen. Für Lessing ist dies der Affekt des Mitleids. Seine Feststellung, er «finde keine einzige Leidenschaft, die das Trauerspiel in dem Zuschauer rege macht, als das Mitleiden», wurde als ebenso provokativ erfahren wie sie weiterwirkend gewesen ist. Lessings theoretische Explikation ist dabei noch hilflos. In der bloßen Aktivierung des Mitleids bereits einen «Besserungseffekt» zu sehen («Der mitleidigste Mensch ist der beste Mensch, zu allen gesellschaftlichen Tugenden, zu allen Arten der Großmuth der aufgelegteste. Wer uns also mitleidig macht, macht uns besser und tugendhafter, und das Trauerspiel, das jenes thut, thut auch dieses, oder – es thut jenes, um dieses thun zu können»), scheint auf eine eher moralistische, christliche Auslegung der tragischen Wirkung zu deuten. Aber, in Verbindung mit Mendelssohns Lehre von den «gemischten Empfindungen», auf das Werkgefüge und damit auf das Verhältnis von Handlung und Charakter angewandt und bezogen auf eine von der «Leidenschaft» der Handlung losgelöste Wirkung, die wie ein Resonanzboden eines Musikinstruments gleichsam mit «erklingt», deutet sich doch bereits das Mitleid als eine ästhetische Wirkungsweise der Tragödie an, die in produktiver Verarbeitung des theatralischen Geschehens Einsicht und damit «Besserung» herbeiführt. Das Mitleiden ermöglicht Erkennen, und im Erkennen der tragischen Schuld-Unschuld-Verkettung des Dramas werden wir uns «eines größern Grads unsrer Realität bewußt» und damit potentiell auch «tugendhafter». Die Tragödie erhält eine humanisierende Funktion.

Alle im brieflichen Dialog hingeworfenen Gedanken werden in der *Dramaturgie* weitergeführt und durch eine Aristoteles-Deutung vertieft. In den fünfziger Jahren mußte Lessing noch die Diskrepanz zwischen seiner Konzeption und der vorliegenden Theaterproduktion erfahren. Mit seinem «bürgerlichen Trauerspiel» *Miß Sara Sampson* (1755) hatte er gewiß einen Schritt in diese Richtung getan und in dieser Hinsicht auch bahnbrechend gewirkt, aber das war gleichsam nur ein Einzelfall. Gegen Ende des Jahrzehnts verallgemeinert Lessing diese Frage und verweist auf literarische Orientierungspunkte, an denen eine deutsche Nationalkultur sich im Bemühen um «Originalwerke» ausrichten könne. Der berühmte *17. Literaturbrief* (1759) der mit Mendelssohn und Nicolai gegründeten Zeitschrift *Briefe, die neueste Litteratur betreffend* spielt in dieser Absicht – nebst einer vernichtenden Abrechnung mit Gottsched – provokativ den englischen gegen den französisch-klassizistischen Geschmack aus und verweist die Deutschen insbesondere auf Shakespeare als Vorbild für die Entwicklung einer tragischen Handlung – sicher nicht das erste, aber ein entschiedenes Zeichen für eine völlige Neuentdeckung Shakespeares in Deutschland und bei dem Echo dieser Zeitschrift zweifellos das nachhaltigste. Zugleich stellt Lessing mit dem *Theater des Herrn Diderot* (1760) seinen französischen Gewährsmann vor, der mit seinem dramatischen «Natürlichkeitskonzept» ähnliche Ziele wie er selbst verfolge und dem er rückblickend (in der 2. Auflage von 1781, erstmals unter eigenem Namen) einen erheblichen Anteil an seiner literarischen Entwicklung zubilligt. Eine Sophokles-Abhandlung (1760), die die Orientierungslinie bis auf den «Klassiker» der Antike zurückverfolgte, blieb unveröffentlicht.

Lessing war zu dieser Zeit als Kritiker und Literaturtheoretiker anerkannt und – wenn auch umstritten – als Autorität geschätzt. Sein schriftstellerischer Ruhm begründete sich allerdings bisher nur – von seiner Lyrik-Sammlung (1751), den Komödien und der Veröffentlichung von einzelnen Fabeln im 1. Teil der *Schriften* (1753) abgesehen, auf *Miß Sara Sampson* (1755). Das Stück verdankte sich vor allem dem Blick in die englische Welt und ihren Spiegelungen in der Literatur. Damit führte es zwar die Gattung des «bürgerlichen Trauerspiels» in Deutschland ein, doch fehlt ihm noch bei Lessing der später übliche soziale Konfliktstoff; es ist eher als «rührendes» Familienstück konzipiert. Das Schicksal der schuldlos-schuldigen und in der Reue tugendhaften Sara zwischen ihrem Liebhaber Mellefont und ihrem Vater auf der einen oder der medeahaften Marwood auf der anderen Seite war ein Theaterereignis ersten Ranges, bei dem nach zeitgenössischen Berichten die Tränenflut kein Ende nehmen wollte. Als solches ist es ein Zeichen für die gewandelte Aufnahmebereitschaft eines Publikums, dem die hohe Märtyrertragödie des Barock unzeitgemäß erschien und das private Konflikte mit all ihrer Gefährdung der unpersönlichen Bewunderung der stoischen Helden vorzog. Vier Jahre später allerdings mißverstand dies Publikum – im Rausch der kriegerischen Patriotismusbewegung – Lessings trotz des antiken Gewands zweiten zeitbezogenen (nach dem Dramenfragment *Samuel Henzi* von 1749) dramatischen Beitrag: die Tragödie *Philotas* (1759). Deren jugendlicher Titelheld, der sich durch den Freitod den Sieg über die gegnerische Seite im Krieg verspricht, wird ohne Einschränkung als patriotischer Held gesehen, und erst die neuere Forschung hat verständlich machen können – was ein Blick auf Lessings Beurteilung des Siebenjährigen Krieges nahegelegt hätte –, daß auch dies Stück nicht als bewundernde Verherrlichung des kriegerischen Heldentums, sondern – bei aller Sympathie mit dem sich tragisch verirrenden und daher schuldlos-schuldigen Protagonisten – als Abrechnung mit ihm zu lesen ist. Heldentum ohne «Menschenliebe» – so greift Lessing auf seinen *Nathan* voraus – ist eine Verkennung, die der Zuschauer im Mitleiden durchschauen solle.

Die Blütezeit. *Laokoon. Minna von Barnhelm. Hamburgische Dramaturgie* (1760–1769)

Die Hektik der beiden letzten Berliner Jahre – mitten in einem Krieg, der sich für die preußische Sache zunehmend ungünstig entwickelte, eine intellektuelle Aufbruchszeit – hatte Lessing den gewünschten Erfolg gebracht, drohte ihn aber auch auf die Rolle des unnachsichtigen Kritikers festzulegen, der im «Streit» eine gewisse Selbstherrlichkeit erkennen ließ. Es mag diese Einsicht in die Fruchtlosigkeit einer Kritikerposition, die immer nur auf intellektuelle Impulse von außen reagiert, gewesen sein, die ihn im Herbst 1760 veranlaßt, Berlin ohne Abschied von seinen Freunden fluchtartig zu verlassen und eine Stelle als Sekretär des preußischen Kommandanten von Breslau und nachmaligen Gouverneurs von Schlesien, General von Tauentzien, anzunehmen – ein «Amt», bei dem auch die gute Besoldung des chronisch unter Geldmangel leidenden Schriftstellers eine Rolle gespielt haben dürfte. Bemerkenswert – in Parallelität zum Rechtfertigungsschreiben an seine Mutter von 1749 – ist die nachträgliche Begründung für seinen Aufbruch: es sei «wieder einmal Zeit..., mehr unter Menschen als unter Büchern zu leben» (an Ramler v. 6.12.1760). Für Lessing offenbar eine Metapher, die gleichermaßen Unzufriedenheit über die geistige Stagnation wie das Bedürfnis nach Erneuerung durch Wirklichkeitszuwendung signalisiert. Beide erweisen sich als produktiv für eine Schaffensphase, die als Höhepunkt seiner Entwicklung die Literaturszene in Deutschland verändern wird.

Die lebensgeschichtlichen Stationen erstrecken sich über Breslau, Berlin und Hamburg, die produktiven Jahre des Dreißig- bis Vierzigjährigen. Ihr literarischer Ertrag sind *Laokoon* (1766), *Minna von Barnhelm* (1767), die *Hamburgische Dramaturgie* (1767–69) und die altertumskundlichen Schriften *Antiquarische Briefe* und *Wie die Alten den Tod gebildet* (1768–69). Eine Konzentration auf wenige, aber gewichtige Arbeiten ist unverkennbar; in sie gehen die kritischen Prüfungen der ersten Phase seines Lebenswerks ein und erhalten nun ihre endgültige Form.

Über die Breslauer Jahre «unter Menschen» sind wir recht spärlich orientiert, und außer der Tatsache, daß er sich neben seinen begrenzten Amtspflichten recht ausgiebigen Vergnügungen im Theater, am Spieltisch und im Wirtshaus hingibt und sich – ironischerweise – nun erst wirklich mit «Büchern» eindeckt (einer stattlichen Bibliothek von 6000 Bänden), lassen Nachlaßfragmente auf eine intensivere Beschäftigung mit theologischen (historische Schriftkritik) und philosophischen Fragen (Spinoza) schließen. Aber was er dort an Einblicken in die Wirklichkeit, die ihm die Studierstube versagt hatte, erhält und wie er sie in theologischen und philosophischen Überlegungen zur ‹Natur des Menschen› verarbeitet, ist folgenreicher gewesen als die hektische Aktivität des Rezensenten. Ohne diese Ruhepause wären die folgenden Schriften – besonders *Minna von Barnhelm* – und das Spätwerk nicht denkbar. Eine Krise – eine ernsthafte Erkrankung Mitte 1764 – leitet die Wende ein. Lessing sieht in ihr ein Zeichen, daß die «ernstliche Periode meines Lebens herannahe», in der er beginne, «ein Mann zu werden». Ende 1764 quittiert er seinen Dienst in Breslau, begibt sich wieder in eine ungesicherte Existenz nach Berlin (Frühjahr 1765), wo er vor allem die Arbeit an *Laokoon* vorantreibt, der ein Jahr später (1766) erscheint.

Laokoon oder Über die Grenzen der Malerei und Poesie ist ein solches Werk der «ernstlichen Periode», im Stil einer philologischen Abhandlung (deren geplante Fortsetzung unvollendet bleibt), in seiner kunsttheoretischen Grundsätzlichkeit jedoch ein Manifest der ästhetischen Anschauungen des reifen Lessing. «Unterbau» (Dilthey) ist wiederum das für Lessing charakteristische ‹Unterscheiden›: in der Abgrenzung der Kunstarten «Malerei» (bildende Kunst) und «Poesie» (Epik, aber auch Drama) sucht er deren jeweilige Formgestalt und ihren entsprechenden Wirkungsmodus zu bestimmen. Wenn es die Malerei – so in der zeitgenössischen Terminologie – mit «natürlichen Zeichen» und die Poesie mit «willkürlichen Zeichen» zu tun haben, dann ergeben sich daraus Konsequenzen für Darstellungsform und Rezeptionsweise dieser Kunstarten, die nicht schon mit der Formel von der ‹Nachahmung der Natur› geklärt sind. Die ‹Natur› des ästhetischen Prozesses in Malerei und Poesie hat ihre eigenen Gesetze, und diese gilt es zu erfassen und zu befolgen, wenn die ‹Nachahmung› glücken, d. h. den Kunstbetrachter in ihren Bann ziehen soll. Hinter dieser Differenzierung des «fruchtbaren» Augenblicks in der Wahl des malerischen Sujets und des «transitorischen» Moments in der des poetischen verbirgt sich kritisch zunächst die Abweisung einer ‹malenden Poesie› – wie sie von Haller bis zu Kleist praktiziert wurde –

und einer allegorisierenden Malerei – wie sie seit dem Barock beliebt war – und konstruktiv sodann die Bestimmung eines einheitlichen Kunstideals bei Beachtung der je spezifischen Kunstart. Die Unterscheidung als solche war nicht neu für die Zeit, in ihrer Präzision hat sie jedoch – auch im Widerspruch – befreiend gewirkt. Daß sie in verdeckter Auseinandersetzung mit Winckelmann entwickelt wird, zeigt gewiß die Begrenzung Lessings und sein Unverständnis angesichts einer den sinnlichen Gegenstand in seiner Ganzheit erfassenden Gestalt. Herder wird in seinen *Kritischen Wäldern* (1769) gerade dieser Auffassung widersprechen.

Es geht Lessing in seiner *Laokoon*-Abhandlung um die innere Zielsetzung der Kunst. Hierbei wird ihm die Laokoon-Statue zum Demonstrationsobjekt, ihre Nacktheit zum Ausweis einer «Schönheit», in der der Künstler hinter seinen Gegenstand zurücktritt und diesem dadurch ein allgemeinens Bedeutungsgewicht gibt. «Hat» – so fragt er – «ein Gewand, das Werk sklavischer Hände, ebenso viel Schönheit, als das Werk der ewigen Weisheit, ein organisierter Körper? ... Wollen unsere Augen nur getäuscht sein, und ist es ihnen gleichviel, womit sie getäuscht werden?» Zwar muß er zugeben, «daß es auch eine Schönheit der Bekleidung giebt; aber» – so hält er emphatisch fest – «was ist sie gegen die Schönheit der menschlichen Form?» Ziel der Kunst ist diese «Schönheit der menschlichen Form». Je nach ihren Mitteln ist sie unterschiedlich zu verwirklichen, durch die Wahl des «fruchtbaren» Moments einer Bildkomposition oder des «transitorischen» Konstrukts eines Handlungszusammenhangs, aber in beiden kommt es darauf an, den Gegenstand als ein «Werk der ewigen Weisheit» in seiner allgemeingültigen und das ‹innere Auge› des Betrachters ansprechenden Bedeutsamkeit hervortreten zu lassen. Das Mitleiden, von dem im *Briefwechsel über das Trauerspiel* die Rede ist, wird so als ‹einlebende Einbildungskraft› zum wirkungsästhetischen Grundgesetz erhoben, aber diese Einbildungskraft erfährt nur das ‹Leben› des Gegenstands, wenn dieser der inneren Lebenserfahrung des Rezipienten und dessen ‹natürlichen› Lebensgesetzen entspricht. In seinen umständlichen, das Wissen der Zeit kritisch sichtenden Differenzierungen dringt Lessing damit zu einer ersten Skizze der klassischen Symbolform vor. Nicht ohne Grund erinnert Goethe sich in *Dichtung und Wahrheit* (8. Buch) an die ungeheure Wirkung, die dies Werk auf seine Generation ausgeübt hat. Noch die Kunstdiskussion des 19. Jahrhunderts ist durch den *Laokoon* entscheidend mitgeprägt worden.

Lessings erneuter Versuch mit einer Komödie, die im Winter 1766/67 abgeschlossene *Minna von Barnhelm oder Das Soldatenglück*, hatte diesen Anspruch der «menschlichen Form» einzulösen. Das Stück verdankt sich den Breslauer Erfahrungen und der Unruhe des Siebenjährigen Krieges. Lessings fiktiver Vermerk auf dem Titelblatt («verfertiget im Jahre 1763») weist ebenso darauf hin wie die Handlungskonstellation um den aus preußischen Diensten entlassenen Major Tellheim, der durch Kriegs- und Nachkriegswirren von seiner sächsischen Verlobten Minna von Barnhelm getrennt wurde und der seine «Ehre» durch unhaltbare Verdächtigungen so sehr beeinträchtigt glaubt, daß er seiner Minna, die ihm nachfolgt, einen in den Augen der «Öffentlichkeit» entehrten Mann nicht zumuten zu können meint. Ein Spiel um Liebe und Ehre also, aber auch um Gerechtigkeit und Machtlosigkeit, schließlich um die menschlichen Dimensionen der politischen Divergenzen zwischen Preußen und Sachsen. Das Werk hat sich als eines der wenigen des 18. Jahrhunderts auf den Repertoires der Theater gehalten und seine Frische immer erneut unter Beweis gestellt. Lessing war sich seiner Erneuerungsleistung bereits in der Entwurfsphase bewußt: «Wenn es nicht besser als alle meine bisherigen dramatischen Stücke wird, so bin ich fest entschlossen, mich mit dem Theater gar nicht mehr abzugehen.» (An Ramler v. 20. 8. 1764.) Und seinem Bruder Karl verrät er das ‹Geheimnis› seines Komödienverfahrens: «Um die Zuschauer so lachen zu machen, daß sie nicht zugleich über uns lachen, muß man auf seiner Studierstube lange sehr ernsthaft gewesen sein» (9. 7. 1769.) Es ist eine solche Komödie mit «ernsthaftem» Hintergrund, die das ganze Instrumentarium des ‹witzigen› Typenlustspiels gegen dies selbst wendet und es damit aufhebt. Das Verkennungs- und Erkennungsspiel bedient sich eines Figurenarsenals, das dem Publikum der Verlachkomödie auf den ersten Blick wohlbekannt erscheinen konnte, und führt diese ein in eine Intrigenkonstellation, die als bloß scheinhaft die gewohnte Auflösung herausforderte, aber nach Durchführung des Spiels ist nichts mehr wie vorher: um Minna und Tellheim wird ein Erkennensvorgang inszeniert, der sie beide verändert und der den Zuschauern bewußt macht, daß beider ‹Fehler› – die Absolutsetzung der «Ehre» auf der einen und der der «Liebe» auf der anderen Seite – zur Stärke und Qualität ihres Charakters gehören und daß beides, Tugenden und Schwächen, erst die Komplexität der menschlichen Natur ausmacht. Minnas Klage über die «Blinden, die nicht sehen wollen», korrespondiert mit ihrem Wort gegenüber Tellheim, sie könne es nicht bereuen, sich «den Anblick Ihres ganzen Herzens verschafft zu haben» (V, 12) und legt die Intention des Stückes frei: das ‹Sehen› wird zur Einsicht in die «Natur des Menschen». Die scharfsinnige Dialogführung und das tradierte Intrigenspiel mit den vertauschten Ringen münden ein in die Aufdeckung der «Form» des «Herzens». Das Lachen des Zuschauers ist ein befreiendes und verstehendes Lachen, allen selbstsicheren Besserwissens der Verlachkomödie enthoben, zumal das Stück die Entwicklung des Geschehens bis an die Grenze des tragischen Umschlags (IV, 6) vorantreibt und damit auch die Gefährdungen kenntlich macht, denen der in die Widersprüche der Zeit verwickelte einzelne ausgesetzt sein kann. Was Lessing 1754 von der «wahren Komödie» forderte – daß sie «beides» wollen müsse, «zum Lachen bewegen» und «rühren» –, löst er hier ein. Die Nähe zum Kriegsgeschehen macht es überdies zu einem für die Zeit unerhörten Gegenwartsstück. Was Goethe noch in den Gesprächen mit Eckermann rühmte: «Es war wirklich ein glänzendes Meteor. Es machte uns aufmerksam, daß noch etwas Höheres existierte, als wovon die damalige schwache literarische Epoche einen Begriff hatte», drückt die Erfahrung des Zeitgenossen aus. Zehn Jahre lang war es das Theaterereignis auf den deutschen Bühnen und hatte auch – als erstes deutsches Stück – Erfolg im Ausland. Erst ab 1777 beginnt das Interesse im Zeichen der Literaturerwartungen der Sturm-und-Drang-Generation zu erlahmen; Lessing bemerkt darüber am 25. 5. 1777 an Nicolai: «Das Ding war zu seinen Zeiten recht gut. Was geht es mich an, wodurch es jetzt vom Theater verdrängt wird.» Seine zeitgenössische Wirkung hatte es damit erfüllt, aber nur, um unabhängig von seiner Entstehungszeit als eine der geglücktesten Komödien deutscher Sprache in die Literaturgeschichte einzugehen.

Während *Minna von Barnhelm* auf den deutschen Bühnen mit Erfolg gespielt wurde, ließ Lessing von 1767 an – zunächst in einzelnen Stücken, mit mehreren Unterbrechungen und schließlich 1769 in zwei Bänden gesammelt – seine *Hamburgische Dramaturgie* erscheinen, ein Werk, das auf dem Felde der Literaturkritik und Kunsttheorie neue Maßstäbe setzte und die Vorstellungen über das Drama bis weit ins 19. Jahrhundert prägte. Für Lessing war Ende 1766 das Engagement als Dramaturg – geplant zunächst als Theaterdichter, dann jedoch in der Rolle als Kritiker der Theateraufführungen – des von zwölf Hamburger Geschäftsleuten gegründeten Nationaltheaters ein Angebot, das er – ab Mai 1765 wieder in Berlin und nach vergeblichen Anstellungsversuchen mittellos «am Markte» stehend – dankbar annahm. Von seinen persönlichen Motiven abgesehen, war der Gedanke eines stehenden, ökonomisch unabhängigen und eine neue Inszenierungskultur sozial und ästhetisch befördernden Theaters verlockend, und dies besonders in einer republikanisch regierten Stadt mit reicher Theatertradition und einer kulturell engagierten Bürgerschaft. Allerdings war es – wie Lessing in einer Art Epilog festhält – nur ein «Traum», dem die rauhe Wirklichkeit in Form von ökonomischen Interessen, schwach ausgebildetem Sozialstatus der Schauspieler, bescheidenem Publikumsgeschmack und vielerlei internen Zwistigkeiten entgegenstand. Das Experiment scheiterte im Grunde schon im ersten Jahr, hielt sich durch Gastverpflichtungen in Hannover noch etwas über Wasser, um schließlich am 3. 3. 1769 ganz zu scheitern. Lessings Aufgabe, die einzelnen Aufführungen kritisch zu kommentieren, begrenzte sich tatsächlich nur auf die ersten vierzehn Wochen und löste sich fortschreitend von den Theaterereignissen, um breiten theoretischen Erwägungen Raum zu geben. Von insgesamt 104 «Stücken» – kontraktlich verpflichtet mit je zwei pro Woche – lagen im Jahre 1767 nur 31 vor, Mitte April 1768 dann 82 und erst Ostern 1769 die gesamte *Dramaturgie*. Von seiner Erscheinungsweise und den vielfachen Rücksichtnahmen – so verzichtete Lessing wegen der Empfindlichkeit der Schauspieler nach dem 25. Stück ganz auf die Schauspielerkritik – her gesehen nahezu als fragmentarisch zu betrachten und in seinem Duktus an die frühen Kritiken anschließend, entwirft das Werk in seiner Gesamtheit trotz fehlender Systematik doch eine Dramentheorie, die den *Briefwechsel über das Trauerspiel* weiterführte und mit seiner Aristoteles-Deutung das Fundament für alle zukünftigen Debatten über Wesen und Form der Tragödie legt.

Bei der Fülle an französischen Stücken, die das Hamburger Theater aus Mangel an deutschen Originalwerken bringen mußte, war die Richtung der kritischen Auseinandersetzung vorgegeben. Lessings *Dramaturgie* ist denn auch als eine rigorose Abrechnung mit dem französischen Klassizismus zu lesen und damit mit der Tradition, die die deutsche Entwicklung zumindest der vorhergehenden dreißig Jahre kulturell geprägt hatte und die in weiten Kreisen – vor allem des Adels – weiterhin bestimmend war. Die Form der Auseinandersetzung ist dabei polemisch und nimmt nur wenig Rücksicht auf die eigenständigen Voraussetzungen dieser Literatur. Wie schon im *17. Literaturbrief* kommt es Lessing darauf an, aus dem Aufweis von Kultur- und Mentalitätsdifferenzen die Eigenart eines spezifisch deutschen, d. h. sich den Erfahrungsweisen einer «deutschen Denkungsart» verdankenden Dramas zu begründen. Die früheren Hinweise auf die englische Theaterwelt werden nun entschiedener genutzt und ausgeführt, so daß Shakespeare jetzt als das «vollständigste Lehrbuch» erscheinen kann, das «studiert, nicht geplündert» werden müsse: «Haben wir Genie, so muß uns Shakespeare das sein, was dem Landschaftsmaler die Camera obscura ist: er sehe fleißig hinein, um zu lernen, wie sich die Natur in allen Fällen auf *eine* Fläche projektieret, aber er borge nichts daraus.» Natur und Natürlichkeit werden zu methodischen Schlüsselworten der *Dramaturgie*. Sie binden Poesie an die empirische Individualpsychologie und begründen damit einen Wertmaßstab, der den ästhetischen Prozeß einerseits in der Aktivierung des individuellen Gefühlspotentials subjektviert und andererseits durch die Behauptung allgemeiner ‹Naturgesetze› unter einen gültigen Normanspruch stellt. Lessings Bruch mit der formalistisch argumentierenden Regelpoetik – und dies gilt gleichermaßen für den französischen Klassizismus wie für Gottsched – beruht denn auch auf beiden Aspekten, der Subjektivierung wie der Normierung. Von dieser Sicht aus mustert er das tradierte poetologische System und dessen Begrifflichkeit. Selbst fern jeder Systematik deckt er in der Berufung auf – von ihm als autoritativ erklärte – Gewährsleute (vor allem Shakespeare und Aristoteles) einen Systemrahmen auf, von dem her er den Kern einer Poetik des Dramas zu beschreiben sucht. Der Tradition folgend hat er sich dabei vor allem mit drei Dimensionen des ästhetischen Prozesses auseinanderzusetzen:

1. In *wirkungspoetologischer Sicht* ist dies zunächst die Trias der seit Aristoteles die poetologische Diskussion bewegenden tragischen Wirkungskategorien Mitleid (eleos), Furcht/Schrecken (phobos) und Reinigung (katharsis). Lessing ist sich sicher, daß er das «Wesen der dramatischen Dichtkunst nicht verkenne», weil er es «vollkommen so erkenne, wie es Aristoteles

aus den unzähligen Meisterstücken der griechischen Bühne abstrahieret hat», aber das kann nicht darüber hinwegtäuschen, daß er die «Richtschnur des Aristoteles» in psychologisierendem Sinne umgedeutet hat. Wenn die Tragödie «vermittelst des Mitleids und der Furcht die Reinigung dieser und dergleichen Leidenschaften bewirket» – so übersetzt Lessing Aristoteles –, dann ist entscheidend, deren Verhältnis als psychischen Abhängigkeitszusammenhang näher zu bestimmen: sofern Furcht nach Lessing «das auf uns selbst bezogene Mitleid» ist, kann er schließen, «daß die Tragödie, mit einem Worte, ein Gedicht ist, welches Mitleid erreget». In dieser Zentrierung auf das Mitleid liegt Lessings Perspektive und in der Ausweitung des Begriffs als «überhaupt alle philanthropischen Empfindungen» umfassend – nämlich im Sinne eines «sympathische(n) Gefühl(s) der Menschlichkeit» – sein Neuansatz. Furcht und Mitleid, «die in der Tragödie wir, nicht aber die handelnden Personen empfinden», führen so in der durch das tragische Geschehen ausgelösten Erschütterung des Rezipienten auf das Gemeinsame der «Menschlichkeit», die im dramatischen Vorgang Selbsterkenntnis stimuliert und – was daraus für Lessing folgt – «tugendhafte Fertigkeiten» als «Reinigung» einübt. In dieser kognitiven und ethischen Eingrenzung der aristotelischen Tragödientheorie sieht Lessing seinen Natürlichkeitsanspruch an das Drama gewährleistet.

2. Entsprechend zielt seine *werkpoetologische Bestimmung des Dramas* auf einen Charakter- und Handlungszusammenhang, der bewirkt, «daß wir überall nichts als den natürlichsten, ordentlichsten Verlauf wahrnehmen; daß wir bei jedem Schritte, den er [der Dichter] seine Personen tun läßt, bekennen müssen, wir würden ihn, in dem nämlichen Grade der Leidenschaft, bei der nämlichen Lage der Sachen, selbst getan haben». Psychologische Wahrscheinlichkeit in der Figurengestaltung und Kausalität im Handlungsaufbau werden so zu den entscheidenden dramatischen Konstitutionsgesetzen, die die tradierten Einheitsregeln von ihrer «physischen» Formalbestimmung auf ihren «moralische(n)» Sinn hin umwerten und darin einen ‹inneren› Handlungsraum entwerfen. Eine solche kausalpsychologische Verknüpfung von Handlung und Charakter begrenzt die Sujetwahl auf Personen, die «mit uns von gleichem Schrot und Korne» sind, und schließt demnach Extremfigurationen wie den Nur-Bösewicht oder die Märtyrergestalt aus – eine Ausgleichskonzeption, die ihren Grund in der Allgemeingültigkeit der im Drama vorgeführten Naturgesetzlichkeit findet. Dies lasse die Tragödie – mit Aristoteles – «weit philosophischer» als die Geschichte erscheinen; denn «auf dem Theater sollen wir nicht lernen, was dieser oder jener einzelne Mensch getan hat, sondern was ein jeder Mensch von einem gewissen Charakter unter gewissen gegebenen Umständen tun werde». Theatralische Illusion ist dann gleichbedeutend mit der Möglichkeit der Identifikation des Zuschauers mit dem dramatischen Vorgang auf der Basis einer gemeinsamen Erfahrung der ‹Natürlichkeit› des inneren Geschehensablaufs. Mit diesem Natürlichkeitsprinzip

als werkpoetologischem Grundsatz bereitet Lessing die klassische Symbolform vor, in der «das Ganze dieses sterblichen Schöpfers» (des Künstlers) «ein Schattenriß von dem Ganzen des ewigen Schöpfers» sei.

3. In *produktionsästhetischer Perspektive* ist dies «Ganze» des «sterblichen Schöpfers» das Werk des «Genies». Zu einer Zeit, in der sich die ‹Originalgenies› des Sturm und Drang zu Worte melden, sucht Lessing eine Geniekonzeption zu begründen, die sich vom Geniekult der sechziger und siebziger Jahre ebenso abgrenzt wie von der tradierten, dem französischen ‹Esprit›-Ideal entlehnten und die poetische Geschicklichkeit eines lebhaften Kopfes bezeichnenden ‹Witz›-Kultur. Die «lebendige Quelle» fühle er nicht in sich, bemerkt er gegen Ende der *Dramaturgie*, aber ein Bedauern läßt er darüber nicht aufkommen; denn Genie und eine sich an der ‹Natur der Sache› orientierende Kritik erscheinen ihm als miteinander verbunden. Auch das Genie steht unter einem Normzwang: in seiner kreativen Arbeit hat es die «Regeln» der Natur zu befolgen, wenn es einen «Schattenriß von dem Ganzen des ewigen Schöpfers» vermitteln will. Diese Bindung an die Gesetze der Natur verbietet das selbstgefällige Spiel des ‹Witzes› in der Nachahmung seines Gegenstandes, denn es belegt nur die Fertigkeit des Nachahmenden – es ist ein «Spielwerk der Mode, ein Gaukelputz für Kinder» – und dringt zu keiner Einsicht in den Naturzusammenhang vor. Das Genie erweist sich – so hält Lessing den Originalgenies entgegen – zuallererst als Konstrukteur und Organisator eines poetischen Werks, das wir «nicht als das Product eines einzelnen Wesens, sondern der allgemeinen Natur betrachten». Lessings Position ist in produktionsästhetischer Sicht interessant in seiner Zwischenstellung: einerseits bindet ihn seine kritische Forderung nach der Eruierung von Gesetzlichkeiten an die Normtradition der Regelpoetik und andererseits weist er mit seinem Autonomiekonzept des poetischen Werks als Abbild der «allgemeinen Natur» auf die Klassik voraus, dabei die Erlebnis- und Ausdruckshaltung des Sturm und Drang übergreifend.

Noch während Lessing die *Dramaturgie* ausarbeitet, verstrickt er sich in einen heftigen altertumskundlichen Streit mit Christian Adolf Klotz (1738–1771), einem renommierten Hallenser Professor, der Einzelaspekte des *Laokoon* kritisiert hatte. Das Ergebnis sind die *Briefe antiquarischen Inhalts* in zwei Teilen (1768/69) und die Schrift *Wie die Alten den Tod gebildet* (1769). Streithaft geht es in den ersteren zu, und Lessing versagt es sich nicht, die Breite seines altertumskundlichen Wissens en detail zu entfalten, wissenschaftlich argumentierend in der zweiten. Es geht Lessing darin um den Nachweis, daß die alten Künstler den Tod nicht als Skelett, sondern als Zwillingsbruder des Schlafs vorstellten und daß diese Auffassung vom Tod – so hält Lessing der christlichen Offenbarungsreligion entgegen – Vernunft und Natur eher entspräche als das christliche Schreckensbild. Mit philologischer Stringenz zielt Lessing dabei auf eine Versöhnung zwischen Antike und Christentum, ein Gedanke, der von Klassik und Romantik dankbar aufgegriffen und weiterentwickelt wurde. So sehr Thema und Argumentationsform von der gleichzeitigen poetologischen Arbeit abzuweichen scheinen, so ist doch der Weg von der Aristoteles-Deutung der *Dramaturgie* zur Klärung des Verhältnisses zur Antike in den altertumskundlichen Schriften nicht so weit. Und wenn Lessing am Schluß von *Wie die Alten den Tod gebildet* festhält: «Nur die mißverstandene Religion kann uns von dem Schönen entfernen: und es ist ein Beweis für die wahre, für die richtig verstandene wahre Religion, wenn sie uns überall auf das Schöne zurückbringt», so wird die Linie erkennbar, die von *Laokoon* über die *Hamburgische Dramaturgie* zu den theologischen Spätschriften führt.

Die Spätschriften. *Emilia Galotti, Anti-Goeze, Nathan der Weise* (1770–1781)

Die Hamburger Zeit war für Lessing literarisch ebenso erfolgreich wie menschlich zermürbend. Der Zerfall des Theaters, das Mißlingen eines mit Johann Joachim Bode gestarteten Druckerei- und Verlagsunternehmens – auch Pläne, als Theaterdichter nach Wien zu gehen, zerschlugen sich – veranschaulichen eine sozial ungesicherte Position, die dem vierzigjährigen, inzwischen wieder mittellosen Schriftsteller – selbst seine in Breslau gesammelte Bibliothek hatte er verkaufen müssen – ein «Amt» mit geregelten Einkünften erstrebenswert erscheinen lassen mußte. Eine Möglichkeit bietet sich ihm Ende 1769 – und zwar als Bibliothekar der berühmten Wolfenbütteler Bibliothek –, und er nimmt sie dankend an. Sein letztes Lebensjahrzehnt verbringt Lessing in diesem ehemaligen Residenzstädtchen, dessen provinzielle Enge nur durch Reisen – so vor allem von Feburar 1775 bis März 1776 nach Italien –, durch zahlreiche Kollegenbesuche und durch einen Freundeskreis in Braunschweig aufgeheitert wurde. Lessings Versuch, eine Familie zu gründen, war nur kurzes Glück beschieden: seit 1771 mit Eva König, die er noch von seiner Hamburger Zeit her kannte, verlobt und im Oktober 1776 mit ihr verheiratet, verlor er sie schon im Januar 1778, nachdem sein wenige Tage zuvor geborener Sohn gestorben war: «Ich wollte es» – so schreibt er nach dem Tod des Kindes – «auch einmal so gut haben wie andere Menschen. Aber es ist mir schlecht bekommen.» Und nach dem Verlust seiner Frau: «Meine Frau ist tot: und diese Erfahrung habe ich nun auch gemacht. Ich freue mich, daß mir viel dergleichen Erfahrungen nicht mehr übrig sein können zu machen; und bin ganz leicht.» Er überlebt beide um drei Jahre, aber es sind Jahre, in denen Lessing mit seinen theologischen Streitschriften die Öffentlichkeit erregt und sich mit *Nathan der Weise* aus ihr zurückzieht, um ihr ein Utopiebild entgegenzuhalten.

Das Spätwerk ist durch Umschau und Vertiefung geprägt, ohne thematisch dadurch begrenzt zu sein (nur die Literaturkritik tritt deutlich in den Hintergrund). Der Versuchung einer großen Bibliothek hat Lessing nicht widerstehen können: Funde aus ihr teilt er – mit Kommentaren versehen –

der Öffentlichkeit mit: im Einzeldruck zunächst ein Manuskript des als Häretiker verschrieenen Scholastikers Berengar von Tours (11. Jahrhundert) unter dem Titel *Berengarius Turonensis oder die Ankündigung eines wichtigen Werkes desselben* (1770), schließlich in der periodischen Reihe *Aus den Schätzen der Herzoglichen Bibliothek zu Wolfenbüttel* (von der zwischen 1773 und 1781 sechs Beiträge erschienen). Seinen philologischen Neigungen gibt er durch die editionskritische Herausgabe von Gedichten des schlesischen Barockdichters Andreas Scultetus (1771) und durch unveröffentlichte Studien zur Sprach- und Literaturgeschichte nach. Zugleich erscheint der erste Band seiner *Vermischten Schriften* (1771), in dem vor allem *Zerstreute Anmerkungen über das Epigramm und einige der vornehmsten Epigrammatisten* die literarturkritische Linie der Berliner und Hamburger Zeit fortführen. Nachhaltigster Ertrag dieses Wolfenbütteler Jahrzehnts sind jedoch seine Tragödie *Emilia Galotti* (1772), die theologischen Streitschriften mit der lutherischen Orthodoxie – vor allem mit Johann Melchior Goeze (1777–78) – und in ihrem Umkreis die Freimaurergespräche *Ernst und Falk* (1778–80) und der geschichtsphilosophische Entwurf der *Erziehung des Menschengeschlechts* (1777–80) sowie das «dramatische Gedicht» *Nathan der Weise* (1779). Der sozialen Enge Wolfenbüttels setzt er darin eine Weite des gedanklichen Ausblicks entgegen, der ihm als einem der wenigen Schriftsteller des 18. Jahrhunderts fortwährende Aktualität sichert.

Die Beschäftigung mit *Emilia Galotti* geht bis auf die Zeit kurz nach dem Erstlingserfolg auf dem tragischen Felde, *Miß Sara Sampson*, zurück; das Stück ist – so Lessing am 21. 1. 1758 – als eine «bürgerliche Virginia» konzipiert. Offenbar hatte Lessing die politischen Akzente der Virginia-Fabel in einen eher «innermenschlichen» Konflikt umbiegen wollen; auch der Anlaß der Erstaufführung des 1771/72 ausgearbeiteten Stücks am 13. März 1772 – dem Geburtstag der braunschweigischen Herzogin – legt nahe, daß Lessing selbst seinem Werk nicht den «Anti-Tyrannos»-Appell beimaß, den viele heutige Interpreten in ihm sehen wollen. Das Stück ist vielschichtig genug, um bis heute Deutungsdivergenzen auszulösen, und so war es von Anfang an. Johann Arnold Ebert etwa, Lessings Freund und Professor am Braunschweiger Collegium Carolinum, berichtet anläßlich der Uraufführung in einem Brief an Lessing vom 14. 3. 1772 von seiner «Bewunderung» und «Rührung» und daß er «durch und durch, mit Klopstock zu reden, laut gezittert habe», um dann auszurufen: «O Shakespeare-Lessing!» Goethe dagegen bemerkt vier Wochen später gegenüber Herder: «Emilia Galotti ist auch [wie sein *Götz*] nur gedacht, und nicht einmal Zufall oder Caprice spinnen irgend drein. Mit halbweg Menschenverstand kann man das Warum von jeder Scene, von jedem Wort, mögt' ich sagen, auffinden. Drum bin ich dem Stück nicht gut, so ein Meisterstück es sonst ist, und meinem ebenso wenig» – um doch dem Stück und seiner Wirkung wenig später dadurch Reverenz zu erweisen, daß er den Helden des *Werther*-Romans ein Exemplar der *Emilia Galotti* aufgeschlagen auf den Nachttisch legen läßt. Daß es ein «Meisterstück» ist – die erste große deutsche Tragödie im 18. Jahrhundert –, darüber herrscht Einigkeit; wie es jedoch in seiner subjektiven Intention und seiner objektiven Bedeutung einzuschätzen ist, hängt von der Perspektive ab, in der man das Stück sieht, und von den Fragen, die man an es stellt. So differiert die Beurteilung der einzelnen Fragen des Werks in einem Maße, das deutlich macht, wie sehr die Wertmaßstäbe seit Lessing einem Wandel unterlegen sind: das Urteil über Odoardo etwa schwankt von einer Einschätzung als positivem Repräsentanten bürgerlicher Moral bis zur Verurteilung als eine Art «Bösewicht», dem ein Kindesmord angelastet wird. Ähnlichen Schwankungen unterliegt das Bild Claudias, des Prinzen und selbst Emilias, und solche Einschätzungen steuern jeweils die Aufführung des Stücks, sei es im politischen Rahmen einer Konfrontation zwischen Feudalismus und Bürgertum, sei es im Zusammenhang mit einer Diskussion bürgerlicher Wertnormen.

Nach Lessings Forderung an die «wahre» Tragödie, wie er sie in der *Hamburgischen Dramaturgie* formuliert hat, kommt es vor allem darauf an, einen Handlungszusammenhang so aus der Disposition von Charakteren zu entwickeln, «daß wir überall nichts als den natürlichsten, ordentlichsten Verlauf wahrnehmen». In *Emilia Galotti* setzt die sehr «menschliche» Leidenschaft des Prinzen eines kleinen italienischen Fürstentums zu der sich auf die Heirat mit dem Grafen Appiani vorbereitenden Emilia eine kausalpsychologisch motivierte Kettenreaktion in Gang, die aufgrund der Ausstrahlung und Macht des Fürsten, aber auch wegen der Schwäche Emilias zu ihrem – schließlich entschlossen selbst provozierten – Untergang führt. Lessings (und Mendelssohns) Konzeption des «gemischten Charakters» verbietet dabei eingliedrige Schuldzuweisungen oder schematische Wertgegenüberstellungen. Die schuldlos-schuldige Heldin – so scheint es Lessing entwickeln zu wollen – verstrickt sich im Netz ihrer Befangenheit, verleugnet dabei ihr «Herz» (wodurch sie die Katastrophe mitprovoziert) und zieht daraus die Konsequenz als eine Person, die wegen ihrer Naivität nicht die Konfliktlösung durch ein «offenes Wort» hat herbeiführen können, die aber innerhalb ihrer Normenwelt gefestigt und entschlossen genug ist, um die Folgen ihrer – aus ‹aufgeklärter› Sicht eingebildeten – Schuld zu tragen. Das Stück entwirft das Dickicht einer Verstrickung, nicht mehr – wie die griechische Tragödie – im Sinne eines schicksalhaften Verhängnisses, sondern durch die unreflektierte Auslieferung an soziale Normvorstellungen, die so «natürlich» sind, daß wir alle ihr Opfer werden können. Die Konsequenz ist der – alle Rechtspositionen usurpierende – Kreislauf von Gewalt und Gegengewalt, der den politischen Aufruhr streift, ohne ihn allerdings als eine sinnvolle Lösung anzuvisieren. Das Theater als «Schule der moralischen Welt» will nicht einen einzelnen moralischen Satz verkünden («Doch Moral oder keine Moral; dem dramatischen Dichter ist es gleich viel, ob sich aus seiner Fabel eine allgemeine Wahrheit folgern läßt oder nicht»), sondern zielt darauf, das Publikum durch Sensibilisierung für die Verstrickungen des Menschen über sich «aufzuklären» und damit anzuregen, die daraus entstehenden Gewaltfäden zu durchtrennen. In dieser Sicht greift Lessing mit *Emilia Galotti* einen anthropologischen Befund auf, ohne ihn dadurch seiner politischen Sprengkraft im Zeitalter eines die «Trennungen» befördernden fürstlichen Absolutismus zu berauben.

Von «Trennungen» und deren möglicher Aufhebung handeln auch die weiteren Schriften des Spätwerks, und dies in mehrfacher Hinsicht. In seinen theologischen Disputen «trennt» Lessing sich gewissermaßen von der religiösen Tradition seines Elternhauses, in *Ernst und Falk* werden die sozialen «Trennungen» Diskussionszentrum, deren historische Überwindung – noch in religionsphilosophischer Perspektive – Thema von *Die Erziehung des Menschengeschlechts* und deren poetische Veranschaulichung Kern von *Nathan der Weise* sind.

Ausgangspunkt des sogenannten «Fragmentenstreits» war Lessings Edition von Bruchstücken aus dem Nachlaßwerk des 1768 gestorbenen Hamburger Gymnasialprofessors für orientalische Sprachen, Hermann Samuel Reimarus, das anonym unter dem Titel *Apologie oder Schutzschrift für die vernünftigen Verehrer Gottes* in einigen Abschriften kursierte, von denen Lessing eine wohl den Kindern Reimarus', mit denen er in Hamburg verkehrte, verdankte. 1774 ließ er das erste Fragment, *Von Duldung der Deisten,* im dritten seiner Wolfenbüttelschen Beiträge erscheinen, fünf weitere im vierten (1777), gesondert dann – und besonders aufsehenerregend – *Von dem Zwecke Jesu und seiner Jünger* (1778). Er begleitete die Fragmente mit eigenen Stellungnahmen, seinen «Gegensätzen», die Verständnishintergrund und kritische Distanz zugleich vermitteln wollten. Die bemerkenswerte Resonanz dieser Veröffentlichungen, mit denen Reimarus von radikal-deistischer Sicht aus den Wahrheitswert der Offenbarungsdokumente bezweifelte und damit einen Frontalangriff auf das orthodoxe Christentum führte, belegt vor allem, daß sich die lutherische Orthodoxie zu einer Zeit in ihrem Zentrum getroffen fühlte, in der mit der historischen Bibelkritik ihre Fundamente bereits erheblich ins Wanken geraten waren. Daß nun auch ein Mann wie Lessing, der als poetische, kritische und wissenschaftliche Autorität ein größeres Publikum erreichte, an dieser Basis zu rütteln begann, ließen diese Schriften zu einer unmittelbaren Gefahr für die theologische Welt werden. Differenzierungen – etwa der deutliche Unterschied zwischen Reimarus' Position und Lessings «Gegensätzen» – spielten bei den Anklagen gegen den Herausgeber eine untergeordnete Rolle, dafür war der Streit zu prinzipiell. Er entwickelte sich mit Lessings Gegenschriften von 1777/78 – so vor allem mit *Über den Beweis des Geistes und der Kraft* (gegen Johann Daniel Schumann), der *Duplik* (gegen Johann Heinrich Reß), den gegen Goeze gerichteten *Eine Parabel, Axiomata* und den elf *Anti-Goeze* – zu einem lautstarken und die

Öffentlichkeit bewegenden Kampf, der im Juli 1778 nur durch staatlichen Eingriff – die Widerrufung der Lessing 1772 zugebilligten Zensurfreiheit – abgebrochen wurde. Zeit genug für den «Liebhaber» der Theologie – wie Lessing sich zu nennen pflegte –, das theologische Denken der Orthodoxie in einer Weise zu untergraben, die seither als religionsphilosophische «Wende» beschrieben worden ist.

Bei aller Bedeutung, die Lessing auch auf diesem Felde zugesprochen wird, ist die genauere inhaltliche Festlegung seiner Position weniger eindeutig. Seine Distanzierung von den theologischen Deutungsmodellen der Zeit – von der Orthodoxie wie von der Neologie mit ihren verschiedenen Spielarten oder vom Pietismus – münden nicht in ein Alternativmodell ein. Was ihm christliche Offenbarung noch bedeutete, bleibt zweifelhaft, dennoch bezieht er sich in seiner Argumentation auf Luther und den urchristlichen Gedanken. Eine Offenlegung seines Glaubensbekenntnisses lehnt er ab, ja betrachtet es als eine Zumutung, auf diese Weise festgelegt zu werden. Es geht ihm in aller Entschiedenheit nicht um Meinungen zu einem Glaubenssystem oder zu einzelnen Lehrfragen, sondern um die Art der Erschließung theologischer Glaubenswahrheiten, um ein Denkverfahren, das daran gemessen werden muß, wieweit es kritischer Prüfung zugänglich ist. Die Orthodoxie erscheint ihm als ein System, das sich dieser Prüfung verweigert und daher zu einer Methode der Wahrheitsfindung greift, die bei der Annahme der Verbalinspiration der Bibel stehenbleibt und von hier aus Glaubensgrundsätze als unwidersprechliche Wahrheiten behauptet. Diesem Anspruch einer theologischen Hermeneutik hält Lessing die auf subjektive «Wahrheitssuche» verweisende Erklärungsbedürftigkeit des Unaufgeklärten entgegen und bindet damit auch die religiöse Orientierung an den Maßstab der «eignen Vernunft», der «eignen Erfahrung» oder des «eignen Gefühls». Von diesem «Standort» aus grenzt er sich gegenüber den Systemforderungen der positiven Religionen ab, ohne sich damit aber gegen religiöses Bewußtsein überhaupt oder den christlichen Gedanken insbesondere zu wenden. Dem naiv nur «fühlenden Christen» gesteht er ein höheres Recht zu als dem logisch argumentierenden theologischen Hermeneutiker, denn bezogen auf die Lebenswirklichkeit des einzelnen Menschen und dessen subjektiven Orientierungsbedarf ist der «stroherne Schild» des «fühlenden Christen» dem näher, was Lessing die «innere Wahrheit» nennt, als alle kunstvollen Gebäude der Theologen. Und auf diese «innere Wahrheit» kommt es an, auf sie zielt Lessings Umwendung der theologischen Frage von der Selbstgewißheit eines «Wahrheitsbesitzes» auf die Ausgesetztheit der «Wahrheitssuche». Sie ist verletzlich, weil sie sich keinen Halt mehr in einem philosophischen oder theologischen System versprechen kann, sie ist aber unangreifbar, weil sie ihre Stärke in der Übereinstimmung mit der subjektiven Erfahrungswelt hat. Die von Spalding angesprochene «Bestimmung des Menschen» erfüllt sich nun nicht mehr durch Einordnung in vorgegebene Ordnungsgebilde, sondern allein durch die selbst vorgenommene Standort-Anweisung. Für Lessing entspricht dies durchaus dem «Geist des Christentums», denn dessen «letzte Absicht» sei «nicht unsre Seligkeit, sie mag herkommen, woher sie will, sondern unsre Seligkeit vermittels unsrer Erleuchtung, welche Erleuchtung nicht blos als Bedingung, sondern als Ingredienz zur Seligkeit notwendig ist, in welcher am Ende unsre ganze Seligkeit besteht».

Solch eine «Erleuchtung» in der «inneren Wahrheit» aber ist nie ein Haltepunkt, sondern ein Prozeß, der den Auftrag an die – wie es heißt – «Seele» beinhaltet, «daß man sie in steter Bemühung erhalte, durch eignes Nachdenken auf die Wahrheit zu kommen». Diese Subjektivierung des Wahrheitsproblems und der theologischen Frage enthielt allerdings als Bedrohung die Möglichkeit des verheerenden Irrtums. Lessing beugt dem vor durch ein geschichtsphilosophisches Zuversichtsmodell in *Die Erziehung des Menschengeschlechts*. Deren hundert Paragraphen – §§ 1–53 im Jahre 1777, der Rest 1780 anonym erschienen – deuten die «stete Bemühung» des einzelnen als einen objektiven Prozeß der Geschichte aus, in der die Menschheit zunächst durch die historischen Offenbarungsreligionen zu ihrem jeweiligen kulturellen Bewußtsein «erzogen» worden seien, um in der Zeit des «ewigen Evangeliums» – das Lessing herannahen sieht – zu einer Unabhängigkeit zu gelangen, die «Erleuchtung» und rechtes Handeln an die je eigene «innere Wahrheit» bindet. An der Frage allerdings, wieweit der Geschichtsverlauf naturimmanent als «Entwicklung» oder theonom als «Erziehung» durch Offenbarung zu deuten sei, scheiden sich die Geister und machen diesen für Lessings Weltbild so entscheidenden Text zu einem seiner umstrittensten. Zwar läßt sich die gesamte Geschichte des Menschen als langsam fortschreitendes Räderwerk bestimmen, in dem «das große langsame Rad, welches das Geschlecht seiner Vollkommenheit näher bringt, nur durch kleinere schnellere Räder in Bewegung gesetzt» wird, «deren jedes sein Einzelnes ebendahin liefert» (§ 92), aber zugleich ist die die Geschichte denkende Vernunft auf das tradierte Modell eines Erziehungsplans angewiesen, der das Werden in der Zeit zu motivieren hat. Entscheidend ist die individuelle Vernunft und ihre Vervollkommnung in der Zeit. Wenn sich der «Verfasser» – wie es in der Vorbemerkung heißt – dabei «auf einen Hügel» stellt, «von welchem er etwas mehr als den vorgeschriebenen Weg seines heutigen Tages zu übersehen glaubt», dann mit dem Ziel, die «stetige Bemühung» der Vernunft um Selbstbestimmung in einen Zutrauenskontext einzuordnen, der der «Arbeit» an «Erleuchtung» die Sicherheit des «rechten Wegs» verleiht. Wie sehr es ihm um die «Rettung» des Individuellen im «Ganzen» von Natur und Geschichte geht, zeigt etwa die heute befremdlich anmutende, zu Lessings Zeit jedoch nicht ungewöhnliche Spekulation von einer Seelenwanderung, die dem einzelnen, durch den Tod in seiner Entwicklung unterbrochenen Menschen die Perfektibilität im Zeitenlauf eines unübersehbaren Naturgeschehens sichern sollte. Die *Erziehung des Menschengeschlechts* weist diese «Arbeit» der ständig auf die «Wahrheitssuche» verweisenden Selbstaufklärung als allgemeines Gesetz der Geschichte aus und rechtfertigt sie damit.

Wie diese Arbeit im Kontext von Staat und Gesellschaft zu verwirklichen ist, läßt Lessings einzige dezidiert gesellschaftspolitische Schrift, fünf «Gespräche für Freimäurer» unter dem Titel *Ernst und Falk*, erkennen, anonym in zwei Schüben 1778 und 1780 veröffentlicht. Falk führt darin seinen Freund Ernst in sokratischer Dialogform einerseits zu der politisch durchaus brisanten Einsicht, daß das gesamte gesellschaftliche System – und das heißt gleichermaßen die ständisch gegliederte Sozialordnung wie die Religionsverfassung – nur durch «Trennungen» aufrechterhalten wird, und andererseits zur Anerkennung der Tatsache, daß es die Aufgabe der «Weisen» sein müsse, diesen «Trennungen» permanent entgegenzuarbeiten. Lessing sieht in diesem Auftrag die eigentliche «Idee» der Freimaurer-Gesellschaft, der er selbst 1771 in Hamburg beigetreten war. Auch wenn sich die «Trennungen» der «bürgerlichen Gesellschaft» in der Geschichte wohl nie werden eliminieren lassen, so ist doch die «stetige Bemühung» darum, sie «nicht größer einreißen zu lassen, als die Notwendigkeit erfordert», Aufgabe des einsichtsvollen und verantwortungsbewußten Staatsbürgers. Und insofern die Freimaurer sich von diesem Gedanken her als «bloße Menschen» zu begegnen trachten, beruhe das Wesen dieser Gemeinschaft im Grunde «nicht auf *äußerlichen Verbindungen*, die so leicht in *bürgerliche* Anordnungen ausarten, sondern auf dem gemeinschaftlichen Gefühl sympathisierender Geister». Lessing leistet hier mehr als nur eine «Rettung» der wegen ihrer Geheimniskrämerei oft verdächtigten Freimaurer. Er weitet seine theologische Institutionenkritik auf das Feld der Gesellschaftsordnung aus, sieht den Zusammenhang zwischen Religions- und Staatssystemen und weist dem Bürger die Aufgabe zu, den Mängeln und Zerrüttungen dieser Ordnung durch eine Tat entgegenzutreten, die die humanen Ansprüche und Bedürfnisse des «bloßen Menschen» sichern soll.

Die gesellschaftspolitische Perspektive von *Ernst und Falk* führt unmittelbar in den Umkreis von Lessings letztem poetischen und seinem als «Vermächtnis» gerühmten Werk, zu *Nathan der Weise* (1779). Es ist als «Sohn seines eintretenden Alters, den die Polemik entbinden helfen» soll (an Jacobi vom 18. 5. 1779), die poetische Fortsetzung des durch die Zensur abgebrochenen Fragmentenstreits; nicht «um den Kampfplatz mit Hohngelächter zu verlassen» – wie er an seinen Bruder Karl am 20. 10. 1778 schreibt: «Es wird ein so rührendes Stück, als ich nur immer gemacht habe», zu dem sich «Spott und Lachen ... nicht schicken würde». Wiederum greift Lessing auf lange zurückreichende Entwürfe einer poetischen Fabel zurück, die er nun – im Sommer 1778 – durch die Einfügung der aus Boccaccios Dekameron (I, 3) entlehnten Ringparabel als einer Art «Schlüssel» des Werks in eine strenge, Parabel und Fabel spiegelbildlich aufeinander beziehende Form bringt. Mit der Wahl des

Blankverses hat er ebenso der Dramenform der Klassik vorgearbeitet wie mit der ‹Botschaft› des Stücks, der religiösen Toleranz und allgemeinen Menschenliebe, die in das klassische Humanitätsideal einmündet. Von hier aus scheint das Werk nur geringe Verständnisschwierigkeiten zu bereiten.

Aber es erschöpft sich gewiß nicht in diesen Feststellungen. Lessing geht von einer historischen, auf reichhaltigem Quellenmaterial beruhenden Kreuzzugs-Konstellation aus und zeichnet das Bild einer Konfrontation der drei Religionen (Judentum, Christentum und Islam) in Jerusalem. Die «Trennungen» sind Ausgangspunkt des dramatischen Geschehens, sie enthüllen sich als unversöhnlicher Kampf und im christlichen Pogrom als verheerendes Leiden (IV, 7), das jede menschliche Kommunikation zerstört und alle Naturzusammenhänge pervertiert. Der Berufung auf divergierende Wahrheits- und Rechtsansprüche der in ihren jeweiligen Ordnungen eingebundenen Religionsrepräsentanten wird mit Nathan ein «Lehrmeister» entgegengehalten, der dem selbsterfahrenen Leid mit der Adoption des «Christentöchterchens» Recha durch eine soziale und humane Tat trotzt und damit Menschenmögliches in der Wirrnis der zerrütteten Wirklichkeit vorlebt. Um Begrundung und Eigenart dieser der Zerstörungstendenz entgegenarbeitenden Tat geht es in diesem Stück. Dies wird – in der Parabel – als Haltungsfrage des einzelnen angesichts der vorliegenden religiosen Spaltung und – in der Fabel – als Zuversichtsgrundlage vor dem Hintergrund einer den «Trennungen» vorausgehenden Natur des Menschen entwickelt. Die Parabel wendet – im Gegensatz zu ihrem literarischen Vorbild – die Ausschließlichkeit der Wahrheitsgewißheit um in den ungesicherten, aber den einzelnen um so mehr aktivierenden «Wettstreit» um die rechte Wahrheit. «Vor Gott und Menschen angenehm» zu werden, erscheint als Auftrag, als ein durch angemessenes Handeln ausgewiesenes Bemühen, nicht als einklagbare Rechtsposition. So auf seine eigene «Kraft» gestellt und der «Stimm' der Vernunft» zu folgen, ist selbst Ausdruck der «Zuversicht», die göttliche «Kraft» des Steins zur Wirkung bringen zu können. Im Wort des Richters der Parabel: «Es eifre jeder seiner unbestochnen / Von Vorurteilen freien *Liebe* nach» ist der Inhalt dieser Kraft benannt, nicht aber ihr Ziel. Daß dieser Weg der richtige ist, expliziert Lessing in der Fabel, in der von Nathan das «Buch» einer Familie entziffert wird. Und indem dies «Buch» erweist, daß die in verschiedene politische und religiöse Lager verstreuten Familienmitglieder «in Wahrheit» durch Blutsbande miteinander verbunden sind, lassen sich alle «Trennungen» vom Gedanken einer ursprünglichen Natureinheit her auflösen. Das die Widersprüche harmonisierende Schlußbild «unter stummer Wiederholung allerseitiger Umarmungen» korrespondiert mit dem Wort vom «gemeinschaftlichen Gefühl sympathisierender Geister» aus *Ernst und Falk*. Es ist ein Zuversichtsbild in dem Sinne, daß «Wettstreit» und «Kraft», geleitet von der «Stimm' der Vernunft» und dem «Und doch ...» Nathans, ihre Begründung in einer allen Entzweiungen vorausliegenden Unverwüstlichkeit der Natur finden. *Nathan* entwirft dies Hoffnungsbild, aber es ist ein Bild, das sich nicht nur in die Folie von Leiden und Zerstörung eindrückt, sondern zugleich mit dem Wort des Richters die Mahnung enthält, für eine Überwindung der verzerrenden «Vorurteile» der «wirklichen Welt» zu streiten und den Weg für eine «natürliche Welt» zu ebnen.

Nathan der Weise war Lessings große Leistung gegen Ende seines Lebens – abgeschlossen, nachdem ihm das Braunschweiger Konsistorium eine Fortsetzung des Streits mit Goeze untersagt hatte. Dieses ‹dramatische Gedicht› machte ihn bei den Theologen ebenso unpopulär wie es seinen literarischen Ruhm über alle Zeitgebundenheit hin sicherte. Sein letztes Wort war es allerdings nicht; das Werk dieses Streiters hatte ein – ironisch-charakteristisches, wohl auch nicht untypisches – «Nachspiel» über seinen Tod am 15. Februar 1781 hinaus: es trug den Streit in seinen Freundeskreis hinein und machte dabei zugleich deutlich, wie wenig vertraut auch seine engsten Mitstreiter in Sachen Aufklärung mit den Formen und Konsequenzen seines Denkens waren. Verwirrender Anlaß dazu war die Veröffentlichung eines Gesprächs, das Friedrich Heinrich Jacobi im Juli 1780 mit ihm über Spinoza geführt hatte und in dem sich Lessing zum Pantheismus bekannt haben soll (vgl. S. 67ff.). Jacobis Referat erschien 1785, und die Debatte, in der sich zunächst Jacobi und Mendelssohn gegenüberstanden, die aber auch erhebliche Wirkung auf Herder und Goethe und den deutschen Idealismus hatte, zeigt denn auch vor allem den Wendepunkt zwischen Aufklärungsphilosophie und der – Spinoza nicht mehr als einen «toten Hund» abwertenden – Naturauffassung einer neuen Generation. Daß Lessing sie indirekt auslöste, ist wohl nicht nur Zufall. Seine frühen Spinoza-Studien, seine theologischen Spätschriften und sein *Nathan der Weise* gehen einen Weg, der zwar nicht in das spinozistische «System» führt – denn auch der Pantheismus als Dogma wäre Lessing verdächtig vorgekommen –, der aber doch mit seinem Pochen auf den Zusammenhang alles «Natürlichen», dessen es sich durch die Vernunft zu vergewissern gilt, vom Rahmen einer Naturimmanenz her konzipiert ist. Nur – und das mißverstanden Jacobi wie Mendelssohn – war Lessing nicht daran interessiert, in einem Systementwurf sein Weltbild «abzurunden». Das entsprach weder seinem Wahrheitsverständnis noch seiner kritischen Natur und poetischen Denkweise. Auch wenn seine kritischen «Fechterstreiche» im Verlaufe seines Gesamtwerks fortschreitend sich auf den Gedanken einer von allen übernatürlichen Hilfskonstruktionen befreiten und den einzelnen auf sich selbst zurückführenden Naturauffassung zubewegen, so ist doch vor allem das Prozeßhafte des Wegs, auf dem sich der Denker seiner «eigenen Wahrheit» versichert, das Wirkungsfeld Lessings. Es ist der Weg der Traditionsüberwindung ohne Systemzwang, der seine besondere Position in der Zeit bezeichnete und der mit seiner Haltung von intellektueller Offenheit und sachlichem Engagement eine zeitübergreifende Aktualität bewahrt hat.

3. Christoph Martin Wieland (1733–1813)

Im 18. Jahrhundert lag, wie schon in der Einleitung dargestellt, die Macht bei den Territorialfürsten, von denen einige Königswürde inner- oder außerhalb des eigenen Landes erlangten. Auch hatten nord- und nordostdeutsche Städte wirtschaftlich, politisch und kulturell die Führung übernommen: Berlin, Hamburg, Leipzig, Dresden, die Universitätsstädte Halle, Königsberg und vor allem Göttingen. Die großen Erneuerer der deutschen Literatur dieses Jahrhunderts lebten aber nur zeitweilig in diesen Zentren (so etwa Lessing in Berlin und Hamburg, Klopstock ebenfalls in Hamburg), sondern eher an der Peripherie: Klopstock zunächst in Kopenhagen, Lessing in seinem letzten Lebensjahrzehnt in Wolfenbüttel und Wieland zu Beginn in Biberach, Zürich, Bern und schließlich in Weimar, das auf schmalster wirtschaftlicher und politischer Basis mit seiner Universität Jena sich zum Zentrum der deutschen Kultur entwickelte. Daß Weimar zu diesem Zentrum wurde, war einerseits Zufall, weil durch einmalige Begegnungen und Personenkonstellationen bedingt, andererseits wiederum konsequent, denn das Bündnis zwischen Absolutismus und Aufklärung, gleichsam durch Gottsched vertreten, wurde auch in den Zentren der Aufklärung nicht mehr als zukunftweisend empfunden; radikal neue Möglichkeiten waren andererseits dort nicht zu erkennen.

Wieland wurde am 5. September 1733 im oberschwäbischen Oberholzheim bei Biberach an der Riß geboren. Biberach war Freie Reichsstadt, d. h. eine politisch unabhängige Enklave im Herzogtum Württemberg, und war außerdem seit dem Westfälischen Frieden auf religiöse Parität der Ämter verpflichtet. Seit Generationen waren die Wielands Pfarrer in und um Biberach, und der Vater zog 1736 in die Stadt, um Senior, d. h. der höchste Geistliche der kleinen Republik zu werden. Wieland betonte später, daß sein Geschlecht seit langer Zeit wichtige Ämter in der Stadt bekleidet hatte.

Der Vater hatte in Halle studiert, war also vom Pietismus geprägt, ein «äußerst formeller, ängstlichst frommer Mann», während die Mutter munterer und phantasiebegabter war. Wie Sengle in seiner Monographie hervorhebt, darf man den Vergleich mit Goethes Eltern nur auf dem Hintergrund des Patriarchalismus des 18. Jahrhunderts anstellen, der die Rollenverteilung zwischen den Eltern quasi von vornherein festlegte. Bei den späteren Wirren vor und in Biberach scheint der Vater weder ängstlich noch bigott reagiert zu haben.

Wie damals üblich fing der Unterricht schon sehr früh an, im 7. oder 8. Jahr las der junge Wieland lateinische Anfängerlektüre, Cornelius Nepos, als Zehnjähriger Horaz und Vergil, darüber hinaus Gottsched und Brockes und begann, erste Gedichte zu schreiben. Er schrieb deutsche und lateinische Verse und wollte schon mit dreizehn Jahren ein Epos über die Zerstörung Jerusalems verfassen. Alle diese Versuche hat er verbrannt. Sie erklären aber wohl, wie Sengle meint, sein «erstaunliches Formniveau» schon in seinen ersten Werken. Auch an dem Maßstab des 18. Jahrhunderts gemessen war Wieland als frühreif anzusehen, und der Vater schickte ihn in ein gehobenes pietistisches Internat, Klosterberge bei Magdeburg. Wielands lebhafte Phantasie und seine Neigung zum Extremen zeigten sich alsbald: Er wurde anfangs eine Zeitlang ein glühender Pietist und gab sich schwärmerischen Andachtsübungen hin, war aber schon ein Jahr später, als er sich von einem nicht-pietistischen Lehrer Bayles *Dictionnaire* ausgeliehen und sich darin vertieft hatte, ein ebenso scharfer Freidenker, der eines Nachts ertappt wurde, als er an einer Schrift arbeitete, die beweisen wollte, daß die Welt auch ohne Gott hätte bestehen können. Er las mit Begeisterung die antiken Autoren, vor allem Cicero, aber auch moderne Philosophie wie Voltaire, Leibniz, Fontenelle und Klopstocks *Messias*. Er lernte auch Hebräisch, mit seinen Griechisch- und Englischstudien begann er dagegen erst in Tübingen.

Nachdem er die Schule in Klosterberge abgeschlossen hatte, machte er im Frühjahr 1749 auf dem Rückweg Station in Erfurt bei einem Verwandten seiner Mutter, dem aufklärerischen Philosophen Johann Wilhelm Baumer, der aus Gewissensgründen ein Pfarramt niedergelegt und dann Medizin studiert hatte. Er blieb ein Jahr dort, schrieb sich an der katholischen Universität ein, ließ sich aber vor allem durch Baumer gründlich in die Wolffsche Philosophie einführen. Vermutlich hätte er nach dem Willen des Vaters nach Hause gehen sollen, um anschließend ein Theologiestudium anzufangen, aber als der Siebzehnjährige im Frühjahr 1750 in Biberach eintraf, einigten sie sich auf ein Jurastudium in Tübingen.

In diesem Sommer setzte seine eigentliche dichterische Produktion ein, und zwar unter dem Eindruck einer Begegnung mit Sophie Gutermann, später La Roche. Sie war eine entfernte Cousine und hatte auf Befehl ihres Vaters, der Stadtphysikus in Augsburg war, eine Verlobung mit dem italienischen Leibarzt des Fürstbischofs auflösen müssen, einem Bianconi, der später bei Winckelmanns Konversion eine Rolle spielte und geadelt wurde. Wieland begann eine Korrespondenz mit ihr, sie verliebten sich, und sie besuchte seine Familie in Biberach. Als er ihr nach einem Gottesdienst auseinandersetzte, was ihm an der Predigt seines Vaters über das Thema «Gott ist die Liebe» mißfallen hatte, und wie sein eigenes Evangelium lauten würde, verlobten sie sich. Ihren Niederschlag fand seine Verkündigung in einer 1752 verbrannten «Tugendlehre», in den *Moralischen Briefen* (1752), *Anti-Ovid* (1752), *Lobgesang auf die Liebe* (1751) und *Die Natur der Dinge* (1751).

Wieland schrieb 1805 an Sophie: «Nichts ist gewisser, als daß ich, wofern uns das Schicksal nicht im Jahre 1750 zusammengebracht hätte, kein Dichter geworden wäre» – was jedenfalls die einschneidende Bedeutung der Begegnung mit dem empfindsamen Patrizierfräulein, das von Dr. Bianconi in Italienisch, Naturwissenschaften, Mathematik und Musik unterrichtet worden war, belegt. Es war zweifelsohne eine sehr vergeistigte oder schwärmerische Liebe, und obwohl Wieland seine Studien noch nicht angefangen hatte, lag es durchaus im Bereich der Möglichkeiten, daß er nach zwei bis drei Jahren als Jurist durch seine Familienbeziehungen eine gute Stelle in seiner Heimatstadt hätte finden und Sophie heiraten können. Als er nach Tübingen ging, schien die Zukunft klar.

Über die Jahre in Tübingen wissen wir wenig. In seinem kurzen Lebenslauf, den er für Bodmer abfassen mußte, heißt es: «Ich habe hier keine Lehrer gehabt, sondern beständig alleine studiert.» Wir wissen, was er geschrieben hat und daß die Reaktion darauf ihn bald bekannt machte. Was er schrieb, lehnte sich formal und inhaltlich an Hagedorn an, aber auch Shaftesburys Einfluß beginnt schon hier deutlich spürbar zu werden. Das Ideal, das Tugend und Schönheit mit «wit» verbindet, die keineswegs systematische, aber dennoch nicht unreflektierte Philosophie Shaftesburys, die religiöse Schwärmerei auf der einen und philosophische Pedanterie auf der anderen Seite ablehnt, vergaß er nie, obwohl Shaftesburys Einfluß in den folgenden Züricher Jahren weniger sichtbar war.

Die Schrift *Die Natur der Dinge* ist eine Art Anti-Lukrez, eine Widerlegung des atheistischen Lehrgedichtes des Römers, wobei der junge Wieland die Gelegenheit benutzt, all seine Schulweisheit auszukramen. Gelungener sind die *Zwölf moralischen Briefe in Versen*, die die *Epîtres Divers* des Georg Ludwig von Bar durch ein deutsches Gegenstück ersetzen wollen. Die lehrhaften Episteln, die Allgemeines und Persönliches verbinden, kommen Wielands Begabung entgegen, und man kann von hier ein Linie zu *Musarion* ziehen, auch wenn man nicht mit Sengle meint: «Wenn er von diesem Punkt aus noch sechzehn Jahre bis zur ‹Musarion› benötigte, so war das kaum geschichtliche Notwendigkeit, sondern persönlicher Umweg, mangelnde Selbstbewährung.» Sieht man näher hin, ist aber unzweifelhaft fast überall eine Tendenz zum Preis von *Tugend* und *Schönheit*, schöner *Seele* und schönem *Leib* zu finden, und im *Anti-Ovid* finden sich anakreontische Lieder, die schon als gelungene Erfüllung der Form angesehen werden müssen.

Weitere Werke sind zwei Hexameter-Dichtungen, *Der Fryhling* (1752) in Anlehnung an Thomson und Ewald von Kleist, weiter *Hermann, ein Epenfragment in vier Gesängen*, das 1751 geschrieben, aber erst 1782 gedruckt wurde. Vor allem aber sind seine *Erzählungen* (1752) zu erwähnen, auf die Lessing und Hagedorn – der auch die *Moralischen Briefe* gelobt hatte – sehr positiv reagierten, und die in verschiedene europäische Sprachen übersetzt wurden.

Mit dem Epenfragment *Hermann* und mit der *Abhandlung von den Schönheiten des Epischen Gedichts Der Noah* (1753) setzte Wieland seine Liebe zu Sophie, seine Zukunft und seine geistige Redlichkeit aufs Spiel, um Dichter zu werden. Er hatte schon 1751 den Anfang des nie vollendeten Epos an Bodmer geschickt und wollte von ihm eine Einladung nach Zürich, wollte den Platz einnehmen, den Klopstock im Hause Bodmers gehabt hatte. Er wollte unbedingt, wie er immer wieder schrieb, Zeit und Möglichkeit zum Dichten haben, und sah diese nicht als Student in Tübingen und nicht durch die juristische Laufbahn gewährleistet, auf die er sich mit dem Vater geeinigt hatte. Eine Verbindung mit Hagedorn wäre zweifelsohne natürlicher gewesen, aber dieser war kein Literaturpolitiker und kein Mäzen im kleinen. Bodmer und Breitinger hatten nach dem Streit mit Gottsched unter den jüngeren Autoren das größte Ansehen, die ‹Bremer Beiträger› waren zum Teil auf die Linie der Schweizer hinübergeschwenkt, und wenn sich Wieland für eine von zwei überholten Positionen entscheiden wollte, so war Bodmer derjenige ältere Kritiker, der trotz eines gewissen Starrsinns und Widerwillens gegen Empfindsamkeit und Anakreontik doch aufgeschlossener war. Das mißlungene Experiment mit Klopstock, der doch nicht bürgerlich genug gelebt hatte, um in Bodmers Haus bleiben zu können, hätte Wieland bedenklicher stimmen müssen, besonders da Bodmer selbst vorsichtig überall und besonders in Tübingen herumhorchte, weil er seinen Fehlschlag von 1750/51 nicht wiederholen mochte. Um dichten zu können, war Wieland jedoch zu allem bereit.

Mit Christoph Martin Wieland hatte sich Bodmer das vielfältigste poetische Talent der jungen Generation ins Haus geholt und meinte, ihn für seine kulturpolitischen und poetischen Zwecke einspannen zu können. Wieland seinerseits wollte schon Schützendienste leisten, hoffte aber vor allem auf Möglichkeiten zur poetischen Produktion und zur Weiterbildung, und er hat dann auch, wie er später berichtete, Bodmers ganze reichhaltige Bibliothek gelesen. In den anderthalb Jahren, in welchen Wieland bei Bodmer lebte und von ihm großzügig unterstützt wurde, ging die Anpassung aber so weit, daß er, wie Bodmer selbst schrieb, «als ein alter Jüngling» angesehen wurde, «den Bodmer bilden könne, wie er wolle. Er lasse sich von diesem in einen Sack schieben.» Wieland folgte Bodmers literarischem Programm: Er gab den Reim weitgehend auf, schrieb Hexameter und nicht Jamben, holte in *Der gepryfte Adam* (1753) zum biblischen Epos aus, schrieb Hexameterhymnen, pindarische Oden usw.

Bodmer war selber Aufklärer, sein Eintreten für Milton, Young und Klopstock sowie seine eigenen Patriarchaden entsprangen eher der Vorliebe für das «Wunderbare» als dem genuin Religiösen. Bei Wieland konstatieren wir aber, daß er sich unter dem Druck der Umstände wieder dem Christentum nähert. Die *Briefe von Verstorbenen an hinterlassene Freunde* (1753) sind unter dem Einfluß seiner Liebe zu Sophie konzipiert und waren von Elizabeth Rowe beeinflußt. Sie sind so kosmisch hymnisch und schwärmerisch empfindsam, daß sich schon hier der neue «seraphische» Ton Wielands bemerkbar macht. Dieser wird noch ausgeprägter, nachdem Sophie die Verlobung aufgelöst hatte. Eine gemeinsame Zukunft mußte ihr nun doch sehr unsicher erscheinen, die schwärmerische Richtung, die er eingeschlagen hatte, konnte ihr auch nicht gefallen. Sie heiratete Michael Frank von La

Roche (1720–1788), der Sekretär und Oberamtmann des Grafen Friedrich von Stadion und vielleicht auch dessen natürlicher Sohn war.

Sengle spricht mit Recht hier nicht von Säkularisation religiöser Gefühle, sondern sieht in diesen Dichtungen «die manierierte Vergeistigung einer schon ganz weltlichen Empfindsamkeit». In Zürick wurde Wieland weit christlicher als Bodmer und stellte sich mit den *Sympathien* (1755) und erst recht mit den *Empfindungen eines Christen* (1757) in Gegensatz zu den Kritikern und Dichtern in Berlin, ja fast in ganz Deutschland. In der Vorrede griff er vehement die anakreontische Dichtung an und forderte die zuständigen Stellen zu Maßnahmen gegen «Wollust und Ruchlosigkeit» auf. Er nannte namentlich Uz, und dies rief eine Polemik hervor, die mit einem kläglichen Rückzug Wielands endete.

Die Angriffe auf die Anakreontiker bezeichnen schon den Höhepunkt einer Krise, die er später als «religiöse Frömmigkeitswut» bezeichnete, und diese Wut setzte erst wirklich ein, als Wieland schon das Haus Bodmer verlassen und sich als Hauslehrer bei verschiedenen Züricher Patrizierfamilien Geld verdiente. Er versammelte, wie er später sagte, ein «Serail» um sich, und es entwickelte sich zwischen dem jungen Dichter und einer der reifen Damen eine platonisierende Liebelei, während er bei einer anderen, seiner Wirtin, «heilige Pruderie» und «affektierte Züchtigkeit» fand und in ihr eine «tantalisierende Fromme» erkannte. Es war wohl ein traumatisch wirkendes Erwachen der Sexualität, wobei Wieland noch 1759 gestand, daß er einen Ekel vor den jungen Mädchen habe, seine Frau müsse eher dreißig als unter zwanzig sein.

Zweifelsohne hatte Wieland sich in Zürich ganz gut eingelebt, wo es außer Bodmer und Breitinger vor allem den Dichter Salomon Gessner gab, der europäischen Ruhm erlangen sollte, aber auch Johann Caspar Hirzel und Johann Heinrich Füßli wären zu erwähnen. 1756 lernte Wieland außerdem den bekannten Arzt Johann Georg Zimmermann kennen, mit dem sich ein Briefwechsel entspann, der über zehn Jahre dauerte. Zimmermann wurde nicht nur als Leibarzt des englischen und des preußischen Königs bekannt, sondern auch als Schriftsteller mit seinen Werken *Über die Einsamkeit* (1756) und *Vom Nationalstolze* (1758). Durch ihn lernte er die Schriften Voltaires, d'Alemberts, Diderots und Helvetius' kennen, und der Rückzug von seinen extrem pietistischen Positionen wird in diesem Briefwechsel bald spürbar. Betrachtet man im Lichte dieses Briefwechsels die verhältnismäßig kurze Periode des religiösen Enthusiasmus, kann man sich des Eindrucks nicht erwehren, daß Wieland in der Krise, in die ihn seine Scheu vor dem bürgerlichen Beruf, das unbedingte Verlangen Dichter zu sein, der Verlust von Sophie und das auf die Dauer unbefriedigende Abhängigkeitsverhältnis zu Bodmer und dessen Literaturpolitik gestürzt hatten, sich noch einmal von der schwärmerisch pietistischen Frömmigkeit Hilfe versprach und daß seine Übertreibungen von dem Gefühl einer uneingestandenen Ausweglosigkeit bedingt waren, wobei Kritiker wie Nicolai und Lessing schon das Forcierte, das Transitorische dieser aggressiven Christlichkeit spürten. Berühmt ist Nicolais Diagnose: «Die Muse des Herrn Wieland's ist ein junges Mädchen, das auch die Betschwester spielen will und sich der alten Witwe zu Gefallen in ein altväterisches Käppchen einhüllt, welches ihr doch gar nicht kleiden will; sie bemüht sich, eine verständige, erfahrene Miene anzunehmen, unter der ihre jugendliche Unbedachtsamkeit nur gar zu leicht hervorleuchtet, und es wäre ein ewiges Spektakel, wann diese Frömmigkeitslehrerin noch wieder zu einer munteren Modeschönheit würde!» Lessings Angriff war härter; er spricht von einer doppelten Rolle, die Wieland spielt, und meint: «Die christliche Religion ist bey dem Herrn Wieland immer das dritte Wort. – Man prahlt oft mit dem, was man gar nicht hat, damit man es wenigstens zu haben scheine.»

Beim Ausbruch des Siebenjährigen Krieges waren die Schweizer ‹fritzisch› gesinnt, und Wieland ging an die Ausarbeitung seines Hexameter-Epos *Cyrus* (5 Gesänge, 1759). Es ist wohl so, daß Wieland sich mit diesem Gedicht dem preußischen König empfehlen wollte, und Cyrus wird dann auch nicht bloß als ein großer Feldherr geschildert, sondern als eine Verkörperung des griechischen Menschenideals, das nicht nur Shaftesbury erneuert und erläutert hatte, sondern auch wenige Jahre vorher Winckelmann. Auch wollte Wieland zweifelsohne Klopstocks religiöses Epos mit einem weltlichen übertreffen, das künstlerisch mehr versprach. Aber während der dänische König Frederik V. sich bereit fand, Klopstock zu unterstützen, nahm Friedrich II. Wielands Heldenepos nicht zur Kenntnis, und auch die Literaturgeschichte hat sich damit später nicht so intensiv beschäftigt wie etwa mit seinen Märchen.

Gleichzeitig arbeitete er an *Araspes und Panthea. Eine moralische Geschichte in einer Reyhe von Unterredungen* (1760), womit er sich aus den platonischen Liebeswirren befreite. Araspes ist nämlich ein junger Mann, der im Vertrauen auf seine noch unerprobte, aber – so meinte er – feste Tugend für Cyrus die Bewachung der Gattin des feindlichen Königs übernimmt, ohne die Warnungen des Cyrus vor den Schwierigkeiten der übernommenen Aufgabe zu glauben. Als Araspes am Ende erleben muß, daß er der Aufgabe nicht gewachsen ist, will er Selbstmord begehen, wird aber von Cyrus gerettet, der sich selbst die größere Schuld zumißt, weil er der unerfahrenen Jugend eine zu schwere Aufgabe auferlegt habe.

Ein Erfolg in der Schweiz wurde *Johanna Gray* (1758), das erste deutsche Drama in Blankversen, das nach englischer Vorlage den Märtyrertod der Jane Gray schildert, die den englischen Thron bestieg und ihr Leben um ihres evangelischen Glaubens willen lassen mußte – ein Stück, das sich nicht so sehr von den *Empfindungen eines Christen* zu unterscheiden schien.

Inzwischen waren Wielands Zöglinge so groß geworden, daß sie ihre Ausbildung beendet hatten. Er erwog mehrere Angebote, ging aber schließlich im Juni 1759 nach Bern, wo er Hofmeister wurde. Bern war anders als das christlich-pietistische Zürich, denn der Einfluß der französischen Kultur war stärker. Wieland war nicht mehr gezwungen, die Rolle des Frommen zu spielen, konnte sich also allmählich aus der Verirrung lösen. Er hat sehr bald die Hofmeisterstelle aufgegeben und sich durch Philosophiestunden Geld verdient. Entscheidendes Erlebnis war seine Begegnung und Verlobung mit Julie Bondely, die nicht schön, ihm aber geistig überlegen war. Sie verkörperte, wie ihr Briefwechsel zeigt, die Vernunft und die Moral der Aufklärung, wurde später von Rousseau tief beeindruckt und lehnte die «moralische Perversion» von *Don Sylvio* ab, d. h. die ganze Richtung, in der sich Wieland jetzt bewegte. Die Sicherheit, die sie besaß, mußte ihn, der noch sehr unsicher einen neuen Weg suchte, bedrücken, ja seine Produktivität fast lähmen. Er vollendete frühe Entwürfe, vernichtete aber eine unvollendete Satire, *Lucians des Jüngeren wahrhafte Geschichte,* mit der er sich wohl von seinen Züricher Wirren hätte freischreiben wollen, und hatte nur Erfolg mit der Dramatisierung einer Episode aus Richardsons Roman *Sir Charles Grandison*, die auch Diderot behandelt hatte. Es dreht sich um ein empfindsames Trauerspiel, *Clementina von Porretta* (1760), in welchem die Clementina von einer Heirat mit dem Protestanten Grandison schließlich doch zurückweicht und sich ins Verderben stürzt.

Die Situation für Wieland in Bern war zwar weniger bedrückend als die in Zürich, aber ohne eigentliche Perspektive. Wieland konnte kaum, obwohl er *Clementina von Porretta* einer preußischen Prinzessin gewidmet hatte, auf die Möglichkeit einer Anstellung in Berlin hoffen, dachte aber daran, einen Verlag und eine Buchhandlung in Zofingen zu gründen. In diesem Verlag sollten Übersetzungen aus dem Werk von Shaftesbury und Xenophon und eine Zeitschrift mit Arbeiten von den besten Schriftstellern Deutschlands erscheinen. Es sind die Pläne, die Wieland später teilweise verwirklichen konnte. Mitten in der Planung erreicht ihn jedoch die Mitteilung, daß er zum Senator und wenig später zum Kanzleiverwalter in Biberach gewählt worden war. Damit hatte er plötzlich eine Existenzgrundlage. Er mußte zugreifen, weil er wohl deutlich einsehen konnte, daß seine anderen Pläne und Projekte unsicher waren und ihm wahrscheinlich weniger Zeit für Dichtungen gestatten würden. Die acht Schweizer Jahre hatten ihm zu keinem Posten verholfen, der mit Klopstocks Stelle in Kopenhagen zu vergleichen wäre.

Biberach (1760–1769)

Der dichterische Ertrag der Schweizer Jahre wurde später nie zentrales Forschungsobjekt, man muß sich aber vor Augen halten, daß Wieland durch diese Produktion einerseits allgemein anerkannt, gegen Ende der fünfziger Jahre aber auch heftig angegriffen worden war, ein Dichter gleichwohl, dem auch Lessing Respekt zollte. Es war schon 1758 eine *Sammlung einiger prosaischer Schriften von C. M. Wieland* erschienen, und 1760 konnte er drei Bände *Poetische Schriften des Herrn Wieland* herausbringen. Dieser Erfolg war die Voraussetzung dafür, daß man ihm, der kein abgeschlossenes Universitätsstudium hinter sich hatte, den Posten in Biberach geben konnte. Obwohl Wieland über die Biberacher «Tartarei» stöhnen sollte und in seiner Heimatstadt allerlei Unbill zu ertragen hatte, findet er in diesen Jahren zu sich selbst als Mensch und Dichter, ohne daß er das Labile, leicht Beeinflußbare und Schwankende völlig verliert.

Neben der Stadt Biberach wurde Schloß Warthausen ein entscheidender Faktor. Es war der Alterssitz des Grafen Stadion, der kurmainzischer Kanzler gewesen, Großhofmeister von Mainz geblieben und auch politisch nicht passiv war. Er war ein imposanter Vertreter des süddeutschen Hochadels und der katholischen Aufklärung, hatte im Kurfürstentum landwirtschaftliche Reformen durchgeführt, die Armenpflege verbessert und war scharf gegen die Verfolgung von Hexen aufgetreten. Er war von französischer Kultur geprägt, und in der ersten Biberacher Periode wurde Warthausen für Wieland ein Zufluchtsort, wo er die Scherereien in Biberach und die Befürchtung, er würde den Rest seines Lebens unter solchen Bedingungen verbringen müssen, am Tisch des Grafen, im Park, bei Konzerten vergessen konnte. Die Rokokokultur des Schlosses prägte zum Teil, aber auch nur zum Teil, seine Dichtungen der Biberacher Periode.

Die erste Zeit in Biberach brachte Wieland nicht die wirtschaftliche Sicherheit, die er erhofft hatte, weil die Protestanten und die Katholiken sich über die Besoldung seiner Stelle zerstritten, so daß ihm sehr lange Zeit kein Gehalt bzw. nicht sein volles Gehalt ausgezahlt wurde. Wieland kam in eine sehr verzweifelte Lage und mußte um Darlehen bitten usw. Erst 1764 bekam er durch einen Entscheid aus Wien – die Sache war dem Reichshofrat vorgelegt worden – sein Geld, aber der Streit hatte zeitweilig sein Verhältnis zur protestantischen Partei zerstört.

Wieland brauchte das Geld um so nötiger, weil er sich in eine Liebesaffäre gestürzt hatte. Noch bevor die Verlobung mit Julie Bondely aufgelöst worden war, umschwärmte er die Schwester Sophie La Roches, Cateau, die den Bürgermeister von Biberach geheiratet hatte, so heftig, daß er sich nicht mehr im Hause sehen lassen durfte. Danach verliebte er sich in ein armes katholisches Mädchen, Christine (Bibi) Hagel, die zu ihm zog und ein Kind von ihm bekam. Er wollte sie heiraten, aber eine katholische Heirat hätte eine Gefahr für seinen Posten und einen Skandal bedeutet, und eine protestantische Heirat lehnten Christines Eltern ab. Er sondierte die Möglichkeit einer heimlichen katholischen Trauung, erwog eine Art Entführung mit anschließender protestantischer Trauung, mußte aber zuletzt von allen bestürmt die Ehepläne aufgeben und brach mit Bibi.

Die moderne Wielandforschung ist sich weitgehend darüber einig, daß diese Liebesgeschichte kein galantes Abenteuer war, sondern seine erste leidenschaftliche Bindung, die nicht nur seelischer Art war. Der konfessionelle und gesellschaftliche Druck machte die Ehe unmöglich. Der Sohn des protestantischen Seniors konnte keine Katholikin heiraten, der berühmte Dichter, der mit Graf Stadion verkehrte, konnte kein Mädchen aus dem Volke als seine Frau ins Haus nehmen. Sophie La Roche, die in der ganzen Affäre seine Vertraute war und mit Julie Bondely darüber korrespondierte, half ihm zwar, war aber gegen eine Ehe und sorgte anschließend für die richtige Frau, eine treue gute Seele, Tochter eines begüterten Augsburger Kaufmannes, die ihr selbst als Wielands Seelenfreundin nicht im Wege stehen konnte. Wieland charakterisiert in seinem Briefwechsel mit Sophie seine Frau im reinsten Rokokostil als beschränkt, wenig lebhaft und ohne Konversationstalent, aber er weiß, daß er mit ihr glücklich sein, besser schlafen und länger leben wird. Es wurde tatsächlich eine lange und glückliche Ehe, und Wielands Verhältnis zu seiner Frau, von der er behauptete, sie habe nie ein Werk von ihm gelesen, wurde mit den Jahren anders und inniger. Aus dem völlig emotionslosen Skeptiker, der sich nach dem Scheitern seiner leidenschaftlichen Liebe zu Bibi erst um die verwitwete Frau Bürgermeisterin von Hillern bewirbt – er hätte dann die eine Schwester als Frau und die andere als Seelenfreundin gehabt –, wird nach und nach der Familienvater Wieland, dessen Frau ihm vierzehn Kinder gebar.

Wenn man von dem Rokoko-Wieland der Biberacher Jahre spricht, darf man nicht vergessen, daß er 1761–1766 zweiundzwanzig Dramen von Shakespeare ins Deutsche übersetzte. Lange hat man in der Sturm-und-Drang-Nachfolge diese große Leistung scharf kritisiert, die doch der ganzen Geniegeneration, die nicht immer sehr viel Englisch konnte, den Shakespeare, von dem alle Welt sprach, erst vermittelte. Neben der Schlegel/Tieckschen Übersetzung konnte sie sich nicht mehr behaupten, sie ist bewußt eine Übertragung ins Deutsche, die von Wielands ästhetischen Vorstellungen geprägt wurde, und das bedeutet, daß er die Rhetorik, die Concettis, überhaupt das Barocke mied oder ausmerzte. Es ging ihm nicht um eine einfühlende treue Übersetzung des echten Shakespeare, sondern um dessen Eindeutschung in den sechziger Jahren des 18. Jahrhunderts. Sowohl Lessing als auch Goethe haben dies gesehen und die Übersetzung gelobt, ja Goethe gestand noch 1813, er lese den Shakespeare «wenn ich mich wahrhaftig ergötzen will, jedes Mal in der Wielandschen Übersetzung». Nur *Sankt Johannisnachtstraum* wurde in Verse übersetzt, und zu diesem Stück hat er wohl auch die größte Affinität gehabt; diese Affinität sollte nicht übersehen werden, und man darf nicht vergessen, daß auch der Shakespeare der Stürmer und Dränger, das Naturgenie, nur *eine* Shakespeare-*Interpretation* ist. Die Übersetzung wurde ein Erfolg, aber Wieland stöhnte unter der Arbeit, die er eigentlich als Direktor der Evangelischen Komödiantengesellschaft in Biberach angefangen hatte. Er fing mit dem *Sturm* an, und die Aufführung wurde ein großer Erfolg, der dann zu dem ganzen Übersetzungswerk führte. Er nahm es auf sich, weil er Geld nötig hatte, und er konnte mit dem Verlag Orell, Gessner und Co. in Zürich schon recht hart verhandeln.

Wieland hat in der ersten Periode zweifelsohne Werke geschrieben, die ihn zum Vertreter einer vertieften, künstlerisch eindrucksvollen Rokokodichtung macht, und Rokokozüge fehlen auch in seinen späteren und tieferen Werken keineswegs. Es besteht kein Grund, in Verbindung mit Wieland den Begriff Rokoko zu meiden, wenn man diesem Begriff nicht pejorative Konnotationen verleiht, und es ist nicht einzusehen, warum Rokoko nicht ähnlich wie Barock oder Biedermeier als eine wertungsfreie Bezeichnung für eine Periode oder Strömung gebraucht werden sollte. Falls man an einem engen, negativ besetzten Rokokobegriff festhält, so lassen sich eigentlich nur die *Comischen Erzählungen* (1765) als zum Rokoko gehörig bezeichnen. Sie bilden ironisch und oft recht derb erotische Verwicklungen der Menschen und Götter ab, sind aber eher witzig als sinnlich, können sich jedoch in dieser Hinsicht nicht neben den mehr mit Andeutungen und Verhüllungen spielenden späteren Gedichten Wielands behaupten. Sie riefen natürlich in der Schweiz und in Berlin Entrüstung hervor, weil sie eine plötzliche Absage an seine Schweizer Poesien – oder vielmehr an seine eigene damalige Haltung – darstellten. Es dreht sich um travestierende bzw. parodierende Behandlung der griechischen Mythologie, wobei die Hervorhebung der weiblichen Sexualität einen Kontrast zu den früheren weiblichen Engelsgestalten bildet.

Auf einer anderen Ebene befindet sich der Roman *Der Sieg der Natur über die Schwärmerey, oder die Abentheuer des Don Sylvio von Rosalva. Eine Geschichte, worinn alles Wunderbare natürlich zugeht* (1764), der geschrieben wurde, als Bibi bei ihm wohnte und er Geld für ihre Entbindung beschaffen mußte. Der Roman ist gelöster, von literarischen Mustern unabhängiger als die *Comischen Erzählungen*, obwohl er sich auch auf Vorbilder bezieht, nämlich auf Cervantes, Fielding und Sterne.

Personenfiguration und Handlung wurden zum Teil von *Don Quijote* übernommen, nur hat Don Sylvio zu viele Feen- und nicht Rittermärchen gelesen und geht in die weite Welt, um seine verzauberte Prinzessin in der Gestalt eines Schmetterlings zu suchen. Ihm steht ein Pedrillo voll Bauernschläue und Aberglauben zur Seite, und mit ihm kämpft er gegen Hexen, Zauberer usw. in Gestalt von Fröschen, Hummeln und Bauernmädchen.

In diesem Roman bemühen sich mehrere Personen redlich, Don Sylvio von seiner Schwärmerei zu heilen, denn die Fee, deren vermeintliches Bild er im Gras fand und die er vom Schmetterlingsdasein befreien will, gibt es wirklich, sie ist eine junge, reiche und lebenskluge Witwe, die sich bald in den sonderbaren, aber edlen Jüngling verliebt. Die Heilung gelingt jedoch erst, als ihm erklärt wird, daß das Märchen vom Prinzen Biribinker, das im Roman erzählt wird, nicht Wahrheit, sondern Erfindung ist – denn auch diese meisterhafte übermütige Parodie einer Ritterfahrt, wo der Prinz Biribinker eine Reihe von Undinen, Feen usw. erlöst, wird von Don Sylvio nicht durchschaut, obwohl die Mittel teilweise recht verblüffend sind; so erlöst er beispielsweise eine in einen Nachttopf verzauberte Schöne durch dessen Gebrauch.

Wenn Wieland meint, der Roman sei «unter dem Schein der Frivolität philosophisch genug», so denkt er an das dialektische Verhältnis der im Titel genannten Begriffe Natur und Schwärmerei. «Natur» ist nicht bloß die schöne Nachbarin, die keine Fee ist, sondern Donna Felicia heißt, sondern auch seine Tante, die ihn aus Geiz und Geilheit mit einem häßlichen Bürgermädchen verheiraten will. «Schwärmerei» läßt ihn anfangs nicht erkennen, daß er Donna Felicia liebt, aber ohne die schwärmerische Suche nach dem blauen Schmetterling hätte er sie überhaupt nicht gefunden, wäre er in der schlechten Wirklichkeit einer geplanten Geldheirat steckengeblieben. «Natur» ist Pedrillos handfestes Verlangen nach Essen und Erotik, «Natur» ist aber auch das, was durch das verrückte Märchen von den zahllosen erotischen Abenteuern des Prinzen Biribinker gepredigt wird. Man muß ein Märchen als Märchen lesen, dann ist die tollste Schwärmerei nicht schwärmerisch, und damit dies der Leser nicht vergißt, hört er am Ende, daß die ‹realistische› Romanwirklichkeit fiktiv ist – es spielt sich alles in der Landschaft des *Gil Blas de Santillane* ab.

Von Anfang an bemüht sich Wieland seinen Leser zum Bewußtsein der Fiktion zu erziehen. In den Vorreden wird oft die Frage nach der Gattung und dem Wirklichkeitsbezug des Textes gestellt. Dreht es sich um Tatsachenbericht, oder was beinhaltet ‹Geschichte›? Was bedeutet ‹wahr›? Geschichtliche Wahrheit, die an einer zweifelhaften Überlieferung geprüft werden muß oder Übereinstimmung mit der menschlichen Natur, die sich immer und überall gleichbleibt? Es wird die Frage gestellt, ob eine Fiktion, die diese Forderung nach Wahrheit erfüllt, nicht lehrhafter und nützlicher ist als eine zweifelhafte historische Wahrheit. Das Problem wird nicht nur in der Leserlenkung der Vorrede, sondern in den Romanen selbst immer wieder thematisiert – entweder gibt es plötzlich eine Lücke im Manuskript, oder der Erzähler gibt seine Unwissenheit zu, wo der Leser sich gerade die ‹Wahrheit› vorstellen kann und soll.

Wieland hatte die Arbeit an seinem wichtigsten Roman, *Die Geschichte des Agathon*, schon 1761 angefangen und sie unterbrochen, um im Laufe von sechs Monaten *Don Sylvio* zu schreiben. Der *Agathon* erschien in seiner ersten Fassung 1766/67 in zwei Bänden; die zweite Fassung erschien 1773 mit der Einführung *Über das Historische in Agathon* und mit der *Geschichte der Danae*; die dritte Fassung von 1794 enthält das *System des Archytas* und den *Besuch des Hippias*.

Der Roman ist, wie Lessing im 69. Stück der *Hamburgischen Dramaturgie* schrieb, «der erste und einzige Roman für den denkenden Kopf, von klassischem Geschmacke» und fragt sich, ob er ihn als Roman bezeichnen kann und darf. Wieland selbst nannte ihn «Geschichte» und hebt damit auf den

Unterschied ab zwischen den modernen realistischen Romanen englischer Art wie etwa Fieldings *History of Tom Jones* und den eher phantastischen Liebes-, Abenteuer- und Staatsromanen. Solche gab es eben unter der Bezeichnung ‹Roman› auch in Deutschland, aber gegenüber den barocken Romanen wie auch Schnabels *Wunderliche Fata einiger Seefahrer* und Gellerts *Schwedischer Gräfin* bedeutet *Agathon* einen Neuanfang. Es ist tatsächlich der erste moderne deutsche Roman und bildete nicht nur für den Entwicklungsroman eine wichtige Ausgangsposition. Für Friedrich von Blanckenburgs *Versuch über den Roman* (1774) ist die Erstausgabe von *Agathon* Basis für eine erste und erstaunlich vielseitige poetologische Diskussion über die Möglichkeiten des Romans, der in der Poetik bisher im Schatten des Epos gestanden hatte, das doch nicht mehr so recht gelingen wollte. Was der moderne Roman leisten kann, zeigen die in diesem Werk enthaltenen Analysen vor allem des *Agathon*.

Der Titelheld, der im griechischen Sinn Gute, wächst im Apollontempel zu Delphi auf und genießt eine schwärmerisch-religiöse Erziehung. Er schließt sich in platonischer Liebe eng an das schöne Mädchen Psyche und erlebt eine erste Ernüchterung, als er die Heuchelei eines hohen Priesters und die Nachstellungen der Pythia erlebt, die, als sie mit ihrer Liebe bei Agathon kein Glück hat, Psyche entfernt. Er flieht aus dem Tempelbezirk und findet durch einen der auch im antiken Roman so oft vorkommenden Zufälle seinen Vater.

Dieser ist ein angesehener Athener, und die nächste Phase in Agathons Leben bildet eine steile politische Karriere in der Polisdemokratie, in welcher er bei seinen Handlungen von den strengen ethischen Idealen seiner Erziehung und von den Ideen Platons getragen wird. Er fällt nach großen politischen Erfolgen Intrigen zum Opfer, wird aus der Stadt vertrieben und – hier setzt der Roman ein, also medias in res – soll gerade von Mänaden für den Gott Dionysos erklärt oder zerrissen werden, als Seeräuber alle gefangennehmen. Auf dem Schiff sieht er für einen kurzen Augenblick seine Psyche wieder.

Als Sklave wird er in Smyrna von dem Philosophen Hippias gekauft, dem er als Vorleser dient und der den Platoniker und Mystiker zu seinem materialistischen Hedonismus bekehren will. Alle Versuche scheitern, bis Hippias die Hetäre Danae einspannt; zwischen ihr und Agathon entsteht aber eine echte Liebe, so daß Hippias einerseits falsch kalkuliert hat, andererseits einen um so größeren Sieg erringt, als er dem ahnungslos Verliebten Danaes Vergangenheit enthüllen kann. Angeekelt und verzweifelt verläßt Agathon Smyrna, um in Syracus Platons Versuch zu wiederholen, den Tyrannen Dionysius zum guten Herrscher zu bilden. Nach der Enttäuschung, die ihm die attische Demokratie bereitete, wendet er sich also dem ‹Absolutismus› zu und scheitert wieder, diesmal bei einem halben Anpassungsversuch an die Intrigenwelt des Hofes. Er wird ins Gefängnis geworfen, woraus ihn der Herrscher Tarents, der weise Archytas, in einem Gemisch aus Bitten und

Drohungen befreit. In Tarent begegnet ihm wieder Psyche, die sich als seine Schwester entpuppt, und Danae, die ihn wegen ihrer Vergangenheit nicht heiraten will, sondern bloß der Tugend lebt – und vor allem ein idealistisches Staatswesen auf der Basis eines philosophischen Synkretismus mit Elementen aus der Philosophie von Leibniz, Shaftesbury und Kant.

Zweifelsohne ist der Roman in der unabgeschlossenen ersten Fassung künstlerisch überzeugender – Sengle spricht von der «Wahrheit des Fragments» –, denn die Probleme, die Wieland mit dem Roman aufwirft, werden in der zweiten Fassung nicht und in der letzten Fassung nur postulatorisch gelöst.

Das Thema ist im Grunde dasselbe, das die ganze Biberacher Zeit und darüber hinaus Wielands Schriften im ganzen bestimmt: die Möglichkeit eines Ausgleiches zwischen idealistischen, ‹schwärmerischen› und realistischen ‹natürlichen› Ideen in einem Bildungsprozeß, an dessen Ende ein Mensch stünde, der moralisch auf die Welt einwirken kann, sich also weder in die Innerlichkeit, die «Retraite», zurückzieht, wie es in Wielands Briefen immer wieder heißt, noch in eine illusionslose Skepsis flüchtet, die ein machiavellistisches Handeln ermöglicht. Der Ausgleich zwischen Natur und Schwärmerei wurde in dem leichteren *Don Sylvio* ohne größere Schwierigkeiten gefunden, weil Wieland im fast Lustspielhaften blieb und die politische Dimension aussparte. Agathon setzt tiefer an und bleibt bei der Suche nach einer Lösung.

Die ständige Desillusionierung und der immer aufs neue wiederholte Versuch, die gemachten Erfahrungen in die schwärmerische Theorie zu integrieren, sind Merkmale beider Werke. Die Ernüchterung, die Agathon aus dem Tempel vertreibt, läßt ihn nicht an den religiös-philosophischen Lehren, sondern nur an deren Vertretern zweifeln, und nur der Glaube an dieses Ideal ermöglicht seine politischen Großtaten in Athen. Auf die Ernüchterung in der Demokratie folgt wieder eine Besinnung auf den Wert und den tieferen Sinn der Lehren, die er im Tempel Apollons vernommen hatte, so daß er mit Seelenruhe sein Sklavendasein erträgt und Hippias' Bekehrungsversuche zurückweist mit der unterschütterlichen Gewißheit seines innersten moralischen Gefühls, seiner Tugend. Diese läßt ihn dann auch eine sinnliche Versuchung in eine seelisch-sinnliche Liebe verwandeln, er hebt Danae auf eine höhere Stufe und sie auch ihn, weil eine bloß schwärmerische Liebe menschlich ebenso defizient bleibt als eine bloß sinnliche. Seine Reaktion auf die Enthüllung, daß Danae eine Hetäre gewesen ist, seine Flucht nach Syracus, ohne sich mit ihr auszusprechen, bildet seine erste eigentliche moralische Niederlage. Sein Versuch, die Weltklugheit des Hippias wohldosiert im Erziehungswerk anzuwenden, ist eine falsche Lösung, so daß er unschuldig, aber doch auch seinen Idealen gegenüber schuldig ins Gefängnis geworfen wird. Der später hinzukommende Besuch des Hippias und das Gespräch zwischen den beiden verteilt Licht und Schatten anders als in den frühen Kapiteln, denn Hippias wünscht, ihm zu helfen, und seine «sophistischen» Analysen der Politik sind so stichhaltig wie seine Kritik an dem untauglichen Versuch des Agathon. Mit Hippias zu gehen, würde aber die Aufgabe der moralischen Ideale bedeuten, die Agathons Existenz bestimmt, ja überhaupt erst möglich gemacht haben. Er schlägt seine Hilfe aus und bereitet sich auf den Tod vor, von welchem ihn der weise Archytas – der wie ein Deus ex machina erscheint – befreit. Im Rahmen einer idyllenhaften und umgrenzten Utopie, die er nicht selber geschaffen hat, kann er wirken, kann er als Bürger moralisch tätig werden, aber die Synthese zwischen Privatperson und Bürger gelingt ihm nicht mehr: Er ist vorwiegend rezeptiv, und er muß nicht nur zu Psyche, sondern auch zu Danae ein Bruder-Schwester-Verhältnis akzeptieren.

Es dreht sich beim *Agathon* nicht um einen Schlüsselroman, wenngleich sowohl Wielands Schweizer als auch seine Biberacher Erfahrungen bei der Abfassung eine Rolle gespielt haben. Man hat in Danae Züge der Cateau von Hillern finden wollen, in den Wirren in Athen eine Spiegelung der Auseinandersetzungen in Biberach, und schließlich hat man bemerkt, daß er die Abschnitte über den Tyrannen Dionysius während eines Streites zwischen Biberach und Warthausen geschrieben hat, in welchem Wieland mit Energie die Belange der Stadt seinem ‹Gönner› gegenüber so kräftig vertrat, daß eine Versöhnung erst nach zwei Jahren, kurz vor dem Tode des Grafen, stattfand, und zwar so, daß keiner von den beiden sich dabei etwas vergab. *Agathon* ist aber auch kein historischer Roman, wie die Reaktion der Zensurbehörden zeigte: Der Roman wurde in Zürich und in Wien verboten. Es handelt sich vielmehr um eine Transponierung in eine Vergangenheit, wo die Handlung nach Ansicht Wielands – und späterer altphilologischer Forschung – sehr wohl hätte spielen können, wobei er die Freiheit gewinnt, viele moralische, religiöse und politische Fragen radikal zu stellen. Die Differenz zwischen religiösen Ideen, die dem Menschen durch Erziehung vermittelt werden und die er verinnerlicht, und einem dogmatischen System mit heuchlerischer Praxis, spielt eine so große Rolle wie die mißglückte politische Tätigkeit, die einerseits eine notwendige Folge der moralischen Ideen ist, andererseits den Bürgern im 18. Jahrhundert weitgehend unmöglich war. Wieland verlangt in dem Buch die politische Betätigung des Bürgers, kritisiert aber aus vorwiegend moralischer Perspektive und will aus dieser Perspektive auch handeln, was zu Enttäuschungen führen muß. Er zeigt einerseits die politische Sprengkraft der bürgerlichen Tugenden, andererseits jedoch auch den illusionären Charakter eines Engagements auf solcher Basis. Die Philosophie des skeptischen Hippias dekuvriert gerade durch seinen konsequenten Egoismus die politischen Verhältnisse, kritisiert sie damit im Horizont des Romans: Sein «realistischer Immoralismus» ist eine Kritik der bestehenden Verhältnisse.

Die Kritik der empfindsamen Sexualmoral tritt ebenfalls deutlich zutage, aber auch daß Wieland noch nicht die Möglichkeit einer Integration der

Sexualität in die sittliche Bildung zu gestalten wußte, jedenfalls in dieser ernsten Gattung nicht. Es gelingt ihm erst im *Musarion* (1768).

Über dieses Gedicht schrieb Goethe: «Hier war es, wo ich die Antike lebendig und neu wiederzusehen glaubte. Alles was in Wielands Genie plastisch ist, zeigte sich hier aufs Vollkommenste» *(Dichtung und Wahrheit)*. Phanias hat in Athen fast sein gesamtes Vermögen durchgebracht und noch dazu die Liebe Musarions nicht gewinnen können. Er zieht sich auf sein Landgut zurück: «und ruft seitdem aus seinem hohlen Beutel / der letzte Drachme flog wie König Salomon: Was unterm Monde liegt ist eitel».

Er hat zur Stärkung seines moralischen Heldentums zwei Philosophen eingeladen, einen Stoiker und einen Pythagoreer, als Musarion in seiner Wildnis erscheint und sich erklärt. Er weist sie zurück, muß ihr aber Gastfreundschaft erweisen. Bei ihrer Ankunft in seiner Hütte streiten sich die Philosophen handgreiflich um die Wahrheit ihrer Lehren. Der Kampf wird während eines philosophischen Mahles verbal weitergeführt, aber dadurch entschieden, daß Theophren, der Pythagoreer, der nur von himmlischen Sphären schwärmt, sich den irdischen der Zofe Musarions hingibt, während der Maß und Selbstbeherrschung predigende Stoiker sich sinnlos betrinkt. Phanias sieht, daß solche Philosophen keine Lebenshilfe sind, fällt aber aus dem Extrem der schroffen Askese in das andere und muß von Musarion zurückgewiesen werden, um zur Mitte zu gelangen, um Maßhalten zu lernen, bevor die Vereinigung der Liebenden stattfinden kann.

Wieland schreibt in der Vorrede, daß das Gedicht «eine getreue Abbildung der Gestalt meines Geistes ist» und lobt sich selbst durch eine Hymne auf Musarion, in welcher vor allem auch ihr «Gleichgewicht zwischen Enthusiasmus und Kaltsinnigkeit» hervorgehoben wird. Sie besitzt das Gleichgewicht und die Harmonie, die Wieland gern besitzen wollte. Sie ist eher sein Wunsch- als sein Ebenbild.

In dem kleinen Gedicht, das nach Wieland eine Mischung aus Lehrgedicht, Komödie und Erzählung ist, spart er die ganze politische, ja soziale Dimension aus – der Konflikt bereitet sich zwar in Athen vor, seine Lösung findet er aber in der ländlichen Idylle, auf die auch die Lösung beschränkt bleibt. Sie bleibt auf die irdische Idylle eingegrenzt, weil die Lebenskünstlerin Musarion auch die religiosen Fragen ausklammert. Phanias lernt in seiner Liebe zu ihr gern:

> «Die reizende Philosophie,
> Die, was Natur und Schicksal uns gewährt,
> Vergnügt genießt, und gern den Rest entbehrt;
> Die Dinge dieser Welt gern von der schönen Seite
> Betrachtet; dem Geschick sich unterwürfig macht,
> Nicht wissen will was alles das bedeute,
> Was Zeus aus Huld in rätselhafter Nacht vor uns verbarg,

Und auf die guten Leute
Der Unterwelt, so sehr sie Toren sind,
Nie böse wird, nur lächerlich sie find't
Und sich dazu, sie drum nicht minder liebet,
Den Irrenden bedauert, und nur den Gleißner flieht;
Nicht stets von Tugend *spricht*, noch von ihr sprechend, *glüht*,
Doch ohne Sold und aus Geschmack sie *übet*:
Und, glücklich oder nicht, die Welt
Für kein Elysium, für keine Hölle hält...»

Musarion predigt eine betont diesseitige Lebenslehre, die jedoch keineswegs hedonistisch ist, vielmehr den Wert der Tugend preist, die um ihrer selbst willen ausgeübt wird und nicht, wie in der Morallehre vieler Schulen, weil sie im Leben oder im Jenseits belohnt wird. Die Heiterkeit dieser Lebenskunst ist aber nicht naiv: Sie will nicht wissen, was «Zeus aus Huld in rätselhafter Nacht» vor den Menschen verbarg. Wieland knüpft in seiner Metaphorik an die antiken Vorstellungen vom Hades und nicht an die Hoffnung auf ein Elysium oder die Insel der Seligen an. Das Glück der Idylle der Diesseitigkeit ist sehr transitorisch und wird vor dem Hintergrund eines dunklen und ungewissen Jenseits gesehen. Dies ist das pessimistische Erbe des Barock, wozu sich das Rokoko in einigen seiner Spielarten bekennt. Es wird hier nicht der Vanitasgedanke so tradiert, daß die Vergänglichkeit des Irdischen dieses entwertet, auch mündet er nicht in ein carpe diem, sondern in die Auffassung, das Leben heiter und tugendhaft zu gestalten, aber es fehlt doch die Überzeugung der schlichteren Aufklärung, die Tugend führe nicht nur zum irdischen Glück, sondern auch zur Unsterblichkeit als Lohn dieser Tugend.

Der verstiegene strenge Stoiker – man mag hier an streitbare Orthodoxe oder Pietisten denken – ist genauso lächerlich wie der empfindsame Pythagoreer, der die sehr irdische Basis seiner transzendenden Schwärmerei nicht wahrhaben will. Der Wert der Philosophien wird jedoch weder ohne weiteres an dem Betragen dieser beiden Anhänger gemessen noch spekulativ bestimmt, sondern an dem Beitrag abgelesen, den sie zur Lebensbewältigung oder Lebenskunst leisten können. Musarion verwirft weder völlig die stoische noch die pythagoreische Philosophie, sondern sieht die Abhängigkeit der Philosophie von den Lebensumständen und liefert eine elegante Analyse der Rationalisierungsmechanismen, denen Phanias unterlag:

«... Nichts war
Natürlicher in deiner schlimmen Lage.
Der Knospe gleich am kalten Märzentage
Schrumpft, wenn des Glückes Sonnenschein
Sich ihr entzieht, die Seel' in sich hinein
Entfiedert, nackt, von allem ausgeleeret

Was Wunder, wenn sich ihr ein Lehrbegriff empfiehlt,
Der sie die Kunst es zu entbehren lehret?...
Ja, ihren Unmut zu betrügen,
Aus der Entbehrung selbst ein künstliches Vergnügen
Ihr, statt des wahren, schafft?»

Sie entschuldigt ihn, heißt es aber nicht gut, wenn er in dieser Abhängigkeit von äußeren Umständen verharrt:

«Wie Phanias? Die Farbe deiner Seelen
Ist nur der Widerschein der Dinge um dich her?»

Das Maß, das diese reizende Philosophie preist, ist letzten Endes etwas, was nur in der Seele des einzelnen gefunden werden kann, der sich nicht haltlos treiben läßt, und es ist bemerkenswert, daß dieses Maß von einer Frauengestalt verkörpert wird, die von der Forschung allgemein als Hetäre bezeichnet wird, obwohl das nirgends ganz klar aus dem Gedicht hervorgeht und wohl auch nicht hervorgehen soll. Die Idealgestalt Musarion, die Sinnlichkeit und Reflexion darstellt, mag eine Hetäre sein, aber die Schwebe, in der alles gelassen wird, ist für das ganze Gedicht charakteristisch. Seine Bindung an Zeit und Ort ist so locker, daß man offenbar den Wunsch nach Festlegung verspürt hat.

Ganz anders scheint auf den ersten Blick *Idris und Zenide. Ein heroisch-komisches Gedicht. Fünf Gesänge* (1768), an welchem Wieland gleichzeitig mit der Entstehung des Gedichts *Musarion* arbeitete. Schon in der Schweiz hatte Wieland Ariost kennengelernt, die produktive Aneignung erfolgte jedoch erst jetzt, wo er dem Druck des Hexameterepos entkommen ist, und unter dem Eindruck von J. N. Meinhards *Versuch über den Charakter und die Werke der besten italienischen Dichter* (1763/64). Formal und inhaltlich kann er nun mit dem Renaissanceepos experimentieren und die Schwierigkeiten der Ottaverime so glänzend überwinden, daß er sein eigenes Talent bewundern muß, wie er halb ironisch schreibt.

Idris zieht durch die Welt, um Zenide zu finden und zu gewinnen, während Itifall, dessen Name schon andeutet, worin seine Stärke liegt, auf seiner Ritterfahrt die Gunst der Schönen keineswegs verschmäht. Es dreht sich wieder um den Gegensatz zwischen dem Platoniker und dem Hedonisten, aber als Gegenbild malt Wieland das schöne Paar Lila und Zerbin, das die Synthese von Sittlichkeit und Sinnlichkeit verwirklicht, das weder lüstern noch verstiegen, eher schwärmerisch ein empfinsames Familienidyll darstellt. Da Zenide in Wirklichkeit ein marmornes Standbild ist, betrügt eine schöne Nymphe den spröden Platoniker, schlüpft in die Statue hinein, die dann unter den Küssen des neuen ‹Pygmalion› erwacht. Itifall erringt die Nymphe, der an seiner Treue rein gar nichts, an seiner Liebe aber sehr viel gelegen ist, so daß sie seine Potenz irgendwie doch nicht ganz so ernst nimmt wie er selbst.

Das Gedicht jedoch bleibt Fragment, und weder Fabel noch Moral sind besonders ernst zu nehmen. Ernster zu nehmen ist die souveräne Meisterschaft, mit der Wieland Ariost ins Deutsche überträgt und ihn in seiner Rokokolaune artistisch fast überbietet. Die «irrenden Ritter und wandernden Schönen», um eine Formulierung aus der ersten Strophe des *Neuen Amadis* zu borgen, stehen in einem ironischen Zwielicht, noch mehr aber das ‹Wunderbare›, das ihnen begegnet und das er zu einem sehr großen Teil, wie er auch hervorhebt, Antoine d'Hamilton verdankt, d. h. dem modernen, oft recht verspielt-ironischen und frivolen Feenmärchen. Das Werk blieb ein Fragment in fünf recht umfangreichen Gesängen. Gerade diesen fragmentarischen Charakter führt Sengle auch auf Hamilton zurück und spricht von einem «Rokokofragmentismus», der bei Wieland jedesmal dann auftaucht, wenn er von der kleinen abgerundeten zur großen Form übergeht, wie der Übergang von *Don Sylvio* zu *Agathon*, der nie eine überzeugende abgeschlossene Gestalt fand. Das hängt, so Sengle, damit zusammen, daß Wieland hier teil an der Erfahrung des Rokoko hat, daß ein alles überwölbendes Weltbild oder ein großes System nicht mehr glaubwürdig ist. Der *Neue Amadis* (1771) wurde in Biberach angefangen, aber erst in Erfurt vollendet. Es dreht sich diesmal nicht um ein Fragment, sondern um ein abgeschlossenes Eypllion in 18 Gesängen, von welchem Wieland meint: «Es ist ein wahres Original, ein Mittelding zwischen allen andern Gattungen von epischer Poesie, denn es hat von allen andern etwas. Es ist eine von den abenteuerlichsten Geburten des Sokratischen Satyros mit einer Grazie halb gutwillig, halb mit Gewalt gezeugt.» Sowohl satyrhafte als sokratisch-satirische Züge sind in dem Gedicht zu erkennen, in welchem Liebende ständig Partner wechseln und eine verfängliche Situation auf die andere folgt, bis zuletzt Schach Bahams törichte Töchter und ihre närrischen Anbeter alle heiraten, wobei der Neger und Zauberer Tulpan das Ende der Geschichte herbeiführt und selber aus Angst vor einer Prüden die anämische Blaffardine heiratet.

Die erste Strophe beginnt in Übereinstimmung mit der epischen Tradition: der Anrufung der Muse des ‹komischen› Epos folgt eine Inhaltsangabe, die die Handlung souverän zusammenfaßt und das Thema anschlägt:

«Von irrenden Rittern und wandernden Schönen
Sing, komische Muse, in freier irrenden Tönen!
Den Helden sing, der lange die Welt Berg auf Berg ab
Durchzog, das Gegenbild von einer Schönen zu finden,
Die aus dem Reich der Ideen herab
Gestiegen war, sein junges Herz zu entzünden,
Und der, es desto gewisser zu finden,
Von einer zu andern sich unvermerkt allen ergab:
Bis endlich dem stillen Verdienst der wenig scheinbarn Olinden
Das Wunder gelang, den Schwärmer in ihren Armen zu binden.»

Am Altar, als Amadis Olinde wegen ihrer schönen Seele und trotz ihres traurigen Affengesichts heiratet, entpuppt sie sich als Belladonna, die Schöne, die für ihre Eitelkeit hat büßen müssen, welche sie den schwarzen Zauberer zurückweisen ließ. In ihrem häßlichen Stande hat sie die Gaben des Geistes und des Herzens entwickelt, die der edle Ritter höher schätzt als Schönheit, und so erlöst sie der Zauberer nach dem Jawort.

Der ganze Kontext verbietet es, den moralischen Ausgang anders als augenzwinkernd zur Kenntnis zu nehmen, aber Spott, Satire, ironisch eingefärbte erotische Kabinettstücke und witzige Diskussionen mit dem Leser über den Charakter der Personen, die epische Maschinerie, was andere Dichter geschrieben hätten usw., machen das Epyllion zu einem Höhepunkt der deutschen Rokokodichtung. Wielands *Oberon* ist klarer, klassischer und tiefer, aber in seiner Art ist *Der Neue Amadis* kaum zu übertreffen und steht gewissermaßen am Ende einer Entwicklung. Dabei darf jedoch auch der Einfluß des modernen Romans nicht unterschätzt werden: Wieland las in diesen Jahren Sterne, der das Erzählen einer Geschichte fast völlig in Digressionen und Reflexionen auflöst, die oft eher das Erzählen und den Leser betreffen als die Fabel.

Erfurt (1769–1772)

Der kurfürstliche Hof in Mainz unter Erzbischof Emmerich Josef (1763–1774) wollte die rückständige Universität in Erfurt reformieren und berief deshalb eine Reihe fortschrittlicher und aufgeklärter Professoren, darunter Just Friedrich Riedel, der eine *Theorie der schönen Wissenschaften und Künste* (1767) geschrieben und mit Wieland korrespondiert hatte, den berühmt-berüchtigten Karl-Friedrich Bahrdt (1741–1792) und auch Wieland. Diese Professoren bildeten jedoch immer eine Minorität, die anfangs allerdings von dem Kurfürsten kräftig unterstützt wurde, der dem Josephinismus nahestand und die Thesen des Trierer Weihbischofs von Hontheim, Febronius, unterstützte, der die Autorität des Papstes und die Orden angriff, also einen deutschen ‹Gallikanismus› vertrat. Unterstützt wurde dieser Angriff übrigens durch die anonyme Publikation *Briefe über das Mönchswesen* (1771), die hauptsächlich von La Roche geschrieben war, aber man ging davon aus, daß Wieland kräftig dazu beigetragen hatte.

Wieland war zum ersten Professor der Philosophie ernannt worden und kannte sich zwar in den antiken und modernen philosophischen Schriften aus, war jedoch so wenig wie sein Vorbild Shaftesbury Philosoph im strengen Sinne des Wortes. Er las auch über Ästhetik und Literatur, beschäftigte sich aber vornehmlich mit Kulturgeschichte, anthropologischen bzw. geschichtsphilosophischen Fragen. Dieses Interesse fand seinen Niederschlag in einigen Abhandlungen und in den ‹Staatsromanen› bzw. utopischen Romanen, die in dieser Zeit entstanden und seinen Ruhm festigten.

Wieland verdankte seine Berufung wohl den Verbindungen zwischen Warthausen und Mainz, und seine anfängliche Euphorie war wohlbegründet, denn eine Zeitlang unterstützte die Universitätsleitung tatkräftig die Reform und setzte sogar zwei intrigierende Vertreter der konservativen Partei ab. Diese gingen jedoch nach Wien und intrigierten dort weiter, und auch in Erfurt gab die konservative Partei nicht ihre Positionen auf, so daß sich bald bittere Streitigkeiten entwickelten, in deren Verlauf sogar ein Schüler Wielands wegen Gotteslästerung angeklagt wurde. Schon vor dem Tode des Kurfürsten war abzusehen, daß der traditionelle Flügel die Oberhand behalten würde, zumal Riedels Stellung durch Schulden und Schuldhaft beeinträchtigt worden war und Bahrdt nach Gießen ging. Auch Wieland zog es nun fort, und er nutzte geschickt den Ruhm, den er in diesen Jahren erlangt hatte. Er gab seit 1768 seine Werke nicht mehr in der Schweiz, sondern in Leipzig heraus und vertrat nun auf überzeugende Weise in der Dichtung die Hagedorn-Tradition, die auch von Gleim, Weiße, Uz, ja auch von Lessing in Teilen seines Schaffens weitergeführt worden war. Wieland befand sich nicht mehr in schweizerischer oder schwäbischer Isolation, trat in Briefwechsel mit Gleim und sorgte für den Anschluß an die Empfindsamkeit bei gleichzeitiger Distanz gegenüber dem Sturm und Drang. Wieland repräsentiert zu dieser Zeit die Möglichkeit einer schöpferischen Weiterentwicklung der Tradition, was Lessing voll anerkennt, und auch in der *Allgemeinen Deutschen Bibliothek* wird Wieland gelobt. Seine Verleger müssen nun unerhörte Honorare bezahlen: Für *Die Grazien* und den *Neuen Amadis* 500 Taler, für den *Goldenen Spiegel* 633 Taler; das waren Jahresgehälter eines Professors.

Wielands Reisen nach Leipzig und Darmstadt waren Geschäftsreisen und empfindsame Huldigungsfahrten zugleich. In Leipzig traf er den Singspieldichter Weiße, den Popularphilosophen Garve, Goethes und Winckelmanns Freund Oeser, dessen Kupferstiche die Zweitauflagen von *Agathon* und *Musarion* schmücken sollten, und seinen Verleger Philipp Erasmus Reich von der Weidmannschen Buchhandlung, und es ist anzunehmen, daß Wieland schon zu dieser Zeit Pläne hegte, eine Zeitschrift herauszugeben. Die Reise nach Koblenz, Mainz und Darmstadt fand im Frühjahr 1771 statt. Einen Höhepunkt bildete dabei das Wiedersehen mit Sophie La Roche, deren Mann nicht mehr in kurmainzischen Diensten stand, sondern bei dem Kurfürsten von Trier diente. Sophie wohnte deshalb in Ehrenbreitstein, und Friedrich Heinrich Jacobi hat die Szene der Begegnung rührselig geschildert: «Alle weinten, als Sophie sprach: ‹– Wieland – Wieland – oh, ja, Sie sind es – Sie sind noch immer mein lieber Wieland!›»

Sengle meint, Wieland habe sich bei all der Schwärmerei lächerlich gefühlt; sicher ist jedenfalls, daß Leuchsenring, der christlich empfindsame Hofrat und «Spürhund Gottes» aus Darmstadt, der auch dabei war, diese Begegnung der Landgräfin Caroline von Hessen-Darmstadt offenbar nicht so überzeugend hat schildern können, daß es zu einer Anstellung in Darmstadt gekommen wäre. Wieland mußte ihr aber versprechen, nichts Anstößiges mehr zu schreiben, jedoch – Herders Caroline Flachsland weinte mit Gleim auf Mercks Busen! Eine erneute Anpassung an christlich empfindsame Kreise wäre aber für Wielands Dichtung eine Katastrophe gewesen.

In Erfurt erschien *Psyche* (Fragmente, 1773), *Die Grazien* (1770), worin der Schäfer nicht einer der Grazien, sondern seiner Liebsten den Preis der Schönheit zuerkennt, geschrieben in einer Mischung aus Vers und Prosa, die in empfindsamen Kreisen nach französischem Vorbild Mode geworden war; schließlich *Kombabus* (1770), eine Kastrationsgeschichte, deren heikles Thema nicht ganz zu dieser Periode der Dichtung Wielands paßt. *Der neue Amadis* (1770) wurde hier fertiggestellt, aber wichtig sind vor allem natürlich die Romane bzw. Prosaschriften, mit denen sich der Professor für Philosophie und der künftige Prinzenerzieher auswies.

Die *Beiträge zur geheimen Geschichte der Menschheit* (1770) sind eine Mischung von Dichtung und Essays: *Koxkox und Kekequezel, eine mexikanische Geschichte* schildert ironisch die Vielweiberei am Anfang der Geschichte, *Die Reise des Priesters Abul Fauaris* ebenso ironisch die ägyptische Despotie, die in einem Negerstamm den glücklichen Naturzustand ablöst. In den theoretischen Abhandlungen tritt er gegen Rousseau mit der Auffassung auf, daß der Verlauf der Geschichte eher zyklisch sei, ohne jedoch den Gedanken eines Fortschrittes völlig aufgeben zu wollen. Nur kann er, wie fast gleichzeitig auch Herder, sich keineswegs von einer planen Höherentwicklung überzeugen lassen. In der später hinzugefügten Abhandlung *Über die vorgebliche Abnahme des menschlichen Geschlechts* (1771) vertieft Wieland seine These und drückt noch deutlicher seine Skepsis hinsichtlich eines frühen goldenen Zeitalters der Menschheit aus.

In *Sokrates Mainomenos oder die Dialoge des Diogenes von Sinope* (1770) wird der Kyniker geschildert, daß heißt der bedürfnislose und deshalb unabhängige Sonderling, der Wieland auch in den Krisen in Biberach als verlockende, aber doch letzten Endes unrealisierbare Existenzmöglichkeit erschienen war. Nicht Diogenes in seiner Bedürfnislosigkeit ist ein Narr, sondern eher die Gesellschaft; Diogenes lehnt es ab, eine *Politeia* wie Platon zu schreiben, analysiert aber die Schwächen der Einkommens- und Machtverteilung und prophezeit eine Umwälzung, ohne allerdings zu wissen, ob ein daraus entstehender neuer Staat gerecht bleiben würde.

Die Diogenesschrift bildet mit den *Beiträgen* den Auftakt zu dem *Goldenen Spiegel* (1772) und der *Geschichte des weisen Danischmend und der drei Kalender* (1775), aber es darf nicht vergessen werden, daß auch *Agathon* in den verschiedenen Fassungen Auseinandersetzungen mit der politischen Wirklichkeit, den Staatsformen und ihren Vorzügen und Entartungen enthält. Für *Agathon* ist ja überhaupt wichtig, daß die Bildung bzw. Entwicklung des Helden ohne Zusammenhang mit seiner politischen Rolle in Athen und Syracus nicht zu deuten ist.

Mit dem *Goldenen Spiegel* drückt Wieland in der Fiktion Gedanken aus, die er sich auch als Professor in Erfurt machen mußte, und man hat wie so oft bei Wieland auf Entlehnungen aus den Schriften einer stattlichen Reihe von Autoren hinweisen können: Von Platon bis Abbt und Wielands Schweizer Freunden Zimmermann und Iselin. Auch Sengle, der die Virtuosität der Darstellung rühmt, meint, das Buch sei ein «vollkommen unverbindliches Salongespräch über religiöse und politische Fragen» und sieht es als ein Zugeständnis an die überlebte Gattung des Staatsromans, der eine kurze letzte Blüte erlebte – und als eine Empfehlung des Autors an einen Hof als Prinzenerzieher.

Der Roman hatte tatsächlich den gewünschten Erfolg: Wieland wurde zwar nicht, wie gehofft nach Wien, aber immerhin nach Weimar berufen. Der Roman fand jedoch auch im bürgerlichen Publikum großes Echo; so ist die Frage berechtigt, ob er – am Vorabend der Revolution – nicht eher wegen der utopischen Diskussion so eifrig gelesen wurde, obwohl die Utopie dem Staatsroman nicht fremd war. «An die Stelle der Erziehung des besten Herrschers treten zunehmend bürgerlich-universalistische Inhalte einer *Menschheitsutopie*» (Jaumann).

Wieland hatte mit großer Begeisterung Sebastian Merciers *L'an 2440* (1771) gelesen, aber nicht nachgeahmt. Bei ihm handelt es sich nicht um einen Zukunftsroman, auch nicht um zeitutopische Einlagen, sondern um Raumutopien, die von glücklichen Menschen – diesmal nicht auf glücklichen Inseln, sondern in glücklichen Tälern – berichtet. Die Funktion bleibt jedoch dieselbe: Es soll gezeigt werden, wie ein guter Staat die Glückseligkeit und die Moral seiner Bürger befördert, während ein despotischer Staat, indem er seine Bürger unterdrückt, Elend und Verbrechen schafft. Das versucht der weise Ratgeber Danischmend dem Sultan durch Erzählungen von guten und bösen Regenten klarzumachen, wobei der Sultan jedoch jedesmal einschläft, wenn er zu den moralisch-politischen Maximen kommt, und Danischmend zuletzt verhaften läßt, weil er aufklärerisch gegen die Brahmanen und Fakire wettert.

Die utopische Gemeinschaft der «Kinder der Natur» errreicht ein Fremder sozusagen auf klassische Weise: Er wird dahin verschlagen; er leidet zwar nicht Schiffbruch, aber wird von Räubern überfallen. Dieses Utopia ist halb gewachsen, halb hat es einen fast mythischen Ursprung. Allerdings läßt sich schon angesichts der Schilderung dieser Gesellschaft argumentieren, daß ihre Verfassung patriarchalisch ist und sich deshalb nur für kleine Republiken eignet. Sie ist aber ein Leitbild für das, was größere Staaten auch unter anderen politischen Bedingungen für ihre Bürger tun sollen, damit sie wie die «Kinder der Natur» Glückseligkeit erringen, die das «Resultat eines der Natur gemäßen Lebens ist»: Es wird gegen Luxus Stellung bezogen, und die Haltung ist deutlich physiokratisch. Hinsichtlich der Bauern werden folgende Forderungen erhoben: Sicherheit für ihr Eigentum und Schutz vor Unterdrückung; die Natur hat alles übrige auf sich genommen.

In der Schilderung der zweiten utopischen Gesellschaft durch den Wesir Dschengis, der mit dem Thronerben Tifan nach einem Gemetzel unter der fürstlichen Verwandtschaft fliehen kann, wird noch deutlicher, daß die von ihm geschaffene Utopie eine «Pflanzstätte» bleiben, daß ein größerer Staat mit demselben Ziel anders eingerichtet werden muß. Für den größeren Staat ist nach Wieland die eingeschränkte Monarchie die beste Regierungsform: König und Stände haben ihre durch Gesetze definierten Rechte, deren Ursprung aber in der Natur des Menschen und der menschlichen Gesellschaft zu finden ist. Als Grundsätze gelten: «I. Alle Menschen sind *Brüder* und haben von Natur gleiche Bedürfnisse, gleiche Rechte und gleiche Pflichten. II. Die wesentlichen Rechte der Menschheit können weder durch Zufall, noch Gewalt, noch Vertrag, noch Verzicht, noch Verjährung, sie können nur mit der menschlichen Natur verloren werden.»

Wieland argumentiert hier naturrechtlich, schildert aber auch in der Ausgabe letzter Hand, wie der Staat zugrunde geht, weil das Gleichgewicht nicht gewahrt wird: Kriege, Luxus, die überhandnehmende Macht des Adels und immer stärkerer Einfluß des Klerus auf Kosten des Volkes führen zu einer Revolution, weil das Volk sich unter dem Einfluß von Demagogen zuletzt gegen diese Ungerechtigkeit empört. Das Reich löst sich auf bzw. wird von den Nachbarn verschlungen wie Polen zu Wielands Zeiten.

In der Fortsetzung *Geschichte des Philosophen Danischmend* (1775) bzw. in der letzten Fassung *Geschichte des Weisen Danischmend und der drei Kalender* (1775) wird es dem in Ungnade gefallenen Philosophen erlaubt, in ein abgelegenes und unbekanntes Tal Jemal zu fliehen, in welchem er vor den Priestern und Fakiren Ruhe hat, jedoch nach einiger Zeit von einem Kalender, d.h. einem Bettelmönch, heimgesucht wird, der sich zum Zyniker entwickelt hat. Mit seiner Menschenverachtung stachelt er Danischmend zu einem Angriff auf die Sultanschaft und einer Schutzrede für die Menschheit auf, die verständlich machen, daß Wieland in Weimar mitunter Schwierigkeiten hatte:

«Der Mensch, Freund Kalender, der zuerst den Gedanken hatte, und ihn mit Hilfe anderer böser Buben ausführte, den schändlichen Gedanken, gute, harmlose Geschöpfe, seine Brüder zu seinen Sklaven zu machen, damit Er – während sie für ihn arbeiteten – die Früchtes ihres Schweißes essen und bei ihren Töchtern liegen könnte – dieser Mensch war der *erste Sultan*. ... Die kleinen Sultane wünschten – größer zu sein, und kamen alle Augenblicke zu dem *großen Sultan... Die Welt gehört dem, der stark genug ist, sie zu ergreifen und mit ihr davonzulaufen*, sagten sie.»

Legitimität ist Gewalt, die sich eingebürgert hat, und die Despotie richtet durch Unterdrückung und elend den Menschen so übel zu, «daß man Mühe hat, an dem zerkratzten, verstümmelten, zerdrückten Rumpfe die Spuren seiner ursprünglichen Form zu erkennen».

Auf den erste Kalender folgen zwei weitere, sie bringen Luxus und

Unsittlichkeit in das friedliche Tal, das sich so zu einem politischen Laboratorium oder einem politischen Experiment entwickelt. Danischmend sieht das Ende voraus und verläßt das Tal, aber nach einer nochmaligen Begegnung mit seinem alten Gönner Schah-Gebal, der sich selbst treu geblieben ist – weder gut noch schlecht, sondern ein Sultan – wird Danischmend von einem nunmehr bekehrten Jemaliten ins Tal zurückgerufen und mit Ehren und Vollmachten von Schach-Gebal dahin zurückgeschickt, weil er den unbestechlichen Philosophen nicht gerne in der Nähe haben möchte.

Die «utopischen» Romane zeugen sowohl von Skepsis als auch von Hoffnung. Die Menschenverachtung des alten Kalenders wird von Danischmend abgelehnt, der gern auch mit dem Herzen philosophiert, d. h., die Vernunft nicht nur instrumentell benutzt, sondern auch moralische Maximen für die Gesellschaft aufstellt, regulative Ideen entwickelt, die in keiner Gesellschaft realisiert wurden und deshalb vom Kalender als schwärmerisch abgetan werden. Auf der einen Seite geht Tifans Reich zugrunde, weil das konstitutionell festgelegte Gleichgewicht nicht gewahrt wurde, andererseits besinnt sich das kleine Tal von Jemal und stellt den quasiutopischen Zustand wieder her, so daß auf die kleinen Staaten vielleicht noch zu hoffen ist – d. h. auf Republiken wie die Schweiz.

Man kann zwar argumentieren, daß die Geschichten als Utopien nicht ernst zu nehmen sind und daß die einzige Gesellschaft, die wirklich Bestand hat und einen Hort der Tugenden bildet, die Familie ist. Es ist aber doch wohl eher so, daß die damaligen deutschen Verhältnisse nicht reif genug waren, um utopische Romane hervorbringen zu können; eine Diskussion über eine zukünftige ideale Gesellschaft lag so fern, daß sie bildlos-philosophisch abgehandelt werden mußte, während die Dichter sich auf die Bildung des Individuums in der Gesellschaft als das schon Darstellbare beschränken mußten. So wäre der deutsche Bildungsroman das für die deutsche Bewußtseinsgeschichte charakteristische Gegenstück zum politisch utopischen Roman in Frankreich, wie Jaumann in Anschluß an Vosskamp argumentiert.

Weimar

Der kaum vierzigjährige Wieland ging nach Verhandlungen, die seinen neuen Status belegen, als Prinzenerzieher an den Hof nach Weimar: Er würde 1000 Taler pro Jahr für die Zeit seiner Erziehertätigkeit und für den Rest seines Lebens 600 Taler pro Jahr beziehen, ohne Verpflichtung, in Weimar zu bleiben, wie ursprünglich vorgesehen. Außerdem wurde er zum Hofrat ernannt. Diese Ergebnisse machen deutlich, daß er Forderungen stellen konnte.

Wieland scheint sich nicht besonders intensiv für seine Tätigkeit vorbereitet zu haben. Er wurde zwar ein geistreicher Lehrer, aber kein Erzieher, wie die Herzogin Anna Amalie schon in einem Brief an Fritsch feststellte: «Er ist ein Mann von gefühlvollem Herzen und ehrenwerter Gesinnung, aber ein schwacher Enthusiast, viel Eitelkeit und Eigenliebe; ich erkenne leider zu spät, daß er nicht gemacht ist für die Stellung, in der er sich befindet; er ist zu schwärmerisch für die jungen Leute, zu schwach, um ihnen die Spitze zu bieten, und zu unvorsichtig, in seiner Lebhaftigkeit hat er das Herz auf der Zunge; wenn er sich verfehlt, so ist das mehr aus Schwachheit als aus bösem Willen; so sehr er durch seine Schriften gezeigt hat, daß er das menschliche Herz im allgemeinen kennt, so wenig kennt er das einzelne Herz und die Individuen; er hört zu sehr auf die Schmeichler und überläßt sich ihnen; daher stammt die große Freundschaft zwischen ihm und dem Grafen Görtz, der ihm in der unerhörtesten Weise schmeichelt; Wieland von seiner Seite schmeichelt wieder dem Grafen, und beide vereinigt schmeicheln meinem Sohne – so daß nichts als Schmeichelei oben bei meinen Kindern herrscht.»

Es stellte sich also eine starke Enttäuschung oder Ernüchterung bei der Herzogin ein, Wieland spielte auch bald am Hofe des jungen Fürsten keine Rolle mehr. Als der mündig gewordene Karl August die empfindsame Prinzessin Luise aus Hessen-Darmstadt heiratete und mit Goethe der Sturm und Drang nach Weimar kam, war man allgemein der Überzeugung, der vor kurzem so umschwärmte und umworbene Dichter sei völlig isoliert, seine Zeit sei nun vorüber.

Seine große Zeit war tatsächlich auch vorbei, zu der Herzoginmutter entwickelte sich jedoch bald ein besseres Verhältnis; daß er aber letzten Endes nicht gedemütigt am Rande des Hofes stehen mußte, hängt auch damit zusammen, daß Wieland mit 40 seine Möglichkeiten keineswegs erschöpft hatte, daß er immer noch entwicklungs- oder wandlungsfähig war. Und schließlich hatte Wieland sein Ziel erreicht: eine Unabhängigkeit sowohl von der Bürgerstube als auch vom Adelssalon, denn gleichzeitig mit der Übersiedlung nach Weimar gründete er den *Teutschen Merkur*. Mit den Einnahmen aus der Zeitung, seiner Pension und den Verlagshonoraren für seine Bücher hatte er eine Unabhängigkeit erworben, um die er von vielen beneidet wurde. Die Krise, die eigentlich sehr schnell auf den Höhepunkt der Berufung nach Weimar gefolgt war, blieb jedoch ernst genug, und zweifellos haben die Angriffe ihn, der von Eitelkeit nicht frei war, so kurz nach seinen Triumphen schwer getroffen. Aber worum ging es?

Schon in Erfurt hatte Wieland angefangen, sich wieder mit dem Singspiel, mit dem Theater überhaupt zu beschäftigen. Das Singspiel überwand nicht nur den barocken Schwulst und die «Unnatur», es brachte vor allem auch für kleinere Bühnen und Truppen finanziell und personell die Möglichkeit der Aufführung mit sich. Christian Felix Weiße schuf nach dem Vorbild von Favart und in Zusammenarbeit mit dem Komponisten Johann-Adam Hiller eine ganze Reihe von solchen Spielen, die in Leipzig großen Erfolg hatten; auch Werke wie Glucks *Orpheus und Eurydike* (1762) und *Alceste* (1767) waren Wieland natürlich als nachahmenswerte Vorbilder bekannt – ja, er will sogar Metastasio und Euripides vereinigen. Wieland konnte die Seylersche Truppe nach Weimar ziehen, und es entstand in Zusammenarbeit mit dem Kapellmeister Schweitzer eine Reihe von Singspielen: *Aurora* (1772), *Alceste* (1773), *Die Wahl des Herkules* (1773) – anläßlich des siebzehnten Geburtstages des Herzogs – *Das Urteil des Midas* (1774) und *Rosemunde* (1777).

In *Alceste* hat man schon eine Annäherung an den klassisch-empfindsamen Stil von Goethes *Iphigenie*, ein erstes Stück Weimarer Klassik, sehen wollen, und ohne Zweifel ist es von Anna Amalie inspiriert. Seine *Briefe über die Alceste* (1773), in welchen er seine höfisch-empfindsame und tugendhafte Herkulesgestalt rechtfertigt, riefen Goethes *Götter, Helden und Wieland* (1773) und Lenz' *Pandämonium Germanicum* (posthum 1819) hervor, aber Wieland war klug und souverän genug, Goethes «Pasquill» mit Bewunderung für seinen Dichter, wenn auch nicht unkritisch, zu rezensieren, eine Haltung, die Goethe nie vergessen hat.

Wieland hatte sich in *Über den gegenwärtigen Zustand des deutschen Parnasses* (1773) von den «Barden» distanziert und sich wieder Nicolai genähert. Das Ergebnis war, daß nicht nur Gerstenberg und Herder, sondern auch Klopstock ihn angriffen. Friedrich Heinrich Jacobi warnte ihn vergeblich vor einem Bündnis mit Nicolai; Hölty, Voß und Wagner griffen ihn an, in Göttingen zertraten die Hainbündler seine Werke oder benutzten sie zum Anzünden ihrer Pfeifen. Die empfindsamen Brüder Jacobi sahen mit anderen die Kritik Wielands an Sophie La Roches *Das Fräulein von Sternheim* als Neid an. Er hatte das Buch zwar herausgegeben und mit einer Vorrede versehen, in der jedoch ästhetische Zweifel leise angedeutet werden. In der Folge wurde das Verhältnis zu Sophie kühler. In dieser Krise zeigte sich Wielands Integrität. Er wehrte sich jetzt auch gegen die empfindsamen Freunde, aber als er Nicolais *Sebaldus Nothanker* mit der Parodie auf Johann Georg Jacobi positiv besprach und die *Freuden des jungen Werther* (1775) als nützliche Satire ansah, machte er sich gerade bei dieser Gelegenheit wieder von einer Umklammerung durch die Berliner Aufklärung frei: «Herr N^{xxx} ist nie mein Freund gewesen; in seiner Bibliothek *bin ich fast immer schief angeglotzt, oft mutwillig mißhandelt und nicht ein einziges Mal (das ich wüßte) durchaus unparteiisch behandelt worden.*» Der Herausgeber des *Teutschen Merkur* errang sich somit die nötige Selbständigkeit nach allen Seiten.

Wielands Zeitschrift (1773–1810) hatte einen ungewöhnlichen und langanhaltenden Erfolg. Der erste Jahrgang fand 2500 Abnehmer. Im Jahre 1798 hatte die Zeitschrift zwar nur noch 800 Abonnenten, dennoch blieb sie ein Unternehmen, das Wieland die ersehnte Unabhängigkeit weitgehend sicherte, ja ihm sogar den Kauf des kleinen Gutes Oßmannstedt erlaubte. In den ersten Jahren der Zeitschrift hat er mit ihr das Dreifache seiner Pension verdient und somit seine vielköpfige Familie ernähren können.

Wielands Vorbild war, wie der Name andeutet, der *Mercure de France*. Ein

«Nationaljournal» war schon ein Wagnis, weil es kein Deutschland gab, keine deutsche Hauptstadt, kein deutsches Nationaltheater, sondern erst ein im Entstehen begriffenes deutsches Publikum, das noch niemand recht kannte, das Wieland aber erreichen und bilden wollte. Dies bedingte das Niveau der Zeitschrift, das sich weder mit dem der *Horen* noch dem des *Athenäum* vergleichen läßt.

In einem Brief an Jacobi, der mit seinem Bruder die anspruchsvollere *Iris* gründete und deshalb die Mitarbeit am *Merkur* kündigte, stellte Wieland fest: «Der Merkur soll hauptsächlich unter den *mittelmäßigen* Leuten sein Glück machen und macht es auch.» Trotzdem gelangten durch diese Zeitschrift wenigstens Fragmente der Kultur Weimars an Leser, die nie die *Horen* abonniert hätten. Somit fragt es sich, ob die «Sau» oder «Fabrik Merkur» für die deutsche Klassik nicht doch wichtig war. Eine ganze Reihe berühmter Autoren veröffentlichte in dieser Zeitschrift: Goethe, Herder, Schiller, die Brüder Schlegel und – aus andern Gründen nicht lange – Heinse. Von Wieland selber abgesehen, schrieb nur sein Schwiegersohn, der Kantianer Reinhold regelmäßig über lange Zeit, wodurch die Zeitschrift paradoxerweise zu einer Popularisierung einer Wieland letztlich völlig fremden Philosophie beitrug. Mercks Beiträge über Literatur fanden sich ebenfalls über einen längeren Zeitraum im Merkur.

Wieland ließ Übersetzungen und Aufsätze über die Antike, Dichtungen wie *Oberon*, *Die Abderiten* und viele seiner kunsttheoretischen und geschichtlichen Aufsätze dort erscheinen. Zahlreiche Mitarbeiter waren jedoch tatsächlich mittelmäßig, und wenn sich die Zeitschrift dennoch so lange hielt, so hängt dies auch mit der Breite der Themen zusammen: Sie berichtete nicht nur über die Philosophie und Literatur, sondern auch über Ballonfahrten, Naturwissenschaften, die in Weimar sehr wichtig waren, und Politik, wobei die Kommentare zur Französischen Revolution besonders interessant sind. Seit 1796 überließ Wieland die Redaktion jedoch dem Weimarer Gymnasialdirektor Böttiger.

In Wielands zentralen Werken zeigt sich klar, wie er trotz oder gerade wegen der Angriffe Jüngerer nicht nur überlebte, sondern sogar wuchs. Das erste Sturm-und-Drang-Jahr (1775/76) war gewiß schwierig, neben Goethe erschienen auch Klinger und Lenz in Weimar, und der erfahrene Geheimrat von Fritsch drohte mit seinem Rücktritt, als man Goethe ins Geheime Consilium berief. Der junge Herzog, aber auch Goethe besannen sich, und schon Juli 1776 schrieb Goethe die vielzitierten Worte: «Mit Wieland hab' ich göttlich reine Stunden. Das tröstet mich viel.» Auch mit dem manchmal etwas überheblichen Herder fand der immer um Konzilianz bemühte Wieland einen Modus vivendi und fing schon an, in die Rolle des alten Wieland, des weisen Danischmend, hineinzuwachsen.

Weimarer Frühklassik

In dieser Epoche schreibt er die Werke, die ihm neben *Agathon* und den kürzeren Verserzählungen auch im 19. Jahrhundert einen Platz neben den beiden Klassikern verschafften. Dabei wäre mit Sengle zu fragen, ob die Dichtung Wielands in diesen Jahren nicht als humoristische Klassik aufzufassen ist – oder ob der Begriff Klassik von vornherein den Humor ausschließt.

In seinen *Gedanken über die Ideale der Alten* (1777) wendet Wieland sich gegen die von Lavater in den *Physiognomischen Fragmenten* aufgegriffene und naiv oder falsch interpretierte Vorstellung, die Griechen seien als Menschen so vollkommen gewesen, daß die griechische Kunst – als Nachahmung der Natur – schon deshalb höher stehen müsse als jede moderne. Wieland verwarf diese naiv realistische Mimesisauffassung, hob in seinem Aufsatz die idealisierende Kunst der griechischen Meister hervor und griff auf die platonische Lehre von der Schau der Urbilder zurück, um Lavaters Mißverständnis des Mimesisgedankens (vgl. S. 113 f.), entgegenzutreten. Auch auf dem Höhepunkt des Weimarer Griechenkultus konnte Wieland sich zu keiner Mythisierung des Griechischen verstehen: Er kannte die griechische Geschichte zu gut, und deshalb war es auch für ihn natürlich, seinen Narrenroman *Die Abderiten* (1781) in Griechenland spielen zu lassen.

Geschichte der Abderiten

Wenn Wielands *Agathon* der erste Bildungsroman wurde und folglich eine neue, spezifisch deutsche Gattung ins Leben rief, so sind *Die Abderiten* (Buchfassung 1781) als der erste gelungene moderne satirische Roman in Deutschland seit dem Barock anzusehen. Was zwischen Grimmelshausen und Ch. Reuter (1656–1712) einerseits und Wieland andererseits geschrieben wurde, lesen heute nur noch die Spezialisten.

Es geht in diesem Roman nicht wie im *Agathon* um den einzelnen, sondern um die Gesellschaft, aber Wieland hat keinen weiteren ‹Fürstenspiegel› geschrieben, geschweige denn eine Utopie. Der Roman spielt in einer kleinen, aber keineswegs vorbildlichen griechischen Republik. Während die Schildbürger im 16. Jahrhundert ihre Heimat in Deutschland hatten, verlegt Wieland auch hier den Schauplatz zurück in die Antike, um die politischen und religiösen Verhältnisse nicht nur in Krähwinkel unbeschwerter beschreiben zu können. Der Züricher, Biberacher und Erfurter Hintergrund für vieles ist teils anzunehmen, teils schon aufgedeckt, aber der *Schlüssel zur Abderitengeschichte* belegt die Intention Wielands, eine allgemeine und noch dazu im allgemeinen ironisch-versöhnliche Satire zu schreiben – von Liscow weit entfernt (vgl. S. 222). Es geht vielmehr um typische menschliche Schwächen und Torheiten: um Provinzialismus, Vorurteile fremden Völkern gegenüber, um Geltungsbedürfnis und Rivalitäten, Standesdünkel usw.

Von einer durchgehenden Handlung läßt sich in den ersten Büchern des Romans kaum reden, der übrigens im *Teutschen Merkur* in Folgen veröffentlicht wurde. In einer Reihe von Gesprächen zwischen dem lachenden Weltweisen Demokrit und seinen Landsleuten enthüllen sich deren Borniertheit und Torheiten. Als weitere Kontrastfiguren treten Hippokrates und später Euripides auf. Die unverbesserlichen Narren bilden eine Gemeinschaft, der durch den besten Philosophen nicht zu helfen ist, die vielmehr plant, Demokrit durch den berühmten Arzt Hippokrates für verrückt erklären zu lassen, um ihn darauf zu entmündigen.

Die Satire richtet sich gegen Intoleranz, klerikale Machtbegierde und Borniertheit, die selbstverschuldete Unmündigkeit der Menge, politische Kannengießer und schlaue Aristokraten bzw. Patrizier. Themen der Gespräche sind aber auch die durch Zeit und Ort bedingten moralischen Normen, die Relativität des Geschmacks, Empfindsamkeit und dramatische Formen, kurz: all die Themen, die in jedem Salon des 18. Jahrhunderts debattiert wurden. Wieland entwickelte dabei eine bis dahin nie erreichte Souveränität des ironischen, facettenreichen auktorialen Erzählens und erzog seine Leser zu einem klaren Fiktionalitätsbewußtsein. Sein Leser darf und kann keinen Augenblick vergessen, daß poetische Wahrheit etwas anderes ist als historische Faktizität. Die ironisch umspielte Herausgeberfunktion der frühen Romane ist aufgegeben wie auch im *Agathon*, da aber die tolle Laune und die verrückten Einfälle des Erzählers die Folge haben, daß der Roman in unzähligen Städten als Schlüsselroman gelesen wird, muß er eine Erklärung der Übereinstimmung zwischen historischer Wirklichkeit und poetischer Wahrheit finden – und entdeckt sie, wie er gesteht, in Sternes *Tristram Shandy*, d. h. bei demjenigen zeitgenössischen Autor, der mit Fiktionalität, Erzählzeit und erzählter Zeit, mit dem Erzählvorgang und mit dem Medium überhaupt am virtuosesten gespielt hat. Bei dem von Sterne erwähnten Hafen Slawkenbergius will er die ‹historische› Erklärung gefunden haben, daß die Abderiten nach der Zerstörung ihrer Stadt auswanderten, in ihrem Exil ebenso unsterblich geworden sind wie das auserwählte Volk der Juden und sich wie dieses auf der ganzen Welt verbreitet haben.

An einer Stelle nimmt Wieland wieder das Thema des vollkommenen Gemeinwesens auf. Auf die Frage, welches Land denn ihm, dem Vielgereisten, am besten gefallen habe, gibt Demokrit die artige Antwort: Abdera. Als die Narren ihm nicht glauben wollen, fragt er sie, ob sie nie von einem Land gehört haben, «... wo die Natur so gut ist, neben ihren eigenen Verrichtungen auch noch die Arbeit der Menschen auf sich zu nehmen? von einem Lande, wo ewiger Friede herrscht; wo niemand Knecht und niemand Herr, niemand arm und jedermann reich ist? wo der Durst nach Golde zu keinem Verbrechen zwingt, weil man das Gold zu nichts gebrauchen kann; wo eine Sichel ein eben so unbekanntes Ding ist als ein Schwert; wo der Fleißige nicht für den Müßiggänger arbeiten muß; wo es keine Ärzte gibt, weil niemand krank wird; keine

Richter, weil es keine Händel gibt; keine Händel, weil jedermann zufrieden ist; und jedermann zufrieden ist, weil jedermann alles hat, was er nur wünschen kann; – mit einem Worte, von einem Lande, wo alle Menschen so fromm wie die Lämmer, und so glücklich wie die Götter sind?»

Demokrit-Wieland beschreibt den Abderiten das Land, von dem die Sagen vom goldenen saturnischen Zeitalter und Jesaia im Alten Testament berichten, ein Land, in dem ewiger Friede herrscht, wo soziale Gerechtigkeit nicht erkämpft werden muß, weil sie sich von selbst ergibt, weil eine utopische Gesellschaft diese utopische Natur voraussetzt und sich nur aus ihr entwikkeln kann. Es gibt sie deshalb nirgends, sie bleibt eine uneinlösbare Forderung, weil die Menschen über die Natur nicht verfügen.

Als die Abderiten dies nicht verstehen, transponiert Demokrit die Argumentation in eine andere Textsorte und erzählt ihnen das Märchen vom Schlaraffenland. Dieses Land ist das Ziel ihrer kindischen Wünsche, das Land, «in welches uns eure abderitischen Sittenlehrer hineindeklamieren wollen». Als eine Abderitin das Märchen identifiziert, die Abderiten aber noch nicht einsehen wollen, daß ihr Traum von einem vollkommenen Land unmöglich ist, weil es auf der Erde kein solches geben kann, muß Demokrit deutlicher und begrifflicher argumentieren:

«Ein Land, wo ewiger Friede herrscht, und wo alle Menschen in gleichem Grade frei und glücklich sind; wo das Gute nicht mit dem Bösen vermischt ist, Schmerz nicht an Wollust, und Tugend nicht an Untugend grenzt, wo lauter Schönheit, lauter Ordnung, lauter Harmonie ist, – mit einem Wort, ein Land, wie eure Moralisten den ganzen Erdboden haben wollen, ist entweder ein Land, wo die Leute keinen Magen und keinen Unterleib haben, oder es muß schlechterdings das Land sein, das uns Teleklides schildert, aus dessen Amphiktyonen ich (wie die schöne Salabanda sehr wohl bemerkt hat) meine Beschreibung genommen habe.»

Es geht also sowohl um die äußere Natur als um die Natur des Menschen als Teil dieser Natur: Nur wo es keine Bedürfnisse gibt, weil sie alle befriedigt werden können, könnte eine Utopia Wirklichkeit werden; d. h., nur wo es keinen Hunger und keine Sexualität gibt, entstehen keine Konflikte. Der Traum von einem vollkommenen Land, der sich hinter der Frage der schönen Abderitin verbarg, ist also nach unserem skeptischen Philosophen unsinnig, aber: «So unsinnig sind neun Zehntel der Gesetzgeber, Projektmacher, Schulmeister und Weltverbesserer auf dem ganzen Erdrund alle Tage!»

Demokrit gibt sich also gewissermaßen mit der schlechten Wirklichkeit zufrieden, weil er sie nicht so schlecht findet – oder eher, weil er sie «durch Beispiele bessern» will und nicht «durch frostiges Gewäsche» oder «Schmähreden». Die Skepsis gegenüber Umwälzungen utopischer Art und moralischen Forderungen an die Geschichte – oder gar an die Natur – wurde durch die Französische Revolution und den Aufstieg Napoleons nur bestätigt, was Wieland keineswegs zu einem Anhänger des Ancien régime machte.

In den letzten Büchern fehlt die Kontrastfigur zu den Abderiten, denn die Gäste zogen weiter, und auch Demokrit konnte es zuletzt nicht mehr in Abdera aushalten. Dies ist natürlich erzählerisch von großer Bedeutung, denn der Leser hat sich in den ersten Büchern mit der Identifikationsfigur Demokrit über die Torheiten des närrischen Volkes amüsieren sollen. Nun ist es allerdings keineswegs so, daß der Leser sich ohne weiteres über die Abderiten erhaben fühlen soll, vielmehr wird er durch die Diskussionen, in welchen die Abderiten mitunter anerkannte zeitgenössische Positionen vertreten, auf indirektem Wege zur Revision seines eigenen Abderitentums geführt. Diese Revision wird ihm dadurch schmackhafter gemacht, daß die Abderiten in diesen Büchern vorwiegend als gutmütige Narren gezeichnet werden, die sogar einer echten Kunstbegeisterung fähig sind. Dies ändert sich in den späteren Büchern.

In dem dramatisch aufgebauten *Prozeß um des Esels Schatten*, der später von Fulda und Dürrenmatt dramatisiert wurde, schildert Wieland Rechthaberei, Verbohrtheit und politische Manipulationen und gibt in den Gerichtsreden Beispiele demagogischer und forensischer Glanzleistungen, deren Rhetorik mit dem Streitpunkt nach und nach wenig zu tun hat: Ob ein Bürger, der einen Esel mietet, auch dessen Schatten gemietet hat, so daß er sich in diesem ausruhen darf. Der Streit bringt die Stadt an den Rand eines Bürgerkriegs, weil die Standesgenossen der Kläger diese unterstützen, aber zuletzt entladen sich die Spannungen, indem das Volk den unschuldigen Esel zerreißt.

Noch grotesker endet die letzte Geschichte, in welcher die heiligen Frösche der Schutzgöttin in der Stadt so überhandnehmen, daß die Abderiten sie verlassen müssen. Die bittere Satire trifft nicht nur die Froschgläubigen und deren Priester, die gelehrte Abhandlungen über die sakrosankten Tiere schreiben, sondern auch die Akademie der Wissenschaften in Abdera, die in einem gelehrten Gutachten zu dem vernünftigen, den Volksglauben leider nicht berücksichtigenden Ergebnis kommt, man müsse die Teiche austrocknen, die Tiere fangen und die Froschkeulen als eine gesunde und nahrhafte Speise verzehren. Klüger ist der Priester mit dem sprechenden Namen Pamphagus, der leider zu spät und vergebens «den Vorschlag tat, die Frösche künftig zu ordentlichen Opfertieren zu machen und, nachdem der Kopf und die Eingeweide der Göttin geopfert worden, die Keulen als Opferfleisch zu ihren Ehren zu verzehren».

Den Ausklang der Geschichte und deren *Schlüssel* kennzeichnet wieder eher Humor als Juvenals «saeva indignatio», und das ganze Werk hat so viel Lustspielhaftes, daß es schon aus diesem Grund ein seltener Glücksfall in der deutschen Literatur ist.

Oberon

Wielands Romanzo *Oberon* (1780) ist nur vor dem Hintergrund der damaligen epischen Theorie in seiner Eigentümlichkeit zu verstehen, aber natürlich nicht nur im Rahmen dieser Gattung; er ist auch als Teil der Versepik Wielands zu beurteilen, die seit *Musarion, oder die Philosophie der Grazien. Ein Gedicht, in drey Büchern* (1768) den im europäischen Kontext einzigen ernst zu nehmenden deutschen Beitrag zur Rokokoepik darstellt. Thematisch und formal sind viele dieser Werke den Epyllien sehr verwandt. Auch in den kleineren Verserzählungen berichtet er – sieht man von einigen wenigen klassisch-ernsten Werken ab – nichts Neues, sondern er erzählt artistisch zugespitzt und oft mit einer scharfen Pointe Geschichten aus der gesamten europäischen Tradition, darunter auch die Märchen aus Tausendundeiner Nacht. Diese Tradition war ihm so gegenwärtig, daß die wahre Kunst für ihn in einer oft augenzwinkernden und stets perzeptionsfördernden Variation und nicht in der eigenen Schöpfung bestand; der Originalitätsanspruch der Romantiker, die ihn mit der Beschuldigung des Plagiats später literarisch vernichten wollten, blieb ihm unbegreiflich, da seine Kunst sich ja des ausgesprochenen und des unausgesprochenen Bezugs auf diese Tradition bediente und Entlehnungen keineswegs verheimlichte, höchstens um der Wirkung willen versteckte. Seine Epen oder Epyllien sind, modern ausgedrückt, ‹Hypertexte›, die den italienischen Romanzo als ‹Hypotext› voraussetzen; die «Muse Belesenheit» (Preisendanz) hat ihn inspiriert und muß auch dem Leser beistehen, der diese Kunst der unbeschwerten Intertextualität genießen will. Da dies den wenigsten gelingen kann, haben Wielands anscheinend so leichte Dichtungen heute letzten Endes Kommentare nötig.

Während *Idris und Zenide* und *Der neue Amadis* im 19. Jahrhundert als frivol galten und in ihrem Reichtum an Allusionen Ansprüche stellten, die schon damals vom normalen Leser nicht mehr einzulösen waren, wurde *Oberon* in dieser Epoche ein Klassiker und erlangte trotz seines immer noch sehr deutlichen Rokokocharakters die Schulbuchreife.

In dem Vorwort «An den Leser» nennt Wieland seine literarischen Vorlagen und Quellen und deutet mit der Musenanrufung und Inhaltsangabe in den einleitenden Strophen auf die ‹romantische› Tradition hin, auf die er sich auch in diesem Werk bezieht. Es handelt sich um die in den Ritterbüchern des 12. bis 14. Jahrhunderts enthaltenen Artus- und Karlssagen und die italienischen Romanzen, die diesen Stoff aufgenommen und neu geformt haben.

In vielen Einzelheiten geht das Epos auf den Stoff zurück, den ihm die Prosafassung der Geschichte Hüons in der *Bibliothèque des Romans* vermittelte, aber die italienische Rezeption der altfranzösischen *chansons de geste* prägt auch in diesem Werk Wielands künstlerische Behandlung dieses Stoffes bis hin zur Charakteristik der Personen: In der norditalienischen Umformung der französischen Epen wurde Kaiser Karl als launenhaft, ungerecht, ja sogar als unzuverlässig geschildert und das Geschlecht der Herren von Mainz als verräterisch. Spuren dieser Tradition finden sich bei Wieland, wichtiger ist aber der Einfluß der Gattung als solcher.

Wielands Verhältnis zu seinen Quellen ist eingehend untersucht worden, und es ist überaus deutlich, daß er in diesem wie in den meisten anderen Fällen auf der einen Seite die Möglichkeiten ausschöpft, die der Rückgriff auf dem Leser wohlbekannte Stoffe, Themen, Fabeln und Formen bietet, andererseits sich in der Umgestaltung souverän verhält. Seine französische Quelle resümiert eine einfache Geschichte ohne jedes psychologische Interesse, ohne jeden ideellen Tiefgang, aber mit einer elementaren Spannung. Wieland folgt in den Hauptzügen dieser Quelle, macht die Handlung jedoch zusammenhängender, verfeinert und nuanciert die Motivationen. In der Vorrede macht er ausdrücklich auf die Metamorphose Oberons aufmerksam, die sich charakteristischerweise dadurch vollzieht, daß er in einen anderen literarischen Traditionszusammenhang gerückt wird. Es handelt sich sowohl um die Darstellung seines Wesens als auch um seine Integration in die Handlung, und Wieland unterstreicht mit Recht «die Art, wie die Geschichte seines Zwistes mit seiner Gemahlin Titania in die Geschichte Hüons und Rezias eingewoben worden» ist, denn diese Verknüpfung ist neu und erlaubt ihm eine ganz andere Deutung nicht nur des in psychologischer Hinsicht sehr menschlichen Elfenpaares, sondern auch ihrer ‹mythologischen› Mittelstellung zwischen den Menschen und der göttlichen Vorsehung.

Auf die von der klassizistischen Kritik aufgestellte These von der fehlenden Einheit und dem episodenhaften Charakter des Romanzo nimmt Wieland Bezug mit der These, in seinem Werk seien drei Handlungen in einen «Hauptknoten» verschlungen, so daß «eine Art von *Einheit* [entsteht], die, meines Erachtens, das Verdienst der *Neuheit* hat». Dabei kann eigentlich kein Zweifel sein, daß darüber hinaus die Geschichte von Gangolf und Rosette, die Scherasmin erzählt, so viel Selbständigkeit besitzt, daß sie als die fast ‹mythische› Handlung aufzufassen ist, die den ‹Bruch› in der Welt des Epos durch einen Götterzwist erklärt und den außerordentlichen Charakter des berichteten Geschehens herausstellt.

Die Originalität des Werkes liegt also nach Wielands Ansicht in einer künstlerischen Vervollkommnung und Weiterentwicklung schon existierender literarischer Formen. Auf ähnliche Weise hatte er schon in der Vorrede zu *Musarion* argumentiert. *Musarion* wurde ein großer Erfolg, auch aufgrund dieser formalen Meisterschaft, und ähnliches gilt für *Oberon*. Aber die schöne Form sollte den Blick nicht dafür trüben, daß sie Ausdruck eines neuen Inhaltes ist. So wie Goethe in *Dichtung und Wahrheit* über seinen ersten Eindruck von *Musarion* schreiben konnte: «Hier war es, wo ich die Antike lebendig und neu wiederzusehen glaubte», so wurde auch der Geist der ‹romantischen› Zeiten in *Oberon* «lebendig und neu». So wie die Antike in dem frühen Werk der leichte, hellenistisch getönte Traum von einem schwerelosen, harmonisch bescheidenen Leben ist und nicht die Glut des Antikeerlebnisses Winckelmanns kennt, so ist Wielands Mittelalter «das alte romantische Land» des italienischen Renaissanceepos. Die Ritter, die hier mit den Heiden kämpfen, ins Heilige Land ziehen und sich in schöne Heidinnen verlieben, werden in einem heiter ironischen Licht gebadet. In diesen Epen konnten dem Ritter sowohl Helm als auch Pferd abhanden kommen, ja Rivalen, die miteinander kämpften, konnten sich auf ein Pferd setzen und gemeinsam der Schönen nachjagen, die von ihnen nichts wissen wollte. Der tapfere Held Roland tobte in *Orlando Furioso* (1532) aus verschmähter Liebe, und ihm wurde erst geholfen, als sein Kampfgefährte Astolfo auf dem Hippogryphen ins irdische Paradies ritt und von dort aus mit dem Wagen des Propheten Elias den Mond erreichte, wo er des Wahnsinnigen Verstand in einer Ampulle fand und ihm wieder einflößte. Solche Werke setzen ein ästhetisch sehr sensibles Publikum voraus.

Anscheinend gehören Wielands Romanzen aber somit nach der Ansicht der Schulpoetik trotz ihrer raffinierten Kunst zu den auch damals nicht hochgeschätzten «Werken, deren Hauptzweck eine angenehme Unterhaltung des gebildeten Teils des Publikums» ist (Vorbericht zu dem *Neuen Amadis*, 1771), aber sie sind trotz parodistischer Züge keine ‹komischen› Epen. Ein wichtiges Moment der Loslösung von dem lediglich «Komischen» und damit des Überganges zum humoristischen Epos ist ganz gewiß, daß das Märchen die parodierte Mythologie ersetzt. Unter ‹Märchen› ist natürlich nicht das Grimmsche Volksmärchen, sondern das französische Feenmärchen zu verstehen, das damals sehr beliebt war und das Wieland ja schon in *Der Sieg der Natur über die Schwärmerey, oder die Abenteuer des Don Sylvio von Rosalva* (1764) sehr gekonnt ‹entmythologisiert› hatte. Auch seine Romanzen rückt Wieland in die Nähe der modernen ironisch-spöttischen Märchendichtung eines Antoine d'Hamilton, und in der Vorrede zu *Idris und Zenide* heißt es über die Gattung: «Ein Feenmärchen in fünf Gesängen... wird in vieler Augen anstößig genug sein. Und doch ist der Orlando Furioso, der Stolz und die Lieblingslectur der Welschen, im Grunde nichts anders, als eine Kette in einander geschlungenen Feenmärchen.»

Diese nicht nur künstlerich sehr reflektierte ‹Entmythologisierung› des Epos wird in *Oberon* fortgesetzt. Die Musenanrufung am Anfang ist ein Meisterstück. Den Einsatz medias in res bilden durcheinanderwirbelnde Handlungsfetzen, der poetische Wahnsinn steigert sich so, daß der Hörer die Muse zum Sitzen nötigen muß:

> «Noch einmal sattelt mir den Hippogryphen, ihr Musen,
> Zum Ritt ins alte romantische Land!
> Wie lieblich um meinen entfesselten Busen
> Der holde Wahnsinn spielt! Wer schlang das magische Band
> Um meine Stirne? Wer treibt von meinen Augen den Nebel

Der auf der Vorwelt Wundern liegt?
Ich seh, in buntem Gewühl, bald siegend, bald besiegt,
Des Ritters gutes Schwert, der Heiden blinkende Säbel.

Vergebens knirscht des alten Sultans Zorn,
Vergebens dräut ein Wald von starren Lanzen:
Es tönt in lieblichem Ton das elfenbeinerne Horn,
Und, wie ein Wirbel, ergreift sie alle die Wut zu tanzen; ...

Doch, Muse, wohin reißt dich die Adlersschwinge
Der hohen trunknen Schwärmerei?
Dein Hörer steht bestürzt, er fragt sich was dir sei,
Und deine Gesichte sind ihm geheimnisvolle Dinge.

Komm, laß dich nieder zu uns auf diesen Kanapee,
Und – statt zu rufen, ‹ich seh, ich seh›,
Was niemand sieht als Du – erzähl uns fein gelassen
Wie alles sich begab ...»

Ein in jeder Hinsicht betörender Musenanruf in einer Tradition, deren poetische Möglichkeiten Wieland mit souveräner Meisterschaft demonstriert: Das geflügelte Dichterroß, die Stirnbinde des Sehers, der furor poeticus (der holde Wahnsinn), die Inhaltsangabe und der Vorgriff auf Höhepunkt der Handlung. Wieland demonstriert alle diese Möglichkeiten, erklärt sie aber gewissermaßen gleichzeitig für erschöpft und überholt, indem er die Muse auf das Kanapee drängt. Gibt es einen alltäglicheren, prosaischeren Aufenthaltsort für eine Göttin als ein Sofa? Kann der Abstand der zeitgenössischen Wirklichkeit von der Welt des Mythos und der ‹romantischen› Zeiten deutlicher signalisiert werden?

Diese Ironie, diese doppelte Optik ist auf vielen Ebenen für *Oberon* charakteristisch. Es dreht sich um eine Dichtung, die so ironisch-spätzeitlich mit der Tradition spielt wie Ariost in *Orlando Furioso*, und wohlgemerkt ohne diese Tradition zu entwerten. Vielmehr ist er wie Tasso auf dem Weg zu einer weniger verspielten Kunst. Dies zeigt sich in der Darstellung des Helden und in der Handhabung der mythologischen Maschinerie.

Nachdem Kaiser Karl Hüon die unmögliche und wenig ritterhafte Aufgabe gestellt hat, vom Sultan vier Backenzähne und eine Handvoll Bart zu verlangen, begibt sich der Held getrost auf den Weg, obwohl er nur die schöne Sprache von Ok, d. h. Provenzalisch, spricht und deshalb oft in Schwierigkeiten gerät, wenn er den nächsten Weg nach Bagdad erfragen will, denn die Araber verstehen leider nur Arabisch. Solche ironischen Hinweise auf die ‹Wirklichkeit› sind Legion, und überhaupt gilt, daß Hüon ein braver, aber etwas tumber Held ist, der weder von «komischen» Reimen (I, 11: Pantoffel... Gott und Sankt Christoffel) noch vom Spott des gebildeten Erzählers verschont wird. Er muß z. B. seine schöne Braut und Sultanstochter auf der Heimfahrt zum Christentum bekehren und ihr den großen Unterschied zwischen Heidentum und christlicher Religion klarmachen:

«An Eifer gab er keinem Märtrer nach;
Er war an Glauben stark, wiewohl an Kenntnis schwach,
Und die Theologie war keineswegs sein Fach;
Sein Pater und sein Credo, ohne Glossen,
In diesen Kreis war all sein Wissen eingeschlossen.» (VI, 24)

Er erbietet sich aber, diese einfachen Wahrheiten mit dem Schwert «handgreiflich zu erweisen», und die Schöne erfährt: «Groß ist in des Geliebten Mund der Wahrheit Kraft» und kann sich bald «mit vieler Fertigkeit» bekreuzigen. So ironisch aber die intellektuellen Fähigkeiten und das ritterliche Bildungsniveau unseres Helden geschildert werden, über seinen Charakter und seinen Mut, über seine Liebe und seine Treue witzelt der Erzähler nicht, die Schilderung erreicht hier an Höhepunkten trotz deutlicher Rokokoelemente eine empfindsam getönte Klassizität. Held und Heldin werden ständig von Humor und Ironie umspielt, gelangen aber durch «Sündenfall», Unglück und Prüfung zu einer geläuterten Humanität, die nun ihrerseits Voraussetzung für das Erlösungswerk auf der «mythologischen» Ebene ist. Denn die Abenteuer hätte unser Held nicht bestanden, wenn er in einem Wald nicht den treuen Knappen seines im Heiligen Land gestorbenen Vaters getroffen hätte und wenn ihm der Elfenfürst Oberon nicht immer wieder zu Hilfe geeilt wäre.

Der Elfenkönig Oberon ist kein Gott, sondern ein melancholischer, zwar mächtiger, aber auch leidender, ja sogar reduzierter Geist, ein Zwerg, «gestützt auf einen Lilienstengel», die Augenbrauen aber «umwölkt von Ernst und stillem Zorn» (II, 36). Später, als Oberon erlöst, d.h. mit seiner Titania wieder vereint und versöhnt worden ist, erscheint er nicht mehr als «Knabe», sondern wird wieder ein «Jüngling, ewig schön und ewig blühend» (XII, 71).

Erst lange nach der ersten Begegnung des Helden mit seinem Schutzgeist bekommen wir durch die Märchennovelle Scherasmins, die Wieland bei Pope gelesen hat, die jedoch ursprünglich aus Chaucers *Canterbury Tales* stammt, den Schlüssel zu Oberons Gestalt und Forderungen. Der Charakter der Erzählung und ihre Funktion stehen dabei in einem eigentümlichen Spannungsverhältnis: Ein alter Sünder und Hurenbock heiratet ein junges, unschuldiges Mädchen und wird, nachdem er blind geworden ist, natürlich von allerhand Mißtrauen geplagt und plagt infolgedessen auch seine junge Frau, die ihn dann zuletzt natürlich betrügt. Scherasmin, der sich merkwürdigerweise bei der ersten Begegnung mit Oberon an diese Geschichte nicht erinnerte, erzählt sie zwar in erbaulicher Absicht und zur Warnung vor der Fleischeslust, aber so, daß man gegen diese erklärte Absicht eher Sympathie für die muntere Ehebrecherin Rosette als für ihren abgelebten und ausgebrannten Ehemann verspürt, der sie eingesperrt hält und ihr unter anderem erzählt, wie in der Bibel von dem frommen Holofernes berichtet wird, der vertrauensvoll bei der bösen Judith den Kopf verliert. Auf die Differenz zwischen dem Horizont des reflektierten Erzählers und dem des biederen Scherasmin wird also durch diesen Hinweis auf die alttestamentliche Heldin sehr deutlich hingewiesen.

Oberon ist jähzornig und reagiert unbedacht auf die schwesterliche Hilfe Titanias für Rosette, die er dem Ehemann ausliefern wollte. Oberon ist zwar ein mächtiger Geist, aber keineswegs ohne Schwächen, und er akzeptiert nicht Titanias Einwand: «Ist Freiheit euer Los und unsers nur Geduld?» Der Elfenfürst will seine Gattin nicht wieder sehen, bis ein keusches Paar sich treu bleibt bis zum Tode auf dem Scheiterhaufen, obwohl ihnen Untreue ein Königreich bescheren würde. Oberon bereut zwar diese unerfüllbare Bedingung, kann sein Wort aber nicht rückgängig machen.

Wir stellen also fest, daß die Naturmächte, verkörpert in den mythologischen Gestalten des Elfenkönigs und seiner Gemahlin, entzweit sind und die heroische sittliche Tat des Menschen nötig haben, um wieder zur Harmonie zu gelangen. Wie hoffnungslos ihre Lage ist, erhellt aus dem Umstand, daß Natur und Sittlichkeit anscheinend wieder, wie in der Erzählung von Gangolf und Rosette, in Konflikt geraten müssen, wenn der unbedachtsame Elfenkönig erlöst werden soll. Er hält Hüon und Rezia zur Tugend an und droht ihnen mit dem Verlust seines Schutzes, wenn sie sich vergessen. Die Liebenden sind zwar treu, können aber die ihnen von Oberon auferlegte Zeit der Prüfung nicht durchhalten, sondern fehlen aus Liebe, wobei der aufmerksame Leser sich an die Formulierung Oberons «Durch keusche Lieb in Eins zusammenfließt» erinnert, die dieser wohl kaum selber so verstanden hat. Nach dem ‹Sündenfall› wird der schuldige Hüon wie ein anderer Jonas ins Wasser geworfen, um da an Land getrieben zu werden, wo die Vorsehung, nicht Oberon, ihn prüfen wird. Oberon sieht nicht, daß seine eigene Erlösung erst durch die Übertretung seines rigorosen Keuschheitsgebotes möglich wird, denn ohne diese Sünde wären sie nicht fast ertrunken, wären sie nicht in Tunis fast verbrannt worden, sondern hätten, wie er ihnen in Aussicht gestellt hatte, in Rom den Papst ihren Bund segnen lassen und bis zum Ende ihrer Tage ein glückliches Familienleben in Frankreich führen können. Seine Wiedervereinigung mit Titania soll aber nicht eher stattfinden, so dekretiert er selber:

> «Bis ein getreues Paar, vom Schicksal selbst erkoren,
> Durch keusche Lieb in Eins zusammenfließt,
> Und, probefest in Leiden wie in Freuden,
> Die Herzen ungetrennt, auch wenn die Leiber scheiden,
> Der Ungetreuen Schuld durch seine Unschuld büßt.

Und wenn dies edle Paar schuldloser reiner Seelen
Um Liebe alles gab, und unter jedem Hieb
Des strengsten Geschicks, auch wenn bis an die Kehlen
Das Wasser steigt, getreu der ersten Liebe blieb,
Entschlossen, eh den Tod in Flammen zu erwählen,
Als ungetreu zu sein selbst einem Thron zu Lieb ...» (VI, 101–102)

Mit dem Wort «vom Schicksal selbst erkoren» nennt Oberon die Instanz, die sich oberhalb der «mythologischen» Ebene befindet und dichterisch nicht gestaltet wird, die jedoch letzten Endes die Handlung lenkt:

«Der Erdensohn ist für die Zukunft blind»,
Erwidert Oberon, «wir selbst, du weißt es, sind
Des Schicksals Diener nur. In heilgen Finsternissen,
Hoch über uns geht sein verborgner Gang;
Und, willig oder nicht, zieht ein geheimer Zwang
Uns alle, daß wir ihm im Dunkeln folgen müssen.» (X, 20)

Wieland hat mit dieser Behandlung der mythologischen Krise wohl die optimale Lösung gefunden, die sowohl die Ästhetiker des 18. als auch die Ethiker des 19. Jahrhunderts befriedigen konnte: Mit ihr distanzierte er sich ironisch-spielerisch von einer überholten epischen Mythologie, aber auch von jedem Versuch, sie durch eine mythisierte oder poetisierte Religion zu ersetzen. Wie Lessing traut der reife Wieland Klopstock nicht und lehnt den Dichter als modernen Propheten ab. Nach *Oberon* wurde es schwieriger, die Musenanrufung poetisch ernst zu nehmen, denn Wieland ästhetisierte das «Wunderbare» so, daß ein naiver Begriff davon unmöglich sein sollte: Er betont in der Vorrede, daß sein Oberon mit dem der alten Ritterromane nichts zu tun habe, sondern «eine und eben dieselbe Person» ist, die bei Chaucer und Shakespeare auftritt – er «mythisiert» mit anderen Worten eine literarische Figur märchenhaften Zuschnittes und macht wie Schiller in der Vorrede zu seiner *Braut von Messina* deutlich, aber nicht so überdeutlich wie dieser, daß solche mythologischen Figuren nunmehr rein künstlerische Symbole sind. Der «sündigen Menschen Erlösung» bringt ihre eigene reine Menschlichkeit zuwege, die die kosmische Ordnung der Naturkräfte wiederherstellt. In der Dichtung manifestiert sich diese Menschlichkeit und nicht Gott.

Damit hat Wieland schon vor der eigentlichen Klassik ihren Glauben an die Humanität formuliert, oder zutreffender: *Oberon* ist als das erste große Werk der Weimarer Klassik anzusehen, wenn man sie nicht auf Goethe und Schiller in der Periode ihres Bundes beschränken will. Wegen dieses Glaubens an die Humanität konnte ihm das 19. Jahrhundert die Erotik vergeben, die auch in diesem Epos nicht fehlt. Und mehr noch: Schließlich ist Wielands Schicksals- oder Vorsehungsbegriff in diesem Werk so vage, daß der christliche Gott überall, aber besonders ausgeprägt in der Inselidylle ohne Schwierigkeiten als ein künstlerisches Symbol des Übersinnlichen auftritt, bzw. der Glaube des Einsiedlers als dessen genuines Erlebnis eines Göttlichen geschildert werden kann: Jenseits der poetischen Welt, in welcher die Hoffnung und die Sehnsucht des Menschen ihren Ausdruck finden, kann ein unbestimmtes ‹Höheres› geahnt werden. In den vagen ‹Ahnungen› der Hauptpersonen bei den Begegnungen mit Oberons Sphäre kommt Wielands vorsichtiger, reflektierter und fast schon agnostizistischer Deismus zum Ausdruck, der in dieser künstlerischen Form mit den diffuseren, teils christlichen, teils mehr oder weniger säkularisierten Jenseitshoffnungen seines Publikums im 19. Jahrhundert nicht in Konflikt geriet.

Kleinepik

In den Jahren 1774–1783 schrieb Wieland auch eine Reihe von Verserzählungen sehr verschiedener Art. In *Hann und Gulpenhee* und *Schach Lolo* (beide 1777) benützt er die ihm vertraute orientalische Einkleidung, wobei *Schach Lolo* im Grunde eine scharfe, politische Satire gegen die Willkürherrschaft eines ausschweifenden Tyrannen ist, der sogar den ihm helfenden Weisen zugrunde richten will, während *Hann und Gulpenhee* das alte Thema der Liebe und Treue über das Grab hinaus amüsant variiert. In anderen Erzählungen nimmt er sich mittelalterliche Stoffe vor: In *Der Mönch und die Nonne auf dem Mittelstein* (1775) – später *Sixt und Clärchen* behandelt er ironisch die Liebe, die nicht sein darf, bis zu ihrer Verklärung. *Geron der Adlige* (1776) ist dagegen in jeder Hinsicht anders – eine Geschichte von einer tragischen Liebe eines Ritters zu der Gattin seines Freundes, die nicht versöhnlich ausklingt, sondern mit Tod und Einsamkeit endet.

Das *Wintermärchen* (1776) spielt wieder mit orientalischem Stoff. Eine Stadt ist versunken, die Bürger sind Fische geworden, aber sie werden wieder erlöst, ohne daß die Bürger eigentlich besser leben als die Fische. Auch das *Sommermärchen* (1777) aus dem Kreis der Artussagen erzählt eine Entzauberungsgeschichte.

Pervonte und die Wünsche (1779/96) blieb zunächst ein Fragment, gestaltet aber in seiner Endfassung das Thema von dem «Fischer und sine Fru» auf sehr elegante Weise. Während der Held in *Vogelsang oder die drei Lehren* (1778) die weisen Ratschläge des Vogels nicht befolgt, bescheidet sich Pervonte und kehrt in seine Hütte zurück. Fast ein Kleinepos in acht Gesängen ist *Gandalin oder Liebe um Liebe* (1776), in welchem der Retter die schöne Sonnemon liebt, die ihn beglücken will, wenn er ihr in der Welt drei Jahre lang treu bleibt. Auf seiner Ritterfahrt begegnet ihm die geheimnisvolle verschleierte «Jelängerjelieber», die ihn verzaubert, der er aber widersteht, bis sie sich schließlich als Sonnemon entpuppt – und damit die Versuchung, die »Jelängerjelieber» für ihn war, in einen Beweis für seine Liebe verwandelt, die sich durch Verkleidung nicht betrügen läßt, obwohl die Vernunft sie nicht durchschaut.

Übersetzungen

Wielands Leben war von einer Reihe äußerlich und innerlich bedingter Krisen gekennzeichnet. Eine solche setzte auch nach *Oberon* und *Die Abderiten* ein. Wieland konnte sich nicht wie Goethe «häuten», die Reisen, die er 1794 nach Dresden und 1796 nach Zürich unternahm, waren nur sehr bedingt Erfolge; er war wie Hamann und Lessing ein Büchermensch, den weder die Natur noch die bildende Kunst erheben oder erschüttern konnten. Er genoß die Huldigungen durch den Verleger und den Hof in Dresden, hatte aber von den Kunstschätzen eigentlich wenig – und der Aufenthalt bedeutete weder Kontakte noch erneuten Kontakt mit der Stadt und der Landschaft seiner Jugend. In solchen Krisen blieb ihm nur die Möglichkeit, seine Rastlosigkeit und seinen Drang nach Tätigkeit auf andere Weise als die selbständig schöpferische zu befriedigen. In diesen Jahren fing die zweite Epoche seiner Übersetzertätigkeit an, die ihm auch über diese Krise hinweghalf.

Es handelte sich dabei um seine berühmten und kongenialen Horaz- und Lukian-Übersetzungen, die in den achtziger Jahren entstanden – und zu denen später die Cicero-Übersetzungen kamen –, die wie seine Shakespeare-Übersetzungen Übertragungen sind; d. h. er übersetzt hier so, daß er in Zweifelsfällen modernisiert, um sich der Wirkung auf die Zeitgenossen sicher zu sein, die durch antiquarische Treue nicht gewährleistet wäre.

Außerdem gibt er *Dschinistan oder auserlesene Feen- und Geistermärchen* (1786–1789) heraus, die teilweise Originalschöpfungen, teilweise Bearbeitungen und Übersetzungen aus der Sammlung *Cabinet des Fees* sind.

Die Übersetzungstätigkeit wurde von einer regen Anteilnahme an der Französischen Revolution unterbrochen, über die er im *Teutschen Merkur* berichtete, die er dort mit verschiedenen Werken kommentierte. Sein Ideal blieb eine konstitutionelle Monarchie, und er erhoffte sich wenig von der Demokratie, von der Volkssouveränität, die nach seiner Meinung in Diktatur umschlagen mußte. So sah er voraus, daß Bonaparte sicher Diktator werden würde, was später in einer englischen Zeitung zu der grotesken Behauptung führte, Wieland wäre Mitglied einer geheimen Organisation, die Napoleon an die Macht gebracht habe.

Ganz im Gegenteil muß man wohl feststellen, daß Wielands Wirkung auf die Politik auch als Publizist trotz der klugen und vielgelesenen Analysen sehr gering gewesen sein dürfte. *Seine Gespräche unter vier Augen* (1789) versuchten zwischen Aristokraten und Demokraten zu vermitteln, wurden aber in Wien verboten und in Weimar kaum beachtet oder von Goethe und Schiller belächelt. In den Kommentaren mußte er sich zwar gewisse Beschränkungen auferlegen, es ist aber deutlich, daß er eine uneingeschränkte Monarchie von Gottes Gnaden als Unsinn betrachtet, und in den *Göttergesprächen* (1790–93), die ihm als fingierte Gespräche unter den alten Göttern mehr Freiheit ließen, läßt er Juno sich über die Hinrichtung des französischen Königs ereifern, während Jupiter mit einer bemerkenswerten Ruhe darüber hinweggeht.

Wieland, Goethe und Schiller

Schon vor der Französischen Revolution war der Sturm und Drang abgeklungen, Goethe hatte lange Jahre nichts Aufsehenerregendes publiziert, und so befestigte sich die Position Wielands wieder. Er benützte die Situation aber jetzt sehr vorsichtig, wollte ein gutes Verhältnis zu allen und bezog nicht immer eindeutig Stellung. Auch in Weimar bemühte er sich um einen Ausgleich, wollte sogar Schiller als Mitherausgeber des *Teutschen Merkurs* gewinnen und hat selber «Beiträge zur ästhetischen Erziehung Schillers» (Hinderer) geliefert, was auch aus Schillers Briefen hervorgeht. Letzten Endes waren die beiden Schwaben jedoch so verschieden, daß kein fruchtbares Verhältnis entstehen konnte; die anfänglich freundlichen Bemerkungen verwandelten sich auf beiden Seiten in bissige bis gehässige Kommentare.

Nach Goethes italienischer Reise und vor seinem Bündnis mit Schiller fand zwischen Wieland und Goethe eine Wiederannäherung statt, aber wenn in diesen Jahren auch in Goethes *Reineke Fuchs* und *Römische Elegien* eine Affinität deutlich spürbar wird, bleiben andere und tiefere Schichten Goethes Wieland fremd. Immerhin haben die wenigen *Xenien*, die ihm galten, ihn doch wohl auch deswegen so tief verletzt, weil er eine solche Behandlung von seiten Goethes nicht erwartet hatte – und weil sie ein deutliches Zeichen waren, daß Schiller Goethe wichtiger geworden war. Es fragt sich jedoch, ob die Literaturgeschichte die Bedeutung der Querelen und Intrigen in der Kleinstadt und bei Hofe nicht übertrieben und die gemeinsamen Züge aus den Augen verloren hat, um am Ende eine kurze Weimarer Klassik auf schmalster Basis zu haben, die dennoch das goldene Zeitalter der deutschen Literatur sein soll, während diese Klassik reicher und plausibler wird, wenn Herder und Wieland auch zu ihren Vertretern gerechnet werden.

Späte Romane

In *Oberon* hatte Wielands Versdichtung ihren Gipfel erreicht, das wenige, das er später schrieb, ist von geringem Interesse (*Clelia und Sinibald*, 1783; *Die Wasserkufe*, 1795, u.a.). Statt dessen wandte er sich dem Roman zu und schrieb einige Werke, in welchen er sich wieder mit dem Phänomen der Schwärmerei auseinandersetzte, vor allem mit der religiösen Schwärmerei, wobei ihn – wohl auch im Hinblick auf seine eigene Vergangenheit – die Frage der Echtheit und nicht nur die negativen Wirkungen der ‹Schwärmerei›, sondern auch die positiven des ‹Enthusiasmus› lebhaft beschäftigen. Die Schwärmerei ist komplementär zur Aufklärung aufzufassen und blieb für sie ein faszinierendes Problem. So wesensverschiedene Autoren wie Swedenborg, Rousseau, Hamann, Lavater, Bengel und pietistische Sektierer, ja sogar Schwindler wie Cagliostro wurden als ‹Schwärmer› apostrophiert; auch wurde der Magnetismus als eine Vorform einer therapeutischen Verwendung von Hypnose eifrig debattiert und mit okkulten Phänomenen in Zusammenhang gebracht. Lavater war mit Wieland in Verbindung getreten, und sie hatten sich sogar in Weimar und in der Schweiz getroffen. Wieland war deutlich von ihm beunruhigt, verlegte seine Auseinandersetzung mit dem Phänomen des aufrichtigen Schwärmers jedoch in die Antike bzw. ins Elysium, denn *Peregrinus Proteus* (1791) ist ein Totengespräch, eine Gattung, die sich sowohl in der Antike als auch in der Aufklärung großer Beliebtheit erfreute. Als Gegenspieler des wandelbaren, vielgestaltigen Pilgers – das bedeutet der Name – tritt der Wieland wesensverwandte Spötter Lukian auf, aber in ihren Auseinandersetzungen wird die Schwärmerei keineswegs völlig diskreditiert. Wie schon in *Don Sylvio* sind der Charakter und die Beweggründe des Schwärmers in vieler Hinsicht bewunderswert, obwohl sein Bild von der Wirklichkeit falsch ist und er sich und andere täuscht. Am Ende steht nicht mehr wie in dem spielerischen Jugendwerk die glückliche und glückbringende Auflösung der phantastischen Illusion, sondern eine Reihe von Enttäuschungen, die zuletzt mit dem Freitod des Schwärmers ihr Ende finden, und doch bekommt retrospektiv im Totengespräch auch dieses Leben voll ‹objektiver› Irrtümer einen Sinn. Zwar hat Peregrinus die Mitte und das Maß verfehlt, aber das schwärmerische Streben über die Grenzen des Irdischen hinaus wird in einem Elysium diskutiert, an das Lukian auf Erden nicht glaubte, und er muß erleben, daß Peregrinus auch hier daran festhält, daß der Mensch über sich selbst hinausstreben muß, sich mit dem Menschlichen nicht begnügen kann, wenn er Mensch bleiben will.

In dem Brief- und Dialogroman *Agathodämon* (1799) berichtet Hegesias von einem Besuch auf Kreta bei diesem guten Dämon, der sich als der berühmte neupythagoreische Wanderprediger und Wundertäter Apollonius von Tyana entpuppt. Auch hier geht es um eine Gestalt, die Magier und Schwärmer gewesen zu sein scheint, sich aber als ein großer und wohltätiger Mensch zeigt, der zwar im Gegensatz zu Peregrinus Proteus die Täuschung gelernt und praktiziert hat, jedoch nur, um die Menschen zu erziehen und ihnen Wahrheiten zu vermitteln, an die sie sonst nicht geglaubt hätten. Um Gutes zu wirken, hat er sich also der Leichtgläubigkeit der Menschen bedient, und auch wenn Agathodämon nicht mehr Wunder vortäuscht, sondern bloß wohltätig hilft, ist um seine Person ein solcher Glanz des Guten und Erhabenen, daß ihm Wunder zugeschrieben werden, und Hegesias selber berichtet, wie er versucht gewesen ist, ihn als ein höheres Wesen zu verehren, obwohl er bloß reine Humanität verkörpert.

Agathodämons Leben wird mit Christi Leben und Wundertaten verglichen, und im 6. und 7. Buch setzt er sich mit der «Sekte der Christianer» auseinander. Er bekennt, daß Christus ist, was er zu sein scheint, wendet sich aber gegen das Christentum als Wunderglauben und Institution und sieht seine Zukunft als staatserhaltende Religion voraus. Diese Entwicklung ist nach ihm eine Verfälschung der Lehre Jesu. Er gesteht ihr aber eine nützliche geschichtliche Funktion zu, wenngleich er auf eine Zukunft hofft, in welcher ein gereinigtes Christentum, die wahre Lehre Jesu wiederhergestellt werden kann.

In dem letzten großen unvollendeten Briefroman, *Aristipp und einige seiner Zeitgenossen* (1801), korrespondieren die Mitglieder einer gebildeten antiken Gesellschaft über den Staat, über Philosophie, Religion und Liebe, über Sokrates, Platon und Hippias, über Athen und Abdera. Der Philosoph Aristipp lehrt den Hedonismus, und es gelingt ihm, ein glückliches, weil auch im Genuß maßvolles und wohlbedachtes Leben zu führen. Sogar seine Beziehung zu der schönen Hetäre Lais gelingt, weil beide eine dauerhafte und leidenschaftliche Bindung vermeiden. Einer solchen verfällt aber später die sonst in jeder Hinsicht kluge und gebildete Lais und geht daran zugrunde. Der Roman klingt resignativ aus, denn auch die politischen Zustände deuten das Ende des fragilen Glückszustandes, der häuslichen Utopie an, die sich Aristipp statt des vollkommenen Staates geschaffen hatte. In diesem Roman entfaltet Wieland seine mit dem Aufkommen der neuen Philologie und Altertumswissenschaft schon etwas altmodisch gewordene Gelehrsamkeit. Er läßt Aristipp in einem langen Essay Platons *Staat* diskutieren, wobei auch die Gesprächsführung in den Dialogen kritisch behandelt wird: Im Grunde seien sie Monologe, denn die Gesprächspartner hätten dem platonischen Sokrates gegenüber keine Möglichkeit, eine wirkliche Gegenposition zu vertreten.

Es ist von einigen Forschern bemängelt worden, daß Wieland alle Fragen nur im Salonton und ohne Tiefgang behandelt, während von einer anderen Perspektive aus argumentiert worden ist, daß es Wieland um die Demonstration des Prinzips der öffentlichen Prüfung anerkannter Wahrheiten geht – und zwar durch eine Diskussion, wo nur die besseren Argumente und weder religiöse noch staatliche Autorität das Ergebnis bestimmen. Es dreht sich also um eine Art Einübung in die vorurteilsfreie Analyse auch der wichtigsten Fragen, aber die einzelnen Themen sind unter diesem Aspekt nicht so wichtig wie das praktizierte Modell einer «herrschaftsfreien Kommunikation», wobei schon die ältere Forschung auf den immanent dialogischen Charakter der Sprache Wielands aufmerksam gemacht hat.

Die großen Romane entstanden in Oßmannstedt, während Wielands Frau noch lebte und Sophie Brentano, die Enkelin Sophie La Roches und die Schwester von Clemens Brentano, eine Art Psyche für den alternden Agathon war. Die anfängliche Freude über sein Tusculum verflüchtigte sich nach und nach unter dem Eindruck einer gewissen Vereinsamung. Hinzu kam, daß die von den Romantikern vorgenommene literarische «Annihilation» Wielands in diese Jahre fiel. Schon die von ihnen verwendeten Vokabeln: Vernichtung, Hinrichtung, Autodafé, literarische Hinrichtung erinnern an Früheres und Späteres:

In der Zeitschrift *Athenäum* wurde ein «Konkursverfahren» gegen Wieland mit dem Vorwurf des Plagiats eröffnet:

«Citatio edictalis

Nachdem über die Poesie des Hofrat und Comes Palatinus Caesareus Wieland in Weimar, auf Ansuchen der Herren Lucian, Fielding, Sterne, Bayle, Voltaire, Crèbillon, Hamilton und vieler anderer Autoren Concursus Creditorum eröffnet, auch in der Masse mehreres Verdächtige und dem Anschein nach dem Horatius, Ariosto, Cervantes und Shakespeare zustehendes Eigentum sich vorgefunden; als wird jeder, der ähnliche Ansprüche titulo legitimo machen kann, hiedurch vorgeladen, sich binnen Sächsischer Frist zu melden, hernachmals aber zu schweigen.»

Der Angriff schädigte sein Ansehen und, so meinte er, den Absatz seiner Werke, aber seine Wirkungen wurden wohl erst im 19. Jahrhundert schwerwiegend, d. h. der Vorwurf fehlender Originalität wurde erst später tödlich. Wieland hatte auf sie nie Anspruch erhoben, sie wohl nie als einen Wert verstanden, obwohl er wohl mehr dichterische Originalität besaß als die Brüder Schlegel, die als Kritiker reüssierten und als Dichter versagten. Ihre Kritik war in einem neuen Verständnis von Dichtung fundiert und war vor dem Hintergrund der Erhebung Goethes zum «Statthalter des poetischen Geistes» wohlbegründet, trifft aber so nicht Wieland allein, sondern mit ihm viele Dichter des 18. Jahrhunderts.

Wieland erholte sich von dieser Kritik, schwer erschütterte ihn aber der Tod seiner Frau; er befand sich plötzlich in einer physischen und psychischen Not und Einsamkeit, die ihn schreiben ließ, er sei wie einer, «der sich im Schiffbruch zu retten versucht, aber erkennen muß: Mir ist nicht zu helfen». Andere Bedrängnisse kamen hinzu, so daß er froh war, sein Tusculum wieder ohne Verlust loszuwerden. Noch in Oßmannstedt hatte ihn Kleist besucht und bei dem leicht empfänglichen und weniger prinzipienfesten Wieland mehr Verständnis für seine Dichtung gefunden als bei Goethe, wobei wieder daran erinnert werden muß, daß Wieland sein Lob oft sehr freigebig spendete.

Letzte Jahre in Weimar

Nach dem Verkauf von Oßmannstedt kehrte Wieland nach Weimar zurück und verlebte dort im Kreis um Anna Amalie noch einige fruchtbare, aber von Resignation geprägte Jahre. Er war wieder anerkannt, und als französische

Truppen die Stadt besetzten und plünderten, schützen französische Posten sein Haus wie das Goethes. Sie wurden beide von Napoleon 1808 empfangen, wobei Wieland sich im Vergleich zu Goethe distanziert und weniger beeindruckt verhielt. Wichtiger war ihm eine andere Anerkennung aus Frankreich, das Lob der führenden französischen Kritikerin Madame de Staël. Sie, deren Bewunderer und Freund A. W. Schlegel war, besuchte ihn zweimal und widmete dem von den Romantikern ‹annihilierten› Dichter in ihrem einflußreichen Werk *De l'Allemagne* eine eingehende Darstellung, in welcher sie ihn als den vornehmsten Vertreter einer französisch inspirierten literarischen Kultur beschrieb. Sie verteidigte sein Œeuvre gegenüber einer neuen Generation, aber es war die Verteidigung eines schon geschriebenen Lebenswerks, denn die Alterswerke Wielands *Menander und Glycerion* (1804) und *Krates und Hipparchia* (1805) sind leichte Variationen alter Themen: süße Erinnerung, Treue und Untreue, Verzicht. Formal interessanter ist das *Hexameron von Rosenhain* (1805), eine Sammlung von Märchen und Novellen in einem sie verbindenden Rahmen. Es handelt sich dabei um einen Rückgriff auf Boccaccios *Decamerone*, ähnlich wie in Goethes *Unterhaltungen deutscher Ausgewanderten* (1794), d. h. um eine Erneuerung der Novelle der Renaissance. Wielands Definition der Gattung hebt schon Züge hervor, die für die Novellistik des 19. Jahrhunderts kennzeichnend werden und an Goethes Bestimmung der Novelle denken lassen: im Gegensatz zum Märchen geht alles natürlich und begreiflich zu, die außerordentlichen Begebenheiten könnten sich eigentlich unter ähnlichen Umständen jederzeit zutragen. Thematisch greift er wie Goethe in den *Wahlverwandtschaften* unter anderem das moderne Thema der Scheidung auf, die auch bei ihm als Irrweg erscheint, jedoch nicht als ein tragischer.

Verhalten tragisch ist jedoch *Euthanasia, drei Gespräche über das Leben nach dem Tode* (1805), die als Antwort auf das Werk *Meiner Gattin wirkliche Erscheinung nach ihrem Tode* (1804) eines gewissen Karl Wötzel verfaßt wurde. Auch hier wandte Wieland, den der Tod seiner Frau in solcher Hinsicht noch skeptischer gemacht hatte, sich gegen jede Schwärmerei: Er glaubte nicht an die vorgelegten ‹empirischen› Beweise für die Unsterblichkeit der Seele, ja im mittleren Gespräch wird der Glaube an die Unsterblichkeit eher bekämpft, während er sich im letzten Gespräch agnostisch verhält und auch in den Träumen von einem künftigen Leben einen Sinn findet, wenn sie den Menschen zu einem seligen Sterben, zur Euthanasia, verhelfen können. Der ‹Normaldeismus› des 18. Jahrhunderts, der den Glauben an Unsterblichkeit umfaßt, zerbröckelt bei ihm, und er kann nicht wie Kant eine Unsterblichkeit postulieren, bloß weil sie ihm als moralisch unumgänglich erscheint. Die Diesseitigkeit, die schon in dem Gedicht *Musarion* jede transzendente Spekulation zurückweist, ist hier dunkler gefärbt, aber entschlossener.

Neben eigenen dichterischen und essayistischen Arbeiten veröffentlichte Wieland in dem zu diesem Zwecke von ihm gegründeten *Attischen Museum* eine lange Reihe Übersetzungen aus den Werken attischer Autoren: Aristophanes, Euripides, Xenophon, Isokrates u. a. Erwähnt werden muß auch die großangelegte und kommentierte Übersetzung sämtlicher Briefe Ciceros (1806–13), die für ihn eine Art Medizin wurde und ihn bis zuletzt aufrecht hielt.

Die Übersetzungen aus der antiken Literatur, die Wieland im Laufe seines Lebens unternahm, bezeugen eine große, fast einzigartige Vertrautheit mit der antiken Welt, sehr viel Gelehrsamkeit, aber keine moderne historisch-kritische Wissenschaftlichkeit, wie sie zu seiner Zeit von F. A. Wolf entwikkelt wurde. Sie stellen in ihrer Art etwas sehr Spätzeitliches dar, da in ihnen die zwar nicht unreflektierte, aber weder problematisch gewordene noch sentimentalisch gebrochene Gegenwart einer verbindlichen Tradition herrscht, die mit dem neuen wissenschaftlichen Bewußtsein kontrastiert. Dieses Bewußtsein wollte vielmehr etwas unwiederbringlich Vergangenes mit Hilfe historischer Forschung als Hinter-uns-Liegendes darstellen. Wielands ungebrochenes Traditionsbewußtsein äußert sich auch in seiner ungeniert selektiven Haltung, die in der Antike ein anderes, sehr verwandtes und keineswegs goldenes Zeitalter erblickt.

Seine Vereinsamung in den letzten Jahren nach dem Tod Anna Amalies ließ ihn der Weimarer Loge beitreten, der schon Goethe angehörte, obwohl er sich früher dem Maurertum gegenüber distanziert verhalten hatte. In der Loge hielt Goethe die Rede *Zu brüderlichem Andenken Wielands*, in welcher er die Summe der dichterischen und menschlichen Existenz Wielands zog.

V. DIALOG UND KONTROVERSE

Um die Mitte des Jahrhunderts trat eine Reihe von genialen Kritikern auf, denen die Positionen der frühen Aufklärung nicht ausreichten. Sie wandten sich entschiedener der Beobachtung, der Empirie zu, bezweifelten gründlicher das Systemdenken, opponierten stärker gegen ästhetische und staatliche Autoritäten, gegen kirchliche, philosophische und theologische Bevormundung. Zu ihnen gehört Lessing, der kirchliche und ästhetische Dogmen in immer wiederholter Analyse und Neuinterpretation der Grundlagen dieser Dogmen kritisierte, ob sie sich nun auf die Bibel oder auf Aristoteles beriefen. Zu dieser Reihe gehören aber auch so unterschiedliche Autoren wie Winckelmann, Möser, Hamann, Herder und Lichtenberg, denen diese oppositionelle Haltung gemeinsam war und die hie und da auch auf ältere Traditionen zurückgriffen, um sich gegen eine Entmündigung durch den aufgeklärten Absolutismus zu wehren, ohne daß sie dadurch zu Irrationalisten wurden. Den Anspruch, den auch noch der Reformabsolutismus erhob, nämlich daß der Fürst um des inneren Friedens willen, wenn nicht die Religion, so doch deren Ausübung, wenn nicht die Gesinnungen, so doch ihre Verbreitung, wenn nicht eine jede neue Philosophie, so doch die akademische Lehre kontrollieren dürfe und solle, konnte die Generation, deren Vertreter fast durchweg dem Pfarrhaus und der Schicht der neuen «Bürgerlichen», d. h. vor allem Beamten entstammten, nicht mehr voll akzeptieren, und ihr Wirken war daher schon in vieler Hinsicht eine Selbstkritik der Aufklärung, jedenfalls des reformabsolutistischen Staates.

Wie die Forschung gezeigt hat, bedeutete die politische Entmachtung der Stände und die Ausklammerung der Religion aus der Politik nach den konfessionellen Kriegen und Bürgerkriegen, daß die Religion oder eher die Konfessionen Privatsache wurden, daß sie als «Ideologien» den Bestand des Staates und den inneren Frieden nicht mehr gefährden durften. Als Untertan war der Bürger dem Fürsten unterworfen, mußte es um des Friedens willen sein, aber der absolute Fürst war durchaus bereit, dem Bürger eine private Sphäre zu konzedieren (vgl. S. 26).

Im Laufe der Epoche der Aufklärung änderte sich dies bekanntlich grundlegend. In der privaten Sphäre, die der Staat dem Bürger zugestanden hatte, entwickelte sich eine neue, nicht mehr religiöse, sondern philosophische Moral, die mit einem neuen, nicht dogmatischen Anspruch auf Allgemeingültigkeit auftrat. Sie verlangte die vorurteilslose Untersuchung der Wahrheit, die öffentliche Diskussion und Kritik aller Lehren und Institutionen. Sie wollte auch die Legitimation des Staates vor dem Richterstuhl der Vernunft prüfen lassen, wie es mit einer in dieser Zeit beliebten Metapher hieß. Sie akzeptierte zwar vorerst das Machtmonopol des Staates, aber nicht dessen Machtpolitik. Der Bürger verlangte, daß der Staat sowohl in der Innen- als auch in der Außenpolitik moralisch und vernünftig handeln sollte, wobei Vernunft nicht mehr mit einer amoralischen Staatsräson identifiziert wurde. Die allgemeine und gesunde Vernunft und eine mit ihr identische Tugend sollten im Staat alte Ungerechtigkeiten beseitigen und unter den Staaten einen ewigen Frieden herbeiführen. Diese moralische Forderung des Bürgertums konnte der absolutistische Staat nicht erfüllen, sein Bankrott war die Französische Revolution.

Ein Ausgangspunkt für die Kritik am absolutistischen Staat wurden aber nicht immer Vernunft und Naturrecht, sondern auch die Besinnung auf geschichtlich verbriefte ständische Rechte, auf alte «Freiheiten» und religiöse Werte. Diese Kritik war, auch wenn sie sich auf alte Werte berief, durch die Aufklärung hindurchgegangen, und für viele Autoren spielte dabei England eine große Rolle als das Land der angestammten und nicht verlorenen Freiheiten und Rechte, der geschichtlich gewachsenen Demokratie und des liberalen Pragmatismus. Seit der Personalunion zwischen Großbritannien und Hannover wurde der englische Einfluß auch auf das deutsche Geistesleben spürbarer, wobei die neugegründete Universität Göttingen, an der u. a. Lichtenberg lehrte, eine wichtige Rolle spielte. An sie wurden bedeutende Gelehrte berufen, und sie übernahm in der zweiten Hälfte des Jahrhunderts die Rolle, die Leipzig vor dem Siebenjährigen Kriege gespielt hatte.

Sowohl Lichtenberg als auch Hamann und Möser hatten längere Zeit in England verbracht, und wenn die Forschung in Verbindung mit Möser von einer «konservativen Aufklärung» spricht, so lassen sich Züge eines solchen Konservatismus bei mehreren Kritikern dieser Generation feststellen. Das gilt auch für Friedrich Karl von Moser (1723–1798) und dessen Vater Johann Jakob Moser (1701–1785), die beide ein entschiedenes Christentum vertraten, als Juristen und Beamte die Belange der Stände gegen die Fürsten verteidigten (vgl. S. 226f.). Beide wirkten als erbauliche bzw. erbaulich-satirische Schriftsteller, griffen den religiösen Indifferentismus auch der aufgeklärten Fürsten an und traten für Reformen ein, die mehr an Herkommen und geltendes Recht anknüpften als an naturrechtlich-philosophische Theorien.

1. Justus Möser (1720–1794)

Mösers literarische Produktion kann nur vor dem Hintergrund seines Lebens und seiner Heimat, in der er tief verwurzelt war, verstanden werden. Das Bistum Osnabrück (120000 Einwohner) hatte nach dem Dreißigjährigen Krieg einen Sonderstatus bekommen. Es sollte abwechselnd von einem katholischen und einem protestantischen Bischof regiert werden, wobei die englische Krone den protestantischen Bischof stellte, nachdem das Haus Lüneburg–Braunschweig auf den englischen Thron gelangt war. Die Sozialstruktur war ebenfalls auffallend, denn es gab auf dem Lande neben hörigen und von den Rittergütern abhängigen Bauern alte bäuerliche Freiheit. Auch rechtlich war die bäuerlich-germanische Frühzeit in Resten immer noch erhalten.

Justus Möser gehörte einem der führenden bürgerlichen Geschlechter an und erhielt eine juristische Ausbildung in Jena und Göttingen – übrigens ohne abschließendes Examen. Sein Vater war Direktor der Justizkanzlei, der Sohn wurde Rechtsanwalt, später advocatus patriae, d. h. er hatte die Regierung den Ständen gegenüber zu vertreten, es drehte sich also nicht, wie später behauptet wurde, um einen Ehrentitel. Nachher wurde er auch Syndikus der Ritterschaft, die er gegenüber der Regierung zu aller Zufriedenheit vertrat. Als Landesbeauftragter verhandelte er mit dem englischen König Georg III. über den Nachfolger des katholischen Bischofs und hielt sich während der Zeit ein halbes Jahr in London auf. Schließlich bestimmte der König seinen Sohn Frederick, der ein halbes Jahr alt war, für den Posten, und bis zu dessen Mündigkeit und darüber hinaus, d. h. etwa 30 Jahre, spielte Möser eine große Rolle bei der Regierung und in der Administration des Landes. Er wurde Konsulent, Referendar, später geheimer Referendar und geheimer Justizrat.

Der Patrizier und Staatsmann aus Osnabrück verdankt seinen Platz in den Literaturgeschichten dem in *Von deutscher Art und Kunst* gedruckten Teil seiner Vorrede zu der *Osnabrückischen Geschichte* (1768–1780), seiner *Verteidigung des Grotesk-Komischen* (1761) und seiner Schrift *Über die deutsche Sprache und Literatur* (1781), in der er sich gegen ihre abwertende Behandlung in Friedrichs II. *De la littérature allemande* wandte. Wichtiger waren wohl damals die unzähligen Beiträge zu den Wochenschriften: *Ein Wochenblatt* (1746), *Die deutsche Zuschauerin* (1747), *Wöchentliche Osnabrückische Anzeigen* (1766f), *Nützliche Beylagen zum Osnabrückischen Intelligenzblatt* (1768) – und die *Westfälischen Beyträge zum Nutzen und Vergnügen* (1773) –, Zeitschriften, die er herausgab und zu einem großen Teil mit eigenen Beiträgen füllte und die einander ablösten. Seine Tochter Jenny von Voigts gab 1774–1778, also zu Lebzeiten des Vaters, die Artikel als *Patriotische Phantasien* heraus, wobei zu bedenken ist, daß patriotisch damals andere Konnotationen hatte als heute, denn es bezog sich eher auf die engere Heimat als auf das deutsche Reich, eher auf Bürgertugenden, auf Einsatz für das Wohl der Mitbürger und des Staates als auf nationale Gefühle und Empfindungen.

Schon während seiner Zeit als aktiver Politiker begann Möser zu schreiben. 1749 veröffentlichte er *Arminius. Ein Trauerspiel*, dessen Thema einerseits germanisch-vaterländisch ist und dessen Sprache sich ins Barocke steigern kann, andererseits die Forderung nach den drei Einheiten erfüllt und sogar in gereimten Alexandrinern abgefaßt ist.

Wichtiger wurde seine theoretische Schrift *Harlequin oder die Verteidigung des Grotesk-Komischen* (1761). Gottsched und die Neuberin hatten die lustige Person, Hanswurst, den Possenreißer und närrischen Stegreifspieler von der deutschen Bühne vertrieben, was Lessing im 17. Literaturbrief als die eigentliche «Hanswurstiade» bezeichnete. Die Spätaufklärung, nicht nur Lessing, sondern auch Nicolai, Abbt und Wieland wandten sich gegen diesen Purismus und erkannten im Narren wieder eine ästhetisch-legitime Figur, wie man es vom Humanismus bis zum Barock, von Thomas More bis Gryphius getan hatte. Möser will den Hanswurst jedoch nicht wieder einführen, sondern den Harlequin aus der italienischen commedia dell'arte, und mit ihm andere Typen wie den bramarbasierenden capitano aus Neapel, den dottore aus Bologna, die artige Colombine usw.

Harlequin, der selbst seine Verteidigungsrede hält, besteht nicht auf der Bezeichnung Komödie für die Stücke, in denen er und seine Vettern auftreten. Er hat nichts gegen die Bezeichnung Harlequinaden und verteidigt diese geschickt gegen eine borniert-rationalistisch argumentierende Kritik. Harlequinaden sind nicht unnatürlicher als die Oper, die ja als «Vorstellung aus einer möglichen Welt» auch nach einer solchen Ästhetik legitimiert ist. Harlequinaden sind weiter ebenso nützlich wie der Tanz, den wir lieben, «nicht um unsere Sitten zu bessern, auch wohl immer nicht, um unseren Körper zu bewegen...». Wir hören eine lustige Musik nicht, «weil Graun und Pergolesi unsere Herzen bekehren». Mösers Harlequin tritt für das ästhetische Vergnügen ein und meldet hier, wie später Hamann in seinen *Hirtenbriefen* Bedenken an gegen eine Gattungsreform, die nur zur Mitte hin tendiert, also weinerliches Lustspiel und ernstes Schauspiel ohne tragischen Ausgang erlaubt, die «Extreme» aber nicht. Soll denn nur «das weise Lächeln» und nicht «das offenherzige Lachen» gestattet sein? Haben nicht alle Stände zu dem bunten Kleid beigetragen, das der Harlequin trägt, und ist sein Publikumserfolg nicht ein Beweis dafür?

Goethes *Faust*, die Farcen des Sturm und Drang und auch theoretische Werke wie K.F. Flögels *Geschichte der komischen Literatur* (1784) sind Möser verpflichtet, aber die Vorliebe für das Närrische in seinen vielen Spielarten ist, wie Promies in seiner Schrift *Die Bürger und der Narr oder das Risiko für der Phantasie* (1966) hervorhebt, für die Spätaufklärung charakteristisch. Es sei hier nachdrücklich an Wielands Narrenroman *Die Abderiten* erinnert, aber auch in vielen anderen Werken treten Schwärmer und Narren auf, deren Narrheit die Narrheit ihrer Umgebung enthüllt.

Mösers Replik auf Friedrichs II. Angriff auf die deutsche Literatur geht auf die Betrachtung des Königs ein, die Literatur sei von dem Bildungsstand der Nation abhängig, greift aber die These an, die deutsche Literatur sei deshalb rückständig, weil sie dem Geschmack des Hofes nicht entspreche. Goethes Stück *Götz von Berlichingen*, das der König so scharf angegriffen hatte, muß nach Möser als ein deutsches Stück beurteilt werden, «immer vorausgesetzt, daß unser Klima so gut als andere, seine eigenen Früchte habe, die zu unseren Bedürfnissen wie zu unserem Vergnügen vorzüglich bestimmt sind».

Möser argumentierte sowohl mit Montesquieu als auch mit Winckelmann für eine Beurteilung der deutschen Literatur aus einer anderen Perspektive als der des Königs und hob die Entwicklung seit Gottsched über Lessing und Wieland bis Wagner, Klinger und Lenz hervor. Es sei jetzt eine nationale und volkhafte Literatur entstanden, und besonders was Götz von Berlichingen betrifft, handele es sich einerseits um ein Volksstück in der Nachfolge Shakespeares, aber auch um ein ‹bodenständiges› deutsches Produkt.

In Mösers Beiträgen zu Wochenschriften finden sich sowohl reine Essays als auch kleine Skizzen, Erzählungen, fast Kalendergeschichten, die das volksverbundene Leben des Landadels preisen und das Hofleben lächerlich machen, die das Leben und Wirken der freien und selbstbewußten Schulzen und Landvögte schildern. Mösers forensisches Talent zeigt sich in diesen psychologisch fein gearbeiteten Plädoyers für das Tüchtige, Althergebrachte, das aber nicht unbesehen weitergeführt wird und das er scharf kritisiert, wenn es modisch deutschtümelnd wird. Die kleinen Geschichten, Szenen oder bloß Interieurs werden so erzählt, daß sie einprägsam und anschaulich die These beweisen, um die es Möser geht.

Den Hintergrund für die Replik auf die Schrift Friedrichs II. und für viele Urteile in den *Patriotischen Phantasien* bildet Mösers *Große Osnabrückische Geschichte*, die nicht eine Geschichte der Fürsten ist, sondern vor allem eine Geschichte der «Rechte, Sitten und Gewohnheiten» des Volkes, und d. h. hier natürlich des Bauerntums in Westfalen. Die Entwicklung, die bis zur Entstehung des Territorialabsolutismus führte, wird eingehend und kritisch gemustert, und die Entstehung des Feudalsystems wird scharf kommentiert.

Für Möser sind die konkreten geschichtlichen Gegebenheiten Bedingung und Ausgangspunkt für seine Reflexionen, und so nähert er sich der Position Hamanns, die keine allgemeine und gesunde, sondern nur eine individuelle und historisch bedingte Vernunft kannte. Möser vertrat, auch unter dem Eindruck seines Englandaufenthaltes, eine konservative bürgerliche Kritik an dem aufgeklärten Absolutismus. Er hob die Rechte der Städte und der Stände hervor; die Freiheit war für ihn nichts zu Forderndes, nicht die zu realisierende revolutionäre Freiheit aller Menschen, sondern althergebrachtes Recht, gebunden an den Stand, d. h. Privilegien. Als Bürger wollte er seine Rechte verteidigen und zwar mit einer Politik, die an das eingestandene und vernünftige Eigeninteresse appelliert, und damit in Mösers Augen die einzige ist, die letzten Endes Erfolg verspricht. Dagegen sah er in vielen Projekten zum allgemeinen Besten nur einen verkappten Egoismus der Projektmacher und wollte diesen Egoismus auch in der modisch gewordenen moralischen Empfindsamkeit erkennen. In der satirischen Behandlung dieser Empfindsamkeit hat Möser Meisterstücke geliefert.

In die üblich gewordenen Gruppierungen der deutschen Literatur läßt er sich schwer einordnen. Er war mit den Berlinern befreundet, Friedrich Nicolai hat seine erste Biographie geschrieben, aber er stand auch dem Sturm und Drang in vieler Hinsicht nahe. Er opponierte gegen den Absolutismus von einem widersprüchlichen und widerborstigen Konservatismus (Bausinger) aus; er vertrat einerseits einen ausgesprochenen Regionalismus und «Patriotismus», andererseits besaß er einen weiten literarischen Horizont.

2. Johann Joachim Winckelmann (1717–1768)

Winckelmanns Aufstieg aus ärmlichsten Verhältnissen war, wie er schrieb, ein Wunder, aber freilich eines, das ihn später auch sagen ließ, daß Gott ihm das Leben in Rom schuldig war, ja daß er es geradezu vom lieben Gott zu fordern hatte, weil seine Jugend so kümmerlich und elend gewesen war. Durch Kurrendesingen und Stundengeben verdiente er gerade soviel, daß er die Lateinschule in Stendal und das Köllnische Gymnasium in Berlin besuchen konnte, wo seine Liebe zum Griechischen erwachte. Später verließ er Berlin, wo er im Schulbuch als «homo vagus et inconstans» bezeichnet wurde, und ging nach Salzwedel. Dort schloß er seine Schulstudien ab. Als armer Student mußte er an der Universität Theologie belegen, weil dieses Fach für die Zukunft mehr Möglichkeiten versprach und auf eine Anstellung hoffen ließ. Als angehender preußischer Theologe studierte er zwei Jahre in Halle, wurde aber in diesen Jahren (1738–40) kein Pietist, trieb wohl überhaupt wenig Theologie, eignete sich jedoch auf vielen Gebieten ein umfassendes Wissen an. Nach einer kurzen Hauslehrerzeit ging er nach Jena, um Mathematik und Medizin zu studieren, doch auch hier verhinderte seine Armut einen Abschluß der Studien. Er wurde also wieder für kaum ein Jahr Hauslehrer, bis er es zu einer Stelle als Konrektor in Seehausen brachte (1743).

In diesen Jahren setzte er vor allem seine griechischen Studien mit einer solchen Hartnäckigkeit und Intensität fort, daß ihm des Nachts nur wenige Stunden Schlaf blieben. Er kaufte Bücher von dem, was er sich vom Mund absparen konnte, und litt unter dem öden Schulbetrieb. In einem Briefentwurf aus dem Jahre 1746 heißt es: «Sollte man nicht wünschen, aus einer Welt voller Ungerechtigkeit Abschied nehmen zu können? Nun habe ich alles miteinander aufgegeben, Hoffnung, Glück, Ehre, Ruhe und Vergnügen.»

Das Wunder der Entwicklung Winckelmanns besteht zum Teil darin, daß er mit einer unbeirrbaren Zielstrebigkeit all das hinter sich ließ, was einen begabten sozialen Aufsteiger vielleicht sonst hätte befriedigen können. Er verwarf die Theologie und den Beruf eines Pfarrers, ja er geriet sogar in den Ruf eines Gottesleugners. Er verwarf die Laufbahn eines Schulmannes und schrieb: «Ich habe viel gekostet, aber über die Knechtschaft in Seehausen ist nichts gegangen.» Ihm wurden dort «wegen seines schlechten Lateins» nur die unteren Klassen anvertraut. Der einzige Weg aus einer solchen Misere war immer noch ein Mäzen bzw. der Dienst bei einem Fürsten oder einem reichen Adligen. Durch Zufall hörte Winckelmann von einer vakanten Bibliothekarstelle beim Grafen Bünau zu Nöthnitz bei Dresden, der die größte Privatbibliothek Deutschlands besaß, und es gelang ihm, diese Stellung zu bekommen. Der Graf war Autor einer Reichshistorie, und Winckelmanns Aufgabe bestand teilweise darin, einschlägige Literatur zu finden und bereitzustellen. In dieser Bibliothek war für einen Mann von Winckelmanns Arbeitskraft die Möglichkeit zu ausgedehnten Studien gegeben, aber man muß wieder staunen, wenn man sieht, wie Winckelmann aus den ihm gebotenen Gelegenheiten etwas anderes als das Nächstliegende schafft. Er setzte seine Studien der griechischen Literatur zwar fort, warf sich aber vor allen Dingen auch auf Kunststudien, suchte in Dresden den Umgang mit Künstlern, besuchte die Kunstsammlungen und schrieb seine erste Schrift *Beschreibung der vorzüglichsten Gemälde der Dresdener Galerie* (1752), die ein Fragment blieb. Dies ist ein weiteres Zeugnis dafür, mit welcher Intensität Winckelmann nach einer Existenz suchte, die fast in allem das Gegenteil von derjenigen war, zu der er in Preußen prädestiniert schien.

Winckelmann konnte nur durch eine völlige Loslösung vom bedrückten Dasein eines armen preußischen Untertans zur Freiheit gelangen und meinte über die ersten dreißig Jahre seines Lebens: «Ich habe viel leiden müssen, und ich werde beständig einen Widerwillen gegen mein Vaterland behalten.» Hinter dem Vorwurf steckt, daß es, anders als in der liberalistischen Gesellschaft des 19. Jahrhunderts, nach der Ideologie des aufgeklärten Absolutismus zu den Pflichten des Königs und Landesvaters gehört, arme, aber begabte Landeskinder zu unterstützen. Tatsächlich wurden Bildungseinrichtungen geschaffen, die begabten Kindern aus dem Kleinbürgertum eine dem Staat nützliche Ausbildung gaben, und auch individuelle Hilfe von Fürsten, Adligen oder durch Stipendien war keine Seltenheit. Dabei standen natürlich immer auch Nützlichkeitserwägungen im Vordergrund. Winckelmann wollte jedoch etwas anderes als eine Versorgung.

Dresden war als Haupt- und Residenzstadt Sachsens anders als Stendal und Seehausen, aber auch anders als Berlin. Am sächsischen Hofe wurde viel Geld für Kunst ausgegeben, für Feste und Luxus. Der Hof war nicht nüchtern-norddeutsch und protestantisch, sondern katholisch – der Kurfürst war gleichzeitig König von Polen – und hatte außerdem rege Verbindungen nach Italien. Mit dem Hof und mit dem papstlichen Nuntius nahm Winckelmann Verbindung auf und konvertierte nach langen Verhandlungen (1754). So konnte er mit Unterstützung des Hofes nach Rom gehen und hatte in dem Nuntius, der in die ewige Stadt zurückkehrte, einen Gönner, und dieser wiederum, wie Winckelmann bemerkte, in ihm einen Konvertiten, den er vorzeigen konnte.

Winckelmann legte später in Rom sogar das Kleid eines Abbate an, ohne Kleriker zu werden. Ein Brief an seinen Freund und Mitbibliothekar Franke in Nöthnitz vom 28.1.1764 zeigt deutlich, warum er konvertieren konnte: «Es ist dieses ein Land der Menschlichkeit, wo ein jeder macht, was er will, wenn er nur nicht öffentlich auftritt und sagt: der Papst sei der Antichrist; aber auch dieses ist kein Unglück für jemand, der bedürftig ist: denn man hält einen solchen unbesonnenen Menschen in der Inquisition, gibt ihm ein gutes Zimmer und nährt ihn gut; er hat seinen Garten, Luft zu schöpfen, und wenn man glaubt, er sei von dem Gegenteile überzeugt, läßt man ihn laufen sub sigillo silentii. Ich lasse mir nicht einmal einfallen zu zweifeln; denn ich habe andere Sachen zu denken, die angenehmer, ich will nicht sagen wichtiger sind...» Er schlug später «zu aller Menschen Bestürzung» ein Kanonikat aus, «um die edle Freiheit, die mühsam erjagt, zu behaupten; folglich darf ich über diesen Punkt nicht beichten, welches ohnedem nur einmal im Jahr geschieht, und bei einem spanischen Geistlichen, welcher ein guter Bekannter ist. Was den Glauben anbetrifft: von demselben kann ich dir keinen anderen Beweis geben, als die viele Zeit anzuführen, die ich hier der hebräischen Bibel gegeben habe; so daß ich zugleich mit dem berühmten Ritter Montague die arabische Sprache studiert habe. Kann ein Lied aus dem hannöverschen Gesangbuche, welches ich insgemein des Morgens singe, zum Beweis dienen, so kann ich auch dieses versichern. Meine Versicherung kann umso kräftiger sein, je weniger ich Ursache habe zu heucheln.» (An Genzmer. Rom, den 20. März 1766.)

Winckelmann beeindruckte also die Toleranz. Er lernte von den Kardinälen das Lächeln der Auguren, und es ist schwer zu glauben, daß es ihm besonders schwer gefallen ist, auf den lutherischen Glauben zu verzichten, weil es für ihn ja Wichtigeres gab. Auch scheint seine homosexuelle Veranlagung in Rom keinen Anstoß erregt zu haben, vielmehr gelang es ihm von Anfang an, sich in eine gesicherte und halb unabhängige Stellung zu setzen. Er verkehrte mit Anton Raphael Mengs (1728–1779), Angelika Kauffmann und anderen Künstlern. Er wurde zuerst Bibliothekar des Kardinals Archinto, des früheren Dresdener Nuntius, nachher Bibliothekar und Kustos bei dem reichen und vornehmen Kardinal Alessandro Albani, der eine riesige Antikensammlung besaß, und in dessen Palazzo Winckelmann wohnte. Er war Vertrauter des Kardinals, der später Kardinalbibliothekar wurde und Winckelmann den Zutritt zum Vatikan verschaffte. Er wurde dort scrittore greco und im selben Jahr (1763) Oberaufseher der Altertümer in und um Rom, eine Stelle, die Raffael früher innegehabt hatte. Er war in das italienische Leben völlig integriert, weshalb es ihm auch gelang, auf mehreren Reisen nach Neapel Zutritt zu den Sammlungen von Kunstwerken zu bekommen, die in Pompeji und Herculaneum ausgegraben worden waren und eifersüchtig gehütet wurden. Er erlebte den Ausbruch des Vesuvs 1767, kletterte mit einigen Freunden auf den Berg, um dem «schrecklich schönen Schauspiele» in der Nähe beizuwohnen, ja stieg sogar bis zu einem neuen Lavastrom, «wo wir an dem feurigen Flusse Tauben brieten, und Winckelmann hielt, wie die Zyklopen, nackend seine Abendmahlzeit.» (Brief an Franke, 5. September 1767.)

Auf dieser Reise hatte ihn Baron von Riedesel, Kammerherr in preußischen Diensten und später preußischer Gesandter in Wien, begleitet. Riedesel, der übrigens vergebens versuchte, Winckelmann zu einer Reise nach Griechenland zu überreden, war einer von den vielen hochgebildeten Diplomaten, Adligen und Fürsten, die auf Bildungsreisen oder in Geschäften Winckelmann in Rom aufsuchten und seine Ciceronendienste in Anspruch nahmen. Winckelmann forschte und schrieb unermüdlich; er war jetzt international anerkannt, aber Verhandlungen über eine Bibliothekarstelle bei Friedrich dem Großen zerschlugen sich, weil Friedrich den von ihm geforderten Lohn, 2000 Taler, nicht bewilligen wollte: für einen Deutschen müsse die Hälfte genügen. Auch Winckelmann gehörte zu den widerwilligen Bewunderern Friedrichs des Großen, aber er sah deutlich, daß eine gewisse Eitelkeit bei ihm selbst den Wunsch hervorrief, auch in seinem Vaterlande mit Ehren empfangen zu werden. Statt der Griechenlandreise – die ihm wohl nicht zuletzt wegen der Türken etwas Angst machte – zog er eine Reise nach Deutschland vor, die in vieler Hinsicht wohl eine Huldigungsreise geworden wäre. Als er jedoch über die Alpen kam, ergriff ihn eine tiefe Depression, der er nach Aufenthalten in Augsburg und München nicht mehr Herr werden konnte. Er kehrte um, besuchte nicht einmal Leipzig, wo Oeser ihn erwartete und er wohl den jungen Goethe getroffen hätte, auch nicht Braunschweig und Dessau, wo die Höfe mit seinem Besuch rechneten, ging aber nach Wien, wo er mit hohen Ehren empfangen und mit Medaillen und Münzen beschenkt wurde. Er wollte jedoch nur nach Italien zurück und ging nach Triest, wo ein wegen Diebstahl schon vorbestrafter Florentiner sein Vertrauen gewann und ihn am 8. Juni in seinem Zimmer überfiel, als Winckelmann ihm die kaiserlichen Medaillen zeigen wollte. Die allgemeine Bestürzung beschreibt Goethe in *Dichtung und Wahrheit*: «Dieser ungeheure Vorfall tat eine ungeheure Wirkung; es war ein allgemeines Jammern und Wehklagen, und sein frühzeitiger Tod schärfte die Aufmerksamkeit auf den Wert seines Lebens. Ja vielleicht wäre die Wirkung seiner Tätigkeit, wenn er sie auch bis in ein höheres Alter fortgesetzt hätte, nicht so groß gewesen, als sie jetzt werden mußte, da er, wie mehrere außerordentliche Menschen, auch noch durch ein seltsames und widerwärtiges Ende vom Schicksal ausgezeichnet wurde.»

Zweifelsohne hat der Mord dazu beigetragen, daß Winckelmanns Leben fast zum Mythos wurde. Für seine und spätere Generationen galt es als ein Beweis dafür, daß man in einem von den Musen nicht gerade heimgesuchten Teil Deutschlands aufwachsen, daß man arm und protestantisch sein konnte und trotzdem zuletzt in Rom das Kleid eines Priesters als heimlicher Heide, als klassischer Mensch, als Lehrling der Griechen den nordischen Nebeln entronnen, tragen konnte. Weder in grauen Theorien befangen noch von dumpfen Gefühlen getrieben, lebte er mediterran, unter heiterem Himmel, ein Leben, das der Schönheit und dem antiken Maß gewidmet war. Ob diese Ansicht richtig ist, steht auf einem anderen Blatt; die Briefe vermitteln jedenfalls ein etwas differenzierteres Bild. Wichtiger als diese Briefe ist aber Goethes Schrift *Winckelmann und sein Jahrhundert*.

Die deutsche Ästhetik hatte vor Winckelmann mit Baumgartens *Aesthetica* auf der Basis einer Wolff-/Leibnizschen Philosophie ein beachtliches theoretisches Niveau erreicht und wies der Kunst weder eine im Hinblick auf Erkenntnis bloß propädeutische noch eine bloß Moral vermittelnde Funktion zu, sondern sah die Kunst als sinnlich anschauende Erkenntnis, der eine eigene «Vollkommenheit» zugesprochen wurde; sie war nicht mehr bloß Vorstufe der höheren deutlichen, d. h. philosophischen Erkenntnis.

Diese Ästhetik war streng systematisch, aber weder empirisch noch historisch fundiert. Ihre Bestimmung von Schönheit als sinnlicher Erscheinung der Vollkommenheit oder, wie Baumgarten es formuliert, der hier Kant antizipiert, als vollkommener sinnlicher Erscheinung, blieb letzten Endes, trotz weiterer Bestimmungen wie etwa Einheit in der Mannigfaltigkeit usw., inhaltsleer. Winckelmann bezweifelte die Möglichkeit einer deutlichen, d. h. philosophischen Definition der Schönheit und bemerkte noch in der *Geschichte der Kunst des Altertums*, die Schönheit sei «eins von den großen Geheimnissen der Natur, deren Wirkung wir sehen und alle empfinden, von deren Wesen aber ein allgemeiner deutlicher Begriff unter die unerfundenen Wahrheiten gehört». Statt dessen will Winckelmann konkret zeigen, was schön ist, und es gelingt ihm durch konkrete Analysen und Beschreibungen von Kunstwerken in einer Sprache, die für die Kunstgeschichte lange Zeit vorbildlich war und die in ihrer Genauigkeit, Prägnanz und zugleich Begeisterung vermittelnden Eindringlichkeit unübertroffen geblieben ist.

Seine Ausgangsposition ist vor allem durch die Entschiedenheit gekennzeichnet, mit der er sich auf die Evidenz der Schönheit der griechischen Kunst und auf das Urteil des fraglosen guten Geschmacks bezieht, das diese Schönheit bestätigen muß. Seine erste aufsehenerregende Abhandlung *Gedanken über die Nachahmung der griechischen Werke in der Malerei und Bildhauerkunst* fängt mit einem apodiktischen Bekenntnis zu einer neuen Renaissance des Griechentums an: «Der gute Geschmack, welcher sich mehr und mehr durch die Welt ausbreitet, hat sich angefangen zuerst unter dem griechischen Himmel zu bilden. Alle Erfindungen fremder Völker kamen gleichsam nur als der erste Same nach Griechenland und nahmen eine andere Natur und Gestalt an in dem Lande, welches Minerva, sagt man, vor allen Ländern, wegen der gemäßigten Jahreszeiten, die sie hier angetroffen, den Griechen zur Wohnung angewiesen, als ein Land, welches kluge Köpfe hervorbringen würde.» In der *Geschichte der Kunst des Altertums* heißt es ähnlich, aber etwas präziser: «Die Ursache und der Grund von dem Vorzuge, welchen die Kunst unter den Griechen erlangt hat, ist teils dem Einflusse des Himmels, teils der Verfassung und Regierung und der dadurch gebildeten Denkungsart, wie nicht weniger der Achtung der Künstler und dem Gebrauch und der Anwendung der Kunst unter den Griechen zuzuschreiben.»

Der gute Geschmack und die Schönheit, an deren Betrachtung sie sich bildet, ist also vom Klima, aber auch von den kulturellen, religiösen und politischen Verhältnissen abhängig.

Der griechische Himmel: das Klima bedeutet gemäßigte Jahreszeiten, d. h. weder extreme Kälte noch extreme Hitze, und damit eine schöne Körperlichkeit, die sich frei entwickeln und entfalten konnte. «Das Wachstum der schönen Form litt nichts durch die verschiedenen Arten und Teile unserer heutigen pressenden und klemmenden Kleidung, sonderlich am Halse, an Hüften und Schenkeln. Das schöne Geschlecht selbst unter den Griechen wußte von keinem ängstlichen Zwange in seinem Putze: die jungen Spartanerinnen waren so leicht und kurz bekleidet, daß man sie daher Hüftzeigerinnen nannte.» Die griechische Religion und die griechischen Sitten kannten also keine Leibfeindlichkeit. Schließlich scheint es so, daß eine republikanische Freiheit fast Voraussetzung hoher Kunst ist: «In Absicht der Verfassung und Regierung von Griechenland ist die Freiheit die vornehmste Ursache des Vorzugs der Kunst. Die Freiheit hat in Griechenland alle Zeit den Sitz gehabt, auch neben dem Throne der Könige, welche väterlich regierten, ehe die Aufklärung der Vernunft ihnen die Süßigkeit einer völligen Freiheit schmekken ließ.» Hier hat sich also ein Optimum entwickeln können. Was vorher war, war nur Voraussetzung und Same, was nachher kommt, ist entweder Verfall oder muß Nachahmung sein, denn alle hohe Kunst, auch die italienische, ist letzten Endes durch griechische Kunst inspiriert: «Der einzige Weg für uns groß, ja, wenn es möglich ist, unnachahmlich zu werden, ist die Nachahmung der Alten.»

Dieser Satz steht in *Gedanken über die Nachahmung der griechischen Werke in der Malerei und Bildhauerkunst*, und in ihr steht auch die berühmte Definition des allgemeinen Charakters der griechischen Kunst, die Lessings Protest in seinem *Laokoon* hervorrief. Als Einleitung zu einer kurzen Charakteristik der Laokoon-Gruppe heißt es: «Das allgemeine vorzügliche Kennzeichen der griechischen Meisterstücke ist endlich eine edle Einfalt und stille Größe, sowohl in der Stellung als im Ausdruck. So wie die Tiefe des Meeres alle Zeit ruhig bleibt, die Oberfläche mag noch so wüten, ebenso zeigt der Ausdruck in den Figuren der Griechen bei allen Leidenschaften eine große und gesetzte Seele.» Während die Bestimmung «edle Einfalt und stille Größe» sich eindeutig gegen die barocke Kunst wendet, kann man in Ausdrücken wie «große und gesetzte Seele» einen verspäteten Stoizismus erkennen. Lessing, der von einer positiv verstandenen Empfindsamkeit weit mehr geprägt war als Winckelmann, griff ihn hier mit Recht an und hob die wilde Trauer und die Leidenschaftlichkeit der griechischen Helden hervor. Was Winckelmann als Ausdruck einer seelischen Haltung bestimmte, sah Lessing als Folge der verschiedenen Ausdrucksmöglichkeiten der bildenden Künste und der Wortkunst.

Winckelmann ist in seiner Kunstauffassung keineswegs Anhänger einer planen Nachahmung der Natur, so daß sich die Kunstschönheit ohne weiteres aus der Naturschönheit ableiten ließe. Es gibt deutlich idealisierende Momente in seiner Kunsttheorie. Die Kunst besteht keineswegs einfach in der Nachahmung der äußeren Natur, auch wenn sie noch so schön wäre. Gerade in Verbindung mit Laokoon heißt es, daß der Ausdruck einer so großen Seele weit über die Bildung der schönen Natur hinausgehe und daß der Künstler die Stärke des Geistes in sich selbst fühlen müsse, welchen er seinem Marmor einpräge.

Das unverkennbar idealisierende Moment in seiner Kunsttheorie hat zu der Frage Anlaß gegeben, ob Winckelmann nun tatsächlich Platoniker oder eher Neuplatoniker ist. Es gibt eine ganze Reihe von Stellen, die so gedeutet werden können. So heißt es etwa in der Beschreibung des Apollo aus dem Belvedere zu Rom: «Es scheint ein geistiges Wesen, welches aus sich selbst und aus keinem sinnlichen Stoff sich eine Form gegeben, die nur in einem Verstande, in welchem keine Materie Einfluß hat, möglich war; eine Form, die nichts Erschaffenem sichtbar genommen ist, und die allein eine Erscheinung höherer Geister hat bilden können... eine seelische Entzückung hob mich mit sanften Schwingen, dergleichen die Dichter der unsterblichen Seele geben, und leicht durch dieselben suchte ich mich bis zum Thron der höchsten Schönheit zu schwingen. Keine menschliche Schönheit vermag dies zu wirken.»

Die ältere Forschung hat hier einen eindeutigen Platonismus erkennen wollen, während die neuere Forschung, etwa Armand Nivelle in seiner Darstellung *Kunst- und Dichtungstheorie zwischen Aufklärung und Klassik*, skeptischer ist und die Zurückführung der höchsten Schönheit auf Gott als eine Aushilfe betrachtet, gewissermaßen als eine Art Verlegenheitslösung. Winckelmann wäre nach dieser Auffassung zu sehr ein Mensch der Aufklärung, um rein empiristisch, unspekulativ ein Fundament für die Schönheit zu postulieren. Er verachtete zwar eine spekulative Ästhetik, hatte aber eben deshalb den Platonismus nötig. Er wäre ein Ausdruck dafür, daß Winckelmann, wie er selber gesteht, die Schönheit nicht auf den Begriff bringen kann, jedoch weiß, daß nicht bloß dieses oder jenes schön ist, sondern an etwas Gemeinsamem, dem Schönen partizipiert, an etwas Überindividuellem, das er aber nur in den konkreten Kunstwerken aufzeigen kann, nicht philosophisch zu definieren vermag. Er greift mit anderen Worten auf den Platonismus als Legitimation zurück, ohne sie ernster zu nehmen als den Satz, daß die Kunst belehren und vergnügen müsse, ein Satz, den er natürlich nie in Zweifel ziehen würde, der ihn aber auch gar nicht interessiert, und über den er nicht reflektiert.

Winckelmann hat eine stattliche Reihe von Werken auf deutsch und italienisch publiziert: Hervorzuheben sind seine Beschreibungen der Kunstwerke im Belvedere (1759), seine Berichte über Entdeckungen in Herculanum, *Versuch einer Allegorie, besonders für die Kunst* (1766), *Monumenti antichi inediti* (1767), vor allem aber natürlich seine *Geschichte der Kunst des Altertums* (1764). Schon Herder meint aber in Winckelmanns Werk Widersprüche feststellen zu können: Winckelmann will eine Kunst*geschichte* schreiben, er beschreibt und erklärt die *Entwicklung* der klassischen Kunst, andererseits sieht er aber alle andersartige Kunst gleichsam mit griechischen Augen. Er will, daß die Normen, die sich zu einer bestimmten Zeit unter bestimmten klimatischen, sozialen, religiösen und politischen Voraussetzungen gebildet haben, universale Gültigkeit beanspruchen dürfen, also unter völlig anderen Umständen immer noch richtig sein sollen. Wenn sie tatsächlich universale Gültigkeit haben, wozu dann die Bemühung um ihre Geschichtlichkeit?

Von seiner Jugend bis zu seinem reifsten Werk ist für Winckelmann die griechische Existenz ein Gegenbild der modernen, d. h. der durch die politischen, ökonomischen und religiösen Verhältnisse bedrückten Existenz des damaligen Menschen. Es hat wenig Sinn hervorzuheben, daß Winckelmann den Charakter der griechischen Sklavenhaltergesellschaft nicht erkannt habe. Für ihn wurde die Antike, wie sie künstlerisch überliefert worden ist, eine Utopie im Sinne einer idealen Gesellschaft, worin die republikanische Freiheit der Bürger und nicht die Unterdrückung der Sklaven entscheidend war.

Einen konsequenten Relativismus diskutiert Winckelmann in Verbindung mit der skeptischen Betrachtung, die Chinesen und Neger hätten ganz andere Begriffe von Schönheit. Winckelmann weist das Argument zurück und will sowohl Natur- als auch Kunstschönheit gewertet wissen. Er mißt an einem Optimum, das vielleicht nicht mehr zu erreichen ist, aber einmal erreicht wurde und auch für die gegenwärtige Zeit künstlerisch und politisch ein Ideal bleibt. Winckelmanns Utopie liegt in der Vergangenheit, ist dafür konkreter und nicht weniger verpflichtend. Gerade hierin hatte er seine Bedeutung für die deutsche Klassik, die weder bei dem Historismus und Relativismus des jungen Herder stehen bleiben noch auf einen überholten Klassizismus zurückgreifen konnte. Sowohl Herders Humanitätsbegriff als auch Winckelmanns Idealbild der freien religiösen sittlichen und politischen Existenz der griechischen Polis waren wichtig. Der Griechenkenner Wieland konnte bei anderem Anlaß über das «luftige Lumpengesindel» spotten, das hier verklärt werde, aber Goethe wie Schiller waren sich natürlich bewußt, daß es sich eben um ein Idealbild handelte, das erst die Romantiker durch eine ganz andersartige Utopie ersetzen wollten, die auch in die Vergangenheit zurückprojiziert worden ist.

3. Johann Georg Hamann (1730–1788)

Johann Georg Hamann wurde in Königsberg als Sohn des «altstädtischen Baders» geboren. Der Großvater war Pfarrer gewesen, der Onkel war derjenige Johann Georg Hamann (1697–1733), der ein *Poetisches Lexikon* herausgegeben, eine Fortsetzung der *Asiatischen Banise* Zieglers und zwei weitere Bände des Romans von Hunold *Der europäischen Höfe Liebes- und Heldengeschichte* geschrieben hatte. Wie so viele Literaten des 18. Jahrhunderts stammte Hamann also, obwohl in zweiter Generation, aus dem protestantischen Pfarrhaus. Der frühe Tod des Großvaters scheint die regelrechte akademische Ausbildung der Söhne verhindert zu haben, so daß der ältere sein Auskommen als freier Schriftsteller zu finden versuchte, während der jüngere den solideren, aber nicht akademischen Beruf eines Baders und Wundarztes in Königsberg ergriff, wo er am ökonomischen Aufschwung Ostpreußens unter Friedrich Wilhelm I. teilhatte, und darüber hinaus an der pietistisch-asketischen Gesinnung, an den Idealen der Sparsamkeit und Kargheit. Das Elternhaus war fromm, aber nicht engherzig, und der Vater verwendete viel Geld für die Ausbildung seiner Söhne. Hamann kritisierte später scharf die pädagogischen Methoden in den Schulen, die er besucht hatte, konnte sich jedoch 1746, also mit 16 Jahren, als Student der Theologie an der Universität Königsberg einschreiben lassen.

Aus den Akten der Universität geht hervor, daß Hamann drei Semester Theologie studierte und später zu Jura überwechselte. Den eigentlichen Inhalt seiner Studien bildete freilich etwas anderes, nämlich «eine neue Neigung, die in mir aufgegangen war, zu Alterthümern, Critic – hierauf zu den sogenannten schönen und zierlichen Wissenschaften, Poesie, Romanen, Philologie, den französischen Schriftstellern und ihrer Gabe zu dichten, zu mahlen, schildern der Einbildungskraft zu gefallen etc.» Mit einigen Freunden gab er die Zeitschrift *Daphne* heraus, die wenig originell war, aber mit der, wie man sich schmeichelte, Ostpreußen den Anschluß an die allgemeine geistige Entwicklung Deutschlands gewann. Hamann konnte in dieser Zeitschrift seinen Leserinnen verkünden: «Die Sinnen, die Vernunft, die Tugend, die Religion, der Glaube sind alles Mittel, wodurch sich die Freude der Seele eines Christen bemächtiget. Mir dienen Vernunft und Religion dazu, mich in meinen Vergnügungen mit mir selbst zufrieden zu machen.»

Die ausgedehnten und zu keinem Examen führenden Studien Hamanns haben offenbar zu Auseinandersetzungen mit dem Vater geführt, und Hamann ging, als die Möglichkeit sich ergab, als Hofmeister nach Livland. So geriet der gebildete Bürger in die Häuser des baltischen Adels, und nahm seinen Platz ein in der stattlichen Reihe von Hofmeistern, die in der deutschen Literatur und Philosophie eine Rolle gespielt haben: Kant, Fichte, Lenz, Hegel, Jean Paul, Hippel, Voß und Hölderlin. Die Stellen wurden meistens durch die Bekanntschaft und besonders auch durch die Landgeistlichkeit vermittelt. Sie waren sehr unterschiedlich dotiert, und die gesellschaftliche Stellung des Hofmeisters war von der Einstellung der Eltern zur Erziehung und von ihrem Bildungsniveau abhängig.

Hamanns erste Begegnung mit dem baltischen Adel war eine Enttäuschung. Er blieb nur ein halbes Jahr in der ersten Stelle und wohnte später bei Freunden in Riga, bis er in einem Haushalt, der von französischer Kultur geprägt war, eine gute Stelle fand, wo er mehrere Jahre blieb. Briefe und Notizbücher zeigen, daß er in Livland polyhistorische Studien trieb, die die Basis für die philosophische, philologische und theologische Autorschaft Hamanns bildeten. Er fing schon an, sich an Übersetzungen aus dem Französischen und Englischen zu üben, wobei die Leichtigkeit und die Eleganz der Diktion vor dem Hintergrund der späteren Schriften Hamanns auffällig sind.

Im Auftrag des Handelshauses Berens übersetzte Hamann eine handelspolitische Schrift, und es ist deutlich, daß während des Aufenthaltes in der Familie Berens Verhandlungen zwischen dem Handelshaus und Hamann eingeleitet worden waren. Der Sohn des Hauses J. C. Berens kehrte 1754 aus Paris zurück, und wohl durch ihn inspiriert, trug sich Hamann mit dem Gedanken, eine Auswahl von Übersetzungen aus der französischen *Großen Enzyklopädie* zu publizieren. Der Plan zerschlug sich, aber im Anschluß an die Übersetzung einer handelspolitischen Schrift veröffentlichte Hamann eine *Beylage*, die die Tugenden des patriotischen Patriziers feiert, den Handelsgeist preist, der Holland veranlaßt habe, den tyrannischen Gewissenszwang abzuschaffen, und der vielleicht mit der Zeit die Ungleichheit der Stände aufheben werde oder den Kriegsadel durch den ‹Adel der Kaufleute› gar ersetzen könne. In diesem historischen Prozeß muß der Gelehrte auch eine Rolle spielen, er muß «aus den spanischen Schlössern der *intellektualischen Welt*» heraus und ein «Schüler, ein Vertrauter des Bauern, des Handwerkers und des Kaufmanns» werden. Hamann trat schließlich in den Dienst des Handelshauses Berens und ging nach London mit einem wohl handelspolitischen Auftrag. Doch gerade im Jahre seiner Reise, 1758, änderte sich die politische Haltung Englands, und damit war der mutmaßliche Zweck der Mission Hamanns vereitelt.

Anstatt nach Riga zurückzufahren, verfiel Hamann in eine brütende Melancholie, die offenbar nur von ziellosen Unternehmungen und Zerstreuungen unterbrochen wurde. Über die vierzehn Monate, die Hamann in London verbrachte, wissen wir sehr wenig, denn die *Gedanken über meinen Lebenslauf* sind sehr kurz gefaßt und behandeln nur die Bekehrung und die darauf folgende Zeit in London und Riga etwas ausführlicher, wobei dieses Ereignis pietistisch auf eine Bekehrungsgeschichte hin stilisiert worden ist.

Wichtiger als Hamanns Bekehrungsgeschichte sind seine *Biblischen Betrachtungen*, eine Art Tagebuch, in welchem er sich über seine Gedanken bei der Lektüre der Bibel Rechenschaft ablegt. Es dreht sich also weder um einen theologischen Kommentar noch um eine erbauliche Exegese, sondern um eine bunte Mischung von Gedanken, besonders zum Alten Testament, in welchen sich Selbstanalyse, theologische, philosophische und literarische Betrachtungen ablösen. In dieser frühen, nicht für die Veröffentlichung bestimmten Schrift wird deutlich, daß Hamanns neuer Ausgangspunkt nicht, wie die Freunde spöttisch meinten, ein «mystisches» Erlebnis gewesen war, sondern eine durchaus reflektierte Aneignung der biblischen Botschaft vor dem Hintergrund sowohl einer traditionellen typologischen Exegese als auch einer kritischen Besinnung auf das Vermögen des Menschen im Geiste der empiristischen Spätaufklärung. Hamann betont, daß Selbsterkenntnis konkret von einem Individuum zu leisten sei, das durch Abhängigkeit allerlei Art bedingt ist: abhängig von der äußeren Natur und der eigenen physischen und psychischen Natur, abhängig von Eltern, Freunden, Erziehung, Ideen – und am radikalsten in seiner ganzen Existenz abhängig von Gott. Hamann charakterisierte diesen Prozeß mit dem später von Kant übernommenen Ausdruck «Höllenfahrt der Selbsterkenntnis». Wichtige Motive seiner späteren Schriften sind schon hier voll entwickelt: Die Herablassung Gottes zu den Menschen findet in seiner Schöpfung, in der Inkarnation und in der Heiligen Schrift statt. Der Mensch kann nicht zu Gott emporstreben, sondern Gott muß sich seiner Majestät entäußern und sich zu den Menschen herablassen. Weiterhin die starke Betonung der Offenbarung an die Menschen durch die Sinne, durch die Tradition, durch die Heilige Schrift – der erste Satz der biblischen Betrachtungen lautet: «Gott ein Schriftsteller!» Schließlich muß die typologische Schriftauslegung erwähnt werden, die in Deutschland natürlich keineswegs unbekannt war, in England aber von Hervey und Young, die Hamann während seines Aufenthaltes dort eifrig studiert hat, gepflegt wurde.

Bald nach der Bekehrung faßte Hamann den Entschluß, nach Riga zurückzukehren, wo er zwar freundlich aufgenommen, aber nicht wieder mit wichtigen Geschäften betraut wurde. Sogleich begannen die Auseinandersetzungen über seine Bekehrung, aber Hamann dachte keineswegs an eine Kündigung. Zu Schwierigkeiten kam es offenbar erst, als Hamann sich um Catharina Berens (geb. 1727) bewarb, die das Haus besorgte. Durch höhere Eingebung, die sich ihm durch Stimmen mitteilte, meinte Hamann erfahren zu haben, daß Catharina von Gott für ihn bestimmt sei. Er erhielt von seinem Vater die Erlaubnis zu heiraten, warb um sie und wurde von ihr erhört. Es fanden dann, schreibt Hamann, «außerordentliche Auftritte» zwischen ihm und dem Chef des Hauses statt, und Hamann verließ auf Wunsch des Vaters, der kränkelte, Riga und die Firma und ging nach Königsberg zurück, das mit Kant, Hamann, Hippel und Herder eine wichtige Rolle im geistigen Leben des 18. Jahrhunderts spielen sollte.

Über Königsberg schreibt Kant in der Vorrede zur *Anthropologie in pragmatischer Hinsicht*: «Eine große Stadt, der Mittelpunkt eines Reichs, in welchem sich die Landescollegia der Regierung desselben befinden, die eine Universität (zur Kultur der Wissenschaften) und dabei noch die Lage zum Seehandel hat, welche durch Flüsse aus dem inneren des Landes sowohl, als auch mit angrenzenden, entlegenen Ländern von verschiedenen Sprachen und Sitten, einen Verkehr begünstigt, – eine solche Stadt, wie etwa *Königsberg* am Pregelflusse, kann schon für einen schicklichen Platz zur Erweiterung sowohl der Menschenkenntnis als auch der Weltkenntnis genommen werden, wo diese, auch ohne zu reisen, erworben werden kann.»

Als Kant dies schrieb, hatte die Universität zwischen dreihundert und fünfhundert Studenten, war aber trotz der Bedeutung Kants keineswegs als Kulturzentrum mit Halle oder Göttingen zu vergleichen. Kant macht aber auf die anderen wichtigen Merkmale aufmerksam: Königsberg war Handels- und Seefahrtsstadt, die Verbindungen mit Rußland, mit den baltischen Provinzen, aber auch mit England und Skandinavien waren rege, und obwohl Kant kaum Englisch lesen konnte, wurde er vermutlich durch Hamann auf Hume aufmerksam, ja wurde der ‹preußische Hume›. Zu Kants Tischgesellschaft gehörten außerdem die englischen Kaufleute Green und Motherby.

Die Studenten an der Universität kamen sowohl aus Preußen als auch aus Livland, Kurland und Estland. Viele Kandidaten gingen dorthin, um Hauslehrer und Pfarrer zu werden. Königsberg war kulturelles Einzugsgebiet für das Baltikum und war während des Siebenjährigen Krieges lange Zeit von den Russen besetzt, was die Einwohner mit einer solchen Ruhe ertrugen, daß Friedrich II. die Stadt nach Kriegsende nicht besuchte. Dafür wurde sie als Umschlagplatz auch Sitz privilegierter Handelskompanien und der vielgehaßten französisch geleiteten Akzise- und Zolladministration. Friedrich II. suchte durch Tabak- und Kaffeemonopole, durch eine Salz- und Seehandelskompanie und die erwähnte Zoll- und Akziseverwaltung die finanziellen Verluste auszugleichen, die der erfolgreiche Eroberungskrieg gegen Österreich nach sich gezogen hatte. Die französischen Fachleute, die er sich ins Land holte, waren in Frankreich so gut ausgebildet worden, daß es schon 1766 in Berlin und Halle zu Tumulten kam und der König den effizienten Beamten militärische Hilfe versprechen mußte. Der Druck erhöhte den ostpreußischen Patriotismus bzw. Provinzialismus und verschärfte den Gegensatz zwischen Berlin und Königsberg. Die vehemente Kritik Hamanns an Friedrich II. ist also nicht nur weltanschaulich bedingt, und die Selbstverständlichkeit, mit welcher Herder in Riga als russischer Untertan Oden und politische Entwürfe für Katharina schreiben konnte, ist zwar keineswegs auffallend im 18. Jahrhundert, hat aber auch ihren Grund in dem nicht besonders herzlichen Verhältnis Königsbergs zu dem von Kant jedoch gepriesenen großen Landesherrn.

In Königsberg hatten sich die Pietisten nach harten Kämpfen mit den Orthodoxen und der Aufklärung in den Schulen, in den Kirchen und an der Universität durchgesetzt. Mit Franz Albert Schulz und später mit Quandt war nach einer schweren Krise für die Universität eine Epoche der Duldung und der gegenseitigen Befruchtung der drei Richtungen angebrochen, ja Theodor von Hippel meinte sogar spöttisch, wenn man Schulz höre, müsse man meinen, daß Christus und alle Apostel bei Wolff in Halle studiert hätten. Schon Knutzen und Rappolt, die Lehrer Kants und Hamanns, standen dem englischen Empirismus positiv gegenüber, und so war nicht nur die Möglichkeit einer kritischen Wendung gegen den aufgeklärten Absolutismus gegeben, dessen repressiver Charakter hier deutlich zu spüren war, sondern auch die Voraussetzungen einer Kritik an dem philosophischen System, das diesen Absolutismus ideologisch unterstützte, an dem Geschmack der ‹Berliner›, worunter Hamann nicht nur den König, sondern auch Nicolai, Mendelssohn und Lessing verstand. Nehmen wir statt des Stichwortes von der «kopernikanischen Wendung» das vom «preußischen Hume» zum Ausgangspunkt, so wird klar, daß die Zeitgenossen in Kant vorerst denjenigen Denker sahen, der die empiristische Kritik Humes konsequent weiterdachte, radikalisierte und vertiefte, so die Grenzen der Vernunft bestimmte und den metaphysischen Spekulationen endgültig ihre Basis entzog. Die Möglichkeiten einer Weiterentwicklung des Kritizismus in der Philosophie des deutschen Idealismus', zur Wissenschaftslehre Fichtes und zum objektiven Idealismus Hegels wurden erst später sichtbar. Aber auch der von Kant später vertretene Kritizismus ging von der Analyse der Erfahrung aus und kam zu dem Ergebnis, daß Begriffe ohne Anschauung leer sind, Anschauung ohne Begriffe aber blind. Ausgangspunkt für die Arbeit des Verstandes bleiben also die uns in der Anschauung gegebenen Phänomene.

Als Hamann wieder in Königsberg war, beendete er weder ein Brotstudium, noch suchte er eine Stellung, sondern widmete sich theologischen, philosophischen und altphilologischen Studien und kümmerte sich, wie er in seinen Briefen mehrmals hervorhebt, um die Pflege seines alten Vaters. Die Freunde sahen in diesem Leben eine Fortsetzung der sonderbaren Untätigkeit und Passivität, in die Hamann während der Londoner Krise versunken war, und mögen darin Parallelen zu der gleichzeitig auftretenden, und, wie sich später herausstellte, tatsächlich pathologischen Apathie des in Riga an der Domschule tätigen Bruders Johann Christoph gesehen haben. Sie brachten natürlicherweise den Müßiggang Hamanns in Verbindung mit seiner Londoner Schwärmerei und versuchten, ihn wieder für die Aufklärung, wie sie sie verstanden, und für eine vernünftige, nützliche Tätigkeit zu gewinnen. Man holte das Projekt der Übersetzung von Artikeln aus der *Großen Enzyklopädie* hervor, schlug ihm eine Tätigkeit als Lehrer vor usw., aber Hamann wehrte sich gegen diese Bemühungen von J. C. Berens und Immanuel Kant. Aus den Auseinandersetzungen entstand seine erste Schrift: *Sokratische*

Denkwürdigkeiten für die lange Weile des Publicums zusammengetragen von einem Liebhaber der langen Weile. Mit einer doppelten Zuschrift an Niemand und an Zween (1759).

Hamann kam durch diese Auseinandersetzungen zu dem Ergebnis, daß er eine sokratische Aufgabe habe, daß er keineswegs eine nützliche Tätigkeit ausüben, sondern den Freunden kritische Fragen stellen müsse. Als Hamann versucht hatte, seinen Freunden seine Bekehrung zu erklären, war er auf Unverständnis gestoßen. Er wollte nun nicht mehr «predigen», sondern entwikkelte eine Strategie der indirekten Mitteilung, die für ihn und in ebenso hohem Grade später für Kierkegaard von zentraler Bedeutung wurde. Hamann spricht durch Masken, durch Analogien, die in seiner typologischen Geschichtsphilosophie wurzeln, aber gleichzeitig, wie die biblischen Gleichnisse, von den Hörern auf sich selbst angewendet und nicht spekulativ allgemein verstanden werden wollen. Genausowenig wie es seine Absicht ist, etwas objektiv Gültiges über die Geschichte des Sokrates zu schreiben, ist Selbstdarstellung seine Intention, wenn er von sich spricht. Er will vielmehr ein Zeugnis ablegen, das für andere Gültigkeit haben, persönlich angeeignet werden soll.

Wenn Lessing die Suche nach der Wahrheit der Wahrheit vorzieht, die ja nur für Gott ist, so kann Hamann ihm darin folgen, daß der Mensch nie der Wahrheit habhaft werden kann. Meinungen sind für Hamann nur Hilfsmittel der Wahrheit, nie die Wahrheit selbst. Wenn Lessing die Suche betont, so Hamann das existentielle Verhältnis zu der Wahrheit, die Aneignung der Wahrheit, wenn sie dem einzelnen begegnet: «Was ist gewisser als des Menschen Ende, und von welcher Wahrheit gibt es allgemeinere und bewährtere Erkenntnis? Niemand ist gleich wohl so klug, solche zu glauben, als der, wie Moses zu verstehen gibt, von Gott selbst gelehrt wird, zu bedenken, daß er sterben müsse. Was man glaubt, hat daher nicht nötig bewiesen zu werden, und ein Satz kann noch so unumstößlich bewiesen sein, ohne deswegen geglaubt zu werden.»

Hamann funktionierte in seiner ersten Schrift die Sokratesgestalt um und machte aus der Identifikationsfigur der Aufklärung wieder ein Ärgernis. Sokrates war ja, wie Hamann, ein Müßiggänger, der sich auf dem Markt herumtrieb, ein unsystematischer Denker, ein religiöser Schwärmer, der immer von seinem Daimonion sprach, ein Verführer der Jugend ohne Achtung vor der öffentlichen Meinung, der allgemein anerkannte Moral und den kirchlichen und staatlichen Autoritäten.

Stilistisch gesehen sind die *Sokratischen Denkwürdigkeiten* leichter zugänglich als die späteren Schriften Hamanns und fanden wegen ihres «körnichten» Stils (Moses Mendelssohn) in so hohem Maße die Zustimmung in den *Briefen, die neueste Litteratur betreffend*, daß Hamann zur Mitarbeit aufgefordert wurde, was er jedoch ablehnte.

Die Aufforderung mag rückblickend und vor dem Hintergrund des tradierten Hamann-Bildes sonderbar erscheinen, aber es gibt in dieser ersten

Schrift Momente, die auf gemeinsame Positionen hinweisen: Hamanns Ausgangspunkt in der Analyse der Empfindungen, der Evidenz der Erfahrung, seine Absage an das Systemdenken mußten Mendelssohn gefallen. Er hat aber nicht erkannt, daß schon in dieser Schrift auch Trennendes verborgen liegt: Die Sokrates-Gestalt wird Hamann so wichtig, weil sich an ihr die Fruchtbarkeit einer figuralen Deutung nicht nur der Bibel, sondern der ganzen Tradition zeigt. Wie der Hohepriester Melchisedech im Alten Testament Christus präfiguriert, wie die drei Tage Jonas' im Bauch des Walfisches den Tod und die Auferstehung Christi prophezeien, so auch das Leben und der Tod des Sokrates. Weil er seine Mitbürger, wie er schreibt, der «überaus sündigen Unwissenheit» überführte, wurde er zum Tode verurteilt und präfiguriert auf diese Weise Christus, der am Kreuz starb, weil er die Juden ihres moralischen Unvermögens überführte. Schließlich kann Hamann die Auseinandersetzung zwischen Sokrates und den Sophisten auf sich und seine Freunde beziehen und seine Nachfolge Christi auf diese Weise verdeckt verkünden.

Zwei Momente sind somit in dieser ersten Schrift wichtig: Die Geschichte als solche ist als Mythos aufzufassen, d. h. es ist nicht wichtig, wie es eigentlich gewesen ist, sondern in der entstandenen Tradition, in der möglicherweise sehr mangelhaften Überlieferung liegt ein Sinn, den der Herr der Überlieferung, Gott, hineingelegt hat und den der Mensch herauslesen muß. Das haben schon frühere Generationen getan, und die Überlieferung vertieft sich durch die wiederholten Applikationen. So gewinnt, wie dargestellt, das Schicksal des Sokrates einen tieferen Sinn durch die figurale Interpretation, die ja erst später möglich wurde. Es geht also um das «Denkwürdige» an Sokrates, es wird schon hier hermeneutisches Prinzip, daß es nicht darum zu tun ist zu erforschen, wer Sokrates eigentlich gewesen ist, ob Plato oder eher Xenophon in seiner Darstellung recht hat usw. Es geht vielmehr um den Sinn, den die Sokratesgestalt in der Tradition bekommt und noch bekommen kann. Wie die Natur ist die Geschichte ein Buch, dessen Autor Gott ist. Er hat diese Bücher «geschrieben», sie sind also als Botschaften, als eine Rede Gottes zu verstehen, d. h. sie müssen final aus ihrer «Absicht» heraus verstanden werden. Weiter ist dieses Verständnis von dem Standort, der Situation des einzelnen abhängig, und es liegt durchaus in der Intention des Autors, daß die Geschichte genauso wie ein Bibeltext unter verschiedenen Umständen verschieden ausgelegt wird. Die ganze Geschichte, nicht nur die ältere, wie Bolingbroke meinte, ist Fabellehre, Mythologie.

Darüber hinaus weist Hamann in dieser Schrift auf das Daimonion als Analogon zum Heiligen Geist und zum Genie hin, indem er ausdrücklich auf Youngs *Gedanken über die Originalwerke* verweist. Die Debatte über das Genie führt er dann in den *Wolken* (1761) weiter und später in anderen kleinen Schriften, in welchen er sich gegen die Ästhetik und Rezensionen Mendelssohns wehrt. Es ist wichtig hervorzuheben, daß das Genie bei Hamann nur im christlichen Kontext zu verstehen ist, d. h. als Geschenk,

Gnade, «mitgeteiltes Sein». Eine weitere wichtige Komponente ist Hamanns Deutung des göttlichen Wahnsinns. Den antiken Topos interpretiert er vor dem Hintergrund der Bibel als Torheit und Wahnsinn der besessenen Propheten und erinnert daran, daß die Juden auch von Christus sagten, daß er rasend sei. Zwischen dem echten Genie und der gesunden Vernunft, dem guten Geschmack besteht notwendig ein Gegensatz.

Hamanns kleine Schriften hatten immer einen konkreten Anlaß, sie waren Antworten und Angriffe, polemische Essays. Die Streitschrift erhielt bei ihm eine neue Form, indem er mit «Montagen» arbeitete, die teils Widersprüche im Denken der Gegner erhellen, teils den ganzen Streit auf dem Hintergrund der Offenbarung durchsichtig machen sollten. Er stellte also einerseits die Thesen der Gegner zusammen und bezog sie aufeinander, so daß Unstimmigkeiten und Uneingestandenes ans Licht traten, montierte andererseits biblische Bilder ein und aktualisierte damit biblische Konflikte und Figuren mit dem Zweck der indirekten, durch Analogie erfolgten Mitteilung, die der Gegner selbst auf sich beziehen konnte und mußte. Das Zitat wird dadurch ästhetisch, ein Stilmittel, es liefert nicht mehr nur den Beleg bzw. die Quellenangabe. Andererseits werden die Schriften Hamanns dadurch eben keine autonomen künstlerischen Gebilde im Sinne der späteren klassizistischen Ästhetik: Gerade die Zitatkunst verbietet jede immanente Interpretation, aktualisiert vielmehr den hermeneutischen Horizont des Werkes.

Eine Sammlung solcher Schriften, die zum Teil schon als Zeitungsbeiträge erschienen waren, publizierte Hamann unter dem Titel *Kreuzzüge des Philologen* (1762). Das Hauptstück war zweifelsohne die *Aesthetica in nuce*, die als das erste ästhetische Manifest der Sturm-und-Drang-Periode angesehen wurde, was wohl nur bedingt richtig ist.

Die Schrift greift vor allem J.D. Michaelis an, der 1758 eine annotierte Ausgabe von Robert Lowths *De sacra poesi hebraeorum* (engl. Ausgabe 1753) in Göttingen herausgebracht und den dänischen König Frederik V. dazu bewogen hatte, eine wissenschaftliche Expedition nach Arabien zu schicken, von welcher Michaelis sich sowohl sprachliche als auch naturwissenschaftliche Beobachtungen versprach, die für die Exegese des Alten Testaments wichtig sein könnten.

Hamann griff nicht die moderne Bibelphilologie als solche an, sondern er interessierte sich brennend für ihre Ergebnisse. Ziel seines Angriffes war vielmehr, daß sie bei ihren historisch-kritischen Untersuchungen die Sinnfrage suspendierte. Michaelis fragte in Hamanns Auslegung also nicht mehr nach dem Sinn der Überlieferung, sondern nur nach der Entstehung ihres Buchstabens. Er fragte nicht nach dem Sinn der Beschäftigung mit der Geschichte überhaupt, nach dem Erkenntnisinteresse, das für Hamann mit dem Charakter der verborgenen, figuralen Verkündigung in der Geschichte zu beantworten ist, sondern gerade die «typische Gottesgelahrtheit» wollte Michaelis zurückdrängen.

Hamanns Schrift ist letzten Endes der Entwurf einer Universalhermeneutik, die von den Bildern und Begebenheiten ausgeht, in welchen Gott spricht. Die Antwort des Menschen ist ebenfalls bildhaft, symbolisch – wie Gottes Sprache poetisch im Vollsinn des Begriffes, also schöpferisch. Der Titel *Aesthetica in nuce* bezieht sich in gleicher Weise auf den vollen Inhalt des Begriffes aisthesis, sinnliche Wahrnehmung oder Erkenntnis, und Hamanns kurze, konzentrierte (*in nuce*) Schrift folgt kommentierend dem Schöpfungsbericht, um darzutun, daß der Mensch als sinnliches Geschöpf, als Gottes irdisches Ebenbild geschaffen wurde und daß sinnlich-poetische Sprache deshalb die ursprüngliche und optimale Sprache ist, da Sinnlichkeit und Leidenschaft – darunter Sexualität – als Abbild der göttlichen Schöpfungskraft zur Natur des Menschen gehören.

Die Anthropologie Hamanns, wie sie in dieser Schrift zutage tritt, kann in säkularisierter Form den Sturm und Drang vorbereiten, aber nur, indem wichtige Aspekte nicht rezipiert werden. Der Mensch ist zwar bei Hamann schöpferisches Sinnenwesen, aber gleichzeitig nur in Abhängigkeit von Gott zu verstehen, als dessen Geschöpf. Hamann hebt Sinne und Leidenschaften hervor und kritisiert die Vernunft, aber nur deren Verabsolutierung als ‹allgemeine› und ‹gesunde› Vernunft, denn die Leidenschaften wie die Vernunft sind Kräfte des gefallenen, erlösungsbedürftigen Menschen. So löst die Hoffnung auf die Wiederkunft Christi und das Ende aller Dinge am Ende der Schrift den Bezug auf den Schöpfungsbericht ab. Über Hamanns Interesse für den Ursprung, die «Origines der Menschheit» darf man also nicht das Eschatologische bei ihm vergessen, und wenn man hervorhebt, daß er die Leidenschaften preist, darf man nicht außer acht lassen, daß sie bei ihm nicht nur «Waffen der Mannheit» sind, sondern auch «Glieder der Unehre». In der Theologie, in der Anthropologie und in der Ästhetik der Spätaufklärung wurde diese Dimension des Menschlichen nach Hamann verleugnet; deshalb griff er neben Michaelis auch Lessing und Mendelssohn an.

In anderen Schriften der kleinen Sammlung behandelte Hamann sprachphilosophische Themen, Stileigentümlichkeiten des Alten und Neuen Testaments, eine Besprechung der *Nouvelle Héloise* von Rousseau usw. Hamanns Schriften sind oft «Metakritiken», und dies erklärt zum Teil, daß sie zu seiner Zeit trotz ihres hermetischen Charakters eine so große Wirkung hatten, daß man von einer Schule, einer Sekte von «Hamännchen» sprach, aber auch, daß sie heute schwer zugänglich und kommentarbedürftig sind. Hamanns Schrift *Chimärische Einfälle* ist nur voll verständlich, wenn man Rousseaus Roman, die deutsche Übersetzung und die Besprechung Mendelssohns gelesen hat. Punktuell und konzentriert nehmen seine Essays zentrale Fragen auf – und lassen sie wieder fallen. In den beiden Schriften *Kunstrichter und Schriftsteller* und *Leser und Kunstrichter* (1762) erörterte er die Funktion der Kritik in dem neuerstandenen, großen und komplizierten literarischen System. Das Anwachsen der publizierten Bücher, die nicht mehr nur von Gelehrten für

Gelehrte geschrieben wurden, machte eine vermittelnde Instanz zwischen Schriftsteller und Publikum nötig, aber auch die Funktion der Verlage und ihre Beziehungen zu den Rezensionsorganen mußten bedacht werden. Hamann stellte schon in den *Sokratischen Denkwürdigkeiten* die Frage nach der Legitimation der Kritik, die sich als Stimme sowie auch als Ratgeber des Publikums, aber mit zweifelhafter Argumentation, präsentiert. Hamann selbst vertritt in gewisser Hinsicht noch den Typ des gelehrten Schriftstellers, der nicht hauptberuflich schreibt, der in seiner Produktion nur einen kleinen Ausschnitt des Publikums erreichen will, dabei kein Geld verdienen kann und ein neues, voraussetzungsloses Publikum eher abweist. Andererseits ist Hamann nicht gewollt elitär, sondern kann sich in seiner Situation nur esoterisch ausdrücken.

In *Fünf Hirtenbriefe das Schuldrama betreffend* (1763) diskutierte Hamann die Änderungen im dramatischen Gattungssystem, die durch das bürgerliche Trauerspiel, Schauspiel usw. entstanden waren, und zwar vor dem Hintergrund der Theorie und Praxis bei Diderot. Auch hier geht er so vor, daß er von seinem Christentum und Luthertum aus auf der einen Seite den Tugendoptimismus kritisiert, auf der anderen den mittleren Stil der Aufklärung, der die Extreme des Burlesken und des Wunderbaren nicht als ästhetisch bzw. literaturfähig betrachtete. Lessing wird hier ebenfalls angegriffen, aber es dreht sich dabei letzten Endes um eine Weiterführung der Polemik gegen den «ästhetischen Moses», d.h. Moses Mendelssohn, dem manches «unrein» war und der die Natur «beschneiden» wollte.

Auch das Leben Hamanns schien in mancher Hinsicht ein Auftakt zum Sturm und Drang zu sein. Da er wohl hauptsächlich wegen seiner anscheinend schon in Riga zutage getretenen distanzierten Haltung zur beruflichen Arbeit die Tochter Berens nicht heiraten durfte, nahm er 1763 eine Verbindung mit einer Magd im Hause, Anna Regine Schumacher, auf und lebte mit ihr in einer Art Gewissensehe, weil er die «Braut aus Gottes Hand» ja nicht bekommen konnte: «Die Erhaltung meines Leibes und Hauses sind die Beweggründe zu einer Gewissensheyrath. Eine Bürgerl. ist meinen Umständen und meiner Gemüthsart nicht gemäß.» (Brief 5.1.1763)

Hamanns «Umstände» hatten sich bis 1763 nicht grundsätzlich geändert. Er betrachtete sich als «Invalide des Apoll», und wie die Invaliden aus dem Siebenjährigen Kriege einen nicht zu anstrengenden Beamtenposten beanspruchten, so wollte er wohl eigentlich eine Sinekure, was seinen Freunden kaum einleuchten konnte. Er legte eine Probezeit in der Zollverwaltung ab, wandte sich an Friedrich Karl von Moser um Hilfe, unternahm eine schlecht vorbereitete Reise nach Frankfurt, Basel, Leipzig und Berlin, die wohl auch eine Flucht aus dem Hause war, in welchem neben dem Vater, der einen Schlaganfall gehabt hatte, und dem in krankhafte Lethargie versunkenen Bruder auch die Magd lebte, die mit dem von Hamann in Aussicht gestellten Verhältnis nicht recht einverstanden war. Schließlich ging er Mitte 1763 nach Mitau und verbrachte in dem Haus des Hofrats Tottien eineinhalb Jahre. Welche Aufgaben er in diesem Haus erfüllte, wissen wir nicht. Erst vier Monate nach dem Tod des von ihm sehr geliebten Vaters kehrte er zurück, bekam durch die Vermittlung Kants eine Stellung als Übersetzer in der Zollverwaltung, übernahm die Pflege des kranken Bruders und fing wieder an zu schreiben. Er mietete eine Wohnung, Anna Regine Schumacher zog zu ihm, und sie bekamen insgesamt vier Kinder. Zu einer Heirat kam es aber nie.

Hamann hatte eine offenbar sehr schwere Krise wohl nur eben überwinden können, und eine bürgerliche Existenz zu gründen gelang ihm nie. Er konnte trotz seines Erbes und der Zinsen vom Vermögen des Bruders nie mit seinem bescheidenen Gehalt als Übersetzer und später als Packhofverwalter auskommen, sondern mußte immer wieder die Hilfe der Freunde in Anspruch nehmen, und das Verhältnis zu seiner Behörde war gespannt. Mit seinen Schriften hatte er aber das Wohlwollen pietistischer und allgemein christlicher Kreise gewonnen – auch Katholiken, wie der westfälische Gutsbesitzer F. K. Buchholtz und die Fürstin Amalie von Gallitzin haben ihm später geholfen. Der Name «Magus in Norden», den ihm Friedrich Karl von Moser gab, ist biblisch zu verstehen und bezieht sich auf die Magier, die Heiligen drei Könige in der Bibel, die dem Stern folgten, der Christi Geburt anzeigte.

Schon in den Londoner Aufzeichnungen wird die Sprache als Bedingung und Grenze der Erkenntnis thematisiert, und auch in seiner Schrift *Aesthetica in nuce* spielt der Gedanke von der Übersetzung aus der Gottessprache in die Menschensprache und von der Namensgebung als statthalterischem Privileg des Menschen eine entscheidende Rolle. Es ist schon hier deutlich, daß Hamann die Sprache des Menschen als Antwort auf eine ihn konstituierende Anrede Gottes versteht, so daß die Sprache einen sowohl göttlichen als auch menschlichen Ursprung hat. So mußte es ihn tief empören, daß Herder die Preisfrage der Preußischen Akademie vom Jahre 1769: «Haben die Menschen, ihren Naturfähigkeiten überlassen, sich selbst Sprache erfinden können?» positiv beantwortete und den Preis bekam. In seiner Beantwortung wurde durchaus im Sinne der Fridericianischen Kulturpolitik die Autonomie des Menschen als eine sich aus biologisch-psychologischen Gesetzlichkeiten natürlich ergebende Hypothese aufgestellt.

In *Zwo Recensionen nebst einer Beylage, betreffend den Ursprung der Sprache* (1771), *Des Ritters von Rosencreuz letzte Willensmeynung über den göttlichen und menschlichen Ursprung der Sprache* (1772) und der erst posthum veröffentlichten Schrift *Philologische Einfälle und Zweifel über eine akademische Preisschrift* griff Hamann – übrigens auch in der nicht publizierten französischen Schrift *Au Salomon de Prusse*, einer Kritik an Friedrich II. – Herder mit theologischen und fast kritizistischen Argumenten an: Auch wenn die Abhandlung die Interdependenz von Sprache und Vernunft vom Entstehungsaugenblick an annimmt, geht Herder mit seinem Modell der Entstehung der Sprache von einem sprachlosen Menschen aus. Spracherwerb, und mit ihm «Vernunfterwerb» kommt aber in der uns bekannten Welt nur durch Lernen zustande; so überschreitet Herder die Grenze einer ernstzunehmenden wissenschaftlichen Hypothese, auch wenn er die bisherige Gegenüberstellung von Sprache und Vernunft durch eine dynamische Interdependenz in ihrer Entwicklung ersetzt. So wie Kants Anschauungsformen und Kategorien nicht besagen sollen, daß wir uns Dinge an sich, Anschauungsformen an sich und Kategorien an sich vorstellen können und sollen, sondern vielmehr, daß wir Dinge nur raumzeitlich und kategorial perzipieren und apperzipieren können, so daß wir nie hinter den einzelnen zusammengesetzten Erkenntnisakt zurückgehen und ihn in transzendentale und empirische Bestandteile auflösen können, genauso will Hamann Herder, und später eigentlich auch Kant gegenüber behaupten, daß der sprachlose Mensch eine Spekulation jenseits aller Erfahrung ist und deshalb genauso unzuverlässig wie andere metaphysische Thesen, mit denen Kant aufräumen wollte. So hat die Forschung wohl recht, wenn sie behauptet, Hamann vertrete einen sprachphilosophischen Kritizismus, der besagt, daß eine Erkenntnis ohne Sprache ebenso unmöglich sei wie eine Erkenntnis ohne Anschauungsformen und Kategorien. Hinter der Hypothese Herders witterte aber Hamann vor allen Dingen eine bewußte Wendung gegen die fundamentale Abhängigkeit des Menschen, der sich überhaupt erst im Dialog mit Gott und dem Nächsten als Mensch erfährt. Dies war für Hamann das Ergebnis seiner Londoner Erfahrung, der «Höllenfahrt der Selbsterkenntnis», und diese Erfahrung sah er im biblischen Mythos ausgedrückt. Da der Mensch alles lernen muß, und Gott nach Herder nicht Sprachlehrer sein darf, weil es seiner Würde nicht ansteht, folgert Hamann parodistisch, daß Herders Gegenmythos eigentlich der Sprachunterricht durch die Schlange sein müßte. Vor diesem Hintergrund ist klar, daß der Empirist Hamann die *Kritik der reinen Vernunft* in der posthum veröffentlichten *Metakritik über den Purismus der Vernunft* ablehnen mußte. Er konnte weder die erste Reinigung der Philosophie, d. h. ihre Befreiung von Traditionen und von Vorurteilen, noch die zweite Reinigung, die von der Empirie akzeptieren, denn als eine solche Reinigung verstand er Kants transzendentalphilosophischen Ansatz. Jedes Philosophieren geschieht jedoch in einer Sprache, hat also ein empirisches, akzidentielles und traditionelles Element als Basis, weshalb die Sprache nach Hamann «das einzige erste und letzte Organon und Kriterion der Vernunft, ohne ein ander Creditiv als Überlieferung und Usum» bleibt.

Es ist zweifelhaft, ob Hamann Kant recht verstanden hat, aber der Einwand, daß Kant die Rolle der Sprache im Erkenntnisprozeß nicht genügend bedacht hat, besteht wohl zu Recht. Für Hamann wird Kant mit *Kritik der reinen Vernunft* ein Nachfolger Descartes', weil er wie dieser ein Philosophieren more geometrico, eine der Mathematik analoge Exaktheit und Gewißheit verlangt, die sich nur in der Methode, nicht im Objekt finden läßt. Geht man wie Hamann davon aus, daß die Welt der Natur und der Geschichte einen Kommunikationszusammenhang bildet, in den der Mensch hineingeboren wird und den er sich verstehend aneignen muß, wird die Philosophie primär nicht mathematisch analysierend, sondern hermeneutisch explizierend verfahren müssen. Zwischen den Elementen, zu denen man «zergliedernd» gelangt, und dem Sinn des Zusammenhangs ist eine Kluft wie zwischen den Lauten oder Buchstaben und dem Sinn eines Wortes, der sich aus der Lautfolge ja nicht ableiten läßt. Die ersten Elemente, die der Mensch anschauend erkennt, sind sowohl «ästhetisch» als «logisch», d. h. Hamann kann Kants Dichotomie von Sinnlichkeit und Verstand, so wie er sie versteht, nicht nachvollziehen.

Es wird meistens übersehen, daß Hamann besonders in seinen französischen Schriften ein politischer Schriftsteller war, der den preußischen Absolutismus scharf kritisierte. Politisch und religiös argumentierte er auch in seiner Auseinandersetzung mit Moses Mendelssohns *Jerusalem oder über religiöse Macht und Judentum* (1783). Mendelssohn will Staat und Kirche scharf trennen und bezieht die Pflichten der Menschen auf Staats- und Religionsgemeinschaft, wobei die letztere nie mit Zwangsgewalt ausgestattet werden darf; sie darf nur ermahnen und belehren, denn die Religionsgemeinschaft hat es mit den Gesinnungen, nicht mit den bürgerlichen Pflichten zu tun. Deshalb soll sich der Staat gegenüber den Religionsgemeinschaften und den Streitigkeiten in und zwischen ihnen neutral verhalten und die Grundsätze, die Lehren aller Religionen, daß es einen Gott, daß es die Vorsehung und die Unsterblichkeit gibt, schützen. Mendelssohn wollte beweisen, daß gerade die Juden einen solchen Schutz des Staates für ihre Religionsgemeinschaft in Anspruch nehmen durften, weil das Judentum keine geoffenbarte Religion, sondern geoffenbartes Gesetz sei, wobei Mendelssohn zwischen den Lebensregeln der Israeliten und den in ihnen enthaltenen eigentlichen Religionslehren unterschied, die mit den Grundsätzen des Islams, des Christentums und des Deismus identisch seien.

Hamann sieht in dieser Schrift eine ideologische Rechtfertigung der repressiven Toleranz Friedrichs II., die ja alle Religionen gelten läßt, die den Bürgern gute staatserhaltende Tugenden einflößen, sie zu guten Untertanen machen. Hamanns Bild vom Verhältnis zwischen Staat und Religion war eher von dem Leitbild des alttestamentlichen Propheten geprägt, der um Jahwes willen gegen den König auftritt.

In seiner Argumentation, so Hamann, lasse Moses Mendelssohn die prophetische Dimension und den Gedanken der Verheißung überhaupt fallen. Für einen Juden müßte aber, so meint er, nicht irgendein konstruierter Gesellschaftsvertrag den jetzigen Zustand begründen, sondern dieser müßte im Lichte des Bundes Gottes mit Abraham interpretiert werden. Von da aus geht Hamann in seiner Gegenschrift weiter zum Neuen Bund, der nach ihm im Alten präfiguriert ist, und er betont mit Nachdruck, daß es eben nicht um Vernunftwahrheiten und Gesetze, «ewige Wahrheiten und Lehrmeinungen», sondern um Geschichtswahrheiten «nicht nur vergangener, sondern auch zukünftiger Zeiten» geht. Das Fehlen der prophetisch-messianischen Dimension hält er als Christ Mendelssohn vor, tritt als Wahrer des jüdischen Erbes auf, ist also keineswegs Proselytenmacher wie Lavater. Vielmehr geht es ihm auch in dieser Auseinandersetzung um die Diskussion des Verhältnisses von Vernunftwahrheit und Offenbarungswahrheit, wobei Hamann die Gegenposition zu Lessing einnimmt, insofern er an der Geschichtlichkeit der Wahrheit festhält, die in ihrer Paradoxie der Vernunft unzugänglich bleibt und nur im Glauben zu ergreifen ist, in ihrer Geschichtlichkeit jedoch nicht auf die Inkarnation beschränkt bleibt, sondern typologisch die Geschichte strukturiert.

Die für die Literatur im engeren Sinne wichtigeren Schriften wurden in der ersten Phase der Autorschaft Hamanns geschrieben, aber auch die sogenannten «Mysterienschriften» waren indirekt von Bedeutung. Die typologische Deutung der Geschichte und der religiösen Traditionen ließ ihn im Heidentum sowohl die Sehnsucht nach dem «unbekannten Gotte» als auch die Spuren einer Uroffenbarung, die auf Christus hinweisen, erkennen. Wenn diese heidnischen Ahnungen und Prophetien dazu benutzt werden, das Christentum genetisch zu erklären, liegt für Hamann eine falsche Prämisse vor, aber noch schlimmer ist es, wenn man von einer solchen Feststellung zu der These kommt, das Christentum müsse gereinigt werden, indem die ‹Mysterien› des Christentums als Überbleibsel des Heidentums interpretiert werden. Hinter einer solchen religionsgeschichtlichen Ableitung der Mysterien sah Hamann eine Reduktion des Christentums auf die ‹ewigen Wahrheiten› des Deismus des 17. und 18. Jahrhunderts. Die mehr oder weniger Eingeweihten müßten nach dieser Auffassung versuchen, einen tieferen, dem Pöbel verborgenen rationalen Sinn in den Gebräuchen sowohl des Christentums als auch der vieldiskutierten, für das gehobene Bürgertum und den Adel offenen Freimaurerlogen zu entziffern. Dagegen findet Hamann eine «*mythische* und *poetische* Ader aller Religionen», die «ihre Thorheit und ärgerliche Gestalt in den Augen einer heterogenen, incompetenten, eiskalten, hundemagern Philosophie» ausmacht. (*Zweifel und Einfälle über eine vermischte Nachricht der Allgemeinen deutschen Bibliothek*, 1776.)

Zu diesen Mysterienschriften gehört in vieler Hinsicht auch das Werk *Versuch einer Sibylle über die Ehe* (1775). Es handelt sich dabei eigentlich um eine Gelegenheitsschrift für seinen Freund und Verleger Hartknoch anläßlich dessen Hochzeit, aber mit ihr wollte Hamann in «*unserem moralischen Jahrhundert*» Skandal erregen.

Das Ehebüchlein ist insofern ein Skandalon, als es die Sinnlichkeit und Geschlechtlichkeit des Menschen hervorkehrt und heiligspricht. Es tut dies mit einer Zusammenstellung von Bibelstellen, wobei Hamann den Gegensatz zwischen Christentum einerseits, Lüsternheit und Spiritualismus andererseits hervorhebt. Hamann unterstreicht ganz im Sinne der Bibel und seines Jahrhunderts die Sinnlichkeit der Frau, nicht nur die des Mannes, und zwar nachdrücklich, indem er das kleine Werk mit einem «mythischen Märchen» abschließt, das das erotische Spiel der Geschlechter vom Gesichtspunkt Anna Regines aus feiert. Der Versuch, auch angeregt durch die Schrift *Über die Ehe* von Theodor Gottlieb von Hippel, ist aber auch wohl, wie Hamann selber zugibt, «ein kleines (kritisches) climacterisches Monument meines 45. Jahres». Auch in der Schrift *Schürze von Feigenblättern* behandelt er die Geschlechtlichkeit, die ja, wie er ironisch-witzig bemerkt, den trojanischen Krieg, und damit die ganze poetische Welt und die klassische Gelehrsamkeit verursacht hat. In der Sexualität, in der Liebe von Mann und Frau sieht er ein Analogon zu der Schöpfungstat Gottes. (Vgl. 1. Mose 1,26: «Lasset uns

Menschen machen, ein Bild, das uns gleich sei».) In der durchgängigen Geschlechtlichkeit der Schöpfung, die sich sogar im Genus der Wörter äußert, kommt diese Gottebenbildlichkeit zum Ausdruck, an der Hamann festhält und der sowohl der Sündenfall als auch die auf ihn folgende Verheißung nach ihm einen völlig neuen Charakter gegeben hatten. Wie alle menschlichen Kräfte ist auch und zutiefst diese Erkenntnis des Guten und Bösen von der Sünde betroffen, aber gerade hier, in den «Pudenda» der menschlichen Natur wurzelt, nach Hamann, die Sehnsucht nach der Verklärung, nach der Wiederherstellung der Unschuld. Was von Gott nach dem Sündenfall verheißen wurde, übersteigt das durch den Fall Verlorene, und so mündet die Argumentation in die theologische Bemühung um ein erneutes Durchdenken des Augustinischen «O felix culpa» von der Geschlechtlichkeit aus.

Neben seinen Schriften ist der Briefwechsel Hamanns mit seinen Zeitgenossen, vor allem mit Herder und Friedrich Heinrich Jacobi, von großer Bedeutung. Viele Themen, die er im Werk virtuos und hermetisch behandelt, werden hier auf weniger esoterische Weise diskutiert, so daß die Korrespondenz einen guten Einblick in das Spannungsfeld zwischen Aufklärung, Sturm und Drang und Empfindsamkeit bietet. Obwohl Jacobi zu Hamann wie zu einer Vatergestalt aufsah, sind die Unterschiede in ihrer «Glaubensphilosophie» beträchtlich. Hamann ging es nicht bloß um Glauben, sondern um Luthertum und Christentum, mit Jacobis «Idealismus» und «Realismus», ja sogar mit dessen Glaubensbegriff konnte Hamann, der entschiedener von der realen Existenz des Menschen ausging, nicht viel anfangen. Er verharrte in einem positiven Glauben, der Jacobi so nicht mehr möglich war. Diese Brieffreundschaft ist zweifelsohne die wichtigste seiner Spätzeit, und sie sollte für seine letzten Lebensjahre entscheidend werden.

Der Freundeskreis in Westfalen – Friedrich Heinrich Jacobi, Franz Kaspar Buchholtz und die Fürstin Gallitzin – wußte von seinen beengten häuslichen Verhältnissen und seiner bedrohten Gesundheit. Ihm war ein Kuraufenthalt in einem Bad empfohlen worden, und er wollte in Halle den Arzt Gottlob Emanuel Lindner konsultieren. So wurde ihm eine Reise ermöglicht, die zu persönlichen Begegnungen mit den westfälischen Freunden führte. Hamann verbrachte ein Jahr als Kranker und Halbgenesener in diesem Kreis, wobei ihm der persönliche Umgang oder jedenfalls der Aufenthalt im Hause Jacobis in Pempelfort zur Enttäuschung wurde, so daß er das Haus fluchtartig verließ, was Jacobi ihm nur schwer verzieh.

Merkwürdiger als die Enttäuschungen, die sich zwangsläufig einstellen mußten, ist es vielleicht, daß sich der protestantische Kleinbürger Hamann in diesem Kreis von weltläufigen, reformfreudigen und zum Teil etwas schwärmerischen Katholiken wohlfühlen konnte. Besonders Hamanns Verhältnis zur Fürstin, einer hochbegabten, frommen und interessanten Frau, die von ihrem Mann getrennt lebte, Diderot gekannt und in Holland eine Zeitlang als eine Art bürgerliche Einsiedlerin gelebt hatte und schließlich in den Schoß der Kirche zurückgekehrt war, schien zweifellos geeignet, in den Hamann-Biographien einen fast hagiographischen Ton anklingen zu lassen. Man kann in diesem Verhältnis einen Einzelfall sehen, man kann jedoch darin vielleicht auch ein weiteres Beispiel dafür erblicken, daß die Standesgrenzen am Ende des 18. Jahrhunderts nicht nur in den Salons und in den Freimaurerlogen, sondern immer noch auch in empfindsamen christlichen Kreisen zu einem gewissen Grade an Wichtigkeit verloren, ohne aufgehoben zu werden. Wie dem auch sei, zweifelsohne übte Hamann eine Zeitlang auf die Fürstin einen bedeutenden Einfluß aus, doch diese Beziehung bleibt für die Nachwelt eigentlich nur greifbar in dem schönen und umstrittenen *Letzten Blatt*, das in einem nur schwer deutbaren Anspielungsreichtum die Züge seines Gottes- und Selbstverständnises zusammenfaßt.

Die Rückreise hätte über Weimar gehen, d. h. sie hätte zu einem Wiedersehen mit Herder und einer ersten Begegnung mit Goethe führen sollen. Kurz vor der Abreise erkrankte Hamann jedoch schwer, starb am 21. Juni 1788 und wurde im Garten der Fürstin bestattet.

4. Georg Christoph Lichtenberg (1742–1799)

Kritiker seiner Zeit, auf andere Art als die Königsberger, aber ebenso scharf reagierend, war der in der Nähe von Darmstadt geborene Georg Christoph Lichtenberg.

Lichtenberg stammte aus einem Pfarrhaus, aber da der vielbegabte und auch naturwissenschaftlich interessierte Vater schon 1751 starb, war der Junge, das jüngste von 17 Kindern, von denen allerdings bei seiner Geburt nur vier lebten, auf die Unterstützung seines Landesherrn angewiesen, um ein Universitätsstudium anfangen zu können. Erst im Frühjahr 1763 konnte er sich deshalb an der Universität Göttingen einschreiben lassen, die, 1737 gegründet, die modernste Universität Deutschlands war und eine ganze Reihe von hervorragenden Wissenschaftlern als Lehrer hatte: den Semitist J. D. Michaelis, den Altertumswissenschaftler C. G. Heyne und den Mathematiker und Epigrammatiker Abraham Gotthelf Kästner, der die Begabung Lichtenbergs bald entdeckte und ihn förderte.

Er studierte mit blendendem Erfolg Mathematik, Physik und Astronomie und wandte sich trotz einer angeschlagenen Gesundheit – er hatte einen rachitisch verursachten Buckel – auch der Theologie und Geschichte zu und begann zu publizieren. Schon in den Studienjahren hatte er die Notizhefte angelegt, die er als «Schmierbücher», «Sudelbücher» oder «Waste-Books», d. h. Kladden, bezeichnete, in welchen er scharf pointierte, oft aphoristisch ausgeformte Gedanken über Bücher, Personen, politische, philosophische, ästhetische Themen niederschrieb, ja oft bloß eine Formulierung wie etwa «Amen-Gesicht» festhielt.

Als er seine Studien beendet hatte, war ihm schon eine Professur für Mathematik an der Universität Gießen angeboten worden. Er zog jedoch eine schlechter bezahlte Stelle in Göttingen vor und konnte als Hofmeister zwei junge Engländer nach London begleiten. Die englische Gesellschaft machte einen starken, sein ganzes Leben prägenden Eindruck auf ihn. Durch das Erlebnis der englischen Wirtschaft und Industrie, der Pressefreiheit und des politischen Einflusses der Bürger kam er zu der auch von der Französischen Revolution und vom amerikanischen Unabhängigkeitskrieg nicht erschütterten Auffassung, daß die konstitutionelle Monarchie die optimale Regierungsform sei. Hinzu kam, daß der König und auch Mitglieder der englischen Aristokratie mit dem jungen bürgerlichen Gelehrten auf eine Art verkehrten, die in den absolutistisch regierten deutschen Staaten nicht üblich war. Nach der Rückkehr von der kurzen Reise wurde er außerordentlicher Professor für reine und angewandte Mathematik an der Universität Göttingen, die ja als hannoverische Universität auch dem englischen König unterstand. Von Georg III. wurde er mit Landvermessungen in Hannover und

Osnabrück (1772–73) betraut, wo er Justus Möser traf, der zwar wie Lichtenberg England besucht hatte und aufgrund seines Eindrucks von den dortigen Verhältnissen den Absolutismus in den deutschen Kleinstaaten verwarf, jedoch an alte, vorabsolutistische ständische Traditionen anknüpfen wollte. Möser hatte schon seine *Osnabrückische Geschichte* publiziert, deren Vorrede in der Sammlung *Von deutscher Art und Kunst* (1773) veröffentlicht wurde.

Weiteren geodätischen Arbeiten widmete Lichtenberg sich in Stade. Erst Ende 1773 war er wieder für ein halbes Jahr in Göttingen, das er im August 1774 verließ, um ein Jahr als Gast des Königs in England zu verbringen. Er traf hervorragende Wissenschaftler wie den Chemiker Joseph Priestley, den Arzt David Hartley, aber auch den Botaniker Joseph Banks und Daniel Solander, die Captain Cook auf dessen erster Weltumseglung begleitet hatten. Lichtenberg nahm regen Anteil am englischen Geistesleben, las vor allem mit Begeisterung die Romane Fieldings, besuchte eifrig das Theater und schrieb über den berühmten englischen Shakespeare-Darsteller Garrick in seinen *Briefen aus England*, die in Boies *Deutschem Museum* publiziert wurden (1776–78). Wichtig wurde auch seine Entdeckung William Hogarths (gest. 1764), dessen satirische sozialkritische Graphik er in einer Reihe von Publikationen (1794–99) mit Erläuterungen herausgab.

Ab 1775 blieb Lichtenberg in Göttingen und entfaltete als Professor der Mathematik und Experimentalphysik eine hoch anerkannte Lehr- und Forschungstätigkeit. Er gab mit Georg Forster, der eine Professur für Naturwissenschaften in Kassel bekommen hatte, das *Göttingische Magazin der Wissenschaften und Literatur* heraus. Viel wichtiger waren jedoch die auflagenstarken *Göttinger Taschenkalender*, die er von 1777 bis zu seinem Tode redigierte und zu einem sehr großen Teil auch schrieb.

Bei allen glänzenden akademischen und schriftstellerischen Erfolgen blieb Lichtenberg in mancher Hinsicht ein Außenseiter. 1777 nahm er die zwölfjährige Maria Dorothea Stechard, die sich als Blumenverkäuferin ernährte, ins Haus und erzog das liebe und kluge Mädchen, mit dem er dann ab 1780 in ehelicher Gemeinschaft lebte. Kurz vor der geplanten Heirat 1782 starb sie, für ihn ein großes Unglück. Einige Jahre später kam die 25jährige Weißbinderstochter Margarete Kellner als Dienstmädchen ins Haus, die ihm 1786 einen Sohn gebar. Als er sie 1789 während einer schweren Krankheit, eines Nervenzusammenbruchs, heiratete, wurde sein Verhältnis zu der Göttinger Gesellschaft noch gespannter als vorher. Er zog sich nun immer mehr zurück, allerdings auch wegen seiner jetzt sehr zerrütteten Gesundheit.

Trotz einer anfänglichen Begeisterung für Leibniz bildeten der englische Empirismus und ein Pietismus, von dem Lichtenberg sich schwer losrang, den Ausgangspunkt einer bohrenden Selbstanalyse und einer kritischen Auseinandersetzung mit älteren und neueren Strömungen in der Philosophie, Theologie und Literatur. Er hatte und wollte kein geschlossenes System, sondern ging, wie Bacon, den er gründlich studiert hatte, von scharf beobachteten Sinneswahrnehmungen aus; seine Konklusionen zog er behutsam-skeptisch. Er war in diesem Sinne ein Aufklärer, aber den Glauben an die Perfektibilität des Menschen hatte er nicht, vielmehr sei der Mensch «so perfektibel und korruptibel, daß er aus Vernunft ein Narr werden kann». In seinen Kommentaren zu Hogarths Stichen mischen sich soziale Kritik und christlich-pessimistisches Bewußtsein von der Anfälligkeit des Menschen. Wenn er in der moralistischen, die Bürgertugenden preisenden Serie *Fleiß und Faulheit*, auf Blatt 9 die schaurigen Taten des nunmehrigen Raubmörders Idle kommentiert, heißt es: «Es erweckt Schaudern hier zu sehen, was man werden kann, wenn man einmal ein Mensch ist, und oft ist weiter nichts zu dieser Promotion nötig, als etwas schlechte Erziehung, etwas schlechte Polizei, und ein Bißchen Temperament.»

Zum Hainbund mit seinem Klopstock-Enthusiasmus und seiner Tugendschwärmerei hielt er deshalb kühl Distanz, obwohl er sich einmal zu einer Polemik gegen Voß hinreißen ließ, der auf arrogante und pedantische Weise seinen Lehrer Heyne attackiert hatte. Wichtiger waren die Auseinandersetzungen mit Lavater, der 1775–78 seine *Physiognomischen Fragmente zur Beförderung der Menschenkenntnis und Menschenliebe* veröffentlichte, die von der jungen Generation begeistert aufgenommen wurden.

Lichtenberg beurteilte das Werk als völlig unwissenschaftlich und schwärmerisch, sah noch dazu die Gefahr für «die Zollfreiheit unserer Gedanken und der geheimsten Regungen unsers Herzens», wenn Schnüffler meinten, sie könnten schon aus der Physiognomie ablesen, wes Geistes Kind der Mensch sei, der ihnen gegenüberstehe. Besonders empörte es Lichtenberg, daß ganze Rassen nach Lavaters Theorie als tieferstehend betrachtet wurden. Er zitierte – ungenau – als Beispiel für den «seichten Strom jugendlicher Deklamation» Lavaters Diktum: «Was? Newtons Seele sollte in dem Kopf eines Negers sitzen (Lavater: «Labradoriers») – eine Engelsseele in einem scheußlichen Körper? Der Schöpfer sollte die Tugend und das Verdienst so zeichnen? Das ist unmöglich.» Ganz abgesehen von den törichten und willkürlichen Ausdeutungen, z. B. daß eine platte Nase Schadenfreude bedeuten solle, lehnt Lichtenberg die These mit dem Argument ab, daß «lange Zeit nach Formierung der festen Teile des Körpers der Mensch einer Verbesserung und Verschlimmerung fähig ist». Dagegen räumt er die Möglichkeit einer Pathognomie ein, d. h. einer «Semiotik der Affekten oder die Kenntnis der natürlichen Zeichen der Gemütsbewegungen», die in den Zügen habituell werden können, es aber keineswegs werden müssen. Das *Fragment von Schwänzen* (1779), in welchem heroische und kraftvolle «Schweins- und Purschenschwänze» als Silhouetten abgebildet werden, parodiert schonungslos Lavater, gegen dessen schwärmerische Bekehrungssucht er schon früher Moses Mendelssohn in der Schrift *Timorus* (1773) verteidigt hatte.

Lichtenberg versuchte in seinen Beiträgen zum *Göttinger Taschenkalender*, der ihm seit 1778 die Miete gezahlt haben soll, allgemein verständlich, unterhaltsam und klar zu schreiben. Gleichzeitig war sein Stil prägnant, genau und in jeder Formulierung durchdacht.

Wie J. G. Hamann sah er die Sprachabhängigkeit der Philosophie, aber während jener die Sprache als eine Vorbedingung des Denkens auffaßte, ohne die es nicht möglich wäre, so sah sie der Naturwissenschaftler Lichtenberg eher als eine Fehlerquelle: «Unsere falsche Philosophie ist der ganzen Sprache einverleibt; wir können sozusagen nicht raisonnieren, ohne falsch zu raisonnieren. Man bedenkt nicht, daß Sprechen, ohne Rücksicht von was, eine

Philosophie ist. Jeder, der Deutsch spricht, ist ein Volksphilosoph, und unsere Universitätsphilosophie besteht in Einschränkungen von jener. Unsere ganze Philosophie ist Berichtigung des Sprachgebrauchs.» Hinwiederum findet er auch, fast strukturalistisch vom vorgegebenen System aus argumentierend, «viele Weisheit in die Sprache eingetragen. Es ist wohl nicht wahrscheinlich, daß man alles selbst hineinträgt, sondern es liegt wirklich viel Weisheit darin, so wie in den Sprüchwörtern».

Lichtenberg experimentiert mit Wörtern und Metaphern, um ihre Eigenschaften festzustellen und zu konstatieren, ob sie isoliert oder in anderen Kombinationen anderes aussagen. Die Metapher erhält bei ihm eine heuristische Funktion, denn viele Aphorismen sind Erklärungen oder Umkehrungen von Metaphern, Analysen von dem, was der Sprachgebrauch verrät, wobei die «Berichtigungen» sprach- und kulturvergleichend werden können: «Im Wort Gelehrter steckt nur der Begriff, daß man ihn vieles gelehrt, aber nicht, daß er auch etwas gelernt hat; daher sagen die Franzosen sehr sinnreich, wie alles, was von diesem Volk kommt, nicht les enseignés, sondern les savants, und die Engländer nicht the taught ones, sondern the learned.»

In der Spannung zwischen dem Gegebenen, so wie es zu sein scheint, und dem Möglichen, dem, was sein könnte, bewegt sich das Denken des Experimentalphysikers. Dies drückt sich in der «Physiognomie seines Stils» aus, in dem reichen und differenzierten Gebrauch des Konjunktivs, auf welchen Albrecht Schöne nachdrücklich aufmerksam gemacht hat (Aufklärung aus dem Geist der Experimentalphysik. Lichtenberg'sche Konjunktive, ^{2}1983). Es ist ein zweifelndes, andere Deutungen oder andere Möglichkeiten immer in Erwägung ziehendes Denken, und diese «produktive Energie des Konjunktivs» (Schöne), die in den «Sudelbüchern» ihren Niederschlag gefunden hat, läßt Lichtenberg nicht nur physikalische Experimente entwerfen, sondern bewirkt, daß er Alternativen in Philosophie, Literatur und Politik entdeckt – sie vorausgreifend durchspielt und die Französische Revolution als «Experimental-Politik» auffaßt. Die englischen Erfahrungen ließen ihn die amerikanische Revolution und den französischen Despotismus verwerfen, die Möglichkeiten in Deutschland beurteilte er eher mit Skepsis als mit Optimismus: «Ich kann freilich nicht sagen, ob es besser werden wird, wenn es anders wird; aber so viel kann ich sagen, es muß anders werden, wenn es gut werden soll.»

In seinen Aufzeichnungen gab er durch diese theoretisch nicht abgesicherten Vorstöße auf Gebiete, die erst viel später wissenschaftlich systematisch behandelt werden sollten, wichtige Denkanstöße, so z. B., wie oft hervorgehoben, im Hinblick auf die Träume, in welchen er eine zuverlässigere Erkenntnisquelle als in der Physiognomik erblickte. Er kritisierte die Neigung der Deutschen zum System: «Es ist gewiß etwas sehr Charakteristisches in den Deutschen, ein Paar Erfahrungen sogleich in ein System zu ordnen. Dieses tut der Engländer nicht. Nichts hindert den Fortgang der Wissenschaft mehr, wie Baco und hundert andere gesagt haben.» Die Theorie bleibt aber ein wichtiges heuristisches Mittel: «Je mehr sich bei Erforschung der Natur die Erfahrungen und Versuche häufen, desto schwankender werden die Theorien. Es ist aber immer gut, sie nicht gleich deswegen aufzugeben. Denn jede Hypothese, die gut war, dient wenigstens, die Erscheinungen bis auf ihre Zeit gehörig zusammenzudenken und zu behalten. Man sollte die widersprechenden Erfahrungen besonders niederlegen, bis sie sich hinlänglich angehäuft haben, um es der Mühe wert zu machen, ein neues Gebäude aufzuführen.»

Diese enge Bindung zwischen Empirie und Vernunfterkenntnis tritt überall zutage. Weniger häufig, aber auch wichtig der Gedanke, daß Erkenntnisse indirekt mitgeteilt besser angeeignet werden: «wie es denn wirklich an dem ist, daß Philosophie, wenn sie für den Menschen etwas mehr sein soll als eine Sammlung von Materien zum Disputieren, nur indirekt gelehrt werden kann.»

Dieser Satz steht am Schluß von *Amintors Morgenandacht* (1791), in welcher er sich öffentlich zu spinozistischen Gedanken bekannte. Er vermeidet aber auch in dieser *Morgenandacht* die direkte theoretische oder systematische Behandlung der Philosophie Spinozas, nennt jedoch in den *Sudelbüchern* immer wieder Spinoza und meint, am Ende werde die Universalreligion «geläuterter Spinozismus sein», weil die «sich selbst überlassene Vernunft», d.h. also von keinem Dogma bestimmte Vernunft, zu diesem Ergebnis kommen muß.

Es fragt sich, wie dieser philosophische Monismus sich mit dem Kritizismus Kants verbindet, der dem unsystematischen Empiriker besonders in den letzten Jahren seines Lebens eine sichere Basis gab, die er jedoch ab und zu wieder kritisierte. Man kann versuchen, den Spinozismus als eine Art Religion innerhalb der Grenzen der Vernunft zu bestimmen, muß aber auch feststellen, daß sich theistische oder deistische Formulierungen nicht nur in *Amintors Morgenandacht* finden, sondern daß Aufzeichnungen in seinen Tagebüchern bis in die Spätzeit seine Überzeugung bekunden, daß seine Leiden Strafen Gottes für begangene Sünden sind. In den *Sudelbüchern* heißt es an einer Stelle: «Die meisten Gelehrten sind abergläubischer als sie selbst sagen, ja als sie selbst glauben. Man kann üble Gewohnheiten nicht so leicht ganz loswerden: sie vor der Welt verbergen und die schädlichen Folgen hindern, das kann man.» Ein späterer Leser wird feststellen müssen, daß Lichtenberg dieses Programm redlich zu erfüllen suchte, daß er aber bis zum Ende seines Lebens sowohl von dem Pietismus geprägt blieb, in dem er erzogen worden war und den er mit dem Spinozismus gern ersetzen wollte, als auch von dem skeptischen Empirismus, der ihn in England so beeindruckt hatte. In der unerschrockenen Selbstanalyse, in der schonungslosen Kritik der sozialen Mißbräuche, in der intellektuellen Aggressivität gegenüber dem Verrat an Rationalität, den er sowohl in der Empfindsamkeit als auch in der Geniebewegung fand, liegt der Reiz seiner Autorschaft.

Lichtenberg und der Aphorismus

In der Literaturgeschichte wird Lichtenberg als der erste große Vertreter einer deutschen Aphoristik gesehen, ohne daß es dabei gelungen ist, einen Konsensus über den Inhalt des Begriffes zu erreichen. Die Lichtenberg-Forschung hat mit Recht darauf hingewiesen, daß Lichtenberg zwar selbst den Begriff benutzt, aber in einem nicht mehr gängigen Sinn. Er vermißte in den Handbüchern der Physik «aphoristische Kürze» und plante, «Aphorismen über die Physik zu schreiben». Der Kontext zeigt, daß er den Terminus noch im alten Sinne verwendet: Er bezeichnet von dem griechischen *Corpus Hippocraticum* über Bacon bis zu der Schrift *Aphorismi de cognoscendis et curandis morbis* (1708) des berühmten Arztes Boerhaave (1668–1738) einen gut zu behaltenden kurzen Satz, der eine Grundeinsicht oder eine Behandlungsmaxime aus der Naturwissenschaft oder der Medizin prägnant und präzise zusammenfaßt.

Der Begriff des Aphorismus bedeutete allerdings schon bei Bacon mehr als einen Merksatz. Er unterschied zwischen der «traditio per aphorismos» und der «traditio methodica», die eine Sicherheit und Vollkommenheit des Wissens suggeriert, die eine Illusion ist und deshalb erkenntnishemmend. Lichtenberg hat diese These Bacons rezipiert: «Der berühmte Baco von Verulam hat schon gesagt, und wir haben es wahr befunden, daß in einer Wissenschaft nicht viel mehr erfunden wird, sobald sie in ein System gebracht worden.»

In Lichtenbergs *Sudelbüchern* entwickelt sich so der deutsche Aphorismus im modernen Sinn des Wortes, indem sich die genaue, zugespitzte Formulierung eines Problems aus der ausschließlichen Bindung an den medizinischen oder naturwissenschaftlichen Kontext löst. Für Lichtenberg geht es nicht nur um die souveräne Zusammenfassung eines Sachverhalts, sondern mehr noch um die erste, zweifelnde Formulierung eines Problems, den Entwurf einer alternativen Lösung. Sie wird so paradox formuliert, daß es klar ist, daß alles noch in statu nascendi ist. Diese der experimentellen Naturwissenschaft verpflichtete Gedankenform überträgt er auf Philosophie, Religion, Moral und Literatur, unterscheidet sich aber dabei von den vorwiegend französischen ‹Moralisten›, die auch ‹Aphorismen› geschrieben hatten. Denn es gab unter anderem Namen solche «sinnreiche Gedanken» (Gottsched) natürlich auch früher: bei Erasmus (1466–1536), La Rochefoucauld (1613–1680), La Bruyère (1645–1696) und Vauvenargues (1715–1747). Sie hießen je nach der verwendeten Sprache Apophthegmata, Dicta, Meditationes, Pensées, Réflexions, Maximes, Sentenzen, Sprüche. Später benützte Herder die Ausdrücke «Samen der Erkenntnis» und «Fermente des Lebens», Jean Paul «Gedankenspäne», die Romantiker «Fragmente» usw. Eine überzeugende Klassifikation, die rhetorisch-philosophisch hätte sein sollen, konnte die zeitgenössische Rhetorik noch nicht entwickeln.

Was die philosophische Haltung betrifft, ist die Distanz Lichtenbergs zu den skeptischen Moralisten jedoch klar zu erkennen und leichter zu fassen als die Formunterschiede. La Rochefoucauld und La Bruyère kennen die prägnant formulierte und schonungslos enthüllende moralische Reflexion, die auch als Handlungsmaxime formuliert werden kann. Sie sind so unbeeindruckt von schönen Systemen wie Lichtenberg auch, aber sie sind illusionslos in der Tradition des alttestamentlichen *Predigers*, der weiß, daß alles eitel ist. Unter der Sonne, die jeden Tag aufgeht und untergeht, geschieht nichs Neues. Gerade dieser müde Überdruß war nicht die Haltung des unermüdlich auf allen Gebieten ‹experimentierenden› Göttinger Physikers.

5. Johann Gottfried Herder (1744–1803)

Unter den großen Kritikern des kulturellen Lebens in der letzten Hälfte des 18. Jahrhunderts ist Herder wohl derjenige, dessen Gedanken die größte, immer noch andauernde Wirkung haben. Diese Wirkung ist schwer exakt zu beschreiben, weil seine Ideen schon im Laufe weniger Jahrzehnte so sehr einleuchteten, daß manche fast anonym wurden und sich osmotisch verbreiteten, im Gegensatz zu dem Theoretiker Lessing, der bald der Vertreter einer großen, aber andersdenkenden und andersempfindenden Vergangenheit wurde.

Besonders vor dem Hintergrund einiger englischer Denker, die sich zunehmend in Deutschland durchsetzten, wird es schwierig, Herders Originalität ohne ein sehr genaues Studium seiner zahlreichen und oft weitschweifigen Schriften genauer zu bestimmen, in welchen er die Ergebnisse einer immensen Belesenheit kritisch verarbeitete.

Symptomatisch besonders für den jungen Herder ist, daß er seinen Ausgangspunkt gern in einer Diskussion nimmt, sei sie nun theologischer, philosophischer, ästhetischer Art, dabei die relative Berechtigung der jeweiligen Positionen herausarbeitet und im Anschluß an die kritisch gemusterte Debatte eine eigene Lösung skizziert, die oft genug den Charakter einer nicht ausgeführten, aber in die Zukunft weisenden Synthese trägt. Die Synthesen Herders sind oft ‹verfrüht›, sie sind nicht streng aus gegebenen Prämissen abgeleitet, oft empirisch nicht abgesichert und boten den Kritikern viele Angriffsflächen. An Angriffen fehlte es auch daher nicht, weil Herder seine Thesen noch dazu oft in sehr provozierender und eigenwilliger Form vortrug; der streitbare Kritiker wurde in viele Fehden verwickelt, und zwar nicht nur mit Leuten wie Klotz, sondern auch mit dem Freund Hamann und später mit seinem Lehrer Kant. Obwohl Herder selbst solche Kritik manchmal sehr schwer ertrug und die Auseinandersetzungen mit Kant sich zu einer bitteren Feindschaft entwickelten, blieb Herder dieser Art der Kritik und damit auch einem Grundzug des aufklärerischen Jahrhunderts treu, das überzeugt war, daß der vorurteilslose, unter Umständen auch leidenschaftliche Streit unter den Gelehrten der Wahrheitsfindung dient.

Herder wurde durch seine Werke einer der großen Anreger und Vermittler in der deutschen Literatur. Indem er Gedanken von Blackwell, Lowth, Blair, Young und Wood rezipierte und weiterdachte, entwickelte er die historisch-genetische Literaturbetrachtung, die für das 19. Jahrhundert in vieler Hinsicht paradigmatisch wurde. Die englische Literaturkritik hatte schon früher begonnen, Homer als einen primitiven Barden zu betrachten, und wollte die biblischen Dichtungen als durch die orientalische Umwelt bedingt und von der griechischen Poesie deshalb wesensverschieden verstehen. Die ‹keltischen› oder ‹gälischen› Dichtungen Ossians sowie die mittelalterlichen Spensers wurden als ‹primitive› oder Volkspoesie betrachtet, die nicht ohne weiteres am Maßstab der klassizistischen Ästhetik gemessen werden konnte. Durch diese Thesen inspiriert, warb Herder für eine neue Einschätzung der Volkslieder als ‹Überbleibsel› älterer deutscher Dichtung, als Zeugnisse einer vergangenen, durch lateinische oder französische Bildung nicht zerstörten Einheitskultur. Er konnte weiter für die Genieauffassung, die sich schon im englischen Klassizismus, etwa bei Addison, im Hinblick auf Shakespeare ankündigte und von Young in seinen *Conjectures on Original Composition* weiterentwickelt worden war, zündende Worte finden und die Zeit der ‹Originalgenies› in Deutschland mit hervorrufen, obwohl seine Definition des Genies kaum über Lessing hinausgeht und er sich bald von dem «Knabengeschrei» der Genies distanzierte. Durch diese Anregungen wurde er der Begründer einer konsequenten historischen und schöpfungsästhetischen Literaturbetrachtung, die sowohl soziale, politische und kulturelle Aspekte einbezog.

In der Sprachphilosophie hat Herder mit seiner Schrift *Über den Ursprung der Sprache* auf der Basis noch unzulänglicher Beobachtungen und einer heute natürlich überholten Theorie die Entwicklung einer historischen Sprachwissenschaft gefördert, obwohl der Schwerpunkt der Schrift eigentlich anderswo liegt, nämlich im Anthropologischen: Mit dieser Schrift will Herder die Autonomie des Menschen begründen, der als Schöpfer der Sprache sich selbst als sprach- und vernunftbegabtes Wesen konstituiert. Damit befindet sich Herder in Übereinstimmung mit einer Grundtendenz der Aufklärung, die das Mündigwerden des Menschen förderte, den «Ausgang aus seiner selbstverschuldeten Unmündigkeit».

Nicht nur auf dem Gebiet der Literatur- und Sprachwissenschaft, sondern auch für die im Entstehen begriffene Philosophie der Geschichte wurde Herder ein großer Anreger. Er setzte sich in der Schrift *Auch eine Philosophie der Geschichte zu Bildung der Menschheit* sowohl mit der Dekadenztheorie Rousseaus als auch mit der Skepsis Voltaires und dem Fortschrittsglauben Iselins auseinander, um zu einer Geschichtstheorie gelangen zu können, die den Glauben an einen Sinn der geschichtlichen Entwicklung mit der Überzeugung verbindet, jede Phase, auch die primitivste, erlaube den in ihr lebenden Individuen, ein je verschiedenes Optimum an menschlichen Möglichkeiten zu realisieren. Herders durch Leibniz geschärfter Sinn für das Individuelle verlangte eine solche Lösung, um an einer mit der Gerechtigkeit der Vorsehung nicht kollidierenden Entwicklung des ganzen Menschengeschlechtes festhalten zu können, und so sind sowohl Züge einer heilsgeschichtlichen Betrachtung als auch einer Theodizee in dieser frühen Schrift zu erkennen. Diese Gedanken wurden dann in Weimar für eine Natur- und Geschichtsauffassung fruchtbar, die in dem Humanitätsgedanken gipfelt, der als Basis der Weimarer Klassik ihre sehr verschiedenen und oft zerstrittenen Vertreter Wieland, Goethe, Herder und Schiller einte.

Königsberg, Riga und Bückeburg

Johann Gottfried Herder wurde 1744 in Mohrungen, einer Kleinstadt östlich der Weichsel, geboren, wo sein Vater, der ursprünglich Weber gewesen war, das Amt des Küsters und des Schulmeisters an der Mädchenschule versah. Die Eltern waren pietistisch gesinnt, in den täglichen Hausandachten lernte Herder die Lieder des Gesangbuchs gut kennen. Der Diakon Trescho nahm den begabten Jungen in sein Haus auf, und somit hatte Herder gegen Abschreiber- oder Kopistendienste Zugang zu einer reichhaltigen Bibliothek, die u. a. Werke von Haller, Wieland, Lessing und Ewald von Kleist enthielt. Spätere bittere Klagen Herders über die Behandlung im Hause Treschos sind im Lichte seiner Unzufriedenheit mit dem Leben in Riga, Bückeburg und Weimar zu beurteilen. Treschos Warnungen vor dem Versuch, eine akademische Laufbahn einzuschlagen, scheinen im nachhinein unverständlich, können aber sehr wohl einer ehrlichen Überzeugung entsprungen sein. Herder nannte Trescho, der Verfasser von Predigten, Gedichten, Pamphleten und einer großen «Sterbebibel» war, den «krächzenden Raben Herrnhutischer Totenmelodien» und einen Heuchler, schied jedoch aus Mohrungen und dem Elternhaus, das er nie wieder besuchte, mit Treschos Empfehlungen für einen Freitisch im Königsberger Fridericianum und etwas Geld.

Es scheint ein radikaler Bruch mit seiner Kindheit gewesen zu sein, obwohl Herder später auch aus einem anderen guten Grunde Preußen gemieden haben mag, da er wie weiland Gottsched zum Soldatendienst hätte gezwungen werden können. Doch bleibt trotz seiner Worte von der «dunklen aber nicht dürftigen Mittelmäßigkeit», in der er aufwuchs, auffallend, wie wenig der spätere Befürworter der Volksdichtung auf diese Kindheit zurückgreift, wie sehr er der Gebildete geworden ist, der dem Volk gegenübersteht.

Mohrungen war seit 1758 von russischen Truppen besetzt, und als Trescho im Januar 1762 ein Manuskript an den Königsberger Buchhändler Kanter schickte, legte Herder eine Ode bei, die die Thronbesteigung des Zaren Peter III. feierte: *Gesang an Cyrus*, d. h., Herder dichtete in der Rolle des gefangenen Juden, der den großen Perserkönig besingt; diese Ode erregte in Königsberg Aufsehen. Im Hause Treschos lernte Herder den deutsch-baltischen Wundarzt Schwartz-Erla kennen, der in russischen Diensten stand und ungern den begabten Jungen in Mohrungen verkümmern sah. Er wollte ihn in Königsberg zum Chirurgen ausbilden lassen und sich gleichzeitig um seine Augenfistel kümmern; dafür sollte Herder für Schwartz-Erla einige medizinische Abhandlungen ins Lateinische übersetzen.

Der Sprung nach Königsberg gelang trotz des Widerstandes der Eltern, aber Herder fiel bei der ersten Sektion in Ohnmacht. Er entschied sich dann für das klassische Studium der sozialen Aufsteiger, das der Theologie, und ließ sich nach bestandener Aufnahmeprüfung am 10. August 1762 einschreiben. Im Fridericianum, einem Erziehungsinstitut, das im pietistischen Geiste geleitet wurde, bekam Herder – wie erwähnt – einen Freitisch und wurde auch Inspizient: Er mußte die Schüler beaufsichtigen, hatte dafür freie Wohnung, Heizung, Licht und Einnahmen durch Privatstunden. Dazu kam ein Stipendium für Mohrunger Studenten, so daß er besser durchkam als erwartet. Er wurde später Lehrer an der Elementarschule, und obwohl er unter den vielen Lehrverpflichtungen litt, entdeckte man sein großes pädagogisches Talent, so daß er nach dem Studium durch Vermittlung Hamanns als Kollaborator an die Domschule in Riga berufen wurde.

Die Theologen Kypke und Lilienthal, die an der Universität lehrten, scheinen auf Herder keinen größeren Eindruck gemacht zu haben. Sehr großen Einfluß auf ihn übte dagegen Kant aus, der Herder freien Zutritt zu allen seinen Vorlesungen gestattete. Er hob rückblickend Kants universales Wissen und fröhliche Art des Unterrichtens hervor und betonte vor allem, daß er zur selbständigen Prüfung und Aneignung des dargebotenen Wissens nötigte. Der vorkritische Kant war zu dieser Zeit von Hume und Rousseau tief beeindruckt. Er war also bereits aus dem «dogmatischen Schlummer» geweckt worden, aber noch nicht der kritische Systematiker; er diskutierte die brennendste Frage der zeitgenössischen Anthropologie, die Herder in den folgenden Jahren nicht loslassen sollte: Hat die Zivilisation, die Kultur zu einer Höherentwicklung des menschlichen Geschlechts geführt, oder muß es sich wieder auf die Anfänge, auf die Natur besinnen, weil der Prozeß der Zivilisation zur Deformation des Menschen geführt hat? Der universale Ansatz Kants – er las über die Philosophen Leibniz, Wolff, Baumgarten und Hume, er las über Physik, Astronomie, Völkergeschichte, Anthropologie und Ästhetik, – hat Herder zeitlebens geprägt.

Während Herders Verhältnis zu Kant das eines genialen Schülers zu einem genialen Lehrer blieb, entwickelte sich zwischen ihm und dem 14 Jahre älteren Johann Georg Hamann ein Freundschaftsverhältnis. Herder lernte bei Hamann Englisch, indem er mit ihm Shakespeare las. Vor allem aber lehrte Hamann ihn, daß der Zugang zur Welt nur durch die Sinne und durch die Sprache zu finden ist, daß die Natur und die Geschichte Sprache Gottes ist, aber auch Material für den im Bilde Gottes geschaffenen schöpferischen Menschen. Daß Herder sich jedoch schon damals kritisch zu Hamann verhielt, bezeugt eine frühe Rezension der *Kreuzzuge des Philologen* wie auch seine Entwicklung in Riga 1764–1769.

So wenig wie Hamann war Herder ein preußischer Patriot, vielmehr hätte er bei der Überschreitung der preußischen Grenze vor Freude die Erde küssen mögen. Er lebte sich sehr schnell in die ‹Stadtrepublik› Riga ein, denn das Bürgertum und viele Adlige waren deutsch. Die Obrigkeit war russisch, die Beamten vielfach wieder deutsch und die Landbevölkerung lettisch. Herder bezieht sich später in der Einleitung zu den *Stimmen der Völker in Liedern* auf seine Eindrücke von den lettischen Volksliedern und Tänzen. Er fand schnell Zugang zu den gebildeten Kreisen der Stadt und hatte bald einen so großen Erfolg als Lehrer, daß er einen Ruf nach St. Petersburg erhielt. Die Stadt gab ihm dann zusätzlich eine Predigerstelle, die ihm weitere Entfaltungsmöglichkeiten als ‹Demopäd›, Lehrer der Menschheit, verschaffte und ihn darüber hinaus auch wirtschaftlich besser stellte. Von der Mohrunger Ode und Beiträgen zu den von Hamann redigierten *Königsberger gelehrten Zeitungen* abgesehen, setzte Herders literarische Produktion erst in Riga richtig ein. Er verfaßte Schulreden, schrieb Kantaten und Gelegenheitsgedichte, so zum Beispiel eine Ode auf die Thronbesteigung Katharinas II., und fragte: ‹*Haben wir noch jetzt das Publikum und Vaterland der Alten*?› (1765). Er veröffentlichte viel in Beiträgen zu den *Rigischen gelehrten Anzeigen*, griff aber auch von Riga aus nachdrücklich in die literarische Diskussion in Deutschland ein, und der Lehrer an der Rigaer Domschule und Pastor Adjunktus war sehr schnell ein bekannter Schriftsteller, obwohl er seine Beiträge halbherzig-anonym veröffentlichte. Es handelte sich dabei in der Hauptsache um die Schriften *Über die neuere deutsche Literatur. Fragmente* (1767), *Über Thomas Abbts Schriften* (1768) und *Kritische Wälder* (1769).

Herder hatte zu dieser Zeit sowohl Hume, Shaftesbury, Montesquieu, Buffon,

Rousseau und die 1765 erschienenen *Nouveaux Essais* von Leibniz gelesen. Mit seinen *Fragmenten* knüpfte er an die literarisch-ästhetische Diskussion an, die mit den *Briefen die neueste Literatur betreffend* (1759f.), von Lessing, Mendelssohn, Nicolai und Thomas Abbt herausgegeben, ein neues und höheres Niveau erreicht hatte. Dazu kam Winckelmanns *Geschichte der Kunst des Alterthums* (1765), so daß Herder keineswegs bloß als Vertreter eines ostpreußischen oder livländischen Provinzialismus in die deutsche Diskussion eingriff, sondern vielmehr die Bedeutung dieser Kulturkreise unterstrich.

Herders Ansatzpunkt war von Anfang an anthropologisch. Er ging von der Kunst als einer Tätigkeit des sinnenhaften Menschen aus und wollte die Künste auf dessen tätige Natur zurückführen. Während Hamann den cartesischen Satz *cogito, ergo sum* in *sum, ergo cogito* oder noch biblischer *est, ergo cogito* (Gott ist, also denke ich) umbildete, war Herders Ausgangspunkt: Ich fühle mich! Ich bin. Die moderne Forschung erkennt in diesem Gefühl, das sowohl Tastsinn als auch Erfahrung der eigenen Leiblichkeit, ein Sichempfinden umfaßt, gleichsam das a priori seiner Erfahrung von Wirklichkeit. So wie der Mensch im Gefühl sich selbst als Gestalt erfährt, muß er analog auch die Welt, die ihm begegnet und ihn begrenzt, als Gestalt und Gestaltendes erfahren.

Herder entwickelte auf dieser Grundlage eine Theorie der bildenden Kunst (Plastik), der Malerei und der Musik. Vor allem aber erwies sich der Ansatz als fruchtbar für eine literarische Kritik, die die Dichtung als sinnlichen bildhaften Ausdruck der von ihm eigentümlich verstandenen Empfindung und des Gefühls auffaßte. Weil Herder auch durch Leibniz den Begriff der Individualität klarer zu fassen gelernt hatte, konnte er schon in diesen ersten Schriften das Verhältnis zwischen dem Kunstwerk als Besonderem und dem sich auch wandelnden Allgemeinen der Sprache in den Griff bekommen. Er schrieb die *Fragmente* zwar im Anschluß an die *Literaturbriefe*, ging aber methodisch schon über sie hinaus.

Wenn Hamann mit seiner These, Poesie sei die Muttersprache des menschlichen Geschlechts, so verstanden wird, daß Dichtung an die Frühzeit gebunden ist, daß sie also in der jetzigen philosophischen, postmythologischen Zeit ausgestorben oder bloß Nachahmung ist, stünde es tatsächlich schlecht um die deutsche Poesie. Herder übernimmt und entwickelt den Gedanken, daß die Sprache ein poetisches, prosaisches und philosophisches Zeitalter durchläuft, daß die Dichter von der Sprachperiode abhängen, in die sie hineingeboren werden. Die deutsche Sprache befindet sich nach ihm in der prosaischen Periode. Die Prosa ist für die Gegenwart dic natürliche Sprache, die sich aber zu dichterisch-sinnlicher Sprache rückbilden oder zu philosophisch-deutlicher Sprache fortbilden oder aber zu beiden Seiten ausbilden läßt. Damit bleibt die höchste poetische oder philosophische Vollkommenheit für sie zwar unerreichbar, aber durch Übersetzungen aus sinnlichen Sprachen und durch Reflexion wird sich die deutsche Sprache auf dieser mittleren Stufe optimal entwickeln können. Herder verwendet hier wie auch in seinen späteren Schriften Analogien, die er wieder fallen läßt, wenn sie nicht mehr taugen, denn die organisch sich entwickelnde Sprache kann offenbar doch ‹in der Mitte schweben› bleiben, und die *Fragmente* entwerfen ein Programm der Sprach*pflege* durch Übersetzung und Nachbildung sowie eine Literatur*politik*: Sie mustern «einige neue Originalschriftsteller» im Hinblick auf ihren Beitrag zur Entwicklung der deutschen Literatur, nämlich Winckelmann, Moser, Abbt, Spalding, Lessing und Hamann. In der zweiten Sammlung behandelt Herder einleitend das literarische Kommunikationssystem zwischen Autor, Leser und Kunstrichter, das Hamann schon 1763 witzig persifliert hatte, und äußert dann den Wunsch: «Wo ist aber noch ein deutscher Winkelmann, der uns den Tempel der griechischen Weisheit und Dichtkunst so eröffnet, als er den Künstlern das Geheimnis der Griechen von Ferne gezeigt. Ein Winkelmann in Absicht auf die Kunst konnte bloß in Rom aufblühen; aber ein Winckelmann in Absicht der Dichter kann in Deutschland auch hervortreten, mit seinem römischen Vorgänger einen großen Weg zusammen tun.»

Dieser zweite Winckelmann wollte Herder selbst werden. Das Programm, das er entwickelte, ist das eines geschichtlichen Verständnisses der antiken Dichtung, das erst echte Nachbildung ermöglicht und ‹uns von den elenden Nachahmern der Griechen befreien› könnte. Nacheifern, nicht kopieren verlangte er im Anschluß an Youngs *Conjectures on Original Composition.*

Bei aller Hochschätzung Winckelmanns lehnte Herder folglich eine Nachahmung der griechischen Kunst ab und sieht in den folgenden Fragmenten auch das Mittelalter negativ als eine Periode der unselbständigen Nachahmung einer lateinischen, papistischen Kultur. Selbst an der Renaissance tadelt er die Abhängigkeit von Rom. Erasmus war «der feinste Pedant, den vielleicht die Welt gesehen», und erst Luther weckt die deutsche Sprache, den deutschen Geist zu neuem Leben. Die Ausbildung der Muttersprache und mit ihr die Kultur des deutschen Volkes hatte durch die lateinische Gelehrsamkeit im Mittelalter und in der Renaissance schwer gelitten und litt immer noch darunter, wie aus den zeitgenössischen Schulprogrammen hervorgeht. Die Schule erzog immer noch Bürger für Latium und nicht für Deutschland.

Aus den hier ausführlich referierten Thesen geht deutlich hervor, daß der Schriftsteller Herder keineswegs ein Schüler Hamanns war. Er hat Anregungen empfangen, Metaphern übernommen, die Einflüsse lassen sich sogar bis in den Wortlaut verfolgen, aber er hat diese Anregungen säkularisierend weiterentwickelt. Wenn er auch kein großer Systematiker war, besaß er doch in weit höherem Maße als der wohl scharfsinnigere Hamann die Gabe, nicht nur kritisch und metakritisch, sondern auch produktiv zu reagieren. In den *Fragmenten* nahm er seinen Ausgangspunkt, den *Briefen die neueste Literatur betreffend,* von Lessing und Mendelssohn, ging aber, durch Winckelmann und Hamann inspiriert, darüber hinaus, besonders mit der Betonung der Geschichtlichkeit und Sprachlichkeit der Dichtung. Es ist m.a.W. das für Herder typische Verfahren: Er findet seinen Ausgangspunkt in einer Kontroverse, die er dann weiterführt oder auflöst, um einen höheren Standpunkt zu gewinnen. Auch in den *Kritischen Wäldern* geht er nicht von dem Kunstwerk selbst aus, sondern von der Kontroverse, nämlich von Lessings Kritik an Winckelmanns Laokoon-Analyse.

Herder versuchte herauszustellen, daß beide – Lessing und Winckelmann – ganz verschiedene Anliegen hatten, erklärte sich in der Hauptsache mit Lessings ästhetischer Analyse der verschiedenen Ausdrucksmöglichkeiten in der bildenden Kunst und in der Wortkunst einig, huldigte aber eher Winckelmanns historischem Ansatz, der ihm jedoch nicht konsequent genug erschien, weil Winckelmann, wie er schon in den *Fragmenten* schrieb, letzten Endes doch das Schönheitsideal der Griechen absolut setze, d.h. ihm übergeschichtliche Gültigkeit verleihe. In seinem Werk *Plastik* (1778) sollte er diese Diskussion wesentlich vertiefen.

Herder hatte diese Schrift anonym veröffentlicht, aber wieder keineswegs selber die Anonymität gehütet; die Freunde und die Vertreter der literarischen Kritik wie Nicolai und Lessing kannten seinen Namen. Da einige Ausfälle gegen den Hallenser Professor und wendigen Literaturkritiker Klotz diesem sehr mißfielen und er in Herder einen Hamann-Schüler erkannte, fing Klotz eine Polemik an, die bald unerquicklich wurde, denn Herder besaß nicht das polemische Talent Lessings, mit dem Klotz auch einen Streit hatte, den er schmählich verlor; Herders Empfindlichkeit und Unbesonnenheit lieferten ihn eher Klotz und dessen Freunden aus. Dazu kam, daß er sich nicht nur hinter seiner Anonymität verbarg, sondern auf Anraten Nicolais in dessen *Allgemeiner deutscher Bibliothek* seine Autorschaft verleugnete, als Klotz seinen Namen veröffentlicht hatte. Die Stadt, die Öffentlichkeit, die Freunde konnten dies nicht verstehen oder gutheißen, und der Pastor und Schulmann geriet in ein sehr schiefes Licht. Scharf tadelte ihn vor allem Hamann, der es für unter Herders Würde hielt, «sich mit einem so kleinen Geist und offenbaren Marktschreyer wie Klotz ist, gemein zu machen und dem Publico *en detail* Jhre Autorempfindlichkeit und eine mehr eitele als gründl. Rache zu verrathen.»

Anonymität oder Pseudonyme waren damals gebräuchlich – Hippel verschwieg weitgehend mit Erfolg seine Autorschaft, Hamann spielte mit Masken, Herder hatte aber aus Gründen nicht nur der Rücksicht auf seine Ämter in Riga, sondern vor allem des Ehrgeizes und der Empfindlichkeit eine halbe Anonymität gewollt und spielte in dem von Klotz und seinem Schüler Riedel skrupellos geführten Streit mit seiner Polemik in den anonymen Schriften und der gleichzeitigen öffentlichen Verleugnung der Verfasserschaft eine recht klägliche Rolle.

In den *Kritischen Wäldern* waren das zweite und dritte *Wäldchen* also zu einem sehr großen Teil Streitschriften, das vierte *Wäldchen* blieb liegen und wurde erst posthum veröffentlicht. In ihm entwirft er in Auseinandersetzung mit Riedel eine Art Ästhetik, die von den Sinnen Gesicht, Gehör, Gefühl und Tastsinn ausgeht. Es sind Thesen, die in den Schriften *Plastik* (1778) und *Kalligone* (1800) wieder aufgenommen und weitergeführt werden.

Herder brach die Reihe der Publikationen ab, denn er fühlte sich in Riga beengt und unverstanden, und als sich die Gelegenheit zu einer Auslandsreise bot, bat er 1769 um die Entlassung aus Schul- und Kirchenamt. Es zeigte sich jedoch, daß Herders Unbehagen an seiner Umwelt nicht berechtigt war. Man war ihm nicht feindlich gesonnen, man wollte ihn gern halten, und er verließ die Stadt mit einem schriftlichen Versprechen, daß er das Rektorat der Kaiserlichen Ritterakademie und die Stelle eines Pastors an der Kirche St. Jacob bei seiner Rückkehr würde übernehmen können.

Diese Situation bedingt zum Teil den Inhalt und die Haltung des Werkes, zu dem er auf einer Schiffsreise von Riga nach Frankreich Aufzeichnungen machte, jedoch erst in Frankreich ausarbeitete. *Journal meiner Reise im Jahre 1769*. Die Stimmung eines Aufbruches und eines Neuanfanges ist deutlich spürbar, andererseits aber auch, daß die Reformpläne, die er ständig entwirft, sich vor allem auf Riga, auf Livland, ja sogar Rußland beziehen. Der Philosoph auf dem Schiff denkt von Anfang an an Rückkehr und nicht bloß an die Fahrt.

In diesen Aufzeichnungen tritt uns also nicht nur ein aus seinen Fesseln und aus seinen unerquicklichen Auseinandersetzungen erlöster Literat, sondern ein Reformator entgegen, der nicht nur das Schulwesen in Riga reformieren wollte, sondern ein Reformator Livlands, ja womöglich ganz Rußlands werden wollte. Dabei hatte er viel von der anfänglichen Begeisterung für Riga wieder eingebüßt, die er als ein Preuße, der der drückenden Herrschaft Friedrichs II. entlaufen war, empfunden hatte. In der Zwischenzeit hatte er die Privilegien und die Vetternwirtschaft der Patrizier in Riga kennengelernt und setzte auf den durch Katharina glanzvoll vertretenen Reformabsolutismus. Während Herder in seiner politischen Kritik scharfsinnig war, zeugen seine Vorstellungen von der Möglichkeit politischer Reformen jedoch von Naivität. Interessant sind dagegen seine Pläne für das Schulwesen, die eine Abwendung von der Lateinschule, von der altmodischen Gelehrtenschule und eine Hinwendung zu einem von der unmittelbaren Erfahrung und von der Muttersprache ausgehenden Unterricht fordern, der das unzusammenhängende Fachwissen abbauen sollte.

Neben diesen Reformplänen findet sich am Anfang und am Ende der Schrift eine radikale Selbstkritik, die er mit einer vor nichts zurückschreckenden Konsequenz betreibt; beispielsweise fragt er nicht, ob er tugendhaft gelebt hat, sondern ob die Tugend nicht bloße «Privation... ein Fazit von Zeros» sei. Es wiederholt sich gewissermaßen die Erfahrung seines Lehrers Hamann, der nach der Londoner Umkehr zu einem Herder verwandten Zweifel an der Tugend der Enthaltsamkeit, aber noch mehr an der Tugend der allgemeinen Menschenliebe gelangte und sich auf die alte lutherische Überzeugung von der radikalen Sündhaftigkeit auch des Vollkommenheitsstrebens besann. Bei Herder wird diese Skepsis aber wieder im Glauben an die Entwicklung zur Humanität überwunden.

Auch das Thema der Sprache wird jetzt unter kritischem Aspekt behandelt. War die Sprache in den *Fragmenten* als Voraussetzung der Poesie, ja sogar jeder Kultur, als deren notwendige Voraussetzung behandelt worden, kommt im *Journal meiner Reise* eine Sprachskepsis zum Ausdruck, die in ihrer Radikalität auf Hofmannsthal vorausweist. Herder werden die Begriffe sowohl als Produkte der Abstraktion als auch der Überlieferung dunkel, leer und sinnlos. Das Gefühl, das sich in ihnen ausdrücken sollte, wird irregeleitet, weil jeder Begriff schon eine Festlegung ist, und Herder versteigt sich zu der utopischen Forderung: «Jeder Mensch muß sich eigentlich seine Sprache erfinden, und jeden Begriff in jedem Wort so verstehen, als wenn er ihn erfunden hätte.»

Natureindrücke hinterlassen in dem Journal nur wenige Spuren; Herder sieht zwar das Meer, sieht auch die ‹Horden ziehender Heringe›, aber es meldet sich einerseits sofort der Gedanke an die Völkerwanderung, andererseits der Vergleich zwischen Luft und «Wasserwelt»: Er verwendet schon hier die Analogie als heuristisches Prinzip; fast jede Beobachtung kann Anlaß zur Formulierung eines allgemeinen Prinzips werden, dessen Gültigkeit er auf einem anderen Gebiet überprüfen möchte. Er sieht überall Forschungsaufgaben, das *Journal* wimmelt von Büchertiteln, d. h. von Büchern, die er lesen, aber auch selbst schreiben will.

Von unmittelbarer literaturwissenschaftlicher Bedeutung wurden offenbar seine Gespräche mit Mitgliedern der Schiffbesatzung. Herder geht von der Annahme aus, die griechischen Seeleute seien genauso abergläubisch und versessen auf abenteuerliche Geschichten wie die zeitgenössischen. Bedenkt man das, wird, so meint er, eine philosophische Theorie möglich, die den Glauben an eine Mythologie und an Fabeln erklärt: «eine Genetische Erklärung des Wunderbaren und Abentheuerlichen aus der Menschlichen Natur, eine Logik für das Dichtungsvermögen: und über alle Zeiten, Völker und Gattungen der Fabel, von Chinesen zu Juden, von Juden zu Ägyptern, Griechen, Normännern geführt – wie groß, wie nützlich!»

Auf der Fahrt mustert er kritisch die Länder, deren Küsten er in der Ferne sieht und die er kennt. Die negative Einschätzung Preußens, die Hoffnungen auf ein neues Griechenland in der Ukraine hängen mit seiner Überzeugung vom Wachstum und Verfall der Länder und Kulturen, der Staaten und Völker zusammen und natürlich mit seinen Erfahrungen in Mohrungen, Königsberg und Livland. Verblüffend ist, daß England fast keine Rolle spielt, daß Holland recht negativ beurteilt wird, während es weniger verwunderlich ist, daß Frankreich so schlecht abschneidet. Man hätte erwarten können, daß der direkte Kontakt die damals verständliche Animosität eines preußischen Untertanen gegen die Lieblinge seines Herrschers mildern würde, aber Herder malt sich eine abgelebte, an nichts und vor allem nicht an ihm interessierte Gesellschaft aus und spottet über die Möglichkeit, die sich ihm jetzt bietet, «nach der Mundart der Nation –, nach ihrem Ton und Nasenlaut» sprechen zu lernen, während er in dem Entwurf zu einem reformierten Sprachunterricht dagegen wettert, daß die Sprachen nur gelesen und nicht gesprochen werden.

Herder blieb vier Monate in Nantes und ging anschließend nach Paris, wo er einige der führenden französischen Aufklärer kennenlernte: d'Alembert, Duclos, aber kaum Diderot, den er für den bedeutendsten französischen Denker hielt. Er verbrachte sehr viel Zeit in Bibliotheken und Museen, während er vom französischen Theater wenig hatte. Im *Journal* fragt er sich immer wieder, ob er nicht lieber Klopstock in Kopenhagen hätte aufsuchen sollen, und man kann sich des Eindrucks nicht erwehren, daß Herder sich gegen die französische Kultur und auch gegen die Enzyklopädisten sperrte, die doch die von Herder später begrüßte Revolution mit vorbereiteten.

Das *Journal* ist deswegen ein so aufschlußreiches und aufregendes Dokument, weil Herder alle Inkonsequenzen hat stehen gelassen und seine eigene psychische Konstitution scharfsinnig analysiert. Er schildert auf der einen Seite einen verzehrenden Ehrgeiz, der ihn schreiben läßt: «Gnade der Kaiserin, Neid und Liebe der Stadt! – – Oh Zweck! Großer Zweck, nimm alle meine Kräfte, Eifer, Begierden! Ich gehe durch die Welt, was hab' ich in ihr, wenn ich mich nicht unsterblich mache!» Auf der anderen Seite deckt er seine Neigung zum Weinerlichen auf, auch zu einer «Art Schauder, der nicht eben Schauder der Wollust ist», ein Schauder, der beim ersten Anblick von Nantes Betäubung wird. Es ist die Reaktion eines Melancholikers oder sogar eines Neurotikers (Mommsen). Vor allem beschreibt er aber auch Züge, die manchen Konflikt in seinem Leben erklären können: «Womit habe ichs in meinem vergangnen Zustande verdient, daß ich nur bestimmt bin, *Schatten zu sehen* statt *würkliche Dinge* mir zu erfühlen? Ich geniesse wenig, d.i. zuviel, im Übermaas und also ohne Geschmack: Der Sinn des Gefühls und die Welt der Wollüste – ich habe sie nicht genossen: ich sehe, *empfinde in der Ferne*, hindere mir selbst den Genuß durch unzeitige Präsumption und durch Schwäche und Blödigkeit im Augenblick selbst. In der Freundschaft und Gesellschaft: zum Voraus unzeitige Furcht oder übergroße fremde Erwartung, von denen jene mich im Eintritt hindert, diese mich immer trügt, und zum Narren macht. Überall also eine aufgeschwellte Einbildungskraft zum voraus, die vom Wahren abirrt, und den Genuß tödtet, ihn matt und schläfrig macht, und mir nur nachher wieder fühlen läßt, daß ich ihn nicht genoßen, daß er matt und schläfrig gewesen.» Die Richtigkeit dieser Analyse sollte sich bald bewahrheiten.

Herder wollte eigentlich auch Italien, Holland und England kennenlernen, und so folgte er der Aufforderung, Begleiter und Erzieher des Erbprinzen Friedrich Wilhelm von Eutin zu werden, der im Begriff stand, die obligatorische große Bildungsreise des Hochadels anzutreten. Herder reiste über Brüssel, Antwerpen, Den Haag, Leiden und Amsterdam und erlebte auf diesem Weg fast einen Schiffbruch. In Hamburg lernte er Lessing und Claudius kennen und traf dann in Eutin ein, wo er am Hofe sehr gut aufgenommen wurde. Auf diese Behandlung war er sehr stolz, um so unerträglicher wurden die Divergenzen auf der Reise. Herder fühlte sich als gewöhnlicher Kandidat der Theologie und Informator behandelt, d.h. als halber Domestik, und löste den Vertrag nach etwa sechs Wochen.

Die Reise hatte bis dahin, obwohl er sich von Hof zu Hof geschleppt fühlte, für ihn einschneidende Bedeutung bekommen. In dem Markgrafen Karl Friedrich von Baden-Durlach begegnete ihm ein aufgeklärter Fürst, der sich für die Entwicklung der deutschen Kunst und Wissenschaft verantwortlich fühlte. In Darmstadt traf er Johann Heinrich Merck, der ihm und Goethe nahestehen sollte, und lernte Caroline Flachsland, seine spätere Frau, kennen.

Die früh verwaiste Frau, die im Hause ihrer Schwester lebte, trug in dem empfindsamen Kreis, zu dem auch Herder bald Zutritt bekam, den Namen «Psyche», und der noch nicht völlig «mephistophelische» Merck – Goethe sollte ihn später so apostrophieren – schützte die sich entwickelnde Liebesbeziehung zwischen ihr und Herder, die trotz ihres schwärmerischen Charakters schon bald eines Schutzes bedürftig geworden war. Herder war von Caroline völlig eingenommen, sie hörte ihn predigen und fühlte, er sei «ein Himmlischer in Menschengestalt». Sie schwärmten in der Natur, verehrten Klopstock, sahen sich fast jeden Nachmittag, aber Herder konnte sich wegen seiner zu ungewissen Zukunft nicht erklären und mußte wohl auch vor diesem Entschluß zögern und «schaudern». Zwischen ihnen entwickelte sich einer der interessantesten Briefwechsel des 18. Jahrhunderts, aber am Ende des folgenden Jahres war Caroline nahe daran, die Hoffnung zu verlieren. Die Probezeit ging jedoch zu Ende. Herder, der in seinen Briefen zwischen zärtlichem Liebhaber und platonisierendem Schulmeister wechselte, trug ihr die Ehe an, und sie setzte die Verbindung nach Auseinandersetzungen mit ihren Verwandten durch. Im Mai 1773 konnten sie, fast drei Jahre nach ihrer Begegnung, die Hochzeit in Darmstadt feiern.

In der Zwischenzeit hatte Herder den Ruf auf die Stelle eines Hofpredigers und Konsistorialrates in der kleinen Residenz Bückeburg angenommen. Vorher versuchte er aber seine Augenfistel in Straßburg operieren zu lassen, was sehr schmerzhaft war und erfolglos blieb. Die Behandlung schloß eine Durchbohrung des Nasenknochens und nach Herders Angaben zwanzig Schnitte, um eine künstliche Tränenrinne zu bilden, ein, dazu etwa zweihundert Sondierungen, und so mußte er vom Herbst 1770 bis April 1771 in Straßburg bleiben.

Der Aufenthalt in Straßburg, wo er lange Zeit in einem halbdunklen Zimmer verbringen mußte, brachte die Begegnung mit Goethe und dessen Kreis, die in *Dichtung und Wahrheit* anschaulich geschildert wird. Goethe half ihm nach der Operation, besuchte ihn morgens und abends und, so schrieb er, «ich... gewöhnte mich in kurzem um so mehr an sein Schelten und Tadeln, als ich seine schönen und großen Eigenschaften, seine ausgebreiteten Kenntnisse, seine tiefe Einsicht täglich mehr schätzen lernte». Der Zufall einer mißlungenen Operation hatte weitreichende Folgen, denn ohne diese durch den Zufall erfolgte Begegnung wäre wohl der Sturm und Drang anders verlaufen, hätte sich die Weimarer Klassik, wenn überhaupt, wahrscheinlich ganz anders entwickelt.

Die Berliner Akademie hatte für das Jahr 1770 eine Preisfrage gestellt: «Haben die Menschen, ihren Naturfähigkeiten überlassen, sich selbst Sprache erfinden können?» Die Diskussion über den Ursprung der Sprache läßt sich bis in die Antike zurückverfolgen und wurde zum ersten Mal gründlich in dem platonischen Dialog *Kratylos* erörtert, wo auch evident wird, daß es bei den Auseinandersetzungen um den Ursprung letzten Endes um das Wesen und um die Erkenntnisleistung der Sprache geht.

Im 17. und 18. Jahrhundert entwickelte sich die Diskussion sehr rege, wobei es wiederum um grundsätzliche anthropologische Fragen ging. Condillac vertrat 1746 die Naturtheorie, d. h. er betrachtete das Tier und den Menschen als ‹empfindende Maschine›. Aus Tönen, aus dem Schrei der Empfindung entsteht die Sprache, wenn die Artgenossen darauf reagieren, antworten. Dagegen behauptete Rousseau 1755, daß die Tiere keine Sprache besitzen und auch der Urmensch nicht, weil dieser ursprünglich nicht gesellig ist. Erst nach der Entstehung der Gesellschaft entwickelte sich aus unartikulierten Lauten und Gebärden die Sprache, indem den willkürlichen Lauten eine Bedeutung beigelegt wurde (Konventionstheorie).

Neben diesen Theorien, die mehr oder weniger explizit einen natürlichen, menschlichen Ursprung der Sprache behaupten, gab es natürlich Vertreter der traditionellen Lehre, die davon ausgeht, daß Gott dem Menschen im Paradies die Sprache beigebracht hatte. Zu ihnen gehören etwa William Warburton mit *The Divine Legation of Moses* (1738–1767) und in Deutschland der Konsistorialrat Johann Peter Süssmilch (1707–1767), der auf einen so berühmten Vorgänger wie Samuel Pufendorf zurückblicken konnte. Süssmilch brachte die These auf eine fast syllogistische Form: Da die Sprache einerseits in ihrem komplizierten Aufbau deutlich ein Werk der Vernunft ist und andererseits deren Voraussetzung – denn wie kann man ohne Sprache zur Vernunft gelangen –, gerat man in eine Aporie, aus der sozusagen logisch nur die Annahme führt, Gott habe den ersten Menschen die Sprache beigebracht und sie durch die Sprache belehrt, denn sich selbst überlassen, hätten die Menschen die Sprache nicht erfinden können

Süssmilch war Mitglied der Berliner Akademie und wandte sich mit seinen Darlegungen gegen deren Präsidenten Maupertuis, der die These vom göttlichen Ursprung der Sprache scharf kritisiert hatte. Der Vortrag war schon 1756 gehalten, aber erst 1766 von Süssmilch gedruckt worden und stieß auf heftige Proteste von Lessing, Wieland und Abbt. Diese These war selbstredend auch nicht in Übereinstimmung mit der preußischen Kulturpolitik, die durch die Akademie bestimmt wurde, in welcher Friedrich II. zu dieser Zeit selbst nominell den Vorsitz hatte. Es wurde also eine Preisaufgabe gestellt, deren Formulierung eine andere Lösung als die Süssmilchs hervorrufen mußte.

Herders Beantwortung mustert polemisch die Lösungsvorschläge seiner Vorgänger und kritisiert besonders Rousseau, Condillac und Süssmilch. Er gelangt zu einem neuen Ergebnis, indem er darstellt, wie Vernunft und Sprache sich in Wechselwirkung bei der Aneignung der Welt durch den Menschen entwickeln. Im Gegensatz zum Tier hat erst der instinktschwache, aber deshalb auch dem Instinkt nicht unterworfene Mensch eine solche Distanz oder Freiheit, daß er im Zustand der ihn auszeichnenden «Besonnenheit», d. h. Reflexion, mit dem «mittleren» Sinn des Gehörs ein unterscheidendes Merkmal bzw. Merkwort erfassen kann, das erst die Perzeption zur Apperzeption macht. In dieser ersten Sprachhandlung konstituiert sich der

Mensch selbst als Mensch, und in der weiteren Entwicklung der Sprache spiegelt sich die Entwicklung der menschlichen Vernunft, der menschlichen Kultur, die sich immer differenzierter die Welt aneignet, was in der Grammatik der Sprache einen Niederschlag findet.

Diese These mußte Hamanns Widerspruch hervorrufen, der indessen nicht auf Süssmilchs Standpunkt beharrte, sondern den «göttlichen *und* menschlichen» Ursprung der Sprache verteidigen wollte. Sein wichtigster Einwand ist wohl, daß Herder eine philosophische Erklärung des Ursprungs der Sprache weder gibt noch geben kann, weil die Menschen die Sprache nur als erlerntes Kommunikationsmittel kennen, d. h.: Die Sprache ist ein Apriori, der Mensch ist ein sprachliches Geschöpf, man kann hinter diesen Zustand philosophisch nicht zurückgehen, denn das würde heißen, den «Kreislauf» der Natur zu verlassen, eine Erkenntnisgrenze mit bloßer Spekulation zu überschreiten. Herders These von einem Menschen, der in einem ersten Akt Sprache, Vernunft und sich selbst als Menschen setzt, wird somit Mythos und damit an dem biblischen Mythos gemessen, der sowohl die Gottebenbildlichkeit des schöpferischen Menschen als auch dessen Abhängigkeit symbolisch zum Ausdruck bringt.

Hamanns Kritik hat Herder wohl nie verstanden, wich aber etwas zurück, ohne letzten Endes seine Überzeugung aufzugeben, wie die Neuauflage der Schrift 1789, ein Jahr nach dem Tod Hamanns, bezeugt. Hamanns Angriffe störten ihn sehr, weil sie in einer Periode erfolgten, in welcher man bei Herder ein Schwanken zwischen einer mehr orthodoxen und einer mehr neologischen Haltung feststellen kann. Dazu kam die Unsicherheit seiner bürgerlichen Existenz, und besonders mußte es ihn verängstigen, daß Hamann sogar andeuten wollte, die ganze Schrift Herders sei eine Parodie, geschrieben, um die Akademie wissenschaftlich bloßzustellen. Es kann aber kein Zweifel darüber herrschen, daß die Schrift eine der wichtigsten Jugendschriften Herders ist und der Sprachphilosophie des kommenden Jahrhunderts wichtige Anregungen gab.

Für die deutsche Literatur wurde jedoch ein anderes Ergebnis des Straßburger Aufenthaltes wichtiger, eine Aufsatzsammlung mit dem Titel *Von deutscher Art und Kunst*, in welcher neben Herders Beiträgen auch Artikel von Goethe und Möser enthalten sind. Herders *Auszug aus einem Briefwechsel über Ossian und die Lieder alter Völker* und sein Shakespeare-Aufsatz wurden mit Goethes begeisterter Beschreibung des Straßburger Münsters und seines Baumeisters das ästhetische Manifest des Sturm und Drang.

Herders Shakespeare-Bild leitet mit Lenz' *Anmerkungen über's Theater* eine neue Phase der Shakespeare-Rezeption in Deutschland ein. Schon mit den englischen ‹Schauspielerbanden› im 16. und 17. Jahrhundert waren Shakespeares Dramen zwar nach Deutschland gekommen, aber erst mit Caspar Wilhelm von Borcks Übersetzung von *Julius Cäsar* (1741) in Alexandrinern wurde der Anspruch auf den ästhetischen Wert des Werkes Shakespeares in Deutschland praktisch erhoben, denn die Aufführungen der englischen Schauspieler boten dem Publikum nur einen verballhornten, durch komische Einlagen und Gauklerkünste verkommenen Shakespeare an.

Da Gottsched die deutsche Bühne durch seine höfisch orientierte, französisch-klassizistische Reform von derartigen Possen und unregelmäßigen Stücken überhaupt säubern wollte, mußte er auf diese Übersetzung eines Dilettanten scharf reagieren und hält in einer Besprechung im 27. Stück der *Beiträge zur kritischen Historie der deutschen Sprache, Poesie und Beredtsamheit* Shakespeares *Julius Cäsar* für «nicht besser als die elendeste Haupt- und Staatsaktion». Vielleicht in seinem Auftrag schrieb Johann Elias Schlegel eine *Vergleichung Shakespeares und Andreas Gryphs* (1742), die wesentlich positiver ausfiel. Zwar war Gryphius damals kein geschätzter Bühnenautor mehr, aber er gehörte zur Literatur, und Johann Elias Schlegel hob wie die englische klassizistische Kritik in der auch von Gottsched gerühmten Zeitschrift *Spectator* neben den Fehlern und Verstößen Shakespeares auch dessen Charaktere und poetische Sprache hervor. Er bewegte sich tastend auf die theoretisch überlegenere Position Lessings hin. Dieser stellte Shakespeare neben die griechischen Dramatiker, weil er wie sie, aber auf anderem Wege, die «Absicht» der Tragödie erreichte: er konnte Furcht und Mitleid erwecken und die Katharsis dieser Leidenschaften bewirken.

Lessing ging also noch von der *Tragödie* aus, während Herder in seinem Aufsatz seinen Ausgangspunkt in der völlig verschiedenen *Lebenswelt* der griechischen Autoren und der des englischen Autors nimmt, und – ohne den Ansatz Lessings zu verwerfen – vor allem das Werk Shakespeares historisch-genetisch charakterisieren will, so daß er feststellen muß: «Sophokles' Drama und Shakespeares Drama sind zwei Dinge, die in gewissem Betracht kaum den Namen gemein haben.» Durch seine Analyse der verschiedenen Entstehungsbedingungen relativiert er die kanonische Form des antiken Dramas, relativiert er die ‹Regeln›, ohne die Bedeutung einer verschiedene Lebenswelten künstlerisch überdauernden und durch sie ständig modifizierten Tradition leugnen zu wollen.

Von dieser Position aus kann er sich gegen die These wenden, Shakespeare sei zwar ein großer Dichter, aber kein Dramatiker, und er kann das Genie Shakespeares hervorheben, der etwas seiner Zeit Gemäßes und deshalb Natürliches schafft, während die sklavische französische Rezeption der Antike zu einer Nachahmung verkommt, die als solche nur Unnatur produziert, d. h. nie das «Urkundliche, Wahre, Schöpferische der Geschichte erreicht».

Genie ist bei Herder wie bei Lessing, Mendelssohn und Kant durch Natur und Originalität gekennzeichnet, ist ein Vermögen der innovativen Schöpfung von Werken, die ihre Zeit ausdrücken und nicht bloß traditionell, sondern auch vorbildlich sind, d. h. produktiv angeeignet werden wollen, so daß ein Genie durch sein Werk ein anderes schöpferisches Genie wecken kann. Folgerichtig endete der Aufsatz mit einer Apostrophe an Goethe, der mit seinem *Götz* in Shakespeares Fußstapfen zu wandeln die Absicht hatte, um «sein Denkmal aus unsern *Ritterzeiten* in unsrer Sprache unserm so weit abgearteten Vaterlande herzustellen».

Herder freut sich mit Goethe, daß sie noch Shakespeare begreifen, denn bald wird dieser veraltet sein. Herders These von der Geschichtlichkeit des Kunstwerkes bezieht sich also sowohl auf seine Entstehung als auf seine Rezeption. Gattungen und Werke blühen und welken, nach Herders Metaphorik, und was der große englische Shakespeare-Darsteller Garrick mache, nähere sich der Verstümmelung. Die streng durchgeführte historische Sicht muß konsequenterweise nicht nur zu einem ästhetischen Relativismus führen, sondern auch zu einer Negation der klassizistischen These von dem großen zeitüberdauernden Kunstwerk, dessen Größe sich darin zeige, daß es zu allen Zeiten schön ist, d. h. dem gebildeten Geschmack gefällt. Im Gegenteil, gerade das Vollkommene muß veralten, denn: «jede menschliche Vollkommenheit ist national, säkulär und, am genauesten betrachtet, individuell» (*Auch eine Philosophie der Geschichte*). Der Gelehrte mag sich in die vergangene Zeit versenken, aber für die Gegenwart ist sie versunken.

Völlig konsequent ist Herder nicht, aber die Probleme, die die Ablösung von einem verbindlichen Normsystem stellt, beschäftigen ihn zeitlebens. Auf der einen Seite verlangt er vom Kritiker eine Einfühlung, die das ästhetische Urteil, das er als moderner Kritiker fällen muß, suspendiert, andererseits kann er sich mit einem bloßen Relativismus nicht zufrieden geben, da dieser sich dann auch konsequenterweise auf das oben erwähnte «abgeartete Vaterland» erstrecken müßte.

Noch in den *Briefen zur Beförderung der Humanität* (1796) hielt Herder, wie René Wellek hervorgehoben hat, an der «Naturmethode» fest, die darin besteht, «jede Blume an ihrem Ort zu lassen, und dort ganz wie sie ist, nach Zeit und Art, von der Wurzel bis zur Krone betrachten». Der Literaturwissenschaftler Herder sah sich als Botaniker, nicht als Gärtner und nahm damit eine spätere unglückliche Dichotomie zwischen einem wissenschaftlichen Literaturhistoriker, der objektiv forscht und registriert, und einem urteilenden Kritiker voraus, dessen Maßstab subjektiv oder jedenfalls äußerst relativ bleiben muß. Schon die Aufsätze in *Von deutscher Art und Kunst* zeigen jedoch, daß Herder sehr wohl kritisch sowohl die Überlieferung als auch die Gegenwartsliteratur sichten konnte, denn der Aufsatz *Über Ossian und die Lieder alter Völker* enthält neben den literaturgeschichtlichen Einsichten und Wertungen auch ein Programm für eine Erneuerung der deutschen Literatur, wobei der Abstand zu den *Fragmenten* in vieler Hinsicht nicht übermäßig groß ist. Die Gedanken, die er hier zum Ausdruck bringt, vertiefte er in der späteren Abhandlung *Von der Ähnlichkeit der mittleren englischen und deutschen Dichter* (1777), die seine Vorreden zu den von ihm herausgegebenen Volksliedsammlungen zusammenfaßte.

In England hatte sich, was Herder emphatisch hervorhebt, ein Interesse für die nicht in antiker Tradition stehende volkssprachliche mittelalterliche Dichtung erhalten, und dies Interesse verstärkte sich um die Mitte des Jahrhunderts durch eine deutliche Vorliebe für die Poesie der Frühe. Thomas Blackwell deutete in seinem Buch *Enquiry into the Life and Writings of Homer* (1735) diesen als primitiven Sänger, Robert Wood bereiste den Orient und wollte in seinem *Essay on the Original Genius and Writings of Homer* (1769) den Sänger vor diesem Hintergrund und nicht im Lichte der Schultradition verstehen. Ähnlich hatte Robert Lowth in *De sacra poesi Hebraeorum* (1753) die Dichtungen im Alten Testament, ihre Stileigentümlichkeiten und Gattungen zu beschreiben versucht und ihren ästhetischen Wert neben den griechischen Dichtungen behauptet, wobei auch er sich auf die Natur und Geschichte Palästinas bezog. Er wurde von Johann David Michaelis ins Deutsche übersetzt, und es ist deutlich, daß die Entwicklung in der literarischen Kritik in vieler Hinsicht mit der Entstehung einer historisch-kritischen Bibelwissenschaft zusammenhängt.

Thomas Percy sammelte *Reliques of Ancient English Poetry* (1765), und James Macpherson gab *Fragments of Ancient Poetry collected in the Highlands of Scotland* (1760) heraus. Die Gesamtausgabe erschien 1765 unter dem Titel *The works of Ossian, the Son of Fingal.* Schon 1763 hatte Hugh Blair eine *Critical Dissertation on the Poems of Ossian* veröffentlicht, in welcher er den gälischen Barden neben Homer stellte. Herder entwickelte weitgehend seinen Begriff von Volkslied, Volkspoesie – es dreht sich um Lehnübersetzungen aus dem englischen popular poetry – an diesen Sammlungen, besonders an Ossian.

Herders Begeisterung für Ossian ist insofern recht peinlich, als es sich um eine Fälschung handelte. Schon damals waren viele Leute sich darüber im klaren, daß es eine Fälschung sein mußte, wogegen Herder sich aber vehement wehrte. Verblüffend ist, daß sogar Jakob Grimm sie noch für echt hielt, denn wenn man sie heute liest, scheint es ganz klar zu sein, daß der Geist in dem Werk aus dem 18. Jahrhundert weht. Aber gerade das Sentimentale und Melancholische war so sehr Ausdruck und Bedürfnis der Zeit, daß man sich gar nicht wunderte, daß die alten Schotten genauso dachten und empfanden wie die Zeitgenossen. Die Stimmung unterschied sich zwar beträchtlich von derjenigen in den englischen und schottischen Balladen, die Percy gesammelt hatte, und auch von den isländischen und dänischen Gedichten, von denen man genuine Beispiele besaß, aber das führte man darauf zurück, daß die alten Kelten eben anders waren als die alten Skandinavier, obwohl man zu Anfang keinen rechten Unterschied zwischen Kelten und Germanen sehen konnte.

Heißt das nun, daß der Begriff des Volksliedes an einer modernen Fälschung abgelesen wurde? Ganz so einfach ist es nicht, denn erstens bezieht sich Herder auch auf genuine Volkspoesie und zweitens ist der Begriff keineswegs der moderne. In der Vorrede zum zweiten Teil der Volkslieder heißt es: «Es ist wohl nicht zu zweifeln, daß Poesie und inbesonderheit Lied im Anfang ganz volksartig, d. i. leicht, einfach, aus Gegenständen und in der Sprache der Menge sowie der reichen und für alle fühlbaren Natur gewesen.» Es wird also nicht behauptet, daß das Volk selbst dichtet. Die These von einem kollektiven Ursprung entsteht erst später, und auch die Anonymität ist keineswegs Bedingung, sondern bloß das Volksartige. Das Volkslied ist durch einfache Motive wie Liebe, Eifersucht, Tod, Standesunterschiede usw. gekennzeichnet, und Herder ärgerte sich über die pseudonaiven Romanzen, die damals von gewissen Dichtern in Nachfolge der Gleimschen Romanze *Marianne* ironisch und herablassend für das Volk produziert wurden. Auch die Form ist nicht im modernen Sinne leicht und einfach, sondern durch «Würfe und Sprünge», wie er schreibt, d. h. durch eine Sprunghaftigkeit gekennzeichnet, die vom Leser verlangt, daß er die Lücken selbst ausfüllt. Ein weiteres Merkmal der Volkspoesie ist die «handelnde, lebendige Szene», also ein dramatisches Element und starke Empfindungen. Als Beispiele bringt Herder neben Ossian so Heterogenes wie Lieder aus der Edda, die eigentlich ganz strenge Kunstdichtungen sind, englische Balladen, Lieder aus Lappland und Grönland, Gedichte von Shakespeare und Goethe.

Schon 1773 wollte Herder eine Sammlung von deutschen und übersetzten englischen Volksliedern herausgeben, aber der Plan wurde aufgegeben. Erst 1778 erschien eine Sammlung, die in der endgültigen Fassung den Titel *Stimmen der Völker in Liedern* bekam.

Herder ging also davon aus, daß das Volk einmal eine kulturelle Einheit gewesen und diese Einheit durch die lateinische Kultur verlorengegangen war. In Dänemark und besonders in England waren viele Überbleibsel dieser mittelalterlichen Volkskultur zu finden, einer Kultur, die also das *ganze* Volk damals umfaßt hatte. Sowohl die Skandinavier als auch die Engländer interessierten sich noch für diese Kultur, für die Edda, für die angelsächsische Dichtung, für Spenser, und nur weil diese Literatur noch lebendig geblieben war, hatten die Engländer einen Dichter wie Shakespeare gehabt, der nach Herder durch die Volkslieder, durch die englische mittelalterliche Tradition überhaupt inspiriert worden war. In Deutschland interessierte man sich dagegen wenig für die, wie Herder schrieb, alten «schwäbischen» Dichter, womit er die mittelhochdeutsche Dichtung meinte, und auch nicht für die Überbleibsel, die noch im Volk lebten. Deshalb regte Herder die Aufzeichnung von Volksliedern an, denn erstens könne es bald zu spät sein und alles durch eine künstliche französisch inspirierte Kultur zugrunde gehen, zweitens könnten solche Sammlungen eine neue und neuartige Dichtung inspirieren, vielleicht sogar Deutschland einen neuen Shakespeare schenken, denn das moderne Drama hatte sich nach Herders Auffassung auch aus volkstümlichen Formen wie Puppenspielen, Haupt- und Staatsaktionen und Balladen entwickelt, nicht wie das der Griechen aus einem gottesdienstlichen Chor.

Es kann kein Zweifel sein, daß Herder eine alternative Kultur propagieren wollte, und die ironischen Reaktionen der Aufklärer zeigten, daß die Provokation auch gelang. Friedrich Nicolai publizierte die Sammlung *Eyn feyner, kleyner Almanach* (1777), in welcher er Herders Bemühungen verspottete. Herder fand aber auch Anhänger, die Volkslieder sammelten, wie Goethe, und volkstümliche, durch Volkslieder inspirierte Gedichte schrieben, wie Bürger und – wenn auch auf ganz andere Art – Goethe. Herder wollte jedoch keineswegs die Kunstdichtung in Bausch und Bogen verwerfen, sondern stellte in dem Ossian-Aufsatz eine kleine Typologie auf, nach welcher auf der einen Seite philosophisch-theologische Dichter wie Milton, Kleist und Haller stehen, die alle Poetae docti sind und gelehrte und durchreflektierte Gedichte schreiben, und auf der anderen Seite die empfindsamen oder enthusiastischen Dichter wie Jacobi, Gleim und vor allem Klopstock, sowie drittens Wieland, der die Extreme zu vermitteln sucht. Interessanter als diese ad hoc Typologie ist jedoch Herders Überzeugung, die Überbleibsel der primitiven Volksdichtung, «Ossian, die Lieder der Wilden, der Skalden, Romanzen, Provinzialgedichte könnten uns auf bessern Weg bringen» als die Nachahmung der Antike des Horaz. Diesen ‹besseren Weg› gingen nicht nur Bürger und Goethe, sondern später auch die Romantiker, und zwar nicht nur Arnim und Brentano mit ihrer Sammlung *Des Knaben Wunderhorn*, sondern auch Uhland, Eichendorff und viele mehr, so daß das Volksliedhafte eine wichtige Komponente in der Entwicklung der deutschen Poesie des 19. Jahrhunderts ausmachte, ja fast mit dem eigentlich Poetischen identifiziert wurde, was zu einer Verschüttung einer wichtigen Tradition führte.

Hinter dem Aufsatz verbirgt sich keine eigentlich durchreflektierte Geschichtskonzeption, obwohl Herder deutlich seine eigene Zeit mit ihrer «sogenannten täglich verbreiteten Kultur» durch sein Lob einer älteren bzw. einer volksartigen Dichtung kritisiert. In dem *Journal meiner Reise* hatte er sich gegen Rousseau gewandt und behauptet: «Welch' ein großes Thema, zu zeigen, daß man, um zu sein, was man sein soll, weder Jude, noch Araber, noch Grieche, noch Wilder, noch Märtyrer, noch Wallfahrter sein müsse, sondern eben der aufgeklärte, unterrichtete, feine, vernünftige, gebildete, tugendhafte, genießende Mensch, den Gott auf der Stufe unserer Kultur fordert.» In Bückeburg sollte er sich weitere Gedanken über dieses Thema machen.

Als Herder seine Stellung dort angetreten hatte und sofort feststellen mußte, daß weder sein Amt noch das Verhältnis zu seinem Landesherrn harmonisch werden konnte, geriet er in eine religiöse Krise, die er in seinen Briefen an Caroline Flachsland nicht erwähnte. In einigen Briefen an Hamann kann man Anzeichen einer Bekehrung finden, und die Forschung hat seit Haym in den Bückeburger Schriften eine Wiederannäherung an Hamann feststellen wollen. Außerdem trat er mit Lavater in Verbindung und fand in der Gräfin Maria von Schaumburg-Lippe, die herrnhutisch erzogen war, eine Seelenfreundin, deren Tod ihn hart traf.

Von deutscher Art und Kunst erschien zwar erst 1773, die Aufsätze gingen aber auf das Jahr 1771 zurück, d. h. sie standen noch unter dem Eindruck der Begegnung mit Goethe. In den ersten Bückeburger Jahren trieb er intensive theologische und geschichtsphilosophische Studien und arbeitete an Nicolais *Allgemeiner deutscher Bibliothek* mit. Erst 1774 erschienen als Frucht dieser Arbeit *Auch eine Philosophie der Geschichte zur Bildung der Menschheit* und *Älteste Urkunde des Menschengeschlechts* Band 1, die den Anfang einer neuen sehr produktiven Periode anzeigen; *Ein Prediger. Fünfzehn Provinzialblätter* (1774), *Ursachen des gesunkenen Geschmacks bei den verschiedenen Völkern, da er geblühet* (1775), *Erläuterungen zum Neuen Testament* (1775), *Briefe zweener Jünger Jesu* (1775), *Älteste Urkunde des Menschengeschlechts* 2. Band (1776).

Die auch für die Literaturwissenschaft bedeutendste Schrift dieser Jahre ist zweifelsohne *Auch eine Philosophie der Geschichte*, die den von Voltaire geschaffenen Begriff ‹Philosophie der Geschichte› kritisch aufnimmt und prüfen will. Darüber hinaus befaßt sie sich mit anderen Hauptvertretern einer Geschichtsphilosophie, d. h. einer Reflexion über Gang und Gehalt der Geschichte.

Herder setzte sich mehr oder weniger eingehend mit den Hauptthesen auseinander: mit der These der Höherentwicklung, die für ihn Iselin vertritt, mit der Dekadenztheorie Rousseaus und mit der Auffassung, der Mensch bleibe sich gleich, die Geschichte sei ein Auf und Ab ohne Ziel, deren Hauptvertreter für ihn Voltaire ist. Am eingehendsten beschäftigte ihn die Theorie eines Fortschrittes, teils weil sie die Frühzeit, der seine Liebe galt, als bloßes Mittel zum Zweck sieht, teils weil eine solche Entwicklung zu größerer Vollkommenheit und damit Glückseligkeit eine Ungerechtigkeit der Vorsehung gegenüber den Menschen wäre, die früher gelebt haben.

Herder entwickelt ein Geschichtspanorama, in welchem die Lebensalter der Menschheit: Kind im Orient, Jüngling in Griechenland und Mann in Rom aufeinander folgen, und läßt so jeder Periode ein eigenes Optimum, die Möglichkeit einer eigenen Glückseligkeit. Für den Zeitraum, der mit der Völkerwanderung beginnt, findet er eine neue, zentrale Metapher: die des Baumes mit Ästen und Zweigen, hält aber daran fest, daß jede Epoche mit ihrem eigenen Maßstab gemessen werden muß und auf ihrer Stufe Vollkommenheit erreichen kann, was ihn zu einer neuen und in den Hauptzügen jetzt positiven Einschätzung des Mittelalters führt. Dagegen wird der Ton zusehends kritischer, je näher die Darstellung dem 18. Jahrhundert rückt, in dessen Militarismus, Absolutismus, Kolonialismus und Sklavenhandel er keinen früher nicht erreichten Höhepunkt der Menschheitsgeschichte zu erkennen vermag. Auch die militärische und kulturelle Unterjochung in Europa, der Verlust an nationaler Selbständigkeit, an Glauben, an bürgerlicher Freiheit wird schonungslos gegeißelt, und erst am Ende der Schrift finden sich wieder optimistischere Töne, deren Berechtigung schwer einzusehen ist, weil die Hoffnung, die darin zum Ausdruck kommt, kaum begründet wird.

Herder betont, daß der Mensch die Geschichte nicht von außen und als eine Einheit beurteilen kann, sondern selbst ein Teil des geschichtlichen Verlaufs ist, ein Buchstabe, der selber nur wenige Buchstaben sieht. Herder betont trotzdem ständig das Vorhandensein einer Struktur in der Geschichte, das Vorhandensein eines Plans, den er mit «Gang Gottes über die Welt», ‹Epopöe› und anderen Metaphern umschreibt. Die Schrift enthält auf der einen Seite eine detaillierte Darstellung einer durchgängigen natürlichen Kausalität (Klima, Produktionsbedingungen), auf der anderen Seite eine immer wieder behauptete Finalität, die in dem Zitat aus dem 1. Korintherbrief 13,12 gipfelt. Den eigentlichen Sinn der Geschichte erkennen wir also nur dunkel, die Geschichte ist ein Rätsel, das Gott, dem wir glauben und trauen dürfen, auflösen wird; Geschichte ist als Wachstum und Entfaltung nicht voll zu begreifen.

Geht man von einer Annäherung an Hamann aus, könnte hinter der Philosophie eine typologische Geschichtstheologie sozusagen als Tiefendimension festzustellen sein. Diese Vermutung wird durch einen Brief an Lavater gestützt (Juni 1774), in welchem er einen zweiten Teil verspricht, «der sich auf den ersten bezöge wie Schlüssel auf Schloß, und wo dieser Schlüssel: *Religion, Christus, Ende der Welt* mit einer glorreichen seligen Entwicklung sein sollte». Die philosophischen Implikate einer eschatologisch ausgerichteten Geschichtstheologie wären ja eben eine verborgene finale Struktur und die Verheißung an die Menschen aller Zeiten, daß sie an der Vollendung der Geschichte teilhaben werden. Herder greift also wohl hier auf traditionelle Elemente der Geschichtstheologie zurück, ohne es klar zum Ausdruck zu bringen, während Lessing wenige Jahre später den Plan der Vorsehung als Erziehung auffaßt, die geschichtlichen Wahrheiten als noch nicht eingesehene Vernunftwahrheiten darstellt – und die Teilhabe des Individuums an dieser Vollkommenheit am Ende der Tage durch den Gedanken der Palingenesie rettet.

In der Rezeption wurde die Bedeutung der geschichtsphilosophischen Abhandlung vor allem in der Forderung nach Einfühlung gesehen, in einer Vorwegnahme des Satzes von Ranke: «Jede Epoche ist unmittelbar zu Gott.» In der Hervorhebung der klimatischen, wirtschaftlichen und politischen Faktoren, die die Weltgeschichte bestimmen, erkennen Marxisten heute die Antizipation einer dialektisch materialistischen Geschichtsauffassung. Der Versuch Herders, einen Plan Gottes in der Geschichte anzudeuten, mußte mißlingen, weil er sich zwischen einer kausalen und finalen Geschichtsbetrachtung nicht entscheiden und den Ansatz Hamanns nicht weiterentwikkeln konnte. Gleichzeitig wurde aber diese verkappte Geschichtstheologie zu einem aus christlichem Geist geborenen Protest gegen den Absolutismus und gegen eine Staatsauffassung, nach welcher das Individuum nur Mittel und nicht auch Zweck ist. Wie Hamann protestiert Herder hier gegen ein Denken, das die Gattung und nicht das Individuum in den Vordergrund stellt.

Die *Älteste Urkunde des Menschengeschlechts* verleugnet nicht völlig die Rigaer Vorarbeiten, *Fragmente zur Archäologie des Morgenlandes*, d. h. die Erkenntnis, daß die Genesis morgenländische Poesie ist, und sie behauptet keine Verbalinspiration, will aber den Schöpfungsbericht als Nachhall der Uroffenbarung Gottes sehen, d. h., er sieht wie Hamann in dessen *Aesthetica in nuce* den Genesisbericht als eine frühe Übersetzung aus der Schöpfungssprache Gottes an, denn Gott spricht ja in Bildern, Begebenheiten, Taten, Figuren. Herder greift hier, wie Hamann auch, Michaelis an; wie Hamann geht er von panorientalischen Spuren dieser Uroffenbarung aus, steht aber, ohne daß er und Hamann es merken, auf einem ganz anderen Boden als dieser und verirrt sich in Phantastik.

Herder schrieb in dieser Periode fieberhaft, polemisch und zuviel. In den *Erläuterungen zum Neuen Testament* (1775), will er Chaldäisches und Avesta für die Auslegung des Neuen Testaments fruchtbar machen. In der Schrift *Von der Nutzbarkeit des Predigtamtes* (1772) klingen lutherische Töne und Polemik gegen eine Zeit an, die vergessen hat, daß der Prediger nicht nur Lehrer, sondern auch Priester ist. Auch dramatische Dichtungen, *Brutus, Philoktetes* sowie *Alte Fabeln mit neuer Anwendung* (1773), in denen er verhüllt die Teilung Polens angreift, entstehen in den Bückeburger Jahren. Parallelen zur Rigaer Zeit werden in der oberflächlichen und oft fieberhaften Polemik und einem Streit, diesmal mit Nicolai und der Berliner theologischen Aufklärung, deutlich. Herder schaute eifrig nach Möglichkeiten aus, Bückeburg zu verlassen, und er wäre beinahe als Professor der Theologie nach Göttingen gegangen, wenn man ihm da nicht ein Rechtgläubigkeitsexamen vor der Fakultät abverlangt hätte, das Herder ablehnte.

In Weimar hatten sich inzwischen Goethe und Wieland für Herder eingesetzt: Die Stelle eines Generalsuperintendenten und Oberpfarrers an der Stadtkirche war zu besetzen, und Herder konnte, nachdem er als letzte Amtspflicht bei der Beisetzung der Gräfin Maria mitgewirkt hatte, Bückeburg am 7. 9. 1776 endlich verlassen.

Herder in Weimar (1776–1788)

Nach seiner Ankunft in der kleinen Hauptstadt des Herzogtums Sachsen-Weimar schrieb Herder an seinen alten Freund Lavater:

«Ich bin also jetzt in Weimar, nicht Prediger so schlechtweg, wie Ihr meint, sondern Oberhofprediger, Oberkonsistorial- und Kirchenrat, Generalsuperintendent, Pastor Primarius und zehn Dinge mehr, eben so lange Namen. Hoffe mich aber mit der Zeit recht gut zu stehen und zu finden, der Autorschaft, will's Gott, abzusterben und den Herrn in lebendigen Menschen zu leben, brav zu schaffen und in sieben Fächern umherzuwühlen.»

Diese briefliche Äußerung bezeugt, daß der Herder, der nicht nur Bücher schreiben wollte, sondern einmal beabsichtigte, «der Genius Liflands, ein zweiter Zwinglius, Calvin und Luther in dieser Provinz» (*Journal meiner Reise*) zu werden, auch nach den Erfahrungen in Bückeburg die Möglichkeit herbeisehnte, seine Ideale in die Praxis umzusetzen. Obwohl der als verkappter Freigeist oder Mystiker verschriene Herder in Weimar mit dem Widerstand führender Geistlicher rechnen mußte, die sich durch seine Berufung auf die seit fünf Jahren vakante Stelle zurückgesetzt fühlten, setzte er sich für die Erfüllung seiner Amtspflichten voll ein, und wenn Goethe vor seiner Ankunft von den geistlichen «Eseln und Scheiskerlen» gesprochen hatte, so stöhnte Herder bald über den zähen Widerstand «der Ochsen und Farren feister geselliger Schar» (*Kruzifix im Konsistorium*).

Trotz dieses Widerstandes, den Herder nicht gelassen zu ertragen vermochte, war der Anfang in Weimar vielversprechend, und er wurde nicht nur von Goethe und der herzoglichen Familie, sondern auch von dem immer konziliaten Wieland freundlich begrüßt. Der leichtbewegliche und begeisterungsfähige Dichter lernte zwar bald die Launen und Schroffheiten Herders kennen, der sich Wieland sehr überlegen fühlte, aber nach einigen herben Enttäuschungen im persönlichen Umgang stellte sich ein distanziert-gutes Verhältnis ein. Herder schrieb, besonders als er sich Anfang der achtziger Jahre isoliert fühlte, eine Reihe von Beiträgen zu Wielands *Teutschem Merkur*.

Herder starb in Weimar keineswegs der «Autorschaft» ab, war jedoch tagtäglich genötigt, in «sieben Fächern umherzuwühlen». Er mußte die Kirchenfinanzen sanieren und wollte durch die Errichtung eines Lehrerseminars die Ausbildung – und übrigens auch die Lebensbedingungen der Schulmeister – sowie das Niveau der Schulen verbessern. Herder hatte Kandidaten- und Lehrerexamina abzuhalten, er führte die Aufsicht über das Weimarer Gymnasium, und so oblag ihm neben den eigentlichen geistlichen Aufgaben als Pastor Primarius und Generalsuperintendent eine Fülle anderer Pflichten, die er eifrig und mit etwas Ungeduld zu lösen versuchte. Besonders im Konsistorium unterlag er jedoch oft seinen Gegnern, was ihm bald zu beweisen schien, daß seine Bemühungen um eine wirkliche Reform der Verhältnisse aussichtslos seien. Er mußte feststellen, daß die Beamten des Herzogs ihn nicht unterstützten, und so erfüllte ihn bald Mißstimmung und Mißtrauen gegenüber dem Herzog und dessen Berater Goethe. Herder mutmaßte, daß sie eigentlich auf das geistliche Amt mit Verachtung blickten und somit auch auf ihn, der seine Pflichten in diesem Amte ernst nahm. Bitter hieß es in einem Brief an Hamann über den jüngeren Freund, der eine ganz andere politische und gesellschaftliche Karriere machte, während sich Herder ohne rechte Erfolge abmühte:

«Er ist also jetzt wirkl. geh. Rath, Kammerpräs., Präsident des Kriegscollegii, Aufseher des Bauwesens bis zum Wegbau hinunter, dabei auch directeur des plaisiers, Hofpoet, Verfasser von schönen Festivitäten, Hofopern, Ballets, Redoutenaufzügen, Inscriptionen, Kunstwerken etc., Direktor der Zeichenakademie, in der er den Winter über Vorlesungen über die Osteologie gehalten, selbst überall der erste Akteur, Tänzer, kurz das fac totum des Weimarschen und, so Gott will, bald der maior domus sämtl. Ernestinischer Häuser, bei denen er zur Anbetung herumzieht. Er ist baronisirt u. an seinem Geburtstag (wird seyn der 28. Aug. a.c.) wird die Standeserhebung erklärt werden. Er ist aus seinem Garten in die Stadt gezogen u. macht ein adlich Haus, hält Lesegesellschaften, die sich bald in Aßembleen verwandeln werden etc. etc. Bei alle dem gehts in Geschäften, wie es gehen will u. mag: meine Gegenwart ist hier beinah unnütz u. wird mir von Tag zu Tag lästiger.»

Einerseits haben die Ernüchterung Herders und seine zahlreichen späteren Konflikte mit dem Herzog und Goethe ihren Ursprung in Empfindlichkeit, Argwohn und Mißgunst: Er war in keinem früheren Amt zufrieden gewesen, wäre es in keinem anderen geworden, und Hamann warnte ihn vergebens vor Ambitionen und Neid, welche die Schattenseiten seiner Tugenden waren. Zweifelsohne war Herder labil, ab und zu paranoid in seinen Reaktionen; andererseits gab es auch objektive Gründe für die Spannungen, die schon hier deutlich zutage traten.

Schon der junge Herder wollte «Demopäd», d. h. Volksaufklärer, Leiter und Erzieher des Volkes sein. Sein Predigeramt verstand er unter diesem Blickwinkel und glaubte damals noch an die Möglichkeit, im Dienste eines aufgeklärten Monarchen radikale Reformen durchführen zu können. Welchen anderen Weg konnte er auch gehen? Wie die meisten bürgerlichen Aufklärer hatte Herder ein Amt. Er suchte in der Publizistik sowie in diesem Amt Reformen zu befürworten und durchzuführen, d. h. er kritisierte den Ständestaat und trat für die konstitutionelle oder jedenfalls ‹gemäßigte› oder ‹gesetzmäßige› Monarchie ein. Die uneingeschränkte Monarchie sowie die Sonderstellung des Adels waren für ihn soziale Überbleibsel aus einer Periode der geistigen und gesellschaftlichen Unmündigkeit. Zu der politischen hatte sich früher die geistliche Bevormundung durch die katholische Kirche gesellt, und die Reformation Luthers war die erste gelungene Emanzipation. Die bürgerliche, politische Emanzipation war nach Herder als zwangsläufige Fortsetzung dieser ersten Befreiung des Volkes anzusehen, und so stand sein politisches Engagement seinem Selbstverständnis nach nicht im Gegensatz zu seinem geistlichen Amt, sondern war eine Funktion dieses volksaufklärerischen Amtes und in seinem Inhalt von ihm bestimmt. Er konnte als Pfarrer und Theologe einerseits den Mißbrauch des Christentums als Mittel zur Sozialdisziplinierung durch die Obrigkeit angreifen, andererseits war seiner Meinung nach der Staat so sehr von der durch die Religion vermittelten Moral abhängig, daß die Toleranz für ihn wie für Thomasius beim Atheismus aufhörte.

In seiner Schrift *Von dem Einfluß der Regierung auf die Wissenschaften und der Wissenschaften auf die Regierung*, die er als Beantwortung einer Preisfrage der Berliner Akademie 1780 schrieb, ging Herder auf eine Reihe von Fragen ein, die eng mit diesen Problemen zusammenhängen. Seine Einstellung gegenüber der Politik Friedrichs II. ist positiver geworden: Er wünscht zwar eine freie Diskussion unter Gelehrten, bejaht jedoch wie auf ökonomischem, so auch auf wissenschaftlichem Gebiet die staatliche Steuerung, d. h. auch Zensur, denn «Wohlsein geht dem Menschen über Spekulation, das Wohlsein vieler über die Spekulationsglückseligkeit Eines». Besonders scharf greift er die Universitäten an, deren Unterricht schlecht, deren Examina lebensfern sind und deren Forschung scholastisch und unnütz ist.

Unter dem Einfluß der Erfahrungen als Generalsuperintendent in Weimar und der Französischen Revolution verlor Herder den Glauben an die aufgeklärte Monarchie und hoffte eine Zeitlang auf eine revolutionäre Umgestaltung der Gesellschaft, bis der Terror der Jakobiner ihm diese Hoffnung nahm. Er gab sich jedoch nicht mit den politischen Zuständen in Deutschland zufrieden und konnte die aus seiner Sicht betont apolitische bzw. ‹konservative› Haltung Goethes nur als Egoismus auffassen. Der Despotismus vieler deutscher Fürsten sowie die Macht- und Militärpolitik Preußens machten die Entwicklung zur Humanität unmöglich, die für sein Denken in den Weimarer Jahren ein Schlüsselbegriff wurde und in diesem weiteren Sinne schon als politisch anzusehen ist. Konkret waren für Herder der Einsatz für eine Verbesserung der Schulen, der Ausbildung und der Lebensbedingungen der Lehrer, Predigt und Lehre also politisch, denn sie zielten auf systemverändernde Reformen. Wichtiger als der Ruhm unter den Gelehrten, den er jedoch nicht verachtete, wurde ihm die Breitenwirkung, vor allem auf die Pfarrer. In zahlreichen Schriften und Aufsätzen wandte er sich an diese Schicht und suchte sie zu beeinflussen, also weder die eigentlichen Gelehrten, noch «den ehrwürdigen Teil der Menschen (...), die wir Volk nennen», wie er es in seiner Abschiedspredigt in Riga formuliert hatte.

Herders Vorsatz, mehr zu handeln als zu schreiben, wurde nicht verwirklicht. Viele Schriften dürfen als Ergebnis nicht durchführbarer Reformen angesehen werden, die große Zahl ist sicher auch auf ökonomische Bedürfnisse zurückzuführen, denn Herder kam nie mit seinem Gehalt aus – alle sind sie Ausdruck für das Bedürfnis Herders, in die Diskussion einzugreifen, neue Wege anzuweisen, neue Gesichtspunkte anzulegen, das ihn auch dann nicht losließ, als er zuletzt mißmütig und griesgrämig die Qualität einer Literatur bestritt, an deren Entwicklung er selbst großen Anteil gehabt hatte.

Plastik. Einige Wahrnehmungen über Form und Gestalt aus Pygmalions bildendem Traume (1778) enthalten Überlegungen, die Herder seit 1768 beschäftigt hatten, und vertieften Gedanken aus dem erst posthum gedruckten Vierten *Kritischen Wäldchen.* Herder führt den im Anschluß an Lessings *Laokoon* entwickelten Gedanken von der Beziehung der Künste auf die Sinne weiter und analysiert das Verhältnis zwischen Tastsinn und Plastik. Es handelt sich dabei aber keineswegs um eine rein ästhetische Analyse. Die schöne Form wird als «Durchschein» der Vollkommenheit aufgefaßt, die höchste Form ist die menschliche Gestalt. Sie wurde in den theologischen Schriften als die sinnliche Offenbarung Gottes beschrieben, symbolisiert jedoch auch in diesem Argumentationszusammenhang das Göttliche, so daß er sich Winckelmann zu nähern scheint. Das Problem der Historizität und der Norm stellt sich im Hinblick auf die griechische Kunst. In diesen Jahren war die griechische Kunst für Herder ein zwar nachzueiferndes, aber nicht nachzuahmendes Vorbild, konnte für den Schüler Montesquieus auch nicht mehr sein, da für ihn jede Zeit ihre eigene und eigenartige Kunst hervorbringt.

Einer mehr klassischen Lösung des Problems näherte sich Herder auf seiner Italienreise. Für ihn wurde die antike Kunst ein «Kodex der Humanität in den reinsten und ausgesucht'sten harmonischen Formen», wie es in einem Brief an Knebel heißt. Die Forderung nach dem Charakteristischen in den Sturm-und-Drang-Schriften weicht einer Analyse der nun doch normbildenden griechischen Werke, die er in ihrer Idealität anders als Winckelmann erlebt – übersinnlich, sittlich. Noch in den *Briefen zur Beförderung der Humanität* spricht er von dem «Ideal der Menschenbildung in ihren reinsten Formen» und stellt in *Adrastea* die Frage: «Gibt es veste Formen des Schönen, die allen Völkern und Zeiten gemein sind?» Während er diese Frage für Musik, Malerei und Dichtung verneint, bejaht er sie für die Plastik, weil die menschliche Gestalt unveränderbar ist und somit in den klassischen Plastiken «das Ideal der menschlichen Schönheit bleibend dargestellt» worden war.

So wendet sich Herder schließlich auf diesem Gebiet gegen einen konsequent relativierenden Historismus, aber gleichzeitig in seiner ganzen Argumentation auch gegen den in seinen Augen ästhetischen Immoralismus des «Kunstburschen» Goethe. Gerade im Kunsterlebnis der beiden Reisen nach Italien tritt die ganz unterschiedliche Entwicklung der beiden deutlich zutage, die zeitweilig zu schroffer Ablehnung führte. Auf der anderen Seite wird auch klar, daß beide die Antike nunmehr als vorbildhaft und als Ausdruck der Humanität im Sinne eines menschlichen Optimums ansehen. Wie groß man den Abstand zu Goethe und Schiller auch einschätzen mag – und er war zuletzt aus verschiedenen Gründen beträchtlich –, so darf nicht vergessen werden, daß Herders Betonung der humanisierenden und moralischen Funktion der Kunst sich in ihrer Grundintention nicht allzuweit von Schillers Gedicht *Die Künstler* oder von seinen Briefen *Über die ästhetische Erziehung des Menschen* entfernte.

Ein Ausdruck der Sorgen des Generalsuperintendenten um die Ausbildung der Prediger sind die *Briefe, das Studium der Theologie betreffend* (1780). Sie rücken zwar im Ton von der Bückeburger Position ab, sind aber keineswegs rationalistisch. Herder tritt für das Primat des Geschichtlichen vor dem später entwickelten Dogma ein, aber gerade dies muß ihn in einen nach dem Streit Lessings mit Goeze über die *Fragmente eines Ungenannten* (1774–78) schwer lösbaren Konflikt führen. Er kann zwar im Alten Testament sehr viele der Aufklärung anstößige Stellen als poetische, morgenländische Redeweisen erklären, ohne mit allzu großer Klarheit die Frage nach dem Verhältnis von Mythos, Fabel und Geschichte beantworten zu müssen. Im Neuen Testament ist es ihm nicht mehr möglich, die Frage nach der Glaubwürdigkeit und Beweiskraft der Wunder zu umgehen, da die Geschichtlichkeit der Auferstehung in der Bibel selbst und in der orthodoxen Theologie das Christentum als Religion konstituiert. Herder hält an der historischen Wahrheit der evangelischen Berichte fest und sagt dem Zweifler klipp und klar, daß er ein Amt als Pfarrer nicht bestreiten kann:

«Wie Sie sich auch nachher helfen wollen: ‹ich predige gute Moral, fromme Lehre, Meinungen eines guten Mannes›, Sie werden immer ein welker Zweig am Baum des Christentums für sich und andere sein und bleiben.»

Herder überspringt die Einwände der rationalistischen Bibelkritik, indem er sie als unzulässige Analogieschlüsse abqualifiziert, die von unserer Welt ausgehen und dogmatisch die ihr eigene Gesetzlichkeit absolut setzen, die für die einmalige Existenz Christi jedoch keine Gültigkeit beanspruchen kann.

Mit den Briefen suchte Herder dem jungen Studenten J. G. Müller zu helfen, der aus dem Kreis um Lavater stammend in Göttingen Theologie studierte und mit der dortigen Theologie nicht zurechtkommen konnte. Die Dialogform der ersten Teile ist natürlich literarische Form, in den späteren (1781–82) spiegelt sich der Briefwechsel mit Müller, was noch mehr für die Fortsetzung *Briefe an Theophron* (1781, Erstveröffentlichung 1808) gilt.

Die Schrift *Vom Geist der ebräischen Poesie* (1782/83) knüpft in ihrer Titelgebung an Montesquieus *L'Esprit des Lois* und Lowths *De sacra Poesi Hebraeorum* an und enthält eine nun wieder kräftiger hervortretende literaturhistorische Behandlung der alttestamentlichen Schriften. Herder gibt die Grundthesen der *Ältesten Urkunde* nicht auf, interpretiert wieder die Schöpfungsgeschichte als den Bericht vom Schöpfungsmorgen, an welchem das hervorbrechende Licht dem Menschen die Welt Gottes offenbart. Immer noch findet er wie Hamann in den biblischen Dichtungen den Nachhall der Uroffenbarung, sozusagen Geschichte in poetischer Form, aber nun geht es ihm in erster Linie um die Analyse dieser Poesie. Er entwickelt ihren spezifischen Charakter aus den Eigentümlichkeiten der hebräischen Sprache, besonders des Tempussystems, aus den Lebensbedingungen eines Hirtenvolkes, das schließlich Städte gründet und unter den Königen eine feste politische Ordnung schafft. Er beschreibt die in der Bibel vorkommenden Gattungen, den Parallelismus in den Psalmen usw. Er entwirft Skizzen von Hiob als dem ältesten kosmologischen Dichter, von Moses als Dichter, Prophet und Staatsmann; er hatte die Propheten behandeln wollen, kommt aber nicht dazu, sondern schließt die Darstellung mit einem Hinweis auf den größten der Propheten, Christus. Das Alte und das Neue Testament werden also als eine Einheit verstanden, d. h. das Neue Testament als die Krönung des Alten, dessen durchgehende prophetische Struktur nur aus der Erfüllung der Verheißungen wirklich zu verstehen ist. Der Literaturhistoriker und der Alttestamentler Herder bleibt also Theologe, aber die scharfe Polemik gegen die zeitgenössische Bibelwissenschaft, vor allem gegen Michaelis, ist verschwunden. Vielmehr knüpft Herder in dieser Periode Beziehungen zu dessen Schüler Eichhorn an, dem die alttestamentliche Forschung wichtige Anstöße zur Klärung des auch von Hamann und Herder oft benutzten Begriffes Mythos verdankt.

Ideen zur Philosophie der Geschichte der Menschheit (1784–91)

Am 28. August 1783 hatte Goethe Herder und Caroline zu seiner Geburtstagsfeier eingeladen. Diese Geste stimmte Herder versöhnlich. Goethe versprach, Herder bei der Reform des Schulwesens zu unterstützen, und die alte Freundschaft erneuerte sich in dem gemeinsamen Interesse an der «Welt- und Naturgeschichte». In dieser Zeit entdeckt Goethe den Zwischenkieferknochen beim Menschen, und seine Gedanken zur Morphologie entwickeln sich in Gesprächen mit Herder fort. Bis in die Zeit nach Herders italienischer Reise und Goethes Annäherung an Schiller dauerte diese Phase der fruchtbaren Zusammenarbeit, die für Herder um so wichtiger wurde, als er mit Lavater wie auch mit Nicolai gebrochen und Lessing 1781 gestorben war, was ihn tief erschüttert hatte. Auf einer Reise nach Hamburg hatte er zwar Klopstock getroffen, ein engerer Kontakt entwickelte sich jedoch nicht, und den Briefwechsel mit dem alten Freund Claudius, bei dem er acht Tage gewohnt hatte, überließ er nach der Reise seiner Frau. Wichtig bleibt immer noch der Gedankenaustausch mit Hamann.

In den *Ideen* versucht Herder eine naturwissenschaftliche mit einer geschichtlichen Betrachtungsweise zu verbinden. Das Werk geht methodisch von der Tatsache aus, daß der Mensch als Naturwesen denselben physiologischen Gesetzen unterworfen ist wie alle anderen Lebewesen. Eine Geschichtsphilosophie muß deswegen auf einer Anthropologie fußen, die dies in Rechnung stellt. Der Mensch teilt nicht nur die Lebensbedingungen der Tiere, er scheint «ein Mittelgeschöpf unter den Tieren, d. h. die ausgearbeitete Form zu sein, in der sich die Züge aller Gattungen um ihn her im feinsten Begriffe sammeln». Folglich fängt Herders Darstellung der Philosophie der *Geschichte* mit einer Darstellung der *Natur* an, mit einer ausführlichen Beschreibung der Erde, die die Ergebnisse der neuesten Naturwissenschaft, der neuen Reisebeschreibungen usw. verwertet und bei deren Abfassung er mit Goethe den engsten Kontakt hatte.

Herder antizipiert nicht Darwin, er sucht vielmehr eine Reihe von Stufen vom Anorganischen über Pflanzen und Tiere bis zum Menschen näher zu bestimmen, beschreibt Abwandlungen und Gemeinsamkeiten, eine gemeinsame Gesetzlichkeit, aber keine Übergänge. In der Stufenfolge der Lebewesen nimmt der Mensch eine auch physiologisch begründete Sonderstellung ein: Erst mit dem aufrechten Gang, mit dem daraus resultierenden anderen Gesichtswinkel wird der Mensch «ein über sich, ein weit um sich schauendes Geschöpf»; erst mit dem aufrechten Gang werden seine Hände frei, womit die Voraussetzung für die Entwicklung der spezifisch menschlichen Kunstfertigkeit und der Sprache und Vernunft gegeben ist.

Der Gesichtspunkt Herders ist sehr modern und wurde von Positivisten und Marxisten als ein zwar nicht konsequent materialistischer, aber doch objektiv, d. h. am Erkenntnisstand der Zeit gemessen fortschrittlicher Standpunkt gewertet. Es ist jedoch nicht so, daß sich hier ein virtueller Atheismus hinter einem im Grunde nichts erklärenden Deismus versteckt. Mit den Thesen, die dem modernen Leser fast revolutionär vorkommen, verbinden sich Elemente aus der *Ältesten Urkunde*. Immer noch ist die Gestalt des Menschen eine Hieroglyphe in dem Sinne, daß Physisches, wie etwa der aufrechte Gang, die moralische Qualität der Aufrichtigkeit bezeichnet. Auch der Anfang der ältesten Kultur wird immer noch durch göttlichen Unterricht bzw. Unterricht durch die Elohim, die Engel Gottes, erklärt, da der Mensch Vernunft und Sprache nicht als Instinkt besitzt. Andererseits sind diese Elohim als Naturkräfte aufzufassen. Insofern konnte Herder Hamann gegenüber behaupten, sein neues Werk bringe «nichts als das Resultat der *Ältesten Urkunde*, nur auf anderen Wegen». Die Kritik des alten Freundes an den metaphysischen Spekulationen über die Selbstkonstitution des autonomen Menschen in *Über den Ursprung der Sprache* wirkte immer noch und ließ Herder an der Heteronomie festhalten, die der Schöpfungsmythos lehrt.

Nach dem zweiten Teil vermag Herder dagegen einen konsequent immanenten Gesichtspunkt anzulegen, was natürlich nicht ausschließt, daß er in diesem Kontext auch seine alten Fragen stellt. In *Auch eine Philosophie der Geschichte* wird die Frage nach dem Verhältnis vergangener Epochen und ihrer Menschen zu dem Ziel der supponierten Entwicklung zum Höheren gestellt und die Möglichkeit verneint, daß eine gütige und gerechte Vorsehung heutige und frühere Generationen nur als Mittel zu einem noch zu erreichenden Zweck benutzt. In der Darstellung der Entwicklung zur Humanität, die als Sinn und Ziel der Geschichte angesehen wird, muß die Frage wieder auftauchen. Sie verbindet sich nun mit der Frage nach der Glückseligkeit, auf die alle Generationen einen Anspruch haben – auch diejenigen, die weit von dem Optimum der Humanität entfernt sind. Dieses Optimum sah Herders Generation – vor und nach dem Höhepunkt der Französischen Revolution – jedoch als ein erst in der Zukunft zu erreichendes Ziel an.

Herders Lösungsversuche fallen manchmal zuversichtlich, im Hinblick auf die Realität auch ab und zu etwas zweifelnd aus: «Deswegen hat die Natur alle ihre Menschenformen auf der Erde erschöpft, damit sie für jede derselben in ihrer Zeit und an ihrer Stelle einen Genuß hätte, mit dem sie den Sterblichen durchs Leben hindurchtäuscht.» An anderer Stelle behauptet er zuversichtlicher, daß die Werke Gottes, «ob sie gleich alle zu einem unübersehlichem Ganzen gehören, jedes dennoch auch für sich ein Ganzes ist», d. h. in sich geschlossen, vollkommen in ihrer Art. Das impliziert natürlich eine Relativierung des mit der Vollkommenheit verbundenen Humanitätsbegriffes.

In dem «hindurchtäuscht» liegt jedoch wohl das Eingeständnis, daß der Genuß einer höheren Glückseligkeit von dem Grad der erreichten Humanität abhängt, zu deren Vollbesitz der Mensch einst gelangen soll und wird. Kant zeigte den Widerspruch in diesem sehr von der Aufklärung bedingten Gedankengang auf, als er in der Vervollkommnung der Gattung und nicht des Individuums das Ziel der Entwicklung sah und die Glückseligkeit des Individuums diesem Ziel unterordnete. So war die Vertreibung aus dem Paradies zweifelsohne ein Unglück für die ersten Menschen, für die Entwicklung der Gattung aber notwendig – und so ist die Zerstörung der glückseligen Indolenz auf der Insel Tahiti Voraussetzung für die Entfaltung der moralischen und intellektuellen Fähigkeiten der künftigen Inselbewohner, für ihre echte Humanität.

Einen Ausweg aus dem Dilemma bot die damals eifrig diskutierte Lehre von der Seelenwanderung und Wiedergeburt, der Palingenesie, die Lessing in der *Erziehung des Menschengeschlechts* als Lösung sieht und die Herder 1781 in seinem Werk *Drei Gespräche über die Seelenwanderung* diskutiert, die er als Antwort auf J. G. Schlossers *Über die Seelenwanderung* (1781) schrieb. Herders Gespräche sind ein Vorspiel zum fünften Buch der *Ideen* und wenden sich gegen eine wiederholte Existenz auf Erden, wo jeder noch so späte Zustand doch nur eine relative, d. h. beschränkte Vollkommenheit zuläßt. Dagegen schließt er aus der kosmischen Harmonie, aus dem durchgehenden Prinzip der immer höheren Ordnungen auf die moralische Höherentwicklung der menschlichen Seele, ihre Veredlung in anderen Welten. Das

Werk gewann den Beifall Goethes und der Herzogin, während Kant in seiner Besprechung der *Ideen* auf die Schwächen seiner Analogieschlüsse hinwies: Herder könne höchstens auf die Existenz moralisch höherstehender Wesen auf anderen Planeten schließen, unter keinen Umständen jedoch darauf, daß Menschen, die schon hier gelebt haben, dort eine höhere Existenz führen.

Im Gegensatz zu der Bückeburger Abhandlung *Auch eine Philosophie der Geschichte* entwickelt Herder seine Thesen hier auf der Grundlage eines imponierenden Materials. Im zweiten Teil sucht er seine Thesen anhand einer Art universaler Kulturgeschichte zu entfalten, bleibt also nicht in dem wohlbekannten Morgen- und Abendland, sondern beschreibt die Naturvölker, die Kulturen der fernöstlichen Länder usw., um mit den von ihm leidenschaftlich abgelehnten Kreuzzügen aufzuhören.

Bei der Bewältigung des vielfältigen Stoffes hält Herder an dem Prinzip einer durchgehenden, Natur und Geschichte gleichermaßen durchwaltenden Gesetzmäßigkeit fest. Er meint deshalb folgerichtig, man müsse diesen gesetzmäßigen Lauf der Geschichte berechnen können, so daß der Abstand zu dem klassisch christlichen Gedanken von den unerforschlichen Wegen und Ratschlüssen Gottes unübersehbar wird. Obwohl Herder mit der These, daß das Ziel der Geschichte in der Ausbildung der Humanität besteht, eine tieferliegende teleologische Struktur postuliert, verlangt er eine rein kausale Erklärung des natürlichen, gesetzmäßigen Verlaufs der Geschichte. Der Begriff «Gott» wird zwar benutzt, bezeichnet jedoch nur den Inbegriff der durchgehenden Gesetzlichkeit:

«Der Gott, den ich in der Geschichte suche, muß derselbe sein, der er in der Natur ist; denn der Mensch ist nur ein kleiner Teil des Ganzen und seine Geschichte ist, wie die Geschichte des Wurms, mit dem Gewebe, das er bewohnt, innig verwebet. Auch in ihn müssen also Naturgesetze gelten...» (Suphan 14,244)

Schon Lavater meinte, daß der Gott, den der Generalsuperintendent Herder in Natur und Geschichte zu finden glaube, wohl nicht ganz der Gott der christlichen Religion sei. Als in diesen Jahren der Streit um den wahren Charakter der Philosophie Spinozas entbrannte (vgl. S. 71 ff.), nahm Herder in seinem kleinen Werk *Gott. Einige Gespräche* (1787) dazu Stellung. Er will hier das Wesen des Spinozismus bestimmen und bekennt sich mit diesem Buch zu der großen Enttäuschung F. H. Jacobis zur Partei der Spinozisten.

Nach vielen Äußerungen in den *Ideen* hätte es Jacobi nicht überraschen sollen, daß Herder mit dem «extramundanen», dem außerweltlichen Gott seines «lieben Freundes», nichts mehr anfangen konnte, wobei er natürlich gleichzeitig gegen Jacobis Auffassung polemisierte, Spinozas Pantheismus sei verkappter Materialismus oder Atheismus, weil bei ihm Gott und Natur Synonyma sind: deus sive natura. Herder will Spinoza aus den Fesseln des Cartesianismus befreien, liest das heraus, was Spinoza nach seiner Meinung intendierte. Vor allem interpretiert er die Substanz bei Spinoza als Kraft:

«Alles, was wir Materie nennen ist (...) ein Reich wirkender Kräfte, die nicht nur unseren Sinnen in der Erscheinung, sondern ihrer Natur und ihrer Verbindung nach *ein Ganzes bilden.*» Gott «ist das höchste, lebendigste, tätigste Eins – nicht *in* allen Dingen, als ob die etwas außer ihm wären, sondern *durch* alle Dinge, die nur als sinnliche Darstellung für sinnliche Geschöpfe erscheinen. Das Bild ‹Seele der Welt› ist, wie alle Gleichnisse, mangelhaft; denn für Gott ist die Welt nicht Körper, sondern ganz Seele.» Er sucht in zahlreichen, oft recht ungenauen Umschreibungen und Umdeutungen die Vereinbarkeit eines solchen Spinozismus mit einem recht verstandenen Christentum zu beweisen und benutzt dabei geschickt die Form des philosophischen Dialogs. Die Philosophie Spinozas will er weder als Atheismus noch als Pantheismus, sondern als Panentheismus verstanden wissen. Die Welt, die Natur ist in Gott und deshalb göttlich, aber Gott übersteigt sie.

Diese Diskussion über das Wesen des Spinozismus hatte einen späten Ausläufer in dem Streit über Fichtes angeblichen Atheismus, der zu seiner Entlassung als Professor in Jena 1799 führte. In diesen Auseinandersetzungen wandte sich Herder zur Enttäuschung vieler gegen Fichte – in Übereinstimmung mit seiner mehrfach geäußerten Ansicht, der Staat müsse die Religion schützen, während sich der verärgerte Fichte in seinem Schreiben an die Regierung seinerseits darüber wunderte, warum sie nicht auch «den Generalsuperintendenten dieses Herzogtums, dessen öffentlich gedruckte Philosophie dem Atheismus so ähnlich sehe wie ein Ei dem andern» zur Verantwortung ziehe.

In einer Reihe von Aufsatzsammlungen, die Herder unter dem Titel *Zerstreute Blätter* (1785–97) neben seinen Hauptwerken veröffentlichte, erschienen Dichtungen und damit zusammenhängende kleinere Abhandlungen, z. T. Umarbeitungen früherer Aufsätze. Diese Arbeiten zeigen die erstaunliche Vielfalt der Interessen Herders und seine ebenso erstaunliche rastlose Tätigkeit. Hervorzuheben sind die Nachdichtungen *Blumen aus der griechischen Anthologie gesammelt* und die damit zusammenhängende Abhandlung *Anmerkungen über die Anthologie der Griechen, besonders über das griechische Epigramm*, worin er an die Theorien Lessings anknüpft und sie historisch-genetisch vertieft und weiter ausbaut. Weiter schrieb er *Paramythion*, Erzählungen, die Elemente des Märchens und der Fabel in einer allegorisierenden und moralisierenden Bearbeitung alter mythologischer Stoffe verbinden und gab *Jüdische Dichtungen und Fabeln* heraus, freie Nachdichtungen apokrypher, nicht-biblischer Literatur.

An Lessing knüpfte auch seine Abhandlung *Über Bild, Dichtung und Fabel* an, die von der Fabeltheorie ausgeht und grundsätzliche poetologische Überlegungen anstellt. Herder versteht nicht nur die Fabeln Äsops anders und wohl auch richtiger als Lessing, sondern hält daran fest, daß die Fabel zur genuinen Dichtung gehört, da sie durch die Personifikationen an ihrer Bildlichkeit partizipiert; obwohl sie lehrhaft, «moralisirte Dichtung» ist, bleibt sie Dichtung und ist überall, auch in der Bibel, zu finden und in dieser Mannigfaltigkeit erst recht zu begreifen. Weiter schreibt er *Wie die Alten den Tod gebildet? Ein Nachtrag zu Lessings Abhandlung desselben Titels und Inhalts* und andere Aufsätze zur Kultur der Antike u.a. *Nemesis. Ein lehrendes Sittenbild*, in welchem er eine Neuinterpretation der Bedeutung und Funktion dieser Göttin versucht. In den späteren Sammlungen greift er wieder auf die ältere deutsche und skandinavische Literatur zurück, behandelt aber auch das von Forster übersetzte indische Drama *Sakontala* und Carsten Niebuhrs Zeichnungen der aufsehenerregenden Ausschmückungen in Persepolis.

Herders italienische Reise

Das Jahrzehnt 1783 bis 1793 war für Herder eine gute Zeit. Er hatte die Freundschaft mit Goethe erneuert und gewann ein gutes Verhältnis zu Karl Ludwig von Knebel. Auf Anregung des Markgrafen Karl Friedrich von Baden verfaßte er den Aufsatz *Über das erste patriotische Institut für den Allgemeingeist Deutschlands*, in welchem er die Errichtung einer deutschen Akademie vorschlägt, die ein «Vereinigungspunkt unserer Provinzen zur allgemeinen, praktischen Geistes- und Sittenkultur» hätte werden sollen. Der Plan wurde nicht verwirklicht, aber Herder hatte Gelegenheit gehabt, mit Unterstützung eines Fürsten, in halb offiziellem Auftrag für die kulturelle Einheit Deutschlands nachdrücklich einzutreten. In Weimar wurde das von ihm so stark befürwortete Lehrerseminar 1788 endlich eröffnet, auch andere Reformen wurden auf dem Gebiet der Volksschule und des Gymnasiums und der Liturgie durchgeführt. 1787 wurde Herder Ehrenmitglied der Berliner Akademie.

Die vielen unerledigten Probleme hatten Herder in der ersten Periode beinahe dazu gebracht, den Ruf auf einen Lehrstuhl in Göttingen anzunehmen, obwohl er lieber ein Amt als Hofprediger in Hannover gehabt hätte; er hoffte auf die Stelle als Abt in dem Internat Klosterberge, auf die Nachfolge Goezes als Hauptpastor in Hamburg oder jedenfalls auf eine Professur in Jena, um die er den Herzog ersuchte. Nach einem eingehenden Gespräch gewährte ihm dieser 300 Taler mehr im Jahr. Herder konnte nach einem anonymen Geldgeschenk von 2000 Gulden viele Schulden tilgen und ließ weitere Pläne vorerst liegen, da ihm noch dazu ein überraschendes Angebot gemacht wurde: Der Trierer Domherr Johann Friedrich von Dalberg lud ihn zu einer gemeinsamen Reise nach Italien ein.

Nachdem sein ältester Freund Johann Georg Hamann kurz vorher in Münster gestorben und das geplante Wiedersehen in Weimar unmöglich geworden war, brach Herder zu einer elfmonatigen Reise auf, die ihn über Bamberg, Nürnberg, Augsburg, Innsbruck, Bozen, Verona und Loreto nach Rom führte. Die gemeinsame Reise war eine Belastung geworden, da Dalberg völlig unerwartet eine Herder nicht zusagende Begleiterin mitgebracht hatte. In Rom angekommen, war es ihm aus ökonomischen Gründen nicht möglich, die gemeinsame Reise aufzugeben, aber zuletzt konnte er sich nach dem Empfang einer Art Abfindungssumme von Dalberg der Reisegesellschaft Anna Amalies anschließen. Sein erster Romaufenthalt dauerte dreieinhalb Monate. Er ging anschließend mit der Herzogin nach Neapel. Der dortige Aufenthalt war für ihn der Höhepunkt der Reise, die Menschen und die freie Natur begeisterten ihn, während er in Rom alles voll «Gift und Ekel» gefunden hatte. Er lernte hier die Maler Philipp Hackert und Wilhelm Tischbein kennen, nach der Rückkehr nach Rom auch Angelika Kauffmann.

Herders Reise und seine Stimmungen bilden den stärksten Kontrast zu Goethes Italienaufenthalt. Er wollte nicht unter den «Kunstburschen» leben und hatte als Bischof von Weimar Zugang zu den geistlichen und weltlichen Würdenträgern in Rom und Neapel. Er hatte in der fremden Umgebung Heimweh, und seine Stimmung blieb verdrießlich, obwohl er in Neapel schöne Tage verlebte und der Ertrag seiner Studien der klassischen Skulpturen in Rom nicht gering war. Der Hauptgrund für seine Unzufriedenheit war sicher, daß er sich nach der gewohnten rastlosen Tätigkeit sehnte. Eine Einladung zu einem wiederholten Besuch in Neapel und zu einer Reise nach Sizilien schlug er aus, indem er Krankheitsgründe vorschützte, um nicht länger «als Appendix unter den Menschen zu leben».

Italien war für Goethe das Land der erfüllten Sinnlichkeit geworden – Herder schrieb dagegen an seine Frau, der das Beispiel Goethes Angst um seine Treue gemacht hatte: «Ich fühle es, Buhlereien schicken sich nicht mehr für meine Jahre und sie sind mir durch die Umstände meiner Reise ganz fremd geworden. Wo alles sinnlich ist, wird man unsinnlich; man sucht mit seiner ganzen Seele etwas, das man mit den Sinnen nicht findet.» Im Mai verließ er Rom und fuhr über Florenz, Bologna, Venedig, Mailand und München nach Weimar zurück. Auf der Rückreise entschied er sich endgültig für Weimar, nachdem der Herzog, der mit Goethe und Herders Frau verhandelt hatte, ihm Tilgung seiner Schulden, verminderte Arbeitslast bei gleichzeitiger Beförderung, eine weitere Gehaltserhöhung und eine Witwenpension zugesichert hatte. Außerdem wollte der Herzog «für die Kosten des Studiums seiner Kinder und für deren Unterkommen sorgen».

Die Französische Revolution

Die anfängliche Harmonie wurde wieder durch Enttäuschungen im Amt und eine schwere Krankheit gestört. Wichtiger jedoch und auf längere Sicht entscheidend für Herders schließliche Isolation war seine Stellung zur Französischen Revolution, die ihn in Gegensatz zum Hof und zu Goethe brachte. Mit dem jüngeren Schiller wird Goethe im Bewußtsein des 19. Jahrhunderts die autonome Kunst und eine apolitische deutsche Klassik vertreten, während Wieland und Herder abseits stehen.

Die meisten bürgerlichen Intellektuellen und auch sehr viele Adlige begrüßten den Anfang der Revolution. Herder hielt lange an den Hoffnungen fest, die er – auch für Deutschland – in sie setzte. Er wandte sich scharf gegen die Interventionspolitik, die der Herzog unterstützte: «Meines Wissens ist kein Deutscher ein geborener Franzose, der Verpflichtung und Beruf habe, für die alte Ehre des Königs der Franzosen auch nur einen Atem zu verlieren. Kein Deutscher ist Franzose, um, wenn diese ihren alten Königsstuhl, den ältesten in Europa nach mehr als einem Jahrtausend säubern wollen (welches längst die Reinlichkeit erfordert hätte), den Geruch davon mitzutragen...» Als die Monarchie mit der Hinrichtung Ludwigs XVI. am 21. Januar 1793 radikal abgeschafft werden sollte, schlug die Stimmung im Hause Herder um. Caroline, die an Jacobi über «die Sonne der Freiheit» geschrieben hatte, schlug nun «das dreifache Kreuz über die entlarvte falsche Freiheit der Neufranken». Der resigniert gestimmte Herder schrieb jedoch noch im Mai an Klopstock, der ebenfalls die Revolution bejahte: «Wie vieles, lieber Klopstock, habe ich in dieser Zeit mit ihnen gedacht, gehofft, froh und schmerzlich empfunden. Nun sind wir, wo wir sind; aber das Ganze rückt dennoch weiter. Das können weder Robespierre und Marat, noch Katharina und ... hindern.» Mit Katharina ist hier die russische Kaiserin gemeint, die Punkte könnten Karl August von Sachsen-Weimar bezeichnen.

Herders Haltung war kein Geheimnis. Schiller berichtete in einem Brief an Körner über Herder: «Bei der Tafel der Herzogin sprach er vom Hof und von Hofleuten und nannte den Hof einen Grindkopf und die Hofleute die Läuse, die sich darauf herumtummeln.» Goethe warnte, als er vom Frankreichfeldzug zurückkehrte: «Vergessen Sie nicht, Gott zu preisen, daß er Sie und Ihre besten Freunde außer Stand gesetzt hat, Torheiten ins Große zu begehen!»

Obwohl Herder den Glauben verloren hatte, die Revolution führe unmittelbar zu einer humanen Gesellschaft, war er von ihrer Berechtigung überzeugt sowie davon, daß sie zuletzt siegen werde. Der Herzog und Goethe vermißten die Loyalität, die sie von dem oft mit Schonung behandelten Generalsuperintendenten meinten erwarten zu können, doch dieser fühlte sich trotz der schuldigen Loyalität nicht dazu verpflichtet, den status quo in Deutschland und die Politik der Fürsten gegenüber Frankreich zu unterstützen. Bei Verhandlungen über die ökonomischen Zusagen hinsichtlich der Ausbildung der Kinder vertrat Goethe sehr scharf die Position des Herzogs gegenüber einer erregt argumentierenden Caroline Herder und sah die Ursache des Konfliktes in Herders fehlender Treue zum Fürstenhaus:

«Aber der Schaden liegt viel tiefer. Ich bedauere Sie, daß Sie den Beistand von Menschen suchen müssen, die Sie nicht lieben und kaum schätzen, an deren Existenz Sie keine Freude haben und deren Zufriedenheit zu befördern Sie keinen Beruf fühlen. Freilich ist es bequemer, in extremen Augenblicken auf Schuldigkeit zu pochen als durch eine Reihe von Leben und Betragen das zu erhalten, wofür wir doch einmal dankbar sein müssen. Glauben Sie doch, daß man hinter allen Argumenten Ihrer Forderungen Ihr Gemüt durchsieht.»

Eine Lösung wurde mit Hilfe Goethes und der Herzogin gefunden, doch der Bruch zwischen den alten Freunden war nicht mehr zu heilen.

In den *Ideen* hatte Herder die Geschichte bis zur Renaissance behandelt. Unter dem Eindruck der Revolution gab Herder den Gedanken an eine Fortführung auf und schrieb statt dessen *Briefe zur Beförderung der Humanität* (1792), deren ursprünglicher Titel *Briefe, die Fortschritte der Humanität betreffend* an die epochemachenden *Briefe, die neueste Litteratur betreffend* erinnern sollte. Den Begriff der Humanität hatte er schon im IV. Buch der *Ideen* folgendermaßen umschrieben:

«Ich wünschte, daß ich in das Wort Humanität alles fassen könnte, was ich bisher über des Menschen edle Bildung zur Vernunft und Freiheit, zu feinern Sinnen und Trieben, zur zartesten und stärksten Gesundheit, zur Erfüllung und Beherrschung der Erde gesagt habe: denn der Mensch hat kein edleres Wort für seine Bestimmung als Er selbst ist.»

Es geht also um die geistig-leibliche Verwirklichung des vollen menschlichen Potentials, die vom einzelnen nicht zu leisten ist; die Worte «zur Erfüllung und Beherrschung der Erde» zitieren zwar den Schöpfungsbericht, haben in diesem Kontext jedoch eine im weiten Sinne politische Dimension bekommen. Humanität ist Aufgabe und Forderung an das Individuum, aber auch an den Staat: «Je besser der Staat ist, desto angelegentlicher und glücklicher wird in ihm die Humanität gepfleget», heißt es. Je nach geschichtlicher Entwicklungsstufe sind die Möglichkeiten verschieden. Im 18. Jahrhundert bedeutet Humanität Kampf gegen Standesvorurteile und religiöse Intoleranz, aber auch bemerkenswert klar und präzise Kampf gegen den Sklavenhandel, den Herder als einen wichtigen Bestandteil von dem «System des Handels» betrachtet, wodurch «drei Weltteile durch uns verwüstet und policiret, und wir durch sie entvölkert, entmannet, in Üppigkeit, Schinderei und Tod versenkt» werden. Genau so scharf verurteilte er die Periode der Terrorherrschaft im revolutionären Frankreich, wandte sich, wie schon erwähnt, jedoch auch gegen die Interventionspolitik und träumte wie viele seiner Zeitgenossen, unter ihnen auch Kant, von einem ewigen Frieden. Er fand diese Sehnsucht der ganzen Menschheit in der irokesischen Sage von der «großen Friedensfrau» ausgedrückt (vgl. Suphan VII, S. 165).

Der Inhalt der *Humanitätsbriefe* ist – allerdings oft nur indirekt – auf die großen politischen Umwälzungen zu beziehen. Herder griff auf Gestalten wie Luther und Leibniz zurück, um seinen Hoffnungen Ausdruck zu geben, behandelte aber auch z. B. den amerikanischen Republikaner Benjamin Franklin. Er bevorzugte hier die Dialogform, denn auf diese Weise war er, wie er schrieb, «eigentlich für keine geäußerte Meinung responsabel». Die radikalen Äußerungen in der ersten Fassung wurden ausgemerzt, und diese Taktik war so erfolgreich, daß der Herzog, der an der Belagerung von Mainz teilnahm, nach Empfang der beiden ersten Sammlungen einen freundlichen Dankesbrief an Herder schrieb. Allerdings konnte niemand auf die Dauer an der prinzipiellen Haltung Herders zweifeln, der u. a. auch den nicht weit zurückliegenden Soldatenhandel der deutschen Fürsten geißelte, die gegen gutes Geld ihre Untertanen zur Teilnahme am amerikanischen Freiheitskrieg auf englischer Seite zur Verfügung stellten. Die Schwäche der Briefe ist andererseits unübersehbar. Mehr als sonst neigt der unermüdlich schreibende Herder zu Wiederholungen, die er Gleim gegenüber mit dem Argument verteidigte: «... ich will Euch mit der Humanität so ermüden, daß Ihr aus Noth human werden müßt, damit ich endlich schweige».

Herder und die deutsche Klassik

Die hier geschilderten sachlichen und unsachlichen Differenzen dürfen nicht dazu verleiten, die Weimarer Klassik auf die kurze Periode der Zusammenarbeit von Goethe und Schiller zu beschränken. Durch eine solche Aufteilung in kleinste Zeitabschnitte erreicht man zwar ein Höchstmaß an Einheitlichkeit in diesen kleinen Abschnitten, was jedoch kein Ziel an sich sein dürfte, wenn es um die Beschreibung eines historisch gegebenen Komplexes geht. Und um einen solchen handelt es sich in Weimar, wo Goethe, Wieland, Herder und Schiller nicht nur neben-, sondern auch miteinander leben mußten. Vielmehr stellt sich die Frage, ob eine solche, von der Literaturwissenschaft auf schmalster Basis konstituierte Klassik, die etwa in der Zeit zwischen 1794–1805 von zwei Personen vertreten wird, die literarische Wirklichkeit Weimars nicht verfehlt und die poetischen und poetologischen Gemeinsamkeiten aus dem Auge verliert. Diese Gemeinsamkeiten sind in der Rezeption wichtiger als die oft von Eifersucht getrübten Auseinandersetzungen der vier Dichter, die in einer kleinen Residenzstadt von einem nicht besonders reichen Fürsten und einem noch unberechenbaren, weil sich eben erst bildenden Publikum abhängig waren. Herders ‹Historismus› wurde ein nicht wegzudenkendes Element der Weimarer Klassik. Die deutsche Version der «querelle des anciens et des modernes» unterscheidet sich von der früheren französischen vor allem dadurch, daß sich die deutschen Klassiker in ihrer produktiven Aneignung der Antike des geschichtlichen Abstandes sehr wohl bewußt waren, die Antike «sentimentalisch» erlebten. In seiner Abhandlung über Winckelmann beschreibt Goethe den Eindruck, den Rom auf den modernen Bildungspilger macht, und meint: «Aber es ist auch nur eine Täuschung, wenn wir selbst Bewohner Athens und Roms zu sein wünschten. Nur aus der Ferne, nur von allem Gemeinen getrennt, nur als vergangen muß das Altertum uns erscheinen.» Das klare Bewußtsein von einer unwiederholbaren Vergangenheit wäre ohne Herder nicht möglich gewesen, und es fragt sich, ob die ‹Klassiker› im Sinne von Goethe und Schiller Herders Historismus tatsächlich ‹überwinden›, wenn sie in diese Vergangenheit bewußt ein Utopia oder Arkadien zurückprojizieren.

In seiner Geschichtsphilosophie, die in der Antike eine poetische Vorwegnahme des dem Menschengeschlecht gesetzten Zieles sah, scheint Schiller in mancher Hinsicht Herder sehr viel zu verdanken. Herders Vorstellung von einer die ganze Menschheit umfassenden Entwicklung zur «Humanität» und seine Lehre von den verschiedenen relativen Optima, die in *Auch eine Philosophie der Geschichte* und in den *Ideen* zu finden sind, liegen als Denkmodell auch der Geschichtskonzeption Schillers zugrunde. Beide distanzieren sich von einem planen Fortschrittsdenken, keiner von beiden kann die Antike als absoluten Höhepunkt verstehen, versetzen diesen vielmehr ins Unerreichbare, Herder spekulativ auf einen anderen Stern, Schiller moralisch in die Welt der regulativen Ideen. Von einer Trias anthropologischer Konstanten ausgehend versucht Schiller in *Über die ästhetische Erziehung des Menschen* die Triebkräfte dieser von Herder als Prozeß beschriebenen «Bildung zur Humanität» zu bestimmen und differenziert dabei Herders «Besonnenheit». Mit diesem Begriff bezeichnet dieser in seiner Schrift *Über den Ursprung der Sprache* die Fähigkeit des Menschen, in ein weder von Furcht noch von Bedürfnissen bestimmtes Verhältnis zur Umwelt zu treten, wodurch er sich überhaupt erst als Mensch bestimmt. Das spezifisch Humane entsteht in einem Zustand, der kein Erleiden und kein Eingreifen ist, sondern in welchem der Mensch in einem Äquilibrium frei beobachtet und das Beobachtete nachahmend in Worte faßt.

Problematisch ist auch der Versuch, Herder und Wieland als Gegner einer absoluten, von Goethe und Schiller verfochtenen Autonomie der Kunst, also in einem prinzipiellen Gegensatz zur ‹Hochklassik› zu sehen und sie damit als Rückfällige abzustempeln, die aus Ärger den überwundenen Nützlichkeitsstandpunkt der Aufklärung vertraten (vgl. S. 398). Die Kunst hatte auch nach

Ansicht Goethes und besonders Schillers bildende und sozialisierende Funktionen und Folgen, sie wird auch von ihnen in einem gesellschaftlichen Kontext gesehen. Wieland hat, wie von der Forschung nachgewiesen, einen wichtigen Beitrag zur ästhetischen Erziehung des moralisierenden und philosophierenden Schiller geleistet und konnte als Rokokodichter ihm die Bedeutung des Spiels als einer zwar nicht zweckorientierten, aber auch nicht sinnlosen, sondern humanisierenden geistigen Tätigkeit zeigen. Herder hatte immer ein starkes Interesse an den didaktischen Gattungen Fabel und Lehrgedicht gehabt, und die durch die widrigen Umstände bedingten persönlichen und ungerechten Angriffe und Auslassungen in den letzten Schriften können nichts daran ändern, daß Herders in zahlreichen Schriften unternommene Analysen der verschiedenartigsten Kunstwerke als Natur bzw. Ausdruck von Zeiten, Völkern und Individuen und nicht als Vermittlung richtiger Einsichten in die Ästhetik der Klassik eingingen.

Die Gemeinsamkeiten der vier Weimarer Schriftsteller sind bedeutsamer als die Unterschiede und erlauben es, für die Konzeption einer umfassenderen Weimarer Klassik zu argumentieren, deren zentrale Gestalt Goethe ist und deren gemeinsame Normvorstellungen – bei nicht zu leugnenden Unterschieden und Abwandlungen – Bildung und Humanität sind. Sie werden für Herder seit *Auch eine Philosophie der Geschichte zur Bildung der Menschheit* zu den zentralen hermeneutischen Begriffen, wobei er in den *Ideen* in engster Zusammenarbeit mit Goethe Bildung als eine auf Natur und Geschichte anzuwendende Kategorie entwickelt. Bei Goethe wird diese Kategorie in Verbindung mit Entwicklung und Metamorphose sowohl in den naturwissenschaftlichen Schriften als auch und vor allem in *Wilhelm Meister* wichtig. Sie läßt ihn das Allgemeine mit dem Individuellen verbinden, die Wechselwirkung von Einmaligkeit und Gestzmäßigkeit und die Entfaltung der Anlagen in Wechselwirkung von Natur und Geschichte begreifen. Herders und Goethes Begriff der Bildung ist sicher umfassender als der Wielands, doch seit dessen Shaftesbury-Lektüre spielt die Bildung des Individuums, die Entwicklung der in ihm vorhandenen Anlagen zu ihrer – von den gegebenen Umständen natürlich bedingten und beschrankten – höchstmöglichen Ausprägung, eine große Rolle, wie sein Bildungsroman *Agathon* zeigt. Auch Schillers Programm einer ästhetischen Erziehung beruht in ihrer Geschichtsphilosophie auf einem Denkmodell, das ohne Bildung und Mißbildung nicht auskommt. An die vier zentralen Gestalten in Weimar schließen sich dann zwanglos K. Ph. Moritz, Humboldt u. a. m.

Herders letzte Kämpfe

Auch in der letzten Periode seines Schaffens behandelte Herder in seinen *Christlichen Schriften* theologische Themen. Er nahm zum großen Teil Problemstellungen auf, die schon in seinen früheren Schriften eine Rolle gespielt hatten: Herder verteidigte zwar die Wahrheit des evangelischen Auferstehungsberichtes, unterschied jedoch zwischen einer «Religion an Jesu» und der Religion Jesu. Er kämpfte damit für ein undogmatisches, praktisches Christentum, das er als höchste Humanität verstand. Die *Christlichen Schriften* stellen also eher einen Ausbau oder eine Vertiefung schon bekannter Standpunkte dar, so daß er hier der theologischen Diskussion keine neuen Impulse zu geben vermochte.

Wichtig, aber schließlich wenig ergiebig wurde seine erbitterte und vergebliche Auseinandersetzung mit der Philosophie Kants, die er zuletzt als eine Art Seuche ansah, gegen welche jedenfalls die Theologen geimpft werden sollten. In diesem Kampf mußte Herder unterliegen, obwohl er in mancher Hinsicht Positionen vertrat, die eine folgende Generation – meistens stillschweigend – übernahm. Herder nahm sich vor, das System Kants systematisch zu widerlegen, war aber im Grunde außerstande, den Sinn der philosophischen Aufgabe zu verstehen, die Kant sich gestellt hatte. Er griff Kants Philosophie an, weil ihm die Notwendigkeit seiner Fragestellung unbegreiflich war. Mit mehr Recht und Erfolg kritisierte er bestimmte Ergebnisse dieser Philosophie und suchte sie als notwendige Folgen der Kantschen Methode darzustellen.

Schon die pessimistische Anthropologie Kants mußte ihn empören, die Abhandlung *Vom radikalen Bösen* (1793) stieß bei dem humanitätsgläubigen Herder wie auch bei Goethe auf schroffe Ablehnung. Für die prinzipielle Auseinandersetzung griff er jedoch auf Hamanns unveröffentlichten Aufsatz *Metakritik über den Purismum der Vernunft* zurück, in welchem Hamann, der im Hinblick auf die Güte des Menschen Kants Skepsis teilte, seiner Gewohnheit treu die – in diesem Falle erkenntnistheoretische – Grundposition des Gegners und nicht viel mehr angegriffen hatte.

Ausgehend von einem konsequenten Empirismus sah Hamann auch die Anschauungsformen durch die Erfahrung gebildet und nicht bloß von ihr aktualisiert, und verwarf deshalb die Kantsche Unterscheidung zwischen der Rezeptivität der Sinnlichkeit und der Spontaneität des Verstandes. Hamann hatte Kants Denkansatz philosophiegeschichtlich als die letzte Stufe eines subjektiven Purismus verstanden, der im ersten Zug die Unabhängigkeit des Denkens von der als Vorurteil verstandenen geschichtlichen Überlieferung sichern wollte. Im zweiten Zug wollte Kant nach Hamanns Verständnis der *Kritik der Urteilskraft* eine selbstherrliche, reine Philosophie sogar von ihrem Ausgangspunkt in dem durch die Sinne Gegebenen, von einer vielmehr erst durch sie geschaffenen empirischen Welt unanhängig machen. Dabei hatte Kant nach Hamanns Ansicht nicht bedacht, daß sich das Denken von der empirisch gegebenen Sprache als Ausgangspunkt und Medium nicht zu lösen vermag und daß gerade in der Sprache, im Wort, Sinnlichkeit und Begriff unauflöslich verbunden sind.

Herder versuchte diesen kritischen Ansatz in einem Werk von über 900

Seiten auszumünzen. Doch war es wohl ein von vornherein zum Scheitern verurteilter Versuch, Kant zu widerlegen, da Herder sich so wenig wie Hamann auf dessen Denkmodell einließ. Herders Philosophieren war ein historisch-genetisches Erfassen von Natur und Geschichte, die ihm in ihrer bunten und konkreten Mannigfaltigkeit unbezweifelbar erschienen. Kants erkenntnistheoretische Überlegungen waren für ihn scholastische und subjektivistische Spitzfindigkeiten, und er sah nicht ein, daß er besser an ihnen hätte schweigend vorübergehen sollen, da sie für sein eigenes Anliegen letztlich irrelevant waren.

Nicht nur die *Kritik der reinen Vernunft*, sondern auch die beiden anderen Kritiken kamen ihm als verschrobene Metaphysik vor. Dem Theologen und Spinozisten Herder, der Gottes lebendige Allgegenwart zu spüren vermeinte, mußte es verrückt vorkommen, zuerst alle Gottesbeweise zu zertrümmern, um nachher die Existenz Gottes als moralisch notwendig zu postulieren. Nachdem Kant in Herders Augen Gott aus der erkannten und empfundenen Natur vertrieben hatte, führte er ihn in der Morallehre als spekulative Hilfskonstruktion wieder ein.

Ebensowenig wie die *Kritik der praktischen Vernunft* gefiel ihm die *Kritik der Urteilskraft*, mit der er sich in *Kalligone* befaßte. Sein Angriff zielte dabei jedoch auch auf Schiller, Goethe, Schlegel, ja Fichte und Schelling, denn alle waren sie seiner Ansicht nach auf die eine oder andere Weise von dem Geist Kants auf Abwege gebracht worden. Auch hier kam es zu keiner echten Auseinandersetzung zwischen dem Empiriker Herder, der über einen riesigen Schatz von Lese- und Kunsterfahrungen verfügte, und dem eigentlich kunstfernen Philosophen, der jedoch ähnlich wie Baumgarten der Ästhetik ihren systematischen Ort in einem philosophischen System gab. Durch eine gewiß oft sehr abstrakte Analyse zentraler Begriffe wie Genie, Geschmack, Schönheit usw. brachte Kant eine begriffliche Klärung zustande, die auch den einfühlenden, historisch-genetisch verfahrenden Kritiker Herder hätte befruchten können, der sich jedoch vom Formalismus Kants abgestoßen fühlte. In der Form sah er den Ausdruck eines Gehaltes, in der Schönheit den sinnlichen Ausdruck der Vollkommenheit, der Güte. Nicht der Mensch macht die Schönheit zum Symbol des Sittlichen, sie ist, wie schon bei Shaftesbury und Mendelssohn, dessen sinnliche Erscheinungsweise. Herder machte also auch in der Ästhetik keine «kopernikanische Wendung» mit. Und so mußte oder wollte er auch Kants «interesseloses Wohlgefallen» mißverstehen und hob im realen ästhetischen Erlebnis sowohl moralische Elemente als auch Genuß hervor. Vor allem müsse man die Kunst als gesellschaftliches Phänomen sehen und ihre soziale Funktion begreifen. Herder polemisiert gegen das bloß ästhetische Spiel, ohne jedoch Schillers Begriff vom «Spiel» überhaupt zu analysieren. Wieder wandte er sich gegen Positionen, die er aus Ärger vereinfachend sah oder jedenfalls sehen wollte, denn das Bündnis zwischen Goethe und Schiller betrachtete er mit Eifersucht.

Mit seinen Schriften vergrößerte er den zweifellos vorhandenen Abstand zu dem Weimarer Duumvirat. In den *Briefen zur Beförderung der Humanität* werden Wieland und Gleim gelobt, während seine Vorbehalte gegen eine amoralische Kunst oder jedenfalls die Autonomie der Kunst immer unverhohlener zum Ausdruck gelangen. Goethe ärgerte sich deshalb über eine «unglaubliche Duldung gegen das Mittelmäßige, eine rednerische Vermischung des Guten und des Unbedeutenden, eine Verehrung des Abgestorbenen und Vermoderten, eine Gleichgültigkeit gegen das Lebendige und Strebende», die in Herders ästhetischen Urteilen zutage trete. Schillers Urteil fiel noch härter aus:

«Herder ist jetzt eine ganz pathologische Natur, und was er schreibt, kommt mir bloß vor wie ein Krankheitsstoff, den diese auswirft, ohne dadurch gesund zu werden (...) Er hat einen giftigen Neid auf alles Gute und Energische und affiziert das Mittelmäßige zu protegieren.»

Dieser Antagonismus bestimmt auch das Bild, das Herder in der *Adrastea* (1801–1803) vom nunmehr vergangenen Jahrhundert zeichnete. Er wollte sozusagen am Ende des Säkulums ein Fazit ziehen und die wichtigsten Tendenzen und Personen schildern. In den Teilen, die sich mit Literatur beschäftigen, behandelt er eingehend das Lehrgedicht, die Idylle und die Fabel – es findet sich jedoch kein Wort über die großen Dramen Schillers, die in jenen Jahren aufgeführt wurden: *Maria Stuart, Wallenstein, Die Jungfrau von Orleans*, und nichts über *Wilhelm Meister* oder *Hermann und Dorothea*, während Klopstock und Wieland natürlich behandelt werden. R. Haym mag jedoch recht haben, wenn er in der folgenden Passage einen indirekten Angriff auf Goethes Epyllion sieht, das Humboldt so gründlich analysiert und so hoch gepriesen hatte:

«Wenn Hans die Grete, und Grete Hansen zum ehelichen Gemahl erhält, so ist dies recht- und wohlgetan; in Versen kann es eine anmutige Erzählung geben; die Wirkung des Epos wird diese weder haben noch begehren.»

Die *Adrastea* enthält indessen neben dem weniger interessanten politisch-allegorischen Drama *Äon und Äonis* (1801) auch Herders letzte große Nachdichtung, das Epos *Der Cid. Geschichte des Don Ruy, Grafen von Bivar. Nach spanischen Romanzen.* Wie der Titel andeutet, handelt es sich um einen Zyklus von Romanzen, wobei Herder die spanische Strophe durch Vierzeiler, bestehend aus vier reimlosen Trochäen, wiedergab und mit dieser Form die Romantik bis hin zu Heine anregte. Herder kannte weder das spanische Cid-Epos aus dem 12. Jahrhundert noch Escobars *Romancero* (1612), sondern nur eine französische Prosaübersetzung des letzteren Werkes und eine Romanzensammlung von Sepulveda (1551). So fühlte er durchaus mit Recht, daß er weit mehr als eine Nachdichtung lieferte und sich noch dazu mit diesem Werk wieder der Volksdichtung näherte. Er nannte die Erzählungen vom tapferen Cid, der unter drei Königen gegen die Mauren kämpfte, eine «epische Volkssage» und rückte sie dicht an Homers epische Schilderung der

Kämpfe um Troja heran. Neben Klopstocks und Goethes Hexameterepos und dem Stanzenepos Wielands hatte Herder eine dritte Spielart geschaffen, die besonders in der Romantik Nachfolger fand. Herder hatte sich hier wie in seinen Volksliedsammlungen als genialer Nachdichter erwiesen, während seine eigenen Dichtungen zwar politisch und philosophisch interessant sein können, künstlerisch jedoch kaum Bedeutung haben.

Kurz nach der Vollendung des *Cid* starb Herder nach mehreren Schlaganfällen. Auf seinem Grab in der Weimarer Stadtkirche liegt eine Steinplatte mit der Umschrift: ‹Licht, Liebe, Leben›. Diese Worte kommen bekanntlich immer wieder im Neuen Testament vor und bezeichnen auch christologisch wichtige Gedanken. Sie können also sehr wohl christlich verstanden werden, sind aber in ihrer Verbindung mit Herders Petschaft, der geschlossenen Schlange, deren Haupt von Strahlen umgeben ist, als freimaurerisch gedeutet worden, obwohl Herder, der sich schon in Riga der Loge angeschlossen hatte, den Geheimnissen, aber nicht den humanen und philanthropischen Zielen der Bruderschaft immer skeptischer gegenüberstand. Vielleicht ist diese Unsicherheit darüber, in welchem Kontext die Grabschrift zu verstehen ist, symptomatisch für das manchmal diffuse Bild Herders. Unzweifelhaft drücken diese Worte jedoch eine Sehnsucht nach einer Existenz aus, die nur sehr bedingt von Herder selbst realisiert wurde, der sich bis zuletzt verkannt fühlte, sein Leben als verfehlt ansah und meinte, daß er fast überall einen besseren Wirkungskreis gehabt hätte als in Weimar, wo er weder vom Herzog noch von Goethe geachtet wurde. Auch die Literaturgeschichte, die seine weit über die Grenzen Deutschlands reichende Wirkung aufzeigen konnte, hat diese Einschätzung seiner Lage häufig übernommen und ihn infolgedessen oft neben Wieland als einen bloßen Vorläufer der eigentlichen Klassik aufgefaßt, der so lange lebte, bis er und seine Gedanken überholt waren. Oder sie hat in ihm den Vertreter der Revolution oder des rassisch bzw. völkisch verstandenen Volkes gesehen, der sich gegen die asoziale oder volksfremde Kunstautonomie der eigentlichen Klassiker wandte und dem deshalb ein anderer, wenn nicht sogar höherer Ruhm gebührt.

C

UMBRUCH IN DEN SIEBZIGER UND ACHTZIGER JAHREN

I. DER GÖTTINGER HAIN UND DIE LYRIK IM UMKREIS DES BUNDES

Am 20. September 1772 berichtet Johann Heinrich Voß seinem Freund, Ernst Theodor Johann Brückner, von einem Ereignis, das unter dem Namen «Göttinger Hain» oder «Hainbund» in die Literaturgeschichte eingegangen ist: «Ach, den 12. September, mein liebster Freund, da hätten Sie hiersein sollen. Die beiden Millers, Hahn, Hölty, Wehrs und ich gingen noch des Abends nach einem nahegelegenen Dorfe. Der Abend war außerordentlich heiter, und der Mond voll. Wir überließen uns ganz den Empfindungen der schönen Natur. Wir aßen in einer Bauerhütte eine Milch, und begaben uns darauf ins freie Feld. Hier fanden wir einen kleinen Eichengrund, und sogleich fiel uns allen ein, den Bund der Freundschaft unter diesen heiligen Bäumen zu schwören. Wir umkränzten die Hüte mit Eichenlaub, legten sie unter den Baum, faßten uns alle bei den Händen, tanzten so um den eingeschlossenen Stamm herum, – riefen den Mond und die Sterne zu Zeugen unseres Bundes an, und versprachen uns eine ewige Freundschaft.» Ein Zusammenschluß junger Studenten, die vom fortschrittlichen Ruf der Universität Göttingen angezogen worden waren, dabei aber zumeist Theologie studierten, war zum «Bund» erhöht worden, der angetreten war, Poesie, Moral und vaterländisches Bewußtsein auf eine neue Stufe zu heben. Ein Jahr zuvor waren Klopstocks *Oden* in der Hamburger Ausgabe erschienen, im März 1772 hatte Lessings Drama *Emilia Galotti* seine Uraufführung erlebt und große Resonanz in der Theaterwelt gefunden, Wielands *Goldener Spiegel*, Herders *Abhandlung über den Ursprung der Sprache* und Goethes *Von deutscher Baukunst* waren gleichzeitige literarische Ereignisse. In einer Stadt, die noch von Hallers wissenschaftlichem (und nicht so sehr dichterischem) Ruhm lebte, Göttingen – von 1736–53 hatte er dort gelehrt und von 1747–77 die *Göttingischen Gelehrten Anzeigen* redigiert –, einer Stadt, die als Teil des Kurfürstentums Hannover – seitdem Kurfürst Georg August 1727 als Georg II. den britischen Thron bestiegen hatte – dem englischen Königreich eingeordnet war, setzte eine poetische Jugendbewegung ein, deren enthusiastisch vorgetragener germanisch-patriotischer Impetus in den Natur- und Seelenkult der deutschen Kulturlandschaft einen neuen Ton brachte und wie eine Variante des Sturm und Drang erschien. Diese Gruppe junger poetischer Geister trat mit einem starken Sendungsbewußtsein auf: «Ein scheinbares Ohngefähr sein Anfang» – so schreibt einer der später Hinzugekommenen, Friedrich Leopold Graf zu Stolberg, am 15. März aus Kopenhagen an Klopstock –, «glühend und still sein Eifer, voll deutscher Bescheidenheit.

Klein die Zahl der Genossen, aber eines Sinnes und voll Enthusiasmus. Den Pöbel verachtend dachten wir uns nur den Beifall großer Männer und der Nachwelt.» Und wenig zuvor deutet er diesen «Eifer» in nationaler Signifikanz aus: «Unsre Nation ist wahrlich in Gärung, ein großes Feuer glimmt in der Asche, und Gottes Segen weihet vielleicht schon diejenigen, welche die Flammen erregen sollen.» Aber zu diesem Zeitpunkt hat sich die «Gärung» in Göttingen bereits nahezu ausgetobt: die Studenten verlassen nach Abschluß des Studiums die Universität, die Mitglieder des Bundes zerstreuen sich in alle Winde, und ab Anfang 1776 darf der stolze Versuch der – wie G. D. Miller im Februar 1773 an Brückner bemerkt – «Träumenden, die nicht wissen, daß sie je von ihrem süßen Taumel erwachen werden», als beendet angesehen werden. Wenig zuvor hatte ihnen Lichtenberg, als Physikprofessor (seit 1769) stellvertretend für die Lehrerschaft an der Georgia Augusta – unter ihnen so berühmte Gelehrte wie der Orientalist Johann David Michaelis (1717–91), der klassische Philologe Christian Gottlob Heyne (1729–1812), der Mathematiker und Epigrammatiker Abraham Gotthelf Kästner (1719–1800) – einen barschen Salut mit auf den Weg gegeben: Gegenüber Dieterich, dem Verleger des publizistischen Hausorgans der Gruppe, der *Musen-Almanache*, spricht er am 28. Januar 1775 vom «rasende(n) Odengeschnaube» und beklagt, «wie der gesunde Menschenverstand unter Odenklang am Altar des mystischen Nonsenses stirbt»: «Ich gebe zu, daß es Menschen geben kann, die in einer solchen Zeile die Tritte des Allmächtigen und das Rauschen von Libanons Zedern zu hören glauben, aber ich bitte Gott, daß er alle guten Leute in Gnaden vor solchen Narren bewahren wolle.»

Wer die «guten Leute» und wer die «Narren» sind, wandelt sich bekanntlich nicht selten im Laufe der Zeiten. Lichtenbergs Urteil zeigt denn auch nur an, daß sich in der Literaturdebatte Entwicklungen durch Provokationen vollziehen und daß sich daran die Geister – und mitunter ganze Epochen – scheiden. Sieht man etwa auf den *Göttinger Musen-Almanach auf das Jahr 1774* – mit Beiträgen von Bürger, Claudius, Goethe, Götz, Herder, Hölty, Klopstock, Maler Müller, den beiden Grafen Stolberg und Voß –, so wird erkennbar, daß diese «Narren» überwiegend diejenigen produktiven Köpfe um sich zu sammeln wußten und ihnen zu Wort verhalfen, die die Zukunft des literarischen Lebens in Deutschland bestimmen sollten. Man mag die Leistungen der Hainbündler selbst als bescheiden genug einschätzen, doch ist ihre Mittlerbedeutung auf ihrem ureigensten Felde, dem der Lyrik, nicht zu übersehen. Literatursoziologisch ist deren schutzgewährender, hierarchische Grenzen sprengender Gruppenkult überdies ein Indiz dafür, wie sich in einer feudal-reglementierten Gesellschaft Subjektansprüche auf einem – poetischen Herzensergüssen immer noch reserviert gegenüberstehenden – Literaturmarkt Gehör zu verschaffen wissen.

Organisatorische Triebkraft der Bewegung war Heinrich Christian Boie

(1744–1806), der nach dem Studium der Theologie und der Jurisprudenz in Jena 1769 als Hofmeister junger Engländer nach Göttingen kam und sich dort als Jurastudent immatrikulierte. Seinen Aktivitäten ist es zu verdanken, daß die Gruppe überhaupt zusammenfand und ein Publikationsorgan erhielt: zusammen mit Friedrich Wilhelm Gotter (1746–1797) gab er Ende 1769 den nach französischem Vorbild (*Almanac des Muses ou Choix de Poésies fugitives*, 1765 ff.) gestalteten *Göttinger Musen-Almanach auf das Jahr 1770* heraus, eine Art Anthologie zeitgenössischer, vordringlich lyrischer Arbeiten, die in dieser Form ebenso neuartig wie zukunftsträchtig war (in Göttingen erschien der *Almanach* unter wechselnder redaktioneller Leitung bis 1804; Voß gab von 1776 bis 1800 ein Parallel- und Konkurrenzunternehmen heraus). Die Anfänge waren noch zaghaft und ohne einheitliche Linie; Altes, meist bereits Gedrucktes, und Neues, überwiegend Unfertiges, standen nebeneinander, und dies gilt auch noch für die Almanache der beiden folgenden Jahre. Aber entscheidend war, daß – wie schon früher im Halleschen Kreis um Gleim, Uz und Götz oder in der Gruppe um die ‹Bremer Beiträger› – damit ein Sammlungsort geschaffen war, an dem sich eine junge Poetengeneration begegnen konnte und von dem Außenstehende angezogen wurden. Im Januar 1772 schon konnte Boie feststellen: «Wir bekommen nachgerade hier einen Parnassum in nuce. Es sind einige feine junge Köpfe da, die zum Teil auf gutem Wege sind. Ich suche das Völkchen zu vereinigen.» Am 12. September desselben Jahres schloß sich das «Völkchen» dann spontan und ohne ihn (der verreist war) und mit der ebenso assoziationsreichen wie symbolträchtigen Feierlichkeit, wie sie der Brief von Voß an Brückner enthüllt, zusammen. Zunächst war der Kreis noch klein: neben den poetisch produktiven Johann Heinrich Voß (1751–1826), Ludwig Christoph Heinrich Hölty (1748–1776), Johann Friedrich Hahn (1753–1779) und Johann Martin Miller (1748–1776) noch dessen Vetter Gottlob Dieterich Miller (1750–1818) und Johann Thomas Ludwig Wehrs (1751–1811). Heinrich Christian Boie (1744–1806) war natürlich ‹geborenes› Mitglied, und er war es auch, der wenig später die Grafen Christian (1748–1821) und Friedrich Leopold Stolberg (1750–1819), deren Hofmeister Carl Christian Clausewitz (1734–1795), Karl Friedrich Cramer (1752–1807) (den Sohn des Kopenhagener Hofpredigers und Herausgebers des *Nordischen Aufsehers*, Johann Andreas Cramer), Christian Hieronymus Esmarch (1752–1820) und schließlich sogar – als einzigen Dramatiker – Johann Anton Leisewitz (1752–1806) in den Bund einführen konnte. Im Umkreis der rituell verbundenen Gruppe und mit einigen ihrer literarischen Bestrebungen sympathisierend profilierten sich mit eigenständigen Werken vor allem Gottfried August Bürger (1747–1794), Matthias Claudius (1740–1815), Leopold Friedrich Günther von Goeckingk (1748–1828) und – ohne direkte Verbindung – Christian Friedrich Daniel Schubart (1739–1791). Es ist altersmäßig Goethes Generation, die für kurze Zeit Göttingen zu einem literarischen Zentrum macht und mit ihren lyrischen

Neuansätzen in eine Literaturbewegung hineinreicht, die mit *Götz von Berlichingen* (1773) und den *Leiden des jungen Werthers* (1774), mit Lenz' *Hofmeister* (1774) und seinen *Anmerkungen übers Theater* (1774) wie mit Lavaters *Physiognomischen Fragmenten* die Zeichen für eine neue Zeit setzte. Es ist zugleich aber auch die Zeit, die mit dem Beginn des amerikanischen Unabhängigkeitskriegs (1775) Freiheitspostulate zu Wort kommen läßt, die als politisches Potential seit dem Ende des Siebenjährigen Kriegs (1763) auch in Deutschland nicht ungehört blieben.

Der Göttinger Hain zeichnet sich vor allem durch die Homogenität der Gruppe aus. Von den an den Universitäten sich ausbreitenden Studentenverbindungen und den zahlreichen Freimaurerlogen unterscheidet er sich durch eine – im Ständestaat durchaus ungewöhnliche – soziale Liberalität der Umgangsformen, die den Egalitätsgedanken jedenfalls im engeren Gruppenkreise zu verwirklichen suchte: der hohe Adel (die Grafen Stolberg) trifft sich mit Vertretern des mittleren und gehobenen Bürgertums ebenso auf gleichem Fuße wie mit dem Enkel eines Leibeigenen (Voß). Gewiß ist auch dies vordringlich eine literarische Geste – die sich der universellen Idee von Freundschaft, Tugend und Vaterland verdankt –, aber sie ist doch als Konventionsbruch bemerkenswert genug. Der Aufhebung der sozialen Hierarchie setzt der Freundeskreis allerdings eine Ritualisierung ihres ‹Bundeslebens› entgegen, die in ihrem jugendlichen Überernst Züge eines komisch anmutenden Kinderspiels verraten: die wöchentlichen Treffen verlaufen streng geregelt unter dem Vorsitz eines durchs Los bestimmten Ältesten, in einem Bundesjournal wird der Verlauf einer jeden Sitzung genau protokolliert, und die nach Diskussion und Kritik für würdig erachteten Gedichte werden in ein Bundesbuch eingetragen. Das Motto dieser Dokumente ihrer literarischen Anstrengungen («Der Bund ist ewig») steht in eigentümlichem Kontrast zu der vor-zeitgebundenen Beilegung von Bardennamen in ihren Gedichten (Boie etwa als Werdomar, Hölty als Haining, die beiden Millers als Minnehold und Bardenhold, Voß als Gottschalk, später als Sangrich etc.), die über ihren spielerischen Charakter hinaus doch eine Art Programmcharakter haben: in ihrer Abwehr der zeitgenössischen «Verzärtelung des Geschmacks» suchen sie über die mißverstandene Bardenwelt einen Zugang zu einer germanischen Frühzeit zu gewinnen, die dem Rousseauschen ‹Naturzustand› die kämpferische deutsche Variante entgegensetzt. Ehe aus gehörigem historischen Abstand das Nebulose dieser Bemühungen konstatiert wird, ist das darin auch erkennbare jugendliche Bedürfnis um eine neue Wertsetzung als Impuls einer literarischen Bewegung zu sehen, die den Zivilisationsüberdruß durch retrospektive Anknüpfung an vorkulturelle Zustände bewältigen zu können vermeint.

Wegbereiter, Orientierungspunkt und unumstrittener Maßstab war dabei Klopstock. Die Verehrung der Hainbündler für den *Messias*-Dichter nahm kultisch-religiöse Züge an, die ihren Höhepunkt nach vielfachen Umwerbungen im Februar 1774 in einem förmlichen Aufnahmeantrag Klopstocks und im September desselben Jahres bei einem Besuch des Meisters in Göttingen fand. Es ist der Dichter der Bardengesänge, der die Gruppe anzog und der sie zu rauschhaften Lobpreisungen bewegte. Für Klopstock war diese glühende Anhängerschaft schmeichelhaft und wohl auch ermunternd zu einer Zeit, als er nach der faktischen Machtübernahme Struensees am dänischen Hof (1770) Kopenhagen zusammen mit seinem Gönner, Graf Bernstorff, hatte verlassen müssen und nun in Hamburg erleben mußte, daß sein poetischer Glanz am literarischen Firmament Deutschlands nicht mehr so durchdringend strahlte. Seine Wende von der antiken und christlichen zur vermeintlich germanischen (in Wirklichkeit keltischen) Mythologie, wie sie sich in seiner Sammlung der *Oden und Gedichte* von 1771 in aller Breite dokumentiert, hatte nicht überall Anklang gefunden. Die deutschtümelnd-vaterländisch-patriotische Bewegung – wie sie sich vor allem im Zusammenhang mit dem Siebenjährigen Krieg ausgebreitet hatte – war inzwischen zu einem Modephänomen verkommen. Johann Georg Zimmermann etwa, der mit seiner Schrift *Von dem Nationalstolze* (1758) nicht unwesentlich an der Entfachung dieses Patriotismus mitgewirkt hatte, mußte im Vorwort zur 4. Auflage (1768) erkennen: «Wenn auch zuweilen der Patriotismus in allen Köpfen zu brennen scheint, so ist doch dieses schöne Feuer nichts, als eine von der Mode des Tages abhängige Denkungsart, für die unbedachtsame Jugend. Die Studenten aus Zürich reisen itzt auf dem Patriotismus herum, wie vormals auf dem Witz.» Daß die «unbedachtsame Jugend» Göttingens weiterhin «auf dem Patriotismus herumreist», verliert für sie den anachronistischen Charakter durch die poetische Beglaubigung Klopstocks, der mit seinen Gedichten von 1767 und 1768 dieser «Denkungsart» eine höhere Weihe verliehen hatte. Insbesondere die Ode *Der Hügel und der Hain* (1767) machten sich die Göttinger Poeten zu eigen und benannten nach ihr ihren Bund. Klopstock hatte darin den Paradigmenwechsel vom griechischen Parnaß zu «Teutoniens Hain» als dem Sitz der Musen vollzogen, und die Hainbündler folgten ihm darin mit Enthusiasmus. Die Verse «Des Hügels Quell ertönet von Zeus,/ Von Wodan, der Quell des Hains» schienen ihnen die Wege zu öffnen «zu Gemälden des fabelhaften Liedes»:

So haben die in Teutoniens Hain
 Edlere Züge für mich!
  Mich weilet dann der Achäer Hügel nicht:
   Ich gehe zu dem Quell des Hains.

Es ist das germanisierende Raunen, das die jugendliche Einbildungskraft ansprach, aber sein mythologischer Klang wurde nur als Rechtfertigung für einen patriotischen Eifer erfahren, der sich von Klopstocks Gedichten *Mein Vaterland, Thuiskon, Skulda* oder *Unsere Sprache* wie von seinem «Bardiet für die Schaubühne» *Hermanns Schlacht* (1769) beflügeln ließ. Die Hoffnungen auf eine fundamentale Änderung der «Denkungsart» provozierten allerdings zugleich Aggressionen und Konspirationen im Traum von einer öffentlichen Durchsetzbarkeit dieser Vorstellungen. Aggressionen einerseits gegen ‹die Franzosen›, denen alles Üble dieser Welt angelastet wurde (so etwa Voß in *An die Herren Franzosen*), und deren deutschen Proselyten, allen voran Wieland, dessen Werke auf einer der Sitzungen einem regelrechten Autodafé unterzogen wurden, und andererseits gegen die «Tyrannen» gleich welcher nationaler Zugehörigkeit (so F. L. Stolberg etwa in *Die Freiheit*, Voß in *Trinklied für Freie, Der zufriedene Sklave*, Miller in *Lied eines Gefangenen* oder *Der Todesengel am Lager eines Tyrannen*). Ein Freiheitsdrang, der als sozialpsychologische ‹Stimmung› dieser Jugend signifikant ist, der sich auch im konkreten Interesse am ‹Sklavenschicksal› der Leibeigenen äußert und überhaupt – wenn auch literarisch verbrämt und kaum in soziale Arbeit umgesetzt – am Schicksal des ‹kleinen Mannes› Anteil nimmt. Gesteigert zuweilen zu einer radikalen In-tyrannos-Pathetik, die die Verbindung zum Sturm und Drang herstellt und sich noch bis in die Anfänge der Französischen Revolution hält – wobei allerdings nur Cramer öffentlichen Bekennermut genug hatte und 1794 dafür seine Kieler Professur einbüßte. Konspirativ verband man mit Klopstocks 1774 erschienenem Werk *Die deutsche Gelehrtenrepublik*, für das Boie mit einem Eifer, der ihm später viel Spott eintrug, immerhin 342 Subskribenten geworben hatte, Hoffnungen auf eine soziale Verwirklichung ihrer patriotischen Pläne, und zwar in dem – von Klopstock vorsichtig gestützten – Gedanken, daß der Bund die Keimzelle einer die soziale Welt revolutionierenden Gelehrtenrepublik sein könne. Ein Bund von jugendlichen Lyrikern mit Bildungsanspruch und politischem Sendungsbewußtsein, die – mit Ausnahme der aristokratischen, sich aber umso radikaler gebärdenden Stolbergs – aus begrenzten sozialen Verhältnissen stammend die ‹Großen dieser Welt› in ihre Schranken weisen wollten: ein Traum, der mit der Auflösung der Gruppe rasch ausgeträumt war, der aber doch für die Aufruhrstimmung unter den bürgerlichen Intellektuellen Anfang der siebziger Jahre charakteristisch ist.

«Frei! frei! Keinem untertan als der Natur» – so hatte es Bürger 1773 beschworen, und dies Freiheitspostulat wollte er gleichermaßen auf die soziale Welt wie auf die Dichtung angewandt wissen. Wenn er der «tyrannischen Kunst» die «Natur» als Lehrmeisterin entgegenhält, so formuliert er damit die Erwartungen einer Generation, in der Politik und Poesie ineinander verfließen. Wie aber diese Freiheit durch Anlehnung an die «Natur» im Gedicht zu verwirklichen ist, war das Problem der jungen Dichter Anfang der siebziger Jahre und der Ausgangspunkt für die Hainbündler. Es war die Frage nach einer Lyrikkonzeption in einer Zeit, in der der weithin gepflegte anakreontisch-gesellige Ton mit der erhabenen Schwere des Klopstockschen Sprachgestus konfrontiert wurde. Johann Georg Sulzer suchte in seiner *Allgemeinen Theorie der schönen Künste* (zuerst 1772) die zeitgenössische

Lyrikdiskussion zu systematisieren und damit die Grundregeln der «tyrannischen Kunst» zu formulieren. Danach war das «Gedicht» noch der Oberbegriff für alle Poesie, «die lyrischen, die dramatischen, die epischen und die lehrenden oder unterrichtenden Gedichte», und die «Hauptgattung» des «lyrischen Gedichts» spaltet sich in «vier Hauptarten» auf, in «den Hymnus, die Ode, das Lied und die Idylle; wenn man nicht noch die Elegie dazu rechnen will, deren Inhalt in der That lyrisch ist». «Jedes lyrische Gedicht» sei zwar «zum Singen bestimmt» und ordne sich damit in einen geselligen Zusammenhang ein, seinem Wesen nach aber habe es «gar viel von der Natur des empfindungsvollen Selbstgesprächs». Und die Ode, die «höchste Dichtungsart», erscheine «als eine erweiterte, und nach Maßgebung der Materie mit den kräftigsten, schönsten oder lieblichsten Farben der Dichtkunst ausgeschmückte Ausrufung». Das war der systematische Rahmen der «tyrannischen Kunst» für die jungen Poeten. Ihn zu sprengen, setzte theoretische Erörterungen voraus, auf die sie sich nicht einließen. Ihre Begeisterung für die Bardengesänge und die in der *Ossian*-Nachfolge aufblühende Verehrung für das Volkslied waren ein Ersatz dafür. Insgesamt gesehen fügen sie sich allerdings in die von Sulzer genannten «vier Hauptarten» der Lyrik ein. Nur suchen sie das, was Sulzer mit «Selbstgespräch» und «Ausrufung» bezeichnet hatte, in einer Weise weiterzuentwickeln, die die rokokohafte und anakreontische Geselligkeitskunst als veraltet erscheinen läßt. Das «Empfindungsvolle» der «Ausrufung» äußert sich nun als Sensibilisierung einer Naturerfahrung, die die ‹Seelen-Reize› der Natur abzutasten sucht und Gefühlsschwingungen im privaten Ton lyrischen Sprechens zum Ausweis eines im Freundeskreis kultivierten «Selbstgesprächs» macht.

In der Form der antiken Ode, der Elegie, der Idylle, der Hymne, der Ballade und vor allem des Lieds verbinden sich thematisch Freiheitsliebe mit einer Verherrlichung des Landlebens, elegisch-melancholische Weltflucht mit deutsch-tümelnd-patriotischem Tugendstolz, säkularisiert-religiöse Naturstimmung mit einem verinnerlichten Freundschaftskult. Im Überblick ist eine eigentümliche Diskrepanz unverkennbar: die zwischen einer auf öffentliche Wirksamkeit angelegten politischen Konzeption und einer auf die Privatheit des Wirklichkeitsverständnisses hinzielenden poetischen Haltung. Für das Selbstverständnis der Hainbundler sind beide aufeinander bezogen, in literaturhistorischer Perspektive löst sich indes die lyrische Praxis von diesem politischen Anspruch und fordert eine eigenständige Beurteilung.

Sosehr sich der Bund als eine Einheit verstand und sosehr einzelne Texte mit vielfachen Umarbeitungen in gemeinschaftlicher Arbeit des Freundeskreises stilistisch durchgeformt wurden, so deutlich heben sich doch die Mitglieder in Sprachgestus und literarischem Talent voneinander ab. Wohl der begabteste unter ihnen war Ludwig Christoph Heinrich Hölty. Als Pfarrerssohn in Mariensee bei Hannover 1748 geboren, besuchte er das Gymnasium in Celle und kam 1769 als Theologiestudent nach Göttingen, wo er 1772 sein

Studium abschloß, um sich dann mühsam und von einem Lungenleiden gezeichnet als Privatlehrer und Übersetzer durchzuschlagen. Als knapp Achtundzwanzigjähriger starb er 1776 in Hannover. Sein hoher Anspruch an die Kunst («Ich will kein Dichter sein, wenn ich kein großer Dichter werden kann... Ein mittelmäßiger Dichter ist ein Unding!») hebt ihn von seinen Bundesbrüdern ab, und Freunde wie Kritiker (selbst Lichtenberg nennt ihn ein «wahres Dichtergenie») bescheinigen ihm, daß dieser Anspruch in seinem Werk eingelöst ist. Von den Hainbündlern hat er die größte Resonanz erzielt und wirkungsvolle Spuren in der Lyrik nach ihm (von Hölderlin und Mörike bis zu Bobrowski) hinterlassen. Ursache dafür ist ein lyrischer Ton, der in Verbindung von Naturseligkeit und wehmütiger Einsicht in die Vergeblichkeit aller Naturhingabe den Topoi des Naturgedichts eine persönliche Farbe gibt, die als selbstgefühlte ‹Seelen-Landschaft› erfahren wird. Barocke Bildlichkeit («O Wasserblase, Leben, zerfleug nur bald!»; «Staubgebein», «Erdgewürm» – *Der Tod*), physiko-theologische Gottesverehrung in der Nachfolge von Brockes («Dann bewundert er dich, Gott, in der Morgenflur,/ In der steigenden Pracht deiner Verkünderin,/ Der allherrlichen Sonne,/ Dich im Wurm, und im Knospenzweig» – *Das Landleben*, 3. Fassung), patriotischer Hymnus («Habt Gottes Segen! Vaterland, Vaterland/ Tönt jede Lippe, Vaterland, Vaterland...» – *Bundsgesang*), bardisches Tugendpathos («Schwing deine Geißel, Sänger der Tugend! schwing/ Die Feuergeißel, welche dir Braga gab,/ Die Natternbrut, die unsre deutsche/ Redlichkeit, Keuschheit und Treue tötet» – *An Hahn*), empfindsamer Freundschaftskult («Mangelnd jedes Gefühls, welches die Freundschaft gibt,/ War mein Leben entflohen, als ich die Treuen fand,/ Eurem offenen Arme,/ Bundesbrüder, entgegenflog» – *An meine Freunde*) und rokokohafter Ton («Alles hauchet Scherz und Freude,/ Wo des Frühlings Odem bläst,/ Die Natur, im Blumenkleide,/ Feirt ein allgemeines Fest» – *Mailied*) werden zusammengehalten durch die sich hervordrängende Anteilnahme eines schmerzlich betroffenen Ich. Die erste Strophe von *Die Mainacht* etwa

> Wenn der silberne Mond durch die Gesträuche blickt,
> Und sein schlummerndes Licht über den Rasen geußt,
> Und die Nachtigall flötet,
> Wandl ich traurig von Busch zu Busch.

veranschaulicht diesen lyrischen Gestus, den Hölty selbst so beschreibt: «Den größten Hang habe ich zur ländlichen Poesie, und zu süßen melancholischen Schwärmereien in Gedichten. An diesen nimmt mein Herz den meisten Anteil.» Es sind «Schwärmereien», in denen das Ich mit seinen Sehnsüchten und Todeserwartungen um sich kreist und dabei die Natur als eine ‹Vorlage› erfährt, auf die die «süße Schwermut» projiziert werden kann. Wenn auch Natur und Ich noch keine gefühlte Einheit sind, so ist die Natur doch vom «Herzen» her belebt und so auf ein Ich bezogen, das sich mit seinen persönlichen Lebenserfahrungen und Hoffnungen auf sie bezieht und sich in ihr wiedererkennt. Diese solcherart ‹belebte Natur› gewinnt bei Hölty im «Lied» ihre – was Geschmeidigkeit der Formgebung und Einfachheit des Ausdrucks angeht – geglückteste Gestalt. Die verschiedenen *Mailieder* («Alles liebet! Liebe gleitet/ Durch die blühende Natur», «Willkommen liebe Sommerzeit», «Grün wird Wies und Au», «Der Schnee zerrinnt,/ Der Mai beginnt», «Der Anger steht so grün, so grün») sind dafür ebenso anschauliche Beispiele wie die eher spruchhaft-belehrenden Lieder *Der alte Landmann an seinen Sohn* («Üb immer Treu und Redlichkeit») und *Lebenspflichten* («Rosen auf den Weg gestreut»), die Frömmigkeitshaltung mit aufklärerischer Tugendlehre verbinden. Zahlreiche Vertonungen dieser Lieder (Mozart, Reichardt, Schubert, Brahms) zeugen von der inspirierenden Popularität dieser Lyrik und weisen Hölty als den talentiertesten und wirkungsvollsten der Poeten des Göttinger Hains aus.

Johann Heinrich Voß, der 1783 zusammen mit F. L. Stolberg die Gedichte Höltys sammelte, bearbeitete und mit einem Lebensbericht herausgab, ist in mancher Hinsicht das Gegenbild zu diesem. Im Jahre 1751 geboren, wuchs er in sozial äußerst eingeschränkten Verhältnissen auf – sein Großvater war noch Leibeigener gewesen –, begegnete allen daraus erwachsenden Demütigungen mit intellektueller Energie und Zielstrebigkeit insbesondere in der Aneignung des klassischen Bildungsguts und galt im Freundeskreis des Hains, an den ihn Boie durch Vermittlung eines Stipendiums band, als der gelehrte, in philologischen Fragen versierte und dabei organisatorisch begabte Mittelpunkt. Seine Herkunft prädestinierte ihn gleichermaßen zum engagierten Kämpfer gegen Aristokratie und Orthodoxie wie zum – zuweilen doktrinären – Verfechter einer – allen sozialen Zufälligkeiten enthobenen – Gesetzesnorm, geschult an griechischen Vorbildern. Voß' Werk begrenzt sich denn auch keineswegs auf die Episode des Göttinger Hains, sondern ist viel entschiedener durch die Ergebnisse seiner Antike-Aneignung, die in den bahnbrechenden Übersetzungen von *Odyssee* und *Ilias* (1781 und 1793) gipfelten, gekennzeichnet. Vor allem aber auch durch seine Polemik gegen den religiösen Obskurantismus, dessen sich seiner Meinung nach der alte Freund und Gönner F. L. Stolberg durch seine Konversion zum Katholizismus (1800) schuldig gemacht hatte (*Wie ward Fritz Stolberg ein Unfreier?*, 1819, und *Bestätigung der Stolbergschen Umtriebe*, 1820), und gegen die romantische Bewegung (vor allem die auf Creuzers Mythendeutung zielende *Antisymbolik*, 1824/26) hat er Aufsehen und Ärgernis erregt. In der Poesie wirkte seine epische Idylle *Luise* (ab 1783, später bis auf 2825 Verse ausgedehnt) als Anregung für Goethes *Hermann und Dorothea* (1797) und für die Idyllendichtung des 19. Jahrhunderts nachhaltiger – trotz oder wegen der ihr neuerdings angehefteten Charakteristik als das «hohe Lied saturierten Bildungsbürgertums» (Helmut J. Schneider) – als die Arbeiten seiner Göttinger Zeit. Und auch seine Volkslieder, von Goethe gerühmt als «vorzüglich der

Natur und, man kann sagen, der Wirklichkeit gewidmete Dichtungsweise» und durch J. P. A. Schulz' Vertonungen populär geworden, fallen erst in die achtziger Jahre. Für Voß war Göttingen nur der erste, allerdings entscheidende und nie vergessene Schritt in eine literarische Arena, zu deren Erneuerung er nicht so sehr durch sein poetisch-originales Talent als durch seine philologisch begründete und sprachschöpferisch umgesetzte Vermittlung von antiker und deutscher Welt beitrug.

Die drei Jahre in Göttingen, das er im Frühjahr 1775 verließ, um sich mit seiner Frau, Boies Schwester Ernestine, in Wandsbek in der Nähe von Claudius niederzulassen (1778–1782 war er dann Rektor in Otterndorf, 1782–1802 in Eutin, bis 1805 Privatgelehrter in Jena mit recht engem Kontakt zu Goethe und ab 1805 in Heidelberg) sind neben seinen poetischen Arbeiten durch die Organisation des Bundes, durch philologische Studien bei Heyne und durch die gemeinsame literarische Kritik des Freundeskreises geprägt. Boie überließ ihm die Redaktion des *Musen-Almanachs auf das Jahr 1775* und provozierte damit indirekt den lautstarken Eklat mit Wieland, sofern Voß – seinem aggressiven Gemüt gemäß – gegen vorherige Absprachen in sein Gedicht *Michaelis* die Spitze auf Voltaire (das Volk, das «voll Durst / Nach Arouets Geklingel lechzet») durch eine Wendung gegen Wieland ersetzte («Das Wielands Buhlgesängen horchet»). «Dem Briten Trotz, und Hohn / Dem Gallier» (*An Hahn, als F. L. Gr. z. Stolberg die Freiheit sang*) zu singen, verbindet Voß mit Moralkritik auf der einen und sozialer Anklage gegen «der Sklavenkette Gerassel» (*Deutschland*) auf der anderen Seite. Sein Ton ist rauher als der Höltys – er spricht von «triefendem Stahl der Herrschsucht», vom «Wurmigen Götzen Geruch», von «Geierblick / Der feisten Mönch'», von «Wollust», nach der «der lodernde Jüngling» «schnaubt» (*Deutschland*), vom «barbarische(n) / Land, wo Roßbach und Höchstädt noch / Vom unmenschlichen Mord feinerer Franzen raucht» (*Bundsgesang*) – und seine Thematik weniger auf die Natur als ‹Seelen-Landschaft› denn auf die soziale Existenz des «Volks» gerichtet, besonders auf den «Landmann», dem er «feinere Begriffe und ein regeres Gefühl seiner Würde beizubringen» hofft. Aber auch die barschesten Anklagen gegen aristokratischen Herrschaftsmißbrauch (wie in *Die Leibeigenschaft*) oder die regeste Anteilnahme am Leben des einfachen Mannes (wie in *Der Landmann, Die Spinnerin* oder *Die Kartoffelernte*) können nicht darüber hinwegtäuschen, daß er seine eigenen «Begriffe» in diese Welt hineinlegt und daß er deren «Würde» an seinem intellektuellen Bildungskanon mißt. Zwar ist es ihm ernst wie keinem anderen mit seinen sozialkritischen Appellen und seinem Bemühen um Volkstümlichkeit, aber mit seiner mehr und mehr – auch lebensgeschichtlich – fortschreitenden Begrenzung auf die bürgerlich-familiale Wertewelt und seiner Transponierung der klassischen Bildungsnormen auf die Gegenstände seines sozialen Interesses bleibt er dem «Volk», das er hatte emanzipieren wollen, fern.

Eine durchaus zeittypische Diskrepanz zwischen Sozialintention und Bildungsbefangenheit wird in Voß' Wirken als Poet, Polemiker und Sozialreformer deutlich. Sein verbissener Kampf gegen die Romantiker, die auf ihre Weise einen Weg zum ‹Ohr des Volkes› fanden, zeigt nur, daß es seiner Generation noch an der nötigen Einsicht in die Voraussetzungen dieses Mißverständnisses mangelte. Für die Nachwelt blieb Voß denn auch vor allem der – durch seine geschmeidigen Übertragungen aus dem Griechischen maßstabsetzende – Vermittler der Antike, der Deutschland ‹seinen Homer› gegeben hat. War Voß der strenge Richter des Kreises und Hölty sein «poetisches Genie», so vereint der Hain in den gleichaltrigen Johann Martin Miller und F. L. Stolberg Gegensätze recht eigener Art. In einem Widmungsgedicht an Voß präsentiert sich «Minnehold» (so sein Bundesname) selbst:

Mich Johann Martin Miller
Hat Liederton und Triller
Mamas Natur gelehrt;
Ihr dank ich es vor allen
Wenn mich mit Wohlgefallen
Ein liebes Mädchen hört.

Er hat sich nie «quälen» müssen, und auch wenn er Voß dafür lobt, daß er ihn «so erhoben / In schönen Versen hat», muß er gestehen, daß ihm Liebesempfänglichkeit und Sinnenfreude zu den «Freunden» geworden sind, die seine Poesie beflügeln: «Dann trillert man erst süß» (*J. M. Miller an Voß*). Leichtigkeit in der Versgestaltung und Volkstümlichkeit im Ausdruck charakterisieren den Süddeutschen aus Ulm (in einem ansonsten von Norddeutschen geprägten Kreis) während dieser beschwingten Jugendjahre, in denen er als Sekretär des Bundes eine wichtige Rolle spielte. Mit seiner Gedichtsammlung von 1783 sind seine poetischen Ambitionen im wesentlichen verflogen: Er endet als behäbiger, wohlrenommierter Bürger (Pfarrer, Professor, Dekan, Geistlicher Rat) in seiner Heimatstadt. Zuvor allerdings hatte er durch seinen Roman *Siegwart, eine Klostergeschichte* (1776) eine literarische Mode ausgelöst, die – dem *Werther*-Fieber vergleichbar – seine Volkstümlichkeit als einen die Empfindsamkeit in die Nähe des Trivialen rückenden Autors begründete. Im selben Jahr erschien sein bekanntestes und durch Vertonungen populär gewordenes Lied *Zufriedenheit*, dessen erste Verse in «Liederton und Triller» für Miller charakteristisch sind:

Was frag ich viel nach Geld und Gut,
Wenn ich zufrieden bin!
Gibt Gott mir nur gesundes Blut,
So hab ich frohen Sinn.
Und sing aus dankbarem Gemüt
Mein Morgen- und mein Abendlied.

So mancher schwimmt in Überfluß,
Hat Haus und Hof und Geld;
Und ist doch immer voll Verdruß,
Und freut sich nicht der Welt.
Je mehr er hat, je mehr er will;
Nie schweigen seine Klagen still.
(1. und 2. von 6 Str.)

Auch Freundschaftskult (*An meine Freunde in Göttingen*) und patriotischer Eifer (*Der Patriot an sein Vaterland, Deutsches Lied*) schwingen sich nie auf zu pathetischer Schwere. Miller ist der Dichter des einfachen Lebens, der Simplizität des Gefühls («Voll edler Einfalt lächle, Natur! wie du, / Mir einst das Mädchen, das sich mein Herz erkiest:/ Sanft sei ihr himmelblaues Auge,/ Sittsamkeit wohne darin, und Unschuld.» – *Die Geliebte*, 1. Str.), der klösterlichen Abgeschiedenheit (*Lied einer Nonne*) – gedankliche Vorstufe seines *Siegwart* – und vor allem der Freuden des Landlebens, das in zeittypischer Manier gegen «Öde» und «Zwang» der Stadt ausgespielt wird:

Rühmt immer eure große Stadt
Und laßt ihr Lob erschallen!
Mein liebes kleines Dörfchen hat
Mir dennoch mehr gefallen.
...
O dürft ich, liebes Dörfchen, dich
Nur einmal wieder sehen,
Gewiß, die Städter sollten mich
Sobald nicht wieder sehen!
(*Fritzchens Lob des Landlebens*, 1. und letzte Str.)

Friedrich Leopold Graf zu Stolberg hat demgegenüber ein vielschichtigeres und auch kantigeres Profil. Das eine Jahr, das er zusammen mit seinem weniger produktiven älteren Bruder Christian im Göttinger Freundeskreis verbrachte – von Ende 1772 bis Ende 1773 –, hat ihn an die Literatur herangeführt und damit den Grundstein gelegt für ein Lebenswerk, das sich weniger durch ein ‹opus magnum› auszeichnet als durch die – nicht zuletzt kontroversen – Bezüge, in die es eingeht. Dem Göttinger Kreis gab seine Teilnahme gewissermaßen den Adelsstempel, dessen Wert die alle sozialen Privilegien bekämpfenden Bürgersöhne durchaus zu schätzen wußten, zumal sie Stolbergs pathetischen Freiheitsrausch, der Absolutismuskritik von den idyllisierenden Idealen des mittelalterlichen Ständestaats her dachte, in ihrem eher republikanischen Sinne deuteten. Aber nach Göttingen und wieder eingebunden in eine ihm widerwärtige Hofwelt und mit privilegierenden Ämtern bedacht, verfolgt der Reichsgraf in seiner schwankenden Art auf der Suche nach einer ‹inneren Freiheit› einen Weg, der den aufklärerischen

Zielsetzungen der Hainbündler zuwiderläuft. Seine Konversion zum Katholizismus im Jahre 1800 ist Abschluß einer Entwicklung, die dem kulturellen Zentrum Weimars mit dem religiös-verinnerlichten Kreis von Münster um die Fürstin Gallitzin eine Kraft entgegenhält, die von den Romantikern mit Begeisterung aufgenommen wurde und zur Nachfolge aufrief. So schließt eine fünfzehnbändige *Geschichte der Religion Christi* (1806–18) mit dem christlichen Hymnus auf «Wahrheit, Reinheit, Liebe» ein Werk ab, das in Göttingen mit dem Loblied auf die politische *Freiheit* (1770/72) begonnen hatte:

> Freiheit! Der Höfling kennt den Gedanken nicht,
> Sklave! Die Kette rasselt ihm Silberton!
> Gebeugt das Knie, gebeugt die Seele,
> Reicht er dem Joche den feigen Nacken.

Begeisterung ist Impuls und Triebkraft in allem, was Stolberg sich vornimmt, und hierin schlägt er eine Brücke zum Sturm-und-Drang-Enthusiasmus wie zur Romantik. In politicis äußert sie sich als Haß auf alle Abschattungen absolutistischer Systeme (und darin schließt er auch die Französische Revolution und Napoleon ein), in religiösen Fragen als engagierter Kampf gegen die ihm als dogmatische Einengung erscheinende ‹Religionsfremdheit› der Aufklärer, im literarischen Zusammenhang als hymnische Verehrung Klopstocks (*Mein Vaterland. An Klopstock*), den er dem Freundeskreis zuführte, der Bardenwelt (*Der Harz*) und der mittelalterlichen Rittermentalität (*Lied eines alten schwäbischen Ritters an seinen Sohn, aus dem zwölften Jahrhundert*). Poetisch besingt er sie in einem Widmungsgedicht an Voß: «Sie ist da! die Begeistrung, da!/ Heil mir! und reden kann die trunkne Lippe!» (*Die Begeisterung*), in lebhafte und wirksame Prosa bringt er sie in vier rhapsodischen Essays, die zwischen 1777 und 1782 in Boies *Deutschem Museum* erschienen und unter dem Titel *Über die Fülle des Herzens* vereinigt wurden. Der hymnisch-rhapsodische Ton setzt sich im politischen Zusammenhang (*Freiheitsgesang aus dem zwanzigsten Jahrhundert*) ebenso durch wie in der Naturbetrachtung (*An die Sonne, Hellebek, eine seeländische Gegend*). Aber er wird auch genutzt in der Antike-Aneignung, die auf die Göttinger Zeit zurückgeht und in einer bemerkenswerten *Ilias*-Übersetzung (1778), der ersten in deutschen Hexametern, ihren Höhepunkt erreicht. Darin wie in der Übertragung von *Vier Tragödien des Aeschylos* (1802), die noch auf Schillers *Braut von Messina* einwirkte, gelingt ihm mit der Hervorhebung des Dionysisch-Ungeordneten, des Vitalistisch-Kämpferischen eine Vermittlung des Griechentums, die dem Geiste des Sturm und Drang entgegenkam, die aber durch Voß' kunstvoll-versifizierende Übersetzungen in der Zeit der Klassik verdrängt wurde. Stolberg war auch darin «immer der innige Empfinder, nie der tiefe Ausdenker» (Lavater) oder – wie er an Voß bemerkt: «Ich arbeite – oder vielmehr es arbeitet in mir und gewinnt Gestalt, qualemcunque...» Goethe, den er 1775 auf einer für die Literaturgeschichte bedeutsamen

Schweizer Reise begleitete, attestiert ihm ein «Gemüt des Großen», Wilhelm von Humboldt etwas zweideutig «eine schöne Kräftigkeit der Gefühle und etwas sehr Wackres und Biedres in der Gesinnung». Beide Eigenschaften allerdings, die «Kräftigkeit der Gefühle» und das Biedere «in der Gesinnung», haben ihren Anteil an einigen Gedichten (wie *Der Abend, Lied auf dem Wasser zu singen, für meine Agnes, Sie an ihn* und *Sehnsucht*), die in ihrem privaten Empfindungston und ihrer Einfachheit der Sprachgebung doch wenigstens das «Gemüt des Großen» verraten, mit dem er die Lyrik des Hainbundes bereicherte. Ein Gedicht wie *Lied auf dem Wasser zu singen, für meine Agnes*, im Juli 1782 unter dem Eindruck seiner Hochzeitsreise geschrieben und von Schubert vertont, macht dies anschaulich:

Mitten im Schimmer der spiegelnden Wellen
  Gleitet wie Schwäne der wankende Kahn;
Ach, auf der Freude sanftschimmernden Wellen
  Gleitet die Seele dahin wie der Kahn;
Denn von dem Himmel herab auf die Wellen
  Tanzet das Abendrot rund um den Kahn.
...
Ach es entschwindet mit tauigem Flügel
  Mir auf den wiegenden Wellen die Zeit.
Morgen entschwinde mit schimmerndem Flügel
  Wieder wie gestern und heute die Zeit,
Bis ich auf höherem strahlenden Flügel
  Selber entschwinde der wechselnden Zeit.

(1. und letzte [3.] Str.)

Mit dem tränenreich beklagten Weggang der Stolbergs aus Göttingen verliert die Gruppe an Schwung. Der berühmte *Musen-Almanach auf das Jahr 1774*, der nahezu alles vereinte, was an poetischer Kraft Zukunft versprach, war redigiert. Es war der Zenit, danach begann der langsame Abstieg. Im Rückblick – vom Oktober 1776 – allerdings konnte Boie mit Stolz und zu Recht konstatieren: «Welche Schritte hat die deutsche Poesie gemacht seit Entstehung der Almanache.» Und wenig später – in einem Brief an Nicolai vom 12. Dezember: «Ich sehe Übertriebenes wie Sie in vielem was itzt gesungen, gesagt, getan wird, aber laßt es nur ausbrausen; die Hefen werden von selbst abfließen und dann wird auch die gegenwärtige Gärung viel Gutes für den deutschen Geist zurücklassen.» Die «Gärung» war in Göttingen früh- und kurzzeitig zum Ausbruch gekommen, aber sie war darüber hinaus ein Generationsereignis. Von Göttingen unabhängig – wenn auch in loser Verbindung zum «Hain» – gingen die Stürmer und Dränger ihre eigenen Wege, und eben das Jahr 1774, das den Höhepunkt des Hainbundes bringt, zeigt mit Lenz' *Hofmeister* und Goethes *Leiden des jungen Werthers*, daß die «Gärung» sich nicht allein auf dem Felde der Lyrik vollzog. Die Bestrebungen des

Bundes und sein Programm von Freiheitsliebe und Volksnähe sind denn auch undenkbar ohne das ‹Umfeld›, mit dem sie in ein produktives Gespräch kommen und das über die Almanache hinaus seine eigenen «Schritte» in der deutschen Poesie tut. In der Entwicklung der Lyrik sind aus diesem Umkreis insbesondere Gottfried August Bürger (1747–1794), Christian Friedrich Daniel Schubart (1739–1791) und Matthias Claudius (1740–1815) hervorzuheben.

Gottfried August Bürger stand dabei dem Hainbund am nächsten. Nach dem Studium der Theologie in Halle war der Pfarrerssohn 1768 nach Göttingen gekommen, um dort Rechtswissenschaft zu studieren, aber noch ehe der Bund formell gegründet war, mußte er 1772 die Amtmannsstelle von Altengleichen mit Sitz in Gelliehausen annehmen. Bürgers Leben – schon in Göttingen ökonomisch und privat chaotisch – war eine einzige Katastrophe, voll von leidenschaftlichen Verirrungen, sozialen Niederlagen und ökonomischen Existenzbedrohungen. Eine Dichtergestalt, die in mancher Hinsicht die bürgerlichen Schattenseiten einer Generation veranschaulichen kann, der der Ausbruch aus der zeitgenössischen Normenwelt zum Lebensbedürfnis wird und die ohne sozialen Rückhalt die damit unumgänglichen Spannungen existentiell auszutragen gezwungen wird. Das verbindet ihn mit den Stürmern und Drängern, ohne daß er sich doch wie diese im dramatisch-revolutionären Gestus (Lenz, Klinger) oder im lyrischen Pathos der Natureinheit (Goethe) von der Tradition befreien kann. Das Ambivalente und Unabgeklärte in Bürgers Werk in seinem selbständigen Gewicht ernstzunehmen und als generationstypisch zu deuten, wurde endgültig und in für den Dichter tragischer Weise durch Schillers grundsätzliches, poetisch und menschlich vernichtendes Verdikt in der *Allgemeinen Literaturzeitung* von 1791 verhindert. Bürger geriet zwischen die Fronten zweier Literaturkonzeptionen, sein Bild wurde von der Klassik überschattet und bis zur Unkenntlichkeit entstellt.

Begeisterung, naturalistisches Schwelgen in den ‹Nachtseiten› der Wirklichkeit, pathetisches Ausdrucksverlangen, aber auch resignierende, melancholisch sich vereinzelnde Klage kennzeichnen den poetischen ‹Stimmungsraum› seiner Dichtung. Ganz in der Nachfolge von Herders *Briefwechsel über Ossian und die Lieder alter Völker* (1773) fühlt er sich zum Volksdichter berufen: In seinem *Herzensguß über Volks-Poesie* (1776), der Stolbergs *Fülle des Herzens* vorwegnimmt, dabei aber die private Aussprache auf das Volkstümliche hin ausweitet, ist ihm die «Lyrik des Volkes» identisch mit einer Poesie «der Natur»; sie soll «den verfeinerten Weisen ebensosehr als den rohen Bewohner des Waldes, die Dame am Putztische wie die Tochter der Natur hinter dem Spinnrocken und auf der Bleiche entzücken». «Popularität» in diesem Sinne verstanden wird das Leitmotiv in seiner kulturellen Umschau: ihr folgte seine «Eindeutschung» des Homer, für die er Proben 1771 vorgelegt hatte und deren jambische Versform – Ausdruck für die «gedrungene, markige, nervenstraffe Deutschheit» – er in den *Gedanken über die Beschaffenheit einer deutschen Übersetzung des Homer* (1771) und in *An einen Freund über die Deutsche Ilias in Jamben* (1776) rechtfertigte. Ihr verdankt sich aber auch seine Hinwendung zum «Genius Shakespeares», dessen Macbeth er – begonnen 1777, aber erst 1783 veröffentlicht – mit der Gewalt einer affektgeladenen Sprache verdeutscht, «daß einem die Haare dabei zu Berge stehn». Vor allem aber ist sie bestimmend für Bürgers nachhaltigsten Beitrag zur deutschen Literatur: für seine Balladen. Seit seine *Lenore* – geradezu in Konkurrenz mit früheren Balladen Höltys und unter kritischer Mithilfe der Hainbündler entstanden – im *Almanach* von 1774 erschienen war, ließ ihn die Gattung nicht los: «Diese Dichtungsart scheint beinah vorzüglich mein bescheiden Los zu sein. Sie drängt sich mir überall, auch wo ich sie nicht rufe, entgegen; alle meine poetischen Ideen verromanzieren und verballadieren sich wider meinen Willen.»

Bürger inthronisiert einen Gattungstypus, der als Geisterballade die deutsche Literatur bereichern wird. Von *Lenore* über *Leander und Blandine* (1776), *Der wilde Jäger* (1778), *Des Pfarrers Tochter von Taubenhain* (1776/81) bis zu *Graf Walter* (1789) entfaltet sich eine Kette von Grauenbildern, die «alles, was die Natur in Schrecken setzen kann», so arrangieren, daß es den Lesern – wie er im Bezug auf *Lenore* bemerkt – «eiskalt über den Rücken laufen» werde. Im Vergleich zu Herders Konzept der Naturpoesie übersteigert Bürger bewußt die im Stoff vorgegebenen Effekte: «Das Nachbild der Natur» – so erläutert er im Zusammenhang mit *Der wilde Jäger* – «muß... die nämlichen Eindrücke machen wie das Vorbild der Natur. Du mußt das wilde Heer in meinem Liede ebenso reiten, jagen, rufen, die Hunde ebenso bellen, die Hörner ebenso tönen und die Peitschen ebenso knallen hören und bei allem dem Tumult ebenso angegriffen werden, als wär's die Sache selbst.» Der «Tumult» wird zu einem sprachlichen Anordnungsprinzip, das – den Stoff dramatisierend – den hektisch-übersteigerten, grausig-deformierenden Bewegungsverlauf nur noch bedingt und zuweilen gewaltsam in die Bahnen einer religiös gesicherten Ordnung zurücklenken kann. Und diesem äußeren entspricht ein innerer «Tumult»: Bürgers Schauerballaden sind Variationen dessen, was er in *Lenore* konstatiert: «So wütete Verzweifelung / Ihr in Gehirn und Adern.» Das pathetische Ausdrucksverlangen scheint in diesem Desparationsgestus, der seine Balladenwelt durchzieht, seinen Grund zu haben. Aber die Anziehungskraft der Verzweiflungskonstellationen führt zu einer stofflichen Verselbständigung des Grausigen, die in der Kumulation doch wiederum nur den konstruierenden Autor enthüllt und nicht das für sich stehende Volkstümliche, wie es Herders Vorstellungen entsprach. Bürgers Eigenart, aber wohl auch seine Begrenzung wird in dieser sprachlich minuziös organisierten Inszenierung des Desorganisierten in der Welt des «Herzens» und der gesellschaftlichen Zusammenhänge zu sehen sein. Aber auch diese Auflösungsbilder, die in ihrer Deformationsapologetik an den geistigen Grundlagen des Zeitalters rütteln, haben eine theologische Brisanz, die nur mühsam durch moralisierende Einebnungen am Ende der Balladen zugeschüttet wird. In ihnen tritt die unaufgelöste Spannung, die Bürgers Leben und Werk durchzieht, zutage.

Solch eine Spannung kennzeichnet die lyrischen Gedichte in besonderem Maße. Es ist Bekenntnisdichtung, die in vielfachen formalen Variationen die privaten Erfahrungsweisen eines Ichs thematisiert, aber nur selten dies Ich in persönlicher Aussage zu Wort kommen läßt. Verzweiflung, Verlust und unerfüllte Hoffnungen sind auch hier die Themen, aber sie kreisen als Reflexions- und Gefühlsgegenstände monomanisch in sich und verbleiben im Gestus des Vorstellens, nicht des Ausdrucks. Wenn er etwa «vom süßesten der Triebe» spricht (*Seufzer eines Ungeliebten*, 1774) und Klage über die mangelnde «Gegenliebe» führt, so begrenzen sich Frage und Ausruf auf Rhetorik («Hast du nicht Liebe zugemessen / Dem Leben jeder Kreatur? / Warum bin ich allein vergessen, / Auch meine Mutter du! Natur?»). Oder wenn er sich an den «lieben Mond» wendet und über das «Weh» seines «kranken Herzens» klagt (*Auch ein Lied an den lieben Mond*, 1778), so bleiben Gefühl, Gegenstand und Natur unverbunden nebeneinander, ohne über die Anrede hinauszukommen: «Wen hätt' ich sonst, wann überlange Nächte / Entschlummern mich, du weißt wohl was, nicht läßt, / Dem alles ich so klagen könnt' und mochte,/ Was für ein Weh mein krankes Herz zerpreßt?» Einzig in seinen späteren Liebesgedichten an Molly (der englischen Vorbildern verpflichtete Dichtername seiner zweiten Frau), so etwa in *Für sie mein Eins und Alles* (1788) und in den elegischen Gesängen über den Tod Mollys gelingt ihm ein persönlicher Ton, der sich volksliedhafter Leichtigkeit annähert:

Mir tut's so weh im Herzen!
Ich bin so matt und krank!
Ich schlafe nicht vor Schmerzen;
Mag Speise nicht und Trank;
Seh alles sich entfärben,
Was schön war rund umher,
Nichts, Molly, als zu sterben,
Nichts, Liebchen, wünsch ich mehr.

Wirklich volkstümlich wurde Bürger indes nicht durch seine Lyrik, sondern durch eine anonym erschienene nacherzählende Übersetzung von Lügengeschichten, mit der Rudolf Erich Raspe (1737–1794) 1785 in England reüssiert hatte und die Bürger 1786 – um einige Stücke vermehrt – unter dem Titel *Wunderbare Reisen zu Wasser und zu Lande, Feldzüge und lustige Abentheuer des Freyherrn von Münchhausen*... rückübertrug. Sozusagen im Medium des Volksbuchs lebendig fabulierend erreicht er die Popularität, auf die es ihm zeit seines Lebens ankam. Aber er kann sie nicht mehr auskosten, weder finanziell noch menschlich: erst 1798 wird die Anonymität gelüftet, 1794 war Bürger völlig verarmt und, durch Schillers Verdikt auch literarisch erschüttert, gestorben.

Volkstümlichkeit war das Stichwort, das, seitdem es Herder programmatisch formuliert hatte, die junge Generation verband. Mit Schillers Forderung nach einer «Idealisierung» des Volks in *Über Bürgers Gedichte* (1791) war diesem Programm die soziale und politische Spitze genommen. Noch ehe aber Schillers «heitre,... ruhige Seele» die Spannungen harmonisierend einebnen konnte, vermochte Christian Friedrich Daniel Schubart die Öffentlichkeit aufzustören und durch dezidiert politische Werke populär zu werden. Schubart wären die Worte Schillers über den idealen Dichter wie ein Hohn erschienen: «Kampf mit äußern Lagen und Hypochondrie, welche überhaupt jede Geisteskraft lähmen, dürfen am allerwenigsten das Gemüt des Dichters belasten, der sich von der Gegenwart loswickeln und frei und kühn in die Welt der Ideale emporschweben soll.» Sein Leben – nach abgebrochenem Theologiestudium Schullehrer, später Organist und Musikdirektor in Ludwigsburg, 1773 dort aus privaten und politischen Gründen abgesetzt und ausgewiesen, 1777 von Ulm auf württembergisches Gebiet gelockt und dort ohne Urteil für zehn Jahre in Hohenasperg eingekerkert – war gewiß ein «Kampf mit äußern Lagen», aber in diesem Kampf erwachte das «Gemüt des Dichters», nicht allerdings um in die «Welt der Ideale» emporzuschweben, sondern um sich einer barschen «Gegenwart» von Fürstenwillkür anzunehmen:

Mich drängt der hohen Freiheit Ruf;
  Ich fühl's, daß Gott nur Sklaven
Und Teufel für die Ketten schuf,
  Um sie damit zu strafen.

Was er hier in seinem Kerkergedicht *Der Gefangene* formuliert, setzt er in *Auf die Leiche eines Regenten* indirekt, in *Die Fürstengruft* mit krasser Eindeutigkeit und im *Kaplied* mit klagendem Appell angesichts des württembergischen Soldatenverkaufs fort:

Auf, auf! ihr Brüder und seid stark,
  Der Abschiedstag ist da!
Schwer liegt er auf der Seele, schwer!
Wir sollen über Land und Meer
  Ins heiße Afrika.

(Kaplied, 1. von 12 Str.)

Im Vorbericht zur Ausgabe seiner *Sämtlichen Gedichte* (1785/86) charakterisiert der sozial unstete, sich im Sturm-und-Drang-Gestus auslebende Dichter, den Bürger «einen wahren poetischen Vesuv ohnegleichen» nennt, die Entstehung seiner anklägerischen wie sein Schicksal bejammernden Gedichte so: «Wüßtest Du, in welcher Lage ich die meisten meiner Lieder sang, wie ich sie oft mehr *niederblutete* als *niederschrieb*...» Aber die musisch-poetische Doppelbegabung, die die Musik zu seinen Liedern selbst komponierte, bleibt nicht bei diesem Gefühlsausdruck stehen. Schon vor seiner Einkerkerung, die ihn in deutschen Landen geradezu zum Mahnmal der Fürstenwillkür machte, hatte er sich durch das journalistische Medium eine breite Öffentlichkeit geschaffen. Ab 1774 gab er seine zweimal wöchentlich und in 3000 Exemplaren erscheinende *Deutsche Chronik*, zunächst in Augsburg, dann wegen politischer Schwierigkeiten in Ulm heraus. In ihr machte er ein sozial breit gestreutes Publikum mit den Verhältnissen der Unterschicht vertraut und praktizierte Volkstümlichkeit dadurch, daß er für würdige Lebensbedingungen des Volks eintrat. Ab 1787 (nach seiner Freilassung) setzte er sie als *Vaterländische Chronik*, ab 1788 als *Vaterlandschronik* fort, und als solche erschien sie unter der Federführung seines Sohnes Ludwig und des Hölderlin-Freundes Stäudlin über seinen Tod hinaus bis 1793. Auch in diesen Zeitschriftenunternehmen ist Schubart vordringlich Literat, aber er gibt den vielfältig variierten tradierten Gattungsformen (wie Brief, Dialog, Fabel, Gedicht oder Anekdote) und den ans Gefühl appellierenden Stilmitteln eine Zielrichtung, die dem Privaten – ohne belehrend zu sein – die öffentliche Virulenz abgewinnt. In dieser, zuweilen pathetisch gesteigerten Form und in ihrem Eintreten für den rousseauistischen Naturglauben, aber auch für den aufrührerischen «Tumult», haben Schubarts *Chronik* und seine Gedichte ihre Wirkung auf Schiller nicht verfehlt, ehe dieser sich vom ‹Stürmen› «in seinem Busen» abwendet und der «Sonnenklarheit» klassischer Idealität verschreibt.

«Sonnenklarheit» ganz eigener Art und «die heitre, die ruhige Seele» finden sich indes bei einem Autor, der in nicht übertroffener Weise den volkstümlichen Ton in Lyrik und Prosa zu treffen wußte: bei Matthias Claudius. Zeit seines langen Lebens hat er sich auch darum bemüht, den «Kampf mit äußern Lagen und Hypochondrie» von sich fernzuhalten, ohne doch damit «frei und kühn in die Welt der Ideale emporschweben» zu wollen. Im Gegenteil: Nichts war ihm teurer als der kleine, unbeschwerte Kreis seiner engen Häuslichkeit des Städtchens Wandsbek bei Hamburg, und die beruflichen Ausflüge in die Ferne (1764–65 als Sekretär des Grafen Holstein in Kopenhagen [wo er auch Klopstock traf], 1776–77 als Oberlandeskommissar in Darmstadt) haben ihn nicht lange festhalten können. «Gegenwart» ist für ihn seine Familie – seit 1772 war er mit der Schreinerstochter Rebekka Behn verheiratet, dem «Bauermädchen», das ihm zwölf Kinder gebar –, sein Garten, seine Freunde, die der unprätentiöse, gesellige und dabei nachdenkliche Mann an sich zu ziehen wußte (unter ihnen nahezu alle großen Schriftsteller der Zeit). Als Journalist schlägt er sich mehr schlecht als recht durch: zunächst bei den *Hamburgischen Adreß-Comptoir-Nachrichten* (1768–70), sodann als Redakteur des durch ihn berühmt gewordenen Landblättchens

Der Wandsbecker Bote (1771–75). Nach seiner Entlassung in Darmstadt war er verarmt; eine dänische Dichterpension rettet ihn und seine große Familie vor dem Ärgsten, eine leicht zu verwaltende Stelle als Bankrevisor in Altona sichert ihm schließlich 1788 sein Auskommen. Nur noch einmal belästigt ihn die «Gegenwart»: die Napoleonischen Kriege vertreiben ihn aus Wandsbek und verdrießen ihm die letzten Jahre, ehe er 1815 stirbt.

Der literarische Ertrag dieses allen bürgerlichen Aufstiegsambitionen abgeneigten Lebens ist an seine Zeit beim *Wandsbecker Boten* gebunden. Als dieser 1775 eingeht, gibt Claudius eine Sammlung seiner Beiträge unter dem Titel *Asmus omnia sua secum portans oder Sämmtliche Werke des Wandsbekker Bothen I. und II. Theil*, 1777 einen weiteren und 1783, 1790, 1798, 1803, 1812 die restlichen – insgesamt acht – Teile heraus. In ihnen ist sein Lebenswerk enthalten. Verstreut unter vielfachen Formen einer «launigten» Rollenprosa finden sich die Gedichte, die seinen Ruhm bis heute begründet haben. Ein Erbauungston in Volkskalenderform mit einer fast raffinierten Simplizität ist der Rahmen, in den sich die lyrischen Texte einordnen und in dem sie ihre bekenntnishafte, zugleich aber auch sentenzenhaft-typisierende Funktion erhalten. Claudius ist sicher nicht der naive Idylliker, als der er sich gibt. Wenn er bemerkt, «daß alles Quark ist außer einem fröhlichen Herzen, das seiner bei aller Gelegenheit mächtig ist», oder feststellt: «Meine Philosophie ist einfältigen, ärmlichen Ansehens, aber ich habe noch keine andere gefunden, die unter allen Umständen stichhält», dann verrät sich in solchen Formulierungen auch, daß sein heiterer Stoizismus eine Art Bollwerk gegen die ‹Schattenseiten› des Lebens darstellt. Bewältigungsmöglichkeiten, die «unter allen Umständen» stichhalten, können ihm philosophische Systeme – er steht ihnen zeitlebens skeptisch gegenüber – ebensowenig bieten wie theoretischen Prinzipien verpflichtete gesellschaftliche Umwälzungen (wie die Französische Revolution). Einer der zentralen «Umstände» des Lebens, denen gegenüber das Denken nicht «stichhält», scheint biographisch die frühe Erfahrung des Todes gewesen zu sein, und zwar als sein Bruder Josias, zu dem er ein enges Verhältnis hatte, 1760 in seinem Beisein qualvoll an den Blattern starb. Der Eindruck dieses Sterbens, das er in einer Totenrede festhält, führt zu einer Variante der Theodizee, die zwar Gott freispricht und dem Menschen die Übel dieser Welt zuweist, aber zugleich in der Behauptung gegenüber dem «Unglücklich»-Sein den Lebenskern sieht. Es scheint, als ob dieser Dichter der Einfalt und der schlicht-alltäglichen Sittlichkeit seinen Lebensoptimismus – anders als seine aufklärerischen Zeitgenossen – *trotz* des Leidens und des Grauens dieser Welt entwickelt und gegen diese behauptet, auch und vor allem in den Herausforderungen, die ihm sein langes Leben privat und sozial reichlich beschert. Als Dichter wird er geradezu vom Tod angezogen, und seine persönlichsten, in ihrem spruchhaften Gestus zugleich privatesten Gedichte handeln vom Tod: von der «Schmerz»-Klage in *Bei dem Grabe Anselmos* (seines ersten Sohnes) (1773) über den abgeklärten Ton in

Bei dem Grabe meines Vaters (1773), *Der Tod und das Mädchen* (1775), *Nach der Krankheit* (1777) bis zu *Christiane* (seiner zweiten Tochter) (1796), das von Arnim und Brentano in *Des Knaben Wunderhorn* aufgenommen wurde, und *Der Tod* (1797). Es ist die große, stille, aber auch von der Endgültigkeit des Todes überschattete Ordnung, die Claudius in von Rhetorik nicht beschwerte Bilder bringt, die Ruhe angesichts des Unumgänglichen und daher freudig Entgegenzunehmenden suggerieren. Im Gedicht über den Tod seiner Lieblingstochter Christiane etwa lauten die erste und die letzte (vierte) Strophe:

Es stand ein Sternlein am Himmel,
  Ein Sternlein guter Art;
Das tät so lieblich scheinen,
  So lieblich und so zart.
...
Das Sternlein ist verschwunden.
  Ich suche hin und her,
Wo ich es sonst gefunden,
  Und find es nun nicht mehr.

Das lakonisch den Lauf des Erdenlebens aufzählende Gedicht *Der Mensch* (1782) mit seinen Schlußversen

Und alles dieses währet,
  Wenns hoch kommt, achtzig Jahr,
Denn legt er sich zu seinen Vätern nieder,
  Und er kömmt nimmer wieder.

bringt die Wechselhaftigkeit des Lebens zwischen «Freude und Gefahr» in die Gesetzhaftigkeit eines Naturzusammenhangs zurück, die – weil ohne Wahl für den Menschen – nur die Möglichkeit übrigläßt, alles Menschliche als das Natürliche in seinem Gegebensein anzunehmen und in den ‹kleinen Freuden› dieses Lebens das Walten einer höheren Kraft zu genießen.

Es ist Brockes' physikotheologischer Gedanke, nun aber durch Johann Christian Günthers Leidenserfahrungen gebrochen, von Zweifeln angefochten und in die Sprachform einer säkularisiert-pietistischen Empfindsamkeit gebracht, der hier in volkstümlicher Gestalt wiederaufkommt. Der alle Erfahrungsschwere in sprachlicher Leichtigkeit ‹aufhebende› Ton in den Naturgedichten – allen voran im *Abendlied*, das Herder bezeichnenderweise in die Sammlung seiner Volkslieder aufnimmt – sichert Claudius eine Popularität über die Zeiten hinweg, die in dieser Breite keiner seiner Generation sonst erreicht hat:

Der Mond ist aufgegangen,
Die goldnen Sternlein prangen

Am Himmel hell und klar;
Der Wald steht schwarz und schweiget,
Und aus den Wiesen steiget
Der weiße Nebel wunderbar.
...
So legt euch denn, ihr Brüder,
In Gottes Namen nieder!
Kalt ist der Abendhauch.
Verschon uns, Gott, mit Strafen,
Und laß uns ruhig schlafen,
Und unsern kranken Nachbar auch!

(*Abendlied*, 1. und letzte [7.] Str.)

Von den jungen Dichtern des Göttinger Hains unterscheidet ihn, daß er die Spannungen und Diskrepanzen der Zeit nicht von politischen oder literaturtheoretischen Programmen her aufzugreifen und zu bewältigen sucht, sondern daß er sie als Elementarkonstellationen der Natur in die naive Archaik einer Bildkomposition zwingt, die im Wiedererkennen der Gefährdungen zugleich deren Auflösung anbietet. In dieser Hinsicht war er ein Außenseiter der Zeit. Bürgerliche Befreiungsbewegungen können sich ebenso wenig auf ihn berufen wie er eigentliche Nachfolger gefunden hat. Nur Johann Peter Hebel (1760–1826) folgt mit seinen *Alemannischen Gedichten* (1802) und im *Schatzkästlein des rheinischen Hausfreundes* (1811) in manchem seiner Spur.

II. DER STURM UND DRANG UND DER JUNGE GOETHE

1. Begriff, Anspruch und Entwicklung des Sturm und Drang

Die Bezeichnung «Sturm und Drang»

«Laßt mir Luft, daß ich reden kann!» – «Ich mögte beten wie Moses im Koran: Herr mache mir Raum in meiner engen Brust.» – «Erwürg mein Gefühl; oder schaff' mir einen Platz, wo ich all meine Tätigkeit, all mein Vermögen brauch'». Sätze dieser Art – der erste aus Goethes Rede *Zum Shakespeares-Tag* (1771), der zweite aus seinem Brief an Herder vom 10. Juli 1772, der dritte aus Friedrich Maximilian Klingers Drama *Die neue Arria* (1776) – sind typisch für den Sturm und Drang, oder richtiger: für das Gefühl des Ungenügens an der vorhandenen Wirklichkeit und für die daraus erfolgende Auflehnung, die dann als «Sturm und Drang» in die Literaturgeschichte eingegangen ist. Einer ihrer Hauptvertreter, Jakob Michael Reinhold Lenz, drückte eine verbreitete Stimmung in der jungen Schriftstellergeneration folgendermaßen aus:

«Wir werden geboren – unsere Eltern geben uns Brot und Kleid – unsere Lehrer drücken in unser Hirn Worte, Sprachen, Wissenschaften – irgendein artiges Mädchen drückt in unser Herz den Wunsch, es eigen zu besitzen, es in unsere Arme zu schließen (...) – es entsteht eine Lücke in der Republik, wo wir hineinpassen – unsere Freunde, Verwandte, Gönner setzen an und stoßen uns glücklich hinein – wir drehen uns eine Zeitlang in diesem Platz herum wie die andern Räder und stoßen und treiben – bis wir, wenn's noch so ordentlich geht, abgestumpft sind und zuletzt wieder einem neuen Rad Platz machen müssen – das ist meine Herren! ohne Ruhm zu melden unsere Biographie (...) Aber heißt das gelebt? heißt das seine Existenz gefühlt, seine selbständige Existenz, den Funken von Gott?» (*Über Götz von Berlichingen*, etwa 1774).

Die Protagonisten der neuen Bewegung verstanden sich zwar nicht eigentlich als Schule oder Gruppe im heutigen Sinn des Wortes, waren aber für die Zeitgenossen durchaus als solche erkennbar: der *Teutsche Merkur* spricht von Hamanns und Herders «Parthey» oder gar «Secte» und rechnet hierzu vor allem Goethe und Lenz. Die Bezeichnung Sturm und Drang selbst hat sich in der Literaturgeschichte des 19. Jahrhunderts eingebürgert (sie ist der Titel eines Dramas von Klinger, das ursprünglich *Wirrwarr* hieß) und ist seitdem im Gebrauch – freilich auf unterschiedliche Weise. Verzichten möchte niemand auf diese griffige Formulierung, wohl aber läßt sie sich extensiv wie intensiv, im weiteren wie im beschränkteren Sinne verwenden.

Während einige ältere Literaturgeschichten – noch im Banne der Weimarer Klassik – den Sturm und Drang mitunter als unreife Vorstufe abtaten – bei der dann die kleineren Geister geblieben seien, während Goethe und Schiller sich glänzend weiterentwickelt hätten –, wird in den meisten neueren Darstellungen dem Sturm und Drang ein Eigenleben zugestanden, wobei dann die Interpretation des literarischen Aufbruchs oder, mit einem späteren Ausdruck Goethes, der «literarischen Revolution», sehr unterschiedlich aussieht. Die Geistesgeschichte sah den Sturm und Drang vor allem als Durchbruch des Irrationalismus oder gar als Einleitung der großen «Deutschen Bewegung»; modifizierter war von der «Überwindung» der Aufklärung (oder zumindest von deren «Einseitigkeit») die Rede. Betont wurde die Loslösung vom Rationalismus, die Entdeckung von Natur, Herz, Seele und die Stellung des Sturm und Drang als Herold, wenn auch noch nicht als vollgültiger Vertreter eines goldenen Zeitalters der deutschen Literatur. Die marxistische, aber auch große Teile der jüngeren «bürgerlichen» (was immer das sei) Literaturgeschichtsschreibung haben den Sturm und Drang eher als *Teil* der Aufklärung begriffen, als eine Radikalisierung von aufklärerischen Positionen, die nicht zuletzt auch einen scharfen sozialen Protest beinhaltet und utopische Entwürfe macht, wenn auch nur ansatzweise. Man hat auf den «plebejischen» Zug des Sturm und Drang, den man auch den antifeudalen oder antihöfischen Zug nennen könnte, hingewiesen. Zugleich ist aber oft hervorgehoben worden, daß der Protest eben ein literarischer geblieben sei, und der Sturm und Drang erscheint dann einerseits als ein Aufbegehren gegen die «deutsche Misere», andererseits auch als deren Ausdruck: statt Politik Literatur, statt wahrer Öffentlichkeit Nationaltheater. Dieser Deutung hat bereits Goethe Vorschub geleistet, als er in *Dichtung und Wahrheit* rückblickend seine eigene «Werther-Zeit» charakterisierte: «von unbefriedigten Leidenschaften gepeinigt, von außen zu bedeutenden Handlungen keineswegs angeregt» (13. Buch), habe man sich in Ersatzstimmungen gefallen. Die eingangs angeführten Zitate belegen diese Stimmung auch schon für die 1770er Jahre selbst (und eine Beschreibung wie die im Roman *Anton Reiser* (1785/90) von Karl Philipp Moritz spricht wiederum vom Theaterinteresse als Wirklichkeitsflucht). In der ersten Fassung von Goethes Singspiel *Claudine von Villa Bella* (1776) sagt die männliche Hauptfigur Crugantino: «Wo habt ihr einen Schauplatz des Lebens für mich? Eure bürgerliche Gesellschaft ist mir unerträglich!» Schauplatz – aber des Lebens!

Je nachdem wie große Bedeutung dem Aufbruch insgesamt zugemessen wird, werden auch mehr oder weniger Vertreter genannt. Von Johann Georg Hamann als dem großen «Wegbereiter» oder «Vorläufer» bis hin zum jungen Friedrich Schiller als der Kulminationsfigur oder als dem letzten Nachzügler. Faßt man den Sturm-und-Drang-Begriff weit, ergibt sich eine Zeitspanne von fast 30 Jahren; faßt man ihn aber enger, handelt es sich um kaum zehn Jahre (die 1770er), um einen beschränkten Personenkreis (mit Goethe als dem verbindenden Faktor, sei es in Straßburg, sei es in Frankfurt und Darmstadt) und nicht zuletzt vorwiegend um *eine* Gattung, die des Dramas (und um theoretische Äußerungen, die sich auch meistens auf das Drama beziehen). Anthologien zum Sturm und Drang haben immer einen unverzichtbaren Kern von Texten – von Goethe, Lenz, Klinger – und dann eine wechselnde Auswahl, die vom jeweiligen Standort des Herausgebers bestimmt wird. Je theoretischer der Begriff Sturm und Drang gefaßt wird, um so einleuchtender scheint die sozialkritische oder utopische Interpretation (z. B. P. Müller), je mehr auf die Dichtung der Zeit das Hauptgewicht gelegt wird, um so doppeldeutiger erscheint die ganze Bewegung. Denn auch die Texte der über jeden Zweifel erhabenen Stürmer und Dränger legen Zeugnis ab nicht nur von Aufbruch und Protest, sondern auch von Zusammenbruch, Melancholie, von Gefühlsseligkeit und zugleich von einer Verzweiflung, die sich nicht so sehr gesellschaftlich als metaphysisch begreift (z. B. *Die Leiden des jungen Werthers*, 1774). Dann erscheint der gesamte Sturm und Drang fast als eine Unterabteilung der Empfindsamkeit, was er ja gewiß *auch* ist (s. oben S. 172ff.).

Ob aber der Sturm und Drang als gemeinsamer Nenner für die ganze junge Generation oder vor allem als Bezeichnung für das Drama der 1770er Jahre gilt: auf jeden Fall ist diese Bewegung eine Jugendbewegung. Sie attackiert die ältere Literatur (freilich nicht *en bloc*), und sie verbindet die jüngeren Autoren. Die Unterschiede zwischen der empfindsamen, zuweilen freilich auch politisch anklagenden, Lyrik im Göttinger Hain und der aggressiven Dramatik des Frankfurt/Straßburger Kreises sind zwar deutlich, aber man kennt sich, und man streitet sich nicht, jetzt nicht, sondern kämpft gemeinsam gegen Rokoko und Spätaufklärung, will sagen gegen Wieland und Nicolai. Die angebliche Frivolität des ersteren ist dem neuen Ernst der Jüngeren ein Dorn im Auge, die Vernunft des letzteren scheint ihnen jeden Höhenflug vermissen zu lassen. Eine scharfe Trennung zwischen Sturm und Drang und Hainbund läßt sich schwerlich vornehmen: Gestalten wie die Brüder Stolberg oder die Brüder Jacobi gehören nicht hierhin oder dorthin; einige Sturm-und-Drang-Gedichte Goethes sind im *Göttinger Musenalmanach* erschienen (*Der Wanderer* im «großen» Jahrgang 1774, vgl. oben S. 404, *Der Kenner* 1776), andere in Johann Georg Jacobis «Zeitschrift für Frauenzimmer» *Iris* (1775).

In der hier gewählten Konzeption erscheint der Sturm und Drang vorwiegend als Bezeichnung für das neue Drama der 1770er Jahre und darüber hinaus als eine Phase in der Entwicklung Goethes: denn seine Gestalt ist es, die allen Versuchen einer Positionsbestimmung gemeinsam ist. Weder soll dadurch die Rolle Hamanns und Herders noch auch die Bedeutung des Aufbruchs für den jungen Schiller geleugnet werden; doch scheinen diese Autoren eher zu ihrem Recht zu kommen, wenn sie nicht nur im Lichte des Sturm und Drang gesehen werden. Nicht alles, was als Merkmale des Sturm und Drang zur Sprache kommt, gehört dieser Bewegung allein; denn selbstverständlich ist sie wiederum Teil eines größeren Ganzen, der Konstituierung der neuen bürgerlichen Literatur, von der dieser Band insgesamt handelt (wobei auch dieser sozialgeschichtliche Begriff neuerdings immer stärker differenziert wird).

Natur und Genie

Eine späte Aufzeichnung Goethes, *Epochen deutscher Literatur* genannt, faßt den Unterschied zwischen den Jahren 1750–70 und der literarischen Revolution folgendermaßen zusammen:

«Von 50–70: ruhig, emsig geist- und herzreich, würdig, beschränckt, fixirt, pedantisch, respecktvoll, antik-gallische Cultur, formsuchend

Von 70–90: unruhig, frech, ausgebreitet, leichtfertig, redlich, Achtung verschmähend und versagend, engl.[ische] Cultur, Form willkührl.[ich] zerstörend und besonnen herstellend» (WA I, 42.2, S. 512 f.)

Hier wird bereits die frühere Literatur «herzreich» (also empfindsam) und nicht nur «geistreich» genannt, und gegenüber dem eben Gesagten von der

Ernsthaftigkeit der neuen Literatur im Vergleich zur angeblichen Leichtfertigkeit der älteren fällt auf, daß gerade die Bezeichnung «Leichtfertigkeit» der jungen Literatur vorbehalten wird (vor allem aber ist wohl «Neues riskierend» gemeint, Respektlosigkeit gegenüber überlieferten Mustern). Aber ganz abgesehen davon, daß es sich hier um ein Schema handelt, das nicht nur den Sturm und Drang im engeren Sinne, sondern die Gesamtentwicklung (bis hin zur «besonnenen Herstellung» der Form in der Klassik) zu fassen versucht, bleiben doch die Unterschiede wesentlich: das Unruhige gegenüber dem Ruhigen, die polemische Stoßrichtung, die sich nicht zuletzt in den Literatursatiren des Jahrzehnts (von Goethe, Lenz, Klinger, Wagner) zu erkennen gibt, die englische (oder nordische) Kultur gegenüber der gallischen (wobei freilich die Antike auch im Sturm und Drang eine Quelle der Inspiration bleibt).

Die Gesamttendenz ist deutlich genug, nicht nur im Rückblick: sie richtet sich gegen die höfische, die feudale Gesellschaft und daher auch gegen deren Formkonventionen. Da diese sich aus dem Französischen herleiten, richtet sich der Sturm und Drang gegen dieses Französische unter Betonung des Nordischen oder des Deutschen – nicht so sehr im modernen nationalen als im soziologischen Sinne: Das Deutsche ist der wahre Ausdruck des Volkes, das Französische dagegen nur der Ausdruck, die Sprache einer herrschenden Klasse. In der Nachfolge Rousseaus wird die Natur gegen die real existierende Zivilisation ausgespielt, nicht etwa aus purem Irrationalismus, sondern als Befreiungs«katalysator». Dabei ist der Naturbegriff keineswegs unproblematisch. Die Natur ist nicht einfach das Gute, das der schlechten Gesellschaft gegenübersteht, vielmehr ist sie das *Ganze*, das die Zerstückelung der Gesellschaft, «die fatalen bürgerlichen Verhältnisse» (Werther) überwinden hilft; vor allem bei Goethe findet sich von Anfang an eine sehr komplexe Auffassung der Natur. Und schließlich soll dem Individuum zu seinem Recht verholfen werden im Kampf gegen die als willkürlich begriffenen Ordnungen; erst die volle Entfaltung des Menschen führt zum Allgemeinen und Verbindenden, nicht etwa die Beschneidung des Individuellen im Namen eines vorgegebenen Allgemeinen.

Keiner dieser Begriffe ist neu: über Seele, Empfindung, Herz, Natur wird auch vor, neben und nach dem Sturm und Drang gesprochen – auch über das Genie, das als höchster Mensch dies alles in sich fassen soll. Jetzt aber gewinnt die Diskussion eine Radikalität, die ihr bis dahin abging (vgl. oben S. 112ff.). Während Lessing noch 1779 im *Nathan* eine allgemeine Brüderlichkeit propagiert und diese vor allem auf Verstehen und Toleranz gründet, scheint solches Verstehen bereits 1774 dem jungen Werther nur ein schöner Traum zu sein, weil er unter Verstehen eine Zusammengehörigkeit begreift, die von seinen Mitmenschen (und von ihm selbst) nicht zu leisten ist: «(...) wie denn keiner leicht den andern versteht», meint Werther resigniert nach seinem Gespräch mit Albert über den Selbstmord. Eine derartige Fremdheit, von der älteren Aufklärung als Gefahr durchaus erkannt, aber noch auf Distanz gehalten, wird zum zentralen Erlebnis der jüngeren Generation. Bezeichnend ist z. B., daß Karl Philipp Moritz im *Anton Reiser* gerade jene Passagen aus dem *Werther* hervorheben wird, die von dieser Fremdheit des Menschen sprechen. So zeigt sich ein Dilemma des neuen Individualismus: Wie kann Protest sich zur neuen «Gesetzgebung» entwickeln, wie wird aus der geforderten Verwirklichung des einzelnen Gesellschaft, Sozialität?

Solange die persönliche und soziale Situation gedrückt ist, genügt sozusagen der Protest; er kann schon Schwierigkeiten genug bereiten, denn die Widerstände sind enorm. Doch die Freiheit, von der jetzt geredet wird, direkt oder indirekt, in der Form der Darstellung der Unfreiheit, ist keine politisch definierbare, wenn auch politische Freiheit durchaus zu ihr gehören kann. Der Tyrannenhaß etwa der Brüder Stolberg oder anderer Hainbündler mag so «gefühlt» wie nur möglich sein (obwohl er z. B. von Wieland im *Teutschen Merkur* und später von Goethe in *Dichtung und Wahrheit* stark ironisiert wird), aber er bewegt sich noch in herkömmlichen Mustern und in der herkömmlichen Sprache und bleibt auf diese Weise letztlich innerhalb des Systems. Die Freiheit aber, von der Götz von Berlichingen oder der junge Werther reden, scheint weiter gefaßt, letzten Endes metaphysischer Art. «Dieses Leben, meine Herren, ist für unsere Seele viel zu kurz», sagt Goethe in seiner Shakespeare-Rede; nicht nur die Verhältnisse sind falsch, das gesamte Leben steht unter dem Zeichen der Unerfüllbarkeit. Das heißt ja nicht, daß die politisch-gesellschaftliche Stoßrichtung unwichtig wäre. Der berühmte Jahrgang 1772 der *Frankfurter Gelehrten Anzeigen* legt dafür Zeugnis ab, dasselbe tun die Dramen von Lenz und Wagner.

Die Sturm-und-Drang-Dramen handeln von der Unterdrückung und meinen Befreiung; diese ist das große Bestreben, jene aber ist die tägliche Erfahrung. Der Held mag in heroischem Kampfe unterliegen, wie Goethes Götz oder einige Gestalten bei Klinger, oft genug aber wird der Held gar nicht erst zum Helden, weil er von vornherein von den Verhältnissen entmachtet ist. Das Wort Adornos über Kafka: seine Figuren seien von der Fliegenklatsche getroffen, bevor sie sich überhaupt regten, trifft *mutatis mutandis* auch für die Personen bei Lenz zu. Kein Wunder, daß gerade Lenz außer Goethe der einzige Stürmer und Dränger ist, der auch im 20. Jahrhundert ein lebendiger Autor blieb.

Versteht man unter «politisch» eine wie auch immer geartete Programmatik, ist die Auflehnung, die in den Dramen und den Autoren steckt, nur in den wenigsten Fällen politisch. Wer in seinen Stücken nicht nur darstellen, sondern auch moralisieren will wie Lenz (der es freilich theoretisch ablehnt), begibt sich damit eher in die Nähe der traditionellen Aufklärung. Gesellschaftlich, politisch ist die Auflehnung dennoch, denn dem Individuum begegnen auf Schritt und Tritt die Einschränkungen in der Gesellschaft, nicht zuletzt im privaten Bereich: in der Familie, im schieren Zwang, einen Beruf wie den des Hofmeisters ergreifen zu müssen usw. (Übrigens sind im Sturm und Drang wohl weniger Autoren als früher im Dienste des Staates tätig: Lenz ist Hofmeister und [später, in Rußland] Sprachlehrer, Klinger lebt eine Zeitlang als Theaterdichter, Wagner ist Anwalt, Goethe hat Vermögen, Merck und Leisewitz freilich sind Beamte.)

Geniebewegung – so wird der Sturm und Drang häufig genannt; schon die Zeitgenossen taten es und viele von ihnen mit ironischem Unter- oder gar Hauptton. Das Genie ist sozusagen der Menschentyp der neuen Generation, verstiegen in seinen Forderungen und Vorstellungen und daher dem Spott ausgesetzt, zugleich aber Großes wagend, aufs Ganze gehend. Im Grunde ist das Genie der Mensch, der sich frei entfaltet, der von innen heraus lebt, nicht fremdbestimmt ist, und der daher auch schöpferisch ist. Im Genie drückt sich Natur aus, wenn es sein muß gegen alle Konvention – das von Goethe und den Brüdern Stolberg praktizierte Nacktbaden auf ihrer gemeinsamen Reise in die Schweiz 1775 ist ein berühmtes, zwar kleines, aber dennoch ganz aufschlußreiches Beispiel; wichtiger sind natürlich die Werke.

Das Genie muß aber nicht Dichter sein: Götz von Berlichingen ist ein großer Mann, aber kein Künstler. Wenn indessen Genie oft mit Künstlertum gleichgesetzt wird, z. B. in der Bewunderung für Shakespeare oder Pindar oder in Goethes Lobeshymnus auf Erwin von Steinbach (*Von deutscher Baukunst*, 1773), dann liegt dies nicht nur daran, daß gesellschaftliche Energie ins Künstlerische abgedrängt wird, sondern auch daran, daß gerade die Kunst der höchste Ausdruck des Schöpferischen ist. Zwar kennt auch bereits das ausgehende 18. Jahrhundert die Vorstellung von Kunst als Ersatz (Moritz, Goethe), doch der Gedanke, daß Leben sich in Kunst deutet, ist der aufregendere. Denn in der Kunst kommt alles Innere zum Ausdruck, und was zur Kunst wird, beansprucht daher zugleich, Wirklichkeit zu sein. Am deutlichsten tritt diese Vorstellung wohl in dem *Prometheus*-Fragment Goethes sowie in seinem gleichnamigen Gedicht hervor. Die Auflehnung des Prometheus gegen die Götter im Namen des Menschen drückt sich im Gedicht aus im Bild des schaffenden Prometheus, des Schöpfers von Kunstwerken, die zugleich Menschen sind, damit auch des Schöpfers seines eigenen Daseins. Auch Götz oder Klingers Simsone Grisaldo (im Drama dieses Namens) sind Genies in diesem Sinne des Wortes. Götz, der für Recht und Freiheit streitet, Simsone, der sich als Liebender voll auslebt, ohne im mindesten ein Libertin zu sein. Entscheidend ist nicht, ob das Projekt dieser Menschen gelingt in dem Sinne, daß sie bis ans Lebensende glücklich sind, sondern ob es überhaupt Gestalt gewinnt, ob also der Punkt, «wo die prätendierte Freiheit unseres Wollens mit dem notwendigen Gang des Ganzen zusammenstößt», getroffen wird (Goethe: Shakespeare-Rede).

Diese Vorstellung vom Genie als dem «totalen» Menschen ist zwar auch oft die Vorstellung vom Künstler, z. B. in Goethes *Wandrers Sturmlied* (1772) oder in seiner *Harzreise im Winter* (1777); doch sollte dies nicht nur als

Rückzug auf die ästhetische Welt begriffen werden, sondern zumindest auch als Ausdruck eines neuen Begriffes vom Kunstwerk und Künstlertum. Schiller wird später (in den *Briefen über die ästhetische Erziehung des Menschen*, 1795) von der Schaffung einer «echten politischen Freiheit» als dem «größten Kunstwerk» reden.

Der Künstler als Schöpfer – für den Sturm und Drang ist das vor allen anderen Shakespeare. Das geht aus unzähligen Äußerungen sowie aus vielen Dramen und dramatischen Versuchen hervor, besonders aus der bereits zitierten Rede Goethes *Zum Shakespeares-Tag* (1771, erst nach Goethes Tod gedruckt) und dem Aufsatz Herders: *Shakespear* in dem Sammelband *Von deutscher Art und Kunst* (1773). In Shakespeare erreicht dichterisches Genie einen Höhepunkt; er gestaltet aus der Natur und aus sich, unbekümmert um äußerliche Regeln und Gattungsgesetze, dafür aber nach einer inneren Gesetzmäßigkeit. Groß an Shakespeare sind nicht bestimmte Kunstgriffe, die man nachahmen oder lernen könnte, sondern die Fähigkeit, mit *einem* Griff das Zentrum zu fassen, «den Punkt, den noch kein Philosoph hinreichend bestimmt hat» (Goethe). Herder bestimmt in seinem Aufsatz Shakespeare als groß, weil er mit seiner Zeit und seinem Volk so im Einklang ist wie die Griechen mit ihrer Umwelt. Goethe sieht ihn wohl eher als psychologisch oder metaphysisch groß: er schafft das, was geschaffen werden *muß*, und was *er* schaffen muß. Herders Begegnung mit Shakespeare ist eine Begegnung mit der geschichtlichen Fülle, Goethes eher eine unmittelbare Begegnung mit Natur: «Nichts so Natur als Shakespeares Menschen!» Daher gilt beider Bewunderung eher dem Schöpfer als einem einzelnen Werk; nicht das Produkt, sondern die produktive Kraft ist Gegenstand der Huldigung, auch wenn das ausgeführte Werk ja den Ausgangspunkt bildet: «Schädlicher als Beispiele sind dem Genius Prinzipien», erklärt Goethe in seinem Aufsatz *Von deutscher Baukunst*: am Konkreten bildet man sich, am Konkreten wird eine alternative Tradition konstruiert. Denn bei aller Suche nach dem neuen Ausdruck bekennt sich der Sturm und Drang sehr wohl zu einer Tradition, welche auch diejenigen Autoren der älteren Generation umfaßt, die als schöpferisch anerkannt werden. Beispielhaft für die «alternative» Tradition sowie für ihre Berührung mit der etablierten sind *Die Leiden des jungen Werther*: erst Homer, dann Ossian sind seine Klassiker, Klopstock und Lessing aber sind seine Modernen. Der Name Klopstock steht für den Durchbruch zur wahren Kommunikation zwischen Werther und Lotte; Lessings *Emilia Galotti* ist Werthers letzte Lektüre.

Das Genie spricht aus Natur und schafft Wirklichkeit. Natur ist nicht mit Wirklichkeit identisch, sondern mit deren innewohnendem Prinzip oder gar mit Gott. *Deus sive natura* lautet die Formel bei Spinoza, die auch so von vielen akzeptiert wird, die keine Spinoza-Leser sind; Goethes Faust will «alle Wirkungskraft und Samen» schauen und versteht diese Naturerkenntnis als Gegensatz zu dem Leben in und aus Büchern.

Natur ohne weiteres freilich, als Wirklichkeit schlechthin, hat keinen Sinn und vermittelt keinen. In seiner Rezension von Sulzers Buch *Die schönen Künste in ihrem Ursprung, ihrer wahren Natur und besten Anwendung* (1772) spricht Goethe von der Kunst als «Widerspiel» zur Natur, und die daran gefügte Beschreibung der Natur als eines Kreislaufs ohne Sinn und Zweck in sich erinnert bereits sehr an wenig spätere Worte Werthers über das «wiederkäuende Ungeheuer» Natur. Umgekehrt kann auch Form nie wahre Natur sein, denn eine jede Form hat «etwas Unwahres» (*Aus Goethes Brieftasche*, 1776 gedruckt).

Zur Natur in dem emphatischen Sinne, den sie z. B. in Goethes Shakespeare-Rede gewinnt, gehört das inspirierte Erlebnis von Natur. Für den Sturm und Drang ist Natur einerseits rousseauistisch der positive Gegenpol zur Konvention und zu einer mehr oder weniger verdorbenen Gesellschaft, so findet man sie z. B. bei Klinger und auch in Teilen von *Werthers Leiden*; auf der anderen Seite aber ist die Natur eine ständige Herausforderung, eine Erinnerung an die fundamentale Begrenztheit des menschlichen Lebens, ganz christlich-moralisch in den fast monomanen Hinweisen auf unsere Triebe bei Lenz, eher philosophisch in den Beschreibungen oder Reflexionen bei Goethe, z. B. in anderen Teilen von *Werthers Leiden* oder in *Wandrers Sturmlied.* Die Natur spendet Trost demjenigen, der unter der elenden Welt leidet, aber sie kann auch zerstörerisch sein. Damit es eine temperierte Zone gebe, müsse es sowohl Wüste als Eismeer geben, sagt Goethe in der Shakespeare-Rede; Natur ist das Ganze, und erst die ganze Natur zählt.

Und natürlich ist allemal besser als künstlich; das gilt nicht zuletzt für die menschlichen Beziehungen. Götz von Berlichingen bekämpft unnatürliche Verhältnisse. Er kämpft nicht für eine politische Freiheit im modernen Sinne des Wortes, auch nicht für den eigenen Vorteil, sondern für die Erhaltung dessen, was er als gewachsene Verhältnisse betrachtet. In einem Gespräch mit seinen Getreuen auf der Burg entwirft Götz sein Idealbild von Fürsten und Untertanen: «Hab ich nicht unter den Fürsten treffliche Menschen gekannt und sollte das Geschlecht ausgestorben sein! Gute Menschen, die in sich und ihren Untertanen glücklich waren.» Usw. Es bleibt dem jungen Georg vorbehalten, am Schluß dieser Szene daran zu erinnern, daß eben der Kaiser, an dessen Ordnung Götz fortwährend appelliert, sie alle belagert hält: im Grunde entlarvt er Götzens Vorstellungen als einen schönen ungeschichtlichen Traum. Der wird indessen geträumt: Die patriarchalische Welt, von der Werther so ergriffen redet, wenn er seinen Homer liest, ist sowohl die Welt der Patriarchen, die Urwelt, als eben auch *als* Urwelt Vorbild für die Vorstellungen von patriarchalischer Welt in der Gegenwart.

So auch in der Familie. Fast alle Dramen im Sturm und Drang haben es mit gestörten Familienverhältnissen zu tun, denn die Familie ist der Ort, an dem die Verwerfungen im Gesellschaftsgefüge erlitten werden. Bruder steht gegen Bruder, Sohn gegen Vater, die Tochter wird entehrt und mit ihr die Familie usw. Das aber ist nicht die Ordnung der Natur, sondern die Unordnung der Gesellschaft: Die intakte patriarchalische Familie bleibt gewissermaßen das Ideal auch der Stürmer und Dränger, nur zeigen ihre Dramen immer wieder, daß eine solche Familie bestenfalls ein schöner (schlimmstenfalls ein böser) Traum ist. Denn auch die Familienväter herrschen nicht mehr wie die von Götz angerufenen Fürsten, sondern sind schwach und/oder tyrannisch; die Familien zerfallen oder sie versöhnen sich auf penetrant «unechte» Weise, wie in den Stücken von Lenz, in Klingers *Sturm und Drang* oder in der Umarbeitung von Wagners *Kindermörderin*. Auffällig ist z. B., wie selten bei Goethe eine «intakte» Familie vorkommt: Götzens Sohn schlägt aus der Art, er wird Mönch statt Krieger und rebelliert auf diese Weise gegen einen Zug des Väterlichen; Werthers Idealfamilie in Wahlheim ist eine, der der Vater fehlt (er ist auf Reisen, weil er sozialen Verpflichtungen nachkommen muß, und die Reise wird ihm zum Unglück, während Werther als guter Onkel ohne die Verpflichtungen dasitzt). Goethes *Stella* (1776) ist ein Versuch, über die Liebe neu nachzudenken: die schließliche Ehe zu dritt transzendiert durchaus die herrschende Moral. Der Haussegen in Wilhelm Meisters Elternhaus hängt bestenfalls schief (in der *Theatralischen Sendung*); Lenz läßt seinen sterbenden *Engländer* Robert Hot auf dem Sterbebette sagen: «Weg mit den Vätern.» – und wirbt in seinem übrigen Werk vergebens um die Gnade des Vaters. Wenn aber die Väter schwach werden, ist dies keine Quelle der Befreiung, sondern eher eine der Ratlosigkeit, sei es in Leisewitz' *Julius von Tarent* (1776) oder später in Schillers *Räubern* (1782).

Der Sturm und Drang will Natur restituieren und gerät dabei unweigerlich in Konflikt mit der Gesellschaft. Weil die Gesellschaft dem Leben nicht sein Recht werden läßt, verkehrt sich Natur in Unnatur, so z. B. wenn eine verlassene und verzweifelte Mutter ihr Kind tötet wie in Wagners *Kindermörderin* (1776), in Goethes *Faust* (Urfassung um 1775), in Erzählungen vom Maler Müller (s. oben S. 133 ff.) – *Das Nußkernen*, um 1780 – oder Gedichten von Gottfried August Bürger (s. oben S. 418) – *Des Pfarrers Tochter von Taubenhain*, 1781) oder doch nahe daran ist, wie etwa in Lenz' *Hofmeister* (1774). Die Literatur will das arme Mädchen verstehen: Daß die – zuletzt verkehrte – Natur über die Erziehung den Sieg davontragen kann, wird nicht dem Mädchen, sondern dem frechen Buhlen angelastet, und daß es zum äußersten kommen kann, wird zwar als Sünde und Verbrechen, aber auch als gesellschaftlicher Zwang angesehen (man sehe nur die leidenschaftliche Rede Walters in Müllers *Nußkernen*: «O Menschen, Menschen! Ihr seid ärger, als Tiere!»).

Es kann keine Rede davon sein, daß der Sturm und Drang der «freien Liebe» oder gar der Promiskuität das Wort redet; auch Klingers Simsone soll nicht so verstanden werden. Die freie Liebe wird im Gegenteil als Ausgeburt des frivolen Rokoko verstanden, und die gelegentliche Opposition gegen Wieland rührt nicht zuletzt davon her. Doch die Natur kann über alles gehen, die Liebe kann sich als stärker denn alle

Konvention zeigen, und dann ist sie eine Macht, die nicht verleugnet wird, wie wenn Gretchen mitten im Unglück daran festhält, daß: «alles, was mich dazu trieb,/ Ach war so gut, ach war so lieb.» In seinem großen Gespräch mit Albert argumentiert Werther für das Recht auf Selbstmord als ein Recht der bedrängten Natur. Die Geschichte des Grafen von Gleichen, gleichsam das Leitmotiv in *Stella*, ist ja auch nicht frivol, sondern empfindsam.

In der Familie treffen Natur und Gesellschaft, Spontaneität und Konvention aufeinander, denn Familie ist der soziale Ausdruck eines natürlichen Zusammenhangs und daher auch das erste Gebilde, das an einer wie immer gearteten zivilisatorischen Unordnung leiden oder zugrunde gehen wird. So sehr wird die Familie als Natur betrachtet, daß mitunter auch die Konvention respektiert wird. Werther wagt erst zuletzt, an Lottes Verlobung und Ehe zu rühren («Und was besagt es denn, daß Albert dein Mann ist?»); Klingers *Leidendes Weib* geht an ihrer Untreue zugrunde, und im *Götz* wird geschildert, wie Weislingens Gefühlsunschlüssigkeit ihn geradewegs in die Fänge der dämonischen Adelheid führt.

Genie, Natur – und Freiheit. Bei Johann Heinrich Merck und bei Justus Möser finden sich die eher politischen Überlegungen, bei den anderen das allgemeine Gefühl der Einkerkerung. Das Gefängnis ist eine häufig wiederkehrende Metapher, aber wenn Freiheit ganz emphatisch angerufen wird, wie am Schluß des *Götz* oder im Brief Werthers vom 22. Mai, geht es um die Freiheit überhaupt, im Grunde um den Verzicht auf das Leben überhaupt, als zu eingeschränkt. Götz stirbt, nachdem er seine «letzten Worte» von der Freiheit ausgesprochen hat, Werther redet von der Freiheit, seine Todesstunde selbst zu bestimmen. Die Freiheit als im engeren Sinne politisches Thema taucht in aller Deutlichkeit erst bei Schiller auf. Die Freiheit, um die es etwa bei Klinger geht, ist eine ausschließlich private, und daran ändert die Tatsache, daß die Stücke an Fürstenhöfen spielen, gar nichts. Eher gilt, daß gerade dieses Kostüm den Dramen alles Gesellschaftliche nimmt. Die fürstliche Öffentlichkeit ist keine mehr, sondern nur noch Kulisse für Privates. Wo dagegen die bürgerliche Welt dargestellt wird, bei Lenz, werden die Stücke gesellschaftskritisch: da entpuppt sich das neue Private als das Gesellschaftliche schlechthin.

Daten des Sturm und Drang

Der Sturm und Drang im engeren Sinne datiert vom September 1770, als Herder in Straßburg eintrifft, als Goethe ihm dort begegnet und der Gedankenaustausch zwischen den beiden beginnt. Zu diesem Zeitpunkt ist Goethe bereits fast ein halbes Jahr in der Stadt. Die Begegnung zwischen Herder und Goethe ist immer und zu Recht als die Geburtsstunde einer neuen Literatur bezeichnet worden. Sie steht ja keineswegs allein da, aber das Herder-Goethe-Verhältnis bedeutet dennoch eine entscheidend neue Entwicklung. Herder belehrt den jungen Goethe, oft mit Sarkasmus und Ironie, aber er bestätigt ihm auch vieles, und Goethe verfolgt in seiner Tätigkeit immer auch seine eigenen Projekte, er ist nie bloß folgsam, auch dann nicht, wenn er im Elsaß Volkslieder sammelt, oder wenn er als Nachfolger Shakespeares die erste Fassung des *Götz* (1771) schreibt, die Herder dann kritisiert. Diese erste Phase des Sturm und Drang dauert nur ungefähr ein halbes Jahr, aber sie wirkt weiter, auf Goethe und Herder und auf andere. Kurz nach Herders Abreise aus Straßburg im April 1771 trifft Lenz ein und ist noch mit Goethe zusammen, bis auch dieser im August abreist. Einen Mittelpunkt des Straßburger Kreises bildet der Aktuar Josef Daniel Salzmann, an dessen Tisch man sich zum Gedankenaustausch und zum Vortragen eigener Produkte trifft.

Ein weiteres wichtiges Datum ist die Übernahme der *Frankfurter Gelehrten Anzeigen* durch Johann Heinrich Merck im Jahre 1772. Die Zeitschrift war ein Rezensionsorgan, wie es deren viele gab, und hatte wechselnde Redaktionen; den festen Punkt bildete der Verleger Deinet. Merck, der in Darmstadt Beamter (Kriegsrat) war und dort zum Kreis der Empfindsamen (der sog. «Heiligen») um die Landgräfin von Hessen gehörte (s. oben S. 370), gewann Goethe, Johann Georg Schlosser, Herder und andere als Mitarbeiter der Zeitschrift, und so wurde der Jahrgang 1772 gleichsam zu einer Programmschrift des Sturm und Drang – soweit man von einer Bewegung im eigentlichen Sinne sprechen darf. Goethe hat in *Dichtung und Wahrheit* die Redaktionsarbeit als kollektiv beschrieben, und es läßt sich in der Tat nicht immer mit Sicherheit ausmachen, wer die einzelnen – anonymen – Beiträge verfaßt hat; meistens wurden sie im Freundeskreis diskutiert und erhielten erst so ihre endgültige Form. Da die *FGA* sich nicht nur mit schöngeistiger Literatur abgaben, treten hier die Ansichten der neuen Bewegung zu gesellschaftlichen, wirtschaftlichen und allgemein kulturellen Fragen deutlich zutage, und die Zeitschrift gilt denn auch vor allem jenen als Beleg, die den Zusammenhang der literarischen Revolte mit einer umfassenderen Gesellschaftskritik betonen wollen.

Die Tendenz der Zeitschrift ist deutlich antifeudal und antihöfisch, im theologischen Bereich anti-orthodox; letzterer Umstand führte zu Streitigkeiten mit der Frankfurter Geistlichkeit (s. oben S. 93) und veranlaßte Merck, sich Mitte des Jahres 1772 von der Redaktion zurückzuziehen und diese Johann Georg Schlosser, dem späteren Schwager Goethes, zu überlassen. Ende des Jahres mußte die Zeitschrift ihr Erscheinen einstellen, als die Geistlichkeit Maßnahmen gegen das Blatt erzwungen hatte. Zu Recht hat man den Jahrgang 1772 eine «Mischung aus Aufklärung und Gefühl» genannt (H. Bräuning-Oktavio) – aufklärerisch sind die Beiträge zur Wissenschaft, gefühlvoll und vor allem polemisch die zur Literatur; der polemische Ton bezeugt nicht nur das Engagement der Autoren, sondern ist überhaupt der neue Stil, über Literatur zu schreiben. Das wirkte auf manche verletzend, zeigte aber an, daß die Literatur jetzt so ernst genommen wurde, daß dort die Leidenschaft und die Parteinahme ihre Rechte beanspruchten wie vormals in theologischen Auseinandersetzungen (und bei Lessing, der als Polemiker das Vorbild abgibt). Ohne die Genieästhetik explizit zu formulieren, verfährt die Zeitschrift nach deren Maximen und ist auch so Teil des Sturm und Drang. Es gibt andere Zeitschriften, zu denen die Stürmer und Dränger beigetragen haben, aber keine, in der so geballt die neue Generation das Wort führt. Die Kurzlebigkeit der Redaktion sagt nichts gegen die Fruchtbarkeit der Zusammenarbeit. Die Beiträger waren jeder für sich energisch genug, um sich weiterzuentwickeln, und auch ohne Zensurmaßnahmen hätte die Zusammenarbeit schwerlich lange angehalten, was in solchen Fällen ja auch ungewöhnlich gewesen wäre. Das Schlußwort der Herausgeber im Dezember 1772 spricht denn auch ohne Reue und ohne Bitterkeit von den angesammelten Erfahrungen.

Im Jahre 1773 erschien dann die von Herder herausgegebene Sammlung *Von deutscher Art und Kunst* (s. oben S. 372f.), in der er selbst seine Beiträge *Auszug aus einem Briefwechsel über Oßian und die Lieder alter Völker* und *Shakespear* veröffentlichte. Daneben stehen Goethes Aufsatz *Von deutscher Baukunst* (über das Straßburger Münster und dessen Erbauer Erwin von Steinbach), ein kurzer Abriß zur deutschen Geschichte von Möser und eine Abhandlung des Italieners Frisi, die sich eigentlich nicht in den Plan des Bandes fügt und vom Herausgeber auch mit einer erklärenden Fußnote eingerückt wird; vertritt sie doch Anschauungen, die Goethe und Herder soeben hinter sich gelassen haben. Die Beiträge von Herder und Goethe bilden neben Lenz' *Anmerkungen übers Theater*, Wagners Vermittlung der Gedanken Merciers und Goethes – freilich erst Jahrzehnte später gedruckter – Shakespeare-Rede die Ästhetik des Sturm und Drang, die Genieästhetik. Nicht nur werden hier die Gaben des Genies groß gefeiert – man denke nur an die hymnische Einleitung zu Herders Shakespeare-Aufsatz oder an Goethes wiederholte Huldigungsrufe – sondern das Genialische wird auch in einen nationalen Zusammenhang gestellt: Ossian ist nicht nur Ossian, sondern auch ein Beispiel der «Lieder alter Völker» und damit weit über sich hinausweisend, und Erwin von Steinbachs gotische Kirche ist «deutsche» Baukunst, d. h. eine Schöpfung, die – wenn auch von dem genialen einzelnen geleistet – aus dem Volk hervorgeht.

In beiden Beiträgen steht das Genie als der große Schöpfer da, der aus dem Inneren, aus dem *einen* Gefühl zum Wesentlichen vordringt. «Die Kunst ist lange bildend, eh sie schön ist», meint Goethe, was besagen will, daß sie doch schön ist, aber auf andere Weise schön. Denn die in diesem Sinne «bildende» Kunst schafft das Neue und setzt neue Maßstäbe aus sich heraus. Auf die Produktion kommt es an und nicht auf deren Übereinstimmung mit vorgegebenen Regeln. Selbst der «Wilde» schafft auf diese Weise Kunst: «Und laßt diese Bildnerey aus den willkührlichsten Formen bestehn, sie wird ohne Gestaltsverhältniß zusammenstimmen, denn Eine Empfindung schuf sie zum karackteristischen Ganzen.» Um wieviel eher dann beim großen Baumeister: «Ein, ganzer, großer Eindruck füllte meine Seele, den, weil er aus tausend harmonierenden Einzelheiten bestand, ich wohl schmecken und genießen, keineswegs aber erkennen und erklären konnte.» Der Betrachter bleibt freilich beim bloßen Eindruck nicht stehen; er kehrt zurück, schaut, beobachtet, und allmählich wird aus dem Eindruck nun doch auch Erkenntnis und

Erklärung: «Was staunst du, lispelt er mir entgegen. Alle diese Maßen waren nothwendig, und siehst du sie nicht an allen ältern Kirchen meiner Stadt? Nur ihre willkührliche Größen hab ich zum stimmenden Verhältniß erhoben.» Genau das ist die Leistung des Genies: es bringt das bereits Vorhandene, nur halb Ausgeführte in die «notwendigen Maße» und darf sich also wenn auch als Ausnahmeerscheinung im Einklang mit dem Volk, der Natur und dem Höchsten begreifen. Im Jahr darauf wird es Lenz in seinen (angeblich schon früher konzipierten) *Anmerkungen* so ausdrücken: «Der wahre Dichter verbindet nicht in seiner Einbildungskraft, wie es ihm gefällt... Er nimmt Standpunkt – und dann muß er so verbinden.» Denn dann ergreift er das Objektive, und dies ergreift ihn.

Ebenfalls im Jahre 1773 erscheint Goethes Drama *Götz von Berlichingen mit der eisernen Hand*, das ihn sofort berühmt macht, im Jahr darauf dann der *Werther*-Roman, der diese Berühmtheit noch steigert und über die Grenzen Deutschlands hinausträgt. Jetzt sind die Werke da, welche die Theorien oder richtiger: die programmatischen Äußerungen bestätigen und zugleich hinter sich lassen. Es folgen die Dramen der anderen Stürmer und Dränger; sie erobern zwar keineswegs das Publikum – unter den meistaufgeführten Stücke der 1770er Jahre befindet sich nicht ein einziges der neuen Bewegung, am erfolgreichsten ist noch Goethes *Clavigo*, ansonsten scheint unter den seriösen Dramen Lessings *Emilia* ihren Platz zu behaupten. Aber sie werden dennoch gleich als Produkte einer neuen ästhetischen Haltung begriffen und kritisiert. Damit ist das «Genie» bereits zum Etikett geworden, vielfach im Schilde geführt, noch öfter von den Gegnern, zuletzt auch von den Protagonisten selbst verspottet – siehe Maler Müllers *Faust*-Stück oder Klingers Satire *Plimplamplasko oder Der hohe Geist* (1780).

Zurückgenommen aber wird nichts; bei allem Überschwang, bei allen Mißgriffen – dieses ist und bleibt die neue Kunst. Ein Kulminationsjahr des Sturm und Drang ist 1776, als auf einen Schlag Dramen von Leisewitz, Klinger, Lenz, Wagner, Müller und Goethe (*Stella*) erscheinen, aber jenes Jahr deutet auch bereits das Ende an – es sei denn, man will Schiller noch zum Sturm und Drang rechnen. Im Jahr 1776 lebt Goethe bereits in Weimar, hat seinen Frieden mit Wieland geschlossen und Herder an den Weimarer Hof geholt. Gerade in diesem Jahr kommen die Gefährten Lenz, Klinger, für eine kurze Zeit sogar auch das sog. «Kraftgenie» Christoph Kaufmann nach Weimar. Doch die alten Bande lassen sich nicht erneuern, vielmehr ist die Abreise Klingers sowie später die von Lenz von Konflikt gekennzeichnet. Der Sturm und Drang ist damit zu Ende; die Wirkungen der Bewegung sind es lange nicht, und sie bleiben vor allem in Goethes Werk noch deutlich sichtbar.

2. *Der junge Goethe*

«Mir kommt vor, das sei die edelste von unsern Empfindungen, die Hoffnung, auch dann zu bleiben, wenn das Schicksal uns zur allgemeinen Nonexistenz zurückgeführt zu haben scheint.» So beginnt einer der frühesten Texte Goethes, die Rede *Zum Shakespeares-Tag* aus dem Jahre 1771, die oben bereits des öfteren zitiert wurde. Sechzig Jahre später, am Schluß des *Faust*, klingt es wieder an, diesmal mit der Gewißheit verbunden, daß die Hoffnung nicht eitel war: «Es kann die Spur von meinen Erdetagen/ Nicht in Äonen untergehn.» (11583f) Zwar ist es Faust, der dies ausspricht, aber auch sein Autor konnte gewiß sein, edlen – und anderen – Seelen «vorgefühlt» zu haben. Goethe hat, um einen seiner Lieblingsausdrücke aufzugreifen, «Epoche gemacht» – und dies so sehr, daß sein Name für eine steht: Goethezeit.

Das ist ungerecht und gerecht zugleich. Ungerecht, weil Goethes Zeit an bedeutenden Geistern reich war und weil gerade er nie müde wurde, das Kollektive an den Kulturleistungen zu betonen: «Es läßt sich nicht leicht denken und übersehen, was die Umstände für den Künstler tun müssen», läßt er z.B. den Marchese im 8. Buch der *Lehrjahre* sagen, und diese Einsicht gehört nicht erst seinen späteren Jahren an. Gerecht wiederum, weil in Goethe ungewöhnlich viele «Umstände» zusammentreffen, gemeinsam oder auch gegeneinander ins Spiel gebracht werden und sich zu einem Werk kristallisieren, dem nichts an die Seite gestellt werden kann. Goethe hat tatsächlich der Zeit seinen Stempel aufgeprägt. Bereits sehr früh nimmt man ihn zur Kenntnis, auch weniger wohlwollende Geister können ihn nicht ignorieren: es gibt neben den Lobreden eine stattliche Sammlung negativer Urteile über ihn, aber urteilen muß man. Mit 24 Jahren gehört Goethe (nach Erscheinen des *Götz*) bereits zu den wichtigsten zeitgenössischen Schriftstellern, und nur ein Jahr später legt der *Werther*-Roman den Grundstein zu seinem europäischen Ruhm. Hier ist jemand am Werk, der nicht erst lange arbeiten muß, um sich Respekt zu verschaffen; seine Souveränität steht gleich zu Anfang außer Frage. Dabei bleiben sogar einige bedeutende Gedichte seiner Jugendzeit einer breiteren Öffentlichkeit lange vorenthalten.

Goethes Leben reicht von den letzten Jahrzehnten der Geschichte des Alten Reiches – er erlebt 1764 im engen und gewinkelten Frankfurt die Krönung Josephs II. zum Römischen König – bis weit in die nachrevolutionäre, moderne, von ihm «veloziferisch» genannte Zeit hinein: der alte Geheimrat liest noch die ersten Romane Honoré de Balzacs. Im Alter gab er seine «offizielle» Biographie heraus: *Aus meinem Leben. Dichtung und Wahrheit* (1811–14 u. 1833), eine Darstellung nicht nur des eigenen Werdeganges bis zur Anstellung am Hof von Weimar 1775, sondern zugleich eben auch der «Umstände», des Hintergrundes, auf dem diese Biographie zu verstehen ist. Keine Goethe-Darstellung wird von dieser Selbstdeutung unbeeinflußt bleiben können. Und keine Goethe-Darstellung wird von der Kenntnis des Gesamtwerkes absehen können, selbst wenn sie sich auf die ersten vier Jahrzehnte seines Lebens beschränkt. Das ist nicht zu beklagen: eine jede Darstellung ist Teil einer Wirkungsgeschichte, die in diesem Falle mit dem Autor selbst beginnt, der die meisten seiner Generationsgenossen überlebte und sich im Alter auch bereits «historisch» sah, wie es in späten Briefen heißt.

Goethe gehört in seiner Jugend zur Bewegung des Sturm und Drang, und seine Schriften sind denn auch oben zur Charakterisierung dieser Bewegung mit herangezogen worden. Wo immer er auftaucht, gruppieren sich andere um ihn, er wird bald zum Mittelpunkt der Kreise, in denen er verkehrt – aber gerade dies besagt auch, daß er im Grunde bereits über diese literarische Revolte hinausgreift und daß deren Grenzen von ihm früh abgesteckt werden. Goethe ist der radikalste und zugleich der am wenigsten Extreme unter den Stürmern und Drängern. Radikal, weil in seinen Hauptwerken der Konflikt zwischen Individuum und Welt, zwischen der «prätendierten Freiheit unseres Wollens» und dem «notwendigen Gang des Ganzen» (Shakespeare-Rede) auf die äußerste Spitze getrieben wird. Und am wenigsten extrem, weil er sich von unmittelbaren Änderungen in der Welt wenig verspricht (der Landadel sei doch ein wichtiges Gegengewicht zum Absolutismus, *FGA* 1772). Daß diese Haltung eine politische Tätigkeit nicht auszuschließen braucht, bezeugen ja zur Genüge die folgenden Jahre in Weimar, nur: Goethe hat die Grundlage oder die letzte Erklärung seines Lebens nie im Gesellschaftlichen gesehen und daher auch nie große Umwälzungen befürwortet. Nicht Goethe, sondern Lenz schreibt die wichtigsten sozialkritischen Dramen der Epoche, nicht Goethe, sondern Lenz macht Reformvorschläge. Als Goethe 1771 in Straßburg seine juristischen Thesen verteidigt, folgt er gerade nicht den progressiven Juristen seiner Zeit in der Ablehnung der Todesstrafe oder in der Einräumung von mildernden Umständen beim Kindesmord (Thesen 53 und 55). In *Dichtung und Wahrheit* wird er später schreiben, er verstehe nicht, wieso man den *Werther* als Adelskritik gelesen habe, und dies ist kaum als nachträgliche Rationalisierung abzutun, sondern entspricht gewiß seiner Haltung in den siebziger Jahren. Was Goethe letzten Endes von einigen Weggenossen unterscheidet, ist eben, daß für ihn bei aller Beeinflussung durch Herder die Geschichte nicht den Horizont des menschlichen Daseins abgibt. Er sucht von Anfang an das «Urgestein» hinter dem Bewegten, um jetzt seinen späteren naturwissenschaftlichen Studien vorzugreifen. Zwar kommt er immer wieder auf Geschichte zu sprechen, aber sie stellt sich ihm als Ablagerung dar, fast geologisch. Daher kann Goethe nicht an die Revolution glauben, daher verschmelzen ihm Geschichte und Natur zu einer, wenn auch keineswegs unterschiedslosen Einheit (s. unten S. 509).

Johann Wolfgang Goethe wurde am 28. August 1749 in Frankfurt am Main geboren. Seine Eltern waren Johann Caspar Goethe (1710–1782) und Katharina Elisabeth geb. Textor (1731–1808). Wolfgang war das erste Kind dieser Ehe, die 1748 geschlossen worden war, und von den späteren fünf Kindern erreichte nur eins das Erwachsenenalter: die Schwester Cornelia (1750–1777), die spätere Frau Johann Georg Schlossers; drei Geschwister starben noch als Säuglinge, ein Bruder mit sechs Jahren.

Johann Caspar Goethe war Jurist und durch Erbschaft ein wohlhabender Mann, der für seine eigene Bildung viel getan hatte und sich mit Eifer auch der Bildung seiner Kinder widmete. Dazu hatte er Zeit, denn er führte zwar den Titel eines «Kaiserlichen Rates», konnte aber an der Stadtverwaltung nicht teilnehmen. Diese lag in den Händen der alteingesessenen Frankfurter Familien, zu denen Johann Caspar nicht gehörte. Auch seine Frau entstammte nicht den allerersten Kreisen der Stadt, aber ihr Vater war immerhin Stadtschultheiß und somit ein einflußreicher Mann. Mütterlicher- wie väterlicherseits stammte Goethe vom aufstrebenden oder bereits arrivierten Bürgertum ab; sein Leben lang konnte er von dieser Herkunft zehren, auch finanziell. Er blieb von den Geldsorgen, mit denen sich die meisten Intellektuellen seiner Zeit herumplagten, verschont, er hatte es nicht nötig, etwa als Hofmeister seinen Lebensunterhalt zu verdienen, und seine Kunst mußte nicht nach Brot gehen (wie ironisch in der Szene *Des Künstlers Erdewallen* von 1774 beschrieben). Im *Hofmeister* von Lenz (1774) wird das Gehalt des Hofmeisters auf weniger als 150 Dukaten pro Jahr heruntergehandelt; als Goethe 1765–1768 in Leipzig studierte, standen ihm monatlich 100 Dukaten zur Verfügung. Kein Wunder, daß er in den Augen der Kommilitonen als reich galt.

Goethes Mutter stand ihrem Alter nach dem Sohn näher als dem Manne: sie war um 21 Jahre jünger als Johann Caspar und nur um 18 Jahre älter als Wolfgang. Die meist latenten, zuweilen freilich auch offenen Spannungen in der Familie lassen sich teils mit unterschiedlichem Temperament, teils auch mit diesem Altersunterschied erklären. Bekannt ist Goethes spätere Unterscheidung (in einem Spruchgedicht) zwischen der von der Mutter ererbten «Frohnatur» und «des Lebens ernste[m] Führen» als väterlichem Erbteil. *Dichtung und Wahrheit* erzählt von der Konspiration der Familie gegen den Vater zur Zeit der französischen Einquartierung (1759–1761); die erste Fassung des *Wilhelm-Meister*-Romans entwirft ein Bild zerrütteter häuslicher Verhältnisse, wenn auch gewiß nicht im engeren Sinne autobiographisch gemeint. Daß Wolfgang mit dem Vater Konflikte auszustehen hatte, liegt auf der Hand, unbeschadet der deutlichen Vateridentifikation, die ansonsten das Leben Goethes prägt (K. R. Eissler). Aber auch von der Mutter hat sich Goethe entfernt, z. B. hat er sie nach seinem Weggang aus Frankfurt nur selten besucht und sie nie nach Weimar eingeladen. Unkompliziert sind seine Beziehungen zu den Eltern gewiß nicht gewesen, aber verheerend auch nicht: sie haben nicht alle seine Kräfte beansprucht.

Als Kind genoß Wolfgang die Vorteile der Privaterziehung. Der Vater wollte seine Kinder (auch die Tochter) unterrichtet sehen, und er wollte ihnen, mit einem Ausdruck aus dem *Wilhelm Meister*, auch «Eigenschaften geben, die ihm selbst fehlten». Später hat er sich in rührendster Weise um die ersten poetischen Arbeiten des Sohnes gekümmert, sie sorgfältig gesammelt und geheftet usw. Der Unterricht der Kinder war großzügig geplant: das Haus Goethe beschäftigte Sprach-, Zeichen- und Musiklehrer, zeitweise auch Frankfurter Maler (auch der 1759–61 im Zuge der französischen Besetzung einquartierte «Königsleutnant» Graf Thoranc beschäftigte die städtischen Maler). Die Ausbildung der Kinder war außergewöhnlich, nicht nur verglichen mit den Bedingungen der späteren Schriftstellerkollegen Goethes, von denen einige aus ungebildeten und alle aus viel ärmeren Familien kamen, sondern auch verglichen mit den sonstigen Sitten in der Frankfurter Oberschicht. Griechisch, Latein, Französisch, Zeichnen, Italienisch (verbunden mit Erzählungen des Vaters von seiner großen italienischen Reise 1740), Kalligraphie, Englisch, Hebräisch, Klavier, Fechten, Reiten, auch Philosophiegeschichte der Antike und Anfangsgründe der Rechtswissenschaft – von all dem wurde Wolfgang einiges beigebracht, und wenn es gewiß auch nicht von allem alles war, so war er doch gut gerüstet, als er im Herbst 1765 vom Vater zum

Jurastudium auf die Universität Leipzig geschickt wurde, obwohl er selber viel lieber nach Göttingen gegangen wäre, um dort Poesie und Rhetorik zu studieren.

Das väterliche Bildungsprogramm blieb nicht der einzige bildende Faktor der frühen Jahre: erwähnenswert ist zumindest das Puppentheater, das Wolfgang zu Weihnachten 1753 von seiner Großmutter erhielt und das seine Phantasie wie später die seines Romanhelden Wilhelm Meister stark beflügeln sollte. Während der französischen Besetzung der Stadt spielte ein französisches Theater in Frankfurt und regte das Theaterinteresse weiter an. Der Siebenjährige Krieg wurde auch sonst ins Haus getragen, in der Form heftiger Meinungsverschiedenheiten zwischen dem preußenfreundlichen Vater und dem kaiserlich gesinnten Großvater Textor. Und 1764 fand in Frankfurt die Krönung Josephs II. zum Römischen König statt, über die Goethe in *Dichtung und Wahrheit* ausführlich berichtet hat. Hier zeigte sich Frankfurt im alten Glanz, als freie Reichsstadt und zugleich als letztes Überbleibsel des Mittelalters, wie ja das Reich selber eines war. Beides gehörte wesentlich zu Frankfurt: man war keinem Fürsten untertan (noch zu Anfang seiner italienischen Reise wird Goethe sich dessen groß rühmen, als ihm Verhaftung droht), und man hielt sehr auf alte Tradition. Mochte die Bitterkeit des Vaters über den Ausschluß von öffentlichen Ämtern einen Schatten werfen – Geducktheit oder gar Untertanengeist gab es im Goetheschen Hause nicht. Man war nicht subaltern, und der Vater hat später Goethes Anstellung am Weimarer Hof als eines freien Bürgers unwürdig mißbilligt. Mag sein, daß die Souveränität, mit der Goethe auftritt, nicht nur seinem günstigen privaten Hintergrund, sondern auch den alten Frankfurter Bürgertraditionen zuzuschreiben ist. Zwar fühlte sich Wolfgang sehr provinziell und zurückgeblieben, als ihm in Leipzig die moderne Welt, die Universitäts- und Messestadt begegnete, aber es dauerte nicht lange, bis er aufgeholt hatte.

Vom Oktober 1765 bis August 1768 hielt sich Goethe in Leipzig auf und besuchte keineswegs nur juristische Vorlesungen. Er ging zu den Literaten und Künstlern, hat noch Gottsched gesehen (der 1766 starb), hörte Gellert, nahm Zeichenunterricht bei Adam Friedrich Oeser (1717–1799), dem Freund Winckelmanns, verliebte sich in die Gastwirtstochter Käthchen Schönkopf und unterhielt freundliche Beziehungen zu Oesers Tochter Friedrike. Last, not least las er die zeitgenössische – auch die ausländische – Literatur.

Die meisten literarischen Produkte aus Goethes Leipziger Zeit sind durchaus konventionell, im Stil des ausklingenden Rokoko, und anderes ist bei einem 16- bis 18jährigen ja auch gar nicht zu erwarten. Dennoch: auch wenn man in Rechnung stellt, daß die Kenntnis der späteren Entwicklung Goethes auf die Lektüre der frühen Werke abfärbt, gibt es unter den Leipziger Texten einige, die auf Späteres vorausdeuten.

Es liegen vor u. a. eine Sammlung für Annette (= Käthchen), die anakreontische und epigrammatische Gedichte, kleine Verserzählungen etc. enthält und die von Goethes Leipziger Freund E. W. Behrisch gesammelt und abgeschrieben wurde, sodann drei Oden an eben jenen Behrisch, geschrieben, als er 1768 Leipzig verließ, und das Liederbuch für Oesers Tochter Friederike, das leicht geändert unter dem Titel *Neue Lieder in Melodien gesetzt von Bernhard Theodor Breitkopf* und ohne Goethes Namen Ende 1769 erschien und Goethes erste Buchveröffentlichung darstellt (für lange Zeit übrigens seinen einzigen Gedichtband: erst 1789 erscheint im Rahmen seiner gesammelten Schriften wieder ein Band Gedichte; in der Zwischenzeit wurden sie verstreut oder gar nicht veröffentlicht). Ferner ist das Schäferspiel *Die Laune des Verliebten* (1768) zu erwähnen, das 1779 auf dem Weimarer Liebhabertheater gespielt wurde. Während dieses Stück noch ganz im traditionellen Rahmen bleibt (freilich mit sehr guten Details), gibt es unter den Gedichten einige, die neue Töne anschlagen, z. B. *Unbeständigkeit*, dessen erste Strophe das neue erotische Naturgefühl, das für den Goethe der 70er Jahre charakteristisch ist, bereits anklingen läßt (A. Schlaffer):

> Auf Kieseln im Bache, da lieg' ich, wie helle,
> Verbreite die Arme der kommenden Welle,
> Und buhlerisch drückt sie die sehnende Brust. (...)

Auch *An die Nacht*: «Gern verlaß' ich diese Hütte/ Meiner Liebsten Aufenthalt (...)» scheint späteren Gedichten vorauszuklingen: die anmutige Nachtstimmung, welche «die Seele schmelzen macht», ist zwar noch weit von dem «lösest endlich auch einmal/ Meine Seele ganz» im Gedicht *An den Mond* (um 1777), deutet jedoch bereits in diese Richtung. Die Aufforderung an den Freund Behrisch in der letzten der drei ihm gewidmeten Oden: «Sei gefühllos!/ Ein leichtbewegtes Herz/ Ist ein elend Gut/ Auf der wankenden Erde.» ist gewiß ein typischer Jünglingszynismus, aber es ist immerhin auch möglich, hier bereits eine Präformulierung der letzten Worte des Götz an seine Familie zu lesen: «Verschließt eure Herzen sorgfältiger als eure Truhen [oder: Türen].» Dann wäre diese Behrisch-Ode eines der ersten Dokumente einer Skepsis, die Goethe lebenslang hegte und die immer wieder aufbrach, auch und gerade in den ersten Weimarer Jahren. Man muß die Behrisch-Ode nicht so lesen, aber man kann.

Dabei könnte man sich auf das Drama *Die Mitschuldigen* stützen, das nach der Rückkehr aus Leipzig in Frankfurt geschrieben wurde (um die Jahreswende 1768/69, 1769 dann umgearbeitet und erweitert). Es handelt sich hier zwar um eine gewöhnliche Komödie im herkömmlichen (alexandrinischen) Versmaß, aber zugleich um die Entlarvung einer ganzen Gesellschaft. Söller, Schwiegersohn des Gastwirts, bricht nachts beim Gast Alcest ein, weil er für sein verschwenderisches Leben Geld braucht, wird dann vom Schwiegervater, der unbedingt einen mystischen Brief lesen will, und von seiner Frau, die mit Alcest ein Stelldichein verabredet hat, überrascht und kann sich gerade noch verstecken. Alcest findet seine Schatulle leer, verdächtigt die Frau Sophie und sinnt sofort auf Erpressung, um ihre moralischen Skrupel zu überwinden. Auch nach der Aufklärung aller Mißverständnisse stehen sämtliche Personen blamiert da; sie sind entweder Diebe oder haben nur keine Gelegenheit gefunden. Sogar die empfindsame Liebe des Alcest verwandelt sich unversehens in Nötigung. Wenn Goethe später von den unterirdischen Gängen sprach, welche die bürgerliche Gesellschaft unterminieren (Brief an Lavater über Cagliostro 1780), bildeten die Erfahrungen, die er in diesem frühen Stück niedergelegt hatte, zweifellos auch einen Teil des Hintergrundes.

Goethe kehrte aus Leipzig krank nach Frankfurt zurück – vermutlich handelte es sich bei der Krankheit um eine Lungentuberkulose, vielleicht auch um eine allgemeine Überanstrengung der Kräfte – und blieb bis zum Frühjahr 1770 im väterlichen Hause, das ihm freilich in dieser Zeit immer mehr zum mütterlichen wurde. Er entfernte sich von der aufklärerischen Welt des Vaters und knüpfte Verbindungen zum pietistisch-spiritualistischen Umgangskreis der Mutter, vor allem zu Susanna Katharina von Klettenberg (1723–1774). Es war dies auch der Eingang zum Studium der neuplatonisch-mystischen Tradition, die wie ein Unterstrom die ganze Aufklärung begleitete. Goethe las einige Hauptwerke dieser «hermetischen» Literatur und machte auch selbst alchimistische Versuche. Man hat gemeint, daß das «Weltbild des jungen Goethe» (R. Chr. Zimmermann) ganz oder doch hauptsächlich von dieser Lektüre und Erfahrung bestimmt sei, und so viel ist sicher richtig, daß entscheidende Grundvorstellungen Goethes in diesem Frankfurter Jahr entweder geprägt oder gefestigt werden, vor allem die Vorstellung von der letztlichen Einheit aller Dinge, zu der er in seinem späteren Werk immer wieder zurückkehrt.

Wenn auch Goethe dem eigentlichen christlichen Glauben gegenüber immer skeptisch blieb (die wenigen Zeugnisse, vor allem in den Briefen an E. Th. Langer, die es für seine Frömmigkeit gibt, wiegen nicht schwer gegen die vielen, die eine Distanz bekunden, z. B. im Briefwechsel mit dem «Propheten» Lavater), so nahm er nicht zuletzt aus diesem Lebensabschnitt die Überzeugung von der psychologischen Wahrheit religiösen Denkens und Fühlens sowie ein Interesse für andere Zusammenhänge als die der etablierten Wissenschaften und Ideologien mit. Später sollten diese Vorstellungen ihn bei seinen naturwissenschaftlichen Studien leiten, ohne daß er im mindesten auf genaue Empirie Verzicht leistete, ganz im Gegenteil. Goethe gewann in dieser Periode eine Offenheit – nicht gegenüber einem eigentlichen Irrationalismus, sondern gegenüber dem Vorhandensein des Irrationellen. Auf der Verbindung von Theorie und Erlebnis bestand er zeitlebens, daher war ihm die Begegnung mit Herder in Straßburg auch in erster Linie schöne Bestätigung und zugleich Erweiterung des eigenen Horizonts.

Als Goethe im April 1770 sozusagen in die väterliche Welt zurückkehrte und zugleich den Spannungen im Verhältnis zum Vater auswich, indem er nach Straßburg ging und seine Studien wieder aufnahm, hatte er zweifellos einen weiteren Bildungshorizont als die meisten seiner Altersgenossen, und der wurde im Elsaß keineswegs enger. Goethe stellte fest, daß die Art und Weise, wie hier (auf französischem Staatsgebiet) die Rechtswissenschaften betrieben wurden, seinen praktischen Gesinnungen entgegenkam, und er trat in einen Kreis hinein, der anregend genug war: die Mittagsgesellschaft unter Vorsitz des Aktuars Josef Daniel Salzmann und mit u. a. F. Chr. Lerse, Johann Heinrich Jung(-Stilling) und Heinrich Leopold Wagner als Mitgliedern. Zu der Bekanntschaft mit Herder trat dann die Neigung zur Pfarrerstochter Friederike Brion in Sesenheim, die von Goethe in Gedichten besungen wurde, welche für die Literaturgeschichte den Beginn der sog. «Erlebnislyrik» darstellen.

Was in Straßburg so großartig begann, setzte sich nach beendetem Examen und nach der Rückkehr nach Frankfurt fort. Goethe ließ sich als Anwalt nieder, betrieb auch einige Prozesse oder ließ sie vom Vater betreiben, vor allem aber schrieb er und verkehrte brieflich oder persönlich mit den Freunden in Frankfurt, Homburg, Darmstadt. Die Jahre 1770–1775 sind vor allem in der Gestalt Goethes die Jahre der neuen deutschen Literatur: Ab 1773 gilt er allgemein als deren hervorragendster Vertreter.

Die Begegnung mit Herder bedeutete eine Bestätigung all dessen, was sich herangebildet hatte: Shakespeare war für Goethe schon früh ein Begriff, er kannte die Wielandschen Übersetzungen, aber erst jetzt brach sich das Neue

Bahn – und schlug sich in der Rede *Zum Shakespeares-Tag* nieder, die im Oktober 1771 dem Freundeskreis in Frankfurt gehalten wurde. Auch die Ossian-Gedichte Macphersons, die ihren Siegeszug über ganz Europa angetreten hatten (s. oben S. 159ff. u. 246f.), kannte Goethe bereits, aber die Gespräche mit Herder erweiterten seine Auffassung von diesen Gedichten und beeinflußten seine eigene lyrische Sprache und die Übersetzungsversuche, deren einige dann später in den *Werther*-Roman aufgenommen wurden. Die Gotik hatte Goethe bei seiner Ankunft in Straßburg in Augenschein genommen, jetzt wurde sie durch Herder als Ausdruck des Nationalen, als altdeutsche Baukunst begriffen. Goethe wurde mit Herders Preisschrift *Über den Ursprung der Sprache* (1771) bekannt sowie mit Herders Auffassungen vom Volkslied, die Goethe veranlaßten, selbst im Elsaß altüberlieferte Lieder zu sammeln – mit der aufschlußreichen Bemerkung, er habe sie aus «denen Kehlen der ältsten Müttergens aufgehascht (...) Ein Glück: denn ihre Enkel singen alle: ich liebte nur Ismenen...» (eine populäre «Arie», um 1750). Das Eigenartige, Individuelle bricht durch, als Persönliches in der Lyrik, als Nationales in der Kunstauffassung. Doch nie ist die Rede von einer einseitigen «altdeutschen» Haltung; neben der nationalen Vergangenheit behauptet die Antike weiterhin ihr Recht, Pindar steht als Genie gleichberechtigt neben Shakespeare, Werther liest bekanntlich nicht nur den Ossian, sondern auch den Homer. Als Goethe im August 1771 Straßburg und das Münster des Erwin von Steinbach verläßt, stattet er auf der Rückreise nach Frankfurt dem Antikensaal in Mannheim einen – schon den zweiten – Besuch ab (der erste fand 1769 statt).

Wie immer man sonst die deutsche Literaturgeschichte beurteilen mag: es steht außer Zweifel, daß Goethes Jahre 1770–1775 einen Entwicklungsprozeß bedeuten, dem nichts anderes vergleichbar ist. Überall ist eine kolossale Energie am Werk, eine Lust am Leben wie am Lernen – Goethe ist nicht zuletzt darin groß, daß er fähig ist, die Leistungen anderer zu bewundern – kurz: eine anhaltende Inspiration. Diese reißt auch nach dem Straßburger Aufenthalt nicht ab: «Meine Lust am Hervorbringen war grenzenlos», wird er später in *Dichtung und Wahrheit* feststellen. In Frankfurt schreibt Goethe bereits 1771 seine Shakespeare-Rede und die erste Fassung des *Götz*, 1772 prägt er zusammen mit Merck und Schlosser die *Frankfurter Gelehrten Anzeigen*, er verkehrt mit Berufskollegen in Wetzlar und mit dem «Kreis der Empfindsamen» in Darmstadt, für den er auch einige seiner Satiren und Farcen schreibt, kurz: Goethe ist überall zugegen, überall aktiv, produziert Briefe, Gedichte, «Dramas» («o wenn ich iezt nicht dramas schriebe ich gienge zugrund», schreibt er Anfang 1775 an Auguste von Stolberg) und einen Roman.

Die Produktion Goethes aus den Jahren 1771–75 ist denn auch auf fast allen Gebieten beispielhaft im buchstäblichen Sinne des Wortes: seine Gedichte prägen eine neue lyrische Sprache, seine Dramen umspannen viele Möglichkeiten der Gattung, von dem episierenden *Götz* über die klassizistische Form des *Clavigo* zu den Farcen und Satiren, die das Schaffen die ganze

Zeit begleiten; auch *Faust*, das «Schauspiel für Liebende» *Stella* und *Egmont* werden bereits in Angriff genommen oder zumindest konzipiert. Und der Roman von Werthers Leiden macht Goethe zur europäischen Berühmtheit. Schon 1776 erscheint die erste französische Übersetzung; eine dänische, für dasselbe Jahr geplant, scheitert am Einspruch der theologischen Fakultät der Universität Kopenhagen.

Am wenigsten sichtbar ist den unmittelbaren Zeitgenossen die Lyrik Goethes, denn sie erschien verstreut und nicht komplett. Von den sog. «Sesenheimer Liedern» an Friederike Brion hat Goethe nur zwei selbst veröffentlicht: *Kleine Blumen, kleine Blätter* und *Es schlug mein Herz*, die im Jahrgang 1775 der von seinem Freund J. G. Jacobi herausgegebenen *Iris. Zeitschrift für Frauenzimmer* gedruckt wurden. Dort waren auch *Maifest*, *Im Herbst 1775* («Fetter grüne...») und *Neue Liebe, neues Leben* zu lesen. Ein paar der Volkslieder erschienen im *Wandsbecker Boten* des Matthias Claudius (1773), und im *Göttinger Musenalmanach* für 1774 wurden *Mahomets-Gesang* und *Der Wandrer* gedruckt. So berühmte Gedichte wie *Prometheus* und *Wandrers Sturmlied* hat Goethe erst in den Druck gegeben, nachdem ihm andere zuvorgekommen waren: ersteres in dem Lyrikband seiner Schriften 1789, letzteres erst 1815. Die Lyrik hatte insgesamt einen privateren Charakter als das ohnehin öffentliche Drama und die immer noch relativ neue Form des Romans.

Die Jugendlyrik Goethes umfaßt Lieder, Oden und/oder Hymnen und Balladen, lyrische Szenen etc. Ältere Forschung prägte für diese neue Lyrik den Begriff «Erlebnislyrik», wobei sowohl der enge Zusammenhang der Gedichte mit den meist ausführlich dokumentierten Ereignissen im Leben Goethes als der intime, persönliche Ton gemeint waren. Und gewiß gehört zur neuen, emphatischen Kunstauffassung die enge Verbindung von Leben und Gestaltung, die freilich ihrerseits immer aus der erfahrenen Spannung gewonnen wird: nie wird ein «Erlebnis» ganz einfach in Worte gegossen. Die Expressivität der Gedichte durchbricht die Konvention, aber sie beruht zugleich auf einem ausgeprägten Kunstwillen: auch die leidenschaftlichsten Gedichte wie *Willkommen und Abschied* («Es schlug mein Herz») oder *Wandrers Sturmlied* sind außerordentlich kunstvoll gebaut und durchgeführt. Konkrete Ereignisse bilden den Ausgangspunkt, doch das eigentliche «Erlebnis» ist der Stoffwechsel des Ich mit der es umgebenden Welt – im Guten wie im Bösen. Was sich in einigen wenigen Leipziger Gedichten noch leise ankündigte, hier wird's Ereignis: im *Maifest* wie in *Willkommen und Abschied* sind Natur, Liebe, Ich nicht eins, aber im Gleichklang. Die Liebes«geschichte» wird nicht als Geschichte, sondern als überwältigende Gegenwart vorgetragen, und die Gedichte sind weniger an die Geliebte gerichtet als vielmehr Selbstgespräche einer erfüllten Individualität, die sich durch diese Liebe deutet. In seiner Sulzer-Rezension vom Dezember 1772 schreibt Goethe von der Kunst als «Widerspiel» zur Natur. Die Kunst wird gegen die Natur gestellt, damit sich der Mensch bei aller Verwandtschaft aus der Natur heraushebt. Kunst ist zwar den Gesetzen der Natur abgelauscht, steht aber zugleich in Opposition zur «bloßen», vorhandenen Natur. «Ich saug' an meiner Nabelschnur/ Nun Nahrung aus der Welt», schreibt Goethe während seiner ersten Schweizer Reise 1775: ohne diesen Bezug zur Natur wäre kein Leben, doch ohne das formende Bewußtsein wäre kein Ich.

In *Wandrers Sturmlied* (entst. 1772) wird das Gedicht sozusagen den Elementen abgetrotzt: «Wen du nicht verlässest, Genius,/ Wird der Regenwolke/ Wird dem Schloßensturm/ Entgegen singen/ Wie die Lerche/ Du dadroben.» Im Dialog *Der Wandrer* (entst. 1772) erscheinen in der öden Natur «die Spuren ordnender Hand»: Tempelruinen, die freilich wieder von Natur überwuchert werden. Sofern die Liebe Natur bleibt, d. h. Trieb, gerät auch sie in den Kreislauf und fällt der Vergänglichkeit zum Opfer; das ist keine moralische Verurteilung, sondern eine Erfahrung. Ewig ist sie nur im eigenen Gefühl und in der Kunst. Auffällig viele Gedichte Goethes sowie viele seiner Jugendbriefe und später die Figurenkonstellationen etwa im *Tasso* oder im *Wilhelm Meister* sprechen von der Distanz zur geliebten Person, von der süßen Erinnerung oder der freudigen Hoffnung eher denn von der Vereinigung der Liebenden oder von ewiger Zusammengehörigkeit, vielmehr: gerade die ewige Zusammengehörigkeit scheint mitunter die physische Distanz vorauszusetzen. «Liebe, Liebe, laß mich los!» heißt es am Schluß des Gedichts *Neue Liebe, neues Leben* (1775).

Dies gilt auch für Gedichte wie *Maifest* oder *Willkommen und Abschied*: im ersteren gibt das Mädchen dem Dichter «Mut zu neuen Liedern», sie ist also vor allem seine Muse, und die Schlußworte: «Sei ewig glücklich,/ Wie du mich liebst!» verweist sie im Grunde auf das Glück im Lieben selbst, weniger auf die Nähe des Geliebten. Solche Worte macht sich das Ich in *Willkommen und Abschied* zu eigen; das Glück wird erst dann recht emphatisch bekundet, als der Abschied sich schon vollzogen hat: «Du gingst, ich stund und sah zur Erden/ Und sah dir nach mit nassem Blick./ Und doch, welch Glück, geliebt zu werden,/ Und lieben, Götter, welch ein Glück!» Gepriesen werden Anfang und Ende der Begegnung, nicht diese selbst; erst das Abgeschlossene scheint sich ganz runden zu können. Ähnliches geht aus den Briefen um und an Käthchen Schönkopf, später aus denen an das Ehepaar Kestner und noch später aus dem langen Brief vom September 1779 an Frau von Stein über das neuerliche Zusammentreffen mit Friederike Brion und mit der zeitweiligen Verlobten Lili Schönemann hervor: «Ungetrübt von einer beschränkten Leidenschaft treten nun in meine Seele die Verhältnisse zu den Menschen die bleibend sind, meine entfernten Freunde und ihr Schicksal liegen nun vor mir wie ein Land in dessen Gegenden man von einem hohen Berge oder im Vogelflug sieht.» Solche Haltung scheint früh vorgebildet: das Haus wird bestellt, die Erlebnisse gerinnen zur Kunst – was nicht heißt, daß Goethe es von vornherein nur darauf abgesehen hätte.

Diese Vereinzelung des Individuums bildet das Motiv der beiden Komplementärgedichte *Prometheus* und *Ganymed* (beide 1774). Prometheus sagt sich von Zeus los, setzt sich selber als Schöpfer der Welt und spottet der Götter (redet aber weiterhin von ihnen und zu ihnen). Ganymed sehnt sich nach dem Aufgehen in der Allharmonie, nach der Vereinigung mit dem Gott. Dabei handelt es sich um dasselbe Gefühl. Ob das schaffende Ich, das «heilig glühend Herz» (*Prometheus*) selber zum Gott wird oder sich vom Gotte gleichsam einverleiben läßt: in beiden Fällen wird eine Identität zwischen Mensch und Gott hergestellt, deren Medium die Natur ist: in ihr offenbart sich das Göttliche, durch sie erlebt es der Mensch. Daß das totale Aufgehen im Göttlichen zugleich den Tod bedeutet –, das läßt sich dem *Ganymed*-Gedicht entnehmen, aber auch dem Dramenfragment *Prometheus*, in dem ausgerechnet dieser schöpferische, aktive Held seiner Tochter Pandora erklärt, wie der Tod aussehe, wie Liebe nämlich:

> Wenn aus dem innerst tiefsten Grunde
> Du ganz erschüttert alles fühlst,
> Was Freud und Schmerzen jemals dir ergossen.
> Im Sturm dein Herz erschwillt.
> In Tränen sich erleichtern will und seine Glut vermehrt
> Und alles klingt an dir und bebt und zittert.
> Und all die Sinne dir vergehn
> Und du dir zu vergehen scheinst
> Und sinkst und alles um dich her
> Versinkt in Nacht, und du in immer eigenem Gefühle
> Umfassest eine Welt.
> Dann stirbt der Mensch

In solchen Sätzen steckt bereits die Faust-Gestalt, die, um alles zu erleben, sich entgrenzen, ja sich gleichsam aufheben muß und bei dieser Erkenntnis auch an den Rand des Selbstmords gerät. Gestalten wie Werther oder Klärchen (im *Egmont*: «Himmelhoch jauchzend,/ Zum Tode betrübt») kennen ebenfalls die Identität von «umfangend» und «umfangen» (*Ganymed*).

Als Pandora sterben will, um an der so beschriebenen Wirklichkeit teilhaben zu können, antwortet Prometheus freilich: «Noch nicht.» Die prometheische Vereinzelung ist die Voraussetzung des Lebens, und sie steckt in der gesamten Produktion Goethes aus den Sturm-und-Drang Jahren. Nicht Vereinzelung der Kräfte ist gefordert, wohl aber Vereinzelung des seiner Kräfte ballenden Ich im Verhältnis zur Welt. Goethe hatte, wie er selber berichtet, in jenen Jahren den Beinamen «Der Wanderer»; *Wandrers Sturmlied* und *Der Wanderer* sind beredte Titel, und in der Shakespeare-Rede apostrophiert Goethe den englischen Dichter als «großen Wanderer». Die Bewegung und Bewegtheit ist essentiell, sei es im positiven Sinne des Erwanderns von Erfahrung und Welt, sei es im negativen oder doch problematischen Sinne der «Unbehaustheit», von der später Faust sprechen wird.

Wenn es nicht möglich ist, die Welt vom Standpunkt des Schöpfers zu betrachten, muß die Welt durchwandert oder durchfahren werden – das letztere findet statt in dem Gedicht *An Schwager Kronos* (1774), wo die Zeit selbst als Kutscher (Schwager) angesprochen wird; da die Zeit keine Fülle gewährt, muß ihr schieres Gefälle zur Substanz gemacht werden: «Rasch in's Leben hinein» – wie auch rasch aus ihm hinaus: «Trunken vom letzten Strahl/ Reiß mich, ein Feuermeer/ Mir im schäumenden Aug,/ Mich geblendeten, taumelnden,/ In der Hölle nächtliches Tor.»

Entweder hängt die Welt zusammen, wie in den – gar nicht häufigen – Glücksaugenblicken der Dichtung, oder sie zerfällt in die Komponenten eines «Raritätenkastens», wie Goethe ihn bei Shakespeare vorfindet. Der große Dichter wird die Mannigfaltigkeit nicht leugnen, sondern sie entweder in der Form des Raritätenkastens, des Puppenspiels, der Marionettenwelt festhalten (wie Goethe es in seinen kleineren Arbeiten aus jenen Jahren denn auch tut) oder aber sie in ihrem Kern ergreifen, um daraus ein Ganzes zu schaffen. *Der ewige Jude*, über den Goethe schreiben wollte, dürfte Ausdruck der ersteren Stimmung sein; er durchwandert die Welt, ohne jemals an ein Ziel zu kommen. *Mahomet* hingegen sollte in einem weiteren Drama als Religionsgründer, d. h. als Schöpfer seiner Welt, gestaltet werden. Wer den «geheimen Punkt» ergreift, kann sich auch die Raritäten leisten, ja er muß sogar, denn die *Ganz*heit der Welt ist keine einfache *Ein*heit. Die Satiren und Farcen der 1770er Jahre (*Satyros, Pater Brey, Hanswursts Hochzeit* usw.) richten sich zwar gegen andere, aber auch gegen den Dichter selbst: ohne Selbsterkenntnis hätte er so nicht spotten können. In den kleineren Arbeiten finden sich dieselben Elemente wie in den großen Dichtungen; sie sind nichts ganz anderes, sondern die Kehrseite oder die Späne der großen Entwürfe.

Was Kunst sein könnte und sollte, definiert Goethe in seiner Shakespeare-Rede von 1771. Nicht von Shakespeare ist in den ersten Sätzen die Rede, sondern von der «Hoffnung, auch dann zu bleiben, wenn das Schicksal uns zur allgemeinen Nonexistenz zurückgeführt zu haben scheint». Hier wird der Kunst die Aufgabe gestellt, dem Verfall und der Endlichkeit des Menschen entgegenzuwirken, eine Antwort auf die Zerstörungswut der Natur zu sein, Schöpfung als Gegenstück zum Chaos. «Was wir von Natur sehen», so heißt es im Jahr darauf in der Sulzer-Rezension in den *FGA*, «ist Kraft, die Kraft verschlingt, nichts gegenwärtig, alles vorübergehend, tausend Keime zertreten, jeden Augenblick tausend geboren, groß und bedeutend, mannigfaltig ins Unendliche. Und die Kunst ist gerade das Widerspiel; sie entsteht aus den Bemühungen des Individuums, sich gegen die zerstörende Kraft des Ganzen zu erhalten (...)» (s. auch oben S. 432). Wie aber verhält sich diese Vorstellung zu der auch wiederholt vorgetragenen, die Kunst solle Natur darstellen, oder in den Worten der Shakespeare-Rede: «Und ich rufe Natur! Natur! Nichts so Natur als Shakespeares Menschen.» Die Auflösung des Widerspruchs liegt im Begriff der Natur. Die Kunst wird zwar natürlich, bleibt jedoch Form, und wenn auch in jeder Form «etwa Unwahres» steckt (*Aus Goethes Brieftasche*, von H. L. Wagner 1776 veröffentlicht), so ist sie dennoch notwendig: «allein sie ist ein für allemal das Glas, wodurch wir die heiligen Strahlen der verbreiteten Natur an das Herz der Menschen zum Feuerblick sammeln. Aber das Glas!» Erst in der Durchdringung der Natur entsteht *die* Kunst, die Widerspiel sein kann, welche die Natur nicht verleugnet oder verdrängt, sondern ihr die Form entgegenstellt, ja aus ihr die Form gewinnt. Diese Kunst ist Schöpfertum, und wer diese Kunst hervorbringt, darf sich Schöpfer nennen, wird von Goethe so genannt. Das Münster zu Straßburg erscheint ihm «notwendig schön wie die Bäume Gottes» (*Von deutscher Baukunst*), eine Vorstellung, die später nicht nur die Kunst-, sondern auch die Naturbetrachtung Goethes leiten wird. Während der italienischen Reise begegnet ihm diese Art von Schönheit in großen Kunstwerken – «Alles Willkürliche, Eingebildete fällt zusammen, da ist die Notwendigkeit, da ist Gott» (Rom, 6. September 1787) –, sonst aber in der Natur, vgl. etwa den Brief an Charlotte von Stein vom 3. Oktober 1779: «Man fühlt tief, hier ist nichts willkührliches, alles langsam bewegendes ewiges gesez (...).» Dabei geht es in diesem Brief um «Fichten Wurzel, Moos und verwandte Kräuter»...

Wohl spricht die Shakespeare-Rede vom Drama, von der Absage an das «regelmäßige Theater», an die Franzosen usw. Doch Ästhetik ist hier nur von Belang, sofern sie ein neues Lebensgefühl ausdrücken kann. Groß an Shakespeare ist nicht diese oder jene formale Neuerung, sondern daß sich seine Stücke alle «um den geheimen Punkt» drehen, «in dem das Eigentümliche unseres Ichs, die prätendierte Freiheit unseres Wollens, mit dem notwendigen Gang des Ganzen zusammenstößt». Diese Problematik ist es, die wie eine Offenbarung auf Goethe und die Zeitgenossen wirkt und die der Dichtung eine neue Qualität verleiht. Von den letzten Dingen handelt fortan die Poesie, nicht mehr die Predigt.

Wenn von dem «Ganzen» die Rede ist, geht es nicht um gesellschaftliche Verhältnisse allein, wie sehr auch die Shakespeare-Rede ihrerseits der Ausdruck solcher Verhältnisse ist. Hier steckt auch bereits die Korrektur der Sturm-und-Drang-Ideologie, die Goethe zu dem radikalsten und zugleich am wenigsten extremen unter den Gefährten macht. Das Individuum, das sich behaupten will, muß dies gegen die Ganzheit tun, der es letztlich selber angehört, es muß sich vereinzeln und wird in dieser Vereinzelung notwendig Schuld auf sich laden oder moderner ausgedrückt: im Narzißmus verharren, auch wenn es noch so heldenmutig sich gebärdet. Nirgends tritt dies deutlicher hervor als in dem Drama, das Goethe etwa gleichzeitig mit seiner Shakespeare-Rede schrieb, in der *Geschichte Gottfriedens von Berlichingen mit der eisernen Hand, dramatisiert* (1771).

Götz von Berlichingen

Goethe stand mit seinem Interesse für das 15. und 16. Jahrhundert (das sich ja auch im *Faust* bekundet) nicht allein, vielmehr gehörten diese Jahrhunderte zum nationalen Selbstbewußtsein, z. B. druckte ein des Sturms und Drangs so unverdächtiges Organ wie der *Teutsche Merkur* ab 1774 literarische Porträts der großen Humanisten des 16. Jahrhunderts. Auslösend für Goethes Stück war, neben Justus Mösers Abhandlung *Von dem Faustrechte* (1770), die Lektüre der Lebensbeschreibung Gottfrieds von Berlichingen (1480–1562), die 1731 erschienen war. «Ich dramatisiere die Geschichte eines der edelsten Deutschen, rette das Andenken eines braven Mannes», schrieb Goethe an Salzmann während der Arbeit, und diese Briefstelle liefert auch bereits die Motivation des Stückes. Geschichte wird dramatisiert nach dem Muster der «histories» von Shakespeare, das Drama bleibt jedoch bei allen turbulenten Ereignissen sehr episch, es gibt mehr als 50 Szenenwechsel, und es herrscht eine souveräne Mißachtung jeglicher Einheit der Handlung, der Zeit und des Ortes vor. Um einen «Selbsthelfer» in unruhiger Zeit geht es – wenn man so will, um ein liberalistisches Menschenbild –, um einen Mann, der aus seinem eigenen Charakter und seiner Individualität heraus handelt, ohne viel Rücksicht auf taktische Überlegungen. Aber auch um einen, der sich in diesem Kampf vereinzeln muß und daher mit dem «notwendigen Gang des Ganzen» zusammenprallt. Bei der Schilderung des Konflikts zwischen dem großen einzelnen und einer mehr oder weniger korrupten Gesellschaft bleibt es nicht bei der bloßen Konfrontation:

> Götz kämpft für das Recht, die Moral und den Kaiser und damit gegen die Territorialgewalt, vertreten durch den Bischof von Bamberg, der für kirchliche Heuchelei sowohl als für weltlichen Betrug zuständig ist. Im Verlauf des Stücks unterliegt Götz, teils weil er von seinem Jugendfreund Adalbert von Weislingen (dem «Zwilling», wie er selber sagt) verraten wird, teils weil er ganz einfach zu schwach ist; er ist allein, hat zu wenig Gefolgschaft. Nachdem er durch Verrat gefangen, von seinem Schwager Franz von Sickingen aber wieder befreit worden ist, schließt sich Götz den aufständischen Bauern an; nicht um mit ihnen zu rauben und plündern, sondern um ihrem im Kern berechtigten Aufruhr eine Richtung und ein Ziel zu geben. Wieder unterliegt er, und diesmal ist er auch in den Augen der Welt schuldig geworden; in erneuter Gefangenschaft stirbt er mit dem Wort «Freiheit» auf den Lippen – ein letzter Protest gegen die Gefangenschaft, aber auch andeutungsweise eine Sehnsucht nach einer anderen Art von Freiheit, als sie das irdische Leben überhaupt gewähren kann. Direkt ausgesprochen wird solche Sehnsucht von seiner Frau Elisabeth: «Nur droben droben bey dir. Die Welt ist Gefängnis.»

Goethe hat seine eigene wie auch die Problematik der Zeit in sein Drama verwoben. Verglichen mit den übrigen Stücken der Jugendbewegung der 1770er Jahre verblüfft der *Götz* durch seinen historischen Gehalt. Der Konflikt zwischen Götz und seiner Umwelt ist geschichtlich konkretisiert (im Gegensatz etwa zu den Bruderdramen von Leisewitz oder Klinger), und die Geschichte ist kein bloßer Hintergrund für die privaten Auseinandersetzungen. Zugleich aber bleibt die ganze Auseinandersetzung auch eine ums Ganze, um den Zusammenhang der Welt überhaupt; der Kaiser steht stellvertretend für mehr als nur politische Macht, und die geschichtliche wie persönliche Tragödie des Götz (Goethes Götz, denn der historische Götz starb hochbetagt und untragisch) liegt darin, daß er das Ganze nur als Außenseiter vertreten kann, nur als Spalter für die Einheit zu streiten vermag. Es ist durchaus möglich, auf den so tatkräftigen Götz die Worte des Zauderers Hamlet anzuwenden: «Time is out of joint. O, cursed spite!/ That ever I was born to set it right.» In dieser Identität von Tatmensch und Zauderer – richtiger: in der Identität der Folgen der jeweiligen Haltung – liegt einer der Gründe für die schon unter den Zeitgenossen und später von der Forschung vielbesprochene Melancholie der Protagonisten dieser Dichtung. Was man auch macht, es ist «falsch», ja daß man überhaupt etwas tut, ist bereits fragwürdig – doch man muß (G. Mattenklott).

Fragwürdig ist nicht nur die Welt, sondern auch der Held. Sein Fluch findet seinen Ausdruck in der künstlichen (eisernen) Hand, von der Götz selber sagt, daß sie im Kriege zwar «brauchbar», gegen den Druck der Liebe jedoch «unempfindlich» sei. Während diese Hand Götz einerseits stark und geradezu mythisch macht, ist sie doch andererseits das Zeichen einer Verstümmelung, die ihn aus anderen Bereichen des Lebens entfernt (und man könnte, falls einen die Psychologie überkommt, darauf verweisen, daß man mit der rechten Hand nicht nur das Schwert, sondern auch die Feder führt; vielleicht steckt in der eisernen Hand auch eine Diskussion über die Möglichkeiten und Grenzen der neuen Kunst?). Zu Recht hat man oft angemerkt, daß die Ehe zwischen Götz und Elisabeth eher auf Kameradschaft denn auf Leidenschaft gegründet scheint; die beiden stützen sich gegenseitig und bleiben solidarisch bis in den Tod, aber die großen Gefühle toben sich woanders aus. Alles Schmachtende, Sehnsüchtige, Erotische gehört dem Bereich Weislingens, des Zwillings, an – Weislingen, der einmal der Jugendfreund des Götz war und nunmehr sein Gegner geworden ist. Weislingen hat sich von der höfischen Welt einbinden lassen, und erst recht läßt er sich im Verlauf des Stücks von der schönen Adelheid von Walldorf umgarnen.

Adelheid ist eine der kompliziertesten Frauengestalten Goethes und, wie er später gestand, auch eine der dem Autor unheimlichsten: der Sog, der von ihr ausgeht, gleicht dem des Magnetberges, der im *Werther* erwähnt wird. Adelheid ist reizend und frigide, aufregend und kalt – und markiert vielleicht sowohl Goethes Distanz zur als gewiß auch die realen Bedingungen einer Emanzipation, für die Adelheid auch steht. Jedenfalls ist sie aufregender als Götzens Schwester Maria, mit der er den von ihm gefangenen Weislingen zu Anfang des Stücks verlobt. Zum Zeitpunkt dieser Verlobung hat es noch den Anschein, als könne hier beides, die Kraft des Götz und die Hingabe des Weislingen harmonisch vereinigt werden. Doch kaum ist Weislingen wieder in Freiheit, vergißt er Maria und verfällt Adelheid – die ihn am Ende ermorden läßt, weil er ihr zu schwach ist.

Adelheid gehört in die Kategorie der «Machtweiber», über die die Zeit nachdachte und die auch etwa bei Klinger zu finden sind. Geschichtliche Beispiele lassen sich finden, von Kleopatra über Maria Stuart bis hin zur zeitgenössischen Katharina von Rußland, aber der ganze Horror vor den Machtweibern ist natürlich auch einer vor der Emanzipation (in unserer Zeit haben Terroristinnen die männliche Phantasie auf ähnliche Weise beschäftigt). Das Machtstreben wird als unnatürlich und unweiblich dargestellt, wobei es zugleich eine Möglichkeit darstellt, überhaupt auf die Welt einzuwirken. Goethes Beschäftigung mit solchen Fragen hält an, siehe unten über die *Iphigenie*. Aber eine Figur wie Adelheid hat er kein zweites Mal gestaltet; sie stellt eine Möglichkeit des Weiblichen dar, der er lieber aus dem Wege ging, von der er aber weiterhin fasziniert blieb.

Die Abwesenheit des Erotischen in der Welt des Götz – oder ihre Ableitung auf eine Männererotik, wie sie sich in Götzens väterlicher Liebe zum Knaben Georg leise andeutet – findet ihren Ausdruck in der eisernen Hand selbst; Götz, der das Ganze will, ist selber nicht ganz. Psychologisch läßt sich daraus vielerlei folgern (Ilse Graham), geschichtlich auch. Auf der einen Seite gehört der Mangel zur wahren Identität des Götz, denn die eiserne Hand ist Teil seines Namens; auf der anderen Seite ist er eine Folge der Lebensumstände, denn Götz ist nicht einhändig geboren, sondern hat seine Rechte im Kampf verloren. Es scheint utopisch, beides: die edle Moral und die große Liebe zu verwirklichen. In der Welt recht handeln und zugleich seinen Gefühlen freien Lauf lassen ist nicht zur gleichen Zeit möglich, was auf der anderen Seite nicht heißt, daß dann jede Art von Liebe, Familie oder Ehe gänzlich undenkbar wäre. Das Verhältnis zwischen Götz und Elisabeth ist eben das Menschenmögliche in dieser Welt, und Götz verwirklicht das Mögliche. *Un*möglich freilich ist es, alles zugleich zu haben, die große Leidenschaft und den ethischen Lebenszusammenhang.

In dieser Perspektive ist die Gestalt der Adelheid nicht nur eine Variante des uralten Versuchung-Motivs, sondern in ihr drückt sich auch Utopisches aus, das – weil es von seiner Verwirklichung abgeschnitten ist – ins Dämonische sich verkehrt. (Im zeitgenössischen Kostüm gestaltet Goethe 1776 eine Utopie in *Stella. Ein Schauspiel für Liebende*; Fernando «braucht» zwei Frauen, um die Liebe, seine Liebe, ganz gestalten zu können; die Erstfassung läßt noch die Utopie im Recht, eine spätere Umarbeitung [1806] endet tragisch.) Daß darüber hinaus der Sohn des Götz, Carl, weit vom Stamme fällt und ins Kloster geht (wie weiland der Kaiser gleichen Namens, der zu Götzens Zeit regierte), entbehrt nicht der Logik: obwohl das Leben des Götz äußerlich gesehen unendlich reicher als das von Carl ist, fehlt Götz doch genau das, dem Carl sich dann zuwendet. Wo viel Licht ist, ist auch viel Schatten, sagt Götz einmal und kommentiert damit die Neigungen des Sohnes – und seinen eigenen Anteil daran.

Götz geht nicht an *einem* Fehltritt oder an *einem* Verrat zugrunde, sondern an dem notwendigen Gang des Ganzen, an dem Gesamtzusammenhang, der auch das epische Gefüge des Dramas schafft: «Liebe Frau wenn so von allen Seiten die Widerwärtigkeiten hereindringen und ohne Verbindung unter sich selbst auf einen Punkt dringen, dann fühlt man den Geist der sie zusammen bewegt. Es ist nicht Weislingen allein, es sind nicht die Bauern allein es ist nicht der Tod des Kaisers allein. Es sind sie alle zusammen.» Das sich behauptende Individuum geht endlich doch zugrunde, und vorher zahlt es für seine Unabhängigkeit mit einer Verstümmelung.

Dies letztere trifft vielleicht auch auf die «distanzierten» Verhältnisse in der Lyrik und auf jeden Fall für Goethes Leben in diesen Jahren zu. Er flieht aus den sich entwickelnden Beziehungen (zu Charlotte Buff 1772, zu Lili Schönemann 1775). Die Liebe scheint mit der Selbstentfaltung unvereinbar, und Goethe macht diesen Konflikt zu einem Hauptmotiv auch seiner größten dramatischen Dichtung, des *Faust.* Das ist kein biographisches Problem allein, sondern auch und vor allem wohl Ausdruck des Bewußtseins von den «fatalen bürgerlichen Verhältnissen», wie Werther sagen wird.

Goethe hat nicht die Erstfassung des Götz, sondern eine revidierte Fassung veröffentlicht (*Götz von Berlichingen mit der eisernen Hand. Ein Schauspiel*, 1773). Adelheid ist jetzt ein wenig zurückgetreten und das dramatische Gleichgewicht im Stück dadurch aufgebessert worden; die Bauern werden schon distanzierter betrachtet, als sei ein politischer Weg aus den Konflikten bereits als illusorisch entlarvt. (In einer letzten Fassung für die Bühne 1803/04 kommen die Bauern noch schlechter weg. Jeder Hinweis auf das Berechtigte oder auch nur Verständliche des Aufruhrs ist verschwunden. Dadurch wird das Stück konformer, und es wird enthistorisiert.) Götz stellt sich in die Reihe der «großen Männer», die Goethe in seinen Sturm-und-Drang-Jahren wiederholt gestalten wollte: Prometheus, Mahomet, Caesar (über alle drei gibt es Dramenfragmente oder Entwürfe), Jesus (im *Ewigen Juden*), schließlich Faust. Bei allen stößt die prätendierte Freiheit des Wollens auf den notwendigen Gang des Ganzen, und wenn die Beispiele von überall: aus der griechischen Mythologie, der römischen und islamischen Geschichte und der Geschichte des Juden- und Christentums geholt werden, stellt sich dieser Konflikt als ein «ewiger» dar; die geschichtlichen Ausprägungen werden sekundär. Dennoch ist es gewiß kein Zufall – und es spricht für Goethes Realismus –, daß die beiden ausgeführten Gestalten, Götz und Faust, aus der deutschen Geschichte der frühen Neuzeit stammen. So geschichtshaltig ist der Konfliktstoff immerhin, daß er sich nur auf dem Hintergrund der «eigenen» Geschichte ganz ausführen läßt. Auf die Geschichts- und Gegenwartsbezogenheit des *Götz* deutet wohl vor allem der Schluß: hier tritt kein «young Fortinbras» auf, um nach dem Tod des Helden die Herrschaft zu übernehmen und ein neues Zeitalter anzukündigen. Weislingen und Götz (und der Kaiser) sind tot, Sieger ist der Bischof von Bamberg, und nur Lerses Worte: «Wehe der Nachkommenschaft die dich verkennt!» deuten auf die Hoffnung auf Einlösung des durch Götz gegebenen Versprechens.

Als *Götz von Berlichingen* 1773 erschien, wurde das Stück sofort als entscheidende Neuerung gewertet, ganz gleich ob es begrüßt oder abgelehnt wurde. Es war Gegenstand der Diskussion und bald auch der Nachahmung:

die vielen Ritterstücke, die dann wiederum von Goethe im *Wilhelm Meister* (2. Buch) verspottet wurden (s. oben S. 217ff.). Obwohl mehrere Rezensenten das Stück für unaufführbar erklärten, wurde es recht häufig und mit Erfolg aufgeführt, zunächst in Berlin 1774, dann auch in anderen Orten in Deutschland.

Die Umarbeitung des *Götz* fällt in die für Goethe außerordentlich produktiven Jahre 1772/73: in Frankfurt gab es wieder das ungehinderte Gespräch mit der Schwester Cornelia, einer der wichtigsten Bezugspersonen Goethes, in Darmstadt die Kontakte zum Kreis der Empfindsamen mit u. a. Johann Heinrich Merck und Caroline Flachsland(-Herder) (s. oben S. 370). Für diesen Kreis schrieb Goethe einige Farcen und Satiren (*Ein Fastnachtsspiel vom Pater Brey; Das Jahrmarktsfest zu Plundersweilern; Prolog von den neuesten Offenbarungen Gottes; Satyros; Götter Helden und Wieland*), die entweder gleichsam Kataloge der Motive darstellen (*Jahrmarktsfest*) oder durch Spott gegen die Verniedlichung der antiken Kraftnatur durch Wieland oder aber auch gegen Übertreibungen der Empfindsamkeit oder Geniebegeisterung zugleich die eigene Position abklären helfen. Ferner arbeitete Goethe an dem Jahrgang 1772 der *Frankfurter Gelehrten Anzeigen* mit (s. oben S. 435f.), und schließlich ging er 1772 für einige Monate an das Reichskammergericht in Wetzlar, um sich juristisch weiter auszubilden. Hier lernte er Charlotte Buff(-Kestner, 1753–1828) kennen, das biographische Vorbild der Lotte-Gestalt im Werther-Roman.

Clavigo und Werther

Das Jahr 1774 brachte zwei weitere Hauptwerke Goethes: *Clavigo* und *Werther*. Das Trauerspiel *Clavigo*, entstanden auf der Basis einer in Beaumarchais' Autobiographie erzählten Begebenheit, ist ein ganz nach den klassischen Regeln verfertigtes Drama, das zwar auch den Konfliktstoff dieser Periode enthält, aber ohne die weiten Perspektiven des *Götz* (Mercks bündiges Urteil: das sei «Quark», das könnten die anderen auch, ist nichtsdestoweniger übertrieben).

Clavigo ist kein «Großer», sondern einer, der es werden möchte und insofern dem Autor näher verwandt als Götz. Auf Goethe selbst bezogen könnte man behaupten, das klassizistische Stück *Clavigo* sei «realistischer» als der scheinbar realistischere *Götz*. Clavigo will sich in der höfischen Gesellschaft emporarbeiten und besitzt die für den Bürger notwendigen Fähigkeiten dazu: er kann schreiben, er gibt eine Zeitschrift heraus. Clavigo verspricht der armen und stillen Marie Beaumarchais zweimal die Ehe und bricht zweimal sein Versprechen, weil eine solche Ehe mit dem zu erwartenden Ruhm als Intellektueller und mit der daraus folgenden gesellschaftlichen Stellung unvereinbar erscheint. Der Streber kommt an sein Ende, als der Bruder Mariens angereist kommt, um ihre Rechte einzuklagen. Der bürgerlich-selbstbewußte und daher moralisch integre Beaumarchais ersticht den bürgerlich-anpassungswilligen und daher schwankenden Clavigo, nachdem Marie an ihrem gebrochenen Herzen bereits gestorben ist.

Aufschlußreich an diesem Stück ist nicht nur die aus dem *Götz* teilweise übernommene Figurenkonstellation (Goethe hat selbst auf Clavigo als eine Weiterentwicklung der Weislingen-Gestalt verwiesen), sondern auch das Motiv des Bürgers in der höfischen Welt. Zwar war Goethe von Haus aus wohlsituiert, aber er war nun einmal ein Bürger in einer immer noch feudalen Gesellschaft, und so konnte auch er sich als Aufsteiger fühlen oder den Aufstieg als wünschenswert, in Clavigos Fall dann auch als Obsession darstellen. Das nur-bürgerliche Glück, von dem andere Sturm-und-Drang-Helden zuweilen träumen, genügt Clavigo so wenig wie seinem Autor. Goethe schreibt in Briefen aus der ersten Weimarer Zeit nicht selten von den «Großen dieser Welt», zu denen er sich selber ausdrücklich nicht rechnet, und noch im *Tasso* spielt das Motiv des (in diesem Falle auch noch armen) Poeten, der bei Hofe aufgenommen wird, eine Rolle.

Die andere Seite des Bürgerlichen ist aber gerade die Welt- oder doch die Gesellschaftsflucht. Werther spricht es aus, und Goethes Roman *Die Leiden des jungen Werthers* wurde denn auch gleich bei seinem Erscheinen 1774 ein beispielloser Erfolg, vor allem unter seinen Altersgenossen. In Wetzlar war Goethe 1772 mit dem Legationsrat Kestner und dessen Braut Charlotte Buff zusammengetroffen. Eine Freundschaft verband alle drei, doch die aufkeimende Liebe zu Charlotte ließ es Goethe ratsam erscheinen, im September 1772 ohne Abschied aus Wetzlar wegzugehen (Goethe blieb fern, im Roman jedoch kehrt Werther wieder zurück, und erst dann geht er zugrunde).

Vieles aus dem Leben in Wetzlar ist in den Roman eingegangen, z. B. die häuslichen Verhältnisse Lottes: sie führt ihrem Vater und ihren vielen Geschwistern nach dem frühen Tod der Mutter den Haushalt; man trifft sich auf einem Ball usw. Kestner reagierte – verständlicherweise – ziemlich gekränkt auf den Roman, und Goethe mußte das Ehepaar energisch beruhigen, was ihm allerdings nur möglich war, indem er seine Neigung zu Lotte nochmals betonte. Im Grunde besagen seine Briefe, daß die Eheleute lieber froh sein sollten, daß es bei dem Roman geblieben sei...

In Wetzlar lebte auch Karl Wilhelm Jerusalem, ein junger Mann, der sich aus unglücklicher Liebe das Leben nahm; die berühmten letzten Worte des Romans: «Kein Geistlicher hat ihn begleitet.» stammen wörtlich aus einem Brief Kestners an Goethe über den Tod und die Beerdigung Jerusalems. Schließlich spielt für die Konzeption und erst recht für die Ausführung des Buches gewiß auch der Umstand eine Rolle, daß Goethes Schwester Cornelia Ende 1773 heiratete und aus Frankfurt wegging; auch dies war ein Verlust eines sehr geliebten Wesens. (Als Goethe in *Dichtung und Wahrheit* darauf recht freimütig zu sprechen kommt, teilt er mit, er habe das *Werther*-Manuskript am Hochzeitstag Cornelias an den Verleger geschickt. Das ist besonders aufschlußreich, weil es nicht stimmt; Goethe nimmt die symbolische Verdichtung selbst vor.) Insofern ist der *Werther*-Roman durchaus «Erlebnisprosa», nur handelt es sich auch in diesem Falle um die Deutung der Erlebnisse.

Werthers Leiden wurden sofort als Ausdruck eines neuen Lebensgefühls begriffen, und die Aufnahme war entsprechend geteilt, aber auf beiden Seiten leidenschaftlich. Die kirchliche Orthodoxie, aber auch ihr scharfer Gegner Lessing lehnten das Buch ab, während die junge Generation es stürmisch begrüßte und dem Aufklärer Nicolai nicht verzeihen wollte, daß er dem Buch 1775 eine Parodie nachschickte – die Goethe auch selbst hätte schreiben können, wenn auch vielleicht besser. Den negativen und positiven Besprechungen gemeinsam war die weitgehende Identifikation der Hauptgestalt mit dem Autor, die sich freilich als unhaltbar erweist. Auf einer bestimmten Ebene ist sie selbstverständlich vorhanden – sonst hätte Goethe den Roman ja gar nicht schreiben können –, aber die Schilderung von Werthers Leiden ist zugleich auch eine Kritik an Werther (und zwar bereits in der Erstfassung, nicht erst in der heute meistens gelesenen aus dem Jahr 1787, die allerdings Werther noch deutlicher «ins Unrecht» setzt).

Goethe trieb in seinem Roman eine Stimmung auf die Spitze und zeigte damit zugleich die Grenzen des neuen Individualismus auf. Das Ich lebt nur sich selber, es hält sein Herz «wie ein krankes Kind». Das «heilig glühend Herz» des Prometheus, das alles selbst vollendet, ist das nicht: Werthers Herz vollendet nichts, erleidet aber alles; das Selbstsein ist zugleich Isolation. Diesem Herzen *müssen* alle «Knabenmorgenblütenträume» (*Prometheus*) in Erfüllung gehen – oder es wird sterben. Wie am Schluß des *Götz*-Dramas wird hier gleich zu Anfang (Werthers Brief vom 22. Mai, noch vor dem Anfang der Liebesgeschichte) die Welt als «Kerker» begriffen und mit dem Selbstmord als möglicher Flucht aus diesem Kerker gespielt. Für Werther ist die Welt nicht die Bühne der Entfaltung, sondern die Leere, die nur ein Marionettenleben zuläßt. Werther ist kein *acteur* seines Lebens, sondern ihm wird mitgespielt, obwohl äußerlich alles zum besten steht. Nicht nur die spezifischen gesellschaftlichen Verhältnisse, die er zuweilen anprangert, führen sein Unglück herbei, sondern bereits die Tatsache, daß es überhaupt Natur und Gesellschaft als nichtidentische Größen gibt. Rousseaus Unbehagen in der Kultur findet hier seine Fortführung und Steigerung.

Der *Werther*-Roman ist zwar ein Briefroman, aber ein monologischer. Die Briefe an Wilhelm sind zwar Mitteilung, aber nicht eine, die Antwort will; zuweilen wird Wilhelm widersprochen, doch nie fragt Werther nach Wilhelms Lebensumständen. Werther flieht aus der Gesellschaft (und flieht einer Liebe, die ihm lästig geworden ist: «Wie froh bin ich, daß ich weg bin!» – so beginnt sein erster Brief), er neigt zur Melancholie und zum Wiederkäuen allen Ärgers, und seine Begeisterung für die naive und unzerstörte Welt, die er erlebt, wenn er seinen Homer liest und seine Erbsen ißt, bleibt distanziert: Er geht nicht in jene Welt hinein, sondern bleibt draußen als Zuschauer und Tourist; das Naive ist seine sentimentalische Vorstellung. Deutlich wird dies bereits bei der Begegnung mit der kleinen Familie in Wahlheim (am 27. Mai): Werther sieht nur das glückliche Leben dieser einfachen Leute und überhört fast ganz die Sorge der Frau um den abwesenden Mann – dieser ist in die Schweiz gegangen, um eine Erbschaftssache ins reine zu bringen, genau dasselbe Geschäft, das unserem Helden ganz am Anfang des Romans gelungen ist. Später stellt sich heraus, daß der Familie jedes denkbare Unglück widerfahren ist, und erst dann beschäftigt dieser Fall Werther, weil er inzwischen sein eigener ist: Auch er ist unglücklich geworden.

Schon Werthers erste Briefe deuten unmißverständlich auf den unlösbaren Konflikt zwischen Natur und Gesellschaft; das gilt vor allem für seinen Hymnus auf das Genie, das sich wie ein Strom daherwälze und das die ängstlichen Bürger so gerne eindämmen möchten (26. Mai). «Die Regeln» in der Kunst und «die bürgerliche Gesellschaft», d. h. Gesellschaft überhaupt, menschliches Zusammenleben, seien zwar vernünftig, aber sie liefen nun einmal der Natur zuwider. Unbehagen in der Kultur; kein Wunder, daß sich die psychologische und psychoanalytische Forschung auf den *Werther* gestürzt hat; scheint er doch das Urbild des modernen Narzißten zu sein. Entscheidend bleibt, daß diese Gestalt nicht nur individuell zu fassen ist, sondern sich zugleich als Typus des modernen Menschen überhaupt ausweist, als «étranger»: schon Werther ist ein «Unbehauster», wie später Faust von sich sagen wird; schon Werther ist auf sonderbare Weise an seiner Umwelt nicht-engagiert, sondern ein Wanderer, der alle Probleme anderer lösen könnte, selbst aber kein Schicksal haben möchte. *Daß* ihm eines zuteil wird, liegt an den Leidenschaften, die er im Umgang mit Lotte immer weniger unterdrücken kann, und es liegt an der Gesellschaft, die ihn unterdrückt. Zwar nicht so, daß der erlittene «Verdruß» – Werther muß als Bürgerlicher eine Gesellschaft beim Grafen verlassen, weil die Adligen ihn dort nicht dulden wollen – an sich so wichtig wäre, aber doch in dem Sinne, daß dieser Verdruß Werther auf die private Sphäre zurückwirft, in der allein er nicht zu überleben vermag. Erst nach dem Erlebnis in der Adelsgesellschaft kehrt er wieder in Lottes Umkreis und damit (in seinen Tod) zurück. Bereits früh vergleicht er die Anziehungskraft Lottes mit der des Magnetberges in einem alten Märchen, der die Schiffe unwiderstehlich anziehe: ein Katastrophenvergleich – und übrigens auch ein Beispiel für die bei Goethe häufige Schiffahrtsmetaphorik.

In der Begegnung mit Lotte verliert Werther die Kontrolle über sich selbst. Bisher war die Begierde aus seiner Welt verdrängt, es gab nichts, was er nicht sofort in sein eigenes Selbst zurückholen könnte. Jetzt aber richten sich Gefühle und Gedanken an eine andere Person, schließlich tun das auch die Triebe. Solange Werther Lotte als «heilig» betrachten und damit seine Begierde schweigen machen kann, kann er das Äußerste noch vermeiden. Aber dies gelingt ihm nur, solange auch Lotte keine Geschichte hat, sondern zumindest in Werthers Vorstellungswelt im idyllischen Interregnum nach der Kindheit und vor der Ehe verharrt, solange sie «nur» verlobt ist. Zur Frau, erotisch wie gesellschaftlich, wird sie, als sie Albert heiratet: Von diesem Zeitpunkt an vermag Werther seine Gefühle nicht länger zu beherrschen, er muß entweder auf Lotte gänzlich verzichten oder aber sie erobern wollen. War Lotte vorher in seinen Gedanken, so ist sie jetzt auch in seinen Träumen: «Diese Nacht! Ich zittere es zu sagen, hielt ich sie in meinen Armen, fest an meinen Busen gedrückt und deckte ihren liebelispelnden Mund mit unendlichen Küssen;» (14. Dez.). Lotte nimmt von Werther in einer Schicht Besitz, über die er nicht Herr werden kann. Hier wird Vernunft zunichte – was freilich nicht als irrationalistisches Programm geschweige denn als große Befreiung, sondern als die Katastrophe selbst erfahren wird. Das große Gefühl, das die Enge der bürgerlichen Gesellschaft sprengen könnte, sprengt zu allererst das Individuum selbst. Werther findet keinen Trost in der Arbeit, in der Philosophie, in der Religion, er ist zutiefst allein auf der Welt. Auf seinen Schultern lastet alles, daher kann er sich zur Identifikation mit dem Erlöser steigern, als er sich in seinen letzten Briefen und Notizen ganz evangelisch ausdrückt. Werther erleidet gewissermaßen den Kreuzestod (auffallend ist, daß sein Sterben so lange dauert), aber er hat sich selbst ans Kreuz genagelt. Seine Vereinzelung ist untragbar – aber sie wird durch die Christus-Identifikation zugleich als das Los des Menschen dargestellt.

Denn zum notwendigen Gang des Ganzen gehört mehr als die gesellschaftlichen Zustände (freilich: sie gehören *auch* dazu). Diese kann man bekämpfen, oder man kann sich ihnen fügen – Götz tat das erstere, Clavigo das letztere, Werther tut im Grunde beides, aber alle kommen sie um. Wenn der Konflikt erst vom eigenen kranken Herzen Besitz ergriffen hat, muß man Hand an sich legen – oder die Welt erobern. Als Goethe Werther ersteres hatte tun lassen, schickte er sich an, selber letzteres zu tun.

Urfaust

Ein Konflikt dieser Art wird beispielhaft auch in der frühen *Faust*-Fassung dargestellt. Dieser sog. *Urfaust* besteht aus den Szenen, die Goethe bis zur Abreise nach Weimar Ende 1775, vielleicht auch in den ersten Weimarer Monaten, geschrieben hat.

Das Manuskript wurde zu Goethes Lebzeiten nicht veröffentlicht (erst 1887 wurde es in einer Abschrift des Weimarer Hoffräuleins Luise von Göchhausen aufgefunden), aber den Freunden waren die Szenen bekannt, und der literarischen Welt war zumindest bekannt, daß «Hr. Göthe» an einem Faustdrama arbeitete (*Theater-Kalender für 1776*).

Der Stoff war durch die Volksbücher und durchs Puppentheater überliefert und allgemein bekannt, freilich als Untergrund-Literatur. Erst Lessing hatte mit seinem kleinen *Faust*-Fragment im *17. Literaturbrief* (1759) auf die Möglichkeiten der Faust-Sage für die «hohe» Literatur hingewiesen, und in den 1770er Jahren erschienen Faust-Dramen (Paul Weidmann, Maler Müller). Goethes Hauptquelle war das Volksbuch in der Fassung des «Christlich Meynenden» von 1725, aber seine Deutung der Gestalt folgt weit eher Lessings Literaturbrief, den er selbstverständlich auch kannte.

Während das Volksbuch und mit ihm die gesamte ältere Faust-Tradition den Faust verdammt, weil er sich in seinem Erkenntnisdrang anmaßt, Gott gleich zu sein, und daher dem Teufel anheimfällt, ist gerade dieser Drang beim Aufklärer Lessing als positiv, wenn auch nicht unproblematisch dargestellt. Hier setzt Goethe ein, und er setzt dann noch Entscheidendes hinzu: die Gretchen-Tragödie. Wohl gab es auch in der älteren Faust-Literatur Weiber- (oder Knaben-)Geschichten, neu aber ist das Gewicht, das diese Frauengestalt bei Goethe gewinnt. Sie steht sozusagen gleichberechtigt neben dem Helden, ihre Geschichte ist genau so wichtig wie die seine.

Faust ist bei Goethe wie in der Überlieferung vom Ungenügen an der Schulwissenschaft befallen: er weiß alles und versteht nichs, vor allem erlebt er nichts an dem, was er weiß. Er sehnt sich nach einer Form von Erkenntnis, die zugleich Erlebnis oder schlicht: Leben wäre, er will also seine Entfremdung überwinden, und zwar mit allen Mitteln, zuletzt auch mit Hilfe des Teufels Mephistopheles, der im *Urfaust* unvermittelt auftaucht (kein Prolog im Himmel, keine Paktszene) und sich damit deutlicher als in den späteren Fassungen auch als Emanation von Faust selbst zu erkennen gibt: als sein fleischgewordenes Verlangen. In seinem Streben, die Entfremdung zu überwinden, verschreibt sich Faust einer noch radikaleren Entfremdung, der Herrschaft des Dämonischen. Faust möchte sich ins volle Menschenleben stürzen und verkennt dabei die notwendige Distanz, die auch ihm erst einen Halt geben könnte. Statt zu erkennen oder erleben, will er letztlich erobern – und er erobert Margarete, die aus ihrer Häuslichkeit heraus- und in ein Leben hineingerissen wird, dem sie nicht gewachsen ist und nicht gewachsen sein kann. Sie gebiert ihr Kind, tötet es, wird verhaftet, verurteilt und hingerichtet. Faust versucht noch, sie zu retten, aber aus dieser Tragödie gibt es keine menschliche Rettung mehr, es gibt nur die Gnade des Himmels, auf die Gretchen vertraut, oder aber die Machenschaften des Teufels, zu denen Faust seine Zuflucht nehmen muß. Der *Urfaust* schließt noch mit den Worten: «Sie ist gerichtet!» und mit Gretchens verzweifeltem Ruf nach Faust aus dem Kerker, dessen Tor bereits zuschlägt. Hier ist nichts von Erlösung, nichts von Ausblick in eine wie immer auch geartete höhere Welt, sondern ein genauso auswegloses Ende wie im Werther-Roman.

Faust hat Gretchen zwar erobert, doch nicht nur mutwillig verführt, er ist kein Don Juan und erst recht kein Casanova. Faust liebt auch Gretchen – aber die Liebe genügt ihm nicht, selbst sie gibt ihm nicht die höchste Erfüllung. Faust will mehr, oder er will anderes zugleich, fast könnte man sagen: genau wie Goethe nicht nur seine Mädchen liebte, sondern sie auch und wohl vor allem dichtete. Daß Faust Gretchen verläßt, ist in derselben Dynamik begründet, die ihn überhaupt erst zu ihr geführt hat, und diese ist des Teufels und des Menschen zugleich (im später ausgeführten *Faust*-Drama dann – entscheidend – auch des Himmels). Von seiner *Iphigenie* sagte Goethe einmal, das Stück sei «verteufelt human»; auf die frühe Faust-Gestalt trifft dies vielleicht noch buchstäblicher zu. Der *Urfaust* handelt von einem Fluch der neuen Zeit – ja mit seinen unvermittelten Szenenwechseln und überhaupt sprunghafter Darstellung wird der *Urfaust* dem Stoff vielleicht doch «gerechter» als die spätere Umarbeitung.

F. Gundolf hat von dem Konflikt zwischen «Titanismus und Liebe» gesprochen, man könnte auch sagen: zwischen Selbstentfaltung und Sozialität. Fausts utopischer Entwurf, seine Forderung, das «was der ganzen Menschheit zugeteilt ist», in seinem «innern Selbst» genießen zu können, sein Anspruch auf Erkenntnis dessen, «was die Welt/ Im Innersten zusammenhält», verträgt sich nicht mit der liebenden Nähe zum Mitmenschen (und läßt sich in der Erdgeist-Szene auch nicht aufrechterhalten). Fausts Ansprüche lassen nichts unberührt und dringen auch in Zonen vor, die Goethe schon damals und später noch häufiger und nachdrücklicher für unzugänglich, heilig, «gestaltlos» gehalten hat. Das Bild des neuen Menschen ist ein Bild der Entfremdung, Mephisto ist deren Ausdruck, und nur der Umstand, daß sich dieser Ausdruck noch aus der Religion herleitet – Mephisto ist immerhin ein Teufel und kein Frankenstein-Monster –, hält noch die Verbindung zur alten Sinnstiftung aufrecht. Gezeigt wird in aller Deutlichkeit, wer unter diesem neuen Menschenbild vor allem zu leiden hat: die Frau. Zwei große Mythen: die Selbstentfaltung, das Prometheische, und die Hingabe, das Ganymedische, prallen im *Faust* aufeinander, und es gibt im *Urfaust* noch kein Medium ihrer Versöhnung. In ihrer Radikalität übertrifft die Erstfassung die spätere, ausgeführte «Tragödie» – es sei denn, man hält es für noch radikaler, auch die Versöhnung versuchsweise zu gestalten.

Liebestragödien waren auch Ende des 18. Jahrhunderts nicht gerade ein Novum in der Literatur, aber selten ist die Spaltung im Gefühl selbst so deutlich geworden. Das berühmte (freilich spätere) Wort Fausts: «Zwei Seelen wohnen, ach, in meiner Brust», mag man kaum mehr hören, vor allem weil der Weg vom tragischen Konflikt zur faulen Ausrede so verdächtig kurz ist. Aber letzten Endes wird hier ausgesprochen, worum es geht. Faust ist kein Herrscher, dem aus dynastischen Gründen die Trennung vom Mädchen aus dem Volke abverlangt wird. Es stehen sich hier nicht Privates und Öffentliches gegenüber, sondern alles hat eine gemeinsame Wurzel: die Seele, das Herz. (S. weiter über *Faust* G. Schulz im Bd. VII/2 dieser Reihe S. 661 ff.)

An der Schwelle zu Weimar

Überblickt man Goethes Produktion der Jahre 1770–1775, kann es nicht verwundern, daß er damals schon als die zentrale Gestalt seiner Generation betrachtet wurde. Die Impulse findet man bei vielen zeitgenössischen Autoren; die Souveränität, mit der Goethe auftritt, nur bei ihm. Sie meint Vielseitigkeit und eine nichtfanatische Haltung selbst in der gröbsten Polemik. Zwar wird deutlich, was bekämpft werden soll und was durchgesetzt werden muß, aber immer scheint der weitere Horizont durch. Der Weimarer Hof wußte schon, was er tat, als er Goethe für sich gewinnen wollte.

Die Vielseitigkeit: Goethe produziert sich in allen Gattungen und auf allen stilistischen Ebenen. Seine Lyrik umfaßt anspruchslose Lieder und große Hymnen, seine Dramatik das große epische Geschichtsdrama, das regelstrenge Trauerspiel, das Singspiel, Farcen, Satiren usw. Die Prosa: da sind *Werthers Leiden*, aber auch der *Brief des Pastors zu *** an den neuen Pastor zu **** und *Zwo wichtige bisher unerörterte biblische Fragen*, die beide Anfang 1773 erscheinen und das Toleranzproblem in ruhiger Argumentation aufgreifen. Vielseitigkeit auch in anderer Hinsicht: Shakespeare-Lektüre und das Sammeln von Volksliedern werden begleitet von einer ebenso nachhaltigen Pindar-Rezeption (s. z. B. J. Schmidt zu *Wandrers Sturmlied*)

Neben Geschichtsdramen aus der Vergangenheit (*Götz*) und Gegenwart (*Clavigo*) stehen die Volkstradition (*Faust*) und die antike Götter- und Bilderwelt. Homer wie Ossian sind dem jungen Werther gleichermaßen vertraut.

Das Jahr 1775 brachte für Goethe nicht nur die Abreise nach Weimar, sondern auch und davor noch die Verlobung mit Lili Schönemann und die Reise in die Schweiz mit den Brüdern Stolberg. Die Verlobung mit Lili (zu Ostern eingegangen, im Oktober wieder gelöst) deutet auf eine andere Möglichkeit des Lebens: die der Integration in die Frankfurter Gesellschaft – Goethe hat später angedeutet, daß Lili in der Tat *die* Frau für ihn gewesen wäre. Die Reise in die Schweiz (14. Mai – 22. Juli) bedeutet dafür eine weitere – letzte – Steigerung der Sturm-und-Drang-Stimmung und zugleich die erste große Versuchung, den Weg nach Italien abzukürzen, d. h. sogleich die Reise anzutreten. Ein Gedicht wie *Lilis Park* thematisiert deutlich den Konflikt zwischen einem ungebundenen Leben und einer angenehmen, dafür aber ein für allemal domestizierten Existenz (als gefangener Bär), während das Schweizer Gedicht *Ich saug an meiner Nabelschnur* (in der Endfassung: *Auf dem See*) von einer Bindung anderer Art spricht: von der an die Natur, die alle Nahrung gibt.

Als Goethe nach Weimar ging, war er bereits der berühmte Dichter des *Götz* und des *Werther*, und weitere Pläne gab es genügend. Er wollte aber auch auf die Welt wirken. Weimar hatte «einen Schauplatz der Welt» (Crugantino in *Claudine von Villa Bella*) für ihn, und Goethe fand sich rasch hinein, nicht ohne Komplikationen, aber mit der sofortigen Gewißheit, diese Chance seines Lebens nutzen zu wollen (was spätere Zweifel und späteren Unmut ja nicht ausschließt). Auffällig bereits an dem Beitrag Goethes zum Sturm und Drang ist das Gleichgewicht zwischen Aufbegehren und konstruktivem Impuls: hier spricht und schreibt einer, der schon seit seiner frühen Jugend den Ehrgeiz hat, nicht allein Rebell, sondern auch Gesetzgeber zu sein. Dies schmälert den Aufruhr nicht; es kann keine Rede davon sein, daß Goethe nur im uneigentlichen Sinne Stürmer und Dränger gewesen sei und von Anfang an die Geheimratsstelle in Weimar angepeilt habe. Eher wäre das Gegenteil wahr: weil Goethe stets nicht nur das Bestehende bekämpfen, sondern selbst Bestehendes schaffen will, greifen Ungenügen und Aufbegehren bei ihm womöglich noch tiefer und weiter als bei den meisten Zeitgenossen. Wohl sind die Attacken gegen den Absolutismus oder besser gegen deren Auswüchse bei Bürger und anderen Hainbündlern, erst recht bei Schubart (s. S. 420f.) heftiger als bei Goethe, und niemand sollte den Ernst (und den Preis!) solchen Aufruhrs gering veranschlagen. Doch eine so grundlegende Kulturkritik, bis hin zum Kulturpessimismus, wie sie aus Goethes Hauptwerken der Sturm-und-Drang-Zeit spricht, findet man wohl sonst kaum. Sollte diese Kritik sich nicht ins Metaphysische steigern oder zur Verzweiflung an der Welt schlechthin sich entwickeln, mußte Goethe sich auf ein Kräftemessen mit der Welt einlassen. Wer seine Weimarer Zeit bis zur italienischen Reise von einem Verrat an den Idealen der Jugend (und an den Jugendgefährten wie Lenz und Klinger) bzw. von einer hehren «Überwindung» des jugendlichen

Überschwangs bestimmt sieht, verkennt die Dialektik zwischen Auflehnung und Normsetzung, die das gesamte Schaffen Goethes – nicht erst seine klassischen Werke – kennzeichnet. Werther scheitert beim Gesandten, bei dem er in den Dienst tritt; Goethe nahm das Angebot aus Weimar an, war nur bedingt erfolgreich, hielt sich manchmal für einen Gescheiterten und ging zuletzt auch aus Enttäuschung nach Italien. Doch zugrunde ging er nicht, und er ist auch nach der italienischen Reise in Weimar geblieben, freilich «als Künstler» (Brief an den Herzog vom 17. März 1788) eher denn als Beamter.

Schon die Zeitgenossen besaßen einen klaren Blick für die spezifischen Qualitäten Goethes. In Straßburg und Wetzlar wurde er – wie bereits erwähnt – zum Mittelpunkt der Kreise, in denen er verkehrte, und es gibt viele diesbezügliche Äußerungen aus Goethes Umkreis aus dem Jahr 1774 – dem Erscheinungsjahr des *Werther* wie dem Jahr der ersten Kontaktaufnahme von seiten des Weimarer Hofes durch Knebel. Wilhelm Heinse an Ludwig Gleim: «Daß Goethe Götterkraft hat in seinem Wesen, weiß jedermann (...)» – Johann Georg Jacobi im Tagebuch: «Ich sah einen der außerordentlichsten Männer, voll hohen Genies, glühender Einbildungskraft, tiefer Empfindung, rascher Laune (...)» – Friedrich Heinrich Jacobi an Sophie von La Roche: «Der Mann ist selbständig vom Scheitel bis zur Fußsohle.» – Johann Caspar Lavater an Johann Georg Zimmermann: «Goethe wär ein herrliches handelndes Wesen bei einem Fürsten. *Dahin* gehört er. Er könnte König sein. Er hat nicht nur Weisheit und Bonhomie sondern auch Kraft.» So geschrieben fast ein Jahr vor Goethes Übersiedlung nach Weimar zeigt diese Feststellung sowohl die Hoffnung auf bessere Ratgeber der Fürsten als auch die Zuversicht, daß Goethe sich für ein solches Amt bestens eigne. Der Dichter des *Werther* – gerade ihm traut man zu, König zu sein.

3. Drama des Sturm und Drang

Gerstenberg

Heinrich Wilhelm von Gerstenberg (1737–1823) wird meist zu den sog. «Vorläufern» des Sturm und Drang gerechnet, und die Bezeichnung scheint in seinem Falle angebracht. Was er früh anstrebte, ist in der Tat dem sehr nahe, was die Generation der 1770er leistete, und nach den verheißungsvollen Anfängen kam nicht viel mehr; Gerstenbergs Name blieb somit an die unmittelbare Vorgeschichte des Sturm und Drang geknüpft.

Gerstenberg wurde in Tondern geboren, studierte in Jena und wurde dann Offizier in dänischen Diensten. Ab 1763 lebte er in Kopenhagen, wo er dem Kreis um Klopstock angehörte, dann wurde er (1775) dänischer Resident in Lübeck (bis 1784) und später Direktor des Altonaer Lottos. In seiner Jugend dichtete Gerstenberg rokokohafte *Tändeleyen* (1759) und – in der Nachfolge Gleims – Grenadier-Lieder. In die Kopenhagener Zeit fällt seine Haupttätigkeit: Er gab die *Briefe über Merkwürdigkeiten der Literatur*, nach dem Druckort auch «Schleswigsche Literaturbriefe» genannt, heraus und schrieb sie zu den größten Teilen selbst, und er verfaßte sein Trauerspiel *Ugolino* (s. auch oben S. 162f.).

In den Literaturbriefen, die in den Jahren 1766–67 erschienen, feierte Gerstenberg Shakespeare als den großen Genius, der «aus dem Ganzen» dichte (und dem Wielands Übersetzungen daher keineswegs gerecht würden), und er bildet Hauptpunkte des Geniegedankens heraus. Er definiert das Verhältnis zwischen Schöpfer und Werk fast wie Luther das zwischen Glaube und Tat: «Wo Genie ist, da ist Erfindung, da ist Neuheit, da ist das Original; aber nicht umgekehrt.» Man könne auf der einen Seite alles richtig machen und doch kein Genie sein: «Ben Jonson, Corneille, Virgil waren große Köpfe, machten Meisterstücke, und hatten kein Genie.» Auf der anderen Seite: «Shakespeare, ein Genie, machte selten Meisterstücke, und war kein schöner Geist», kein *bel esprit*. Dennoch seien seine Stücke die wahren Geniewerke, die freilich «nicht aus dem Gesichtspunkte der Tragödie, sondern als Abbildungen der sittlichen Natur» beurteilt werden müßten. Nicht die Gattungspoetik, sondern das Leben selbst soll entscheiden; Kunst muß nicht mit der Konvention, sondern mit der Natur übereinstimmen. Gerstenbergs Briefe erregten Aufsehen im literarischen Deutschland; dies bezeugt z. B. Herders *Briefwechsel über Ossian und die Lieder alter Völker*, der ursprünglich als Briefe an Gerstenberg und für seine Zeitschrift gedacht war.

Freilich hielt Gerstenbergs eigene Dichtkunst mit seinen wichtigen poetologischen Einsichten nicht Schritt. Sein poetisches Hauptwerk, das *Gedicht eines Skalden* (1766), versucht zwar, Altes und Neues zu verbinden, läßt es aber vor allem unvermittelt gegeneinander stehen. Der Barde Thorlaugur entsteigt seinem Grabe und besingt die früheren heroischen Zeiten, alles sehr ossianisch und national-klopstockisch, zugleich aber auch noch im Sprachgewand der Rokokoperiode und in der Huldigung an den «Allvater» zugleich auf den dänischen König bezogen: Fürstenlob mitten in der neuen, in Ansätzen republikanischen Zeit. Auch das Trauerspiel *Ugolino* (1768) bezeugt eher den Willen zur neuen Dichtung als diese selbst. Es handelt sich um ein Drama nach einem Bericht bei Dante (*Inferno XXXII* und *XXXIII*) von dem Grafen Ugolino, der mit seinen drei Söhnen im Kerkerturm seines Feindes den Hungertod erleidet. Dies ist kaum eine dramatische Situation, und Gerstenbergs Stück gibt sich denn auch große Mühe, die von Anfang an trost- und ausweglose Lage noch zu steigern. Das Mittel hierzu sind die langen Tiraden der Titelperson und die Ausbruchsversuche der Söhne; doch die Zeichnung der Gestalten bleibt dürftig, und ihre Leiden zwingen ihnen keine originelle, höchstens eine geschraubte Sprache ab. Herder besprach das Stück so wohlwollend wie möglich, war es doch das erste Stück, das in Deutschland den neuen Stilwillen vertrat, aber er konnte nicht verhehlen, daß es ihm als Ganzes mißlungen schien. Einiges vom Pathos Gerstenbergs findet sich bei Klinger und beim jungen Schiller wieder, aber insgesamt interessiert das Stück nur als Beispiel einer literaturgeschichtlichen wie -politischen Situation.

Gerstenberg stand zwischen der alten und der neuen Ästhetik, versuchte zwischen Lessing und Herder zu vermitteln, fühlte sich in die Stimmung des Göttinger Hains vor und deutete die Genieästhetik an. Sein späteres, spärliches Werk machte nicht mehr von sich reden, aber Ende der 1760er Jahre füllte er gleichsam eine Lücke, wenn auch seine Überlegungen dann bald von Herder und anderen, seine Dramatik von Goethe in den Schatten gestellt wurden. Das große Beispiel zur Nachahmung war bald der *Götz*, nicht der *Ugolino*. Immerhin: als Herder 1788 seine Italienreise antritt, befindet sich das *Gedicht eines Skalden* in seinem Gepäck.

Lenz

Im Frühjahr 1774 schrieb Goethe an E. Th. Langer: «Gebt auf ein Lustspiel acht das die Ostermesse herauskommen wird *der Hofmeister oder die Vortheile der Privaterziehung*. Ihr hört am Titel, daß es nicht von mir ist.» Das ist heute unschwer zu erkennen, doch manche Zeitgenossen, unter ihnen Wieland und Schubart, hielten das anonym erschienene Stück anfangs für ein Werk Goethes – und in der Tat vermittelte Goethe in diesen Jahren die Schriften von Lenz an den Verlag. Aufschlußreich ist das Mißverständnis insofern, als es zeigt, für wie kritisch, ja umstürzlerisch die «Hamann-Herdersche Parthey» gehalten wurde. Das Gesellschaftskritische bei Lenz, das für heutige Begriffe recht weit von der Richtung Goethes liegt, schien den Zeitgenossen offenbar gut in den allgemeinen Aufbruch zu passen. Zuweilen ist in neuerer Zeit bedauert worden, daß nicht die Lenzschen, sondern die Goetheschen Tendenzen das Übergewicht erlangten und die Rebellion des Sturm und Drang somit in friedlichere Bahnen gelenkt worden sei. Es scheint indessen fraglich, ob die Kritik bei Lenz soweit trägt wie bei Goethe, doch ist sie zumindest unmittelbar deutlicher und artikulierter – und dazu noch mit Reformvorschlägen verbunden.

Ohne Zweifel ist Lenz neben Goethe *der* Dramatiker von Rang im Sturm und Drang, wenn er sich auch von Goethe weit unterscheidet: in Herkunft, Bildungsgang, Lebensschicksal und wohl auch in den Intentionen. Beiden gemeinsam war die Ablehnung der Konvention, und daher konnte sich Lenz auch Goethe besonders nahe fühlen: Er nannte ihn «Bruder» und sprach von «unserer Ehe», ohne freilich je sich selbst auf Goethes Stufe zu stellen. In seiner (damals nicht veröffentlichten) Literatursatire *Pandaemonium Germanicum* (1775) tritt beides hervor: Lenz und Goethe sind die einzigen, die den Parnaß wirklich erklettern, Goethe aber aus eigener Kraft, Lenz nur mit Hilfe Goethes. Klopstock, Herder und Lessing stehen daneben und sagen über Lenz: «Der brave Junge. Leistet er nichts, so hat er doch groß geahndet.» Und Goethe repliziert: «Ich will's leisten.» – die neue Literatur nämlich.

Diese Selbsterkenntnis hat Lenz früher oft zum Schaden gereicht; noch H. A. Korff wollte Lenz keinen Platz in «ernsthafter Geistesgeschichte» einräumen. Neuerer Forschung, die dafür die Sozialgeschichte ernsthafter betreibt, gilt Lenz oft als Kronzeuge der sozialkritischen Impulse des Sturm und Drang, gar als potentielle «Alternative» (H. Mayer). So viel ist daran wahr, daß die nicht-klassischen Strömungen der deutschen Literatur Lenz zu ihrem Klassiker gewählt haben, angefangen mit Tiecks Edition seiner Werke 1815 und weiter über Büchners Novelle *Lenz* (1835) bis hin zu neueren Adaptationen bei Brecht (*Der Hofmeister*, 1950) und Kipphardt (*Die Soldaten*, 1968). Bernd Alois Zimmermann komponierte eine Oper zum Text des letztgenannten Dramas (1965).

Freilich kann bezweifelt werden, inwieweit sich Lenz als Bezugsperson einer solchen Kritik eignet. Denn sein gesamtes Werk bleibt gekennzeichnet von Aufruhr einerseits und andererseits von einem schlechten Gewissen wegen dieser Rebellion. Man hat Leben und Werk von Lenz im Bild des «verlorenen Sohnes» (A. Schöne) gedeutet, und gewiß ist, daß er zeitlebens von seinem Vaterhaus wegstrebte, und daß es ihm nie gelang, sich gänzlich loszulösen. Nähe wie Distanz zu Goethe mögen an einem kleinen Beispiel veranschaulicht werden: Goethes Prometheus sagt sich von den Göttern los und formt ein Geschlecht, das sein Leben ganz in eigener Verantwortung leben wird, ohne Rücksicht auf die Götter. In den *Briefen über die Moralität der ‹Leiden des jungen Werthers›* von Lenz (vermutlich 1775 geschrieben) klingt es ein bißchen anders: Goethe habe mit Werther einen Helden geschaffen, «der weiß, was er will und wo er hinauswill, der den Tod selbst nicht scheut, wenn er ihn nur auf guten Wegen übereilt, der *imstande ist, sich selbst zu strafen, wenn er es wo versehen haben sollte*». So schreibt Lenz etwa ein Jahr nach dem Erscheinen seines *Hofmeisters*, in dem die Hauptfigur Läuffer sich selber durch Kastration straft, weil er die moralischen Gebote übertreten hat. Nicht der notwendige Gang des Ganzen zerschmettert den Helden, sondern die Verinnerlichung der gesellschaftlichen Normen.

Jakob Michael Reinhold Lenz wurde am 12. Januar 1751 als Sohn eines Pfarrers im livländischen Seßwegen geboren und wuchs dort und in Dorpat auf. 1768 ging er auf die Universität Königsberg, um Theologie zu studieren und besuchte zugleich die Vorlesungen Kants; auch schrieb er um diese Zeit bereits viel und gab schon 1769 sein erstes Werk heraus, das noch im Banne der Aufklärung stehende religiöse Lehrgedicht *Die Landplagen*. Er übersetzte Alexander Popes *An Essay on Criticism* ins Deutsche und suchte lange, auch nach seiner Abreise aus Königsberg, einen Verleger dafür, was alles erwähnenswert ist, weil es die Abhängigkeit Lenz' von seinem – privaten wie literarischen – Herkommen zeigt. Auch später ist er sowohl ein radikaler Kritiker der Tradition (siehe z. B. die *Anmerkungen übers Theater*, 1774) als ein aufklärerischer Reformer.

1771 ging Lenz als Begleiter zweier Barone von Kleist in den Westen und kam nach Straßburg, wo er gerade noch Goethe (aber nicht mehr Herder) antraf und in den Salzmann-Kreis (s. oben S. 435) aufgenommen wurde. Am gesellschaftlichen Leben in Straßburg beteiligte er sich in den folgenden Jahren überhaupt gern und war u. a. Mitbegründer der «Deutschen Gesellschaft» im Jahre 1775. Denn Lenz blieb – wie die Barone, die in verschiedenen Garnisonen logierten – lange im Elsaß und entfaltete dort seine Produktivität. Das Jahr 1774 ist das große Jahr seiner Publikationen: jetzt erscheinen seine *Lustspiele nach dem Plautus für das deutsche Theater*, eine Eindeutschung weit eher denn eine Übersetzung, die beiden Komödien *Der Hofmeister* und *Der neue Menoza* sowie die *Anmerkungen übers Theater* mit der angehängten Shakespeare-Übersetzung (von *Love's Labour's Lost*). Lenz war ein bekannter Schriftsteller geworden und wurde oft – auch abgesehen von der *Hofmeister*-Verwechslung – mit Goethe zusammen genannt. Goethe schätzte ihn, und Lenz hing förmlich an Goethe. Auffällig ist, daß er sogar auf dessen Spuren wandelt: Er besucht und besingt die verlassene Friederike Brion in Sesenheim, und noch heute ist nicht restlos geklärt, welche Gedichte aus dem sog. «Sesenheimer Liederbuch» (1835 in Friederikes Nachlaß gefunden) von Goethe und welche von Lenz sind. Später nahm er Kontakt zu Goethes Schwager Schlosser auf und fühlte sich zu Cornelia hingezogen, – wer will, mag darin eine Parallele zu Goethes Beziehung zu Frau von Stein sehen.

Lenz' Beziehungen zu Goethe gestalteten sich im weiteren Verlauf nicht gerade einfach: Er ging 1776 nach Weimar, um wieder in der Nähe Goethes (und seines zweiten Gönners Wieland) zu sein und blieb in Weimar und in Berka etwa ein halbes Jahr, bis eine vielbesprochene und nie aufgeklärte «Eseley» (Goethe) zu seiner Ausweisung führte. Offenbar zeichnete sich die Zerrüttung von Lenz' Psyche schon damals ab. Er lebte dann an wechselnden Orten in der Schweiz (u. a. bei Christoph Kaufmann) und in Süddeutschland (u. a. bei den Schlossers), mußte in Pflege genommen werden und wurde schließlich 1779 von seiner Familie nach Dorpat heimgeholt. Mitte der achtziger Jahre ging Lenz nach Rußland und schlug sich mehr schlecht als recht durch. Gestorben ist er Anfang Juni 1792 in Moskau; man fand ihn tot auf der Straße.

Seinen eigenen Angaben zufolge trug Lenz im Jahre 1771 seinen Freunden die Ansichten über die dramatische Poesie vor, die im Druck 1774 *Anmerkungen übers Theater* genannt wurden. Sie bilden – mit Heinrich Leopold Wagners Übersetzung von Louis-Sébastien Merciers *Neuer Versuch über die Schauspielkunst* (1776) – die Dramaturgie des Sturm und Drang. In diesen Anmerkungen, die bewußt rhapsodisch und nicht-wissenschaftlich gehalten sind (Lenz kokettiert damit, daß er den Aristoteles nicht ganz ausgelesen habe), geht Lenz einen Schritt über die bisherige ästhetische Diskussion hinaus. Hatte diese sich vor allem mit der richtigen Auslegung der aristotelischen Poetik befaßt und diese gegen angebliche Mißverständnisse der Franzosen ins Feld geführt, so kümmert sich Lenz gar nicht mehr um die alte Poetik, obwohl auch er sie noch gegen das französische Theater ausspielt. Er hat die Herdersche Lektion angenommen und erklärt historisch, warum die Stücke jetzt anders gebaut werden müßten als zu Aristoteles' Zeiten:

«Da ein eisernes Schicksal die Handlungen der Alten bestimmte und regierte, so konnten sie als solche interessieren, ohne davon den Grund in der menschlichen Seele aufzusuchen und sichtbar zu machen. Wir aber hassen solche Handlungen, von denen wir die Ursache nicht einsehen, und nehmen keinen Teil daran. Daher sehen sich die heutigen Aristoteliker, die bloß Leidenschaften ohne Charaktere malen (und die ich übrigens in ihrem anderweitigen Wert lassen will) genötigt, *eine* gewisse Psychologie für alle ihre handelnden Personen anzunehmen, aus der sie darnach alle Phänomene ihrer Handlungen so geschickt und ungezwungen ableiten können und die im Grunde mit Erlaubnis dieser Herren nichts als ihre eigene Psychologie ist.» Dadurch gehe das Individuelle, Spezifische verloren, denn die Personen würden auf diese Weise zu abstrakten Beispielen; erst eine realistische Literatur vermöge der Variation gerecht zu werden: «Was ist [Richardsons] Grandison, der abstrahierte, geträumte, gegen einen [Fieldingschen] Rebhuhn, der da steht?»

Lenz verwirft «die erschröckliche, jämmerlichberühmte Bulle von den drei Einheiten», weil es ja doch nur eine Einheit gebe, die des (genialen) Schöpfers, die ein jedes Stück rechtfertige, sofern es nur aus einem Guß sei. Dann, aber auch nur dann, werde die Kunst zu der Funktion zurückkehren, die sie ursprünglich innehatte: sie wird zum Kultus, und dies heißt nun bei Lenz, daß sie das Volk ergreift, daß sie zum Allgemeinen selbst wird. «Wir wollen den Menschen sehen», ruft Lenz aus und meint dabei nicht wie Lessing den *Menschen*, sondern *diesen* Menschen. Hauptmerkmal des Trauerspiels sei das Vorhandensein von «Kerls», d.h. von Schöpfern ihrer eigenen Geschichte. Nicht die Handlung konstituiere die Tragödie, sondern die Charaktere. Dagegen sei die «Hauptempfindung in der Komödie immer eine Begebenheit», weil die Komödie den Menschen in seinen vielfachen Abhängigkeiten zeige. Das Shakespeare-Stück, das Lenz im Anhang vorstellt, sei aus dem Leben gegriffen, und seine Stücke sollten das auch sein.

So sind denn auch die beiden Dramen, die den Ruhm Lenz' ausmachen: *Der Hofmeister oder Vorteile der Privaterziehung* (1774) und *Die Soldaten* (1776), die er beide Komödien nennt. Das letztere wollte Lenz noch «Schauspiel» nennen, aber da war es bereits im Druck. Beim *Hofmeister* war er unschlüssig, ob er das Stück «Lust- und Trauerspiel» überschreiben sollte, um damit auf die Einebnung der Gattungsunterschiede zu verweisen, die auch von Mercier(/Wagner) und von Bürger (*Aus Daniel Wunderlichs Buch*, 1776) propagiert wurde. Seiner eigenen Ästhetik folgend hat er die Bezeichnung Komödie gewählt, und die leuchtet ein. Denn hier gibt es keine Charaktere, sondern Verhältnisse, Begebenheiten, und die Menschen tanzen wie Marionetten, weit davon entfernt, ihr Schicksal selber zu gestalten.

Der *Hofmeister* gilt heute oft als *das* Stück über die «deutsche Misere». Borniertheit, Unterdrückung, Untertanengeist bestimmen den Verlauf. Der junge Läuffer wird im Hause des Majors von Berg als Hofmeister angestellt; die Frau im Haus ist dumm und herrschsüchtig, der Mann ebenfalls nicht der Klügste und ohne Vorstellungen von der notwendigen Erziehung seiner beiden Kinder. Nur die Konvention bringt den Hofmeister ins Haus, trotz der Warnungen des Geheimen Rats von Berg, des Bruders des Majors. Der Geheime Rat befürwortet die öffentlichen Schulen: man lerne besser, sie seien psychologisch gesünder – und sie ersparten es den jungen Menschen, sich als Hofmeister erniedrigen zu müssen: sie könnten Lehrer werden. Dem armen Läuffer wird nichts erspart: er wird um mehr als die Hälfte des ihm zugesagten Gehalts geprellt, und sein ohnehin mäßiger Unterricht wird nur oberflächlich zur Kenntnis genommen. Als er ins Haus kommt, trennen sich gerade die Tochter Gustchen und der

Sohn des Majors, Fritz: er geht auf die Universität, und die jungen Leute nehmen derart empfindsam voneinander Abschied, daß der Geheime Rat markige Worte sprechen muß. Jetzt sitzt Fritz mit einem Freund in Halle, wo sie am Studentenleben teilnehmen, aber doch nicht ganz verdorben werden, während Läuffer und Gustchen sich vor lauter Langeweile und Schwärmerei so nahe kommen, daß Gustchen schwanger wird: die Gretchen-Tragödie als Schmierenstück vorweggenommen. Läuffer entflieht zum Schulmeister Wenzeslaus und kastriert sich zur Strafe für sein Vergehen, Gustchen bringt ihr Kind im Verborgenen zur Welt und will ins Wasser gehen, wird aber gerade noch gefunden. Fritz kommt aus Halle zurück, nimmt Gustchen und ihr Kind zu sich; Läuffer heiratet ein unbedarftes Mädchen vom Lande, dem seine abhandengekommene Männlichkeit nichts ausmacht. Ende gut, alles schlecht: Kein einziger Konflikt ist gelöst worden, nur Fritz vermag noch dem Stück eine Lehre zu geben, als er zum Säugling sagt, daß er ihn nicht durch Hofmeister erziehen lassen wolle.

Lenz hat im *Hofmeister* ein trostloses Bild seiner Gesellschaft gezeichnet: der kleine Adel in Insterburg in Preußen lebt ausschließlich konventionell, dazu noch nach der Mode von vorgestern; er hat Standesdünkel, aber keine Standesehre (der Major erklärt z. B., er hätte dem Läuffer sofort einen Adelsbrief gekauft, wenn er über das Verhältnis der jungen Leute Bescheid gewußt hätte). Die Studenten in Halle, die sich in einer mißlichen Lage befinden, kommen nur durch einen Lotteriegewinn aus dem Schuldenturm, ein deutlicher Hinweis auf den puren Zufall als Konfliktlösung. Der Schulmeister Wenzeslaus vermag zwar, den Major aus seinem Hause hinauszuwerfen, denn hier ist er der Herr. Aber er zahlt für solche Unabhängigkeit mit dem totalen Verzicht auf das Leben: nur wenn er sich mit nichts als seiner Schule einläßt, ist er gefeit. Vor allem wettert er in einem fort gegen die böse Sinnlichkeit und preist Läuffer als «zweiten Origines», als dieser sich kastriert hat. Gerade dieser Ausspruch wirkt ganz und gar absurd, denn Läuffer ist alles andere als ein Kirchenvater, und seine Handlung entbehrt jeder höheren Weihe. Er entmannt sich aus purer Angst oder weil er die Rebellion gegen Standesgrenzen und gängige Moral ja doch gar nicht gewollt hat. Es ist eben alles so gekommen, die Begebenheiten haben ihre Macht über den Charakter behalten, und die Person erniedrigt sich auch noch. Die Misere ist total: der Aufruhr war keiner, es war alles nur ein Mißverständnis (das in einem Entwurf noch deutlicher zutage tritt: Läuffer wird in alles hineingezogen, von Gustchen verführt). Der Hofmeister ist einerseits ein Opfer der Umstände, auf der anderen Seite aber ein Narr, der nichts besseres verdient hat und damit in noch tieferem Sinne Opfer; sein Unglück hat lange vor seiner Anstellung als Hofmeister begonnen.

Der *Hofmeister* ist ein aktuelles (angeblich nach «authentischen» Ereignissen gestaltetes), absurdes und zugleich aufklärerisch-moralisches Stück. Obwohl Lenz an anderer Stelle über sein eigenes Stück wie über Goethes *Werther* behauptet, die Kunst habe keine moralischen Zwecke, spricht er doch wiederum von der inhärenten Moral der Literatur und will in Läuffers Geschichte eine Art Nemesis am Werke sehen. Man hat mitunter Lenz angekreidet, daß er hier – und in den *Soldaten* – moralisiert oder eine Person im Stück moralisieren läßt, aber dies ist ganz folgerichtig. Wenn die Begebenheiten die Übermacht behalten, müssen eben sie, modern ausgedrückt: die Verhältnisse geändert werden. Gerade weil Läuffer als Charakter so schwach ist, helfen nur andere Institutionen – und daß andere Erziehungsprinzipien zumindest einigen Erfolg haben können, versucht das Stück auch in den Figuren des Fritz und seines Freundes Pätus zu belegen. Fritz bürgt für die Schulden des Freundes, läßt sich ins Gefängnis werfen, und siehe da: der Freund kommt zurück und löst ihn aus – zur großen Verwunderung eines adligen Kommilitonen, dem so etwas nie in den Sinn gekommen wäre.

Auch *Die Soldaten*, 1775 geschrieben und im Jahr darauf gedruckt, geht auf eine authentische Geschichte zurück, die sich in Lenz' elsässischer Umgebung zugetragen hatte. Das Stück hat dieselbe doppelt-kritische Stoßrichtung wie der *Hofmeister*.

Die Galanteriehändlertochter Marie Wesener läßt sich vom Offizier Desportes verführen, und dieser macht sich aus dem Staube. Marie aber hat an dem galanten Leben Geschmack gewonnen, und sie ist trotz ihrer Erfahrungen für ihren Freund, den Zivilisten Stolzius, wie auch für die Erziehung, welche die Gräfin La Roche ihr angedeihen lassen will, verloren. Sie entflieht, um ihren verschwundenen Geliebten zu finden, er seinerseits sorgt dafür, daß sie von seinem Jäger, sozusagen als Beutestück, aufgefangen wird. Stolzius ist bei den Offizieren in den Dienst gegangen, und es gelingt ihm, den untreuen Desportes und zugleich sich selbst mit Rattengift zu töten – auch nicht gerade ein heroischer Untergang. Der ruinierte Vater Wesener, der für seinen vermutlichen Schwiegersohn auch noch kautioniert hat, sucht seine Tochter und findet sie schließlich als Bettlerin und/oder Dirne. Sie fallen sich um den Hals und wälzen sich «halbtot» auf der Erde, eine Versöhnung, die indessen fast animalisch und tieftraurig anmutet: *commune naufragium*, keinerlei Katharsis.

Auch diesem Stück hat Lenz einen Reformvorschlag beigegeben, deutlicher noch als im *Hofmeister*. Der Obrist des Regiments bedauert, daß das gezwungene Junggesellenleben der Soldaten – sie durften nicht heiraten – so viele Mädchen ins Unglück stürzt und schlagt die Einrichtung einer «Pflanzschule für Soldatenweiber», sprich eines Militärbordells, vor. Die dazu bereiten «Amazonen» sollen geachtet werden wegen ihres Opfers, und die tugendhaften Mädchen können weiterhin tugendhaft bleiben. In einer Denkschrift *Über die Soldatenehen* (1776) hat Lenz zwar diesen Vorschlag nicht gemacht, wohl aber über das Problem weiter nachgedacht: man müsse dem Soldaten ein bürgerliches Leben gestatten, andernfalls er letztlich keinen Grund habe, fürs Vaterland sein Leben aufs Spiel zu setzen. Bürger in Uniform – ein Gedanke, der nicht aufgegriffen wurde, den sich aber die französische Revolutionsarmee später auf ihre Weise zu eigen machte: hier hatten es die Koalitionäre zu ihrer großen Überraschung mit einem motivierten Heer zu tun.

In den beiden wichtigsten Stücken von Lenz, aber auch in seinem übrigen Werk, stehen sich Trieb und Gesellschaft gegenüber. Dem Offizier Hardy (in den *Soldaten*) ist die Ansicht bequem, daß die Mädchen, die zu «Huren» werden, auch dafür geboren seien. Dem Prediger Eisenhardt stellt sich die Sache anders dar: «Der Trieb ist in allen Menschen; aber jedes Frauenzimmer weiß, daß sie dem Triebe ihre ganze künftige Glückseligkeit zu danken hat, und wird sie die aufopfern wenn man sie nicht darum betrügt?» Eisenhardt benennt hier die Tugend als das Handelsobjekt, das sie im Grunde auch für den sonst so vorsichtigen Vater Mariens darstellt. Er will für seine Tochter das beste, aber als Galanteriehändler lebt er von der «Unsittlichkeit» der Soldaten. Die Bürger sind von einer gesellschaftlichen Gruppe wirtschaftlich abhängig, von der sie sich moralisch distanzieren möchten, und in der Ökonomie treffen Trieb und Gesellschaft aufeinander. Auch der arme Stolzius ist ein solcher Abhängiger: er lebt von Tuchlieferungen an das Militär und hat daher nicht die Zeit und die Muße, seiner geliebten Marie einen Brief zu schreiben. Sein Aufruhr führt zum Mord, zugleich aber zum Selbstmord als vorweggenommener Strafe (in der kleinen Szene *Die Pfandung* von Leisewitz erwägt der ruinierte Bauer auch den Selbstmord, um seine Peiniger ins Unrecht zu setzen. So ohnmächtig sind die Unterdrückten, daß ihnen einzig der kindliche Gedankengang noch bleibt: Wie werden die weinen, wenn ich erst einmal tot daliege!)

Der Unterschied zwischen Lenz' Komödien und Goethes (Gretchen-) Tragödie ist auffällig – ohne daß dies an dieser Stelle als Wertung begriffen werden sollte. Bei Lenz (und bei Wagner, siehe unten) geht es um das betrogene Mädchen, das sich auch betrogen fühlt. Im *Faust* führt Gretchens Bruder Valentin solche Rede (die dann auch zur Anklage gegen Gretchen wird), Gretchen selbst aber tut es nicht, sie sagt statt dessen: «Doch alles was mich dazu trieb,/ Ach war so gut, ach war so lieb.» Sie transzendiert damit den Moralismus, was ja nicht ausschließt, daß sie dessen Opfer wird. Daß es nicht jedem gegeben ist, sich wie Gretchen auszudrücken, macht Lenz deutlich. Die Szenen, in denen er das Soldatenleben schildert, sind in ihrer Entlarvung der Schäbigkeit auf der einen und der Mischung aus Ablehnung und Faszination auf der anderen Seite eindeutig. Daß diese Faszination Macht hat, zeigt sich im gescheiterten Erziehungsversuch der Gräfin La Roche. Sie wirft der armen Marie vor, Richardsons Pamela nachzuleben, doch das Mädchen beteuert, das Buch gar nicht zu kennen: Ihre Sehnsüchte und Lüste sind real, nicht literarisch, und die Gräfin sieht das ein: «Was behält das Leben für Reiz übrig, wenn unsere Imagination nicht welchen hineinträgt, Essen, Trinken, Beschäftigungen ohne Aussicht, ohne sich selbstgebildetem Vergnügen sind nur ein gefristeter Tod. Das fühlt sie auch wohl und stellt sich nur vergnügt. Wenn ich etwas ausfindig machen könnte, ihre Phantasie mit meiner Klugheit zu vereinigen, ihr Herz, nicht ihren Verstand zu zwingen, mir zu folgen.» Den Unterdrückten die Phantasie, den Herrschenden die Klugheit; deren Vereinigung wäre die Aufhebung der Verhältnisse.

Zweifel an der Möglichkeit, das Leben zu mehr und anderem als Essen, Trinken und Beschäftigungen ohne Aussicht zu machen, finden sich auch sonst bei Lenz (siehe oben S. 425 seine Bemerkungen zu Goethes *Götz*). Sein Realismus wurzelt in einer tendenziell antimetaphysischen Empfindung, gegen die sich Lenz freilich ideologisch wehrt, und dann nicht selten mit Argumenten der sonst befehdeten Aufklärungsvernunft. Wie das Leben aussieht, stellt Lenz in seinen Nachdichtungen der Plautus-Komödien vor (z. B. *Die Aussteuer, Die Buhlschwester*), die in die zeitgenössische deutsche Welt transponiert werden und zugleich unter der Maske der Antike die Verhältnisse noch krasser darstellen als die «Zeitstücke». Auch die Erzählung *Zerbin oder Die neuere Philosophie* (1775) handelt von dem Verlust aller moralischen Maßstäbe: Zerbin verführt ein Mädchen, sie bringt ihr Kind um und wird hingerichtet, ohne daß Zerbin zu ihrer Entlastung eingreift, doch nach ihrem Tod entleibt er sich selbst: die Reue nach der Tat, aber keine Tatkraft. Sowohl diese Erzählung wie die beiden Traktate *Meynungen eines Laien* (1773) und *Stimmen des Laien auf dem letzten theologischen Reichstage* (1773), die den Ertrag aus Lenzens philosophischen Studien ausmachen, zeigen die Überwindung des Triebes als das große und schattenwerfende Thema im Werk von Lenz. Ein christliches Erbe geht einher mit den Notwendigkeiten des bürgerlichen Lebens, das eine – kleine – Freiheit nur um den Preis des Lustverzichts gewährt.

Außer den bereits erwähnten Werken schrieb Lenz noch mehrere Stücke, darunter *Der neue Menoza oder Geschichte des kumbanischen Prinzen Tandi* (1774; der Name Menoza nach einem Roman des Dänen Erik Pontoppidan, 1742–43) und *Die Freunde machen den Philosophen* (1776). In beiden geht es um die Desillusionierung angesichts des Weltlaufs. Im ersteren wird dem Prinzen Tandi noch Glück zuteil, als verschiedene Vertauschungen aufgeklärt werden: Der Prinz ist der Sohn des Herrn Biederling, und seine angebetete Wilhelmine ist Gott sei Dank doch nicht seine Schwester, also können die beiden heiraten (der Schluß liest sich fast wie eine vorweggenommene Parodie auf Lessings *Nathan*). Im letzteren bekommt der Misanthrop Strephon zu guter Letzt seine Seraphine, obwohl sie bereits dem edlen Prado angehört: Dieser schlägt vor, daß Seraphine zwar pro forma mit ihm verheiratet bleibe, de facto aber mit Strephon zusammenleben solle, und dies «soll unter uns dreien ein ewiges Geheimnis bleiben». Mit der Ehe zu dritt am Schluß von Goethes *Stella* hat das nichts zu tun, nur die eine Ehe ist ja wirklich. Wohl aber zeigt sich auch hier die Spaltung, die immer bei Lenz vorhanden ist; Strephon hat vor lauter Philosophie nicht lieben oder werben können, und das Glück wird ihm gleichsam als Lotteriegewinn zuteil.

Die Prosaschriften von Lenz erschienen nicht zu seinen Lebzeiten. Es handelt sich um *Das Tagebuch* (1774), die *Moralische Bekehrung eines Poeten* (1775), deren positive Frauenfigur nach Goethes Schwester Cornelia heißt, und um den *Waldbruder* (1776, 1797 von Goethe und Schiller in den *Horen* veröffentlicht), der deutliche Spuren der *Werther*-Beeinflussung aufweist und Erlebnisse Lenz' aus seiner Zeit in Weimar reflektiert. Die Hauptperson Herz dürfte mit dem Autor weitgehend identisch sein, der weltkluge Rothe mit Goethe usw. – Rothe hat immer recht, aber auf eine für Herz unerträgliche Weise. Er deutet nämlich genau auf den wunden Punkt bei diesem: «Er [Herz] lebt und webt in lauter Phantasien und kann nichts, auch manchmal nicht die unerheblichste Kleinigkeit aus der wirklichen Welt an ihren rechten Ort legen.» Diese Weltfremdheit ist aber seine Identität, die ihn zum «Waldbruder» macht. Der Rückzug aus der Welt steht nicht nur ihm vor Augen, sondern auch anderen Gestalten des Sturm und Drang wie Werther oder mehreren Figuren bei Klinger. Von einem Rousseauschen «retour à la nature» ist wenig mehr übrig, weit eher handelt es sich um eine Flucht vor der Wirklichkeit, zugleich aber um die Einsicht, daß es sich so verhält. In dieser Einsicht wird das Protestpotential, gleichsam auf Sparflamme, aufbewahrt. (Als weiteres Beispiel wäre auch Johann Heinrich Mercks Erzählung *Geschichte des Herrn Oheim* [1778] zu nennen: weg vom Hof, hinaus aufs Land, Eigenständigkeit im Privaten.)

Die Gedichte von Lenz sind größtenteils konventionell, doch überzeugen sie durch einen persönlichen Ton wie z. B. die drei Gedichte aus dem «Sesenheimer Liederbuch», die heute mit Sicherheit Lenz zugeschrieben werden (*Wo bist du itzt, mein unvergeßlich Mädchen; Ach, bist du fort? aus welchen güldnen Träumen; Freundin aus der Wolke*). Das Gedicht *An das Herz*, das in Voßens *Poetischer Blumenlese für das Jahr 1777* veröffentlicht wurde, verläßt den Rahmen, um ihn zu ironisieren: zwar ist von der Pein, die auf jede Lust folgt, die Rede, aber wenn auch die großen Gefühle das Leben verbittern können, gilt doch: «Aber ohne sie wär's Quark!» Unter den längeren Gedichten ist vor allem *Die Liebe auf dem Lande* erwähnenswert (1775 oder 1776 geschrieben, erst in Schillers *Musenalmanach für das Jahr 1798* gedruckt), teils wegen der möglichen Anspielung auf Goethes Bekanntschaft mit Friederike Brion, teils weil auch dieses Gedicht von der stilistischen «Unschlüssigkeit» oder aber Variationsbreite bei Lenz zeugt: Der «wohlgenährte» Kandidat wird Pfarrer auf dem Lande und heiratet die Tochter des Vorgängers, ohne je zu entdecken, daß sie für immer einem anderen gehört, «einem Menschen, welcher kam/ Und ihr als Kind das Herze nahm». Das Gedicht beginnt spöttisch und schließt melancholisch.

Lenz stand nicht nur zeit seines Lebens, sondern auch nach seinem Tode im Schatten Goethes, wozu dessen wohlwollend-herablassende Bemerkungen über den Kollegen in *Dichtung und Wahrheit* wohl auch das ihre beigetragen haben. Heute wird er als die andere Stimme des Sturm und Drang wahrgenommen, doch mit einer Stilisierung zum Anti-Goethe ist Lenz gewiß so wenig gedient wie mit der Ablehnung seiner stilistischen «Niederungen». Wo Goethe Prometheus reden läßt, heißt ein Dramenfragment von Lenz bezeichnenderweise *Tantalus*; mit dessen Qualen war er wohl bekannt.

Klinger

Ein Drama von Klinger hat der ganzen Bewegung der 1770er Jahre ihren Namen gegeben, wenn auch der Begriff Sturm und Drang schon vorher kursierte und erst nachher zum literarhistorischen Schlagwort wurde. Der Schweizer Christoph Kaufmann (1753–1795), ein damals bekannter «Kraftapostel» oder Guru, der als «Gottesspürhund» (Maler Müller) durch die Lande zog, taufte Klingers Stück *Wirrwarr* (1776) in *Sturm und Drang* um, und beide Titel sind erhellend. Es kocht und gärt recht kräftig, und vielleicht wohnt dem Wirrwarr doch eine Richtung inne. In allen Dramen von Klinger treten typische Gestalten der Zeit auf: die Genies, die sich ausleben wollen, aber meistens nicht dazu kommen; die Décadents, die Melancholischen, die oft aus ihren Enttäuschungen heraus destruktiv werden und den Genies deren Kraft und Mut nicht gönnen usw. (sie leben den Nihilisten des 19. Jahrhunderts vor). Klinger ist kein Meister der Variation oder der Entfaltung von Charakteren, aber als Ensemble geben seine Dramen den rebellischen Zeitgeist wieder und bestätigen auch die alte Wahrheit: daß die Zeit in den großen Werken gespiegelt wird, während sie sich in den weniger großen selbst bespiegelt. Klingers Gestalten reden verdächtig oft ziemlich formelhaft über ihre ungestillten Sehnsüchte und unerfüllten Wünsche, als hätten sie sich den Sturm und Drang bereits anderswo angelesen.

Während also die Helden Beschwerde darüber führen, daß ihnen die Welt einen angemessenen Schauplatz verwehrt, gelang es – freilich erst nach den Sturm und Drang-Jahren – dem Autor selbst zu reüssieren. Friedrich Maximilian Klinger wurde am 17. Februar 1752 in Frankfurt am Main geboren. Der Vater, ein Konstabler, starb früh, die Mutter ernährte die Familie als Waschfrau. Gönner halfen: Klinger besuchte das Gymnasium und – u. a. durch Vermittlung Goethes – die Universität Gießen als Jurastudent. Wie Lenz ging auch Klinger 1776 nach Weimar, um erneuten Anschluß an den Frankfurter Freund Goethe zu gewinnen, und so wenig wie Lenz hatte er Erfolg: «Lenz ist unter uns wie ein kranckes Kind, und Klinger wie ein Splitter im Fleisch, er schwürt, und wird sich heraus schwüren leider», schrieb Goethe an Lavater am 16. 9. 1776 – eine Formulierung, die auch die unterschiedliche Stärke der beiden Plagegeister klar ins Auge faßt. Klinger schwürte sich los, wurde bei der Seylerschen Truppe Theaterdichter, nahm am bayerischen Erbfolgekrieg (1778/79) teil und ging dann 1780 nach Petersburg als Vorleser des Großfürsten Paul. Von da an stieg er ständig im Rang, er wurde 1801 Direktor (General) des Ersten Kadettenkorps und war 1803–1816 Kurator der Universität Dorpat. Zu Goethe knüpfte er im Alter wieder einen brieflichen Kontakt, kam jedoch nie wieder nach Deutschland und ist in Dorpat am 3. März 1831 gestorben. Während seiner russischen Jahre schrieb Klinger eine umfangreiche Romanreihe, deren erster Band: *Fausts Leben, Taten und Höllenfahrt* (1791) heute noch zuweilen neu aufgelegt wird. Die gesamte Reihe hat mit dem Sturm und Drang nichts mehr zu tun, sondern zieht eher eine Summe der europäischen Spätaufklärung (was Klinger auch in Aphorismen getan hat). Seine Romane wurden schon bei ihrem Erscheinen wenig beachtet, und es trifft wohl zu, daß der Hauptgrund darin liegt, daß sie abseits von der deutschen Entwicklung entstanden sind, ohne lebendige Verbindung mit der Literatur des Mutterlandes (Chr. Hering. S. auch G. Schulz, Bd. VII/1, S. 278). Klingers Wirkung beruhte und beruht auf seinen Sturm-und-Drang-Dramen, die seit 1775 in rascher Folge erschienen. 1775 *Otto* und *Das leidende Weib*, 1776 gleich drei Stücke: *Die Zwillinge; Die neue Arria; Simsone Grisaldo* und 1777 *Sturm und Drang*. In die spätere Ausgabe seiner Werke hat Klinger nur noch *Die Zwillinge* aufgenommen, dafür einige spätere, aus heutiger Sicht freilich weniger ergiebige Stücke. Unter diesen verdient das politische Trauerspiel *Stilpo und seine Kinder* (1777), erwähnt zu werden.

Klingers Erstling *Otto* wurde bereits beim Erscheinen als ein Produkt aus Shakespeare (*King Lear*) und Goethe (*Götz*) erkannt. Im *Teutschen Merkur* kam das Stück schlecht weg: «der hin und her gerißne Leser findet nur selten ein Ruheplätzchen, wo es Mühe werth wäre, zu verweilen (...) Übrigens werden alle die, welche mit Götz von Berlichingen bekannt sind, alle Augenblicke nur einen schwachen Widerschein dessen bemerken, was sie dort bewunderten.» Worauf der Rezensent die Gestalten des Stücks Person für Person mit denen bei Goethe vergleicht. In der Tat ist *Otto* ein Ritterstück der Art, wie es in der *Götz*-Nachfolge mehr geben sollte: Familienzwist, feindliche Brüder, alter Vater usw. – es ist alles da. Bereits hier schlägt der für Klinger charakteristische Stil voll durch: eine gewaltsame Sprache, Tiraden, Übertreibungen, die jeden dramatischen Zusammenhang bedrohen.

Im *Leidenden Weib* greift Klinger die frivolen Zustände der Residenzen an, die auch tugendhafte Frauen aufs Glatteis führen können. Die Frau eines «Gesandten» hat ein Liebesverhältnis mit einem gewissen Brand (nomen est omen), bestimmt durch Leidenschaft, Empfindsamkeit – und Reue. Alles kommt an den Tag, das leidende Weib stirbt daran, der Liebhaber begeht auf ihrem Grabe Selbstmord, nachdem er zuvor den eigentlichen Schurken des Stücks erschossen hat, den Libertin Louis, der seine Langeweile nur mit Weibergeschichten und destruktiven Intrigen zu überwinden vermag. Die Überlebenden – der Gesandte, der Bruder des leidenden Weibes, Franz und die Kinder ziehen sich aufs Land zurück, nachdem der Skandal sie ihre Ämter gekostet hat. «Bruder, wir leben uns» – so lautet der Schluß: Jetzt können sie ihren Garten bestellen, und da dies von Anfang an der Wunsch des Gesandten gewesen war, führt also das Trauerspiel zumindest einen der Überlebenden ans Ziel seiner ursprünglichen Sehnsüchte.

Es sind die anerkannten Gegensätze der Zeit: Das wahre Leben findet man nur in der Abgeschiedenheit, in der Sphäre des Hofes dagegen werden alle moralischen Bande zerrissen. Franz, wohl dem Autor am nächsten verwandt, spricht von Shakespeare und Homer, seine Geliebte Julie von Petrarca und Héloïse, alles ist sehr sentimental, und die Kritik, die in dem Stück steckt, bleibt weit unpräziser als bei Lenz.

Mit den *Zwillingen* gewann Klinger den Preis der Schröderschen Schauspielgesellschaft für ein deutsches Originaldrama (in Konkurrenz mit Leisewitz, siehe unten). Guelfo haßt seinen Bruder Ferdinando und durch ihn die ganze Welt, denn Ferdinando wird als der Erstgeborene das Reich erben, die Frau heiraten, kurzum alles besitzen, während Guelfo verurteilt ist, auf ewig im Schatten seines doch – wie er meint – viel weichlicheren und schwächlicheren Bruders zu stehen. Guelfo hadert mit allen, auch mit sich selbst, dabei unterstützt von seinem melancholischen Freund Grimaldi, der ihn einerseits anstachelt, andererseits vom Brudermord abzuhalten versucht (zumindest erweckt er den Anschein). Nach vergeblichen Versuchen, die Eltern (bes. die Mutter) zum Eingeständnis einer Vertauschung bei der Geburt zu zwingen, ermordet Guelfo seinen Bruder und wird daraufhin von dem Vater, dem alten Guelfo, getötet, da dieser solche Bestrafung für seine heilige Pflicht hält. Die Familie des Fürsten wird vom inneren Zwist ruiniert, hier ganz archetypisch in den Zwillingen konzentriert. Der eine lebt im Licht, der andere – der freilich den väterlichen Namen geerbt hat! – im Schatten; in diesem Schatten tobt er dermaßen, daß die Wirkung seiner Worte wie seiner Taten gleich verheerend ist.

Während Klinger sich hier auf all das konzentriert, was sich nicht entfalten kann, dem angeblich das Recht verwehrt wird, und das sich daher selber ins Recht zu setzen versucht, sind die beiden folgenden Stücke eher der Entfaltung der Kräfte gewidmet. Die Konstellation ist dieselbe, aber die Gewichte haben sich verschoben: nicht mehr der «Betrogene», sondern die Kraftgestalten stehen im Zentrum. *Die neue Arria*, die Gräfin Solina, ist ein weibliches Genie: groß in der leidenschaftlichen Liebe, wobei sie selbstverständlich nur den lieben wird, der sich mit ihr messen kann. Dies gelingt dem Helden Julio. Das Stück ist reich an Hofintrigen, die darin gipfeln, daß Solina und Julio nach einem mißglückten Putschversuch gegen den unrechtmäßigen Herrscher gefangengenommen werden. Im Gefängnis schließt das Stück mit dem Ausblick auf einen gemeinsamen Liebestod, der es dem Leser schwermacht, zwischen höchster Erfüllung und Selbstmord noch zu unterscheiden. Wieder, wie im *Götz*, steht das Bild des Gefängnisses zentral, und wieder wird das Gefängnis gesprengt – für Götz werden Freiheit und Tod Synonyme, für Solina und Julio Liebe und Tod. Auch Solina und Julio «leben sich» am Schluß, sie bleiben sich selbst treu, aber die Treue kostet das Leben.

Simsone Grisaldo ist ebenfalls ein Held, ein Genie im Sinne eines Menschen, der mit sich identisch ist. Ein großer Feldherr und ein großer Liebender, machtlos nur gegenüber seiner eigenen Liebesfähigkeit und der Zuneigung der Frauen, seien sie christlich oder maurisch. Auch in diesem Stück blühen die Intrigen, diesmal jedoch auf einem interessanteren Hintergrund, der vielleicht schon auf Klingers reifere Jahre hindeutet. Denn Grisaldo kämpft nicht nur für sich, er ist souverän genug, um für das Ganze zu streiten, d.h. fürs Reich oder fürs Allgemeinwohl – dies sogar im Gegensatz zum König, der sich lieber aus der tobenden Welt zurückziehen möchte. Andeutungsweise spricht Klinger in diesem Stück konkreter als sonst von dem Recht eines neuen Menschen gegen eine alte Gesellschaft, und zwar ist dieser neue Mensch kein einsamer Spaziergänger, sondern ein General. Er ist jetzt die Hauptgestalt – und den Rat, seinen Garten zu bestellen, bekommt die Nebengestalt Bastiano.

Ein Gegen-Stück bildet das letzte eigentliche Sturm-und-Drang-Drama Klingers, das ebendiesen Titel trägt. Hier ist die Verwirrung aufs höchste, ja bis ins Parodistische getrieben worden, als zwei schottische Familien nebst etlichen Begleitern mitten im nordamerikanischen Freiheitskrieg aufeinandertreffen. Verfeindete Väter versöhnen sich, ihre Kinder verloben sich, alles freilich erst, nachdem die Welt dem Untergang nahe gewesen ist, und zwar nicht wegen des Freiheitskrieges, der nur als Folie für die privaten Reaktionen der Figuren dient. Ein Gegenwartsstück dem Dekor nach – und zugleich weit von der Realität entfernt, wie es denn auch früh von einer der Hauptgestalten formuliert wird: alles sei Chaos, «die Welt hat dabei getan, aber weniger als wir». Das Stück könnte bereits eine Parodie auf das Geniewesen sein, wie es deren mehrere gegeben hat, auch unter den Genies selber. Klinger schrieb 1780 eine Satire gegen den oben erwähnten Christoph Kaufmann mit dem Titel: *Plimplamplasko oder Der hohe Geist.*

Bei aller dramatischen Energie fehlt es Klingers Dramen durchweg an konkreten Bezügen, die aus den privaten auch gesellschaftliche oder existentielle Konflikte machen könnten. Weder vermag er wie Goethe seine Dramen mit tatsächlicher Geschichte zu füllen, noch auch wie Lenz, der Gegenwart auf den faulen Grund zu gehen. Vieles bleibt abstrakt, die Welt ist nur noch Anlaß für eine Genieproblematik, die nur ansatzweise in ihrer Abhängigkeit von übergreifenden Zusammenhängen deutlich gemacht wird. In fast allen Dramen thematisieren die Helden ausdrücklich ihre fehlenden Wirkungsmöglichkeiten oder sie strotzen vor Kraft und Gesundheit – beides sehr druckreif. (Das Motiv der Kastration taucht auch bei Klinger als Metapher des reduzierten Lebens auf, desgl. die beschnittene Schwungkraft der Flügel [La Feu im *Sturm und Drang*].) – Letztlich stehen die Figuren Klingers als Betrachter neben sich. Ihre Sprüche sind Klischees, und sie deuten auf die psychologische Doppelheit des Aufruhrs. Auf der einen Seite ist der Zugang zum tätigen Leben versperrt, auf der anderen Seite möchte man vielleicht gar nicht so gern hinein. Die höfischen Umgebungen, die Klinger zuweilen gestaltet (*Arria, Grisaldo*), zeigen vor allem das Private in aller Deutlichkeit, und das Utopische bleibt denn auch seltsam unverbindlich: Es scheint keineswegs klar, *was* sich da eigentlich ausleben will, aber nicht kann oder darf. Klinger läßt (im *Grisaldo*) einen maurischen Prinzen die christliche Zivilisation kritisieren, er läßt den Gesandten (im *Leidenden Weib*) sich über die bittere Notwendigkeit des Amtes beklagen, aber es wirkt bereits konventionell, als seien diese Erklärungen quasi als Ausreden vorprogrammiert. Am deutlichsten wird dies wohl, wenn (im *Sturm und Drang*) die ganzen Auseinandersetzungen zwischen schottischen Edelleuten stattfinden, die von den Verhältnissen in dem Land, wo sie sich aufhalten, so gut wie gar nicht betroffen sind. Daß dies alles sich auch noch aus den Gegebenheiten der 1770er Jahre erklären läßt, liegt auf der Hand, macht aber aus Klingers Dramen keine große Literatur.

Über Klinger ist gesagt worden, daß er sich, ähnlich wie Goethe, vom Rebell zum «reifen Manne» gemausert habe, daß er Rousseau gegen Kant eingetauscht und zu einem «bescheidenen Menschentum» gefunden habe (R. Newald). Das ist sicher richtig, aber Klinger hat auch biographisch ein anderes Schicksal als Lenz oder Wagner. Er wird alt, er erklimmt eine hohe Stufe auf der gesellschaftlichen Leiter, und seinen Reifeprozeß gegen andere ausspielen zu wollen ist zumindest fragwürdig. Zugleich besagt sein späterer Werdegang ebenso wie sein späteres Werk, daß seine Jugenddichtung eben – Jugenddichtung ist, und daß für ihn jedenfalls zutrifft, was früher nicht selten über den gesamten Sturm und Drang (und dann zu Unrecht) behauptet wurde: die Dramen seien die Gärung, aus der dann abgeklärte Haltungen hervorgegangen seien. Bei Klinger dominieren die privaten Konflikte – die dann, als sie gelöst oder beiseite gelegt sind, von philosophischer Belehrung ersetzt werden.

Wagner

Heinrich Leopold Wagner (1747–1779) stammte aus Straßburg und lernte dort den Kreis um Goethe kennen. Seine ersten poetischen Versuche in den üblichen Gattungen der Zeit – von anakreontischen Gedichten bis zur Anpassung an die neue Volkstümlichkeit – fanden keine weite Verbreitung, eine gewisse Aufmerksamkeit erregte dagegen seine kleine Literatursatire *Prometheus, Deukalion und seine Rezensenten* (1775), nicht zuletzt freilich, weil viele die – den *Werther* gegen seine Kritiker in Schutz nehmende – Schrift für ein Werk Goethes hielten, bis dieser in einer öffentlichen Erklärung die Sache richtigstellte. Wagner hatte, wie später Klinger, Verbindung zur Seylerschen Truppe und bearbeitete verschiedene Stücke für sie, auch übersetzte er 1776 Louis-Sébastien Merciers *Nouvel Essai sur l'art dramatique* als *Neuen Versuch über die Schauspielkunst*, eine Schrift, die mit ihrer direkten Forderung nach einem aktuellen und sozial engagierten Theater die Diskussion der Zeit nicht nur weiterführte, sondern auch erheblich radikalisierte. Hatten Diderot und Lessing sich noch mit einem Appell an das Mitgefühl der Zuschauer begnugt, so spricht Mercier jetzt viel deutlicher von Indignation und Kritik (P. Szondi). Als Anhang der Schrift von Mercier gab Wagner zugleich einige kleine Goethe-Fragmente heraus (*Aus Goethes Brieftasche*, darin: *Nach Falkonet und über Falkonet* und *Dritte Wallfahrt nach Erwins Grabe*).

Schon Wagners erstes Bühnenstück, *Die Reue nach der Tat* (1775), spielt in der Gegenwart und im bürgerlichen Milieu; das Thema ist die Zerstörung einer jungen Liebe durch honnette Ambitionen. Viel wichtiger ist allerdings *Die Kindermörderin* (1776), das bereits im Titel die Auseinandersetzung mit einem vieldiskutierten Thema der Zeit signalisiert. Das gesamte Stück, das mit dem herkömmlichen Drama u. a. durch die Einteilung in sechs Akte bricht, liefert ein Bild von der trostlosen Lage des Bürgertums.

Der Metzgermeister Humbrecht ist ein – wohlsituierter – Haustyrann aus Liebe; er will seine Tochter schützen, wie das in einer Garnisonsstadt auch not tun kann. Seine Frau ist eine Gans, die Tochter recht unbedarft, jung und lebenslustig, und also lassen sich Mutter und Tochter von dem logierenden Leutnant von Gröningseck auf den Ball und später auch ins Bordell aus-, an- und verführen. Im Bordell (das die Frauen als solches nicht erkennen) wird die Mutter mittels Schlaftrunk außer Gefecht gesetzt und die Tochter entehrt. Von dieser Verführung an, mit der das Stück beginnt, entwickelt sich alles nach einer unerbittlichen Logik. Die junge Eva wird immer melancholischer, denn sie trägt ein Kind unterm Herzen, der Metzgermeister immer grimmiger, denn er versteht die Welt nicht mehr, der Leutnant wagt sich kaum hervor, doch er liebt das Mädchen und will es heiraten, nur muß er noch seine Erbschaft holen. In seiner Abwesenheit macht ein intriganter Offizierskollege die arme Eva glauben, daß sich von Gröningseck längst verkrümelt habe, sie flieht zu einer alten Frau, gebiert das Kind und tötet es kurz darauf mit einer Nadel – man sieht den Vorgang auf der Bühne. Gröningseck und Vater Humbrecht kommen zu spät, die Familie ist entehrt, Eva selber ist der Todesstrafe anheimgefallen, alles ist verloren. Es geht sehr schauderhaft und tränenreich zu, ist aber zugleich auch im Bewußtsein der Enge der ganzen bürgerlichen Welt, der gewollten wie der aufgezwungenen, geschrieben. Der Metzgermeister hält seine Tochter von allen Vergnügungen fern, also muß sie ja ausreißen, aber behält er nicht wiederum recht, wenn sie «zur Hure» gemacht wird?

Wagners Stück, etwa gleichzeitig mit den *Soldaten* von Lenz erschienen, erregte viel Aufsehen, wurde auch einmal in Preßburg gespielt und dann in einer – Wagner erst später bekannten – Umarbeitung durch Karl Lessing in Berlin (1777). Durch eine spätere eigene Umarbeitung milderte Wagner sein Stück: Unter dem Titel *Evchen Humbrecht, oder: Ihr Mütter merkt's euch*! (1779) bekam das Stück jetzt einen glücklichen Ausgang: Evchen wird in letzter Minute vom Kindesmord zurückgehalten und bekommt ihren Leutnant. Damit war Wagner dem rührseligen Geschmack des Publikums entgegengekommen, aber er wußte das auch genau, denn er erklärte im Vorwort, daß er die Umarbeitung nur vorgenommen habe, damit sein Stück in «unseren delikaten tugendlallenden Zeiten» noch eine Chance habe. In einem Brief an Dalberg sprach Schiller 1782 dem Stück die Wirkung ab; es sei «zu viel Wasser» darin. Ein Detail wenigstens könnte er daraus gelernt haben: die heroischen Worte Karl Moors am Schluß der *Räuber*: «Dem Manne kann geholfen werden» werden bereits fast so von Eva auf die alte Frau, bei der sie untergekommen ist, bezogen, denn auch auf Eva ist eine Belohnung gesetzt.

Goethe zeigte sich über die *Kindermörderin* verärgert, weil er Wagner des Plagiats (Gretchen-Geschichte des *Faust*) verdächtigte. Aber das Motiv des Kindesmordes gehörte nicht Goethe, sondern der Zeit, und von Gretchen trennt Eva (wie Marie bei Lenz) die verinnerlichte Tugendmoral: kaum ist die Verführung perfekt, bricht sie in Tränen aus und klagt den bösen Verführer an. So tief sind ihr immerhin die Vorstellungen von der jungfräulichen Tugend eingebleut worden, daß ihr das Zusammensein mit Gröningseck nicht einmal Freude gewährt, und sei es auch nur für kurze Zeit. Die Reue folgt der Tat ganz dicht auf den Fersen, und dies ist vielleicht das Allertraurigste am Bild der bürgerlichen Welt.

Wagner studierte die Rechtswissenschaften, war eine Zeitlang Hofmeister in Saarbrücken, promovierte 1776 in Straßburg und ließ sich dann als Anwalt in Frankfurt nieder, wo er bereits mit 32 Jahren starb. Er schrieb einen Roman (*Leben und Tod des Sebastian Sillig*, 1776) und eine Literatursatire gegen Voltaire: *Voltaire am Vorabend seiner Apotheose*, 1778: ersterer ist eines der vielen Zeugnisse für die Bedeutung Laurence Sternes für den deutschen Roman, letztere eine weitere Abrechnung mit dem französischen Klassizismus: Voltaire liest in einem Buch aus dem Jahre 1875, daß ihn das 19. Jahrhundert so gar nicht schätzt... Es schätzte Wagner auch wenig: erst in unserem Jahrhundert wurde *Die Kindermörderin* gelegentlich wieder aufgeführt und auch adaptiert (Peter Hacks 1957).

Maler Müller

Friedrich Müller wurde ein alter Mann, er lebte von 1749 bis 1825, doch sein literarisches Wirken blieb beschränkt. Er erhielt eine Ausbildung als Maler und behielt diesen Titel auch als Beinamen (Maler Müller), pflegte eine Zeitlang Kontakte zu den Hainbündlern in Göttingen und später zu den Stürmen und Drängern während seiner Jahre in Mannheim (1774–1778), wo er u. a. Schubart kennenlernte. Er betätigte sich als

Theaterprogrammatiker (*Gedanken über Errichtung eines Nationaltheaters* und *Gedanken über Errichtung und Einrichtung einer Theaterschule*, beide 1777 als Denkschriften für den Mannheimer Hof verfaßt). Als Dramatiker trat er mit *Golo und Genovefa* (1775) hervor und schrieb später eine *Niobe* (1778), doch ist sein Name vor allem mit seinen pfälzischen Idyllen (*Die Schafschur*, 1775, *Das Nußkernen*, 1776 – in der letzteren eine eingelegte Geschichte über Kindesmord mit einer leidenschaftlichen Anklage gegen die herrschende Gesellschaftsmoral, s. oben S. 133ff.) und mit seinem *Faust*-Drama verknüpft.

1776 erschien *Situation aus Fausts Leben* und 1778 dann *Fausts Leben*, auch das letztere freilich immer noch ein Fragment, da eine Fortsetzung geplant war. Müllers Behandlung des Faust-Stoffes weitet sich zu einem Bild des genialischen Menschen mit Seitenhieben auf die Gesellschaft im allgemeinen und das Geniewesen im besonderen, verengt sich freilich auch zu einer recht lärmenden Geschichte ohne die Perspektiven des Goetheschen *Faust*. Müller knüpft an die Volksbuch- und Puppenspiel-Tradition an, stellt Faust als Magier und Kraftmenschen dar, läßt die Hölle mit allen Teufeln auf die Bühne bringen und zeigt auch Faust als großen Zauberer am Hofe (aus der Überlieferung, von Goethe erst im Zweiten Teil verwendet). *Fausts Leben* enthält viele Anspielungen auf zeitgenössische Zustände und auch einiges an Literatursatire, aber schon die Zeitgenossen fanden keinen rechten Geschmack an der ausufernden Darstellung, die sich nur selten zu konzentrieren vermag.

Die Rezensionen waren niederschmetternd und mögen Müller zur Aufgabe der Fortsetzung veranlaßt haben. Es ist in der Tat nicht zu leugnen, daß Müllers Faust-Gestalt sehr im Theoretischen bleibt: er spricht von sich – und andere von ihm – als Verkörperung des Strebens nach Lebensfülle und Wissen, aber wenig von all dem wird dargestellt. Im selben Jahr, als sein *Faust* im Druck erschien, ging Müller nach Rom und blieb dort bis zu seinem Tode, teils unterstützt vom bayerischen Hof, teils sich als Fremdenführer ernährend. Als Goethes *Faust* erschienen war und der Zweite Teil sich ankündigte, versuchte Müller, seinen eigenen Plan wiederaufzunehmen und einen *Faust* in Versen zu dichten. Das unvollendete Stück liefert eine fromme Deutung der Geschichte (Müller war 1780 konvertiert). Auf den weiteren Verlauf der literarischen Entwicklung in Deutschland hat Müllers *Faust* keinen Einfluß gehabt; eher muß man ihn selbst als Beeinflußten betrachten. Überlebt hat zumindest die Kenntnis von der Existenz seines Stücks vor allem wegen des Stoffes – nach Goethe ist es unmöglich, mit einem *Faust* ganz unentdeckt zu bleiben, das gilt auch für seine Vorgänger. Doch die Romantiker schätzten Müller, und Ludwig Tieck veranstaltete 1811 eine dreibändige Ausgabe seiner Werke.

Leisewitz

Johann Anton Leisewitz (1752–1806) wird in Literaturgeschichten je nach Gemütslage und Interesse dem Hainbund oder dem Sturm und Drang zugeschlagen (wenn er denn überhaupt vorkommt). Er war in der Tat Hainbündler, hat aber auch ein Drama geschrieben, das Trauerspiel *Julius von Tarent*, das er für den Wettbewerb der Schröderschen Schauspielergesellschaft 1776 einreichte. Den Preis gewannen Klingers *Zwillinge*; dabei ist *Julius von Tarent* zweifellos das bessere Stück, weniger kraftgenialisch – im abwertenden Sinne des Wortes – und reicher an Motivierung, Psychologie und Sprache. Leisewitz steht eher in der Lessing- als in der Goethe- (oder Shakespeare-)Nachfolge, und sein Drama hat denn auch mehr mit der *Emilia Galotti* als mit den meisten «eigentlichen» Sturm-und-Drang-Dramen gemein. Zugleich ist von dem *Julius* eine gewisse Wirkung ausgegangen: Schillers Begeisterung für das Stück ist verbürgt und in den *Räubern* unschwer nachzuweisen.

Wie in den *Zwillingen* geht es auch in *Julius von Tarent* um einen Bruderzwist (der Umstand, daß die beiden konkurrierenden Dramen denselben Inhalt haben, hat oft zu Vermutungen Anlaß gegeben, z.B. zu der, daß Klinger, über Leisewitz' Pläne informiert, sein eigenes Stück schnell zusammengeschrieben habe). Julius ist der Thronerbe in Tarent, wird aber von seinem Bruder Guido, der sich zurückgesetzt sieht, bekämpft. Beider Liebe gilt der schönen Blanca, die von dem Vater der Brüder, dem Fürsten also, ins Kloster gesteckt wurde, da sie als bürgerliches Mädchen keine angemessene Partie ist. Als Julius auf den Thron verzichten und statt dessen Blanca entführen will, begegnet ihm Guido, der sie auch entführen will, und ersticht ihn. Der greise Vater (76 Jahre, von seinem Geburtstag ist ständig die Rede) richtet den Sohn, d.h. tötet ihn. Wie bei Klinger ist am Schluß das Fürstenhaus verwüstet: es gibt keine Zukunft für Tarent. Nach der «Hinrichtung» des eigenen Sohnes geht der Fürst ins Kloster und überläßt damit sein Fürstentum der «harten neapolitanischen Regierung».

Wie in keinem zweiten Stück der Zeit tritt in dem Verhältnis zwischen dem greisen Fürsten und seinen Söhnen die patriarchalische Mischung aus «Herrschaft und Zärtlichkeit» (B. A. Sørensen) deutlich zutage. Als Guido Julius erschlagen hat und der Fürst sich auf die unvermeidliche Hinrichtung vorbereitet, sagt der Alte plötzlich, an den Leichnam des Julius gewendet: «Fürchte nichts von der väterlichen Liebe – dein Mörder ist mein Sohn nicht, mein Weib war eine Ehebrecherin und sein Vater ein Bube –». Die Bemerkung macht den brüderlichen Kampf zunichte, ist aber aufschlußreich, weil sie den Vater von dem Konflikt entlasten soll, Vater und Richter zugleich zu sein: Er kann jetzt trauernder Vater und unbeteiligter Richter sein. Die strenge dynastische Tragik hält dem bürgerlichen Mitleid nicht stand; wenn der Verbrecher gerichtet werden muß, darf er nicht der Sohn sein. Sollte die Bemerkung auch als eine Art von Wahn des Fürsten aufzufassen sein, bleibt die Tatsache als psychologische: dann ist eben *er* es, welcher den Konflikt nicht aushält.

Der Fürst bestätigt mit seinen Worten genau die Behauptung, die Julius immer wieder aufstellt, und die aus der *Hamburgischen Dramaturgie* gewonnen sein könnte: man könne nicht zur selben Zeit Fürst sein und ein Herz haben oder einen Freund besitzen. Am Schluß jedoch, als Guido tatsächlich getötet wird, hat sich das Stück wieder gefangen. Von seinem Bastardentum ist keine Rede mehr, die Tragik kann ausgespielt werden. Die Gestalt des alten Fürsten ist voll von den Widersprüchen der Zeit: auf der einen Seite sorgt er für sein Land wie ein Vater für seine Kinder (der Vergleich kommt im

Stück selbst vor und wirft nebenbei ein politisches Licht auf die Hinrichtung des Sohnes: hier wird Zukunft gerichtet), und er vermag sogar, brüderliche Eintracht vorzuleben, indem er sich mit *seinem* Bruder, dem Erzbischof, bestens verträgt – auf der anderen Seite aber spielt er sein biblisches Alter und seine Schwäche hemmungslos gegen die Jüngeren aus, um sie zur Räson zu bringen.

Julius, der Thronerbe, ist der bürgerliche Privatmann im fürstlichen Gewande. Er, die öffentliche Person, ist ganz privat-empfindsam, während Guido, als Zweitgeborener zum privaten Dasein verdammt, nach öffentlichem Ruhm und kriegerischer Ehre strebt. Julius sehnt sich von Anfang an nach einem ruhigen Leben mit Blanca, ihm liegt nichts am Fürstentum, statt dessen findet er viele Worte für die Einsamkeit, in der sein Herz erst aufgehen würde (die Palmen Asiens, die nordischen Tannen, sogar Deutschland gilt ihm als Freistatt der Liebe). Nicht Pflicht und Neigung stehen sich hier gegenüber (denn die politische Pflicht zum Herrschen erkennt Julius gar nicht an), sondern zwei Neigungen, das Gefühl für den Vater und das für Blanca. Der Vater weiß denn auch, daß er Julius nicht mit dem Fürstentum, sondern mit seiner Altersschwäche kommen muß.

In diesem Stück bricht die aufklärerische, gesellschaftsgebundene Weltauffassung auseinander, ohne daß dies freilich programmatisch verkündet würde. Entsprechend wird auch die Kommunikation ge- oder zerstört, es gibt keine gemeinsame Ebene der Verständigung mehr. Dies ist auf der einen Seite eine Befreiung: Julius spricht groß von dem Sieg des Temperaments über die Grundsätze – aber es führt auf der anderen Seite immer tiefer ins Unglück: «Ich kann reden, aber Sie können nicht hören», sagt an einer Stelle der Vertraute Aspermonte, und an einer anderen unterbricht der Fürst schroff: «Jetzt keine Erklärung ...», denn er will nichts hören. Hier zeigt sich dasselbe wie in den *Leiden des jungen Werthers* (s. oben S. 428): daß die Kommunikation, die allein auf dem Herzen beruht, jedem Verdacht zum Opfer fällt. Je mehr die Echtheit des Gefühls beteuert wird, um so öfter wird auch gerade an ihr gezweifelt, und die Zwischentöne werden zur Obsession. Nicht zuletzt dies konnte der Autor von *Kabale und Liebe* bei Leisewitz beobachten, und nicht zuletzt dies schlägt den Bogen von Lessings Dramen (*Emilia* voran) über viele der Sturm und Drang-Dramen hinweg zum jungen Schiller. So gesehen ist Leisewitz' *Julius von Tarent* nicht dem Sturm und Drang zuzurechnen. Dabei ist das Stück immer noch ein Ausdruck dessen, was in den anderen Dramen seltener dargestellt wird: der Sprachlosigkeit des bürgerlichen Menschen, der keiner Konvention mehr trauen darf.

Leisewitz schrieb außer diesem Drama zwei kleine Szenen, *Die Pfandung* und *Der Besuch um Mitternacht*, die beide stark antifeudal sind; in der ersteren unterhalten sich ein Bauer und seine Frau in der Nacht vor ihrer Vertreibung von Haus und Hof: Nicht nur das Vertrauen in die Welt, sondern auch das in den Himmel scheint verlorenzugehen, als der Bauer sich – schon im Stil von Büchners *Woyzeck* – vorstellt, wie er auch im

Himmel gewiß zur Arbeit angetrieben werden wird. Die letztere zeigt eine Geistererscheinung, die dem verbrecherischen Fürsten einen Schrecken einjagt. Als Dichter verstummte Leisewitz früh. Er war Jurist – eine Zeitlang Anwalt in Hannover, später im braunschweigischen Staatsdienst, zuletzt als Justizrat und Präsident des Sanitätskollegiums. Als Reformer des Armenwesens genoß er hohes Ansehen und stand auch hier in der Nachfolge der Aufklärung.

4. Auswirkungen des Sturm und Drang im Roman

Die Leiden des jungen Werthers riefen bei ihrem Erscheinen allerlei Reaktionen hervor und spielten als Orientierungspunkt auch in den folgenden Jahren eine große Rolle: Lenz schrieb einen Aufsatz über die «Moralität» des Romans sowie eine eigene Werther-Geschichte, den *Waldbruder* (s. oben S. 471), Nicolai verfaßte seine Parodie (*Die Freuden des jungen Werthers; Leiden und Freuden Werthers des Mannes*, 1775), Goethe wiederum eine derbe und nicht veröffentlichte Antwort auf Nicolai (sowie wenige Jahre nach dem Roman eine Satire auf das «Werther-Fieber» *Der Triumph der Empfindsamkeit*, 1776). Schon 1776 erschien auch eine erste – anonyme – Dramatisierung des Stoffes; Karl Philipp Moritz' *Anton Reiser* berichtet von einer Aufführung des Stücks, und Moritz läßt überhaupt sein *alter ego* Goethe lesen, wie er auch im eigenen Namen noch 1792 einen Aufsatz über Werthers Brief vom 10. Mai schreibt. Die biographische Neugierde heftete sich dermaßen an die Fersen des Autors, daß dieser noch auf seiner italienischen Reise mehr als zehn Jahre nach dem Erscheinen des Romans seinem Ruhm und vor allem den dazugehörigen Fragen ausweichen mußte. Die schwärmerische Empfindsamkeit war nicht von Goethe erfunden worden, aber sie wurde durch *Werthers Leiden* auch nicht eben gehemmt: Eine damals besonders beliebte und heute besonders seicht anmutende Folge ist der Roman *Siegwart. Eine Klostergeschichte* von Johann Martin Miller (1776; s. oben S. 183 f.).

Jacobis Romane

Allen Folgeerscheinungen des *Werther* gemeinsam ist, daß ihnen die Brutalität des Originals abgeht. Das gilt auch für die beiden Romane von Friedrich Heinrich Jacobi. Bei ihm trafen zwei Anstöße zusammen: der von der *Werther*-Lektüre und der von Goethe selbst, der auf seiner Rheinreise 1774 die Jacobis in Düsseldorf besuchte und einen bleibenden Eindruck hinterließ. Auch ermunterte er Friedrich Heinrich Jacobi, seine Empfindungen in Worte zu gießen, und im Jahr darauf begann der Abdruck von *Eduard Allwills Papiere*, zunächst in der *Iris*, sodann im *Teutschen Merkur*.

Friedrich Heinrich Jacobi wurde 1743 in Düsseldorf geboren, wo er nach einem Aufenthalt in Genf 1759–61 das väterliche Kaufmannshaus weiterführte. Wie sein älterer Bruder Johann Georg war er aber eher der Literatur zugetan, der er sich – neben der Philosophie und Theologie – im Laufe der 1770er Jahre immer ausschließlicher widmete. Er stand mit Wieland in Verbindung (was ihm Anfang der 70er Jahre den Spott der Stürmer und Dränger, auch Goethes, eintrug) und unterstützte die Gründung des *Teutschen Merkur.* In den 80er Jahren erregte Jacobi Aufsehen durch seine Schrift *Über die Lehre des Spinoza* (1785), in der er u. a. auch Goethes *Prometheus*-Gedicht abdruckte (s. auch oben S. 67f.). 1794 verließ er unter dem Eindruck des französischen Vormarsches Düsseldorf, lebte dann in Hamburg und Eutin und ging 1804 als Akademiepräsident nach München. Seine Schrift über «die göttlichen Dinge und ihre Offenbarung» (1811) veranlaßte Schelling zu einem scharfen Angriff, von dem sich Jacobi nicht wieder erholte: 1812 legte er sein Amt nieder, blieb aber in München und starb dort 1819.

Eduard Allwills Papiere erschienen 1776 im *Merkur* und 1792 in einer umgearbeiteten Fassung, die einen Reifeprozeß Eduards beschreibt, während die Erstfassung bei der Darstellung des Problems: des ungezügelten Individualismus, stehenbleibt. Wie Goethes *Werther* ist der *Allwill* ein Briefroman, freilich mit mehreren Schreiberinnen, und die Titelgestalt selbst taucht erst spät auf; sie wird also von vielen Seiten beleuchtet, vor allem von der klugen, durch Erfahrung traurig gewordenen Sylli: Eduards Charme und Ausstrahlung seien zwar echt, seine Gefühle im Augenblick des Fühlens wahr und dennoch im tieferen Sinne unwahr, weil Eduard nicht Herr, sondern Sklave dieser Gefühle sei. Außer ihm gebe es nichts, keinerlei Werte, und selbst baue er nichts auf, denn er sei zu unbeständig. Den letzten Teil des Romans machen die Briefe zwischen Eduard und seiner ehemaligen Geliebten Luzie aus. Sie bilden die eigentliche Auseinandersetzung um Eduards Lebensgefühl, das er selbst folgendermaßen umschreibt: «Wir brauchen starke Gefühle, lebhafte Bewegungen, Leidenschaften. Was man gewöhnlich mit einem vernünftigen klugen Wandel meynt, ist eine erkünstelte Sache, und der Seelenzustand, den sie voraussetzt, ist zuverlässig derjenige, der am wenigsten Wahrheit in sich faßt.» Der «Glaube an mein Herz» sei das einzig Gültige, aber eben der vermag keine Stetigkeit zu gewähren, sondern ruiniert Luzie und wird auch Eduard selbst ruinieren. Luzie zitiert aus anderen Briefen Eduards, in denen gerade in den höchsten Tönen von einem festen Lebenswandel die Rede ist. So haltlos ist das sich selbst überlassene Herz, daß ihm auch das subjektiv ehrliche Bekenntnis zur Festigkeit objektiv zur Lüge gerät. Doch Eduard ist kein (Jean Paulscher) Roquairol, der mit den Gefühlen anderer spielt, sondern eher jemand, dem von seinen eigenen Gefühlen mitgespielt wird.

In noch höherem Grade gilt dies für *Woldemar*, den Titelhelden in Jacobis zweitem Roman (1779 erschienen, ebenfalls später umgearbeitet und 1794 neu herausgegeben). Woldemar ist zum Zweifler an allem geworden, zuallererst an sich selbst. Er ist seinen Stimmungen restlos ausgeliefert und weiß, daß er ihnen nicht trauen darf; mehrmals ist im Roman von seiner «Gefährdung» die Rede. In mir habt ihr einen, auf den könnt ihr nicht bauen! ruft er den Frauen zu, freilich nicht so zynisch wie später Brecht, sondern in heller Verzweiflung – doch die Frauen scharen sich trotzdem oder gerade deswegen um ihn.

Woldemar und Henriette bilden das Paar des Romans, doch sie sind einander weder durch Leidenschaft noch auch durch die Ehe (was nicht dasselbe wäre), sondern durch eine vollkommene Seelenfreundschaft verbunden, die über alles geht (nur so nebenbei heiratet Woldemar Henriettes Freundin Allwina, die wiederum nur Woldemars und Henriettes Glück im Kopf und Herzen hat). Alles scheint bestens geregelt, doch Henriette hat ihrem Vater auf dessen Sterbebette schwören müssen, Woldemar nie zu heiraten, und obwohl Woldemar damals bereits mit Allwina verlobt war, bricht seine Welt zusammen, als er zufällig von dem Schwur erfährt. Henriette hat ihm das ihr später abgepreßte Gelöbnis verheimlicht, sie hat also Geheimnisse vor ihm, und die Seelenfreundschaft, die Woldemar als höchste Freiheit erschienen war, entpuppt sich als vorgegeben; so meint er jedenfalls und stürzt sich in tiefste Verzweiflung, aus der ihn Henriette nur mühsam und auch nur – so die Andeutung am Schluß der Erstfassung – zeitweilig herauszuholen vermag. Das Gespräch zwischen Woldemar und Henriette ist voll der überschäumenden Gefühle, z. B. wenn Woldemar sagt: «Ich wollte, daß ich mein Herz fassen könnte, wie ein Weib ihre Brust, und Dich nöthigen es zu trinken – damit Dir alles zu Theil würde, Dir nur alles zu gut käme von mir, eh es dahin ist...» Ein wahrer Triumph der Empfindsamkeit, der denn auch eine wahrscheinlich von Goethe, zumindest aus dem Weimarer Kreis stammende Parodie hervorrief: Woldemar wird vom Teufel geholt, der sagt: «Ich wollte, daß ich sein Herz fassen könnte, wie ein Weib die Zizzen einer Ziege» usw. Die Kunde von der Verspottung des Werks durch Goethe verbitterte verständlicherweise Jacobi, doch er nahm die Verbindung wieder auf und widmete sogar dem Weimarer Freund die neue Ausgabe des Romans – die dann von Friedrich Schlegel zerzaust wurde: nicht die Menschheit, sondern die «Friedrich-Heinrich-Jacobiheit» sei hier abgebildet. Diesem Urteil zu widersprechen fällt schwer. Zwar lassen sich die Romane Jacobis durchaus als Kritik an der (fehlenden) Haltung ihrer Helden lesen, jedoch nimmt die Überspanntheit des Ganzen der Kritik jeden Bezug auf die Wirklichkeit. (S. auch G. Schulz im Bd. VII/1 S. 277f).

Heinse

Noch jemand war in Düsseldorf zugegen, als Goethe den Jacobis begegnete: Wilhelm Heinse, Mitherausgeber der *Iris*, mit den Jacobis freundschaftlich verbunden, von Gleim und Wieland gefördert. Goethe schätzte besonders die Stanzen im Anhang des ersten Romans von Heinse: *Laidion* (1774), und Heinse wiederum war wie alle anderen von Goethe beeindruckt (s. oben S. 462). Auf seiner weiteren Laufbahn bleibt Heinse weder der Gleimschen «Tändeley», noch dem Wielandschen Rokoko noch auch dem Sturm und Drang verhaftet: mit der Geniebewegung teilt er die Aufbruchstimmung, doch wird sie bei ihm überleben, vor allem in seinem Hauptwerk *Ardinghello* (1787). Heinse hält an der Genie-Utopie fest, er schildert große Menschen (d. h. Künstler), die sich in Schönheit und Liebe voll entfalten. Das nun schien bereits vielen Zeitgenossen, dann der Nachwelt zuviel.

Wilhelm Heinse wurde 1746 in Langewiesen in Thüringen geboren, studierte in Erfurt, wo er Wieland hörte, und fand Zugang zu literarischen Kreisen – Gleim, Wieland. Die beiden Namen sowie der von Winckelmann stehen auch hinter seinen ersten Werken, von denen freilich die Übersetzung des *Satyricon* von Petronius (1773 erschienen) nebst Vorrede und Anmerkungen Heinse in Verruf brachten – selbst bei Wieland, der auch nach den *Laidion*-Stanzen Heinse zu «priapisch» fand. 1774 ging Heinse nach Düsseldorf und schrieb für die *Iris*, aber auch für den *Teutschen Merkur*, der 1776–77 seine *Gemäldebriefe* druckte, in denen er im Unterschied zu den Zeitgenossen, aber mit ähnlichen Argumenten Rubens als großen Künstler feiert. 1780 ging Heinse nach Italien und lebte dort drei Jahre, vor allem in Venedig und Rom, zeitweilig in Gesellschaft des Malers Müller. Seine ausgedehnten Kunststudien setzten sich in Italien fort und gingen in seine Werke ein, deren Handlung von langen Exkursen und Gesprächen durchsetzt ist (in *Ardinghello* geht es um bildende Kunst, in dem Roman *Hildegard von Hohenthal* [1795/96] um Musik). Nach der Rückkehr aus Italien trat Heinse in kurmainzische Dienste als Vorleser und Bibliothekar und blieb dies bis zu seinem Tode (in Aschaffenburg) 1803. Er hinterließ eine stattliche Reihe von Notizbüchern (besonders früher auch *Tagebücher* genannt); sie werden mitunter von der Forschung als das eigentliche Hauptwerk Heinses gepriesen.

Heinses erstes umfangreiches Werk, *Laidion oder Die eleusinischen Geheimnisse*, wurde schon 1771 geschrieben, aber erst 1774 veröffentlicht. Der Rahmen ist zeitgenössisch: In Neapel wird einem Jüngling das Manuskript der eleusinischen Geheimnisse übergeben, und diese entpuppen sich als die Erzählung der Hetäre Lais von ihrer Entrückung ins Elysium, wo sie von Orpheus, Solon und Aspasia beurteilt wird. Wie schon im Erdenleben berückt sie auch im Himmel, immer von der Richtigkeit ihres Wandels überzeugt, doch keine *femme fatale*, sondern die freigebige Liebe in Person. Mit gespielter Naivität – denn Lais kann, wenn es sein muß, ganz schön sophistisch sein und zeigt sich bestens gebildet – wird die Hingabe ans Sinnenglück gepriesen und dieses selbst als der wahre Eingang zum seligen Leben. Die angehängten Stanzen erzählen von der Überraschung einer badenden Schönen, aber nicht nur vom Anblick ihres lieblichen Körpers, sondern auch von der Inbesitznahme desselben. Nur weniges – aber das immerhin – bleibt den Gedankenstrichen überlassen.

Der Roman *Ardinghello und die glückseligen Inseln* (1787) ist eine Art Wunschbiographie, diesmal in die Renaissancezeit verlegt, der Heinse mehr abgewann als die meisten seiner Zeit- und Italiengenossen. Hier herrscht keine edle Einfalt oder stille Größe, sondern eine bewegte und dramatische Handlung, die auch gleich *in medias res* springt: Der Erzähler stürzt von einer venezianischen Gondel ins Wasser und wird von Ardinghello gerettet, der sich somit gleich als besonderer Mensch einführt. Von seinem Leben, meist durch seine Briefe an den Erzähler, berichtet dann der Roman: Ardinghello liebt, tötet einen Nebenbuhler, flieht, kommt nach Rom. Er bewährt sich in allen Lebenslagen als großer «Renaissancemensch»: Künstler, Gelehrter, Pirat. Höhepunkte des Romans sind das Künstlerbacchanal in Rom, Gespräche über Kunst und Metaphysik und die abschließende Beschreibung der utopischen Gesellschaft auf den glückseligen Inseln. In allen Schilderungen tritt Heinses Grundüberzeugung klar zutage: daß die Aufnahme in die Allharmonie nur durch die volle Entfaltung der menschlichen Kräfte, des Eros, geschehen kann. Vom Recht des großen Individuums wird gesprochen, aber dieses – und nur dieses – ist zugleich im Einklang mit dem Höchsten.

Daher ist das Wort Bacchanal (Heinses Wort) für das Künstlerfest in Rom durchaus am Platze: «Es ging immer tiefer ins Leben, und das Fest wurde heiliger; (...) der höchste bacchantische Sturm rauschte durch den Saal, der alles Gefühl unaufhaltbar ergriff, wie donnerbrausende Katarakten, vom Senegal und Rhein, wo man von sich selbst nichts mehr weiß und groß und allmächtig in die ewige Herrlichkeit zurückkehrt.» Und daher macht der Glaube an das Recht des Menschen auch nicht beim Individuum halt: «Ein Staat von Menschen, die des Namens würdig sind, vollkommen für alle und jeden, muß im Grund immer eine Demokratie sein; oder mit andern Worten: das Wohl des Ganzen muß allem andern vorgehen, jeder Teil gesund leben, Vergnügen empfinden, Nutzen von der Gesellschaft und Freude haben; der allgemeine Verstand der Gesellschaft muß herrschen, nie bloß der einzelne Mensch.» Rousseau läßt grüßen – aber Heinse bleibt bei der Proklamation, und die ideale Gesellschaft auf den glückseligen Inseln, die er am Schluß seines Romans entwirft, lebt keineswegs im ewigen Frieden: «Jedes [Mitglied der Gesellschaft] hat fürs erste das Bedürfnis zu essen, zu trinken, mit Kleidung und Wohnung sich zu schützen und zu sichern, die Wahrheit von dem Notwendigen einzusehen und, wenn es mannbar ist, das der Liebe zu pflegen. Vermag es nicht, sich dieses friedlich zu verschaffen, so darf es dazu die äußersten Mittel brauchen; denn ohne dasselbe erhält es weder sich noch sein Geschlecht.»

Wieweit sich Heinse die Möglichkeit vorgestellt hat, alle Menschen «stark und tapfer» zu machen, läßt sich nicht ermitteln, und auch die Inselgesellschaft bleibt nicht erhalten. Die Schlußworte des Romans lauten: «Doch vereitelte dies nach seligem Zeitraum das unerbittliche Schicksal.» Also dürfte das fast darwinistisch anmutende Bekenntnis vor allem als Protest zu verstehen sein, was seine Ernsthaftigkeit nicht schmälert. Auch wurde diese durchaus begriffen: Hölderlin gehörte zu den Bewunderern Heinses (und widmete ihm die Elegie *Brod und Wein*). Was ihn an dem Vorgänger faszinierte, waren weniger die sog. «schlüpfrigen» Details und die Kriegs«begeisterung» als die Vision vom unverkürzten Leben, das Dionysische an der Griechenbegeisterung Heinses.

Eine Vision hatten die Klassiker Goethe und Schiller auch, doch schien ihnen Heinse allzu plump und «abstrus» (dabei könnte man Heinses Roman in gewisser Hinsicht durchaus mit Goethes *Italienischer Reise* und vor allem wohl mit seiner *Cellini*-Bearbeitung 1803 vergleichen). Heinse hat eine Komponente des Aufruhrs der 1770er Jahre festgehalten, die dann auch von Interpreten des 20. Jahrhunderts hervorgehoben worden ist. Nicht zuletzt schafft Heinse auch an der Emanzipation der Frau mit; die Fiordimona in *Ardinghello* deutet auf Schlegels Lucinde voraus.

Weniger Aufmerksamkeit erregte Heinses späteres Werk: der Roman *Hildegard von Hohenthal* (1795/96) bringt neben einer Liebeshandlung – die Titelheldin heiratet nach vielen Verwicklungen einen englischen Lord – viele Reflexionen über die Musik: Hildegard ist Sängerin. Noch in seinem Todesjahr veröffentlichte Heinse sein letztes

Werk, *Anastasia oder Das Schachspiel*, auch dieses eine Mischung aus Erzählung und Reflexion und damit auch im Formalen der Frühromantik verwandt. (S. auch G. Schulz, Bd. VII/1 S. 277f.).

Moritz

Einen Stürmer und Dränger darf man Karl Philipp Moritz kaum nennen, und nur zögernd stellt man seinen Namen zu denen Jacobis und Heinses. Doch erstens ist es überhaupt mißlich um den Sturm und Drang und die Prosa, und zweitens spielt der Sturm und Drang als Epoche eine besondere Rolle in Moritz' autobiographischem Roman *Anton Reiser*: Goethes *Werther* macht einen nachhaltigen Eindruck auf ihn, und Guelfo aus Klingers *Zwillingen* ist eine Zeitlang seine Identifikationsfigur. Die Erfahrung des Zurückgesetztseins hat Moritz mit den Stürmern und Drängern gemein, doch ist seine Reaktion eine andere oder vielmehr von Anfang an die sonst als Endprodukt anzutreffende: die Resignation. Freilich verschafft sie ihm keine Ruhe – Goethe berichtet in der *Italienischen Reise* über seinen Umgang mit Moritz und merkt gerade dessen Ungenügen an.

Karl Philipp Moritz wurde 1756 in Hameln in sehr bescheidenen Verhältnissen geboren; er wuchs dort und in Hannover auf, machte eine Hutmacherlehre und studierte zunächst am Gymnasium in Hannover, sodann in Erfurt und Wittenberg. 1778 kam er nach Berlin, wo er bis zu seinem Tode, freilich von längeren Reisen unterbrochen, wohnte: 1782 machte er eine Fußreise durch England, und 1786–88 lebte er in Rom, wo er Goethe kennenlernte, den er später auch in Weimar besuchte (über beide Reisen hat Moritz geschrieben). Nachdem er früh erst Konrektor, dann Gymnasialprofessor geworden war, wurde er 1791 Hofrat und Mitglied der Berliner Akademie der Wissenschaften; er starb bereits 1793. Zu seinem Bekanntenkreis gehörten sowohl die Vertreter der Berliner Aufklärung als die Klassiker und die Brüder Schlegel, zu seinen Hörern in Berlin gehörten Tieck und Wackenroder, und Jean Paul war ein glühender Verehrer von Moritz: er schickte dem Verfasser des *Andreas Hartknopf* sein Manuskript der *Unsichtbaren Loge*, und Moritz antwortete sofort begeistert.

Gnothi Seauton oder Magazin zur Erfahrungsseelenkunde nannte Moritz die Zeitschrift, die er 1783 zusammen mit F.C. Pockels und Salomon Maimon begründete und zehn Jahre lang, bis zu seinem Tode, mit herausgab. Der Titel verbindet den griechischen Impuls mit der modernen Psychologie, und auch sonst verbindet Moritz in seinem Werk verschiedene Bereiche: er schreibt einen *Versuch einer deutschen Prosodie* (1786), die Goethe zur Umarbeitung seiner *Iphigenie* in Verse ermunterte, eine Abhandlung *Über die bildende Nachahmung des Schönen* (1788), die von den Weimarer Klassikern dankbar als ihnen verwandte Bestrebung anerkannt wurde (Goethe druckt in der *Italienischen Reise* einige Passagen wieder ab), sprachwissenschaftliche Schriften und eine *Götterlehre* (1791), die als Handbuch der griechischen Mythologie noch lange ihren Dienst tat. Sein zentrales und bis heute als einziges gelesenes Werk ist aber eine durch und durch moderne, zergliedernde Seelengeschichte: *Anton Reiser, ein psychologischer Roman,* der in 4 Teilen 1785–90 erschien. Wenn jemand ein Sentimentalischer war, der sich nach unbefangener Naivität sehnte und sie als unerreichbar betrachten mußte, dann war es Moritz. Die Unversöhnlichkeit von Individuum und Gesellschaft war sein Schicksal, sein «Held» Reiser findet keine Stelle, wo er hineinpaßt. Anton will zwar seinem engen Leben als Schauspieler entfliehen, aber in der Kunst, so meint Moritz, gelte nur das reine Streben, und daher hält er sich selbst und seine Hauptgestalt für der Kunst unfähig und unwürdig: Beide verbinden ja Nebenabsichten mit dem Beruf des Künstlers, beide haben zuviel «Privates» abzugelten.

Zwischen Aufklärung und Romantik, zwischen Antike und Moderne – und auch in gattungsgeschichtlicher Hinsicht steht Moritz gewissermaßen in der Mitte da, oder vielleicht besser in einem Schnittpunkt: zwischen Autobiographie und Roman. Erfahrungsseelenkunde – das heißt Erforschung der Seele auf der Basis von Mitteilungen, Dokumenten, Berichten, wie sie im halbliterarischen Bereich auch in den pietistischen Selbstberichten stattfand. Das Leben des Individuums war aber auch in anderer Hinsicht bedeutsam geworden, und eine bürgerliche Autobiographie hatte auch den Zweck, die gesellschaftlichen Möglichkeiten oder vielleicht gar den Erfolg zu dokumentieren (s. oben S. 188ff.). Der Roman wiederum erzählt von einem Individuum, das Gesellschaftliche in zunehmendem Maße mit einer Seelenanalyse verbindend.

Von Erfolgen ist nun bei Moritz überhaupt nicht die Rede: seine Geschichte berichtet fast nur von den Niederlagen – ist freilich auch bereits vor den Erfolgen des Autors konzipiert und geschrieben worden (die Unterschiede zwischen *Anton Reiser* und *Dichtung und Wahrheit* sind nicht nur solche der sozialen Schicht, des Temperaments und der Entwicklung der biographischen Gattung, sondern auch solche der verschiedenen Altersstufe der Autoren bei der Abfassung). Moritz nennt seinen *Reiser* einen «psychologischen Roman», bescheinigt ihm aber im Vorwort, daß er auch «allenfalls eine Biographie genannt werden [könnte], weil die Beobachtungen größtenteils aus dem wirklichen Leben genommen sind». Es handele sich um «die *innere* Geschichte des Menschen», und auch eine didaktische Absicht wird nicht verschwiegen: «die Aufmerksamkeit des Menschen mehr auf den Menschen selbst zu heften, und ihm sein individuelles Dasein wichtiger zu machen.»

Die Verlagerung der eigenen Erlebnisse in die öffentliche Kunstform des Romans läßt einen erwünschten Verfremdungseffekt zu: Moritz kann sein Leben als Modell (K.-D. Müller) erzählen, er kann es anders strukturieren, als es im unmittelbaren Bericht möglich gewesen wäre. Daß *Anton Reiser* zutiefst autobiographisch ist, unterliegt allerdings keinem Zweifel: die Stationen des Lebenswegs stimmen weitgehend mit denen im Leben des Autors überein, und die Kritik, die Anton an seiner Erziehung übt, ist auch die von Moritz an seiner eigenen. Sein Vater kam aus der quietistischen Bewegung (der Madame Guyon und ihrer Nachfolger in Deutschland), die Mutter war eher streng-pietistisch. Zwischen den Eltern herrschte keine Harmonie, und die Kindheit Moritz'/Reisers war durch und durch freudlos (wenn er von der Mutterliebe spricht, die sich unter dem Eindruck der hausväterlichen Gewalt in noch ärgere Verfolgung verwandelte, fühlt man sich an Kafkas *Brief an den Vater* erinnert: die Mutter habe «die Rolle eines Treibers in der Jagd» gehabt). Reiser ist «von der Wiege an unterdrückt» worden, wie er gleich zu Anfang feststellt. Seine ganze Lebensgeschichte ist denn auch eine der Kränkungen, des fehlenden «Selbstzutrauens» oder des Minderwertigkeitskomplexes, wie man später gesagt hat. Die Unterdrückung ist durchaus real, doch produziert sie auch im Opfer das Talent, sich weiterhin unterdrücken zu lassen, und vergällt ihm auf diese Weise auch noch die Situationen, in denen Hoffnung hätte aufblitzen können. Kaum hat Reiser irgendwo Fuß gefaßt oder Hilfe erfahren, dann widerfährt ihm aufs neue eine Kränkung, die ihn zugleich an alle früheren erinnert. Die vielen Rückschläge summieren sich zum Schicksal.

Zentral im Roman steht Antons Theaterleidenschaft, die der Erzähler mehrmals ausdrücklich als Flucht aus der Wirklichkeit bezeichnet, als Ersatz. Der Roman erklärt diese Flucht, verwirft sie aber zugleich, denn aus ihr kann niemals (wie im Falle des Schulfreundes Iffland) eine alternative Existenz werden. Reiser vermag es nicht, einzig die Kunst zu suchen, sondern er will sich vor allem aus der Wirklichkeit hinwegstehlen. Daß der Roman mit dem Bild einer verlassenen Schauspielergesellschaft schließt, ist auch im Hinblick auf Reisers Inneres folgerichtig: diese Zukunft (auf dem Theater) gibt es für Anton nicht, aber es gibt anscheinend auch keine andere – dieser Roman ist kein Bildungsroman. Freilich bleibt dann offen, wieweit diese Verzweiflung der höheren Einsicht in den Lauf der Welt entspringt oder aber Teil der Thematik des Buches ist: der Verinnerlichung der Erziehung, der Annahme der aufgezwungenen Biographie. Wenn Reiser gegen Ende seines Berichts meint, daß «der Zufall mehr als die Menschen» an seinem Unglück schuld sei, führt dies von der zweifellos vorhandenen Erziehungs- und Gesellschaftskritik weg (oder über sie hinaus!) und steuert auf eine noch umfassendere Auseinandersetzung zu, auf die mit der Schöpfung selbst.

In einem Brief an Goethe (7. Juni 1788) nannte Moritz seinen gleichzeitig mit dem *Anton Reiser* geschriebenen Roman *Andreas Hartknopf* (1786/90) «eine wilde Blasphemie gegen ein unbekanntes Etwas». Und in der Tat könnte man diesen Roman als eine grundsätzliche Kritik an dem Zustand der Welt, nicht bloß im sozialen, sondern vor allem im religiösen Sinne, lesen; gegen die Welt und für Gott, wie Hartknopf sie selbst versteht, oder eben auch gegen das unbekannte Etwas, das die Welt auch über Gott hinweg regiert. Hartknopf kennt wie Reiser Augenblicke tiefster Verzweiflung, aber sein Charakter soll sich in Handlung darstellen: im Heimatdorf, in das er nach langen Wanderjahren zurückkehrt und wo er mit seinem alten Rektor emeritus Elias und dem Gastwirt Knapp dem Unwesen der «Weltverbesserer und Kosmopoliten» Einhalt zu gebieten versucht, und im Sprengel, wo er als Pfarrer gegen viel Unverstand und Widerwillen wirken muß – es wird im Roman gesagt, daß die «guten» Gestalten alle den Märtyrertod erleiden werden, doch wird dies nicht ausgeführt. *Andreas Hartknopf* ist ein sonderbar gemischter Roman: komische Szenen (z. B. am Anfang, als Hartknopf sich mit zwei Schurken balgt, oder später, als er bei seiner Antrittspredigt die Taube über der Kanzel herunterstößt) wechseln mit Reflexionen, und gegen Ende verknappt sich der Stil immer mehr, fast könnte man von einem Roman in Stichworten reden. Moritz selbst zog es vor, von einem «allegorischen» Roman zu reden (Untertitel), wobei er nicht nur an die – zuweilen freimaurerische – Symbolik, sondern auch ans modellhafte Erzählen überhaupt zu denken scheint. – Breiter ist die Darstellung in dem Roman *Die neue Cäcilia*, über dem Moritz gestorben ist. Es handelt sich um einen Briefroman, der freilich nur bis zum Anfang seiner eigentlichen, in Rom spielenden Handlung gelangt ist.

III. GOETHES ERSTE WEIMARER JAHRE

1. Der einsame Dichter in der «Weltrolle»

Der junge Werther ging u. a. an seiner Unfähigkeit, mit der Bürokratie zu leben, zugrunde; seine Stellung beim Gesandten brachte ihm viel Verdruß und keine Freude. Goethe dagegen scheint vom ersten Gespräch mit dem Herzog Karl August (1774 in Frankfurt) entschlossen, ein Angebot des Weimarer Hofs anzunehmen, und er denkt dabei von Anfang an an eine politische und administrative Tätigkeit. Der Bürger aus Frankfurt zieht an einen zwar kleinen, doch keineswegs unbedeutenden Hof. All das, dem Werther nichts abgewinnen konnte, wählt sich sein Autor jetzt als Aufgabe, und seine Ambition ist kaum geringer als die, welche er später seinem Romanhelden Wilhelm Meister in den Kopf setzt. Will dieser zum Schöpfer des Nationaltheaters sich entwickeln, so möchte Goethe «sein» Fürstentum wenn nicht umschaffen, so doch erheblich verändern. Seine Briefe aus der ersten Zeit in Weimar machen deutlich, daß er sein Licht nicht unter den Scheffel stellt, und daß er andererseits fest entschlossen ist, ganze Arbeit zu leisten.

Zum erstenmal wohnt Goethe jetzt in einer Residenz, zum erstenmal kann er das deutsche Fürstenwesen nicht nur aus der Nähe beobachten, sondern auch von innen erleben. «Meine Lage ist vorteilhaft genug, und die Herzogtümer Weimar und Eisenach immer ein Schauplatz, um zu versuchen, wie einem die Weltrolle zu Gesichte stünde (...) ob ich gleich mehr als jemals am Platz bin, das durchaus Scheißige dieser zeitlichen Herrlichkeit zu erkennen.» So schreibt er in einem Brief an Merck vom 22. Januar 1776, und beide Erfahrungen, Weltrolle und das «Scheißige», werden ihn die folgenden Jahre hindurch begleiten. Goethe wird sehr bald in die Verwaltung des Herzogtums einbezogen und zwingt auch denjenigen Mitgliedern des Kollegiums Anerkennung ab, die sich seiner Aufnahme widersetzten. Zugleich erlebt er jedoch, daß die Trägheit des Systems viele gute Absichten zur Strecke bringt – und schließlich wird ihm das ständige Zurückdrängen des Dichterischen zum immer größeren Problem. Bei mehreren Gelegenheiten hat Goethe die Zustände im Herzogtum scharf kritisiert, am radikalsten vielleicht in dem berühmten Brief an Knebel vom 17. April 1782: «So steig ich durch alle Stände aufwärts, sehe den Bauersmann der Erde das Notdürftige abfordern, das doch auch ein behaglich Auskommen wäre, wenn er nur für sich schwitzte. Du weißt aber, wenn die Blattläuse auf den Rosenzweigen sitzen und sich hübsch dick und grün gesogen haben, dann kommen die Ameisen und saugen ihnen den filtrierten Saft aus den Leibern. Und so gehts weiter, und wir habens so weit gebracht, daß oben in einem Tage mehr verzehrt wird, als unten in einem organisiert/beigebracht werden kann (...)» Gerade um diese Zeit scheint sich Goethe in einer Krise befunden zu haben, aber diese ist nicht der Grund für seine Äußerung, höchstens der Anlaß. Oft lief Goethe mit seinen Reformvorschlägen auf – trotz Unterstützung von seiten des Herzogs –, aber noch 1796 läßt er in *Wilhelm Meisters Lehrjahren* den tatkräftigen Lothario Verbesserungen für die Bauern vorschlagen, die er selbst durchzuführen sich bemüht hatte.

Goethe wollte Reformen, aber keine Revolution. Als er nach Weimar ging, hatte er den *Götz* geschrieben und den *Egmont* zumindest konzipiert. In beiden Dramen kämpft der Held für die tradierten Verhältnisse gegen die Übergriffe einer Zentralgewalt, die alles umstülpen will. In Goethes Optik wollte dies auch der aufgeklärte Absolutismus in Preußen und Österreich (Friedrich und Joseph), und eine Revolution würde diesen Prozeß nur noch vorantreiben – wie es denn in Frankreich auch tatsächlich geschah. Freilich, sollte ein Umsturz vermieden werden, waren Reformen dringend notwendig.

Im *Egmont* wird dieser Aspekt des Bewahrenden besonders deutlich, als Alba Egmont mit dessen eigenen Privilegien konfrontiert: «Und doch hat der Adel mit seinen Brüdern sehr ungleich geteilt.» Egmont: «Das ist vor Jahrhunderten geschehen und wird jetzt ohne Neid geduldet.» (IV) Daß auf der anderen Seite nicht alles Bestehende zu Recht besteht, geht aus der Beschreibung des gräflichen Schlosses im dritten Buch des *Wilhelm Meister*-Romans hervor (auch bereits in der Erstfassung). Friedrich Schlegel schrieb 1808 über den dort versammelten Adel, daß er noch «gründlicher gemein» sei als die Schauspielertruppe; das ist eine andere Art, das «durchaus Scheißige dieser zeitlichen Herrlichkeit» deutlich zu machen.

Für die politischen Vorstellungen Goethes, die bereits seit seiner Jugend unter dem Einfluß der Schriften von Justus Möser standen, mußte Weimar als gerade richtig erscheinen. Hier gab es eine «Einheit des Politischen und des konkret Menschlichen» (D. Borchmeyer), wie es sie an einem größeren Hof schwerlich gegeben hätte – von den Metropolen Berlin oder Wien ganz zu schweigen –, und die Goethe auch in seiner Heimatstadt Frankfurt nicht gefunden hatte. Nach einigen Monaten in Weimar entschloß er sich denn auch zum Bleiben und teilte dies seinen Briefpartnern mit, so z. B. am 14. Februar 1776 Johanna Fahlmer: «Ich werde auch wohl dableiben und meine Rolle so gut spielen als ich kann und so lang als mirs und dem Schicksal beliebt. Wär's auch nur auf ein paar Jahre, ist doch immer besser als das untätige Leben zu Hause wo ich mit der größten Lust nichts tun kann.» An Lavater schreibt er am 6. März: «Ich bin nun ganz eingeschifft auf der Woge der Welt – voll entschlossen: zu entdecken, gewinnen, streiten, scheitern, oder mich mit aller Ladung in die Luft zu sprengen.»

Die Vorstellung von der *Rolle* wie vom Leben als einer *Seefahrt* – beides ist für diese Jahre bezeichnend. Bereits beim Abschied von Lili Schönemann in Frankfurt hatte Goethe davon gesprochen, daß sie jetzt ihre «Rollen einzeln ausspielen» müßten, jetzt tritt er in die höfische Rollenwelt hinein, und indem er seine Tätigkeit als Rolle begreift, gibt er zugleich zu erkennen, daß sie nicht mit seiner ganzen Existenz identisch ist. Die Seefahrtsmetapher hat eine lange Tradition in der europäischen Literatur, aber das allein erklärt nicht die Häufigkeit, mit der sie jetzt bei Goethe auftritt, am prägnantesten in dem Gedicht *Seefahrt* (1777), das gerade die Entscheidung für Weimar poetisch zu untermauern scheint, und in dem einige Wendungen aus dem

Brief an Lavater wiederkehren. Der Schiffer kreuzt gegen den Sturm und vertraut «scheiternd oder landend/ Seinen Göttern». Die Möglichkeit des Scheiterns steht Goethe immer vor Augen, noch ist nichts entschieden. (Das reale Erlebnis einer Seefahrt hat Goethe noch vor sich: 1787 von Neapel nach Sizilien und zurück.)

Das Jahr 1776 bedeutet sowohl Goethes endgültigen Entschluß, in Weimar zu bleiben, als auch den Abschluß seiner Sturm-und-Drang-Periode. Anfang des Jahres entsteht die Freundschaft mit, vielmehr die Liebe zu Charlotte von Stein, die für Goethes Biographie in den folgenden Jahren von überragender Bedeutung werden wird; kurz darauf gelingt es ihm, Herder nach Weimar zu holen (mit Wieland hat er sich bereits angefreundet), und Mitte des Jahres – am 25. Juni – leistet er den Amtseid. Parallel damit verläuft die Loslösung von den bisherigen Freunden: ein Briefwechsel mit Klopstock, der sich berufen fühlt, das sogenannte «wilde» Treiben Goethes und des Herzogs zu kritisieren (es kursierten allerlei Gerüchte über deren Ausflüge und Jagdpartien), endet mit einem Bruch zwischen den beiden; Klinger, Lenz und Christoph Kaufmann weilen für kürzer oder länger in Weimar und werden direkt oder indirekt hinausgeworfen. Mit Lavater dagegen wird der Kontakt noch lange aufrechterhalten, und Goethe besucht ihn (zusammen mit dem Herzog) auf seiner zweiten Schweizer Reise im Jahre 1779 (s. über diese Reise die *Briefe aus einer Reise nach dem Gotthard*, 1796). Die Entfremdung tritt dennoch im Laufe der 1780er Jahre ein, und zwar über Lavaters Versuchen, Goethe zu missionieren.

Goethe geht jetzt einen anderen Weg, den der «Mäßigung», wie er später sagen wird. Das ist ihm mitunter übelgenommen worden, stellt aber eine bedeutendere Leistung dar als das Verharren in der rebellischen Pose oder richtiger: die Verwandlung der Rebellion zur Pose. Und im übrigen besagt das Wort Mäßigung ja eben auch, daß vieles noch der Mäßigung bedarf. «Tropftest Mäßigung dem heißen Blute (...)» heißt es in dem unvergleichlichen Gedicht an Frau von Stein, in dem Goethe (1776) seine Liebe bekundet, die Verständigung jenseits der bloßen Leidenschaft, im Einssein von Ehe- und Geschwisterverhältnis: *Warum gabst du uns die tiefen Blicke*..., mit den Zeilen: «Ach du warst in abgelebten Zeiten/ Meine Schwester oder meine Frau.»

Goethe behielt recht mit seinen Vorstellungen von der Notwendigkeit einer praktischen Tätigkeit, vielleicht auch mehr Recht, als ihm lieb sein konnte. Bis zur italienischen Reise schleppt sich seine Dichtung etwas stockend dahin. Nicht daß ihm keine hervorragenden Texte gelängen – *An den Mond, Harzreise im Winter, Seefahrt, Grenzen der Menschheit, Gesang der Geister über den Wassern, Wandrers Nachtlied, Ein Gleiches, Das Göttliche*, viele weitere Gedichte an Charlotte –, aber die meisten stammen aus den ersten Weimarer Jahren, und die großen Projekte rücken nicht so recht von der Stelle: *Egmont* wird hervorgeholt, aber nicht vollendet, ein Roman – die Erstfassung des *Wilhelm Meister* – wird angefangen, die Prosa-*Iphigenie* 1779 geschrieben, aber nur einem kleinen Kreis zugänglich gemacht, wie überhaupt das meiste dessen, was Goethe in diesen Jahren schreibt, der Öffentlichkeit vorenthalten bleibt. Er beliefert das Weimarer Liebhabertheater und das *Journal von Tiefurt*, eine private Zeitschrift des Hofes; die Gedichte für Charlotte sind in der Tat *for her eyes only*, oft den Briefen beigegeben oder einfach Teile derselben; und als Goethe 1785 an die Revision seiner Werke für die geplante Gesamtausgabe geht, wird ihm schmerzlich bewußt, daß seit der Sturm-und-Drang-Zeit wenig Neues hinzugekommen ist. Nur selten lassen sich Dichtung und Verwaltung so glücklich verbinden wie in dem großen Gedicht *Ilmenau* (1783), ein Fürstenspiegel, ein Appell an den Fürsten, sein Land mit Umsicht und Vernunft zu leiten sowie auch und vor allem das Leben auf Kosten der Bevölkerung zu vermeiden: «Der kann sich manchen Wunsch gewähren,/ Der kalt sich selbst und seinem Willen lebt;/ Allein wer andre wohl zu leiten strebt,/ Muß fähig sein, viel zu entbehren.»

Ilmenau selbst, das verfallene Bergwerk, wurde zu einer der Hauptaufgaben Goethes. Schon bald nach seiner Ankunft in Weimar begann er die Arbeit an der Wiedereröffnung des Werks, ein Stück Strukturpolitik im Herzogtum Sachsen-Weimar. Im Mai 1776 besuchte er zum erstenmal das Werk, 1777 wurde eine besondere Kommission unter der Leitung von Goethe und dem Kammerpräsidenten v. Kalb gebildet, und im Februar 1784 wurde das Bergwerk mit einer Rede Goethes wiedereröffnet (1796 ist es dann erneut zusammengebrochen und überschwemmt worden – Goethe besuchte nach diesem Unglück jahrelang Ilmenau nicht mehr). In der Zwischenzeit hatte Goethe immer weitere Aufgaben übernommen: als Verantwortlicher für die Feuerwehr, Leiter der «Kriegskommission» (d.h. Verantwortlicher für die Rekrutenaushebung; im übrigen war Goethe entschiedener Zivilist und versuchte stets, die Militärausgaben zu reduzieren) und der Wegebaukommission, in letzterer Eigenschaft verantwortlich für die gesamte Infrastruktur des Herzogtums (1779). Im Jahre 1782 wurde er nach dem Abgang v. Kalbs auch Finanzminister. Um diese Zeit hat Goethe sein neues Haus am Frauenplan eingerichtet (das Gartenhaus an der Ilm besaß er schon seit seiner Ankunft in Weimar), und er wurde – am 10. April 1782 – in den Adelsstand erhoben; nach außen hin hatte er alles erreicht.

Aber gerade um diese Zeit zeichnete sich auch die Krise ab, die ihn vier Jahre später zur «Flucht» nach Italien veranlassen sollte. Es geht mit den Reformen doch nicht so voran, wie Goethe sich wünschen konnte, und seine Dichtung kommt fast zum Erliegen. Ohne die Verbindung mit Frau von Stein – und mit Knebel, Herder und auch dem Herzog, der aber bei aller Freundschaft immer noch der Fürst bleibt – hätte Goethe womöglich jetzt aufgegeben, alles «in die Luft gesprengt», wie er es Lavater gegenüber als eine Möglichkeit angedeutet hatte. Die private Existenz, einschließlich der dichterischen, hat bei Charlotte eine freie Stätte. Und das seit etwa 1780 einsetzende systematische Studium der Natur gibt ihm einen neuen Orientierungspunkt. Fast könnte man sagen, daß Goethe in diesen Jahren seine Erkenntnis und sein Weltverständnis immer «tiefer» und «weiter» fundiert. Von der eher privaten Weltschau im Sturm und Drang verläuft der Weg über eine gesellschaftliche Verankerung der Existenz bis hin zur naturwissenschaftlichen Welt- und Menschenerklärung, welche die früheren Stadien keineswegs ausschließt, aber doch einen Halt außerhalb der (in den folgenden Jahrzehnten immer bewegteren und unzuverlässigeren) politisch-gesellschaftlichen Wirklichkeit gibt.

Ganz hat Goethe die Literatur nicht aufgegeben. Vieles wird angefangen, einiges immerhin auch zu Ende geführt, wenn auch unter Strapazen. Berühmt ist sein Brief vom 6. März 1779 an Charlotte über die Arbeit an der *Iphigenie auf Tauris*: «Hier [in Apolda] will das Drama gar nicht fort, es ist verflucht, der König von Tauris soll reden, als wenn kein Strumpfwirker in Apolda hungerte.» Eine solche Bemerkung bekundet nicht nur den Willen, auch dieser Wirklichkeit noch Kunst abzutrotzen, sondern auch ein präzises und keineswegs unbeteiligtes Bewußtsein von der Lage der Strumpfwirker (und des Volkes überhaupt). Eins der am häufigsten verwendeten Wörter gerade zu Anfang der *Iphigenie* ist das Wort «fremd»: Goethes Weimarer Leben ist keine bloße Anpassungsgeschichte, schon gar keine einfache. Daß er nach den ersten zehn Jahren in Weimar bestens gerüstet war, sein Schauspiel *Tasso* zu schreiben, verwundert auf diesem Hintergrund nicht. Tasso und Antonio, der Dichter und der Politiker (oder Höfling), waren beide da und doch nicht in Einklang zu bringen. Der Hofmann wurde kälter und «verstellter» als beabsichtigt, der Dichter immer desperater.

Schon in einem Brief an Auguste von Stolberg vom 13. Februar 1775 war die Rede von den «zwei Goethes»: der eine gehe «im galonierten Rock (...) mitten unter allerley Leuten (...)», das ist der Goethe, der drauf und dran ist, sich mit Lili Schönemann zu verloben und damit in das Frankfurter Großbürgertum einzutreten. «Aber nun giebts noch einen, den im grauen Biber-Frack mit dem braunseidnen Halstuch und Stiefeln (...) der immer in sich lebend, strebend und arbeitend, bald die unschuldigen Gefühle der Jugend in kleinen Gedichten, das kräfftige Gewürze des Lebens in mancherley Dramas, die Gestalten seiner Freunde und seiner Gegenden und seines geliebten Hausraths mit Kreide auf grauem Papier, nach seiner Maße auszudrücken sucht (...)»

Egmont wird ganz ähnlich von sich reden, auch er ist bald der Graf, bald derjenige, der bei Klare seinem Inneren leben darf. Er ist noch *eine* Person; von Tasso und Antonio wünscht sich Leonore Sanvitale, daß die Natur aus ihnen *einen* Menschen gemacht hätte. Die Natur hätte es vielleicht auch getan, doch die Gesellschaft macht sie unwiderruflich zu zweien. Das bereits im *Werther* diagnostizierte «Unbehagen in der Kultur» läßt Goethe auch in Weimar nicht los. Seine Fremdheit bekundet sich nicht nur in den Worten der Iphigenie, sondern auch etwa in Klärchen und noch eindringlicher in der auch jetzt bereits konzipierten Gestalt Mignons im *Wilhelm Meister*-Roman. Mignon steht für eine ursprüngliche Einheit der Welt – aber da Goethe kein «Romantiker» ist, kann die utopische Einheit nur in ihrer realen Verzerrung erscheinen.

Im Jahre 1776 wird auf der Weimarer Liebhaberbühne *Der Triumph der Empfindsamkeit* aufgeführt, Goethes so witzige wie gnadenlose Abrechnung mit dem Überschwang der Jugendbewegung. Prinz Oronaro hat so viele Gefühle, daß er die wirkliche Natur gar nicht verträgt und sich statt dessen eine künstliche baut; ebensowenig erträgt er die wirkliche Geliebte, sondern führt eine Puppe mit sich, die ihm im entscheidenden Augenblick wichtiger ist. Diese Puppe trägt an der Stelle des Herzens die empfindsamen Romane der Zeit (Millers *Siegwart*, Goethes eigener *Werther*). Wenn überhaupt jemand ist dieser Prinz ein «gesteigerter Werther» (Ampères spätere Worte über Tasso), und unter der Maske der Parodie zeigt dies Porträt die ständige Gefahr, an den eigenen Gefühlen zugrunde zu gehen, die Wirklichkeit zu verdrängen. Wer allerdings auf ein Aussprechen der Gefühle Anspruch hat, das ist Proserpina, die in die Unterwelt Verbannte, deren Monodrama (mit ihrem Namen als Titel) die Königin Mandandane mitten im *Triumph der Empfindsamkeit* aufführt. Hier klingt das Motiv der «Fremde» durch, das auch die *Iphigenie* durchzieht; *Proserpina* ist echte Verzweiflung im Gegensatz zur koketten des Prinzen Oronaro. Goethe hat später bedauert, die Wirkung des Monodramas durch dessen Auftauchen mitten in der Satire beeinträchtigt zu haben, aber es ist nicht auszuschließen, daß er mit solchen Worten eine Absicht nur hat überspielen wollen. Zu keiner Zeit war er der Verzweiflung ganz fern; das geht auch aus vielen anderen Texten der ersten Weimarer Jahre hervor.

Die Programmatik der neuen Epoche drücken zwei Gedichte aus dem Jahre 1777 aus: *Seefahrt* und *Harzreise im Winter. Seefahrt* beschreibt den lange verzögerten Aufbruch zu neuen Ufern wie auch die Geschicklichkeit, die aufzubieten ist, damit das Vorhaben gelingen könne. Das Schifflein wird von der stürmischen See hin und her geworfen, aber das Ziel ist unverrückbar: «Mit dem Schiffe spielen Wind und Wellen,/ Wind und Wellen nicht mit seinem Herzen.» Die Wiederholung der Worte «Wind und Wellen» zeigt gleichsam das Ins-Auge-Fassen der Gefahren an: aus einer bloßen Wendung – Wind und Wellen gibt es nun einmal auf dem Meer – wird die konkrete Auseinandersetzung. Die Freunde bangen, der Schiffer ist seiner Sache gewiß, «treu dem Zweck auch auf dem schiefen Wege», d.h. gegen den Sturm kreuzend, freilich ohne die Gewißheit des Ausgangs, aber doch im Vertrauen auf «seine Götter», auf Mächte, in deren Schutz er steht, mögen sie ihn erheben oder zerstören.

Als «Götterzeichen» (A. Schöne) ist auch die Hymne *Harzreise im Winter* interpretiert worden, die Goethe unmittelbar nach einer Reise im Dezember 1777 niedergeschrieben hat. Auf dieser Reise bestieg er den Brocken und erlebte dies als eine Bestätigung seines Lebensplanes. Die Hymne kontrastiert den Glücklichen, der im Gefolge des Fürsten Ruhm und Ansehen gewinnt, mit den «Schmerzen/ Des, dem Balsam zu Gift ward», mit der Verkümmerung des heimatlosen Gefühls, das den Menschen ins «Gebüsch» zieht, ihn für die Umwelt verlorengehen läßt (Goethe besuchte auf seiner Reise einen gewissen Plessing, dem es so ergangen war, aber im übrigen ist in dieser Gegenüberstellung die Präfiguration von Antonio und Tasso deutlich: die Worte vom «einsamen Gebüsch» kehren in der Mahnrede der Prinzessin an Tasso wieder). Die Dichtergestalt, die im letzten Teil der Hymne zur Hauptgestalt wird, ist nicht etwa nur eine Synthese aus den beiden bereits geschilderten Stimmungen, sondern das Zentrum der Existenz selber. In der Anrufung des «Vaters der Liebe», den «Einsamen» in Goldwolken zu hüllen, macht sich das Streben nach einer höheren Erfüllung des Lebens kund, das sich mit dem neuen Naturgefühl verbindet: Der Brocken, der da steht «mit unerforschtem Busen», d.h. noch unerschlossen, «geheimnisvoll offenbar», ist weder den Reichen, die «in ihre Sümpfe sich gesenkt» haben, noch auch dem Verbitterten, der sich «im Gebüsch» verloren hat, zugänglich, wohl aber dem Dichter. So beschreibt diese Hymne, die deutlich noch die großen Hymnen der Sturm-und-Drang-Zeit nachklingen läßt, zugleich auch die Hinwendung zu der neuartigen, wissenschaftlichen zwar, aber zugleich existentiellen Beschäftigung mit der Natur, die nunmehr die Erkenntnisgrundlage für Goethes Leben bilden wird. Hier schaut der Dichter das Urgestein, zum erstenmal geht Natur so «faktisch» ins Gedicht ein. Was später die Urpflanze sein wird, das ist hier der Brocken.

Daß ein neues Verhältnis zur Natur sich anbahnt, zeigt ein Gedicht wie *Das Göttliche* (1780), das von der Natur als «unfühlend» spricht. Zwar ist diese Vorstellung nicht neu – auch Werther konnte die Natur als seelenlos, als «wiederkäuendes Ungeheuer» erleben (s. oben S. 432) –, neu aber ist die Konsequenz, die daraus gezogen wird: keine Verzweiflung, sondern das Streben des Menschen, «edel, hilfreich und gut» dem höheren Wesen nachzueifern. Erst durch den Edelmut des Menschen bestätigt sich gleichsam die Existenz des Höheren. Erahnen können wir die Geister, Götter oder wie immer sie genannt werden, aber daß es sie gibt, zeigt sich nur an unserem eigenen Verhalten. Das ist eine Vorstellung, die auch hinter dem Anruf Iphigenies an die Götter steht: «Rettet mich,/ Und rettet euer Bild in meiner Seele.» Erst sie ermöglicht die Umdeutung des Orakelspruchs ins Menschliche. Nicht die Götter werden gestürzt, sondern die Menschen erheben sich zum Göttlichen durch Iphigenies «unerhörte Tat» des Bekenntnisses an Thoas.

2. *Die Dramen und die Anfänge des «Wilhelm Meister»*

Iphigenie auf Tauris

Iphigenie auf Tauris wurde Anfang 1779 in Prosa abgefaßt und in dieser Fassung im Hofkreise mit Goethe als Orest und der von ihm an den Weimarer Hof verpflichteten Corona Schröter als Iphigenie aufgeführt, später in freie Rhythmen gesetzt und schließlich, während der italienischen Reise, in Blankverse gefaßt. Goethe nähert sich stofflich der Antike, und auch die Form wurde im Laufe der Umarbeitungen «antiker» im Goetheschen (und Winckelmannschen) Sinne, wenn auch das Versmaß selbst ja kein antikes ist.

Der *Iphigenie* voraus gingen kleinere Stücke wie die Singspiele *Claudine von Villa Bella* und *Erwin und Elmire* (beide 1776, beide auch später in Italien umgearbeitet; zur Gattung Singspiel s. oben S. 217) sowie der Einakter *Die Geschwister* (1777), der sich motivisch eng an das spätere Iphigenie-Stück anlehnt, freilich im modernen Gewande.

In den *Geschwistern* soll sich eine Frau zwischen dem geliebten Bruder und dessen Freund entscheiden, zwischen dem gleichsam angeborenen und dem neuen, bedrohlich-unbekannten, aber zugleich gesellschaftlich akzeptablen Treueverhältnis. Da Goethe in diesen Jahren ein Bruder-Schwester-Verhältnis zu Frau von Stein etablierte, und seine leibliche Schwester Cornelia starb (1777), hat diese Stoffwahl zweifellos tiefe persönliche Wurzeln, aber sie bildet auch den Anfang der später das ganze Werk durchziehenden Entsagungs-Thematik.

Auffällig ist, daß Goethe mit Proserpina und Iphigenie Frauen in den Mittelpunkt rückte. Dies zeugt zunächst von der Fähigkeit zur Einfühlung, dann aber auch von einem Wechsel der Perspektive. Nicht das Individuum – das Genie – soll sich durchsetzen oder vom «notwendigen Gang des Ganzen» vernichtet werden, sondern von einem gesellschaftlichen oder vielleicht besser gemeinschaftlichen Ideal ist jetzt die Rede; es sind soziale Werte, die ver- und abgehandelt werden. Iphigenie drückt es deutlich aus, als sie gegen Ende des Dramas Thoas die Wahrheit über den geplanten Bildraub bekennt. Dies sei ihre, die weibliche Form der Heldentat. Zu Anfang des Stücks hat Iphigenie noch bitter/traurig feststellen müssen, daß die Welt der Frau nur die Rolle der Leidenden einräumt; jetzt kann sie handeln, und zwar auf ihre Weise.

«Nach Freiheit strebt der Mann, das Weib nach Sitte», so heißt es später im *Tasso*, und von diesen beiden Begriffen handelt dieses Schauspiel. Aber auch von ihrer Unversöhnlichkeit in der vorhandenen Welt: «Ach, du warst in abgelebten Zeiten/ Meine Schwester oder meine Frau;» so schreibt Goethe in dem Gedicht an Frau von Stein *Warum gabst du uns die tiefen Blicke* (1776), was auch heißen will: in der (persönlich wie historisch) vergangenen Welt war der Mann sowohl der Freund als auch der Geliebte, Sozialität und Leidenschaft waren noch eins. Im Verhältnis des Dramenhelden Egmont zur «Regentin» gibt es ähnliche Andeutungen: Zwischen ihnen beiden hätte sich ein solches Verhältnis vielleicht – und zum Wohl der Niederlande – herstellen lassen, zumindest ist da die Eifersucht Klares sehr beredt, aber Egmont vermag auf die Liebe zu Klärchen (das Signum seiner «Genialität») nicht zu verzichten, und die Regentin vermag nicht aus ihrer «Sitte» so weit herauszugehen, daß eine Verbindung hergestellt wird (s. unten). Je näher der Gegenwart, um so unlösbarer die Konflikte (*Tasso*) – bis hin zur eigentümlichen Mischung von Wunsch nach und Zwang zur Weltabgewandtheit und gleichzeitiger «Mäßigung des heißen Blutes» im Gedicht *An den Mond* (Erstfassung 1777):

«Selig, wer sich vor der Welt/ Ohne Haß verschließt,/ Einen Mann am

Busen hält/ Und mit dem genießt,// Was den Menschen unbewußt/ Oder wohl veracht',/ Durch das Labyrinth der Brust/ Wandelt in der Nacht.»

Iphigenie auf Tauris ist ein Stück über die Entstehung oder das Werden von Humanität, von Sozialität. Iphigenie, die ihrer Opferung durch göttliches Eingreifen entkam und auf der Insel Tauris als Priesterin der Diana lebt, wird von König Thoas umworben, hat selbst aber nur die Rückkehr in die Heimat im Sinn: «Und an dem Ufer steh' ich lange Tage,/ Das Land der Griechen mit der Seele suchend.» Während ihres Aufenthalts hat sie mildernd auf die Sitten eingewirkt: Fremde werden nicht mehr den Göttern geopfert, und dies kommt den beiden zugute, die gerade jetzt am Ufer gelandet sind: Iphigenies Bruder Orest und sein Freund Pylades. Orest sucht Heilung von der Last des Muttermordes; ihm ist vom Apollon-Orakel in Delphi geweissagt worden, daß er auf Heilung hoffen darf, sofern er das Bild der Schwester zurückbringt. Er versteht darunter ein nach Tauris entführtes Standbild der Göttin Diana (der Schwester Apollons) und will mit Pylades dieses rauben. Iphigenie, die sich ihrem Bruder zu erkennen gibt, folgt ihm anfangs, erkennt dann aber, daß sie ihr ganzes Werk auf Tauris zunichte machen wird, wenn sie an einem Betrug dem König gegenüber teilnimmt. Sie spricht statt dessen die Wahrheit, bekennt dem König den Raubplan, entdeckt ihm die Identität der Fremden und bittet ihn, den um sie Werbenden, um die Erlaubnis zur Rückkehr.

Alles hängt von Thoas ab, von dem Barbaren, dem jetzt die Humanität abverlangt wird, die Iphigenies eigenes Geschlecht (die Tantaliden) so arg hat vermissen lassen: die Geschichte der Tantaliden ist ja bis dahin eine nie abreißende Kette von Grausamkeiten.

Thoas vermag denn auch nicht, seine Bitterkeit zu unterdrücken: «Du glaubst es höre/ Der rohe Scythe, der Barbar die Stimme/ Der Wahrheit und der Menschlichkeit die Atreus/ Der Grieche nicht vernahm?» Ebendarum geht es, und in diesem Sinne ist das Stück in der Tat «ganz verteufelt human», wie Goethe es 1802 Schiller gegenüber nannte. Denn die lichte Humanität fordert ihre Opfer: die Barbaren.

Thoas bleibt kinderlos auf Tauris zurück, er entsagt mit einer Gebärde, die fast so rührend wirkt wie später die von Mignon im *Wilhelm Meister* – auch sie eine «Barbarin», die in der zivilisierten Welt nicht zugelassen wird. Während die angebliche Zivilisation der Griechen sich als grausam und barbarisch erwiesen hat – Goethe schrieb in *Dichtung und Wahrheit* über die «ungeheure Opposition» der Tantaliden im Hintergrunde –, muß der Barbar für das Edle, Hilfreiche und Gute einstehen. Humanität heißt eben auch Entsagung, Menschlichkeit statt Göttlichkeit: Der Orakelspruch wird umgedeutet in eine nähere, aber niedrigere Sphäre, er wird sozusagen zum «farbigen Abglanz», erst dadurch aber lebbar. Die neue Humanität negiert nicht nur die bisherige Barbaren- und Griechen-Welt, sondern auch die bisherige Auffassung von der Götterwelt, und dennoch bleibt das Orakel auf hintergründige Weise bestehen. Es wird zwar umgedeutet – nicht das Diana-Bild war gemeint, sondern die leibliche Schwester des Orest, Iphigenie selbst soll zurückgebracht werden – aber es steht da als deutungsbedürftig, unvergessen und unverdrängt, «geheimnisvoll-offenbar». Bruder und Schwester werden wiedervereinigt, das ursprüngliche *Paar* (oder gar das eine androgyne Wesen, das Goethe auch beschäftigt hat und dessen Spuren im *Wilhelm Meister* in Mignon und in der «Amazone» zu finden sind). *Iphigenie* entwirft den Gedanken einer humanen Gesellschaft, gegründet auf eine Gemeinsamkeit der Gleichen, aber zugleich nach wie vor auf das Orakel des Dichtergottes Apollon. In dieser Optik siegt auch die Kunst über den Herrscher, Apollon über Thoas. «Euer Bild in meiner Seele», das Bild der Götter in der Seele Iphigenies ist genau das, was sie ihr zu sagen gegeben haben. Geht das verloren, ist auch jede Humanität dahin.

Egmont

Die beiden anderen Dramen der Weimarer Jahre (*Egmont* und *Tasso*, beide auch freilich erst in oder nach Italien vollendet) gelangen nicht zu dem – bedingten – Ausgleich der *Iphigenie*. *Egmont* wurde bereits in den Frankfurter Jahres Goethes angefangen, und wie sehr sich der Autor mit seinem Helden identifizierte, geht aus der Verwendung des Ausspruchs Egmonts an seinen Schreiber am Schluß von *Dichtung und Wahrheit* hervor: «Wie von unsichtbaren Geistern gepeitscht, gehen die Sonnenpferde der Zeit mit unsers Schicksals leichtem Wagen durch; und uns bleibt nichts, als mutig gefaßt die Zügel festzuhalten, und bald rechts, bald links, vom Steine hier, vom Sturze da, die Räder wegzulenken. Wohin es geht, wer weiß es? Erinnert er sich doch kaum, woher er kam.» Mit diesen Worten reicht *Egmont* in die Geniezeit zurück; sein Scheitern – das Goethe ja aus der Geschichte vorgegeben war – verbindet ihn mit Götz, aber Egmonts Vision der Freiheit am Schluß des Dramas ist wiederum auch von der Weimarer Zeit gefärbt. Die Freiheit erscheint Egmont in der Gestalt seiner Geliebten Klare, und zwar hier nicht nur aus «abgelebten Zeiten», sondern auch als Utopie, fast als «Programm», im Gegensatz zu den Schlußsätzen im *Götz*, die auf die Freiheit nur außerhalb der Gesellschaft verweist. Gerade weil die Gemeinsamkeiten der beiden Dramenschlüsse (z. B. auch die Anrede an die Überlebenden) auffällig sind, springen auch die Unterschiede ins Auge.

Egmont ist *der* Held im Schaffen Goethes. Ein großer Herr und ein großer Liebender, und beides aus derselben Wurzel, ohne inneren Zwiespalt. Ihm eignet die «attrativa», von der Goethe sprach, das «Dämonische», das als Naturkraft in ihm und durch ihn waltet, und das durchaus auch andere zermalmen kann, wie hier den armen Brackenburg, der als Bewerber um die Hand Klärchens auf der Strecke bleibt. Egmont ist eins mit sich selber, und er ist eins mit seinem Volke, dessen althergebrachte Verfassung er schützen will. Er verkörpert das Verlangen der Niederländer nach Erhaltung ihrer gewachsenen Zustände und nach Freiheit vor den Übergriffen der spanischen Krone. Doch Egmonts Stärke, die alle beeindruckt, nicht zuletzt die Regentin Margarete von Parma, ist doch zugleich seine Schwäche. Wie er ohne Falsch ist, so glaubt er, die Welt sei es auch: Die Warnungen seines Freundes Oranien vor dem aus Spanien gekommenen Herzog Alba schlägt er in den Wind, und an dieser Dissonanz in der Freundschaft stirbt er. Denn Oranien weigert sich, an einem von Alba festgesetzten Treffen teilzunehmen, weil er seine und Egmonts Verhaftung voraussieht; und gerade weil er nicht erscheint und damit weiterhin einem Aufruhr zur Verfügung steht, muß Alba letzte Zweifel fahren und Egmont hinrichten lassen.

Politisch steht Egmont in der Nachfolge des Götz und in Übereinstimmung mit den Ansichten seines Autors. Die spanische Krone, zumindest Herzog Alba, vertritt im Stück den zentralistischen Absolutismus, der aus einem tiefen Mißtrauen gegen die Menschen gespeist wird. In Alba und Egmont treffen zwei Prinzipien aufeinander – aber noch im Kerker will Egmont seinen Widersacher hauptsächlich aus privaten Motiven begreifen; Alba wolle sich für früheres Unbill rächen, er trage Erlebnisse aus der gemeinsamen Jugend nach usw. (wie Weislingen im *Götz*). Diese Deutung der Motive des Gegners zeigt nun die Beschränkung, die auch diesem Helden innewohnt. Er steht den politischen Gedankengängen letztlich fern, er vermag nicht, die Welt tatsächlich und wirklich von dem Politischen her zu begreifen, seine Begriffe sind andere. Am deutlichsten drückt sich dies in den zitierten Worten aus: «Wohin es geht, wer weiß es? Erinnert er sich doch kaum, woher er kam.» Egmont mag ein Lenker sein, aber er ist kein Planer.

Die Unmittelbarkeit teilt Egmont mit seiner Geliebten Klärchen (Klare), dem Bürgermädchen, das auch der Welt entrückt ist und nur ihrer Liebe lebt: «Weißt du, wo meine Heimat ist?» fragt sie den unglücklichen Freund Brackenburg gegen Schluß des Dramas, und diese Frage kommt nicht unvermittelt. Im ganzen Stuck lebt Klärchen «außer sich», wie Brackenburg meint, oder eben gerade *aus* sich selbst, wie in ihrem Lied mit den (allzu) oft zitierten Worten: «Himmelhoch jauchzend,/ Zum Tode betrübt,/ Glücklich allein/ Ist die Seele die liebt.» Egmont mag Klare gegenüber von seiner eigenen Spaltung reden: es gebe den verstellten, «öffentlichen» Egmont, und dann den «privaten» Liebhaber. Doch kurz vor seinem Untergang gibt es beide Egmonts auf einmal, d. h. nur den einen und einzigen, nämlich als er sich Klärchen in seiner ganzen Pracht zeigt, in der spanischen Tracht mit dem Goldenen Vließ auf der Brust. Diese Szene ist gewissermaßen *die* Liebesszene des Dramas (und erinnert an andere Szenen dieser Art bei Goethe: die Amazone, die sich Wilhelm Meister «zeigt», Eugenie, die «natürliche Tochter», die Schmuck anlegt – oder Gretchen bei Frau Marthe). Zugleich ist die Szene der Moment, in dem die beiden Liebenden gleichsam die Grenzen der Menschheit überschreiten: denn gerade diese Einheit der privaten Leidenschaft und der öffentlichen Rolle wird ihnen nicht zugestanden.

Die Wirklichkeit holt sie ein: Egmont erwartet die Hinrichtung, Klärchen vergiftet sich, als sie die Bürger nicht zum Aufruhr hat anstacheln können. In ihrer Rebellion aber, wie zuletzt in Egmonts Vision der Freiheit, behauptet die Einheit ihr Recht; die Liebe geht doch in den Weltlauf ein. Daß die Gestalt der Freiheit, die Egmont im Kerker erscheint, Klärchens Züge trägt, heißt nicht, daß jetzt der Freiheitsbegriff privatisiert würde, sondern im

Gegenteil, daß zur wahren Freiheit auch Liebe gehört. Der von Schiller und vielen Späteren als «opernhaft» kritisierte Schluß ist auf dem Hintergrund der Vorstellungswelt Goethes durchaus logisch.

Auch in *Egmont* gibt es eine Frauenwelt und eine Männerwelt, und Egmont ist nicht zuletzt durch seine eher «weiblichen» Züge der Held, der er ist. Die männliche Welt ist die des Absolutismus, der Planung, des Mißtrauens, der Intrige usw., die Welt des Herzogs Alba. In dieser Welt gibt es denn auch nur eine Frau, die Regentin, die mit einem «Bärtchen auf der Oberlippe», wie Egmont spottet, sich physisch dieser Welt anpaßt und dennoch abtreten muß, als es zum Konflikt kommt. In der großen Welt hätten Egmont und die Regentin ein Paar abgeben können, wie Bruder und Schwester, Orest und Iphigenie, und wie in der Bürgerwelt Brackenburg und Klärchen. Und in der Tat spricht Egmont (im Kerker) von der angedeuteten Liebe der Regentin, wie Klärchen zu Brackenburg von der ihm zugedachten Bruderrolle spricht. Doch weder im Politischen noch im Privaten kommt es zu diesem Ausgleich: Klärchen, die der weiblichen Welt angehört, transzendiert diese durch ihre Sehnsucht danach, ein «Mannsbild» zu sein; Albas Sohn Ferdinand, der Egmont im Gefängnis besucht, wünscht hingegen: «Wäre ich ein Weib» – dann nämlich müßte er sich an den Machenschaften des Vaters nicht beteiligen. Die Sehnsucht der beiden gilt einer ungeteilten Welt, von der Mignon noch in den *Lehrjahren* singen wird («Und jene himmlischen Gestalten,/ Sie fragen nicht nach Mann und Weib»), und von dem auch das große Werk des Dichters Tasso in anderen Begriffen spricht: *Das befreite Jerusalem.*

Torquato Tasso

Die Männer- und die Frauenwelt werden auch in dem «Schauspiel» *Torquato Tasso* (um 1780 angefangen, nach der italienischen Reise abgeschlossen, 1790 erschienen) deutlich gegeneinander abgehoben. Es sind die Frauen, welche Tasso bekränzen, es ist der Fürst, welcher den Hofmann Antonio lobt, und der erste Akt schließt mit der Regieanweisung: «Dem Fürsten folgt Antonio, den Damen Tasso.» *Tasso* zieht die Summe der Weimarer Erfahrungen, das Drama handelt – wie Goethe es Caroline Herder gegenüber ausdrückte – von der «Disproportion des Talents mit dem Leben», von dem unvermeidlichen Konflikt zwischen dem das Unmögliche begehrenden Poeten und der tatsächlichen Welt.

Tasso spielt weder in antiker Vorzeit noch in großen politischen Wirren, wie *Iphigenie* und *Egmont*, sondern in einer bis ins letzte durchkultivierten Welt, in einer höfischen Umgebung, die sich ein menschliches Miteinander zum Ziel gesetzt hat und es an Rücksicht, Höflichkeit, Takt nicht fehlen läßt. Gerade deswegen ist der Konflikt so schmerzlich; da so viele äußere Hindernisse für die Verständigung beiseite geräumt sind, wird es nur um so deutlicher, wie viele «innere» oder existentielle Hindernisse noch bleiben –

auch weil die «Welt» ja doch hineinredet. Der Wortwechsel zwischen Tasso und der Prinzessin – Tasso: «Erlaubt ist, was gefällt», Prinzessin: «Erlaubt ist, was sich ziemt» – ist die kürzeste Formel für den Urkonflikt zwischen den von Sigmund Freud gut 100 Jahre später so genannten Lust- und Realitätsprinzipien. Goethe hat Jean Jacques Ampères Bemerkung, daß Tasso ein «gesteigerter Werther» sei, zugestimmt, und sie trifft auch insofern zu, als Tasso sich fast noch fremder fühlt als Werther: Dieser sprach von den «fatalen bürgerlichen Verhältnissen», doch dem Tasso sind diese Verhältnisse oberflächlich gesehen äußerst günstig, und dennoch gelingen ihm die Anpassung und der Ausgleich nicht.

Das Drama beginnt, als Tasso sein *Befreites Jerusalem* abgeschlossen hat; er wird Gegenstand der Huldigung, ja der Bekränzung durch die Damen des Hofes, aber was für sie ein Spiel mit Symbolen ist, wird für Tasso zum Schicksal. Ihm bedeutet die Krone des Dichters mehr als seiner Umgebung, und als er aus seinem Irrtum erwacht, kann er dieser Umgebung nur mit Mißtrauen begegnen. So gründlich ist die Ursprünglichkeit im Park zu Belriguardo verdeckt worden, daß auch Dichtung nunmehr nur im Gehege überlebt – und daß der Ausbruch aus dieser Lage nicht nur als Wahnsinn erscheinen muß, sondern dies auch in der Tat ist.

Mit der Ankunft des von seiner erfolgreichen Mission am päpstlichen Hof zurückgekehrten Antonio tritt die sogenannte Wirklichkeit ins Schauspiel. Antonio kann Tasso nicht unbefangen begegnen, denn er ist sozusagen von Natur aus «verstellt»: Seine Welt ist die politische, und er weiß nur zu gut um Tassos ihm selber unerreichbare Gaben. Tasso seinerseits fühlt sich von der Berührung mit der großen Welt ausgeschlossen. Er wird zwar anerkannt, aber nur als Dichter – als Narr. Dies fordert ihn so weit heraus, daß er sich gehenläßt und Antonio herausfordert. Der Versuch, die Grenzen zu überschreiten, wird damit bestraft, daß sie enger gezogen werden: Tasso erhält Stubenarrest. Wie Tasso sich nicht an die Grenzen des Dichters halten kann, so auch nicht an die Grenzen der Person. Von der zarten Schönheit und Feinheit der Prinzessin wird er unwiderstehlich angezogen, aber sie weist ihn in die Schranken: Die goldene Zeit, die er sich erträumt, ist eine Schimäre, die Wirklichkeit läßt die totale Unbefangenheit, die totale Natur (oder die totale Harmonie von Natur und Kultur) nicht zu, und als Tasso sich zuletzt gegenüber der Prinzessin vergißt und sie heftig umarmt, wird er vom Hof gleichsam vergessen, radikal ausgestoßen. Alles rauscht ab, nur Antonio bleibt übrig; er ist der Statthalter in einer Welt ohne Maß, für so etwas ist er dann zuständig als neuer Machthaber. Tasso steht einsam da und muß sich zudem noch an Antonio festklammern, der ihn aus dem Wahn zurückholt, ihn denselben aber auch deutlich empfinden läßt: «So klammert sich der Schiffer endlich noch/ Am Felsen fest an dem er scheitern sollte.» So lauten Tassos abschließende Worte.

Der Schluß ist niederschmetternd, und doch ist er nicht ganz eindeutig. Denn ganz entledigen kann sich der Hof seines Dichters nicht: Tassos Sich-Festklammern an Antonio bedeutet natürlich, daß er zu schwach ist, um allein zu stehen und zu bestehen, aber auch, daß er Antonio zwingt, ihn mitzunehmen, ihn noch als Last in die politische, «wirkliche» Welt hinüberzuretten. Man kann *Tasso* als ein Drama vom Untergang des Sturm-und-Drang-Helden, des gesteigerten Werther, lesen: dann muß man die vernünftigen Worte Antonios («Vergleiche dich, erkenne wer du bist» und dgl.) als die des Autors interpretieren, und sicher sind sie es auf einer gewissen Ebene auch. Aber eher noch geht es Goethe im *Tasso* wohl um die Erinnerung an das Verlorene, um die Rettung der Dichterexistenz vor der Vernichtung durch die praktischen Forderungen. *Das befreite Jerusalem* ist zwar keine Wirklichkeit, sondern ein Kunstwerk. Aber ein Kunstwerk: «Und wenn der Mensch in seiner Qual verstummt,/ Gab mir ein Gott zu sagen, was ich leide.» (Tasso)

Auffällig an dem Stück sind die beiden Durchbrüche des unmittelbar Physischen: Im Streit mit Antonio zieht Tasso den Degen, im letzten Gespräch mit der Prinzessin versteigt er sich zu einer Umarmung. Dadurch wird alle Sitte, alle Konvention verletzt, aber es wird zugleich auf das Elementare gedeutet. Nicht durch Worte verletzt hier der wortmächtige Dichter, denn Worte sind beherrschbar, sondern durch Taten oder vielmehr durch Reflexe, Regungen. So weit gediehen ist die Verdrängung der Natur in der Kultur, daß auf solche Verletzungen mit härtesten Sanktionen reagiert wird. Da bleibt nur das Drama, das Aufeinanderprallen der Figuren, der Zusammenstoß der «prätendierten Freiheit unseres Wollens» mit dem «notwendigen Gang des Ganzen». Erst das Epische wäre imstande, eine Auflockerung herbeizuführen, oder auch umgekehrt: erst eine Auflockerung könnte zur Epik führen, zur Erzählung einer Biographie mit all den Wandlungen, die hier ausgeschlossen sind.

Wilhelm Meisters theatralische Sendung

Eine solche Biographie nahm Goethe in Angriff, und sie sollte denn auch von dem möglichen, wenn auch nur partiellen Ausgleich zwischen dem Künstler und dem Bürger, oder zwischen dem Utopischen und dem Realen, handeln.

Schon im Februar 1777 begann Goethe, *Wilhelm Meisters theatralische Sendung* zu diktieren. Bis 1785 waren sechs Bücher fertiggestellt, dann stockte die Arbeit (ob sie weitergedieh, ist ungewiß, da das 1910 aufgefundene Manuskript sich nicht in Goethes Nachlaß befand, sondern in dem der Familie Schultheß in Zürich; das Manuskript dürfte indessen vollständig sein, denn das Abbrechen ist folgerichtig). Als Harry Maync die *Sendung* 1911 publizierte, hatten die 1795/96 erschienenen *Lehrjahre* die Auffassung des Gesamtprojektes längst unwiderruflich geprägt, aber die erste Fassung lohnt den Vergleich doch. Goethe versucht hier, genau den Roman zu schreiben, dessen Unmöglichkeit in Deutschland er später feststellen sollte (s. unten S. 547): er versucht, die Entwicklung eines jungen Menschen zu beschreiben und zugleich eine Skizze der Gesellschaft, in der sich diese Entwicklung abspielt, zu liefern. Schon hier ist er sich der Mängel der bürgerlichen Gesellschaft so sehr bewußt, daß Wilhelm sich unter die Schauspieler begeben muß, um seinem väterlichen Hause entfliehen zu können, das übrigens in dieser ersten Fassung des Romans noch viel freudloser und vor allem verlogener als in der Endfassung dargestellt wird. Gewiß legt Goethe viel Eigenes in Wilhelm hinein, aber der Roman ist alles andere als eine Autobiographie oder auch nur ein autobiographischer Roman. Eher lohnt es sich, Wilhelm als eine Art Parallel-Ich zu betrachten. Während Goethe von praktischen Zwecken im Herzogtum absorbiert ist, strebt sein Held, das deutsche Nationaltheater zu gründen, und beide haben nur sehr bedingt Erfolg. Als Goethe den Theaterroman schrieb, war er vollbeschäftigter Minister; als er später den Bildungsroman schrieb, war er Direktor des Weimarer Hoftheaters.

Wilhelm Meister reißt von zu Hause aus, um in anderen Verhältnissen sein Glück zu suchen. Er liebt die Schauspielerin Marianne, und er schwärmt seit seiner frühesten Jugend fürs Theater, weil ihm die Großmutter einmal ein Puppenspiel geschenkt hat, aber auch weil er die Welt verändern möchte. Er gelangt an eine Wandertruppe, begegnet seltsamen Gestalten wie dem Knaben/Mädchen Mignon und dem alten Harfner, die er beide gleichsam als seine «Familie» bei sich aufnimmt; er kommt auf ein gräfliches Schloß und wird halb mit, halb wider seinen Willen in eine erotische Intrige um die schöne Gräfin verwickelt; er zieht mit seiner Truppe durchs Kriegsgebiet und wird von Räubern überfallen, aber von der rätselhaften «schönen Amazone» gerettet, und schließlich kommt er in eine größere Handelsstadt mit einem festen Theater. Der Direktor Serlo bietet ihm die Rolle des Hamlet in einer neuen Inszenierung an, und Wilhelm scheint am Ziel seiner Wünsche angekommen zu sein: das Nationaltheater ist in greifbare Nähe gerückt.

Doch gerade hier bricht der Roman ab, vor der Aufführung des *Hamlet*, die dafür in der späteren Fassung einen, wenn nicht sogar *den* Wendepunkt bedeutet. Gerade im Hinblick auf die zentrale Rolle dieser Aufführung in den *Lehrjahren* dürfte wohl die Annahme berechtigt sein, daß Goethe die Arbeit an der *Sendung* abgebrochen hat, weil ihm die weitere Handlung noch nicht deutlich vor Augen stand. Zugespitzt formuliert und mit einer Rückwendung zum *Tasso*: in der *Sendung* ist Wilhelm noch ein dramatischer Held, wenn man so will: ein Hamlet. Wie er zum epischen Helden wird, wie er aus dieser fixierten Rolle herauskommt (und damit freilich auch die Künstlerexistenz aufgeben muß), das werden erst die *Lehrjahre* darstellen.

Doch auch als Fragment zielt die *Theatralische Sendung* über den deutschen Roman der 1770er Jahre hinaus. Davon, daß hier ein Dichter am Werk sei, «der die einfachste Prosa erst lernen muß» (E. Staiger), kann keine Rede sein. Wenn auch weniger straff geführt als die *Lehrjahre*, zeigt die *Sendung* bereits einen großen erzählerischen Horizont. Man hat in der Forschung immer diskutiert, was nun eigentlich mit der *Sendung* beabsichtigt sei: sollte besagtes Nationaltheater gegründet werden, oder sollten sich Wilhelms Pläne als Selbsttäuschung entpuppen, wie es in der Endfassung der Fall ist? Ist die alte Fassung «ironischer» als die endgültige, verhält sich der Autor intimer zu seinem Helden in der *Sendung* als in den *Lehrjahren* usw.? Festzuhalten ist jedenfalls, daß die ausgesprochene Ironie des Erzählers in der *Sendung* vielfach deutlicher ist als in den *Lehrjahren*, ja daß Wilhelm bei aller Beschränktheit, die ihm eignet, in den *Lehrjahren* viel ernster genommen wird als in der *Sendung*, freilich ohne daß er mit seinem ursprünglichen Projekt recht behält.

Die Mächte, zwischen und z. T. mit denen er seinen Weg suchen soll, sind in der *Sendung* noch nicht genau identifiziert, während in den *Lehrjahren* die sog. «Turmgesellschaft» als gleichsam utopische Instanz das unklare Streben des Helden korrigiert. Die «alte» Welt wird in beiden Fassungen in Gestalt der Grafenfamilie auf dem Schloß arg parodiert. Die Theaterwelt bricht dafür in dem Augenblick zusammen, als sie sich «autonom» wähnt und sich dann nicht einmal gegen ein paar Räuber zu verteidigen vermag: machtungeschützte Innerlichkeit. In seiner tiefsten Ohnmacht, im buchstäblichen Sinne «am Boden», erblickt Wilhelm die «schöne Amazone», über deren Identität er sich nicht klarwerden kann, die ihm aber auch dann vor Augen steht, als er den Vertrag mit dem Theaterdirektor Serlo unterschreibt. Zweifellos war die

Amazone auch bereits in der Frühfassung des Romans als die über die bisherige Welt des Helden hinausweisende Gestalt angelegt (ihr Auftreten wird in den beiden Fassungen wortwörtlich identisch erzählt), aber undeutlich war offenbar, auf welche Weise dies ausgeführt werden konnte.

In einer emphatischen Deutung des Shakespeareschen Hamlet deutet Wilhelm Serlo gegenüber sich selbst, auch mehr als ihm bewußt ist. Aber *das* an Shakespeare, was ihn über diese Selbstdeutung hinausführen soll, scheint es noch nicht zu geben. Daß auch hier für Goethe eine Veränderung der Lebensumstände notwendig war, geht aus seinen Briefen aus Italien hervor; dort ist einigemal vom *Meister*-Projekt und von seinem engen Zusammenhang mit der italienischen Reise die Rede. (S. über die *Lehrjahre* G. Schulz, Bd. VII/1 S. 302 ff).

Überhaupt drängt in den letzten Weimarer Jahren immer mehr zu dieser Reise, wie es Goethe denn auch nachher festgestellt hat. Wie sein Wilhelm sehnt er sich aus dem «schleppenden» Leben hinaus. Er steht, auch in seiner Produktion, zwischen der Anerkennung der *Grenzen der Menschheit* (1780) und der Huldigung an die Humanität wie im freimaurerischen Epos-Fragment *Die Geheimnisse* (1784/85, s. oben S. 46f.) – und der Offenheit für Mächte, die den Zusammenhang der Person und damit auch die Zivilisation bedrohen, wie in den beiden Balladen *Der Fischer* und *Erlkönig* (1778 und 1782), die beide den vergeblichen Kampf des Bewußtseins mit der dämonischen Gewalt des Vor- oder Unbewußten gestalten. Sollte nicht alles im Dunkeln sich verlieren, mußte ein neuer Aufbruch stattfinden.

3. Die Reise nach Italien; erste naturwissenschaftliche Aufsätze

Goethes Reise nach Italien war die Erfüllung eines lange gereiften Wunsches. Seit seiner Kindheit war ihm das Land vertraut: Der Vater war 1740 in Italien gereist und hatte einen umfassenden (privaten) Bericht in italienischer Sprache geschrieben (*Viaggio per l'Italia*); es konnte dem Kind Wolfgang nicht verborgen bleiben, daß der sonst oft mürrische Hausvater bei der Erinnerung an Italien auflebte. Johann Caspar Goethe hatte Italien als sein Arkadien erlebt (und der Sohn stellte die Worte «Auch ich in Arkadien» seinem eigenen Bericht voran, die damals anders als heute gedeutet wurden: nicht als Worte des Todes, sondern als Ausdruck menschlichen Glücksgefühls). Im elterlichen Haus in Frankfurt schmückten Veduten die Wände und machten so das Land, «wo die Zitronen blühn», gegenwärtig: «Mignon hatte wohl recht, sich dahin zu sehnen», stellt Goethe am 24. Febr. 1787 auf dem Weg von Rom nach Neapel fest. Das eigene Studium der Kunst sowie die Lektüre Winckelmanns hatten den Wunsch nach einer Reise nur noch stärker werden lassen, denn Italien, ganz besonders Rom, war der Ort, wo die Antike mit Augen angeschaut werden konnte (das von den Türken beherrschte Griechenland war bis zu Byron kein reales Reiseziel der Dichter und Künstler). Zweimal schon, 1775 und 1779, hatte Goethe auf seinen Schweizer Reisen von den Alpen aus nach Italien hinunter geschaut, und im Herbst 1775 befand er sich auf dem Weg dorthin, als ihn der Weimarer Bote einholte und die Einladung an den Hof wahrmachte.

Nach zehn Jahren in Weimar war es dann an der Zeit, «den einen Gedanken auszuführen, der fast zu alt in meiner Seele geworden ist». Seit 1782 hatte sich Goethes Ungenügen an seiner Lage verstärkt. Zwar war er nach einigen Mißstimmungen Herder wieder nähergekommen, nicht zuletzt aufgrund der Verbindung seiner naturwissenschaftlichen Studien mit Herders Art, über Geschichte zu denken (s. oben S. 385). Aber die Dichtung kam nicht recht voran. Das konnte Goethe nicht entgehen, als er 1785 daran ging, für Göschen in Leipzig eine Gesamtausgabe seiner Werke vorzubereiten; auch war das Verhältnis zu Charlotte von Stein auf die Dauer unhaltbar. Immer mehr staute sich auf, immer mehr drängte zum Aufbruch – und zum Ausbruch, denn die Reise nach Italien darf durchaus auch ein Ausbruch genannt werden. Goethe verwendet mehrere Male Wörter wie «Flucht» oder «fluchtartig», und im Rückblick auf das soeben verlassene Weimar schreibt er ähnlich wie zehn Jahre früher beim Rückblick auf Frankfurt (siehe Brief an Johanna Fahlmer oben S. 492). Jetzt heißt es: «Hätte ich nicht den Entschluß gefaßt, den ich jetzt ausführe, so wär' ich rein zugrunde gegangen» (12. Oktober 1786 in Venedig). Den Herzog bittet er um «unbestimmten Urlaub», denn «dieses alles [die Arbeit an den Werken] und noch viele zusammentreffende Umstände dringen und zwingen mich in Gegenden der Welt mich zu verlieren, wo ich ganz unbekannt bin, ich gehe ganz allein, unter einem fremden Namen und hoffe von dieser etwas sonderbar scheinenden Unternehmung das Beste.» (2. September 1786 aus Karlsbad, wo Goethe sich aufhielt und von wo er am 3. September ohne vorherige Mitteilung losfuhr.) Er werde schon um vieles klüger, gereifter und für seine Umgebung nützlicher zurückkommen, meint er. Und tatsächlich fand sich Goethe in Italien wieder – «aber als was? Als Künstler!», wie er dem Herzog am 7. Juni 1788, kurz vor seiner Rückreise, schrieb, ihm auf diese Weise bedeutend, daß der Minister der 70er und 80er Jahre nunmehr für das Herzogtum verloren sei. Gewiß handelte es sich auch um eine Flucht aus einem Hof- und Beamtenleben, das ihm bei aller Aktivität immer «uneigentlicher» vorkam, und in dem längst nicht alle seine reformerischen Gedanken gedeihen konnten. «Schon jetzt [d.h. etwa eine Woche nach der Abreise, in Trient], da ich mich selbst bediene, immer aufmerksam, immer gegenwärtig sein muß, gibt mir diese wenigen Tage her eine ganz andere Elastizität des Geistes; ich muß mich um den Geldkurs bekümmern, wechseln, bezahlen, notieren, schreiben, anstatt daß ich sonst nur dachte, wollte, sann, befahl und diktierte.»

Goethe fuhr über München und den Brenner nach Verona, Vicenza, Padua und Venedig und von dort über Bologna, Florenz (wo er nur 3 Stunden verweilte) und Perugia nach seinem Hauptziel Rom, wo er am 29. Oktober eintraf, unter einem angenommenen Namen wohnte, aber mit den dort ansässigen deutschen Künstlern verkehrte. Anfang 1787 erlebte er noch das römische Karneval und ging dann Ende Februar begleitet von dem Maler Kniep nach Neapel (damals eine der Metropolen Europas). Um den 1. April fuhr er zu Schiff nach Palermo und erkundete einen Monat lang Sizilien, um Mitte Mai nach Neapel zurückzukehren – diesmal unter Lebensgefahr, da er vor Neapel beinahe Schiffbruch erlitten hätte. Am 7. Juni 1787 war Goethe wieder in Rom; dieser zweite römische Aufenthalt dauerte bis zum 23. April 1788. Auf der Rückreise nach Deutschland blieb er diesmal einige Tage in Florenz und fuhr dann über Mailand, den Comer See und Konstanz zurück nach Weimar, wo er am 18. Juni wieder eintraf.

Für Goethes Biographie bedeutet Italien so gut wie alles. Die Begegnung mit dem Land und den Menschen, das Leben in einem heiteren Klima, der Umgang mit den Kunstschätzen des Altertums und auch mit den in Italien weilenden Deutschen (Moritz, Heinrich Meyer, Tischbein, Angelika Kauffmann), die Liebe zur Römerin Faustina (vielleicht hieß sie in Wirklichkeit anders, aber gegeben hat es sie gewiß), die die erste physisch glückliche Liebe Goethes gewesen zu sein scheint, und zuletzt die schon «entsagungsvolle» Neigung zur sog. «schönen Mailänderin»: alles kommt zusammen, um diesen Aufenthalt in Italien zu einem Höhe- und Wendepunkt im Leben Goethes zu gestalten: «Es ist denn doch ein ander Sein»; «alle Träume meiner Jugend seh' ich hier lebendig»: solche Aussagen häufen sich geradezu.

Wendepunkt aber auch in seinem Schaffen: Goethe nimmt «ein Paket» mit auf die Reise, seine unvollendeten Schriften, von denen es um diese Zeit eine stattliche Reihe gibt. In Italien vollendet er *Iphigenie*, *Egmont*, teilweise auch *Tasso*, denkt ständig über den *Wilhelm Meister*-Roman nach, schreibt die Szenen *Hexenküche* und *Wald und Höhle* für seinen *Faust* (und bereitet überhaupt die Herausgabe des «Fragments» 1790 vor). Und in Rom wird er zu den *Erotica Romana*, den später so genannten *Römischen Elegien* (1795), inspiriert, die wie kein zweites Werk die Einheit aus persönlicher Befreiung und «Bildungserlebnis» (das zugleich zum «Urerlebnis» wird) widerspiegeln (s. zu den *Elegien* G. Schulz, Bd. VII/1 S. 587ff). Nur in einem, freilich nicht unwichtigen, Punkte brachte Italien eine Enttäuschung: Goethe mußte einsehen, daß sein zeichnerisches Talent nicht so weit trug, wie er sich erhofft hatte. «Von meinem längern Aufenthalt in Rom werde ich den Vorteil haben, daß ich auf das Ausüben der bildenden Kunst Verzicht tue», meint er am 22. Febr. 1788. In der *Farbenlehre* erwähnt er später diese Einsicht als einen der auslösenden Faktoren für die theoretische Beschäftigung mit dem Licht und den Farben, und «allerlei Spekulationen über Farben» fangen auch bereits in Italien an (1. März 1788).

Die erhaltenen Briefe aus Italien geben Aufschluß über Goethes unmittelbare Reaktionen. Der spätere Bericht, als *Italienische Reise* 1816–17 und 1829 erschienen, ist redigiert, gestrafft, aber im Grundansatz den früheren Erfahrungen treu. Mögen auch einige Formulierungen über den Zweck und den Ertrag der Reise spätere Einsichten und Wertungen reflektieren, so tut dies der Einheit des Werks doch keinen Abbruch, denn auf die Bedeutung der Reise für das weitere Leben und Schaffen kommt es ja gerade an.

Goethe sucht in Italien immer wieder natürliche Gesetzmäßigkeiten in den Erscheinungen, die ihm begegnen. Das Wort «notwendig» ist sein höchstes Lob, und zwar sowohl in bezug auf Naturerscheinungen als auch auf Kunstwerke (die wiederum als «Naturwerke» betrachtet werden: «Alles Willkürliche, Eingebildete fällt zusammen, da ist Notwendigkeit, da ist Gott» – Rom, 6. September 1787) als auch auf das Leben des Volkes: «Was sich mir (in Venedig, 29. Sept. 1786) aber vor allem andern aufdringt, ist abermals das Volk, eine große Masse, ein notwendiges, unwillkürliches Dasein.» Daher gehört es auch zu seinen Vorsätzen, sich eines Urteils soweit und so lange wie möglich zu enthalten: Goethe will sehen und aufnehmen, nicht meinen oder werten: «Urteilen möchte ich gar nicht, wenn es nur möglich wäre», statt dessen benutzt er «den geologischen Blick (...), um Einbildungskraft und Empfindung zu unterdrücken» (Terni, 27. Okt. 1786). «Eigentlich sollt' ich den Rest meines Lebens auf Beobachtung wenden (...)» (Neapel 13. März 1787). Auch die bürgerlichen Einrichtungen beschäftigen ihn als Ausdruck einer naturhaften Notwendigkeit, die aber deswegen nicht kulturlos ist – im Gegenteil: gerade als Auch-Natur ist dieses Leben höchste menschliche Kultur. Der Auftritt der venezianischen Anwälte vor Gericht etwa ist eine Naturerscheinung, weil in Übereinstimmung mit dem Leben des Volkes, zugleich aber ist er hohe dramatische Kunst – höher als das meiste, was Goethe auf dem Theater sieht, wie er anmerkt. Das Römische Carneval, über das er bereits 1790 seine Aufzeichnungen (mit eben dem Titel) veröffentlichte, ist ein weiteres Beispiel dieser Art. Es gefiel ihm zwar auf Anhieb nicht, doch würdigt er es als Schauspiel, vielleicht ein bißchen als Hexenküche.

Zu Recht ist gesagt worden, daß Goethe auf der ganzen Reise die Natur wichtiger erscheint als die Geschichte (H. v. Einem). Gewiß: «Man kann das Gegenwärtige nicht ohne das Vergangene erkennen» (Rom, 25. Jan. 1787), aber die Geschichte ist – wie die Kunst – nur dann von Wichtigkeit, wenn sie nach den Gesetzmäßigkeiten der Natur abläuft, d. h. wenn sie die diesem Volk in dieser Gegend der Erde gemäße Geschichte ist. Auffällig ist Goethes Desinteresse an den im strikten Sinne politischen Vorgängen – wir befinden uns immerhin am Vorabend der Französischen Revolution. Es gibt zwar Hinweise in der Korrespondenz, aber nicht allzu viele. Doch ist dies wohl nicht einfach Verdrängung – und wie verständlich wäre selbst sie nach den langen Weimarer Jahren –, sondern deutet eher auf eine Verlagerung der Akzente. Die Ereignisse selbst werden weniger belangvoll: entscheidend ist ihr Bezug auf jene tieferen Schichten, in denen die uns sichtbaren Umwälzungen vorbereitet werden. Wenn Goethe sich auf Sizilien so sehr für die Geschichte Cagliostros interessiert, bezeugt er sein Organ für die geheimen Prozesse des Lebens, denn der

Erfolg des Betrügers scheint ihm ein Beweis für die grundlegende Unsicherheit der Gesellschaft zu sein (dichterisch verarbeitet im *Groß-Cophta*, 1791). Wann genau die bisherige politische Ordnung ins Wanken kommen würde, konnte damals sowenig wie heute vorausgesagt werden.

«Als Künstler» (s. oben S. 462) kam Goethe aus Italien zurück; doch auch als Forscher. Die beiden Antriebe halten sich während der Reise die Waage, oder sie lösen einander ab, ohne daß einer von ihnen je den anderen ausschlösse. Denn um die Einheit von beiden geht es: Wissenschaft und Poesie, so meint Goethe 1817 im Rückblick auf seine botanischen Studien, seien einmal eins gewesen und könnten – sollten – sich wieder nähern. Denn die Regeln der Natur und jene der Kunst seien letzten Endes dieselben, auch wenn Goethe zu keinem Zeitpunkt den Kunstwillen außer acht läßt.

An der Kunst studiert Goethe auch die natürlichen Maße, und sein mit der Italienreise eng verbundenes Prosahauptwerk der 1790er Jahre, *Wilhelm Meisters Lehrjahre*, ist in der Forschungsgeschichte auch oft genug in Anlehnung an Goethes Naturwissenschaft ein «morphologisches» Werk genannt worden. So viel ist daran zumindest richtig, daß im Laufe dieses Romans eine unvermittelte Gegenüberstellung von Individuum und Welt sich in einen immer bewußteren Stoffwechsel zwischen den beiden Komponenten verwandelt. Aus dem Individuum, das nur seine eigenen Pläne verfolgt – und dem Weltlauf gegenüber entsprechend wehrlos ist –, entwickelt sich die Person, die am Ende (fast zu sehr?) gleichsam zum Vehikel für die weitere Entwicklung der Menschheit wird.

Iphigenie auf Tauris hatte – auch schon in der Erstfassung – den Übergang aus einem rohen Naturzustand in eine humane Zivilisation dargestellt. *Torquato Tasso* spielt in einer Zivilisation, welche die Natur bereits so weit domestiziert hat, daß diese sich nur in Ausbrüchen äußern kann: Sie bleibt auf den inneren Menschen beschränkt, der nur noch, wenn er Dichter ist, zu sagen vermag, was er leidet. Doch Goethe geht es im Laufe der 1780er Jahre in zunehmendem Maße um die Natur im großen und ganzen und um die Einbettung sowohl der privaten als der gesellschaftlichen Vorgänge in die Vorstellung von einem natürlichen Ablauf und von natürlichen Gegebenheiten.

Das bedeutet keineswegs, daß alles als Natur schlechthin zu verstehen wäre. Wohl aber unternimmt Goethe den Versuch, den er bis an sein Lebensende nicht abschließen sollte, hinter den menschlichen Prozessen und hinter den einzelnen Naturphänomenen Gesetzmäßigkeiten aufzuspüren, die womöglich auch im menschlichen Leben einen gewissen Halt bieten können. Es gilt mit anderen Worten, den Grund allen Seins freizulegen – nicht um das Seiende als zweitrangig abzutun, sondern um den «Abglanz», in dem wir Faust zufolge das Leben haben, so farbig wie möglich zu erleben und zu gestalten. In einem Brief an Lavater schreibt Goethe im September 1780, er wolle jetzt «die Pyramide meines Daseins» immer weiter in die Höhe treiben. Den Standort kann er nicht verändern, wohl aber den Bauplan; während der italienischen Reise kommen ihm ähnliche Gedanken: er sei wie ein Baumeister, der «ein schlechtes Fundament gelegt hatte; er wird es noch beizeiten gewahr und bricht gern wieder ab, was er schon aus der Erde gebracht hat, seinen Grundriß sucht er zu erweitern, zu veredeln, sich seines Grundes mehr zu versichern, und freut sich schon im voraus der gewissen Festigkeit des künftigen Baues.» (Rom, 20. Dez. 1786) Die Natur soll nicht mehr Spiegel des Ich sein (wie für Werther), auch nicht nur lindernder Trost gegen den Weltlauf (*An den Mond*: «Breitest über mein Gefild/ Lindernd deinen Blick,/ Wie des Freundes Auge mild/ Über mein Geschick.»), sondern die Offenbarung selbst, wie es in der *Harzreise im Winter* schon dichterisch ausgeführt wurde (s. oben S. 497). Nur in einer auf diese Weise objektiv begriffenen Natur liegt die Vermittlung zwischen Ich und Welt, liegt für Goethe daher auch die Möglichkeit, der Tragik zu entkommen.

Das Fragment *Die Natur*, 1783 im *Journal von Tiefurt* gedruckt, stammt zwar nicht von Goethe, sondern von dem Schweizer Tobler. Es geht aber offenkundig auf Gespräche mit Goethe zurück, und dieser bekennt sich im Rückblick 1828 (*Erläuterung*) denn auch zu den darin enthaltenen Gedankengängen, freilich nicht ohne hinzuzufügen, daß diese damals noch im «Komparativ» steckten und den «Superlativ», den Begriff von «Polarität und Steigerung» noch nicht erreicht hätten. Im *Natur-Fragment* ist die Natur schlechthin alles: Erhalterin und Zerstörerin, das Element allen Lebens und des Menschen auch. Den Menschen in einem großen Naturzusammenhang zu begreifen ist auch das Ziel Goethes, als er seine naturwissenschaftlichen Studien beginnt – begreifen allerdings, nicht nur fühlen.

Im Jahre 1783 gelingt Goethe die Entdeckung des Zwischenkieferknochens beim Menschen. Diese Entdeckung war für ihn besonders wichtig, weil sie ihm einen Beweis für den großen Naturzusammenhang lieferte: Der Mensch gehört zur Natur, er steht nicht außerhalb, wie es die theologischen Interpretationen gern hätten: ihnen galt das angebliche Fehlen des Knochens als Zeichen der Einmaligkeit des von Gott geschaffenen Menschen. Goethe stellt mit seiner Entdeckung eine Verbindung zwischen Mensch und Tier her, freilich nicht im späteren, evolutionistischen, sondern im strukturellen Sinne: Der Zwischenkiefer beweist ihm nicht, daß der Mensch vom Affen abstammt, sondern daß beide demselben Zusammenhang angehören.

Auch die Geologie griff Goethe in den 1780er Jahren auf, und auch hier suchte er die Anschauung des Zusammenhangs – und zugleich des Ursprungs. Seine Worte *Über den Granit* (1784) sind da deutlich. Der Granit blieb zeitlebens Goethes Lieblingsgestein, weil er das Grundgestein ist, das gewachsene – nicht wie die vulkanischen Arten durch gewaltsame Umbrüche entstandene –, das älteste Gestein, und dennoch unmittelbar anzuschauen:

«Auf einem hohen nackten Gipfel sitzend und eine weite Gegend überschauend, kann ich mir sagen: Hier ruhst du unmittelbar auf einem Grunde, der bis zu den tiefsten Orten der Erde hinreicht, keine neuere Schicht, keine aufgehäufte zusammengeschwemmte Trümmer haben sich zwischen dich und den festen Boden der Urwelt gelegt, du gehst nicht wie in jenen fruchtbaren schönen Tälern über ein anhaltendes

Grab, diese Gipfel haben nichts Lebendiges erzeugt und nichts Lebendiges verschlungen, sie sind vor allem Leben und über alles Leben.»

Urgrund, hervortretend: er ist da, sichtbar, nicht nur im Kopf, sondern wie der Brocken am Schluß der *Harzreise*-Hymne: geheimnisvoll offenbar. Freilich blieb Goethe nicht bei dem leblosen Gestein – das ja hier als gleichsam «jungfräulich» erlebt wird: es ist die Zeit der Arbeit an der *Iphigenie*! –, sondern erforschte auch das «anhaltende Grab», und zwar in seinen botanischen Studien. Diese führten ihn zu dem Gedanken an eine «Urpflanze», welche die Gesetzmäßigkeit des Wachsens, Blühens und der Vermehrung in reiner Form zeigen sollte: Wenn eine Struktur allen Pflanzen gemeinsam ist, müßte es möglich sein, von dieser Struktur eine Anschauung zu bekommen, ein Exemplar der «ersten» Pflanze aufzutreiben – und wo könnte man dies eher tun als in Italien, wo die Flora um so viel reicher war als im kalten Norden? In Padua, bereits im ersten italienischen Monat, führt Goethe den Gedanken aus (27. Sept. 1786). Im Botanischen Garten zu Palermo möchte er fast meinen, seine Urpflanze gefunden zu haben: Er findet die Pflanzen «immer mehr ähnlich als verschieden» (17. April 1787). Noch hat er keine Begriffe, um diese Ähnlichkeit auszudrücken, aber er sucht sie auszubilden, wie es z. B. in fast ironischer Brechung aus seinem Brief an Herder vom 17. Mai 1787 hervorgeht: «Die Urpflanze wird das wunderlichste Geschöpf von der Welt, um welches mich die Natur selbst beneiden soll.»

Entscheidend an dieser Vorstellung ist, daß Goethe auf eine Einheit von Begriff und Anschauung besteht. Das Urphänomen ist ihm kein Abstraktum, sondern muß lebendig in Erfahrung gebracht werden, auch wenn es in keinem einzelnen Exemplar rein hervortritt. In Italien kam Goethe die Natur sozusagen potenziert entgegen: reicher, mannigfaltiger als im Norden. Daher gab auch die Italienreise den entscheidenden Anstoß zu allen weiteren Untersuchungen ihrer Einheit. Als Goethe zurückkam, wollte er in kurzer Zeit die Botanik, die Zoologie und auch die Farbenlehre abhandeln. Die letztere, die dafür sein größtes wissenschaftliches Werk werden sollte, erschien erst 1810 (die *Beiträge zur Optik* freilich bereits 1791), die *Metamorphose der Pflanzen* im Jahre 1790.

Als dieser Aufsatz 1817 abermals gedruckt wurde, steuerte Goethe einen Kommentar bei, in dem er schreibt: «Aus Italien dem Formreichen war ich in das gestaltlose Deutschland zurückgewiesen, heiteren Himmel mit einem düsteren zu vertauschen; die Freunde, statt mich zu trösten und wieder an sich zu ziehen, brachten mich zur Verzweiflung. Mein Entzücken über entfernteste, kaum bekannte Gegenstände, mein Leiden, meine Klagen über das Verlorne schien sie zu beleidigen, ich vermißte jede Teilnahme, niemand verstand meine Sprache.» Daher suchte «der Geist, sich schadlos zu halten», und zwar durch naturwissenschaftliche Studien.

Nicht nur im Rückblick beklagt sich Goethe über den verständnislosen Empfang in Weimar, auch Äußerungen aus der Zeit der Rückkehr sind deutlich genug; an Knebel, dem er immer sehr offen schrieb, heißt es (25. Oktober 1788): «Ich bin hier fast ganz allein. Jedermann findet seine Konvenienz sich zu isolieren, und mir geht es nun gar wie dem Epimenides nach seinem Erwachen.» Zu Goethes Isolation trugen seine privaten Verhältnisse bei: Im Juli 1788 war ihm die junge Christiane Vulpius begegnet, die bald als seine Geliebte bei ihm aufgenommen wurde; 1789 gebar sie ihm einen Sohn, August. Zweierlei war daran anstößig: daß Christiane nicht zur «Gesellschaft» gehörte und daß Goethe so offenkundig glücklich erotisch verliebt war; letzteres geht aus Briefen an Herder und an den Herzog hervor, in denen er von seinem «kleinen Erotikon» schreibt, aber auch aus den *Venezianischen Epigrammen*, geschrieben 1790 auf einer neuerlichen Reise nach Italien, wo Goethe Begleiter der Herzoginmutter auf deren Rückfahrt von Venedig sein sollte. Daß ihm Italien diesmal überhaupt nicht gefiel, lag nicht zuletzt an seiner Sehnsucht nach Christiane (die bei ihm blieb bis zu ihrem Tod 1816. Geheiratet hat Goethe sie im Oktober 1806). Das neue Verhältnis führte zur Entfremdung von Frau von Stein; am 1. Juni 1789 geht Goethe mit ihr ins Gericht: sie habe ihn gleich kühl aufgenommen, auch vor seinem neuen Verhältnis: «Und welch ein Verhältnis ist es? Wer wird dadurch verkürzt? Wer macht Anspruch an die Empfindungen die ich dem armen Geschöpf gönne? Wer an die Stunden die ich mit ihr zubringe?» – eine raffinierte Verteidigung, weil sie zugleich eine Anklage andeutet. Christiane, das «Blumenmädchen» (sie hatte in Bertuchs neugegründeter Fabrik für künstliche Blumen gearbeitet), ist es, an die sich der Autor in dem Gedicht *Die Metamorphose der Pflanzen* wendet. Das Gedicht entstand erst 1798, acht Jahre nach dem Traktat.

Der Versuch, *die Metamorphose der Pflanzen* zu erklären, ist mit seinen 123 Abschnitten die erste ausführlichere Darstellung der Goetheschen Morphologie, seiner Formenlehre. Diese gewann er aus der genauen Betrachtung der Phänomene, und was ihn faszinierte, war zwar das «was die Welt/ Im Innersten zusammenhält» (Faust), aber nur insofern es sich auch darstellte, anschaulich wurde. Das Spiel der Formen galt es daher zu erforschen: Die «Gesetze der Umwandlung» ist das Thema des Pflanzen-Traktats, und der Akzent liegt auf beidem: auf dem Gesetz wie auf der Umwandlung. «Die Morphologie soll die Lehre von der Gestalt, der Bildung und Umbildung der organischen Körper enthalten», heißt es in seinem Aufsatz *Betrachtung über Morphologie.*

Goethe widmet sich einer Betrachtung der einjährigen Pflanzen und kommt zu dem Schluß, daß sämtliche Gestalten einer solchen Pflanze, vom Samenkorn bis zur Vollblüte und Frucht, «Modifikationen eines einzigen Organs», des Blattes seien. Von den Samenblättern geht er aus und verfolgt die Entwicklung der Pflanze über Stengelblätter, Blüte, Kelch, Krone, Staubwerkzeuge und Nektarien, wobei er die gesamte Entwicklung nach dem Prinzip der wechselweisen Zusammenziehung und Ausdehnung verlaufen sieht. Im Grunde existiere «eine innere Identität der verschiedenen Pflanzenteile», wenn auch ihre äußeren Erscheinungsformen ganz unterschiedlich seien. «Es mag nun die Pflanze sprossen, blühen oder Früchte bringen, so sind es doch nur immer dieselbigen Organe, welche, in vielfältigen Bestimmungen und unter oft veränderten Gestalten, die Vorschrift der Natur erfüllen.» Um die Verwandlung selbst ist es Goethe zu tun, nicht um ein Unwandelbares, von dem aus die ganze Erkenntnis zu entwickeln wäre. «Denn wir können ebenso gut sagen: ein Staubwerkzeug sei ein zusammengezogenes Blumenblatt, als wir von dem Blumenblatte sagen können: es sei ein Staubgefäß im Zustande der Ausdehnung.» Zusammenziehung und Ausdehnung, Systole und Diastole: die dynamischen Begriffe sind zentral.

Diese morphologische Sichtweise bestimmte bereits die italienische Reise, und hinter ihr stand die Überzeugung von einem letzten Endes sinnvollen Zusammenhang der Natur: «durch regelmäßige und beständige Bildungen» gehe sie vor, und Goethe widmete denn auch sein ganzes Interesse solchen Bildungen. Oft versuchte er auch, scheinbar weniger Regelmäßiges als doch regelmäßig zu erklären, und wo es ihm nicht gelang, ein Phänomen seinem Gesamtbild einzupassen, ließ er es liegen – das galt für die Natur (bekannt ist seine Ablehnung der «vulkanistischen» Theorie von der Entstehung der Erde, weil sie in seinen Augen der Unregelmäßigkeit und Unbeständigkeit, ja der Revolution das Wort redete) wie für die Gesellschaft (er ging zu «anormalen» Kollegen wie Hölderlin und Kleist auf Distanz, aber er wußte warum – s. auch etwa ein Detail aus den späten *Wanderjahren*: im Bildersaal der pädagogischen Provinz ist die nach-israelitische Geschichte des jüdischen Volkes nur allegorisch vorhanden, da «eine reale Darstellung derselben außer den Grenzen der edlen Kunst liegt.»[!])

«Gestaltung-Umgestaltung», «geprägte Form, die lebend sich entwickelt» – Goethe hat seine Bestrebungen oft genug prägnant zusammengefaßt, aber nie die Aufnahme gefunden, die er sich erhofft hatte. Die Gelehrten, so meinte er im Rückblick 1817, hielten seine Ansichten für bloße Poesie: «nirgends wollte man zugeben, daß Wissenschaft und Poesie vereinbar seien. Man vergaß, daß Wissenschaft sich aus Poesie entwickelt habe, man bedachte nicht, daß, nach einem Umschwung von Zeiten, beide sich wieder freundlich, zu beiderseitigem Vorteil, auf höherer Stelle, gar wohl wieder begegnen könnten.» In Goethes «Mitteilung» über seine botanischen Studien ist dasselbe zu lesen: er ironisiert die Leute, die nicht verstehen wollten, wieso «ein Mann von mittlerem Alter, der als Dichter etwas galt und außerdem von mannigfaltigen Neigungen und Pflichten bedingt erschien, sich habe können in das grenzenlose Naturreich begeben (...)», und er verhehlt nicht seine Enttäuschung über die fehlende Anerkennung. Dabei habe er doch in seiner Jugenddichtung, die ihn so berühmt gemacht habe, nur «den innern Menschen» dargestellt, nicht die Welt. Wenn Goethe immer sehr heftig auf Ablehnung seiner wissenschaftlichen Studien reagierte (besonders für die spätere *Farbenlehre* ist dies bezeugt), so weil er sein eigentliches Projekt verkannt sah. Daher konnte es ihm nicht genügen, als großer Dichter zu gelten – so lange er nur Dichter blieb, wie Tasso im Park von Belriguardo. Aber auch als Dichter wandelte er sich: es ist nichts weniger als zufällig, daß der *Wilhelm Meister*-Roman ihn während der ganzen italienischen Reise und danach so stark beschäftigte. Hier wollte er versuchen, ein gleichsam morphologisches Werk zu schaffen, hier sollte die Epik aus dem bloß «Innern» hinausführen.

IV. DER JUNGE SCHILLER (1759–1789)

Zwanzig Jahre nach Schillers Tod erinnert sich sein Jugendfreund Andreas Streicher an den Sommer 1781, in dem ein Schauspiel mit dem Titel *Die Räuber* anonym und unter den fingierten Druckorten Frankfurt und Leipzig bei Metzler in Stuttgart erschienen war. Sein Bericht ist bezeichnend für die literarische Situation, in der sich Schillers Erstlingsdrama Gehör zu verschaffen wußte:

> «Es wäre vergeblich, den Eindruck schildern zu wollen, den diese Erstgeburt eines Zöglings der hohen Karlsschule und, wie man wußte, eines Lieblings des Herzogs in dem ruhigen, harmlosen Stuttgart hervorbrachte, wo man nur mit den frommen, sanften Schriften eines Gellert, Hagedorn, Ramler, Rabener, Uz, Cramer, Schlegel, Cronegk, Haller, Klopstock, Stolberg und ähnlicher den Geist nährte; wo man die Gedichte von Bürger, die Erzählungen von Wieland als das Äußerste anerkannte, was die Poesie in sittlichen Schilderungen sich erlauben darf – wo man Ugolino für das schauderhafteste und Götz von Berlichingen für das ausschweifendste Produkt erklärte; – wo Shakespeare kaum einigen Personen bekannt war und wo gerade die Leiden Siegwarts, Karl von Burgheim und Sophiens Reise von Memel nach Sachsen das höchste Interesse der Leseliebhaber erregt hatten. Nur derjenige, der die genannten Schriften kennt, sich den ruhigen, stillen Eindruck, den sie einst auf ihn machten, zurückruft und dann einige Auftritte aus den Räubern liest; nur der allein kann sich die Wirkung genug vorstellen, welche diese – in Rücksicht ihrer Fehler sowohl als ihrer Schönheiten – außerordentliche Dichtung hervorbrachte. Die jüngere Welt besonders wurde durch die blendende Darstellung, durch die natürliche, ergreifende Schilderung der Leidenschaften in die höchste Begeisterung versetzt, welche sich unverhohlen auf das lebhafteste äußerte.»

Die Provokation des zweiundzwanzigjährigen Autors verstört das literarische Publikum, spaltet es auf in Gegner und Anhänger und setzt damit einen Prozeß in Gang, der bereits von den Zeitgenossen als Einschnitt bewertet worden ist. Mehr noch als die Buchpublikation hat die Uraufführung des Stücks am 13. Januar 1783 in Mannheim Anteil an diesem Aufbruch. Verrieten schon die Tränenströme, die 1755 bei der Aufführung von Lessings *Miß Sara Sampson* vergossen worden sein sollen, eine wachsende gefühlsmäßige Sensibilisierung des Publikums, so erreichen diese Emotionen zeitgenössischen Berichten zufolge nun eine Klimax, die das Theater einem «Irrenhause» vergleichbar machte: Registriert werden «rollende Augen, geballte Fäuste, stampfende Füße, leisere Aufschreie im Zuschauerraum! (...) Es war eine allgemeine Auflösung wie im Chaos, aus deßen Nebeln eine neue Schöpfung hervorbricht». «Ganz Deutschland» – so erinnert sich Streicher – «ertönte von Bewunderung und Erstaunen, daß ein Jüngling seine Laufbahn mit einem

Werk eröffne, womit andere sich glücklich preisen würden, die ihrige beschließen zu können.» Auch wenn dies nur bedingt zutrifft – die Rezensionsorgane etwa widmeten den *Räubern* nur geringe Aufmerksamkeit und auch die literarischen Autoritäten der Zeit wie Wieland und Goethe zeigten sich eher skeptisch –, so hatte doch der Aufruhr eine selbstverstärkende Wirkung, die den jungen Autor geradezu in den Bannkreis eines Ruhms zwang, den es allerdings erst in der Folge zu befestigen galt. Schiller nutzte die Chance seines spektakulären Anfangserfolgs: Noch vor seinem dreißigsten Geburtstag hatte er das Theater mit vier Dramen bereichert (neben den *Räubern* mit *Fiesco, Kabale und Liebe* und *Don Karlos*), die die Anfangserwartungen einlösten und übertrafen, ehe er ab 1787 mit historischen, philosophischen und ästhetischen Studien seine dramatischen Anfänge überdachte und damit die Wende einleitete, die den jungen Stürmer und Dränger an die Seite Goethes stellte. Die achtziger Jahre sind der sehr eigene, enthusiastisch-schwärmerische und pathetisch-übersteigerte Weg dorthin. Spätestens seit seiner Abrechnung mit den Gedichten Bürgers (vgl. S. 417) wird der Umschwung offenkundig. Das Jahr 1789, das in Frankreich die politische Revolution brachte, die dem «In Tirannos» der *Räuber* entgegenzukommen schien, zeigt Schiller auf dem Wege weg von seinen Anfängen.

Ob sich Schillers Werk in seiner Gesamtheit überhaupt als Einheit im Sinne eines organischen Ganzen beschreiben läßt, ist umstritten. Die Rezeptionsgeschichte legt davon ein deutliches Zeugnis ab: Kaum eine ideologische Position, für die Schiller nicht hat herangezogen werden können, kaum ein Postulat, das nicht mit Worten Schillers belegt wurde. Vielfältigkeit, aber auch Mehrdeutigkeit haben die Leser dieses Werks verunsichert, ohne daß doch der Status des Autors als herausragender Klassiker der deutschen Literatur je ernsthaft angezweifelt worden wäre. Zahlreiche Generationen von Forschern haben sich um sein Werk bemüht, mit je unterschiedlichen, nicht selten zeitbedingten Resultaten. Die Entwicklung eines kontinuierlichen Schiller-Bildes ist dabei kaum auszumachen. Das Werk bleibt als Herausforderung bestehen, für den unvoreingenommenen Leser wie für den Forscher. Und es ist jeweils die Frage nach dem Maßstab, der an das Werk angelegt wird, und die Entscheidung darüber, wieweit der Interpret bereit ist, die literarischen und gedanklichen Ansätze dieses Autors von ihren eigenen Voraussetzungen her zu deuten.

Schiller ist der Dramatiker par excellence. Auch wenn seine Balladendichtung – nicht zuletzt durch ihre kanonische Bedeutung für Generationen von Schülern – vielleicht die größte Breitenwirkung erzielt hat, prägt er die literarische Diskussion seiner Zeit vor allem durch seine Dramen. Seine Lyrik – zumeist als «Gedankendichtung» von der «Erlebnislyrik» Goethes charakteristisch abgehoben – fand auch bei seinen Zeitgenossen weniger Zuspruch, und sein einziger, unvollendet gebliebener Roman (*Der Geisterseher*) blieb in der Forschung nahezu unbeachtet. Einzig seine theoretischen Schriften, vor allem dramaturgischer und ästhetischer Art, können sich an Interesse und Gewicht mit den dramatischen Arbeiten messen. Aber sie haben vordringlich die Funktion, die Rolle der Kunst und deren Wirkungsmöglichkeit zu überdenken und so seine dramatische Arbeit im Spätwerk vorzubereiten und zu begründen. Das frühe Schaffen der achtziger Jahre steht ganz im Zeichen des Versuchs, die Möglichkeiten des handelnden Menschen im dramatischen Spiel auszumessen. Dabei entwickelt Schiller eine Dramenform, die sich mit ihrer Pathetik, ihrer gesellschaftlichen Rigorosität wie ihrer politischen Aggressivität von den Lessingschen Forderungen in der Hamburgischen Dramaturgie entschieden abhebt. Deren Voraussetzungen zu kennzeichnen und deren Erscheinungsform zu beschreiben, macht erklärbar, in welcher Weise Schiller in diesen Jahren die deutsche Theaterlandschaft so entscheidend hat verändern können.

Die äußere Geschichte seines Lebens kann an die innere Entwicklung seines literarischen Werks heranführen. Am 10. November 1759 wurde Johann Christoph Friedrich Schiller im schwäbischen Marbach am Neckar geboren. Sein Vater, Johann Caspar Schiller, der sich zunächst zum Wundarzt hochgearbeitet hatte, dann (1753) in die württembergische Armee des Herzogs Carl Eugen eingetreten war und schließlich – im Rang eines Hauptmannes – den Armeedienst verließ, um 1773 die Leitung der herzoglichen Hofgärtnerei auf der Solitude zu übernehmen, konnte dem Knaben in den ersten Jahren – zur Zeit des Siebenjährigen Krieges – nur ein Wanderleben zwischen verschiedenen Standorten bieten. Die Familie – mit einer zwei Jahre zuvor geborenen Schwester – war zu dieser Zeit der Obhut der Mutter Elisabeth Dorothea geb. Kodweiß, der Tochter des Wirts «Zum goldenen Löwen» in Marbach, anvertraut. Bürgerliche Enge, aber auch Strebsamkeit und Religiosität im Sinne pietistischer Frömmigkeit bilden den Lebenskreis dieser Jahre. Die Eltern scheinen von früh an darauf bedacht gewesen zu sein, religiöse Neigungen des Knaben zu fördern: so wurde er schon während seines Besuchs der Dorfschule von Lorch ab 1764 durch den Pfarrer Philipp Ulrich Moser in die Denkwelt des schwäbischen Pietismus eingeführt, ein Interesse, das sich beim Übergang auf die Ludwigsburger Lateinschule ab 1767 nur verstärkte. Erklärtes Ziel des jungen Schiller war es, sich durch ein theologisches Studium zum protestantischen Prediger auszubilden; jährlichen Prüfungen (sogenannten «Landexamen»), die ihn zum späteren Besuch einer Klosterschule berechtigten, unterwarf er sich mit Erfolg. Ein Bruch in dieser vorgegebenen Laufbahn erfolgte erst, als der Herzog den Vater mit Nachdruck aufforderte, seinen talentierten Sohn in eine von ihm 1770 gegründete Ausbildungsinstitution zu schicken, die von entscheidender Bedeutung für den Entwicklungsgang des jungen Schiller wurde. Diese sogenannte «Militär-Pflanzschule», wenig später zur «Herzoglichen Militär-Akademie» angehoben – zunächst in der Solitude außerhalb Stuttgarts, ab 1775 im Kasernengebäude am Stuttgarter Neuen Schloß angesiedelt –, stellte den

Versuch dar, in militärisch-reglementiertem und zeitgemäß-praktischem Geiste ein akademisches Bürgertum heranzubilden, das dem absolutistischen Fürsten mit Kenntnis und Subordination zu Diensten war. Sie unterstand persönlich der Aufsicht des Herzogs, der sich von diesem Schulmodell eine durch Disziplin und angewandtes Wissen ausgezeichnete Alternative zu der liberalen Tübinger Universität versprach. Für Schiller, der 1773 in diese Anstalt hineingezwungen wurde und an sie in seinen Entwicklungsjahren bis 1780 gebunden war, erschien sie – wie er 1784 bemerkt – als eine «Folter», wo ihn «eiserne Stäbe» von einer Welt, in der er seine Neigungen hätte ausleben können, fernhielten. Seinem Wunsche, Theologie zu studieren, konnte er hier nicht nachgehen, seine Wahl des Jura-Studiums ließ ihn unbefriedigt, so daß er 1775 das Studium der Medizin ergriff, um sich eine materielle Lebensgrundlage zu schaffen.

Nach mancherlei Abschweifungen und zweimaligem Anlauf schloß er dies Studium Ende 1780 ab und verließ die Karlsschule, doch nur um mit der enttäuschenden Beschäftigung als Regimentsmedikus abgefertigt zu werden und so weiterhin der gänzlichen Verfügungsgewalt des Herzogs unterworfen zu sein. Inzwischen allerdings waren seine – vor dem Herzog ängstlich verborgen gehaltenen – literarischen Neigungen zur Reife gelangt: *Die Räuber. Ein Schauspiel* erschien Mitte 1781 im Druck und erlebte – wie schon genannt – am 13. Januar 1782 seine Uraufführung in Mannheim. Für Schiller bedeutete dies auch den Bruch mit der Welt der Karlsschule und mit dem Kerker eines Zwangsregimes: Als der Herzog seine zweimalige unerlaubte Reise nach Mannheim mit 14 Tagen Arrest bestraft und ihm überdies ferner verboten hatte, «Comoedien zu schreiben», entschloß er sich zur spektakulären Flucht aus dem Hoheitsgebiet Württembergs. Sie gelang ihm – zusammen mit Andreas Streicher – am 22. September 1782. Die Freiheit, die sich ihm nun eröffnete, war allerdings nicht ohne Beschwernisse, Rückschläge und Wirrnisse. Leicht ist ihm der Lebensweg von Stuttgart über Mannheim und Leipzig bis nach Jena und Weimar nicht geworden, aber er hat ihm ein literarisches Werk abgetrotzt, das in symptomatischer Weise ein Spiegel der seine Jugend prägenden Spannungen und Leiden, aber auch des Kampfes und Aufruhrs gegen die Macht der Umstände geworden ist.

Die innere Geschichte dieses Geistes ist nicht ohne diese Entwicklungsbedingungen zu denken. Soziale Umwelterfahrungen und persönliche Lebenserwartungen prallten in der militärischen Zwangsjacke der Karlsschule derart aufeinander, daß in der «Folter» kein Raum mehr für Illusionen blieb. Die Diskrepanzen zwischen der Mechanik eines alle Individualität abtötenden Lebensverlaufs und den Ansprüchen eines von frühauf an die Gewissensinstanz verwiesenen Subjektbereichs trieb einen Keil in die Vorstellung einer allesvermittelnden Einheit von äußerem und innerem Leben. Schiller führte in der Phase seiner geistigen und sozialen Bewußtwerdung ein Doppelleben – zwischen den Pflichten der Militärakademie und den früh geweckten poetischen Neigungen –, das Entzweiung und Zerrissenheit zu einer Grunderfahrung seiner Jugendjahre hat werden lassen. Aber er stellte sich der Herausforderung: Einerseits kultivierte er seine literarischen Neigungen, indem er sich an der zeitgenössischen Dichtung vor allem Hallers, Ewald von Kleists, Klopstocks und Rousseaus bildete, in engen Freundschaften sich einen privaten Freiraum für geistige Gemeinsamkeiten schuf, oder sich an eigene poetische Versuche wagte (die er dann meist wieder vernichtete); und andererseits öffnete er sich auf dem Felde der Philosophie und Naturwissenschaft einer aufklärerisch-skeptischen Denkweise, die insbesondere die medizinische Menschensicht bestimmt. Das soziale Spannungsfeld seiner Lebenslage trug gewiß nicht unwesentlich dazu bei, ihn für diese Antinomien empfänglich zu machen. In der Spannweite zwischen pietistischer Gewissensethik und materialistischem Zynismus bildet sich die Vorstellung von der Unvereinbarkeit von Ideal und Leben, Poesie und Wirklichkeit, Geist und Natur, Freiheit und Gesetz heraus, um die seine Gedankenwelt seitdem in anthropologischer, philosophischer oder ästhetischer Sicht kreisen wird. Die Krisis des Geistes, wie sie auch vor ihm schon vor allem von den Stürmern und Drängern als erkenntnistheoretisches und soziales Problem konstatiert worden war, geriet bei ihm zu einer Erfahrung des Abgrunds, die an die existentiellen Grundfesten rührte. Die Feststellungen seiner zweiten medizinischen Dissertation, daß «der Tod aus dem Leben, wie aus seinem Keime, sich entwickle», gewann für ihn eine mehr als nur physiologische Bedeutung.

Seine naturwissenschaftlichen und philosophischen Studien haben ihm den Glauben an einen allesversöhnenden Gott geraubt. Die theologisch-orthodoxe Lösung – darin stimmt er mit der Avantgarde seiner Zeit überein – ist ein überwundenes Kapitel. Aber er verfällt nicht in Melancholie und Verzweiflung wie viele der Jüngeren der Sturm-und-Drang-Generation. Von seinen naturwissenschaftlichen Studien geleitet, gibt er sich nicht philosophischen Spekulationen über Ursachen und Konsequenzen der Entzweiung hin, sondern lotet den anthropologischen Grund dieser Aufspaltung in der Natur des Menschen selbst aus. Hierfür sind seine Abschlußarbeiten, die medizinischen Dissertationen *Philosophie der Physiologie* (1779) – wegen Angriffen auf Autoritäten der Zeit abgelehnt – und *Versuch über den Zusammenhang der tierischen Natur des Menschen mit seiner geistigen* (1780) wichtige Dokumente. Sein Eindringen in die «tierische Natur» des Menschen hat Selbstverständigungscharakter, es soll ihm Klarheit verschaffen über die Interdependenzen zwischen dem «blinden Ohngefähr», das er auch als «blinde Notwendigkeit», als «Gesetz des Mechanismus» deutet, und dem «Gebiet der Vernunft», der Selbstbestimmungskraft des Geistes. Zwischen den einander bekämpfenden Abstraktionen von Idealismus und Materialismus, die monokausale Erklärungen liefern, suchte er die Natur des Menschen als ein Gewebe von Kräften zu erfassen, die aufeinander angewiesen sind, sich bedingen, sich aber auch bekriegen – Elemente einer «anscheinenden Verwirrung und Planlosigkeit», aus der aber «eine große Schönheit hervorgehen» könne. Der Mensch, dies «unselige Mittelding von Vieh und Engel», hat nach Schiller in sich den Kampf auszutragen zwischen «der Sklaverei» durch die «tierischen Empfindungen», die «mit unwiderstehlicher und gleichsam tyrannischer Macht die Seele zu Leidenschaften und Handlungen fortreißen und über die geistigsten selbst nicht selten die Oberhand bekommen», und den «Anstrengungen des Geistes», der physiologischen Bedingtheit das «Licht» der Kultivierung abzugewinnen, das den Menschen auszeichnet. Schiller deutet die Gesetze «unserer zerbrechlichen Maschine» im Sinne einer Menschenauffassung, die den Tugendoptimismus der Aufklärung hinter sich gelassen hat, den Gedankenflug an seine irdischen Fesseln zurückverweist und in dieser Physiologie der Seele die psychologischen Einsichten Mendelssohns und Lessings von den «vermischten Empfindungen» von der barschen Realität der Determiniertheit durch das Leibliche her untermauert. Was von der Menschheitsgeschichte gilt, da «der Mensch... Tier sein (mußte), ehe er wußte, daß er ein Geist war», daß «er... am Staube kriechen (mußte), ehe er den Newtonischen Flug durchs Universum wagte», gilt auch für den einzelnen: Dies komplizierte psycho-physiologische Geflecht zu durchschauen, in ihm die Triebfedern der Mechanik freizulegen, «Tierisches» und «Geistiges», Notwendigkeit und Freiheit, Leiden und Selbsterhaltung zu verfolgen, wird zur Aufgabe des Menschenbeobachters. Der physiologische Blick wird zur Optik des jungen Schiller. Und – wie der Hinweis der medizinischen Dissertationen auf eine Szene seiner im Entstehen begriffenen *Räuber* als veranschaulichendes Beispiel verrät – auch die Sicht des Dramatikers.

Die Überlegungen des Zwanzigjährigen legen Impulse seines Gesamtwerks frei. An der Wende zu den achtziger Jahren des Jahrhunderts, an der Lessing mit seinem *Nathan der Weise* (1779) noch einmal den utopisch-hoffnungsvollen Appell von der Vereinigung aller Widersprüche im Zeichen einer trotz allem guten Natur formulieren konnte und an der der Aufruhr der nur noch hoffnungslos an sich selbst glaubenden Generation der Stürmer und Dränger verstummt war, gibt der junge Schiller der Zeiterfahrung von Skeptizismus und Zerrissenheit eine neue Basis. Mit den Mitteln des Aufklärungsdenkens dementiert er dessen Ordnungs- und Harmoniepostulat und gelangt zu einer bis dahin unerhörten Einsicht in die Gefährdung der menschlichen Natur, die zur Herausforderung für jegliches Streben nach «Vollkommenheit» wird. Es ist der Gedanke von der durchgängigen Gesetzlichkeit aller Naturvorgänge, die in ihrer determinierenden Unausweichlichkeit auch den Menschen unter das Zeichen von Zerbrechlichkeit und Todverfallenheit stellt. Das Bewußtsein, in ein Räderwerk biologischer, psychischer und sozialer Zwänge eingespannt zu sein und Selbstbestimmung nur unter der Bedingung dieser Gesetzlichkeit ermöglichen zu können, steigert den Dualismus von Geist und Natur zu einer leidvoll erfahrenen Antithetik, die die Suche nach einem gedanklichen Fixpunkt zu einer Überlebensfrage macht. Wie seine zuerst publizierten Gedichte – im *Schwäbischen Magazin* von 1776 und 1777 –, *Der Abend* und *Der Eroberer*, in all ihrer Traditionsgebundenheit zeigen, bietet er als ein solches Reservat der Selbstbestimmung den Raum einer sich von der Welt abgrenzenden Poesie wie den sozialen Protest gegen die politisch-despotischen Zwänge der «wirklichen Welt» an. Beide Texte lassen bereits das Pathos als Leidensform und Aufbegehrungsgestus erkennen, das Schillers Werk seither bestimmen wird. Sozialkritik und Autonomieanspruch der Kunst sind in dieser frühen Phase noch wenig originaler Ausdruck der Abgrenzung von den Zwängen, denen er sich in allen Bereichen des Lebens ausgesetzt sieht und gegen die er revoltiert. Erst die im medizinischen Zusammenhang gewonnene Einsicht in die anthropologische und psychologische Grundlage dieser Zwänge setzen die pathetischen Energien frei, die ihn zum Dramatiker einer neuen Zeit machen. Der Mechanik dieses psychischen und sozialen Räderwerks im Handeln der Menschen nachzuspüren, ihre verborgenen Triebfedern im Konfliktfeld divergierender Interessen freizulegen und im pathetischen Gegeneinander der tragisch sich vernichtenden Kräfte den Gang der Natur zu verfolgen, gibt dem jungen Schiller dies Bewußtsein der Unabhängigkeit und Absolutheit seines dichterischen Auftrags, wie es die Ankündigung der *Rheinischen Thalia* von 1784 – nach dem Publikumserfolg seines Erstlings – andeutet:

> «Nunmehr sind alle meine Verbindungen gelöst. Das Publikum ist mir jetzt alles, mein Studium, mein Souverain, mein Vertrauter. Ihm allein gehör ich jetzt an. Vor diesem und keinem andern Tribunal werde ich mich stellen. Dieses nur fürchte ich und verehr ich. Etwas Großes wandelt mich an bei der Vorstellung, keine andere Fessel zu tragen als den Ausspruch der Welt – an keinen andern Thron mehr zu appellieren als an die menschliche Seele.»

Die Räuber

Schillers Erstling ist das Ergebnis mehrerer dramatischer Versuche, die bis auf das Jahr 1772 zurückreichen, aber nicht erhalten sind. Es zeigt sich an ihnen nur, wie sehr er in jungen Jahren bereits und entgegen der «militärischen Regel» der Karlsschule sich durch die Lektüre der zeitgenössischen Literatur zu eigenen literarischen Arbeiten angeregt fühlte. In der Abgeschlossenheit der Militärakademie muß seine Weltsicht noch sehr begrenzt gewesen sein; seine Inspiration nährt sich denn auch überwiegend an literarischen Vorbildern, von denen Klopstock mit seinen *Oden*, dem *Messias* und den Dramen, Goethes *Werther* und Leisewitz' *Julius von Tarent* wohl die hervorragendsten waren.

Während seines intensiven Medizinstudiums der Jahre 1777 bis 1779 erschließt sich ihm dann das theoretische Weltbild, das sich in seinen Dissertationen niederschlägt. Parallel dazu entstehen die ersten Szenen seines Stücks, dessen Gesamtkonzept dann in den Jahren 1779 bis 1780 ausgearbeitet wurde.

Die erste Buchausgabe vom Mai/Juni 1781 ließ Schiller anonym und auf eigene Kosten mit dem Untertitel «Ein Schauspiel» im Selbstverlag drucken. Es ist der Beginn einer Veröffentlichungs- und Aufführungsgeschichte, die verwirrend und nicht ohne Ungereimtheiten ist, die vor allem aber zeigt, wie sehr sich der junge Autor vor den literarischen Institutionen seiner Zeit – hier personifiziert im Intendanten des neugegründeten Mannheimer Nationaltheaters, Heribert von Dalberg, der sein Stück in reichlich veränderter Form zur Inszenierung bringen wollte – verbeugen mußte. Die Mühe lohnte sich: die schon genannte spektakuläre Erstaufführung von 1782 sicherte ihm den Durchbruch auf der deutschen Bühne.

Trotz mancher, von der Forschung akribisch aufgewiesener Einflüsse sind Stoffvorlage und Inspirationsquelle des Stücks vor allem ein Bericht, den Christian Friedrich Daniel Schubart (1735–1791) in knapper Form zuerst im *Schwäbischen Magazin von Gelehrten Sachen auf das Jahr 1775* unter dem Titel *Zur Geschichte des menschlichen Herzens* veröffentlicht hatte. Es handelt sich um ein «teutsches» «Geschichtgen» von den sehr unterschiedlich geratenen Söhnen eines Edelmannes, Wilhelm – «ein misanthropischer Verehrer der Ordnung und Ökonomie» – und Carl – dessen «heftiges Temperament – vom Strom ergriffen und zu manchem Laster fortgerissen (ward)». Die Intrigen Wilhelms gegen Carl, dessen Verstoßung und Reue, der Mordanschlag des pedantisch-kalten Bruders gegen den Vater und dessen Rettung durch Carl bilden das Skelett auch der Schillerschen Dramenhandlung, nur daß die «Güte des Herzens» bei Schubart die Dinge wieder ins rechte Gleis bringt und dem gefallenen, aber guten Sohn zu Recht und Glück verhilft. Mehr als diese Fabel mag die Aufforderung des Autors auf den jungen Schiller gewirkt haben, er gebe seine Geschichte «einem Genie preis, eine Komödie oder einen Roman daraus zu machen, wann er nur nicht aus Zaghaftigkeit die Szene in Spanien und Griechenland, sondern auf teutschem Grund und Boden eröffnet», wie die Abschlußbemerkung des Berichts zeigt:

> «Wann wird einmal der Philosoph auftreten, der sich in die Tiefen des menschlichen Herzens hinabläßt, jeder Handlung bis zur Empfängnis nachspürt, jeden Winkelzug bemerkt und alsdann eine Geschichte des menschlichen Herzens schreibt, worin er das trügerische Inkarnat vom Antlitze des Heuchlers hinwegwischt und gegen ihn die Rechte des offenen Herzens behauptet!»

«Zaghaft» war der Debütant durchaus nicht: Die «Szene» seines Stücks spielt auf «teutschem Grund und Boden» («Der Ort der Geschichte ist Teutschland»). Nicht so sehr allerdings, um – wie bei Schubart – «den Nationalcharakter unserer Nation bis auf die feinsten Nuancen zu bestimmen», sondern um die Analyse der «Tiefen des menschlichen Herzens» an ein Zeitbild des «tintenklecksenden Säkulums» zu binden und damit Psychologie und Sozialkritik aufeinander zu beziehen. Beide Verständniszugänge sind denn auch bis heute – oft unverbunden – als Interpretationsansätze gewählt worden. Die politische Deutung wurde gefördert durch die «zwote verbesserte Auflage», die 1782 bei Tobias Löffler in Frankfurt und Leipzig erschienen und der das – von Schiller nicht autorisierte – Motto «In Tirannos» vorangestellt worden war, die psychologische Interpretation konnte sich auf Schillers Vorreden und seine Selbstanzeige des Stücks stützen. Ganz im Sinne seiner Vorlage und in deutlicher Parallelität zu seinen medizinischen Dissertationen (in denen seinerseits das Werk ja schon als Anschauungsmaterial verwendet worden war) spricht er hier von seinem Interesse, eine Seelenstudie vorzulegen, die das psychophysische Räderwerk in seinen «geheimsten Operationen ertappen» und so als eine Mechanik enthüllen will, die jedwedes Handeln an unbeeinflußbare Dispositionen und Konstellationen binde. Sofern dies in gleichem Maße für den «Mißmenschen Franz» mit der «Mechanik seines Lastersystems» wie für die «ungeheure Verirrung» des genialischen Kraftmenschen Karl gelte, meint er, mit dem dramatischen Konfliktfeld seiner Protagonisten eine «Kopie der wirklichen Welt» vorgelegt zu haben. Vor dem Hintergrund seiner medizinischen Studien erscheint das Stück denn auch eher als eine Experimentalanordnung des sich auf das Feld der Psychologie bewegenden Naturwissenschaftlers, die in ihrer gezielten Gegenüberstellung von Charakteren das Gesetz der «wirklichen Welt» erforschen will. Ein solches Gesetz kann dann Gültigkeit beanspruchen gleichermaßen für die anthropologische wie für die soziale und politische Welt.

So mit dem geschärften Blick des experimentierenden Beobachters gesehen, enthüllt sich die Welt in diesem Drama als «das verworrene Bild des allgemeinen Elends» (IV,5). Anschauungsfall ist die Tragödie der Familie mit den traditionellen Motiven des Bruderzwistes und des Vater-Sohn-Konflikts, nun aber in einer Weise verschärft, die die patriarchalische Sozialordnung der Zeit in ihr Gegenteil verkehrt. Die Vater-Institution tritt in den Mittelpunkt des dramatischen Geschehens: als der Familienvater zwischen einem mißratenen und einem verlorenen Sohn, an denen er und mit ihm sein ganzes Haus physisch und psychisch zugrunde geht, als der «höhere» Vater auf seinem «Richterstuhl», dessen Kraft sich angesichts des Faktums «du mußt sterben!» (V,1) erst noch zu erweisen hat, und als die Vater-Autoritäten der Gesellschaft, gegen deren Privilegienmißbrauch nur die sich außerhalb von Recht und Ordnung stellende Rebellion der Räuberbande gesetzt werden zu können scheint. Schiller verbindet diese Fäden miteinander und gibt seinem Drama so eine Mehrdimensionalität, die Verkehrtheiten und Paradoxien dieser Welt von psychologischer, sozialer und theologischer Sicht her aufschlüsselt. Die «Kopie der wirklichen Welt» hat den Verlust des rousseauistischen Naturparadieses (von dem Karl nur noch träumen kann) zum Ausgangspunkt. Konsequenz der Austreibung aus der Kinderwelt ist die breite – nicht immer dramaturgisch gebändigte und durch Umarbeitungen und Einschübe auch nicht stringenter gewordene – «Mahlerey» des «ewige(n) Chaos» (IV,5):

«Die Gesetze der Welt sind Würfelspiel geworden, das Band der Natur ist entzwei, die alte Zwietracht ist los, der Sohn hat seinen Vater erschlagen.» (IV,5)

Aber dieser «wirklichen Welt» ist eine Kraft eingelagert, die als Maßstab und Orientierungsgesetz den Agierenden ein Gegenbild vorhält und die letztlich ihre Anerkennung einklagt. Schiller läßt sie Pastor Moser (seine Reminiszenz an den pietistischen Lehrer der Kindheit) einen «innere(n) Tribunal» nennen oder «Euer eigenes Herz» (V,1), Karl apostrophiert sie als «verräterisches Gewissen» (V,2). Franz wird mit ihr ebenso konfrontiert wie Karl, und bei beiden – vom einen geleugnet, vom anderen anerkannt – wirkt sie als die Macht, die ihren Entfaltungsdrang begrenzt und «die mißhandelte Ordnung wiederum heilen kann» (V,2). Es kommt Schiller so vor allem darauf an, das Gegenspiel von Zerrüttung und Gewissensappell als Spannungsbogen einer drastisch geschilderten, aus den Fugen geratenen Welt zu entwerfen. Unvereinbar wie sie sind in der «wirklichen Welt», stellen sie doch einen Anspruch an eine Welt, wie sie sein könnte. Die Schärfe der Konfrontation zwischen der Absolutheit eines nur seiner «inneren Stimme» vertrauenden Gewissens und der Zerbrechlichkeit eines von Trieben manipulierten Lebens legt einerseits das Leiden an der Welt als beherrschenden Grundzug des jungen Schiller frei, macht andererseits aber auch deutlich, daß nur die dramaturgische Steigerung dieses Leiden in pathetischen Kontrastbildern und rhetorischen Exaltationen diese Antinomik anschaulich zu vermitteln vermochte. Den jungen Schiller mit den Maßstäben der Lessingschen *Dramaturgie* zu messen, müßte daher die Eigenart dieses Dramas verfehlen; nicht der kausal-logische Handlungszuammenhang ist vordringlich, sondern die Affektwirkung miteinander kontrastierender Szenen. Sofern Schiller seine Zeit mit dem Doppelblick des Anatomen und des Gewissensanalytikers mißt, gelangt er gleichermaßen zu einer physisch-psychischen Genese der Zerrüttung dieser Welt wie zu einer Position der Selbstbehauptung gegenüber den zermürbenden Zwängen der Wirklichkeit. Mit der Propagierung des genialischen Kraftkerls als Lösung aus den Wirrungen der Zeit hat das nichts zu tun; im Gegenteil: Schillers Frühwerk wird auch als eine Auseinandersetzung mit dem materialistischen Zynismus eines Teils der Philosophie seiner Zeit auf der einen und dem sich selbst genügenden Kraftgeniekult der Stürmer und Dränger auf der anderen Seite zu verstehen sein. Wenn auch Schiller mit den letzteren eher sympathisierte – insbesondere mit deren radikaler Kulturkritik –, so besteht seine Abgrenzung von dieser Generation gerade darin, in der Gewissensinstanz einen Verantwortungsbereich erschlossen zu haben, der die Selbstgenügsamkeit im Hinblick auf eine menschliche Zielsetzung überwindet. Pietistisches Gedankengut – allerdings eher im Sinne von Karls «Ich bin mein Himmel und meine Hölle» (IV,5) – schlägt hier ebenso durch wie aufklärerische Analytik und Kritik der Zeitumstände. Aus der Verzweiflung an der Zeit gelingt dem jungen Autor ein verzweifelter Aufruf, sich nicht mit dem Verlust der Naturharmonie klagend zu genügen, sondern im geistigen Anspruch an sich selbst, im Gewissen, Gegenkräfte gegen die «wirkliche Welt» zu mobilisieren.

Von Mannheim bis Dresden (1782–1787)

Die Verschwörung des Fiesco zu Genua, Kabale und Liebe, Don Karlos

Der Erfolg der *Räuber* und damit die Bestätigung seines poetischen Genies bedeuteten für den jungen Schiller die entscheidende Wende seines Lebens. Aber es wird ihm dabei nichts geschenkt. Seine mutige Flucht aus der Karlsschule nach Mannheim schien Freiheit und Ungebundenheit zu verheißen, brachte ihn indes zunächst nur in neue Abhängigkeiten. Ökonomisch ungesichert und persönlich ohne Stütze, war der Dreiundzwanzigjährige den Bedingungen unterworfen, die seine Umgebung an ihn herantrug. Zahlreiche Reisen gleichen eher einer Flucht vor den vermeintlichen Nachstellungen des Herzogs als einer Orientierung in einer ihm noch fremden Welt. Aufenthalte bei Gönnern und Freunden – so von November 1782 bis Juli 1783 bei Frau von Wolzogen, um deren Tochter er vergeblich wirbt, und 1785–87 im Kreise Christian Gottfried Körners (1756–1831) in Leipzig und Dresden – machen seine Abhängigkeit deutlich, unterstreichen aber auch, daß ihm Anerkennung und Freundschaft entgegengebracht werden. Gerade für ihn, der des freien Umgangs in der größeren Gesellschaft bisher hatte entsagen müssen, bedeutete dies ungeheuer viel, wenn sich auch weitere weibliche Bekanntschaften zerschlagen und wenn er auch zu unstet war, um längere Zeit in einem begrenzten Kreis zu verweilen. Die ersten Schritte in ein Leben ohne «Gitter» glichen so durchaus nicht einem rauschenden Siegeszug; allein enge Freundschaftsbindungen – auch schon für die Zeit auf der Karlsschule charakteristisch – konnten ihn mit der barschen Wirklichkeit eines bürgerlich nicht etablierten Poeten versöhnen. Erster Ausdruck und anschauliches Beispiel für diese Huldigung der Freundschaft – hier bezogen auf den Körner-Kreis – ist die Hymne *An die Freude* vom Oktober 1785.

Seine literarischen Hoffnungen hatte Schiller zunächst auf Mannheim und den dortigen Theaterintendanten Dalberg gesetzt. Im August 1783 gelingt es ihm, dort eine Anstellung als Theaterdichter zu erhalten, mit der Auflage, seine schon abgeschlossenen oder in Arbeit befindlichen dramatischen Produktionen für das Theater einzurichten. Eine mehrmonatige Erkrankung an Malaria – erste Anzeichen einer gebrechlichen Gesundheit – warfen ihn jedoch zurück. Fehlende Übereinstimmung mit Dalberg über theatralische Fragen bedeutete, daß sein Vertrag nach einem Jahr nicht wieder verlängert wurde. Inzwischen allerdings hatte er gesellschaftliche Anerkennungen erfahren, die seine Stellung im literarischen Leben Deutschlands stärkten: Anfang

1784 wird er in den Vorstand der Kurfürstlichen Deutschen Gesellschaft in Mannheim berufen, in der er wenige Tage später ordentliches Mitglied wird, und Ende Dezember 1784 erreicht ihn ein Schreiben von Herzog Karl August von Weimar, der ihm den Titel eines weimarischen Rats verleiht. Zwei Jahre nach seiner Flucht wird dem jungen Dichter so eine literarische und gesellschaftliche Reputation zuteil, die das bisher vorgelegte Werk belohnt und auf seine Blütezeit in Jena und Weimar vorausweist.

Seine Lebensumstände nach der Flucht stellen ihn allerdings auch unter einen erheblichen Produktionsdruck. Dramatische Pläne – bereits in Stuttgart entworfen – forderten nun eine Ausarbeitung. Zwar hatte sich Schiller parallel zu den *Räubern* anderen literarischen Sujets zugewandt: so der Herausgabe (neben J. F. Abel, J. W. Petersen und J. Atzel) einer kurzlebigen Theaterzeitschrift, des *Wirtembergischen Repertoriums* (1782), die von seiner Hand vor allem den Aufsatz *Über das gegenwärtige teutsche Theater* und den erzählenden Bericht *Eine großmütige Handlung, aus der neusten Geschichte* brachte, und eine Sammlung eigener und fremder Gedichte in der *Anthologie auf das Jahr 1782*, die in recht loser Form und unter dem Motto «Meinem Prinzipal dem Tod zugeschrieben», erste Beispiele seiner pathetisch gefärbten Jugendlyrik – so vor allem seine Oden an Laura – vorlegt. Aber der Erfolg seines Erstlingsdramas war erst noch einzulösen, wenn er sich Hoffnung auf eine dauerhafte Stellung als Theaterdichter machen wollte. Schiller arbeitete daher in der hektischen Zeit vor und nach seiner Flucht intensiv an seinen Dramenplänen: Kurz nach seiner Übersiedlung nach Mannheim konnte er *Die Verschwörung des Fiesco zu Genua* vorlegen, im Juli 1783 dann seine *Luise Millerin*, die von Iffland in *Kabale und Liebe* umgetauft wurde, und seit dem Frühjahr 1783 beschäftigte er sich bereits mit dem *Don Karlos*, der dann allerdings erst 1787 in der Buchausgabe erscheinen konnte. Der *Fiesco* lag im April 1783 im Druck vor, *Kabale und Liebe* im März 1784 (beide bei Schwan in Mannheim). Die Einrichtung für die Bühne erforderte dann eine weitere Arbeit mit seinen Stücken, die zuweilen erhebliche Änderungen mit sich führte: am 11. Januar 1784 konnte der *Fiesco* in Mannheim aufgeführt werden, während das Bonner Theater ihn bereits am 20. Juli 1783, auf Grund der Buchvorlage und ohne Mitwirken Schillers, herausgebracht hatte, *Kabale und Liebe* am 15. April 1784 in Schillers Bühnenfassung (zwei Tage zuvor war das Stück jedoch schon in Frankfurt uraufgeführt worden).

Die Verschwörung des Fiesco zu Genua

Schiller hat sein Stück ein «republikanisches Trauerspiel» genannt und ins Genua des Jahres 1547 verlegt. Reichhaltiges Quellenstudium zur Rebellion des Grafen Fiesco – Schiller führt seine historischen Gewährsleute in der Vorrede zum Stück an – zeigt sein erwachendes historisches Interesse, das schließlich in den großen Geschichtsdramen seiner Reifezeit voll zur Entfaltung kommt, «strengste historische Genauigkeit» aber liegt ihm fern. In einer *Erinnerung an das Publikum* zur Mannheimer Bühnenfassung rechtfertigt er sich wegen seines freien Umgangs mit der Geschichte, ohne doch damit seine eigenen Korrekturen – besonders hinsichtlich des Dramenschlusses – befriedigend erklären zu können. Die Variationen der einzelnen Fassungen in der Frage, wie denn der Held, der in der Geschichte einen zufälligen Tod findet, enden soll – vom Republikaner Verrina auf der Höhe seines Ruhms in den Hafen gestoßen, als «glücklichster Bürger Genuas» im Verzicht auf den Herzogstitel, oder auf dem Marktplatz bei der Ausrufung zum Herzog erdolcht –, läßt eine Unsicherheit erkennen, die wohl auch deutlich macht, daß es Schiller nicht vordringlich um die politische Lösung des «republikanischen Trauerspiels» ging, sondern um die Ingredienzen des politischen Handelns überhaupt.

Wenn er an Dalberg schreibt, daß er in seinem Stück an der Tragödie «des würkenden und gestürzten Ehrgeizes» interessiert war, dann ist der Bogen wieder zurückgeschlagen zu seinen *Räubern*, von denen der *Fiesco* sich auf den ersten Blick so sehr zu unterscheiden schien. Auch hier geht es um die «Geschichte des menschlichen Herzens», nur daß die «Kopie der wirklichen Welt» am historischen Modellfall aufgesucht wird und sich im politischen Handlungszusammenhang konkretisiert. Zwischen den Haltungsantagonisten des zynischen Despoten Gianettino auf der einen und dem starren Republikaner «wie Stahl» (I,7), Verrina, auf der anderen Seite demonstriert der Verschwörerkreis mit Fiesco als seinem durch die Natur in überschwenglichem Maße ausgezeichneten Leiter eine Zweideutigkeit des politischen Handelns, die gleichermaßen die persönliche Integrität der Agierenden wie die «Räder der Regierung», deren «Donner» «ewig ins gellende Ohr krachen» (I,6), in Zweifel ziehen. Die historische Verschwörung wird für Schiller dramatisch interessant als Studie der «Verirrung» des «großen Menschen», der in berechtigter Empörung über die Zustände des Staats sich zum handlungsfähigen und -bereiten Anführer aufschwingt, sich dabei aber in den Schlingen seines Ehrgeizes verfängt und «Sein» mit «Herrschen» gleichzusetzen, das «Gesetz am Gängelbande zu führen wünscht», um das «Rad der blinden Betrügerin», der Geschichte, in eigener Machtvollkommenheit drehen zu können (III,2). Anklänge an den Kraftkerl Karl Moor sind ebenso unverkennbar wie solche an die Motivationsbreite der Räuberbande: der Verschwörerkreis spannt sich vom redlichen Republikaner Verrina bis zu den korrupten Opportunisten Calcagno und Sacco, denen «Redlichkeit» ein «Märchen» ist und die zynische und selbsteinsichtige Betrachtungen darüber anstellen, «wenn der Bankerott eines Taugenichts und die Brunst eines Wollüstlings das Glück eines Staats entscheiden» (I,3). Fiesco bedient sich des Mohren Hassan als seines schurkischen Alter ego, um seinem Masken- und Intrigenspiel die nötige realpolitische Durchschlagskraft zu geben. Politisches Handeln erscheint ihm als eine Kunst der Machbarkeit, zunächst noch mit dem vordringlichen Ziel, die Tyrannei zu stürzen, sehr bald aber auch, um seine eigenen Absichten durchzusetzen. Wenn der Tyrann Gianettino – in umkehrender Anspielung auf die Verführungskünste des Prinzen in Lessings *Emilia Galotti* – «Gewalt» für die beste «Beredsamkeit» hält (I,5), so sucht Fiesco zunächst noch im rhetorisch-verführerischen Intrigenspiel seine Mitstreiter an sich zu binden, seine Gegner zu täuschen und das Volk auf seine Vorstellungen einzuschwören. Mit wachsender Verselbständigung seiner gegen die republikanische Verfassung gerichteten Pläne allerdings beginnt auch für ihn zu gelten, womit Gianettino sich selbst charakterisiert: «Der Teufel, der in mir steckt, kann nur im Heiligenschein inkognito bleiben» (II,14).

Die «Liverei des ewigen Lügners» (III,19) färbt auf Fiescos Inneres ab, die Versuchung der Größe wird zum Wahn des Ehrgeizigen, die moralischen Normen verlieren für ihn – und hier nähert er sich Franz Moor – mit der Größe des Verbrechens an Wert: «Die Schande nimmt ab mit der wachsenden Sünde» (III,2). In seiner Entschlossenheit wird auch für ihn die «Gewalt» zur «besten Beredsamkeit». Auf die Gewaltanwendung zielt das bis in alle Einzelheiten kalkulierte politische Handeln, doch die Mechanik der Gewalt trifft auch ihren Verfechter: er tötet seine eigene Frau, wird seinerseits von Verrina ermordet, der «zum Andreas» geht, dem eher patriarchalisch als tyrannisch herrschenden Herzog von Genua.

Die Faszination der Größe – ihm von seinem geschätzten Lehrer Abel auf der Karlsschule nahegebracht – war bereits ein hervorstechendes Motiv in den *Räubern*. In der Gestalt des Fiesco verbindet Schiller die in seinem Erstling sich noch gegenüberstehenden Kreise des berechnenden Intriganten und des enthusiastischen Tatmenschen zur Größe einer politischen Figur, die «Himmel» und «Hölle» (II,19) in sich vereint. Aus einer beherrschenden Leidenschaft, dem machtbesessenen Ehrgeiz, entwickelt er ein Handlungsgefüge, das einerseits das Problem der Verfügbarkeit über Menschen und andererseits die Frage des Rechts auf Manipulation aufwirft. Fiescos Frau Leonore erscheint die Welt des intrigenreich inszenierten Aufruhrs als eine «Herberge des bösen Gewissens» (IV,11) und hält ihm entgegen: «Herrschsucht hat eherne Augen, worin ewig nie die Empfindung perlt... Herrschsucht zertrümmert die Welt in ein rasselndes Kettenhaus» (IV,14). Ihre Alternative, «in romantischen Fluren ganz der Liebe uns (zu) leben» (IV,14), bedeutet allerdings Flucht vor der «wirklichen Welt». In dieser auszuharren und in ihr zu wirken, ist einsbedeutend damit, «keine Wahl» zu haben (IV,14). Das Räderwerk der Leidenschaft, verbündet mit dem Glauben an die Berechenbarkeit aller Dinge, usurpiert die Rechte der Natur und wird gerade dadurch in den Sog des unmanipulierbaren, notwendigen Gangs der Welt hineingezogen. Fiesco muß dies schon früh erkennen: «Was die Ameise Vernunft mühsam zu Haufen schleppt, jagt in einem Hui der Wind des Zufalls zusammen» (II,4), sucht diesen «Wind» allerdings noch zu nutzen, um schließlich zu guter Letzt ein Opfer des «Zufalls» zu werden. Auch die

Größe hat für Schiller ihre Grenzen, ihr Freiheitspotential – im selbstgewissen Versuch, die Tyrannei der sozialen oder politischen Verfassungen abzustreifen – ist in Gefahr, den «inneren Tribunal» der Stimme des Gewissens zu zerstören und sich somit selbst zum Glied der Kette einer alles zerrüttenden Maschinerie zu werden. Das «Gängelband», an dem der machtbesessene Fiesco seine Mitmenschen führen will, erweist sich doch nur als ein Hirngespinst der «Ameise Vernunft». Die Zweideutigkeit seiner politischen Mittel, die die «Kopie der wirklichen Welt» als ein Schlachtfeld der Zwielichtigkeit, der Lüge und Zerrissenheit zeigt, demontiert im ironischen Spiel die pragmatische Vernunft der politischen Akteure und läßt «im ewigen Leeren» (I,1) und gerade dann, «wenn die Tugend im Preis fallen sollte» (I,8), die Frage nach einem haltgebenden Maßstab jenseits der bloßen Entschlossenheit zur Tat dringlicher werden. «Ehrfurcht» gegenüber dem «Ersten der Menschen» (I,8) trägt da nicht mehr, wo dieser Erste seine Ehre aufs Spiel setzt und nur noch Furcht verbreitet. Bourgognino, dem Fiesco «Ehrfurcht» abverlangt, verwirklicht als ein Hoffnungszeichen des Dramas dieses «innere Tribunal», wenn er der Stimme seines Herzens folgt und der entehrten Tochter Verrinas die Treue hält. Er setzt der Verschwörung die wahre Befreiung der – von der politischen Tyrannei geschändeten – menschlichen Unschuld aus dem «unterste(n) Gewölb» (II,12) entgegen. Dem enthusiastischen – und durchaus streitbaren und kampfbereiten – Jüngling weist Schiller hier die Größe des Herzens zu, die der in der «wirklichen Welt» korrumpierten Größe als Maßstab vorgehalten wird. Politische Welt und Gewissensanspruch stehen sich so in diesem Drama entschieden als die Antipoden gegenüber, zu denen es in der Frage der Unterdrückung und der Freiheit Stellung zu beziehen gilt. Schillers «republikanisches Trauerspiel» erscheint so weniger als eine Tragödie der Republik denn als Trauerspiel der Akteure in einem politischen Spiel, das in einer desorientierten und pervertierten Welt der allein sich selbst verantwortlichen Instanz des Gewissens nur die Möglichkeit der Flucht läßt.

Kabale und Liebe

Noch während seiner Umarbeitung des *Fiesco* geht Schiller einen Schritt weiter in der dramatischen Erforschung der «Geschichte des menschlichen Herzens». Mit dem «bürgerlichen Trauerspiel» *Kabale und Liebe* (oder wie es bezeichnenderweise ursprünglich hieß: *Luise Millerin*) versucht er sich in einem Genre, das sich seit Lessings *Miß Sara Sampson* (1755) und seiner *Emilia Galotti* (1772) wachsender Beliebtheit erfreut hatte. Von der Abenteuerlichkeit der Räuberwelt über den historischen Modellfall der Genueser Rebellion erscheint nun der Bruch der «wirklichen Welt» in ungeheurer zeitgeschichtlicher Konkretion: «Am Hof eines deutschen Fürsten» und nicht mehr – wie bei Lessing – in der Ferne einer italienischen Welt, vollzieht sich die Tragödie zwischen Herrscherwillkür und dem Anspruch einer über alle Standesunterschiede erhabenen Liebe. Wenn Schiller in Anlage und Durchführung auch vieles zeitgenössischen Stücken verdankt – neben Lessing vor allem O. V. Gemmingens *Der Deutsche Hausvater* (1781), Wagners *Kindermörderin* (1776), Leisewitz' *Julius von Tarent* (1776) oder Klingers *Das leidende Weib* (1775) – und wenn er sich den eingebürgerten Erwartungen des Gattungsschemas anzupassen hatte, so ist sein «Versuch», «sich auch in die bürgerliche Sphäre herab(zu)lassen» (Streicher), doch so eigenständig, daß mit ihm eine Wende in der Geschichte dieser Gattung angesetzt werden kann. Bei Schiller sind zwar die Standesschranken und deren unheilvolle Konsequenzen in aller Schärfe herausgearbeitet, aber der Psychologe ergänzt sie durch einen Einblick in den «Abgrund» des an der Liebe und sich selbst irrewerdenden Herzens, die wiederum die Frage nach der Möglichkeit der Gewißheit im Räderwerk einer aus den Fugen geratenen Welt aufwirft. Die Deutungen des Stücks schwanken denn auch – je nach Gewichtung – zwischen den Polen einer Zeitkritik und einer Tragödie der Liebenden.

Beides ist von Schiller intendiert, und das Werk erhält überhaupt erst sein Gewicht durch eine Verflechtung dieser Handlungsstränge. Er entwirft eine Welt der Zwänge, Zynismen und Manipulationen als gesellschaftlichen Hintergrund für menschliches Handeln, die sich gewiß der zeitgenössischen Hofkritik vom Standpunkt burgerlicher Moralnormen anschließt, gleichwohl aber in ihrer offenen Schärfe und identifizierbaren zeitgeschichtlichen Konkretheit doch unerhört ist. Eine «fürstliche Drahtpuppe» (IV,9) macht alle zu «Sklaven eines einzigen Marionettendrahts» (II,1), der «giftige Wind des Hofes» zwingt die an ihn Gebundenen ans «Gängelband» «schändliche(r) Ketten» (II,1). «Eiserne Ketten des Vorurteils» (II,5) durch die «Hülsen des Standes» mit ihren «Schranken des Unterschieds» (I,3) verletzen die «Gesetze der Menschheit» (II,3) in einem Maße, das Empörung und Abscheu erwecken soll. Schiller «malt» hier mit grellem Pinsel die «Kopie» einer Welt, die alles Handeln zur «Finte» (V,8) herabsinken läßt und in der menschliche Schicksale nur Teile einer «Rechnung» (V,8) sind, die der Machterhaltung dient. Die Intrige des Präsidenten von Walter (mit seinem jämmerlich-bösartigen Werkzeug Wurm) gegen seinen eigenen Sohn Ferdinand – die zugespitzte Umkehrung des klassischen Vater-Sohn-Konflikts – bestimmt das dramatische Geschehen und läßt die Frage dringlich werden, wieweit die Berechenbarkeit des Handelns in der «wirklichen Welt» auch die Ansprüche einer «inneren Welt» umgreifen und sie steuern kann.

Denn der Welt des Hofes wird nicht so sehr die Bürgerstube des Stadtmusikus Miller gegenübergestellt – auch wenn dem Vater die Berührung mit dem Adelsstande als «Abgrund», als «ein Dolch über dir und mir» (I,4) erscheint –, sondern eine aller Unterschiede spottenden Liebe zwischen Ferdinand und Luise. Den an die «Hoheit des Herrschers» gebundenen «Begriffe(n) von Größe und Glück» des Vaters hält der Sohn sein «Ideal von Glück» in seinem «Herzen» vor (I,7). Wo die «Natur mit Konvenienzen zerfallen» ist und die «Menschheit» sich in «Mode» erschöpft (II,3), wird ihm das «Riesenwerk meiner Liebe» (II,5) Inhalt und Zielpunkt seines Lebens, dem er alles äußere Glück aufzuopfern bereit ist. Den «phantastischen Träumereien von Seelengröße und persönlichem Adel» – wie Wurm über die Ideale der von den «Akademien» kommenden Jünglinge spottet (III,1) – in der rauhen Wirklichkeit zu ihrem Recht zu verhelfen, setzt das dramatische Spannungsgefüge in Gang. Vom Ständedrama verschiebt sich der Konflikt damit zugleich aber auch auf die Frage nach dem Verhältnis zwischen dem Unbedingtheitsanspruch einer Liebe und den Bedingtheiten einer an ihren sozialen Kontext gebundenen Seele. Die Intrige der Mächtigen sucht das «Barometer der Seele» (III,1) zu ergründen und damit die «Träumereien von Seelengröße und persönlichem Adel» zu testen. Und das «Geweb» ist so «satanisch fein» (III,1), daß der Zweifel sich in die Bindung der Liebenden einnistet und sie in die Irre führt. Luise ahnt es schon früh, wenn sie Ferdinand daran mahnt, daß sein «Herz» seinem «Stande» gehöre und daß sie deshalb «einem Bündnis entsagen» wolle, das «die Fugen der Bürgerwelt auseinander treiben und die allgemeine ewige Ordnung zugrunde stürzen würde» (III,4), ihr Geliebter fällt der «Finte» der «Eifersucht» zum Opfer: «Ein entsetzliches Schicksal hat die Sprache unserer Herzen verwirrt» (IV,7). Diese Verwirrung der «menschlichen Seele» – so arbeitet es Schiller heraus – ist nicht nur das Ergebnis der berechnenden Intrige, sondern hat tieferliegende Gründe: Der Schritt, das «Gewissen» des Bürgermädchens «zu bestürmen» (III,1), enthüllt Bindungen und Zwänge, die der Absolutheit einer zur Weltflucht neigenden Liebe entgegenstehen. Ihre «natürliche» Bindung an den Vater fordert Rechte, die der «Bund unsrer Herzen» (V,1) nicht usurpieren kann. «Daß unser Herz an natürliche Triebe so fest als an Ketten liegt» (III,6) «und daß die Zärtlichkeit noch barbarischer zwingt als Tyrannenwut» (IV,1) sind die Bedingungen, die das «bürgerliche Trauerspiel» zu einer Tragödie der Liebe machen. Die Katastrophe wird erst möglich durch die inneren «Ketten» des Herzens, die sich der intrigante Zergliederer der Seele zunutze macht. Dies «Geweb» schnürt die Liebe ein und treibt sie in der «wirklichen Welt» in den Untergang. Nur als «zürnende Liebe», die «dem Draht nicht so gehorsam blieb wie deine hölzerne Puppe» (V,8), kann sie sich im Tode behaupten – als Anspruch und Appell zugleich. Wenn auch alles Handeln berechenbar und «Größe und Glück» des Machtmenschen zu sichern schien, muß der «Meister» durch die Antriebskraft eines leidenschaftlich bewegten Herzens einen Fehler in seiner «Rechnung» finden. Luise sieht es: «O! sie sind pfiffig, solang sie es nur mit dem Kopf zu tun haben; aber sobald sie mit dem Herzen anbinden, werden die Bösewichter dumm» (V,1), aber auch diese Einsicht kann nicht verhindern, daß die Liebenden an den «Ketten» ihrer Herzen wie an den «Schranken» der sozialen Welt zugrunde gehen. Anatomische Psychologie und Fürstenwillkür anprangernde Sozialkritik – Leitfäden des jungen Schiller – gehen in der «bürgerlichen Sphäre» eine pathetisch gesteigerte Einheit ein, die in ihrer Appellwirkung auch mit mancherlei Unwahrscheinlichkeiten versöhnt. Die Gegenkraft zum deprimierenden Ausgeliefertsein an den Gang der Dinge und an die Gesetze der Seele, das «innere Tribunal» der Gewissensentscheidung, tritt hier stärker hervor als in seinen früheren Stücken, aber Glücksverwirklichung in privater «Menschlichkeit» ist auch hier eine Utopie, die an den Bastionen der «wirklichen Welt» scheitert.

Don Karlos

Wie Schiller das Thema von Glücksverlangen und Sozialzerrüttung zu einem «menschheitlichen» Problem ausweitet, zeigt sein nächstes Stück. Mit seinem «dramatischen Gedicht» *Don Karlos, Infant von Spanien* schließt er wieder an den *Fiesco* und an die «hohe Tragödie» an, die ihm als ein so «fruchtbares Feld» erscheint, daß er es sich «nicht vergeben» kann, «daß ich so eigensinnig, vielleicht auch so eitel war, um in einer entgegengesetzten Sphäre zu glänzen, meine Phantasie in die Schranken des bürgerlichen Kothurns einzäunen zu wollen». (An Dalberg vom 24. August 1784.) Ihm schwebt ein «kühneres Tableau» vor als ein «gewöhnliches bürgerliches Sujet», «und ein Stück wie dieses erwirbt dem Dichter... schnellern und grösern Ruhm, als drei Stüke wie jenes». Und doch scheint sich seine «Phantasie» zunächst noch in den «Schranken» eines «Familiengemälde(s)» (wenn auch «in einem fürstlichen Hauße») bewegt zu haben, in dem «die schrekliche Situazion eines Vaters, der mit seinem eigenen Sohn so unglüklich eifert, die schreklichere Situazion eines Sohns, der bei allen Ansprüchen auf das gröste Königreich der Welt ohne Hoffnung liebt, und endlich aufgeopfert wird», von dramatischem Interesse ist (7. Juni 1784). Keimzelle und endgültige Entfaltung des Stoffes weisen denn auch einen Entwicklungsgang auf, den Schiller selbst in seinen *Briefen über Don Karlos* (1788) damit zu erklären sucht, daß «neue Ideen, die indes bei mir aufkamen,... die frühern (verdrängten)». Seitdem das historische Sujet im Mai 1782 an ihn herangetragen worden war, beschäftigte er sich mit dem Plan einer dramatischen Bearbeitung. Bei seinem Aufenthalt in Bauerbach im Frühjahr 1783 schreibt er den ersten Entwurf nieder, der bereits zeigt, wie sehr er sich von seiner primären Quelle, Abbé de Saint Réals *Histoire de Dom Carlos, fils de Philippe II*, abhebt: Abgesehen von den andersartigen Gewichtungen der historischen Personen treibt ihn über das Familiengemälde hinaus auch ein sozialkritischer Impuls: «Außerdem will ich es mir in diesem Schauspiel zur Pflicht machen in Darstellung der Inquisition die prostituirte Menschheit zu rächen, und ihre Schandfleken fürchterlich an den Pranger zu stellen. Ich will... einer Menschenart, welche der Dolch der Tragödie biß jetzt nur gestreift hat, auf die Seele stoßen» (14. April 1783). Aber die Schritte dorthin sind langsam und beschwerlich, und Schiller läßt sein Publikum daran teilnehmen: Stückweise veröffentlicht er die Resultate seiner seit Mitte 1784 wieder aufgenommenen Arbeit in seiner Zeitschrift, der

Thalia, in deren 4. Heft (Anfang 1787) der Text – mit unterbrechenden Zwischenbemerkungen – bis zu III,9 vorliegt. Wenig später – im Juni 1787 – erschien die Buchausgabe des gesamten Dramas bei Göschen als vorläufiger Schlußpunkt einer wechselvollen Entstehungsgeschichte; Kürzungen, Umarbeitungen geringeren Umfangs und Bühnenfassungen beschäftigten Schiller allerdings noch bis in sein Todesjahr 1805. Das Werk beansprucht den Dichter nicht nur in seinen entscheidenden Lehrjahren als Dramatiker, sondern ist auch für den späten Schiller weiterhin eine Herausforderung, die die klassischen Geschichtsdramen aufgreifen und weiterentwickeln. Es ist Abschluß und Übergang zugleich: Themen und Motive der ersten produktiven Jahre werden hier gebündelt und in den allgemeingültigen Horizont eines Humanitätsideals gerückt und mit der erstmals gewählten und seitdem nicht wieder aufgegebenen Jambenform, die – wie er bemerkt – seinem Werk «sehr viel Würde und Glanz geben wird» (7. Juni 1784), die ästhetische Gestalt gewonnen, die das Pathos aus der Rhetorik einer gefühlsbefrachteten Sprache löst und in die «starken Zeichnungen und erschütternden oder rührenden Situazionen» verlegt (27. März 1783).

Die «chaotische Masse» seines *Karlos* zu ordnen, wird ihm im Arbeitsprozeß zur zentralen Aufgabe. Mochte ihm die Familientragödie im «fürstlichen Hause» – der Vater und allmächtige Herrscher Europas heiratet mit dem Recht seiner Machtvollkommenheit die Verlobte seines Sohnes, der einer Liebe nicht entsagen kann, die den Vater in Argwohn und Eifersucht treibt – der ursprüngliche Impuls seines dramatischen Interesses gewesen sein, so ist mit dieser Konstellation doch zugleich der Rahmen eines politischen Dramas abgesteckt, in dem das «Murren gegen Vorsicht und Schicksal, Zähneknirschen gegen weltliche Konventionen» (Vorrede zum 1. Heft der *Thalia*) seine Rechtfertigung erfährt. Der antipodische Spannungsbogen zwischen Gefühl und Staatsinteresse, das das Stück als Leitfaden durchzieht, wird verbunden durch den Hymnus einer Freundschaft zwischen Karlos und Posa, in der dieser nicht nur als Vertrauter in der Liebe, sondern vor allem auch als Repräsentant einer alternativen politischen Idee gezeichnet ist. Die wechselvolle Entstehungsgeschichte des Werks und Schillers eigene Bemerkungen über den Ideen-Wandel während der Ausarbeitung daraufhin zu deuten, daß hier Familien-, Freundschafts- und Staatsdrama nur dürftig verbunden nebeneinanderstehen, übersieht allerdings die für den jungen Schiller überhaupt gültige Tatsache, daß Privat- und Politikbereich für ihn gerade in ihrer Diskrepanz aufeinander bezogen sind und erst das tragische Potential seiner Dramen darstellen. Die Verkehrtheit der Liebeskonstellation, daß der Sohn die Mutter liebt, mit der er zuvor verlobt war, korrespondiert der Machtstruktur eines absolutistischen Staatsgebildes, die solche Zerrüttungen der Naturordnung erzwingen kann. Und Karlos' «krankes Herz», das «Liebe» braucht, gerade weil «eine knechtische/Erziehung schon in meinem jungen Herzen/Der Liebe zarten Keim zertrat», sieht sich in den Schergen seines

Vaters mit dem «Fanatismus rauher Henkersknechte» konfrontiert, denen Liebe ebenso verdächtig ist wie «Freiheit». Die «Furien des Abgrunds» seines Herzens verfolgen ihn zwar wegen seines Gegensatzes zu einem machtvollen und seine Gefühlsansprüche argwöhnisch unterdrückenden Vater – «Zwei unverträglichere Gegenteile/Fand die Natur in ihrem Umkreis nicht» –, aber dieser Vater ist auch der Staatsrepräsentant, der, als er dem Kind im Alter von 6 Jahren erstmals «vor Augen kam», «stehnden Fußes/Vier Bluturteile unterschrieb». Diese Antithetik eines auf die Rechte des eigenen Herzens pochenden Gefühls und die menschenverachtende Maschinerie des Staats arbeitet Schiller gleich zu Anfang seines Dramas – hier in I,2 – als Motivhintergrund des weiteren Geschehens heraus. Zugleich führt er mit Posa einen «Abgeordnete(n) der ganzen Menschheit» ein, der den privaten Glücksanspruch mit dem politischen Auftrag der Befreiung Flanderns vom spanischen Joch zu verbinden sucht. «Menschlichkeit», für das Karlos' «erhabnes Herz... zu schlagen» nicht vergessen hat, erhält so von vornherein den Doppelklang von «Stimme der Natur» (I,7) und politischem Freiheitsappell. Die Repräsentanten von Kirche und kriegerischer Macht – Domingo und Alba – erkennen denn auch in Karlos' «große(m) Amt» der «Liebe», von der Königin auf «Spanien» verwiesen (I,5), das «Gift der Neuerer», das «unsrer Staatskunst Linien durchreißen» könne:

> «Sein Herz entglüht für eine neue Tugend,
> Die, stolz und sicher und sich selbst genug,
> Von keinem Glauben betteln will. – Er *denkt!*
> Sein Kopf entbrennt von einer seltsamen
> Chimäre – er verehrt den Menschen – Herzog,
> Ob er zu unserm König taugt?» (II,10)

Aber es ist Posa, dessen «Arm» Karlos braucht, um sein «Jahrhundert in die Schranken» zu fordern (I,9), der den Enthusiasmus der «Menschlichkeit» in die wirkliche Welt des politischen «Possenspiel(s)» (I,9) zu übertragen gewillt ist. In seinem Gespräch mit dem König (III,10), der in der Einsamkeit seiner auch ihn belastenden Fürstenrolle «Wahrheit» sucht, erreicht das Drama seinen gedanklichen Höhepunkt. Weil Posa über sich «gedacht» und deshalb «gefährlich» ist, wird seine Einforderung der «Gedankenfreiheit» zur Herausforderung der Zeit. Als «Bürger dieser Welt» bezieht er «Menschlichkeit» auf «Menschenglück» und «Bürgerglück» und klagt daher gleichermaßen die «Verdrehung der Natur» wie das «zertretne Glück von Millionen» an. Sein Appell an den König, sich dem «Rade/Des Weltverhängnisses» entgegenzuwerfen und «der Menschheit/Verlornen Adel wieder her(zustellen)» wird zur politischen Botschaft Schillers. Dem Jahrhundert Philipp II. ist sie so fremd, daß sie scheitern muß, und auch Posa, der «Sonderling», erkennt dies: «Das Jahrhundert/Ist meinem Ideal nicht reif/Ich lebe/Ein Bürger derer, welche kommen werden.» Für Schillers eigenes Jahrhundert, das «der Ketten Last» noch keineswegs abgeworfen hat, bleibt Posas Ideal eine Utopie, die als Anspruch ihre vorausweisende Berechtigung erhält, die in der «wirklichen Welt» der Naturverkehrtheit, Sozialzerrüttung und Staatsintrigen aber untergehen muß. Dem Pathos des Untergangs – wie es Schiller im verwirrenden Spiel der beiden letzten Akte vorführt – ist die Utopie einer Glücksverwirklichung im privaten Bereich der «Menschlichkeit» wie in der politischen Sphäre der «Menschheit» eingeschrieben.

Schiller geht mit dem *Karlos* einen Schritt über seine frühen Dramen hinaus. Waren diese geprägt von der Erfahrungslast der Determiniertheit allen Handelns, gegen deren zerstörerische Notwendigkeit einzig das «innere Tribunal» des Gewissens im Untergang behauptet werden konnte, so wird nun dieser «Tribunal» als politisches Menschenrecht eingeklagt. Gefühlsanspruch und Staatsinteresse stehen sich nicht mehr nur – wie noch in *Kabale und Liebe* – als moralisch zu wertende Antagonismen gegenüber, sondern erscheinen eingeordnet in den größeren Zusammenhang der gesellschaftlichen Organisation der «Menschheit» und gewinnen von hieraus ihre politische Brisanz. Mit der Vertiefung in den historischen Stoff gelingt es Schiller, über den Unterschied von «Menschenarten» hinaus auch die politischen Steuerungsfaktoren, die diese Menschen in ihre «Ketten» legen, in den Blick zu bekommen. Im Gewand des spanischen Absolutismus begreift er die Struktur einer politischen Herrschaftsform, die in ihrer Monopolisierung aller menschlichen Lebensbezüge Ursache auch für die Sozialzerrüttung der ihr unterworfenen Bürger ist. Posas Idee von «Menschenglück», gebunden an «Gedankenfreiheit» und den «eignen Wert» der «Bürger dieser Welt», hält dem absolutistischen Politikverständnis ein Gesellschaftsmodell entgegen, in dem dieser Bürger «Würde» und «Adel» zurückerhält. Was Schiller in seiner Vorrede zur *Thalia* «in den Gemälden Philipps und seines Sohns» als «zwei höchst verschiedene Jahrhunderte» erscheint, ist in der Tat der Zusammenprall zweier politischer Welten mit ihren prinzipiell andersartigen Wertsetzungen. Mit der Einforderung eines gesellschaftlichen Pluralismus von frei sich verständigenden Bürgern innerhalb eines auch von Schiller nicht revolutionär verworfenen Staatssystems werden die Bedingungen von privatem Glück an die Organisationsform des gesellschaftlichen Gefüges gebunden. Eine solche Politisierung der moralischen Ansprüche des Menschen bringt die noch eher diffuse und deshalb verbal-radikalere Kritik auf den Begriff einer von der Naturrechtslehre hergeleiteten Menschheitsidee. Sie wird Schiller von nun an nicht wieder aufgeben, auch wenn ihn – mit Posa zu sprechen – «die Feuerflocke Wahrheit nur,/In des Despoten Seele kühn geworfen» (III,9) nicht in die politische Arena, sondern ins Reich der «ästhetischen Erziehung» der «Bürger dieser Welt» treibt.

Weimar, Jena (1787–1789)

Geschichte, Prosa, Lyrik

«Alles macht mir hier seine Glückwünsche, daß ich mich in die Geschichte geworfen, und am Ende bin ich ein solcher Narr, es selbst für vernünftig zu halten.» Schiller schreibt diese Zeilen am 19. Dezember 1787 an Körner, und zwar aus Weimar, wo er sich mit Unterbrechungen seit Mitte des Jahres aufhält. Nach Abschluß seines *Karlos*, der nun auf zahlreichen Bühnen Deutschlands aufgeführt wird, ist er in den belebenden Kreis der Weimarianer um Wieland und Herder – Goethe weilt noch in Italien – und in eine kunstfreundliche Welt eingetreten, die er nicht wieder verlassen wird. Seine ersten vier Dramen haben ihn dem literarischen Publikum als ein jugendliches Genie vertraut gemacht, das aus dem Geiste der Kritik gegen Bastionen dieser Welt anrannte und dabei manche Illusion zerstörte. Mit dem *Karlos* allerdings hatte sich bereits eine Wende angebahnt. Der medizinisch geschulte Psychologe mit dem Sinn für theatralische Effekte spürt in der geschichtlichen Konstellation Gesetzen menschlichen Handelns nach, die in ihrer Allgemeingültigkeit für die «wirkliche Welt» doch zugleich den Ruf nach einer tragfähigen Idealordnung als Gegenbild zu dieser Welt verstärken. Für Schiller ist dies eine Übergangsphase. Ehe er sich Anfang der neunziger Jahre und im Zusammenhang mit seinen Kant-Studien über das Reich des Schönen als idealen Ort einer Versöhnung aller Gegensätze Klarheit verschaffen kann, wird ihm eine Arbeitsperiode als Historiker abverlangt, die größere poetische Projekte in den Hintergrund treten läßt. Er überläßt sich ihr willig – wenn auch zuweilen mit Murren –, einerseits weil ihm sein historisches Dramensujet Interesse und Notwendigkeit einer solchen Wissenserweiterung nahegelegt hatte, und andererseits, weil er sich nach seinem ersten poetischen Rausch nun um eine Konsolidierung seiner bürgerlichen Existenz bemühen mußte. Dem permanent von Geldsorgen Geplagten war es denn auch ein erster Schritt in eine bessere Zukunft, als er im März 1789 als Frucht seiner historischen Studien eine Geschichtsprofessur in Jena übernehmen konnte. Zwar sind damit die «schönen paar Jahre von Unabhängigkeit», von denen er «träumte», dahin (23. Dezember 1788), aber sein «Absehen», «in eine gewisse Rechtlichkeit und Bürgerliche Verbindung einzutreten, wo mich eine bessere Versorgung finden kann» (25. Dezember 1788), ist doch für den knapp Dreißigjährigen ein gewichtiges Argument. Er kann nun – im Februar 1790 – Charlotte von Lengefeld, mit der er seit 1787 näher verbunden war, heiraten und in Jena eine Familie gründen.

Bis zu einer schweren Erkrankung Anfang 1791 hält er Lehrveranstaltungen an der Universität ab. Sie zwingen ihn auf eine Arbeitsbahn, die ihm mit ihrer methodischen Disziplinierung das «schriftstellerische Arbeiten im historischen Fach» (25. Dezember 1788) erleichtern wird und für seine späteren

Geschichtsdramen von unersetzlicher Bedeutung ist. «Wenigstens versichere ich Dir» – schreibt er im eingangs genannten Brief an Körner –, «daß es mir ungemein viel Genuß bei der Arbeit giebt, und daß auch die Idee von etwas Solidem (das heißt etwas, das ohne Erleuchtung des Verstandes dafür gehalten wird) mich dabei sehr unterstützt; denn bis hierher war ich doch fast immer mit dem Fluche belastet, den die Meinung der Welt über diese Libertinage des Geistes, die Dichtkunst, verhängt hat.»

Seine historischen Schriften dieser Zeit sind eine Gratwanderung zwischen dem «Soliden» und der «Libertinage des Geistes». Noch ganz im Banne seines *Karlos* vertieft er sich seit Mitte 1787 – und unter dem Einfluß von Watsons *Geschichte der Regierung Philipps II., aus dem Englischen übersetzt* – in die *Geschichte des Abfalls der vereinigten Niederlande von der spanischen Regierung*. «Es ist gleichsam mein Debüt in der Geschichte und ich habe Hoffnung, etwas recht lesbares zu Stande zu bringen», schreibt er im August dieses Jahres an Körner. Das «schöne Denkmal bürgerlicher Stärke», das er – wie er in der Einleitung bemerkt – mit seiner Darstellung «vor der Welt aufzustellen» sucht, «um in der Brust meines Lesers ein fröhliches Gefühl seiner selbst zu erwecken und ein neues unverwerfliches Beispiel zu geben, was Menschen wagen dürfen für die gute Sache und ausrichten mögen durch Vereinigung», wächst ihm unter der Hand zu einem Umfang heran, der seine Arbeitskraft ein Jahr lang in Anspruch nimmt. Ehe er seine *Geschichte der niederländischen Rebellion* im Oktober 1788 erscheinen lassen kann, hatte er sich durch intensives – und auch von historischer Seite anerkanntes – Quellenstudium ein «Gemälde» zu erschließen, «wo die Not das Genie erschuf und die Zufälle Helden machten». Auch wenn er nach Abschluß seiner Arbeit meint, die «Geschichte» sei ihm «überhaupt nur ein Magazin für meine Phantasie, und die Gegenstände müssen sich gefallen lassen, was sie unter meinen Händen werden» (10. Dezember 1788), sind ihm die «wahren Begebenheiten» des historischen Geschehens doch Ausgangspunkt und Verpflichtung. Die Geschichte «aus einer trocknen Wissenschaft in eine reitzende» zu verwandeln (7. Januar 1788), bedeutet für ihn nicht die Aufgabe eines empirischen und quellenkritischen Zugangs zu den «Gegenständen». Historische Treue, durch «Eselsfleiß» erworben, schließt allerdings nicht «klare Auseinandersetzung und philosophische Darstellung» aus (26. Oktober 1787) oder – wie es in der Einleitung heißt: «Der Mensch verarbeitet, glättet und bildet den rohen Stein, den die Zeiten herbeitragen, ihm gehört der Augenblick und der Punkt, aber die Weltgeschichte rollt der Zufall.» Die Geschichte wird ihm ein «Feld, wo alle meine Kräfte ins Spiel kommen, und wo ich doch nicht immer aus mir selbst schöpfen muß» (17. März 1788), sie wird ihm ein Lehrbuch, das ihm Aufschluß geben kann über die Kraftfelder von Notwendigkeit und Freiheit, Zufall und Sinn. Illusionen hat er keine: «Die Weltgeschichte rollt der Zufall.»

Aber gerade das ist für ihn eine Herausforderung, in den Motivationsverwicklungen seines historischen Stoffs die «Gesetze der Natur», die «einfach» seien «wie die Seele des Menschen», zu ermitteln. In seiner überaus gut besuchten Antrittsvorlesung in Jena vom 26. Mai 1789 mit dem Thema «Was heißt und zu welchem Ende studiert man Universalgeschichte?» – im Novemberheft 1789 von Wielands *Teutschem Merkur* erschienen – erläutert er seine historiographische «Methode» im Sinne einer «Analogie» zur anthropologischen Fragestellung seiner Anfangsjahre. Gewissenhaftes Quellenstudium und die Eruierung der «Gegenstände» sind für ihn unumgängliche Voraussetzung aller historischen Arbeit, aber den «Namen einer Wissenschaft» könne eine Forschung nicht beanspruchen, die «unsre Weltgeschichte» zu einem «Aggregat von Bruchstücken» reduziere: «Jetzt also kommt ihr der philosophische Verstand zu Hilfe, und indem er diese Bruchstücke durch künstliche Bindungsglieder verkettet, erhebt er das Aggregat zum System, zu einem vernunftmäßig zusammenhängenden Ganzen. Seine Beglaubigung dazu liegt in der Gleichförmigkeit und unveränderlichen Einheit der Naturgesetze und des menschlichen Gemüts...» Gegen die «blinde Herrschaft der Notwendigkeit» bringe der Historiker «einen vernünftigen Zweck in den Gang der Welt und ein teleologisches Prinzip in die Weltgeschichte», bei dem «diejenige Meinung» siege, «welche dem Verstande die höhere Befriedigung und dem Herzen die größre Glückseligkeit anzubieten hat».

Aufklärerisches Geschichtsdenken verbindet sich bei Schiller mit einem Interesse an den Variabilitäten, Verwicklungen und «sonderbaren Zufällen» der in der Geschichte agierenden Menschheit. Am 1. November 1790 kann er an Körner schreiben: «Ich erwerbe mir neue Begriffe, mache neue Combinationen und lege immer irgendetwas an Materialien für künftige Geistesgebäude auf die Seite.» Wenn er auch zugleich mit Selbstbewußtsein meint, daß er – «wenn ich ernstlich will» – «der erste Geschichtsschreiber in Deutschland werden» könne, so erlahmt sein Interesse doch zusehends und wendet sich nach Abschluß seiner *Geschichte des Dreißigjährigen Krieges* – der Vorarbeit für den *Wallenstein* – anderen Aufgaben zu. Ein großangelegtes Projekt, eine *Allgemeine Sammlung historischer Memoires*, nach französischem Vorbild entworfen, aber überwiegend als Brotarbeit gedacht, hält ihn noch einige Zeit gefangen, seine Vorlesungen werfen noch einige kleinere Aufsätze ab, aber der «Schulstaub meines Geschichtswerks» (17. März 1788) erinnert ihn doch zuletzt nur daran, daß er in einem anderen Fach wohl doch eher «der erste... in Deutschland» werden könne.

Hätte man ein breiteres Lesepublikum dieser Jahre danach befragt, in welchem «Fach» man sich Schiller zu arbeiten wünsche, so wäre gewiß die Wahl auf den Prosaisten gefallen. Seit er im 4. Heft seiner *Thalia* 1787 den Anfang eines Romans mit dem Titel *Der Geisterseher. Aus den Memoires des Grafen von O**** hatte erscheinen lassen, schien ihm der Weg eines Erfolgsschriftstellers vorgezeichnet. Seiner Zeitschrift konnte er in den nächsten vier Heften von 1788–89 durch den Abdruck weiterer Teile des Romans zahlreiche neue Leser gewinnen, und sein Verleger Göschen, der das Fragment schließlich 1789 in einer Buchausgabe – mit späteren Nachauflagen – herausbrachte, ließ Schiller am ökonomischen Erfolg seiner Anstrengungen teilhaben. Selbst die *Allgemeine Deutsche Bibliothek* kann nicht umhin, ins Lob einzustimmen: «Wir kennen im Deutschen kaum etwas und selbst in fremden Sprachen nur wenig, was an lebhafter, hinreißender Darstellung mit den meisten Szenen des *Geistersehers* verglichen werden könnte, das die Teilnahme der Leser aller Art in solcher Stärke erregte und fesselte.» Nur hatte Schiller dem «verfluchten Geisterseher» schon bald nach den ersten Anfängen «kein Interesse abgewinnen» können (6. März 1788), er erscheint ihm als «Schmiererei» (31. März 1788), als eine «planlose Sache», in die «Plan zu bringen» «nichts Kleines war» (15. Mai 1788), als eine «Farce, wie der Geisterseher doch eigentlich nur ist» (12. Februar 1789). Zugleich konzediert er pragmatisch: «Ich wär ein Narr, wenn ich das Lob der Thoren und Weisen so in den Wind schlüge» (12. Juni 1788), wenn er auch «mit Sehnsucht der Epoche entgegen»-sehe, «wo ich meine Beschäftigungen für mein Gefühl besser wählen kann» (20. November 1788). Bezeichnend für Schillers Mißvergnügen an der prosaischen Entfaltung eines publikumswirksamen, in seiner mystifizierenden Exotik zeitgenössischen Bedürfnissen entgegenkommenden Stoffes und seinem Interesse an einer philosophisch eingehenderen Abklärung seiner Situation ist, daß ihm erst bei der Arbeit am «philosophischen Gespräch», das das Romanfragment abschließt, sein «Geisterseher anfängt, lieb zu werden» (17. Januar 1789). Aber damit hatte sein prosaischer Versuch auch eine Richtung genommen, die zu den philosophischen Studien in der Kant-Nachfolge überleiten.

War für seine historischen Studien das «Interesse» vorherrschend, «jede merkwürdige Begebenheit, die mit Menschen vorging, dem Menschen wichtig darzustellen» (13. Oktober 1789), so gilt dies im Kern auch für seine Erzählungen. Es geht ihm um die «glänzendsten Züge des menschlichen Herzens», wie es in der schon 1782 im *Wirtembergischen Repertorium* veröffentlichten Erzählung *Eine großmütige Handlung, aus der neuesten Geschichte* heißt, um Seelenanalyse, nicht um Weltentfaltung. Kriminalstoffe ziehen ihn dabei besonders an, und das detektivische Entschlüsseln der Motivationskräfte großer Verbrecher reizen den anatomisch sezierenden Psychologen. In der für die Gattung der Kriminalgeschichte nicht unbedeutenden Erzählung *Der Verbrecher aus verlorener Ehre. Eine wahre Geschichte* – 1786 unter dem Titel *Der Verbrecher aus Infamie* in der *Thalia* erschienen – deutet er eine ihm von seinem Lehrer Abel vermittelte wirkliche Begebenheit in diesem Sinne als das «geheime Spiel der Begehrungskraft» aus, das «im Zustand gewaltsamer Leidenschaft desto hervorspringender, kolossalischer, lauter» wird: «Der feinere Menschenforscher, welcher weiß, wieviel man auf die Mechanik der gewöhnlichen Willensfreiheit eigentlich rechnen darf und wie weit es erlaubt ist, analogisch zu schließen, wird manche

Erfahrung aus diesem Gebiete in seine Seelenlehre herübertragen und für das sittliche Leben verarbeiten.» Und wenn dann der eher berichtende und reflektierende Erzähler dem von der Gesellschaft böswillig ausgestoßenen und zur Verbrecherbande getriebenen Delinquenten das Wort gibt, so geschieht dies, um aus der Innensicht seines Helden die Beweggründe für dessen Taten im Sinne eines notwendigen – und in mancher Hinsicht auch entschuldbaren – Ablaufs verständlich zu machen. Der «Menschenforscher» der *Räuber* wie der medizinischen Dissertationen verrät sich auch hier: es geht um die «Mechanik der gewöhnlichen Willensfreiheit» und damit um die Frage nach Naturnotwendigkeit und Selbstbestimmung.

In der Erzählung *Spiel des Schicksals. Ein Bruchstück aus einer wahren Geschichte* – 1789 im *Teutschen Merkur* veröffentlicht – wird die «merkwürdige Begebenheit» von einem «Charakterzug» eines seiner Paten, des Generals Philipp Friedrich Rieger, der «Härte», «die von jeher... in ihm gelegen hatte und ihm auch durch alle Abwechslungen seines Glückes geblieben ist», her ausgedeutet. Was wie ein «Spiel des Schicksals» aussieht, gewinnt von der Charakterdisposition her die Erscheinungsform einer Notwendigkeit, die als Gesetz des «wirklichen Lebens» die intrigenreiche Härte und Unausweichlichkeit des Geschicks bestimmt. Es ist so durchaus konsequent, daß Schiller am Ende seiner Laufbahn als Erzähler, im philosophischen Gespräch des *Geistersehers*, die «Moralphilosophie» ins Zentrum seiner Überlegungen stellt. Dies «Beispiel zur Geschichte des Betrugs und der Verirrungen des menschlichen Geistes», wo der Held «in seine Phantasienwelt verschlossen... sehr oft ein Fremdling in der wirklichen» war und «mehr dazu geboren sich beherrschen zu lassen, ohne schwach zu sein», mündet ein in einen Dialog über die «moralische Schönheit». Was dem Prinzen an «Freigeisterei» – auch im Sinne einer radikalen Auseinandersetzung mit dem Christentum – hier in den Mund gelegt wird, deckt sich nach eigener Aussage nicht völlig mit Schillers Anschauungen, aber der Skeptizismus angesichts einer im Netz der Notwendigkeiten gefangenen Moral bringt nur das auf den Begriff, was auch die frühen philosophischen Überlegungen schon andeuteten. Wo «unsre edelste Geistigkeit» nur eine «unentbehrliche Maschine» ist, das «Rad der Vergänglichkeit zu treiben», ist jede «geahndete Vollkommenheit der Dinge» eine Krücke zur Bewältigung der «wirklichen Welt». In dieser ist der einzelne auf sich allein zurückgeworfen, seine Kraft hat er in der Einsamkeit mit sich selbst und unter der Bedingung seiner natürlichen und sozialen Umstände zu erweisen, sei es als Verbrecher oder als Freiheitsheld. Schiller bewegt hier erkennbar das Problem der Indifferenz des Moralischen, eine Frage, die seine frühen Dramen schon aufwarfen, die der Blick des Historikers in die Geschichte nur vertiefte und die seine Erzählungen an spektakulären Kriminalfällen weiter verschärften. Daß sich hier ein Abgrund auftut, zeigt sich im Zeitverständnis nicht nur in den spiritistischen Fluchtreaktionen vielfacher Art, die der *Geisterseher* vorführt, sondern es wird Schiller auch bewußt in der entschiedeneren Beschäftigung mit der zeitgenössischen Philosophie, die seine historische und schriftstellerische Arbeit dieser Übergangsperiode begleitet.

Wie dieser Abgrund überbrückt werden kann, wird für Schiller zum Problem dieser Jahre. Wissenschaft und Philosophie, aber auch seine erzählerischen «Geschichten des menschlichen Herzens», können ihn nur in seinen unterschiedlichen Facetten ausloten, und seine frühen Dramen steigern das Leiden daran zu pathetischen Bildern des Untergangs. Bevor er sich dann seit 1791 in der Auseinandersetzung mit Kants *Kritik der Urteilskraft* über das Reich des Schönen als Möglichkeit der versöhnenden Brücke zwischen Notwendigkeit und Freiheit theoretisch Klarheit verschafft, lassen poetische Versuche allerdings – dem Arbeitsalltag abgerungen – bereits den Weg ahnen. Von Wieland ermuntert, hatte er sich im Frühjahr 1788 «aus dem Schulstaub meines Geschichtswerks auf etliche Tage losgerüttelt» und sich «ins Gebiet der Dichtkunst wieder hineingeschwungen» (17. März 1788), und das Resultat, das Gedicht *Die Götter Griechenlands*, erschien kurz danach im *Teutschen Merkur*. Schiller selbst gefiel «dies Gedicht sehr, weil eine gemäßigte Begeisterung darin atmet und eine edle Anmut mit einer Farbe von Wehmut untermischt» (12. Juni 1788), manche Zeitgenossen – so vor allem Friedrich Leopold Stolberg – sahen darin nur «traurigsten Atheismus». Ganz gewiß schließt das Gedicht an die Christentumskritik des *philosophischen Gesprächs* an und beklagt die «traurige Stille» einer Welt, in der «keine Gottheit» sich seinem «Blick» zeige, aber bedeutsam wird es vor allem dadurch, daß sich in «des Nordes winterlichem Wehn» mit der Erinnerung an die griechische Welt der Traum von einer ursprünglichen Einheit aller Gegensätze eingräbt, «da der Dichtkunst malerische Hülle/sich noch lieblich um die Wahrheit wand». Im Anschluß an Winckelmann, dem er bereits im *Brief eines reisenden Dänen* (1785), der Beschreibung des Mannheimer Antikensaals, verpflichtet war, und mit deutlichem Bezug auf Lessings *Wie die Alten den Tod gebildet* (1769) zeichnet auch Schiller hier das harmonische Bild des alten Griechenlands, das als Antikenmythos die Klassik prägen wird. Aber diese Welt, da

> «schöne lichte Bilder
> scherzten auch um die Notwendigkeit,
> und das ernste Schicksal blickte milder
> durch den Schleier sanfter Menschlichkeit» (,)

ist für ihn «ohne Wiederkehr verloren». Seine Klage über die «entgötterte Natur» führt ihn mit «Wehmut» an das Problem heran, wie denn zu seiner Zeit noch eine solche Versöhnung zu erreichen sei. Die Frage: «Schöne Welt, wo bist du?» bezeichnet sehr genau die Orientierungslosigkeit und das Harmoniebedürfnis dieser Jahre.

Mit dem letzten großen Gedicht vor einer langen Dichtungspause, mit *Die Künstler* (nach mehreren Umarbeitungen Mitte März 1789 im *Teutschen Merkur* erschienen), weist Schiller die Richtung einer Antwort auf diese

Frage an. Die «Hauptidee des Ganzen» nennt er die «Verhüllung der Wahrheit und Sittlichkeit in die Schönheit» (9. Februar 1789) und bezeichnet damit den Leitfaden durch das «Morgentor des Schönen». Wieweit es sich dabei um ein «Gedicht» oder um «Philosophie in Versen» handelt – Schiller hält an ersterem fest (9. März 1789) –, mag umstritten sein; gewiß ist aber, daß *Die Künstler* ein Thema aufgreift, das Schiller bereits in seiner Antrittsrede vor der *Deutschen Gesellschaft* in Mannheim 1784 unter dem Titel *Was kann eine gute stehende Schaubühne eigentlich wirken?* (später verändert in *Die Schaubühne als moralische Anstalt betrachtet*) aufgegriffen hatte und was 1795 in sein ästhetisches Hauptwerk, *Über die ästhetische Erziehung des Menschen in einer Reihe von Briefen*, eingehen wird. Es ist der – auf kulturkritischen Ansätzen beruhende – Gedanke der Überlegenheit der Kunst über alle anderen sozialen und geistigen Institutionen der Gesellschaft. «Vollendung des Menschen» sei erst dann gegeben – bemerkt er gegenüber Körner (9. Februar 1789), – «wenn sich wissenschaftliche und sittliche Kultur wieder in Schönheit auflöse». Und wie der Schaubühnen-Aufsatz die «Gerichtsbarkeit der Bühne» dort beginnen läßt, «wo das Gebiet der weltlichen Gesetze sich endigt», so setzt dies das Gedicht mit einer Aufforderung an die Künstler fort:

> «Der Menschheit Würde ist in eure Hand gegeben,
> bewahret sie!»

Hier – an der Wende zur klassischen Kunstphilosophie – formuliert Schiller bereits den Anspruch, den sein späteres Werk einlösen wird: die ästhetische Welt als das Reich der Versöhnung der entzweiten «wirklichen Welt» und der Weg zur Vollendung des mit seiner Gottheit zerstrittenen Menschen. Hatte der «Seelenforscher» in seinen Anfängen den Riß aufgezeigt und ihn vor den «Richterstuhl» der Schaubühne gebracht, so sinnt der Kulturanalytiker, der sich in den geschichtlichen Prozeß des Verlusts einer ursprünglichen Einheit vertieft hat, auf die Möglichkeiten einer Heilung des Bruchs. Wies er den Weg dorthin zunächst in der moralischen Kraft des Gewissens an, so bindet er nun Moral und Wissenschaft in die umfassende Kraft der Schönheit ein, die «niemals das Wirkliche, sondern immer nur das Idealische» behandle (25. November 1788) und so die innere Bildung der Menschheit als Gegengewicht, als Überlebenskraft befördert. Sieht er das «lyrische Fach» auch «eher für ein Exilium als für eine eroberte Provinz an» (25. Februar 1789), so ist es doch seine «Muse», die – wenn sie nicht mit ihm «schmollt» (17. März 1788) – den Abschluß und Übergang zugleich formuliert. Verse wie diese aus *Die Künstler* weisen denn auch mit ihrem Anspruch und ihrer Erwartung auf eine Entwicklung voraus, die Schiller an die Seite Goethes stellen wird:

> «Der Dichtung heilge Magie
> dient einem weisen Weltenplane,
> still lenke sie zum Ozeane
> der großen Harmonie!»

D

AUSBLICK

«Wann und wo entsteht ein klassischer Nationalautor? Wenn er in der Geschichte seiner Nation große Begebenheiten und ihre Folgen in einer glücklichen und bedeutenden Einheit vorfindet; wenn er in den Gesinnungen seiner Landsleute Größe, in ihren Empfindungen Tiefe und in ihren Handlungen Stärke und Konsequenz nicht vermißt; wenn er selbst, vom Nationalgeiste durchdrungen, durch ein einwohnendes Genie sich fähig fühlt, mit dem Vergangnen wie mit dem Gegenwärtigen zu sympathisieren; wenn er seine Nation auf einem hohen Grade der Kultur findet, so daß ihm seine eigene Bildung leicht wird; wenn er viele Materialien gesammelt, vollkommene oder unvollkommene Versuche seiner Vorgänger vor sich sieht und so viel äußere und innere Umstände zusammentreffen, daß er kein schweres Lehrgeld zu zahlen braucht, daß er in den besten Jahren seines Lebens ein großes Werk zu übersehen, zu ordnen und in einem Sinne auszuführen fähig ist.»

Man könnte diese Worte aus Goethes Aufsatz *Literarischer Sansculottismus* (1795) für eine Selbstdarstellung halten, aber sie dienen ihm als Folie für eine weit kritischere Beschreibung der tatsächlichen deutschen Zustände – freilich auch für eine Verteidigung dessen, was immerhin unter höchst unvollkommenen Umständen doch geleistet wurde. «Wir wollen die Umwälzungen nicht wünschen, die in Deutschland klassische Werke vorbereiten könnten», schreibt der Anti-Revolutionär Goethe. In der weiteren deutschen Kulturgeschichte jedoch sind gerade seine und Schillers Werke aus den 1790er Jahren die klassischen Werke. Wie erklärt sich dieser Widerspruch?

Zunächst aus der überragenden literarischen Qualität der Werke selbst, deren beide Klassiker sich zwar bewußt waren, die aber für die Nachwelt sich vielleicht noch strahlender ausnimmt. Dann aber auch aus der deutschen Geistesgeschichte, die sich mit dem zufrieden geben mußte, was es nun einmal gab – und es gab ja die Bedingungen nicht, die Goethe hier skizziert. Also deutete man die Voraussetzungen um und hielt der deutschen Geschichte genau das zugute, was Goethe als Mangel darstellt: gerade weil die Umwälzungen nicht stattgefunden hätten, sei es dem deutschen Geist erlaubt gewesen, sich zu neuen Höhen aufzuschwingen. Für einige Forscher der späteren Zeit galt die Zeit nach 1770 geradezu als «Deutsche Bewegung»; Goethe freilich sprach im Alter von der künftigen «Weltliteratur» und blieb bei seinen Vorbehalten einer klassischen Nationalliteratur gegenüber: «[Walter] Scotts Zauber ruhe auch auf der Herrlichkeit der drei britischen Königreiche und auf der unerschöpflichen Mannigfaltigkeit ihrer Geschichte», während in Deutschland sich nirgends «zwischen dem Thüringer Wald und Mecklenburgs Sandwüsten» ein fruchtbares Feld für den Romanschreiber finde, so daß Goethe im Wilhelm Meister den allerelendesten Stoff habe wählen müssen, der sich nur denken lasse, herumziehendes Komödiantenvolk und armselige Landedelleute, um nur Bewegung in sein Gemälde zu bringen», berichtet Kanzler von Müller über ein Gespräch mit Goethe am 17. September 1823.

Auch der Aufsatz von 1795 denkt vor allem an den Romanschreiber: «besonders» der prosaische Schriftsteller sei übel dran. Dabei hat Goethe gewiß seinen eigenen Roman im Sinne (die *Lehrjahre* waren gerade im Erscheinen), aber er deutet auch nachdrücklich auf die Romangattung als die Hauptgattung der modernen Gesellschaft und damit der künftigen Literatur. Dementsprechend hat die deutsche Literaturgeschichte, die in den 1790er Jahren eine Klassik am Werke sieht, sich vor allem an Gedichte, Dramen und an Schillers philosophische Schriften und Goethes Naturwissenschaft gehalten; eine Romanklassik ist – trotz der Lehrjahre – kaum vorhanden.

Freilich: Einschränkungen im Begriff des Klassischen sind auch bereits in der Namensgebung vorhanden. Von «deutscher Klassik» ist die Rede, noch öfter aber von der «Weimarer Klassik». Diese letztere Bezeichnung trägt dem Umstand Rechnung, daß diese Klassik in einem kleinen Fürstentum entsteht und daß sie im Kern zunächst ganze zwei, freilich bedeutende Dichter meint – die zudem zum Zeitpunkt der beginnenden Klassik sich vor allem mit philosophischen bzw. naturwissenschaftlichen Studien abgeben. In einem ihrer ersten Gespräche (1790) geht es um Kant, und der Durchbruch in ihrer Beziehung erfolgt in einem Gespräch nach einer Sitzung der Naturforschenden Gesellschaft in Jena (Juli 1794) und nicht etwa am Rande eines Dichtertreffens.

Begegnet sind sich Goethe und Schiller zum erstenmal am 9. September 1788 im Hause der Frau von Lengefeld in Rudolstadt. Diese Begegnung führte zu keiner unmittelbaren Annäherung, doch Schiller rezensierte kurz darauf Goethes *Egmont* (keineswegs unkritisch, aber zu Goethes «Achtung und Zufriedenheit», wie Schiller an Körner schrieb). Im Dezember 1788 vermittelte Goethe die Berufung Schillers als Professor für Geschichte an die Universität Jena, wo sich in den folgenden Jahren Schillers großes historisches und philosophisches Werk entfaltete. Goethe bekannte später, daß er Schiller lange gemieden habe. In einem Brief an seinen Freund Körner beschreibt Schiller seinerseits Anfang Februar 1789 seine Frustration über Goethe: «Öfters um Goethe zu sein, würde mich unglücklich machen», denn Goethe lasse nichts neben sich aufkommen. Schiller ist der jüngere – er fühlt sich wie «Brutus und Cassius gegen Caesar»: er bewundert Goethe und möchte ihn zugleich loswerden – und er ist der ärmere: «Dieser Mensch, dieser Goethe, ist mir einmal im Wege, und er erinnert mich so oft, daß das Schicksal mich hart behandelt hat. Wie leicht ward *sein* Genie von seinem Schicksal getragen, und wie muß *ich* bis auf diese Minute noch kämpfen!» (an Körner 9. März 1789). Schiller etablierte sich persönlich in jener Zeit: Anfang 1790 heiratete er Charlotte von Lengefeld. Aber bereits Ende 1790 begann seine ihn später nie verlassende Krankheit.

Der Kontakt zwischen den beiden Dichtern bleibt sehr spärlich bis 1794, als Schiller im Juni Goethe mit Erfolg zur Mitarbeit an der Zeitschrift *Die Horen* auffordert und die beiden im Juli ihr entscheidendes Gespräch führen, das ihnen bei aller Verschiedenheit der Erkenntniswege auch zeigt, daß sie aufeinander angewiesen sind. Danach zieht Schiller in seinem Geburtstagsbrief an Goethe «die Summe meiner Existenz», wie ihm dieser bescheinigt – und dann beflügelt diese Zusammenarbeit im weiteren Verlauf beider dichterische Produktion. Zunächst die von Goethe: Schiller begleitet die letzte Phase der Entstehung der *Lehrjahre* mit brieflichen Kommentaren, die von gründlicher Lektüre und Analyse zeugen, aber auch Goethe immer wieder zur Betonung der großen Unterschiede zwischen den beiden Geistern herausfordern.

Zu Anfang der 1790er Jahre lag das letzte Drama Schillers (*Don Karlos*) bereits einige Jahre zurück. Goethe hatte die Neufassung längst begonnener Werke abgeschlossen, machte aber zu diesem Zeitpunkt keine «Epoche» – und sein Verleger Göschen lehnte die Veröffentlichung der *Metamorphose der Pflanzen* mit der Begründung ab, sie werde unverkäuflich sein. Im Juli 1791 schrieb Goethe an Göschen: «Da, wie Sie selbst sagen, meine Sachen nicht so kurrent sind als andere an denen ein größer Publikum Geschmack findet, so muß ich denn freilich nach den Umständen zu Werke gehen und sehe leider voraus daß sich der Verlag meiner künftigen Schriften gänzlich zerstreuen wird.» Das war zwar als Loslösung von Göschen gemeint – und nicht lange danach erschienen *Göthe's Neue Schriften* bei Unger in Berlin – aber auch zutreffend. Die Jahre um 1790 bilden bei aller Produktivität auch eine Pause. Dafür hatte Goethe jetzt ein neues Privatleben: Zum Abschied vom bloß «innern» Menschen gehörten nicht nur Naturwissenschaft und Kunststudien, sondern auch eine «Objektivität» im Privaten. Goethe wird Ehemann – wenn auch erst 1806 mit Trauschein – und er wird Ende 1789 auch Vater (nur dies erste Kind, der Sohn August, überlebt). Als wäre die innere Entwicklung damit gleichsam an einem Ruhepunkt angelangt, steht fortan die Außenwelt im Zentrum des Interesses – wobei bemerkenswert ist, daß für Goethe das im engeren Sinne Politische biographisch wie «strukturell» seiner inneren Sphäre angehört: der Welt des Strebens, nicht der neuen Welt der Betrachtung. Daher lehnte Goethe auch von Anfang an die Französische Revolution ab und versuchte, sich so wenig wie möglich mit ihr zu beschäftigen. Typisch ist ein Brief an Jacobi im März 1790: «Daß die Französische Revolution auch für mich eine Revolution war kannst du denken»: dieser eine lapidare Satz folgt auf eine längere Darstellung seiner augenblicklichen Naturstudien, und der Brief fährt gleich fort: «Übrigens studiere ich die Alten...» Im Rückblick auf seine botanischen Studien 1817 nennt Goethe drei Titel als Beispiele für diese Fächerung seines Interesses: «Ich schrieb zu gleicher Zeit einen Aufsatz über Kunst, Manier und Stil, einen andern die Metamorphose der Pflanzen zu erklären, und das römische Karneval, sie zeigen sämtlich, was damals in meinem Innern vorging, und welche Stellung ich gegen jene drei großen Weltgegenden genommen hatte.»

An mehr oder weniger gesellschaftlichen Verpflichtungen hatte Goethe, obwohl er sich aus den eigentlichen Staatsgeschäften zurückgezogen hatte, auch nach der Italienreise keinen Mangel: 1790 bat ihn die Herzoginmutter, aus Rom kommend, um Begleitung von Venedig zurück nach Weimar, noch im selben Jahr begleitete er seinen Herzog nach Schlesien (wie wenig ihn das anzog, läßt sich aus einer für Goethe ungewöhnlich faden Formulierung in einem Brief an Herder herauslesen: «Schlesien ist ein sehr interessantes Land...» [!]; und in den Jahren 1792 und 1793 war er wieder mit dem Herzog auf Reisen, diesmal als Teilnehmer am Koalitionsfeldzug gegen die Franzosen und an der Belagerung von Mainz. Auch in der Verwaltung war er weiterhin tätig, jetzt aber auf seinen ureigensten Gebieten: als Oberaufseher des «Freien Zeicheninstituts» (ab 1788) und weiterhin auch des Bergwerks in Ilmenau, in der Schloßbau-Kommission (ab 1789), bei der Leitung der Universität Jena (ab 1789), als Direktor des Weimarer Hoftheaters (seit 1791).

Die beiden «Klassiker» waren sich ihrer Isolation bewußt – und sie steckten ihre Positionen dem zeitgenössischen literarischen Leben gegenüber deutlich und provokativ in den *Xenien* (1795) ab. Ganz allein waren sie dennoch nicht: zur Weimarer Klassik gehören – bei allen persönlichen Differenzen – auch zumindest Wieland und Herder (s. oben bes. S. 308ff., 321 u. 393ff.), und es sollte nicht vergessen werden, daß die aufkommende Romantik den Kontakt zu den Weimarianern suchte und zunächst auch fand. Eine scharfe Trennung zwischen Klassik, Romantik, Spätaufklärung etc. ist bei genauerem Hinsehen nicht haltbar, und sie ist so auch nur in der deutschen Literaturwissenschaft betrieben worden: Das Ausland – wenn denn von «Weltliteratur» die Rede sein soll – hat sowohl Goethe als Schiller meistens mit einiger Selbstverständlichkeit als «Romantiker» eingestuft. Die Darstellung von Gerhard Schulz in Bd. VII dieser Literaturgeschichte trägt der Gleichzeitigkeit, Verschiedenheit und Verzahnung der Tendenzen und der Autoren Rechnung.

BIBLIOGRAPHIE

REGISTER

BIBLIOGRAPHIE

Vorbemerkung

Seit etwa einem Vierteljahrhundert steht die Aufklärung im Zentrum nicht nur der literaturwissenschaftlichen, sondern auch der historischen, philosophischen und theologischen Forschung. Ein neues und differenziertes Bild des Zeitalters ist erarbeitet worden. Eine einigermaßen erschöpfende bibliographische Erfassung dieser Arbeiten würde mehr Seiten beanspruchen als die vorliegende Literaturgeschichte. Diese Forschung ist in Bibliographien und neuerdings auch auf Disketten in größerer Vollständigkeit denn je registriert und zugänglich gemacht worden. Außerdem ist in vielen Forschungsberichten eine Sichtung versucht worden.

Die Verfasser haben sich deshalb in ihrer Auswahl auf das ihnen wichtig erscheinende, unter Umständen auch ältere Standardwerk und auf die anregendsten neueren Forschungen beschränkt. Damit der Benutzer der Bibliographie nicht von dieser Auswahl abhängig wird, haben wir neben den allgemeinen Bibliographien, Forschungsberichten und Nachschlagewerken versucht, auf diejenigen neueren Werke, die eine ausführlichere Bibliographie zu Personen, Strömungen und Gattungen bringen, aufmerksam zu machen, damit der Benutzer einen leichten Zugang zur Diskussion der Spezialforschung gewinnt. Der Charakter einer Auswahlbibliographie ist natürlich auf den Gebieten der Geschichte, Pädagogik, Theologie und Philosophie am stärksten ausgeprägt und berücksichtigt hier nur einige Werke, die im literaturgeschichtlichen Kontext nützlich sein könnten. Zu den Abschnitten A I, II, III und B I konnte eine ungedruckte bibliographische Arbeit von V. Winge eingesehen werden.

Die Bibliographie folgt der Gliederung der Darstellung und ist von den Verfassern der jeweiligen Abschnitte ausgearbeitet. In Übereinstimmung mit der Anlage des Werkes haben wir nicht jede Wiederholung eines Titels ängstlich vermeiden wollen; die leichte Auffindbarkeit weiterführender Literatur war uns wichtiger. Einige zentrale Werke werden in den bibliographischen Angaben zu verschiedenen Kapiteln angeführt, in anderen Fällen haben wir auf Gesamtdarstellungen oder Artikel in schon anderswo angeführten, übergreifenden Sammelwerken verwiesen sowie auf Bibliographien zu anderen Kapiteln. Wir haben oft darauf verzichtet, Beiträge in einem Sammelwerk zu einem enger und klar definierten Thema gesondert aufzulisten. Auch wird einerseits nicht alle Literatur zur Autobiographie in der Bibliographie zu K. Ph. Moritz wiederholt, andererseits muß der Leser neben der kurzen

Bibliographie etwa zum Drama die weiterführenden bibliographischen Angaben zu Lessings Dramen und Dramaturgie sowie zum Drama des Sturm und Drang heranziehen. Zu der revolutionären Entwicklung der deutschen Lyrik findet man auch mehr unter Goethe als in der Bibliographie zu der scherzhaften Lyrik um die Jahrhundertmitte.

Bei Arbeiten in fremden Sprachen haben wir die deutsche Fassung angeführt, wo uns eine solche bekannt war. In allen Fällen haben wir versucht, neben Angabe der Erstausgabe auf die späteste bzw. mutmaßlich am besten greifbare Ausgabe zu verweisen.

Angeführt werden historisch-kritische Ausgaben bzw. Gesamtausgaben. In den häufigen Fällen, wo diese jedenfalls vielerorts praktisch kaum zugänglich sind, haben wir auf Auswahlausgaben, Faksimiledrucke einzelner Werke usw. hingewiesen. Auch in Fällen, wo moderne Ausgaben entweder Texte zur Wirkungsgeschichte, schwer zugängliche zeitgenössische Dokumente enthalten oder besonders ausführlich kommentiert sind, haben wir diese angeführt.

ABKÜRZUNGEN

18. Jh. = Das achtzehnte Jahrhundert. Mitteilungen der Deutschen Gesellschaft für die Erforschung des 18. Jahrhunderts. Jg. 1ff., Wolfenbüttel 1977ff.

Arcadia = Arcadia. Zeitschrift für vergleichende Literaturwissenschaft.

Aufklärung = Aufklärung. Interdisziplinäre Halbjahresschrift zur Erforschung des 18. Jahrhunderts und seiner Wirkungsgeschichte. In Verbindung mit der Deutschen Gesellschaft zur Erforschung des 18. Jahrhunderts hrsg. von G. Birtsch u. a., Hamburg 1986ff.

AUMLA = AUMLA Journal of the Australasian Universities Language and Literature Association.

DLD = Deutsche Literaturdenkmale des 18. und 19. Jahrhunderts. Begr. von B. Seuffert. Leipzig 1888ff. NF (ab 51) hrsg. von A. Sauer.

DLE = Deutsche Literatur in Entwicklungsreihen. Hrsg. von H. Kindermann u. a. Leipzig 1928ff. Nachdruck Darmstadt 1964ff.

DNL = Deutsche National-Litteratur. Historisch-kritische Ausgabe. Hrsg. von J. Kürschner. Bd. 1–163 nebst einem Registerband. Berlin/Stuttgart/Leipzig 1884ff.

Dt. Dichter des 18. Jh. = Wiese, B. v. (Hrsg.): Deutsche Dichter des 18. Jahrhunderts. Ihr Leben und Werk. Berlin 1977.

DVjs = Deutsche Vierteljahresschrift für Literaturwissenschaft und Geistesgeschichte.

Euphorion = Euphorion. Zeitschrift für Literaturgeschichte.

Exile and Enlightenment = U. Faulhaber/J. Glenn/E. P. Harris/H.-G. Richert/E. Bernstein (Hrsg.): Exile and Enlightenment. Studies in German and Comparative Literature. Detroit 1987.

Goethe im Kontext = W. Wittkowski (Hrsg.): Goethe im Kontext. Kunst und Humanität, Naturwissenschaft und Politik von der Aufklärung bis zur Restauration. Ein Symposion. Tübingen 1984.

Gedichte und Interpretationen = Richter, K. (Hrsg.): Gedichte und Interpretationen. Bd. 2: Aufklärung und Sturm und Drang. Stuttgart 1983.

GQ = German Quarterly.

GR = Germanic Review.

GRM = Germanisch-Romanische Monatsschrift.

Hanser = Hansers Sozialgeschichte der deutschen Literatur vom 16. Jahrhundert bis zur Gegenwart. Hrsg. von R. Grimminger. Bd. 3, 1 u. 2. Deutsche Aufklärung bis zur Französischen Revolution 1680–1789. Hrsg. von R. Grimminger. München 1980.

Hinck = See, K. v.: Neues Handbuch der Literaturwissenschaft. Frankfurt/M. 1972ff.
Bd. 11. W. Hinck (Hrsg.): Europäische Aufklärung. 1974.
Bd. I. Hinck, W. (Hrsg.). Frankfurt 1974.
Bd. II. Müllenbrock, H.-J. (Hrsg.). Wiesbaden 1984.
Bd. III. Stackelberg, J. v. (Hrsg.). Wiesbaden 1980.

IASL = Jäger, G./Martino, A./Sengle, F.: Internationales Archiv für Sozialgeschichte der deutschen Literatur.

JbFDH	= Jahrbuch des Freien Deutschen Hochstifts
JbGG	= Jahrbuch der Goethe-Gesellschaft
JDSG	= Jahrbuch der Deutschen Schiller Gesellschaft.
JEGPh	= Journal of English and Germanic Philology. Urbana/Illinois.
Kontroversen	= Kontroversen, alte und neue. Akten des VII. Internationalen Germanisten-Kongresses. Göttingen 1985. Hrsg. v. A. Schöne u. a. Tübingen 1986.
Lili	= Zeitschrift für Literaturwissenschaft und Linguistik.
LYB	= Lessing Yearbook.
MLN	= Modern Language Notes
MLR	= Modern Language Review
Photorin	= Photorin. Mitteilungen der Lichtenberg-Gesellschaft. Hrsg. v. W. Promies. Saarbrücken 1979f.
PMLA	= Publications of the Modern Language Association of America.
RL	= Reallexikon zur deutschen Literatur.
Schelle	= Christoph Martin Wieland. Nordamerikanische Forschungsbeiträge zur 250. Wiederkehr seines Geburtstages 1983. Hrsg. von Hansjörg Schelle. Tübingen 1984.
TeKo	= Text & Kontext. Kopenhagen/München.
Wessels	= H.-F. Wessels (Hrsg.): Aufklärung: Ein literaturwissenschaftliches Studienbuch. Königstein 1984.
Wolfenbütteler Studien	= Wolfenbütteler Studien zur Aufklärung. Im Auftrag der Lessing-Akademie hrsg. von G. Schulz. Bremen/Wolfenbüttel 1974ff. Ab 1979 Heidelberg.
WB	= Weimarer Beiträge. Zeitschrift für Literaturwissenschaft, Ästhetik und Kulturtheorie.
WW	= Wirkendes Wort.
ZfdPh	= Zeitschrift für deutsche Philologie.

Bei den Einzelbibliographien der Autoren sind die Titel geordnet nach:

(a) Ausgaben
(b) Briefe und Lebenszeugnisse
(c) Bibliographien, Forschungsberichte und andere wissenschaftliche Hilfsmittel
(d) Biographien, Gesamtdarstellungen und allgemeine Forschungsliteratur

BIBLIOGRAPHIEN UND NACHSCHLAGEWERKE

1. Bücherkunde, allgemeine Bibliographien und Forschungsberichte

Das achtzehnte Jahrhundert. Mitteilungen der Deutschen Gesellschaft für die Erforschung des 18. Jahrhunderts. Jg. 1 ff., Wolfenbüttel 1977 ff.

Albrecht, G./Dahlke, G. (Hrsg.): Internationale Biographie zur Geschichte der deutschen Literatur von den Anfängen bis zur Gegenwart. Teil 1. Von den Anfängen bis 1789. Berlin (Ost) 1969, München-Pullach 1971.

Albrecht, W.: Deutsche Spätaufklärung. Ein interdisziplinärer Forschungsbericht bis 1985. In: Wissenschaftliche Zeitschrift der Martin-Luther Universität Halle, 1987.

Arnold, R.: Allgemeine Bücherkunde zur neueren deutschen Literaturgeschichte, neu bearbeitet von H. Jacob, Berlin 1966.

Bartel, K. J.: German Literary History 1775–1835. An Annotated Bibliography. Bern 1976.

Becker, E./Dehn, M.: Literarisches Leben. Eine Bibliographie. Hamburg 1968.

Bibliographie deutschsprachiger Bücher und Zeitschriftenaufsätze zur deutschen Literatur von der Aufklärung bis zur bürgerlichen Revolution 1848/49. Bearbeitet von G. Wilhelm. In: Weimarer Beiträge 1 ff., 1955 ff. Fortgesetzt unter dem Titel: Internationale Bibliographie zur deutschen Klassik 1750–1850. Bearbeitet von K. Hammer u. a. In: WB 1960 ff.

Eppelsheimer, H. W./Köttelwesch, C.: Bibliographie der deutschen Literaturwissenschaft. Ab Bd. 9: Bibliographie der deutschen Sprach- und Literaturwissenschaft. Frankfurt/M. 1957 ff.

Fromm, H.: Germanistische Bibliographie seit 1945. Theorie und Kritik. Stuttgart 1960 (DVjs Referatenreihe 2).

Germanistik. Internationales Referatenorgan mit bibliographischen Hinweisen. Jg. 1 ff., Tübingen 1960 ff.

Goedeke, K.: Grundriß zur Geschichte der deutschen Dichtung. Aus den Quellen. 2. ganz neu bearb. Aufl. Bd. 1–14. NF Dresden u. Berlin (Ost) 1884 ff. Bd. 3. Vom Dreißigjährigen bis zum Siebenjährigen Kriege, 1887. Vom Siebenjährigen bis zum Weltkrieg (= napoleonischen). Abt. 1–5, 1891–1959. Abt. 2, 1893.

Grotegut, E. K./Leneaux, G. F.: Das Zeitalter der Aufklärung. In: Handbuch der deutschen Literaturgeschichte. Abteilung Bibliographien. Bd. 6. Bern/München 1974.

Hansel, J.: Bücherkunde für Germanisten. 6. verm. Auflage, Berlin 1972.

Hansel, J.: Personalbibliographie der deutschen Literaturgeschichte. 2. erw. Auflage, Berlin 1974.

Hirschberg, L.: Der Taschengoedeke. Bibliographie deutscher Erstausgaben. 2 Bd. München 1970.

Kantzenbach, F. W.: Die Spätaufklärung. Entwickung und Stand der Forschung. In: Theologische Literaturzeitung 102. 1977, 338–347.

Koch, A. H./Koch, U.: Internationale Germanistische Bibliographie. 3 Bde. München 1980/1981.

Körner, J.: Bibliographisches Handbuch der deutschen Literaturwissenschaft. Unverändert. Ndr. 3. Aufl. Bern 1966.

Köttelwesch, C.: Bibliographisches Handbuch der Literaturwissenschaft. 3 Bde. Frankfurt/M. 1973–1979.

Labroisse, G.: Literatur zur Lessing-Zeit. In: Deutsche Bücher. Referatenorgan germanistischer, belletristischer und deutschkundlicher Neuerscheinungen. Bd. 6. Amsterdam 1976, 50–63.

MLA International Bibliography of Books and Articles on the Modern Languages and Literatures. Hrsg. von Modern Language Association of America, New York. 1921 ff. als American Bibliography, ab 1956/57 als Annual Bibliography, ab 1963/64 als International Bibliography. Vor 1969/70 Bestandteil der Zeitschrift Publications of the Modern Language Association of America (= PMLA), danach separate Jahresausgabe der Bibliographie.

Nickel, K.-H.: Forschungen zur Rhetorik im 18. Jahrhundert. Eine Bibliographie der Veröffentlichungen aus den Jahren 1971–1979. In: 18. Jh. 4,2. 1980, 132–145. Fortsetzung in: Jg. 11, H. 2, 104–123, 1987.

Raabe, F.: Einführung in die Quellenkunde zur neueren deutschen Literaturgeschichte. 3. Aufl. Stuttgart 1974.

Raabe, P.: Einführung in die Bücherkunde zur deutschen Literaturwissenschaft. 10. durchges. Aufl. Stuttgart 1984.

Raabe, P./Ruppelt, G.: Quellenrepertorium zur neueren deutschen Literaturgeschichte. 3. vollständig neu bearb. Auflage, Stuttgart 1981.

Rasch, W.: Die Literatur der Aufklärungszeit. In: DVjs 30, 1956, 533–560.

Sauder, G.: Sozialgeschichtliche Aspekte der Literatur im 18. Jh. In: IASL 4, 1979, 197–241 (Forschungsbericht).

Schumann, D. W.: Germany in the eighteenth Century. In: JEGPh 51. 1952, 259–275, 434–450.

Schumann, D. W.: New Studies in German Literature of the eighteenth Century. In: JEGPh 54. 1955, 705–727.

Skalweit, S.: Das Zeitalter des Absolutismus als Forschungsproblem. In: DVjs 35, 1961, 298 ff.

The Year's Work in Modern Language Studies. Hrsg. von The Modern Humanities Research Association, Vol. 1 1929/30. London 1931.

Totok, M./Weitzel, R.: Handbuch der biblographischen Nachschlagewerke. 2 Bde. 6. erw. u. völlig neu bearb. Auflage, hrsg. von H.-J. u. D. Kernchen. Frankfurt/M. 1984.

Wilpert, G. v./Gühring, A.: Erstausgaben deutscher Dichtung. Eine Bibliographie zur deutschen Literatur 1600–1960. Stuttgart 1967.

2. Lexika und Nachschlagewerke

Albrecht, G. u. a.: Lexikon deutschsprachiger Schriftsteller von den Anfängen bis zur Gegenwart. 2 Bde. Leipzig 1972.

Allgemeine Deutsche Biographie. Hrsg. durch die Historische Commission bei der Königlichen Akademie der Wissenschaften. 56 Bde. Leipzig 1875–1912.

Brunner, O./Conze, W./Koselleck, R.: Geschichtliche Grundbegriffe. Historisches Lexikon zur politisch-sozialen Sprache in Deutschland. Stuttgart, 1973 ff.

Eppelsheimer, H. W.: Handbuch der Weltliteratur. Von den Anfängen bis zur Gegenwart. 3. neu bearb. und ergänzte Auflage. Frankfurt/M. 1960 (1949).

Fraenkel, E./Bracher, K. D. (Hrsg.): Fischer Lexikon ‹Staat und Politik›. Frankfurt/M. 1964.

Friedrich, W.-H./Killy, W. (Hrsg.): Fischer Lexikon ‹Literatur›. Bd. 1, 2 I/II. 10. Aufl. Frankfurt/M. 1979.

Groothoff, H.-H. (Hrsg.): Fischer Lexikon ‹Pädagogik›. Frankfurt/M. 1976.

Hamberger, G. C./Meusel, J. G.: Das gelehrte Teutschland oder Lexikon der jetzt lebenden teutschen Schrifsteller. Nachdr. der 5. Aufl. 1796. 23 Bde. und Registerbd. Hildesheim 1965/66.

Heberer, I./Schwidetzky, H. Walter (Hrsg.): Fischer Lexikon ‹Anthropologie›. Frankfurt/M. 1977.
Hoffmeister, J. (Hrsg.): Wörterbuch der philosophischen Begriffe. Hamburg 1955.
Holzmann, M./Bohatta, H.: Deutsches Anonymen-Lexikon. Weimar 1902–28. Ndr. Hildesheim 1961.
Holzmann, M./Bohatta, H.: Deutsches Pseudonymen-Lexikon. Wien/Leipzig 1906. Nrd. Hildesheim 1961.
Kayser, W. (Hrsg.): Kleines literarisches Lexikon. 2 Bde. Bern/München 1961.
Kindlers Literatur-Lexikon. Hrsg. von W. Einsiedel unter Mitarbeit zahlr. Fachberater. 12 Bde. Zürich 1970, München 1974.
Kirchner, J. (Hrsg.): Lexikon des Buchwesens. 4 Bde. Stuttgart 1952–1956.
Klaus, G./Buhr, M.: Marxistisch-leninistisches Wörterbuch der Philosophie. Leipzig 1964, Reinbek 1972.
König, R. (Hrsg.): Fischer Lexikon ‹Soziologie›. Umgearb. und erweitert. Neuausgabe. Frankfurt/M. 1977.
Kosch, W.: Deutsches Literatur-Lexikon. Biographisch-bibliographisches Handbuch. 3. völlig neu bearb. Auflage, hrsg. von B. Berger. 5 Bde. Bern/München 1968 ff.
Kosch, W./Bennwitz, H.: Deutsches Theaterlexikon. 3 Bde. Bern 1953 ff.
Neue deutsche Biographie. Hrsg. von der Historischen Kommission bei der Bayerischen Akademie der Wissenschaften. Berlin 1953 ff.
Ritter, J./Gründer, K. (Hrsg.): Historisches Wörterbuch der Philosophie. Basel/Stuttgart 1971 ff. Erschienen Bd. 1–7 (Q).
Reallexikon der deutschen Literaturgeschichte. Begr. von P. Merker und W. Stammler. 2. Aufl. hrsg. von W. Kohlschmidt/W. Mohr/K. Kanzog/A. Masser. Berlin/New York 1958 ff.
Die Religion in Geschichte und Gegenwart. Handwörterbuch für Theologie und Religionswissenschaft. 3. völlig neu bearb. Aufl. von K. Galling. Tübingen 1957–1965.
Rombach, H. (Hrsg.): Lexikon für Theologie und Kirche. Begr. von M. Buchberger. 2. völlig neu bearb. Auflage von J. Höfe und K. Rahner. Freiburg 1957–1966.
Schmidt, H./Schischkoff, G.: Philosophisches Wörterbuch. Stuttgart 1978.
Stammler, W. (Hrsg.): Deutsche Philologie im Aufriß. Unter Mitarbeit zahlreicher Fachgelehrter. Berlin 1952 ff. 2. Aufl. 1957–1963, 3. unveränd. Aufl. 1966.
Wilpert, G. v.: Sachwörterbuch der Literatur. 6. verb. u. erw. Aufl. Stuttgart 1979.
Wilpert, G. v. (Hrsg.): Lexikon der Weltliteratur.
Bd. I: Biographisch-bibliographisches Handwörterbuch nach Autoren und anonymen Werken. 2. Aufl. Stuttgart 1975.
Bd. II: Hauptwerke der Weltliteratur in Charakteristiken und Kurzinterpretationen. 2. Aufl. Stuttgart 1968.
Wilpert, G. v.: Deutsches Dichterlexikon. Biographisch-bibliographisches Handwörterbuch zur deutschen Literaturgeschichte. Stuttgart 1976.

3. Textsammlungen

Bahr, G. (Hrsg.): Was ist Aufklärung? Thesen und Definitionen. Stuttgart 1975.
Best, O./Schmitt, H.-J. (Hrsg.): Die deutsche Literatur. Ein Abriß in Text und Darstellung. Bd. 1–16. Stuttgart 1974–1977. Bd. 5. Best, O: Aufklärung und Rokoko. Bd. 6. Karthaus, U.: Sturm und Drang und Empfindsamkeit.
Deutsche Literaturdenkmale des 18. und 19. Jahrunderts. Begr. von B. Seuffert. Leipzig 1888 ff. NF (ab 51) hrsg. von A. Sauer.
Deutsche Literatur in Entwicklungsreihen. Hrsg. von H. Kindermann u. a. Leipzig 1928 ff. Nachdruck Darmstadt 1964 ff.

Reihe XIV. 15 Bde. Aufklärung.
Reihe XV. Irrationalismus 9 Bde.

Deutsche National-Litteratur. Historisch-kritische Ausgabe. Hrsg. von J. Kürschner. Bd. 1–163 nebst einem Registerband. Berlin/Stuttgart/Leipzig 1884ff.

Elschenbroich, A. (Hrsg.): Deutsche Dichtung im 18. Jahrhundert. München 1968.

Geismar, M. (Hrsg.): Bibliothek der deutschen Aufklärer des 18. Jahrhunderts. Leipzig 1846. Reprint Darmstadt 1963/64.

Hinske, N. (Hrsg.): Was ist Aufklärung. Beiträge aus der Berlinischen Monatsschrift. Darmstadt 1977.

Killy, W. (Hrsg.): Epochen der deutschen Lyrik. 10 Bde. München 1969–1979.
Bd. 5. J. Stenzel: 1700–1770.
Bd. 6. G. Pickerodt: 1770–1800.

Killy, W. (Hrsg.): Zeichen der Zeit. Ein deutsches Lesebuch in 4 Bden. Darmstadt/Neuwied 1981.

Killy, W. (Hrsg.): Die deutsche Literatur. Texte und Zeugnisse. München 1963–1983.
Bd. 4, 1 u. 2. Killy, W./Perels, C. (Hrsg.): 18. Jahrhundert.
Bd. 5, 1 u. 2. Hass, H.-E. (Hrsg.): Sturm und Drang. Klassik. Romantik.

Kunze, H.: Lieblingsbücher von dazumal. Eine Blütenlese aus den erfolgreichsten Büchern von 1750–1860. München 1973.

May, K. (Hrsg.): Deutsche Prosa im 18. Jahrhundert. Berlin 1937.

Müller-Seidel, W./Wiese, B. v. (Hrsg.): Klassische deutsche Dichtung in 20 Bänden. Freiburg, Basel, Wien 1962ff.

4. Gesamtdarstellungen

Benz, R.: Die Zeit der deutschen Klassik. Stuttgart 1953.

Beutin, W. u. a.: Deutsche Literaturgeschichte. Von den Anfängen bis zur Gegenwart. 2. überarb. und erw. Aufl. Stuttgart 1984 (1979).

Biedermann, K.: Deutschland im 18. Jahrhundert. 4 Bde. (1854) Ndr. Aalen 1969.

Blackall, E. A.: Die Entwicklung des Deutschen zur Literatursprache 1700–1755. Mit einem Bericht über die Forschungsergebnisse 1955–1964 von D. Kimpel. Stuttgart 1966. (Engl. Original 1959.)

Böckmann, P.: Formgeschichte der deutschen Dichtung. Bd. 1. Hamburg 1949.

Boesch, B. (Hrsg.): Deutsche Literaturgeschichte in Grundzügen. Die Epochen deutscher Dichtung. 3. neu bearb. und erw. Aufl. Bern 1977

Boor, H. de/Newald, R.: Geschichte der deutschen Literatur von den Anfängen bis zur Gegenwart. München 1949ff.
Bd. V. Newald, R.: Die deutsche Literatur vom Späthumanismus bis zur Empfindsamkeit. 1570–1750. 6. verb. Aufl. 1967, Ndr. 1975.
Bd. VII. Schulz, G.: Die deutsche Literatur zwischen Französischer Revolution und Restauration.
1. Teil: Das Zeitalter der Französischen Revolution. 1789–1806. München 1983.
2. Teil: Das Zeitalter der Napoleonischen Kriege und der Restauration. 1806–1830. München 1989.

Bruford, W. H.: Deutsche Kultur der Goethezeit. 1970. In: Handbuch der Kulturgeschichte. Frankfurt/M. 1960ff.

Burger, H. O. (Hrsg.): Annalen der deutschen Literatur. Stuttgart 1952, 1971.

Erläuterungen zur deutschen Literatur. Hrsg. von einem Kollektiv für Literaturgeschichte. Berlin 1956ff. Aufklärung. Sturm und Drang. Klassik.

Ermatinger, E.: Deutsche Kultur im Zeitalter der Aufklärung. Bearb. von E. Thurnherr/P. Stapf. 1970. In: Handbuch der Kulturgeschichte. Frankfurt/M. 1960ff.

Frenzel, E.: Stoff- und Motivgeschichte. Berlin 1966.

Frenzel, H. A. und E.: Daten deutscher Dichtung. Chronologischer Abriß der deutschen Literaturgeschichte. München 1969.
Fricke, G./Klotz, V.: Geschichte der deutschen Literatur. Lübeck 1966.
Gaede, F.: Humanismus. Barock. Aufklärung. 1971. In: Handbuch der deutschen Literaturgeschichte. Berlin 1969 ff.
Glaser, H. A. (Hrsg.): Deutsche Literatur. Eine Sozialgeschichte. Reinbek.
Bd. 4. Wuthenow, R.-R.: Zwischen Absolutismus und Aufklärung: Rationalismus, Empfindsamkeit, Sturm und Drang. 1740–1796. Reinbek 1980.
Guthke, K. S.: Literarisches Leben im 18. Jahrhundert in Deutschland und in der Schweiz. Bern/München 1975.
Hansers Sozialgeschichte der deutschen Literatur vom 16. Jahrhundert bis zur Gegenwart. Hrsg. von R. Grimminger.
Bd. 3, 1 u. 2. Deutsche Aufklärung bis zur Französischen Revolution 1680–1789. Hrsg. von R. Grimminger. Berlin 1980.
Hauser, A.: Sozialgeschichte der Kunst und Literatur. München 1953, 1978.
Hettner, H.: Literaturgeschichte des 18. Jahrhunderts. 3 Tle. Braunschweig 1856–1870. Ndr. mit Textrevision von G. Erler. 2. Aufl. Berlin (Ost) 1979.
Kluckhohn, P.: Die Auffassung der Liebe in der Literatur des 18. Jahrhunderts und in der deutschen Romantik. 3. Aufl. Tübingen 1966.
Kohlschmidt, W.: Vom Barock bis zur Klassik. In: Geschichte der deutschen Literatur von den Anfängen bis zur Gegenwart. Stuttgart 1965 ff.
Korff, H. A.: Geist der Goethezeit. Versuch einer ideellen Entwicklung der klassisch-romantischen Literaturgeschichte. 4 Bde. und Registerband. T. 1. Sturm und Drang. Reprogr. Nachdruck. Berlin/Darmstadt 1988.
Lange, V.: The Classical Age of German Literature 1740–1815. London 1982.
Lukács, G.: Goethe und seine Zeit. Berlin 1947.
Martini, F.: Deutsche Literaturgeschichte von den Anfängen bis zur Gegenwart. Stuttgart 1949, 1977.
Menhennet, A.: Order and Freedom. Literature and Society in Germany from 1720 to 1805. London 1973.
Möller, H.: Vernunft und Kritik. Deutsche Aufklärung im 17. und 18. Jahrhundert. Frankfurt 1986.
Rüdiger, H. (Hrsg.): Geschichte der deutschen Literatur. Gütersloh 1966 ff.
Bd. 3. Kaiser, G.: Von der Aufklärung bis zum Sturm und Drang. 1966. Erw. Sonderausgabe: Aufklärung, Empfindsamkeit, Sturm und Drang. München 1976.
Schlaffer, H.: Klassik und Romantik. 1770–1830. Stuttgart 1986.
Schneider, F. J.: Die deutsche Dichtung der Aufklärungszeit. 2. durchgeseh. Aufl. Stuttgart 1948.
Schneider, F. J.: Die deutsche Dichtung der Geniezeit. Stuttgart 1952.
Schulz, F.: Klassik und Romantik der Deutschen. 2 Bde. Stuttgart 1952.
See, K. v.: Neues Handbuch der Literaturwissenschaft. Frankfurt/M. 1972 ff.
Bd. 11. W. Hinck (Hrsg.): Europäische Aufklärung. 1974.
Bd. I. W. Hinck I (Hrsg.). Frankfurt 1974.
Bd. II. H.-J. Müllenbach (Hrsg.). Wiesbaden 1984.
Bd. III. J. v. Stackelberg (Hrsg.). Wiesbaden 1980.
Stahl, H./Yuill, W. E.: German Literature of the 18th and 19th Centuries. London 1970.
Staiger, E.: Stilwandel. Studien zur Vorgeschichte der Goethezeit. Zürich 1963.
Thalheim, H.-G. u. a. (Hrsg.): Geschichte der deutschen Literatur von den Anfängen bis zur Gegenwart. Hrsg. von einem Kollektiv für Literaturgeschichte.
Bd. 6. Vom Ausgang des 17. Jahrhunderts bis 1789. Hrsg. von W. Rieck/P. G. Krohn/H.-H. Reuter/R. Otto. Berlin 1979.

Vierhaus, R.: Deutschland im Zeitalter des Absolutismus (1648–1763). Göttingen 1978.
Viëtor, K.: Deutsches Dichten und Denken von der Aufklärung bis zum Realismus. 3. Aufl. Berlin 1958.
Walzel, O. (Hrsg.): Handbuch der Literaturwissenschaft. Potsdam 1923 ff. Ndr. Darmstadt 1958 ff.
Walzel, O.: Deutsche Dichtung von Gottsched bis zur Gegenwart. 2. Bd. 1927–1932.
Žmegač, V. (Hrsg.): Geschichte der deutschen Literatur vom 18. Jahrhundert bis zur Gegenwart. Königstein/Ts. 1978 ff.

5. Sammelwerke

Das achtzehnte Jahrhundert. Facetten einer Epoche. FS R. Gruenther, Heidelberg 1988.
Bahner, W. (Hrsg.): Renaissance, Barock, Aufklärung. Epochen- und Periodisierungsfragen. Kronberg/Ts. 1976.
Bohnen, K. (Hrsg.): Aufklärung und Sinnlichkeit. München 1981.
Bohnen, K./Jørgensen, S.-A./Schmöe, Fr. (Hrsg.): Deutsch-dänische Literaturbeziehungen im 18. Jh. München 1979.
Bürger, C. und P./Schulte-Sasse, J. (Hrsg.). Aufklärung und literarische Öffentlichkeit. Frankfurt 1980.
DVjs. Sonderheft 18. Jh. 49. Jg. 1975.
Engel-Janosi, F./Klingenstein G. (Hrsg.): Formen der europäischen Aufklärung. Untersuchungen zur Situation von Christentum, Bildung und Wissenschaft im 18. Jh. München 1976.
Faulhaber, U./Glenn, J./Harris, E. P./Richert, H.-G./Bernstein, E. (Hrsg.): Exile and Enlightenment. Studies in German and Comparative Literature. Detroit 1987.
Frühsorge, G./Manger, K./Strack, K. (Hrsg.): Digressionen. Wege zur Aufklärung. FS P. Michelsen. Heidelberg 1984.
Göres, J. (Hrsg.): Deutsche Schriftsteller im Porträt. Sturm und Drang, Klassik, Romantik. München 1980.
Hinck, W. (Hrsg.): Handbuch des deutschen Dramas. Düsseldorf 1980.
Klotz, G. u. a. (Hrsg.): Literatur im Epochenumbruch. Funktionen europäischer Literaturen im 18. und beginnenden 19. Jahrhundert. Berlin/Weimar 1977.
Kopitzsch, F. (Hrsg.): Aufklärung, Absolutismus und Bürgertum in Deutschland. 12 Aufsätze. München 1976.
Kors, A. C./Korshin, P. J. (Hrsg.): Anticipations of the Enlightenment in England, France and Germany. Philadelphia 1987.
Kreuzer, H. (Hrsg.): Gestaltungsgeschichte und Gesellschaftsgeschichte. Stuttgart 1969.
Lepper, G. u. a. (Hrsg.): Einführung in die deutsche Literatur des 18. Jahrhunderts. I. Unter dem Absolutismus. Opladen 1983.
Mattenklott, G./Scherpe, H. (Hrsg.): Literatur im historischen Prozeß. Ansätze materialistischer Literaturwissenschaft. Analysen, Materialien, Studienmodelle. Kronberg/Ts. 1973 ff.
Bd. 1. Literatur der bürgerlichen Emanzipation im 18. Jahrhundert. 1973.
Bd. 4, 1.2: Westberliner Projekt. Grundkurs 18. Jahrhundert. 2 Bde. 1974.
Polheim, K. K. (Hrsg.): Handbuch der deutschen Erzählung. Düsseldorf 1981.
Raabe, P./Schmidt-Biggemann, W.: Aufklärung in Deutschland. Bonn 1979.
Schmidt, J. (Hrsg.): Aufklärung und Gegenaufklärung in der europäischen Literatur, Philosophie und Politik von der Antike bis zur Gegenwart. Darmstadt 1989.
Stenzel, J. (Hrsg.): Deutsche Schriftsteller im Porträt. Aufklärung. München 1980.

Toellner, R. (Hrsg.): Aufklärung und Humanismus. Heidelberg 1980.
Vierhaus, R. (Hrsg.): Die Wissenschaften im Zeitalter der Aufklärung. Göttingen 1985
Wessels, H.-F. (Hrsg.): Aufklärung: Ein literaturwissenschaftliches Studienbuch. Königstein 1984.
Wiese, B. v. (Hrsg.): Deutsche Dichter des 18. Jahrhunderts. Ihr Leben und Werk. Berlin 1977.
Wittkowski, W. (Hrsg.): Goethe im Kontext. Kunst und Humanität, Naturwissenschaft und Politik von der Aufklärung bis zur Restauration. Ein Symposion. Tübingen 1984.

A. DAS ZEITALTER DER AUFKLÄRUNG

I. AUFKLÄRUNG IM EUROPÄISCHEN KONTEXT

Blumenberg, H.: Die Legitimität der Neuzeit. Frankfurt/M. 1966. Erw. Neubearbeitung des 1. u. 2. Teils: Säkularisierung und Selbstbehauptung. Frankfurt/M. 1974.
Cassirer, E.: Die Philosophie der Aufklärung. Tübingen 1932.
Dieckmann, H.: Studien zur europäischen Aufklärung. München 1974.
Gay, P.: The Enlightenment. An Interpretation. London 1967.
Habermas, J.: Strukturwandel der Öffentlichkeit. Untersuchungen zu einer Kategorie der bürgerlichen Gesellschaft. Neuwied/Berlin 1962.
Hazard, P.: Die Krise des europäischen Geistes. Aus dem Französ. mit einer Einleitung von Carlo Schmid. Hamburg 1965 (1935).
Hazard, P.: La Pensée européenne au 18e siècle. Paris 1946.
Hinck, W.: Soziale Grundlagen und Grundzüge des Denkens. In: Hinck I, 1–12.
Hinske, N. (Hrsg.): Eklektik, Selbstdenken, Mündigkeit. Hamburg 1986.
Horkheimer, M./Adorno, W.: Dialektik der Aufklärung. Philosophische Fragmente. Frankfurt/M. 1971 (1944).
Kondylis, P.: Die Aufklärung im Rahmen des neuzeitlichen Rationalismus. Stuttgart 1981.
Kopper, J.: Einführung in die Philosophie der Aufklärung. Die theoretischen Grundlagen. Darmstadt 1979.
Koselleck, R.: Kritik und Krise. Eine Studie zur Pathogenese der bürgerlichen Welt. Frankfurt/M. 1973 (1959).
Krauss, W.: Perspektiven und Probleme. Zur französischen und deutschen Aufklärung und andere Aufsätze. Neuwied/Berlin 1965.
Reill, P. H.: The German Enlightenment and the Rise of Historicism. Berkeley 1975.
Valjavec, F.: Geschichte der abendländischen Aufklärung. Wien/München 1961.

1. England

The Oxford History of English Literature.
Dobrée, B.: English Literature in the Early Eighteenth Century. 1700–1740. Oxford 1968 (1959).
Butt, J.: The Mid-Eighteenth Century. Edited and Completed by G. Carnall. Oxford 1980.
Schirmer, W. F.: Geschichte der englischen und amerikanischen Literatur. Tübingen 1968.

Textauswahl in: Die englische Literatur in Text und Darstellung. 18. Jahrhundert. Bd. I. D. Rolle. Stuttgart 1982. Bd. II. W. Pache. Stuttgart 1983.

Anderson, D. R.: Emotive Theodicee in «The Seasons». In: Studies in the Eighteenth Century Culture 12. 1983, 59–76.
Fabian, B.: Newtonische Anthropologie: Alexander Popes Essay on Man. In: Studien zum 18. Jahrhundert. Hrsg. von B. Fabian/W. Schmidt-Biggemann. Bd. 2/3. München 1980, 117–133.
Fabian, B. (Hrsg.): The Eighteenth Century Novel. 2 Bde. Hildesheim 1970.
Fischer, K. P.: John Locke in the German Enlightenment: An Interpretation. In: Journal of the History of Ideas 36. Lancaster, N. Y. 1975, 432–446.
Göller, K. H.: Naturauffassung und Naturdichtung im England des 18. Jahrhunderts. In: Hinck, Aufklärung II, 205–238.
Gundolf, F.: Shakespeare und der deutsche Geist. Berlin 1911.
Kettle, A.: An Introduction to the English Novel. London 1951–1955.
Marsden Price, L.: English-German Literary Influences. Bibliography and Survey. Berkeley 1920.
Marsden Price, L.: English Literature in Germany. Berkeley 1953.
Maurer, M.: Aufklärung und Anglophilie in Deutschland. Göttingen 1987.
Müllenbrock, H.-J.: Die politisch-gesellschaftlichen Grundlagen der englischen Aufklärung. In: Hinck, Aufklärung II, 1–30.
Oppel, H.: Englisch-deutsche Literaturbeziehungen. Berlin 1971.
Price, M. B./Price, L. M.: The Publication of English Humaniora in Germany in the Eighteenth Century. Berkeley 1955.
Weydt, G.: Die Einwirkungen Englands auf die deutsche Literatur des 18. Jahrhundert. Bad Oeynhausen 1948.
Watt, I.: The Rise of the Novel. London 1957.
Wolff, E.: Dichtung und Prosa im Dienste der Philosophie. Das philosophisch-moralische Schrifttum im 18. Jahrhundert. In: Hinck, Aufklärung II, 155–204.

Shaftesbury

(a) Shaftesbury, Anthony Ashley Cooper. Standard Edition/Sämtliche Werke, ausgew. Briefe und nachgelassene Schriften. In engl. Sprache mit paralleler deutscher Übersetzung. Hrsg. und kommentiert von G. Hemmerich und W. Benda. Stuttgart-Bad Cannstatt 1981 ff.
(d) Townsend, D.: From Shaftesbury to Kant: The Development of the Concept of Aesthetic Experience. In: Journal of the History of Ideas 48. 1987, 287–305.
Inglesfield, R.: Shaftesbury's Influence on Thomson's «Seasons». In: British Journal for Eighteenth Century Studies 9. 1986, 141–156.
Walzel, O. F.: Shaftesbury und das deutsche Geistesleben des 18. Jahrhunderts. In: GRM 1. 1909, 416 ff.
Weiser, G. F.: Shaftesbury und das deutsche Geistesleben. Leipzig 1916.

2. Frankreich

Littérature Française. Collection dirigée par C. Pichois.
Bd. 9. Ehrard, J.: Le XVIIIe Siècle I. 1720–1750. Paris 1979.
Bd. 10. Mauzi, R./Menant, S.: Le XVIIIe Siècle II. 1750–1778. Paris 1977.
Manuel d'Histoire Littéraire de la France. Sous la Direction de P. Abraham et R. Desné. Bd. III. De 1715 á 1789. Paris 1969.

Brockmeier, P./Desné, R./Voß, J. (Hrsg.): Voltaire und Deutschland. Quellen und Untersuchungen zur Rezeption der Französischen Aufklärung. Stuttgart 1979.
Dieckmann, H.: Diderot und die Aufklärung. Stuttgart 1972.
Galle, R.: Diderot – oder die Dialogisierung der Aufklärung. In: Hinck, Aufklärung III, 209–247.
Korff, H. A.: Voltaire im literarischen Deutschland des XVIII. Jahrhunderts. Heidelberg 1917.
Mortier, R.: Diderot in Deutschland. Übersetzt von H. G. Schürmann. Der Text wurde vom Verf. verb. und vermehrt. (Mit Bibliographie.) Stuttgart 1967.
Mounier, J.: Jean-Jacques Rousseau en Allemagne dans la deuxième moitié du XVIIIe siècle. In: Studies in 18th. Century Literature. Budapest 1974, 255–273.
Sauder, G.: Bayle-Rezeption in der deutschen Aufklärung. In: DVjs 49. 1975, 83–104.
Sauder, G./Schlobach, J.: Aufklärungen. Frankreich und Deutschland im 18. Jahrhundert. Heidelberg 1986.
Stackelberg, J. v.: Voltaire: Aufklärer, Klassizist und Wegbereiter der Anglophilie in Frankreich. In: Hinck, Aufklärung III, 125–158.
Stierle, K.: Theorie und Erfahrung. Das Werk Jean-Jacques Rousseaus und die Dialektik der Aufklärung. In: Hinck, Aufklärung III, 159–208.

3. Deutschland

Balet, L./Gerhardt, E.: Die Verbürgerlichung der deutschen Kunst, Literatur und Musik im 18. Jahrhundert (1936). Hrsg. und eingel. von G. Mattenklott. Frankfurt/M. 1972.
Bödeker, H. E./Hermann, U.: Über den Prozeß der Aufklärung in Deutschland: Personen, Instititutionen, Medien. Göttingen 1987.
Brüggemann, F.: Der Kampf um die bürgerliche Welt- und Lebensanschauung in der Literatur des 18. Jahrhunderts. In: DVjs 3. 1925, 94ff.
Dülmen, R. van: Die Gesellschaft der Aufklärer: Zur bürgerlichen Emanzipation und aufklärerischen Kultur in Deutschland. Frankfurt 1986.
Merker, N.: Die Aufklärung in Deutschland. München 1982.
Mog, P.: Ratio und Gefühlskultur. Studien zur Psychogenese und Literatur im 18. Jahrhundert. Tübingen 1976.
Nisbet, H. B.: «Was ist Aufklärung?» The Concept of Enlightenment in Eighteenth Century Germany. In: Journal of European Studies 12, 2, 46. Chalfont St. Giles 1982, 77–95.
Oelmüller, W.: Die unbefriedigte Aufklärung. Beiträge zu einer Theorie der Moderne von Lessing, Kant und Hegel. Mit einer neuen Einleitung. Frankfurt/M. 1979.
Pütz, P. (Hrsg.): Erforschung der deutschen Aufklärung. Königstein 1980.
Pütz, P.: Die deutsche Aufklärung. Darmstadt 1987 (1978).
Saine, T. P.: Was ist Aufklärung? Kulturgeschichtliche Überlegungen zu neuer Beschäftigung mit der deutschen Aufklärung. In: ZfdPh 93. 1974, 522–545.
Schneiders, W.: Die wahre Aufklärung: zum Selbstverständnis der deutschen Aufklärung. Freiburg/München 1974.
Schoeps, H. J.: Deutsche Geistesgeschichte der Neuzeit. Ein Abriß in 5 Bänden. 3. Von der Aufklärung zur Romantik. Mainz 1978.
Wessels, H.-F.: Phasen und Probleme der Aufklärung in Deutschland. In: Wessels, 11–31.

Aufklärung und Emanzipation

Bahr, E.: Mendelssohn and the Problem of ‹Enlightenment from Above›. In: Eighteenth Century Life 8, 1. 1982, 1–12.
Barnard, F. M.: ‹Aufklärung› and ‹Mündigkeit›: Thomasius, Kant and Herder. In: DVjs 57, 2. 1983, 278–297.
Bayer, O.: Selbstverschuldete Vormundschaft. Hamanns Kontroverse mit Kant um die wahre Aufklärung. In: Heicke, D. (Hrsg.): Der Wirklichkeitsanspruch von Theologie und Religion. Tübingen 1976, 3–34.
Fetscher, I.: Herrschaft und Emanzipation. Zur Philosophie des Bürgertums. München 1976.
Sauder, G.: «Verhältnismäßige Aufklärung». Zur bürgerlichen Ideologie am Ende des 18. Jahrhunderts. In: Jb. der Jean-Paul Gesellschaft 9. 1974, 102–126.
Sauder, G.: Aufklärung des Vorurteils – Vorurteile der Aufklärung. In: DVjs 57. 1983, 259–277.
Schlumbohm, J.: Freiheit. Die Anfänge der bürgerlichen Emanzipationsbewegung in Deutschland im Spiegel ihres Leitwortes. Düsseldorf 1975.
Schneiders, W.: Aufklärung und Vorurteilskritik. Studien zur Geschichte der Vorurteilstheorie. Stuttgart-Bad Cannstatt 1983.
Schneiders, W.: 300 Jahre Aufklärung und Deutschland. In: W. S. (Hrsg.): Christian Thomasius 1655–1728. Hamburg 1989, 1–20.

II. DER POLITISCH-GESELLSCHAFTLICHE HINTERGRUND

Aretin, K. O. v. (Hrsg.): Der Aufgeklärte Absolutismus. Köln 1974.
Aretin, K. O. v.: Friedensgarantie und europäisches Gleichgewicht. 1698–1806. Stuttgart 1968.
Bodi, L.: Tauwetter in Wien. Zur Prosa der österreichischen Aufklärung. Frankfurt/M. 1977.
Böning, H.: Der «gemeine Mann» als Adressat aufklärerischen Gedankengutes. Ein Forschungsbericht zur Volksaufklärung. In: 18. Jh. Jg. 12. 1. 1988, 52–80.
Bruford, W. H.: Die gesellschaftlichen Grundlagen der Goethezeit. Berlin 1975 (1. dt. Aufl. 1936).
Elias, N.: Über den Prozeß der Zivilisation. Soziogenetische und psychogenetische Untersuchungen. 2 Bde. Frankfurt/M. 1976 (1939).
Engelsing, R.: Zur Sozialgeschichte deutscher Mittel- und Unterschichten. Göttingen 1973.
Gebhardt, B.: Handbuch der deutschen Geschichte. Hrsg. von H. Grundmann. Stuttgart 1970–1976.
Bd. 2. Von der Reformation bis zum Ende des Absolutismus. Bearbeitet von M. Braubach.
Hubatsch, W. (Hrsg.): Absolutismus. 2. Aufl. Darmstadt 1988.
Kovacs, Elisabeth (Hrsg.): Katholische Aufklärung und Josephinismus. Wien 1979.
Puhle, H. J./Wehler, H. U. (Hrsg.): Preußen im Rückblick. Göttingen 1980.
Sagarra, E.: A Social History of Germany 1648–1914. London 1977.
Vierhaus, R.: Deutschland im Zeitalter des Absolutismus 1648–1763. Göttingen 1978.
Wangermann, E.: The Austrian Achievement 1700–1800. London 1973.
Wehler, H.-U.: Deutsche Gesellschaftsgeschichte. München 1987ff.
Bd.. 1700–1815. Vom Feudalismus des alten Reiches bis zur defensiven Modernisierung der Reformära.

III. KIRCHE UND THEOLOGIE

Aner, K.: Theologie der Lessingzeit. Halle 1929.
Brecht, M. u. a. (Hrsg.): Pietismus und Neuzeit. Göttingen 1983.
Greschat, M. (Hrsg.): Zur neueren Pietismusforschung. Darmstadt 1977.
Greschat, M.: Die Aufklärung – ein Prozeß gegen das Christentum. In: Kerygma und Dogma 22. Göttingen 1976, 299–316.
Groth, F.: Die ‹Wiederbringung aller Dinge› im Württembergischen Pietismus. Göttingen 1984.
Hammerstein, N.: Aufklärung und katholisches Reich. Untersuchungen zur Universitätsreform und Politik katholischer Territorien des Heiligen Römischen Reichs deutscher Nation im 18. Jahrhundert. Berlin 1977.
Jedin, H. (Hrsg.): Handbuch der Kirchengeschichte. Freiburg 1965 ff.
Bd. 5. Die Kirche im Zeitalter des Absolutismus und der Aufklärung. 1977.
Kaiser, G.: Pietismus und Patriotismus im literarischen Deutschland. Ein Beitrag zum Problem der Säkularisation. Frankfurt 1973.
Langen, A.: Der Wortschatz des deutschen Pietismus. Tübingen 1954.
Ley, H.: Geschichte der Aufklärung und des Atheismus. Bd. III, 1 u. 2. Berlin (Ost) 1979/80.
Lindt, A./Deppermann, K.: Pietismus und Neuzeit. Bielefeld 1977.
Namowicz, T.: Pietismus in der deutschen Kultur des 18. Jahrhunderts: Bemerkungen zur Pietismusforschung. In: WB 1976, 469 ff.
Philipp, W.: Das Werden der Aufklärung in theologiegeschichtlicher Sicht. Göttingen 1957.
Der Pietismus in Gestalten und Wandlungen. FS M. Schmidt. Bielefeld 1975.
Schöne, A.: Säkularisation als sprachbildende Kraft. Studien zur Dichtung deutscher Pfarrersöhne. Göttingen 1968 (1958).
Schütz, W.: Die Kanzel als Katheder der Aufklärung. In: Wolfenbütteler Studien 1, 137–171.
Shimbo, S.: Die innerpietistische Säkularisation des Bekenntnisbriefes. In: DVjs 56, 2. 1982, 198–224.
Stroup, J. M.: Protestant Churchmen in the German Enlightenment. Mere Tools of Temporal Government? In: LYB 1978, 10, 149–189.
Thielicke, H.: Glauben und Denken in der Neuzeit: die großen Systeme der Theologie und Religionsphilosophie. Tübingen 1983.
Wild, R.: Freidenker in Deutschland. In: Zeitschrift für historische Forschung 6. Berlin 1979–80, 253–285.

Freimaurer

Abbott, S.: «Des Maurers Wandeln/Es gleicht dem Leben»: The Freemasonic Ritual Route in Wilhelm Meisters Wanderjahre. In: DVjs 58, 2. 1984, 262–288.
Dülmen, R. van: Der Geheimbund der Illuminaten. Stuttgart 1975.
Faivre, A.: Aspects de la franc-maçonnerie allemande au XVIIIe siècle. In: Études Germaniques 32. 1977, 174–179 (Forschungsbericht).
Frick, K. R. H.: Die Erleuchteten. Gnostisch-theosophische und alchemistisch-rosenkreuzerische Geheimgesellschaften bis zum Ende des 18. Jahrhunderts. Ein Beitrag zur Geistesgeschichte der Neuzeit. Graz 1973.
Hammermeyer, L.: Der Wilhelmsbader Freimaurer-Konvent von 1782. Ein Höhe- und Wendepunkt in der Geschichte der deutschen und europäischen Geheimgesellschaften. Heidelberg 1980.
Im Hof, U.: Das gesellige Jahrhundert. Gesellschaft und Gesellschaften im Zeitalter der Aufklärung. München 1982.

Ludz, P. C. (Hrsg.): Geheime Gesellschaften. Heidelberg 1979.
Vierhaus, R. (Hrsg.): Deutsche patriotische und gemeinnützige Gesellschaften. München 1980.
Voges, M.: Aufklärung und Geheimnis. Untersuchungen zur Vermittlung von Literatur- und Sozialgeschichte am Beispiel der Aneignung des Geheimbundmaterials im Roman des späten 18. Jahrhunderts. Tübingen 1987.

IV. PHILOSOPHIE

Texte

Brüggemann, F. (Hrsg.): Das Weltbild der deutschen Aufklärung. Philosophische Grundlagen und literarische Auswirkung. Leipzig 1930 (Ndr. 1966).
Funke, G. (Hrsg.): Die Aufklärung. In ausgewählten Texten dargestellt und eingeleitet. Stuttgart 1963.
Philipp, W. (Hrsg.): Das Zeitalter der Aufklarung. Bremen 1963.
Scholz, H. (Hrsg.): Die Hauptschriften zum Pantheismusstreit zwischen Jacobi und Mendelssohn. Berlin 1916.

A. G. Baumgarten: Meditationes de nonnullis ad poema pertinentibus (Philosophische Betrachtungen über einige Bedingungen des Gedichts). Lat./deutsch. Ndr. Hamburg 1983.
A. G. Baumgarten: Metaphysica. Halle 1739 (Ndr. 1963).
A. G. Baumgarten: Aesthetica. Frankfurt/O. 1950 u. 1758 (Ndr. 1961).
Christian Garve: Popularphilosophische Schriften über literarische, ästhetische und gesellschaftliche Gegenstände. In Faksimiledruck hrsg. von K. Wölfel. 2 Bde. Stuttgart 1974.
Friedrich Heinrich Jacobi: Werke. Hrsg. von F. Roth. 6 Bde. Leipzig 1812–25 (Ndr. 1968).
Immanuel Kant: Werke. Studienausgabe. 6 Bde. Hrsg. von W. Weischedel. Darmstadt 1983.
Gottfried Wilhelm Leibniz: Die philosophischen Schriften. Hrsg. von C. J. Gerhardt. 7 Bde. Berlin 1875–1931.
Gottfried Wilhelm Leibniz: Werke. Studienausgabe. Zweisprachig. 5 Bde. Darmstadt 1985 ff.
Georg Friedrich Meier: Gedancken von Schertzen (1744). Mit Einleitung, Zeittafel und Bibliographie von K. Bohnen. Kopenhagen 1977.
Georg Friedrich Meier: Theoretische Lehre von den Gemüthsbewegungen überhaupt. Halle 1744 (Ndr. 1971).
Georg Friedrich Meier: Beurtheilung der Gottschedischen Dichtkunst. Halle 1747 (Ndr. 1975).
Moses Mendelssohn: Gesammelte Schriften. Hrsg. v. G. B. Mendelssohn. 7 Bde. Leipzig 1843–45.
Moses Mendelssohn: Ästhetische Schriften in Auswahl. Hrsg. von O. F. Best. 2. Aufl. Darmstadt 1986.
Moses Mendelssohn: Schriften über Religion und Aufklärung. Hrsg. u. eingel. von M. Thom. Berlin 1989.
Benedictus de Spinoza: Opera (Werke). Lateinisch und deutsch. 2 Bde. Hrsg. von G. Gawlick, F. Niewöhner und K. Blumenstock. 2.–4. Aufl. Darmstadt 1989.

Christian Wolff: Psychologia empirica. Editio nova. Frankfurt, Leipzig 1738.
Christian Wolff: Vernünfftige Gedancken von den Kräften des menschlichen Verstandes. Halle 1736.
Christian Wolff: Vernünfftige Gedanken von Gott, der Welt und der Seele des Menschen. 6. Aufl. Frankfurt, Leipzig 1736.

Darstellungen

Altmann, H.: Moses Mendelssohns Frühschriften zur Metaphysik untersucht und erläutert. Tübingen 1969.
Becker, C. C.: Der Gottesstaat der Philosophie des 18. Jahrhunderts. Würzburg 1964.
Bergmann, E.: G. F. Meier als Mitbegründer der deutschen Ästhetik. Leipzig 1910.
Bloch, E.: Christian Thomasius, ein deutscher Gelehrter ohne Misere. Frankfurt a. M. 1961.
Böhler, M. J.: Soziale Rolle und ästhetische Vermittlung. Studien zur Literatursoziologie von A. G. Baumgarten bis F. Schiller. Bern, Frankfurt a. M. 1975.
Boehm, B.: Sokrates im 18. Jahrhundert. 2. Aufl. Neumünster 1966.
Cassirer, E.: Die Philosophie der Aufklärung. Tübingen 1932.
Eisler, R.: Kant-Lexikon. Nachschlagewerk zu Kants sämtlichen Schriften, Briefen und handschriftlichem Nachlaß. Berlin 1930 (Ndr. 1964).
Fertig, L.: Campes politische Erziehung. Eine Einführung in die Pädagogik der Aufklärung. Darmstadt 1977.
Franke, U.: Kunst als Erkenntnis. Die Rolle der Sinnlichkeit in der Ästhetik des A. G. Baumgarten. Wiesbaden 1972.
Goldmann, L.: Der christliche Bürger und die Aufklärung. Neuwied, Berlin 1968.
Hammacher, K.: Die Philosophie F. H. Jacobis. München 1969.
Holleis, M.: Staatsräson, Recht und Moral in philosophischen Texten des späten 18. Jahrhunderts. Meisenheim a. Glan 1972.
Keaton, K.: The Berliner Montagsklub – a Center of German Enlightenment. In: GR 36. 1961, 148–153.
Kopper, J.: Ethik der Aufklärung. Darmstadt 1983.
Leiste, L.: Der Humanitätsgedanke in der Popularphilosophie der deutschen Aufklärung. Diss. Halle 1932.
Lempp, O.: Das Problem der Theodicee in der Philosophie und Literatur des 18. Jahrhunderts bis auf Kant und Schiller. Diss. Leipzig 1910.
Lepenies, W.: Melancholie und Gesellschaft. Frankfurt a. M. 1969.
Lepenies, W.: Das Ende der Naturgeschichte. Wandel kultureller Selbstverständlichkeiten in den Wissenschaften des 18. und 19. Jahrhunderts. München 1976.
Mittelstrass, J.: Neuzeit und Aufklärung. Studien zur Entstehung der neuzeitlichen Wissenschaft und Philosophie. Berlin, New York 1970.
Moravia, S.: Beobachtende Vernunft. Philosophie und Anthropologie in der Aufklärung. München 1973.
Poppe, B.: A. G. Baumgarten. Bonn, Leipzig 1907.
Reichmann, E.: Die Herrschaft der Zahl. Quantitatives Denken in der deutschen Aufklärung. Stuttgart 1968.
Richter, L.: Philosophie der Dichtkunst. Moses Mendelssohns Ästhetik zwischen Aufklärung und Sturm und Drang. Berlin 1948.
Sauder, G.: Christian Thomasius. In: Hanser, 239–250.
Schings, H.-J.: Melancholie und Aufklärung. Melancholiker und ihre Kritiker in der Erfahrungsseelenkunde und Literatur des 18. Jahrhunderts. Stuttgart 1977.
Schmidt, H.-M.: Sinnlichkeit und Verstand. Zur philosophischen und poetologischen Begründung von Erfahrung und Urteil in der deutschen Aufklärung. München 1982.

Schneiders, W.: Naturrecht und Liebesethik. Zur Geschichte der praktischen Philosophie mit Hinblick auf Christian Thomasius. Hildesheim, New York 1971.
Schneiders, W.: Leibniz – Thomasius – Wolff. Die Anfänge der Aufklärung in Deutschland. In: Akten des II. Leibniz-Kongresses 1. Wiesbaden 1973–1975, 111–121.
Schümmer, F.: Die Entwicklung des Geschmacksbegriffes in der Philosophie des 17. und 18. Jahrhunderts. In: Archiv für Begriffsgeschichte 1. 1955, 120–141.
Schulz, U.: Die Berlinische Monatsschrift (1783–1796). Eine Bibliographie. Mit einer Einleitung von G. Schulz. Hildesheim 1969.
Schweizer, H.-R.: Ästhetik als Philosophie der sinnlichen Erkenntnis. Eine Interpretation der «Aesthetica» A. G. Baumgartens mit teilweiser Wiedergabe des lateinischen Textes in deutscher Übersetzung. Basel, Stuttgart 1973.
Sommer, R.: Grundzüge einer Geschichte der deutschen Psychologie und Ästhetik von Wolff–Baumgarten bis Kant–Schiller. Würzburg 1892 (Ndr. 1966).
Spaemann, R.: Genetisches zum Naturbegriff des 18. Jahrhunderts. In: Archiv für Begriffsgeschichte XI. 1967, 59–74.
Ueding, G.: Popularphilosophie. In: Hanser, 605–634.
Wagner, F.: Isaac Newton im Zwielicht zwischen Mythos und Forschung. Studien zur Epoche der Aufklärung. Freiburg, München 1976.
Wiebecke, F.: Die Poetik Georg Friedrich Meiers. Ein Beitrag zur Geschichte der Dichtungstheorie im 18. Jahrhundert. Diss. Göttingen 1967 (masch.) (mit Bibliographie).
Woitkewitsch, T.: Thomasius' «Monatsgespräche». Eine Charakteristik. In: Archiv f. d. Geschichte des Buchwesens X. 1970, Sp. 665.
Wolff, H. M.: Die Weltanschauung der deutschen Aufklärung in geschichtlicher Entwicklung. München 1949 (2. Aufl., durchges. u. eingel. v. K. S. Guthke. Bern 1963).
Wundt, M.: Die deutsche Schulphilosophie im Zeitalter der Aufklärung. Heidelberg 1964 (1. Aufl. 1945).

B. DIE LITERATUR DER AUFKLÄRUNG

I. DAS PUBLIKUM

Bildung und Schule

Engelsing, R.: Analphabetentum und Lektüre. Zur Sozialgeschichte des Lesens in Deutschland zwischen feudaler und industrieller Gesellschaft. Stuttgart 1973.
Fertig, L.: Der Hofmeister. Ein Beitrag zur Geschichte des Lehrerstandes und der bürgerlichen Intelligenz. Stuttgart 1979.
Gerth, H.: Die sozialgeschichtliche Lage der bürgerlichen Intelligenz um die Wende des 18. Jhs. Frankfurt/M. 1935.
Gerth, H.: Bürgerliche Intelligenz um 1800. Zur Soziologie des deutschen Frühliberalismus. Mit einem Vorw. und erg. Bibliographie von U. Hermann. Göttingen 1976. Ndr. der Ausgabe 1935.
Hermann, U. (Hrsg.): ‹Das pädagogische Jahrhundert›. Volksaufklärung und Erziehung zur Armut im 18. Jahrhundert in Deutschland. Weinheim/Basel 1981.
Hermann, U. (Hrsg.): Die Bildung des Bürgers. Die Formierung der bürgerlichen Gesellschaft und die Gebildeten im 18. Jahrhundert. Weinheim/Basel 1982.

Herrlitz, H. G.: Neuere sozialgeschichtliche Untersuchungen zur Entstehung des deutschen Schulsystems im 18. Jh. In: IASL 3. 1978, 154–164.
Jäger, G.: Humanismus und Realismus. Schulorganisation und Sprachunterricht. 1770–1840. In: IASL 1. 1976, 146–159.
König, H.: Zur Geschichte der Nationalerziehung in Deutschland. Berlin 1960.
Lundgreen, P.: Sozialgeschichte der deutschen Schule im Überblick. Teil 1, 1770–1918. Göttingen 1980.
Paulsen, F.: Geschichte des gelehrten Unterrichts auf den deutschen Schulen und Universitäten vom Ausgang des Mittelalters bis zur Gegenwart. 3. erw. Aufl. hrsg. und fortges. von R. Lehmann. 2 Bde. Leipzig 1919–1921.
Rößler, H./Günther, F. (Hrsg.): Universität und Gelehrtenstand 1400–1800. Limburg 1970.
Schenda, R.: Volk ohne Buch. Studien zur Sozialgeschichte der populären Lesestoffe 1770–1919. Frankfurt/M. 1970.

Büchermarkt, Publikum, Schriftsteller, Kritik

Barth, I.-M.: Literarisches Weimar. Kultur/Literatur/Sozialstruktur im 16.–20. Jahrhundert. (Mit Bibliographie.) Stuttgart 1971.
Berghahn, K.: Das schwierige Geschäft der Aufklärung. In: Wessels, 32–65.
Bruford, W. H.: Kultur und Gesellschaft im klassischen Weimar 1775–1806. Göttingen 1966.
Dann, O. (Hrsg.): Lesegesellschaften und bürgerliche Emanzipation. Ein europäischer Vergleich. München 1981.
Engelsing, R.: Der Bürger als Leser. Lesergeschichte in Deutschland 1500–1800. Stuttgart 1974.
Engelsing, R.: Wieviel verdienten die Klassiker? Zur Entstehung des Schriftstellerberufs in Deutschland. In: Neue Rundschau 87. 1976, 124–136.
Göpfert, H. G.: Vom Autor zum Leser. Beiträge zur Geschichte des Buchwesens. München 1977.
Göpfert, H. G./Kozielek, G./Wittmann, R. (Hrsg.): Buch- und Verlagswesen im 18. und 19. Jahrhundert. Berlin 1977.
Goldfriedrich, J./Kapp, F.: Geschichte des deutschen Buchhandels, 4 Bde. Leipzig 1886–1923.
Grimm, G.: Literatur und Gelehrtentum in Deutschland. Untersuchungen zum Wandel ihres Verhältnisses vom Humanismus bis zur Frühaufklärung. Stuttgart 1983.
Gruenter, R. (Hrsg.): Leser und Lesen im 18. Jahrhundert. Heidelberg 1977.
Hermann, U.: Lesegesellschaften an der Wende des 18. Jahrhunderts. In: Archiv für Kulturgeschichte 57. Köln/Wien 1977, 473–484.
Hocks, P./Schmidt, P.: Index zu deutschen Zeitschriften der Jahre 1773–1830, 3 Bde. Nendeln 1979.
Jäger, G./Schönert, J. (Hrsg.): Die Leihbibliothek als Institution des literarischen Lebens im 18. und 19. Jahrhundert. Organisationsformen, Bestände und Publikum. Hamburg 1988.
Jaumann, H.: Emanzipation als Positionsverlust. Ein sozialgeschichtlicher Versuch über die Situation des Autors im 18. Jahrhundert. In: Lili 11. 1981, Beiheft 42: Der Autor.
Kiesel, H./Münch, P.: Gesellschaft und Literatur im 18. Jahrhundert. Voraussetzungen und Entstehung des literarischen Marktes in Deutschland. München 1977. (Mit reichhaltiger Bibliographie zu allen wichtigen Aspekten.)
Lutz, B.: Deutsches Bürgertum und literarische Intelligenz (1750–1800). Stuttgart 1974.
Mannheim, E.: Aufklärung und öffentliche Meinung. Studien zur Soziologie der

Öffentlichkeit im 18. Jahrhundert. Hrsg. und eingeleitet von N. Schindler. Stuttgart-Bad Cannstatt 1979.
Martens, W.: Die Geburt des Journalisten in der Aufklärung. Wolfenbütteler Studien 1. 1974, 84–98.
Martens, W.: Die Botschaft der Tugend. Die Aufklärung im Spiegel der deutschen moralischen Wochenschriften. Stuttgart 1968.
Martens, W.: Zur Rolle und Bedeutung der Zeitschriften in der Aufklärung. In: Photorin 3. 1980, 24–34.
Martens, W.: Literatur und ‹Policey› im Aufklärungszeitalter. Aufgaben sozialgeschichtlicher Literaturforschung. In: GRM 31. 1981, 404–419.
Martino, A./Häntzschel, G./Jäger, G.: Die deutsche Leihbibliothek und ihr Publikum. Literatur in der sozialen Bewegung. Aufsätze und Forschungsberichte zum 18. Jh. Tübingen 1977.
Pape, H.: Die gesellschaftlich-wirtschaftliche Stellung Fr. G. Klopstocks. Bonn 1962.
Raabe, P.: Bücherlust und Lesefreuden. Beiträge zur Geschichte des Buchwesens im 18. und frühen 19. Jahrhundert. Stuttgart 1984.
Schulte-Sasse, J.: Die Kritik an der Trivialliteratur seit der Aufklärung. Studien zur Geschichte des modernen Kitsch-Begriffs. München 1971.
Sengle, F.: Die klassische Kultur von Weimar, sozialgeschichtlich gesehen. In: IASL 3. 1978, 68–86.
Ungern-Sternberg, W. v.: Schriftstelleremanzipation und Buchkultur im 18. Jahrhundert. In: Jb. für intern. Germanistik. Jg. VIII. 1976, 72–98.
Welke, M.: Die Geschichte der Zeitung in den ersten Jahrhunderten ihres Bestehens. Kritische Bemerkungen zu Margot Lindemanns «Deutsche Presse bis 1815». In: Daphnis. Zeitschrift für mittlere deutsche Literatur 3. Berlin/N. Y. 1974, 92–106.
Welke, M.: Zeitung und Öffentlichkeit im 18. Jh. Betrachtungen zur Reichweite und Funktion der periodischen deutschen Tagespublizistik. In: Presse und Geschichte. München 1977, 71–99.
Welke, M.: Die Legende vom ‹unpolitischen Deutschen›. Zeitungslesen im 18. Jahrhundert als Spiegel des politischen Interesses. In: Jahrbuch der Wittheit zu Bremen 25. 1981, 161–190.
Wilke, J.: Literarische Zeitschriften des 18. Jahrhunderts (1688–1789). 2 Bde. Stuttgart 1978.

II. ÄSTHETIK UND POETOLOGIE

Texte

Boetius, H. (Hrsg.): Dichtungstheorien der Aufklärung. Tübingen 1971.
Bormann, A. (Hrsg.): Vom Laienurteil zum Kunstgefühl. Texte zur deutschen Geschmacksdebatte im 18. Jahrhundert. Tübingen 1974.
Mayer, H. (Hrsg.): Deutsche Literaturkritik. 4 Bde. Bd. 1. Von Lessing bis Hegel. Frankfurt/M. 1978.
Sauder, G. (Hrsg.): Edward Young: Gedanken über die Originalwerke. Aus dem Englischen. (Von H. E. von Teubern.) Faksimiledruck nach der Ausgabe von 1760. Nachwort und Dokumentation zur Wirkungsgeschichte in Deutschland. Heidelberg 1977.
Sørensen, B. A. (Hrsg.): Allegorie und Symbol. Texte zur Theorie des dichterischen Bildes im 18. und 19. Jahrhunderts. Ausgew. und kommentiert und mit einem Nachwort verseh. von B. A. S. Frankfurt 1972.

Darstellungen

Bäumler, A.: Das Irrationalitätsproblem in der Ästhetik und Logik des 18. Jahrhunderts bis zur Kritik der Urteilskraft. Darmstadt 1974 (1923).

Binder, W.: ‹Genuß› in Dichtung und Philosophie des 17. und 18. Jahrhunderts. In: W. B.: Aufschlüsse. Studien zur deutschen Literatur. München 1976.

Braitmeier, F.: Die Geschichte der poetischen Theorie und Kritik von den Diskursen der Mahlern bis auf Lessing. 2 Bde. Frauenfeld 1888/89.

Engel, E.: «Gedanke und Empfindung». Zur Entwicklung des Geniebegriffs. In: Wissen aus Erfahrungen. Werkbegriff und Interpretation heute. FS Herman Meyer, hrsg. von A. v. Bormann u. a. 1976, 91–106.

Fontius, M.: Zur Ideologie der deutschen Kunstperiode. Dargestellt an der Debatte um die schönen und die mechanischen Künste in der Aufklärung. In: WB 23,2. 1977, 19–42.

Franke, U.: Kunst als Erkenntnis. Die Rolle der Sinnlichkeit in der Ästhetik des A. G. Baumgarten. Wiesbaden 1972.

Herrmann, H. P.: Nachahmung und Einbildungskraft. Zur Entstehung der deutschen Poetik von 1670–1740. Bad Homburg 1970.

Hohendahl, P. U. (Hrsg.): Geschichte der deutschen Literaturkritik. Stuttgart 1985.

Horch, H. O./Schulz, G. M.: Das Wunderbare und die Poetik der Frühaufklärung. Gottsched und die Schweizer. Darmstadt 1988.

Jäger, H.: Naivität. Eine kritisch-utopische Kategorie in der bürgerlichen Literatur und Ästhetik des 18. Jahrhunderts. Kronberg/Ts. 1975.

Jauß, H. R. (Hrsg.): Nachahmung und Illusion. München 1964.

Jauß, H. R./Imdahl, M.: Ästhetische Normen und geschichtliche Reflexion in der «Querelle des Anciens et des Modernes». München 1984.

Jørgensen, S.-A.: Nachahmung der Natur – Verfall und Untergang eines ästhetischen Begriffs. In: FS Peter Jørgensen (= Kopenhagener germanistische Studien Bd. 1) 1969.

Lühe, I. v. d.: Natur und Nachahmung. Untersuchungen zur Batteux-Rezeption in Deutschland. Bonn 1979.

Markwardt, B.: Geschichte der deutschen Poetik. 5 Bde. Berlin 1937–1966. Bd. 2. Aufklärung, Rokoko, Sturm und Drang. 2. Aufl. Berlin 1970.

Mortier, R.: L'Originalité: Une nouvelle catégorie ésthetique au Siècle des Lumières. Genf 1982.

Naumann, D.: Literaturtheorie und Geschichtsphilosophie. T. 1. Stuttgart 1979 (Mit Bibliographie.)

Nisbet, H. B.: German Aesthetic and Literary Ciriticism: Winckelmann, Lessing, Hamann, Herder, Schiller, Goethe. Cambridge 1985.

Nivelle, A.: Kunst- und Dichtungstheorien zwischen Aufklärung und Klassik. 2. durchges. und erg. Auflage. Berlin/N. Y. 1971.

Nivelle, A.: Literaturästhetik. In: Hinck, Aufklärung I, 15–56.

Peters, G.: Der zerrissene Engel. Genieästhetik und literarische Selbstdarstellung im 18. Jahrhundert. Stuttgart 1982.

Scherpe, K. R.: Gattungspoetik im 18. Jahrhundert. Historische Entwicklung von Gottsched bis Herder. Stuttgart 1968.

Schlaffer, H.: Der Bürger als Held. Sozialgeschichtliche Auflösung literarischer Widersprüche. Frankfurt/M. 1973.

Schmidt, J.: Die Geschichte des Genie-Gedankens in der deutschen Literatur, Philosophie und Politik. 1750–1945. 2 Bde. 2. durchges. Aufl. 1988.

Schulte-Sasse, J.: Literarischer Markt und ästhetische Denkform: Analysen und Thesen zur Geschichte ihres Zusammenhanges. In: Lili 6,6, 11–31.

Schweizer, H. R.: Ästhetik als Philosophie der sinnlichen Erkenntnis. Eine Interpretation der «Aesthetica» A. G. Baumgartens. Basel 1973.
Sørensen, B. A.: Symbol und Symbolismus in den ästhetischen Theorien des 18. Jahrhunderts und der deutschen Romantik. Kopenhagen 1963.
Vietta, S.: Literarische Phantasie. Barock und Aufklärung. Stuttgart 1986.
Wellek, R.: Geschichte der Literaturkritik 1750–1950. 3 Bde. Berlin 1959–1977.
Zelle, C.: «Angenehmes Grauen». Literaturhistorische Beiträge zur Ästhetik des Schrecklichen im 18. Jahrhundert. Hamburg 1987.

III. GATTUNGEN

Epische Dichtungen

Texte zur Theorie

Schneider, H. J. E. (Hrsg.): Deutsche Idyllentheorien im 18. Jahrhundert. Tübingen 1988.
Schönaich, C. O. v.: Die ganze Ästhetik in einer Nuß. Hrsg. von A. Köster. Deutsche Literaturdenkmale des 18. u. 19. Jhs

Darstellungen

Epos

Adorno, Th. W.: Über epische Naivetät (1943). In: Noten zur Literatur I. Frankfurt/M. 1969, 50–69.
Hiebel, H.: Individualität und Totalität. Zur Geschichte und Kritik des bürgerlichen Poesiebegriffs von Gottsched bis Hegel anhand der Theorien über Epos und Roman. Bonn 1974.
Jacobs, J.: Das Verstummen der Muse. Zur Geschichte der epischen Dichtungen im 18. Jahrhundert. In: Arcadia 10. 1975, 129–146.
Lukács, G.: Die Theorie des Romans. Ein geschichtsphilosophischer Versuch über die Formen der großen Epik. 2. Aufl. Neuwied 1963 (1920).
Maiworm, H.: Neue deutsche Epik. Grundlagen der Germanistik 8. Berlin 1968.
Maler, A.: Versepos. In: Hanser, 365–433.

Komisches Epos

Bauer, W. M.: Beobachtungen zum komischen Epos in der österreichischen Literatur des 18. und 19. Jahrhunderts: Eine Dokumentation ihrer literarhistorischen Entwicklung. In: Zeman, H. (Hrsg.): Die österreichische Literatur. Ihr Profil im 19. Jahrhundert. Graz 1982, 465–497.
Koppenfels, W. v.: Heroic versus Mock-Heroic: Epos und Epenparodie von Milton bis Pope. In: Hinck, Aufklärung II, 91–122.
Schmidt, K.: Vorstudien zu einer Geschichte des komischen Epos. Halle 1953.

Idylle

Boeschenstein-Schäfer, R.: Idylle. (Mit Bibliographie.) Stuttgart 1967.
Dedner, B.: Topos, Ideal und Realitätspostulat. Studien zur Darstellung des Landlebens im Roman des 18. Jahrhunderts. Tübingen 1969.
Kaiser, G.: Wandrer und Idylle. Goethe und die Phänomenologie der Natur in der deutschen Dichtung von Gessner bis Keller. Göttingen 1977.

Lange, Th.: Idyllische und exotische Sehnsucht. Formen bürgerlicher Nostalgie in der deutschen Literatur des 18. Jahrhunderts. Kronberg/Ts. 1976.

Gesellschaftsepyllion

Maler, A.: Der Held im Salon. Zum antiheroischen Programm deutscher Rokoko-Epik. Tübingen 1973. (Mit Bibliographie.)

Autoren

Alxinger

(a) Werke, hrsg. von H. Pröhle, DNL 57.

Blumauer

(a) Vergils Aeneis travestiert. Hrsg. von F. Bobertag. In: DNL 141.

(d) Rosenstrauch-Königsberg, E.: Aloys Blumauer – Jesuit, Freimauerer, Jakobiner. In: Jahrbuch des Instituts für deutsche Geschichte 2. Tel Aviv 1973, 145–171.
Wagenhofer, P.: Die Stilmittel in A. Blumauers Travestie der Aeneis. Diss. Wien 1968.

Gessner

(a) Sämtliche Schriften, hrsg. von M. Bircher. Zürich 1969 ff.
Gessner, S.: Schriften. 4 Teile in 1 Band. Ndr. der Ausgabe Zürich 1762. Hildesheim 1976.
Idyllen, Kritische Ausgabe von E. T. Voß. Stuttgart 1973. (Mit Bibliographie.)

(d) Bircher, M. u. a.: Salomon Geßner. Zürich 1982.
Bircher, M./Burger, M.: Maler und Dichter der Idylle: Salomon Gessner, 1730–1788. Ausstellung zum 250. Geburtstag Salomon Gessners. Wolfenbüttel 1982.
Kesselmann, H.: Die Idylle Salomon Gessners im Beziehungsfeld von Ästhetik und Geschichte im 18. Jahrhundert. Ein Beitrag zur Gattungsgeschichte der Idyllik. Kronberg/Ts. 1976.
Voß, E. Th.: Salomon Geßner. In: Dt. Dichter des 18. Jhs., 249–275.

Kleist, E. v.

(a) Sämtliche Werke. Hrsg. von J. Stenzel. Stuttgart 1971. (Mit Bibliographie.)
(a/b) Ewald von Kleists Werke. Hrsg. v. A. Sauer. 3 Bde. (Bd. 2: Briefe von Kleist. Bd. 3: Briefe an Kleist.) Berlin o. J. (1881). Nachdr. Bern 1968.
(d) Aust, H.: Ewald von Kleist. In: Dt. Dichter des 18. Jahrhunderts, 98–114.
Buch, H. C.: *Ut Pictura Poesis.* Die Beschreibungsliteratur und ihre Kritiker von Lessing bis Lukács. München 1972.
Guggenbühl, H.: E. v. Kleist. Weltschmerz als Schicksal. Zürich 1948.
Müller, A.: Landschaftserlebnis und Landschaftbild. Studien zur deutschen Literatur des 18. Jahrhunderts und der Romantik. Stuttgart 1955.

Kortum

(a) Die Jobsiade, hrsg. von F. Bobertag. In: DNL 140.
Die Jobsiade, hrsg. von W. Müller-Rüdersdorf. Leipzig 1965 (1924).
Die Jobsiade, hrsg. von B. Moennighof. Stuttgart 1986.

(c) C. A. Kortum-Bibliographie. In: Bibliographische Kalenderblätter der Berliner Stadtbibliothek 7. 1970.

(d) Axer, M.: Die «Jobsiade». Gattung, Stoff, Form. Diss. Bonn 1968.

Friedrich Müller, genannt Maler Müller

(a) Idyllen. Nach dem Erstdr. revidierter Text, hrsg. von P. E. Neuser, Stuttgart 1977.

(c) Meyer, F.: Maler Müller-Bibliographie. Leipzig 1912. Ndr. Hildesheim 1974.
Paulus, R.: Kleine Maler-Müller-Bibliographie: Werke und Forschungsliteratur in Auswahl. In: Maler Müller Almanach 1. Landau/Pfalz 1980, 95–107.

(d) Boschenstein, R.: Maler Müller. In: Dt. Dichter des 18. Jh., 641–657.
Möllenbrock, K.: Die Idyllen des Malers Müller. In: Dichtung und Volkstum (Euphorion) 40. 1939, 145–156.
Vgl. Bibliographie S. 632.

Thümmel

(a) Gesammelte Werke. 8 Bde. Leipzig 1839.
Wilhelmine. Hrsg. von F. Bobertag. DNL 136.
Wilhelmine. Hrsg. von R. Rosenbaum. DLD 48.
Wilhelmine. Hrsg. von A. Anger. Stuttgart 1964. (Mit Auswahlbibliographie.)

(d) Heldmann, H.: M. A. v. Thümmel: Sein Leben, sein Werk, seine Zeit. Neustadt/Aisch 1964.
Heß-Lüttich, E.: Degradation und Découverte. Zur Soziologie der Satire in Thümmels «Wilhelmine». In: Literatursemiotik 2. 1979, 149–178.

Voß

(d) Schneider, H. J. E.: Bürgerliche Idylle. Studien zu einer literarischen Gattung des 18. Jahrhunderts am Beispiel von Johann Heinrich Voß. Bonn 1975.

Zachariae

(a) Hinterlassene Schriften. Hrsg. und mit einer Nachricht von des Verfassers Leben und Schriften begleitet von J. J. Eschenburg. Braunschweig 1781.

(d) Carbonnel, Y.: La Critique sociale dans l'œuvre de J. F. W. Zachariae. In: Études Germaniques 43. 1988, 407–425.
Van Dusen, R.: Freedom and Constraint in Zachariae's Satire «The Braggart». In: Browning, J. D. (Hrsg.): Satire in the Eighteenth Century, N. Y. 1983.

Lyrik

Texte

Bohnen, K. (Hrsg.): Deutsche Gedichte des 18. Jahrhunderts. Stuttgart 1987.
Killy, W. (Hrsg.): Epochen der deutschen Lyrik. München 1969–1978.

Allgemein

Closs, A.: Die neuere deutsche Lyrik vom Barock bis zur Gegenwart. In: Dt. Phil. im Aufriß 2. 133–347
Grimm, G.: Deutung und Darstellung der Natur in der Lyrik. In: Wessels Aufklärung, 206–244.
Hinderer, W. (Hrsg.): Geschichte der deutschen Lyrik vom Mittelalter bis zur Gegenwart. (Mit Bibliographie.) Stuttgart 1983.
Kemper, H.-G.: Gottebenbildlichkeit und Naturnachahmung. Studien zur deutschen Lyrik in Barock und Aufklärung. 2 Bde. Tübingen 1980.
Killy, W.: Wandlungen des lyrischen Bildes. Göttingen 1956.
Killy, W.: Elemente der Lyrik. München 1972.
Müller, G.: Geschichte des deutschen Liedes vom Zeitalter des Barock bis zur Gegenwart. Darmstadt 1959.
Prawer, S. S.: German Lyric Poetry. A Critical Analysis of Selected Poems from Klopstock to Rilke. London 1952.
Promies, W.: Lyrik in der zweiten Hälfte des 18. Jahrhunderts. In: Hanser, 569–604.
Proß, W.: Lyrik in der ersten Hälfte des 18. Jahrhunderts. In: Hanser, 545–568.
Segebrecht, W.: Das Gelegenheitsgedicht. Ein Beitrag zur Geschichte und Poetik der deutschen Lyrik. Stuttgart 1977.

Metrik

Albertsen, L. L.: Neuere deutsche Metrik. Bern 1984.
Kayser, W.: Geschichte des deutschen Verses. München 1972.
Paul, O./Glier, J.: Deutsche Metrik. München 1968.
Schlawe, F.: Neudeutsche Metrik. (Mit Bibliographie.) Stuttgart 1972.
Schlawe, F.: Die deutschen Strophenformen. Stuttgart 1972.

Rokoko und Anakreontik

Texte

Anger, A. (Hrsg.): Dichtung des Rokoko. Nach Motiven geordnet. Tübingen 1958.
Blei, F. (Hrsg.): Geist und Sitten des Rokoko. München 1966 (1923).
H. W. v. Gerstenberg: Tändeleyen. Faks.-Dr. nach der 3. Aufl. von 1765. Hrsg. von A. Anger. Stuttgart 1966.
Chr. F. Weisse: Scherzhafte Lieder. Faks.-Dr. nach der Ausg. von 1758. Hrsg. von A. Anger. Stuttgart 1965.

Darstellungen

Anger, A.: Literarisches Rokoko. (Mit Bibliographie.) Stuttgart 1968 (1962).
Anger, A.: Deutsche Rokokodichtung. Ein Forschungsbericht. In: DVjs 36. 1962, 430–479, 614–648. Auch als selbst. Publik. 1963.

Anger, A.: Rokokodichtung und Anakreontik. In: Hinck I, 91–118.
Dieckmann, H.: Überlegungen zur Verwendung von ‹Rokoko› als Periodenbegriff. In: H. D.: Diderot und die Aufklärung. Aufsätze zur europäischen Literatur des 18. Jahrhunderts. Stuttgart 1972.
Ermatinger, E.: Barock und Rokoko in der deutschen Dichtung. Berlin/Leipzig. 2. Aufl. 1928. Ndr. Leipzig 1972.
Hatzfeld, H.: The Rococo. Eroticism, Wit and Elegance in European Literature. N. Y. 1972.
Heckel, H.: Zu Begriff und Wesen des literarischen Rokokos. In: FS Theodor Siebs, hrsg. von W. Steller, Breslau 1933. Ndr. Hildesheim 1977.
Mix, Y.-G./Raabe, P. (Hrsg.): Ey, wie viel Kalender! Literarische Almanache zwischen Rokoko und Klassizismus. Wolfenbüttel 1986.
Perels, C.: Studien zur Aufnahme und Kritik der Rokokolyrik zwischen 1740 und 1760. Göttingen 1974.
Rasch, W.: Freundschaftskult und Freundschaftsdichtung im deutschen Schrifttum des 18. Jahrhunderts vom Ausgang des Barocks bis zu Klopstock. In: Sonderheft DVjs. Halle/Saale 1936.
Richter, K.: Geselligkeit und Gesellschaft in Gedichten des Rokoko. In: JDSG 18. 1974, 245–267.
Schelle, H. J.: Verserzählung. In: RL IV, 698–723.
Sørensen, B. A.: Das deutsche Rokoko und die Verserzählung im 18. Jahrhundert. In: Euphorion 48. 1954, 125 ff.
Verweyen, Th.: Emanzipation der Sinnlichkeit im Rokoko. Zur ästhetik-theoretischen Grundlegung und funktionsgeschichtlichen Rechtfertigung der deutschen Anakreontik. In: GRM 25. 1975, 276–306.
Weisgerber, J.: Thanatos à Cythere. Notes sur le mort et le rococo. In: Hommages à Henri Plard. Hrsg. von R. Goffin u. a. Bruxelles 1985, 83–102.
Zemann, H.: Die deutsche anakreontische Dichtung. Ein Versuch zur Erfassung ihrer ästhetischen und literarhistorischen Erscheinungsformen im 18. Jahrhundert. Stuttgart 1972.
Zemann, H.: Friedrich von Hagedorn, Johann Wilhelm Ludwig Gleim, Johann Peter Uz, Johann Nikolaus Götz. In: Dt. Dichter des 18. Jh., 135–161.

Autoren

Gleim

(a) Sämtliche Werke, hrsg. von W. Körte. 8 Bde. Halberstadt 1811–1841. Nachdruck Hildesheim 1971.
Preußische Kriegslieder von einem Grenadier, hrsg. von F. Brüggemann. In: DLA 9.
Preußische Kriegslieder von einem Grenadier, hrsg. von A. Sauer. In: DLD 4.
J. W. L. Gleim: Versuch in scherzhaften Liedern und Lieder. Nach den Erstausgaben von 1744/45 und 1749. Hrsg. von A. Anger. Tübingen 1964.
(b) Briefwechsel zwischen Gleim und Uz, hrsg. von C. Schüddekopf. Stuttgart 1899.
Briefwechsel mit Heinse, hrsg. von C. Schüddekopf. 2 Bde. Berlin 1894–95.
Briefwechsel zwischen Gleim und Ramler 1745–1803, hrsg. von C. Schüddekopf. Tübingen 1906–1907 (1899).
(d) Becker, C.: Gleim. Der Grenadier und seine Freunde. Halberstadt 1919.
Körte, W.: J. W. L. Gleims Leben. Aus seinen Briefen und Schriften. Halberstadt 1811.

Festschrift zur 250. Wiederkehr der Geburtstage von J. W.-L. Gleim und M. G. Lichtwer. Beiträge zur deutschen Literatur des 18. Jahrhunderts. Halberstadt 1969.
Ketelsen, U.: Ein Ossian der Hohenzollern: Gleims Preußische Kriegslieder von einem Grenadier zwischen Nationalismus und Absolutismus. In: Exile and Enlightenment, 39–46.

Götz

(a) Gedichte, hrsg. von C. Schüddekopf. In: DLD 42.
Die Gedichte Anakreons und der Sappho Oden. Faks.-Druck der Ausg. 1760 mit einem Nachwort von H. Zemann. Stuttgart 1970.
(b) Briefe von und an J. N. Götz, hrsg. von C. Schüddekopf. Wolfenbüttel 1893.

Hagedorn

(a) Poetische Werke mit einer Lebensbeschreibung, hrsg. von J. J. Eschenburg. 5 Bde. Hamburg 1800.
Auswahl, hrsg. von F. Muncker. In: DNL 45.
Versuch einiger Gedichte, hrsg. von A. Sauer. In: DLD 10.
Gedichte, hrsg. von A. Anger. Stuttgart 1968.
F. v. Hagedorn: Versuch in poetischen Farben und Erzählungen. Faksimiledruck der Ausg. 1738. Hrsg. von Horst Steinmetz. Stuttgart 1974.
(d) Briner, E.: Die Verskunst der Fabeln und Erzählungen Hagedorns. Diss. Zürich 1920.
Guthke, K. S.: Hagedorn und das literarische Leben seiner Zeit. In: JbFDH 1966, 1 ff.

Karschin

(a) Karschin. Gedichte und Lebenszeugnisse, hrsg. von A. Anger. Stuttgart 1966.
(d) Schlaffer, H.: Naturpoesie im Zeitalter der Aufklärung: Anna Luisa Karsch (1722–1791): Ein Proträt. In: Brinker-Gabler, G. (Hrsg.): Deutsche Literatur von Frauen I. München 1988, 313–324.

Uz

(a) Sämtliche Poetische Werke, hrsg. von A. Sauer. In: DLD 33–38. Nachdr. Darmstadt 1964.
Schriften, hrsg. von F. Muncker. In: DNL 45.
(b) Briefwechsel zwischen Gleim und Uz, hrsg. von C. Schüddekopf, Stuttgart 1899.
Briefe von J. P. Uz an einen Freund aus den Jahren 1752–1782, hrsg. von A. Henneberger, Leipzig 1866.
(d) Petzet, E.: J. P. Uz. Ansbach 1930 (1896).
Schulz, F.: Die Göttin Freude. Zur Geistes- und Stilgeschichte im 18. Jahrhundert. In: JbFDH 1926, 3 ff.

Fabel

Texte

Emmerich, K. (Hrsg.): Der Wolf und das Pferd. Deutsche Tierfabeln des 18. Jahrhunderts. Berlin-Ost 1960.
Poser, T. (Hrsg.): Fabeln. Arbeitstexte für den Unterricht. Stuttgart 1975.
Windfuhr, M. (Hrsg.): Deutsche Fabeln des 18. Jahrhunderts. Stuttgart 1960.

Darstellungen

Dithmar, R.: Die Fabel. Geschichte. Struktur. Didaktik. Paderborn 1971.
Doderer, K.: Fabeln. Formen, Figuren, Lehren. Zürich 1970, München 1976.
Elschenbroich, A.: Vom unrechten Gewalte: Weltlicher und geistlicher Sinn der Fabel vom ‹Wolf und Lamm› von der Spätantike bis zum Beginn der Neuzeit. In: Sub Tua Platono. Kinder- und Jugendliteratur. Deutschunterricht. Germanistik. FS A. Beinlich. Emsdetten 1981, 420–451.
Hasubek, P. (Hrsg.): Die Fabel. Theorie, Geschichte und Rezeption einer Gattung. Berlin 1982.
Hasubek, P. (Hrsg.): Fabelforschung. Darmstadt 1983.
Jäger, H. W.: Lehrdichtung In: Hanser, 500–544.
Kayser, W.: Die Grundlagen der deutschen Fabeldichtung des 16. und 18. Jahrhunderts. In: Archiv für das Studium der neueren Sprachen. Jg. 86. Bd. 160. 1931, 19–33.
Ketelsen, U.: Vom Siege der natürlichen Vernunft. Einige Bemerkungen zu einer sozialgeschichtlichen Interpretation der Geschichte der Fabel in der deutschen Aufklärung. In: Seminar 16. 1980, 208–225.
Leibfried, E.: Fabel. 4. durchgesehene und ergänzte Aufl. Stuttgart 1982.
Leibfried, E./Werle, J. M.: Texte zur Theorie der Fabel. Stuttgart 1978.
Markschieß, H. L.: Lessing und die äsopische Fabel. In: Wiss. Zeitschrift der Karl-Marx-Universität Leipzig 4. 1954/55. Gesellschafts- und Sprachwissenschaftl. Reihe. Heft 1/2, 129–142.
Mauser, W.: Weisheit und Macht. Zu Lessings Fabel «Die Esel». In: Exile and Enlightenment, 55–65.
Reynolds, J. F./Matthes, D.: Gotthold Ephraim Lessing: Zur Geschichte der Äsopischen Fabel. In: LYB 19. 1987, 1–27
Sigrist, C.: Fabel und Satire. In: Wessels, 245–266.
Villwock, J.: Lessings Fabelwerk und die Methode seiner literarischen Kritik. In: DVjs 60. 1986, 60–87.

Gellert

(a) C. F. Gellert: Fabeln und Erzählungen. Hist.-krit. Ausgabe, bearbeitet von S. Scheibe. Tübingen 1966.
C. F. Gellert: Schriften zur Theorie und Geschichte der Fabel. Hist.-krit. Ausgabe, bearbeitet von S. Scheibe. Tübingen 1966.
C. F. Gellert: Lustspiele. Gesammelte Schriften. Kritische, kommentierte Ausgabe. Hrsg. von B. Witte u. a. Bd. III. Berlin, New York 1988.
C. F. Gellert: Roman, Briefsteller. Gesammelte Schriften. Kritische, kommentierte Ausgabe. Hrsg. von B. Witte u. a. Bd. IV. Berlin, New York 1989.
C. F. Gellert: Lustspiele. Faksimiledruck. Nachwort v. H. Steinmetz. Stuttgart 1966.
C. F. Gellert: Die epistolographischen Schriften. Faksimiledruck nach den Ausgaben von 1742 und 1751. Nachwort v. R. M. G. Niekisch. Stuttgart 1971.

C. F. Gellert: Die Betschwester. Lustspiel in 3 Aufzügen. Text und Materialien zur Interpretation besorgt von W. Martens. Berlin 1962.
C. F. Gellert: Die zärtlichen Schwestern. Im Anhang: Chassirons und Gellerts Abhandlungen über das rührende Lustpiel. Hrsg. von H. Steinmetz. Stuttgart 1965.
(b) C. F. Gellerts Briefwechsel. Hrsg. von J. F. Reynolds. Berlin 1983 f.
(d) Barner, W.: «Beredte Empfindungen». Über die geschichtliche Tradition der Brieflehre Gellerts. In: «... aus der anmuthigen Gelehrsamkeit». FS D. Geyer. Tübingen 1988.
Brüggemann, F.: Gellerts «Schwedische Gräfin». Der Roman der Welt- und Lebensanschauung des vorsubjektivistischen Bürgertums. Aachen 1925.
Honnefelder, G.: Christian Fürchtegott Gellert. In: Dt. Dichter des 18. Jh., 115–134.
Martens, W.: Über Weltbild und Gattungstradition bei Gellert. In: FS für D. W. Schumann. München 1970, 74–82.
May, K.: Das Weltbild in Gellerts Dichtung. Frankfurt/M. 1928.
Meyer-Krentler, E.: Der andere Roman. Gellerts «Schwedische Gräfin»: Von der aufklärerischen Propaganda gegen den «Roman» zur empfindsamen Erlebnisdichtung. Göppingen 1974.
Pellegrini, A.: Die Krise der Aufklärer. Das dichterische Werk von Christian Fürchtegott Gellert und die Gesellschaft seiner Zeit. In: Lit.-wiss. Jahrbuch, NF. Bd. 7. 1966, 37–96.
Pütz, P.: Die Herrschaft des Kalküls. Form- und Sozialanalyse von Gellerts „Inkle und Yariko". In: Wissen aus Erfahrungen, Werkbegriff und Interpretationen heute. FS H. Meyer. Tübingen 1976, 107–121.
Sagmo, I.: Zur Funktion des Schicksalsbegriffs in Chr. F. Gellerts Roman «Leben der schwedischen Gräfin von G...». In: ZfdPh 97. 1978, 513–533.
Schlingmann, C.: Gellert. Eine literarhistorische Revision. Bad Homburg v. d. H. 1967
Witte, B.: Der Roman als moralische Anstalt. Gellerts «Leben der schwedischen Gräfin von G...» und die Literatur des 18. Jahrhunderts. In: GRM 30. 1980, 150–168.

Ossianismus, Balladen

Bausinger, H.: Formen der Volkspoesie. 2. verb. u. vermehrte Auflage. Berlin 1980 (1968).
Hinck, W.: Die deutsche Ballade von Bürger bis Brecht. Kritik und Versuch einer Neuorientierung. Göttingen 1968.
Laufhütte, H.: Die deutsche Kunstballade. Grundlegung einer Gattungsgeschichte. Heidelberg 1979.
Müller, G.: Geschichte des deutschen Liedes vom Zeitalter des Barock bis zur Gegenwart. München 1925.
Müller-Seidel, W. (Hrsg.): Balladenforschung. Königstein/Ts. 1980.
Trumpke, U.: Balladendichtung um 1770. Ihre soziale und religiöse Thematik. Stuttgart 1975.
Weissert, G.: Ballade. (Mit Bibliographie.) Stuttgart 1980.

Gillies, A.: Herder und Ossian. Berlin 1933.
Grewe, A.: Ossian und seine europäische Wirkung. In: Heitmann, K. (Hrsg.): Europäische Romantik II. Wiesbaden 1982, 378 ff.

Tombo, R. jun.: Ossian in Germany. Bibliography, General Survey, Ossian's Influence on Klopstock and the Bards. N. Y. 1901.

Strich, F.: Die Mythologie in der deutschen Literatur von Klopstock bis Wagner. 2 Bde. Halle 1910.

Gerstenberg

(a) Tändeleyen. Photomech. Ndr. mit einem Nachwort von A. Anger. Stuttgart 1966.
Briefe über Merkwürdigkeiten der Literatur, hrsg. von A. v. Weilen. In: DLD 29/30.
Rezensionen in der Hamburgischen Neuen Zeitung 1767–1771, hrsg. von O. Fischer. In: DLD 48.

(d) Oberholzer, O.: Heinrich Wilhelm Gerstenbergs «Das Gedicht eines Skalden». In: Skandinavistik 11/1970.
Vgl. Bibliographie S. 628.

2. Roman

Bibliographie

Hadley, M.: Romanverzeichnis: Bibliographie der zwischen 1750 und 1800 erschienenen Erstausgaben. Bern/Frankfurt 1977.

Zimmermann, H.: Roman und Revolution: Bibliographische Forschungen zur politischen Erzählliteratur der deutschen Spätaufklärung. Jhb. für Internationale Germanistik 18, 1. 1988, 126–140.

Texte zur Theorie

Grimm, R.: Deutsche Romantheorien. Beiträge zu einer historischen Poetik des Romans in Deutschland. Frankfurt/M. 1971.

Kimpel, D./Wiedemann, C. (Hrsg.): Theorie und Technik des Romans im 17. und 18. Jahrhundert. 2 Bde. Tübingen 1970.
Bd. 1. Barock und Aufklärung.
Bd. 2. Spätaufklärung, Klassik und Frühromantik.

Lämmert, E. u. a. (Hrsg.): Romantheorie. Dokumentation ihrer Geschichte in Deutschland 1620–1880. Köln/Berlin 1971.

Lämmert, E. (Hrsg.): C. F. von Blanckenburg. Versuch über den Roman (1774). Faks.-Druck mit einem Nachwort von E. L. Stuttgart 1965.

Forschungsberichte

Köhn, L.: Entwicklungs- und Bildungsroman. Ein Forschungsbericht. In: DVjs 42, 1968. Stuttgart 1969.

Martini, F.: Geschichte und Poetik des Romans. Ein Literatur-Bericht. In: Der Deutschunterricht 3. 1951, 86ff.

Pabst, W.: Literatur zur Theorie des Romans. In: DVjs 34. 1960, 44ff.

Darstellungen

Beaujean, M.: Der Trivialroman in der zweiten Hälfte des 18. Jahrhunderts. Die Ursprünge des modernen Unterhaltungsromans. Bonn 1964.
Becker, E. D.: Der deutsche Roman um 1780. Stuttgart 1964.
Brenner, P. J.: Die Krise der Selbstbehauptung: Subjekt und Wirklichkeit im Roman der Aufklärung. Stuttgart 1981.
Emmel, H.: Geschichte des deutschen Romans. Bern/München 1972.
Flessau, K. I.: Der moralische Roman. Studien zur gesellschaftskritischen Trivialliteratur der Goethezeit. Köln 1968.
Freudenreich, C.: Zwischen Loen und Gellert. Der deutsche Roman 1740–1747. München 1979.
Goldmann, L.: Soziologie des Romans. Neuwied 1970.
Greiner, M.: Die Entstehung der modernen Unterhaltungsliteratur. Studien zum Trivialroman des 18. Jahrhunderts. Reinbek 1964.
Grimminger, R.: Roman. In: Hanser, 635–715.
Jacobs, J.: Der komisch-realistische Roman. In: Hinck I, 203–216.
Jacobs. J.: Prosa der Aufklärung. München 1976.
Jacobs, J.: Die Theorie und ihr Exempel: Zur Deutung von Wielands «Agathon» in Blanckenburgs «Versuch über den Roman». In: GRM 31, 1. 1981, 32–42.
Kimpel, D.: Der Roman der Aufklärung. (Mit Bibliographie.) Stuttgart 1967.
Koopmann, H. (Hrsg.): Handbuch des deutschen Romans. Düsseldorf 1983.
Kreuzer, H.: Trivialliteratur als Forschungsproblem: Zur Kritik des deutschen Trivialromans seit der Aufklärung. In: DVjs 41. 1967, 173ff.
Lämmert, E.: Bauformen des Erzählens. 4. erw. Aufl. Stuttgart 1970.
Lange, V.: Erzählformen im Roman des 18. Jahrhunderts. In: Stil- und Formprobleme der Literatur, hrsg. von P. Böckmann. Heidelberg 1959, 224ff.
Mandelkow, K. R.: Der deutsche Briefroman. In: Neophilologus 44. 1960, 200–208.
Martini, F.: Der Bildungsroman. Zur Geschichte des Wortes und der Theorie. In: DVjs 35. 1963, 44–63.
Meid, V.: Zum Roman der Aufklärung. In: Wessels, 88–115.
Miller, N.: Der empfindsame Erzähler. Untersuchungen zu Romananfängen des 18. Jahrhunderts. München 1968.
Paulsen, W. (Hrsg.): Der deutsche Roman und seine literarischen und politischen Bedingungen. Bern 1977.
Poser, M. v.: Der abschweifende Erzähler. Bad Homburg 1969.
Rehm, W.: Geschichte des deutschen Romans. Berlin 1927.
Singer, H.: Der deutsche Roman zwischen Barock und Rokoko. Köln/Graz 1963.
Spiegel, M.: Der Roman und sein Publikum im frühen 18. Jahrhundert. 1700–1767. Bonn 1967.
Stanzel, F. K.: Typische Formen des Romans. Göttingen 1964.
Thalmann, M.: Der deutsche Unterhaltungsroman des 18. Jahrhunderts. Berlin 1924.
Thomé, H.: Roman und Naturwissenschaften. Eine Studie zur Vorgeschichte der deutschen Klassik. Frankfurt/Bern 1978.
Voß, E. Th.: Erzählprobleme des Briefromans, dargestellt an vier Beispielen des 18. Jahrhunderts. Bonn 1960.
Voßkamp, W.: Dialogische Vergegenwärtigungen beim Schreiben und Lesen. Zur Poetik des Briefromans im 18. Jahrhundert. In: DVjs 45. 1971, 80–116.
Voßkamp, W.: Romantheorie in Deutschland von Opitz bis Friedrich von Blanckenburg. Stuttgart 1973.
Wiese, B. v.: Der deutsche Roman. Vom Barock bis zur Gegenwart. Struktur und Geschichte. Düsseldorf 1963.

Empfindsamkeit

Doktor, W.: Die Kritik der Empfindsamkeit. Bern 1975.
Doktor, W./Sauder, G.: Empfindsamkeit. Theoretische und Kritische Texte. Stuttgart 1975.
Friedrich, H.: Abbé Prévost in Deutschland. Ein Beitrag zur Geschichte der Empfindsamkeit. Heidelberg 1929.
Gruenter, R. (Hrsg.): Das weinende Saeculum. Heidelberg 1983.
Krüger, R.: Das Zeitalter der Empfindsamkeit. Kunst und Kultur des späten 18. Jahrhunderts in Deutschland. Leipzig/Wien/München 1972.
Lappe, C.: Studien zum Wortschatz empfindsamer Prosa. Saarbrücken 1970.
Pikulik, L.: Leistungsethik contra Gefühlskult. Über das Verhältnis von Bürgerlichkeit und Empfindsamkeit in Deutschland. Göttingen 1984.
Sauder, G.: Empfindsamkeit.
Bd. I. Voraussetzungen und Elemente. Stuttgart 1974.
Bd. II. Quellen und Dokumente. Stuttgart 1980.
Sauder, G.: Existe-t-il une sensibilité ‹bourgeoise›? In: Centre de recherches sur les idéologies, les mentalités et la civilisation au siècle des Lumières. Université de Dijon. Faculté des Langues et civilisations étrangères, H. 25. Dijon 1980, 1–22.
Sauder, G.: Empfindsamkeit und Frühromantik. In: Vietta, S. (Hrsg.): Die literarische Frühromantik. Göttingen 1982.
Wegmann, N.: Diskurse der Empfindsamkeit: Zur Geschichte eines Gefühls in der Literatur des 18. Jahrhunderts. Stuttgart 1988.

Empfindsamer Roman

Baasner, F.: Libertinage und Empfindsamkeit: Stationen ihres Verhältnisses im europäischen Roman des 18. Jahrhunderts. In: Arcadia 23, 1. 1988, 14–41.
Hohendahl, P. U.: Der empfindsame Roman. In: Hinck I, 185–202. Überarb. und erw. Fassung: Der europäische Roman der Empfindsamkeit. Wiesbaden 1977.
Jäger, G.: Empfindsamkeit und Roman. Wortgeschichte, Theorie und Kritik im 18. und frühen 19. Jahrhundert. Stuttgart 1969.

Frauenroman

(a) Brinker-Gabler (Hrsg.): Deutsche Literatur von Frauen. 2 Bde. München 1988.
(c) Meise, H.: Frauen in der Literatur des 18. Jahrhunderts. Sammelbesprechung einiger Neuerscheinungen nebst Auswahlbibliographie. In: 18. Jh. 13, 1. 1989, 19–39.
(d) Beaujean, M.: Das Bild des Frauenzimmers im Roman des 18. Jahrhunderts. In. Wolfenbütteler Studien 3. 1976.
Menhennet, A.: «Elsa steht wie eine Gottheit da»: Heroic Femininity in the Popular Novel of the «Goethezeit». In: German Life and Letters 39, 4. 1986, 253–267.
Meise, H.: Die Unschuld und die Schrift. Deutsche Frauenromane im 18. Jahrhundert. Berlin 1983.
Touaillon, C.: Der deutsche Frauenroman des 18. Jahrhunderts. Mit einem Vorw. von E. Gajek. Bern/Frankfurt 1976 (1919).

Autoren

Sophie La Roche

(a) Geschichte des Fräuleins von Sternheim. München 1976. (Mit Bibliographie.)
Geschichte des Fräuleins von Sternheim. DLD Bd. 138.
Geschichte des Fräuleins von Sternheim. DLE 14.
Geschichte des Fräuleins von Sternheim, hrsg. von B. Becker-Cantarino. Stuttgart
(b) Zahlreiche Veröffentlichungen von Briefen, vgl. Sudhofs Bibliographie.
Maurer, M.: «Ich bin mehr Herz als Kopf»: Sophie von La Roche: Ein Lebensbild in Briefen. München 1983.
(d) Ehrenreich, B.: Sophie La Roche. Eine Werkbiographie. Bern 1986.
Maurer, M.: Das Gute und das Schöne: Sophie La Roche wiederentdeckt? In: Euphorion 79 2. 1985, 111–138.
Nenon, M.: Autorschaft und Frauenbildung: Das Beispiel Sophie von La Roche. Würzburg 1988.
Sudhof, S.: Sophie Laroche. In: Dt. Dichter des 18. Jh., 30–319.

Hase

(a) Friedrich Traugott Hase: Gustav Aldermann. Ein dramatischer Roman. Mit einem Nachwort von E. D. Becker. Faksimiledr. der Ausgabe Leipzig 1779. Stuttgart 1964.

Miller

(a) Siegwart. Eine Klostergeschichte. Faksimiledr. der Erstausgabe Leipzig 1776. Nachwort von A. Faure. Stuttgart 1971. (Mit Auswahlbiographie.)
Gedichte (Auswahl), hrsg. von A. Sauer. In: DNL 50.
(d) Schneider, F. J.: Das Religiöse in Millers «Siegwart» und seine Quellen. In: ZfdPh 64. 1939, 20ff.

Müller

(a) Johann Gottwerth Müller: Siegfried von Lindenberg. Komischer Roman. Hrsg. und mit einem Nachwort versehen von F. Berger. München 1984.

(d) J. G. Müller von Itzehoe und die deutsche Spätaufklärung. Literatur und Gesellschaft im 18. Jahrhundert. Hrsg. von A. Ritter. Heide 1978. (Mit Bibliographie und Forschungsbericht.)
Freier Schriftsteller. J. G. Müller von Itzehoe. Hrsg. von A. Ritter. Heide 1986.

Wezel

(a) Lebensgeschichte Tobias Knauts des Weisen, sonst der Stammler genannt. Aus Familiennachrichten gesammelt. Leipzig 1773–1776. Faksimiledr. mit einem Nachwort von V. Lange. Stuttgart 1971.
Belphegor oder die wahrscheinlichste Geschichte unter der Sonne. Leipzig 1776. Neu hrsg. von H. Gersch, Frankfurt/M. 1965, und von W. Dietze, Berlin 1965. (Mit Textrevision und Anmerkungen von E. Weber.)
Hermann und Ulrike. Ein komischer Roman. Leipzig 1780. Faksimiledr. mit einem Nachwort von E. D. Becker. Stuttgart 1971.

Kakerlak oder die Geschichte eines Rosenkreuzers aus dem vorigen Jahrhundert. Hrsg. von H. Henning, Textrevision von E. Weber. Berlin 1983.
Robinson Kruso. Hrsg. von A. Klingenberg, Textrevision E. Weber. Berlin 1979.
Versuch über die Kenntnis des Menschen. 2 Bde. Leipzig 1784/85. Fotomech. Nachdr. Frankfurt/M. 1971.
Kritische Schriften. Faksimiledr. hrsg. mit einem Nachwort und Anmerkungen von A. R. Schmitt. 3 Bde. Darin: Versuch einer Gesamtbibliographie über Johann Carl Wezel von Ph. S. McKnight. Stuttgart 1971.

(c) Henning, H.: «Denn haben meine Schriften wahren Werth» (Wezel). Zum Stand der Wezel-Forschung. In: 18. Jh. 11, 2. 1987, 79–85.

(d) Henning, H.: Aufklärung und Philosophie – Johann Karl Wezel. In: GoetheJb. 104. 1987, 332–349.
McKnight, Ph. S.: The Novels of Johann Karl Wezel: Satire, Realism and Social Criticism in the Late 18th Century Novel. Bern 1981.
Schönert, J.: Fragen ohne Antwort. Zur Krise der literarischen Aufklärung im Roman des späten 18. Jahrhunderts: Wezels «Belphegor», Klingers «Faust» und «Die Nachtwachen von Bonaventura». In: JDSG 14. 1970, 183–229.
Voßkamp, W.: Johann Carl Wezel. In: Dt. Dichter des 18. Jh., 577–593. (Mit Auswahlbibliographie bis 1976.)

Lebensläufe

Darstellungen

Graevenitz, G. v.: Innerlichkeit und Öffentlichkeit. Aspekte deutscher «Bürgerlicher» Literatur im frühen 18. Jahrhundert. In: DVjs 49. 1975. Sonderheft, 1–82.
Mahrholz, W.: Deutsche Selbstbekenntnisse. Ein Beitrag zur Geschichte der Selbstbiographie von Mystik bis zum Pietismus. München 1919.
Misch, G.: Geschichte der Autobiographie. Frankfurt 1969.
Müller, K. D.: Autobiographie und Roman. Studien zur literarischen Autobiographie der Goethezeit. Tübingen 1976.
Müller, K.-D.: Zum Formen- und Funktionswandel der Autobiographie. In: Wessels, 137–160.
Niggl, G.: Geschichte der deutschen Autobiographie im 18. Jahrhundert. Theoretische Grundlegung und literarische Entfaltung. Stuttgart 1977.
Niggl, G. (Hrsg.): Die Autobiographie. Zu Form und Geschichte einer literarischen Gattung. Darmstadt 1989. (Angekündigt.)
Pascal, R.: Die Autobiographie. Gehalt und Gestalt. Stuttgart 1965.
Pfotenhauer, H.: Literarische Anthropologie. Selbstbiographien und ihre Geschichte – am Leitfaden des Leibes. Stuttgart 1987.
Wuthenow, R. R.: Das erinnerte Ich. Europäische Autobiographie und Selbstdarstellung im 18. Jahrhundert. München 1974.

Autoren

Bräker

(a) Leben und Schriften Ulrich Bräkers, des Armen Mannes im Tockenburg, dargestellt und hrsg. von S. Voellmy. 3 Bde. Basel 1945.
Bräkers Werk in einem Band, ausgewählt und eingeleitet von H.-G. Thalheim. Berlin/Weimar 1964. Frankfurt/M. 1964.
Der arme Mann im Tockenburg, hrsg. von W. Günther. Stuttgart 1965.

(d) Hinderer, W.: Ulrich Bräker. In: Dt. Dichter des 18. Jh., 371–391. (Auswahlbibl. bis 1976.)
Holliger, C. u. a. (Hrsg.): Chronik Ulrich Bräker. Auf der Grundlage der Tagebücher 1770–1798. Bern/Stuttgart 1985.
Mayer, H.: Aufklärer und Plebejer: Ulrich Bräker, Der arme Mann im Tockenburg. In: Studien zu Literaturgeschichte. Berlin 1955, 63–78.
Thalheim, H.-G.: Ulrich Bräker, Ein Naturdichter des 18. Jahrhunderts. In: H.-G. T.: Zur Literatur der Goethezeit. Berlin 1969, 38–84.
Voellmy, S.: Ulrich Bräker: Der arme Mann im Tockenburg. Ein Kultur- und Charakterbild aus dem 18. Jahrhundert. Zürich 1923.

Johann Heinrich Jung-Stilling

(a) Sämmtliche Schriften. Ndr. der Ausgabe Stuttgart 1835–1837. Hildesheim 1979.
Lebensgeschichte. Vollständige Ausgabe mit Anmerkungen. Hrsg. von G. A. Benrath. Darmstadt 1976.
Lebensgeschichten. Nach den Erstdrucken 1777–1817. Ndr. Frankfurt/M. 1983.
(b) Briefe Jung-Stillings an seine Freunde. Hrsg. von A. Vömel. Berlin 1905.
(d) Gutzen, D.: Johann Heinrich Jung-Stilling. In: Dt. Dichter des 18. Jh., 446–461.
Wellert, A.: Religiöse Existenz und literarische Produktion. Jung-Stillings Autobiographie und seine frühen Romane. Bern 1982.

Knigge

(a) Sämmtliche Werke. Photomech. Ndr. der Erstausgabe. Hrsg. von P. Raabe. Nendeln 1978.
Die Reise nach Braunschweig. Hrsg. von F. Bobertag. In: DNL 136.
Über den Umgang mit Menschen. Hrsg. von I. Fetscher. Frankfurt/M. 1962.
Über den Umgang mit Menschen. Hrsg. von G. Ueding. Frankfurt 1987.
Josephs von Wurmbrand, Kayserlich abyssinischen Ministers, jetzigen Notarii caesarii publici in der Reichstadt Bopfingen, politisches Glaubensbekenntnis mit Hinsicht auf die französische Revolution. Hrsg. von G. Steiner. Frankfurt/M. 1968.

Salomon Maimon

(a) Salomon Maimons Lebensgeschichte von ihm selbst erzählt und hrsg. von Karl Philipp Moritz. Neu hrsg. von Zwi Batscha. Frankfurt/M. 1984.
(c) Schrifttum über Salomon Maimon. Eine Bibliographie mit Anmerkungen von N. J. Jacobs, übersetzt von G. Leisersohn. In: Judentum im Zeitalter der Aufklärung. Hrsg. von der Lessing-Akademie. Wolfenbütteler Studien, Bd. 4. 1977, 353–395.

Karl Philipp Moritz

(a) Anton Reiser. Hrsg., erläutert und mit einem Nachwort versehen von E.-P. Wieckenberg. München 1977.
Vgl. Bibliographie S. 645.

Musäus

(a) Grandison der Zweite. Eisenach 1760–1762.
(d) Carvill, B. M.: Der verführte Leser: Johann August Musäus' Romane und Romankritiken. Bern 1985.

Frenzel, E.: Mißverstandene Literatur: Musäus' «Grandison der Zweite» und Wielands «Die Abenteuer des Don Sylvio von Rosalva» – Zwei deutsche Donquichottiaden des 18. Jahrhunderts. In: Wolpers, Th. (Hrsg.): Gelebte Literatur in der Literatur: Studien zu Erscheinungsformen und Geschichte eines literarischen Motivs. Göttingen 1986, 110–133.
Stern, G.: A German Imitation of Fielding: Musäus' Grandison der Zweite. In: Comparative Literature 10. 1958, 335 ff.

Nicolai

(a) Leben und Meinungen des Herrn Magisters Sebaldus Nothanker. Hrsg. von F. Brüggemann. DDL, Aufklärung. Bd. 15. Repr. Darmstadt 1967.
Leben und Meinungen des Herrn Magisters Sebaldus Nothanker. Nachw. von H. Stolpe. Berlin (Ost) 1960.
(d) Möller, H.: Aufklärung in Preußen. Der Verleger, Publizist und Geschichtsschreiber Friedrich Nicolai. Berlin 1974. (Mit einer sehr ausführlichen Bibliographie.)
Schulte-Sasse, J.: Friedrich Nicolai. In: Dt. Dichter des 18. Jh., 320–339.

Reiseberichte. Reisen. Empfindsame Reisen

Darstellungen

Brunner, H.: Die poetische Insel. Stuttgart 1967.
Griep, W.: Reiseliteratur im späten 18. Jahrhundert. In: Hanser 3, 739–764.
Meyer, H.: Der Sonderling in der deutschen Dichtung. München 1963.
Michelsen, P.: Sterne und der deutsche Roman des 18. Jahrhunderts. Göttingen 1962.
Piechotta, H.-J. (Hrsg.): Reise und Utopie. Zur Literatur der Spätaufklärung. Frankfurt/M. 1976.
Promies, W.: Der Bürger und der Narr oder das Risiko der Phantasie. Sechs Kapitel über das Irrationale in der Literatur des Rationalismus. München 1966.
Strelka, J.: Der literarische Reisebericht. In: Jb. für internat. Germanistik 3. 1971, 63 ff.
Wuthenow, R.-R.: Reiseliteratur in der Zeit der Aufklärung. In: Wessels, 161–182.
Wuthenow, R.-R.: Die erfahrene Welt. Europäische Reiseliteratur im Zeitalter der Aufklärung. Mit zeitgenössischen Illustrationen. Frankfurt 1980.

Autoren

Forster

(a) Sämtliche Schriften, Tagebücher, Briefe. Hrsg. von der deutschen Akademie der Wissenschaften zu Berlin. 1958 ff.
Werke in vier Bänden. Hrsg. von G. Steiner. Frankfurt/M. 1967.
(c) Fiedler, H.: Georg Forster Bibliographie 1767 bis 1970. Berlin 1971.
Saine, T. P.: Georg Forster. New York 1972.
Saine, T. P.: Georg Forster. In: Dt. Dichter des 18. Jh., 861–880.
Uhlig, L.: Georg Forster. Einheit und Mannigfaltigkeit in seiner geistigen Welt. Tübingen 1965.
Wuthenow, R.-R.: Zur Form der Reisebeschreibung: Georg Forsters Ansichten vom Niederrhein. In: LYB 1969, 234–254.

Hippel

(a) Theodor Gottlieb von Hippel' sämmtliche Werke. 14 Bde. Berlin 1828/39. Reprint Frankfurt/M. 1971.
Der Mann nach der Uhr oder Der ordentliche Mann. Lustspiel in einem Aufzuge. Hrsg. von E. Jenisch. Halle/Saale 1928.
(b) Th. G. Hippel: Biographie, z. T. von ihm selbst verfaßt. Ndr. der Ausg. Gotha 1801. Mit einem Nachwort von R.-R. Wuthenow. Hildesheim 1977.
(d) Kimpel, D.: Theodor Gottlieb von Hippel. In: Dt. Dichter des 18. Jh., 462–481.
Kohnen, J.: Theodor Gottlieb v. Hippel. 1741–1796. L'homme et l'œuvre. 2 Bde. Bern 1983.
Kohnen, J.: Theodor Gottlieb v. Hippel. Eine zentrale Persönlichkeit der Königsberger Geistesgeschichte. Biographie und Bibliographie. Lüneburg 1987.
Kohnen, J.: Ehe-Streit unter Freunden: Johann Georg Hamann als ‹Korrektor› des Buchs über die Ehe. In: Recherches Germaniques 18. 1988, 47–65.
Schneider, F. J.: Die «Lebensläufe» und «Sophiens Reise von Memel nach Sachsen». In: Euphorion 22. 1915, 471–482.
Schneider, F. J.: Über den Humor L. Sternes und Th. G. v. Hippels. In: Euphorion 22. 1915, 471–482.
Schneider, F. J.: Hippel als Schüler Montaignes, Hamanns und Herders. In: Euphorion 23. 1921, 23–33 und 180–190.
Stockum, Th. C. van: Th. G. v. Hippel und sein Roman Lebensläufe nach aufsteigender Linie. Amsterdam 1959. In: Mededelgn. d. Kgl. Nederl. Akad. van Wetenschap. A. Letterk. N. R. 22, 7. 1959, 251–265.
Vormus, H.: Th. G. v. Hippel: Lebensläufe nach aufsteigender Linie nebst Beilagen A, B, C. In: Études Germaniques 21. 1966, 1–16.
Werner, F.: Das Todesproblem in den Werken Th. G. v. Hippels. Halle/Saale 1938.

Schummel

(a) Empfindsame Reisen durch Teutschland. 3 Bde. Wittenberg, Zerbst 1770–1772.
Spitzbart. Eine komi-tragische Geschichte für unser pädagogisches Jahrhundert. Leipzig 1779. Ndr., hrsg. von C. G. v. Maaßen. München 1920. In der: Bibliothek des 18. Jahrhunderts. München 1983.
(d) Ritter, H.: Die pädagogischen Strömungen im letzten Drittel des 18. Jahrhunderts in den gleichzeitigen deutschen pädagogischen Romanen. Halle 1939.
Weigand, G.: J. G. Schummel. Frankfurt/M. 1825.

Thümmel

Windfuhr, M.: Empirie und Fiktion in M. A. v. Thümmels «Reise in die mittäglichen Provinzen von Frankreich». In: Poetica 3. 1970, 115 ff.
Vgl. Bibliographie S. 575.

Zwischen Utopia und Abdera

Darstellungen

Biesterfeld, W.: Die literarische Utopie. (Mit Bibliographie.) Stuttgart 1974.
Hohendahl, P. U.: Zum Erzählproblem des utopischen Romans im 18. Jahrhundert. In: Kreuzer, 79–114.

Hudde, H./Kuon, P.: De L'Utopie á l'Uchronie. Formes, significations, fonctions. Tübingen 1988.
Naumann, D.: Politik und Moral. Studien zur Utopie der deutschen Aufklärung. Heidelberg 1977.
Nell, W.: Zum Begriff ‹Kritik an der höfischen Gesellschaft› in der deutschen Literatur des 18. Jahrhunderts. In: IASL 10. 1988, 170–194.
Stockinger, L.: Ficta Respublica. Gattungsgeschichtliche Untersuchungen zur utopischen Erzählung in der deutschen Literatur des frühen 18. Jahrhunderts. (Mit Bibliographie und Forschungsbericht.) Tübingen 1981.
Voßkamp, W. (Hrsg.): Interdisziplinäre Studien zur neuzeitlichen Utopie. 3 Bde. Stuttgart 1982. In Bd. 1 ausführliche Forschungsberichte zur deutschen, englischen und französischen Literatur sowie zur Philosophie und Soziologie.
Winter, M.: Compendium Utopiarum. Typologie und Bibliographie literarischer Utopien. Bd. 1. Von der Antike bis zur Frühaufklärung. Stuttgart 1978.

Promies, W.: Kinderliteratur im späten 18. Jahrhundert. In: Hanser, 765–831.
Wild, R.: Die Vernunft der Väter: Zur Psychologie von Bürgerlichkeit und Aufklärung in Deutschland am Beispiel ihrer Literatur für Kinder. Stuttgart 1987.

Freund, W.: Prosa-Satire. Satirische Romane im späten 18. Jahrhundert. In: Hanser, 716–738.
Voßkamp, W.: Formen des satirischen Romans im 18. Jahrhundert. In: Hinck I, 165–183.
Wölfel, K.: Epische und satirische Welt. Zur Technik des satirischen Erzählens. In: WW 10. 1960, 85–98.

Autoren

Loen

(a) Der redliche Mann am Hofe. Faks. Druck der Ausg. von 1742. Nachwort v. K. Reichert. Stuttgart 1966.
(d) Kurzke, H.: Die Demut des Aufklärers: Der redliche Mann am Hofe von Johann Michael von Loen. In: Teko 13, 2. 1985, 233–243.
Martens, W.: Der redliche Mann am Hof, politisches Wunschbild und literarisches Thema im 18. Jahrhundert. In: Anzeiger der Philosophisch-Historischen Klasse der österreichischen Akademie der Wissenschaften 124. 1987, 33–49.
Reiss, H.: Goethes Großonkel und die Politik: Die politischen Anschauungen Johann Michael von Loens. In: JDSG 30. 1986, 128–160.
Reiss, H.: Goethe's Great-uncle Johann Michael von Loen (1694–1776) as a Traveller. In: GLL 41, 4. 1988, 384–392.
Schmidt-Sasse, J.: Loen und Adolph Freiherr Knigge: Bürgerliche Ideale in den Schriften deutscher Adliger. In: ZfdPh 106, 169–183.

Pestalozzi

(a) Sämtliche Werke. Hrsg. von A. Buchenau, E. Spranger, H. Stettbacher u. a. 24 Bde. Zürich 1927ff.
Lienhard und Gertrud. Hrsg. von F. Bobertag. DNL 137.
(b) Sämtliche Briefe. Hrsg. von E. Dejung, H. Stettbacher u. a. Zürich 1951.
Leben in Briefen und Berichten. Hrsg. von A. Haller, Zürich 1927.

(c) Klinke, W.: Pestalozzi-Bibliographie. Berlin 1923.
Stettbacher, H.: Hundert Jahre Pestalozziforschung. Pestalozzianum 1948.
(d) Siegrist, C.: Zwischen Objekt und Subjekt: Darstellung und Selbstdarstellung des Bauern in der Schweizer Literatur des 18. Jahrhunderts. In: Recherches Germaniques 11. 1981, 7–27.
Silber, K.: Pestalozzi, der Mensch und sein Werk. Heidelberg 1957.
Spranger, E.: Pestalozzis Denkformen. Stuttgart 1947.

Prosaerzählung, Märchen, Anekdote

Darstellungen

Beyer, H.: Die moralische Erzählung in Deutschland bis zu Heinrich von Kleist. Diss. Frankfurt 1941.
Fink, G.-L.: Naissance et apogée du conte merveilleux en Allemagne. 1740–1800. Paris 1966.
Gratz, M.: Das Märchen und die Aufklärung. In: Wessels, 116–136.
Hillmann, H.: Wunderbares in der Dichtung der Aufklärung. Untersuchungen zum französischen und deutschen Feenmärchen. In: DVjs 43. 1969, 76ff.
Karlinger, F.: Geschichte des Märchens im deutschen Sprachraum. Darmstadt 1988.
Klotz, V.: Das europäische Kunstmärchen. 25 Kapitel seiner Geschichte von der Renaissance bis zur Moderne. Stuttgart 1985.
Luethi, M.: Märchen. Stuttgart 1962. (Mit Bibliographie.)
Polheim, K. K. (Hrsg.): Handbuch der deutschen Erzählung. Düsseldorf 1981.
Polheim, K. K.: Novellentheorie und Novellenforschung. Ein Forschungsbericht 1945–1964. DVjs 38. 1964. Erw. Sonderdruck Stuttgart 1965.
Schäfer, W. E.: Anekdotische Erzählformen und der Begriff Anekdote im Zeitalter der Aufklärung. In: ZfdPh 104. 1985, 185–204.
Tismar, J.: Kunstmärchen. (Mit Bibliographie.) Stuttgart 1977.
Wührl, P.-W.: Das deutsche Kunstmärchen. Geschichte, Botschaft und Strukturen. Heidelberg 1984.

J. C. A. Musäus

(a) Volksmärchen der Deutschen. Vollständige Ausgabe. Nachwort und Anmerkungen von N. Miller. München 1976.
(d) Klotz, V.: Dahergelaufene und Davongekommene. Ironisierte Abenteurer in Märchen von Musäus, Wieland und Goethe. In: Euphorion 79. 1985, 322–334.

3. Drama

Bibliographie

Meyer, R.: Bibliographia dramatica et dramaticorum: Kommentierte Bibliographie der im ehemaligen deutschen Reichsgebiet gedruckten und gespielten Dramen des 18. Jahrhunderts nebst deren Bearbeitungen und Übersetzungen und ihrer Rezeption bis in die Gegenwart. Tübingen 1986.

Texte zur Theorie

(a) Grimm, R. (Hrsg.): Deutsche Dramentheorien. Beiträge zu einer historischen Poetik des Dramas in Deutschland. Bd. 1. Frankfurt/M. 1971.
Hammer, K. (Hrsg.): Dramaturgische Schriften des 18. Jahrhunderts. Berlin 1968.

Darstellungen

Asmuth, B.: Einführung in die Dramenanalyse. (Mit Bibliographie.) Stuttgart 1980.
Flögel, K. F.: Geschichte des Grotesk-Komischen. Bearb. von F. W. Ebeling. Leipzig 1862. Ndr. Dortmund 1978.
Frenzel, H. A.: Geschichte des Theaters. Daten und Dokumente 1470–1840. München 1979.
Hensel, G.: Spielplan. Schauspielführer von der Antike bis zur Gegenwart. Frankfurt/Berlin/Wien 1975.
Keller, W. (Hrsg.): Beiträge zur Poetik des Dramas. Darmstadt 1976.
Kindermann, H.: Theatergeschichte Europas. 2. verbesserte und erg. Auflage. Salzburg 1976.
Klotz, V.: Geschlossene und offene Form im Drama. München 1960.
Koch, H. A.: Das deutsche Singspiel. (Mit Bibliographie.) Stuttgart 1974.
Koopmann, H.: Das Drama der Aufklärung. Kommentar einer Epoche. München 1979.
Lukács, G.: Zur Soziologie des modernen Dramas. In: G. L.: Schriften zur Literatursoziologie. Neuwied 1961, 261–295.
Martini, F.: Geschichte im Drama, Drama in der Geschichte. Spätbarock, Sturm und Drang, Klassik, Frührealismus. Stuttgart 1979.
Martino, A.: Geschichte der dramatischen Theorien in Deutschland im 18. Jahrhundert. I. Die Dramaturgie der Aufklärung (1730–1780). Tübingen 1972.
Schulte-Sasse, J.: Drama. In: Hanser, 423–499.
Schusky, R. (Hrsg.): Das deutsche Singspiel im 18. Jahrhundert. Quellen und Zeugnisse zur Ästhetik und Rezeption. Bonn 1980.
Sørensen, B. A.: Herrschaft und Zärtlichkeit. Der Patriarchalismus und das Drama im 18. Jahrhundert. München 1984.
Steinmetz, H.: Das deutsche Drama von Gottsched bis Lessing. Ein historischer Überblick. Stuttgart 1987.
Ziegler, K.: Das deutsche Drama der Neuzeit. In: Dt. Philologie im Aufriß. Bd. 2. 2. Aufl. Berlin 1966.

Komödie

Arntzen, H.: Die ernste Komödie. Das deutsche Lustspiel von Lessing bis Kleist. München 1968.
Catholy, E.: Das deutsche Lustspiel. Stuttgart 1969.
Hinck, W.: Das deutsche Lustspiel des 17. und 18. Jahrhunderts und die italienische Komödie. Commedia dell'arte und Théâtre Italien. Stuttgart 1965.
Hinck, W. (Hrsg.): Die deutsche Komödie. Vom Mittelalter bis zur Gegenwart. Düsseldorf 1977.
Steffen, H. (Hrsg.): Das deutsche Lustspiel. Göttingen 1968.
Steinmetz, H.: Die Komödie der Aufklärung. 3. durchgeseh. und bearb. Aufl. Stuttgart 1978. (Mit Bibliographie.)

Schauspiel. Bürgerliches Trauerspiel

Texte

George Lillo: Der Kaufmann von London oder Begebenheiten George Barnwells. Ein bürgerliches Trauerspiel. Übersetzt von A. v. Bassewitz. Hrsg. von K.-D. Müller. Tübingen 1981.

Matthes, J. (Hrsg.): Die Entwicklung des bürgerlichen Dramas im 18. Jahrhundert. Ausgewählte Texte. Tübingen 1974.

Darstellungen

Birk, H.: Bürgerliche und empfindsame Moral im Familiendrama des 18. Jahrhunderts. Bonn 1967.

Daunicht, R.: Die Entstehung des bürgerlichen Trauerspiels in Deutschland. Berlin 1963.

Guthke, K. S.: Das deutsche bürgerliche Trauerspiel. 2. überarb. und erw. Aufl. Stuttgart 1976. (Mit Bibliographie.)

Pikulik, L.: «Bürgerliches Trauerspiel» und Empfindsamkeit. Köln/Graz 1966.

Schaer, W.: Die Gesellschaft im deutschen bürgerlichen Drama des 18. Jahrhunderts. Bonn 1963.

Szondi, P.: Die Theorie des bürgerlichen Trauerspiels im 18. Jahrhundert. Der Kaufmann, der Hausvater und der Hofmeister. Hrsg. von G. Mattenklott. Frankfurt/M. 1973.

Wierlacher, A.: Das bürgerliche Drama. Seine theoretische Begründung im 18. Jahrhundert. München 1968.

Wiese, B. v.: Die deutsche Tragödie von Lessing bis Hebbel. Hamburg 1948.

4. Lehrgedicht. Satire. Essay

Albertsen, L. L.: Das Lehrgedicht, eine Geschichte der antikisierenden Sachepik in der neueren deutschen Literatur. Aarhus 1967.

Albertsen, L. L.: Zur Theorie und Praxis der didaktischen Gattungen im deutschen 18. Jahrhundert. In: DVjs 45. 1971, 181–192.

Jäger, H.-W.: Zur Poetik der Lehrdichtung in Deutschland. In: DVjs 44. 1970, 544–576.

Jäger, H.-W.: Lehrdichtung. In: Hanser, 500–544.

Leibfried, E.: Philosophisches Lehrgedicht und Fabel. In: Hinck I, 75–90.

Richter, K.: Literatur und Naturwissenschaft. Eine Studie zur Lyrik der Aufklärung. München 1972.

Siegrist, C.: Das Lehrgedicht der Aufklärung. Stuttgart 1974.

Autoren

Haller

(a) Die Alpen. Gedichte. Nachwort v. A. Elschenbroich. Stuttgart 1965. Versuch schweizerischer Gedichte. Göttingen 1762. Bern 1969.
Hallers Literaturkritik. Hrsg. von K. S. Guthke. Tübingen 1970.

(b) Albrecht von Hallers Tagebuch seiner Beobachtungen über Schriftsteller und über sich selbst. Hrsg. von Georg Heinzmann. Bern 1787.

Albrecht Hallers Tagebücher seiner Reisen nach Deutschland, Holland und England, 1723–1727. Hrsg. von E. Hintzsche. 2. Aufl. Bern 1971.
Albrecht Hallers Tagebuch seiner Studienreise nach London, Paris, Straßburg und Basel, 1727–1728. Hrsg. von E. Hintzsche. 2. Aufl. Bern 1968.
(d) Fehr, K.: Die Welt der Erfahrung und des Glaubens in der Dichtung Albrecht von Hallers. Eine Deutung des «Unvollkommenen Gedichts über die Ewigkeit». Frauenfeld o. J. (1956).
Guthke, K. S.: Haller, Brockes und die Barocklyrik. – Glaube und Zweifel. Hallers Rezeption des christlichen Erbes. – Hallers «Unvollkommene Ode über die Ewigkeit». Veranlassung und Entstehung. In: K. S. G.: Literarisches Leben im achtzehnten Jahrhundert in Deutschland und in der Schweiz. Bern 1975.
Guthke, K. S.: Haller und Pope. Zur Entstehungsgeschichte von Hallers Gedicht «Über den Ursprung des Übels». In: Euphorion 69. 1975, 107–111.
Guthke, K. S.: Albrecht von Haller. In: Dt. Dichter des 18. Jh., 84–97.
Kohlschmidt, W.: Hallers Gedichte und die Tradition. In: W. K.: Dichter, Tradition und Zeitgeist. Bern/München 1965, 206–221.
Siegrist, C.: Albrecht von Haller. Stuttgart 1967.
Toellner, R.: Albrecht von Haller. Über die Einheit im Denken des letzten Universalgelehrten. Wiesbaden 1971.
Wiswall, D./Roller Graf, O. G.: A Comparison of Selected Poetic and Scientific Works of Albrecht von Haller. Bern 1981.

Satire

Darstellungen

Arntzen, H.: Die Satiretheorie der Aufklärung. In: Hinck I, 57–74.
Brummack, J.: Zu Begriff und Theorie der Satire. In: DVjs 1971. Sonderheft, 275–377.
Brummack, J.: Satire. In: RL Bd. 3. Berlin 1977, 601–614.
Freund, W.: Die deutsche Verssatire im Zeitalter des Barock. Düsseldorf 1972.
Freund, W.: Prosa Satire. Satirische Romane im späten 18. Jahrhundert. In: Hanser, 635–738.
Lazarowicz, K.: Verkehrte Welt. Vorstudien zu einer Geschichte der deutschen Satire. Tübingen 1963.
Martens, W.: Von Thomasius bis Lichtenberg. Zur Gelehrtensatire der Aufklärung. LYB 10. 1978, 7–34.
Schönert, J.: Roman und Satire im 18. Jahrhundert. Ein Beitrag zur Poetik. Stuttgart 1969.
Seibert, R.: Satirische Empirie: Literarische Struktur und geschichtlicher Wandel in der Satire in der Spätaufklärung. Würzburg 1981.
Siegrist, C.: Fabel und Satire. In: Wessels, 245–266.
Tronskaja, M.: Die deutsche Prosasatire der Aufklärung. Berlin 1969.
Wellmanns. G. T.: Studien zur deutschen Satire im Zeitalter der Aufklärung. Theorie – Stoffe – Stil. Bonn 1969.
Wölfel, K.: Epische und satirische Welt. Zur Technik des satirischen Erzählens. In: WW 10. 1960, 85–98.

Autoren

Liscow

(a) Sammlung satyrischer und ernsthafter Schriften. Frankfurt und Leipzig 1739.
Christian Ludwig Liscows Schriften. Hrsg. von Carl Müchler. 3 Bde. Berlin 1806. Photomech. Neudruck. Frankfurt/M. 1972.
Christian Ludwig Liscow: Vortrefflichkeit und Nohtwendigkeit der elenden Scribenten und andere Schriften. Hrsg. von J. Manthey. Frankfurt/M. 1968.
Satiren der Aufklärung. Hrsg. von G. Grimm. Stuttgart 1975.
(d) Brummack, J.: Vernunft und Aggression. Über den Satiriker Liscow. In: DVjs 1975. Sonderheft, 118–137.
Freund, W.: Chr. L. Liscow: Die Vortrefflichkeit und Nohtwendigkeit der elenden Scribenten. Zum Verhältnis von Prosasatire und Rhetorik in der Frühaufklärung. In: ZfdPh 96. 1977, 161–178.
Saine, T. P.: Christian Ludwig Liscow. In: Dt. Dichter des 18. Jh., S. 62–83.
Saine, T. P.: Liscow: The first German Swift. In: LYB 4. 1972, 122–156.

Rabener

(a) Gottlieb Wilhelm Rabener: Sammlung satyrischer Schriften. 4 Bde. Leipzig 1751–1755.
Gottlieb Wilhelm Rabener: Sämmtliche Schriften. 8 Bde. Bern 1775–1776.
Gottlieb Wilhelm Rabener: Sämmtliche Schriften. 6 Bde. Leipzig 1777.
(d) Biergann, A.: G. W. Rabeners Satiren. Diss. Köln 1961.

Friedrichsmeyer, E.: Rabener's Satiric Apologies. In: Exile and Enlightenment, 11–18.
Jacobs, J.: Prosa der Aufklärung. München 1976, 59–63 u. 105–120.
Jacobs, J.: Zur Satire der frühen Aufklärung. Rabener und Liscow. In: GRM NF 18. 1968, 1–13.

Essay

Texte

Rohner, L. (Hrsg.): Deutsche Essays. 4 Bde. Berlin/Neuwied 1968.

Darstellungen

Berger, B.: Der deutsche Essay. Form und Geschichte. Bern/München 1964.
Cantarutti, G./Schumacher, H.: Neuere Studien zur Aphoristik und Essayistik. Bern 1986.
Küntzel, H.: Essay und Aufklärung. München 1969.
Potgieter, J. D. C.: Essay: Ein ‹Misch› Genre? In: WW 37, 3. 1987, 193–205.
Rohner, L.: Der deutsche Essay. Materialien zur Geschichte und Ästhetik einer literarischen Gattung. Neuwied/Berlin 1966.
Weissenberger, K. (Hrsg.): Prosakunst ohne Erzählen. Die Gattungen der nichtfiktionalen Kunstprosa. Tübingen 1985.

Autoren

Moser

(a) Lebensgeschichte, von ihm selbst beschrieben. Lemgo 1777–1783.
(d) Fröhlich, M.: J. J. Moser in seinem Verhältnis zum Rationalismus und Pietismus. Wien 1925.
Rürup, R.: J. J. Moser. Pietismus und Reform. Veröffentlichungen des Instituts für Europäische Geschichte. Bd. 35. Mainz 1965.

von Moser

Geistliche Gedichte, Psalmen und Lieder. Frankfurt/M. 1763.
Gesammelte moralische und politische Schriften. 2 Bde. Frankfurt/M. 1763–1764.
(d) Becher, U. A. J.: Moralische, juristische und politische Argumentationsstrategien bei Fr. Carl von Moser. In: Bödeker, H. E./Hermann, U.: Aufklärung als Politisierung – Politisierung der Aufklärung. Hamburg 1987, 178–195.
Kiesel, H.: «Bei Hof, bei Höll». Tübingen 1979.

Sturz

(a) Schriften. 2 Bde. 1779–1782.
Faksimiledr. von J.-U. Fechner. München 1971.
Die Reise nach dem Deister: Prosa und Briefe, hrsg. v. K. W. Becker. Textrevision von W. Kirsten. Berlin 1976.
(b) Hahn, J.: Helferich Peter Sturz (1736–1779): Der Essayist, der Künstler, der Weltmann. Leben und Werke mit einer Edition des vollständigen Briefwechsels. Diss. Stuttgart 1976.
(d) Fechner, J.-U.: Helferich Peter Sturz: Drei Essays. Darmstadt 1981.
Fechner, J.-U.: Lessing und Helferich Peter Sturz. In: Schulz, G. (Hrsg.): Lessing und der Kreis seiner Freunde. Heidelberg 1985, 235–252.
Fechner, J.-U.: Helferich Peter Sturz auf dem Weg zum deutschen Stilisten. Ein Hinweis auf eine vergessene dänische Zeitschrift. In: Grenzerfahrung – Grenzüberschreitung. FS P. M. Mitchell. Hrsg. von L. Marx und H. Knust. Heidelberg 1989, 64–77.
Koch, M.: Helferich Peter Sturz nebst einer Abhandlung über die schleswigschen Literaturbriefe. München 1879.
Langenfeld, L.: Die Prosa H. P. Sturz'. Diss. Köln 1935.
Schmidt, A.: H. P. Sturz: Ein Kapitel aus der Schrifttumsgeschichte zwischen Aufklärung und Sturm und Drang. Diss. Wien 1939.

IV. ERNEUERUNG DER DEUTSCHEN LITERATUR

1. Klopstock

(a) Werke und Briefe. Historisch-kritische Ausgabe. Hamburger Klopstock-Ausgabe. Begr. von A. Beck, K. L. Schneider, H. Tiemann. Hrsg. von H. Gronemeyer, E. Höpker-Herberg, K. Hurlebusch und R.-M. Hurlebusch. Berlin 1974 ff.
Ausgewählte Werke. Hrsg. von K. A. Schleiden. München 1962.
Oden. Auswahl und Nachwort von K. L. Schneider. Stuttgart 1966.

Werke in einem Band. Hrsg., ausgewählt und eingeleitet von K.-H. Hahn. Berlin und Weimar 1971.
(b) Meta Klopstock geb. Moller: Briefwechsel mit Klopstock, ihren Verwandten und Freunden. Hrsg. von H. Tiemann. Hamburg 1956. München 1988.
Behrens, J. (Hrsg.): Briefwechsel zwischen Klopstock und den Grafen Christian und Friedrich Leopold zu Stolberg. Mit einem Anhang: Briefwechsel zwischen Klopstock und Herder. Hrsg. von S. Jodeleit und einem Nachwort von E. Trunz. Neumünster 1964.
Betteridge, H. T.: Klopstocks Briefe. Prolegomena zu einer Gesamtausgabe. Stuttgart 1963.
Lappenberg, J. M.: Briefe von und an Klopstock. Ein Beitrag zur Literaturgeschichte seiner Zeit. Ndr. Bern 1970.
(c) Burkhardt, G./Nicolai, H.: Klopstock-Bibliographie. Berlin, New York 1975. (Klopstock, Werke und Briefe. Historisch-kritische Ausgabe. Abteilung Addenda, I.)
(d) Alewyn, R.: Klopstocks Leser. In: Fs. R. Gruenter. Heidelberg 1978, 100–121.
Arnold, H. L. (Hrsg.): Sonderband Friedrich Gottlieb Klopstock. München 1981 (Text + Kritik).
Betteridge, H. T.: Klopstock in Dänemark. In: Fs. L. Magon. Berlin 1958, 137–152.
Böckmann, P.: Formgeschichte der deutschen Dichtung. Bd. 1. 2. Aufl. Hamburg 1965.
Freivogel, M.: Klopstock, der heilige Dichter. Bern 1954.
Fricke, G.: Klopstock. In: G. F.: Studien und Interpretationen. 1956, 7–24.
Großer, P.: Der junge Klopstock im Urteil seiner Zeit. Ein Beitrag zur Geschichte des deutschen Geistes im 18. Jahrhundert. Diss. Breslau. Würzburg 1937.
Hähnel, K.-D.: Wissenschaftliche Konferenz zu Ehren des 250. Geburtstages von F. G. Klopstock. In: Weimarer Beiträge 11. 1974.
Kaiser, G.: Klopstock. Religion und Dichtung. Gütersloh 1963, 2. Aufl. 1975.
Kindt, K.: Klopstock. Berlin-Spandau 1941.
Jahnn, H. H.: Klopstocks 150. Todestag am 14. März 1953. Mainz 1953.
Krummacher, H.-H.: Friedrich Gottlieb Klopstock. In: Dt. Dichter des 18. Jh., 190–209.
Lohmeier, D.: Herder und Klopstock. Herders Auseinandersetzung mit der Persönlichkeit und dem Werk Klopstocks. Bad Homburg v. d. H., Berlin, Zürich 1968.
Magon, L.: Ein Jahrhundert geistiger und literarischer Beziehungen zwischen Deutschland und Skandinavien 1750–1850. Bd. 1: Die Klopstockzeit in Dänemark. Johannes Ewald. Dortmund 1926.
Muncker, F.: Friedrich Gottlieb Klopstock. Geschichte seines Lebens und seiner Schriften. Stuttgart 1888.
Murat, J.: Klopstock. Les thèmes principaux de son œuvre. Paris 1959.
Pape, H.: Die gesellschaftlich-wirtschaftliche Stellung Fr. G. Klopstocks. Diss. Bonn 1962.
Pape, H.: Klopstocks Autorenhonorare und Selbstverlagsgewinne. In: Archiv für die Geschichte des Buchwesens X. 1970, Sp. 1–268.
Quabius, R.: Klopstock und die Jugend. In: Acta Germanica. Jb. des Südafrikanischen Germanistenverbandes 7. 1972, 19–37.
Sauder, G.: Der «zärtliche» Klopstock. In: K. Bohnen, S.-A. Jørgensen (Hrsg.): Deutsch-dänische Literaturbeziehungen im 18. Jahrhundert. München 1979, 58–74.
Schneider, K. L.: Klopstock und die Entwicklung der deutschen Dichtersprache im 18. Jahrhundert. 2. Aufl. Heidelberg 1965.
Sickmann, L.: Klopstock und seine Verleger Hemmerde und Bode. Ein Beitrag zur

Druckgeschichte von Klopstocks Werken mit Einschluß der Kopenhagener Ausgabe des «Messias». In: Archiv für die Geschichte des Buchwesens 3. 1961, 1473–1610.
Werner, H. G. (Hrsg.): Friedrich Gottlieb Klopstock. Werk und Wirkung. Berlin (Ost) 1978 (mit zahlreichen Beiträgen).
Zimmermann, H.: Zwischen Hof und Öffentlichkeit. Anmerkungen zu Klopstock und seinem Kreis in Dänemark. In: TeKo 8. 1, 1980, 5–42.
Zimmermann, H.: Freiheit und Geschichte. F. G. Klopstock als historischer Dichter und Denker. Heidelberg 1987.

Messias und Oden

Beißner, F.: Klopstocks Ode «Der Zürchersee». Münster, Köln 1952.
Böckman, P.: Die Frühlingsfeier. In: H. O. Burger (Hrsg.): Gedicht und Gedanke. Halle 1942, 89–101.
Dräger, J.: Typologie und Emblematik in Klopstocks «Messias». Diss. Göttingen 1971.
Grimm, R.: Marginalien zu Klopstocks «Messias». In: GRM 42. 1961, 274–295.
Jünger, F. G.: Klopstocks Oden. In: F. G. J.: Orient und Okzident. Essays. Hamburg o. J., 131–168.
Kaiser, G.: Klopstocks «Frühlingsfeyer». In: J. Schillemeit (Hrsg.): Interpretationen 1. Deutsche Lyrik von Weckherlin bis Benn. Frankfurt a. M. 1965, 28–39.
Ketelsen, U.-K.: Poetische Emotion und universale Harmonie. Zu Klopstocks Ode «Das Landleben / Die Frühlingsfeyer». In: Gedichte und Interpretationen, 245–256.
Kranefuss, A.: Klopstock und der Göttinger Hain. In: W. Hinck (Hrsg.): Sturm und Drang. Kronberg/Ts. 1978, 134–162.
Krummacher, H.-H.: Bibelwort und hymnisches Sprechen bei Klopstock. In: JDSG 13. 1969, 155–179.
Menz, E.: Zu Klopstocks Ode «Der jetzige Krieg». In: JDSG 23. 1979.
Müller, J.: Revolution und Nation in Klopstocks Oden. In: J. M.: Wirklichkeit und Klassik. Berlin (Ost) 1955, 65–115.
Sauder, G.: Die «Freude» der «Freundschaft». Klopstocks Ode «Der Zürchersee». In: Gedichte und Interpretationen, 228–239.
Schulz, E. W.: Klopstocks Alterslyrik. In: Euphorion 61. 1967, 295–317.
Staiger, E.: Klopstock: Der Zürchersee. In: E. S.: Die Kunst der Interpretation. Studien zur deutschen Literaturgeschichte, 2. Aufl. Zürich 1957, 50–74.
Tayer, T. K.: Klopstock's Occasional Poetry. In: LYB 2. 1970, 181–212.
Ulshöfer, R.: Klopstocks «Frühlingsfeier». In: B. v. Wiese (Hrsg.): Die deutsche Lyrik. Bd. 1. Düsseldorf 1956, 168–184.
Weimar, K.: Theologische Metrik. Überlegungen zu Klopstocks Arbeit am «Messias». In: Hölderlin-Jahrbuch 16. 1969/70, 142–157.
Zimmermann, H.: Wehmut und Agitation. Zu Klopstocks Gedicht «Der Erobrungskrieg». In: Gedichte und Interpretationen, 258–272.

Dramatik

Cohnitz, G.: Gattung und Stil von Klopstocks Bardieten. Diss. München 1944.
Dollinger, H.: Die dramatische Handlung in Klopstocks «Der Tod Adams» und Gerstenbergs «Ugolino». Halle/S. 1930.
Kröplin, K. H.: Klopstocks Hermannsdramen in theatergeschichtlicher und dramaturgischer Beurteilung. Diss. Rostock 1934.
Prignitz, C.: Vaterlandsliebe und Freiheit. Deutscher Patriotismus von 1750–1850. Wiesbaden 1981.

Pülzl, H.: Studien zur Entwicklung der deutschen Bardendichtung des 18. Jahrhunderts. Diss. Wien 1949 (masch.).
Schlaffer, H.: Das Schäfertrauerspiel. Klopstocks Drama «Der Tod Adams» und die Probleme einer Mischform im 18. Jahrhundert. In: Jahrbuch der Jean-Paul-Gesellschaft 1. 1966.
Strohschneider-Kohrs, I.: Klopstocks Drama «Der Tod Adams». Zum Problem der poetischen Form in empfindsamer Zeit. In: DVjs 39. 1965, 165–206.
Zimmermann, H.: Geschichte und Despotie. Zum politischen Gehalt der Hermannsdramen F. G. Klopstocks. In: H. L. Arnold (Hrsg.): Sonderband Friedrich Gottlieb Klopstock. München 1981 (Text + Kritik).

Poetik, Sprachtheorie, Gelehrtenrepublik

Baudusch-Walker, R.: Klopstock als Sprachwissenschaftler und Orthographiereformer. Ein Beitrag zur Geschichte der deutschen Grammatik im 18. Jahrhundert. Berlin 1958.
Grosse, W.: Studien zu Klopstocks Poetik. München 1977.
Hellmuth, H.-H.: Metrische Erfindung und metrische Theorie bei Klopstock. München 1973.
Hurlebusch, R. M./Schneider, K. L.: Die Gelehrten und die Großen. Klopstocks «Wiener Plan». In: F. Hartmann, R. Vierhaus (Hrsg.): Der Akademiegedanke im 17. und 18. Jahrhundert. Bremen und Wolfenbüttel 1977, 63–96.
Kaiser, G.: «Denken» und «Empfinden»: ein Beitrag zur Sprache und Poetik Klopstocks. In: DVjs 35. 1961, 321–343.
Langen, A.: Klopstocks sprachgeschichtliche Bedeutung. In: WW 3. 1952/53, 330–346.
Mickel, W. W.: Der gefühlsmäßig-religiöse Wortschatz Klopstocks, insbesondere in seiner Beziehung zum Pietismus. Ein Beitrag zur Sprache und Theologie des Dichters. Diss. Frankfurt a. M. 1957.
Mickel, K.: Gelehrtenrepublik. Aufsätze und Studien. Halle/S. 1976.
Schleiden, K. A.: Klopstocks Dichtungstheorie als Beitrag zur Geschichte der deutschen Poetik. Saarbrücken 1954.
Schneider, B. A. T.: Grundbegriffe der Ästhetik Klopstocks. Pretoria 1962.
Zimmermann, H.: Gelehrsamkeit und Emanzipation. Marginalien zu F. G. Klopstocks «Deutsche Gelehrtenrepublik». In: H. L. Arnold (Hrsg.): Sonderband Friedrich Gottlieb Klopstock. München 1981 (Text + Kritik).

2. Lessing

(a) Sämtliche Schriften. Hrsg. von K. Lachmann. 3., aufs neue durchgesehene und vermehrte Auflage, besorgt durch F. Muncker. Bd. 1–22 u. ein Registerbd. Stuttgart, (ab Bd. 12) Leipzig 1886–1924 (Ndr. Berlin 1968).
Werke. Vollständige Ausgabe in 25 Teilen. Hrsg. von J. Petersen und W. v. Olshausen. Berlin, Wien 1925–1935 (Ndr. Hildesheim 1970).
Gesammelte Werke. Hrsg. von P. Rilla. Bd. 1–10. 2. Aufl. Berlin 1968.
Werke. In Zusammenarbeit mit K. Eibl, H. Göbel, K. S. Guthke, G. Hillen, A. v. Schirnding und J. Schönert, hrsg. von H. G. Göpfert. 8 Bde. München (auch Darmstadt) 1970–1975.
Werke und Briefe in zwölf Bänden. Hrsg. von W. Barner, zusammen mit K. Bohnen, G. E. Grimm, H. Kiesel, A. Schilson, J. Stenzel und C. Wiedemann. Frankfurt a. M. 1985 ff.
(b) Biedermann, F. Frhr. v. (Hrsg.): Gotthold Ephraim Lessings Gespräche nebst sonstigen Zeugnissen aus seinem Umgang. Berlin 1924.

Braun, J. W. (Hrsg.): Lessing im Urtheile seiner Zeitgenossen. 3 Bde. Berlin 1884–1897 (Ndr. 1969).
Daunicht, R. (Hrsg.): Lessing im Gespräch. Berichte und Urteile von Freunden und Zeitgenossen. München 1971.
Drews, W.: Gotthold Ephraim Lessing in Selbstzeugnissen und Bilddokumenten. Reinbek 1962.
Dvoretzky, E. (Hrsg.): Lessing. Dokumente zur Wirkungsgeschichte 1755–1968. Teil I u. II. Göppingen 1971/72.
Dvoretzky, E. (Hrsg.): Lessing heute. Beiträge zur Wirkungsgeschichte. Stuttgart 1981.
Hillen, G.: Lessing-Chronik. Daten zu Leben und Werk. München 1978.
Steinmetz, H. (Hrsg.): Lessing – ein unpoetischer Dichter. Dokumente aus drei Jahrhunderten zur Wirkungsgeschichte Lessings in Deutschland. Frankfurt a. M., Bonn 1969.
Wölfel, K./Klar, R./Lecke, B. (Hrsg.): Lessings Leben und Werk in Daten und Bildern. Frankfurt a. M. 1967.

(c) Mann, O.: Lessing in der modernen Wissenschaft. In: Der Deutschunterricht 8. 1956, H. 5, 68–86.
Guthke, K. S.: Der Stand der Lessing-Forschung 1932–1962. In: DVjs 38. 1964, Sonderheft, 68–169 (erweitert. Stuttgart 1965).
Guthke, K. S.: Lessing-Literatur 1963–1968. In: LYB 1. 1969, 255–264.
Schilson, A.: Gotthold Ephraim Lessing und die Theologie. In: Theologie und Philosophie 47. 1972, 409 ff.
Seifert, S.: Lessing-Bibliographie. Berlin (Ost) 1973.

Guthke, K. S.: Grundlagen der Lessingforschung. Neuere Ergebnisse, Probleme, Aufgaben. In: Wolfenbütteler Studien 2. 1975, 10–46.
Milde, W.: Gesamtverzeichnis der Lessing-Handschriften. Bd. 1. Heidelberg 1982

(d) Albrecht, W.: Wirkungen Lessings im Sturm und Drang und in der Weimarer Klassik. In: Hallesche Studien zur Wirkung von Sprache und Literatur 1. 1980, 21 ff.
Albrecht, W.: Lessing-Forschung 1979–1983. Ein Literaturbericht auf der Grundlage ausgewählter Buchpublikationen aus der BRD und den USA. In: WB 31. 1985, 670 ff.
Finken, K.-H.: Lessing-Bibliographie 1979–1982. Veröffentlichungen in den Lessing-Jubiläumsjahren. In: LYB 17. 1985, 285 ff.
Bahr, E./Harris, E. P./Lyon, L. G. (Hrsg.): Humanität und Dialog. Lessing und Mendelssohn in neuer Sicht. Detroit, München 1982.
Barner, W.: Produktive Rezeption. Lessing und die Tragödie Senecas. München 1973.
Barner, W.: Lessing als Dramatiker. In: W. Hinck (Hrsg.): Handbuch des deutschen Dramas. Düsseldorf 1980, 106 ff.
Barner, W.: Lessing 1929. Momentaufnahme eines Klassikers vor dem Ende einer Republik. In: Fs. W. Jens. München 1983, 439 ff.
Barner, W./Reh, A. M. (Hrsg.): Nation und Gelehrtenrepublik. Lessing im europäischen Zusammenhang. Detroit, München 1984.
Barner, W.: Artikel «Lessing, Gotthold Ephraim». In: Neue Deutsche Biographie. Bd. 14. Berlin 1985, 339 ff.
Barner, W./Grimm, G. E./Kiesel, H./Kramer, M. unter Mitwirkung von V. Badstübner u. R. Kellner: Lessing. Epoche – Werk – Wirkung. 5. Aufl. München 1987.
Bauer, G. und S. (Hrsg.): Gotthold Ephraim Lessing. Darmstadt 1968.
Bohnen, K.: Geist und Buchstabe. Zum Prinzip des kritischen Verfahrens in Lessings literarästhetischen und theologischen Schriften. Köln, Wien 1974.
Bohnen, K.: Aspekte marxistischer Lessing-Rezeption (Mehring, Lukács, Rilla).

In: H. G. Göpfert (Hrsg.): Das Bild Lessings in der Geschichte. Heidelberg 1981, 115ff.
Bohnen, K. (Hrsg.): Lessing. Nachruf auf einen Aufklärer. Sein Bild in der Presse der Jahre 1781, 1881 und 1981. München 1982.
Briegleb, K.: Lessings Anfänge 1742–1746. Zur Grundlegung kritischer Sprachdemokratie. Frankfurt a. M. 1971.
Demetz, P.: Die Folgenlosigkeit Lessings. In: Merkur 25. 1971, 727–741.
Durzak, M.: Poesie und Ratio. Vier Lessing-Studien. Bad Homburg v. d. H. 1970.
Durzak, M.: Zu Gotthold Ephraim Lessing. Poesie im bürgerlichen Zeitalter. Stuttgart 1984.
Eibl, K.: Identitätskrise und Diskurs. Zur thematischen Kontinuität von Lessings Dramatik. In: JDSG 21. 1977, 138–191.
Gaycken, H.-J.: Gotthold Ephraim Lessing. Kritik seiner Werke in Aufklärung und Romantik. Frankfurt a. M. 1980.
Göbel, H.: Bild und Sprache bei Lessing. München 1971.
Göpfert, H. G. (Hrsg.): Das Bild Lessings in der Geschichte. Heidelberg 1981.
Grimm, G.: Rezeptionsforschung als Ideologiekritik. Aspekte der Rezeption Lessings in Deutschland. In: Fs. G. Storz. Frankfurt a. M. 1973, 115–150.
Grimm, G.: Lessing im Schullektüre-Kanon. In: GRM 24. 1974, 13–43.
Grimm, G.: Lessings Stil. Zur Rezeption eines kanonischen Urteils. In: G. G.: Literatur und Leser. Theorie und Modelle zur Rezeption literarischer Werke. Stuttgart 1975, 148–180.
Guthke, K. S.: Gotthold Ephraim Lessing. 3. Aufl. Stuttgart 1979.
Harris, E. P./Schade, R. (Hrsg.): Lessing in heutiger Sicht. Beiträge zur Internationalen Lessing-Konferenz Cincinnati, Ohio, 1976. Bremen, Wolfenbüttel 1977.
Hartung, G. (Hrsg.): Beiträge zur Lessing-Konferenz 1979. Halle/S. 1979.
Hasche, C.: «Über die Mehrheit der Welten». Anmerkungen und Überlegungen zu Lessings Rolle im Theater der DDR. In: Weimarer Beiträge 27. 1981, H. 9, 49ff.
Hildebrandt, D.: Lessing. Biographie einer Emanzipation. München 1979.
Höhle, T.: Mehring, Rilla und Entwicklungsprobleme der marxistischen Lessingforschung. In: Weimarer Beiträge 26. 1980, H. 3, 5ff.
Jacobs, J.: Lessing. Eine Einführung. München, Zürich 1986.
Jens, W.: In Sachen Lessing. Vorträge und Essays. Stuttgart 1983.
Kittler, F. A.: «Erziehung ist Offenbarung». Zur Struktur der Familie in Lessings Dramen. In: JDSG 21. 1977, 111–137.
Lamport, F. J.: Lessing and the Drama. Oxford 1981.
Lessing und die Zeit der Aufklärung. Vorträge gehalten auf der Tagung der Joachim-Jungius-Gesellschaft der Wissenschaften, Hamburg, am 10. u. 11. Okt. 1967. Göttingen 1968.
Lützeler, P. M.: Die marxistische Lessing-Rezeption. Darstellung und Kritik am Beispiel von Mehring und Lukács. In: LYB 3. 1971, 173–193.
Mann, O.: Lessing. Sein und Leistung. 2. Aufl. Hamburg 1961.
Mayer, H.: Lessing, Mitwelt und Nachwelt. In: Sinn und Form 6. 1954, 5ff.
Mehring, F.: Die Lessing-Legende. Stuttgart 1893 (Ndr. Berlin 1963).
Neuhaus-Koch, A.: G. E. Lessing. Die Sozialstrukturen in seinen Dramen. Bonn 1977.
Neumann, P. H.: Der Preis der Mündigkeit. Über Lessings Dramen. Stuttgart 1977.
Noelle, V.: Subjektivität und Wirklichkeit in Lessings dramatischem und theologischem Werk. Berlin 1977.
Pütz, P.: Die Leistung der Form. Lessings Dramen. Frankfurt a. M. 1986.
Raschdau, C.: Die Aktualität der Vergangenheit. Zur gesellschaftlichen Relevanz der Lessing-Rezeption im 18. Jahrhundert und heute. Königstein 1979.
Rempel, H.: Tragödie und Komödie im dramatischen Schaffen Lessings. Berlin 1935 (Ndr. 1967).

Riedel, V.: Lessing und die römische Literatur. Weimar 1976.
Rilla, P.: Lessing und sein Zeitalter. Berlin 1958.
Ritzel, W.: Lessing. Dichter – Kritiker – Philosoph. München 1966.
Schmidt, E.: Lessing. Geschichte seines Lebens und seiner Schriften. 2 Bde. Berlin 1889–92.
Schneider, H.: Lessing. Zwölf biographische Studien. Bern 1951.
Schröder, J.: Gotthold Ephraim Lessing. Sprache und Drama. München 1972.
Schröder, J.: «Der Kämpfer» Lessing. Zur Geschichte einer Metapher im 19. Jahrhundert. In: H. G. Göpfert (Hrsg.): Das Bild Lessings in der Geschichte, 93 ff.
Schulz, U.: Lessing auf der Bühne. Chronik der Theateraufführungen 1748–1789. Bremen, Wolfenbüttel 1977.
Seeba, H. C.: Die Liebe zur Sache. Öffentliches und privates Interesse in Lessings Dramen. Tübingen 1973.
Sørensen, B. A.: Herrschaft und Zärtlichkeit. Der Patriarchalismus und das Drama im 18. Jahrhundert. München 1984.
Steinmetz, H.: Gotthold Ephraim Lessing. In: Dt. Dichter des 18. Jh., 210–248.
Steinmetz, H.: Gotthold Ephraim Lessing. Über die Aktualität eines umstrittenen Klassikers. In: Harris/Schade (Hrsg.): Lessing in heutiger Sicht, 11 ff.
Steinmetz, H.: Literarische (In-)Kompetenz, Persönlichkeit, Philosophie oder Methode? Zur Rezeptionsgeschichte des Kritikers Lessing. In: H. G. Göpfert (Hrsg.): Das Bild Lessings in der Geschichte, 37 ff.
Strohschneider-Kohrs, I.: Die Vorstellungen vom «unpoetischen» Dichter Lessing. In: Göpfert (Hrsg.): Das Bild Lessings in der Geschichte, 13 ff.
Ter-Nedden, G.: Lessings Trauerspiele. Der Ursprung des modernen Dramas aus dem Geist der Kritik. Stuttgart 1986.
Wehrli, B.: Kommunikative Wahrheitsfindung. Zur Funktion der Sprache in Lessings Dramen. Tübingen 1983.
Werner, H.-G.: Lessing-Konferenz Halle 1979. Halle/S. 1980.
Werner, H.-G. (Hrsg.): Bausteine zu einer Wirkungsgeschichte: Gotthold Ephraim Lessing. Berlin (Ost) 1984.

Frühe Lustspiele

Barner, W.: Lessings «Die Juden» im Zusammenhang seines Frühwerks. In: Bahr, Harris, Lyon (Hrsg.): Humanität und Dialog, 189 ff.
Barner, W.: Vorurteil, Empirie, Rettung. Der junge Lessing und die Juden. In: Bulletin des Leo Baeck Instituts 69. 1984, 29 ff.
Böckmann, P.: Das Formprinzip des Witzes in der Frühzeit der deutschen Aufklärung. In: P. B.: Formgeschichte der deutschen Dichtung. Bd. 1. 2. Aufl. Hamburg 1965, 471 ff.
Bohnen, K.: Nachwort in: G. E. Lessing. Der Freigeist. Stuttgart 1980, 101–117.
Cases, C.: Über Lessings Freigeist. In: Fs. G. Lukács. Neuwied, Berlin 1965, 374 ff.
Fricke, G.: Bemerkungen zu Lessings «Freigeist» und «Miß Sara Sampson». In: Fs. J. Quint. Bonn 1964, 83 ff.
Guthke, K. S.: Lessings Problemkomödie «Die Juden». In: Fs. H. Meyer. Tübingen 1976, 122 ff.
Reh, A. M.: Das Motiv der Rettung in Lessings Tragödie und «ernster Komödie». In: LYB 11. 1979, 35 ff.
Steinmetz, H.: Die Komödie der Aufklärung. 2. Aufl. Stuttgart 1971.
Stellmacher, W.: Lessings frühe Komödien im Schnittpunkt europäischer Traditionen des Lustspiels. In: H.-D. Dahnke (Hrsg.): Parallelen und Kontraste. Studien zu literarischen Wechselbeziehungen in Europa zwischen 1750 und 1850. Berlin 1983, 39 ff.

Wiedemann, C.: Polyhistors Glück und Ende. Von Daniel Morhof zum jungen Lessing. In: Fs. G. Weber. Bad Homburg v. d. H. 1967, 215 ff.

Miß Sara Sampson

Barner, W.: «Zu viel Thränen – nur Keime von Thränen». Über «Miß Sara Sampson» und «Emilia Galotti» beim zeitgenössischen Publikum. In: Arbeitsstelle Achtzehntes Jahrhundert. Gesamthochschule Wuppertal (Hrsg.): Das weinende Säculum. Heidelberg 1983, 89 ff.

Bornkamm, H.: Die innere Handlung in «Miß Sara Sampson». In: Euphorion 51. 1957, 385 ff.

Durzak, M.: Äußere und innere Handlung in «Miß Sara Sampson». Zur ästhetischen Geschlossenheit von Lessings Trauerspiel. In: DVjs 44. 1970, 47 ff.

Eibl, K. (Hrsg.): Gotthold Ephraim Lessing: Miß Sara Sampson. Ein bürgerliches Trauerspiel. Frankfurt a. M. 1971.

Hörisch, J.: Die Tugend und der Weltlauf in Lessings bürgerlichen Trauerspielen. In: Euphorion 74. 1980, 186 ff.

Janz, R.-P.: «Sie ist die Schande des Geschlechts». Die Figur der femme fatale bei Lessing. In: JDSG 23. 1979, 207 ff.

Mauser, W.: Lessings «Miß Sara Sampson». Bürgerliches Trauerspiel als Ausdruck innerbürgerlichen Konflikts. In: LYB 7. 1975, 7–27.

Michelsen, P.: Zur Entstehung des bürgerlichen Trauerspiels. Einige geistes- und literaturwissenschaftliche Vorüberlegungen zu einer Interpretation der «Miß Sara Sampson». In: Fs. R. Brinkmann. Tübingen 1981, 83 ff.

Seeba, H. C.: Das Bild der Familie bei Lessing. Zur sozialen Interpretation im bürgerlichen Trauerspiel. In: Harris, Schade (Hrsg.): Lessing in heutiger Sicht, 307 ff.

Spies, B.: Der ‹empfindsame› Lessing – kein bürgerlicher Revolutionär. Denkanstöße zu einer Neuinterpretation von Lessings «Miß Sara Sampson». In: DVjs 58. 1984, 369 ff.

Weber, P.: Das Menschenbild des bürgerlichen Trauerspiels. Entstehung und Funktion von Lessings «Miß Sara Sampson». Berlin 1970.

Wierlacher, A.: Zum Gebrauch der Begriffe ‹Bürger› und ‹bürgerlich› bei Lessing. In: Neophilologus 51. 1967, 147 ff.

Woesler, W.: Lessings «Miß Sara Sampson» und Senecas «Medea». In: LYB 10. 1978, 75 ff.

Philotas, Minna von Barnhelm

Bohnen, K.: «Was ist ein Held ohne Menschenliebe!» (Philotas, 7. Auftr.) Zur literarischen Kriegsbewältigung in der deutschen Aufklärung. In: P. Freimark, F. Kopitzsch, H. Slessarev (Hrsg.): Lessing und die Toleranz. Detroit, München 1986, 23–38.

Dyck, J. (Hrsg.): «Minna von Barnhelm» oder: Die Kosten des Glücks. Komödie von Gotthold Ephraim Lessing. Mit einem Dossier. Berlin 1981.

Giese, P. C.: Riccaut und das Spiel mit Fortuna in Lessings «Minna von Barnhelm». In: JDSG 28. 1984, 104 ff.

Guthke, K. S.: Der Glücksspieler als Autor. Überlegungen zur ‹Gestalt› Lessings im Sinne der inneren Biographie. In: Euphorion 71. 1977, 353 ff.

Hein, J. (Hrsg.): G. E. Lessing, Minna von Barnhelm. Erläuterungen und Dokumente. Stuttgart 1970.

Hinck, W.: Lessings Minna: Anmut und Geist: Kleine Komödien-Chronik zur Emanzipation der Frau. In: Fs. R. Gruenter. Heidelberg 1978, 3 ff.

Martini, F.: Riccaut, die Sprache und das Spiel in Lessings Lustspiel «Minna von Barnhelm». In: Fs. P. Böckmann. Hamburg 1964, 193–235.
Michelsen, P.: Die Verbergung der Kunst. Über die Exposition in Lessings «Minna von Barnhelm». In: JDSG 17. 1973, 192 ff.
Riedel, V.: Lessings «Philotas». In: WB 25. 1979. H. 11, 61 ff.
Ritter, H.: «Minna von Barnhelm» auf dem aufklärerischen deutschen Theater. In: H.-G. Werner (Hrsg.): Bausteine, 95 ff., 456 ff.
Rüskamp, W.: Dramaturgie ohne Publikum. Lessings Dramentheorie und die zeitgenössische Rezeption von «Minna von Barnhelm» und «Emilia Galotti» als ein Beitrag zur Geschichte des deutschen Theaters und seines Publikums. Köln, Wien 1984.
Schlaffer, H.: Der Bürger als Held. Sozialgeschichtliche Auflösung literarischer Widersprüche. Frankfurt a. M. 1973, 86 ff.
Schröder, J.: Lessing: «Minna von Barnhelm». In: W. Hinck (Hrsg.): Die deutsche Komödie. Düsseldorf 1977, 49 ff.
Staiger, E.: Lessing: «Minna von Barnhelm». In: J. Schillemeit (Hrsg.): Deutsche Dramen von Gryphius bis Brecht. Frankfurt a. M. 1971, 33 ff.
Steinmetz, H.: «Minna von Barnhelm» oder die Schwierigkeit, ein Lustspiel zu verstehen. In: Fs. H. Meyer. Tübingen 1976, 135 ff.
Steinmetz, H. (Hrsg.): Gotthold Ephraim Lessings «Minna von Barnhelm». Dokumente zur Rezeptions- und Interpretationsgeschichte. Königstein/Ts. 1979.
Strohschneider-Kohrs, I.: Die überwundene Komödiantin in Lessings Lustspiel. In: Wolfenbütteler Studien zur Aufklärung 2. 1975, 182 ff.
Weber, P.: Lessings «Minna von Barnhelm». Zur Interpretation und literarischen Charakteristik des Werkes. In: H. G. Thalheim, U. Wertheim (Hrsg.): Studien zur Literaturgeschichte und Literaturtheorie. Berlin 1970, 10 ff.
Werner, H.-G.: Komödie der Rationalität. Zu Lessings «Minna von Barnhelm». In: WB 25. 1979, H. 11, 39 ff.
Werner, H.-G.: «Minna von Barnhelm» in der Geschichte des ernsthaften Lustspiels. In: H.-G. Werner (Hrsg.): Bausteine zu einer Wirkungsgeschichte, 50 ff., 452 ff.
Wiedemann, C.: Ein schönes Ungeheuer. Zur Deutung von Lessings Einakter «Philotas». In: GRM 48. 1967, 381 ff.

Emilia Galotti

Bauer, G.: Gotthold Ephraim Lessing: «Emilia Galotti». München 1987.
Bollacher, M.: Tradition und Selbstbestimmung. Lessings «Emilia Galotti» in geistesgeschichtlicher Perspektive. In: Fs. R. Brinkmann. Tübingen 1981, 99 ff.
Henning, H.: Lessings «Emilia Galotti» in der zeitgenössischen Rezeption. Leipzig 1981.
Kiesel, H.: «Bei Hof, bei Höll»: Untersuchungen zur literarischen Hofkritik von Sebastian Brant bis Friedrich Schiller. Tübingen 1979, 220 ff.
Lützeler, P. M.: Lessings «Emilia Galotti» und «Minna von Barnhelm»: Der Adel zwischen Aufklärung und Absolutismus. In: P. U. Hohendahl, P. M. L. (Hrsg.): Legitimationskrisen des deutschen Adels 1200–1900. Stuttgart 1979, 101 ff.
Meyer, R.: «Hamburgische Dramaturgie» und «Emilia Galotti». Studie zu einer Methode des wissenschaftlichen Zitierens, entwickelt am Problem des Verhältnisses von Dramentheorie und Trauerspielpraxis bei Lessing. Wiesbaden, Frankfurt a. M. 1973.
Müller, J.-D. (Hrsg.): G. E. Lessing: «Emilia Galotti». Erläuterungen und Dokumente. Stuttgart 1971.
Müller, K. D.: Das Erbe der Komödie im bürgerlichen Trauerspiel. Lessings «Emilia Galotti» und die commedia dell'arte. In: DVjs 46. 1972, 28 ff.

Scherpe, K. R.: Historische Wahrheit auf Lessings Theater, besonders im Trauerspiel «Emilia Galotti». In: Harris, Schade (Hrsg.): Lessing in heutiger Sicht, 259ff.
Schmitt-Sasse, J.: Das Opfer der Tugend. Zu Lessings «Emilia Galotti» und einer Literaturgeschichte der «Vorstellungskomplexe» im 18. Jahrhundert. Bonn 1983.
Schulte-Sasse, J.: Literarische Struktur und historisch-sozialer Kontext. Zum Beispiel Lessings «Emilia Galotti». Paderborn 1975.
Stahl, E. L.: Lessing: Emilia Galotti. In: B. v. Wiese (Hrsg.): Das deutsche Drama. Vom Barock bis zur Gegenwart. Bd. 1. Düsseldorf 1968, 102ff.
Steinhauer, H.: Die Schuld der Emilia Galotti. In: J. Schillemeit (Hrsg.): Deutsche Dramen von Gryphius bis Brecht. Frankfurt a. M. 1965, 49ff.
Steinmetz, H.: Aufklärung und Tragödie. Lessings Tragödien vor dem Hintergrund des Trauerspielmodells der Aufklärung. In: Amsterdamer Beiträge zur neueren Germanistik 1. 1972, 3ff.
Werner, H.-G.: Über die Schwierigkeiten, mit der «dramatischen Algebra» von «Emilia Galotti» zurechtzukommen. In: H.-G. Werner (Hrsg.): Bausteine zu einer Wirkungsgeschichte, 110ff.
Wierlacher, A.: Das Haus der Freude oder Warum stirbt Emilia Galotti? In: LYB 5. 1973, 147ff.

Nathan der Weise

Batley, E. M.: Ambivalence and Anachronism in Lessing's Use of Chess Terminology. In: LYB 5. 1973, 61–81.
Birus, H.: Poetische Namensgebung. Zur Bedeutung der Namen in Lessings «Nathan der Weise». Göttingen 1978.
Bizet, J. A.: Die Weisheit Nathans. In: G. u. S. Bauer (Hrsg.): Gotthold Ephraim Lessing. Darmstadt 1968, 302ff.
Böhler, M. J.: Lessings «Nathan der Weise» als Spiel vom Grunde. In: LYB 3. 1971, 128ff.
Bohnen, K.: «Nathan der Weise». Über das «Gegenbild einer Gesellschaft» bei Lessing. In: DVjs 53. 1979, 394ff.
Bohnen, K. (Hrsg.): Lessings «Nathan der Weise». Darmstadt 1984.
Demetz, P. (Hrsg.): Lessing, «Nathan der Weise». München 1966.
Düffelt, P. v. (Hrsg.): G. E. Lessing, «Nathan der Weise». Erläuterungen und Dokumente. Stuttgart 1972.
Eibl, K.: Lauter Bilder und Gleichnisse. Lessings religionsphilosophische Begründung der Poesie. In: DVjs 59. 1985, 224ff.
Fuhrmann, H.: Lessings «Nathan der Weise» und das Wahrheitsproblem. In: LYB 15. 1983, 63ff.
Göbel, H. (Hrsg.): Lessings «Nathan». Der Autor, der Text, seine Umwelt, seine Folgen. Berlin 1977.
Göbel, H.: «Nicht Kinder bloß, speist man / mit Märchen ab.» In: LYB 14. 1982, 119ff.
Hernadi, P.: Nathan der Bürger. Lessings Mythos vom aufgeklärten Kaufmann. In: LYB 3. 1971, 151ff.
Heydemann, K.: Gesinnung und Tat. Zu Lessings «Nathan der Weise». In: LYB 7. 1975, 69ff.
König, D. v.: Natürlichkeit und Wirklichkeit. Studien zu Lessings «Nathan der Weise». Bonn 1976.
König, D. v.: «Nathan der Weise» in der Schule: Ein Beitrag zur Wirkungsgeschichte Lessings. In: LYB 6. 1974, 108ff.
Nisbet, H. B.: «The Tribus Impostoribus»: On the Genesis of Lessing's «Nathan der Weise». In: Euphorion 73. 1979, 365ff.

Pfaff, P.: Theaterlogik. Zum Begriff einer poetischen Weisheit in Lessings «Nathan der Weise». In: LYB 15. 1983, 95 ff.

Politzer, H.: Lessings Parabel von den drei Ringen. In: G. u. S. Bauer (Hrsg.): Gotthold Ephraim Lessing. Darmstadt 1968, 343 ff.

Rohrmoser, G.: Lessing, «Nathan der Weise». In: B. v. Wiese (Hrsg.): Das deutsche Drama. Vom Barock bis zur Gegenwart. Bd. 1. Düsseldorf 1958, 113 ff.

Schlütter, H.-J.: «... als ob die Wahrheit Münze wäre». Zu «Nathan der Weise» III, 6. In: LYB 10. 1978, 65 ff.

Slessarev, H.: «Nathan der Weise» und Adam Smith. In: Barner, Reh (Hrsg.), 248 ff.

Strohschneider-Kohrs, I.: Lessings Nathan-Dichtung als ‹eine Art Anti-Candide›. In: Barner, Reh (Hrsg.): Nation und Gelehrtenrepublik, 270 ff.

Timm, H.: Der dreieinige Ring: Lessings parabolischer Gottesbeweis mit der Ringparabel des «Nathan». In: Euphorion 77. 1983, 113 ff.

Waniek, E.: Wunder und Rätsel: Die gute Tat in «Nathan der Weise». In: LYB 14. 1982, 233 ff.

Wessels, H. F.: Lessings «Nathan der Weise». Seine Wirkungsgeschichte bis zum Ende der Goethezeit. Königstein/Ts. 1979.

Literaturkritik und Ästhetik
(Frühwerk, Laokoon, Hamburgische Dramaturgie)

Althaus, H.: Laokoon. Stoff und Form. Bern, München 1968.

Barner, W.: Lessing und sein Publikum in den frühen kritischen Schriften. In: Harris, Schade (Hrsg.):Lessing in heutiger Sicht, 323 ff.

Barner, W.: Lessing zwischen Bürgerlichkeit und Gelehrtheit. In: R. Vierhaus (Hrsg.): Bürger und Bürgerlichkeit im Zeitalter der Aufklärung. Heidelberg 1981, 165 ff.

Bartsch, G.: «Laokoon» oder Lessings Kritik am französisch-preußischen Akademismus. In: LYB 16. 1984, 1 ff.

Becker, H. D.: Untersuchungen zum Epigramm Lessings. Düsseldorf 1977.

Bender, W.: Zu Lessings frühen kritisch-ästhetischen Schriften. In: ZfdPh 90. 1971, 161 ff.

Bender, W. (Hrsg.): Lessing: Briefe, die neueste Literatur betreffend. Stuttgart 1972.

Berghahn, K. L. (Hrsg.): Lessing, «Hamburgische Dramaturgie». Stuttgart 1981.

Birke, J.: Der junge Lessing als Kritiker Gottscheds. In: Euphorion 62. 1968, 392 ff.

Böckmann, P.: Das Laokoon-Problem und seine Auflösung in der Romantik. In: W. Rasch (Hrsg.): Bildende Kunst und Literatur. Frankfurt a. M. 1970, 59 ff.

Braemer, E.: Zu einigen Grundfragen in Lessings «Hamburgischer Dramaturgie». In: WB 1. 1955, 261 ff.

Eichner, S.: Die Prosafabel Lessings in seiner Theorie und Dichtung. Ein Beitrag zur Ästhetik des 18. Jahrhunderts. Bonn 1974.

Engel, E. J.: Young Lessing as Literary Critic (1749–1755). In: LYB 11. 1979, 69 ff.

Gaede, W.: Die publizistische Technik in der Polemik G. E. Lessings. Diss. Berlin 1955.

Guthke, K. S.: Lessing, Shakespeare und die deutsche Verspätung. In: Barner, Reh (Hrsg.): Nation und Gelehrtenrepublik, 138 ff.

Haßelbeck, O.: Illusion und Fiktion. Lessings Beitrag zur poetologischen Diskussion über das Verhältnis von Kunst und Wirklichkeit. München 1979.

Heidsieck, A.: Der Disput zwischen Lessing und Mendelssohn über das Trauerspiel. In: LYB 11. 1979, 7 ff.

Höhle, T.: Anschauung und Begriff oder Wirkung ohne Gegenwirkung. Anmerkungen zum Thema ‹Lessing und Winckelmann›. In: Hallesche Studien zur Wirkung von Sprache und Literatur 1. 1980, 4 ff.

Hoensbroech, M. Gräfin: Die List der Kritik. Lessings kritische Schriften und Dramen. München 1976.
Kommerell, M.: Lessing und Aristoteles. Untersuchung über die Theorie der Tragödie. 3. Aufl. Frankfurt a. M. 1960.
Martens, W.: Lessing als Aufklärer. Zu Lessings Kritik an den Moralischen Wochenschriften. In: Harris, Schade (Hrsg.): Lessing in heutiger Sicht, 237–248.
Martino, A.: Geschichte der dramatischen Theorien in Deutschland im 18. Jahrhundert. I. Die Dramaturgie der Aufklärung (1730–1780). Tübingen 1972.
Mayer, H.: Lessing und Aristoteles. In: Fs. B. Blume. Göttingen 1967, 61 ff.
Michelsen, P.: Die Erregung des Mitleids durch die Tragödie. Zu Lessings Ansichten über das Trauerspiel im Briefwechsel mit Mendelssohn und Nicolai. In: DVjs 40. 1966, 548–566.
Mortier, R.: Lessing und die französische Aufklärung des 18. Jahrhunderts. In: Zeitschrift für Germanistik 2. 1980, 201 ff.
Otto, U.: Lessings Verhältnis zur französischen Darstellungstheorie. Frankfurt a. M., Bonn 1976.
Raabe, P.: Lessing und die Gelehrsamkeit. Bemerkungen zu einem Forschungsthema. In: Harris, Schade (Hrsg.): Lessing in heutiger Sicht, 65 ff.
Reh, A. M.: Große Themen in kleiner Form. G. E. Lessings «Rettungen» – eine europäische Apologetik. In: Barner, Reh (Hrsg.): Nation und Gelehrtenrepublik, 175 ff.
Riedel, V.: Lessings Verhältnis zur Antike. Grundzüge, historischer Stellenwert und aktuelle Bedeutung. In: Barner, Reh (Hrsg.): Nation und Gelehrtenrepublik, 9 ff.
Schadewaldt, W.: Furcht und Mitleid? In: Hermes 83. 1955, 129 ff.
Schillemeit, J.: Lessings und Mendelssohns Differenz. Zum Briefwechsel über das Trauerspiel (1756/57). In: Fs. P. Michelsen, Heidelberg 1984, 79 ff.
Schings, H.-J.: Der mitleidigste Mensch ist der beste Mensch. Poetik des Mitleids von Lessing bis Büchner. München 1980.
Schulte-Sasse, J. (Hrsg.): Lessing/Mendelssohn/Nicolai: Briefwechsel über das Trauerspiel. München 1972.
Steinmetz, H.: Der Kritiker Lessing. Zu Form und Methode der «Hamburgischen Dramaturgie». In: Neophilologus 52. 1968, 30 ff.
Steinmetz, H.: Literaturgeschichte und Sozialgeschichte in widersprüchlicher Verschränkung: Das Hamburger Nationaltheater. In: Archiv f. Sozialgeschichte der deutschen Literatur 4. 1979, 24 ff.
Strohschneider-Kohrs, I.: Vom Prinzip des Maßes in Lessings Kritik. Stuttgart 1969.
Wellbery, D. E.: Lessing's Laocoon. Semiotics and Aesthetics in the Age of Reason. Cambridge 1984.
Wessell, L. P.: Geist und Buchstabe as Creative Principles in Lessing's dramaturgy. In: LYB 5. 1973, 107 ff.
Wölfel, K.: Moralische Anstalt. Zur Dramaturgie von Gottsched bis Lessing. In: R. Grimm (Hrsg.): Deutsche Dramentheorien. I. Frankfurt a. M. 1971, 45 ff.
Woessner, H. P.: Lessing und das Epigramm. Neuhausen a. Rheinfall 1978.

Theologie und Philosophie
(Fragmentenstreit, Erziehung des Menschengeschlechts, Ernst und Falk)

Allison, H. E.: Lessing and the Enlightenment. His Philosophy of Religion and its Relation to the 18th Century Thought. Ann Arbor 1966.
Best, O. F.: Noch einmal: Vernunft und Offenbarung. Überlegungen zu Lessings ‹Berührung› mit der Tradition des mystischen Rationalismus. In: LYB 12. 1980, 123 ff.
Bohnen, K.: Lessings «Erziehung des Menschengeschlechts» (§ 4) und Bonnets Palingenesie. Ein Zitat-Nachweis. In: GRM 62. 1981, 362 ff.

Bohnen, K.: Leidens-Bewältigungen. Der Lessing-Goeze-Disput im Horizont der Hermeneutik von ‹Geist› und ‹Buchstabe›. In: H. Reinitzer, W. Sparn (Hrsg.): Verspätete Orthodoxie. Über D. Johann Melchior Goeze (1717–1786). Wiesbaden 1989, 179–196.

Bollacher, M.: Lessing: Vernunft und Geschichte. Untersuchungen zum Problem religiöser Aufklärung in den Spätschriften. Tübingen 1978.

Bothe, B.: Glauben und Erkennen. Meisenheim a. Glan 1972.

Desch, J.: Lessings Dramaturgie und Religionsphilosophie in ihrem Zusammenhang. Diss. Marburg 1971.

Desch, J.: Vernünfteln wider die Vernunft: Zu Lessings Begriff eines konsequenten Rationalismus. In: Bahr, Harris, Lyon (Hrsg.): Humanität und Dialog, 133ff.

Durzak, M.: Gesellschaftsreflexion und Gesellschaftsdarstellung bei Lessing. In: ZfdPh 93. 1974, 546ff.

Eibl, K.: «... kommen würde» gegen «... nimmermehr gekommen wäre». Auflösung des ‹Widerspruchs› von §4 und §77 in Lessings «Erziehung des Menschengeschlechts». In: GRM 65. 1984, 461–64.

Feinäugle, N. W.: Lessings Streitschriften. Überlegungen zu Wesen und Methode der literarischen Polemik. In: LYB 1. 1969, 126ff.

Fink, G.-L.: Lessings «Ernst und Falk». Das moralische Glaubensbekenntnis eines kosmopolitischen Individualisten. In: Recherches Germaniques 10. 1980, 18ff.

Freund, G.: Theologie im Widerspruch. Die Lessing-Goeze-Kontroverse. Stuttgart u. a. 1989.

Guthke, K. S.: Lessings sechstes Freimaurergespräch. In: K. S. G.: Literarisches Leben im achtzehnten Jahrhundert in Deutschland und in der Schweiz. Bern, München 1975, 333ff.

Guthke, K. S.: «Notizen» = «critische Anmerkungen»? Zur Stützung meiner Hypothese über das «Sechste Freimaurergespräch». In: DVjs 55. 1981, 150ff.

Hettrich, E.: Lessings Aufklärung. Zu den theologisch-philosophischen Spätschriften. Frankfurt a. M. 1978.

Heise, W.: Lessings «Ernst und Falk». In: WB 25. 1979, H. 11, 5ff.

Höhle, T. (Hrsg.): Lessing und Spinoza. Halle/S. 1982.

Hüskens-Haßelbeck, K.: Stil und Kritik. Dialogische Argumentation in Lessings philosophischen Schriften. München 1978.

Kelsch, W.: Der Freimaurer Lessing – Idee und Wirklichkeit einer freimaurerischen Utopie. In: Braunschweigisches Jahrbuch 58. 1977, 103ff.

Kröger, W.: Das Publikum als Richter. Lessing und die ‹kleineren Respondenten› im Fragmentenstreit. Nendeln/Liechtenstein 1979.

Lüpke, J. v.: Wege der Weisheit. Studien zu Lessings Theologiekritik. Göttingen 1989.

Michelsen, P.: Die «wahren Taten» der Freimaurer. Lessings «Ernst und Falk». In: P. C. Lutz (Hrsg.): Geheime Gesellschaften. Heidelberg 1979, 293ff.

Müller, R.: Das Problem des Zufalls bei Lessing. Diss. Wuppertal 1977.

Pelters, W.: Lessings Standort. Sinndeutung der Geschichte als Kern seines Denkens. Heidelberg 1972.

Pons, G.: Gotthold Ephraim Lessing et le Christianisme. Paris 1964.

Rohrmoser, G.: Lessing und die religionsphilosophische Fragestellung der Aufklärung. In: Lessing und die Zeit der Aufklärung. Göttingen 1968, 116–129.

Schilson, A.: Geschichte im Horizont der Vorsehung. G. E. Lessings Beitrag zu einer Theologie der Geschichte. Mainz 1974.

Schilson, A.: Lessings Christentum. Göttingen 1980.

Schneider, J.: Lessings Stellung zur Theologie vor der Herausgabe der Wolfenbüttler Fragmente. Diss. Amsterdam 1953.

Schultze, H.: Lessings Toleranzbegriff. Göttingen 1969.

Thielicke, H.: Offenbarung, Vernunft und Existenz. Studien zur Religionsphilosophie Lessings. 5. Aufl. Gütersloh 1967.
Timm, H.: Gott und die Freiheit. Studien zur Religionsphilosophie der Goethezeit. Bd. 1: Die Spinozarenaissance. Frankfurt a. M. 1974.
Voges, M.: «Notizen» oder «critische Anmerkungen»? – Noch einmal zu Lessings «Sechstem Freimaurergespräch». In: DVjs 55. 1981, 135 ff.
Wessell, L. P.: G. E. Lessing's Theology. A Reinterpretation: A Study in the Problematic Nature of the Enlightenment. The Hague, Paris 1977.

3. Wieland

(a) C. M. Wielands Sämmtliche Werke. ‹Ausgabe letzter Hand›. Leipzig 1794–1811. Reprintausgabe, Hamburg 1984.
Wielands Gesammelte Schriften. Herausgegeben von der Deutschen Kommission der Preußischen Akademie der Wissenschaften/Akademie der Wissenschaften der DDR. Berlin 1909 ff. (Nicht abgeschlossen.)
Chr. M. Wieland. Ausgewählte Werke in drei Bänden. Hrsg. Friedrich Beißner. München 1964. In derselben Ausgabe: Der goldene Spiegel und andere politische Dichtungen. Mit ausführlichen Anmerkungen und Nachwort von H. Jaumann (1979).
Christoph Martin Wieland. Werke. 5 Bände. Hrsg. von Fritz Martini und Hans Werner Seiffert. München 1964 f. (Mit ausführlichen Anmerkungen.)
Wielands Werke in vier Bänden. Hrsg. von Hans Böhm. Bibliothek deutscher Klassiker. Berlin/Weimar 1967.
Christoph Martin Wielands Werke in 12 Bänden. Hrsg. von M. Fuhrman/S. A. Jørgensen/K. Manger und H. Schelle. Frankfurt 1987 ff. (Mit Bibliographie und sehr ausführlichem Kommentar.)
(b) Wielands Briefwechsel. Hrsg. von H. W. Seiffert. Berlin 1963 ff.
Scheibe, S.: Fragmentarische Bemerkungen über Wieland als Briefschreiber und über die Edition des «Briefwechsels Wielands». In: MLN 99, 3. 1984, 658–672.
Starnes, T. C.: Christoph Martin Wieland: Leben und Werk: Aus zeitgenössischen Quellen chronologisch dargestellt. 3 Bde. Sigmaringen. 1987.
(c) Günther, G./Zeilinger, H.: Wieland-Bibliographie. Berlin und Weimar 1983.
Martini, F.: Wieland-Forschung. In: DVjs 24. 1950, 269 ff.
Schelle, H.: Wieland-Bibliographie in Auswahl. Editionen und Literatur seit 1945. In: W. S. (Hrsg.): Christoph Martin Wieland. Darmstadt 1981, 445–482.
Schelle, H.: Nachträge und Ergänzungen zur Wieland-Bibliographie, I. In: LYB 16. 1984, 253–261.
Schelle, H.: Nachträge und Ergänzungen zur Wieland-Bibliographie, II. In: LYB 17. 1985, 209–215.
Schelle, H.: Nachträge und Ergänzungen zur Wieland-Bibliographie, IV. In: LYB 19. 1987, 287–294.
Seiffert, H. W.: Zu einigen Fragen der Wieland-Rezeption und Wieland-Forschung. In: MLN 99, 3. 1984, 425–436.
Thomé, H.: Probleme und Tendenzen der Wielandforschung 1974–1978. In: JDSG 23. 1979, 492–513.
(d) Abbé, D. van: Wieland. London 1961.
Abbé, D. van: Wieland and the «stately homes» of faëry. The Rococo Substructure of «Don Sylvio de Rosalva». In: Publications of the English Goethe Society 47. 1977, 28–46.

Baeppler, K.: Der philosophische Wieland. Bern/München 1976.
Becker-Cantarino, B.: ‹Muse› und ‹Kunstrichter›: Sophie La Roche und Wieland. In: MLN 99, 3. 1984, 571–588.
Behler, E.: Das Wieland-Bild der Brüder Schlegel. In: Schelle, 349–392.
Besier, G.: The Education of the Prince: Wieland and the German Enlightenment at School with Fenelon and Rousseau. In: Eighteenth Century Life 10, 1. 1986, 1–13.
Boas, E.: Sex and Sensibility. Wielands Portrayal of Relationships between the Sexes in the «Comische Erzählungen», «Agathon» and «Musarion». In: LYB 12. 1980, 189–218.
Bock, H./Radspieler, H.: Gärten in Wielands Welt (Ausstellung). Marbach 1986.
Brinkhorst, W.: Vermittlungsebenen im philosophischen Roman: «Candide», «Rasselas» und «Don Sylvio». In: Arcadia 14. 1979, 133–147.
Buddeke, W.: C. M. Wielands Entwicklungsbegriff und die Geschichte des Agathon. Göttingen 1966.
Dawson, R. P.: «Der Weihrauch, den uns die Männer streuen»: Wieland and the Women Writers in the Teutscher Merkur. In: Schelle, 225–249.
Diettrich, W.: Erzähler und Leser in Wielands Versepik. Berlin 1974.
Dinkel, H.: Herder und Wieland. München 1959.
Dobbek, W.: Im Schatten Goethes: Wieland und Herder. In: JbGG 30. 1968, 65 ff.
Ermatinger, E.: Wieland und die Schweiz. Leipzig 1924.
Erxleben, M.: Goethes Farce «Götter, Helden und Wieland». In: Kunze, M. (Hrsg.): Christoph Martin Wieland und die Antike. Eine Aufsatzsammlung. Stendal 1986, 77–87.
Fohrmann, J.: Utopie, Reflexion und Erzählung: Wielands «Goldener Spiegel». In: Utopieforschung III. 1982, 24–49.
Frenzel, E.: Mißverstandene Literatur: Musäus «Grandison der Zweite» und Wielands «Die Abenteuer des Don Sylvio von Rosalva» – Zwei deutsche Donquichottiaden des 18. Jahrhunderts. In: Wolpers, Th. (Hrsg.): Gelebte Literatur in der Literatur: Studien zu Erscheinungsformen und Geschichte eines literarischen Motivs. Göttingen 1986, 110–133.
Fuchs A.: Les apports français dans l'œuvre de Wieland de 1772 à 1789. Paris 1934 (Genève 1977).
Fuhrmann, M.: Von Wieland bis Voß: Wie verdeutscht man antike Autoren? In: JbFDH 1987, 1–22.
Gruber, J. G.: Christoph Martin Wieland. Leipzig 1815/16. Erweiterte Ausgabe: Wielands Leben. Leipzig 1827/28.
Grudzinski, H.: Shaftesburys Einfluß auf Wieland. Breslau 1913.
Guthke, K. S.: Distanzierter Dialog: Lessing und Wieland. In: K. S. G.: Erkundungen: Essays zur Literatur von Milton bis Traven. N. Y./Bern 1981.
Henning, H.: Titelkupfer zu Wielands Werken 1818–1828. Weimar 1984.
Hinderer, W.: Beiträge Wielands zur deutschen Klassik. In: Deutsche Literatur zur Zeit der Klassik, hrsg. von O. Conrady. Stuttgart 1977, 44–64.
Hinderer, W.: Christoph Martin Wieland und das deutsche Drama des 18. Jahrhunderts. In: JDSG 28. 1984, 117–143.
Hoppe, K.: Der junge Wieland. Leipzig 1930.
Jacobs, J.: Wielands Romane. Bern/München 1969.
Jacobs, J.: Zur literaturgeschichtlichen Einordnung von Wielands «Komischen Erzählungen». In: FS O. Fambach, hrsg. von J. Krause u. a. Bonn 1982, 30–49.
Jaumann, H.: Politische Vernunft, anthropologischer Vorbehalt, dichterische Fiktion: Zu Wielands Kritik des Politischen. In: MLN 99, 3. 1984, 461–478.

Johne, R.: Wieland und der antike Roman. In: Kunze, M. (Hrsg.): Christoph Martin Wieland und die Antike. Eine Aufsatzsammlung. Stendal 1986, 45–54.

Jørgensen, S. A.: Warum und zu welchem Ende schreibt man eine Vorrede? Randbemerkungen zur Leserlenkung, besonders bei Wieland. In: TeKo 4, 3. 1976, 3–20.

Jørgensen, S. A.: Wieland zwischen Bürgerstube und Adelssalon. In: Vierhaus, R. (Hrsg.): Bürger und Bürgerlichkeit im Zeitalter der Aufklärung. Heidelberg 1981, 205–219.

Jørgensen, S. A.: Ist eine Weimarer Klassik ohne Wieland denkbar? In: Barner, W./ Lämmert, E./ Oellers, N. (Hrsg.): Unser Commercium: Goethes und Schillers Literaturpolitik. Stuttgart 1984, 187–197.

Jørgensen, S. A.: «Oberon» und das Epos im 18. Jahrhundert. Nachwort in: *Oberon. Ein romantisches Heldengedicht.* Stuttgart 1990.

Jørgensen, S. A.: Der unverheiratete Held. In: OL 42. 1987, 338–352.

Kausch, K. H.: Die Kunst der Grazie. Ein Beitrag zum Verständnis Wielands. In: JDSG 2. 1958, 12 ff.

Klotz, V.: Dahergelaufene und Davongekommene: Ironisierte Abenteurer in Märchen von Musäus, Wieland und Goethe. In: Euphorion 79, 3–4. 1985, 322–334.

Koch, M.: Die Quellen von Wielands «Oberon». (Marburg 1880.)

Kurth-Voigt, L. E.: C. M. Wielands Endymion: Variationen eines antiken Mythos. In: MLN 97, 3. 1982, 470–496.

Kurth-Voigt, L. E.: C. M. Wieland's «Olympischer Weiberrath»: Text and Context. In: Schelle, 329–348.

Kurth-Voigt, L. E.: Existence after Death: Changing Views in Wieland's Writings. In: LYB 17. 1985, 153–176.

Larson, K. E.: Wieland's Shakespeare: A Reappraisal. In: LYB 16. 1984, 229–251.

Mähl, H.-J.: Die Republik des Diogenes: Utopische Fiktion und Fiktionsironie am Beispiel Wielands. In: Utopieforschung III. 1982, 50–85.

Manger, K.: Universitas Abderitica: Zu Wielands Romankomposition. In: Euphorion 77, 4. 1983, 395,–406.

Marchand, J. W.: Wieland's Style and Narratology. In: Schelle, 1–32.

Marchand, J. W.: Wieland and the Middle Ages. In: Schelle, 33–52.

Martini, F.: Wieland und das 18. Jahrhundert. In: FS Kluckhohn-Schneider. Tübingen 1948, 243 ff.

Martini, F.: C. M. Wielands «Oberon». In: Vom Geist der Dichtung. Gedächtnisschrift Petsch. Hamburg 1949.

Martini, F.: Wieland: Geschichte der Abderiten. In: Der deutsche Roman, hrsg. von B. v. Wiese. Düsseldorf 1963, I, 64 ff.

Mautner, F. H.: Lichtenberg und Wieland. In: Schelle, 53–79.

Mayer, H.: Wielands Oberon. In: Zur deutschen Klassik und Romantik. Pfullingen 1963.

McCarthy, J. A.: Christoph Martin Wieland. Boston 1979.

McCarthy, J. A.: The Poet as Journalist and Essayist: Christoph Martin Wieland. In: Jb. für internation. Germanistik 12. 1980, 104–138.

McCarthy, J. A.: Die gefesselte Muse? Wieland und die Pressefreiheit. In: MLN 99, 3. 1984, 437–460.

McCarthy, J. A.: Fantasy and Reality. An Epistemological Approach to Wieland. Bern 1974.

Menhennet, A.: Wieland's Idris und Zenide: The Aufklärer as Romantic. In: German Life and Letters 18. 1965, 91 ff.

Menhennet, A.: The ‹Romanticism› of a Rationalist: Wieland and the Aeronauts. In: LYB 8. 1981, 229–251.

Menhennet, A.: Wieland as Armchair Traveller. In: MLN 99, 3. 1984, 522–538.
Meyer, H.: C. M. Wielands «Der Goldene Spiegel» und «Die Geschichte des weisen Danischmend». In: Das Zitat in der Erzählkunst. Stuttgart 1961.
Michel, V.: Wieland. La Formation et l'évolution des son esprit jusque'en 1772. Paris 1938.
Monecke, W.: Wieland und Horaz. Köln/Graz 1964.
Müller, G.: Der verborgene Prinz: Variationen einer Fabel zwischen 1768 und 1820. in: Jb. der Jean-Paul-Gesellschaft 17. 1982, 17–89.
Müller-Solger, H.: Der Dichtertraum. Studien zur Entwicklung der dichterischen Phantasie im Werk C. M. Wielands. Göppingen 1970.
Paulsen, W.: Christoph Martin Wieland. Der Mensch und sein Werk in psychologischen Perspektiven. Bern/München 1979.
Preisendanz, W.: Die Kunst der Darstellung in Wielands «Oberon». In: Formenwandel. Festschrift P. Böckmann. 1964.
Preisendanz, W.: Wieland und die Verserzählung des 18. Jahrhunderts. In: Germanisch-Romanische Monatsschrift. N. F. (1962)
Preisendanz, W.: Die Auseinandersetzung mit dem Nachahmungsprinzip in Deutschland und die besondere Rolle der Romane Wielands. In: Nachahmung und Illusion, hrsg. von H. R. Jauß. München 1969, 72 ff.
Preisendanz, W.: Die Muse Belesenheit: Transtextualität in Wielands «Neuem Amadis». In: MLN 99, 3. 1984, 539–553.
Pütz, P.: Christoph Martin Wieland. In: Dt. Dichter des 18. Jh., 340–370.
Rogan, R. G.: The Reader in the Novels of C. M. Wieland. Bern 1981.
Ruppel, H.: Wieland in der Kritik: Die Rezeptionsgeschichte eines klassischen Autors in Deutschland. Diss. Frankfurt 1978.
Sagmo, I.: Über die ästhetische Erziehung des Eros: Zu Wielands Roman Don Sylvio von Rosalva. In: TeKo 9, 2. 1981, 185–197.
Schaefer, K.: Dichtung «zum Besten der Welt»: Zur Entwicklung des Fortschrittgedankens im Werk von Christoph Martin Wieland. In: Zeitschrift für Germanistik 3. 1983, 323–333.
Schelle, H. (Hrsg.): Christoph Martin Wieland. Darmstadt 1981.
Schelle, H.: Märchendichtung zwischen Aufklärung und Romantik: Einige Bemerkungen zur Forschungslage. In: Metzger, M./Mommsen, K. (Hrsg.): Fairy Tales as Ways of Knowing: Essays on Märchen in Psychology, Society and Literature. Bern 1981, 117–134.
Schmitt, A. R.: Wezel und Wieland. In: Schelle, 251–275.
Schrader, H. J.: Mit Feuer, Schwert und schlechtem Gewissen: Zum Kreuzzug der Hainbündler gegen Wieland. In: Euphorion 78, 4. 1984, 325–367.
Sengle, F.: Wieland. Stuttgart 1949.
Sengle, F.: Von Wielands Epenfragmenten zum «Oberon». Ein Beitrag zu Problem und Geschichte des Kleinepos im 18. Jahrhundert. In: FS Kluckhohn/Schneider. Tübingen 1948, und FS Arbeiten zur deutschen Literatur. 1750–1850. 1965.
Sengle, F.: Goethes Nekrolog «Zu brüderlichem Andenken Wielands»: Die gesellschaftliche und historische Situation: Goethes Rücksicht auf sie in der Beschreibung und Wertung Wielands. In: MLN 99, 3. 1984, 633–647.
Sommer, C.: Christoph Martin Wieland. (Mit Bibliographie.) Stuttgart 1971.
Staiger, E.: Wielands «Musarion». In: Die Kunst der Interpretation. München 1971, 82 ff.
Starnes, T. C.: Christoph Martin Wieland and German Literary Life 1795–1805. Diss. (masch.) Urbana/Ill. 1964.
Stern, G.: Wieland als Herausgeber der *Sternheim*. In: Schelle, 195–208.
Sulzer, D./Volke, W./Westhoff, H.: Wieland–Schubart (Ausstellung). München 1980.

Teesing, H. P. H.: Die Motivverschlingung in Wielands «Oberon». In: Neophilologus 31. 1947.
Teesing, H. P. H.: Wieland als Dichter van het rococo. In: Neophilologus 30. 1946, 166ff.
Thomé, H.: Utopische Diskurse: Thesen zu Wielands «Aristipp und einige seiner Zeitgenossen». In: MLN 99, 3. 1984, 479–502.
Ungern-Sternberg, W. v.: Chr. M. Wieland und das Verlagswesen seiner Zeit: Studien zur Entstehung des freien Schriftstellertums in Deutschland. In: Archiv für Geschichte des Buchwesens. Bd. 14. Frankfurt/M. 1974. Lfg. 6 u. 7, IV S., Sp. 1211–1534.
Wedel, A. R.: Zum Motiv der Schwärmerei in C. M. Wielands «Don Sylvio»: Illusion – Desillusion; Platonismus – Erotismus. In: Aufnahme – Weitergabe: Literarische Impulse um Lessing und Goethe. FS H. Moenkemeyer, hrsg. von J. A. McCarthy/A. A. Kipa. Hamburg 1982, 219–232.
Wilson, W. D.: Intellekt und Herrschaft: Wielands Goldener Spiegel, Joseph II. und das Ideal eines kritischen Mäzenats im aufgeklärten Absolutismus. In: MLN 99, 3. 1984, 479–502.
Wilson, W. D.: Wielands Bild von Friedrich II. und die ‹Selbstzensur› des Teutschen Merkur. In: JDSG 29. 1985, 22–47.
Wilson, W. D.: Humanität und Kreuzzugsideologie um 1780: Die ‹Türkenoper› im 18. Jahrhundert und das Rettungsmotiv in Wielands «Oberon». Lessings «Nathan» und Goethes «Iphigenie». Bern 1984.
Wilson, W. D.: Wieland's Diogenes and the Emancipation of the Critical Intellect. In: Schelle, 149–179.
Wilson, W. D.: The Narrative Strategy of Wieland's Don Sylvio von Rosalva. Bern 1981.

V. DIALOG UND KONTROVERSE

1. Möser

(a) Justus Mösers Sämtliche Werke. Historisch-kritische Ausgabe in 14 Bänden (in 16). Hrsg. von der Akademie der Wissenschaften zu Göttingen. Oldenburg/Berlin/Hamburg 1943ff.
Ausgewählte pädagogische Schriften. Besorgt von H. Kanz. Paderborn 1965.
Harlekin. Von Justus Möser. Hrsg. von H. Boetius. Bad Homburg v. d. H. 1968.
Justus Möser über die deutsche Sprache und Literatur. Hrsg. C. Schüddekopf. Nendeln 1968, Darmstadt 1969.
Justus Möser. Patriotische Phantasien. Hrsg. S. Sudhof. Stuttgart 1970.
Justus Möser. Anwalt des Vaterlandes. Wochenschriften, Patriotische Phantasien etc. Ausgewählt und hrsg. von F. Berger. Leipzig 1978.
(b) Briefe. Hrsg. von E. Beins und W. Pleister. Hannover/Osnabrück 1939.
(c) Wagner, G.: Zum Stand der Möserforschung. In: Mitt. d. Ver. f. Gesch. u. Landeskunde v. Osnabrück. 87. 1981.
(d) Bäte, L.: Justus Möser. Advocatus patriae. Frankfurt/M. und Bonn 1961.
Bausinger, H.: Konservative Aufklärung – Justus Möser vom Blickpunkt der Gegenwart. In: Zs. f. Volkskunde 68. 1978, 161–178.
Bausinger, H.: Justus Möser. In: Dt. Dichter des 18. Jh., 176–189.
Kästner, E.: Friedrich der Große und die deutsche Literatur. Die Erwiderungen auf seine Schrift «De la littérature allemande». Stuttgart 1972.
Kanz, H.: Der humane Realismus Justus Mösers. Bildungsanalyse in der ersten europäischen Aufklärung. Wuppertal 1971.

Knudsen, J. B.: Justus Möser and the German Enlightenment. Cambridge 1986.
Kohlschmidt, W.: Justus Mösers Almanach-Gedichte. Göttingen 1938.
Lochter, U.: Justus Möser und das Theater. Ein Beitrag zur Theorie und Praxis im deutschen Theater des 18. Jahrhunderts. Köln 1967.
Reiss, H.: Möser and the Aufklärung: The Holy Roman Empire in Götz von Berlichingen and Egmont. In: DVjs 60, 4. 1986, 609–644.
Schmidt, P. W. A.: Studien über Justus Möser als Historiker. Zur Genesis und Struktur der historischen Methode Justus Mösers. Göppingen 1975.

2. Winckelmann

(a) Sämtliche Werke. Einzige vollständige Ausgabe v. J. Eiselein. 12 Bde. Donaueschingen 1825–1835. Repr. Osnabrück 1965.
Kunsttheoretische Schriften. Faks.-Dr. Baden-Baden 1962ff.
Kleine Schriften und Briefe, hrsg. im Auftrag des Instituts für angewandte Kunst von W. Senff. Berlin/Weimar 1960.
Kleine Schriften, hrsg. v. W. Rehm. Berlin 1968.
(b) Briefe. In Verbindung mit H. Diepolder hrsg. von W. Rehm. 4 Bde. Berlin 1952–1957.
(c) Winckelmann-Bibliographie. Zusammengestellt v. H. Ruppert u. H. Henning. 1, 2 u. 3. Berlin 1968ff.
Kunze, M.: Neue Forschungen zu Winckelmann. Ein Literaturbericht. In: Gaethgens, T. W. (Hrsg.): Johann Joachim Winckelmann 1717–1768. Hamburg 1986, 11–30.

(d) Bäumer, M. L.: Klassizität und republikanische Freiheit in der außerdeutschen Winckelmann-Rezeption des späten 18. Jahrhunderts. In: Gaethgens, T. W. (Hrsg.): Johann Joachim Winckelmann 1717–1768. Hamburg 1986, 195–219.
Böschenstein, B.: Apoll und sein Schatten. Winckelmann in der deutschen Dichtung der beiden Jahrhundertwenden. In: Gaethgens, T. W. (Hrsg.): Johann Joachim Winckelmann 1717–1768. Hamburg 1986, 327–342.
Bräutigam, B.: Poezität versus Diskursivität: Winckelmann und der Ursprung literarischer Ästhetik im 18. Jahrhundert. In: Cantarutti, G./Schumacher, H. (Hrsg.): Neuere Studien zur Aphoristik und Essayistik. Frankfurt/M. 1986, 223–249.
Brandt, R.: «... ist endlich eine edle Einfalt und stille Größe». In: Gaethgens, T. W. (Hrsg.): Johann Joachim Winckelmann 1717–1768. Hamburg 1986, 41–53.
Fink, G.-L.: Von Winckelmann bis Herder. Die deutsche Klimatheorie in europäischer Perspektive. In: Sauder, G. (Hrsg.): Johann Gottfried Herder 1744–1803. Hamburg 1987, 156–176.
Justi, K.: Winckelmann und seine Zeitgenossen. Hrsg. von W. Rehm. 5. Aufl. Köln 1956.
Kunze, M.: «In deiner Mine diese stille Größe und Seelenruh' zu sehn» – Winckelmann bei Wieland. In: M. K. (Hrsg.): Christoph Martin Wieland und die Antike. Eine Aufsatzsammlung. Stendal 1986, 65–75.
Lepenies, W.: Johann Winckelmann. Kunst und Naturgeschichte im 18. Jahrhundert. In: Gaethgens, T. W. (Hrsg.): Johann Joachim Winckelmann 1717–1768. Hamburg 1986, 221–237.
Leppmann, W.: Winckelmann. Eine Biographie. Berlin 1971.
Miller, N.: Winckelmann und der Griechenstreit. Überlegungen zur Historisierung der Antike-Anschauungen im 18. Jahrhundert. In: Gaethgens, T. W. (Hrsg.): Johann Joachim Winckelmann 1717–1768. Hamburg 1986, 239–264.

Rehm, W.: Griechentum und Goethezeit. Geschichte eines Glaubens. München 1952.
Rehm, W.: Götterstille und Göttertrauer. Aufsätze zur deutsch-antiken Begegnung. München 1951.
Rudowski, V. A.: Lessing contra Winckelmann. In: Ugrinsky, A. (Hrsg.): Lessing and the Enlightenment. New York 1986, 69–77.
Schulz, E. W.: Winckelmanns Schreibart. In: Mähl, H.-J./Mannack, E.: Studien zur Goethezeit: Erich Trunz zum 75. Geburtstag. Heidelberg 1981, 233–255.
Seeba, H. C.: Zur Wirkungsgeschichte eines ‹unhistorischen› Historikers zwischen Ästhetik und Geschichte. In: DVjs 56. 1982, 168–201.
Sichtermann, H.: Winckelmann in Italien. In: Gaethgens, T. W. (Hrsg.): Johann Joachim Winckelmann 1717–1768. Hamburg 1986, 121–160.
Uhlig, L.: Kunst und Dichtung bei Winckelmann. In: ZfdPh 98. 1979, 161–176.
Uhlig, L.: Klassik und Geschichtsbewußtsein in Goethes Winckelmannschrift. In: GRM 31. 1981, 143–155.
Uhlig, L.: Schiller und Winckelmann. In: Jb. für internat. Germanistik 17, 1. 1985, 131–146.
Uhlig, L.: Griechenland als Ideal: Winckelmann und seine Rezeption in Deutschland. Tübingen 1988.
Wiedemann, C.: Römische Staatsnation und griechische Kulturnation: Zum Paradigmenwechsel zwischen Gottsched und Winckelmann. In: Kontroversen IX. 1988, 173–178.

3. Hamann

(a) Hamann's Schriften, hrsg. v. F. Roth. Bd. 1–7. Berlin 1821/25. Bd. 8, 1–2, hrsg. v. G. A. Wiener. (Nachträge, Erläuterungen und Berichtigungen samt Register.)
Johann Georg Hamann. Sämtliche Werke. I–VI. Historisch-kritische Ausgabe von J. Nadler. Wien 1949–1957. (Bd. VI enthält einen alphabetisch geordneten Kommentar zum Gesamtwerk.)

Kommentierte Ausgaben

Johann Georg Hamanns Hauptschriften Erklärt:
Bd. 2. Sokratische Denkwürdigkeiten. Von F. Blanke. Gütersloh 1959.
Bd. 4. Zwo Recensionen nebst einer Beylage betreffend den Ursprung der Sprache / Des Ritters von Rosencreuz letzte Willensmeynung über den göttlichen und menschlichen Ursprung der Sprache / Philologische Einfälle und Zweifel über eine akademische Preisschrift / Au Salomon de Prusse. Von E. Büchsel. Gütersloh 1963.
Bd. 5. Hierophantische Briefe / Versuch einer Sibylle über die Ehe / Konxompax. Von E. Jansen Schoonhoven. Gütersloh 1962.
Golgatha und Scheblimini. Von Lothar Schreiner. Gütersloh 1956.

Büchsel, E.: Hamanns Schrift «Die Magi aus dem Morgenlande». In: Theologische Zeitschrift 14. 1958, 191–213.
Büchsel, E.: Don Quixote im Reifrock. Zur Interpretation der «Zweifel und Einfälle über eine vermischte Nachricht der Allgemeinen deutschen Bibliothek» von J. G. Hamann. In: Euphorion 60. 1966, 277–293.
Jørgensen, S.-A.: Fünf Hirtenbriefe, das Schuldrama betreffend. Einführung und Kommentar. Kopenhagen 1962.
Jørgensen, S.-A. (Hrsg.): Sokratische Denkwürdigkeiten. Aesthetica in nuce. Mit einem Kommentar. Stuttgart 1968.
Löhrer, K.: Kommentar und Interpretation zu Johann Georg Hamanns «Kleeblatt Hellenistischer Briefe». Diss. (masch.) Kopenhagen 1969.

Lumpp, H. M.: Philologia crucis. Zu Johann Georg Hamanns Auffassung von der Dichtkunst. Mit einem Kommentar zu «Aesthetica in nuce« (1762). Tübingen 1970.
Manegold, I.: Johann Georg Hamanns Schrift «Konxompax». Fragment einer apokryphischen Sibylle über apokalyptische Mysterien. Text, Entstehung, Bedeutung. Heidelberg 1963.
O'Flaherty, J. C.: Hamann's Socratic Memorabilia. A Translation and a Commentary. Baltimore 1967.
Seils, M.: Johann Georg Hamanns Schrift «Schürze von Feigenblättern». Entstehungsgeschichte, Kommentar und Deutung. In: Wissenschaftliche Zeitschrift der Universität Rostock. Gesellschafts- und sprachwissenschaftliche Reihe 4. 1954/55, 9–47.
Simon, J.: J. G. Hamann. Schriften zur Sprache. Einleitung und Anmerkungen. Frankfurt/M. 1967.
Wild, R.: «Metacriticus bonae spei». Johann Georg Hamanns «Fliegender Brief». Einführung, Text und Kommentar von R. W. Frankfurt 1975. (Mit Bibliographie und Forschungsbericht.)

(b) Johann Georg Hamann. Briefwechsel. Hrsg. von A. Henkel und W. Ziesemer. Wiesbaden 1955.ff.
Briefe. Ausgewählt und eingeleitet und erläutert von A. Henkel. Frankfurt 1988.
(c) Bibliographie der Hamann-Forschung. Von L. Schreiner. Geschichte der Deutungen von K. Gründer. In: Hamanns Hauptschriften Erklärt Bd. 1. Gütersloh 1956.
Büchsel, E.: Geschärfte Aufmerksamkeit. Hamann-Literatur seit 1972. In: DVjs 60. 1986, 375–425.
Suchy, V.: Johann Georg Hamann, Kirchenvater, «mystischer Zeuge» oder Häresiarch. (150 Jahre Hamann Deutung und -Forschung.) In: Jb. des Wiener Goethe Vereins 69–71. Wien 1965, 1966, 1967, 47–102, 5–36, 35–69.
Urner, H.: Zur neueren Hamann-Forschung. In: Weg und Gemeinschaft. Aufsätze von und für H. Urner. Berlin 1976.
(d) Acta des Internationalen Hamannkolloquiums Lüneburg 1976. Hrsg. von B. Gajek mit einem Vorwort von A. Henkel. Frankfurt 1979.
Acta des 2. Internationalen Hamannkolloquiums Marburg 1980. Hrsg. von B. Gajek. Marburg 1983.
Acta des 3. Internationalen Hamannkolloquiums Marburg 1982: Hamann und Frankreich. Hrsg. von B. Gajek. Marburg 1987.
Acta des 4. Internationalen Hamannkolloquiums Marburg 1985: Hamann – Herder – Kant. Bern 1987.
Insel-Almanach auf das Jahr 1988. Johann Georg Hamann. Hrsg. von O. Bayer. Frankfurt 1987.
Balthasar, H. U. v.: Hamanns theologische Ästhetik. In: Philosophisches Jb. der Görresgesellschaft 68. 1960, 36–65.
Baudler, G.: Im Worte sehen. Das Sprachdenken Johann Georg Hamanns. Bonn 1970.
Bayer, O.: Zeitgenosse im Widerspruch. Johann Georg Hamann als radikaler Aufklärer. München 1988.
Blackall, E.: Irony and Imagery in Hamann. In: Publications of the English Goethe Society. NS 26, 1–25. 1957.
Blanke, F.: Hamann-Studien. Zürich 1956.
Büchsel, E.: Untersuchungen zur Struktur von Hamanns Schriften auf dem Hintergrund der Bibel. Diss. (masch.) Göttingen 1953.
Büchsel, E.: Aufklärung und christliche Freiheit. Johann Georg Hamann contra Kant. In: Neue Zeitschrift für systematische Theologie IV. 1962, 133–157.
Butts, R. E.: The Grammar of Reason: Hamann's Challenge to Kant. In: Synthese:

An International Journal for Epistemology, Methodology and Philosophy of Science 75, 2. 1988, 251–283.
Disselhoff, J.: Wegweiser zu J. G. Hamann, dem Magus in Norden. Kaiserswerth/Elberfeld 1871.
Gajek, B.: Sprache beim jungen Hamann. Diss. München 1959. 2. Aufl. Bern 1967.
Gajek, B.: Johann Georg Hamann. In: Dt. Dichter des 18. Jahrhunderts, 276–299.
Gildemeister, C. H.: Johann Georg Hamann's, des Magus in Norden Leben und Schriften. 6 Bde. Gotha 1857–1873.
Gründer, K.: Figur und Geschichte. Johann Georg Hamanns «Biblische Betrachtungen» als Ansatz einer Geschichtsphilosophie. Freiburg/München 1958.
Gründer, K.: Langage et histoire. Perspectives de la «Metacritique sur le purisme de la raison» de J. G. Hamann. In: Archives de Philosophie. Recherches et documentation. 1961, 414–425.
Henkel, A.: Goethe und Hamann: Ergänzende Bemerkungen zu einem denkwürdigen Geistergespräch. In: Euphorion 77, 4. 1983, 453–459.
Herde, H.: J. G. Hamann. Zur Theologie der Sprache. Bonn 1971.
Hoffmann, V.: Johann Georg Hamanns Philologie zwischen enzyklopädischer Mikrologie und Hermeneutik. (Mit Bibliographie.) Stuttgart 1972.
Jørgensen, S.-A.: Hamann, Bacon, and Tradition. In: OL 16. 1961, 48–73.
Jørgensen, S.-A.: Zu Hamanns Stil. In: GRM 16. 1966, 374–387.
Jørgensen, S.-A.: Johann Georg Hamann. (Mit ausführlicher Bibliographie.) Stuttgart 1976.
Jørgensen, S.-A.: Gott ein Schriftsteller! Anmerkungen zu Hamanns Ästhetik. In: Koopmann, H./Woesler, W. (Hrsg.): Literatur und Religion. Freiburg 1984.
Jørgensen, S.-A.: Hamanns hermeneutische Grundsätze. In: Aufklärung und Humanismus. Hrsg. von R. Toellner. Heidelberg 1980, 219–231.
Knoll, R.: Johann Georg Hamann und Friedrich Heinrich Jacobi. Heidelberg 1963.
Majetschack, S.: Über den «Geschmack an Zeichen»: Zu Johann Georg Hamanns Begriff des Textes, des sprachlichen Zeichens und des Stils. In: Kodikas/Code/Ars Semiotica 10, 1–2. 1987, 135–151.
Metzke, E. J.: J. G. Hamanns Stellung in der Philosophie des 18. Jahrhunderts. Halle 1934. Repr. Darmstadt 1967.
Nadler, J.: Johann Georg Hamann. Der Zeuge des Corpus mysticum. Salzburg 1949.
Oelmüller, W.: Lessing und Hamann. Prolegomena zu einem künftigen Gespräch. In: Collegium Philosophicum. FS J. Ritter. Basel/Stuttgart 1965, 272–302.
O'Flaherty, J. C.: Unity and Language. A Study in the Philosophy of Johann Georg Hamann. Chapel Hill, N. C. 1952.
O'Flaherty, J.: Johann Georg Hamann. New York 1979.
Olivetti, M. M.: Der Einfluß Hamanns auf die Religionsphilosophie Jacobis. In: Friedrich Heinrich Jacobi, Philosoph und Literat der Goethezeit. Hrsg. v. K. Hammacher. Frankfurt 1971, 85–117.
Salmony, H. A.: Johann Georg Hamanns metakritische Philosophie. Zollikon 1958.
Schreiner, H.: Die Menschwerdung Gottes in der Theologie Johann Georg Hamanns. Tübingen 1946, 2. erw. Aufl. 1950.
Seils, M.: Theologische Aspekte zur gegenwärtigen Hamanndeutung. Berlin/Göttingen 1957.
Seils, M.: Wirklichkeit und Wort bei J. G. Hamann. Stuttgart 1961.
Sudhof, S.: Von der Aufklärung zur Romantik. Die Geschichte des Kreises von Münster. Berlin 1973.
Unger, R.: Hamann und die Aufklärung. 2 Bde. Jena 1911.
Unger, R.: Hamann und die Empfindsamkeit. In: Euphorion 30. 1929, 154–175.
Unger, R.: Hamann und die Romantik. In: FS A. Sauer, 1925.

Volkner, P.: Geschichtlichkeit und Individualität im Sprachverständnis Johann Georg Hamanns. In: DVjs 61, 4. 1987, 665–675.
Wild, R. (Hrsg.): Johann Georg Hamann. Darmstadt 1978.

4. Lichtenberg

(a) Georg Christoph Lichtenberg. Gesammelte Werke. Hrsg. von W. Grenzmann. 3 Bde. Frankfurt/M. 1949.
Georg Christoph Lichtenberg. Schriften und Briefe. Hrsg. von W. Promies. München 1968 ff.
(b) Georg Christoph Lichtenberg. Briefwechsel. Im Auftrag der Akademie der Wissenschaften zu Göttingen herausgegeben von U. Joost und A. Schöne. 4 Bde. und ein Registerband. München 1983 ff.
(c) Jung, R.: Lichtenberg-Bibliographie. Heidelberg 1972.
(d) Althaus, Th.: Aphorismus und Experiment: Lichtenbergs Versuche mit Worten. In: Oellers, N. (Hrsg.): Politische Aufgaben und soziale Funktion von Germanistik und Deutschunterricht. Vorträge des Germ.-Tages Berlin 1987. Tübingen 1988, 355–379.
Arntzen, H.: Beobachtung, Metaphorik, Bildlichkeit bei Lichtenberg. In: DVjs 42. 1968, 359 ff.
Brunswick, F.: The Hermeneutics of Lichtenberg's Interpretation of Hogarth. In: LYB 19. 1987, 167–191.
Fischer, G.: Lichtenbergsche Denkfiguren. Aspekte des Experimentellen. Heidelberg 1982.
Gockel, H.: Individualisiertes Sprechen. Lichtenbergs Bemerkungen im Zusammenhang von Erkenntnistheorie und Sprachkritik. Berlin/New York 1973.
Knauff, M.: Lichtenbergs Sudelbücher. Versuch einer Typologie der Aphorismen. Dreieich 1977.
Mautner, F. H.: Amintors Morgenandacht. In: DVjs 30. 1956, 401 ff.
Mautner, F. H.: Lichtenbergs Kommentare zu Hogarths Kupferstichen. Über Lichtenbergs Stil. In: Stil- und Formprobleme. Hrsg. von P. Böckmann. Heidelberg 1959, 251 ff.
Mautner, F. H.: Lichtenberg. Geschichte seines Geistes. Berlin 1968.
Pfotenhauer, H.: Sich selber schreiben: Lichtenbergs fragmentarisches Ich. In: JDSG 32. 1988, 77–93.
Requadt, P.: Lichtenberg. Stuttgart 1964.
Schöffler, H.: Lichtenberg. Studien zu seinem Wesen und Geist. Hrsg. von G. v. Selle. Göttingen 1956.
Schöne, A.: Aufklärung aus dem Geist der Experimentalphysik. Lichtenbergsche Konjunktive. München 1983.

Aphorismus

Cantarutti, G./Schumacher, H.: Neuere Studien zur Aphoristik und Essayistik. Bern 1986.
Fricke, H.: Aphorismus. (Mit ausführlicher Bibliographie.) Stuttgart 1984.
Mautner, F. H.: Der Aphorismus. In: Weißenberger, K. (Hrsg.): Prosakunst ohne Erzählen. Die Gattungen der nicht-fiktionalen Kunstprosa. Tübingen 1985, 202 ff.

5. Herder

(a) Sämmtliche Werke. Hrsg. v. B. Suphan. 33 Bde. Berlin 1877–1913. Nachdr. Hildesheim 1967–1968.
Werke. Hrsg. v. R. Otto. Berlin/Weimar 1978.
Johann Gottfried Herder. Werke in 10 Bden. (Mit sehr ausführlichem Kommentar.) Hrsg. von M. Bollacher u. a. Frankfurt/M. 1985 ff.
Johann Gottfried Herder. Werke. Hrsg. v. W. Proß. München 1987 ff.

Der hs. Nachlaß Johann Gottfried Herders. Katalog, im Auftrag und mit Unterstützung der Akademie der Wissenschaften in Göttingen bearb. von H. D. Irmscher und E. Adler. Wiesbaden 1979.

(b) Briefe. Gesamtausgabe unter Leitung von K.-H. Hahn, hrsg. von W. Dobbek, G. Arnold u. a. Nationale Forschungs- und Gedenkstätten der klassischen deutschen Literatur in Weimar. Weimar 1977 ff.
Johann Gottfried Herder im Spiegel seiner Zeitgenossen. Briefe und Selbstzeugnisse. Hrsg. v. L. Richter. Göttingen 1978.
Kantzenbach, F. W.: Johann Gottfried Herder in Selbstzeugnissen und Bilddokumenten. (Mit einer Auswahlbibliographie ab 1960.) Reinbek 1970.
(c) Arnold, G.: Neue Herder-Literatur in der DDR. In: Impulse 4. 1982, 413–458.
Berger, D.: Herder-Schrifttum 1916–1953. In: Im Geiste Herders. Gesammelte Aufsätze zum 150. Todestag J. G. Herders, hrsg. v. E. Keyser. Kitzingen. 1953, 268–305.
Berger, D.: Herder-Schrifttum 1953–1957 mit Nachträgen aus früheren Jahren. In: Herder-Studien. Hrsg. v. W. Wiora unter Mitw. v. H. D. Irmscher. Würzburg 1960, 121–135.
Günther, G./Volgina, A./Seifert, S.: Herder Bibliographie. Berlin/Weimar 1978.
Irmscher, H. D.: Probleme der Herder-Forschung. In: DVjs 37. 1966, 266–317.
Nisbet, H. B.: Zur Revision des Herder-Bildes im Lichte der neueren Forschung. In: Bückeburger Gespräche über J. G. Herder, hrsg. v. J. G. Maltusch. Bückeburg 1973, 101–117.
(d) Adler, E.: Herder und die deutsche Aufklärung. Wien/Frankfurt/M./Zürich 1968.
Adler, H.: Humanität – Autonomie – Souveränität: Bedingtheit und Reichweite des Humanitätskonzeptes J. G. Herders. In: Kontroversen VIII, 161–166.
Arnold, G.: Die Widerspiegelung der Französischen Revolution in Herders Korrespondenz. In: Impulse 3. 1981, 41–89.
Arnold, G.: Versuch eines Kommentars zu einem Herder-Brief. Bd. 1. Nr. 58. In: Editio: Internationales Jb. für Editionswissenschaft 2. 1988, 19–34.
Barnard, F. M.: National Culture and Political Legitimacy: Herder and Rousseau. In: Journal of the History of Ideas 44, 2. 1983, 231–253.
Becker, B.: Phasen der Herder-Rezeption von 1871–1945. In: Sauder, G. (Hrsg.): Johann Gottfried Herder 1744–1803. Hamburg 1987, 423–436.
Belhalfaoui, B.: Johann Gottfried Herder: Shakespeare – Ein Vergleich der alten und der modernen Tragödie. In: DVjs 61, 1. 1987, 89–124.
Brummack, J.: Herders Theorie der Fabel. In: Sauder, G. (Hrsg.): Johann Gottfried Herder 1744–1803. Hamburg 1987, 251–266.
Büchsel, E.: Hermeneutische Impulse in Herders «Älteste Urkunde». In: Bückeburger Gespräche über Johann Gottfried Herder. Hrsg. von B. Poschmann. Rinteln 1989, 151–161.
Clark, R. T.: Herder. His Life and Thought. Berkeley, Los Angeles 1955.
Dann, O.: Herder und die deutsche Bewegung. In: Sauder, G. (Hrsg.): Johann Gottfried Herder 1744–1803. Hamburg 1987, 308–340.

Dobbek, W.: Herders Humanitätsidee als Ausdruck seines Weltbildes und seiner Persönlichkeit. Braunschweig 1949.
Dobbek, W.: Johann Gottfried Herders Jugendzeit in Mohrungen und Königsberg 1744–1767. In: Marburger Ostforschungen. Bd. 16. Würzburg 1961.
Dreike, B. M.: Herders Naturauffassung in ihrer Beeinflussung durch Leibniz' Philosophie. Wiesbaden 1973.
Dreitzel, H.: Herders politische Konzepte. In: Sauder, G. (Hrsg.): Johann Gottfried Herder 1744–1803. Hamburg 1987, 267–298.
Düsing, W.: Die Tragödientheorie des späten Herder. In: Sauder, G. (Hrsg.): Johann Gottfried Herder 1744–1803. Hamburg 1987, 238–250.
Düsing, W.: Die Interpretation des Sündenfalls bei Herder, Kant und Schiller. In: Bückeburger Gespräche über Johann Gottfried Herder. Hrsg. von B. Poschmann. Rinteln 1989, 227–244.
Fohrmann, J.: Literaturgeschichte als Stiftung von Ordnung: Das Konzept der Literaturgeschichte bei Herder, August Wilhelm und Friedrich Schlegel. In: Kontroversen XI, 75–84.
Frels, O.: Ästhetische Voraussetzungen und gesellschaftspolitische Implikationen der «antiklassischen» Dramenproduktion Herders. Zum Beispiel «Aeon und Aeonis». In: Jb. der Jean-Paul-Gesellschaft 17. 1982, 91–111.
Gaier, U.: Poesie als Metatheorie. Zeichenbegriffe des frühen Herder. In: Sauder, G. (Hrsg.): Johann Gottfried Herder 1744–1803. Hamburg 1987, 202–224.
Gaier, U.: Herders Sprachphilosophie und Erkenntniskritik. Stuttgart-Bad Cannstatt 1988.
Gaier, U.: Herders «Älteste Urkunde» und Goethe. In: Bückeburger Gespräche über Johann Gottfried Herder. Hrsg. von B. Poschmann. Rinteln 1989, 133–150.
Gleißner, R.: Die Entstehung der ästhetischen Humanitätsidee in Deutschland. Stuttgart 1988.
Gockel, H.: Herder und die Mythologie. In: Sauder, G. (Hrsg.): Johann Gottfried Herder 1744–1803. Hamburg 1987, 409–418.
Goodman, K.: Autobiographie und deutsche Nation: Goethe und Herder. In: Goethe im Kontext, 260–279.
Haubl, R.: Johann Georg Hamanns Stellungnahme zum Sprachursprungsproblem: Eine offenbarungstheologische Korrektur des Fortschrittglaubens. In: Studi Germanici 21–22. 1983/84, 31–40.
Haym, R.: Herder nach seinem Leben und seinen Werken dargestellt. 2 Bde. Berlin 1880–85. Neuausg. mit einer Einleitung von W. Harich, Berlin 1954.
Hofe, G. vom: Die Geschichte als «Epopee» Gottes. Zu Herders ästhetischer Geschichtstheorie. In: Bückeburger Gespräche über Johann Gottfried Herder. Hrsg. von B. Poschmann. Rinteln 1984, 56–81.
Hofe, G. vom: Schöpfung als Dichtung: Herders Deutung der Genesis als Beitrag zur Grundlegung einer theologischen Ästhetik. In: «Was aber bleibet stiften die Dichter», hrsg. von G. vom Hofe/P. Pfaff u. H. Timm. München 1986, 65–87.
Hofe, G. vom: «Weitstrahlsinnige» Ur-Kunde. Zur Eigenart und Begründung des Historismus beim jungen Herder. In: Sauder, G. (Hrsg.): Johann Gottfried Herder 1744–1803. Hamburg 1987, 364–382.
Hofe, G. vom: Herders «Hieroglyphen»-Poetik. In: Bückeburger Gespräche über Johann Gottfried Herder. Hrsg. von B. Poschmann. Rinteln 1989, 190–209.
Irmscher, H. D.: Grundzüge der Hermeneutik Herders. In: Bückeburger Gespräche über J. G. Herder. Hrsg. v. J. G. Maltusch. Bückeburg 1973, 17–57.
Irmscher, H. D.: Johann Gottfried Herder. In: Dt. Dichter des 18. Jh., 524–550.
Irmscher, H. D.: Die Ausgabe von Herders «Studien und Entwürfen». In: Bücke-

burger Gespräche über Johann Gottfried Herder. Hrsg. von B. Poschmann. Rinteln 1980, 147–154.
Irmscher, H. D.: Beobachtungen zur Funktion der Analogie im Denken Herders. In: DVjs 55. 1981, 166–206.
Irmscher, H. D.: Die Grundfragen der Geschichtsphilosophie Herders. In: Bückeburger Gespräche über Johann Gottfried Herder. Hrsg. von B. Poschmann. Rinteln 1984, 10–32.
Irmscher, H. D.: Die geschichtsphilosophische Kontroverse zwischen Kant und Herder. In: Acta des 3. Internationalen Hamannkongresses, hrsg. v. B. Gajek, Marburg 1987.
Irmscher, H. D.: J. G. Herder: Entwurf zur Philosophie der Geschichte. In: Textkritik und Interpretation. FS K. K. Polheim, hrsg. v. H. Reinitzer. Bern 1987, 339–358.
Irmscher, H. D.: Zur Ästhetik des jungen Herder. In: Sauder, G. (Hrsg.): Johann Gottfried Herder 1744–1803. Hamburg 1987, 43–76.
Jöns, D. W.: Begriff und Problem der historischen Zeit bei Johann Gottfried Herder. Göteborg 1956.
Jørgensen, S.-A.: «Turbatverse und Fortgebäude». Über den fehlenden Einfluß Hamanns auf Herders «Älteste Urkunde». In: Bückeburger Gespräche über Johann Gottfried Herder. Hrsg. von B. Poschmann. Rinteln 1984, 111–121.
Jørgensen, S.-A.: Im gemeinsamen Schmollwinkel? Herder und Wieland in Weimar. In: Sauder, G. (Hrsg.): Johann Gottfried Herder 1744–1803. Hamburg 1987, 383–390.
Kantzenbach, F. W.: Die «Älteste Urkunde des Menschengeschlechts». Herders Schrift in theologiegeschichtlichem Zusammenhang. In: Bückeburger Gespräche über Johann Gottfried Herder. Hrsg. von B. Poschmann. Rinteln 1989, 292–320.
Kathan, A.: Herders Literaturkritik. Untersuchungen zur Methodik und Struktur am Beispiel der frühen Werke. Göppingen 1969.
Koepke, W.: Herders Totengespräch mit Lessing. In: Aufnahme–Weitergabe: Literarische Impulse um Lessing und Goethe. FS H. Moenkemeyer, hrsg. v. J. A. McCarthy u. A. A. Kipa. Hamburg 1982, 125–142.
Koepke, W.: Das Wort ‹Volk› im Sprachgebrauch Johann Gottfried Herders. In: LYB 19. 1987, 209–221.
Koepke, W.: Truth and Revelation. On Herder's Theological Writings. In: Koepke, W./Knoll, S. B. (Hrsg.): Johann Gottfried Herder. Innovator through the Ages. Bonn 1982, 138–156.
Kohlschmidt, W.: Herder-Studien. Untersuchungen zu Herders kritischem Stil und zu seinen literaturkritischen Grundeinsichten. Berlin 1924.
Kohlschmidt, W.: Lessing und Herder: Sympathie, Distanz, Sachgespräch. In: Schulz, G. (Hrsg.): Lessing und der Kreis seiner Freunde. Heidelberg 1985, 75–85.
Krauss, W.: Zur Anthropologie des 18. Jahrhunderts. Die Frühgeschichte der Menschheit im Blickpunkt der Aufklärung. Hrsg. von H. Kortum/C. Gohrisch. Berlin/München/Wien 1978/79.
Lindner, H.: Das Problem des Spinozismus im Schaffen Goethes und Herders. Weimar 1960.
Litt, Th.: Kant und Herder als Deuter der geistigen Welt. Leipzig 1930. 2. verb. Auflage Heidelberg 1949.
Lohmeier, D.: Herder und Klopstock. Herders Auseinandersetzung mit der Persönlichkeit und dem Werk Klopstocks. Bad Homburg v. d. H. 1968.
Malsch, W.: Hinfällig geoffenbartes Urbild: Griechenland in Herders typologischer Geschichtsphilosophie. In: JDSG 30. 1986, 161–195.
Marchand, J. W.: Herder: Precursor of Humboldt, Whorf and Modern Language

Philosophy. In: Koepke, W./Knoll, S. B. (Hrsg.): Johann Gottfried Herder. Innovator through the Ages. Bonn 1982, 20–34.
Maurer, M.: Die Geschichtsphilosophie des jungen Herder in ihrem Verhältnis zur Aufklärung. In: Sauder, G. (Hrsg.): Johann Gottfried Herder 1744–1803. Hamburg 1987, 141–155.
May, K.: Lessings und Herders kunsttheoretische Gedanken in ihrem Zusammenhang. Berlin 1923.
Menges, K.: Herder und die ‹Querelle des anciens et des modernes›: Eine wirkungsgeschichtliche Replik. In: Kontroversen VIII, 154–160.
Meyer, H.: Überlegungen zu Herders Metaphorik für die Geschichte. In: Archiv für Begriffsgeschichte 25, 2. 1981, 88–114.
Namowicz, T.: Herders Humanitätsideen und seine theologischen Schriften der Bückeburger und Weimarer Zeit. In: Bückeburger Gespräche über Johann Gottfried Herder. Hrsg. von B. Poschmann. Rinteln 1980, 50–66.
Namowicz, T.: Perfektibilität und Geschichtlichkeit des Menschen in Herders Schriften der Bückeburger Zeit. In: Bückeburger Gespräche über Johann Gottfried Herder. Hrsg. von B. Poschmann. Rinteln 1984, 82–97.
Namowicz, T.: Der Aufklärer Herder, seine Predigten und Schulreden. In: Sauder, G. (Hrsg.): Johann Gottfried Herder 1744–1803. Hamburg 1987, 23–34.
Nisbet, H. B.: Herder and the Philosophy and History of Science. Cambridge 1970.
Nisbet, H. B.: Die naturphilosophische Bedeutung von Herders «Ältester Urkunde des Menschengeschlechts». In: Bückeburger Gespräche über Johann Gottfried Herder. Hrsg. von B. Poschmann. Rinteln 1989, 210–226.
Otto, R.: Grundzüge der Humanitätsauffassung Johann Gottfried Herders. In: Deutschunterricht. 1978, 652–659.
Otto, R.: Herders Auffassung vom Menschen und die philosophische Anthropologie. In: Wiss. Zeitschrift der Friedrich-Schiller-Universität Jena 27. Jena 1978, 553–557.
Pfaff, P.: Hieroglyphische Historie: Zu Herders «Auch eine Philosophie der Geschichte zur Bildung der Menschheit». In: Euphorion 77, 4. 1983, 407–418.
Proß, W.: Johann Gottfried Herder: Abhandlung über den Ursprung der Sprache. Text, Materialien, Kommentar. München 1978.
Rasch, W.: Herder. Sein Leben und Werk im Umriß. Halle/Saale 1938.
Rupprecht, E.: Herders Gedanken über die Seele und ihre Unsterblichkeit. In: Bückeburger Gespräche über Johann Gottfried Herder. Hrsg. von B. Poschmann. Rinteln 1980, 31–49.
Rupprecht, E.: J. G. Herders Bekenntnisgedichte. Selbstbefragung und Selbstgewißheit. In: Bückeburger Gespräche über Johann Gottfried Herder. Hrsg. von B. Poschmann. Rinteln 1984, 174–189.
Sapir, E.: Herder's Ursprung der Sprache. In: Historiographia Linguistica: International Journal for the History of the Language Sciences 11, 3. 1984, 335–388.
Sauder, G.: Zur Rezeption von Herders Schrift «Älteste Urkunde des Menschengeschlechts». In: Bückeburger Gespräche über Johann Gottfried Herder. Hrsg. von B. Poschmann. Rinteln 1989, 268–291.
Sauerland, K.: Die Rolle der Sinne in Herders Denken. In: Dietze, W.: Herder-Kolloquium. 1978. Referate und Diskussionsbeiträge. Weimar 1980, 217–222.
Shichiji, Y.: Herders Sprachdenken und Goethes Bildlichkeit der Sprache. In: Sauder, G. (Hrsg.): Johann Gottfried Herder 1744–1803. Hamburg 1987, 194–201.
Schmidt, E. (Hrsg.): Herder im geistlichen Amt. Untersuchungen, Quellen, Dokumente. Leipzig 1956.
Schweitzer, B.: J. G. Herders «Plastik» und die Entstehung der neueren Kunstwissenschaft. Eine Einführung und Würdigung. Leipzig 1948.
Seeba, H. C.: Word and Thought. Herder's Language Model in Modern Herme-

neutics. In: Koepke, W./Knoll, S. B. (Hrsg.): Johann Gottfried Herder. Innovator through the Ages. Bonn 1982, 35–40.
Simon, J.: Herder und Kant. Sprache und «historischer Sinn». In: Sauder, G. (Hrsg.): Johann Gottfried Herder 1744–1803. Hamburg 1987, 3–13.
Stadelmann, R.: Der historische Sinn bei Herder. Halle 1928.
Stephan, H.: Herder in Bückeburg und seine Bedeutung für die Kirchengeschichte. Tübingen 1905.
Stolpe, H.: Die Auffassung des jungen Herders vom Mittelalter. Ein Beitrag zur Geschichte der Aufklärung. Weimar 1955.
Träger, C.: Herder als Literaturtheoretiker. In: Dietze, W. (Hrsg.): Herder-Kolloquium. 1978. Referate und Diskussionsbeiträge. Weimar 1980.
Verra, V.: Die Vergleichungsmethode bei Herder und Goethe. In: Chiarini, P. (Hrsg.): Bausteine zu einem neuen Goethe. Frankfurt/M. 1987, 55–65.
Weber, H.: Herders Sprachphilosophie. Eine Interpretation in Hinblick auf die moderne Sprachphilosophie. Repr. Nendeln 1967 (1939).
Wiese, B. v.: Herder. Grundzüge seines Weltbildes. Leipzig 1939.
Wiese, B. v.: Der Philosoph auf dem Schiffe, Johann Gottfried Herder. In: B. v. W.: Zwischen Utopie und Wirklichkeit. Studien zur deutschen Literatur. Düsseldorf 1963, 32–60.
Windfuhr, M.: Herders Konzept von Volksliteratur: Ein Beitrag zur literarischen Mentalitätsforschung. In: Jb. Deutsch als Fremdsprache 6. 1980, 32–49.

C. UMBRUCH IN DEN SIEBZIGER JAHREN

I. GÖTTINGER HAIN UND LYRIK IM UMKREIS DES BUNDES

Textsammlungen

Der Göttinger Dichterbund. Hrsg. von A. Sauer. Berlin, Stuttgart 1886–95 (Kürschners Deutsche National-Litteratur. Bd. 49–50 I/II).
«Für Klopstock». Ein Gedichtband des Göttinger «Hains», 1773. Nach der Handschrift im Hamburger Klopstock-Nachlaß zum erstenmal hrsg. von A. Lübbering. Tübingen 1957.
Der Göttinger Hain. Hrsg. von A. Kelletat. Stuttgart 1967, 2. Aufl. 1972.
Deutsche Gedichte des 18. Jahrhunderts. Hrsg. von K. Bohnen. Stuttgart 1987.

Allgemeine Darstellungen zur Lyrik der Zeit

Haller, R.: Geschichte der deutschen Lyrik vom Ausgang des Mittelalters bis zu Goethes Tod. Bern, München 1967.
Heukenkamp, U.: Die Sprache der schönen Natur. Studien zur Naturlyrik. Berlin (Ost) 1982.
Maurer, G.: Die Natur in der Lyrik von Brockes bis Schiller. In: G. M., Essays. Halle/S. 1973, 171–271.
Mecklenburg, N. (Hrsg.): Naturlyrik und Gesellschaft. Stuttgart 1977.
Naumann, W.: Traum und Tradition in der deutschen Lyrik. Stuttgart 1966.
Paustian, H.: Die Lyrik der Aufklärung als Ausdruck der seelischen Entwicklung von 1710–1770. Kiel 1932.
Pütz, P.: Aufklärung. In: Hinderer, W. (Hrsg.): Geschichte der politischen Lyrik in Deutschland. Stuttgart 1978, 114–140.

Darstellungen zum Göttinger Hain

Bäsken, R.: Die Dichter des Göttinger Hains und die Bürgerlichkeit. Eine literatursoziologische Studie. Berlin, Königsberg 1936.
Beck, A.: «Der Bund ist ewig!» Zur Physiognomie einer Lebensform im 18. Jahrhundert. Erlangen 1982.
Grantzow, H.: Geschichte des Göttinger und des Vossischen Musenalmanachs. Bern 1970.
Kranefuss, A.: Klopstock und der Göttinger Hain. In: Hinck, W. (Hrsg.): Sturm und Drang. Ein literaturwissenschaftliches Studienbuch. Kronberg/Ts. 1978, 134–162.
Metelmann, E.: Zur Geschichte des Göttinger Dichterbundes 1772–1774. 2. Aufl. Stuttgart 1965 (Ndr. aus: Euphorion 33. 1932).
Mix, Y.-G.: Die deutschen Musenalmanache des 18. Jahrhunderts. München 1987.
Prutz, R.: Der Göttinger Dichterbund. Zur Geschichte der deutschen Literatur. Leipzig 1841.
Schleiden, K. A.: Die Dichter des Göttinger Hains. In: Der Deutschunterricht 10. 1958, H. 2, 62–85.
Schmits, G.: Die Einstellung der Menschen des 18. Jahrhunderts zur Gesellschaft. Der Hainbund. Diss. Leipzig 1957 (masch.).

Autoren

Heinrich Christian Boie

(a) Texte in: Der Göttinger Hain. Hrsg. von A. Kelletat. 2. Aufl. Stuttgart 1972.
(b) Heinrich Christian Boie, Briefe aus Berlin 1768/70. Hrsg. von Gerhard Hay Hildesheim 1970.
Ich war wohl klug, daß ich dich fand. Heinrich Christian Boies Briefwechsel mit Luise Mejer 1775–1785. Hrsg. von I. Schreiber. München 1975.
(d) Weinhold, K.: Heinrich Christian Boie. Ein Beitrag zur Geschichte der deutschen Literatur im 18. Jahrhundert. Halle/S. 1868.

Gottfried August Bürger

(a) Bürgers sämtliche Werke. 4 Bde. Mit einer Einleitung und Anm. hrsg. von W. v. Wurzbach. Leipzig (1902).
Werke und Briefe. Hrsg. von W. Friedrich. Leipzig 1958.
(b) Briefe von und an Gottfried August Bürger. Ein Beitrag zur Literaturgeschichte seiner Zeit. Aus dem Nachlasse Bürger's und anderen meist handschriftlichen Quellen hrsg. von A. Strodtmann. 4 Bde. Berlin 1874.
Gottfried August Bürger und Johann Christian Dieterich. Hrsg. von E. Ebstein. Leipzig 1910.
(d) Dahinten, E.: Studien zum Sprachstil der Iliasübertragungen Bürgers, Stolbergs und Vossens. Diss. Göttingen 1957.
Häntzschel, G.: Gottfried August Bürger. München 1988.
Hinck, W.: Die deutsche Ballade von Bürger bis Brecht. Kritik und Versuch einer Neuorientierung. Göttingen 1968.
Hübner, G. E.: Wege der Kirchenliedrezeption in vorklassischer Zeit. Zum wirkungsgeschichtlichen Verständnis einiger Gedichte von Bürger, Goethe, Claudius. Diss. Tübingen 1969.
Kaim, L.: Bürgers Lenore. In: WB 2. 1956, 32–68.
Kaim-Kloock, L.: Gottfried August Bürger. Zum Problem der Volkstümlichkeit in der Lyrik. Berlin (Ost) 1963.

Kluge, G.: Gottfried August Bürger. In: Dt. Dichter des 18. Jh., 594–618.
Laufhütte, H.: Die deutsche Kunstballade. Grundlegung einer Gattungsgeschichte. Heidelberg 1979.
Laufhütte, H.: Vom Gebrauch des Schaurigen als Provokation zur Erkenntnis. Gottfried August Bürger: «Des Pfarrers Tochter von Taubenhain». In: Gedichte und Interpretationen, 393–410.
Schöne, A.: Bürgers «Lenore». In: DVjs 28. 1954, 324–344.
Stern, M.: Gottfried August Bürgers Sonett «An das Herz». In: Fs. H. O. Burger. Berlin 1968, 171–187.
Staiger, E.: Zu Bürgers «Lenore». Vom literarischen Spiel zum Bekenntnis. In: E. St., Stilwandel. Studien zur Vorgeschichte der Goethezeit. Zürich, Freiburg 1963, 75–119.

Matthias Claudius

(a) Werke. Hrsg. von U. Roedl. Stuttgart 1954.
Sämtliche Werke (Asmus omnia sua secum portans oder Sämtliche Werke des Wandsbecker Boten). Hrsg. von J. Perfahl, W. Pfeiffer-Belli, H. Platschek. München 1968.
(b) Koch, H.-A./Siebke, R.: Unbekannte Briefe und Texte von Matthias Claudius nebst einigen Bemerkungen zur Claudius-Forschung. In: JbFDH 1972, 1–35.
Berglar, P.: Matthias Claudius in Selbstzeugnissen und Bilddokumenten. Reinbek 1972 (mit Bibliographie).
(d) Eigenwald, R.: Matthias Claudius und sein «Abendlied». In: Projekt Deutschunterricht 9. Stuttgart 1975, 177–201.
Kranefuss, A.: Die Gedichte des Wandsbecker Boten. Göttingen 1973.
Marx, R.: Unberührte Natur, christliche Hoffnung und menschliche Angst – Die Lehre des Hausvaters in Claudius' «Abendlied». In: Gedichte und Interpretationen, 341–355.
Pfeiffer, J.: Matthias Claudius' «Abendlied». In: B. v. Wiese (Hrsg.): Die deutsche Lyrik. Bd. 1. Düsseldorf 1964, 185–189.
Promies, W.: Bürgerliche Bedenken gegen den Vater aller Dinge. Zu dem «Kriegslied» von Matthias Claudius. In: Gedichte und Interpretationen, 357–371.
Rengstorff, K. H.: Der Wandsbecker Bote. Matthias Claudius als Anwalt der Humanität. In: Wolfenbütteler Studien 3. 1976, 195–226.
Roedl, U. (d. i. B. Adler): Matthias Claudius. Sein Weg und seine Welt. Hamburg 1950.
Rowland, H.: Matthias Claudius. München 1990.
Schulz, G.-M.: Matthias Claudius' «Abendlied». Kreatürlichkeit und Aufklärungskritik. In: DVjs 53. 1979, 233–255.
Spitzer, L.: Matthias Claudius' «Abendlied». In: Euphorion 54. 1960, 70–82.
Zimmermann, R. C.: Matthias Claudius. In: Dt. Dichter des 18. Jh., 429–445.

Ludwig Christoph Heinrich Hölty

(a) Sämtliche Werke kritisch und chronologisch hrsg. von W. Michael. 2 Bde. Weimar 1914–1918.
Werke und Briefe. Hrsg. von U. Berger. Berlin 1966.
(b) Kelletat, A.: Fünf Briefe Höltys an die Brüder Christian und Friedrich Leopold, Grafen zu Stolberg. In: Nerthus 2. 1969, 117–127.
(d) Albert, E.: Das Naturgefühl L. H. Chr. Höltys und seine Stellung in der Entwicklung des Naturgefühls innerhalb der deutschen Dichtung des 18. Jahrhunderts. Dortmund 1910.

Elschenbroich, A.: Ludwig Christoph Heinrich Hölty. In: Dt. Dichter des 18. Jh., 619–640.
Lennert, R.: «Leise wie Bienenton». Die Geschichte eines Gedichtes und einer Freundschaft. In: R. L., Verschlossenheit und Verborgenheit. Stuttgart 1965, 76–94.
Michael, W.: Überlieferung und Reihenfolge der Gedichte Höltys. Halle/S. 1909.
Oberlin-Kaiser, Th.: Ludwig Christoph Heinrich Hölty. Zürich 1964.
Promies, W.: Hölty aus dem Hain. In: Aufklärung und kritische Öffentlichkeit. Hrsg. von Chr. Bürger, P. Bürger und J. Schulte-Sasse. Frankfurt a. M. 1980.
Stahl, A.: Utopie und Erfahrung im Spiegel der «schönen Natur». Zu Höltys «Frühlingslied». In: Gedichte und Interpretationen, 295–306.

Christian Friedrich Daniel Schubart

(a) Chr. Fr. D. Schubarts Gedichte. Hist.-krit. Ausgabe von G. Hauff. Leipzig (1884).
Gesammelte Schriften und Schicksale. 8 Bde. in 4 Bdn. Stuttgart 1839–40 (Ndr. Hildesheim, New York 1972).
Deutsche Chronik auf das Jahr 1774 (–1777). Hrsg. von Christian Friedrich Daniel Schubart. Mit einem Nachwort hrsg. von H. Krauss. Heidelberg 1975.
(d) Jäger, H.-W.: Von Ruten. Über Schubarts Gedicht «Die Forelle». In: Gedichte und Interpretationen, 374–385.
Schröder, J.: C. F. D. Schubart: Die Fürstengruft. In: W. Hinck (Hrsg.): Geschichte im Gedicht. Frankfurt a. M. 1979, 59–73.

Friedrich Leopold Graf zu Stolberg

(a) Gesammelte Werke der Brüder Christian und Friedrich Leopold Grafen zu Stolberg. Bd. I–XX. Hamburg 1820–1825.
Behrens, J. (Hrsg.): Streitschriften über Stolbergs Konversion. Bern, Frankfurt a. M. 1973.
Friedrich Leopold Graf zu Stolberg, Briefe. Hrsg. von J. Behrens. Neumünster 1966.
F. L. Graf zu Stolberg: Numa. Ein Roman. Hrsg. von J. Behrens. Neumünster 1968.
(b) Behrens, I. und J. (Hrsg.): Friedrich Leopold Graf zu Stolberg. Verzeichnis sämtlicher Briefe. Bad Homburg v. d. H., Berlin, Zürich 1968.
(d) Brachin, P.: Friedrich Leopold von Stolberg und die deutsche Romantik. In: Literaturwissenschaftl. Jahrbuch N. F. I. 1960, 117–131.
Holtz, E.: Friedrich Leopold Stolbergs Odenlyrik. Diss. Greifswald 1924.
Janssen, J.: Friedrich Leopold Graf zu Stolberg bis zu seiner Rückkehr zur katholischen Kirche 1750–1800. Bd. 1. Bern 1970.
Keiper, W.: Friedrich Leopold Stolbergs Jugendpoesie. Berlin 1893 (Ndr. Bern 1972).
Promies, W.: Worte wie Wellen, Spiegelungen. Zu Stolbergs «Lied auf dem Wasser zu singen, für meine Agnes». In: Gedichte und Interpretationen, 308–324.
Scheffczyk, L.: Friedrich Leopold zu Stolbergs «Geschichte der Religion Jesu Christi». Die Abwendung der katholischen Kirchengeschichtsschreibung von der Aufklärung und ihre Neuorientierung im Zeitalter der Romantik. München 1952.
Schumann, D. W.: Goethe and the Stolbergs after 1775: The History of a Problematic Relationship. In: JEGPh 50. 1951, 22–59.
Schumann, D. W.: Aufnahme und Wirkung von Friedrich Leopold Stolbergs Übertritt zur Katholischen Kirche. In: Euphorion 50. 1951, 271–306.

Schumann, D. W.: Friedrich Leopold Graf zu Stolberg. In: Dt. Dichter des 18. Jh., 726–746.
Sudhof, S.: Goethe und Stolberg. In: Fs. D. W. Schumann. München 1970, 97–109.
Trunz, E.: Goethe und der Kreis von Münster. Zeitgenössische Briefe und Aufzeichnungen. Münster 1971.

Johann Heinrich Voß

(a) Sämmtliche poetische Werke. Hrsg. von A. Voß. Nebst einer Lebensbeschreibung und Charakteristik von F. E. T. Schmid. Leipzig 1835.
Werke in einem Band. Hrsg. von H. Voegt. Berlin, Weimar 1966.
Idyllen. Faksimiledruck der Ausgabe von 1801. Heidelberg 1968.
(b) Briefe von Johann Heinrich Voß nebst erläuternden Beilagen. Hrsg. von A. Voß. 3 Bde. Halberstadt 1829–1833 (Ndr. Hildesheim, New York 1971).
Briefwechsel zwischen Johann Abraham Peter Schulz und Johann Heinrich Voß. Hrsg. von H. Gottwald und G. Hahne. Kassel, Basel 1960.
Johann Heinrich Voß. Briefe an Goeckingk 1775–1786. Hrsg. von G. Hay. München 1976.
(d) Benning, L.: J. H. Voß und seine Idyllen. Diss. Marburg 1926.
Engel-Lanz, L.: Vossens Luise. Interpretation. Aarau 1959.
Fischer, H. W.: Die Ode bei Voß und Platen. Diss. Köln 1959.
Häntzschel, G.: Johann Heinrich Voß. Seine Homer-Übersetzung als sprachschöpferische Leistung. München 1977.
Häntzschel, G.: Johann Heinrich Voß: «Der siebzigste Geburtstag». Biedermeierliche Enge oder kritischer Impetus? In: Gedichte und Interpretationen, 329–338.
Herbst, W.: Johann Heinrich Voss. 2 Bde. Leipzig 1872–1876 (Ndr. Bern 1970).
Kaiser, G.: Idyllik und Sozialkritik bei Johann Heinrich Voß. In: G. K., Wandrer und Idylle. Goethe und die Phänomenologie der Natur in der deutschen Dichtung von Geßner bis Keller. Göttingen 1977.
Kelletat, A.: J. H. Voß und die Nachbildung der antiken Metren in der deutschen Dichtung. Ein Beitrag zur deutschen Versgeschichte seit Klopstock. Diss. Tübingen 1949 (masch.).
Müller-Seidel, W.: Goethes Verhältnis zu Johann Heinrich Voss. In: Goethe und Heidelberg. Hrsg. von der Direktion des Kurpfälzischen Museums. Heidelberg 1949, 240–266.
Schneider, H. J.: Johann Heinrich Voss. In: Dt. Dichter des 18. Jh., 782–815.

II. DER STURM UND DRANG UND DER JUNGE GOETHE

Textsammlungen

Frankfurter Gelehrte Anzeigen vom Jahr 1772. Eine Auswahl. Nachdr. hrsg. v. H. Bräuning-Oktavio. Bern 1970.
Herder/Goethe/Frisi/Möser: Von deutscher Art und Kunst. Einige fliegende Blätter. Hrsg. v. H. D. Irmscher. Stuttgart 1977.
Sturm und Drang. Dichtungen und theoretische Texte. Ausw. v. H. Nicolai. 2 Bde. München 1971.
Sturm und Drang. Dramatische Schriften. Plan u. Auswahl v. E. Loewenthal/L. Schneider. 2 Bde. 2. Aufl. Heidelberg 1963.
Sturm und Drang. Klassik. Romantik. Texte und Zeugnisse. Hrsg. v. H.-E. Hass. 2 Bde. München 1966.

Sturm und Drang. Kritische Schriften. Plan u. Auswahl v. E. Loewenthal. 2. Aufl. Heidelberg 1963.
Sturm und Drang. Weltanschauliche und ästhetische Schriften. Hrsg. v. P. Müller. 2 Bde. Berlin/Weimar 1978.

Allgemeines und über mehrere Autoren

Beck, A.: Griechisch-deutsche Begegnung: Das deutsche Griechenerlebnis im Sturm und Drang. Stuttgart 1947.
Böttcher, K. (Hrsg.): Sturm und Drang. Erläuterungen zur deutschen Literatur. Berlin 1978 (5.)
Boubia, F.: Theater der Politik, Politik des Theaters. Louis-Sébastien Mercier und die Dramaturgie des Sturm und Drang. Frankfurt 1978.
Bräuning-Oktavio, H.: Herausgeber und Mitarbeiter der Frankfurter Gelehrten Anzeigen 1772. Tübingen 1966.
Genton, E.: Lenz – Klinger – Wagner. Studien über die rationalistischen Elemente in Denken und Dichten des Sturmes und Dranges. Diss. Berlin 1955.
Görisch, R.: Matthias Claudius und der Sturm und Drang. Ein Abgrenzungsversuch. Frankfurt/Bern/Cirencester 1981.
Goetzinger, G.: Männerphantasie und Frauenwirklichkeit. Kindermörderinnen in der Lit. des Sturm und Drang. In: Pelz, A. (u. a. Hrsg.): Frauen – Literatur – Politik. Hamburg 1988, 263–286.
Guthke, K. S.: Klingers Fragment «Der verbannte Göttersohn», Lenzens «Tantalus» und der humoristische Fatalismus und Nihilismus der Geniezeit. In: Erdmann, G. (u. a. Hrsg.): Worte u. Werte (Festschrift Markwardt). Berlin 1961, 111–122.
Guthke, K. S.: Richtungskonstanten in der dt. Shakespeare-Deutung des 18. Jh. In: ShakespeareJb. 98. 1962, 64–92.
Haenelt, K.: Die Verfasser der *Frankfurter Gelehrten Anzeigen* von 1772. In: Euphorion 78. 1984, 368–382.
Hart Nibbrig, C./Käser, R./Martin, D.: Zur Frage der «Epochenschwelle» am Beispiel des sogenannten «Sturm und Drang». In: Études de lettres. Sér. 4, T. 4 (Festschrift Stauffacher). Lausanne 1981, 85–108.
Hinck, W. (Hrsg.): Sturm und Drang. Ein literaturwissenschaftliches Studienbuch. Kronberg/Ts. 1978.
Hof, W.: Pessimistisch-nihilistische Strömungen in der deutschen Literatur vom Sturm und Drang bis zum jungen Deutschland. Tübingen 1970.
Huyssen, A.: Drama des Sturm und Drang. Kommentar zu einer Epoche. München 1980 (mit Bibliographie).
Huyssen, A.: Sturm und Drang. In: Hinderer, W. (Hrsg.): Geschichte der deutschen Lyrik vom Mittelalter bis zur Gegenwart. Stuttgart 1983, 177–201.
Inbar, E.-M.: Shakespeare in der Diskussion um die aktuelle deutsche Literatur (1773–1777): Entstehung der Begriffe «Shakespearisierendes Drama» u. «Lesedrama». In: JbFDH 1979, 1–39.
Käser, R.: Die Schwierigkeit, ich zu sagen. Rhetorik u. Selbstdarstellung in Texten des «Sturm und Drang». Herder – Goethe – Lenz. Bern/Frankfurt/New York 1987.
Kistler, M. O.: Drama of the Storm and Stress. New York 1969.
Kließ, W.: Sturm und Drang. Velbert 1966.
Mattenklott, G.: Melancholie in der Dramatik des Sturm und Drang. Stuttgart 1968. (Neue Ausg. Königstein/Ts. 1985.)
Mayer, D.: Vater und Tochter. Anm. zu einem Motiv im dt. Drama der Vorklassik. In: Lit. f. Leser 3. 1980, 135–147.
McInnes, E.: «Die Reise des Lebens». Domestic Drama and the Sturm und Drang. In: Orbis litt. 32. 1977, 269–284.

McInnes, E.: The Sturm und Drang and the Development of Social Drama. In: DVjs 46. 1972, 61–81.
Mieth, G.: Krise und Ausklang der deutschen Aufklärung? Gedanken zur Periodisierung der dt. Lit. am Ausgang des 18. Jh. In: Brandt, H. u. Beyer, B. (Hrsg.): Ansichten der dt. Klassik (Festschrift Wertheim). Berlin 1981, 301–312.
Otto, R.: «Von deutscher Art und Kunst». Aspekte, Wirkungen u. Probleme eines ästh. Programms. In: Impulse 1. 1978, 67–88.
Pascal, R.: Der Sturm und Drang. 2. Aufl. Stuttgart 1977.
Pellegrini, A.: Sturm und Drang und politische Revolution. In: German Life and Letters 18. 1965, 121–129.
Perels, C. (Hrsg.): Sturm und Drang. Frankfurt 1988 (Katalog der Ausstellung im Frankfurter Goethe-Museum und im Goethe-Museum Düsseldorf).
Quabius, R.: Generationsverhältnisse im Sturm und Drang. Köln/Wien 1976.
Sauder, G.: Die deutsche Literatur des Sturm und Drang. In: Neues Handbuch der Lit.-wiss. Hrsg. v. K. v. See. Bd. 12. Wiesbaden 1984.
Schings, H.-J.: Melancholie und Aufklärung. Melancholiker u. ihre Kritiker in der Erfahrungsseelenkunde u. Lit. des 18. Jh. Stuttgart 1977.
Schmidt-Dengler, W.: Ehre und Melancholie im Drama des Sturm und Drang. In: Sprachkunst 3. 1972, 11–30.
Schmidt-Dengler, W.: Genius. Zur Wirkungsgeschichte antiker Mythologie in der Goethezeit. München 1978.
Schmiedt, H.: Wie revolutionär ist das Drama des Sturm und Drang? In: JDSG 29. 1985, 48–61.
Schumann, D. W.: Betrachtungen über den Sturm und Drang. In: McCarthy, J. u. Kipa, A. R. (Hrsg.): Aufnahme, Weitergabe. Lit. Impulse um Lessing u. Goethe (Festgabe Moenkemeyer). Hamburg 1982, 53–89.
Sørensen, B. A.: Herrschaft und Zärtlichkeit. Der Patriarchalismus und das Drama im 18. Jh. München 1984.
Stellmacher, W.: Die Neuentdeckung des Komischen in der Dramatik des Sturm und Drang. In: Brandt, H. u. Beyer, B. (Hrsg.): Ansichten der dt. Klassik (Festschrift Wertheim). Berlin 1981, 45–73.
Stoljar, M. M.: Poetry and Song in Late Eighteenth Century Germany. A Study in the Musical *Sturm und Drang*. London/Sydney/Dover 1985.
Wacker, M. (Hrsg.): Sturm und Drang. Darmstadt 1985 (mit Bibliographie).
Weber, B.: Die Kindsmörderin im deutschen Schrifttum 1770–1795. Bonn 1974.
Weber, P.: «Kunstperiode» als literarhistorischer Begriff. In: WB 27. 1981, 5–29.
Wilke, J.: Vom Sturm und Drang bis zur Romantik. In: Hinderer, W. (Hrsg.): Geschichte der politischen Lyrik in Deutschland. Stuttgart 1978, 141–178.

Autoren

Gerstenberg

(a) Gerstensbergs Vermischte Schriften von ihm selbst gesammelt und mit Verbesserungen und Zusätzen hrsg. in 3 Bde. Altona 1815/16 (Nachdruck Frankfurt 1971).
Ugolino, eine Tragödie in fünf Aufzügen. In: DNL Bd. 48. Hrsg. v. R. Hamel. Berlin/Stuttgart 1884.
Ugolino. Mit e. Anhang u. e. Ausw. aus den theoretischen und kritischen Schriften. Hrsg. v. C. Siegrist. Stuttgart 1966.
(d) Gerth, K.: H. .W. v. Gerstenberg. In: Dt. Dichter des 18. Jh., 393–411.
Wagner, A. M.: H. .W. v. Gerstenberg und der Sturm und Drang. 2 Bde. Heidelberg 1920–24.

Bohnen, K.: H. .W. v. Gerstenberg und das Problem der Sinnlichkeit im 18. Jh. In: Bohnen, K. (u. a. Hrsg.): Dt.-dänische Lit.-beziehungen im 18. Jh. Kopenhagen 1979, 150–169.

Duncan, B.: «Ich platze!» Gerstenbergs «Ugolino» and the Mid-Life Crisis. In: GR 53. 1978, 13–19.

Gerth, K.: Studien zu Gerstensbergs Poetik. Ein Beitrag zur Umschichtung der ästhetischen und poetischen Grundbegriffe im 18. Jh. Göttingen 1960 (m. Bibliographie).

Guthke, K. S.: Gerstenberg u. die Shakespearedeutung der dt. Klassik u. Romantik. In: JEGPh 58. 1959, 91–108.

Schmidt, H. J.: The Language of Confinement. Gerstenberg's «Ugolino» and Klinger's «Sturm und Drang». In: LYB 11. 1979, 165–197.

Lenz

(a) Gesammelte Schriften. Hrsg. v. F. Blei. 5 Bde. München 1909–13.

Werke und Schriften. Hrsg. v. B. Titel und H. Haug. 2 Bde. Stuttgart 1966f. (Mit Nachwort von H. Mayer.)

Gesammelte Werke in vier Bänden. Hrsg. v. D. Daunicht. München 1967ff.

Der neue Menoza. Eine Komödie. Text u. Materialien zur Interpretation besorgt v. W. Hinck. Berlin 1965.

Die Soldaten. Erläuterungen und Dokumente. Hrsg. v. H. Krämer. Stuttgart 1974.

Drei unbekannte poetische Werke (hrsg. v. W. H. Preuß). In: WW 35. 1985, 257–266.

Der Hofmeister oder Vorteile der Privaterziehung. Hrsg. v. F. Voit. Stuttgart 1986.

(b) Briefe von und an J. M. R. Lenz. Ges. u. hrsg. v. K. Freye u. W. Stammler. 3 Bde. Leipzig 1918.

(d) Blunden, A.: J. M. R. Lenz. In: German Men of Letters. Bd 6. London 1972, 209–40.

Boetius, H.: Der verlorene Lenz. Auf der Suche nach dem inneren Kontinent. Frankfurt 1985.

Girard, R.: Lenz 1751–1792. Genèse d'une dramaturgie du tragicomique. Paris 1968.

Hohoff, C.: J. M. R. Lenz in Selbstzeugnissen und Bilddokumenten. Reinbek b. Hamburg 1977.

Oehlenschläger, E.: Jakob Michael Reinhold Lenz. In: Dt. Dichter des 18. Jh., 747–781.

Osborne, J.: J. M. R. Lenz. The Renunciation of Heroism. Gottingen 1975.

Rosanow, M. N.: J. M. R. Lenz: Sein Leben und seine Werke. Leipzig 1909. (Nachdr. Leipzig 1972.)

Rudolf, O.: J. M. R. Lenz, Moralist und Aufklärer. Bad Homburg 1970.

Winter, H.-G.: J. M. R. Lenz. Stuttgart 1987 (m. Bibliographie).

Bauer, R.: Die Komödientheorie von J. M. R. Lenz, die älteren Plautus-Kommentare u. das Problem der «dritten» Gattung. In: Corngold, S. A. (u. a. Hrsg.): Aspekte der Goethezeit. Göttingen 1977, 11–37.

Becker-Cantarino, B.: J. M. R. Lenz: *Der Hofmeister.* In: Dramen des Sturm und Drang. Stuttgart 1985, 33–56.

Bohnen, K.: Irrtum als dramatische Sprachfigur. Sozialzerfall u. Erziehungsdebatte in J. M. R. Lenz' «Hofmeister». In: Orbis litt. 42. 1987, 317–331.

Brown, M. A.: Lenz's ‹Hofmeister› and the Drama of Storm and Stress. In: Ritchie, J. M. (Hrsg.): Periods in German Literature. Bd. 2. London 1969, 67–84.

Burger, H. O.: J. M. R. Lenz: ‹Der Hofmeister›. In: Steffen, H. (Hrsg.): Das deutsche Lustpiel, 1. Teil. Göttingen 1968, 48–67.
Diffey, N. R.: J. M. R. Lenz und Jean-Jacques Rousseau. Bonn 1981.
Genton, E.: J. M. R. Lenz et la scène allemande. Paris 1966.
Glaser, H.-A.: Heteroklisie – der Fall Lenz. In: Kreuzer, H. (Hrsg.): Gestaltungsgeschichte und Gesellschaftsgeschichte. Stuttgart 1969.
Guthke, K. S.: Geschichte und Poetik der deutschen Tragikomödie. Göttingen 1961.
Guthke, K. S.: Lenzens ‹Hofmeister› und ‹Soldaten›. Ein neuer Formtypus in der Geschichte des deutschen Dramas. In: WW 9. 1959, 274–286.
Heine, T.: Lenz' «Waldbruder»: Inauthentic Narration as Social Criticism. In: GLL 33. 1979/80, 183–189.
Hinderer W.: Lenz. Der Hofmeister. In: Hinck, W. (Hrsg.): Die deutsche Komödie. Stuttgart 1977, 66–88.
Höllerer, W.: J. M. R. Lenz: ‹Die Soldaten›, In: Wiese, B. v.: Das deutsche Drama vom Barock bis zur Gegenwart. Bd. 1. Düsseldorf 1968, 127–146.
Inbar, E. M.: Shakespeare in Deutschland: Der Fall Lenz. Tübingen 1982.
Lappe, C. O.: Wer hat Gustchens Kind gezeugt? Zeitstruktur u. Rollenspiel in Lenz' «Hofmeister». In: DVjs 54. 1980, 14–46.
Leidner, W. A.: The Dream of Identity: Lenz and the Problem of *Standpunkt*. In: GQ 59. 1986, 387–400.
Liewerscheidt, D.: J. M. R. Lenz: «Der neue Menoza», eine apokalyptische Farce? In: WW 33. 1983, 144–152.
Lützeler, P. M.: J. M. R. Lenz: *Die Soldaten*. In: Dramen des Sturm und Drang. Stuttgart 1985, 129–159.
Madland, H. S.: Gesture as Evidence of Language Skepticism in Lenz' *Der Hofmeister* and *Die Soldaten*. In: GQ 57. 1984, 546–557.
Madland, H. S.: Non-Aristotelion Drama in 18th Century Germany and its Modernity: J. M. R. Lenz. Frankfurt/Bern 1982.
Martini, F.: Die Einheit der Konzeption in J. M. R. Lenz' «Anmerkungen übers Theater». In: JDSG 14. 1970, 159–182.
Müller, M. E.: Die Wunschwelt des Tantalus. Krit. Bem. zu sozialutopischen Entwürfen im Werk von J. M. R. Lenz. In: Literatur f. Leser 1984, 148–161.
Preuß, W. H.: Selbstkastration oder Zeugung neuer Kreatur. Zum Problem der moralischen Freiheit im Werk von J. M. R. Lenz. Bonn 1983.
Rühmann, H.: ‹Die Soldaten› von Lenz. Versuch einer soziologischen Betrachtung. In: Diskussion Deutsch 2. 1971, 131–43.
Scherpe, K. R.: Dichterische Erkenntnis und «Projektemacherei»: Widersprüche bürgerlicher Emanzipation im Werk von J. M. R. Lenz. In: K R. S.: Poesie der Demokratie. Köln 1980, 12–42.
Schöne, A.: Säkularisation als sprachbildende Kraft. Studien zur Dichtung deutscher Pfarrerssöhne. Göttingen 1958.
Schwarz, H.-G.: Dasein und Realität. Theorie und Praxis des Realismus bei J. M. R. Lenz. Bonn 1985.
Stephan, I., u. Winter, H.-G.: «Ein vorübergehender Meteor»? J. M. R. Lenz und seine Rezeption in Deutschland. Stuttgart 1984.
Titel, B.: ‹Nachahmung der Natur› als Prinzip dramatischer Gestaltung bei J. M. R. Lenz. Frankfurt a. M. 1962.
Unglaub, E.: «Das mit Fingern deutende Publicum». Das Bild des Dichters J. M. R. Lenz in der lit. Öffentlichkeit 1770–1814. Frankfurt/Berlin 1983.
Werner, F.: Soziale Unfreiheit und «bürgerliche Intelligenz» im 18. Jh. Der organisierende Gesichtspunkt in J. M. R. Lenzens Drama «Der Hofmeister oder Vorteile der Privaterziehung». Frankfurt 1981.

Klinger

(a) Sämtliche Werke. 12 Tle. Stuttgart u. Tübingen 1842. (Nachdr. Hildesheim 1976.)
Werke. Historisch-kritische Gesamtausgabe. Hrsg. v. S. L. Gilman u. a. Tübingen 1978 ff.
Dramatische Jugendwerke in drei Bänden. Hrsg. v. H. Berendt u. K. Wolff. Leipzig 1912–1913.
Werke in zwei Bänden. Hrsg. v. H..-J. Geerdts. 3. Aufl. Berlin/Weimar 1970.
Plimplamplasko oder Der hohe Geist. Hrsg. v. P. Pfaff. Heidelberg 1966.
Sturm und Drang. Mit e. Anhang zur Entstehungs- u. Wirkungsgesch. Hrsg. v. J. U. Fechner. Stuttgart 1970.
Die Zwillinge. Hrsg. v. K. S. Guthke. Stuttgart 1972.
Prinz Seidenwurm, der Reformator oder Die Kronkompetenten. Nachw. u. Anm. v. J. Pelzer. Stuttgart 1978.
(d) Hering, C.: Friedrich Maximilian Klinger. Der Weltmann als Dichter. Berlin 1966.
Kleinstück, E.: F. M. Klinger 1751–1831. Frankfurt a. M. 1960.
Martini, F.: Friedrich Maximilian Klinger. In: Dt. Dichter des 18. Jh., 816–842.
Smoljan, O.: Friedrich Maximilian Klinger. Leben und Werk. Weimar 1962.

Gilman, S. L./Harris, E. P.: Klinger's Wieland. In: MLN 99, 3. 1984, 589–606.
Gray, R.: The Ambivalence of Revolt in Klinger's ‹Zwillinge›: An Apologia for Political Inconsequence? In: Coll. Germ. 19. 1968, 203–227.
Guthke, K. S.: Friedrich Maximilian Klingers ‹Zwillinge›: Höhepunkt und Krise des Sturm und Drang. In: GQ 43. 1970, 703–714.
Harris, E. P.: Vier Stücke in einem: Die Entstehungsgeschichte von F. M. Klingers ‹Die Zwillinge›. In: ZfdPh 101. 1982, 481–495.
Jennings, M. W.: ‹Vergessen von aller Welt›: Literatur, Politik und Identität in Klingers Dramen des Sturm und Drang. In: ZfdPh 104. 1985, 494–506.
Kaiser, G.: Friedrich Maximilian Klingers Schauspiel ‹Sturm und Drang›. In: Vincent, G. u. Koopmann, H. (Hrsg.): Untersuchungen zur Literatur als Geschichte (Festschrift v. Wiese). Berlin 1973, 15–35.
Martini, F.: Die feindlichen Brüder. Zum Problem des gesellschaftskritischen Dramas von J. A. Leisewitz, F. M. Klinger und F. Schiller. In: JDSG 16. 1972, 208–265.
May, K.: Die Struktur des Dramas in Sturm und Drang (Klingers «Zwillinge»). In: K. M.: Form und Bedeutung. Stuttgart 1957, 42–49.
Salumets, T.: Mündige Dichter und verkrüppelte Helden: F. M. Klingers Trauerspiel *Die Zwillinge*. In: GQ 59. 1986, 401–413.
Scheuer, H.: F. M. Klinger: *Sturm und Drang*. In: Dramen des Sturm und Drang. Stuttgart 1985, 57–98.
Schmidt, H. J.: The Language of Confinement. Gerstenberg's «Ugolino» and Klinger's «Sturm und Drang». In: LYB 11. 1979, 165–197.
Segeberg, H.: Friedrich Maximilian Klingers Romandichtung. Heidelberg 1974.
Stellmacher, W.: Klingers «Sturm und Drang». In: WB 29. 1983, 140–160.

Wagner

(a) Gesammelte Werke in 5 Bänden. Hrsg. v. L. Hirschberg. Potsdam 1923. (Nur Bd. 1 erschienen.)
Die Kindermörderin. Ein Trauerspiel. (Im Anhang: Auszüge aus der Bearbeitung von K. G. Lessing [1777] und der Umarbeitung von H. L. Wagner [1779] sowie Dokumente zur Wirkungsgeschichte.) Hrsg. v. J.-U. Fechner. Stuttgart 1969.

Hacks, P.: Zwei Bearbeitungen. ‹Der Frieden› nach Aristophanes. ‹Die Kindermörderin›, ein Lust- und Trauerspiel nach Heinrich Leopold Wagner. Frankfurt a. M. 1963.
(d) Genton, E.: La vie et les opinions de Heinrich Leopold Wagner (1747–1779). Frankfurt/Bern/Cirencester 1981.

Binneberg, K.: Über die Dramensprache des «Sturm und Drang». Am Beisp. der Aposiopesen in H. L. Wagners «Kindermörderin». In: JbFDH 1977, 27–54.
Boubia, F.: Theater der Politik – Politik des Theaters. L.-S. Mercier u. die Dramaturgie des Sturm und Drang. Frankfurt/Bern 1978.
Mayer, D.: H. L. Wagners Trauerspiel «Die Kindermörderin» und die Dramentheorie des L. S. Mercier. In: Literatur f. Leser 1981, 79–92.
Schings, H.-J.: Der mitleidigste Mensch ist der beste Mensch. Poetik des Mitleids von Lessing bis Büchner. München 1980 [zu Mercier].
Weber, H.-D.: Kindesmord als tragische Handlung. In: Der Deutschunterricht 28,2. 1976, 75–97.
Werner, J.: Gesellschaft in literarischer Form. H. L. Wagners ‹Kindermörderin› als Epochen- und Methodenparadigma. Stuttgart 1977.
Whiton, J.: Faith and the Devil in H. L. Wagners *Die Kindermörderin*. In: LYB 16. 1984, 221–228.

Müller

(a) Dichtungen von Maler Müller. Hrsg. v. H. Hettner. 3 Tle. Leipzig 1868 (Nachdr. Bern 1968).
Maler Müllers Werke. Hrsg. v. M. Oeser. 2 Bde. Mannheim/Neustadt a. d. Hdt. 1918.
(d) Böschenstein, R.: Maler Müller. In: Dt. Dichter des 18. Jh., 641–657.

Doke, T.: Faustdichtungen des Sturm und Drang. In: GoetheJb. N. F. 32. 1970, 29–49.
Paulus, R. (u. a. Hrsg.): Maler-Müller-Almanach. Landau 1980ff.
Perels, C.: Maler Müllers «Iphigenia». Zum Spielraum der Antike-Rezeption in der Goethezeit. In: JbFDH 1984, 157–197.
Van Selm, J.: Goethe und Friedrich Müller: verwandte Geister in Kunst und Literatur. In: Goethe Yearbook 4. 1988, 37–56.

Leisewitz

(a) Sämmtliche Schriften (Hrsg. v. F. L. A. Schweiger). Braunschweig 1838 (Nachdr. Hildesheim 1970).
Julius von Tarent. Ein Trauerspiel. Hrsg. v. W. Keller. Stuttgart 1965.
(b) J. A. Leisewitzens Briefe an seine Braut. Hrsg. v. H. Mack. Weimar 1906.
J. A. Leisewitzens Tagebücher. Hrsg. v. H. Mack u. J. Lochner. 2 Bde. Weimar 1916–20.
(d) Oellers, N.: J. A. Leisewitz. In: Dt. Dichter des 18. Jh., 843–860.

Karthaus, U.: J. A. Leisewitz: *Julius von Tarent*. In: Dramen des Sturm und Drang. Stuttgart 1985, 99–127.
Kirby, M.: *Julius von Tarent* and the Theme of Fraternal Strife in the «Sturm und Drang». In: Forum for Modern Language Studies 19. 1983, 348–363.
Kühlhorn, W.: J. A. Leisewitzens Julius von Tarent. Halle a. S. 1912.
Martini, F.: Die feindlichen Brüder. Zum Problem des gesellschaftskritischen Dramas von J. A. Leisewitz, F. M. Klinger und F. Schiller. In: JDSG 16. 1972, 208–265.

Sidler, J.: J. A. Leisewitz, Julius von Tarent. Zürich 1966.
Spycher, P.: Die Entstehungs- u. Textgeschichte v. J. A. Leisewitz' *Julius von Tarent.* Bern 1951.

Goethe

Die Literatur zu Goethe ist zwar ganz besonders umfangreich, jedoch auch bibliographisch besser erfaßt als die zu den meisten anderen Autoren. Ältere Goethe-Literatur wird daher nur ausnahmsweise angegeben; es wird auf die unten angeführten Bibliographien u. auf die *Hamburger Ausgabe* Bd. 14 verwiesen. Arbeiten zur LYRIK Goethes sind nicht nach einzelnen Gedichten geordnet. Einzelinterpretationen innerhalb größerer Darstellungen (beisp. J. Schmidt oder R. Chr. Zimmermann) sind nicht gesondert bibliographiert. Zu *Faust* und *Wilhelm Meister* sowie zur *Italienischen Reise* und zur *Naturwissenschaft* Goethes sind die Angaben besonders knapp gehalten, da diese Werke/Themenkreise ausführlicher von Gerhard Schulz im Band VII der Literaturgeschichte behandelt und bibliographiert werden.

(a) Werke. Hrsg. im Auftrage der Großherzogin Sophie von Sachsen. Abt. I–IV. 153 in 143 Bde. Weimar 1887ff. (Neudruck München 1987). Sog. *Weimarer Ausgabe* (WA) oder *Sophienausgabe* (Soph.).
Gedenkausgabe der Werke, Briefe und Gespräche. Hrsg. v. E. Beutler. 24 + 2 Bde. Zürich 1948ff. Sog. *Artemis-Ausgabe*.
Werke in 14 Bde. Hrsg. v. E. Trunz. München 1981 (12). (M. Einzelbibliographien zu den Texten u. Gesamtbibliographie im Bd. 14.) Sog. *Hamburger Ausgabe* (nach dem urspr. Druckort).
Berliner Ausgabe. Hrsg. v. R. Otto (u. a.). 23 Bde. Berlin/Weimar 1960ff.
Sämtliche Werke. Nach Epochen seines Schaffens. Hrsg. v. K. Richter (u. a.). München 1985ff. Sog. *Münchner Ausgabe*.
Sämtliche Werke. Briefe, Tagebücher und Gespräche. Hrsg. v. H. Birus (u. a.) 40 Bde. Frankfurt a. M. 1985ff. *Deutscher Klassiker Verlag*.
Der junge Goethe. Hrsg. v. H. Fischer-Lamberg. 6 Bde. Berlin 1963–74.
Volkslieder, gesammelt von J. W. Goethe. Hrsg. v. H. Strobach. Weimar 1982.
Corpus der Goethezeichnungen. Hrsg. v. G. Femmel. 7 in 10 Bde. Leipzig 1958–73.
(b) Briefe in 4 Bde. Hrsg. v. K. R. Mandelkow u. B. Morawe. 4. Aufl. München 1988.
Goethe an Cornelia. Die dreizehn Briefe an seine Schwester. Hrsg. v. A. Banuls. Hamburg 1986.
Briefe an Goethe. Hrsg. v. K. R. Mandelkow. 2 Bde. 3. Aufl. München 1988.
Begegnungen und Gespräche. Hrsg. v. E. u. R. Grumach. Berlin 1965ff.
Goethes Gespräche. Eine Sammlung zeitgenössischer Berichte aus seinem Umgang auf Grund der Ausg. und des Nachl. von F. Frhr. von Biedermann erg. u. hrsg. v. W. Herwig. 5 in 6 Bde. Zürich 1965–87.
Eckermann, J. P.: Gespräche mit Goethe in den letzten Jahren seines Lebens. 3 Bde. 1835–48 u. später.
Goethe über seine Dichtungen. Hrsg. v. H. G. Gräf. 3 Tle. in 9 Bde. Frankfurt 1901–14 (Nachdruck Darmstadt 1967ff.).
Goethe im Urteile seiner Zeitgenossen. Hrsg. v. J. W. Braun. 3 Bde. 1883–85 (Nachdruck Hildesheim 1969).
Goethe und seine Kritiker. Die wesentlichen Rezensionen aus der periodischen Literatur seiner Zeit, begleitet von Goethes eigenen und seiner Freunde Äußerungen zu deren Gehalt. In Einzeldarstellungen, mit einem Anhang: Bibliographie der Goethe-Kritik bis zu Goethes Tod. Hrsg. v. O. Fambach. Düsseldorf 1953.

Goethe im Urteil seiner Kritiker. Dokumente zur Wirkungsgeschichte Goethes in Deutschland. Hrsg. v. K. R. Mandelkow. 3 Bde. München 1975–79.
Der junge Goethe im zeitgenössischen Urteil. Bearb. u. eing. v. P. Müller. Berlin 1969.
(c) Goethe-Handbuch. Goethe, seine Welt und seine Zeit in Werk und Wirkung. 2., vollk. neugest. Aufl. hrsg. v. A. Zastrau (u. a.). Stuttgart 1961 ff.
Goethe-Wörterbuch. Hrsg. v. d. Akad. d. Wiss. der DDR, d. Akad. d. Wiss. in Göttingen u. d. Heidelberger Akad. d. Wiss. Stuttgart/Berlin/Köln/Mainz 1978 ff.
Fischer, P.: Goethewortschatz. Leipzig 1929. (Neudruck Berlin 1971.)
Hagen, W.: Die Drucke von Goethes Werken. Berlin 1971.
Henning, H.: Goethe-Bibliographie. In: Goethe-Jahrbuch 89 ff. (1972 ff.).
Nicolai, H.: Goethe-Bibliographie. In: Goethe. Neue Folge des Jb. d. Goethe-Gesellsch. 14/15–33 (1952/53–71).
Nicolai, H.: Zeittafel zu Goethes Leben und Werk. München 1977.
Pyritz, H.: Goethe-Bibliographie. Fortgef. v. H. Nicolai u. G. Burkhardt. 2 Bde. Heidelberg 1965–68.
Steiger, R. (Hrsg.): Goethes Leben von Tag zu Tag. Eine dokumentarische Chronik. 7 Bde. Zürich/München 1982 ff.
Zischka, G. A.: Goethe. Tageskonkordanz der Begebenheiten, Tagebücher, Briefe und Gespräche in 8 Bde. Wien ca. 1980.

Allgemein

Boerner, P.: Johann Wolfgang von Goethe in Selbstzeugnissen und Bilddokumenten. Reinbek b. Hamburg 1964.
Conrady, K. O.: Goethe. Leben und Werk. 2 Bde. Königstein/Ts. 1982–85.
Dieckmann, L.: Johann Wolfgang Goethe. Boston 1974.
Fairley, B.: Goethe. München 1963.
Friedenthal, R.: Goethe. Sein Leben und seine Zeit. München 1963.
Göres, J. (Hrsg.): Goethes Leben in Bilddokumenten. München 1981.
Graham, I.: Goethe. Portrait of the Artist. Berlin/New York 1977.
Gundolf, F.: Goethe. Berlin 1916.
Henkel, A.: Goethe-Erfahrungen. Stuttgart 1962.
Mandelkow, K. R.: Goethe in Deutschland. Bd. I: 1773–1918. München 1980.
Meyer, H.: Goethe. Das Leben im Werk. Hamburg-Bergedorf 1949.
Staiger, E.: Goethe. 3 Bde. Zürich 1952–59.
Viëtor, K.: Goethe. Dichtung, Wissenschaft, Weltbild. Bern 1949.

Der junge Goethe

Albrecht, W.: Schönheit, Natur, Wahrheit. Einige Hauptaspekte der Ästhetik des jungen Goethe bis 1770 im Verh. zu ihren zeitgen. Traditionen. In: GoetheJb. 100. 1983, 163–170.
Bloch, E.: Der junge Goethe, Nicht-Entsagung, Ariel. In: Sinn und Form 6. 1954, 830–858.
Bollacher, M.: Der junge Goethe und Spinoza. Studien zur Geschichte des Spinozismus in der Epoche des Sturm und Drang. Tübingen 1969.
Braemer, E.: Goethes Prometheus und die Grundpositionen des Sturm und Drang. Berlin-Weimar 1959.
Ermann, K.: Goethes Shakespeare-Bild. Tübingen 1983.
Große, W. (Hrsg.): Zum jungen Goethe. Stuttgart 1982.
Müller, P.: Epochengehalt und nationales Kolorit des deutschen Sentimentalismus in

frühen ästhetischen Schriften Goethes und im «Werther». In: Dahnke, H.-D. (u.a. Hrsg.): Parallelen und Kontraste. Studien zu lit. Wechselbeziehungen in Europa zw. 1750 u. 1850. Berlin 1983, 108–139.
Pfaff, P.: Das Glücksmotiv im Jugendwerk Goethes. Heidelberg 1965.
Rasch, W.: Der junge Goethe und die Aufklärung. In: Grimm, R. u. Wiedemann, C. (Hrsg.): Literatur und Geistesgeschichte (Festgabe Burger). Berlin 1968, 127–139.
Robson-Scott, W.D.: The Younger Goethe and the Visual Arts. Cambridge/New York/Melbourne 1981.
Sauder, G.: Der empfindsame Kreis in Darmstadt. In: Darmstadt in der Zeit des Barock u. Rokoko. Darmstadt 1980, 167–175.
Schmidt, J.: Goethe. In: J.S.: Die Geschichte des Geniegedankens in der dt. Lit., Phil. u. Politik 1750–1945. Bd. 1. Darmstadt 1985, 193–353.
Sudhof, S.: Goethe und der «Kreis von Münster». In: GoetheJb. 98. 1981, 72–85.
Zimmermann, R. Chr.: Das Weltbild des jungen Goethe. 2 Bde. München 1969–79.

Goethe in Weimar

Borchmeyer, D.: Die Weimarer Klassik. Eine Einführung. 2 Bde. Kronberg/Ts. 1980.
Bürger, C.: Der Ursprung der bürgerlichen Institution Kunst im höfischen Weimar. Frankfurt 1977.
Eissler, K.R.: Goethe. A Psychoanalytic Study 1775–1786. 2 Bde. Detroit 1963 (dt. Übers. 2 Bde. Frankfurt 1983–85).
Hahn, K.-H. (Hrsg.): Goethe in Weimar. Ein Kapitel deutscher Kulturgeschichte. Zürich/München 1986.
Jauß, H.R.: Deutsche Klassik – eine Pseudo-Epoche? In: R. Herzog u. R. Koselleck (Hrsg.): Epochenschwelle und Epochenbewußtsein. München 1987, 581–585.
Müller-Seidel, W.: Cagliostro und die Vorgeschichte der deutschen Klassik. In: Brummack, J. (u.a. Hrsg.) Literaturwiss. u. Geistesgeschichte (FS Brinkmann). Tübingen 1981, 136–163.
Reed, T.J.: The Classical Centre. Goethe and Weimar 1775–1832. London/New York 1980.
Saviane, R.: Numinoso, natura, società. Goethe a Weimar 1775–1786. Annali. Sezione Germanica. Studi Tedeschi 25. 1982, 315–356.
Voßkamp, W.: Klassik als Epoche. Zur Typologie u. Funktion der Weimarer Klassik. In: R. Herzog u. R. Koselleck (Hrsg.): Epochenschwelle u. Epochenbewußtsein. München 1987, 493–514.

Lyrik

Albertsen, L.L.: Goethes Lieder und andere Lieder. In: Conrady, K.O. (Hrsg.): Dt. Lit. z. Zeit der Klassik. Stuttgart 1977, 172–188.
Arntzen, H.: Unerkanntes Bekanntes. Zur Rezeptionsgeschichte und Interpretationsmöglichkeit von Goethes Gedicht «An den Mond». In: Literatur für Leser 1987, 1–25.
Astel, A. (u.a.): Zu Goethes berühmtestem Gedicht. Mainz 1983. (Ein Gleiches.)
Baioni, G.: Naturlyrik. In: Glaser, H.-A. (Hrsg.): Deutsche Literatur. Eine Sozialgeschichte. Bd. 4. Reinbek 1980, 234–253.
Conrady, K.O.: J.W.v. Goethe: «Ganymed». In: Die deutsche Lyrik. Hrsg. v. B.v. Wiese. Bd. 1. Düsseldorf 1956, 227–234.
Conrady, K.O.: J.W.v. Goethe: «Prometheus». In: Die deutsche Lyrik. Hrsg. v. B.v. Wiese. Bd. 1. Düsseldorf 1956, 214–226.

Conrady, K. O.: Literatur und Germanistik als Herausforderung. Frankfurt 1974, 125–153.
Czucka, E.: Tatsachen und Ereignise in Goethes *Erlkönig*. Sprachkritisch-hermeneutische Untersuchungen zur Metaphorizität der Ballade. In: Stölzel, G. (Hrsg.): Germanistik. Forschungsstand u. Perspektiven. Bd. 2. Berlin/New York 1985, 525–540.
Dieckmann, F.: Hütten-Pfade des jungen Goethe. Die Wanderer-Gedichte von 1772. In: Goethe 32. 1970, 221–252.
Dietze, W.: Poesie der Humanität. Anspruch und Leistung im lyrischen Werk J. W. Goethes. Berlin 1985.
Ekmann, B.: Verfremdung in der «Erlebnislyrik». In: TeKo 15. 1987, 97–123 u. 209–260.
Engelhardt, W. v.: Goethes Harzreise im Winter 1777. In: GoetheJb. 104. 1987, 192–211.
Geerdts, H. J.: Goethe: «Ich saug' an meiner Nabelschnur». Lyrisches aus dem Jahr 1775. In: Brandt, H. u. Beyer, B. (Hrsg.): Ansichten der dt. Klassik (Festschrift Wertheim). Berlin 1981, 148–157.
Henkel, A.: Wandrers Sturmlied. Versuch, das dunkle Gedicht des jungen Goethe zu verstehen. In: A. H.: Goethe-Erfahrungen. Stuttgart 1982, 9–44 (urspr. 1960).
Hölscher-Lohmeyer, D.: Die Entwicklung des Goetheschen Naturdenkens im Spiegel seiner Lyrik. In: GoetheJb. 99. 1982, 11–31.
Hutchinson, P.: «Willkommen und Abschied». In: German Life and Letters 36. 1982/83, 3–17.
Ingen, F. v.: Goethes Hymnen und die zeitgenössische Poetik. In: Wittkowski, W. (Hrsg.): Goethe im Kontext. Ein Symposium. Tübingen 1984, 1–16.
Isselstein Arese, U.: «Dem Vater grauset's». Zur Lektüre von Goethes *Der Fischer* und *Erlkönig*. In: Annali. Sezione Germanica. Studi Tedeschi 22. 1979, 7–49.
Johnson, L. P.: «Wandrers Nachtlied». In: German Life and Letters 36. 1982/83, 35–48.
Kaiser, G.: Mutter Natur am Zürcher See. Zu einem Gedicht Goethes. In: Schweizer Monatshefte 64. 1984, 623–634.
Keller, H.: Goethe and the Lied. In: Wilkinson, E. M. (Hrsg.): Goethe Revisited. A Collection of Essays. London/New York 1984, 73–84.
Kemp, F.: Schöpfungskraft und Frustration. Nachbemerkungen zu *Künstlers Morgenlied*. In: JDSG 31. 1987, 104–116.
Landwehr, J.: Von der Pluralität der Subjekte im Gedicht und der Unumgänglichkeit des Autors. Goethes Sturm-und-Drang-Lyrik zw. Biographismus, Poetik u. Lesegewohnheiten. In: Eroms, H.-W. u. Laufhütte, H. (Hrsg.): Vielfalt der Perspektiven. Wiss. u. Kunst in der Auseinandersetzung mit Goethes Werk. Passau 1984, 123–147.
Lee, M.: A Question of Influence: Goethe, Klopstock, and «Wanderers Sturmlied». In: GQ 55. 1982, 13–28.
Leistner, B.: Goethes Gedicht «Harzreise im Winter». Vers. einer Interpretation. In: Impulse 4. 1982, 70–117.
Marhold, H.: Prometheus und Werther. In: Lit. in Wissenschaft u. Unterricht 16. 1983, 97–108.
McWilliams, J. R.: A New Reading of «Willkommen und Abschied». In: German Life and Letters 32. 1978/79, 293–300.
Merkelbach, V.: Goethes «Erlkönig» – museales Erbstück oder was sonst noch? In: Diskussion Deutsch 16. 1985, 313–326.
Michelsen, P.: «Willkomm und Abschied». Beobachtungen u. Überlegungen zu einem Gedicht des jungen Goethe. In: Sprachkunst 4. 1973, 6–20.
Mommsen, K.: Wandern und Begegnen. Zu Goethes Gedicht *Wandrer und Pächterin*.

In: McCarthy, J. u. Kipa, A. R. (Hrsg.): Aufnahme, Weitergabe. Lit. Impulse um Lessing u. Goethe (Festgabe Moenkemeyer). Hamburg 1982, 165–183.
Mommsen, K.: Wandrers Sturmlied. In: Jb. des Wiener Goethe-Vereins 81–83. 1979, 215–236.
Müller, P.: Goethes «Prometheus». Sinn u. Urbild bürgerlichen Emanzipationsanspruchs. In: WB 22. 1976, 52–82.
Müller, P.: Zwei Sesenheimer Gedichte Goethes. Zur Interpr. von «Willkomm und Abschied» u. «Mayfest». In: WB 13. 1967, 20–47.
Müller-Seidel, W.: Balladen und Justizkritik. Zu einem wenig bekannten Gedicht Goethes (Vor Gericht). In: Richter, K. (Hrsg.): Gedichte und Interpretationen. Bd. 2: Aufklärung u. Sturm u. Drang. Stuttgart 1983, 437–450.
Plate, R.: «Bilderjagd». Abschiedsmotiv u. Klopstocks Einfluß in Goethes Oden an Behrisch. In: JDSG 31. 1987, 72–103.
Sauder, G.: Willkomm und Abschied: wortlos. Goethes Sesenheimer Gedicht «Mir schlug das Herz». In: Richter, K. (Hrsg.): Gedichte und Interpretationen. B. 2: Aufklärung u. Sturm u. Drang. Stuttgart 1983, 412–424.
Schlaffer, H.: Musa iocosa. Gattungspoetik u. Gattungsgeschichte der erotischen Literatur in Deutschland. Stuttgart 1972 (181–93 über den jungen Goethe).
Schöne, A.: Götterzeichen – Liebeszauber – Satanskult. Neue Einblicke in alte Goethe-Texte. München 1982 (13–56 zu Harzreise im Winter)
Segebrecht, U.: Besonnene Bestandsaufnahme. Zu Goethes *Grenzen der Menschheit*. In: Segebrecht, W. (Hrsg.): Klassik und Romantik (= Gedichte und Interpretationen 3). Stuttgart 1984, 26–32.
Stoye-Balk, E.: Weltanschauliche Aspekte der Goethe-Balladen «Der Fischer» und «Der Erlkönig». In: ZfGermanistik, Leipzig 3. 1982, 293–302.
Thomé, H.: Tätigkeit und Reflexion in Goethes «Prometheus». Umrisse einer Interpretation. In: Richter, K. (Hrsg.): Gedichte und Interpretationen. Bd. 2: Aufklärung u. Sturm u. Drang. Stuttgart 1983, 427–435.
Trumpe, U.: Balladendichtung um 1770. Ihre soziale und religiöse Thematik. Stuttgart/Berlin/Köln/Mainz 1975.
Vaget, H. R.: Eros und Apoll. Ein Versuch zu *Künstlers Morgenlied*. In: JDSG 30. 1986, 96–127.
Weimar, K.: Goethes Gedichte 1769–1775. Interpretationen zu einem Anfang. Paderborn/Wien/Zürich 1982.
Wellbery, D.: The Specular Moment: Construction of Meaning in a Poem by Goethe. In: Goethe Yearbook 1. 1982, 1–41 (zu Willkommen u. Abschied).
Wruck, P.: Die gottverlassene Welt des Prometheus. Gattungsparodie und Glaubenskonflikt in Goethes Gedicht. In: ZfGermanistik, Leipzig 8. 1987, 517–31.
Wünsch, M.: Der Strukturwandel in der Lyrik Goethes. Stuttgart 1975.

Drama

Borchmeyer, D.: Der aufgeklärte Herrscher im Spiegel von Goethes Schauspiel. In: Aufklärung 2. 1987, 49–74.
Emrich, W.: Goethes Tragödie des Genius. Von *Götz* bis zur *Natürlichen Tochter*. In: JDSG 26. 1982, 144–162.
Hinderer, W. (Hrsg.): Goethes Dramen. Neue Interpretationen. Stuttgart 1980 (m. Bibliographie v. H. G. Hermann).
Huyssen, A.: Drama des Sturm und Drang. Kommentar zu einer Epoche. München 1980 (mit Bibliographie).
Keller, W.: Das Drama Goethes. In: Hinck, W. (Hrsg.): Handbuch des deutschen Dramas. Düsseldorf 1980, 133–156.

Ockenden, R. C.: On Bringing Statues to Life: Reading Goethe's *Iphigenie auf Tauris* and *Torquato Tasso*. In: Publications of the English Goethe Society 55. 1986, 69–106.
Peacock, R.: Goethe's Major Plays. Manchester 1959.
Reiss, H.: Goethe, Möser, and the Aufklärung, the Holy Roman Empire in Götz von Berlichingen and Egmont. In: DVjs 60. 1986, 609–644.
Stern, M.: «Satyros oder der vergötterte Waldteufel»: Ambivalenz u. Kulturkritik im Kulturkonzept des jungen Goethe. In: Jb. des Wiener Goethe-Vereins 81/83. 1977/79, 89–102.

Die Mitschuldigen

Kröger, W.: Das Arrangement im Chaos. Zu Goethes Lustspiel «Die Mitschuldigen». In: Literatur für Leser 1984, 65–74.
Martini, F.: Goethes «verfehlte» Lustspiele: «Die Mitschuldigen» und «Der Großcophta». In: Natur und Idee (Festschrift A. B. Wachsmuth). Weimar 1966, 164–210.
Preisendanz, W.: Das Schäferspiel «Die Laune des Verliebten» und das Lustspiel «Die Mitschuldigen». In: Hinderer, W. (Hrsg.): Goethes Dramen. Neue Interpretationen. Stuttgart 1980, 11–22.
Stauch-v. Quitzow, W.: Ein Lustspiel auf dem Wege zur Klassik? Goethes *Die Mitschuldigen*: vom Theaterexperiment zum Weimarer Bühnenstück. In: K. Richter u. J. Schönert (Hrsg.): Klassik und Moderne. Stuttgart 1983, 160–174.

Götz von Berlichingen

Bennett, B.: Prometheus and Saturn: the Three Versions of *Götz von Berlichingen*. In: GQ 58. 1985, 335–347.
Buck, Theo: Goethes Erneuerung des Dramas. «Götz von Berlichingen» in heutiger Sicht. In: Text u. Kritik Sonderbd. Goethe. 1982, 33–42.
Martini, F.: Goethes «Götz von Berlichingen». Charakterdrama u. Gesellschaftsdrama. In: Ingen, F. v. (u. a. Hrsg.): Dichter und Leser. Groningen 1962, 28–46.
McInnes, E.: Moral, Politik und Geschichte in Goethes *Götz von Berlichingen*. In: ZfdPh 103. 1984, 2–20.
Müller, P.: Aber die Geschichte schweigt nicht. Goethes «Geschichte Gottfriedens von Berlichingen mit der eisernen Hand, dramatisiert» als Beginn der dt. Geschichtsromantik. In: ZfGermanistik, Leipzig 8. 1987, 141–159.
Nägele, R.: J. W. Goethe: *Götz von Berlichingen*. In: Drama des Sturm und Drang. Stuttgart 1987, 7–31.
Neuhaus, V. (Hrsg.): Götz von Berlichingen. Erläuterungen und Dokumente. Stuttgart 1973.
Neuhaus, V.: J. W. v. Goethe: *Götz von Berlichingen*. In: Hinck, W. (Hrsg.): Geschichte als Schauspiel. Dt. Geschichtsdramen. Interpretationen. Frankfurt 1981, 82–100.
Rothe, F.: Götz oder Sickingen? Herders Kontroverse mit Goethe über «Götz v. Berlichingen». In: Annali. Sezione Germanica. Studi Tedeschi 19. 1976/1, 127–140.
Teraoka, A. A.: Submerged Symmetry and Surface Chaos: The Structrue of Goethe's *Götz von Berlichingen*. In: Goethe Yearbook 2. 1984, 13–41.
Wells, G. A.: *Götz von Berlichingen*. History, Drama, and Dramatic Effectiveness. In: Publications of the English Goethe Society 56. 1987, 74–96.
Wittkowski, W.: Homo homini lupus, Homo homini Deus. *Götz von Berlichingen mit der eisernen Hand* als Tragödie u. als Drama gesell. Aufklärung u. Emanzipation. In: CollGerm 20. 1987, 299–324.

Clavigo

Leppmann, W.: Clavigo. In: Hinderer, W. (Hrsg.): Goethes Dramen. Neue Interpretationen. Stuttgart 1980, 78–88.

Stella

Pikulik, L.: Stella. Ein Schauspiel für Liebende. In: Hinderer, W. (Hrsg.): Goethes Dramen. Neue Interpretationen. Stuttgart 1980, 89–103.

Burgard, P.J.: *Emilia Galotti* und *Clavigo*. Werthers Pflichtlektüre und unsere. In: ZfdPh 104. 1985, 481–494.

Faust

Ammerlahn, H.: Goethe u. Gretchens Lied vom Machandelboom. Z. Symbolik des dichterischen Schaffensprozesses. In: Rupp. H., und Roloff, H.-G. (Hrsg.): Akten d. VI. Germanisten-Kongresses. Bd. 4 Bern/Frankfurt/Las Vegas 1980, 338–344.

Beutler, E.: Der Frankfurter Faust. In: JbFDH 1936–40, 594–686.

Binder, W.: Die Einheit der Faustgestalt im Urfaust. In: WW 33. 1983, 4–18.

Dieckmann, F.: Annäherungen an Urfaust. In: Sinn u. Form 36. 1984, 853–859

Gaier, U.: Goethes Faust-Dichtungen. Kommentar. Bd. 1: Urfaust. Stuttgart 1989. (Mit Bibliographie.)

Graham, I.: «Geeinte Zwienatur»? On the Structure of Goethe's Urfaust. In: Magill, C.P., Rowby, B., Smith, C. (Hrsg.): Tradition and Creation. Essays in Honour of E.M. Wilkinson. Leeds 1978, 131–145.

Pütz, P.: Faust und der Erdgeist. In: Günther, V.J., Koopmann, H. (u.a. Hrsg.): Untersuchungen z. Lit. als Geschichte (FS Wiese). Berlin 1973, 171–181.

Die Geschwister

Marks, H.H.: Die Geschwister. In: Hinderer, W. (Hrsg.): Goethes Dramen. Neue Interpretationen. Stuttgart 1980, 104–121.

Meyer-Krentler, E.: Erdichtete Verwandtschaft. Inzestmotiv, Aufklärungsmoral, Strafrecht in J.W. Goethes «Die Geschwister». In: Literatur f. Leser 1982, 230–249.

Iphigenie

J.W.v. Goethe: Iphigenie auf Tauris. In der Prosafassung von 1781 hrsg. v. E. Haufe. Leipzig u. Frankfurt 1982.

Adorno, Th.W.: Zum Klassizismus von Goethes «Iphigenie». In: Th.W.A.: Noten zur Literatur IV. Frankfurt 1974, 7–33 (urspr. 1967).

Borchmeyer, D.: J.W.v. Goethe: Iphigenie auf Tauris. In: Müller-Michaelis, H. (Hrsg.): Deutsche Dramen. Interpretationen zu Werken von der Aufklärung bis zur Gegenwart. Bd. 1. Königstein/Ts. 1981, 52–86.

Cottrell, A.P.: On Speaking the Good. Goethe's *Iphigenie* as «moralisches Urphänomen». In: MLQ 41. 1980, 162–180.

Dahnke, H.-D.: Im Schnittpunkt von Menschheitsutopie und Realitätserfahrung. «Iphigenie auf Tauris». In: Impulse 6. 1983, 9–36.

Fischer-Lichte, E.: Probleme der Rezeption klassischer Werke – am Beispiel von Goethes «Iphigenie». In: Conrady, K.O. (Hrsg.): Dt. Lit. z. Zeit der Klassik, Stuttgart 1977, 114–140.

Fowler, F. M.: The Problem of Goethe's Orest: New Light on *Iphigenie auf Tauris*. In: Publications of the English Goethe Society 51. 1981, 1–26.
Hackert, F.: Iphigenie auf Tauris. In: Hinderer, W. (Hrsg.): Goethes Dramen. Neue Interpretationen. Stuttgart 1980, 144–168.
Henkel, A.: Die «verteufelt humane» Iphigenie. In: Euphorion 59. 1965, 1–17.
Horsley, R. J.: «Dies Frauenschicksal». A Critical Appraisal of Goethe's *Iphigenie*. In: Cocalis, S. L. u. Goodman, K. (Hrsg.): Beyond the Eternal Feminine. Critical Essays on Women and German Literature. Stuttgart 1982, 47–74.
Jauß, H.: Racines und Goethes Iphigenie. In: Warning, R. (Hrsg.): Rezeptionsästhetik. München 1975, 353–400.
Müller, G.: J. W. v. Goethe: Das Parzenlied. In: Die deutsche Lyrik. Hrsg. v. B. v. Wiese. Bd. 1. Düsseldorf 1956, 237–250.
Pestalozzi, K.: Goethes «Iphigenie» als Antwort an Lavater betrachtet. In: GoetheJb. 98. 1981, 113–130.
Pfaff, P.: Die Stimme des Gewissens. Über Goethes Versuch zu einer Genealogie der Moral, vor allem in der Iphigenie. In: Euphorion 72. 1978, 20–42.
Prandi, J. D.: Goethe's Iphigenie as Woman. In: GR 60. 1985, 23–31.
Rasch, W.: Goethes «Iphigenie auf Tauris» als Drama der Autonomie. München 1979.
Reed, T. J.: Iphigenies Unmündigkeit. Zur weiblichen Aufklärung. In: Stötzel, G. (Hrsg.): Germanistik. Forschungsstand u. Perspektiven. Bd. 2. Berlin/New York 1985, 505–525.
Reuchlin, G.: Die Heilung des Wahnsinns bei Goethe: Orest, Lila, der Harfner und Sperata. Zum Verh. v. Lit., Seelenkunde u. Moral im späten 18. Jh. Frankfurt/Bern/New York 1983.
Reynolds, S. H.: «Erstaunlich modern und ungriechisch?» Goethe's *Iphigenie auf Tauris* and its Classical Background. In: Publications of the English Goethe Society 57. 1986–87, 55–74.
Salm, P.: Truthtelling and Lying in Goethe's *Iphigenie*. In: German Life and Letters 34. 1980/81, 351–358.
Saviane, R.: Arte e politica ta classicismo e romantiscismo. Padova 1980 (u. a. über Iphigenie, Tasso, Egmont).
Segebrecht, U.: Götter, Helden und Goethe. Zur Geschichtsdeutung in Goethes *Iphigenie auf Tauris*. In: Klassik und Moderne. Richter, K. u. Schönert, J. (Hrsg.): Stuttgart 1983, 175–193.
Seidlin, O.: Goethes Iphigenie – «verteufelt human»? In: O. S.: Von Goethe zu Thomas Mann. Göttingen 1963, 9–22.
Werner, H.-G.: Antinomien der Humanitätskonzeption in Goethes «Iphigenie». In: WB 14. 1968, 362–384.
Wierlacher, A.: Ent-fremdete Fremde. Goethes *Iphigenie auf Tauris* als Drama des Völkerrechts. In: ZfdPh 102. 1983, 161–180.
Wittkowski, W.: «Bei Ehren bleiben die Orakel und gerettet sind die Götter»? Goethes «Iphigenie». In: GoetheJb. 101. 1984, 250–268.
Wittkowski, W.: Tradition der Moderne als Tradition der Antike. Klassische Humanität in Goethes *Iphigenie* und Schillers *Braut von Messina*. In: Elm, T. u. Hemmerich, G.: Zur Geschichtlichkeit der Moderne (Festschrift Fülleborn). München 1982, 113–134.

Egmont

Braunbehrens, V.: Egmont, das lang vertrödelte Stück. In: Text u. Kritik Sonderbd. Goethe. 1982, 84–100.
Clairmont, H.: Die Figur des Machiavelli in Goethes *Egmont*. In: Poetica 15. 1983, 289–313.

Hartmann, P.: Goethes Egmont. In: WB 13. 1967, 48–75.
Michelsen, P.: Egmonts Freiheit. In: Euphorion 65. 1971, 274–297.
Reinhardt, H.: Egmont. In: Hinderer, W. (Hrsg.): Goethes Dramen. Neue Interpretationen. Stuttgart 1980, 122–143.
Saviane, R.: Egmont, ein politischer Held. In: GoetheJb. 104. 1987, 47–71.
Schröder, J.: Poetische Erlösung der Geschichte – Goethes *Egmont*. In: Hinck, W. (Hrsg.): Geschichte als Schauspiel. Dt. Geschichtsdramen. Interpretationen. Frankfurt 1981, 101–115.
Schwan, W.: Egmonts Glückphantasien und Verblendung. Eine Studie zu Goethes Drama *Egmont*. In: JbFDH 1986, 61–90.
Sharpe, L.: Schiller and Goethe's «Egmont». In: MLR 77. 1982, 629–645.

Tasso

Bürger, C.: Der bürgerliche Schriftsteller im höfischen Mäzenat. Lit.-soziologische Bem. zu Goethes «Tasso». In: Conrady, K. O. (Hrsg.): Dt. Lit. z. Zeit der Klassik. Stuttgart 1977, 141–153.
Daemmrich, H. S.: The Sentient Heart. Motif Analysis of Goethe's *Tasso*. In: McCarthy, J. u. Kipa, A. R. (Hrsg.): Aufnahme, Weitergabe. Lit. Impulse um Lessing u. Goethe (Festgabe Moenkemeyer). Hamburg 1982, 153–164.
Girschner, G.: Zum Verhältnis zwischen Dichter und Gesellschaft in Goethes «Torquato Tasso». In: GoetheJb. 101. 1984, 162–186.
Hart, G. K.: Goethe's *Tasso*: Reading the Directions. In: GoetheYb. 3. 1986, 125–138.
Hinderer, W.: Torquato Tasso. In: Hinderer, W. (Hrsg.): Goethes Dramen. Neue Interpretationen. Stuttgart 1980, 169–196.
Merkl, H.: Spiel zum Abschied. Betrachtungen zur Kunst des Leidens in Goethes *Torquato Tasso*. In: Euphorion 82. 1988, 1–24.
Neumann, G.: Konfiguration. Studien zu Goethes «Torquato Tasso». München 1965.
Rasch, W.: Goethes «Tarquato Tasso». Stuttgart 1954.
Ronell, A.: Taking it philosophically. *Torquato Tasso's* Women as Theorists. In: Modern Language Notes 100. 1985, 599–631.
Ryan, L. J.: Die Tragödie des Dichters in Goethes «Torquato Tasso». In: JDSG 9. 1965, 283–322.
Turk, H.: Wie und wo entsteht ein klassischer Nationalautor? Zum Fremdverstehen in Goethes «Tasso». In: Text u. Kritik Sonderbd. Goethe 1982, 153–172.

Prosa

Lillyman, W. J. (Hrsg.): Goethe's Narrative Fiction. The Irvine Goethe Symposium. Berlin/New York 1983.
Lützeler, P. M., u. McLeod, J. E. (Hrsg.): Goethes Erzählwerk. Interpretationen. Stuttgart 1985.
Sørensen, B. A.: Über die Familie in Goethes «Werther» und «Wilhelm Meister». In: Orb.Lit. 52. 1987, 118–140.

Werther

Appelbaum-Graham, I.: Goethes eigener Werther. Eines Dichters Wahrheit über seine eigene Dichtung. In: JDSG 18. 1974, 268–303.
Buhr, G.: Die Leiden des jungen Werthers und der Roman des Sturm und Drang. In: Handbuch des dt. Romans. Koopmann, H. (Hrsg.). Düsseldorf 1983, 226–243.

Duncan, B.: «Emilia Galotti lag auf dem Pult aufgeschlagen»: Werther as ‹mis-›reader. In: Goethe Yearbook 1. 1982, 42–50.
Ekmann, B.: Erlebnishaftigkeit und Klassizität. Einfühlung u. Verfremdung im «Werther»-Roman. In: TeKo 14. 1986, 7–47.
Fechner, J.-U.: Die alten Leiden des jungen Werthers. Goethes Roman aus petrarkistischer Sicht. In: Arcadia 17. 1982, 1–15.
Fleischer, W.: Enttäuschung und Erinnerung. Unters. z. Entstehung des mod. dt. Romans im letzten Drittel des 18. Jh. Frankfurt/Bern/New York 1983.
Fülleborn, U.:«Die Leiden des jungen Werthers» zwischen aufklärerischer Sozialpolitik und Büchners Mitleidspoesie. In: Wittkowski, W. (Hrsg.): Goethe im Kontext. Ein Symposium. Tübingen 1984, 20–34.
Gräfe, J.: Die Religion in den «Leiden des jungen Werther». In: Goethe 20. 1958, 72–98.
Hass, H.-E.: «Werther»-Studie. In: Gestaltprobleme der Dichtung. Hrsg. v. R. Alewyn u. a. Bonn 1957, 83–125.
Herrmann, H.-P.: Landschaft in Goethes «Werther». Zum Brief vom 18. August. In: Clasen, T. u. Leibfried, E. (Hrsg.): Goethe. Vorträge aus Anlaß seines 150. Todestages. Frankfurt/Bern/New York 1984, 77–100.
Hirsch, A.: Die Leiden des jungen Werther. Ein bürgerliches Schicksal im absolutistischen Staat. In: Études germaniques 13. 1958, 229–250.
Hohendahl, P.-U.: Empfindsamkeit u. gesellschaftliches Bewußtsein. In: JDSG 16. 1972, 176–207.
Hotz, K.: Goethes «Werther» als Modell für kritisches Lesen. Mat. zur Rezeptionsgesch. Stuttgart 1974.
Hübner, K.: Alltag im literarischen Werk. Eine lit.-soziologische Studie zu Goethes Werther. Heidelberg 1982.
Jäger, G.: Die Wertherwirkung. Ein rezeptionsästhetisches Modell. In: Müller-Seidel, W. (Hrsg.): Historizität in Sprach- und Literaturwissenschaft. München 1972, 389–409.
Kluge, G.: Die Leiden des jungen Werthers in der Residenz. In: Euphorion 56. 1971, 115–131.
Lange, V.: Die Sprache als Erzählform in Goethes «Werther». In: Müller-Seidel, W. u. Preisendanz, W. (Hrsg.): Formenwandel (Festschrift Böckmann). Hamburg 1964, 261–272.
Meyer-Kalkus, R.: Werthers Krankheit zum Tode. Pathologie u. Familie in der Empfindsamkeit. In: Kittler, F. A. u. Turk, H. (Hrsg.): Urszenen. Frankfurt 1977, 76–138.
Meyer-Krentler, E.: «Kalte Abstraktion» gegen «versengte Einbildung». Destruktion und Restauration aufklärerischer Harmonienmodelle in Goethes *Leiden* und Nicolais *Freuden des jungen Werthers*. In: DVjs 56. 1982, 65–91.
Müller, J.: Die Leiden des jungen Werther. In: J. M.: Neue Goethe-Studien. Halle a. S. 1969, 145–152.
Müller, P.: Zeitkritik und Utopie in Goethes «Werther». 2. überarb. Aufl. Berlin 1983.
Müller-Salget, K.: Zur Struktur von Goethes *Werther*. In: ZfdPh 100. 1981, 527–544.
Nolan, E.: Goethes «Die Leiden des jungen Werther». Absicht und Methode. In: JDSG 28. 1984, 191–222.
Nutz, M.: Die Sprachlosigkeit des erregten Gefühls. Zur Problematik der Verständigung in Goethes «Werther» und seiner Rezeption. In: Literatur f. Leser 1982, 217–229.
Paulin, R.: «Wir werden uns wieder sehn!» On a Theme in *Werther*. In: Publications of the English Goethe Society 50. 1980, 55–78.
Pütz, P.: Werthers Leiden an der Literatur. In: Lillyman, W. J. (Hrsg.): Goethe's Narrative Fiction. The Irvine Goethe Symposium. Berlin/New York 1983, 55–68.

Reiss, H.: Goethes Romane. Bern/München 1963.
Renner, K. N.: «... laß das Büchlein deinen Freund seyn.» Goethes Roman *Die Leiden des jungen Werther* und die Diätetik der Aufklärung. In: Häntzschel, G. (u. a. Hrsg.): Zur Sozialgeschichte der dt. Lit. von der Aufklärung bis zur Jahrhundertwende. Tübingen 1985, 1–20.
Rothmann, K. (Hrsg.): J. W. Goethe: Die Leiden des jungen Werther. Erläuterungen und Dokumente. Stuttgart 1971.
Saine, T. P.: Passion and Aggression: the Meaning of Werther's Last Letter. In: Orbis litterarum 35. 1980, 327–356.
Saine, T. P.: The Portrayal of Lotte in the Two Versions of Goethe's *Werther*. In: JEGPh 80. 1981, 54–77.
Scherpe, K.: Werther und Wertherwirkung. Zum Syndrom der bürgerlichen Gesellschaft im 18. Jh. Bad Homburg/Berlin/Zürich 1970.
Schöffler, H.: Deutscher Geist im 18. Jahrhundert. 2. Aufl. Göttingen 1967, 155–181.
Schultz, W.: Goethes Wertherelebnis und der moderne Nihilismus. In: Archiv f. Kulturgesch. 44. 1963, 227–251.
Staroste, W.: Werthers Krankheit zum Tode. In: W. S.: Raum und Realität in dichterischer Gestaltung. Heidelberg 1971, 73–88.
Thomé, H.: Roman und Naturwissenschaft. Eine Studie zur Vorgeschichte der deutschen Klassik. Frankfurt/Bern/Las Vegas 1978.
Vaget, H. R.: Die Leiden des jungen Werthers. In: Lützeler, P. M. u. McLeod, J. E. (Hrsg.): Goethes Erzählwerk. Stuttgart 1985, 37–72.
Vosskamp, W.: Dialog. Vergegenwärtigung beim Schreiben u. Lesen. In: DVjs 45, 1971, 80–116.
Waniek, E.: *Werther* lesen und Werther als Leser. In: Goethe Yearbook 1. 1982, 51–92.
Zahlmann, C.: Werther als Tantalus. Zu seiner Angst vor der Liebe. In: TeKo 15. 1987, 43–69.

Wilhelm Meister

Jacobs, J.: Wilhelm Meister und seine Brüder. Untersuchungen zum dt. Bildungsroman. München 1972.
Köpke, W.: Wilhelm Meisters theatralische Sendung. In: Lützeler, P. M. u. McLeod, J. E. (Hrsg.): Goethes Erzählwerk. Stuttgart 1985, 73–102.
Kühl, H.-U.: Kunstproblematik und ‹klassische› Romanform bei Goethe. Von der ‹Theatralischen Sendung› zu den ‹Lehrjahren›. In: Weber, P. (u. a. Hrsg.): Kunstperiode. Studien zur dt. Lit. des ausgehenden 18. Jh. Berlin, 1982, 144–176.

Italienische Reise

Jacobs, J.: Der «Winckelmannsche Faden». Zeitlosigkeit und Historizität in der Kunstanschauung des ital. Goethe. In: WW 37. 1987, 363–373.
Lange, V.: Goethe's Journey in Italy: The School of Seeing. In: Veit, W. (u. a. Hrsg.): Antipodische Aufklärungen/Antipodean Enlightenments. Frankfurt/Bern/New York 1987, 229–240.
Oswald, S.: Italienbilder. Beiträge zur Wandlung der dt. Italienauffassung 1770–1840. Heidelberg 1985.
Pfotenhauer, H.: Der schöne Tod. Über einige Schatten in Goethes Italienbild. In: JbFDH 1987, 134–157.
Schulz, G.: Wann und wo entsteht ein klassischer Nationalautor? Zu Goethes «Italienischer Reise». In: Müller, K.-D. (u. a. Hrsg.): Geschichtlichkeit und Aktualität (Festschrift H.-J. Mähl). Tübingen 1988, 51–68.

Naturwissenschaft

J. W. v. Goethe: Die Metamorphose der Pflanzen. Mit Erl. u. Nachw. v. D. Kuhn. Weimar 1984.

Böhme, H.: Lebendige Natur – Wissenschaftskritik, Naturforschung und allegorische Hermetik bei Goethe. In: DVjs 60. 1986, 249–272.
Engelhardt, W. v.: Goethes Beschäftigung mit Steinen und Erdgeschichte im ersten Weimarer Jahrzehnt. In: Kuhn, D. u. Zeller, B. (Hrsg.): Genio huius loci. Dank an Leiva Petersen. Wien/Köln 1982, 169–204.
Käfer, D.: Methodenprobleme und ihre Behandlung in Goethes Schriften zur Naturwissenschaft. Köln/Wien 1982.
Kuhn, D.: Über den Grund von Goethes Beschäftigung mit der Natur und ihrer wissenschaftlichen Erkenntnis. In: JDSG 15. 1971, 157–173.
Meyer-Abich, K. M.: Selbsterkenntnis, Freiheit u. Ironie. Die Sprache der Natur bei Goethe. Scheidewege. In: Jschrift f. skeptisches Denken 13. 1983/84, 278–299.
Schmidt, A.: Goethes herrlich leuchtende Natur. Philosophische Studie zur dt. Spätaufklärung. München/Wien 1984.
Schweinitz, B. (Hrsg.): Philosophie und Natur. Beiträge zur Naturphilosophie der dt. Klassik. Weimar 1985.

ROMAN DES STURM UND DRANG

Gattungsbibliographie, s. oben

Jacobi

(a) Werke. Hrsg. v. F. Roth. 6 Bde. Leipzig 1812–1825 (Nachr. Darmstadt 1968).
Eduard Allwills Papiere. Faksimiledruck der erw. Fassung von 1776 aus Chr. M. Wielands ‹Teutschem Merkur›. Nachw. v. H. Nicolai. Stuttgart 1962.
Woldemar. Faksimile nach der Ausg. von 1779. Nachw. v. H. Nicolai. Stuttgart 1969.
(b) Briefwechsel. Gesamtausgabe. Hrsg. v. M. Brüggen u. a. Stuttgart 1981 ff.
(d) Hammacher, K. (Hrsg.): Friedrich Heinrich Jacobi. Philosoph und Literat der Goethezeit. Frankfurt 1971.
Hammacher, K.: Friedrich Heinrich Jacobi. Düsseldorf als Zentrum f. Wirtschaftsreform, Literatur u. Philosophie im 18. Jh. Düsseldorf 1985.
Wiese, B. v.: Friedrich Heinrich Jacobi. In: Dt. Dichter des 18. Jh., 507–523.

Fricke, G.: Studien u. Interpretationen. Frankfurt 1956, 60–80.
Göres, J.: Veränderungen 1774–1794. Goethe, Jacobi u. der Kreis v. Münster. In: Berglar, P. (Hrsg.): Staat u. Gesellschaft im Zeitalter Goethes. (FS Tümmler) Köln/Wien 1977, 273–284.
Hammacher, K.: Friedrich Heinrich Jacobis Beziehungen zu Lessing im Zusammenhang mit dem Streit um Spinoza. In: Schulz, G. (Hrsg.): Lessing und der Kreis seiner Freunde. Heidelberg 1985, 51–74.
Nicolai, H.: Goethe und Jacobi. Studien zur Geschichte ihrer Freundschaft. Stuttgart 1965.
Pascal, R.: The Novels of F. H. Jacobi and Goethe's Early Classicism. In: Publications of the English Goethe Society, NS 16. 1947, 54–89.
Sprengel, P.: Antiklassische Opposition: Herder, Jacobi, Jean Paul. In: Mandelkow, K.-R. (Hrsg.): Europäische Romantik I. Wiesbaden 1982, 249–272.

Straetmans-Benl, I.: «Kopf und Herz» in Jacobis «Woldemar». Zur moralphil. Vorgeschichte u. Aktualität einer lit. Formel des 18. Jh. In: Jb. der Jean-Paul-Ges. 12. 1977, 137–174.

Heinse

(a) Sämmtliche Werke. Hrsg. v. C. Schüddekopf. 10 Bde. Leipzig 1902–25.
Ardinghello und die glückseligen Inseln. Kritische Studienausgabe. Hrsg. v. M. L. Baeumer. Stuttgart 1975.
(d) Dick, M.: Wilhelm Heinse. In: Dt. Dichter des 18. Jh., 511–576.
Magris, C.: Wilhelm Heinse. Triest 1968.

Baeumer, M. L.: ‹Mehr als Wieland seyn!› Wilhelm Heinses Rezeption und Kritik des Wielandschen Werkes. In: Schelle, H.: Christoph Martin Wieland: Nordamerikanische Forschungsbeiträge zur 250. Wiederkehr seines Geburtstages 1983. Tübingen 1983, 115–148.
Baeumer, M. L.: Heinse-Studien. Stuttgart 1988 (m. Bibliographie).
Brecht, W.: Heinse und der ästhetische Immoralismus. Berlin 1911.
Dick, M.: Der junge Heinse in seiner Zeit. Zum Verhältnis von Aufklärung und Religion im 18. Jh. München 1980.
Keller, O.: W. Heinses Entwicklung zur Humanität. Bern/München 1972.
Klinger, U. R.: Heinse's Perception of Nature. In: LYB 10. 1978, 123–148.
Klinger, U. R.: W. Heinses problematische Erotik. In: LYB 9. 1977, 118–133.
Mohr, H.: W. Heinse. Das erotisch-religiöse Weltbild und seine naturphilosophischen Grundlagen. München 1971.
Moore, E. M.: Die Tagebücher W. Heinses. München 1967.
Schleifer, M.: Warum nicht Heinse? Bescheidene Marginalien: Über Johann Jakob Wilhelm Heinse (1746–1803). In: Die Horen. Z. f. Lit., Kunst u. Kritik 30. 1985, 10–21.
Schramke, J.: Wilhelm Heinse und die Französische Revolution. Tübingen 1986.
Terras, R.: The Power of Masculinity: Wilhelm Heinse's Aesthetic. In: Critchfield, R./ Koepke, W. (Hrsg.): 18th Century German Authors and Their Aesthetic Theories. Columbia SC 1988, 45–60.
Terras, W.: W. Heinses Ästhetik. München 1972.
Wallach, M. K.: The Female Dilemma in Heinse's Ardinghello. In: LYB 16. 1984, 193–203.
Wiecker, R.: W. Heinses Beschreibung römischer Kunstschätze. Palazzo Borghese – Villa Borghese. Kopenhagen 1977.

Moritz

(s. a. S. 585: Lebensläufe).

(a) Werke. Hrsg. v. J. Jahn. 2 Bde. Berlin/Weimar 1973.
Werke. Hrsg. v. H. Günther. 3 Bde. Frankfurt a. M. 1981.
Schriften zur Ästhetik und Poetik. Hrsg. v. H. J. Schrimpf. Tübingen 1962.
Anton Reiser. Ein psychologischer Roman. Hrsg. v. W. Martens. Stuttgart 1972.
Anton Reiser. Ein psychologischer Roman. Hrsg. v. E.-P. Wieckenberg. Leipzig/ Weimar u. München 1987.
Andreas Hartknopf. Eine Allegorie. 1786. – Andreas Hartknopfs Predigerjahre. 1790. – Fragmente aus dem Tagebuche eines Geistersehers. 1787. Faksimiledruck der Originalausgaben, hrsg. u. m. e. Nachw. versehen v. H. J. Schrimpf. Stuttgart 1968.

Die neue Cecilia. Faksimiledruck der Originalausgabe von 1794. Hrsg. v. H.J. Schrimpf. Stuttgart 1962.
Gnothi Seauton oder Magazin zur Erfahrungsseelenkunde. Nachdr. der Ausgabe Berlin 1783–93. 10 Bde. Lindau 1978–79.
Dass. 10 Bde. Nördlingen 1986 (als Beginn einer 30bändigen Moritz-Ausgabe, hrsg. v. P. u. U. Nettelbeck).
(c) Jahnke, J.: Versuche, «das Voluminöse kompendiöser zu machen». Neues zu Karl Philipp Moritz. Sammelrezension mit ergänzender Bibliographie (1980–1987). In: 18. Jh. 12, 2. 1988, 186–193.
(d) Boulby, M.: Karl Philipp Moritz. At the Fringe of Genius. Toronto 1979.
Mühlher, R.: Deutsche Dichter der Klassik und Romantik. Wien 1976, 79–259.
Schrimpf, H.J.: Karl Philipp Moritz. In: Dt. Dichter des 18. Jh., 881–910.
Schrimpf, H.J.: Karl Philipp Moritz. Stuttgart 1980 (m. Bibliographie).

Behren, A.: Karl Philipp Moritz' ‹Reisen eines Deutschen in Italien in den Jahren 1786 bis 1788›. In: ZfdPh 107. 1988, 161–90.
Catholy, E.: Karl Philipp Moritz und die Ursprünge der deutschen Theaterleidenschaft. Tübingen 1962.
Davies, M. L.: Karl Philipp Moritz's Erfahrungsseelenkunde. Its Social and Intellectual Origins. In: Oxford German Studies 16. 1985, 13–35.
Davies, M. L.: The Theme of Communication in Anton Reiser. A Reflection of the Feasibility of the Enlightenment. In: Oxford German Studies 12. 1981, 18–38.
Dyck, J.: Zur Psychoanalyse der Melancholie. Karl Philipp Moritz: Anton Reiser. In: Schöne, A. (u. a. Hrsg.): Kontroversen, alte und neue. Bd. VI. Tübingen 1986, 177–182.
Fürnkäs, J.: Der Ursprung des psychologischen Romans. K. Ph. Moritz' «Anton Reiser». Stuttgart 1977.
Garlick, D. S.: Moritz's Anton Reiser. The Dissonant Voice of Psycho-Autobiography. In: Studi Germanici 21–22. 1983–84, 41–60.
Hubert U.: Karl Philipp Moritz und die Anfänge der Romantik. Frankfurt 1971.
Kaulen, H.: Erinnertes Leid. Karl Philipp Moritz: Anton Reiser. In: Lit. in Wiss. u. Unterricht 15. 1982, 137–156.
Langen, A.: K. P. Moritz' Weg zur symbolischen Dichtung. In: ZfdPh 1962, 189–218, 402–440.
Minder, R.: Glaube, Skepsis und Rationalismus. Dargestellt auf Grund der autobiographischen Schriften von Karl Philipp Moritz. Frankfurt a. M. 1975 (Orig. 1936).
Pfotenhauer, H.: ‹Des ganzen Lebens anschauliches Bild›. Autobiographie und Symbol bei Karl Philipp Moritz. In: Jb. des Wiener Goethe-Vereins 86–88. 1982–84, 325–337.
Saine, T. P.: Die ästhetische Theodizee. K. Ph. Moritz u. die Philosophie des 18. Jh. München 1971 (m. Bibliographie).
Sauder, G.: Reisen eines Deutschen in England im Jahr 1782. K. Ph. Moritz. In: Spieckermann, M.-L. (Hrsg.): «Der curieuse Passagier». Dt. Englandreisende des 18. Jh. als Vermittler kultureller u. technologischer Anregungen. Heidelberg 1983, 93–108.
Schings, H.-J.: ‹Agathon›, ‹Anton Reiser›, ‹Wilhelm Meister›. Zur Pathologie des modernen Subjekts im Roman. In: Wittkowski, W. (Hrsg.): Goethe im Kontext: Kunst und Humanität, Naturwissenschaft und Politik von der Aufklärung bis zur Restauration. Tübingen 1984, 42–68.
Schrimpf, H.J.: Moritz, Anton Reiser. In: Wiese, B. v. (Hrsg.): Der deutsche Roman. Bd. 1. Düsseldorf 1963, 95–131.
Sölle, D.: Realisation. Studien zum Verhältnis von Theologie und Dichtung nach der Aufklärung. Darmstadt/Neuwied 1973.

Sørensen, B. A.: Symbol und Symbolismus in den ästhetischen Theorien des 18. Jh. u. der dt. Romantik. Kopenhagen 1963.
Wieckenberg, E.-P.: Juden als Autoren des *Magazins zur Erfahrungsseelenkunde*. In: Hahn, B., u. Isselstein, U. (Hrsg.): Rahel Levin Varnhagen. Göttingen 1987, 128–140.
Wucherpfenning, W.: Versuch über einen aufgeklärten Melancholiker. In: Freiburger lit.-psychologische Gespräche 1. 1985, 167–183.
Wuthenow, R.-R.: Lesende Helden bei Goethe, Moritz, Klinger. In: R.-R. W.: Im Buch die Bücher oder Der Held als Leser. Frankfurt 1980, 65–100.

IV. DER JUNGE SCHILLER

(a) Sämtliche Werke. Säkularausgabe. Hrsg. von E. v. d. Hellen. 16 Bde. Stuttgart 1904–05.
Schillers Werke. Nationalausgabe. Begr. v. J. Petersen, fortgeführt von L. Blumenthal und B. v. Wiese. Hrsg. im Auftrag der Nationalen Forschungs- und Gedenkstätten der klassischen deutschen Literatur in Weimar und des Schiller-Nationalmuseums in Marbach von N. Oellers und S. Seidel. Weimar 1943 ff.
Sämtliche Werke. Hrsg. von G. Fricke und H. G. Göpfert. 5 Bde. 4. Aufl. München 1965–67.
Werke und Briefe. Zwölf Bände. Hrsg. von K. H. Hilzinger, K.-H. Huche, R.-P. Janz, G. Kluge, H. Kraft, G. Kurscheidt, N. Oellers. Frankfurt a. M. 1987ff.
(b) Schillers Briefe. Hrsg. von F. Jonas. Kritische Gesamt-Ausgabe. 7 Bde. Stuttgart 1892–96.
Schillers Gespräche. Hrsg. von F. Frhr. v. Biedermann. München 1961.
Hecker, M., Petersen, J. (Hrsg.): Schillers Persönlichkeit. Urtheile der Zeitgenossen und Documente. 3 Bde. Weimar 1904–09.
Burschell, F.: Friedrich Schiller in Selbstzeugnissen und Bilddokumenten. Reinbek 1967.
Lecke, B. (Hrsg.): Friedrich Schiller. 2 Bde. München 1969 (Dichter über ihre Dichtungen).
Oellers, N. (Hrsg.): Schiller – Zeitgenosse aller Epochen. Dokumente zur Wirkungsgeschichte Schillers in Deutschland. 2 Bde. Frankfurt a. M., München 1970–76.
(c) Vulpius, W.: Schiller-Bibliographie 1893–1958. Weimar 1959.
Vulpius, W.: Schiller-Bibliographie 1959–1963. Berlin, Weimar 1967.
Wersig, P.: Schiller-Bibliographie 1964–1974. Berlin, Weimar 1977.
Raabe, P., Bode, I.: Schiller-Bibliographie. In: JDSG 6. 1962, 10. 1966, 14. 1970, 18. 1974, 23. 1979.
Müller-Seidel, W.: Zum gegenwärtigen Stand der Schillerforschung. In: Der Deutschunterricht 1952, H. 5, 97–115.
Wiese, B. v.: Schiller-Forschung und Schiller-Deutung von 1937–1953. In: DVjs 27. 1953, 452–483.
Paulsen, W.: Friedrich Schiller 1955–1959. Ein Literaturbericht. In: JDSG 6. 1962, 369–464.
Wittkowski, W.: Friedrich Schiller 1962–1965. Ein Literaturbericht. In: JDSG 10. 1969, 414–464.
Koopmann, H.: Schiller-Forschung 1970–1980. Ein Bericht. Marbach 1982.
(d) Berghahn, K. L. (Hrsg.): Friedrich Schiller. Zur Geschichtlichkeit seines Werkes. Kronberg/Ts. 1975.
Buchwald, R.: Schiller. 2 Bde. 5. Aufl. Frankfurt a. M. 1966.
Fricke, G.: Der religiöse Sinn der Klassik Schillers. Zum Verhältnis von Idealismus und Christentum. München 1927 (Ndr. 1968).

Garland, H. B.: Schiller. London 1949.
Gerhard, M.: Schiller. Bern 1950.
Kaiser, G.: Vergötterung und Tod. Die thematische Einheit von Schillers Werk. Stuttgart 1979.
Koopmann, H.: Friedrich Schiller. 2 Bde. 2. Aufl. Stuttgart 1977 (mit Bibliographie).
Koopmann, H.: Schiller-Kommentar. 2 Bde. München 1969.
Koopmann, H.: Friedrich Schiller. In: Dt. Dichter des 18. Jh., 931–957.
Kraft, H.: Um Schiller betrogen. Pfullingen 1978.
Lahnstein, P.: Schillers Leben. München 1981.
Mann, Th.: Versuch über Schiller. Frankfurt a. M. 1955.
Middell, E.: Friedrich Schiller – Leben und Werk. Leipzig 1980.
Raabe, A.: Idealistischer Realismus. Eine genetische Analyse der Gedankenwelt Friedrich Schillers. Bonn 1962.
Staiger, E.: Friedrich Schiller. Zürich 1967.
Storz, G.: Der Dichter Friedrich Schiller. 4. Aufl. Stuttgart 1968.
Wiese, B. v.: Friedrich Schiller. Stuttgart 1959.
Wilpert, G. v.: Schiller-Chronik. Sein Leben und Schaffen. Stuttgart 1958.
Zeller, B.: Schillers Leben und Werk in Daten und Bildern. Frankfurt a. M. 1966.

Dramatik

Beck, A.: Die Krise des Menschen im Drama des jungen Schiller. In: Euphorion 49. 1955, 163–202.
Berghahn, K. L., Grimm, R. (Hrsg.): Schiller. Zur Theorie und Praxis der Dramen. Darmstadt 1972.
Berghahn, K. L.: Das Drama Schillers. In: W. Hinck (Hrsg.): Handbuch des deutschen Dramas. Düsseldorf 1980, 157–173.
Binder, W.: Ästhetik und Dichtung in Schillers Werk. In: K. L. Berghahn, R. Grimm (Hrsg.): Schiller. Darmstadt 1972, 206–232.
Böckmann, P.: Schillers Geisteshaltung als Bedingung seines dramatischen Schaffens. Dortmund 1925 (Ndr. 1967).
Böckmann, P.: Die innere Form in Schillers Jugenddramen. In: Euphorion 35. 1934, 439–480.
Böckmann, P.: Gedanke, Wort und Tat in Schillers Dramen. In: JDSG 4. 1960, 2–41.
Böckmann, P.: Schillers Dramenübersetzungen. In: Fs. L. Blumenthal. Weimar 1968, 30–52.
Borchmeyer, D.: Tragödie und Öffentlichkeit. Schillers Dramaturgie im Zusammenhang seiner ästhetisch-politischen Theorien und die rhetorische Tradition. München 1973.
Emrich, W.: Schiller und die Antinomien der menschlichen Gesellschaft. In: W. E., Protest und Verheißung. Frankfurt a. M. 1968, 95–103.
Fuhrmann, H.: Revision des Parisurteils. ‹Bild› und ‹Gestalt› der Frau im Werk Friedrich Schillers. In: JDSG 25. 1981, 316–366.
Garland, H. B.: The Dramatic Writer. A Study of Style in the Plays. Oxford 1969.
Graham, I.: Schiller, ein Meister der tragischen Form. Darmstadt 1974.
Graham, I.: Schiller's Drama. Talent and Integrity. London 1974 (dt. Darmstadt 1974).
Hinderer, W. (Hrsg.): Schillers Dramen. Neue Interpretationen. Stuttgart 1979 (mit Bibliographie) (darin: K. R. Scherpe, Die Räuber; R.-P. Janz, Die Verschwörung des Fiesco zu Genua; K. S. Guthke, Kabale und Liebe; H. Koopmann, Don Karlos;

H. M. Marks, Der Menschenfeind; W. Hinderer, Wallenstein; G. Sautermeister, Maria Stuart; G. Sauder, Die Jungfrau von Orleans; G. Kluge, Die Braut von Messina; G. Ueding, Wilhelm Tell; C. Vaerst-Pfarr, Semele – Die Huldigung der Künste; F. Martini, Demetrius).
Jöns, D.: Das Problem der Macht in Schillers Dramen von den «Räubern» bis zum «Wallenstein». In: K. O. Conrady (Hrsg.): Deutsche Literatur zur Zeit der Klassik. Stuttgart 1977, 76–92.
Martini, F.: Schillers Abschiedsszenen. In: Fs. G. Storz. Frankfurt a. M. 1973, 151–184.
May, K.: Friedrich Schiller. Idee und Wirklichkeit im Drama. Göttingen 1948.
Müller-Seidel, W.: Georg Friedrich Gaus. Zur religiösen Situation des jungen Schiller. In: DVjs 26. 1952, 76–99.
Rehm, W.: Schiller und das Barockdrama. In: W. R., Götterstille und Göttertrauer. München 1951, 62–100.
Rudloff-Hille, G.: Schiller auf der deutschen Bühne seiner Zeit. Berlin, Weimar 1969.
Sautermeister, G.: Idyllik und Dramatik im Werk Friedrich Schillers. Zum geschichtlichen Ort seiner klassischen Dramen. Stuttgart 1971.
Stahl, E. L.: Friedrich Schiller's Drama. Theory and Practice. Oxford 1954.
Steck, P.: Schiller und Shakespeare. Idee und Wirklichkeit. Frankfurt a. M. 1977.
Sternberger, D.: Macht und Herz oder Der politische Held bei Schiller. In: D. S., Kriterien. Frankfurt a. M. 1965, 110–129.
Storz, G.: Das Drama Friedrich Schillers. Frankfurt a. M. 1938.
Thalheim, H.-G.: Volk und Held in den Dramen Schillers. In: WB 5. 1959, Sonderheft, 9–35
Wiese, B. v.: Die deutsche Tragödie von Lessing bis Hebbel. 6. Aufl. Hamburg 1964.
Ziegler, K.: Schiller und das Drama. In: WW 5. 1954/55, 205–215.

Die Räuber

Blochmann, E.: Das Motiv vom verlorenen Sohn in Schillers Räuberdrama. In: DVjs 25. 1951, 474–484.
Buchwald, R.: In tyrannos. In: W. B., Das Vermächtnis der deutschen Klassiker. Neue, verm. Aufl. Frankfurt a. M. 1962, 130–156.
Grawe, C. (Hrsg.): Friedrich Schiller. Die Räuber. Erläuterungen und Dokumente. Stuttgart 1976.
Guthke, K. S.: Räuber Moors Glück und Ende. In: GQ 39. 1966, 1–11.
Hess, W. (Hrsg.): «Die Räuber». Vorreden, Selbstbesprechung, Textvarianten, Dokumente. Mit einem Essay zum Verständnis des Werks von G. Storz. Hamburg 1965.
Kluge, G.: Zwischen Seelenmechanik und Gefühlspathos. Umrisse zum Verständnis der Gestalt Amalias in «Die Räuber». Analyse der Szene I, 3. In: JDSG 20. 1976, 184–207.
Koopmann, H.: Joseph und sein Vater. Zu den biblischen Anspielungen in Schillers «Räubern». In: Fs. O. Seidlin. Tübingen 1976, 150–167.
Kraft, G.: Historische Studien zu Schillers Schauspiel «Die Räuber». Über eine mitteldeutsch-fränkische Räuberbande des 18. Jahrhunderts. Weimar 1959.
Kraft, H., Steinhagen, H. (Hrsg.): «Die Räuber». Texte und Zeugnisse zur Entstehungs- und Wirkungsgeschichte. Frankfurt a. M. 1967.
Mann, M.: Schiller und sein Prinzipal Der Tod. In: DVjs 43. 1969, 114–125.
Mann, M.: Sturm-und-Drang-Drama. Studien und Vorstudien zu Schillers «Räubern». Bern, München 1974.
Martini, F.: Die feindlichen Brüder. Zum Problem des gesellschaftskritischen Dramas von J. A. Leisewitz, F. M. Klinger und F. Schiller. In: JDSG 16. 1972, 208–265.
Mayer, H.: Der weise Nathan und der Räuber Spiegelberg. Antinomien der jüdischen Emanzipation in Deutschland. In: JDSG 17. 1973, 253–272.

Michelsen, P.: Studien zu Schillers «Räubern», I. In: JDSG 8. 1964, 57–111.
Schmidt, O.: Die Uraufführung der «Räuber» – ein theatergeschichtliches Ereignis. In: H. Stubenrauch, G. Schulz (Hrsg.): Schillers «Räuber». Urtext des Mannheimer Soufflierbuches. Mannheim 1956, 151–180.
Schwerte, H.: Schillers «Räuber». In: Der Deutschunterricht 12. 1960, H. 2, 18–41.
Staiger, E.: Das große Ich in Schillers «Räubern». In: Fs. K. Hirschfeld. Zürich 1962, 90–103.
Wacker, M.: Schillers «Räuber» und der Sturm und Drang. Stilkritische und typologische Überprüfung eines Epochenbegriffs. Göppingen 1973.

Die Verschwörung des Fiesco zu Genua

Büttner, F. L.: Schiller, die «Fiesko»-Aufführungen Bondinis und der sogenannte «Theater-Fiesko». In: Kleine Schriften der Gesellschaft für Theatergeschichte 20. 1964, 3–35.
Fowler, F. M.: Schiller's «Fiesko» re-examined. In: Publications of the English Goethe Society. New Series 40. 1969/70, 1–29.
Heselhaus, C.: Die Nemesis-Tragödie: Fiesco–Wallenstein–Demetrius. In: Der Deutschunterricht 4. 1952, H. 5, 40–59.
Hinderer, W.: «Ein Augenblick Fürst hat das Mark des ganzen Daseins verschlungen». Zum Problem der Person und der Existenz in Schillers «Die Verschwörung des Fiesco zu Genua». In: JDSG 14. 1970, 230–273.
Lützeler, P. M.: «Die große Linie zu einem Brutuskopfe». Republikanismus und Cäsarismus in Schillers «Fiesco». In: Monatshefte 70. 1978, 15–28.
Phelps, R. H.: Schiller's «Fiesco» – a republican tragedy? In: PMLA 89. 1974, 442–453.
Schlumbohm, D.: Tyrannenmord aus Liebe. Überlegungen zu einer Motivkombination. In: Romanistisches Jahrbuch 18. 1967, 97–122.
Wertheim, U.: Schillers «Fiesko» und «Don Carlos». Zu Problemen des historischen Stoffes. 2. Aufl. Weimar 1967.
Wölfel, K.: Pathos und Problem. Ein Beitrag zur Stilanalyse von Schillers «Fiesco». In: GRM N. F. 7. 1957, 224–244.

Kabale und Liebe

Appelbaum-Graham, I.: Passions and Possessions in Schiller's «Kabale und Liebe». In: German Life and Letters N. S. 6. 1952/53, 12–20.
Auerbach, E.: Musikus Miller. In: E. A., Mimesis. Bern 1946, 382–399.
Binder, W.: Kabale und Liebe. In: W. B., Aufschlüsse. Studien zur deutschen Literatur. Zürich, München 1976, 219–241.
Burger, H. O.: Die bürgerliche Sitte. Schillers «Kabale und Liebe». In: H. O. B., «Dasein heißt eine Rolle spielen». Studien zur deutschen Literaturgeschichte. München 1963, 194–210.
Heitner, R. R.: «Luise Millerin» and the Shock Motif in Schiller's Early Dramas. In: The Germanic Review 41. 1966, 27–44.
Janz, R.-P.: Schillers «Kabale und Liebe» als bürgerliches Trauerspiel. In: JDSG 20. 1976, 208–228.
Kraft, H.: Die dichterische Form der «Luise Millerin». In: ZfdPh 85. 1966, 7–21.
Malsch, W.: Der betrogene Deus iratus in Schillers Drama «Luise Millerin». In: Fs. J. Ritter, Basel 1965, 157–208.
Martini, F.: Schillers «Kabale und Liebe». Bemerkungen zur Interpretation des «Bürgerlichen Trauerspiels». In: Der Deutschunterricht 4. 1952, H. 5, 18–39.

Müller, J.: Der Begriff des Herzens in Schillers «Kabale und Liebe». In: GRM 22. 1934, 429–437.
Müller-Seidel, W.: Das stumme Drama der Luise Millerin. In: Goethe. Neue Folge des Jahrbuchs der Goethe-Gesellschaft 17. 1955, 91–103.
Riesel, E.: Studien zu Sprache und Stil von Schillers «Kabale und Liebe». Moskau 1957.
Wich, J.: Ferdinands Unfähigkeit zur Reue. Ein Beitrag zur Deutung von Schillers «Kabale und Liebe». In: Literaturwiss. Jahrbuch N. F. 15. 1974, 1–15.

Don Karlos

Albrecht, R.: Schillers dramatischer Jambus. Vers und Prosa in den ersten Fassungen des «Don Carlos». Diss. Tübingen 1967.
Beaujean, M.: Zweimal Prinzenerziehung: «Don Carlos» und «Geisterseher». Schillers Reaktion auf Illuminaten und Rosenkreuzer. In: Poetica 10. 1978, 217–235.
Becker-Cantarino, B.: Die «schwarze Legende». Ideal und Ideologie in Schillers «Don Carlos». In: Jahrbuch d. Freien Deutschen Hochstifts 1975, 153–173.
Blunden, A. G.: Nature and Politics in Schiller's «Don Carlos». In: DVjs 52. 1978, 241–256.
Böckmann, P.: Glossen zur «Gedankenfreiheit». In: Fs. F. Tschirch. Köln 1972, 264–277.
Böckmann, P. (Hrsg.): Schillers Don Carlos. Edition der ursprünglichen Fassung und entstehungsgeschichtlicher Kommentar. Stuttgart 1974.
Bohnen, K.: Politik im Drama. Anmerkungen zu Schillers «Don Carlos». In: JDSG 24. 1980, 15–31.
Fullenwider, F. H.: Schiller and the German Tradition of Freedom of Thought. In: LYB 8. 1976, 117–124.
Pörnbacher, K. (Hrsg.): Friedrich Schiller. «Don Carlos». Erläuterungen und Dokumente. Stuttgart 1973.
Schäublin, P.: Don Carlos und die Königin. Ein Beitrag zur Interpretation von Schillers «Don Carlos». In: GRM N. F. 23. 1973, 302–320.
Storz, G. (Hrsg.): «Don Karlos». «Briefe über Don Karlos». Dokumente. Mit einem Essay zum Verständnis des Werkes. Hamburg 1960.
Storz, G.: Die Struktur des «Don Carlos». In: JDSG 4. 1960, 110–139.

Geschichte, Prosa, Lyrik

Berger, K.: Schiller und die Mythologie. In: DVjs 26. 1952, 178–224.
Düsing, W.: Kosmos und Natur in Schillers Lyrik. In: JDSG 13. 1969, 196–220.
Dyck, M.: Die Gedichte Schillers. Bern 1967.
Fechner, J.-U.: Schillers Anthologie auf das Jahr 1782. Drei kleine Beiträge. In: JDSG 17. 1973, 291–303.
Frühwald, W.: Schillers Gedicht «Die Götter Griechenlands». In: JDSG 13. 1969, 251–271.
Hahn, K.-H.: Schiller und die Geschichte. In: WB 16. 1970, H. 1, 39–69.
Hamburger, K.: Schiller und die Lyrik. In: JDSG 16. 1973, 299–329.
Haslinger, A.: Friedrich Schiller und die kriminelle Kontur. In: Sprachkunst 2. 1971, 173–187.
Haupt, J.: Geschichtsperspektive und Griechenverständnis im ästhetischen Programm Schillers. In: JDSG 18. 1974, 407–430.
Heise, W.: Bild und Begriff. Studien über die Beziehungen zwischen Kunst und Wissenschaft. Berlin 1975, 257–273.

Jørgensen, S.-A.: Vermischte Anmerkungen zu Schillers Gedicht «Die Künstler». In: TeKo 6, 1, 2. 1978.
Keller, W.: Das Pathos in Schillers Jugendlyrik. Berlin 1964.
McCarthy, J. A.: Die republikanische Freiheit des Lesers. Zum Lesepublikum von Schillers «Der Verbrecher aus verlorener Ehre». In: WW 29. 1979. 28–43.
Mann, G.: Schiller als Historiker. In: JDSG 4. 1960, 98–109.
Marsch, E.: Die Kriminalerzählung. Theorie–Geschichte–Analyse. München 1972, 105–121.
Martini, F.: Der Erzähler Friedrich Schiller. In: B. Zeller (Hrsg.): Reden im Gedenkjahr 1959. Stuttgart 1961, 124–158.
Martini, F.: Erzählte Szene, stummes Spiel. Zum siebenten Brief des Baron von F... in Schillers «Geisterseher». In: Fs. B. v. Wiese. Berlin 1973, 30–60.
Mayer, H.: Schillers Gedichte und die Traditionen deutscher Lyrik. In: JDSG 4. 1960, 72–89.
Mayer, H.: Schiller. Die Erzählungen. In: H. M., Zur deutschen Klassik und Romantik. Pfullingen 1963, 147–164.
Müller-Seidel, W.: Schillers Kontroverse mit Bürger und ihr geschichtlicher Sinn. In: Fs. P. Böckmann. Hamburg 1964, 294–328.
Oellers, N.: Der ‹umgekehrte Zweck› der ‹Erzählung› «Der Handschuh». In: JDSG 20. 1976, 387–401.
Oeltinger, K.: Schillers Erzählung «Der Verbrecher aus Infamie». Ein Beitrag zur Rechtsaufklärung der Zeit. In: JDSG 16. 1972, 266–276.
Pestalozzi, K.: Die Entstehung des lyrischen Ich. Studien zum Motiv der Erhebung in der Lyrik. Berlin 1970, 78–101.
Rasch, W.: «Die Künstler». Prolegomena zur Interpretation des Schillerschen Gedichtes. In: Der Deutschunterricht 1952, H. 5, 59–75.
Schieder, T.: Schiller als Historiker. In: Historische Zeitschrift 190. 1960, 31 ff.
Schönhaar, R.: Novelle und Kriminalschema. Ein Strukturmodell deutscher Erzählkunst um 1800. Bad Homburg v. d. H. u. a. 1969, 75–93.
Seeba, H. C.: Das wirkende Wort in Schillers Balladen. In: JDSG 14. 1970, 275–322.
Stenzel, J.: «Zum Erhabenen tauglich.» Spaziergang durch Schillers «Elegie». In: JDSG 19. 1975, 167–91.
Storz, G.: Gesichtspunkte für die Betrachtung von Schillers Lyrik. In: JDSG 12. 1968, 259–274.
Voßkamp, W.: Emblematisches Zitat und emblematische Struktur in Schillers Gedichten. In: K. L. Berghahn (Hrsg.): Friedrich Schiller. Zur Geschichtlichkeit seines Werkes. Kronberg/Ts. 1975, 355–377.
Wiese, B. v.: Friedrich Schiller, «Der Verbrecher aus verlorener Ehre». In: B. v. W., Die deutsche Novelle von Goethe bis Kafka. I. Düsseldorf 1956, 33–46.
Wiese, B. v.: Schiller als Geschichtsphilosoph und Geschichtsschreiber. In: B. v. W., Von Lessing bis Grabbe. Düsseldorf 1968, 41–57.

REGISTER

bearbeitet von Dr. Franziska Jäger